제9판

새로쓴
형법각론

김일수 | 서보학

박영사

STRAFRECHT

Besonderer Teil

9. Auflage

von

Dr. *Il-Su Kim*

O. Professor an der Korea Universität

Dr. *Bo-Hack Suh*

Professor an der Kyunghee Universität

2018

Parkyoung Publishing Co.

Seoul, Korea

제 9 판 머리말

형법각론 제 8 판 증보판을 발행한 지 약 1년 10개월이 지났다. 그동안 형법 각론 분야에 주목할 만한 법개정은 없었다. 제 9 판에서는 몇 곳에서 중요한 대법원판례와 학설의 설명을 새로 추가하였다.

독자 여러분의 건승을 기원한다.

2018년 11월

공저자 배상

제8판 증보판 머리말

형법각론 개정 제8판을 발행한지 1년이 되었고 그 사이에 형법각론분야에서 의미 있는 몇 가지 법개정이 있었다. 개정된 법내용을 형법각론교과서에 반영할 필요성이 생겨 증보판을 발행하게 되었다. 우선 사생활영역에 대한 국가형벌권의 과도한 침해라는 이유로 오랫동안 논란이 많았던 간통죄가 지난 2015년 2월 헌법재판소에 의해 위헌결정을 받음에 따라 올해 1월의 형법개정에서 삭제되었다. 또한 헌법재판소가 2015년 9월 폭력행위등처벌에관한법률 중 특수폭행·특수협박·특수재물손괴죄의 가중처벌규정 그리고 2014년과 2015년 특정범죄가중처벌법의 마약수입죄·통화위조죄·상습절도죄·상습장물취득죄의 가중처벌규정에 대해 위헌결정을 내렸다. 형법 등 기본법과 동일한 구성요건에 대해 특별법에서 법정형만 가중한 조항은 형벌의 정당성과 균형성을 잃어 위헌이라는 취지였다. 이에 따라 2016년 1월 앞 두 개의 법률이 개정되는 동시에 형법각론에서는 존속중상해죄의 법정형이 정비되고 특수상해죄·특수강요죄·특수공갈죄가 신설되는 법개정이 있었다. 이렇게 변화된 법개정의 내용을 증보판에 반영함과 아울러 몇 곳에서 중요한 판례와 학설의 설명을 새로 추가하였다.

새해 독자 여러분의 건승을 기원한다.

서울, 2016년 1월

공저자 배상

책 머리에

이 책은 이미 출간한 지은이의 韓國刑法 Ⅲ·Ⅳ·Ⅴ(各論 上·中·下)를 토대로 교과서로 꾸민 것이다.

형법개정은 이미 알려진 것처럼 비록 부분개정이긴 하지만 총론보다 각론부분에 편중되어 있다. 그래서 개정형법을 소재로 삼고 이 책을 썼다. 문화와 윤리, 가치적인 삶과 밀접하게 연관된 형법각론에서 개정형법은 가치관의 변화를 제대로 반영하지 못한 채, 과학기술의 발달과 함께 등장한 새로운 범죄현상에 대처하기 위해 필요한 최소한의 범위에서 신설규정을 마련했을 뿐이다. 이러한 범죄현상은 유럽 및 일본형법에서 이미 예외없이 규율대상이 되었던 것이다. 개정에 맞추어 관련 특별법의 손질이 불가피하게 되었으나, 형법도 개혁과 민주화의 성과에 맞추어 전면적인 개정작업을 이제부터 새롭게 다시 시작해야 할 때라고 본다.

이 책에서도 현대사회의 급변에 대응할 깨어 있는 삶의 법으로서 형법적 사고의 틀을 제시했고 해석론과 입법론 여러 군데에 그러한 형법적 사고를 적용했다. 이 책은 형법각론을 공부하는 독자들에게 인간의 죄와 벌에 대한 깊이 있는 사색과 철학이 깃든 광장을 보여줄 수 있으리라 기대한다. 이 책의 출간을 맡아 수고해 준 박영사 安鍾萬 사장과 편집부 沈光明 씨께 감사를 드린다.

서울, 1996년 봄

Il-Su Kim

차   례

제 2 장 신체의 완전성을 보호하는 죄형법규

제 3 장   생명·신체의 완전성을 보호하는 죄형법규

제 4 장 자유를 보호하는 죄형법규

제 5 장　명예와 신용 · 업무를 보호하는 죄형법규

제 3 편　개인적 법익을 보호하는 죄형법규

(재산적 법익 분야)

제 1 장　재산죄 개설

제 2 장　소유권을 보호하는 죄형법규

제 3 장 재산을 보호하는 죄형법규

제 4 편   사회적 법익을 보호하는 죄형법규

제 1 장   공공의 평안을 보호하는 죄형법규

제 2 장 공중위생을 보호하는 죄형법규

제 3 장 사회윤리적 기본질서를 보호하는 죄형법규

제 4 장   공공의 신용을 보호하는 죄형법규

제 5 장　국가의 일반권력기능을 보호하는 죄형법규

제 7 장　국가의 존립과 헌법질서를 보호하는 죄형법규

제 1 편   형법각론의 기초이론

제 1 장   형법각론의 본질

제 1 절   형법각론이란 무엇인가

형법각론은 개별 범죄구성요건과 그 법률효과인 형사제재에 관한 해석 적용을 통해, 각종 범죄유형(Deliktstypen)을 체계적으로 정서하고 사회공동체 내에서 형법규범이 지향하는 법익질서의 의미를 탐구하는 분야이다. 형법각론의 중요한 연구과제는 개별 범죄유형을 특징짓는 구성요건요소를 분석하여 그 규범의 보호목적을 밝히는 데 있다.

형법각론은 **죄형법정원칙**의 요청에 맞는 범위 내에서 실정법적 범죄개념 및 법정책적·실질적 범죄개념을 확정하는 임무를 갖는다. 각칙만이 그에 의해 유형화된 행위의 불법에 관한 핵심이 어디 있는지를 구체적으로 결정한다. 범죄행위와 그의 예비, 미수, 특별한 공범형태, 과실범의 처벌 여부 등은 각칙에 규정되어 있다.

물론 개별 구성요건을 고의의 기수범만으로 할 것인지, 아니면 예비와 미수 또는 과실범도 처벌할 것인지는 입법자가 구체적으로 결정할 사항이다. 하나의 행위를 결과발생과 관련시키지 않고 단순한 거동범이나 추상적 위험범으로 구성할 것인가 또는 진정부작위범으로 구성함으로써 작위요구에 대한 침해를 처벌의 대상으로 삼을 것인가에 대해서도 마찬가지이다.

하지만 입법자는 결코 독재자일 수 없다. 개별 범죄구성요건의 확정은 총칙에서 발전된 구성요건이론, 헌법상의 법치국가원리 및 형법정책 내지 형사정책과 밀접한 관련을 맺기 때문이다. 뿐만 아니라 형법적 보호대상인 개별적 가치의 인식과도 연관되어 있다. 전자는 **입법론**과, 후자는 **법익론**과 관계된다. 형법각론에서 본질적으로 중요한 것은 물론 법익론이다.

형법각론의 연구에서는 우리 문화 및 사회질서 전체의 관점에서 타당하고 보호되어야 할 법익질서의 탐구가 본질적인 내용을 이룬다. 이런 의미에서 형법각론은 **법익질서**라고 할 수 있다. 법익의 내용과 법익 상호간의 관계에 대한 이해는 현행 형법의 해석을 위해서뿐만 아니라, 형법의 역사적 발전과 가치의식의 변화 및 현재의 지배적인 법의식을 확정하기 위해서도 중요하다.

제 2 절 형법총론과 형법각론의 관계

형법총론은 구체적인 법익을 보호대상으로 삼지 않고, 어떠한 불법도 징표하지 않는다는 점에서 형법각론과 구별된다. 형법총론은 도그마틱을 통해 형법각칙상의 불법내용들을 확정하거나 제한함으로써 정의에 우선적으로 봉사하려는 경향이 있음에 반해, 형법각론은 구체적인 범죄구성요건의 해석 적용을 통해 법적 안정성에 우선적으로 봉사하려는 경향이 있다.[1]

물론 총칙과 각칙의 구별은 체계적으로나 논리적으로 보아 상대적인 것일 뿐 결코 절대적인 것은 아니다. 이를테면 친고죄와 반의사불벌죄의 여부를 각칙에 개별적으로 규정할 것인가 아니면 총칙에 일반적으로 규정할 것인가는 순전히 합목적적 · 기술적 고려에 달려 있다.

《참고》 역사적으로 볼 때도, 형법전의 총칙과 각칙의 구분이 필연적인 것은 아니었다. 범죄구성요건화작업이 우선하였고, 총칙에 해당하는 일반적인 규정은 동양의 대명률이나 서양의 카롤리나 형법전만 하더라도 개별 범죄처벌규정 속에 단편적으로 흩어져 있을 뿐이었다. 계몽주의시대 말기에 이르러서야 비로소 각칙으로부터 총칙이 분리되기 시작했다. 당시의 독일과 프랑스의 법전화운동의 보편적 관심사였던 합리적 · 체계적 입법기술과 법관의 법률유추적용금지의 요구가 실체형법의 모든 일반규정들을 묶어 총칙으로 구성하도록 만들었기 때문이었다.

＊주의: 형법전화작업의 역사와 외국의 입법례를 종합해보면, 법치국가에서는 총칙 없는 형법전은 가능해도 각칙 없는 형법전은 수용하기 어렵다는 사실을 확인할 수 있다. 법익규정과 실질적 불법의 평가는 총칙보다 각칙에 의존하는 바가 크기 때문이다.

형법총칙규정은 원칙적으로 형법각칙규정 없이는 적용될 수 없다. 이것은 전자가 후자에 의한 구체화과정을 필요로 한다는 의미가 아니라 후자의 보충을 필요로 한다는 의미에서 그렇다. 형법각론의 본질은 이러한 관계 속에서 규명될 수 있다.

그렇다면 형법총칙과 각칙의 관계는 흔히 오해하듯 보편성과 특수성의 관계

---

1) Finke, *Das Verhältnis des Allgemeinen zum Besonderen Teil des Strafrechts*, 1975, S. 27.

가 아니며, 보편성을 지닌 총칙에서 보편성의 구체화과정으로서 각칙이 연역되는 것은 더더욱 아니다. 즉 민법 채권총론과 각론의 관계와는 달리 형법총론과 각론의 관계는 어떤 체계상의 상하관계가 아니다. 서로 구별되면서도 서로를 필요불가결하게 보충해 주는 관계에 놓여 있다.

총칙에 규정된 인과관계, 미수, 공범 등의 규정도 각칙의 상위개념이 아니라 가벌성을 수정시켜 주는 보충개념에 불과하다. 뿐만 아니라 많은 각칙규정은 총칙규정과 더불어서만 완전한 규범이 될 수 있다. 예컨대 각칙상 미수의 처벌규정은 총칙상의 미수에 관한 규율의 도움을 받아야 한다.

오늘날 형법총론과 각론의 구별이 세계적인 추세이고, **총칙 없는 형법**을 유지하는 영미법계에서조차 그와 같은 전통을 법체계의 흠결로 간주하고 있는 실정이다. 따라서 우리는 형법각론의 연구에서 총론과 각론의 구별 및 그 유기적 연관성과 체계적 통일성의 의미를 소홀히 해서는 안 될 것이다.

총론과 각론은 개념상 구별되지만 내용적으로나 기능적으로 서로 보충하고 제약하면서 전체로서 하나의 통일체를 이룬다. 양자의 필요적인 보완관계는 체계적으로 상·하위의 위계관계를 의미하는 것이 아니다. 이런 의미에서 형법총론과 각론의 관계는 서로 맞물린 톱니바퀴 모양이나, 한 쌍의 부부관계라 해도 좋을 것이다.

제 2 장 형법각칙의 해석과 법발견

제 1 절 형법각칙의 적용과 해석

    형법은 사회적 갈등을 구체적인 생활사실 속에서 해결하는 법률체계이다. 여기에서 판단을 내려야 할 일정한 생활사실이 입법자가 생각한 법률의 의미에 상응하느냐 하는 점은 해석을 통해서만 밝혀질 수 있다. 현대의 법이론에 의하면 **규범과 생활사실 사이를 번갈아 둘러보는 편력(Engisch)**을 통해 이 양자 사이에 어떤 상응성이 있는가가 밝혀질 수 있다고 한다.

    그러기 위해서는 먼저 어떤 규범의 개별적인 개념을 풀어 그 내용을 해석적으로 탐구한 뒤, 그 다음엔 어떠한 구체적인 생활사실이 입법자가 형법을 통해 정책적으로 규율하고자 했던 생활사실인가를 검토해 보아야 한다. 만약 여기서 유형화된 법률적 생활사실과 현실 속에 발생된 구체적 생활사실(사회적 갈등)이 상응하지 않을 때에는 보다 신중한 해석에 의해 그 상이점을 밝혀내고, 그것이 또한 어떤 의미를 갖는지 탐구하여야 한다.

    현실 속에 발생된 생활사실이 전부 구성요건 속에 나타나 있지 않지만 사회적 현실도 고려해야 한다. 사회적 현실과 법률은 다방면에서 서로 관련을 맺고 있기 때문이다. 그러므로 규범과 현실을 각각 고립된 별개의 영역으로 분리시켜서는 안 된다. 해석이란 사회적 갈등에 가장 적절하게 대응하는 규율을 발견하려는 시도이며, 이런 의미에서 가장 올바른 해석이란 법률이 규율하고자 하는 의미를 가장 바람직하게 실현시켜 줄 수 있는 해석이라고 할 수 있다. 현실을 도외시하고 문제해결의 결과를 무시한 채 개별법률의 추상적인 개념을 정의하는 개념법학적 사고활동은 결코 법률의 해석이 될 수 없다.

    그런데 사회적 현실관계는 시시각각 변화한다. 이 변화는 상대적으로 정태적인 규범에 영향을 미친다. 그러므로 해석에서는 현실의 변화와 더불어 발생할 수 있는 의미의 변화가 규범에 수용될 수 있는가를 주의깊게 결정해야 한다. 그러나 이러한 수용도 죄형법정원칙에 반하지 않도록, 특히 유추적용이 되지 않도록 유의하지 않으면 안 된다.

제 2 절 해석의 방법

종래의 법이론은 문리적 · 역사적 · 체계적 목적론적 해석방법을 같은 비중으로 다루었다. 그러나 오늘날 문리적 · 역사적 · 체계적 해석방법은 법규범의 목적을 탐구하기 위한 보조수단에 불과하다는 견해가 지배적이다. 따라서 목적론적 해석은 각칙해석에서 왕좌를 차지한다고 말할 수 있을 정도로 중요하다. 문제된 사례에서 사리에 합당한 결론에 도달하기 위해서는 **문리적 · 역사적 · 체계적 · 목적론적 해석방법을 함께 고려하는 방법다원론**(Methodenpluralismus)이 유용한 형법해석의 방법임을 주의해야 한다.

일반적으로 올바른 형법해석의 방법은 문언의 의미와 법률의 목적을 같은 비중으로 고려하는 것이다. 문리해석과 목적론적 해석 두 기준 중 어느 하나만이 충족되었다고 해서 올바른 해석이 이루어졌다고 볼 수는 없다. 형법각칙을 해석할 때 우리는 적어도 문리해석을 출발점으로 삼고 목적론적 해석을 해석활동의 귀착점으로 삼으면서 동시에 역사적 해석과 체계적 해석을 함께 고려해야 한다고 생각한다.

문제는 문리해석에서 '가능한 문언의 의미'가 어디까지냐 하는 점이다. 이 점에 관해 어의의 한계는 불확정하고 법률적으로 조작할 수 있는 대상이므로 해석의 한계를 긋는 기준이 될 수 없다는 견해, 법률의 목적이 체계적 관점하에서 문언과 약간 다른 의미를 요구하는 곳에서 법관은 이 구속을 벗어날 수 있다는 견해 등이 있다.

그러나 해석은 법률문언에 엄격히 구속되어야 한다. 법치국가적 헌법원리에 비추어 볼 때 형법각칙의 해석에서 법익보호기능과 인권보장기능은 상호보완하고 제약하면서 조화를 이룰 것이 요청된다. 따라서 형법각칙은 문언에 따른 엄격해석의 원리를 지켜야 한다. 문언의 가능한 의미를 현저히 벗어나는 형법의 해석 · 적용은 국가형벌권발동에서 요구되는 국가의 자기구속의 원칙을 침해할 수 있고, 자의적이 되기 쉽다. 가능한 문언의 의미한계를 현저히 벗어난 법해석은 형법에서 허용될 수 없는 자유로운 법발견이다(물론 법률의 한계 안에서의 자유로운 법발견은 허용되지만, 법률의 한계 밖에서의 자유로운 법발견은 유추해석에 불과하며 죄형법정원칙에 반하므로 허용될 수 없다). 이것은 본래 형법해석학의 영역이 아니라 형사정책적으로 필요한 입법론(de lege ferenda)의 영역에 해당하는 것이다.

이상을 종합해 볼 때 형법각칙의 해석은 입법자가 법규의 문언을 통해 상정해 둔 가능한 문언의 범위 안에서 적용자가 그 문언에 가장 가까운 어의, 역사적인 입법자의 의사, 법률체계적인 연관성, 법률의 목적 등을 고려하여 그 규범의 객관적 의미내용을 명백히 밝히는 방법으로 행하여져야 한다.

끝으로 각칙법문 중에 불분명한 문언이 있어서 그 위헌 여부를 판단하게 될 때에는 **헌법합치적 해석**이 가능한가를 검토하는 수고를 잊어서는 안 된다. 헌법의 구체화규범으로서 당해 죄형법규가 갖는 객관적 의미는 비록 그 자체로서는 불분명한 점이 있을지라도 최상위규범인 헌법에 비추어 그에 합치되는 방향으로 해석될 때 명백해질 수 있기 때문이다.

제 2 편   개인적 법익을 보호하는 죄형법규
(비재산적 법익 분야)

제 1 장 생명을 보호하는 죄형법규

제 1 절 생각의 실마리

우리 헌법상 생명권에 관한 명문규정은 없다. 하지만 생명은 신체의 자유의 당연한 전제일 뿐만 아니라 인간의 존엄성을 가치의 핵심으로 삼는 기본권질서의 출발점이기도 하다. 인간의 생명이 전제되지 않은 자유와 권리, 인간의 존엄성은 공허할 뿐이다. 따라서 각종 기본권을 보장하는 헌법질서 내에서 생명권은 명문규정 유무를 떠나 헌법상의 권리로 인정된다.[1]

형법의 모든 법익 중 최상위의 법익이 인간의 생명이다. 그것은 신체의 완전성, 자유, 명예, 재산 등 어떠한 가치보다도 더 귀중한 것이기 때문이다. 이런 의미에서 인간의 생명은 법익 피라미드의 정점을 이룬다.

오늘날 법의 세계에 절대적인 원칙이나 가치는 사라졌지만 한 가지 남은 것이 있다면 인간생명의 가치뿐이다. 그러므로 사람의 생명은 존중되고 보호되어야 한다(절대적 생명보호의 원칙). 법의 숭고한 도덕성은 사람의 생명을 다른 목적을 위한 수단으로 삼지 말고, 목적 그 자체로서 존중하는 데 있다. 각자의 생명은 고유한 존재가치가 있어 상하귀천이 있을 수 없고, 비교교량의 대상도 될 수 없다. 생명의 박탈은 정당방위나 방어전쟁과 같은 정당화사유가 있을 때에만 예외적으로 인정될 수 있을 뿐이다. 비록 타인의 생명을 침해한 극악한 범죄인의 생명도 함부로 박탈되어서는 안 된다.[2]

생명을 보호하는 죄형법규는 이러한 목적을 실현하기 위해 수범자인 일반시민에게 「타인을 살해하지 말라」는 금지규범(Verbotsnorm)을 제시한다. 그러나 입법자는 근원적으로 금지규범에 앞서 「타인의 생명을 존중하라」는 요구규범(Anspruchsnorm)을 근본규범으로 호소하고 있다.

---

1) 허영, 한국헌법론, 1998, 334면.
2) 김일수, 법·인간·인권, 1996, 421면.

제 2 절 살인의 죄

Ⅰ. 총 설

1. 보호법익

살인죄의 보호법익은 사람의 생명이다. 사람의 생명은 인간의 생활과 인격의 토대를 형성하는 고유가치로서 형법질서에서 최상위의 법익이다. 뿐만 아니라 인간의 생명은 유일성·절대적 평등성·불가교량성·불가처분성이라는 속성을 갖는다.

2. 체 계

우리 형법은 살인죄에 관하여 보통살인죄($^{제250조}_{1항}$)를 기본적 구성요건으로 하고, 존속살해죄($^{제250조}_{2항}$)를 불법가중적 구성요건으로 한다. 한편 촉탁·승낙살인죄($^{제252조}_{1항}$)를 불법감경적 구성요건으로, 영아살해죄($^{제251}_{조}$)를 책임감경적 구성요건으로 한다. 이에 비해 자살교사·방조죄($^{제252조}_{2항}$)와 위계·위력에 의한 살인죄($^{제253}_{조}$)는 제 3 의 독자적 범죄형태이다.

《참고》 독일형법은 중살인(Mord; murder)과 단순살인(Totschlag; manslaughter)을 구별한다. 중살인은 살해욕, 성욕의 만족, 탐욕 또는 기타 비열한 동기에서, 간악하거나 잔인하게 또는 공공에 위험한 수단으로써, 다른 범죄를 가능하게 하거나 은폐하기 위해 저지르는 살인을 의미하며, 종신자유형이 과해진다. 단순살인은 고의에 의한 살인으로서 중살인이 아닌 모든 경우이다. 영미법에서도 murder와 manslaughter의 구별 또는 1급 살인과 2급 살인의 구별은 오랜 전통에 속한다. 전자는 계획적인 악의에 의한 살인이요, 후자는 계획적인 악의 없이 고의적으로 행한 살인을 말한다.

살인의 죄에 대해서는 미수범을 처벌하고($^{제254}_{조}$), 제250조와 제253조의 죄는 예비·음모도 처벌한다($^{제255}_{조}$). 제250조, 제252조, 제253조의 경우에 유기징역에 처할 때에는 10년 이하의 자격정지를 병과할 수 있다($^{제256}_{조}$).

Ⅱ. 보통살인죄

1. 의 의

보통살인죄란 고의로 사람을 살해함으로써 성립하는 범죄이다. 사형 무기 또는 5년 이상의 징역에 처해진다($\frac{제250조}{1항}$). 미수범은 처벌한다($\frac{제254}{조}$). 유기징역에 처할 때에는 10년 이하의 자격정지를 병과할 수 있다($\frac{제256}{조}$). 이 죄는 침해범·즉시범·결과범의 성격을 지닌다.

2. 객관적 구성요건요소

(1) 행위주체

피해자 이외의 모든 자연인이 이 죄의 주체가 될 수 있다. 법인 또는 법인격 없는 단체는 이 죄의 주체가 될 수 없다.

(2) 행위객체

(a) **타인인 사람** 행위자 이외의 모든 생명 있는 자연인은 이 죄의 행위객체가 된다. 이를 분설하면 다음과 같다.

㈎ 행위자 이외의 타인이어야 한다. 즉 자살은 범죄가 되지 않으므로 자살미수자는 이 죄의 객체가 될 수 없다.

㈏ 자연인이어야 한다. 이 죄의 객체는 자연인에 한하기 때문에 법인은 포함되지 않는다.

㈐ 모든 생명 있는 자연인이어야 한다. 살아 있는 자연인인 한, 이른바 생존가치 없는 생명, 기형아, 극악한 범죄인, 사형집행 직전의 사형수도 이 죄의 객체가 된다.

㈑ 살아 있는 사람인 이상 생존능력의 유무는 불문한다. 따라서 빈사상태의 병자, 생존가망이 없는 영아, 생명유지장치에 의해 생명이 유지되고 있는 환자도 이 죄의 객체가 된다.

㈒ 생명 있는 자연인이어야 한다. 생명은 출생 후 사망에 이르기까지 이 죄의 보호대상이 되므로 출생 전의 태아는 낙태죄의 객체일 뿐이고, 사자는 사체손괴죄의 객체가 될 뿐 이 죄의 객체는 될 수 없다.

(b) **사람의 시기와 종기** 사람이 언제 출생했고 언제 사망했는지는 반드시 분명한 것은 아니다. 사람의 시기와 종기에 대한 문제는 자연과학적인 판단의 문제가 아니라 형법규범적인 평가의 문제이다.

(가) **사람의 시기**   출생으로부터 비로소 사람이 된다. 출생 전의 태아는 아직 사람이 아니지만 분만중에 있는 영아는 이미 사람이다. 출생시기와 관련하여 ⅰ) 자궁경부와 자궁구가 열리면서 분만을 개시하는 진통이 시작된 때를 사람의 시기로 보는 **진통설**(통설; 대판 1982. 10. 12, 81 도 2621), ⅱ) 신체일부가 모체로부터 노출된 단계로 보는 **일부노출설**(일본의 통설), ⅲ) 분만이 종료되어 아이가 모체로부터 완전히 배출된 단계로 보는 **전부노출설**(영미의 통설, 민법상의 통설), ⅳ) 출산 후 모체로부터 분리되어 독립적인 호흡을 할 수 있는 단계로 보는 **독립호흡설** 등이 제시되고 있다.

‖**판례**‖   사람의 생명과 신체의 안전을 보호법익으로 하고 있는 형법상의 해석으로서는 사람의 시기는 규칙적인 진통을 동반하면서 태아가 태반으로부터 이탈하기 시작한 때 다시 말하여 분만이 개시된 때(소위 진통설 또는 분만개시설)라고 봄이 타당하며 이는 형법 제251조(영아살해)에서 분만 중의 태아도 살인죄의 객체가 된다고 규정하고 있는 점을 미루어 보아도 그 근거를 찾을 수 있는 점을 미루어 조산원이 분만 중인 태아를 질식사에 이르게 한 경우에는 업무상 과실치사죄가 성립한다(대판 1982. 10. 12, 81 도 2621).

우리 형법은 태아에 대해 독립된 생명, 신체성을 인정하지 않고, 낙태미수·태아상해·과실낙태 등도 처벌하지 않기 때문에 아직 모체에서 노출되지 않은 분만중인 아이를 사람으로 보지 않으면 생명에 대한 형법적 보호가 축소될 수밖에 없다. 따라서 낙태죄와의 관계에서 볼 때 이미 분만개시단계에 있는 아이의 생명도 보호되어야 하므로 통설인 진통설(분만개시설)이 타당하다. 뿐만 아니라 우리 형법 제251조(영아살해죄)가 이미 분만 중에 있는 태아를 사람(영아)으로 보고 있기 때문에, 법체계의 통일적 해석을 위해서도 분만이 개시되면 태아는 살인죄의 객체인 사람이 된다고 보지 않을 수 없다. 진통설을 따를 때 분만개시 전의 태아를 상해·살해하여 유산·사산케 한 경우는 태아상해나 살인죄가 아니라 낙태죄가 성립할 뿐이다.

다만 제왕절개수술에 의해 태아를 분만하는 경우에는 의사의 자궁절개시술의 단계가 사람의 시기가 된다. 따라서 인공임신중절의 시술로 분만된 영아를 살해하면 살인죄가 된다.

(나) **사람의 종기**   사망으로써 사람의 생존은 끝난다. 사망시기에 관하여는 ⅰ) 심장의 고동이 영구적으로 정지한 단계라고 하는 맥박종지설 내지 **심장사설**[3]

---

3) 김종원 30면; 백형구 18면; 서일교 19면; 오영근 17면; 정영석 217면; 정영일 362면; 허일태, 「생명의 종기」, 형법연구(Ⅰ), 380면; 황산덕 159면.

과 ii) 모든 뇌기능의 불가역적 소멸상태라고 하는 뇌사설[4]이 대표적이다.

《참고》 뇌사설과 뇌사의 입법화　우리나라에서는 1989년 대한의학협회가 심장과 호흡의 정지 또는 뇌간을 포함한 모든 뇌기능의 회복이 불가능한 소실상태를 사망의 기준으로 제안한 바 있고, 장기등이식에관한법률(1999.2.8)이 「살아 있는 자라 함은 사람 중에서 뇌사자를 제외한 자를 말하며, 뇌사자라 함은 이 법에 의한 뇌사판정기준 및 뇌사판정절차에 따라 뇌 전체의 기능이 되살아날 수 없는 상태로 정지되었다고 판정된 자를 말한다($^{통법제4}_{조 5호}$)」고 하여 뇌사를 인정하고, 그 구체적인 판정절차($^{통법}_{제16조}$)까지 두었다. 지난 1988년 최초로 뇌사자장기이식수술이 실시된 이래 뇌사자의 장기적출이 불법행위의 족쇄에서 풀린 것이다. 현행법에 의하면 뇌사자의 사전동의가 없더라도 가족 또는 유족의 동의가 있는 경우 장기적출이 허용된다. 우리나라 밖에서는 1971년 핀란드가 최초로 뇌사를 합법화한 이후 영국, 미국, 프랑스, 이탈리아, 독일 등에서 뇌사를 인정하고 있다.

최근 다수설의 위치를 점해 가고 있는 뇌사설의 논거는 뇌기능이 완전정지된 후에는 더 이상 회복이 불가능하다는 점, 뇌사를 인정하면 뇌사자의 장기적출이 가능해져 다른 환자의 생명을 구할 수 있다는 점 등이다. 그러나 뇌사는 의학적으로도 생명의 한계에 대한 단정일 수 없고, 치료를 목적으로 하는 의료적인 개입을 더 이상 필요로 하지 않는 일정시점에 대한 단정일 뿐이라고 보아야 한다. 그리고 뇌사인정논의의 출발점이 장기이식의 필요성이라는 공리적 관점이기에, 그 자체로서 절대적 가치를 갖는 인간의 생명이 수단화될 수 있다는 우려를 낳는다.

뇌사상태의 환자에게도 인격주체의 고유가치인 생명은 처분불가능한 절대적 가치로 존중되어야 한다. 인간의 생명은 어떤 상태, 어떤 순간에서라도 목적 그 자체로서 존중되어야 한다. 결코 다른 목적을 위한 단순한 수단으로 처분되어서는 안 된다. 형법에서 사망시기의 결정은 생명권의 최대보장, 사망의 최소 최후불가피적 인정이라는 이념과 합치해야 한다. 그런 점에서 뇌사합법화는 법체계의 자기모순이며, 전통깊은 맥박종지설이 옳다고 생각한다.

＊주의:　장기등이식에관한법률이 뇌사자의 장기이식을 법적으로 허용한다고 해서 사람의 종기를 뇌사로 단정해야 할 필연적 이유는 되지 않는다. 이 법률이 합헌성의 추정을 받을 수 있는 한, 단지 살해금지를 제한된 범위에서 법적으로 허용해 주는 위법성 조각사유 중 하나가 될 뿐이다(법령에 의한 정당행위).

---

4) 박상기 16면; 손동권 9면; 이재상 17면; 이정원 29면; 이형국 13면; 임상규, 「장기이식법상의 뇌사관련규정의 문제점」, 형사법연구 제13호(2000), 162면; 임웅 17면; 정성근·박광민 45면.

(3) 행　　위

구성요건행위는 살해이다. 살해란 고의로 타인의 생명을 자연적인 사기(死期)에 앞서 단절시키는 것을 말한다.

(가) 이 죄는 행위자가 타인을 살해함으로써 기수와 동시에 완료에 이르는 즉시범이다. 살해행위자가 사체를 그 자리에 방치해도 사체유기는 살해행위의 위법상태에 포섭되는 불가벌적 사후행위가 된다.

(나) 보증인지위에 있는 자가 보증인적 의무, 즉 작위의무를 다하지 않고 부작위로 나아감으로써 사람을 죽인 때에 부작위에 의한 살인죄가 성립한다.

(다) 살해의 수단 및 방법에는 제한이 없다. 유형적 방법이건 피살자에게 강한 정신적 충격을 주어 사망에 이르게 하는 무형적 방법이건 불문한다. 다만 미신적 방법에 의한 행위는 살인의 의사를 실현하기 위한 행위라고 평가할 수 없으므로 살해행위에 속하지 않는다(통설).

(라) 살해는 간접적인 방법으로도 가능하다. 우월한 의사의 지배로써 타인을 도구로 이용하여 살해의 목적을 달성한 자는 살인죄의 간접정범이 된다. 자살은 불가벌이지만, 강요나 기망수단에 의하여 자살하게 된 경우 이 죄의 간접정범에 해당한다. 그러나 형법은 위계·위력에 의한 살인죄($^{제253}_{조}$)를 별도로 규정하여 이러한 행위양태를 규율하고 있다.

살인의 방법으로 사법부의 사형판결을 이용하는 것이 가능한가? 형사재판절차는 사법기관의 직권에 의한 실체적 진실발견의무에 근거하기 때문에 고소·고발인이나 증인이 재판을 지배·조종하였다고 볼 수 없다. 따라서 부정하는 것이 옳다.

(마) 살해행위의 착수시기는 행위자가 살의를 가지고 타인의 생명을 위태롭게 하는 행위를 직접 개시했을 때이다.

(4) 결　　과

구성요건결과는 사망이다. 결과야기의 여부는 인과관계의 존부판단과 객관적 귀속관계에 관한 판단의 두 단계를 거쳐 평가된다. 살해행위와 사망 사이에 인과관계(합법칙적 조건관계) 및 객관적 귀속이 인정될 때 기수로 된다. 살해행위가 있고 사망의 결과가 발생했더라도 양자 사이에 인과관계 및 객관적 귀속이 불가능하면 살인미수가 될 뿐이다($^{제254}_{조}$).

3. 주관적 구성요건요소

살해의 고의는 미필적 고의로도 충분하다. 따라서 반드시 살해의 목적이나 계획적인 살해의 의도가 있어야만 인정되는 것은 아니고, 자기의 행위로 인하여 사망의 결과를 발생시킬 만한 가능성 또는 위험을 인식하거나 예견하면 충분하다 (대판 1998. 6. 9, 98 도 980). 심한 격정이나 충동으로 인한 살인의 경우에도 살해의 고의는 인정된다. 살해의 고의는 택일적 고의의 형태로도 성립할 수 있고, 범행의 성공 여부에 관해 불확실한 상태에서 결의했더라도 인정될 수 있다.

＊주의: 보통살인이 자기 또는 타인의 형사사건의 수사 또는 재판과 관련하여 고소 · 고발 등 수사단서의 제공, 진술, 증언, 자료제출을 못하게 하거나 고소 · 고발을 취소하게 하거나 허위의 진술, 증언, 자료제출을 하게 할 목적으로 행하여진 때에는 이른바 보복목적살인으로서 가중처벌된다(특가법 제5조의 9).

4. 구성요건해당성

살인죄는 침해범이므로 행위자가 살해의 고의로써 살해행위를 하여 타인을 사망케 한 때 구성요건해당성이 충족된다. 살인죄의 보호법익인 생명은 목적 그 자체로서 존중될 뿐 다른 목적을 위한 수단으로 처분될 수 없다. 따라서 생명을 침해하는 행위는 사회적 상당성을 인정받을 수 없고, 피해자의 승낙도 구성요건 해당성을 배제하지 못한다.

5. 위법성조각사유

(1) 가능한 정당화사유

살인죄의 위법성조각사유로 가능한 것은 정당방위와 방어적 긴급피난, 그리고 정당행위 중 일부사유이다. 정당행위의 사례로는 사형수에 대한 사형집행, 전투행위중 적사살, 의사가 한 대밖에 없는 인공심폐기를 두 사람의 중환자 중 1인에게만 부착하여 타인이 죽게 된 이른바 해결할 수 없는 정당화적 의무충돌의 경우 등을 들 수 있다.

(2) 안락사의 문제

위법성조각사유와 관련하여 특별히 문제되는 것은 안락사이다. 안락사는 죽음의 고통에 시달리는 불치 또는 빈사상태의 환자에게 고통을 제거하거나 덜어주는 방법으로 생명을 단축시키는 조치를 말한다. 안락사에도 다음과 같은 여러 가지 유형이 있다.

(가) **간접적 안락사**   의사가 생명단축의 결과발생을 예상하면서도 고통을 완화시킬 목적으로 처치를 했던 결과 예상된 부작용으로 자연적 사망시기를 앞당기게 되는 경우를 간접적 안락사라고 한다. 간접적 안락사는 사회상규에 위배되지 아니하는 행위로서 정당화된다.

(나) **소극적 안락사**   치료중단 등 생명연장을 위한 더 이상의 조치를 취하지 않음으로써 예상보다 빨리 죽음에 이르도록 하는 경우를 소극적 안락사라고 한다. 소극적 안락사는 사안에 따라 개별적으로 판단해야 한다. i) 먼저 환자가 죽음의 연기를 원하였음에도 불구하고 의사가 생명연장조치를 취하지 않았을 때는 부작위에 의한 살인죄의 불법비난을 면할 수 없다. ii) 그 밖에 뇌사상태에 있는 환자에 대해서는 더 이상의 치료가 불필요할 뿐만 아니라 반드시 요구되는 것도 아니기 때문에, 치료를 담당했던 의사에게는 보증인 의무가 없다. 따라서 이러한 치료중단은 부작위에 의한 살인죄의 구성요건에 해당하지 않는다.

(다) **적극적 안락사**   적극적 안락사란 사경의 고통을 제거하는 방법으로 아예 목숨을 끊어버리는 경우이다. 적극적 안락사가 정당화될 수 있는지에 대해서는 극히 제한된 조건(환자의 사기 임박과 극심한 고통, 환자의 진지한 동의, 고통을 덜어주기 위한 목적과 의학적으로 온당한 시술)하에서 업무로 인한 행위 또는 사회상규에 위배되지 않는 행위로서 정당화된다는 견해들이 있다. 환자의 요청 내지 동의가 있기 때문에 구성요건으로는 형법 제250조가 아닌 제252조 제 1 항(촉탁·승낙에 의한 살인죄)이 문제된다.

생각건대 생명의 불가처분성, 불가교량성 및 절대적 생명보호의 원칙에서 출발하는 한, 적극적 안락사는 어떠한 상황하에서도 위법성이 조각될 수 없다고 해야 한다(다수설). 우리 판례도 적극적 안락사를 인정하지 않고 있다(대판 1957. 7. 26, 4290 형상 126).

《참고》 자비사(mercy killing)란 단지 생명유지장치에 의해 인공적으로 연명할 뿐 다시 소생할 가망 없는 혼수상태나 뇌사상태의 환자가 차라리 죽음에 이를 수 있도록 생명유지장치를 제거하여 생명을 단축시키는 행위를 말한다. 자비사는 비록 윤리적인 동기면에서 수긍할 점이 있을지라도 절대적 생명보호의 원칙에서 볼 때 인간생명의 존엄성을 명백히 침해하는 행위로서 위법성이 조각되지 않는다. 자비사는 환자의 고통이 크게 문제되지 않는다는 점과 환자 자신이 결정권을 행사할 수 없다는 점에서 안락사와 구별된다.

반면 암의 말기환자와 같이 임박한 죽음의 고통에 시달리는 불치 또는 난치의 환자가 생명연장을 위한 고통스러운 싸움을 포기하고 차라리 품위 있게 죽기를 바랄 경우에 치명적인 의약품을 제공함으로써 환자 스스로 고통 없는 방법으로 사망에 이르게 하는 자살원조행위를 존엄사(death with dignity)라 한다. 존엄사는 환자 스스로 자살에 이를 수 있도록 그것을 방조한다는 점에서 타살에 의한 안락사나 자비사와 구별된다. 따라서 적극적인 안락사와 마찬가지로 존엄사도 위법성이 조각되지 않는다.

6. 죄   수

생명은 일신전속적 법익일 뿐만 아니라 각자에게 고유한 독립된 가치이므로 피해자인 행위객체의 수에 따라 죄수를 결정해야 한다.

(가) 1개의 행위로 여러 사람을 살해한 경우에는 수개의 살인죄가 성립하며 각 죄는 관념적 경합이 된다.

(나) 동일한 장소에서 근접한 시간대에 동일한 방법으로 살인행위를 했더라도 피해자가 다르고 단일한 고의에 의한 행위가 아닐 때에는 포괄일죄라 할 수 없고 수개의 살인죄의 경합범이 된다(대판 1969. 12. 30, 69 도 2062).

(다) 동일인에 대한 살인예비·살인미수 및 살인기수, 동일인에 대한 상해와 살해는 법조경합(보충관계)이므로 하나의 살인죄의 기수가 된다.

(라) 살인행위에 수반되는 의복의 손괴도 불가벌적 수반행위로서 살인죄에 흡수되는 법조경합이므로 살인죄 외에 손괴죄는 별도로 취급되지 않는다.

(마) 동일한 기회에 동일한 행위객체에 대하여 여러 가지 공격행위를 가한 경우 또는 비록 일시·장소·방법은 다를지라도 동일한 살의로 동일인에게 여러 차례의 공격을 가하여 목적을 달성한 경우에는 포괄하여 단순한 1개의 살인죄 기수가 된다(대판 1965. 9. 28, 65 도 695).

(바) 사람을 살해한 다음 죄적을 은폐하기 위하여 시체를 다른 장소로 옮겨 유기한 경우에는 살인죄와 사체유기죄의 경합범이 된다(대판 1997. 7. 25, 97 도 1142; 1984. 11. 27, 84 도 2263).

Ⅲ. 존속살해죄

1. 의   의

존속살해죄란 고의로 자기 또는 배우자의 직계존속을 살해함으로써 성립하는 범죄이다. 사형, 무기 또는 7년 이상의 징역에 처한다(제250조 2항). 자기 또는 배우자의 직계존속에 대한 신분관계로 인하여 보통살인죄에 비해 불법이 가중된 부진 정신분범의 일종이다. 미수범은 처벌하며($^{제254}_{조}$), 유기징역에 처할 때에는 10년 이하의 자격정지를 병과할 수 있다($^{제256}_{조}$).

 * 주의: 다수설은 이 죄를 보통살인죄의 책임가중적 구성요건으로 본다. 즉 행위자의 패륜적인 심정반가치성 때문에 책임이 가중된다는 것이다. 그러나 존속살해죄의 구성요건표지 중에는 이러한 책임가중을 위한 특별한 책임표지가 없다. 그럼에도 그것이 있는 것으로 해석하는 것은 허용되지 않는 유추적용에 해당할 수 있다. 오히려 이 죄에서 중요한 평가대상은 자기 또는 배우자의 직계존속을 살해했다는 객관적인 신분적 사실이다. 그 밖에 존속범죄의 많은 경우에 비속의 패륜성 보다는 오히려 가족·비속에 대한 존속의 폭력 내지 학대가 원인을 제공한다는 점에서 존속범죄를 일률적으로 책임가중구성요건으로 보는 것은 사실에 부합하지 않는다.

 존속살해죄의 주된 보호법익은 사람의 생명이지만, 가족질서 내에서 효를 중심으로 한 인륜관계도 부차적 보호법익이다. 존속은 생명질서의 관점에서 볼 때 행위자 자신의 생명의 매개자로서의 지위를 갖는다. 따라서 존속에 대한 존중은 동서고금의 모든 문화 속에서 보편적 윤리성을 지닐 뿐만 아니라 사회생활상의 기본질서로서의 의미를 지닌다. 그러므로 그에 대한 침해는 보통살인에 비해 더 높은 사회적 불법비난을 받는다.

2. 객관적 구성요건요소

(1) 행위주체

 행위주체는 직계비속의 신분을 가진 사람 또는 그 배우자이다. 직계비속이란 혈통이 직상직하하는 형태로 연결되는 친족(예컨대 부모, 자, 손, 외손 등)으로서(이를 직계라 함), 자 및 자와 동일한 항렬 이하에 속하는 친족(이를 비속이라 함)을 말한다.

(2) 행위객체

 행위객체는 자기 또는 배우자의 직계존속이다. 직계존속이란 혈통이 직상직하하는 형태로 연결되는 친족으로서(이를 직계라 함), 부모 및 부모와 동일한 항렬 이상에 속하는 친족(이를 존속이라 함. 예컨대 증조부모, 조부모, 외조부모 등)을 말한다.

 직계존속은 법률상의 직계존속에 한하며, 사실상의 직계존속은 포함하지 않는다(통설). 또한 민법의 친족관계규정에 따라 정해지며, 반드시 호적의 기재가 기준이 되는 것은 아니다(대판 1983. 6. 28, 83 도 996). 본죄의 행위객체인 존속의 개념에는 자연혈족(실친)이든 법정혈족(양친)이든 혈친에 한하고 인척은 포함되지 않는다. 현행 민법의 체계상 계모자 및 적모서자관계는 모자관계가 아니라 인척에 지나지 않으므로 직계존속의 범위에서 배제된다(민법 제769조).

자연혈족적인 직계존속관계는 원칙적으로 부모의 혼인과 자녀의 출생으로 발생한다. 부모의 사실혼관계에서 출생한 자 또는 혼인외 출생자는 모와의 관계에서는 출생에 의해 자연혈족적인 직계존속관계가 곧바로 성립하지만, 부의 직계존속성은 인지에 의하여 비로소 인정된다. 자연혈족관계는 사망으로 인하여 소멸하지만, 사자를 통해 연결된 생존자의 혈족관계에는 영향을 주지 않는다.

양친족관계는 입양의 성립에 의하여 발생하며 파양이나 입양의 무효·취소로 인하여 종료한다(민법 제776조). 입양으로 인해 양친 및 그 직계존속과 양자 및 그 직계비속 사이에도 직계존비속관계가 형성된다. 한편 양자가 양친족과 법정혈족관계를 맺어도 친생부모와의 자연혈족관계는 소멸하지 않으므로 실친 및 그 직상항렬도 양자에 대해 직계존속이다(대판 1967. 1. 31, 66 도 1483). 친양자가 친생부모를 살해한 경우는 어떻게 보아야 할 것인가? 민법은 2008년 1월 1일부터 시행된 친양자제도에서 양자와 친생부모와의 혈족관계가 종료됨을 명시하고 있기 때문에(민법 제908조의 3 2항 본문) 친양자로의 입양이 확정됨으로써 사법상 친생부모와의 혈족관계는 종료되지만 이 경우에도 역시 자연혈족관계는 소멸하지 않는다고 보아 형법상으로는 존속살해죄가 성립한다고 보는 것이 옳을 것이다. 참고로 민법은 8촌 이내의 혈족간에 의한 근친혼을 금하면서 친양자의 입양전 혈족을 포함하는 것으로 규정(민법 제809조)하여 혼인의 경우에는 혈통에 의한 자연혈족관계가 소멸할 수 없음을 밝히고 있는데, 역시 이 점이 형법상의 판단에 있어서도 고려되어야 할 것이다.

배우자란 혼인에 의해 결합된 부부의 일방이 타방을 가리키는 말이다. 따라서 사실혼의 부부나 첩은 배우자가 아니다. 배우자관계는 혼인의 성립(민법 제812조)에 의해 발생하며, 당사자 일방의 사망, 혼인의 무효·취소 또는 이혼으로 인하여 소멸한다. 우리 민법상 배우자 일방의 직계존속과 상대방 배우자 사이에는 인척관계가 성립될 뿐 혈족관계가 성립하는 것은 아니다(민법 제769조). 따라서 시부모 또는 처부모는 법률상 부모가 아니라 인척에 불과하다. 그러나 혼인으로써 부부는 한 몸을 이루므로 배우자의 직계존속도 자신의 직계존속과 같은 의미를 지닌다. 이런 의미에서 형법은 자기의 직계존속과 마찬가지로 배우자의 직계존속도 이 죄의 독립된 행위객체로 삼고 있다.

《참고》 배우자의 직계존속은 원래 인척관계이지만 불법가중적 신분요소로 삼는 것이므로 그 적용에는 엄격한 제한을 필요로 한다. ⅰ) 부부 일방의 사망에 의해 혼인은 해소되지만 혼인에 의해 발생되었던 친족관계인 인척관계는 당연히 소멸하는 것은 아니고 다만 생존배우자가 재혼한 때에 한하여 소멸된다(민법 제775조). ⅱ) 남편이 사망 후 미망인이 재혼하기 전 시부모를 살해한 경우, 배우자의 사망으로 배우자관계는 소멸되고 배우자의 직계존속이란 현존하는 배우자의 직계존속만을 지칭하므로 보통살인죄가 될 뿐이라고 하는 것이 우리나라의 다수설이다. 그러나 중요한 것은 배우자관계의 현존 여부가 아니라 행위자와 배우자였던 자의 직계존속 사이에 현존하는 일상생활상의 특별한 인척관계이다. 따라서 이 경우에도 존속살해죄가 성립한다. ⅲ) 동일기회에 배우자를 먼저 살해하고 계속하여 그의 직계존속을 살해한 때에도 이 죄는 성립한다. 직계비속이라는 신분은 실행의 착수시기에 존재하면 족하기 때문이다(통설).

3. 주관적 구성요건요소 및 착오

구성요건고의에는 자기 또는 배우자의 직계존속을 살해한다는 사실에 대한 인식과 의사가 있어야 한다. 미필적 고의로도 충분하다.

특별히 존속인 사실을 인식하지 못한 채 일반인인 줄 알고 살해했으나 피살자가 존속이었던 경우(이가치 객체간의 객체의 착오)에는 불법가중사유에 관한 구성요건착오의 특별한 예이므로 형법 제15조 1항을 직접 적용하여 보통살인죄의 고의기수가 된다.

반면 존속인 줄 알고 살해하였으나 일반인이 살해된 경우에는 존속살해죄의 불능미수와 보통살인죄의 관념적 경합이 된다. 제15조 1항을 반전시켜 행위자에게 적어도 경한 범죄의 범위 내에서 고의 기수를 인정해야 하기 때문이다.

존속을 살해할 의사였으나 방법의 착오로 일반인이 살해된 경우(이가치 객체간의 방법의 착오)에는 형법 제15조 1항의 적용대상이 아니므로 학설에 따라 해결해야 한다. 구체적 부합설에 따라 존속살해의 장애미수와 과실치사의 관념적 경합이 된다고 해야 한다(다수설). 법정적 부합설 중 이른바 법익부합설의 견지에서 이 경우 보통살인죄만 성립한다고 보는 견해도 있으나 고의귀속의 기준에 비추어 볼 때 수긍하기 어려운 결론이다.

4. 정범 및 공범관계

이 죄의 신분 없는 정범 및 공범에 대하여는 형법 제33조 단서가 적용된다.

㈎ A와 B가 공동으로 A의 부를 살해한 경우 A의 존속살해죄와 B의 보통

살인죄 사이에 공동정범이 성립하되 각자 자기의 죄책범위 내에서 책임을 진다.

(나) A가 B를 교사 또는 방조하여 B의 부를 살해하게 하면 A는 보통살인죄의 교사 또는 방조범, B는 존속살해죄의 정범이 된다.

(다) A가 B를 교사 또는 방조하여 A의 부를 살해하게 하면 A는 존속살해죄의 교사 또는 방조범, B는 보통살해죄의 정범이 된다.

5. 위헌논의

존속살해죄를 보통살인죄보다 중하게 처벌하는 것은 직계비속과 그 배우자를 신분을 이유로 불리하게 대함으로써 헌법 제11조 1항의 평등원칙에 반하는 것인가?

생각건대 존속살해에 대한 가중처벌은 우리의 전통문화와 지배적 법의식에 비추어 법이론적으로나 형사정책적으로 충분한 근거를 갖고 있는 제도이다. 자식이 부모를 공경하는 것은 봉건적 가족제도의 유산이라기보다 우리의 사회윤리 내지 법의식의 본질적 구성부분이다. 그러므로 형법상 존속살해죄규정은 적극적 일반예방의 관점에서 직계비속과 그 배우자에 대해 부모공경이라는 사회윤리적 행위가치의 내면화를 기대하고 있는 것으로서 헌법상의 평등원칙규정에 반하는 것은 아니다. 헌법재판소도 존속관련범죄를 가중 처벌토록 하는 형법규정은 합헌이라는 결정을 내린 바 있다(헌재결 2002. 3. 28, 2000 헌바 53).

Ⅳ. 영아살해죄

1. 의   의

영아살해죄(Kindertötung, infanticide)는 직계존속이 참작할 만한 일신상의 사정이나 특수한 동기로 인하여 분만중 또는 분만 직후의 영아를 살해함으로써 성립하는 범죄이다. 10년 이하의 징역에 처한다(제251조). 범죄주체가 갖는 특별한 주관적 정상이나 참작할 만한 동기 때문에 보통살인죄에 비해 책임 및 형이 감경되는 감경적 구성요건이다. 미수범은 처벌한다(제254조).

2. 객관적 구성요건요소

(1) 행위주체

행위주체는 직계존속이다. 여기에서 말하는 직계존속은 법률상의 직계존속에 한하지 않고 사실상의 직계존속도 포함한다(통설). 그러나 판례는 더 엄격한 입장에서 법률상의 직계존속에 한한다고 본다.

∥ **판례** ∥ 사실상 동거관계에 있는 남녀 사이에 영아를 분만하자 남자가 영아를 살해한 경우 그 남자와 영아 사이에 법률상 직계존·비속관계가 없으므로 보통살인죄에 해당한다(대판 1970. 3. 10, 69 도 2285).

·우리 형법상 영아살해죄는 출산으로 인한 산모의 정신상태만을 고려하지 않고 친족의 명예까지도 고려하여 책임 및 형을 감경시키는 것이므로 이 죄의 주체는 모든 직계존속이라는 견해가 다수설이다. 반면 이 죄의 입법취지는 출산으로 인한 산모의 비정상적인 정신상태를 고려하려는 것이므로 이 죄의 주체는 산모에 국한된다는 견해도 있다. 생각건대 치욕은폐 또는 양육할 수 없음과 같은 동기는 가족의 명예와 산모의 정신상태를 종합적으로 고려하고 있는 일상언어이다. 따라서 이러한 동기에서 행위하기 쉬운 사실상의 직계존속도 포함시켜야 한다. 즉 사생아인 영아의 부 및 조부모, 외조부모도 주체가 된다.

(2) 행위객체

행위객체는 분만중 또는 분만 직후의 영아이다. 영아의 시기는 사람의 시기와 일치한다. 분만을 위한 진통의 개시를 기점으로 그 이전은 태아, 그 이후는 영아이다. 영아의 시기는 이처럼 분만개시시를 표준으로 삼아 객관적으로 정할 수 있다.

그러나 영아의 종기는 영아의 출산으로 야기된 직계존속의 비정상적 동기상황이 지속되는 시점까지다. 분만중 또는 분만직후가 그 기간이지만, 객관적으로 확정할 수 없다. 행위자의 동기상황을 참작하여 규범적으로 판단해야 한다. 이렇게 볼 때 영아살해죄는 낙태죄를 하한선으로 하고 보통살인죄를 상한선으로 삼는 중간영역에서 성립하는 범죄이다. 영아인 한 반드시 사생아가 아니라도 좋다.

3. 주관적 구성요건요소

고의성립에는 자신이 직계존속이라는 점과 영아를 살해한다는 점에 대한 인식과 의사가 있어야 한다. 비록 영아살해가 분만으로 인한 극도의 충동이나 흥분상태에서 실행되었더라도 고의성립에 지장이 없다.

4. 특별한 책임표지 및 착오

이 죄가 성립하기 위해서는 행위주체가 분만중 또는 분만 직후의 영아를 i)

치욕은폐, ii) 양육곤란, iii) 특히 참작할 만한 동기를 가지고 살해해야 한다. 이것은 범죄구성요건 중 책임구성요건요소(특별한 책임표지)에 해당한다. 행위자가 여기에 해당하는 사유로 이 죄를 저질렀을 때, 사람의 생명이라는 보호법익 및 불법에서는 보통살인죄와 다름없지만, 특별한 책임표지의 존재로 말미암아 보통살인죄에 비해 책임과 형이 감경된다.

(1) 분만중 또는 분만 직후의 상황(객관적인 특별한 책임표지)

분만중이란 개방진통이 시작된 때로부터 분만이 완료된 때(전부노출)까지를 말한다. 또한 분만 직후란 분만으로 인한 충격상태가 계속되는 동안을 말한다. 분만으로 야기된 충격상태는 책임을 감경할 특수한 심리상태이므로 일정한 시간적 간격으로써 기계적으로 결정할 문제는 아니다. 분만중 또는 분만 직후라는 객관적 행위사정은 이같은 특수한 심리상태를 추정시키기에 충분한 상태를 말한다.

(2) 치욕은폐·양육곤란의 동기상황(제한된 주관적 책임표지)

가정이 몹시 가난하여 영아를 도저히 양육할 경제적 능력이 없다고 판단하거나, 개인이나 가족의 명예에 치욕이 되는 것을 막기 위한 조치로써 영아를 살해한 경우이다. 예컨대 강간으로 임신한 경우 또는 과부·미혼모가 사생아를 출산한 경우에 행해지는 영아살해는 치욕은폐의 동기에서 비롯되는 경우가 많다.

(3) 특히 참작할 만한 동기(순수주관적 책임표지)

책임감경을 인정할 수 있는 특별한 사유로서 앞의 두 가지 동기상황에 해당되지 않는 그 밖의 사유를 말한다. 예컨대 질환·불구·기형·조산 등으로 생육의 가망이 별로 없는 경우가 이에 속한다.

(4) 동기의 착오가 있는 경우

책임감경사유가 없음에도 있다고 착오로 잘못 인정한 경우(예컨대 직계존속이 적출로 분만된 영아를 사생아로 오해하고 살해한 경우), 형법 제15조 1항이 적용되어서가 아니라 단지 행위자가 주관적으로 생각했던 표상에 따라 영아살해죄만 성립한다.

반면 책임감경사유가 있음에도 없다고 착오로 잘못 인정한 경우(예컨대 직계존속이 객관적으로 사생아인 영아를 사생아가 아니라고 오해한 뒤 그럼에도 그 영아를 살해한 경우), 마찬가지로 행위자가 주관적으로 생각했던 표상에 따라 보통살인죄의 고의기수만 성립한다.

5. 정범 및 공범관계

신분 없는 정범 및 공범이 이 죄에 참가한 경우에는 제33조 단서가 적용된다.

㈎ 직계존속 아닌 자가 직계존속과 공동으로 이 죄를 범한 경우에는 직계존속의 영아살해죄와 직계존속 아닌 자의 보통살인죄 사이에 공동정범이 성립한다.

㈏ 직계존속 아닌 자가 직계존속을 교사·방조하여 이 죄를 범한 경우에 직계존속은 이 죄의 정범이 되지만 직계존속 아닌 자는 보통살인죄의 교사·방조범이 된다.

㈐ 직계존속이 직계존속 아닌 자를 교사·방조하여 이 죄를 범한 경우에 직계존속은 이 죄의 교사·방조범이 되지만 직계존속 아닌 자는 보통살인죄의 정범이 된다.

㈑ 직계존속은 이 죄의 간접정범이 될 수 있지만, 직계존속 아닌 자는 간접정범의 형식으로 이 죄를 범했더라도 보통살인죄의 간접정범이 될 뿐이다.

Ⅴ. 촉탁·승낙살인죄

1. 의   의

촉탁·승낙살인죄는 피해자의 촉탁 또는 승낙을 받아 그를 살해함으로써 성립하는 범죄이다. 1년 이상 10년 이하의 징역에 처한다($^{제252조}_{1항}$). 일명 동의살인죄라고도 한다. 미수범은 처벌하며($^{제254}_{조}$), 유기징역에 처할 때에는 10년 이하의 자격정지를 병과할 수 있다($^{제256}_{조}$).

이 죄는 피해자의 촉탁 또는 승낙사실이 존재함을 이유로 보통살인죄에 비해 형을 감경하는 구성요건이다. 물론 절대적 생명보호의 원칙상 비록 자기의 생명이라도 임의로 처분할 수는 없다. 그런데도 형벌을 감경하는 근거에 관하여 책임감경설도 있으나 피해자의 촉탁·승낙이 피해자의 승낙과 유사하게 불법을 감경한다는 불법감경설이 우리나라의 통설이며 또한 타당하다.

2. 객관적 구성요건요소

(1) 행위객체

행위객체는 자신에 대한 살해를 촉탁·승낙한 자로서, 행위자 이외의 자연인이면 충분하다. 다만 적어도 죽음이 무엇인가를 이해할 수 있는 능력과 자유로이

의사를 결정할 수 있는 능력을 가진 자라야 한다. 그러므로 연소자·정신병자·기타 정신장애자는 객체가 될 수 없다.

(2) 행   위

촉탁 또는 승낙을 받아 살해하는 것이다. 의사표시의 강도에서 촉탁은 승낙보다 정도가 높다. 촉탁은 이미 죽음을 결의한 피해자가 타인에게 자신을 직접 살해해 줄 것을 요구하는 진지하고 명시적인 의사표시를 말한다. 촉탁은 실제적으로 피해자가 자신에 대한 살해를 타인에게 교사하는 것과 같다. 행위자가 촉탁 이전에 이미 살해하기로 마음먹고 있었을 때에는 촉탁이 될 수 없다.

승낙은 이미 살해의 결의를 하고 있는 행위자에게 피해자가 자신의 살해에 대해 동의하는 의사표시를 말한다. 이러한 승낙은 실제적으로 피해자가 자신에 대한 타인의 살해를 방조하는 것과 같다. 따라서 승낙은 살해에 대한 피해자의 단순한 양해의 정도를 넘는 것이어야 한다.

(3) 촉탁·승낙의 요건

(가) 촉탁·승낙은 피해자 자신이 타인에게 직접 행한 것이어야 한다. 대리촉탁·승낙에 의한 살해는 원칙적으로 보통살인죄를 구성한다.

(나) 촉탁·승낙은 피해자의 자유로운 의사결정에 기초한 것이어야 한다. 따라서 강박에 의한 촉탁·승낙은 위력에 의한 살인죄($^{제253}_{조}$)를 구성한다.

(다) 촉탁·승낙은 피해자의 진의에 의한 것이어야 한다. 따라서 기망에 의한 촉탁·승낙은 위계에 의한 살인죄($^{제253}_{조}$)를 구성한다.

(라) 촉탁은 언제나 피해자의 진정하고 분명한 의사에 상응해야 한다. 연소자·정신병자 및 농담이나 취중에 하는 의사표시는 촉탁이 아니다. 승낙의 의사표시는 엄격한 진지성을 요하지는 않으나 적어도 승낙에 기초한 살해가 피해자의 의사에 반하지는 말아야 한다.

(마) 촉탁은 명시적인 것이어야 한다. 그러나 승낙은 반드시 명시적일 필요는 없고 묵시적이어도 좋다.

(바) 촉탁·승낙은 늦어도 살해행위시까지는 행위자에게 표시되어 있어야 한다.

(사) 촉탁·승낙의 상대방이 특정되어 있을 필요는 없다. 그러나 특정한 상대방에게만 촉탁·승낙했을 경우, 그 상대방 이외의 제 3 자에 대해서는 이 죄가 성립하지 않는다.

⑷ **살해행위**

행위양태는 촉탁 또는 승낙을 받아 그 촉탁·승낙자를 살해하는 것이다. 촉탁·승낙을 받아 피해자를 살해함으로써 기수가 된다. 실행의 착수시기는 촉탁·승낙의 시점을 기준으로 할 것이 아니라 살해행위를 기준으로 해야 한다. 생명법익에 대한 직접적인 침해위험은 살해행위를 직접 개시했을 때 비로소 발생하기 때문이다. 따라서 살해의 촉탁·승낙만으로는 불가벌적 예비에 불과하다.

촉탁에 의한 살해는 부작위로서도 가능하다. 예컨대 부부 중 일방이 자살을 준비하면서 타방에게 분명하고 진지한 의사표시로 자신을 구해주지 말 것을 요청하고 타방이 이에 응하여 구조행위를 하지 않음으로써 자살이 성립한 경우에는 자살관여죄가 아니라 촉탁살인이 된다.

3. 주관적 구성요건요소 및 착오

구성요건고의에는 피해자로부터 촉탁 또는 승낙이 있다는 사실을 인식하고 그 피해자를 살해한다는 점에 대한 인식 의사가 있어야 한다.

피해자의 촉탁·승인이 없음에도 있다고 착오하고 피해자를 살해한 경우에 이 죄를 보통살인죄의 불법감경구성요건으로 보는 한 형법 제15조 1항의 취지에 따라 촉탁·승낙살인죄의 죄값을 물어야 한다. 경한 죄(촉탁·승낙살인죄)의 고의로 중한 죄(보통살인죄)를 범한 경우이기 때문이다.

반전된 경우, 즉 피해자의 촉탁·승낙이 있었지만 모르고 보통살인의 고의로 피해자를 살해한 경우에는 중한 죄(보통살인죄)의 고의로 경한 죄(촉탁·승낙살인죄)를 범한 경우에 해당한다. 따라서 형법 제15조 1항의 규율을 반전시켜 행위자에게 적어도 경한 범죄의 범위 내에서 고의기수를 인정하여, 경한 범죄의 고의기수와 중한 범죄의 미수 사이의 관념적 경합으로 취급하는 것이 옳다. 결국 촉탁·승낙살인죄의 기수와 보통살인죄의 미수의 상상적 경합이 된다.

VI. 자살교사·방조죄

1. 의   의

자살교사·방조죄는 사람을 교사 또는 방조하여 자살하게 함으로써 성립하는 범죄이다. 1년 이상 10년 이하의 징역에 처한다($\frac{제252조}{2항}$). 일명 자살관여죄라고도

한다. 미수범은 처벌하며(^{제254}_조), 유기징역에 처할 때에는 10년 이하의 자격정지를 병과할 수 있다(^{제256}_조).

　　우리 형법상 자살이나 자살미수 자체는 구성요건해당성이 없기 때문에 처벌되지 않는다. 타인의 자살에 관여한 행위만이 처벌대상이 될 뿐이다. 타인의 생명에 대한 존중을 요구하고 있는 살인죄의 입법목적에 비추어 볼 때 타인의 자살을 교사 또는 방조하는 행위는 이미 절대적 생명보호의 원칙을 침해한 것이 되기 때문이다.

2. 객관적 구성요건요소

(1) 행위주체

　　자연인이면 모두 주체가 될 수 있다. 다만 자살자 자신은 이 죄의 필요적 공범에 해당하나, 자살 자체는 구성요건해당성이 없기 때문에 처벌되지 않는다.

(2) 행위객체

　　행위자 이외의 자연인이다. 다만 자살의 의미를 이해할 수 있는 능력이 없는 자를 교사 또는 방조한 때에는 살인죄의 간접정범이 된다. 비록 자살의 의미를 이해할 수 있는 사람이라도 위계 또는 위력에 의해 자살을 결정한 경우라면 위계·위력에 의한 살인죄가 성립한다.

(3) 행　　위

　　행위양태는 자살을 교사 또는 방조하는 것이다. 자살의 교사는 자살할 의사가 없는 사람에게 자살을 결심하게 하는 것을 말한다. 교사의 수단·방법에는 제한이 없다.

　　자살의 방조는 이미 자살을 결심하고 있는 자에게 그 자살행위를 원조하여 자살을 용이하게 하는 것을 말한다. 방조의 수단·방법에도 제한이 없다. 즉 자살도구인 총·칼을 빌려주거나 독약을 만들어주거나, 조언 또는 격려를 한다거나 기타 적극적·소극적, 물질적·정신적 방법이 모두 포함된다(대판 1992. 7. 24, 92 도 1148).

　　다만 교사·방조자가 우월한 의사지배를 할 수 있는 위치에서 타인의 자살행위를 지배·조종하였다고 볼 수 있는 경우에는 위계·위력에 의한 살인죄에 해당한다.

　　실행의 착수시기는 자살관여자가 자살을 교사·방조한 때이다(다수설). 여기서 교사·방조는 본죄 구성요건의 실행행위이기 때문이다. 따라서 자살을 교사·방조하였으나 자살하지 않은 경우에는 이 죄의 미수가 성립한다.

‖**판례**‖   자살방죄죄가 성립하기 위해서는 그 방조 상대방의 구체적인 자살의 실행을 원조하여 이를 용이하게 하는 행위의 존재 및 그 점에 대한 행위자의 인식이 요구된다. 피고인이 인터넷 사이트 내 자살 관련 카페 게시판에 청산염 등 자살용 유독물의 판매광고를 한 행위는 단지 금원 편취 목적의 사기행각의 일환으로 이루어졌고, 변사자들이 다른 경로로 입수한 청산염을 이용하여 자살한 사정 등에 비추어 피고인의 행위는 자살방조에 해당하지 않는다(대판 2005. 6. 10, 2005 도 1373).

자살교사·방조와 촉탁·승낙살인의 구별에 관하여는 학설이 나뉜다. i) **주관적 행위수행기준설**은 사망의 결과를 야기하는 행위수행의 주도적 역할을 행위자가 담당하면 촉탁살인이고, 자살자가 담당하면 자살방조라고 한다. ii) 반면 **범행지배기준설**은 범행지배가 있으면 촉탁살인이고 범행지배가 없으면 자살방조라는 입장이다(다수설). 범행지배기준설은 자살방조를 독립된 범죄행태로 보지 않고 공범의 한 형태로 본 점에서 타당하지 않다. 따라서 전설의 견해가 옳다.

(4) 결   과

자살로 인한 사망의 결과가 구성요건결과가 된다. 자살교사·방조와 자살행위 및 사망의 결과야기 사이에 인과관계(합법칙적 조건관계)나 객관적 귀속관계가 결여된 때에는 미수가 되며, 미수범은 처벌한다($^{제254}_조$).

《참고》 합의동사(일명 동반자살 또는 정사)란 합의에 의한 **공동자살**을 말한다. 합의동사에서 1인이 사망하고 다른 1인은 살아났을 경우에, 그 생존자를 이 죄로 처벌할 수 있느냐가 문제된다. 유형을 나누어 살펴야 한다. i) 두 사람이 동시에 동반자살을 시도했으나 체질의 차이로 한 사람만 살아남은 경우는 자살의 공동정범으로 생존자는 원칙적으로 불가벌이다. ii) 그러나 살아 남은 일방이 타방의 자살을 방조한 사실이 인정되는 때에는 자살방조죄가 성립한다. iii) 자살을 합의할 때 생존자가 사망한 상대방의 자살결의를 불러일으킨 사실이 인정되는 때에는 자살교사죄가 성립한다. iv) 반면에 자신은 같이 죽을 마음이 없으면서도 동반자살을 가장하고 타인을 기망·강요하여 자살하게 한 때(강제정사)에는 위계·위력에 의한 살인죄가 성립한다.

3. 주관적 구성요건요소

구성요건고의는 타인에게 자살을 교사 또는 방조한다는 점, 이 교사·방조에 의하여 타인이 자살하게 되리라는 점, 그 결과로 사망이 발생하리라는 점 및 이러한 객관적 요소 사이에 존재하는 인과관계 등에 대한 인식·의사이다. 미필적 고의라도 좋다. 그 밖에 특별한 동기나 목적 따위는 필요 없다.

4. 죄수 및 타죄와의 관계

(가) 자살을 교사하고 더 나아가 자살을 방조까지 한 경우에는 포괄적 일죄로서 자살교사죄가 성립한다.

(나) 타인을 교사하여 자살을 결의하게 하고 더 나아가 그 촉탁을 받아 살해까지 한 경우에는 자살교사죄와 촉탁살인죄의 법조경합보충관계로 보아 촉탁살인죄만 성립한다는 견해가 다수설이다. 그러나 자살관여죄의 독자성을 인정하는 한, 효과 없는 교사에 준하는 자살교사미수와 촉탁살인죄의 실체적 경합으로 봄이 타당할 것이다.

Ⅶ. 위계·위력에 의한 살인죄

1. 의　　의

위계·위력에 의한 살인죄는 위계 또는 위력으로써 사람의 촉탁 또는 승낙을 받아 그를 살해하거나 자살을 결의하게 함으로써 성립하는 범죄이다. 살인죄($\frac{제250}{조}$)와 같이 처벌한다($\frac{제253}{조}$). 따라서 미수범은 처벌하며($\frac{제254}{조}$), 유기징역에 처할 때에는 10년 이하의 자격정지를 병과할 수 있다($\frac{제256}{조}$).

이 죄는 의사의 흠결(위계의 경우)이나 하자 있는 의사표시(위력의 경우)와 같은 비정상적 의사표시를 전제로 하는 점에서, 피해자의 진지하고 자유로운 의사결정에 기초한 촉탁·승낙살인이나 자살관여죄와는 구별된다. 오히려 본인의 진정한 의사에 반해서 행해지는 살인죄와 유사한 성격을 갖고 있다. 특히 위계·위력으로 타인을 자살하게 한 경우는 이론적으로 살인죄의 간접정범에 해당된다. 그것을 별개의 구성요건으로 규정한 것이다.

2. 객관적 구성요건요소

(1) 행위주체와 행위객체

행위주체와 객체는 살인죄의 경우와 동일하다.

(2) 행   위

구성요건상 요구되는 행위양태는 살해하거나 자살하게 하는 것이다. 법문상 「촉탁·승낙하게 하거나」는 촉탁·승낙을 받아 그 촉탁·승낙자를 살해하는 것을, 「자살을 결의하게 한 때」는 위계·위력의 상대방이 실제로 자살을 하였을 것을 의미한다.

행위수단은 위계 또는 위력이다. 위계란 상대방의 부지나 착오를 이용하여 자신의 범행목적을 달성하는 경우를 말한다. 기망수단을 사용하거나 부지 또는 착오를 이용하거나 상대방을 유혹에 빠뜨리는 경우와 같다. 위력이란 상대방의 의사를 억압할 수 있는 유형·무형의 모든 힘의 행사를 말한다. 폭행·협박은 물론 자기가 가지고 있는 경제적·사회적 지위를 이용하는 것도 이에 해당한다.

(3) 결   과

구성요건결과는 사망이다. 미수범은 처벌한다($^{제254}_{조}$). 예컨대 행위자가 피해자에게 살해를 촉탁·승낙하도록 위계 또는 위력을 행사했으나 피해자가 이에 불응했거나, 피해자의 촉탁·승낙하에서 살해를 시도했으나 사망의 결과가 야기되지 않은 경우 또는 피해자가 자살을 감행했으나 사망에 이르지 못한 경우가 이에 해당된다.

3. 주관적 구성요건요소

구성요건고의에는 타인에게 위계·위력을 행사한다는 사실, 그의 촉탁·승낙을 받아 그를 살해한다는 사실 및 그로 하여금 자살의 결의하에 자살케 하는 사실, 살해 또는 자살로 인한 사망의 결과야기 등에 대한 인식·의사가 있어야 한다. 만약 이들 객관적 요소 중 어느 하나에 대한 인식이 결여된 경우라면 구성요건착오가 된다.

4. 죄   수

행위자가 행위수단 중 위계와 위력을 동시 또는 이시에 연속적으로 행사한 경우라도 포괄하여 일죄를 구성한다. 위계·위력하에서 피해자의 자살과 촉탁·승낙살해가 중첩되었을 때에도 전체로서 위계·위력에 의한 살인죄가 성립될 뿐이다.

5. 처   벌

제250조의 예에 의한다. 즉 행위객체가 일반인인 경우에는 보통살인죄의 형으로, 자기 또는 배우자의 직계존속인 경우에는 존속살해죄의 형으로 처벌한다는 의미이다.

Ⅷ. 살인예비 · 음모죄

1. 의   의

살인예비 · 음모죄는 살인죄, 존속살해죄 및 위계 · 위력에 의한 살인죄를 범할 목적으로 예비 또는 음모함으로써 성립하는 범죄이다. 10년 이하의 징역에 처한다($\frac{제255}{조}$). 살인예비 · 음모죄는 단지 살인죄의 수정적 구성요건이 아니라 살인죄의 실행의 착수 이전에 논의되는 제한된 독립된 범죄구성요건이다.

2. 객관적 구성요건요소

살인예비는 살인의 실행을 위한 준비행위로서 아직 실행의 착수에 이르지 아니한 일체의 행위를 말한다. 반드시 물적 준비에 그치는 것이 아니고, 요긴한 기술습득 등 정신적 준비도 그것이 외부적 행위로서 확인될 수 있는 한 충분하다.

살인음모는 두 사람 이상 사이의 살인을 실행하기 위한 모의, 즉 공동의사의 형성을 말한다. 음모는 주로 범죄실행에 대한 의사연락이긴 하지만 범죄의 준비행위라는 점에서 넓은 의미의 예비에 속한다.

3. 주관적 구성요건요소

살인예비 · 음모죄는 예비 · 음모행위 자체에 대한 고의 외에 기본범죄인 살인죄의 구성요건을 실현하려는 목적을 요한다. 예비죄는 기본범죄와는 독립 별개이면서도 기본범죄의 실현에 대한 지향성을 갖는다. 따라서 비록 시기는 미정이더라도 적어도 살해할 대상자가 누구인지는 구체적으로 확정되어 있는 사정하에서의 준비행위만이 살인예비 · 음모에 해당할 수 있다.

‖ **판례** ‖ 살인용도로 사용하기 위해서 흉기를 준비하였더라도 그 흉기로 살해할 대상자가 확정되지 아니한 이상 살인예비죄로 다스릴 수 없다(대판 1959. 9. 1, 4292 형상 387).

4. 살인예비의 중지

예비·음모자가 기본범죄의 실행의 착수에 나아가면 예비죄는 본범의 기수 또는 미수와 법조경합이 되어 기본범죄에 흡수된다. 살인을 예비·음모한 자가 살인의 실행에 착수하기 이전 준비행위단계에서 자의로 중지하거나 포기한 경우에 중지미수의 규정을 적용할 것인가?

긍정설이 다수설이다. 실행에 착수한 다음 중지하면 당연히 중지미수의 규정이 적용되어 형의 면제까지 되는 반면, 예비의 중지에 중지미수규정을 적용하지 않으면 이 혜택을 받을 수 없어 형의 균형이 깨어지기 때문이다. 반면 **부정설**은 실행의 착수 이전인 예비행위의 중지에 중지미수규정을 적용하면 결국 예비의 미수를 인정하는 형용의 모순이라고 본다. 판례는 부정설의 입장에 서 있다(대판 1966. 7. 12, 66 도 617; 1966. 4. 21, 66 도 152).

‖ **판례** ‖ 중지범(제28조)은 범죄의 실행에 착수한 후에 자의로 그 행위를 중지한 때를 말하므로 실행의 착수가 있기 전인 예비·음모의 행위를 처벌하는 경우에는 중지범의 관념을 인정할 수 없다(대판 1966. 7. 12, 66 도 617).

생각건대 예비·음모는 실행의 착수 이전의 행태이므로 이에 중지미수의 규정을 유추적용하는 것은 형의 균형상으로 보면 타당하나 예비와 미수를 구별하고 있는 형법이론상으로는 무리이다. 형의 균형을 맞추려면 근본적으로 예비죄에 대해서도 필요에 따라 형의 면제가 가능하도록 하여 입법론상의 해결을 꾀하는 것이 옳다. 그와 같은 입법론상의 해결을 기대할 수 없는 현행법 해석론의 입장에서는 예비행위자가 자수에 이르렀거나 적어도 능동적 후회에 이르렀다고 볼 수 있는 성질의 행위를 실제 외부적으로 표현했을 때 예비죄 자수에 대한 필요적 감면규정을 유추적용하여 그 한도에서 처벌의 불균형을 시정하는 것이 옳다고 본다.

제 3 절 낙태의 죄

Ⅰ. 총   설

1. 체   계

낙태죄의 기본적 구성요건은 부녀의 자기낙태죄($^{제269조}_{1항}$)와 단순한 촉탁·승낙에 의한 이른바 동의낙태죄($^{제269조}_{2항}$)이다. 이에 비해 의사 등의 직업에 종사하는 자가 부녀의 촉탁·승낙을 받아 낙태를 하는 이른바 업무상 동의낙태죄($^{제270조}_{1항}$)는 동의낙태죄에 비해 객관적 신분관계로 불법이 가중된 구성요건이 된다. 부동의낙태죄($^{제270조}_{2항}$)는 동의낙태죄보다 불법이 가중된 구성요건이다. 우리 형법상 낙태죄의 미수범은 처벌되지 않지만, 동의낙태죄·업무상 동의낙태죄·부동의낙태죄의 결과적 가중범으로 낙태치사상죄($^{제269조 3항·}_{제270조 3항}$)를 중하게 처벌하고 있다.

2. 보호법익

태아의 생명, 즉 생성중에 있는 생명도 인간의 존엄과 가치의 존중요구에 비추어 형법적으로 보호해야 할 법익이다. 구체적으로 자기낙태죄와 단순동의낙태죄 및 업무상 동의낙태죄에서는 태아의 생명이 보호법익이다. 부동의낙태죄에서는 태아의 생명이 주된 보호법익이지만 임부의 의사결정의 자유도 부차적인 보호법익이 된다. 이에 비해 낙태치사상죄는 태아의 생명을 주된 보호법익으로 하지만 임부의 생명·신체의 완전성도 부차적인 보호법익으로 보아야 한다. 태아의 생명은 독립된 보호법익이므로 임부의 동의를 얻은 타인은 물론 임부 스스로도 함부로 처분하지 못한다.

3. 보호정도

낙태죄의 보호정도에 관하여는 침해범설과 위험범설이 대립한다. 침해범설은 낙태를 임신중절에 의한 태아의 살해로 파악하는 입장이다. 위험범설은 낙태를 자연분만 전에 앞서 인위적으로 배출하는 행위와 모체 내에서 행하는 태아의 살해를 포괄하는 개념으로 파악한다(다수설). 태아를 모체 밖으로 배출하여 다시 살해했을 때, 위험범설은 낙태죄와 살인죄의 경합범으로 본다. 이에 비해 침해범설은 낙태미수와 살인죄의 경합범으로 보지만, 낙태미수는 처벌하지 않으므로 살인죄만 성립하게 된다. 위험범설이 옳다.

그런데 낙태죄가 위험범이라면 다시 구체적 위험범인가 추상적 위험범(다수설)인가가 문제된다. 양자의 구별실익은 생존능력 있는 상태로 태아를 배출한 인공출산의 경우도 낙태죄가 되느냐에 있다. 이 경우 구체적 위험범설은 낙태죄의 성립을 부인하고, 추상적 위험범설은 낙태죄의 성립을 인정한다. 낙태미수에 대한 처벌규정이 없는 현행 형법체계하에서는 낙태의 의사로 분만기에 앞서 태아를 모체 밖으로 배출시키는 행위만 있으면 낙태죄는 성립한다고 보아야 한다. 분만기 이전에 태아를 모체 밖으로 배출시키는 행위 자체를 처벌하는 것이 우리 형법의 태도라고 보여지므로 추상적 위험범설이 타당하다. 이것이 약자보호를 위한 헌법의 기본권보장정신과도 합치한다.

Ⅱ. 자기낙태죄

1. 의   의

자기낙태죄는 임산부가 스스로 낙태함으로써 성립하는 범죄이다. 1년 이하의 징역 또는 2백만원 이하의 벌금에 처한다($^{제269조}_{1항}$). 주체가 부녀에 국한되므로 신분범의 성격을 지닌다.

2. 객관적 구성요건요소

(1) 행위주체

주체는 임신한 부녀이다. 임부 아닌 자가 간접정범이 될 수 있는가에 관하여는 부정설이 다수설이며 또한 타당하다. 임부 이외의 자가 설령 절대적 강제하에서 또는 임부를 속이고 약물을 복용시켜 낙태에 이르게 한 경우라도 자기낙태죄의 간접정범이 아니고 부동의낙태죄의 직접정범이 될 것이기 때문이다.

(2) 행위객체

행위객체는 모체 내에 살아 있는 태아이다. 태아란 수태 후 형법상 사람으로 취급되는 시점까지의 인간생명체를 말한다. 태아의 시작은 수태한 때, 즉 수정란이 자궁에 착상한 때이다. 수태는 수정 후 보통 14일이 지나야 이루어진다.

다른 한편으로 태아의 종기는 형법상 사람의 시기와 중첩된다. 따라서 사람의 시기를 언제로 잡느냐에 따라 태아의 종기도 결정된다. 현재의 통설은 진통개시 이전을 태아로 보고 있다. 그러나 오늘날 출산의료기술의 발달로 임신 22주만에 출산된 아이도 생존이 가능하게 되었다. 따라서 적어도 임신 22주 이후의 생존능력 있는 태아의 낙태는 낙태죄의 규율대상이 아니라 살인죄의 규율대상으로 삼아야 한다는 주장에도 경청할 만한 가치가 있다. 물론 그렇게 되자면 입법조치가 선행되어야 할 것이다.

통설에 따를 때 분만개시 후 완료 전에 정상분만이나 제왕절개수술조차 불가능한 난산이 되어 부득이 아이를 살해하여 배출시킨 경우에는 보통살인 내지 영아살해에 해당할 뿐 낙태가 아니다. 그러나 이 경우 면책적 긴급피난이 성립함은 물론이다.

(3) 행 위

(a) **낙태의 의의** 낙태란 자연적인 분만기에 앞서서 인위적인 방법으로 살아 있는 태아를 모체 밖으로 배출시키거나, 모체 내에서 살해하는 것을 말한다. 낙태는 일종의 태아살해행위에 속하는 것이므로 단순한 상해행위나 손괴행위로 이해해서는 안 된다.

이 죄를 추상적 위험범으로 보는 한, 일단 자연적인 분만기 전에 태아를 모체 밖으로 배출시키기만 하면 태아의 사망 여부 또는 구체적 위험의 발생 여부에 관계없이 이 죄는 성립한다. 그러나 유산되었거나 이미 사망한 태아를 인위적으로 배출시키더라도 낙태는 아니다.

(b) **낙태의 수단·방법** 낙태의 수단·방법에는 제한이 없다. 법문에는 약물 기타의 방법이라고 명시하고 있으나 이 죄가 행태의존적 범죄라는 점을 강조하는 의미일 뿐 특별한 방법을 지칭한 것은 아니다. 임부가 자살을 기도하여 그 과정에서 자살에 실패하고 태아를 낙태케 한 경우에도 이 죄가 성립한다.

(c) **기 수** 추상적 위험범이므로 낙태행위의 종료로써 기수가 되며 태아의 생명·신체에 구체적인 위험이 발생할 필요는 없다. 따라서 태아가 모체 밖으로 배출된 때 기수가 된다. 물론 모체 내에서 태아를 살해하면 그 즉시 기수가 된다. 만약 모체 밖으로 배출된 태아를 살해하면 낙태죄와 살인죄 또는 영아살해죄의 경합범이 된다.

* **주의:** 우리 형법상 낙태미수는 처벌되지 않는다. 또한 낙태미수로 인해 태아가 상해를 입었더라도 상해죄의 구성요건에 해당하지 않는다. 그렇다면 태아에게 입힌 상해를 출산 후 사람에 대한 상해죄로 처벌할 수 있는가? 생각건대 태아에게 입힌 고의 또는 중과실로 인한 상해를 출산 후 사람에 대한 상해로 처벌하는 특별한 구

성요건이 없는 한 상해죄의 성립을 부인하는 것이 타당하다. 죄형법정원칙상 유추
적용금지의 요구에 반하기 때문이다.

3. 주관적 구성요건요소

낙태의 고의는 최소한 자연적인 분만기에 앞서서 태아를 모체로부터 분리·
배출시킨다는 점에 관한 인식·의사만 있으면 충분하고 태아의 사망에 대한 인
식·의사가 반드시 있어야 하는 것은 아니다. 그러나 모체 내에서 살해하여 낙태
시키는 경우에는 태아의 살해에 대한 인식·의사가 있어야 한다.

여아인 줄 알고 낙태를 했으나 남아이었던 경우, 또는 우생학적 질병이 있는
태아인 줄 알고 낙태를 시도했으나 정상아였던 경우에도 고의성립에 지장 없다.

낙태가 가족계획·국가정책에 순응하는 것이라고 믿었다고 하더라도 이는
법률의 착오에 불과하다(대판 1965. 11. 23, 65 도 876).

4. 위법성조각사유

(1) 모자보건법상의 위법성조각사유

모자보건법 제14조는 의학적·우생학적·윤리적 적응사유가 있는 경우에 임
부 본인과 배우자의 동의를 얻어 의사가 인공임신중절수술을 할 수 있도록 규정
하고 있다. 즉 우리 형법상 위법성조각사유의 체계로서는 법령에 의한 정당행위
에 해당한다.

(2) 적응사유

의학적 적응사유의 경우, 임신으로 말미암아 모체의 생명·신체에 위험이 있
을 경우에는 태아의 생명을 희생시키는 낙태가 허용된다. 이는 생성중인 태아의
생명보다 모체의 생명·건강이 더 중요하다는 사실을 기초로 한 것이다. 여기에
서 모체의 건강을 심히 해한다는 것은 모체의 생명에 위험을 초래하는 경우뿐만
아니라 모체의 육체적·정신적 건강상태를 현저하게 해하는 경우도 포함한다.

우생학적 적응사유는 유전적 소질이나 임신중독, 임신중의 충격 등과 같은
출생 전의 유해한 영향으로 저능아, 기형아 또는 정상적인 생육을 기대할 수 없는
출산이 확실한 경우에 허용되는 임신중절사유이다. 모자보건법은 본인 또는 배우
자가 우생학적 또는 유전학적 정신장애나 신체질환이 있는 경우($^{제14조}_{1호}$) 및 본인
또는 배우자가 전염성질환이 있는 경우($^2_호$)에만 임신중절을 허용하고 있다.

윤리적 적응사유에 관련하여, 모자보건법은 강간 또는 준강간에 의한 임신

($\substack{제14조 \\ 3호}$)이나 법률상 혼인할 수 없는 혈족이나 인척간의 임신($\substack{4 \\ 호}$)인 경우에 중절수술을 허용하고 있다.

* 주의: 모자보건법은 적용사유 외에도 다음의 요건을 갖추었을 때에만 임신중절을 허용한다($\substack{제14 \\ 조}$). 즉 i) 의사에 의한 수술이어야 한다. ii) 본인과 배우자의 동의가 있어야 한다. 본인이나 배우자가 정신장애로 인하여 의사표시를 할 수 없는 경우에는 친권자·후견인의 동의가 있어야 한다. iii) 임신한 날로부터 24주 이내에 하여야 한다($\substack{동법 시행령 \\ 제15조 1항}$). 이 기간 경과 후에는 적용사유가 있더라도 낙태죄를 구성한다.

《참고》 현행 모자보건법은 외국의 입법례에서 인정되어 낙태반대론자들의 비판의 대상이 되고 있는 사회적·경제적 적응사유는 인정하지 않는다. 다만 의학적 적응에 장래의 정신적 건강까지 확장시키면 사회적·경제적 곤궁으로 인한 정신적 고통으로 인한 낙태를 의학적 적응에 포함시킬 수 있다. 그러나 이러한 확대는 태아의 생명보호의 관점에서 결코 바람직하지 않다.

5. 정범 및 공범관계

(개) 임부가 약물 기타의 방법으로 낙태를 직접 실시하거나 타인에게 의뢰하여 실시시켰는가는 자기낙태죄의 관점에서 아무 차이가 없다. 따라서 타인에게 낙태를 촉탁한 임부는 동의낙태죄의 공범이 아니라 자기낙태죄의 직접정범일 뿐이다.

(내) 타인이 임부의 촉탁·승낙을 받아 임부와 공동으로 낙태를 하였을 경우 그 타인의 동의낙태죄와 임부의 자기낙태죄 사이에 공동정범이 성립한다.

(대) 타인이 임부를 교사하여 낙태하게 하면 임부는 자기낙태죄로, 타인은 이 죄의 교사범으로 처벌된다.

(라) 임부가 스스로 낙태하려다가 신체에 이상이 생겨 당장 태아를 배출시키지 않으면 임부의 생명이 위태롭게 되자, 의사로 하여금 긴급피난의 방편으로 태아를 배출하게 했다면 임산부는 자기낙태죄의 간접정범이 된다.

Ⅲ. 동의낙태죄

1. 의   의

동의낙태죄는 임산부의 촉탁·승낙을 받아 낙태하게 함으로써 성립하는 범죄이다. 1년 이하의 징역 또는 2백만원 이하의 벌금에 처한다($\substack{제269조 \\ 2항}$). 자기낙태죄와는 필요적 공동정범의 관계에 있다.

2. 객관적 구성요건요소

(1) 행위주체

주체는 업무상 동의낙태죄($\substack{제270조 \\ 1항}$)에 열거되어 있는 의사 · 조산사 등의 특수한 업무에 종사하는 자 이외의 자를 말한다.

(2) 행 위

행위는 임부의 촉탁 또는 승낙을 받아 낙태하게 하는 것이다. 촉탁이란 임부가 낙태를 의뢰 · 부탁하는 것이고, 승낙이란 시술자 쪽에서 낙태에 관한 임부의 동의를 얻는 것이다. 어느 경우나 낙태의 의미를 이해하고 또한 촉탁 · 승낙의 결과를 판단할 수 있는 능력을 갖춘 임부가 자유로운 상태에서 진의로 의사표시를 한 경우여야 한다. 따라서 폭행 · 협박에 의해 강요된 촉탁 · 승낙이나, 중대한 착오나 기망에 의한 진의 아닌 촉탁 · 승낙은 부동의낙태죄($\substack{제270조 \\ 2항}$)를 구성한다.

3. 주관적 구성요건요소

고의성립에는 임부의 촉탁 또는 승낙사실의 존재에 대한 인식 및 낙태로 태아의 생명에 위험을 미치게 하는 데 대한 인식과 의사가 있어야 한다.

만약 촉탁 · 승낙사실의 존재를 알지 못하고 낙태를 하였을 경우에는 부동의낙태죄가 성립할 뿐이라는 견해도 있다. 그러나 이 경우는 제15조 1항을 반전시켜 적용 · 해결해야 할 사안이다. 기본구성요건인 동의낙태죄의 고의기수와 불법가중 구성요건인 부동의낙태죄의 미수의 관념적 경합이 되나, 낙태죄의 미수범 처벌규정이 없으므로 경한 동의낙태죄의 고의기수가 된다. 기본적 구성요건과 가중적 구성요건관계에서는 경한 죄의 고의가 중한 죄의 고의에 포함되어 있기 때문이다.

4. 정범 및 공범관계

(가) 임부의 촉탁 · 승낙을 받아 낙태를 시도하다가 임부의 생명에 위험을 초래하고 의사의 긴급피난을 이용하여 낙태하게 한 때에는 이 죄의 간접정범이 된다.

(나) 임부를 교사하여 낙태의 승낙을 받아 낙태를 실행한 자는 자기낙태죄의 교사범이 아니라 이 죄에 해당한다.

(다) 임부의 촉탁 또는 승낙을 받은 자가 자신이 낙태행위를 하지 않고 타인에게 촉탁하여 낙태수술을 하게 하면, 촉탁자가 업무자인가의 여부에 따라 이 죄 또

는 업무상 동의낙태죄의 교사범이 된다($^{제33조}_{단서}$).

　(라) 임부에게 낙태를 교사하고 의사에게는 그 임부에게 낙태수술을 해 주도록 교사한 경우에는 자기낙태교사와 동의낙태교사가 같은 비중으로 행하여졌다면 양자의 실체적 경합, 동의낙태의 전제로 임부에게 낙태를 교사한 경우에는 동의 낙태교사 하나의 죄가 성립한다. 여기서 업무상 동의낙태죄는 동의낙태죄의 부진 정신분범이므로 비신분자가 신분자에게 업무상 동의낙태죄를 교사했더라도 형법 제33조 단서에 따라 기본범죄(동의낙태죄)의 교사범이 될 뿐이다.

Ⅳ. 업무상 동의낙태죄

1. 의 의

　업무상 동의낙태죄는 의사, 한의사, 조산사, 약제사 또는 약종상이 임산부의 촉탁 또는 승낙을 받아 낙태하게 함으로써 성립하는 범죄이다. 2년 이하의 징역 에 처한다($^{제270조}_{1항}$). 신분으로 인해 동의낙태죄보다 불법이 가중된 구성요건이다. 7 년 이하의 자격정지를 병과한다($^{제270조}_{4항}$).

2. 구성요건요소

　주체는 면허 있는 의사, 한의사, 조산사, 약제사, 약종상에 한한다. 모두 면허 를 받은 자임을 요하기 때문에, 무면허이면서 사실상 그와 같은 업무를 수행하는 사람은 주체가 될 수 없다(통설). 의사는 반드시 산부인과 의사나 전문의이어야 할 필요도 없다. 단 수의사와 치과의사는 제외된다(통설). 한의사는 한방의료의 업무에 종사함을 임무로 하는 면허 있는 의료인을 말한다. 조산사는 의료법 제 2 조 소정의 출산조력을 임무로 하는 면허 있는 사람을 말한다. 약제사는 약사법 제 2 조 2항의 면허 있는 약사를 말한다. 약종상은 의약품의 판매업을 경영하는 한약 업자 및 의약품도매상으로서 허가를 받은 자를 말한다.

3. 위법성조각사유

　모자보건법 제14조에 해당하는 경우에는 위법성이 조각된다. 임부의 생명·신체에 대한 현저한 위험이 있을 때 이를 피하기 위하여 불가피한 수단으로 행해 진 낙태행위는 긴급피난으로 정당화된다(대판 1976. 7. 13, 75 도 1205).

4. 정범 및 공범관계

이 죄의 간접정범은 사리에 비추어 볼 때 실제 성립하기 곤란하다. 의사와 조산사가 공동으로 낙태수술을 시행한 경우에는 이 죄의 공동정범이 된다. 그러나 의사와 간호사가 공동으로 낙태수술을 시행했더라도 조력을 제공한 데 불과한 간호사는 방조범이며, 그것도 동의낙태죄의 방조범이 될 뿐이다($^{제33조}_{단서}$).

Ⅴ. 부동의낙태죄

1. 의   의

부동의낙태죄는 부녀의 촉탁 또는 승낙 없이 낙태하게 함으로써 성립하는 범죄이다. 3년 이하의 징역에 처한다($^{제270조}_{2항}$). 낙태죄의 기본적 구성요건의 하나인 동의낙태죄보다 불법이 가중된 구성요건이다. 7년 이하의 자격정지를 병과한다 ($^{제270조}_{4항}$).

2. 구성요건요소

이 죄의 주체에는 제한이 없다. 행위는 부녀의 촉탁 또는 승낙 없이 낙태하게 하는 것이다. 수단과 방법에는 제한이 없다. 폭행·협박 등 강제수단을 동원하거나 부녀의 무지를 이용하거나 기망하여 낙태에 응하도록 하는 것 모두 임부의 자유롭고 진지한 의사에 기초한 동의라고 볼 수 없으므로 낙태행위에 해당한다.

임부의 촉탁·승낙 없이 낙태행위를 하려는 구성요건고의가 있어야 한다. 만약 임부의 촉탁·승낙이 없음에도 불구하고 있는 것으로 오인한 경우에는 불법가중사유에 대한 착오에 해당하여 제15조 1항이 직접 적용되어 동의낙태죄가 성립한다.

3. 죄   수

낙태와 필수적으로 결합된 임부의 신체상해는 불가벌적 수반행위가 되어 별죄를 구성하지 않는다. 다만 범위를 초과하는 상해에 대해서만 고의의 유무에 따라 이 죄와 상해죄의 상상적 경합 또는 낙태치상죄가 성립한다.

임부임을 알면서도 그를 살해한 경우에는 이 죄와 살인죄의 상상적 경합이 된다. 임부에게 낙태를 강요하여 낙태케 하였다면 이 죄와 강요죄의 상상적 경합이 된다.

Ⅵ. 낙태치사상죄

1. 의   의

낙태치사상죄는 동의낙태죄 및 업무상 동의낙태죄, 부동의낙태죄의 결과적 가중범이다. 동의낙태죄를 범하여 부녀를 상해에 이르게 한 때에는 3년 이하의 징역에 처한다. 사망에 이르게 한 때에는 7년 이하의 징역에 처한다(제269조 3항). 업무상 동의낙태죄, 부동의낙태죄를 범하여 부녀를 상해에 이르게 한 때에는 5년 이하의 징역에 처한다. 사망에 이르게 한 때에는 10년 이하의 징역에 처한다(제270조 3항). 위 각 형에 처할 때에는 7년 이하의 자격정지를 병과한다(제270조 4항).

2. 객관적 구성요건요소

이 죄는 결과적 가중범이므로 특히 중한 결과에 의한 인과관계 및 객관적 귀속이 있어야 한다. 낙태치상의 경우 낙태행위 자체가 이미 일종의 상해로서의 성질을 가지고 있다. 따라서 결과적 가중원인이 되는 상해는 태아의 살해 또는 체외 배출에 당연히 수반되는 신체적·정신적 손상이나 쇠약이 아니라, 자궁 또는 내장의 손상이나 정신분열적 징후처럼 생리상태를 불량하게 만드는 특별히 중한 사실이 발생하여야 한다.

《참고》 낙태수술을 하다가 임부를 사상에 이르게 했으나 낙태가 성공하지 못한 경우에도 낙태치사상죄가 성립하는가? 즉 낙태치사상죄가 성립하자면 낙태행위가 반드시 기수에 이르러야 하는가의 문제이다. ⅰ) 소극설은 이 죄는 부녀를 사상에 이르게 함으로써 종료가 되며 낙태의 기수·미수는 불문한다고 한다. ⅱ) 반면 적극설은 이 죄는 낙태죄를 범하여 사람을 사상에 이르게 함으로써 성립하고 낙태죄의 미수는 처벌하지 아니하므로 낙태가 기수에 이른 때에만 이 죄의 성립이 가능하다고 한다(다수설). 적극설에 따르면 낙태가 미수에 그치고 임부만을 사상에 이르게 한 경우에는 낙태미수가 불가벌이기 때문에 (업무상)과실치사상죄만이 문제가 된다.
생각건대 기본범죄행위가 직접적인 원인이 되어서 중한 사상의 결과가 발생한 경우라면 그 기본범죄행위가 미수이든 기수이든 전체적으로 결과적 가중범의 기수가 성립하는 것으로 보는 것이 옳다(소극설의 입장).

3. 주관적 구성요건요소

결과적 가중범이므로 기본범죄인 낙태에 대한 고의와 가중결과에 대한 과실이 있어야 한다. 따라서 임부에 대한 사상의 결과가 행위자에게 예견가능했을 때이 죄가 성립한다.

4. 처   벌

부동의낙태죄($^{제270조}_{2항}$)의 형은 폭행죄보다 무거운데, 결과적 가중범은 폭행죄의 결과적 가중범에 비해 가벼운 형으로 처벌하고 있다. 형의 균형이 맞지 않으므로 입법론상 손질이 필요한 부분이다.

제 2 장 신체의 완전성을 보호하는 죄형법규

제 1 절 상해죄와 폭행죄의 구별

인간의 실존에 생명 다음으로 귀중한 것은 신체의 완전성이다. 생명을 씨알에 비유한다면 신체는 그것을 보호·보존하고 있는 자양분과도 같다. 신체의 완전성이 없다면 인간의 인격은 생명 안에서 자기발전과 자기성장을 할 수 없을 것이다. 그러므로 형법의 법익질서는 생명을 정점으로 하고, 그 다음에 신체의 완전성을 둔다.

신체의 완전성(Körperintegrität) 내지 신체의 불가침성(körperliche Unversehrtheit)을 보호하는 죄형법규로는 상해의 죄와 폭행의 죄가 있다.

상해죄와 폭행죄가 다같이 신체의 완전성을 보호법익으로 삼고 있는 점에서는 같다. 그러나 구체적으로 다음과 같은 차이점이 있다.

첫째, 상해가 신체 그 자체 및 신체적·정신적 건강(Gesundheit)을 손상시키는 행위임에 반해, 폭행은 단지 신체의 건재(Wohlbefinden)만을 위해하는 행위이다. 신체 및 건강에 대한 손상과 신체의 건재에 대한 위해는 다같이 신체의 완전성을 침해하는 행위이지만 그 정도에 차이가 있다. 전자는 비교적 중한 침해인 데 반해, 후자는 경미한 침해에 속한다.

둘째, 신체의 상해 또는 건강의 손상은 상해행위의 결과로서 야기된다는 의미에서 상해죄는 전형적인 결과범·침해범이지만, 신체의 건재에 대한 위해는 유형력의 행사만으로 충족된다는 의미에서 폭행죄는 단순한 거동범·형식범이다.

셋째, 상해는 폭행과 같은 유형적인 방법뿐만 아니라 협박·모욕과 같은 무형적인 방법이나 부작위로도 가능한 데 비해, 폭행은 반드시 유형력의 행사로서만 일어날 수 있다. 다만 선행하는 유형력 행사를 중지하지 않은 경우 부작위에 의한 폭행도 가능하다.

우리 형법상 폭행치상죄($\frac{제262}{조}$)를 폭행죄의 결과적 가중범으로 규정하는 한편, 상해죄의 미수범($\frac{제257조}{3항}$)은 처벌하되 폭행죄의 미수범은 처벌하지 않은 것은 이같은 차이점을 염두에 둔 때문이다. 또한 그 제재에서도 상해죄는 징역·벌금 등으로 처벌하나, 폭행죄는 상해보다 낮은 징역, 벌금 및 구류, 과료로 처벌하게 하고 또 반의사불벌죄로 한 것도 이같은 차이점 때문이다.

제 2 절 상해의 죄

I. 총   설

1. 보호법익과 보호정도

상해죄의 보호법익은 신체의 완전성 내지 불가침성이다. 이 점에서 폭행죄의 보호법익과 같다. 그러나 구체적으로 말하자면 상해죄의 보호법익은 신체적 · 정신적 건강, 즉 생리적 기능이다.여기에서 말하는 건강은 주로 신체적 건강이지만 이와 밀접한 연관을 맺고 있는 정신적 건강을 포함한다. 상해죄의 보호정도는 침해범의 범주다.

2. 체   계

상해의 죄의 기본적 구성요건은 단순상해죄($^{제257조}_{1항}$)이다. 이에 대한 가중적 구성요건으로는 존속상해죄($^{제257조}_{2항}$), 중상해죄 · 존속중상해죄($^{제258}_{조}$), 특수상해죄($^{제258}_{조의2}$), 상습상해죄($^{제264}_{조}$)가 있다. 존속상해죄는 객관적 신분관계로 불법이 가중된 구성요건이고, 상습상해죄는 상습성으로 인하여 책임이 가중된 구성요건이다. 중상해죄는 행위반가치와 결과반가치의 가중에 기초한 불법가중적 구성요건이며, 존속중상해죄는 이에 다시금 존·비속이라는 객관적 신분관계가 첨가되므로 불법이 더욱 가중된 구성요건이다. 특수상해죄는 단순상해죄 및 중상해죄에 비하여 행위수단 및 방법면에서 위험성이 더 크므로 불법 및 형이 가중된 구성요건이다.

그 밖에 상해치사죄($^{제259}_{조}$)는 진정결과적 가중범이다. 이에 비해 중상해죄는 진정 및 부진정결과적 가중범의 양면성을 다 갖춘 구성요건이다. 이 외에 동시범의 특례($^{제263}_{조}$)가 있다.

《참고》 특별법으로는 2인 이상이 공동하여 상해 · 존속상해를 범한 경우에 가중처벌하는 폭력행위등처벌에관한법률($^{제2조}_{2항}$)과 상관에 대한 상해 또는 중상해를 무겁게 처벌하는 군형법($^{제52조의}_{2, 3}$) 및 병역의무를 기피하거나 감면을 받을 목적으로 신체훼손행위를 한 자를 무겁게 처벌하는 병역법($^{제86}_{조}$) 등이 있다.

Ⅱ. 단순상해죄 · 존속상해죄

1. 의   의

단순상해죄란 고의로 타인의 신체를 상해함으로써 성립하는 범죄이다. 7년 이하의 징역, 10년 이하의 자격정지 또는 1천만원 이하의 벌금에 처한다($\substack{제257조\\1항}$). 존속상해죄는 자기 또는 배우자의 직계존속의 신체를 상해함으로써 성립하는 범죄이다. 10년 이하의 징역 또는 1천 5백만원 이하의 벌금에 처한다($\substack{제257조\\2항}$). 이 두 죄의 미수범은 처벌하며($\substack{제257조\\3항}$), 특히 존속상해죄를 범하여 유기징역에 처할 때에는 10년 이하의 자격정지를 병과할 수 있다($\substack{제265\\조}$).

단순상해죄는 침해범 · 즉시범 · 결과범의 성격을 지닌다. 존속상해죄는 단순상해죄에 비해 행위자의 특별한 신분관계로 불법이 가중된 부진정신분범이다.

2. 객관적 구성요건요소

(1) 행위객체

(a) **신   체**   단순상해죄의 행위객체는 타인의 신체이다. 존속상해죄의 행위객체는 자기 또는 배우자의 직계존속의 신체이다. 법인은 신체를 지닌 자연인이 아니므로 이 죄의 객체에 포함되지 않는다. 범행 당시 생존하는 사람인 한 생존능력의 유무는 불문한다.

(b) **태   아**   출생 전의 태아는 낙태죄의 보호를 받는 행위객체일 뿐 이 죄의 행위객체인 생존하는 사람의 개념에 포함되지 않는다. 1961년 독일에서 임부들이 진정제 콘터간(Contergan)을 복용하고 기형아를 출산한 사건에서 독일법원은 이를 사람에 대한 상해죄로 인정했다. 하지만 대다수의 독일학자들은 태아에 대한 손상은 상해죄가 될 수 없다는 입장이다. 생각건대 태아에게 입힌 고의 또는 중과실로 인한 상해를 출산 후 사람에 대한 상해로 처벌하는 특별한 구성요건이 없는 한 상해죄의 성립을 부인하는 것이 타당하다. 형법은 사람의 상해만을 규정하고 있을 뿐이고, 상해죄의 객체는 생존하는 사람에 한정되기 때문이다. 만약 태아에 대한 상해를 상해죄로 인정하게 되면 유추적용금지의 원칙에 반한다. 우리나라의 통설도 같은 입장이다.

그리고 이 경우 태아를 모체의 일부로 보아 임부에 대한 상해죄는 성립할 수 있다는 견해[1]에도 찬성할 수 없다. 왜냐하면 우리 형법이 낙태죄 규정을 통해 태

---

1) 강구진 83면.

아를 임부와는 독립된 별개의 법익주체(보호대상)로 규정하고 있는 데다가, 통상 태아에 대한 살인을 동반하는 낙태죄($^{제270조}_{2항}$)가 3년 이하의 징역임에 비해, 낙태 상해를 임부의 상해로 볼 경우 7년 이하의 징역형으로 처벌되는 더 중한 범죄로 변질되기 때문이다.[2] 판례도 태아와 임산부는 별개의 보호대상이라는 관점에서 태아의 사망을 임산부에 대한 상해로 볼 수 없다고 한다(대판 2007. 6. 29, 2005 도 3832).

(c) **자 상** 타인의 신체를 행위객체로 하기 때문에 자상은 원칙적으로 죄가 되지 않는다. 그러나 병역의무를 기피하거나 감면받을 목적으로 한 자상은 범죄가 된다($^{병역법 제86조;}_{군형법 제41조 1항}$). 피해자를 기망하거나 강요하여 자상하게 한 경우에는 상해죄의 간접정범이 될 수 있다.[3]

(2) **행 위**

(a) **상해의 법적 개념** 본조의 행위는 상해이다. 일상언어적 의미로 상해는 남의 몸에 상처를 내어 해를 입히는 것을 말한다. 그러나 상해의 법적 개념에 관하여는 견해가 갈린다.

(가) **신체의 완전성침해설** 상해를 신체의 완전성에 대한 침해로 이해하는 입장이다.[4] 따라서 신체의 생리적 기능에 손상을 주는 것은 물론, 신체의 외관을 변경시키는 것도 신체의 완전성에 대한 침해로서 상해가 된다고 한다. 이 견해에 따르면 상해개념이 넓어져 소량의 모발·수염·손톱·발톱을 깎는 것 또는 일시적인 인사불성에 빠지게 하는 것도 상해행위가 된다.

(나) **생리적 기능장애설** 상해와 폭행을 개념상 구별해야 하는 형법의 입장에서 상해개념을 좁게 잡아 상해를 생리적 기능의 장애로 이해한다(다수설).[5] 이 견해에 따르면 피해자가 성폭행을 당한 후 보행불능·수면장애·식욕감퇴 등의 기능장애를 일으킨 것, 멍들게 하는 것, 중독증상으로 인한 현기구토증, 피로권태, 실신상태에 빠뜨리는 것 등은 비록 외상은 없을지라도 상해에 해당한다. 그러나 모발·손톱 등의 절단이나 부녀의 임신 등은 비록 외관에 중대한 변경을 가져

2) 임웅 54면.
3) 대판 1970. 9. 22, 70 도 1638:「피해자에 대한 협박정도가 그의 의사결정의 자유를 상실케 함에 족한 이상 피해자 자신이 면도칼로 자기 콧등을 길이 2.5센티미터 깊이 0.56센티미터 절단함으로써 안면부 불구가 된 경우 그 협박자에게 중상해를 인정해야 한다」.
4) 유기천(상) 47면; 대판 1982. 12. 28, 82 도 2588.
5) 권오걸 29면; 김성천·김형준 58면; 김성돈 58면; 김종원 56면; 박상기 41면; 백형구 44면; 손동권 37면; 오영근 54면; 이재상 45면; 이정원 65면; 이형국 71면; 임웅 55면; 정영석 227면; 정성근·박광민 72면; 정영일 17면; 대판 1996. 12. 10, 96 도 2529.

왔더라도 생리적 기능에 대한 장애를 야기한 것은 아니므로 상해가 될 수 없다.

(다) 절 충 설 상해를 생리적 기능의 훼손과 신체외모에 대한 중대한 변화라고 이해하는 견해이다.[6) 상해를 광의로 파악하면 경미한 상처나 소량의 모발절단도 상해가 되는 결함이 있고, 협의의 생리적 기능훼손으로 보면 내부적 건강에 지장을 초래하지 않는 한 신체외관의 중대한 변경, 예컨대 여성의 현저한 두발절단이나 또는 멍들게 하는 경우 등을 상해로 볼 수 없다는 단점을 고려한 주장이다.

(라) 결   론 신체의 완전성은 상해죄와 폭행죄에 공통되는 가치이므로 상해죄와 폭행죄를 구별하는 기준으로 적당치 않다. 또한 절충설은 생리적 기능 훼손과 달리 신체외모에 대한 변화의 경우에만 중대성을 요구하는지에 대한 이유가 불명확하고, 폭행죄와의 구별을 어렵게 하는 단점이 있다. 따라서 상해죄가 사람의 신체 자체 및 신체적 · 정신적 건강을 보호하는 데 중점이 있다는 점에 착안할 때 상해를 생리적 기능의 장애로 파악하는 것이 합리적이다.

∥**판례 1**∥ 장시간 동안의 폭행과 협박을 이기지 못하고 실신하여 구급차 안에서야 비로소 정신을 차린 경우 비록 외부적으로 어떤 상처가 발생하지 않았더라도 생리적 기능에 훼손을 입은 상해에 해당한다(대판 1996. 12. 10, 96 도 2529).

∥**판례 2**∥ 굳이 치료를 받지 않더라도 일상생활을 하는 데 아무런 지장이 없고, 시일이 경과함에 따라 자연적으로 치유될 수 있는 정도의 단순한 통증은 신체의 완전성이 손상되고 생활기능에 장애가 왔다거나 건강상태가 불량하게 변경되었다고 보기 어려워서 이를 형법상 상해에 해당한다고 할 수 없다(대판 2000. 2. 25, 99 도 3910).

(b) **행위수단 및 방법** 상해의 수단 · 방법에는 제한이 없다. 유형적 방법(신체에 대한 직접적인 가해)이건 무형적 방법(폭언 · 협박 등의 정신적 피해수단, 약물사용, 성병감염 등)이건 불문한다. 직접정범 · 간접정범(책임무능력자를 도구로 이용한 상해 등)의 형태는 물론 작위범 · 부작위범(피부양자에 대한 음식공급의 거절 등)의 형태로도 상해는 가능하다. 마약주입처럼 일시 신체적인 만족감을 주어도 통상적으로 건강을 해치는 일이라면 상해에 해당한다.

《참고》 폭력행위등처벌에관한법률에는 가중처벌하는 행위양태가 규정되어 있다. 즉 2인 이상이 공동하여 상해한 경우 1/2까지 가중처벌한다(제2조 2항 동법).

---

6) 강구진 61면; 배종대 86면; 진계호 65면.

(3) 결   과

구성요건결과는 기존의 신체 또는 정신의 건강상태에 대한 손상 또는 악화를 말한다. 이 죄는 결과범 중에서도 침해범에 해당하므로 상해행위와 결과 사이에 인과관계와 객관적 귀속관계가 인정될 때 기수가 된다. 따라서 상해행위와 건강상태의 손상 사이에 인과관계 및 객관적 귀속이 결여된 때 애당초 가벌성 자체가 탈락되는 경우도 있지만 상해의 고의가 있는 이상 대개는 미수로 처벌된다($^{제257조}_{3항}$).

3. 주관적 구성요건요소

상해의 고의란 타인의 생리적 기능의 장애를 가져온다는 사실에 대한 인식과 의사를 말한다. 미필적 고의로 충분하다. 다만 존속상해죄의 경우 구성요건고의는 신분관계의 존재사실에까지 미치며, 신분관계로 인해 불법이 가중된 가중구성요건이므로 피해자가 자기 또는 배우자의 직계존속이라는 점, 행위자 자신이 피해자에 대한 직계비속의 신분을 갖고 있다는 점은 단순한 책임구성요건요소가 아니라 객관적 불법구성요건요소에 해당한다.

4. 구성요건해당성

허용된 위험의 범위 안에 있기 때문에 형법적으로 전혀 의미를 가질 수 없는 상해의 사례들은 애당초 구성요건해당성이 없다. 인명·건강 등의 치료·유지를 위한 의료상의 극약사용, 투기 기타 운동경기에서 경기활동 중 필연적으로 부수되는 상해, 피해자의 승낙 있는 상해 등이 그 실례이다. 단, 상해에 대한 승낙이 반윤리적·반사회적일 때에는 구성요건에 해당하는 위법한 행위가 있다는 것이 통설이고 타당하다.

《참고》 상해죄의 구성요건해당성 자체가 배제되는 경우로는 동의에 의한 거세·단종·불임수술, 성전환수술, 성형수술, 헌혈, 안구나 신장의 기증, 성교중의 가학행위 등을 들 수 있다. 상해죄는 피해자의 승낙이 있으면 그것이 반윤리적·반사회적이 아닌 한 이미 보호해야 할 법익성을 잃어 버리기 때문에 결과반가치성이 배제되고 행위자는 그러한 피해자의 동의 아래서 행위했기 때문에 행위반가치성도 배제된다. 그 결과 행위의 구성요건해당성이 배제되는 것이다. 그러나 통설과 판례(대판 1993. 7. 27, 92 도 2345)는 피해자의 승낙을 위법성조각사유로 본다.

5. 위법성조각사유

(1) 의사의 치료행위

의사의 치료행위에 대해서는 i) 주관적인 치료목적과 객관적인 의술의 법칙에 합치하는 한 업무로 인한 또는 사회상규에 반하지 않는 정당행위이기 때문에 위법성이 조각된다는 견해,[7] ii) 피해자의 승낙 또는 추정적 승낙에 의해 위법성이 조각된다는 견해,[8] iii) 치료행위에는 상해의 고의가 인정될 수 없으므로 구성요건해당성 자체가 없다는 견해[9] 등이 대립하고 있다. 판례는 정당행위설을 취하고 있으나(대판 1978. 11. 14, 78 도 2388), 최근에는 의사의 오진에 따른 부정확한 설명에 근거한 피해자의 승낙은 유효하지 않기 때문에 위법성이 조각되지 않는다고 하여 의료행위에서 피해자의 승낙을 중시한 예도 있다(대판 1993. 7. 27, 92 도 2345).

이 문제는 치료행위의 성격과 정도에 따라 나누어 살펴보는 것이 좋다.

(가) 경미한 법익위해를 야기하는 의사의 통상적인 치료행위는 환자의 건강을 침해하는 것이 아니라 건강을 훼손한 병인을 제거함으로써 건강을 개선·회복시키는 행위이므로 행위반가치가 결여되어 구성요건해당성이 배제된다.

(나) 의사로서는 최선을 다했으나 결과적으로는 실패한 치료행위도 객관적인 의술의 법칙에 맞는 의료행위였을 때에는 과실도 성립되지 않아 역시 구성요건해당성이 배제된다.

(다) 중한 신체훼손의 결과를 야기할 수 있는 비통상적인 치료행위는 피해자의 승낙에 의해 구성요건해당성이 배제되거나 추정적 승낙에 의해 위법성이 조각된다.

(2) 의사 아닌 사람의 치료행위

의사 아닌 사람의 경미한 통상적인 치료행위는 그것이 환자의 건강회복을 위한 행위일 때에는 상해의 고의, 과실 그리고 행위반가치성을 인정할 수 없다. 그러므로 의사의 치료행위와 마찬가지로 사회적 상당성의 기준에 따라 구성요건해당성이 배제된다고 해야 한다. 그러나 그와 같은 행위가 동시에 영리를 목적으로

---

7) 강구진 62면; 배종대 88면; 유기천, 총론, 193면; 정영석, 총론, 145면; 황산덕 176면.
8) 김성천·김형준 66면; 박상기 44면; 백형구 47면; 손동권 40면; 오영근 59면; 이영란 51면; 이정원 67면; 임 웅 58면; 정성근·박광민 73면; 정영일 319면.
9) 김종원 59면; 이재상 49면. 독일의 다수설의 견해이다(Lackner, §223 Rdn. 8; Sch/Sch/ Eser, §223 Rdn. 30; Horn, SK, §223 Rdn. 30).

계속적·반복적으로 시행되었을 때에는 의료법 제66조에 의해 무면허의료행위로 처벌될 수 있다.

(3) 치료유사행위

수혈, 성형수술, 장기제공자에 대한 적출수술, 불임수술, 거세수술 등 치료유사행위는 피해자의 승낙에 의해 구성요건해당성이 배제되는 경우이다. 반면 피해자의 승낙을 위법성조각사유로 보는 우리나라의 다수설은 피해자의 승낙에 기초한 이들 치료유사행위도 상해죄의 구성요건에는 해당하나 단지 위법성이 조각될 수 있을 뿐이라고 한다.

6. 죄수 및 타죄와의 관계

(가) 1개의 행위로 수인을 상해한 경우에는 수개의 상해죄가 성립하고 각 죄는 관념적 경합이 된다. 동일한 의사에 기한 수개의 거동으로 동일인의 신체를 상해했더라도 포괄일죄가 된다.

(나) 피해자의 수를 지정한 상해의 교사는 관념적 경합이 되지만, 피해자의 수를 지정하지 않고 상해를 교사한 결과, 수인을 상해하였으면 단순일죄의 교사범이 될 뿐이다.

(다) 살인죄의 미수가 상해의 결과를 야기했더라도 살인미수죄 하나만 성립한다. 이 경우 상해는 살인에 대해 보충관계에 있는 법조경합으로서 불가벌적 사전행위에 해당한다.

(라) 동일인일지라도 행위자가 상해의 고의로 구타하다가 도중에 아예 죽여 버리는 것이 낫다고 생각하여 그를 살해해 버렸으면 상해와 살인의 실체적 경합관계가 성립한다.

(마) 공무집행방해의 도중 공무원에게 상해를 가했으면 공무집행방해죄와 상해죄의 관념적 경합이 된다.

III. 중상해죄·존속중상해죄

1. 의의 및 법적 성격

중상해죄는 단순히 타인의 생리적 기능에 장애를 야기하는 것이 아니라 그 정도를 넘어 i) 생명에 대한 위험을 발생하게 하거나, ii) 불구 또는 불치나 난치의 질병에 이르게 함으로써 성립하는 범죄를 말한다. 1년 이상 10년 이하의 징역에 처한다($\frac{\text{제258조}}{1항 \cdot 2항}$).

존속중상해죄는 자기 또는 배우자의 직계존속에 대해 중상해죄를 범함으로써 성립하는 범죄이다. 2년 이상 15년 이하의 유기징역에 처한다($\frac{\text{제258조}}{3항}$). 이 죄들을 범하여 유기징역에 처할 때에는 10년 이하의 자격정지를 병과할 수 있다($\frac{\text{제265}}{조}$). 이 죄는 단순상해죄에 비해 결과반가치면에서 비난성이 높기 때문에 불법이 가중된 구성요건이다. 또한 존속중상해죄는 다수설처럼 책임가중적 구성요건이 아니라 중상해죄에 비해 법익성이 강화된 불법가중적 구성요건으로 보아야 한다.

본죄의 법적 성격에 대해서는 중상해의 결과에 대해 과실이 있는 경우는 물론 고의가 있더라도 본죄가 성립한다고 보는 부진정결과적 가중범설이 통설이다.

중상해죄의 미수범을 처벌하는 규정이 없기 때문에 이를 단순한 고의범으로 보기는 어렵다. 그러나 중한 상해의 결과를 과실로 야기한 경우는 본죄에 따라 무겁게 처벌하면서 중한 결과를 고의로 야기한 경우는 일반상해죄로 처벌하는 것은 형의 균형이 맞지 않기 때문에, 본죄는 중상해의 결과에 대하여 과실이 있는 경우는 물론 고의가 있더라도 성립하는 것으로 보는 것이 옳다(부진정결과적 가중범). 그리고 같은 맥락에서 중상해죄는 단순상해의 진정 및 부진정결과적 가중범형태를 넘어 중한 상해결과의 야기를 직접 의도한 단순고의범의 형태로도 성립할 수 있다고 보아야 한다(고의범).

2. 구성요건요소

구성요건결과는 i) 생명에 대한 위험, ii) 불구, iii) 불치나 난치의 질병 등과 같은 중한 상해의 결과에 해당하는 것이어야 한다. 이 죄의 미수범은 처벌되지 아니하므로 현실적으로 결과가 야기되었을 때에만 구성요건해당성을 충족시킨다. 단 중상해의 미수는 사안에 따라 단순상해의 기수 또는 미수로 처벌할 수 있다.

생명에 대한 위험이란 생명에 대한 구체적 위험의 발생을 의미한다. 보통 치명상에 이른 경우를 말한다. 만약 이 정도를 넘어 피해자가 사망에 이르게 된 때에는 상해치사죄가 될 뿐이다. 불구란 신체외형상 중요부분의 절단 또는 장기상실을 포함한 신체기능의 지속적인 상실상태를 의미한다. 불치 또는 난치의 질병이란 치료의 가능성이 없거나 현저히 곤란한 질병을 말한다. 이러한 질병적 상해는 보통의 상해와는 달리 신체의 전체조직을 침해하여 그 고유한 기능을 현저히 위태롭게 하는 상태의 야기를 필요로 한다.

‖ **판례** ‖ 불구의 일반적인 예로는 실명케 한 경우(대판 1960. 4. 6, 4292 형상 395), 청력을 상실케 한 경우, 남근을 절단한 경우, 혀를 절단한 경우(부산지법 1965. 1. 12, 64 고 6813), 손 또는 발을 절단한 경우 등을 들 수 있다. 그러나 치아 한두 개가 빠진 것으로는 불구라 할 수 없다(대판 1960. 2. 29, 4292 형상 413).

불치 또는 난치병에는 심폐기능이나 장기의 현저한 손상은 물론 에이즈감염, 기억상실증, 기타 정신병유발, 척추장애나 신체일부의 마비 같은 경우도 해당한다. 상처의 흔적이나 흉터는 질병이 아니므로 그 흉터를 없애기 곤란하더라도 여기에 해당하지는 않는다.

신체의 어느 부위가 중요부분인가를 판단함에 있어서는 신체조직에 있어서의 기능을 의학적·객관적으로 판단하여 결정해야 한다(통설). 따라서 피아니스트·속기사의 손가락, 무용가의 엄지발가락이 보통사람의 그것에 비해 특히 신체의 중요부분에 해당한다고 할지라도 중상해죄는 성립하지 않는다고 해야 한다. 신체기능의 상실상태가 어느 정도까지 지속되었을 때 중상이라고 할 것인가에 대한 판단도 궁극적으로는 법률적 판단을 요한다 할지라도 주로 의학적·객관적 관점에 따라 내려져야 한다.

3. 적용범위

폭행의 고의로 중상해의 결과를 야기한 경우에도 중상해죄가 성립할 것인가? 중상해죄의 성립에는 상해의 고의를 요하므로 폭행의 고의로 중상해의 결과를 낸 경우에는 폭행치상죄가 성립하고, 다만 처벌만은 중상해죄의 형을 적용하는 것으로 해석하는 것이 옳다(제262조 후단 참조).

Ⅳ. 특수상해죄·특수중상해죄

1. 의   의

특수상해죄는 단체 또는 다중의 위력을 보이거나 위험한 물건을 휴대하여 상해 또는 존속상해를 범함으로써 성립하는 범죄이다(제258조의2 제1항). 1년 이상 10년 이하의 징역에 처한다. 미수범은 처벌한다(동조 제3항). 특수중상해죄는 같은 방법으로 중상해 또는 존속중상해를 범함으로써 성립하는 범죄이다(동조 제2항). 2년 이상 20년 이하의 징역에 처한다. 부진정결과적 가중범의 성격을 갖는다. 특수상해죄·특수중상해죄를 범한 자에 대하여는 징역형 외에 10년 이하의 자격정지를 병과할 수 있다

($\frac{제265}{조}$). 이 죄는 단순상해죄 및 단순중상해죄에 비하여 행위수단 및 방법면에서 위험성이 더 크므로 불법 및 형이 가중된 구성요건이다.

＊주의: 특수상해죄・특수중상해죄는 헌법재판소에 의해 위헌결정을 받은 폭력행위등처벌에관한법률 제3조의 해당부분이 삭제되고 2016년 1월 형법 개정을 통해 새로 신설된 조항이다.

2. 객관적 구성요건요소

이 죄는 '단체 또는 다중의 위력'에 의해 상해를 가하거나(행위방식에 의한 특수상해) 또는 '위험한 물건의 휴대'에 의해 상해를 가하여야(행위수단에 의한 특수상해) 성립한다. 최근 형법에 신설된 범죄이므로 여기서의 '단체', '다중', '위력', '위험한 물건', '휴대'의 개념과 대법원판례의 내용에 대해서는 후술하는 특수폭행죄 부분을 참조하기 바란다. 특수폭행죄에서의 해석론이 특수상해죄에도 그대로 적용될 수 있기 때문이다.

3. 주관적 구성요건요소

상해죄・존속상해죄 및 중상해죄・존속중상해죄에 대한 고의의 해석론이 그대로 적용된다. 다만 이 죄에서는 단체 또는 다중의 위력을 보이거나 위험한 물건을 휴대한다는 사실에 대한 고의를 추가로 가져야 한다. 행위자가 비록 위험한 물건을 객관적으로 휴대하고 있었더라도 그 휴대사실을 몰랐던 경우에는 이 죄가 성립하지 않는다. 그러나 위험한 물건을 상해에 사용한다는 고의가 필요한 것은 아니다.

Ⅴ. 상해치사죄・존속상해치사죄

1. 의 의

상해치사죄는 사람의 신체를 상해하여 사망에 이르게 함으로써 성립하는 범죄이다. 3년 이상의 유기징역에 처한다($\frac{제259조}{1항}$). 존속상해치사죄는 자기 또는 배우자의 직계존속을 상해하여 사망케 함으로써 성립하는 범죄이다. 무기 또는 5년 이상의 징역에 처한다($\frac{제259조}{2항}$). 단순상해치사죄는 단순상해죄의 결과적 가중범이고, 존속상해치사죄는 존속상해죄의 결과적 가중범이다.

2. 객관적 구성요건요소

(1) 기본범죄행위와 중한 결과

본질적 구성부분은 기본범죄행위인 상해이며, 중상해의 경우도 포함된다. 상해로 인해 발생되는 중한 결과란 사망이다. 이 결과는 과실에 의해 발생한 경우라야 한다. 만약 고의에 의해 발생되었다면 살인죄가 된다.

(2) 인과관계 및 객관적 귀속

결과적 가중범이므로 먼저 상해행위와 상해결과(좁은 결과) 사이에, 더 나아가 상해행위 및 상해결과로 인한 사망이라는 중한 결과(넓은 결과)에도 인과관계 및 객관적 귀속관계가 있어야 한다.

여기에서 인과관계는 합법칙적 조건설에 따라 상해라는 원인이 사망이라는 결과에 합법칙적으로 연관되어 있는 경우에 인정된다. 사망의 결과가 상해 외에 피해자의 지병 또는 불충분한 치료·처치 때문에 발생했더라도 인과관계는 인정된다(대판 1979. 10. 10, 79 도 2040; 대판 1961. 9. 21, 4294 형상 447). 행위가 사망의 결과에 대한 유일한 원인이 될 것을 요하지 않기 때문이다.

나아가 기본범죄와 중한 결과 사이에 직접적 관련성이 있을 것을 요한다. 이 직접성의 요구는 결과적 가중범에 특유한 특별한 객관적 귀속의 한 관점이다. 이 관점에서 볼 때 상해의 피해자가 상해를 피해 혼자 도망하다가 실족하여 사망한 경우, 사망의 결과가 제3자의 중간개입행위에 의해 발생했거나 피해자가 불구 또는 불치의 질병에 걸리게 된 것을 비관하여 자살함으로써 발생하게 된 경우에는 행위자에게 그 결과를 객관적으로 귀속시킬 수 없다. 그러나 피해자가 열차 안에서 계속 따라오며 위협하는 폭행을 피하려고 다른 찻간으로 도망치다가 열차 밖으로 떨어져 죽은 경우 또는 체포·감금이나 강간·강제추행 등의 경우처럼 행위의 일부실현으로도 가중결과에 대한 원인이 충분히 될 수 있는 범죄에서 피해자가 행위자의 기본범죄행위 자체를 피하기 위하여 도망하다 사상에 이른 경우에는 직접성이 인정된다. 판례도 같은 입장이다(대판 1990. 10. 16, 90 도 1786; 1991. 10. 25, 91 도 2085; 1996. 7. 12, 96 도 1142). 다만 판례는 직접성의 요구를 상당인과관계의 판단에 포함시켜 검토하고 있다.

3. 기본범죄의 고의와 중한 결과에 대한 과실

이 죄가 성립하기 위해서는 먼저 기본범죄인 상해에 대한 고의가 있어야 하고 사망의 결과에 대한 예견가능성, 즉 과실이 있어야 한다. 만약 사망의 결과에 대해 미필적으로라도 고의가 있었다면 살인죄가 성립한다.

‖ **판례** ‖ 행위자가 타인의 안면이나 흉부와 같은 인체의 중요부위를 강하게 타격할 때 뇌출혈을 초래할 수 있고 이로 인해 사망의 결과에 이를 수 있음은 누구나 예견할 수 있으므로 상해치사죄의 성립이 인정된다(대판 1981. 3. 10, 80 도 3321; 1984. 12. 11, 84 도 2183).

4. 결과적 가중범의 공동정범과 공범

과실범의 공동정범을 인정하는 우리 대법원은 결과적 가중범의 공동정범도 인정한다. 즉 결과적 가중범의 공동정범은 기본범죄를 공동으로 할 의사만 있으면 충분하고 결과를 공동으로 할 의사는 필요없다고 한다(대판 1987. 9. 8, 87 도 1458; 1988. 9. 13, 88 도 1046; 1988. 12. 27, 88 도 1855; 1990. 6. 26, 90 도 765). 다만 중한 결과를 「예견할 수 없었던 경우가 아니면」 결과적 가중범의 죄책을 면할 수 없다고 하여(대판 1991. 11. 12, 91 도 2156), 결과구성요건에 대한 과실은 필요하다는 입장이다.

생각건대 이론적으로 과실범의 공동정범성립이 가능하기 때문에 중한 결과 발생에 대한 공동의 주의의무위반을 요건으로 결과적 가중범의 공동정범성립을 인정하는 것이 불가능한 것은 아니다. 다만 결과적 가중범의 경우에는 기본범죄의 참여자에게 중한 결과 발생에 대한 과실이 있는지를 개별적으로 확인하여, 과실이 있는 각 사람을 서로 동시범 관계에 놓여 있는 결과적 가중범의 정범으로 처벌하면 족하기 때문에, 행위참여자 상호간에 반드시 공동정범관계를 인정해야 할 특별한 이론적·실무적 필요성이 존재하는 것은 아니다.

상해에 대한 교사 또는 방조자는 중한 결과, 즉 사망의 결과에 대해서 스스로 과실이 있을 때 결과적 가중범의 교사범 또는 방조범으로 처벌될 수 있다(대판 1997. 6. 24, 97 도 1075).

5. 죄   수

두 사람에게 흉기를 휘둘러 그 중 한 사람을 사망에 이르게 하고 다른 한 사람에 대하여는 상해를 입힌 경우에는 상해치사죄와 단순상해죄 두 죄가 성립하여 실체적 경합관계에 놓이게 된다.

VI. 상해죄의 동시범의 특례

1. 의   의

동시범이란 2인 이상이 의사의 연락 없이 동시 또는 이시에 동일한 행위객체에 대해 구성요건결과를 실현한 경우를 말한다. 동시범은 각자가 단독정범에 불과하므로 개별책임의 원칙에 따라 각자는 자기의 행위에 의해 발생된 결과에 대해서만 책임을 진다. 만약 결과발생의 원인된 행위가 누구의 것인지 판명되지 아니한 때에는 책임원칙상 각자는 미수의 한도 안에서만 처벌받는다($\frac{제19}{조}$).

형법 제263조는 상해의 동시범에 대해 특례를 인정하여 상해의 원인된 행위가 판명되지 아니한 때에는 각자를 미수범으로서가 아니라 공동정범의 예에 의해 처벌토록 함으로써 개별책임의 원칙에 대한 예외를 인정하고 있다.

2인 이상이 집단적으로 상해를 가한 경우에 누구의 행위에 의해 상해의 결과가 발생했는지를 가려내어 입증하기가 어려운 반면 과실범의 경우 미수처벌이 불가능하므로 제19조의 원칙만으로는 처벌의 흠결을 메울 수 없다는 점과, 사회에서 빈번하게 일어나고 있는 집단적인 상해를 예방하기 위한 형사정책적 필요성 때문에 형법은 정책적으로 이와 같은 특례를 둔 것이다. 이에 대해서 형법 제263조는 공동정범의 성립요건인 의사연락을 의제하므로 책임원칙에 반하고, 인과관계입증에 대해서는 in dubio pro reo 원칙을 폐기한 규정이므로 헌법 제27조 4항에 반하는 위헌적 법률이라는 비판적 견해도 제기된다.

2. 법적 성격

본 규정의 법적 성격에 대해서는 견해가 나뉘어 진다. i) **법률상 책임추정설**은 형법 제263조를 입증의 곤란을 구제하기 위해 각 행위자의 행위가 결과발생의 원인인 것으로 추정하는 규정이라고 한다. ii) **거증책임전환설**은 형법 제263조는 입증의 곤란을 구제하기 위한 정책적 예외규정으로서 피고인에게 자기의 행위로 상해의 결과가 발생하지 않았음을 증명할 거증책임을 전환한 규정이라고 본다(다수설). iii) 이원설은 절차법상으로는 거증책임의 전환규정인 동시에 실체법상으로는 공동정범의 범위를 확장시키는 일종의 의제라는 설이다.

생각건대 법률상의 추정은 법문이 요건사실과 추정사실의 관계를 명시할 때만 가능하다. 추정이라는 말의 명시가 없음에도 불구하고 이를 인정하는 것은 형사소송법의 기본원칙인 자유심증주의와 실체진실주의에 반하는 것이다. 이런 점에서 법률상 책임추정설은 옳지 않다. 그러나 거증책임전환설이나 이를 전제로 하는 이원설도 제263조가 제19조에 대해 갖는 특례의 성격을 필요 이상으로 넓게 인정하는 결과가 되어, 책임원칙의 정신에 비추어 볼 때 타당하다고 할 수 없다. 제263조가 제19조의 예외로서 거증책임전환의 성격을 갖는 것은 제19조에 의할 때 부득이 생기는 처벌의 흠결을 피하기 위해 과실부분에 한하여 제한적으로 인정해야 할 것으로 본다. 이 입장을 제한적 거증책임전환설이라 할 수 있다.

3. 적용요건

(1) 독립행위의 경합

독립행위의 경합은 2개 이상의 행위가 서로 의사의 연락 없이 같은 객체에 대하여 행하여지는 것을 말한다. 독립행위는 반드시 동일시간 내지 근접한 시간에 걸쳐서 행하여질 필요는 없고, 이시의 독립행위가 경합한 때에도 본조가 적용된다고 해석해야 할 것이다(대판 1981. 3. 10, 80 도 3321).

(2) 상해의 결과발생

폭행에 그쳤을 뿐 상해의 결과발생에 이르지 않았을 때에는 적용될 여지가 없다. 그러나 상해의 결과가 발생하면 충분하므로 상해의 결과는 상해행위에 의한 것이건, 폭행행위에 의한 것이건(폭행치상) 묻지 않는다(통설). 또한 상해나 폭행치상의 요소를 포함하더라도 그 보호법익을 달리하는 강간치상죄나 강도치상죄에는 적용되지 아니한다. 유추적용을 인정하는 결과가 되기 때문이다.

(3) 원인된 행위가 판명되지 않을 것

원인된 행위가 판명되지 않아야 한다. 원인된 행위가 판명된 때에는 각자가 자기의 행위로부터 발생한 결과에 대하여 책임을 지게 될 뿐이다. 이 경우에 자기의 행위가 원인이 아님을 주장하는 거증책임은 피고인에게 있다.

4. 형법 제263조의 해석·적용

형법 제263조 상해죄 동시범의 특례는 가능한 한 책임원칙에 합치되도록 좁게 해석해야 한다(제한적 거증책임설의 입장).

(1) 상해의 결과발생에 고의와 고의가 경합된 경우

제19조의 원칙에 따라 각자를 상해미수의 동시범으로 처벌해야 한다. 이 경우 본 특례를 적용한다면 각자 상해죄기수범의 정범이 될 것이다. 미수처벌만으로도 형사정책적 목적은 충족될 수 있을 터이므로 이 경우 굳이 본 특례를 적용해야 할 필요성은 없다.

(2) 상해의 결과발생에 고의와 과실이 경합된 경우

상해미수와 과실치상의 정범이 된다. 고의부분에 대하여 책임원칙의 정신을 살려 미수로 하는 한 특례적용은 배제된다. 다만 과실행위자는 불가벌이 아니라 과실의 기수범으로 처벌한다는 데 본 특례의 형사정책적 의미가 있다.

(3) 상해의 결과발생에 과실과 과실이 경합된 경우

각자를 과실치상의 정범으로 처벌한다. 과실범의 공동정범은 성립할 수 없다는 전제하에 과실미수의 처벌도 불가능하므로 결국 과실행위자들을 처벌할 수 없게 된다는 흠결을 보충하여 각자를 과실범의 정범으로 처벌할 수 있게 하는 점에 본 특례의 의미가 있다. 이 경우 과실행위자 각자를 동시범으로 보건 공동정범으로 보건 법효과면에서는 차이는 없다.

(4) 공동정범의 예에 따름

공동정범의 예에 따른다는 법문의 의미를 공동정범으로 처벌해야 한다는 뜻으로 이해하는 것은 옳지 않다. 이는 공동정범의 일반이론과 불일치할 뿐만 아니라 법문이 공동정범의 처벌 예, 즉 각자를 그 죄의 정범으로 처벌한다는 지시를 본질상 공동정범이라는 의미로 오해하고 있기 때문이다. 따라서 본 법문의 의미는 동시범으로 처벌한다는 뜻으로 이해하는 것이 옳다. 상해죄의 동시범은 각자를 그 죄의 정범으로 처벌하게 된다($\binom{제30조}{참조}$).

5. 적용범위

(1) 상해치사죄 · 폭행치사

상해의 결과를 발생케 한 이상 상해의 범위를 넘어 상해치사에 이른 때에도 본조가 적용된다는 견해[10]와 사망의 결과가 발생한 경우에도 적용하는 것은 유

---

10) 권문택, 주각(상), 491면; 남흥우 38면; 이재상 58면; 정성근 · 박광민 82면; 진계호 80면; 황산덕 178면.

추적용금지의 원칙에 반하므로 상해치사죄에는 적용될 수 없다는 견해[11]가 대립된다. 부정설이 타당하다. 이는 폭행으로 사망의 결과가 야기된 경우에도 마찬가지이다. 책임원칙에 반하고 형벌을 확장하는 규정의 적용범위는 최대한 제한적으로 인정해야 하기 때문이다. 그러나 판례는 상해치사 또는 폭행치사의 경우에도 본조를 적용해야 한다는 입장이다.

‖ **판례** ‖ 수인이 각기 폭행을 가하여 평소 고혈압증세가 심한 피해자가 흥분되고 이에 따른 혈압상승으로 뇌출혈을 일으켜 사망케 했다면 수인의 각 폭행치사는 본조에 의하여 공동정범의 예에 따라 처벌된다(대판 1970. 6. 30, 70 도 991). 제19조와 제263조의 규정취지를 새겨 보면 본건의 경우와 같이 이시의 독립행위가 경합하여 사망의 결과가 일어난 경우에도 그 원인된 행위가 판명되지 아니한 때에는 공동정범의 예에 의하여야 한다(대판 1981. 3. 10, 80 도 3321).

상해의 결과가 발생한 경우 원인행위가 밝혀지지 않으면 각자를 상해미수범으로 처벌해야 한다는 본서의 입장에서 볼 때, 개별적으로 검토하여 사망의 결과에 대하여 인과관계가 인정되고, 제15조 2항에 의하여 예견가능성이 있었던 각자를 상해치사죄의 정범으로 벌하면 될 것이다.

(2) 강간치상죄 · 강도치상죄

본 특례는 폭행과 상해의 죄에 적용되는 특별규정이므로 비록 상해의 요소를 포함하더라도 그 보호법익을 달리하는 강간치상죄나 강도치상죄에는 적용할 수 없다(통설). 명문의 규정을 벗어난 유추적용이 되기 때문이다. 판례도 강간치상의 경우에 본조의 적용을 부인한다.

‖ **판례** ‖ 형법 제263조의 동시범은 상해와 폭행죄에 관한 특별규정으로서 동 규정은 그 보호법익을 달리하는 강간치상죄에는 적용될 수 없다(대판 1984. 4. 24, 84 도 372).

VII. 상습상해(존속상해 · 중상해 · 존속중상해 · 특수상해죄)죄

1. 의   의

상습상해죄는 상습으로 상해, 존속상해, 중상해, 존속중상해, 특수상해를 범함으로써 성립하는 범죄이다. 각 죄에 정한 형의 2분의 1까지 가중한다($^{제264}_{조}$). 상

---

11) 강구진 71면; 권오걸 41면; 김성돈 69면; 김성천 · 김형준 81면; 박상기 54면; 배종대 101면; 백형구 54면; 손동권 53면; 오영근 77면; 이영란 62면; 이정원 76면; 이형국 79면; 임웅 69면; 정영석 232면; 정영일 326면.

해의 상습화경향에 비추어 형사정책적 견지에서 이를 예방하기 위해 특히 가중처벌형식을 취한 것이다. 유기징역에 처할 때에는 10년 이하의 자격정지를 병과할 수 있다(제265조).

2. 구성요건요소

상습성이란 동종의 행위, 즉 상해행위를 반복하여 행하는 행위자의 습벽을 말한다. 따라서 상습성은 행위의 성질이 아니라 범죄의 버릇 또는 범죄의 경향이 몸에 밴 행위자의 특성을 의미한다. 상습성은 이처럼 행위자의 습벽을 의미하기 때문에 단지 일정한 행위의 반복이 있는 것만으로 상습성이 인정되는 것은 아니다. 행위자가 범행시 이러한 상습성을 이미 갖고 있었음이 입증될 수 있을 정도로 명백한 경우, 단 1회의 상해행위로도 상습상해를 인정할 수 있다.

《참고》 누범은 범행의 횟수에 의해 결정되는 형법상의 개념임에 비해, 상습범은 행위자의 습벽을 기초로 한 범죄학적 개념이다. 따라서 상습범이라고 해서 반드시 누범이 되는 것은 아니고 또 누범이라고 해서 다 상습범이 되는 것은 아니다. 한 행위자가 상습범이면서 동시에 누범이 됨으로써 가중사유가 경합될 때에는 형법 제56조에 의해 상습범가중을 한 후(제56조 1호)에 다시 누범가중(제56조 3호)을 하여 처단하면 된다.

3. 공동정범 및 공범

상습범은 상습성으로 인하여 책임 및 형이 가중되는 부진정신분범의 일종이므로, 비상습자가 상습자와 공동정범 및 공범관계에 있을 경우에는 제33조 단서가 적용된다.

4. 죄   수

상습범은 구성요건상 다수·동종의 행위가 동일한 의사의 경향에 따라 반복될 것이 예상되는 이른바 집합범에 해당한다. 따라서 상습자가 수개의 상습행위를 각각 다른 일시, 다른 장소에서 각각 다른 사람을 상대로 범하였더라도 포괄일죄가 된다는 것이 우리나라의 판례(대판 1984.3.13, 84 도 20; 1990.2.13, 89 도 2377) 및 통설의 입장이다.

제 3 절 폭행의 죄

I. 총 설

1. 보호법익

일반적으로 상해죄와 폭행죄의 보호법익은 다같이 신체의 완전성 내지 신체의 불가침성이라고 한다. 그러나 구체적으로 양자 사이에 차이가 있다. 폭행죄의 구체적인 보호법익은 신체의 건재성(Wohlbefinden)이다. 이 점에서 신체적·정신적 건강(Gesundheit), 즉 생리적 기능을 구체적인 보호법익으로 삼는 상해죄와 구별된다.

2. 체 계

폭행의 죄에서 기본적 구성요건은 단순폭행죄($\genfrac{}{}{0pt}{}{제260조}{1항}$)이다. 이에 대한 가중적 구성요건으로는 존속폭행죄($\genfrac{}{}{0pt}{}{제260조}{2항}$), 특수폭행죄($\genfrac{}{}{0pt}{}{제261}{조}$)와 상습폭행죄($\genfrac{}{}{0pt}{}{제264}{조}$)가 있다. 폭행치사상죄($\genfrac{}{}{0pt}{}{제262}{조}$)는 결과적 가중범으로 규정된 것이다. 이 중에서 단순폭행죄와 존속폭행죄는 반의사불벌죄이고 미수범처벌규정은 없다.

특별규정으로는 외국원수 사절에 대한 폭행($\genfrac{}{}{0pt}{}{제107조 1항,}{제108조 1항}$)과 근로자에 대한 폭행 ($\genfrac{}{}{0pt}{}{근로기준법}{제8조, 제107조}$), 2인 이상이 공동으로 가한 폭행·존속폭행($\genfrac{}{}{0pt}{}{폭력행위등처벌에관}{한법률 제2조 2항}$), 폭행예비($\genfrac{}{}{0pt}{}{경범죄처벌법}{제3조 1항 3호}$)와 물건던지기 등 위험행위($\genfrac{}{}{0pt}{}{경범죄처벌법}{제3조 1항 23호}$)가 있다.

II. 단순폭행죄·존속폭행죄

1. 의 의

단순폭행죄는 사람의 신체에 대하여 폭행을 가함으로써 성립하는 범죄이다. 2년 이하의 징역, 5백만원 이하의 벌금, 구류, 과료에 처한다($\genfrac{}{}{0pt}{}{제260조}{1항}$). 상해죄가 신체에 대한 상해인 반면, 본죄는 신체에 대한 폭행이라는 점에서 구별된다. 단순폭행죄는 행위객체가 존속인 존속폭행죄와 구별된다. 자기 또는 배우자의 직계존속에 대하여 폭행죄를 범한 때에는 5년 이하의 징역 또는 7백만원 이하의 벌금에 처한다($\genfrac{}{}{0pt}{}{제260조}{2항}$). 폭행죄는 침해범·즉시범·형식범(단순거동범)의 성격을 지닌다. 이 죄는 반의사불벌죄($\genfrac{}{}{0pt}{}{제260조}{3항}$)이다. 존속폭행죄를 범하여 유기징역에 처할 때에는

10년 이하의 자격정지를 병과할 수 있다($^{제265}_{조}$).

2. 객관적 구성요건요소

(1) 행위주체와 행위객체

피해자 이외의 모든 자연인이 폭행죄의 주체가 될 수 있다. 행위객체는 타인의 신체이다. 다만 그 타인이 외국의 원수이거나 외교사절인 경우에는 별죄가 성립한다($^{제107조 1항,}_{제108조 1항}$). 또한 사용자의 근로자에 대한 폭행은 근로기준법위반($^{동법 제 8 조,}_{제107조}$)이 된다. 존속폭행죄의 행위객체는 자기 또는 배우자의 직계존속이다.

(2) 행   위

폭행이란 사람의 신체에 대한 유형력의 행사를 말한다.

(a) **형법상 폭행의 개념**   형법의 규정 속에 나타난 폭행의 개념은 폭행의 대상과 정도에 따라 네 가지로 구분된다.

① 최광의의 폭행   폭행의 대상이 사람이든 물건이든 불문하고 모든 종류의 유형력을 행사하는 경우를 말하며, 내란죄($^{제87}_{조}$), 소요죄($^{제115}_{조}$), 다중불해산죄($^{제116}_{조}$)의 폭행이 여기에 해당한다.

② 광의의 폭행   사람에 대한 직접적·간접적인 유형력의 행사를 말하며, 사람에 대한 유형력의 행사이지만 반드시 사람의 신체에 대하여 유형력이 가하여질 것을 요하지 않고, 물건에 대한 것이라도 간접적으로 사람에 대한 것이라고 볼 수 있으면 족하다. 공무집행방해죄($^{제136}_{조}$), 특수도주죄($^{제146}_{조}$), 강요죄($^{제324}_{조}$), 외국사절에 대한 폭행죄($^{제108}_{조}$)의 폭행이 여기에 속한다.

③ 협의의 폭행   사람의 신체에 대한 유형력의 행사를 말하며, 폭행죄와 공무원의 폭행죄($^{제125}_{조}$)의 폭행이 여기에 해당한다.

④ 최협의의 폭행   상대방의 반항을 현저히 곤란하게 하거나 억압할 정도의 유형력의 행사를 말한다. 최협의라고 하지만 내용상 최강도의 폭행을 의미한다. 강간죄($^{제297}_{조}$), 강도죄($^{제333}_{조}$), 준강도죄($^{제335}_{조}$)의 폭행이 이에 해당한다.

그러나 위의 ①, ②, ③은 폭행의 대상을 표준으로 하고 ④는 폭행의 정도를 표준으로 하여 나눈 것으로 구별표준이 각각 다르다는 문제가 있다. 특히 이러한 폭행개념의 분류가 개별 구성요건에서 요구되는 폭행의 정도나 내용을 중심으로 하기보다는 대상을 중심으로 단순 분류하는 방법상의 오류를 범하고 있고 너무 도식적이라는 비판이 가능하다.

(b) **폭행죄의 폭행개념**   폭행죄의 폭행은 협의의 폭행개념과 같이 사람의 신체에 대해 유형력을 행사(대판 1991. 1. 29, 90 도 2153)하는 것을 말한다. 여기서 유형력은 넓은 개념으로, 보통은 육체적 고통을 수반하는 사람에 대한 일체의 불법한 공격과 같은 물리적 작용을 의미하지만, 정신적 고통을 가하여 신체의 안전을 해하는 일체의 불법한 화학적·생리적 작용도 포함된다.

보기: 예컨대 구타행위, 침을 뱉거나 옷이나 손을 세차게 잡아당기는 행위, 흉기나 손발을 휘두르는 행위, 수염이나 모발을 자르는 행위가 앞의 예이고, 고함을 질러 놀라게 하거나 심한 소음을 내는 행위, 계속 전화를 걸어 벨을 울리는 경우, 마취약이나 최면술로 의식을 몽롱하게 하는 행위, 욕설이나 폭언을 수차 반복하는 경우(대판 1956. 12. 12, 4289 형상 280)는 뒤의 예라 하겠다.

이러한 유형력의 행사가 생리적 기능을 훼손하는 정도에 이르지 않는 점에서 상해와 구분되며, 넓은 의미의 유형력의 행사에 정신적 고통을 가한 경우나 간접적인 수단에 의한 경우도 포함되지만, 진정한 무형력 행사에 의해 정신적 공포심을 일으키는 협박과는 구별된다.

(c) **행위수단 및 방법**   사람의 신체에 대한 유형력행사의 수단·방법에는 제한이 없어 직접적·간접적 수단, 작위·부작위 모두 가능하다. 예컨대 돌을 던졌으나 명중하지 않아도 폭행이 되며, 맹인에게서 지팡이를 빼앗아 버리는 것은 맹인에 대한 폭행이, 어린아이를 업은 사람을 넘어뜨린 경우는 어린아이에 대한 폭행이 된다(대판 1972. 11. 28, 72 도 2201). 이웃의 소음중단요구를 묵살하고 계속 확성기를 틀어놓는 경우는 부작위에 의한 폭행이 된다.

그러나 홧김에 남의 집 방문을 발로 차거나(대판 1984. 2. 14, 83 도 3186), 비닐봉지에 넣은 인분을 타인의 집 마당에 던지는 것(대판 1977. 2. 8, 75 도 2673)만으로는 아직 신체에 대한 직접적인 유형력의 행사라고 보기 어렵기 때문에 폭행이라 할 수 없다. 판례는 전화를 걸어 고성으로 욕설과 폭언을 퍼붓는 것은 특별한 사정이 없는 한, 신체에 대한 유형력의 행사를 한 것으로 보기 어려워 폭행에 해당하지 않는다고 한다(대판 2003. 1. 10, 2000 도 5716).

‖ **판례** ‖ 피해자에게 근접하여 욕설을 하면서 때릴 듯이 손발이나 물건을 휘두르거나 던지는 행위는 직접 피해자의 신체에 접촉되지 않았더라도 불법한 유형력 행사로서 폭행에 해당하나, 단순히 욕설을 한 것 외에 별다른 행위를 한 적이 없다면 이는 유형력의 행사라고 보기 어렵다(대판 1990. 2. 13, 89 도 1406).

다만 2인 이상이 공동하여 폭행을 한 경우나, 단체나 다중의 위력 또는 그것을 가장하여 위력을 보이거나 흉기 기타 위험한 물건을 휴대하여 폭행을 한 때와 이러한 폭행이 야간에 이루어진 경우에는 폭력행위등처벌에관한법률이 우선 적용된다($\binom{\text{동법 제 2 조 2 항,}}{\text{제 3 조 1 항}}$).

(d) **실행의 착수와 기수시기**   개별적 객관설을 따르면 폭행죄의 실행착수 시기는 행위자가 폭행의사를 가지고 타인의 신체의 건재성을 해하는 유형력의 행사를 직접 개시했을 때가 된다. 또한 폭행죄는 형식범이므로 유형력의 행사만 있으면 곧바로 구성요건이 충족되어 기수에 이른다. 폭행에 의해 반드시 구체적인 신체안전성 침해의 결과가 야기되어야 하는 것은 아니다. 다만 폭력행위등처벌에관한법률에 해당하는 폭행죄의 경우 미수범은 처벌된다($\binom{\text{동법}}{\text{제 6 조}}$).

3. 주관적 구성요건요소

폭행의 고의는 타인의 신체에 유형력을 행사한다는 사실에 대한 인식과 의사를 말한다. 미필적 고의이면 충분하다.

4. 위법성조각사유

㈎ 학교장, 소년원장, 고아원장, 부모 등과 같은 징계권자의 징계행위에 수반된 폭행은 상당성의 범위를 일탈하지 않는 한, 법령에 의한 행위로서 정당화된다. 남편은 아내에 대한 징계권이 없으므로 아내의 비행에 대해 남편이 폭행을 가하는 것은 징계권의 행사로 볼 수 없다.

㈏ 교사의 체벌은 징계권의 행사이기 때문에 위법성이 조각된다는 것이 우리나라 통설·판례의 입장이다. 그러나 교사의 체벌은 그것이 교육목적을 위해 필요한 최소한의 조치였을 경우에는 업무로 인한 행위로서 정당화될 수 있다고 보아야 한다. 이러한 정도를 넘어서는 체벌은 폭행에 해당하며, 폭행에 해당하는 교사의 체벌은 인간존중의 교육이념에 비추어 어떠한 이유로도 정당화될 수 없다.

㈐ 법령상 징계권이 없는 사람이 잘못을 저지르는 남의 자녀를 징계하는 경우에는 사회상규에 반하지 않는 행위로서 정당화될 수 있다.

‖ **판례** ‖ 군지휘관이 야간에 술에 취해 소란행위를 저지르는 병사에게 지나치지 않을 정도의 폭행을 가하여 이를 제지한 경우, 군부대 내의 질서를 지키기 위해 실시한 기합에서 부수되는 약간의 폭행은 사회상규에 반하지 않는 행위로서 정당화될 수 있다(대판 1978. 4. 11, 77 도 3149).

㈔ 판례는 약간 우월하거나 거의 비슷한 정도의 법익의 충돌일 경우 특별히 행위목적이 부당하지 않고 위험을 방지하기 위한 적절한 수단으로서 폭행을 했다면 사회상규에 반하지 않는 행위로서 정당화된다고 한다. 예컨대 술 취한 자가 시비를 걸면서 팔을 잡기에 뿌리친 경우(대판 1980. 9. 24, 80도 1898), 강제연행을 모면하기 위하여 팔꿈치로 이를 뿌리치면서 상대방의 가슴을 잡고 벽에 밀어 붙인 경우(대판 1982. 2. 23, 81 도 2958)는 정당행위에 해당한다는 것이다. 그러나 이런 경우는 정당방위사례에 해당하는 것으로 보는 것이 옳다.

㈕ 청구권의 실행불능 또는 현저한 실행곤란을 피하기 위해 자력구제의 수단으로 물건탈환, 채무자의 체포 또는 저항의 제거 등의 조치를 취하는 과정에 폭행이 부수적으로 동원되더라도, 그것이 상당한 이유 있는 행위인 한 자구행위로 정당화된다.

5. 반의사불벌죄

이 죄는 피해자의 명시한 의사에 반하여 논할 수 없다($^{제260조}_{3항}$). 처벌을 희망하는 의사표시가 없어도 공소를 제기할 수 있으나, 처벌을 희망하지 아니하는 의사표시가 있거나 처벌을 희망하는 의사표시를 철회하였을 때에는 공소를 제기할 수 없으며, 공소를 제기한 경우 공소기각의 판결을 선고하여야 한다($^{형소법}_{제327조 2호}$).

또한 공소를 제기한 후 1심판결 선고 전에 피해자가 처벌을 희망하지 아니하는 의사표시가 있거나, 처벌을 희망하는 의사표시를 철회하였을 때에도 공소기각의 판결을 선고하여야 한다($^{동법}_{제327조 6호}$). 그래서 해제조건부범죄라고도 한다.

그러나 2인 이상의 공동에 의한 폭행으로 폭력행위등처벌에관한법률이 적용되는 경우에는 반의사불벌죄가 되지 않는다($^{동법}_{제2조 4항}$).

6. 죄수 및 타죄와의 관계

㈎ 폭행(또는 상해)할 것을 상대방에게 고지한 후 폭행을 가한 경우에 협박은 불가벌적 수반행위로서 폭행죄에 흡수된다(대판 1976. 12. 14, 76 도 3375).

㈏ 폭행이 상해나 살해행위의 수단으로 사용된 경우에는 폭행이 불가벌적 수반행위로서 상해죄 또는 살인죄에 흡수된다. 다만 행위자에게 애당초 폭행의 고의만 있었는데 상해 또는 살해의 결과가 발생했다면 그 중한 결과에 대해 과실이 있는 경우에 한해 폭행치상 또는 폭행치사가 된다.

Ⅲ. 특수폭행죄

1. 의   의

특수폭행죄는 단체 또는 다중의 위력을 보이거나 위험한 물건을 휴대하여 폭행을 가함으로써 성립하는 범죄이다. 5년 이하의 징역 또는 1천만원 이하의 벌금에 처한다($\frac{제261}{조}$). 이 죄를 범하여 유기징역에 처할 때에는 10년 이하의 자격정지를 병과할 수 있다($\frac{제265}{조}$). 이 죄는 단순폭행죄에 비해 행위수단 및 방법면에서 위험성이 더 크므로 불법 및 형이 가중된 가중적 구성요건이다.

* 주의: 다중이 집합하여 공공의 안녕을 해할 정도의 폭행을 하면 소요죄($\frac{제115}{조}$)가 된다. 그러므로 단체 또는 다중의 위력을 보인 특수폭행은 이 정도에 이르지 아니한 경우에 한하여 성립할 수 있다.

2. 객관적 구성요건요소

(1) 단체 또는 다중의 위력에 의한 **특수폭행**(행위방식)

(a) **단   체**   뜻을 같이하는 다수인이 시간적 계속성을 전제로 결합한 조직체를 말한다. 공동의 목적을 중심으로 결합된 조직체라야 한다. 이 공동목적은 합법이건 불법이건 상관없다. 따라서 법인 · 노조 · 정당 기타 사회단체 및 사적인 결사는 물론 폭력단 · 불량배 등과 같은 범죄단체 및 불법단체도 여기에 속한다.

어느 정도의 시간적 계속성과 조직성을 갖추어야 한다. 따라서 일시적인 조직체는 비록 조직성을 갖고 있어도 단체가 아니고, 조직 없는 집합체는 비록 약간의 계속성을 갖고 있어도 단체가 아니다. 이 점에 비추어 볼 때 일시적인 데모를 할 공동목적으로 결합된 조직체나 군중집회는 단체가 아니라 다중에 해당한다.

단체의 구성원은 위력을 보일 만큼 다수라야 한다. 위력을 보일 정도의 다수인인 한, 반드시 같은 장소에 집결해 있을 필요는 없고 소집 또는 연락에 의해 집결할 가능성만 있으면 충분하다.

(b) **다   중**   단체를 이루지 못한 다수인의 집합을 말한다. 공동목적의 유무는 불문한다. 만약 공동목적하에 모인 일시적 결합이라면 그 목적의 적법 여부는 불문한다. 조직적 구성체가 아닌 일시적 집합이므로 같은 장소에 현실적으로 집결해 있어야 한다. 인원수는 집단적 위력을 보일 수 있는 정도의 다수이면 충분하다. 그러나 소요죄의 다중과의 관계상 본죄의 다중은 한 지방의 평온을 해할 정도의 다수인원이어서는 안 된다.

(c) **위   력**　　물리적·정신적으로 사람을 제압할 수 있는 정도의 세력을 말한다. 특수협박죄는 위력을 보여 타인을 협박하는 것이고 특수폭행죄는 위력을 보여 폭행하는 것이므로, 폭행에 선행하거나 적어도 폭행과 함께 표현된 위력은 유형·무형을 가릴 필요가 없다는 것이 현재의 통설의 입장이다.

위력을 보인다 함은 위력을 피해자에게 인식시키는 것을 말한다. 유형적 위력이면 피해자에게 감지시키면 되고, 무형적 위력이면 피해자에게 정신적으로 이해시키면 된다. 위력을 표현하는 표시행위가 반드시 있어야 하나, 그것을 통해 현실로 피해자의 의사가 제압되어야 하는 것은 아니다.

위력을 보이기 위해 폭행의 현장에 단체나 다중이 현존할 필요가 있는가? 이 죄는 단체 또는 다중의 위력을 보이는 것이지 단체 또는 다중 그 자체를 보이는 것이 아니라는 점, 단체 또는 다중이 반드시 합동하여 폭행해야 하는 것은 아니라는 점, 단체는 그 구성원이 반드시 같은 장소에 집합하여 있음을 요하지 않는다는 점을 고려할 때 단체 또는 다중이 현장에 반드시 현존해야 하는 것은 아니다(다수설).

다만 단체 또는 다중은 실제로 존재해야 하며, 실존하지 않는 단체나 다중을 가장하는 것은 폭력행위등처벌에관한법률 제 3 조에 해당한다.

(2) **위험한 물건의 휴대에 의한 특수폭행**(행위수단)

(a) **위험한 물건**　　그 본래의 성질이나 사용방법에 따라서 사람의 생명·신체에 해를 줄 수 있는 물건을 말한다.

위험한 물건에는 무기와 같이 본래의 성질상 살상을 위해 제조된 물건이 속한다. 본래의 용도로는 위험한 물건이 아니지만 사람을 살상하는 데 사용할 수 있는 물건도 이에 포함된다. 위험한 물건에는 물리적인 수단뿐만 아니라 염산, 초산, 최루가스, 폭발물 같은 화학적인 수단 등도 포함된다.

판례에 따르면 면도칼,[12] 안전면도용 칼날,[13] 마요네즈병,[14] 드라이버,[15] 쪽가위,[16] 빈양주병,[17] 당구장의 큐대와 의자,[18] 곡괭이 자루,[19] 시멘트벽돌,[20] 주

---

12) 대판 1978. 10. 10, 78 도 2027.
13) 대판 1971. 4. 30, 71 도 430.
14) 대판 1984. 6. 12, 84 도 647.
15) 대판 1984. 2. 14, 83 도 3165.
16) 대판 1984. 1. 17, 83 도 2900.
17) 대판 1997. 2. 25, 96 도 3411.
18) 대판 1997. 2. 25, 96 도 3346.
19) 대판 1990. 1. 25, 89 도 2245.
20) 대판 1990. 1. 23, 89 도 2273.

인에 의해 사주된 동물,[21] 자동차,[22] 실탄이 장전되지 아니한 공기총,[23] 알루미늄 야구방망이[24] 등도 위험한 물건에 해당된다. 다만 판례는 어떤 물건이 '위험한 물건'에 해당하는지 여부는 구체적인 사안에서 사회통념에 비추어 그 물건을 사용하면 상대방이나 제 3 자가 생명 또는 신체에 위험을 느낄 수 있는지 여부에 따라 판단하여야 한다고 하면서, 자동차를 이용해 다른 자동차를 저속으로 충격한 사안에서 충격 당시 차량의 크기, 속도, 손괴 정도 등 제반 사정에 비추어 위 자동차가 폭력행위 등 처벌에 관한 법률 제 3 조 제 1 항에 정한 '위험한 물건'에 해당하지 않는다고 판시한 바 있다(대판 2009. 3. 26, 2007 도 3520).

위험한 물건은 휴대 또는 폭행에 사용하기 적당한 동산이어야 한다. 움직일 수 없는 물건, 예컨대 부동산의 일부인 전신주, 돌담벽, 기둥, 콘크리트바닥은 위험한 물건의 개념 속에 포함되지 않는다. 또한 신체의 일부인 주먹이나 발은 아무리 억센 힘을 가졌더라도 인체일 뿐 위험한 물건은 아니다.

(b) **흉기와의 관계** 우리 형법은 위험한 물건을 흉기와 구별하여 사용하고 있다(제331조, 제334조의 흉기). 흉기는 원래 살상 또는 손괴용으로 제작되고 그 목적수행에 적합한 물건이라는 특성을 갖고 있음에 반해 위험한 물건은 반드시 그와 같은 용도로 제작된 것일 필요는 없다는 점, 폭력행위등처벌에관한법률(제3조)과 군형법(제50조, 제56조, 제60조)상의 「흉기 기타 위험한 물건」이라는 문언이 이미 흉기를 일반개념인 위험한 물건의 한 예로 취급하고 있다는 점 등을 고려할 때 우리 형법상 **흉기는 위험한 물건의 일종**으로 보는 것이 옳다(다수설). 즉 모든 흉기는 다 위험한 물건이 되지만 모든 위험한 물건이 다 흉기가 되는 것은 아니다. 맥주병은 위험한 물건이지만 깨진 맥주병은 흉기가 된다.

(c) **휴 대** 위험한 물건을 몸에 지니는 소지뿐만 아니라 '널리 이용한다'는 뜻도 포함하고 있다(대판 1997. 5. 30, 97 도 597; 1984. 10. 23, 84 도 2001[25]). 반드시 범행 이전부터 몸에 지녀야 하는 것이 아니라 범행현장에서 범행에 사용하기 위해 위험한 물건을 집어 들거나 피해자에게 집어 던진 경우에도 휴대가 된다(대판 1982. 2. 23, 81 도 3074).

---

21) 대판 1997. 5. 30, 97 도 597.
22) 대판 1997. 5. 30, 97 도 597; 2003. 1. 24, 2002 도 5783.
23) 대판 2002. 11. 26, 2002 도 4586.
24) 대판 2005. 4. 28, 2005 도 547.
25) 동판결에서는 자동차를 '위험한 물건'으로 그리고 자동차로 들이받아 폭행한 경우를 위험한 물건을 '휴대'하여, 즉 '이용'하여 폭행한 경우로 보고 있다. 이러한 판례의 태도에 대해 자동차를 운전하거나 사용한 것을 휴대라는 개념에 포함시킬 수 없다는 비판적 견해도 있다(오영근 86면; 임웅 80면; 이재상 66면 주 7) 참조).

휴대사실을 반드시 피해자에게 인식시켜야 하는가? 긍정설도 있으나 부정설이 판례(대판 2003. 1. 24, 2002 도 5783)와 다수설의 입장이다.[26] 단체 또는 다중의 위력표시와 휴대는 전자가 행위방식에 관련된 것이라면 후자가 행위수단에 관련된 것이라는 점, 전자는 피해자와의 관계에서 해석할 필요가 있지만 후자는 행위자의 의사측면에서 해석하면 족하다는 점, 따라서 전자는 피해자의 인식에 상응할 필요가 있지만 후자는 그럴 필요가 없다는 점에서 부정설이 타당하다. 입법론적으로는 위험한 물건을 휴대한 사실만으로 형을 가중하는 것은 불합리하기 때문에 '휴대하여'를 '보이고'로 개정하는 것이 바람직하다는 견해가 중론이나, '사용하여'로 개정하는 것이 더 바람직하다.[27]

‖**판례**‖ 범죄현장에서 과도를 호주머니 속에 일부러 지니고 있었던 때에는 피해자가 그 사실을 인식하지 못하였더라도 위험한 물건을 휴대한 경우에 해당한다(대판 1984. 4. 1, 84 도 353).

(3) **폭행**(행위양태)

본죄의 행위양태는 타인의 신체에 대한 폭행이며, 그 의미는 단순폭행죄에서 설명한 것과 같다. 본죄를 부진정부작위범의 형태로도 범할 수 있는가 하는 점이 문제되나, 이를 부정하는 것이 타당하다. 보증인적 지위에 있는 사람이 제 3 자가 단체 또는 다중의 위력을 보이거나 위험한 물건을 휴대하고 피보호자를 폭행하는 것을 방지하지 않았다고 하여 그것만으로 실행행위의 동가치성을 인정하기는 어렵기 때문이다.

3. 주관적 구성요건요소

단체 또는 다중의 위력을 보이거나 위험한 물건을 휴대한다는 사실 및 폭행의 상대방에게 폭행한다는 점에 대한 고의를 가져야 한다. 폭행자가 비록 위험한 물건을 객관적으로 지니고 있더라도 그 휴대사실을 몰랐던 경우에는 이 죄가 성립하지 않는다. 그러나 위험한 물건을 폭행에 사용한다는 고의가 필요한 것은 아니다.

---

26) 상대방에게 현실적으로 인식시킬 필요는 없으나 상대방이 인식가능한 방법으로 휴대하여야 한다는 견해도 있다(정성근 · 박광민 94면).
27) 같은 견해 오영근 86면.

Ⅳ. 폭행치사상죄

1. 의   의

폭행치사상죄는 폭행 또는 특수폭행의 죄를 범하여 사람을 사상에 이르게 함으로써 성립하는 결과적 가중범이다. 상해죄·존속상해죄·중상해죄·존속중상해죄 및 상해치사죄에 정한 형으로 처벌한다($^{제262}_{조}$).

2. 구성요건요소

폭행 또는 특수폭행의 고의와 치사상의 결과에 대한 예측가능성, 즉 과실이 있어야 한다.

‖ **판례** ‖ 뺨을 강타하여 사망케 된 경우(대판 1957. 9. 20, 4290 형상 249), 폭행으로 인하여 피해자가 뒤로 넘어지면서 머리를 찬장에 부딪혀 뇌일혈로 사망케 된 경우(대판 1970. 9. 22, 70 도 1387), 어린아이를 업은 사람을 밀어 넘어뜨려 어린아이가 사망케 된 경우(대판 1972. 11. 28, 72 도 2201), 폭행으로 인하여 병약한 상대방의 지병이 도져 사망케 된 경우(대판 1983. 1. 18, 82 도 697)에 과실을 인정하였다.

반면 피해자의 뺨을 한번 살짝 때리거나(대판 1978. 11. 28, 78 도 1961), 어깨를 잡고 약간 걸어가는 정도의 폭행을 하였는데 피해자의 특이체질 때문에 사망한 경우(대판 1982. 1. 12, 81 도 1811), 피해자가 피고인의 삿대질을 피하기 위해 뒷걸음치다 넘어져 두개골 골절로 사망한 경우(대판 1990. 9. 25, 90 도 1596)에는 예견가능성이 없다고 하여 이 죄의 성립을 부인하였다.

3. 처   벌

이 죄를 규정함으로써 상해죄는 폭행의 결과적 가중범이 아니라는 점을 명확히 한점은 입법의 진보이다. 그러나 처벌에서 폭행의 결과적 가중범을 상해와 같이 취급토록 한 것은 바람직하지 않다. 입법론적으로는 독립된 법정형을 정하는 것이 옳다.

Ⅴ. 상습폭행(존속폭행·특수폭행)죄

상습폭행죄는 상습으로 폭행죄·존속폭행죄 또는 특수폭행죄를 범함으로써 성립하는 범죄이다. 각 죄에 정한 형의 2분의 1까지 가중한다($^{제264}_{조}$). 상습성에 의해 폭행죄 또는 특수폭행죄보다 책임 및 형벌이 가중된 가중적 구성요건이다.

상습범은 집합범에 해당하므로 본죄가 성립하는 경우에는 수개의 행위도 포괄일죄가 된다는 것이 통설과 판례의 입장이다.

이 죄를 범하여 유기징역에 처할 때에는 10년 이하의 자격정지를 병과할 수 있다($\substack{제265 \\ 조}$).

제 3 장 생명 · 신체의 완전성을 보호하는 죄형법규

제 1 절 생각의 실마리

이 장에서 다루려고 하는 죄형법규는 과실치사상의 죄와 유기의 죄이다. 이들도 생명 또는 신체의 완전성(körperliche Integrität)을 보호한다는 점에서 생명을 보호하는 살인 및 낙태의 죄나 신체의 완전성을 보호하는 상해 및 폭행의 죄와 그 취지를 같이한다.

형법의 법익질서가 생명을 정점으로 하고, 신체의 완전성을 그 다음으로 중요시한다는 사실은 이미 설명한 바이다. 이들 법익의 중요성 때문에 형법은 고의적인 살상범죄의 규율만으로 만족하지 않고 과실에 의한 살상범죄도 규율의 대상으로 삼고 있다. 이것이 과실치사상의 죄에 관한 규정이다. 더 나아가 유기의 죄는 생명과 신체의 완전성을 보호하기 위한 죄형법규로서 생명과 신체에 대한 위험을 초래하기 쉬운 일정한 행태들을 규율의 대상으로 삼는다.

제 2 절 과실치사상의 죄

I. 총 설

1. 체 계

형법은 과실치사상의 죄의 기본적 구성요건으로 과실치상죄($\frac{제266}{조}$)와 과실치사죄($\frac{제267}{조}$)를 규정하고, 이에 대한 불법가중적 구성요건으로 업무상 과실 · 중과실치사상죄($\frac{제268}{조}$)를 규정하고 있다.

2. 과실범의 구조

과실범은 과실을 본질적인 표지로 삼는 특별한 범죄유형이다. 고의가 고의범을 특징짓는 주관적 구성요건요소이듯, 과실은 과실범의 구성요건요소이다.

과실개념에서 본질적인 내용은 행위의 주의의무위반성이다. 여기에서 주의의무란 구성요건실현의 인식·예견가능성과 회피가능성을 의미한다. 이 주의의무위반에는 행위자의 개인적인 능력에 따라 결정되는 주관적 주의의무위반과 오직 일반인의 객관적 기준에 따라 결정되는 객관적 주의의무위반이 있다. 과실범의 구성요건요소(불법요소)로서의 과실은 객관적 주의의무위반이고, 주관적 주의의무위반은 책임요소가 된다.

Ⅱ. 과실치상죄

1. 의   의

과실치상죄는 과실로 사람을 상해에 이르게 함으로써 성립하는 범죄이다. 5백만원 이하의 벌금, 구류 또는 과료에 처한다($^{제266조}_{1항}$). 이 죄는 침해범·즉시범·결과범이다. 그러나 상해결과가 과실에 의한 폭행 또는 과실에 의한 상해로 야기되었다는 점에서 이 죄는 고의적인 상해행위와는 불법의 성격이 본질적으로 다르다. 따라서 이 죄를 반의사불벌죄로 하고 있다($^{제266조}_{2항}$).

2. 객관적 구성요건요소

피해자 이외의 모든 자연인이 이 죄의 주체가 된다. 행위객체는 사람의 신체이다. 이 죄의 구성요건행위는 상해의 결과야기에 직접·간접으로 기여한 과실행위이고, 구성요건결과는 상해의 결과 그 자체이다. 과실행위와 상해의 결과 사이에 인과관계(합법칙적 조건관계) 및 객관적 귀속관계가 있어야 한다. 과실행위는 있었지만 그로 인해 상해의 결과가 야기되지 않은 경우에는 과실치상미수가 아니라 범죄불성립이 된다.

3. 과실치상죄의 객관적 귀속관계

과실범의 객관적 귀속의 척도로 특별히 검토되는 관점은 위법관련성 내지 의무위반관련성(결과가 행위자의 행위에서 기인했을 뿐만 아니라 그 행위의 의무위반성에 기인했을 때)과 규범의 보호목적(규범의 보호목적이 결과귀속을 요구할 때)이다.

(1) 의무위반관련성(위법관련성)

만약 행위자가 규범에 합치되는 행위를 했더라도 어차피 발생했을 결과라면 그 결과는 행위자에게 객관적으로 귀속시킬 수 없다. 예컨대 약사 갑은 유효기간이 지난 의사 을의 처방전에 따라 환자에게 약을 지어 주었는데 병이 그 약을 복용하고 약화를 입은 경우, 만약 의사가 그 처방전을 갱신해 주었더라도 동일한 상해의 결과가 발생했으리라고 확정된 경우라면 약사에게 과실치상의 책임을 지울 수 없다.

‖ **판례** ‖   피고인이 농배양을 하지 않은 과실이 피해자의 사망에 기여한 인과관계 있는 과실이 된다고 하려면, 농배양을 하였더라면 피고인이 투약해 온 항생제와 다른 어떤 항생제를 사용하게 되었을 것이라거나 어떤 다른 조치를 취할 수 있었을 것이고, 따라서 피해자가 사망하지 않았을 것이라는 점을 심리·판단하여야 한다. …피고인이 패혈증에 관한 최신 정의를 알지 못하여 이미 진행중인 패혈증을 아직 진행하지 않고 있는 것으로 잘못 판단하고 적절한 치료방침을 정하지 못한 것이라 하더라도, 그 판단이 현재 우리나라의 일반적 기준으로서의 의학수준과 함께 피고인의 경력·전문분야 등 개인적인 조건이나 진료지·진료환경 등을 고려할 때, 통상의 의사의 정상적인 지식에 기한 것이 아니고 따라서 그것이 과실이라고 단정하기는 어렵고, 단순한 대진의뢰 등 소극적 협진마저도 그 시기가 적절치 않았는지 여부와 이에 그치지 않고 내과로 전과하는 등 적극적 협진을 하였다면 그 치료방법이 어떻게 달라져서 피해자의 생명을 구할 수 있었는지 여부가 심리되어야 한다(대판 1996. 11. 8, 95 도 2710).

(2) 규범의 보호목적

(가) 과실로 위험발생에 함께 영향을 미친 경우, 예컨대 두 사람이 고가도로에서 자동차속도경쟁을 벌이다가 한 사람의 자동차가 추락하여 부상을 입었더라도 다른 사람에게는 그 상해의 결과가 귀속되지 않는다(고의적인 자손행위에의 관여 사례).

(나) 타인의 위험한 행위를 양해한 경우, 예컨대 갑은 친구 을이 안전하게 운전할 수 없을 정도로 술취한 사실을 알고도 그 차에 태워 달라고 요청하여 차에 탔다가 사고로 부상을 입었을 경우, 갑은 을이 술취한 사실을 알았고, 그 사고가 바로 음주 때문이었고, 갑의 동승요청이 을의 음주운전의 부주의와 마찬가지의 경솔로 평가될 수 있는 한, 갑이 입은 부상의 결과를 을의 작품으로 귀속시킬 수 없다(양해 있는 피해자에 대한 가해행위 사례).

㈐ 하나의 결과로 다른 손해가 발생한 경우, 예컨대 갑은 운전부주의로 을의 한쪽 다리를 골절시키는 상해를 입혔던바, 을은 다리를 절게 된 결과로 인해 다시 교통사고에서 제대로 몸을 피하지 못하여 중상을 입었을 경우, 을의 중상을 갑에 게까지 객관적으로 귀속시킬 수는 없다.

㈑ 제 2 의 상해가 발생한 경우, 예컨대 갑은 과실로 을의 시력을 잃게 하였 던바, 이 소식을 들은 을의 어머니가 충격으로 쓰러져 상해를 입었더라도 제 2 의 상해를 갑에게 객관적으로 귀속시킬 수 없다.

(3) 판례에 나타난 사례

㈎ 종전 우리 대법원은 과실이 결과발생의 **직접적** 원인이 될 때에만 결과귀 속을 인정해 왔다. 그리하여 ① 임대한 방의 문틈으로 연탄가스가 스며들어 중독 사고가 났더라도 임대인에게 반드시 과실치사상죄가 성립되는 것은 아니라고 한 다(대판 1984. 1. 24, 81 도 615; 1985. 3. 12, 82 도 2034). 그 밖에도 ② 과속으로 운 전한 것이 사고의 직접원인이 아닐 경우(대판 1980. 2. 12, 79 도 3004), ③ 공장운 영 전반에 대한 실무감독자가 따로 있고 공장경영자 또는 공장 전체의 안전관 리책임자가 직접적인 감독책임을 지지 않은 사정하에서 공원이 입은 산재사고의 경우(대판 1983. 10. 11, 83 도 2108), ④ 현장소장인 피고인이 작업반장에게 작업중 단을 지시했는데도 작업반장이 이를 무시하고 작업반원들에게 작업을 지시해서 사고가 난 경우(대판 1984. 4. 10, 83 도 3365)에 과실책임귀속을 인정하지 않고 있다.

㈏ 최근들어 과실이 결과발생의 **간접적** 원인이 된 때에도 결과귀속을 인정하 는 경향이 나타나고 있다. ① 의사가 연탄가스중독환자에게 병명을 가르쳐 주지 않은 채 퇴원시켜 그 환자가 다시 그 방에서 잠을 자다 연탄가스에 중독된 경우 (대판 1991. 2. 17, 90 도 2547), ② 자전거를 몰고 가다 열차건널목에서 일단 멈춘 피해자가 열차와 자동차의 충돌사고에 놀라 스스로 넘어져 다친 경우(대판 1989. 9. 12, 89 도 866)에도 위 의사 또는 자동차 운전자에게 과실치상의 책임을 인정하 였다.

하지만 판례의 최근 경향은 객관적으로 귀속될 수 없는 결과를 상당인과관계 가 있다고 보아 과실치사상죄를 인정한 경우이다. 이는 판례가 추종하고 있는 상 당인과관계의 상당성 기준이 애매하기 때문이다. 설사 판례의 입장대로 상당인과 관계설을 취한다 할지라도 이런 사례에서는 일상의 경험칙상 결과발생에 대한 예견가능성이 부인되어 상당인과관계의 존재를 부인하는 것이 옳다. 객관적 귀속이론을 따르면 이 경우 특별한 객관적 귀속의 평가기준 중 '주의규범의 보호목적'에 비추어 본다면 결과귀속이 부인되어야 할 것이다.

4. 구성요건요소

구성요건요소는 구성요건과실이다. 구성요건과실은 객관적 주의의무위반을 의미한다. 객관적 주의의무위반이란 일반인의 객관적 주의능력에 비추어 구성요건실현을 인식하거나 예견할 수 있었음에도 이에 주의를 기울이지 않은 채 행위한 경우를 말한다.

5. 구성요건해당성배제사유

(1) 허용된 위험

허용된 위험의 범위를 일탈하지 아니한 행위는 비록 법익침해의 결과가 야기되었다 할지라도 객관적 주의의무위반으로 볼 수 없어 과실범의 구성요건해당성이 배제된다. 다만 거래교통에 적합한 행위가 아니어서 애당초 금지되어 있지만, 이익교량의 관점에서 예외적으로 허용되는 경우라고 해야 할 경우는 형법 제20조 정당행위 중 "사회상규에 위배되지 않는 행위"에 속하기 때문에 위법성이 조각된다고 해야 할 것이다.

(2) 신뢰의 원칙

신뢰의 원칙은 허용된 위험의 특별한 경우로서 사회생활상 요구되는 객관적 주의의무에 대한 한계를 그음으로써 역시 과실범의 구성요건해당성을 배제하는 사유가 된다.

(3) 피해자의 승낙

피해자의 승낙이 있었던 경우에는 과실행위의 결과반가치성과 행위반가치성이 부인되어 결국 본죄의 구성요건해당성이 배제된다.

6. 위 법 성

원칙적으로 모든 정당화사유가 고려될 수 있다. 실제로는 정당방위·긴급피난·자구행위 등이 자주 문제되는 정당화사유이다. 과실행위의 정당화에도 주관적 정당화요소가 필요하다. 다만 주관적 정당화에 필요한 의사는 상해결과에 연관된 의사일 필요는 없고, 일반적인 방위의사 내지 일반적인 방위경향을 가지고 있으면 충분하다.

7. 공범 및 공동정범

　과실범에 대한 공범 및 과실에 의한 공범은 원칙적으로 불가능하다. 과실범의 공동정범이 가능한가에 대해 다수설은 이를 부정한다. 과실범의 공동정범이 부인되면 각 행위자는 동시범으로 취급된다. 그러나 건물이나 교량의 붕괴사고 등과 같이 다수의 과실행위가 상호 연대적이고 보충적인 관계, 즉 누적적 인과관계 속에서 결과발생에 기여한 경우에는 부당한 형사처벌의 흠결을 막기 위해 예외적으로 과실범의 공동정범 성립을 인정할 필요성이 있다. 이런 사례에서 과실범의 공동정범을 인정하지 않을 경우, 각 과실행위자는 발생한 결과에 대해 인과관계(합법칙적 조건관계)는 인정되나 객관적 귀속이 부인되어 전부 과실의 미수로서 무죄가 될 수밖에 없기 때문이다. 과실범의 공동정범이 성립하기 위한 요건으로는 객관적 주의의무의 공동(주의의무의 동질성), 공동행위계획의 실행에의 참여, 그리고 공동의 목표달성을 위한 행위공동의 의식 등이다.

　전통적으로 판례는 과실범의 공동정범을 널리 인정해 오고 있다(대판 1994. 5. 24, 94 도 660; 1984. 3. 13, 82 도 3136).

‖ **판례** ‖　형법 제30조 소정의 "2인 이상이 공동하여 죄를 범할 때"의 "죄"에는 고의범뿐만 아니라 과실범도 포함된다고 할 것이므로, 피고인들이 각자 협력하여 이 사건 건물을 안전하고도 견고하게 신축하여야 할 주의의무가 있을 뿐만 아니라 서로 의사를 연락하여 이 사건 건물을 신축하였던 것이므로, 위 의무에 위반하여 사상의 결과가 발생한 이 사건에 대하여 피고인들 사이에 형법 제30조 소정의 공동정범의 관계가 성립한다고 할 것이다(대판 1994. 3. 22, 94 도 35).

8. 죄　수

　사람의 신체의 완전성은 일신전속적인 인격적 법익이므로 1개의 과실행위로 수인을 치상케 한 경우 수개의 과실치상죄의 상상적 경합이 된다.

Ⅲ. 과실치사죄

1. 의   의

과실치사죄는 과실로 사람을 사망에 이르게 함으로써 성립하는 범죄이다. 2년 이하의 금고 또는 7백만원 이하의 벌금에 처한다($^{제267}_{조}$). 과실로 인하여 사망의 결과가 야기되었다는 점에서 고의로 사람을 살해한 살인죄와 다르다. 또한 고의적인 상해행위나 고의적인 폭행행위가 사망의 결과를 야기시킨 상해치사죄($^{제259}_{조}$)나 폭행치사죄($^{제262}_{조}$)와도 구별된다.

2. 구성요건요소

행위객체가 사람인 점, 행위결과가 사망이라는 점을 제외하면 그 밖의 모든 객관적 구성요건요소는 과실치상죄에서 설명한 것과 논리적인 구조가 같다.

3. 죄   수

사람의 생명은 일신전속적인 인격적 법익이므로 1개의 과실행위로 수인을 치사케 한 경우 수개의 과실치사죄의 상상적 경합이 된다.

Ⅳ. 업무상 과실·중과실치사상죄

1. 의   의

업무상 과실·중과실치사상죄는 업무상의 과실 또는 중대한 과실로 인하여 사람을 사상에 이르게 함으로써 성립하는 범죄이다. 5년 이하의 금고 또는 2천만원 이하의 벌금에 처한다($^{제268}_{조}$). 현대산업사회에서는 과실치사상의 죄 중에서 업무상 과실·중과실치사상이 갖는 비중이 특히 높아졌다. 따라서 형법은 단순과실치사상 이외에 이 죄를 가중구성요건으로 규정하였다.

본죄의 가중처벌 근거는 무엇인가? 본죄에 있어서 업무란 계속적·반복적 의사로 행하는 사무이므로 통상 업무자에게는 축적된 경험으로 인한 고도의 주의능력과 예견가능성이 인정된다. 이 점은 업무자의 과실에 강화된 불법비난과 책임비난을 할 수 있는 근거가 된다. 그러나 미숙련 업무자도 있고 또 초보운전자의 교통사고나 개업 첫날의 의료사고도 업무상의 과실로 인정되기 때문에 반드시 업무자의 높은 주의능력·예견가능성이 가중처벌의 근거가 된다고 말할 수는 없다.

본죄의 업무가 그 성질상 생명·신체에 대한 위험성 있는 업무에 국한된다는 점을 감안하면, 결국 위험한 업무에 종사하는 자에게는 타인의 생명·신체를 침해하지 않도록 고도의 주의의무—이때의 주의의무는 행위자 개인의 주관적 능력과는 상관없는, 그 업무종사에게 일률적으로 요구되는 정도의 주의의무로서 과실범의 구성요건요소가 된다—를 다하도록 법규범이 요구하고 있다는 데에서 가중처벌의 본질적인 근거를 찾을 수밖에 없는 것으로 본다(다수설).

중과실치상죄는 중과실로 인한 불법증대에 가중처벌의 근거가 있다. 중과실은 특별히 위험한 행위에 연결되는 측면이지 애당초부터 행위자의 심정이나 특별히 비난받을 만한 내면적 태도에 연결되는 요소는 아니다.

2. 객관적 구성요건요소

업무상 과실치사상죄의 주체는 일정한 업무에 종사하는 자이다. 이 의미에서 일종의 신분적 가중범으로서 부진정신분범인 셈이다. 중과실치사상죄의 주체에는 제한이 없다. 업무종사자의 중과실은 업무상 과실에 포섭된다.

3. 주관적 구성요건요소

(1) 업무상 과실

(a) **업무의 개념**   업무란 사람이 사회생활상의 지위에 터잡아 계속·반복하여 종사하는 사무를 말한다.

(개) 사회생활상의 지위   업무는 주로 사회생활상의 지위에 터잡은 일이어야 한다. 즉 사회생활의 일환으로서 행하는 사무를 말한다. 업무가 사회생활상의 지위와 주로 관련되기만 하면 족하고, 반드시 언제나 관련되어 있어야 하는 것은 아니다. 그리고 생활수단인 사회적 활동의 성격을 갖는 한 업무이다.

보기 자동차를 계속·반복하여 운행하는 자가 일시 오락적으로 또는 전혀 비업무적으로 운전하는 경우(대판 1970. 8. 18, 70 도 820), 오토바이를 타고 물건을 배달하는 점원의 행위(대판 1972. 5. 9, 72 도 701)도 업무에 해당한다.

보통사람의 일상적인 생활사실 내지 누구에게나 공통되는 개인적·자연적 생활사실(운동·식사·산책·수면·가사)은 사회생활상의 지위에 기한 것이 아니므로 업무가 아니다. 불법가중적 요인이 될 수 없기 때문이다.

(내) 계 속 성   업무는 객관적으로 상당한 횟수 반복하여 행하여지거나 계속·반복할 의사로 행하여진 것이어야 한다. 계속·반복의 의사 또는 사실이 있는 한,

단 1회의 행위라도 업무가 된다.

보기　장래 반복하여 행할 의사로 행한 것인 한 개업 첫날 첫 환자의 수술에서 의료사고를 낸 의사나 승용차를 구입하여 첫 시승에서 사고를 낸 운전자의 경우에 업무성이 인정된다.

(다) 사　　무　　업무는 업무자가 사회생활상의 지위에서 종사하는 사무여야 한다. 사무인 한 생계수단이 된 직업이거나 영리를 목적으로 하는 영업일 필요는 없다. 또한 그 사무가 공무이든 사무(私務)이든, 본무이든 겸무이든, 따라서 주된 사무에 부수된 사무이든 상관없다. 사무에 대한 각별한 경험이나 법규상의 면허를 필요로 하는 것도 아니고 적법·위법 여부도 문제삼지 않는다(대판 1961. 3. 22, 4294 형상 5). 따라서 무면허운전(대판 1970. 8. 18, 70 도 820), 무면허골재채취(대판 1985. 6. 11, 84 도 2527), 무면허의료행위도 업무에 해당한다.

(라) 본죄의 업무　　업무상 과실치사상죄의 업무는 특히 사람의 생명·신체에 위해를 가할 염려가 있는 위험한 사무여야 한다(통설). 타인의 생명·신체에 위해를 줄 수 있는 위험한 업무인 한 행위자 자신이 직접 종사하는 경우는 물론 위험이 발생하기 쉬운 생활관계에서 예상되는 위험성을 방지할 것이 기대되는 지위의 종사자(예컨대 보호자·관리자 등)의 업무도 여기에 포함된다. 따라서 공휴일 또는 야간에 구치소 당직간부가 이상 징후가 계속 관찰되는 수용자를 방치하여 사망케 한 경우(대판 2007. 5. 31, 2006 도 3493), 알코올중독자 수용시설의 관리자가 금단증세를 보이는 알코올중독자를 치료 없이 독방에 방치하였다가 자살에 이르게 한 경우 업무상 과실치사죄가 성립한다(대판 2005. 3. 24, 2004 도 8137).

(b) **업무상 과실의 내용**　　업무상 과실이라 함은 당해 업무의 성질상 또는 그 업무상의 지위 때문에 특별히 높게 요구되는 주의의무를 태만히 함으로써 결과발생을 예견하거나 회피하지 못한 경우를 말한다. 여기에서의 주의의무는 일반 사회인을 표준으로 하는 것이 아니고 특별한 업무종사자의 사회적 활동이나 신분상의 지위를 표준으로 삼는다(대판 2003. 1. 10, 2001 도 3292 판결 참조). 이 경우 행위자가 업무상 필요한 주의를 기울일 만한 능력을 실제 갖고 있지 않았더라도 사회적인 역할과 지위에서 업무담당자로 거래교통에 참여한 이상 업무상 과실이 배제되지 않는다.

(가) **자동차운전자의 주의의무**　　자동차운전자는 운행 전에 차체를 정비·점검하여 고장 여부를 조사·수리해야 하고, 발차에 필요한 제반조치를 확인하고, 또

속력을 적절히 조절하여 어떠한 사태가 발생할지라도 급정거할 수 있는 조치를 취해야 하며, 통행중에는 교통신호와 교통규칙을 준수해야 할 뿐만 아니라 사고 방지에 필요한 조치를 취해야 할 업무상의 주의의무가 있다. 그리고 운행종료 후에도 만약의 사고에 대비한 안전의무는 인정된다.

‖ **판례** ‖   운전자가 차를 세워 시동을 끄고 1단 기어가 들어가 있는 상태에서 시동열쇠를 끼워놓은 채 11세 남짓한 어린이를 조수석에 남겨두고 차에서 내려온 동안 동인이 시동열쇠를 돌리며 악셀러레이터 페달을 밟아 차량이 진행하여 사고가 발생한 경우, 비록 동인의 행위가 사고의 직접적인 원인이었다 할지라도 그 경우 운전자로서는 위 어린이를 먼저 하차시키던가 운전기기를 만지지 않도록 주의를 주거나 손브레이크를 채운 뒤 시동열쇠를 빼는 등 사고를 미리 막을 수 있는 제반조치를 취할 업무상 주의의무가 있다 할 것이어서 이를 게을리 한 과실은 사고결과와 법률상의 인과관계가 있다고 봄이 상당하다(대판 1986. 7. 8, 86 도 1048).

《**참고**》   자동차 운전자가 이 죄를 범한 때에는 **교통사고처리특례법**에 해당된다. 이 죄는 반의사불벌죄가 아니지만 이 특례법은 업무상 과실·중과실치상죄를 범한 때에는 운전자가 도로교통법 제54조 1항에 의한 조치를 하지 않고 도주하거나 피해자를 유기하고 도주할 경우와 기타 일정한 사유, 즉 신호 또는 지시위반, 중앙선위반, 횡단·회전·후진위반, 제한속도를 매시 20킬로미터를 초과하여 운전한 경우, 앞지르기 방법 또는 금지위반, 건널목통과방법위반, 무면허운전, 음주운전, 개문발차, 인도돌진, 어린이 보호지역사고, 자동차화물낙하사고, 중상해 발생의 경우를 제외하고는 피해자의 명시한 의사에 반하여 공소를 제기할 수 없도록 규정하고 있고, 이 경우 교통사고를 일으킨 차가 종합보험이나 공제회보험에 가입한 때에는 당해 차의 운전에 대하여 피해자의 의사와 관계없이 공소를 제기할 수 없도록 하고 있다 (동법 제3조 2항, 제4조 1항).
한편 특정범죄가중처벌법은 도주차량운전자에 대한 가중처벌규정(제5조의3)과 음주·약물운전으로 인한 치사상을 가중처벌하는 규정(제5조의11)을 두고 있다.

(나) **접객업소 경영자 또는 관리자의 주의의무**   접객업소 경영자 또는 관리자는 그 곳에서 일하는 종업원이나 손님을 경영위험으로부터 보호할 업무상 주의의무가 있다. 예컨대 비상통로의 확보 및 비상계단의 안전점검, 복도나 계단의 조명 등 설치 같은 것이 그것이다.

(다) **의사의 주의의무**   의사의 업무상 과실은 사고 당시의 일반적인 의학수준과 의료환경 및 조건, 의료행위의 특수성 등이 고려되어 판단된다(대판 2003. 1. 10, 2001 도 3292). 의사가 진찰 없이 또는 오진에 기초하여 시술에 들어간 경우에는 원칙적으로 업무상 과실을 인정해야 한다(대판 1971. 8. 31, 71 도 1254). 만약 환자가 의사의 부정확한 진단으로 인해 전문병원에 적시에 보내져 치료받는 것이

지연됨으로써 건강이 악화된 경우에도 의사의 업무상 과실이 인정된다.

‖**판례**‖ ① 간호사가 '진료의 보조'를 함에 있어서는 모든 행위 하나 하나마다 항상 의사가 현장에 입회하여 일일이 지도·감독하여야 한다고 할 수는 없고, 경우에 따라서는 의사가 진료의 보조행위 현장에 입회할 필요 없이 일반적인 지도·감독을 하는 것으로 족한 경우도 있을 수 있다. 간호사가 의사의 처방에 의한 정맥주사(Side Injection 방식)를 의사의 입회 없이 간호실습생(간호학과 대학생)에게 실시하도록 하여 발생한 의료사고에 있어 의사의 업무상 과실은 부정된다(대판 2003. 8. 19, 2001 도 3667). ② 내과의사가 신경과 전문의에 대한 협의진료 결과 피해자의 증세와 관련하여 신경과 영역에서 이상이 없다는 회신을 받았고, 그 회신 전후의 진료 경과에 비추어 그 회신 내용에 의문을 품을 만한 사정이 있다고 보이지 않자 그 회신을 신뢰하여 뇌혈관계통 질환의 가능성을 염두에 두지 않고 내과 영역의 진료 행위를 계속하다가 피해자의 증세가 호전되기에 이르자 퇴원하도록 조치한 경우, 피해자의 지주막하출혈을 발견하지 못한 데 대하여는 내과의사의 업무상 과실이 부정된다(대판 2003. 1. 10, 2001 도 3292). ③ 산모의 태반조기박리에 대한 대응조치로서 응급 제왕절개 수술을 하는 산부인과 의사에게는 수혈용 혈액을 미리 준비하여야 할 업무상 주의의무가 있다(대판 2000. 1. 14, 99 도 3621), ④ 간호사가 다른 환자에게 수혈할 혈액을 당해 환자에게 잘못 수혈하여 환자가 사망한 경우, 간호사에게 환자에 대한 수혈을 맡긴 의사에게 업무상 과실이 인정된다(대판 1998. 2. 27, 97 도 2812), ⑤ 일반외과 전문의가 피해자의 후복막 전체에 형성된 혈종을 발견한 지 14일이 지나도록 전산화단층촬영 등 후복막 내의 장기 손상이나 농양 형성 여부를 확인하기에 적절한 진단방법을 시행하지 않은 채, 피해자가 보인 염증 증상의 원인을 단순히 장간막 봉합수술에 따른 후유증 정도로만 생각하고 필요한 적절한 진단 및 치료조치를 취하지 아니한 경우 진단 및 치료상의 주의의무를 다하지 아니한 것으로서 과실이 인정된다(대판 1996. 9. 24, 95 도 245).

　　㈐ **공사책임자·감독자의 주의의무**　　건축·교량·도로·토목 등 위험한 공사를 진행하는 공사책임자와 감독자는 공사의 안전을 담보하고 현장에서 일하는 인부와 주변을 오가는 일반인들을 위험으로부터 보호해야 할 업무상 주의의무를 진다.

‖**판례 1**‖ 공사를 발주한 구청 소속의 현장감독 공무원인 피고인이 갑 회사가 전문건설업 면허를 소지한 을 회사의 명의를 빌려 원수급인인 병 회사로부터 콘크리트 타설공사를 하도급받아 전문 건설업 면허나 건설기술 자격이 없는 개인인 정에게 재하도급 주어 이 사건 공사를 시공하도록 한 사실을 알았거나 쉽게 알 수 있었음에도 불구하고 그 직무를 유기 또는 태만히 하여 정의 시공방법상의 오류와 그 밖의 안전상의 잘못으로 인하여 콘크리트 타설작업 중이던 건물이 붕괴되는 사고가 발생할 때까지도 이를 적발하지 아니하였거나 적발하지 못한 잘못이 있다면, 피고인의 위와 같은 직무상의 의무위

반 행위는 이 사건 붕괴사고로 인한 치사상의 결과에 대하여 상당인과관계가 있다(대판 1995. 9. 15, 95 도 906).

‖**판례 2**‖ 도로공사의 현장소장은 지반의 붕괴 등에 의하여 근로자에게 위험을 미칠 우려가 있는 때에는 그 위험을 방지하기 위하여 지반을 안전한 경사로 하고 낙하의 위험이 있는 토석을 제거하거나 옹벽 및 흙막이 지보공 등을 설치하여야 함에도, 이러한 위험방지조치를 취하지 아니함으로써 산업안전보건법 제23조 제 3 항의 규정에 위반하였다는 범죄사실과 위와 같은 위험을 방지하기 위하여 필요한 조치를 취하지 아니한 업무상 과실로 인하여 위 근로자를 사망에 이르게 하였다.… (대판 1991. 12. 10, 91 도 2642).

(2) 중 과 실

행위자가 약간의 주의만 기울였더라도 요구되는 주의의무를 위반하지 않았을 사정하에서 보여준 특별히 경솔·무모한 태도를 중과실이라 한다. 중과실은 본질적으로 증대된 과실로 인하여 보통의 과실에 비하여 불법이 가중된 경우이다. 불법의 중대성에서 업무상 과실치사상죄와 같은 정도라고 평가되는 유형의 과실이라는 점에서 업무상 과실과 선택적으로 규정된 것이다. 따라서 중과실은 업무상 과실에 흡수될 수 있다.

업무상 전문가적 능력을 가진 사람의 부주의는 보통정도의 능력을 가진 보통사람에 대해서는 단순과실이 될 수 있을 터인데도 중과실로 판단될 수 있다. 중과실이 있었느냐의 여부는 구체적인 상황에서 사회통념을 고려하여 판단해야 한다는 것이 우리 판례의 입장이다(대판 1993. 7. 27, 93 도 135; 대판 1980. 10. 14, 79 도 305).

보기 중과실의 예로는 평소 판매하여 온 중조(탄산수소나트륨)와 같은 상품 모양의 농약을 점포선반에 방치하여 사고를 낸 경우(대판 1961. 11. 16, 4294 형상 312), 성냥불로 담배를 붙인 다음 성냥불이 꺼진 것을 확인하지 아니한 채 휴지가 들어 있는 플라스틱 휴지통에 던진 경우(대판 1993. 7. 27, 93 도 135), 노파(84세)와 영아(11세)를 상대로 안수기도하면서 배와 가슴부분을 세게 때리고 누르는 등 행위를 30분간 반복하여 사망케 한 경우(대판 1997. 4. 22, 97 도 538), 계속 반복을 전제로 하지 아니한 무면허 또는 무모운전에 의한 인명사고, 빙판이 된 내리막길을 자전거로 질주하다 행인을 치어 다치게 한 경우 등을 들 수 있다.

4. 신뢰의 원칙

신뢰의 원칙은 일반적인 객관적 귀속의 한 척도인 객관적 주의의무를 제한하는 원칙이라는 점에서 구성요건해당성배제사유에 해당한다. 따라서 행위자의 결과야기에 대한 주관적 태도, 주관적 주의의무와 관계없이, 사회생활상 허용된 범위 안에서 타인의 행동을 신뢰할 만한 사정이었다면 신뢰의 원칙은 적용된다. 이 원칙은 주로 도로교통분야의 판례에서 발전했으나, 분업적 활동을 요하는 의료진의 공동수술, 과학자들의 공동실험분야에도 적용된다.

그러나 다음과 같은 경우에는 적용이 제한된다:

① 스스로 교통규칙이나 의료시술규칙을 위반한 경우, ② 타인의 규칙위반을 인식할 수 있었던 경우, ③ 타인의 행동에 대한 보호·감독·지휘·감시자의 지위에 있는 경우, ④ 타인의 신체장애·노약·연소함 때문에 규칙을 준수할 수 없음을 안 경우.

업무상 과실분야에서 판례가 인정한 신뢰원칙의 적용례는 다음과 같다:

① 횡단보도 없는 육교 밑에서 보행자가 갑자기 뛰어든 경우(대판 1985. 9. 10, 84 도 1572), ② 반대차선의 차가 중앙선을 갑자기 넘어 들어 온 경우(대판 1987. 6. 9, 87 도 995), ③ 자동차전용도로에서 행인이 갑자기 뛰어든 경우(대판 1989. 2. 28, 88 도 1689), ④ 고속도로에서 행인이 무단횡단한 경우(대판 1977. 6. 28, 77 도 403)이다.

그러나 단순히 진행차로의 정중앙에서 벗어나 다른 차로와 근접한 위치에서 운전하였다는 것만으로는 다른 차로에서 뒤따라오는 차량과의 관계에서 운전자로서 업무상 과실이 인정되는 것은 아니다(대판 1998. 4. 10, 98 도 297).

5. 죄 수

㈎ 업무상 과실치사상죄와 행정단속법규위반죄의 죄수관계는 후자의 위반행위가 전자의 행위로 평가될 수 있는 경우에만 상상적 경합이 되고, 그 외의 경우에는 실체적 경합이 된다(대판 1972. 10. 31, 72 도 2001).

㈏ 무면허운전행위로 사람을 사상에 이르게 한 경우에는 이 죄와 도로교통법위반죄가 경합범이 되고, 음주운전이나 졸면서 운전하다가 사람을 사상에 이르게 한 경우에는 상상적 경합이 된다.

제 3 절 유기와 학대의 죄

Ⅰ. 총   설

1. 체   계

유기의 죄는 단순유기죄($^{제271조}_{1항}$)를 기본적 구성요건으로 삼고, 존속유기죄($^{제271조}_{2항}$)를 불법가중적 구성요건으로, 영아유기죄($^{제272}_{조}$)를 책임감경적 구성요건으로 삼는다. 그리고 중유기·존속중유기죄($^{제271조 3}_{항·4항}$)는 구체적 위험범으로서 부진정결과적 가중범에 해당하나, 유기치사상죄($^{제275}_{조}$)는 침해범인 결과범으로서 진정결과적 가중범에 해당한다.

학대의 죄는 단순학대죄($^{제273조}_{1항}$)를 유기죄와는 독립별개의 구성요건으로 규정하고 그 불법가중적 구성요건으로 존속학대죄($^{제273조}_{2항}$)를 규정하고 있다. 그리고 양죄의 결과적 가중범으로 학대치사상죄($^{제275}_{조}$)를 규정하고 있다. 또한 아동혹사죄($^{제274}_{조}$)를 학대죄와는 달리 별도의 독자적 구성요건으로 구성하고 있다.

단순학대·존속학대죄($^{제273}_{조}$)와 아동혹사죄($^{제274}_{조}$)는 노령·질병자 및 아동·소년근로자 등을 노인복지·생활보호 및 아동복지 소년근로보호의 관점에서 각각 독립된 구성요건으로 규정해 놓은 것이다.

2. 보호법익과 보호정도

통설은 유기죄의 보호법익을 생명과 신체의 완전성으로 본다. 이 죄는 인체(Person)에 대한 범죄일 뿐만 아니라 여기에서 생명과 신체에 대한 위험은 확연히 분리될 수 없는 성질을 갖기 때문이다. 또한 유기의 죄의 구성요건 중 단순유기($^{제271조}_{1항}$)와 존속유기($^{제271조}_{2항}$)는 추상적 위험범 정도의 비교적 넓은 보호이고, 중유기($^{제271조}_{3항}$)와 존속중유기($^{제271조}_{4항}$)는 구체적 위험범 정도의 비교적 좁은 보호라는 것이 우리나라의 통설이다.

학대죄는 피보호·피감독자의 생명과 신체의 완전성을 주된 보호법익으로 삼지만, 더 나아가 인간의 인격권도 넓은 의미에서 그 보호법익이 된다. 아동혹사죄의 보호법익은 아동의 복지권이라는 것이 우리나라의 통설이나 아동의 생명과 신체의 완전성도 포함된다. 그리고 학대죄와 아동혹사죄는 거동범이라는 것이 우리나라의 통설이지만, 단순유기죄와 마찬가지로 추상적 위험범으로서의 보호라고 해야 한다.

Ⅱ. 단순유기죄·존속유기죄

1. 의   의

단순유기죄는 노유·질병 기타 사정으로 부조를 필요로 하는 자를 보호해야 할 법률상 또는 계약상 의무 있는 자가 요부조자를 내버리거나 버려두고 떠남으로써 성립하는 범죄이다. 3년 이하의 징역 또는 5백만원 이하의 벌금에 처한다($\frac{제271조}{1항}$). 존속유기죄는 자기 또는 배우자의 직계존속을 유기함으로써 성립하는 범죄이다. 10년 이하의 징역 또는 1천 5백만원 이하의 벌금에 처한다($\frac{제271조}{2항}$).

이 죄는 추상적 위험범·즉시범·거동범의 성격을 지닌다. 존속유기죄는 자기 또는 배우자의 직계존속에 대한 신분관계로 단순유기죄에 비해 불법 및 형이 가중되는 부진정신분범의 일종이다.

2. 객관적 구성요건요소

⑴ 행위주체

단순유기죄의 주체는 요부조자를 보호해야 할 법률상 또는 계약상 의무를 지고 있는 보호의무자이다. 그런 의미에서 의무범적 진정신분범이다. 존속유기죄의 주체는 요부조자에 대해 보호의무 있는 직계비속 및 그의 배우자이다.

보호의무란 요부조자의 생명·신체에 대한 위험으로부터 요부조자를 보호해주어야 할 의무를 말한다. 유기죄의 주체를 특정하는 보호의무는 법률상·계약상의 의무에 한한다.

㈎ **법률상의 보호의무**   법률상의 보호의무란 부조를 요하는 자를 보호해야 할 의무의 근거가 법령에 규정되어 있는 경우를 말한다. 하지만 유기죄에서 보호의무란 요부조자를 생명·신체에 대한 위험으로부터 보호해야 할 의무이므로, 경제적 사정·곤궁을 이유로 하는 민법상의 부양의무($\frac{민법}{제975조}$)와 반드시 일치하는 것은 아니다.

경찰관직무집행법($\frac{제4}{조}$)에 의한 경찰관의 보호조치의무, 도로교통법($\frac{제54조 1항,}{제106조}$)에 의한 사고운전자의 구호의무[1]는 공법상의 보호의무이고, 가족법상의 상호부

---

1) 대판 2002. 5. 24, 2000 도 1731: 「도로교통법 제50조 제1항, 제2항이 규정한 교통사고발생시의 구호조치의무 및 신고의무는 차의 교통으로 인하여 사람을 사상하거나 물건을 손괴한 때에 운전자 등으로 하여금 교통사고로 인한 사상자를 구호하는 등 필요한 조치를 신속히 취하게 하

양의무$\binom{민법 제826조}{1항, 제974조}$, 친권자의 자녀에 대한 보호의무$\binom{민법}{제913조}$, 금치산자에 대한 후견인의 요양의무$\binom{민법}{제947조 1항}$ 등은 사법상의 보호의무이다. 사실혼의 경우에도 부부간의 부양의무를 규정한 민법 규정$\binom{민법}{제826조 1항}$의 취지를 고려할 때 본죄에서 말하는 법률상의 보호의무가 인정될 수 있다(대판 2008. 2. 14, 2007 도 3952).

《참고》 이 죄에서 말하는 보호의무는 행위자에게 그 신분상의 지위로 인해 특별히 주어진 것이어야 한다. 어느 누구에게나 과하여져 있는 일반적인 의무는 법적 의무이긴 하지만 본죄의 보호의무는 될 수 없다. 예컨대 경범죄처벌법 제 3 조 1항 6호 소정의 「자기가 점유하는 장소 내에 노유·불구·상병으로 부조를 요하는 자가 있음을 안 자는 조속히 경찰관 또는 당해 공무원에게 신고」해야 할 신고의무만으로는 본죄의 보호의무에 해당한다고 할 수 없다.

(나) 계약상의 보호의무   계약상의 보호의무란 부조를 요하는 자를 보호해야 할 의무의 근거가 당사자간의 계약에 의해 발생하는 경우를 말한다. 보호의무의 근거되는 계약은 유기자와 피유기자 사이에 체결된 것이든, 유기자와 제 3 자 사이에 체결된 것이든 상관없다.

또한 보호계약의 체결은 명시적인 의사에 의한 경우가 원칙이지만 사무의 본래적인 성질상 묵시적인 의사가 추정될 수 있는 경우라도 상관없다. 즉 병원의 의사·간호사, 유치원의 보모와 같이 명시적인 의사가 없더라도 사무의 본래적인 성질상 당연히 보호의무의 인수를 묵시적으로 승인했다고 볼 수 있는 경우도 있다. 그러나 사무의 본래적인 성질을 벗어나서도 묵시적인 계약에 의한 보호의무의 성립을 인정하는 것은 무리이다. 예컨대 고용계약은 당연히 피용자에 대한 사용자의 질병치료의무까지 발생시키는 것은 아니다.

(다) 관습·사무관리·조리에 의한 보호의무   종래의 통설은 법률과 계약이라는 두 표지를 보호의무의 예시라고 보아 관습·사무관리·조리에 의한 보호책임까지 인정해 왔다. 그러나 이렇게 되면 행위자에게 불리한 형벌확장이 되어 유추적용금지 및 관습법적용금지의 원칙에 반하게 된다. 따라서 부진정부작위범의 안전의무의 일종인 선행행위로 인한 보증인적 의무나 조리 또는 공서양속 그 자체

고, 또 속히 경찰관에게 교통사고의 발생을 알려서 피해자의 구호, 교통질서의 회복 등에 관하여 적절한 조치를 취하게 하기 위한 방법으로 부과된 것이므로 교통사고의 결과가 피해자의 구호 및 교통질서의 회복을 위한 조치가 필요한 상황인 이상 그 의무는 교통사고를 발생시킨 당해 차량의 운전자에게 그 사고발생에 있어서 고의·과실 혹은 유책·위법의 유무에 관계없이 부과된 의무라고 해석함이 상당할 것이므로, 당해 사고에 있어 귀책사유가 없는 경우에도 위 의무가 없다 할 수 없고, 또 위 의무는 신고의무에만 한정되는 것이 아니므로 타인에게 신고를 부탁하고 현장을 이탈하였다고 하여 위 의무를 다한 것이라고 말할 수는 없다.」

를 이 죄의 보호의무의 발생근거로 삼아서는 안 된다. 최근의 다수설도 같은 입장
이다.[2] 결국 유기죄의 보호의무와 부진정부작위범에서의 보증인지위의 성립범위
는 일치하지 않고, 후자가 더 넓은 개념으로 볼 수 있다.[3]

　　판례는 우연히 길을 동행하던 사람이 개울로 실족하여 길 위로 올라오지 못
하는 것을 구조하지 않고 방치함으로써 사망하게 된 사안에서, 이 죄의 보호의무
의 근거를 법문과 같이 법률 또는 계약에 의한 경우로 제한해야 한다는 입장에서
다른 동행자에 대해 유기죄의 성립을 부인한 바 있다(대판 1977. 1. 11, 76 도 3419).

‖ **판례** ‖　현행 형법은 유기죄에 있어서 구법과는 달리 보호법익의 범위를 넓힌 반면에
보호책임 없는 자의 유기죄는 없애고 법률상 또는 계약상의 의무 있는 자만을 그 유기죄
의 주체로 규정하고 있어 명문상 사회상규상의 보호책임을 관념할 수 없다고 하겠으니,
유기죄의 죄책을 인정하려면 보호책임이 있게된 경우·사정·관계 등을 설시하여 구성
요건이 요구하는 법률상 또는 계약상 보호의무를 밝혀야 하고, 설혹 동행자가 구조를 요
하게 되었다 하여도 일정거리를 동행한 사실만으로서는 피고인에게 법률상·계약상의 보
호의무가 있다고 할 수 없으니 유기죄의 주체가 될 수 없다(대판 1977. 1. 11, 76 도 3419).

　　《참고》　다만 입법론적으로는 공동생활의 사회통합적 관점에서, 유기죄의 주체에
대한 법률상·계약상 의무를 넘어 각자가 사회일반으로서 일상적인 사회공동생활
을 통해 마주치는 조난 당한 이웃에 대한 보호의무의 불이행을 처벌하는 일반규정
을 두는 것이 필요하다. 이것을 선한 사마리아인 규정(good samaritan law clause)
이라고 한다. 선한 사마리아인 규정은 1905년 우리 형법대전 제675조, 북한형법 제
265조, 독일형법 제323조 c 등 여러 나라의 형법에 들어 있다.

(2) 행위객체

　　단순유기죄의 행위객체는 '노유·질병 기타의 사정으로 인하여 부조를 요하
는 자'이다. 그리고 존속유기죄의 행위객체는 요부조자인 자기 또는 배우자의 직
계존속이다.

　　부조를 요하는 자란 다른 사람의 조력 없이는 자기의 생명·신체에 대한 위
험을 스스로 극복할 수 없는 사람을 말한다. 반면 경제적인 요부조자, 즉 극빈자
는 비록 다른 사람의 조력 없이는 생계를 유지할 수 없는 형편이더라도 일상생활

---

　2) 강구진 121면; 권오걸 77면; 김성돈 104면; 김성천·김형준 118면; 박상기 87면; 배종대
　　174면; 백형구 96면; 오영근 115면; 이영란 110면; 이재상 103면; 정성근·박광민 123면; 진
　　계호 127면.
　3) 배종대 174면. 반면 유기죄의 주체인 '법률'상의 보호의무자에 '형법 제18조'(부작위범)에 의
　　한 보호의무자를 배제시킬 이유가 없다는 전제하에 유기죄의 주체와 부진정부작위범에 있어서
　　의 작위의무자의 성립범위는 동일하다고 주장하는 견해도 있다(임웅 118면; 이정원 109면 참
　　조).

에 필요한 동작이 가능한 한 요부조자가 아니다. 요부조자 중 노유·질병이 구체적인 예시라면 「기타 사정」은 그 밖의 모든 요부조자를 포괄하는 일반조항에 해당한다. 다만 노유·질병과 같은 정도로 타인의 조력 없이는 자신의 생명 신체에 대한 위험을 스스로 극복할 수 없는 정도의 사정이라야 한다.

> 보기 불구자, 신체장애자, 백치, 분만중의 부녀, 마취 또는 최면술에 걸린 자, 기아자, 몸과 정신을 가눌 수 없을 정도로 음주대취한 자 등이 기타 사정으로 인한 요부조자이다. 다만 단순히 임신중에 있는 사실이나 깊은 잠에 들어 있는 사실은 부조를 요하는 기타 사정에 해당한다고 볼 수 없다.

(3) 유기행위

유기란 요부조자의 생명·신체에 추상적인 위험이 될 만큼 그를 보호 없는 상태에 버려두는 행위를 말한다. 유기의 개념 속에 요부조자를 보호받는 상태에서 보호 없는 상태로 적극적으로 옮기는 적극적 유기인 이치(移置)(Aussetzen)와 요부조자를 종래의 상태대로 두고 떠나거나 생존에 필요한 보호를 하지 않는 소극적 유기인 치거(置去)(Verlassen) 두 종류가 있다.

유기는 전체적으로 볼 때 작위와 부작위의 결합형식이므로, 작위뿐만 아니라 부작위에 의해서도 저질러질 수 있다. 유기의 방법은 묻지 않는다. 요부조자가 스스로 위험에 접근하도록 오도한 경우는 물론 요부조자가 위험에 빠지도록 방치한 경우에도 유기가 된다. 그리고 유기행위를 통해 법익위해의 결과가 발생할 필요는 없고, 요부조자의 생명·신체에 대한 위험을 발생하게 할 가능성만 있으면 충분하다.

피해자에 대한 제 3 자의 구조 또는 보호의 가능성은 본죄성립에 중요하지 않다. 따라서 노약자를 시립양로원의 문전에 버리고 도망한 경우, 타인의 구조가 없으면 행위자 스스로 구조할 의사로 부근에서 망을 보고 있었던 경우에도 유기가 된다.

3. 주관적 구성요건요소

단순유기죄의 구성요건고의의 내용으로는 자신이 보호책임자로서의 지위에 있다는 점, 행위객체가 요부조자라는 점, 자신의 행위가 유기가 된다는 점에 대한 인식과 의사가 있어야 한다. 그러나 이로 인해 피유기자의 생명·신체에 대한 위험이 발생하리라는 것을 인식·의욕할 필요는 없다. 추상적 위험범에서 결과는 객관적 구성요건요소가 아니기 때문이다. 존속유기죄의 경우 구성요건고의는 단순유기죄의 고의 외에 행위자가 요부조자의 직계비속 또는 그 배우자라는 점, 행위객체가 자기 또는 배우자의 직계존속이라는 점을 인식하고 있어야 한다.

> * 주의: 보호책임자의 지위 또는 상황으로부터 도출되는 보호의무 그 자체의 내용·범위·기간은 구성요건고의의 인식대상이 아니라 불법의식의 대상이 된다. 따라서 보호책임자로서의 지위에 관한 착오는 구성요건착오인 반면, 그로부터 도출되는 보호의무 자체에 관한 착오는 금지착오가 된다.

4. 타죄와의 관계

행위자에게 애당초 상해 또는 살해의 고의(미필적 고의)가 있었을 때에는 상해죄 또는 살인죄가 성립될 뿐이며 이 죄는 상해죄 또는 살인죄에 대해 법조경합 보충관계에 서게 된다.

Ⅲ. 중유기죄 · 존속중유기죄

중유기죄는 유기죄를 범하여 사람의 생명에 대한 위험을 발생케 함으로써 성립하는 범죄이다. 7년 이하의 징역에 처한다($\frac{제271조}{3항}$). 존속중유기죄는 존속유기죄를 범하여 사람의 생명에 대한 위험을 발생케 함으로써 성립하는 범죄이다. 2년 이상의 징역에 처한다($\frac{제271조}{4항}$). 유기로 인해 생명에 대한 위험이라는 중한 결과가 발생되므로 단순유기죄에 비해 불법 및 형벌이 가중되는 가중적 구성요건이다.

Ⅳ. 영아유기죄

영아유기죄는 직계존속이 치욕을 은폐하기 위하거나 양육할 수 없음을 예상하거나 특히 참작할 만한 동기로 인하여 영아를 유기함으로써 성립하는 범죄이다. 2년 이하의 징역 또는 3백만원 이하의 벌금에 처한다($\frac{제272}{조}$). 이 죄는 범죄주체가 갖는 특별한 주관적 정상이나 참작할 만한 동기 때문에 단순유기죄에 비해 책임 및 형이 감경되는 감경적 구성요건이다.

이 죄의 구성요건요소는 대부분 영아살해죄의 그것과 같지만, 영아살해죄의 행위객체는 「분만중 또는 분만직후의 영아」인 데 비해, 이 죄는 단지 영아라고만 규정되어 있다. 따라서 이 죄의 영아는 부조 없이는 **활동할 수 없는 유아 일반을** 의미한다고 보는 것이 우리나라의 통설이다.

V. 단순학대죄 · 존속학대죄

1. 의 의

단순학대죄는 자기의 보호 또는 감독을 받는 사람을 학대함으로써 성립하는 범죄이다. 2년 이하의 징역 또는 5백만원 이하의 벌금에 처한다($^{제273조}_{1항}$). 존속학대 죄는 자기 또는 배우자의 직계존속을 학대함으로써 성립하는 범죄이다. 5년 이하 의 징역 또는 7백만원 이하의 벌금에 처한다($^{제273조}_{2항}$).

이 죄는 추상적 위험범 · 단일범 · 거동범이다. 경향범의 범주에 속한다는 점 에서 유기죄와 다르다. 그리고 존속학대죄는 자기 또는 배우자의 직계존속에 대 한 신분관계로 단순학대죄에 비해 불법 및 형이 가중되는 부진정신분범의 일종 이다.

2. 객관적 구성요건요소

(1) 행위주체

단순학대죄의 주체는 사람을 보호 또는 감독하는 신분자이고, 존속학대죄의 주체는 자기 또는 배우자의 직계존속을 보호 또는 감독할 의무 있는 직계비속 및 그의 배우자로서의 신분자이다. 다수설은 사무관리 · 조리 · 관습에 근거하고 있 느냐를 가리지 않고 사실상 보호 · 감독자의 지위에 있기만 하면 널리 이 죄의 주 체를 인정한다.

(2) 행위객체

단순학대죄의 행위객체는 행위주체의 보호 또는 감독을 받는 사람이고, 존속 학대죄의 행위객체는 행위주체의 보호 또는 감독을 받는 직계존속 또는 범죄주체 의 배우자의 직계존속이다. 보호 · 감독을 받는 자인 한 아동, 소년, 질병자, 불구 자, 노약자, 부녀 등 제한이 없다. 단 18세 미만의 아동에 대하여는 아동복지법이 우선 적용된다.

(3) 학대행위

학대란 피해자의 생명 · 신체의 완전성을 위태롭게 할 정도로 육체적 · 정신적인 고통을 가하는 가혹한 대우를 말한다(다수설·판례[4]). 다만 학대행위가 정도를 넘어 폭행·협박·상해에 이르렀을 경우 또는 성적 추행·음란행위를 저질렀을 경우에는 그 자체가 폭행죄·협박죄·상해죄·성적 자유에 관한 죄를 구성할 뿐이고 학대행위는 여기에 흡수된다.

어느 정도에 이르면 학대행위로 평가될 수 있는가는 행위주체의 보호·감독자로서의 지위, 행위객체의 사회적·개인적 관계, 생활환경 등 구체적인 사정을 고려하여 결정해야 할 문제이다. 괴롭히거나 가해적인 적극적 학대행위뿐만 아니라, 돌보아야 할 의무를 악의적으로 태만히 함으로써 피해자에게 정신적·육체적 고통을 가하는 행위도 부작위양태의 학대행위이다. 학대의 전형적인 예로는 일상생활에 필요한 의식주를 공급하지 않거나 필요한 정도의 수면·휴식을 허용하지 않는 것, 정도를 넘는 심한 폭언, 새디즘적 경향을 띤 가학행위, 좁고 어두운 장소에의 감금 등을 들 수 있다. 판례는 계모가 4살인 아들이 대소변을 가리지 못한다고 닭장에 가두고 전신을 구타한 행위는 친권자의 징계권 행사에 해당하지 않고 학대죄에 해당한다고 하였다(대판 1969.2.4, 68 도 1793).

《참고》 학대와 가혹행위: 학대죄의 학대와 인신구속관련공무원의 가혹행위(제125조) 및 중체포감금죄(제277조)의 가혹행위는 양자 모두 정신적·육체적 고통을 가하는 행위라는 점에서는 같다. 그러나 학대는 개인의 생명·신체의 완전성을 위태롭게 하는 행위의 일종이라는 점에서 공직자의 인권침해적 불법행위의 일종인 가혹행위보다는 그 개념의 범위나 정도가 좁다고 보아야 할 것이다(통설). 따라서 학대행위 속에는 폭행·협박·성추행·음란행위 등이 제외되지만 가혹행위 속에는 이것이 포함된다.

3. 주관적 구성요건요소

단순학대죄의 구성요건고의의 내용은 행위자 자신이 보호·감독자의 지위에 있다는 점, 행위객체가 자기의 보호·감독을 받는 사람이라는 점, 자신의 행위가 학대가 된다는 점에 대한 인식과 의사가 있어야 한다. 그러나 이로 인해 피해자의 생명·신체에 대한 위험이 발생하리라는 것을 인식·의욕할 필요는 없다. 추상적 위험범이기 때문이다. 존속학대죄의 구성요건고의는 이 외에도 행위주체가 피해자의 직계비속 또는 직계비속의 배우자라는 사실과 행위객체가 자기 또는 배우자의 직계존속이라는 사실에 대한 인식까지 필요로 한다.

---

4) 대판 2000.4.25, 2000 도 223: 「형법 제273조 제1항에서 말하는 '학대'라 함은 육체적으로 고통을 주거나 정신적으로 차별대우를 하는 행위를 가리키고…」

학대죄는 **경향범**이다. 따라서 구성요건고의 외에 초과주관적 불법요소로서 일정한 행위경향, 즉 학대성향이 있어야 한다.

Ⅵ. 유기·학대치사상죄, 존속유기·학대치사상죄

유기·학대치사상죄는 유기, 영아유기, 학대의 죄를 범하여 사람을 상해·사망에 이르게 함으로써 성립하는 범죄이다. 자기 또는 배우자의 직계존속을 유기 또는 학대하여 상해에 이르게 한 경우와 사망에 이르게 한 경우는 가중처벌된다. 유기·학대치상은 7년 이하의 징역에, 치사는 3년 이상의 유기징역에 처하고($\frac{제275조}{1항}$), 존속유기·존속학대치상은 3년 이상의 유기징역에, 치사는 무기 또는 5년 이상의 징역에 처한다($\frac{제275조}{2항}$).

만일 처음부터 살상의 고의가 있었다면 살인죄 또는 상해죄가 성립할 뿐이다. 하지만 사상의 결과에 대하여 과실도 없다면 단순히 유기죄 등으로 처벌될 뿐이다.

‖ **판례 1** ‖ 술집주인과 종업원이 공모하여 인사불성될 정도로 만취한 손님에게서 수표 등을 절취한 후 이를 숨기기 위해 겨울날 새벽에 노상에다 방기하여 피해자로 하여금 동사케 했다면 유기치사죄가 성립한다(서울고법 1992. 5. 29, 92 노 1085).

‖ **판례 2** ‖ 피고인이 믿는 종교인 여호와의 증인의 교리에 어긋난다는 이유로 최선의 치료방법인 수술을 거부함으로써 딸을 사망케 하였다면 유기치사죄를 구성한다(대판 1980. 9. 24, 79 도 1387).

Ⅶ. 아동혹사죄

1. 의 의

아동혹사죄는 자기의 보호 또는 감독을 받는 16세 미만의 자를 그 생명 또는 신체에 위험한 업무에 사용할 영업자 또는 그 종업자에게 인도하거나 인도받음으로써 성립하는 범죄이다. 5년 이하의 징역에 처한다($\frac{제274}{조}$).

이 죄는 학대죄와 마찬가지로 추상적 위험범·즉시범·거동범·경향범의 성격을 지니며, 특별한 보호자 또는 감독자로서의 의무지위에 있는 신분자만이 범할 수 있는 진정신분범의 일종이다.

2. 객관적 구성요건요소

⑴ 행위주체와 행위객체

행위주체는 16세 미만의 자를 보호 또는 감독하는 신분자이다. 행위객체는 16세 미만의 소년이다. 행위의 상대방은 생명 또는 신체에 위험한 업무에 사용할 영업자 또는 그 종업자이다.

⑵ 행   위

아동혹사죄의 행위는 생명 또는 신체에 위험한 업무에 사용할 영업자 또는 그 종업자에게 16세 미만의 자를 인도하거나 인수하는 것이다. 여기에서 인도계약을 체결하는 것만으로는 부족하고 현실적인 인도가 있어야 한다는 것이 통설이다. 그러나 현실적으로 위험한 업무에 종사하게 할 필요는 없다. 이 죄는 추상적 위험범 내지 거동범의 일종이기 때문이다. 실제 현실적으로 위험한 업무에 종사하게 하면 학대죄의 성격까지 얻게 되므로 아동혹사죄와 학대죄의 실체적 경합이 된다.

3. 주관적 구성요건요소

구성요건고의는 자기의 보호 · 감독을 받는 아동이 16세 미만이라는 점에 대한 인식, 그를 생명 · 신체에 위험한 업무에 사용한다는 점에 대한 인식과 의사, 그를 상대방에게 인도하고 상대방으로부터 인수한다는 점에 대한 인식과 의사를 내용으로 한다. 아동혹사죄는 **경향범**이다. 따라서 구성요건고의 외에 초과주관적 불법요소로서 위험한 행위경향이 있어야 한다.

제 4 장 자유를 보호하는 죄형법규

제 1 절 협박의 죄

I. 총   설

1. 보호법익과 보호정도

협박의 죄의 보호법익은 개인의 의사결정의 자유이다. 이 점에서 개인의 의사결정의 자유와 의사활동의 자유를 보호법익으로 삼는 강요의 죄와 구별되고, 개인의 신체적 활동의 자유를 보호법익으로 삼는 체포·감금의 죄와 구별된다.

보호정도에 관하여 침해범설과 위험범설이 있으나, **침해범설이 타당하다**(다수설). 행위객체에 대한 현실적 침해를 필요로 하고 해악의 고지가 있었음에도 상대방이 결과적으로 공포심을 갖지 않아 법익침해의 효과가 발생하지 못한 경우를 미수로 규율하기 때문이다.

2. 체   계

협박의 죄의 기본적 구성요건은 단순협박죄($\binom{\text{제}283\text{조}}{1\text{항}}$)이다. 이에 대한 가중적 구성요건으로는 존속협박죄($\binom{\text{제}283\text{조}}{2\text{항}}$)와 특수협박죄($\binom{\text{제}284}{\text{조}}$) 및 상습협박죄($\binom{\text{제}285}{\text{조}}$)가 있다. 존속협박죄는 객관적 신분관계로 인해 불법이 가중된 구성요건이고, 특수협박죄는 행위방법으로 인해 행위반가치가 무거워진 불법가중적 구성요건이다. 상습협박죄는 상습성으로 인하여 책임이 가중된 구성요건이다. 이상 각 죄의 미수범은 처벌한다($\binom{\text{제}286}{\text{조}}$). 2인 이상이 공동하여 협박·존속협박죄를 범한 경우에는 폭력행위등처벌에관한법률 제 2 조 2 항이 적용되어 가중 처벌된다.

Ⅱ. 단순협박죄 · 존속협박죄

1. 의   의

단순협박죄는 사람을 협박함으로써 성립하는 범죄이다. 3년 이하의 징역 또는 5백만원 이하의 벌금, 구류 또는 과료에 처한다($^{제283조}_{1항}$). **존속협박죄**는 자기 또는 배우자의 직계존속에 대하여 협박함으로써 성립하는 범죄이다. 5년 이하의 징역 또는 7백만원 이하의 벌금에 처한다($^{제283조}_{2항}$). 미수범은 처벌하며($^{제286}_{조}$), 또한 **반의사불벌죄**이다($^{제283조}_{3항}$). 침해범 · 즉시범 · 결과범이다.

2. 객관적 구성요건요소

(1) 행위객체

이 죄는 의사결정의 자유를 지닌 타인에게 현실적으로 협박을 가하는 침해범이므로, 행위객체인 사람은 해악의 고지에 의하여 두려움을 느낄 수 있는 정신능력을 가진 사람이어야 한다. 따라서 영아 · 명정자 · 정신병자 · 숙면자 등은 이 죄의 행위객체가 될 수 없다(통설). 의사결정의 자유는 자연인에 고유한 능력이라는 점에서 법인이 협박죄의 행위객체가 될 수 없음은 물론이다(대판 2010. 7. 15, 2010도 1017).

(2) 협박행위

행위양태인 협박은 해악을 고지하여 피해자에게 공포심을 느끼게 하는 것을 말한다.

＊주의: 형법상 협박의 개념
① 광의의 협박   일반적으로 타인에게 공포심이 생길 수 있는 모든 해악의 고지를 말한다. 따라서 그 해악의 내용 · 성질 · 고지의 방법에는 제한이 없다. 또한 현실적으로 상대방이 공포심을 느꼈는지의 여부도 묻지 않는다. 내란죄, 다중불해산죄, 소요죄, 특수도주죄, 직무강요죄, 공무집행방해죄 등의 협박이 이에 속한다.
② 협의의 협박   피해자의 반항을 억압할 정도는 아니라도 피해자가 현실로 공포심을 느낄 수 있을 정도의 해악고지가 있어야 하는 협박을 말한다. 협박죄 외에 강요죄, 공갈죄 등의 협박이 이에 속한다.
③ 최협의의 협박   상대방의 반항을 억압할 정도의 해악 내지 상대방의 반항을 현저히 곤란하게 할 정도의 해악고지가 있어야 하는 협박을 말한다. 반항을 억압할 정도의 해악고지의 예로는 강도죄, 준강도죄에서의 협박을 들 수 있고, 반항을 현저히 곤란하게 할 정도의 해악고지의 예로는 강간죄, 강제추행죄에서의 협박

을 들 수 있다. 협박 중 최강도의 협박이다.

(a) **해악의 고지**　이 죄의 협박은 현실적인 해악의 고지가 있어야 한다. 해악의 고지는 구체적이어서 해악의 발생이 가능한 것으로 생각할 수 있을 정도여야 한다(대판 1995. 9. 29, 94 도 2187). 해악의 고지가 아닌 단순한 폭언 정도로는 협박이 되지 않는다(대판 1986. 7. 22, 86 도 1140).

(b) **해악의 내용과 정도**　고지된 해악의 내용에는 제한이 없다. 생명과 신체의 안위를 해하겠다는 것, 비밀을 폭로하여 명예를 훼손하거나 결혼을 방해하거나 직장에서 해고되게 하겠다는 것 등 어느 것이나 현실적으로 상대방에게 공포심을 불러일으킬 수 있는 내용이면 족하다. 따라서 해악은 장래에 발생할 것이어도 좋다. 해악은 상대방에 대한 것만을 요하지 않고 상대방과 밀접한 관계가 있는 제 3 자에 대한 것이라도 무방하다. 이 경우 가해의 대상으로서의 제 3 자에는 법인이 포함될 수 있다(대판 2010. 7. 15, 2010 도 1017).[1] 그리고 제 3 자에 의한 해악을 고지하는 것도, 행위자가 제 3 자에게 그러한 영향을 미칠 수 있음을 인식시키는 한 협박의 내용이 될 수 있다. 해악의 내용이 합리적이거나 실현가능성이 있을 필요도 없고, 범죄적이거나 불법한 것일 필요도 없다. 적어도 상대방에게 공포심을 느끼게 할 수 있는 정도의 것이라면 충분하다. 그러한 정도의 해악인가는 상대방의 개인적 정서와 주위사정을 종합하여 객관적으로 판단해야 할 것이다.

‖ **판례** ‖　"앞으로 수박이 없어지면 네 책임으로 한다"고 말하였다는 것만으로는 구체적으로 어떠한 법익에 어떠한 해악을 가하겠다는 것인지를 알 수 없어 해악의 고지라고 보기 어렵다(대판 1995. 9. 29, 94 도 2187).

길흉화복이나 천재지변의 예고는 가해자가 현실적으로 특정되어 있지 않고 또한 해악발생의 가능성이 합리적으로 예견될 수 있는 것이 아니므로 협박에 해당하지 않는다(통설).

(c) **해악고지의 수단·방법**　해악고지의 수단·방법에는 제한이 없다. 해악의 고지가 언어·문서의 수단에 의하든, 거동 또는 태도에 의하든, 직접·간접적인 방법에 의하든, 명시·묵시적인 방법에 의하든 어느 것이나 무방하다. 작위

---

1) 대판 2010. 7. 15, 2010 도 1017: 「채권추심 회사의 지사장이 회사로부터 자신의 횡령행위에 대한 민·형사상 책임을 추궁당할 지경에 이르자 이를 모면하기 위하여 회사 본사에 '회사의 내부비리 등을 금융감독원 등 관계 기관에 고발하겠다'는 취지의 서면을 보내는 한편, 위 회사 경영지원본부장이자 상무이사에게 전화를 걸어 자신의 횡령행위를 문제삼지 말라고 요구하면서 위 서면의 내용과 같은 취지로 발언한 사안에서, 위 상무이사에 대한 협박죄를 인정한 원심의 판단을 수긍한 사례.」

뿐만 아니라 부작위에 의한 협박도 가능하다. 그러나 2인 이상이 공동하여 협박한 경우에는 폭력행위등처벌에관한법률 제2조 2항이 우선 적용되어 1년 이상의 징역에 처해진다.

(3) 결   과

구성요건결과는 협박의 상대방이 현실적으로 느끼는 공포심이다. 행위자가 상대방에게 해악을 고지했으나 전혀 공포심을 느끼지 않았을 때 또는 해악을 통고했으나 그것이 상대방에게 제대로 도달하지 않았을 때에는 이 죄의 미수가 된다($^{제286}_{조}$). 반면, 판례는 협박죄를 침해범이 아닌 위험범으로 보면서 기수의 성립에 공포심의 발생은 필요 없다는 입장이다. 즉 해악을 상대방에게 고지하여 상대방이 그 의미를 인식한 이상 상대방이 현실적으로 공포심을 느꼈는지 여부와 관계없이 협박죄의 기수는 성립한다는 입장이다(대판 2007. 9. 28, 2007 도 606).

3. 주관적 구성요건요소

협박의 고의란 타인에게 해악을 고지하여 공포심을 느끼게 한다는 사실에 대한 인식과 의사를 말한다. 행위자가 현실로 해악을 실현할 의사를 가질 필요는 없고, 해악의 통고로 상대방이 공포심을 갖게 될 충분한 가능성을 감수하는 의사이면 족하다.

‖ **판례** ‖ 이 죄의 구성요건고의는 행위자가 그러한 정도의 해악을 고지하는 것을 의미하므로 그 주관적 구성요건으로서의 고의는 행위자가 그러한 정도의 해악을 고지한다는 것을 인식·인용하는 것을 내용으로 하고, 고지한 해악을 실제로 실현할 의도나 욕구는 필요로 하지 않는다(대판 1991. 5. 10, 90 도 2102).

4. 위법성조각사유

정당한 권리행사를 위한 수단으로 약간의 협박을 가한 경우 그것이 권리의 남용으로 평가되지 않는 한 위법하지 않다는 것이 통설 및 판례(대판 1984. 6. 26, 84 도 648)의 입장이다. 노동쟁의에 의한 파업·태업은 노동자의 정당한 권리행사이므로 도중에 약간의 협박적 언사가 있었다 하더라도 그것이 권리남용이 되지 않는 한 위법성이 없다.

그러나 비록 정당한 권리행사의 외관을 갖추고 있어도 그것이 사회상규에 반하는 것이면 협박이 성립한다(통설). 따라서 채무변제를 하지 않으면 생명과 신체를 위해하겠다고 협박한 경우에는 위법성이 조각되지 않는다. 친권자가 자에게 야구방망이로 때릴 듯한 태도를 취하면서 "죽여 버린다"고 협박하는 것은 그 자체로 피해자의 인격 성장에 장애를 가져올 우려가 커서 교양권의 행사로 인정되지 않고 협박죄를 구성한다(대판 2002. 2. 8, 2001 도 6468).

　　형사고소를 하겠다고 고지하여 협박한 경우에도 위법한 협박이 되는가? 진실로 고소할 의사가 있었는가를 기준으로 위법성 여부를 판단하는 견해는, 고소의사 없이 겁주기 위해 고소하겠다고 한 때에는 협박죄가 성립한다고 한다.[2] 그러나 고소권 행사의 고지도 정당한 권리행사의 일종이므로, 이러한 고소권행사의 통보가 정당한 목적을 위한 수단인지 아니면 불법목적을 달성하기 위한 권리남용이 되는지를 기준으로 협박성립 여부를 판단하는 것이 타당하다.[3] 결국 고소의 통보가 권리의 행사와 관련된 것이면 정당한 행위가 될 수 있으나, 권리의 행사와 무관한 목적을 위한 것이면 권리남용이 되어 위법한 협박이 된다. 예컨대 회사의 사장이 공금을 횡령한 여직원에게 유용한 돈을 갚지 않으면 고소하겠다고 하는 것은 정당한 권리행사이나, 성교에 응하지 않으면 고소하겠다고 하는 것은 권리의 남용이 되어 협박이 된다. 채권자가 채무자에게 채무를 이행하지 않으면 사기죄로 고소하여 구속시키겠다고 협박한 사안도 권리의 남용으로 평가할 수 없어 위법성이 조각될 수 있다(대판 1984. 6. 26, 84 도 648).

5. 반의사불벌죄

　　피해자의 명시한 의사에 반하여 공소를 제기할 수 없다($\frac{제283조}{3항}$). 보호법익이 의사결정의 자유이므로 피해자의 의사에 반해서까지 처벌해야 할 합리적 이유가 없기 때문이다. 그러나 2 인 이상이 공동하여 협박하여 폭력행위등처벌에관한법률이 적용되는 경우에는 그 적용이 배제된다($\frac{동법 제2}{조 4항}$).

6. 타죄와의 관계

　　㈎ 폭행을 가한 후 다시 협박한 경우나 협박한 후 폭행을 가한 경우에는 협박죄와 폭행죄의 경합범이 된다.

　　㈏ 폭행을 가하겠다고 고지한 후 고지된 일시·장소에서 구타한 경우에 그 협박도 폭행에 흡수되어 단순폭행죄 일죄만 성립한다. 그러나 폭행고지자가 현실

---

　2) 강구진 137면; 권문택(공저) 151면; 김종원 101면; 유기천(상) 101면; 정영석 263면.
　3) 김성돈 118면; 박상기 101면; 배종대 189면; 백형구 383면; 손동권 115면; 이영란 136면; 오영근 139면; 이재상 116면; 임웅 140면; 정성근·박광민 151면; 진계호 161면.

로 가한 폭행이 고지된 폭행의 내용과 시간적 · 장소적으로 별개이면 협박죄와 폭
행죄의 경합범이 된다.

Ⅲ. 특수협박죄

　　특수협박죄는 단체 또는 다중의 위력을 보이거나 위험한 물건을 휴대하여 협
박죄 또는 존속협박죄를 범함으로써 성립하는 범죄이다. 7년 이하의 징역 또는 1
천만원 이하의 벌금에 처한다(제284조). 단순협박죄 · 존속협박죄에 비하여 행위방법
또는 수단의 측면에서 행위반가치성이 높아졌기 때문에 불법이 가중된 구성요건
이다. 미수범은 처벌한다(제286조).

Ⅳ. 상습협박죄

　　상습협박죄는 상습으로 협박죄, 존속협박죄 또는 특수협박죄를 범함으로써
성립하는 범죄이다. 죄에 정한 형의 2분의 1까지 가중한다(제285조). 이 죄는 협박죄 ·
존속협박죄 · 특수협박죄에 비하여 행위자의 상습성 때문에 책임이 가중된 구성
요건이다. 미수범은 처벌한다(제286조).

제 2 절   강요의 죄

Ⅰ. 총　　설

1. 보호법익

　　강요의 죄의 보호법익은 의사결정의 자유 및 의사활동의 자유이다. 이 점에서
개인의 의사결정의 자유를 보호법익으로 삼는 협박의 죄와 구별되고, 개인의 거
처의 자유를 보호법익으로 삼는 약취와 유인의 죄, 개인의 성적 의사결정의 자유
를 보호법익으로 삼는 강간과 추행의 죄와 구별된다. 보호정도는 침해범이다.

2. 체   계

강요의 죄의 기본적 구성요건은 단순강요죄($^{제324조}_{제1항}$)이고, 이에 대해 불법이 가중된 특수강요죄($^{동조}_{제2항}$) 및 결과적 가중범으로서 중강요죄($^{제326}_{조}$)가 있다. 강요죄의 불법가중적 구성요건으로는 인질강요죄($^{제324조}_{의2}$), 인질상해·치상죄($^{제324조}_{의3}$), 인질살해·치사죄($^{제324조}_{의4}$)가 있다. 강요죄, 인질강요죄, 인질상해·치상죄, 인질살해·치사죄는 미수범이 처벌($^{제324조}_{의5}$)되고 인질강요죄, 인질상해·치상죄에 대해서는 해방감경규정($^{제324조}_{의6}$)이 있다.

Ⅱ. 단순강요죄

1. 의   의

단순강요죄는 폭행 또는 협박으로 사람의 권리행사를 방해하거나 의무 없는 일을 하게 함으로써 성립하는 범죄이다. 5년 이하의 징역에 처한다($^{제324}_{조}$). 미수범은 처벌한다($^{제324조}_{의5}$). 침해범이며, 의사결정의 자유와 의사활동의 자유라는 두 가지 법익을 보호하는 경우이므로 결합범에 속한다.

2. 객관적 구성요건요소

(a) **강요의 수단**   행위양태인 강요는 폭행 또는 협박을 수단으로 한다. 강요의 수단인 폭행·협박은 상대방의 의사결정의 자유를 직접 침해하는 것인 반면 이것을 수단으로 하는 강요는 상대방의 의사활동의 자유를 침해하는 측면을 갖고 있다.

폭행은 반드시 사람의 신체에 대한 유형력의 행사에 국한되지 아니하고 사람에 대한 직접·간접의 유형력의 행사이기만 하면 된다(광의의 폭행). 그러므로 피해자와 일정한 관계에 있는 제3자에게 유형력을 행사하거나 또는 간접적으로 물건에 유형력을 행사하더라도 피해자의 법적 안전의식이 위해를 받으면 폭행이 된다. 협박은 상대방이 현실로 공포심을 느낄 수 있을 정도의 해악고지를 뜻한다(협의의 협박).

폭행·협박의 정도는 상대방의 반항을 불가능하게 하거나 현저히 곤란하게 할 정도의 고강도일 필요는 없으나 상대방의 의사결정과 활동에 영향을 미칠 수 있는 정도여야 한다.

2인 이상이 공동하여 강요행위를 하면 폭력행위등처벌에관한법률 제 2 조 2 항에 의해 가중하여 처벌된다.

(b) **강요의 내용**   강요행위의 내용은 피강요자의 권리행사를 방해하거나 의무 없는 일을 하게 하는 것이다.

(가) **권리행사의 방해**   권리행사를 방해한다는 것은 타인이 행사할 수 있는 권리를 행사하지 못하게 하는 것을 말한다(권리행사방해적 강요). 행사할 수 있는 권리란 그것을 행사할 것인가의 여부가 개인의 의사활동의 자유에 속하는 것을 말한다. 권리는 반드시 법령에 근거가 있거나 법률상 허용되어 있는 것만을 뜻하는 것은 아니고 개인의 의사활동의 자유영역에 속하는 모든 작위·부작위의 가능성을 뜻한다. 권리행사방해의 예로는 정당한 도로통행이나 건물에의 출입을 방해하는 것, 차량의 진행을 방해하는 것, 고소권자의 고소행사를 하지 못하도록 하는 것, 기사의 게재를 방해하는 것 등을 들 수 있다.

(나) **의무 없는 일을 하게 하는 것**   의무 없는 일을 행하게 한다는 것은 의무가 없는 자에게 일정한 작위·부작위 또는 수인을 강요하는 것을 말한다(의무 없는 이행적 강요). 의무는 도덕상의 의무가 아니라 법률상의 의무를 말한다. 정당한 고소를 취소하게 만드는 것, 계약자로 하여금 계약을 포기하게 만드는 것, 강제로 자술서나 서약서를 쓰게 하는 것, 억지로 무릎 꿇고 사죄하게 만들거나 사과광고를 내도록 하도록 하는 것, 회사의 중요기밀을 누설하게 하는 것, 물건 구입을 강제하는 것 등을 예로 들 수 있다. 반면 폭행·협박으로 법률상 의무 있는 일을 하게 한 경우에는 폭행·협박죄만 성립할 뿐 강요죄는 성립하지 않는다(대판 2008. 5. 15, 2008 도 1097).

‖**판례**‖   상사 계급의 피고인이 그의 잦은 폭력으로 신체에 위해를 느끼고 겁을 먹은 상태에 있던 부대원들에게 청소 불량 등을 이유로 40분 내지 50분간 머리박아(속칭 '원산폭격')를 시키거나 양손을 깍지 낀 상태에서 약 2시간 동안 팔굽혀펴기를 50-60회 정도 하게 한 행위는 형법 제324조에서 정한 강요죄에 해당한다(대판 2006. 4. 27, 2003 도 4151).

(c) **기   수**   강요죄는 폭행 또는 협박에 의하여 권리행사가 방해되거나 의무 없는 일이 이행되는 현실적 결과가 발생해야 기수에 이른다. 단순히 의무 없는 일을 요구한 것만으로는 아직 미수에 해당한다.

‖**판례**‖   피해자의 해외도피를 방지하기 위하여 피해자를 협박하고 이에 피해자가 겁을 먹고 있는 상태를 이용하여 여권을 강제로 회수하였다면 피해자가 해외여행을 할 권

리는 사실상 침해되었다고 볼 것이므로 강요죄의 기수이다(대판 1993. 7. 27, 93 도 901).

3. 주관적 구성요건요소

구성요건고의는 폭행 또는 협박의 고의 외에 강요의 고의가 있어야 한다.

4. 위법성조각사유

정당한 권리행사를 위한 수단으로 약간의 강요행위를 취한 경우 그것이 권리의 남용이 되지 않는 한 위법하지 않다. 예컨대 근로자의 단결권·단체행동권에 터잡은 쟁의행위에 수반된 강요행위는 그것이 권리남용에 이르지 않는 한 정당한 권리행사로서 위법성이 조각된다.

5. 죄수 및 타죄와의 관계

㈎ 이 죄는 자유를 보호하는 죄형법규 중 가장 포괄적이고 일반적인 범죄구성요건이므로 체포·감금의 죄, 약취·유인의 죄, 강간죄, 강제추행죄 등이 성립하는 때에는 법조경합으로서 특별규정인 이들 범죄만 성립하고 강요죄의 적용은 배제된다.

㈏ 협박죄는 이 죄의 보충규정이므로 이 죄가 성립하는 때에는 법조경합 보충관계에 의해 이 죄만 성립하고 협박죄의 적용은 배제된다.

Ⅲ. 특수강요죄

특수강요죄는 단체 또는 다중의 위력을 보이거나 위험한 물건을 휴대하여 강요죄를 범함으로써 성립하는 범죄이다. 10년 이하의 징역 또는 5천만원 이하의 벌금에 처한다(제324조 2항). 이 죄는 단순강요죄에 비하여 행위수단 및 방법면에서 위험성이 더 크므로 불법 및 형이 가중된 구성요건이다.

'단체 또는 다중의 위력' 및 '위험한 물건의 휴대'의 의미에 대해서는 전술한 특수폭행죄 부분의 설명을 참고하기 바란다.

＊주의: 특수강요죄는 폭력행위등처벌에관한법률 제 3 조의 해당부분이 삭제되고 2016년 1월 형법 개정을 통해 새로 신설된 조항이다.

Ⅳ. 중강요죄

중강요죄는 강요죄를 범하여 타인의 생명에 대한 위험을 발생하게 함으로써 성립하는 범죄이다. 10년 이하의 징역에 처한다($\frac{제326}{조}$). 구체적 위험범이다.

현행법은 점유강취죄와 준점유강취죄($\frac{제325}{조}$)를 범하여 생명에 대한 위험을 발생케 한 경우도 같은 조문에 규정하고 있으나, 강요죄를 자유에 대한 죄로 보는 한 단순강요죄($\frac{제324}{조}$)에 의한 경우에만 중강요죄로 보아야 할 것이다. 비록 법문의 제목이 중권리행사방해죄로 되어 있음에도 불구하고 강요죄에 의한 경우에는 중강요죄로 부르는 것이 옳다.[4] 이 죄를 단순강요죄의 진정 및 부진정 결과적 가중범으로 보는 것이 다수설이고 또한 타당하다.

Ⅴ. 인질강요죄

1. 의의 및 성격

인질강요죄는 사람을 체포 · 감금 · 약취 또는 유인하여 이를 인질로 삼아 제3자에 대하여 권리행사를 방해하거나 의무 없는 일을 하게 함으로써 성립하는 범죄이다. 3년 이상의 징역에 처한다($\frac{제324조}{의2}$). 미수범은 처벌한다($\frac{제324조}{의5}$).

단, 기수범 또는 미수범이 인질을 안전한 장소로 풀어 준 때에는 그 형을 감경할 수 있다($\frac{제324조}{의6}$). 인질을 이용하여 강요행위를 저지르는 것이므로 단순강요죄보다 행위양태로 인한 행위반가치가 커서 불법이 가중된 구성요건이다.

2. 객관적 구성요건요소

(1) 행위객체

행위객체는 사람이다. 그러나 이 죄는 체포 · 감금 등 행위와 인질행위의 객체인 사람과 강요행위의 객체인 사람 등 이중의 행위객체를 필요로 한다. 체포 · 감금 등 행위 및 인질행위의 객체인 사람은 누구이든 상관없다. 그러나 강요행위의 객체인 사람(피강요자, 법문은 이를 제3자로 지칭)은 단순강요죄의 행위객체와 마찬가지로 적어도 의사결정능력이나 의사활동능력을 지닌 사람이어야 한다. 강요죄가 일반적인 의사의 자유를 보호법익으로 삼기 때문이다.

---

4) 점유강취죄 및 준점유강취죄(제325조)를 범하여 타인의 생명에 대한 위험을 발생케 한 경우에는 중권리행사방해죄로서 권리행사방해죄의 부분에서 다시 기술한다.

(2) 행   위

기본적 행위양태는 강요행위이고, 수단적 행위양태가 체포·감금·약취·유인 및 인질행위이다.

(a) **체포·감금·약취·유인** 인질행위는 체포·감금·약취 또는 유인을 수단으로 해야 한다. 체포·감금·약취·유인은 체포죄·감금죄·약취죄·유인죄의 각 구성요건행위를 참고하기 바란다.

(b) **인   질** '인질로 삼는다' 함은 체포·감금·약취 또는 유인된 자의 생명·신체 등 안전에 관한 제3자의 우려를 이용하여 석방이나 생명·신체에 대한 안전보장의 대가로 제3자를 강요할 목적으로, 이미 체포·감금·약취 또는 유인된 자의 자유를 구속하는 것을 말한다.

(c) **강   요** 강요란 사람의 권리행사를 방해하거나 의무 없는 일을 억지로 하게 하는 것을 말한다. 단순강요죄의 강요는 폭행·협박을 수단으로 상대방의 의사활동의 자유를 침해하는 데 반해, 인질강요죄의 강요는 체포·감금·약취·유인(유괴)을 수단으로 인질을 삼고 제3자의 의사활동의 자유를 침해한다는 점에 차이가 있다. 강요행위의 내용인 권리행사방해적 강요와 의무 없는 일의 강요(의무없는 이행적 강요)는 단순강요죄에서 설명한 것과 같다.

강요행위는 체포·감금·약취·유인 및 인질행위를 수단으로 해야 하므로 체포·감금 등 행위 및 인질행위와 강요행위는 목적·수단의 관계에 놓인다. 다른 목적으로 사람을 약취·유인한 후에 인질강요의 범의가 발동하여 피인취자를 인질로 삼고 제3자를 강요한 경우에도 약취·유인죄가 계속범의 성격을 갖기 때문에 인질강요죄의 성립에 지장 없다.

강요의 상대방은 개인이건 단체이건 상관없고, 정부를 상대로 한 강요도 무방하다. 이를테면 정부의 고관이나 외교관을 납치하여 인질로 삼고 해당 정부에 대해 억류 중인 정치범이나 양심수 또는 기타 죄수를 석방하라고 강요하는 경우이다. 항공기를 납치하여 승객을 인질로 삼고, 항공기 소속 국가의 정부에 강요하는 경우에도 이 죄가 성립한다.

(d) **실행의 착수시기** 실행의 착수시기는 행위자가 강요의 의사를 가지고 체포·감금·약취·유인 등의 행위를 개시한 때이다(다수설). 인질강요의 의사를 가지고 사람을 체포·감금·약취·유인할 때 이미 행위자의 범의가 외부로 명백히 표명되고 본죄의 보호법익에 대한 밀접한 침해행위가 개시되었다고 볼 수 있

기 때문이다. 강요개시를 기준으로 할 경우에는 인질의 억류 후 아무리 시간이 오래 흘렀어도 요구사항이 전달되기 전에 인질범이 체포된 경우에는 단순 체포·감금·약취·유인죄로밖에 처벌할 수 없는 문제점이 발생한다.

(3) 결   과

(a) **구성요건결과**   인질강요죄는 결과범의 일종이므로 강요행위로 인해 구성요건결과가 발생했을 때 기수에 이른다. 구성요건결과는 강요의 상대방이 체포·감금 등 행위 및 인질행위로 현실적으로 권리행사를 방해받거나 의무 없는 일을 이행하게 된 상태의 야기를 말한다.

이 죄는 침해범이므로 강요행위와 그 결과 사이에는 인과관계 및 객관적 귀속관계가 있어야 한다.

(b) **기   수**   인질행위 및 강요행위로 인하여 권리행사가 현실적으로 방해되거나 의무 없는 일을 행하게 된 현실적 결과가 발생해야 기수에 이른다(다수설).

(c) **미   수**   인질강요죄의 미수범은 처벌한다($^{제324조}_{의5}$). 폭행·협박을 가했으나 권리행사를 방해하지 못하였거나 양자 사이에 인과관계가 없을 때 미수가 성립한다.

3. 주관적 구성요건요소

구성요건고의는 체포·감금·약취 또는 유인의 고의뿐만 아니라 인질 및 강요에 대한 고의도 있어야 한다. 미필적 고의로도 충분하다.

4. 죄수 및 타죄와의 관계

(1) 죄   수

1개의 강요행위로 수인의 권리행사를 방해한 때에는 관념적 경합이 된다. 수인을 납치하여 인질로 삼고 1인에게 강요행위를 한 때에는 이 죄 일죄만 성립한다.

(2) 타죄와의 관계

인질강요죄가 성립할 때 체포·감금의 죄, 약취·유인의 죄, 공갈죄 등은 법조경합 보충관계가 된다. 따라서 이 죄만 성립하고 이들 죄의 적용은 배제된다.

Ⅵ. 인질상해 · 치상죄

인질상해 · 치상죄는 인질강요죄를 범한 자가 인질을 상해하거나 상해에 이르게 함으로써 성립하는 범죄이다. 무기 또는 5년 이상의 징역에 처한다($^{제324조}_{의 3}$).

인질상해죄는 인질강요죄와 상해죄의 결합범이고 인질치상죄는 인질강요죄의 결과적 가중범이다. 인질을 이용하여 불법한 목적을 달성하려다 여의치 않을 때 인질의 신체를 희생제물로 삼아 상해하는 경우가 많다는 점에 착안한 처벌 규정이다.

이 죄의 미수범은 처벌한다($^{제324조}_{의 5}$). 인질상해죄의 미수는 인질강요범이 인질에게 상해를 가했으나 그 결과가 발생하지 않은 경우이고, 이 때 인질강요죄가 기수인가 미수인가는 가리지 않는다.

《참고》 본죄의 미수범규정은 인질치상죄의 미수에도 적용되어, 과실로 상해의 결과가 발생했으나 강요행위가 미수에 그친 경우를 의미한다고 하는 견해도 있으나,[5] 본죄의 미수는 고의범인 인질상해죄의 미수를 의미한다고 보는 것이 옳다(다수설). 고의범인 인질상해죄의 경우에는 기본범죄인 인질강요의 기수 · 미수에 상관없이 상해의 기수 · 미수 여부로 미수범을 결정짓는 것에 비해, 과실범의 경우에는 상해의 기수결과가 발생했음에도 불구하고 기본범죄가 미수인 경우를 미수로 정의하는 것은 설득력이 떨어지기 때문이다.

이 죄의 기수범 및 미수범이 인질을 안전한 장소로 풀어 준 때에는 그 형을 감경할 수 있다($^{제324조}_{의 6}$).

Ⅶ. 인질살해 · 치사죄

인질살해 · 치사죄는 인질강요죄를 범한 자가 인질을 살해하거나 사망에 이르게 함으로써 성립하는 범죄이다. 인질살해죄는 사형 또는 무기징역에 처하고($^{제324조의}_{4 전단}$), 인질치사죄는 무기 또는 10년 이상의 징역에 처한다($^{제324조의}_{4 후단}$). 개정형법에서 신설한 규정이다.

이 죄의 미수범도 처벌한다($^{제324조}_{의 5}$). 물론 고의범인 인질살해의 미수범을 의미한다. 이 죄에는 해방감경규정($^{제324조}_{의 6}$)의 적용이 없다.

---

5) 김일수, 한국형법 Ⅲ, 279-280면; 배종대 205면; 손동권 179면; 이정원 143면; 임웅 151면; 정영일 72면.

제 3 절 체포와 감금의 죄

Ⅰ. 총   설

1. 보호법익

체포와 감금의 죄의 보호법익은 **신체적 활동의 자유**이다. 신체적 활동의 자유란 현재 머무르고 있는 장소를 떠나서 자기의 의사에 따라 거처를 변경할 수 있는 자유를 말한다. 이러한 자유는 신체활동에 대한 현실적인 의사의 자유뿐만 아니라 잠재적인 신체활동의 자유까지를 포함한다. 이런 의미에서 이 죄의 보호법익은 거처의 변경에 관한 개인의 현실적 또는 잠재적 신체활동의 자유이다(통설). 이 죄의 보호정도는 **침해범**으로서의 보호이다.

2. 체   계

체포·감금의 죄의 기본적 구성요건은 단순체포·감금죄($\frac{제276조}{1항}$)이다. 이에 대한 가중적 구성요건으로는 존속체포·감금죄($\frac{제276조}{2항}$), 중체포·감금죄($\frac{제277조}{1항}$), 존속중체포·감금죄($\frac{제277조}{2항}$), 특수체포·감금죄($\frac{제278}{조}$) 및 상습체포·감금죄($\frac{제279}{조}$)가 있다. 이상 각 죄의 미수범은 처벌한다($\frac{제280}{조}$). 그 밖에 결과적 가중범으로 체포·감금치사상죄($\frac{제281}{조}$)가 있다.

만약 재판, 검찰, 경찰 기타 인신구속에 관한 직무를 행하는 자나 이를 보조하는 자가 그 직권을 남용하여 사람을 체포·감금한 경우에는 특수공무원의 직무에 관한 죄로서 형이 가중된다($\frac{제124}{조}$). 또한 체포·감금의 죄가 2인 이상의 공동에 의하여 저질러진 때에는 폭력행위등처벌에관한법률위반으로 가중처벌된다($\frac{동법}{제 2 조 2 항}$).

Ⅱ. 단순체포·감금죄, 존속체포·감금죄

1. 의   의

단순체포·감금죄는 사람을 체포 또는 감금함으로써 성립하는 범죄이다. 5년 이하의 징역 또는 7백만원 이하의 벌금에 처한다($\frac{제276조}{1항}$). 존속체포·감금죄는 자기 또는 배우자의 직계존속에 대해 체포·감금행위를 함으로써 성립하는 범죄이다. 10년 이하의 징역 또는 1천 5백만원 이하의 벌금에 처한다($^{제276조}_{2항}$). 이 두 죄
의 미수범은 처벌하며($^{제280}_{조}$), 10년 이하의 자격정지를 병과할 수 있다($^{제282}_{조}$).

　　단순체포·감금죄는 침해범·계속범·결과범이다. 존속체포·감금죄는 자기
또는 배우자의 직계존속에 대한 신분관계로 단순체포·감금죄에 비해 불법이 가
중된 부진정신분범의 일종이다.

2. 객관적 구성요건요소

(1) 행위객체

　　보호법익이 현실적 또는 잠재적 신체활동의 자유인 한, 신체활동의 자유를
향유하는 사람이면 현실적인 신체활동의 자유가 침해되었는가를 묻지 않고 이 죄
의 객체가 될 수 있다. 다만 그 잠재적인 신체활동의 자유를 어느 범위까지 한정할
수 있느냐 하는 것이 문제이다.

　　다수설은 당장에 현실적인 신체자유를 갖지 않더라도 곧 활동이 기대되는 잠
재적인 신체의 자유를 가진 자이면 이 죄의 객체가 된다는 견해이다. 이에 따르면
정신병자, 숙면자, 만취한 자 등은 다 이 죄의 객체가 되지만, 갓난아이처럼 신체
활동의 자유가 전혀 없는 자는 이 죄의 객체가 될 수 없다.[6]

　　생각건대 보호법익을 기준으로 한, 목적론적 해석의 관점에서 이 죄의 행위
객체를 제한적으로 축소해석하지 않으면 실제 침해범의 성격을 지닌 이 죄의 보
호정도가 위험범으로 변질될 위험이 있다. 따라서 거처변경에 관한 신체활동의
의사를 가질 수 없는 유아, 심하게 술취한 사람, 깊이 잠든 사람은 이러한 상태가
존속하는 동안은 신체활동의 잠재적인 자유조차 빼앗길 수 없으므로 이 죄의 객
체가 될 수 없다고 해야 한다.

　　그러나 이 죄의 보호법익은 최소한 활동의 가능성이 기대되는 잠재적인 신체
활동의 자유를 대상으로 삼는 것이므로, 피해자의 잠재적인 신체활동의 자유를 침
해한 객관적인 사실이 있으면 충분하다. 피해자에게 사실상 신체활동의 의사가 있었
는가, 또는 자유박탈사실에 대한 피해자의 인식이 있었는가는 중요하지 않다. 따라
서 정신병자, 어린아이, 불구자, 사실상 감금상태에 있음을 인식하지 못한 채 실
내에서 업무중이던 사무원은 모두 이 죄의 객체가 될 수 있다.

---

6) 강구진 147면; 권오걸 116면; 김성돈 131면; 김종원 108면; 박상기 119면; 배종대 209면;
　백형구 285면; 손동권 119면; 유기천(상) 94면; 이영란 122면; 이재상 120면; 이형국 221면;
　임웅 128면; 정성근·박광민 136면; 정영일 57면; 진계호 144면; 황산덕 199면.

《참고》 이 결론은 각성이 곧 기대되는 숙면자, 만취한 자를 잠재적으로 신체활동
이 가능한 자의 범위에서 제외한다는 점에서 다수설이 취한 견해보다 좁다.

(2) 행   위

행위양태는 체포 또는 감금이다.

(a) 체   포   체포란 사람의 신체에 대하여 직접적·현실적인 구속을 가
하여서 그 신체활동의 자유를 박탈하는 것을 말한다. 신체에 대한 직접적인 구속
이 있을 때 체포라고 할 수 있으므로 가령 사람을 협박하여 어떤 장소에 출두시
키는 것은 체포가 아니라 강요죄($^{제324}_{조}$)에 해당할 뿐이다.

보기 포승이나 수갑을 이용하여 손발을 묶거나 몸을 잡는 것과 같은 유형적 방법
일 수도 있고, 경찰관을 사칭하여 위계로 연행하거나 피스톨을 겨누고 피해자를 협
박하여 동행하게 하는 무형적 방법일 수도 있다. 마취를 시켜 꼼짝 못하게 만드는
것도 체포의 수단이 될 수 있다.

(b) 감   금   감금이란 일정한 구획을 가진 장소에 사람을 가두어 그 장소
밖으로 벗어나지 못하게 하거나 심히 곤란하게 함으로써 신체활동의 자유를 장소
적으로 제한하는 것을 말한다. 구획된 장소란 가옥, 방실, 선박, 차량, 비행기와
같이 외부와의 차단이 가능한 한정된 장소를 의미하며, 이 한정된 장소로부터의
탈출이 적어도 피해자에게 주관적으로 불가능하거나 곤란하게 여겨질 정도이면
충분하다. 그러므로 한정된 장소로부터의 탈출이 전혀 불가능한 것은 아니더라도
생명·신체에 대한 위험이나 수치심을 무릅쓰지 않고는 현실적으로 곤란한 경우
에도 감금은 성립한다.

보기 피해자가 알고 있는 문은 폐쇄되었으나 피해자에게 알려지지 않은 다른 문
은 아직 열려 있는 상태이더라도 감금이 된다. 또한 피해자를 승용차에 태우고 계
속 질주하는 경우(대판 1984. 8. 21, 84 도 1550; 1983. 4. 26, 83 도 323), 건물의 옥상으
로 사다리를 통해 올라간 인부에게서 사다리를 치워버린 경우, 연못에서 목욕중인
나부(裸婦)의 옷을 숨겨버린 경우에도 감금이 된다.

‖판례‖ 피해자가 만약 도피하는 경우에는 생명, 신체에 심한 해를 당할지도 모른다
는 공포감에서 도피하기를 단념하고 있는 상태하에서 그를 호텔로 데리고 가서 함께 유
숙한 후 그와 함께 항공기로 국외에 나간 행위는 감금행위에 해당한다(대판 1991. 8. 27,
91 도 1604).

감금의 수단·방법에는 제한이 없다. 피해자를 방실에 넣고 문을 봉쇄하거나

감시인 또는 도사견을 출입구에 두어 탈출을 막는 물리적·유형적인 장애의 사용뿐만 아니라 피해자를 폭력하에 두거나 위계 또는 기망수단을 사용하여 탈출을 못하게 하는 심리적·무형적 장애에 의한 감금도 가능하다. 한정된 장소 내에서 어느 정도 행동의 자유가 주어졌더라도 감금의 성립에는 지장이 없다.

‖**판례**‖ 경찰서 안에서 피해자가 직장동료인 피의자들과 같이 식사도 하고 사무실 안팎을 내왕하였어도 경찰서 밖으로 나가지 못하도록 하는 억압이 있었던 경우에는 감금행위가 성립한다(대판 1997. 6. 13, 97 도 877; 대판 1991. 12. 30, 91 도 5).

특히 야간 또는 2인 이상이 공동하여 체포 감금하면 폭력행위등처벌에관한법률에 의해 1/2까지 가중처벌된다(동법 제2조 2항).

(3) 결 과

구성요건결과는 행위객체의 잠재적인 신체활동의 자유에 대한 객관적인 침해상태의 존재이다. 이같은 결과야기에 이르렀을 때 기수범이 된다.

(4) 기수·미수

이 죄는 계속범이므로 성질상 어느 정도의 시간적 계속성을 요하지만, 기수 성립에 반드시 일정한 시간적 계속이 있어야 하는 것은 아니다. 다만 일시적인 체포·감금은 폭행죄 또는 이 죄의 미수에 불과하다. 그러므로 일시적인 체포·감금의 정도를 넘어가는 체포·감금이 있을 때 비로소 행위의 종료로 말미암아 기수가 되고, 체포·감금상태가 계속되는 동안은 범죄가 완료되지 않는다.

체포·감금행위 자체가 종료되지 못한 때, 체포·감금 사실에 대한 피해자의 인식이 전혀 없었던 경우 또는 체포·감금행위와 구성요건결과 사이에 인과관계 및 객관적 귀속관계가 결여된 때에는 미수가 된다(제280조). 이렇게 보면 이 죄의 기수가 되려면 적어도 어느 정도 계속된 체포·감금행위와 피해자의 체포·감금사실에 대한 인식이 구비되어야 한다.

《참고》 체포·감금죄의 기수가 성립하기 위해서는 자유박탈에 대한 피해자의 인식이 필요한가? 본죄의 성립에는 자유박탈에 대한 피해자의 인식이 반드시 요구되는 것은 아니지만, 본죄가 기수가 되기 위해서는 체포·감금이라는 객관적 사실 외에 피해자가 자신의 자유박탈에 대한 현실적인 인식을 가져야 한다. 침해범이라는 본죄의 성격상 자유박탈에 대한 피해자의 현실적인 인식이 없는 상태에서의 체포·감금은 아직 보호법익에 대한 침해의 위험성만을 갖고 있는 상태로서 미수라고 평가하는 것이 옳기 때문이다.

일시적인 자유박탈의 경우가 이 죄의 미수인가 단순히 폭행죄를 구성할 뿐인가에 관하여는 폭행죄설이 다수설이다. 생각건대 체포·감금의 의사 없는 일시적인 자유박탈은 폭행죄에 해당할 수 있지만, 체포·감금의 고의로써 일시적인 자유박탈에 그쳤을 때에는 이 죄의 미수라고 해야 할 것이다.[7)]

3. 주관적 구성요건요소

구성요건고의는 타인의 현실적 또는 잠재적 신체활동의 자유를 침해한다는 사실에 대한 인식과 의사를 말한다. 미필적 고의로도 충분하다.

4. 위법성조각사유

현행범인체포와 같은 적법한 체포·감금행위, 정당방위, 수형자의 자유박탈과 같은 형벌권의 행사 및 정신병자 보호조치와 같은 법률상의 원인에 기인한 체포·구금 등은 위법성이 조각된다. 정신병자나 자살미수자의 안전과 보호를 위하여 가족의 의뢰를 받고 일시 보호실에 감금한 경우에는 사회상규에 위배되지 않는 행위로서 위법성이 조각된다(대판 1980. 2. 12, 79 도 1345).

5. 죄수 및 타죄와의 관계

(가) 체포와 감금은 동일구성요건에 규정된 같은 성질의 자유박탈행위로서 그 양태만을 달리하므로 사람을 체포하여 감금한 경우에는 포괄하여 감금죄의 단순일죄가 된다.

(나) 이 죄의 보호법익인 개인행동의 자유는 일신전속적 법익이기 때문에 피해자 1 명마다 1 죄가 성립한다. 따라서 1개의 행위로 수인을 체포·감금한 경우에는 피해자 수만큼의 체포·감금죄가 성립하고 이들은 관념적 경합이 된다.

(다) 체포·감금의 수단으로 행하여진 폭행·협박은 체포·감금죄에 흡수되고 별죄를 구성하지 않는다(대판 1982. 6. 22, 82 도 705). 그러나 폭행·협박이 별개의 동기로 행해진 경우에는 흡수되지 않고 별죄를 구성한다.

(라) 폭행·협박에 의한 체포·감금이 강취·강간행위의 일부인 경우에는 강도·강간죄의 구성요건적 행위로서 폭행·협박에 포함되어 강도죄·강간죄만이 성립하지만, 강도·강간의 수단으로 체포·감금한 경우에 체포·감금이 강도·강취행위의 일부가 아닌 별개의 행위이면 이 죄와 강도죄·강간죄 사이에 상상적

---

7) 이재상 123면; 정성근·박광민 139면.

경합관계가 성립한다(대판 1997. 1. 12, 96 도 2715; 1984. 8. 21, 84 도 1550). 그러나 감금중에 범한 강간·강도는 이 죄와 실체적 경합관계에 놓인다. 사람을 체포·감금하여 그 석방의 대가로 금품을 강취한 경우에는 인질강도죄($^{제336}_{조}$)가 성립할 뿐이다.

(마) 감금행위가 단순히 강도상해 범행의 수단이 되는 데 그치지 아니하고 강도상해의 범행이 끝난 뒤에도 계속된 경우에는 1개의 행위가 감금죄와 강도상해죄에 해당하는 경우라고 볼 수 없고, 감금죄와 강도상해죄는 형법 제37조의 경합범 관계에 서게 된다(대판 2003. 1. 10, 2002 도 4380).

(바) 체포·감금이 살인죄 또는 상해죄의 수단으로 사용된 경우에 살인죄 또는 상해죄만 성립한다는 견해도 있다. 그러나 살해 또는 상해행위에 체포·감금행위가 항상 수반되는 것은 아니므로 이 죄와 살인죄 또는 상해죄는 각각 성립하고 관념적 경합이 된다. 다만 여기에서 살상은 가혹행위의 전형이라 할 수 있으므로, 처음부터 살상의 의사를 가지고 체포·감금하여 살상한 경우 중체포·감금죄($^{제277}_{조}$)와 살인죄나 상해죄의 관념적 경합이 된다. 그러나 감금중에 새로이 발생한 살상의 의사에 기한 살인 또는 상해는 이 죄와 실체적 경합관계에 놓인다.

(사) 약취에 있어서 체포·감금이 행하여진 경우에는 양자는 상상적 경합관계에 있게 되나 사람을 약취 또는 유인한 후 계속하여 이를 감금한 경우에는 약취·유인죄 외에 별도로 감금죄가 성립한다(대판 1961. 9. 21, 4294 형상 455).

Ⅲ. 중체포·감금죄, 존속중체포·감금죄

1. 의　　의

중체포·감금죄는 사람을 체포·감금하여 가혹한 행위를 함으로써 성립하는 범죄이다. 7년 이하의 징역에 처한다($^{제277조}_{1항}$). 존속중체포·감금죄는 자기 또는 배우자의 직계존속에 대하여 중체포·감금행위를 함으로써 성립하는 범죄이다. 2년 이상의 유기징역에 처한다($^{제277조}_{2항}$). 중체포·감금죄는 단순체포·감금죄에 비해 행위양태로 인하여 행위불법이 가중된 구성요건이라는 점에 그 특징이 있다. 이 죄의 미수범은 처벌한다($^{제280}_{조}$).

2. 객관적 구성요건요소

가혹한 행위란 사람에게 육체적·정신적 고통을 가하는 일체의 행위를 말한다. 반드시 타인의 생명, 신체의 완전성을 위태롭게 할 정도가 아니더라도 타인에게 정신적·육체적인 고통을 줄 수 있는 행위이면 충분하다는 점에서 학대보다 그 범위와 정도가 넓다고 할 수 있다. 가혹행위의 범위는 폭행, 협박, 성추행, 성적 수치심을 자극할 만한 음란행위, 일상생활에 필요한 정도의 의식주를 제공하지 않거나 필요한 정도의 휴식·수면을 허용하지 않는 경우 등을 포함한다.

　　그러나 감금의 수단이 된 폭행 또는 협박만으로는 아직 가혹행위가 있다고 할 수 없다. 이 죄의 가혹행위는 어디까지나 체포·감금행위를 전제하고 그 자유 박탈의 상태를 기초로 다시 정신적·육체적 고통을 가하는 행위만을 지칭하기 때문이다.

3. 주관적 구성요건요소

　　이 죄의 고의에는 처음부터 체포·감금하여 가혹한 행위를 하려는 경우는 물론, 체포·감금중에 추가로 가혹행위를 하려는 의사가 후발적으로 생긴 경우도 포함된다.

Ⅳ. 특수체포·감금죄

　　특수체포·감금죄는 단체 또는 다중의 위력을 보이거나 위험한 물건을 휴대하여 체포·감금죄, 존속체포·감금죄, 중체포·감금죄, 존속중체포·감금죄를 범함으로써 성립하는 범죄이다. 각 죄에 정한 형의 2분의 1까지 가중한다($^{제278}_{조}$). 미수범은 처벌한다($^{제280}_{조}$). 이 죄는 행위방법(단체 또는 다중의 위력을 과시) 및 수단(위험한 물건휴대) 때문에 불법이 가중된 구성요건이다.

Ⅴ. 상습체포·감금죄

　　상습체포·감금죄는 상습으로 체포·감금죄, 존속체포·감금죄, 중체포·감금죄, 존속중체포·감금죄를 범함으로써 성립하는 범죄이다. 각 죄에 정한 형의 2분의 1까지 가중한다($^{제279}_{조}$). 그러나 특수체포·감금죄($^{제278}_{조}$)에 대한 상습범처벌조항은 없다.

Ⅵ. 체포·감금치사상죄, 존속체포·감금치사상죄

체포·감금치사상죄는 체포·감금의 죄($\frac{제276조 내}{지 제280조}$)를 범하여 사람을 사상에 이르게 함으로써 성립하는 결과적 가중범이다. 상해에 이르게 한 자는 1년 이상의 유기징역에 처하고, 사망에 이르게 한 때에는 3년 이상의 징역에 처한다($\frac{제281조}{1항}$). 존속체포·감금치사상죄는 자기 또는 배우자의 직계존속에 대하여 체포·감금의 죄($\frac{제276조 내}{지 제280조}$)를 범하여 사상에 이르게 함으로써 성립하는 결과적 가중범이다. 상해에 이르게 한 때에는 2년 이상의 유기징역에 처하고, 사망에 이르게 한 때에는 무기 또는 5년 이상의 징역에 처한다($\frac{제281조}{2항}$). 개정형법은 이처럼 단순체포·감금치사상죄와 존속체포·감금치사상죄를 나누고, 상해와 사망의 결과에 따라서도 법정형을 따로 구별하여 규정하였다. 또한 유기징역을 선고할 때에는 10년 이하의 자격정지를 병과할 수 있다($\frac{제282}{조}$).

체포 또는 감금의 죄가 미수에 그친 경우에도 사상의 결과가 발생한 때에는 이 죄가 성립한다. 그리고 사상의 결과가 반드시 체포·감금 또는 가혹행위(중체포 감금의 경우)의 직접적 결과가 아니더라도 체포·감금시에 일어난 것이면 충분하다. 다만 체포·감금행위에 의해서가 아니라 구타 등 가혹행위에 의해 사망의 결과가 발생한 경우, 이 죄에는 중체포·감금치사상죄도 포함되므로 이 죄만이 성립한다.

‖**판례**‖ 피고인이 아파트 안방에서 안방문에 못질을 하여 동거하던 피해자가 술집에 나갈 수 없게 감금하고, 피해자를 때리고 옷을 벗기는 등 가혹한 행위를 하여 피해자가 이를 피하기 위하여 창문을 통해 밖으로 뛰어 내리려 하자 피고인이 이를 제지한 후, 피고인이 거실로 나오는 사이에 갑자기 안방 창문을 통하여 알몸으로 아파트 아래 잔디밭에 뛰어 내리다 장기파열상 등을 입고 사망한 경우에 피고인의 중감금행위와 피해자의 사망 사이에는 인과관계가 있어 중감금치사죄의 책임을 진다(대판 1991. 10. 25, 91 도 2085).

제 4 절   약취 · 유인 및 인신매매의 죄

I. 총   설

1. 보호법익

약취 · 유인 및 인신매매의 죄는 사람을 약취, 유인 또는 매매하여 자기 또는
제 3 자의 실력적 지배하에 둠으로써 개인의 자유로운 생활관계를 침해하는 범죄
이다. 사람의 신체적 활동의 자유를 보호한다는 점에서 체포 · 감금죄와 성질이
같지만, 체포·감금죄에서는 자유의 범위가 일정한 장소에 한정되어 있음에 반해,
약취 · 유인 및 인신매매의 죄는 장소적 제한을 받지 않는다는 점에서 구별된다.

보호법익은 피인취자의 거처의 자유이다. 미성년자약취·유인죄는 미성년자의
거처의 자유를 주된 보호법익으로 삼고 보호자의 감독권을 부차적인 보호법익으
로 삼는다는 것이 통설이다. 보호받는 정도는 체포 · 감금죄와 마찬가지로 침해범
으로서의 보호이다.

2. 체   계

약취 · 유인 및 인신매매의 죄의 기본적 구성요건은 미성년자 약취 · 유인죄
($_{조}^{제287}$)이다. 추행 · 간음 · 결혼 · 영리 · 노동력 착취 · 성매매와 성적 착취 · 장기적
출 및 국외이송 목적 약취 · 유인죄($_{조}^{제288}$)는 목적범으로서 행위반가치성이 높기 때
문에 불법이 가중된 구성요건이다. 다만 동죄는 미성년자만을 대상으로 하는 범
죄는 아니라는 점에서 미성년자를 대상으로 한 범죄에서는 미성년자 약취 · 유인
죄에 대한 가중적 구성요건의 성격을 가지나, 성년을 대상으로 한 범죄의 경우에
는 독립된 구성요건으로서의 성격을 갖는다고 해야 한다. 인신매매죄는 약취 · 유
인에 의하지 않고 사람을 매매한 경우에 성립하는 독립된 구성요건이다($_{1항}^{제289조}$).
추행 · 간음 · 결혼 · 영리 · 노동력 착취 · 성매매와 성적 착취 · 장기 적출 및 국
외이송 목적 인신매매죄는 단순 인신매매죄에 대하여 목적범으로서 행위반가치
성이 높기 때문에 불법이 가중된 구성요건이다($_{3항, 4항}^{제289조 2항,}$). 피약취 · 유인 · 매매 ·
이송자 수수 · 은닉죄($_{1항}^{제292조}$)는 특별한 행위유형으로서 기술해 놓은 독립된 구성
요건이며, 동조 2항에는 목적범일 경우에 불법이 가중된 구성요건을 규정해 놓
았다.

결과불법이 중한 죄로서 약취 · 유인 및 인신매매의 죄와 약취 · 유인 · 매매 · 이송 등 상해 · 치상죄($^{제290}_{조}$) 및 살인 · 치사죄($^{제291}_{조}$)를 처벌한다. 약취 · 유인 및 인신매매의 죄에서 고의범의 미수범($^{제294}_{조}$) 및 예비 · 음조죄($^{제296}_{조}$)는 처벌하며, 약취 · 유인 및 인신매매의 죄의 기수범이 약취 · 유인 · 매매 또는 이송된 자를 안전한 장소로 풀어준 때에는 그 형을 감경할 수 있다($^{제295조}_{의 2}$). 그리고 약취 · 유인 및 인신매매의 죄에 대해서는 세계주의가 적용된다($^{제296조}_{의 2}$).

특정범죄가중처벌등에관한법률 제 5 조의 2에는 형법상 13세 미만 미성년자 약취 · 유인죄($^{제287}_{조}$)에 대한 가중처벌규정을 두고 있다.

Ⅱ. 미성년자약취 · 유인죄

1. 의   의

미성년자약취 · 유인죄는 미성년자를 약취 · 유인함으로써 성립하는 범죄이다. 10년 이하의 징역에 처한다($^{제287}_{조}$). 특별히 정신적 · 신체적 발육이 불충분하고 경험과 지식이 부족한 미성년자의 자유와 안전을 보호하려는 데 존재의의가 있다. 이 죄는 침해범 · 계속범 · 결과범이다. 미수범은 처벌한다($^{제294}_{조}$).

2. 객관적 구성요건요소

(1) 범죄주체

주체에는 제한이 없다. 미성년자를 보호 · 감독하는 친권자나 감독자도 다른 보호감독자의 보호 · 양육권을 침해하거나 자신의 보호 · 양육권을 남용하여 미성년자 본인의 이익을 침해하는 때에는 이 죄의 주체가 될 수 있다. 다만, 다른 보호감독자나 그 미성년자에게 어떠한 폭행, 협박이나 불법적인 사실상의 힘을 행사함이 없이 그 미성년자를 데리고 종전의 거소를 벗어나 다른 곳으로 옮겨 자녀에 대한 보호 · 양육을 계속하였다면 특별한 사정이 없는 한 약취죄에 해당하지 않는다(대판 2013. 6. 20, 2010 도 14328 전원합의체 판결).

‖ **판례** ‖ 미성년자를 보호 · 감독하는 사람이라고 하더라도 다른 보호감독자의 보호 · 양육권을 침해하거나 자신의 보호 · 양육권을 남용하여 미성년자 본인의 이익을 침해하는 때에는 미성년자에 대한 약취죄의 주체가 될 수 있는데, 그 경우에도 해당 보호감독자에 대하여 약취죄의 성립을 인정할 수 있으려면 그 행위가 위와 같은 의미의 약취에 해당하여야 한다. 그렇지 아니하고 폭행, 협박 또는 불법적인 사실상의 힘을 사용하여

그 미성년자를 평온하던 종전의 보호・양육 상태로부터 이탈시켰다고 볼 수 없는 행위에 대하여까지 다른 보호감독자의 보호・양육권을 침해하였다는 이유로 미성년자에 대한 약취죄의 성립을 긍정하는 것은 형벌법규의 문언 범위를 벗어나는 해석으로서 죄형법정주의의 원칙에 비추어 허용될 수 없다. 따라서 부모가 이혼하였거나 별거하는 상황에서 미성년의 자녀를 부모의 일방이 평온하게 보호・양육하고 있는데, 상대방 부모가 폭행, 협박 또는 불법적인 사실상의 힘을 행사하여 그 보호・양육 상태를 깨뜨리고 자녀를 탈취하여 자기 또는 제 3 자의 사실상 지배하에 옮긴 경우, 그와 같은 행위는 특별한 사정이 없는 한 미성년자에 대한 약취죄를 구성한다고 볼 수 있다. 그러나 이와 달리 미성년의 자녀를 부모가 함께 동거하면서 보호・양육하여 오던 중 부모의 일방이 상대방 부모나 그 자녀에게 어떠한 폭행, 협박이나 불법적인 사실상의 힘을 행사함이 없이 그 자녀를 데리고 종전의 거소를 벗어나 다른 곳으로 옮겨 자녀에 대한 보호・양육을 계속하였다면, 그 행위가 보호・양육권의 남용에 해당한다는 등 특별한 사정이 없는 한 설령 이에 관하여 법원의 결정이나 상대방 부모의 동의를 얻지 아니하였다고 하더라도 그러한 행위에 대하여 곧바로 형법상 미성년자에 대한 약취죄의 성립을 인정할 수는 없다 (베트남 여성의 자녀 국외이송약취 사건, 대판 2013. 6. 20, 2010 도 14328 전원합의체 판결).

미성년자가 다른 미성년자를 약취・유인하는 경우에는 이 죄의 정범이나 공범이 될 수 있다.

(2) 행위객체

행위객체는 미성년자이다. 여기에서 미성년자의 기준은 민법($^{제4}_{조}$)이므로 19세 미만의 자를 말한다. 다만 행위객체가 13세 미만의 미성년자인 경우에는 특정범죄가중처벌등에관한법률 제 5 조의 2에 의해 가중 처벌된다. 미성년자인 한 성별, 의사능력, 활동능력의 유무를 불문한다.

미성년자가 혼인한 경우에 민법은 미성년자의 혼인으로 인한 성년의제규정($^{제826조}_{의 2}$)을 두고 있기 때문에 특히 미성년자를 행위객체로 삼는 범죄구성요건이 이 민법규정에 의해 영향을 받을 것인가가 문제된다. 혼인한 미성년자도 본죄의 객체로 보는 것이 타당하다(다수설). 혼인생활의 독립성을 보장하기 위해 성년의제로 친권에 복종할 필요가 없게 된다는 사법상의 효과와는 별개로, 약취・유인죄 규정의 보호대상의 범위를 설정하는 것은 형법의 고유한 문제이기 때문이다. 아직 경험과 지식이 부족하고 정신적・신체적으로 미성숙 단계에 있는 미성년자의 자유와 안전을 보호하려는 이 죄의 입법취지는 적어도 법익보호의 임무를 띤 형법적 관점에서는 대상의 혼인 여부에 따라 달라질 수 없다고 보는 것이 옳다.

(3) 행   위

행위양태는 약취 또는 유인이다. 강학상 양자를 합하여 인취행위라고 부른다. 약취와 유인은 수단 및 피인취자의 의사에 반한 것인지의 여부에 따라 구별된다.

(a) **약   취**   약취란 폭행 · 협박 또는 사실상의 힘으로써 타인을 본인의 의사에 반해 현재의 자유롭고 안전한 생활관계로부터 자기 또는 제 3 자의 실력적 지배 밑으로 옮기는 것을 말한다. 여기에서 폭행 · 협박은 미성년자를 자의로 실력적 지배하에 둘 수 있는 정도의 것이면 충분하고 반드시 상대방의 반항을 억압할 정도의 것일 필요는 없다(대판 1990. 2. 13, 89 도 2558).

(b) **유   인**   유인이란 기망 또는 유혹의 수단으로써 타인을 본인의 하자 있는 의사에 따라 현재의 자유롭고 안전한 생활관계로부터 자기 또는 제 3 자의 실력적 지배 밑으로 옮기는 것을 말한다(대판 2007. 5. 11, 2007 도 2318). 기망은 허위의 사실로 상대방을 착오에 빠트리는 것이고, 유혹은 감언이설로 상대방을 현혹시켜 판단력을 흐리게 하는 것을 의미한다. 기망 · 유혹은 상대방의 하자 있는 의사를 유발하는 것이므로 적어도 의사소통이 가능한 자만이 유인의 대상이 될 수 있다. 따라서 의사능력조차 없는 유아는 약취의 대상은 될 수 있어도 유인의 대상은 안 된다.

(c) **폭행 · 협박 · 기망 · 유혹의 상대방**   약취 · 유인의 수단인 폭행 · 협박 · 기망 · 유혹의 상대방은 반드시 피인취자 본인이어야 할 필요는 없다. 피인취자의 보호 · 감독자라도 상관없다.

(d) **부 작 위**   이 죄는 부작위에 의해서도 가능하다(다수설 · 대판 1974. 5. 28, 74 도 840). 예컨대 스스로 보호자의 품을 떠나 사실적 지배하에 들어온 미성년자의 보호자에게 그 사실을 묵비함으로써 부작위에 의한 기망이 되는 경우 부작위에 의한 약취 · 유인이 될 수 있다. 다만 이 죄는 폭행 · 협박 · 기망 · 유혹 등의 수단을 통해 이루어지는 행태의존적 범죄이기 때문에 부작위에 대해 작위와 행태적으로 동가치성이 인정되는 사례는 드물 것이다.

(4) 실행의 착수시기

약취 · 유인의 고의를 가지고 약취 · 유인의 수단인 폭행 · 협박 · 기망 · 유혹을 상대방에게 개시한 때 실행의 착수가 있다.

(5) 결   과

구성요건결과는 행위객체에 대한 **실력적 지배**의 창설이다. 약취 또는 유인이 있다고 하려면 폭행·협박·기망·유혹을 한 것만으로는 부족하다. 반드시 피인취자를 자기 또는 제3자의 실력적 지배상태에 두어야 한다. 실력적 지배상태란 미성년자를 본래의 자유롭고 안전한 생활관계에서 이탈 내지 배제시켜 자기 또는 제3자의 자의적·폭력적 지배 아래 두는 것을 말한다.

이 죄의 결과야기를 인정하자면 피인취자를 장소적으로 이전시켜야 하는가? 이 죄의 구성요건결과야기의 핵심은 미성년자에 대한 사실상의 실력적 지배에 있고, 이러한 실력적 지배는 장소적 이전 없이도 이루어질 수 있으므로 장소적 제한이나 장소적 이전을 요건으로 하지는 않는다(다수설).

(6) 기   수

피인취자가 행위자 또는 제3자의 실력적 지배하에 놓임으로써 현실적으로 자유가 침해될 때 기수가 된다. 다만 이 죄는 계속범이므로 그 성질상 어느 정도의 시간적 계속성이 인정될 때 기수가 된다(다수설). 여기에서 시간적 계속성의 정도는 행위의 위험성, 피인취자의 상태와 보호의 필요성들을 고려하여 전체적으로 실력적 지배상태가 설정되었다고 볼 수 있느냐에 따라 판단해야 한다.

이 죄는 피인취자의 자유가 회복되기까지 약취·유인이 계속되는 상태이고, 자유가 회복될 때 비로소 행위는 완료된다. 행위의 완료시부터 공소시효는 진행하며, 계속범의 속성상 완료시까지 공범의 성립도 가능하다.

3. 주관적 구성요건요소

구성요건고의에는 피인취자가 미성년자라는 사실과 폭행·협박이나 기망·유혹 등에 의해 자기 또는 제3자의 실력적 지배 밑으로 옮긴다는 사실에 대한 인식과 의사를 필요로 한다. 미성년자를 약취·유인하게 된 동기나 목적은 묻지 않는다. 친권자의 지위를 상실한 실부모가 미성년자를 보호·양육하기 위하여 약취·유인한 때에도 고의가 성립한다.

특정범죄가중처벌등에관한법률 제5조의 2에는 특별한 주관적 불법요소로서 약취·유인의 목적이 규정되어 가중처벌된다($\frac{동조}{1항}$). 즉 인질목적(약취·유인한 13세 미만 미성년자의 부모 기타 그 미성년자의 안전을 염려하는 자의 우려를 이용하여 재물이나 재산상의 이익을 취득할 목적)인 때에는 무기 또는 5년 이상의 징역에 처한다($\frac{1}{호}$). 그리고 살해할 목적으로 약취·유인한 경우 사형·무기 또는 7년 이상의 징역에 처한다($\frac{2}{호}$).

4. 피해자의 승낙

피해자의 승낙이 있는 경우 보호할 법익이 결여되므로 구성요건해당성이 배제된다. 단 이 죄의 보호법익에는 미성년자의 거처의 자유와 함께 보호자의 감호·양육권도 부차적으로 포함되어 있다. 따라서 미성년자의 동의와 보호자의 동의가 함께 있을 때에만 완전한 피해자의 승낙이 될 수 있고, 보호자의 승낙이 없는 미성년자의 단독승낙만으로는 구성요건해당성이 배제되지 않는다.[8) 보호자 없는 미성년자의 경우에는 미성년자의 단독동의만으로도 구성요건해당성이 배제된다.

5. 형의 감경

이 죄를 범한 자가 약취 · 유인된 자를 안전한 장소로 풀어준 때에는 그 형을 감경할 수 있다($\frac{제295조}{의2}$). 피인취자를 보호하려는 형사정책적 목적을 가진 규정이다. 피인취자를 안전한 장소에 풀어주면 족하고 자의성을 요하지 않으며, 약취·유인죄가 기수에 이른 이후의 중지이며, 또한 임의적 감경사유라는 점에서 중지미수와 구별된다.

Ⅲ. 추행 · 간음 · 결혼 · 영리 · 노동력 착취 · 국외이송 등 특수목적 약취 · 유인죄

1. 추행 · 간음 · 결혼 · 영리목적 약취 · 유인죄

추행 · 간음 · 결혼 · 영리목적 약취 · 유인죄는 추행 · 간음 · 결혼 또는 영리의 목적으로 사람을 약취 또는 유인함으로써 성립하는 범죄이다. 1년 이상의 유기징역에 처한다($\frac{제288조}{1항}$). 미수범은 처벌한다($\frac{제294}{조}$). 이 죄도 특정범죄가중처벌등에관한법률 제 5 조의 2가 우선 적용된다($\frac{동조4항,}{6항}$). 예비 · 음모죄도 처벌한다($\frac{제296}{조}$). 또한 이 죄와 그 미수범에는 5천만원 이하의 벌금을 병과할 수 있다($\frac{제295}{조}$). 미성년자를 이와 같은 목적을 가지고 인취한 경우 이 죄는 기본범죄인 미성년자약취·유인죄에 대한 불법가중적 구성요건이 된다.

---

8) 대판 1982. 4. 27, 82 도 186:「피해자(15세)가 스스로 가출하여 피고인 등의 한국복음전도회 부산 및 마산 지관에 입관할 것을 호소하였다고 하더라도 피고인들의 독자적인 교리설교에 의하여 하자 있는 의사로 가출하게 된 것이고, 동 피해자의 보호감독권자의 보호관계로부터 이탈시키고 피고인들의 지배하에서 그들 교리에서 말하는 소위 '주의 일'(검팔이 등 행상)을 하도록 도모한 이상 미성년자유인죄의 성립에 소장이 없다.」

이 죄는 목적범이므로 약취·유인의 고의 외에 특별한 주관적 불법요소로 추행·간음·결혼 또는 영리의 목적이 있어야 한다. **추행의 목적**은 피인취자로 하여금 객관적으로 성도덕 감정을 침해하는 부자연스러운 방법으로, 주관적으로는 행위자 또는 제 3 자의 성적 만족을 채워주는 행위를 하게 하려는 목적을 말한다. **간음의 목적**은 피인취자로 하여금 결혼 이외의 방법으로 행위자 또는 제 3 자와 성교를 갖게 하려는 목적을 말한다. **결혼의 목적**이란 법률혼이건 사실혼이건 진실로 혼인관계를 맺을 목적을 말한다(통설). 단순히 내연관계나 첩관계를 맺을 목적, 일시 또는 당분간 단순히 성교할 목적, 결혼지참금만을 착복하기 위한 목적 따위는 해당하지 않는다. **영리의 목적**은 행위자 또는 제 3 자에게 재산상의 이익을 얻게 할 목적을 말한다. 여기에서 이득은 계속적·반복적일 필요는 없고, 인취행위 자체로부터 직접 얻은 이익뿐만 아니라 인취 후 피인취자가 일정한 업무에 종사하게 됨으로써 얻은 대가도 포함한다.

《참고》 피인취자를 석방하는 대가로 재물을 취득할 의도에서 약취·유인한 경우 이 죄의 영리의 목적에 해당한다고 하는 견해(다수설)와 인질강도죄가 성립한다고 하는 견해가 대립된다. 생각건대 약취·유인만으로는 아직 인질강도죄의 실행의 착수가 있다고 보기 어렵다는 점, 피인취자가 미성년자인 때에는 특가법 제 5 조의 2 제 1 항 1호에 해당한다는 점을 고려할 때, 미성년자를 객체로 하지 않는 경우에는 이 죄의 영리의 목적에 해당한다고 해석하는 것이 타당하다.

이 죄의 기수는 이러한 목적으로 사람을 약취·유인하면 성립하며 기수의 성립은 목적의 달성 여부와 상관없다. 본죄의 주체는 목적을 가진 자에 한하므로 목적 없는 자가 목적 있는 자와 함께 미성년자를 약취·유인한 경우에는 목적 있는 자는 본죄에 의해 처벌되나 목적 없는 자는 제287조(미성년자의 약취·유인죄)에 의해 처벌된다. 목적 없는 자가 성인을 약취·유인한 경우에도 본죄는 성립하지 않고 사례에 따라 폭행·협박·체포·감금·강요죄 등이 성립할 수 있을 뿐이다.

2. 노동력 착취, 성매매와 성적 착취, 장기적출목적의 약취·유인죄

이 죄는 노동력 착취, 성매매와 성적 착취, 장기적출을 목적으로 사람을 약취 또는 유인함으로써 성립하는 범죄이다. 2년 이상 15년 이하의 유기징역에 처한다($^{제289조}_{2항}$). 미수범은 처벌한다($^{제294}_{조}$). 또한 이 죄와 그 미수범에는 5천만원 이하의 벌금을 병과할 수 있다($^{제295}_{조}$).

이 죄도 목적범이므로 약취·유인의 고의 외에 특별한 주관적 불법요소로 노동력 착취, 성매매와 성적 착취, 장기적출의 목적이 있어야 한다. **노동력 착취**란 신체활동의 자유가 침해된 상태에서 노역에 종사하게 하는 것을 의미한다. 보수의 유무를 불문하여 반드시 신체적 노동에 한하지 않고 정신적 노동도 포함된다. 염전이나 원양어선에서 강제노동을 시키는 것이 대표적인 예이다. 성매매는 금품 또는 재산상 이익을 대가로 불특정 다수인을 상대로 성을 파는 행위를 의미하며 **성적 착취**는 신체활동의 자유가 침해된 상태에서 이러한 성매매에 종사하게 하는 것을 의미한다. 강제성이 인정되는 한 성매매에 대해 정당한 대가가 주어지더라도 본죄의 성립에는 지장 없다. **장기의 적출**이란 타인에게 장기를 이식할 목적으로 피인취자의 몸에서 장기를 떼어내는 것을 의미한다. 이러한 목적하에 사람을 약취·유인함으로써 기수가 성립하며 목적이 달성되어야 기수에 이르는 것은 아니다.

3. 국외이송목적 약취·유인죄

이 죄는 국외에 이송할 목적으로 사람을 약취·유인함으로써 성립하는 범죄이다. 2년 이상 15년 이하의 유기징역에 처한다($_{1항}^{제289조}$). 이 죄의 미수범은 처벌하며($_{조}^{제294}$), 이 죄와 그 미수범에는 5천만원 이하의 벌금을 병과할 수 있다($_{조}^{제295}$). 이 죄도 특정범죄가중처벌등에관한법률 제 5 조의 2가 우선 적용된다($_{4항}^{동조}$). 또한 미수범과 예비·음모죄도 동법이 우선 적용된다($_{6항, 8항}^{동조 4항;}$).

이 죄는 미성년자약취·유인죄($_{조}^{제287}$)와 추행 등 목적 약취·유인($_{1항과 2항}^{제288조}$)에 대한 특별죄의 관계에 있다. 따라서 국외이송목적으로 인취한 이상 객체가 미성년자이거나 추행 등의 목적이 있는 경우에도 이 죄만 성립한다.

이 죄도 목적범이므로 특별한 주관적 불법요소로 국외에 이송할 목적이 있어야 한다. 여기에서 **국외이송의 목적**은 피해자를 대한민국영역 외로 떠나 보냄으로써 장소적 이전을 발생시키려는 목적을 말한다. 여기에서 국외는 대한민국영역 외라고 해석하는 것이 통설이다. 국외이송의 동기는 따지지 않는다. 국외에 이송할 목적으로 사람을 인취·매매함으로써 기수가 되며, 그 목적의 달성 여부 역시 이 죄의 기수를 정하는 데 문제가 되지 않는다.

Ⅳ. 인신매매죄

1. 단순 인신매매죄

이 죄는 사람을 매매함으로써 성립한다($^{제289조}_{1항}$). 7년 이하의 유기징역에 처한다. 미수범은 처벌하고($^{제294}_{조}$), 이 죄와 그 미수범에 대해서는 5천만원 이하의 벌금을 병과할 수 있다($^{제295}_{조}$). 이 죄도 특정범죄가중처벌등에관한법률 제 5 조의 2가 우선 적용된다($^{동조}_{4항}$). 또한 미수범과 예비·음모죄도 동법이 우선 적용된다($^{동조 4항,}_{6항, 8항}$).

여기서 피매매자인 사람은 책임능력에 결함이 있어 매매에 저항할 수 없는 사람이어야 하는 것은 아니다. 정상인 사람일지라도 강제상태 또는 극심한 곤궁상태에 빠져서 인신매매에 저항할 수 없었던 경우에는 본죄의 행위객체가 될 수 있다. 대법원이 종래 "인격의 지각이 있고 법질서에 호소할 능력이 있는 부녀를 매매하는 것은 불가능하다"는 이유로 부녀매매죄($^{구형법 제}_{288조 2항}$)의 성립을 부인하였다가(대판 1971. 3. 9, 71 도 27), 이후 전원합의체판결로 종전의 입장을 바꾸어 "보통의 부녀자라면 법질서에 호소하기를 단념할 정도의 계속된 협박이나 명시적·묵시적 폭행의 위협 등의 상태에서 매매의 일방이 어떤 경위로 취득한 부녀자에 대한 실질적 지배를 대가로 받고 그 상대방에게 넘겼으면 부녀매매죄가 성립한다"고 판시(대판 1992. 1. 21, 91 도 1402)한 것도 같은 맥락에서 이해할 수 있다.

이 죄의 행위는 매매이다. 여기에서 매매라 함은 매도인이 자기 또는 제 3 자의 실력적 지배하에 있는 부녀의 인신을 마치 상품처럼 대가를 받고 매수인측에 교부하고, 매수인측은 대가를 지급하고 그 교부를 받아 실력적 지배를 취득하는 것을 말한다. 때문에 실력적 지배를 어느 정도 계속해야 하는 약취·유인죄와는 달리 상태범의 일종으로 보아야 할 것이다.

이 죄의 구성요건결과는 사람에 대한 실력적 지배의 이전이다. 이 죄는 상태범이므로 사람의 인신에 대한 실력적 지배를 상대방 또는 제 3 자에게 이전한 때 일단 기수가 되고(통설), 그 교부를 받은 상대방 또는 제 3 자가 사람에 대한 실력적 지배를 어느 정도까지 계속할 필요는 없다. 목적의 실현 여부 및 대가의 지급 여부는 기수를 인정하는 데 장애가 되지 않는다. 돈을 먼저 받고 아직 사람을 인도하지 않은 경우, 매매계약만을 체결한 후 인신인도에 실패한 경우, 매매대금을 받았더라도 아직 인신의 교부 내지 인도가 없는 경우는 모두 이 죄의 미수가 된다($^{제294}_{조}$).

2. 추행·간음·결혼·영리·노동력 착취·국외이송 등 특수목적 인신매매죄

이 죄는 추행·간음·결혼·영리목적, 노동력 착취·성매매와 성적 착취·장기적출의 목적 그리고 국외이송을 위한 목적으로 인신매매를 함으로써 성립하는 범죄이다($^{제289조\ 2항,}_{3항,\ 4항}$). 단순 인신매매죄에 대하여 특수한 목적으로 인하여 불법이 가중된 구성요건이다. 미수범은 처벌하고($^{제294}_{조}$), 이 죄와 그 미수범에 대해서는 5천만원 이하의 벌금을 병과할 수 있다($^{제295}_{조}$). 이 죄도 특정범죄가중처벌등에관한법률 제 5 조의 2가 우선 적용된다($^{동조}_{4항}$). 또한 미수범과 예비·음모죄도 동법이 우선 적용된다($^{동조\ 4항,}_{6항,\ 8항}$).

V. 피약취·유인·매매자 국외이송죄

원래 국외이송목적의 인취죄($^{제288조}_{3항}$)·매매죄($^{제289조}_{4항}$)는 현실적인 이송 여부와 관계없이 성립하는 범죄이고, 피인취·매매자 국외이송죄($^{제288조\ 3항,}_{제289조\ 4항}$)는 실제로 이송하는 행위가 있음으로써 성립하는 범죄이다. 그러므로 피인취·매매자 국외이송죄는 약취·유인 또는 매매행위에 처음에는 가담하지 않았던 자가 후에 피인취·매매자를 국외에 이송하는 경우를 상정한 경우이다.

이 죄의 미수범은 처벌하며($^{제294}_{조}$), 본죄와 그 미수범에는 5천만원 이하의 벌금을 병과할 수 있다($^{제295}_{조}$). 이 죄와 미수범과 예비·음모죄도 특정범죄가중처벌등에관한법률 제 5 조의 2가 우선 적용된다($^{동조\ 4항,}_{6항,\ 8항}$).

《참고》 국외이송목적으로 인취·매매한 자가 피인취·매매자를 국외이송까지 한 경우에는 행위자가 처음부터 국외이송목적으로 인취했느냐의 여부에 따라 달리 평가되어야 한다. 즉 i) 이송행위가 행위자의 이송목적 인취·매매행위시 의도했던 범행계획에 상응하는 것인 한, 법조경합 흡수관계가 되어 이송목적 인취·매매죄만 성립하고 이송행위는 불가벌적 사후행위가 된다. ii) 그러나 뒤의 이송행위가 선행하는 이송목적 인취·매매행위에 상응하지 않고 새로운 종류의 결단에 의해 이루어졌다면 이송행위는 선행행위와 별개의 독립된 범죄가 되고, 양자의 관계는 실체적 경합이 된다.

VI. 약취・유인・매매・이송 등 상해・치상죄, 동 살인・치사죄

이 죄는 미성년자 약취・유인죄($^{제287}_{조}$), 추행・간음・결혼 또는 영리목적 약취・유인죄($^{제288조}_{1항}$), 노동력 착취・성매매와 성적 착취・장기적출물목적 약취・유인죄($^{동조}_{2항}$), 국외이송목적 약취・유인죄($^{동조}_{3항}$) 및 인신매매죄($^{제289}_{조}$)를 범한 사람이 약취・유인・매매 또는 이송된 사람을 상해 또는 살해하거나, 상해 또는 사망에 이르게 한 때에 성립하는 범죄이다. 여기서 약취・유인・매매・이송 등 상해죄와 살해죄는 결합범의 형태에 의한 가중구성요건이고, 약취・유인・매매・이송 등 치상죄 및 치사죄는 전형적인 결과적 가중범에 관한 규정이다.

VII. 약취・유인・매매・이송된 사람의 수수・은닉, 모집・운송・전달죄

이 죄는 미성년자 약취・유인죄($^{제287}_{조}$), 추행・간음・결혼 또는 영리목적 약취・유인죄($^{제288조}_{1항}$), 노동력 착취・성매매와 성적 착취・장기적출물목적 약취・유인죄($^{동조}_{2항}$), 국외이송목적 약취・유인죄($^{동조}_{3항}$) 및 인신매매죄($^{제289}_{조}$)의 죄로 약취・유인・매매 또는 이송된 사람을 수수 또는 은닉하거나($^{제292조}_{1항}$), 위의 죄를 범할 목적으로 사람을 모집・운송 또는 전달함으로써 성립하는 범죄이다($^{제292조}_{2항}$). 약취・유인 또는 인신매매의 방조행위에 해당하는 행태를 처벌하기 위하여 둔 독립된 범죄이다. 따라서 수수・은닉 등의 행위에 대해서는 본죄만 적용되고 총칙상의 종범성립은 따로 논하지 않는다. 제 1 항의 범죄에 대해서는 특정범죄가중처벌등에관한법률 제 5 조의 2가 우선 적용된다($^{동조}_{4항}$). 미수범도 가중처벌되며($^{동조}_{6항}$), 예비・음모 행위도 처벌된다($^{동조}_{8항}$).

이 죄의 행위는 수수・은닉 또는 그 죄를 범할 목적으로 사람을 모집・운송 또는 전달하는 것이다. 여기에서 수수란 유상・무상을 불문하고 피인취자를 타인에게 교부하여 타인의 실력적 지배하에 두거나 피인취자를 교부받아 자기의 실력적 지배하에 두는 것을 말한다. 은닉이란 피인취자의 발견을 곤란하게 하는 일체의 행위를 말한다. 예컨대 숨길 장소의 제공이나 발각되는 것을 어렵게 하는 시설의 제공 등이 여기에 속한다. 모집이란 약취・유인 및 인신매매의 죄를 범할 목적으로 사람을 모으는 행위를 의미한다. 공범관계를 형성하기 이전의 공범모집행위를 벌하기 위한 규정이다. 운송이란 약취・유인・매매 또는 이송된 사람을 장소적으로 이동시키는 것을 말하고, 전달이란 그를 제 3 자의 손에 넘겨 약취・유인·매매 또는 이송상태가 계속되게 하는 것을 의미한다.

제 5 절 성적 자유에 관한 죄

I. 총 설

1. 의 의

성적 자유에 관한 죄는 폭행·협박 또는 위계·위력 등의 방법으로 타인의 성적 의사결정의 자유를 침해하거나 이에 준하는 방법으로 침해하는 행위를 내용으로 하는 성범죄이다. 이를 종래 정조에 관한 죄로 불러왔다. 본래 정조라는 말은 여자의 깨끗한 절조나 성적 순결을 보존하는 일을 뜻하기 때문에 본죄를 자칫 간통·음행매개·공연음란·음화 등의 제조·판매와 같은 성도덕이나 성풍속에 관한 죄로 혼동시킬 위험이 있다. 본죄는 이른바 풍속을 해하는 죄가 아니라 개인의 성적 의사결정의 자유와 같은 개인적 법익을 해하는 죄이므로 성적 자유에 관한 죄로 부르는 것이 옳다.

2. 보호법익

보호법익은 개인의 성적 자기결정의 자유이다. 이 장의 죄 중 폭행 또는 협박을 수단으로 하는 범죄에서는 신체의 건재성 내지 의사결정의 자유도 부차적인 보호법익이 되므로 이 한에서는 결합범의 일종으로 보아야 한다. 보호받는 정도는 침해범으로서의 보호라는 것이 통설이다.

3. 체 계

성적 자유에 관한 죄의 가장 기본적인 형태는 강간죄($^{제297}_{조}$)와 강제추행죄($^{제298}_{조}$)이다. 준강간죄($^{제299조}_{전단}$), 준강제추행죄($^{제299조}_{후단}$) 및 의제강간·의제강제추행죄($^{제30}_{5조}$)는 강간죄·강제추행죄와 별개의 독립된 구성요건이지만 강간죄·강제추행죄에 준하여 취급하도록 하고 있다. 강간죄와 강제추행죄, 준강간죄와 준강제추행죄 및 그 미수범에 대한 결과적 가중범으로는 강간등치상죄($^{제301}_{조}$)와 강간등치사죄($^{제301조}_{의 2}$)가 있다. 그 밖에 미성년자등간음죄($^{제302}_{조}$), 업무상 위력에 의한 간음죄($^{제303조}_{1항}$), 피구금부녀간음죄($^{제303조}_{2항}$)는 그 객체와 침해방법이 다르고 부차적인 보호법익의 관점도 고려하여 독립된 구성요건으로 규정하였다.

강간·강제추행죄, 준강간·준강제추행죄의 미수범은 처벌한다($\frac{제300}{조}$).

4. 특별법상의 성범죄 규정

형법의 강간과 추행의 죄에 대한 특별법으로 '성폭력범죄의처벌등에관한특례법'($\frac{이하 성폭력범}{죄처벌특례법}$)과 '아동·청소년의성보호에관한법률'($\frac{이하 아동·청}{소년성보호법}$)이 있다. 성폭력범죄처벌특례법은 특수강도강간 등의 죄($\frac{제3}{조}$), 특수강간죄($\frac{동법제}{4조}$), 친족관계에 의한 강간 등의 죄($\frac{제5}{조}$), 장애인에 대한 강간·강제추행 등의 죄($\frac{제6}{조}$), 13세 미만의 미성년자에 대한 강간·강제추행 등의 죄($\frac{제7}{조}$) 및 이들 죄에 대한 강간 등 상해·치상죄($\frac{제8}{조}$), 강간 등 살인·치사죄($\frac{제9}{조}$), 업무상 위력 등에 의한 추행죄($\frac{제10}{조}$)와 공중 밀집장소에서의 추행죄($\frac{제11}{조}$), 성적 목적을 위한 공공장소 침입행위($\frac{제12}{조}$), 통신매체를 이용한 음란행위 등의 죄($\frac{제13}{조}$), 카메라 등을 이용한 촬영죄($\frac{제14}{조}$) 등을 규정해 놓고 있다.

아동·청소년성보호법은 아동·청소년에 대한 강간·강제추행 등의 죄($\frac{동법}{제7조}$), 장애인인 아동·청소년에 대한 간음 등의 죄($\frac{제8}{조}$), 아동·청소년이용음란물의 제작·배포 등의 죄($\frac{제11}{조}$), 성매매 등의 목적을 위한 아동·청소년 매매행위 등의 죄($\frac{제12}{조}$), 아동·청소년의 성을 사는 행위 등의 죄($\frac{제13}{조}$), 아동·청소년에 대한 성매매 등의 강요행위 등의 죄($\frac{제14}{조}$), 아동·청소년의 성을 사는 행위의 알선영업행위 등의 죄($\frac{제15}{조}$)를 규정해 놓고 있다.

5. 형법 및 특별상 성범죄에 대한 주요 개정 내용

지난 2012. 12. 18. 형법일부개정법률에 의하여 형법 및 특별법상의 성범죄에 관해 중대한 법개정이 있었다.

① 강간죄·강제추행죄, 준강간죄·준강제추행죄, 미성년자 의제강간죄 등 형법상의 모든 성범죄에 대한 친고죄 규정, 성폭력범죄처벌특례법의 업무상 위력 등에 의한 추행죄, 공중밀집장소에서의 추행죄, 통신매체를 이용한 음란행위 등의 성범죄에 대한 친고죄 규정 그리고 아동·청소년성보호법의 아동·청소년을 대상으로 한 공중밀집장소에서의 추행죄와 통신매체를 이용한 음란행위에 대한 반의사불벌죄의 규정이 모두 폐지되었다.

② 강간죄·업무상위력 등에 의한 간음죄·미성년자 의제강간죄 등의 객체가 「부녀」에서 「사람」으로 확대되었다.

③ 폭행 또는 협박으로 사람에 대하여 구강·항문 등 신체의 내부에 성기를 넣는 행위 등을 처벌하는 유사강간죄의 규정(제297조의2)이 신설되었다.

④ 여성의 성적 자기결정권 및 성적 주체성을 부인하는 조항으로 비난을 받아온 혼인빙자간음죄에 대해 헌법재판소가 위헌결정(헌재 2009.11.26, 2008 헌바 58, 2009 헌바 191 병합)을 내림에 따라 동죄가 형법에서 삭제되었다.

II. 강 간 죄

1. 의   의

강간죄는 폭행 또는 협박으로 사람을 강간함으로써 성립하는 범죄이다. 3년 이상의 유기징역에 처한다(제297조).

이 죄는 침해범·결합범·즉시범·결과범이다.

2. 객관적 구성요건요소

(1) 행위주체

피해자가 사람이기 때문에 이 죄의 주체는 제한이 없다. 따라서 남성뿐만 아니라 여성도 본죄의 주체가 될 수 있다. 여성은 여성에 대해서는 간접정범이나 남성과의 공동정범 형태로 주체가 될 수 있다.

(2) 행위객체

행위객체는 사람이며, 사람인 이상 남성·여성·기혼·미혼·성년·미성년을 묻지 않는다. 심지어 전혀 성교능력이 없는 유아라도 강제력을 행사하여 간음하면 강간이 된다. 다만, 피해자가 아동·청소년(19세 미만인 자)인 경우에는 무기 또는 5년 이상의 유기징역형으로 가중 처벌되고(아동·청소년성보호법 제7조 1항), 특히 피해자가 13세 미만의 사람인 경우에는 성폭력범죄처벌특례법에 의해 무기 또는 10년 이상의 유기징역형으로 가중 처벌된다(동법 제7조 1항). 음행의 상습이 있는 자, 매춘부 또는 행위자와 종전부터 성관계를 가졌던 사람도 이 죄의 객체가 될 수 있다. 이 죄는 정조를 보호법익으로 삼기보다는 구체적인 사안에서 성적 자기결정권을 보호하려는 것이기 때문이다.

부부사이에도 강간죄가 성립할 수 있는가? 형법은 강간죄의 객체를 처 이외의 사람으로 한정하지 않는다. 따라서 법문의 해석상으로는 부부강간을 인정하는 데 아무 문제가 없다. 부부관계라 할지라도 폭행·협박에 의한 성관계를 용인할 의무는 인정되지 않는다는 점에서 강간죄의 성립을 긍정하는 견해도 있지만[9] 아직은 부부관계의 특수성을 고려하여 부부강간죄의 성립을 부인하는 견해도 강력하다.[10] 판례는 종래 부정설의 입장(대판 1970. 3. 10, 70 도 29)에 있었으나, 2009년 판결(대판 2009. 2. 12, 2008 도 8601)에서 혼인관계가 파탄되어 실질적인 부부관계가 인정될 수 없는 상태에 이른 때에는 법률상의 배우자인 처도 강간죄의 객체가 된다고 하였다가, 2013년 전원합의체판결을 통해 "실질적인 혼인관계가 유지되고 있다고 해도 폭행이나 협박으로 배우자를 간음한 경우에는 강간죄가 성립한다"고 판시하여 긍정설로 전환하였다(대판 2013. 5. 16, 2012 도 14788).

시대의 변화를 고려할 때 판례의 전향적인 입장변화를 일면 수긍할 수도 있지만 그럼에도 불구하고 부부관계의 특수성을 감안한다면 본죄를 이유로 한 국가형벌의 개입은 최대한 신중해야 한다는 생각이다. 따라서 부부관계가 파탄에 이르러 실질적으로 혼인관계가 해소된 것으로 볼 수 있는 사이에서만 부부강간죄를 인정하는 것이 옳다. 그렇다고 하더라도 부부사이에 폭행·협박을 가할 권리까지 인정할 수는 없으므로 처에 대한 폭행·협박에 의한 성교는 비록 강간죄가 되지는 않더라도 강요죄는 될 수 있다.

‖ **판례** ‖   형법은 법률상 처를 강간죄의 객체에서 제외하는 명문의 규정을 두고 있지 않으므로, 문언 해석상으로도 법률상 처가 강간죄의 객체에 포함된다고 새기는 것에 아무런 제한이 없다. 한편 1953. 9. 18. 법률 제293호로 제정된 형법은 강간죄를 규정한 제297조를 담고 있는 제2편 제32장의 제목을 '정조에 관한 죄'라고 정하고 있었는데, 1995. 12. 29. 법률 제5057호로 형법이 개정되면서 그 제목이 '강간과 추행의 죄'로 바뀌게 되었다. 이러한 형법의 개정은 강간죄의 보호법익이 현재 또는 장래의 배우자인 남성을 전제로 한 관념으로 인식될 수 있는 '여성의 정조' 또는 '성적 순결'이 아니라, 자유롭고 독립된 개인으로서 여성이 가지는 성적 자기결정권이라는 사회일반의 보편적 인식과 법감정을 반영한 것으로 볼 수 있다. 부부 사이에 민법상의 동거의무가 인정된다고 하더라도 거기에 폭행, 협박에 의하여 강요된 성관계를 감내할 의무가 내포되어 있다고 할 수 없다. 혼인이 개인의 성적 자기결정권에 대한 포기를 의미한다고 할 수 없고, 성적으로 억압된 삶을 인내하는 과정일 수도 없기 때문이다(대판 2013. 5. 16, 2012 도 14788).

---

9) 권오걸 160면; 김성돈 157면; 박상기 144면; 배종대 246면; 오영근 171면; 유기천 124면; 이영란 167면; 정영일 81면; 조국, 「아내 강간의 성부와 강간죄에서의 폭행·협박의 정도에 대한 재검토」, 형사정책, 제13권 1호(2001. 6), 18면.

10) 김종원 128면; 손동권 147면; 이형국 213면; 임웅 169면; 정성근·박광민 188면; 정영석 272면; 황산덕 214면.

성전환여성이 강간죄의 객체가 될 수 있는가에 대해 개정 전 형법에서는 강간죄의 객체가 부녀로 되어 있었기 때문에 이를 부인한 판례(대판 1996. 6. 11, 96 도 791, 긍정한 판례는 대판 2009. 9. 10, 2009 도 3580)가 있었으나, 현재는 본죄의 객체가 사람으로 개정되었기 때문에 성전환여성도 본죄의 객체로서 보호를 받는 데 아무 문제가 없다.

(3) 행   위

(a) **행위양태**   행위양태는 폭행·협박에 의한 강간이다.

㈎ 강   간   강간이란 폭행 또는 협박 때문에 저항하기가 현저히 곤란한 상태에 있는 사람을 간음하는 것을 말한다. 이처럼 강간은 상대방의 의사결정의 자유를 침해하는 폭행·협박을 수단으로 하여 직접 상대방의 성적 자기결정권 내지 성생활의 평온과 자유를 침해하는 행위다.

간음은 남성의 성기가 여성의 성기에 직접 삽입되는 성교행위를 의미한다.

강간은 폭행·협박을 수단으로 하는 만큼 폭행·협박과 간음 사이에 인과관계가 있어야 한다.

＊주의: 폭행·협박은 행위자가 직접 가한 것이라야 한다. 타인이 행한 폭행·협박을 이용하여 피해자를 간음했을 때는 정도에 따라 준강간($\binom{제299}{조}$)이 성립될 수 있을 뿐이다.

㈏ **폭행·협박**   이죄의 폭행·협박은 반드시 상대방의 반항을 불가능하게 할 정도뿐만 아니라 현저히 곤란하게 할 정도이면 충분하다는 것이 통설·판례(대판 1991. 5. 28, 91 도 546)의 입장이며 또한 타당하다. 대체로 반항을 절대적으로 불가능하게 하는 물리적 폭력에 의한 폭행은 물론 상대방의 반항을 스스로 포기케 하는 의사적 폭력에 의한 폭행도 본죄의 행위수단으로 충분하다. 또한 마취제·수면제 등의 약물을 사용하거나 최면술을 거는 것도 물리적 폭력의 한 유형으로 이 죄의 폭행에 해당한다. 유부녀인 피해자에 대하여 혼인 외 성관계 사실을 폭로하겠다는 등의 내용으로 협박하여 성관계를 강요한 경우 단순히 외포시킨 정도를 넘어 피해자의 항거를 현저히 곤란하게 할 정도의 협박이 인정된다(대판 2007. 1. 25, 2006 도 5979).

‖ **판례** ‖   피고인과 피해자가 전화로 사귀어 오면서 음담패설을 주고받을 정도까지 되었고, 당초 간음을 시도한 방에서 피해자가 "여기는 죽은 시어머니를 위한 제청 방이니 이런 곳에서 이런 짓을 하면 벌받는다"고 말하여 안방으로 장소를 옮기게 된 사정 등으

로 미루어 본다면, 피해자에게 가한 폭행 또는 협박이 그 반항을 현저히 곤란하게 할 정도에까지 이른 것이라고 보기는 어렵다(대판 1991. 5. 28, 91 도 546).

성폭력범죄처벌특례법에 행위수단의 위험성 때문에 불법이 가중된 구성요건으로 특수강간죄를 규정하고 있다. 특수강간죄는 흉기 기타 위험한 물건을 휴대하거나 2 인 이상이 합동하여 강간죄를 범하면 무기 또는 5 년 이상의 징역으로 처벌된다(동법 제4조 1항).

(b) **실행의 착수시기** 개별적 객관설을 따를 때 행위자가 강간의 의사를 가지고 사람의 반항을 현저히 곤란하게 할 정도의 폭행 또는 협박을 개시했을 때에 실행의 착수가 있는 것이며, 사람의 속옷을 벗기거나 간음의 준비를 하는 데까지 더 나아가야 하는 것은 아니다.

‖ **판례** ‖ 피고인이 강간할 목적으로 피해자의 집에 침입하였다 하더라도 안방에 들어가 누워 자고 있는 피해자의 가슴과 엉덩이를 만지면서 간음을 기도하였다는 사실만으로는 강간의 수단으로 피해자에게 폭행이나 협박을 개시하였다고 하기는 어렵다(대판 1990. 5. 25, 90 도 607).

위 판례의 경우 강간죄의 실행의 착수로 보기는 어렵지만 준강간죄(제299조)의 실행의 착수는 있다고 해야 할 것이다.

(4) 결   과

구성요건결과는 강간의 상대방이 폭행이나 협박에 의해 현실적으로 성적 자기결정권의 자유를 침해받는 상태의 야기를 말한다. 현실적인 성적 자기결정의 자유가 침해될 때 비로소 기수가 된다. 이 죄의 기수시기에 관하여 남자의 성기가 여자의 성기 속으로 들어가는 순간이라는 점에 견해가 일치한다(삽입설). 여기에서 더 나아가 성기의 전부삽입이나 사정완료로 성욕의 만족이 있을 필요는 없다.

행위자가 실행에 착수한 후 결과가 발생하지 않았거나 행위자가 강간의 의사로 폭행·협박을 가하였지만 간음단계에서 사람의 양해를 얻어서 성교를 했다면 폭행·협박과 간음 사이에 인과관계가 결여되므로 미수가 된다. 이 죄의 미수범은 처벌된다(제300조).

3. 주관적 구성요건요소

구성요건고의는 폭행 또는 협박의 고의뿐만 아니라 강간의 고의에도 미쳐야 한다. 미필적 고의로도 충분하다.

특정한 사람을 강간하려고 하였으나 객체를 잘못 인식하여 다른 사람을 강간하게 되었을 때에는 고의귀속에 영향 없다.

4. 피해자의 승낙

행위자가 실행에 착수하기 전에 사람이 이에 동의한 때에는 화간일 뿐 강간은 아니다. 이 때의 동의는 승낙과 양해를 구별하는 다수설의 입장에 설 때에도 구성요건해당성을 배제하는 양해사유가 되기 때문이다. 단 피해자가 13세 미만의 사람인 경우에는 승낙이 있더라도 제305조에 의해 의제강간이 성립한다.

5. 죄수 및 타죄와의 관계

(가) 강간의 수단으로 폭행과 협박을 병용한 경우에도 강간죄 일죄만 성립한다. 동일한 폭행·협박을 이용하여 수회 간음한 때에도 단순일죄만 성립한다(대판 2002. 9. 3, 2002 도 2581).

(나) 폭행·협박은 강간의 불가벌적 사전행위로서, 이 죄와 폭행·협박죄는 법조경합 보충관계에 놓인다.

(다) 강요죄는 자유에 관한 포괄적·일반적 규정이고, 강간죄는 특별한 성적 자기결정의 자유를 보호하는 특별규정이므로 양자는 법조경합 특별관계에 놓인다.

(라) 이 죄와 강제추행죄는 법조경합 흡수관계에 놓인다. 강제추행은 강간의 불가벌적 수반행위에 속하기 때문이다.

(마) 사람을 감금중 강간한 경우에는 경합범이 된다. 강간을 하기 위해 사람을 감금한 경우에, 감금행위는 강간행위에 일반적·유형적으로 수반되는 것이 아닌 별개의 행위양태이고, 감금행위 자체가 강간의 수단인 폭행·협박행위를 이루고 있는 경우에는 양 죄는 상상적 경합관계에 놓이게 된다.

(바) 주거침입하여 강간한 경우에도 경합범이 되나, 이 때에는 성폭력범죄처벌특례법 제 3 조 1 항에 의해 주거침입강간죄가 성립한다.

‖**판례**‖ 강간죄의 성립에 언제나 직접적으로 또 필요한 수단으로서 감금행위를 수반하는 것은 아니므로 이 사건에서 감금행위가 강간미수죄의 수단이 되었다 하여 감금행위는 강간미수죄에 흡수되어 범죄를 구성하지 않는다고 할 수는 없다. 피고인이 피해자가 자동차에서 내릴 수 없는 상태를 이용하여 강간하려고 결의하고 주행중인 자동차에서 탈출을 불가능하게 하여 외포케 하고 50킬로미터를 운행하여 여관 앞까지 강제로 연행하여 강간하려다 미수에 그친 경우, 위 협박은 감금죄의 실행의 착수임과 동시에 강간

미수죄의 실행의 착수라 할 것이고 감금과 강간미수의 두 행위가 시간적·장소적으로 중복될 뿐 아니라 감금행위 그 자체가 강간의 수단인 협박행위를 이루고 있다. 감금죄와 강간미수죄는 1개의 행위에 의하여 실현된 경우로서 형법 제40조의 상상적 경합이라고 해석함이 상당하다(대판 1983. 4. 26, 83 도 323).

Ⅲ. 유사강간죄

유사강간죄는 폭행·협박으로 사람에 대하여 구강·항문 등 신체(성기를 제외한다)의 내부에 성기를 넣거나 성기·항문에 손가락 등 신체(성기를 제외한다)의 일부 또는 도구를 넣음으로써 성립하는 범죄이다. 2년 이상의 유기징역에 처한다($\frac{제297조}{의 2}$). 종래 강제추행죄로 처벌되던 다양한 행위양태 중 성교에 비견될 정도로 침해의 강도가 높고 성적 수치심과 혐오감을 강하게 불러일으키는 성적 가해행위를 구별하여 강간죄에 준하는 정도로 중하게 처벌하기 위해 신설된 조항이다.

행위주체에는 제한이 없고 행위객체는 사람이다. 다만 아동·청소년에 대해 유사강간죄를 범한 경우에는 아동·청소년성보호법에 의해 3년 이상의 유기징역으로 가중 처벌되고($\frac{동법}{제7조 2항}$), 특히 13세 미만의 사람에 대해 유사강간죄를 범한 경우에는 성폭력범죄처벌특례법에 의해 7년 이상의 유기징역형으로 가중 처벌된다($\frac{동법}{제7조 2항}$).

행위양태는 소위 구강성교와 항문성교를 주된 규율대상으로 하고 있으나 반드시 여기에 제한되는 것은 아니다. 성교에 준하는 정도의 강한 성적 수치심과 혐오감을 불러일으키는 여타의 성추행행위도 본죄의 유사강간죄에 포섭될 수 있을 것이다(대판 2006. 10. 26, 2005 도 8130). 다만 구강에 손가락·발가락을 넣는 정도의 행위를 유사강간죄로 보기는 어려울 것이다.

이 죄는 강간죄와 마찬가지로 폭행·협박이 개시되어야 실행의 착수가 인정되고, 신체(성기는 제외)의 내부에 성기를 넣거나 성기·항문에 손가락 등 신체(성기는 제외)의 일부 또는 도구를 넣는 행위를 한 때에 기수가 성립한다.

Ⅳ. 강제추행죄

1. 의   의

강제추행죄는 폭행 또는 협박으로 타인을 추행함으로써 성립하는 범죄이다. 10년 이하의 징역 또는 1천 5백만원 이하의 벌금에 처한다($\frac{제298}{조}$). 이 죄는 강간죄보다 성적 의사결정의 자유 내지 성생활의 자유를 더 광범위하게 침해할 수 있으므로 그 한에서는 강간죄보다 보호법익이 넓다.

이 죄는 침해범·결합범·즉시범·결과범이며, 신분범이나 자수범은 아니다. 그리고 친고죄이므로 고소가 있어야 공소를 제기할 수 있다($\frac{제306}{조}$).

2. 객관적 구성요건요소

(1) 행위주체와 행위객체

이 죄의 행위주체와 행위객체에는 제한이 없다. 여자도 이 죄의 단독정범이나 공동정범이 될 수 있다. 남자도 행위객체가 될 수 있음은 물론이다.

자기의 처가 강제추행죄의 객체가 될 수 있는가? 강간죄의 경우와 마찬가지로 부부의 성생활관계의 특수성을 고려할 때, 경우에 따라서 강요죄는 성립할 수 있어도 이 죄의 성립을 부정하는 것이 옳다.

(2) 행   위

(a) **행위양태**   행위양태는 폭행·협박에 의한 강제추행이다.

(가) **강제추행**   강제추행은 상대방의 의사에 반하여 그에게 성적 수치심이나 혐오감을 불러일으킬 수 있는 강간 및 유사강간 이외의 성적 가해행위이다. 비록 상대방의 신체에 닿지 않았더라도 엘리베이터에서 바지를 내리고 성기를 노출하는 행위도 성적 수치심이나 혐오감을 불러일으키므로 강제추행에 해당한다(대판 2013. 1. 16, 2011 도 7164). 공연히 행하여질 필요는 없으나 일반적으로 성적 수치심이나 혐오감을 불러일으킬 수 있을 정도의 중대한 행위여야 한다. 즉 강제추행이 되기 위해서는 행위의 성적 관련성 외에 어느 정도의 중대성과 지속성이 요구된다.

<u>보기</u> 상대방을 알몸이 되게 하거나 여자의 유방을 만지는 일, 성기를 접촉시키는 일 따위는 모두 정상적인 성적 수치심을 해하는 행위로서 강제추행이 된다. 강제키스도 사정과 상황에 따라서는 강제추행이 될 수 있다(대판 1983. 6. 28, 83 도 399). 입술, 귀, 유두, 가슴 등을 입으로 깨무는 행위도 강제추행에 해당한다(대판 2013. 9. 26, 2013 도 5856). 그러나 여자의 손이나 허벅지를 만지는 일, 옷을 입고 있는 여

자의 가슴을 순간적으로 만지거나 엉덩이를 쓰다듬는 일 등은 강제추행에 해당하지 않는다. 일반적으로 성적 수치심이나 혐오감을 불러일으킬 정도의 중대성을 띠었다고 보기 어려울 뿐만 아니라, 흔히 폭행·협박없이 행해지는 경우가 대부분이기 때문이다.[11] 이러한 행위들은 사안에 따라 경범죄처벌법의 규율대상이 될 수 있을 뿐이다. 판례는 여종업과의 러브샷을 강제추행으로 판단(대판 2008. 3. 13, 2007 도 10050)했으나 이 역시 중대성을 결여한 행위로 보아야 한다.

강간 및 유사강간의 미수는 이 죄의 강제추행에 해당하는 경우가 대부분일 것이다. 그러나 강간 및 유사강간의 미수를 처벌하는 별도의 규정이 있으므로 양자는 법조경합 특별관계가 되어 강간 및 유사강간의 미수만이 성립한다.

《참고》 일반적으로 추행의 개념을 논할 때에는 성욕의 흥분·자극이라는 주관적 요소를 추행의 개념요소로 인정할 것인가, 아니면 주관적 요소를 배제하고 객관적 입장에서만 추행의 개념을 정의할 것인가 하는 문제가 논의된다. 이 죄가 경향범임을 부인하는 다수설은 후자의 견해에 따라 추행을 객관적으로 —— 즉 객관적으로 일반인의 성적 수치심이나 혐오감을 불러일으키는 일체의 행위로 —— 정의한다. 반면 전자의 견해에 따르면 주관적 요소가 결여된 경우에는 행위가 객관적으로 추행에 해당하더라도 추행행위의 성립이 부인된다.

그러나 추행행위자체는 객관적으로 정의하되 성욕의 흥분·자극이라는 주관적 목적 내지 내적 경향은 추행행위의 성립과는 별도로 주관적 구성요건단계에서 요구되는 초과주관적 불법요소로 검토하는 것이 바람직하다.

(나) **폭행·협박**   강제추행의 수단인 폭행·협박은 상대방의 신체적 완전성 내지 의사결정의 자유를 직접 침해하는 것인 반면, 이것을 수단으로 행해지는 강제추행은 상대방의 성적 자기결정의 자유를 침해하는 측면을 갖는다.

강제추행죄의 폭행·협박의 정도에 대해서는 i) 강간죄의 폭행·협박과 동일한 정도로서 사람의 항거를 불가능하게 하거나 또는 현저히 곤란하게 하는 정도임을 요한다는 견해(다수설), ii) 상대방의 항거를 불가능하게 하거나 현저히 곤란하게 할 정도임을 요하지 않고, 일반인으로 하여금 저항에 곤란을 느끼게 하거나 상대방의 의사의 임의성을 잃게 할 정도이면 족하다는 견해(소수설)가 대립하고 있다. 후설은 강제추행죄의 법정형이 강간죄의 그것보다 현저히 낮다는 점을 주된 이유로 든다. 판례는 "강제추행죄의 폭행·협박은 반드시 상대방의 의사를 억압할 정도의 것임을 요하지 아니하고 다만 상대방의 의사에 반하는 유형력의 행사인 한 그 힘의 대소강약을 불문한다"(대판 2002. 4. 26, 2001 도 2417; 1992.

---

11) 배종대 248면에서는 이러한 행위를 중대성이 없는 단순무례한 행위라고 한다. 역시 같은 견해 박상기 157면; 이재상 168면; 정성근·박광민 197면.

2. 28, 91 도 3182)고 하여 오히려 후자보다도 폭행·협박의 성립범위를 넓게 인정하고 있다.

생각건대 강제추행죄에 있어서의 폭행·협박의 정도를 강간죄의 그것보다 낮추어 잡을 이유는 없다. 이 죄의 법정형이 강간죄의 그것보다 낮은 것은 폭행·협박의 정도에 있어서 차이가 있어서라기보다는, 강간을 구성하는 본질적 행위표지인 간음행위의 불법성이 기타의 성적인 추행행위의 불법성보다 더 중하고, 또한 간음보다는 추행행위가 개념상 성립범위가 더 광범위하기 때문이라고 보는 것이 타당하다. 뿐만 아니라 우리 형법은 폭행·협박에 의한 강제추행($^{제298}_{조}$)· 위력에 의한 추행($^{제302조,\ 성폭력범죄처}_{벌특례법\ 제10조\ 1항}$)· 단순추행($^{성폭력범죄처벌}_{특례법\ 제11조}$) 등을 구별하여 처벌하고 있기 때문에, 강제추행죄에 있어서의 폭행·협박개념을 제한적으로 엄격해석하지 않고 그 성립범위를 넓힐 경우 위력에 의한 추행 내지 단순추행과의 구별이 모호해질 가능성이 크다. 이런 점들을 고려할 때 강제추행죄에 있어서의 폭행·협박도 강간죄의 그것과 마찬가지로 상대방의 저항을 불가능하게 하거나 현저히 곤란하게 할 정도의 강도(强度)로 행해져야 할 것이 요구된다.

폭행·협박은 반드시 추행 이전에 있을 필요는 없고 추행과 동시에 행하여지거나 폭행 자체가 추행에 해당하는 것이어도 상관없다(대판 2002. 4. 26, 2001 도 2417; 1992. 2. 28, 91 도 3182). 또한 폭행·협박 그 자체가 추행행위의 상대방에 직접 가해지지 않더라도 폭행·협박과 추행행위 사이에 인과관계만 있으면 이 죄가 성립한다.

강간죄와 마찬가지로 성폭력범죄처벌특례법에 행위불법이 가중된 구성요건으로 특수강제추행죄가 규정되어 있다. 흉기 기타 위험한 물건을 휴대하거나 2인 이상이 합동하여 강제추행죄를 범하면 3년 이상의 유기징역에 처한다($^{동법\ 제4}_{조\ 2항}$).

(b) **실행의 착수시기** 강제추행의 고의로써 상대방에게 폭행 또는 협박을 가한 때 실행의 착수가 있다.

(3) 결   과

강제추행죄의 구성요건결과는 강제추행의 상대방이 그 의사에 반하여 입게 된 성적 자기결정권의 침해상태를 말한다. 행위수단인 폭행·협박과 추행행위 사이에 인과관계가 결여되었거나 강제추행과 그 결과발생 사이에 인과관계 및 객관적 귀속관계가 결여된 때에는 비록 강제추행의 실해가 발생했더라도 대개는 이 죄의 미수가 된다. 이 죄의 미수범은 처벌한다($^{제300}_{조}$).

3. 주관적 구성요건요소

강제추행죄의 구성요건고의는 행위수단인 폭행·협박과 강제추행행위, 그리고 양자 사이의 인과관계에 미쳐야 한다. 미필적 고의로도 충분하다.

이 죄의 추행은 목적수행적 경향을 지닌 행위양태이므로 구성요건고의 외에 행위자의 성욕자극·흥분·만족을 얻을 목적으로 실행되는 것이 보통이다. 즉 특별한 주관적 불법요소로서 행위자의 **성적 추행의 행위경향**이 있어야 한다.

반면 행위자의 주관적인 성적 추행의 행위경향에 의해 피해자의 성적 자기결정권의 보호가 좌우된다면, 예컨대 복수·혐오·호기심의 동기에서 한 추행은 본죄의 추행으로 볼 수 없게 된다는 이유로 이 죄의 특별한 주관적 불법요소를 부인하는 것이 판례(대판 2013. 9. 26, 2013 도 5856)와 다수설의 입장이다. 그러나 이 죄에 성적 만족을 위한 특별한 목적 내지 경향은 구성요건적 행위의 내면으로서 그 불법의 본래적인 의미의 한 구성부분으로 보아야 한다.[12] 이러한 강화된 내적 경향이 있는 한, 복수심과 같은 그 밖의 다른 동기나 목적이 있더라도 이 죄 성립에는 지장이 없으므로 이 죄의 특별한 주관적 불법요소를 부인하는 견해는 옳지 않다.

Ⅴ. 준강간·준강제추행죄

1. 의 의

준강간·준강제추행죄는 사람의 심신상실이나 항거불능의 상태를 이용하여 간음하거나 추행함으로써 성립하는 범죄이다. 폭행 또는 협박의 방법으로 간음 또는 추행한 것은 아니지만 심신상실 또는 항거불능의 상태를 악용하여 개인의 성적 자유를 침해하였기 때문에 강간, 유사강간, 강제추행죄에 준하여 처벌하는 것이다 ($\frac{\text{제299}}{\text{조}}$). 13세 미만자에 대한 간음·추행죄($\frac{\text{제305}}{\text{조}}$)도 이 죄의 한 유형이라는 것이 우리나라의 다수설이다.

이 죄는 침해범·즉시범·결과범이다. 자수범이라는 견해도 있으나 책임무능력자를 이용하여 간접정범의 형태로도 범할 수 있으므로 자수범의 성격을 부인하는 것이 옳다(다수설).

---

12) 김일수, 한국형법 Ⅲ, 350면. 임웅 180면에서는 목적내지 경향을 초과주관적 불법요소가 아닌 '주관적 구성요건요소'로 파악한다.

이 죄는 성풍속이나 성의 순결성을 보호하는 데 목적이 있는 것이 아니라 개인의 성적 자유를 보호하는 데 목적이 있다. 보호법익에 대해 통설은 성적 자기결정의 자유라고 한다. 성범죄에서 보호하는 성적 자기결정의 자유는 원래 현실적인 자유만을 의미하지 않고 그 진정한 자유의 가능성, 즉 잠재적 자유까지도 포함하기 때문이다. 이 죄의 미수범은 처벌한다($\frac{제300}{조}$).

2. 객관적 구성요건요소

(1) 행위객체

행위객체는 심신상실이나 항거불능의 상태에 있는 사람이다.

(a) **심신상실**   정신능력의 상실로 말미암아 정상적인 성적 자기결정을 할 수 없는 상태를 말한다. 이 죄의 심신상실은 형법 제10조 1항의 심신상실보다는 넓은 개념이다(통설). 제10조 1항의 심신상실은 심신장애라는 생물학적 요인으로 인해 행위의 옳고 그름을 판단할 능력이 없거나 그 판단에 따라 행위할 능력이 없는 자를 말하지만, 이 죄의 심신상실은 심신장애라는 생물학적 기초에 제한되지 않고 수면중의 부녀, 일시 의식을 잃고 있는 부녀도 그 객체로 삼기 때문이다. 따라서 적어도 그 정신기능이 심하게 비정상적이어서 보통사람들의 승낙·반항 등의 의사표시라고 볼 수 없는 사람들은 이 죄의 심신상실자라고 평가해야 한다.

이 죄의 심신상실에는 형법 제10조 2항의 심신미약도 포함되는가? 형법은 심신미약자에 대한 간음·추행($\frac{제302}{조}$)을 별도로 규정하고 있으며, 심신미약도 정신장애의 일종으로서 비록 심신상실과는 그 장애 정도의 차이에 불과하지만 책임능력에 따라 양자를 규범적으로 달리 평가하는 것은 불가능하지 않다는 점에서 이를 부정하는 것이 옳다(다수설).

(b) **항거불능**   피해자가 행위자의 성적 요구를 심리적 또는 신체적으로 거절할 수 없는 상태에 처해 있는 경우를 말한다. 이 죄에서의 항거불능은 강간죄 및 강제추행죄와의 균형상 항거가 절대적으로 불가능하거나 또는 현저히 곤란한 상태에 이른 경우여야 한다.

심리적으로 항거불능한 경우로는 의사가 자기를 신뢰한 여환자에게 치료를 가장하여 간음 추행하는 경우를 들 수 있고, 신체적으로 항거불능한 경우로는 이미 결박되어 있거나 윤간 또는 수회의 강간으로 반항할 기력조차 없이 기진해 있는 부녀의 상태를 이용하여 간음·추행하는 경우를 말한다.

＊주의: 행위자가 처음부터 강간·강제추행을 위하여 마취제·수면제·최면술이
나 그 밖의 폭력을 써서 이러한 항거불능상태를 야기시켜 놓고 간음·추행한 경우
에는 강간죄 또는 강제추행죄가 성립한다. 이 경우 강간죄·강제추행죄와 준강간·
준강제추행죄 사이에는 엄밀히 말해 법조경합 흡수관계가 되기 때문이다.

신체장애 또는 정신장애가 있는 사람을 간음·추행의 경우 성폭력범죄처벌
특례법 제6조가 우선 적용된다.

(2) 행   위

심신상실 또는 항거불능의 상태를 이용하여 간음 또는 추행하는 것이다. 이
용은 행위자가 피해자의 심신상실 또는 항거불능상태를 인식하고, 그 상태가 자
신의 간음 또는 추행을 용이하게 하는 유리한 요인임을 계산에 넣는 것을 의미한
다. 만약 피해자측에서 간음 또는 추행의 주도권을 잡았을 경우에는 본죄의 이용
이 되지 않는다.

흉기 기타 위험한 물건을 휴대하거나 2인 이상이 합동하여 이 죄를 범하면
성폭력범죄처벌특례법에 의해 가중처벌된다(동법 제4조 3항).

3. 주관적 구성요건요소

구성요건고의는 행위객체의 심신상실 또는 항거불능상태, 이러한 상태의 이
용 및 간음 또는 추행에 미친다.

준강제추행죄에서 추행은 성욕의 자극·흥분·만족을 얻을 목적으로 실행되
는 것이 보통이다. 이런 의미에서 준강제추행죄는 목적수행적 행위표지를 지닌
경향범에 속한다. 따라서 구성요건고의 외에 초과주관적 불법요소로 **성적 추행의**
특별한 행위경향이 있어야 한다.

4. 죄   수

(가) 행위자가 같은 피해자에게 추행과 간음을 동시에 범했더라도 1개의 준강
간죄가 성립한다.

(나) 행위자가 준강간의 조건이 갖추어진 사정하에서 이 죄의 실행에 착수했으
나 잠자던 여인이 잠을 깨는 등 사정이 바뀌자 새로운 범행결의로 폭행하여 범행
을 종료했다면 이 죄와 강간죄의 실체적 경합이 된다.

VI. 미성년자의제강간 · 강제추행죄

1. 의   의

미성년자의제강간 · 강제추행죄는 13세 미만의 사람을 간음하거나 추행함으로써 성립하는 범죄이다. 13세 미만의 자에 대해서는 정신미숙 때문에 간음 · 추행에 대한 동의능력이 없다고 보아, 폭행 · 협박 또는 위계·위력을 사용하지 않고 본인의 양해하에 간음 · 추행한 경우라도 강간 또는 강제추행에 준하여 처벌한다(제305조).

만약 13세 미만의 사람에 대하여 폭행 · 협박으로 간음하거나 추행한 경우에는 이 죄가 아니라 강간죄나 강제추행죄가 되며(통설), 이 경우에는 성폭력범죄처벌특례법 제 7 조 또는 아동 · 청소년의 성보호에 관한 법률 제 7 조가 우선 적용되어 가중처벌된다. 13세 미만의 부녀나 사람을 위계 · 위력으로 간음하거나 추행한 경우에도 위의 규정들이 적용된다.

보호법익은 개인의 성적 자기결정의 자유가 아니라 **13세 미만인 연소자의 장애 없는 성적 성장**이라고 이해해야 한다. 이러한 연소자는 아직 성생활을 할 수 없는 것이 보통이므로 성적 자기결정의 자유는 별 의미가 없다. 오히려 아동보호의 관점에서 이러한 연소자들이 성욕의 대상이나 도구로 전락되어 자유로운 인격의 정상적인 성숙을 방해받지 않도록 하려는 데 입법취지가 있다.

2. 객관적 구성요건요소

미성년자의제강간죄 및 미성년자의제강제추행죄의 주체는 남성 · 여성, 성년·미성년, 기혼 · 미혼을 불문한다. 양 죄의 행위객체는 13세 미만의 사람이다. 이 죄의 피해자는 아직 인격이 미숙한 13세 미만자이기 때문에 피해자의 승낙 여부는 이 죄 성립에 영향을 미치지 않는다(대판 1982. 10. 12, 82 도 2183). 이 죄의 행위양태는 간음 또는 추행이다.

3. 주관적 구성요건요소

구성요건고의는 행위객체가 13세 미만자라는 사실과 간음 · 추행에 대한 인식과 의사이다. 미필적 고의로도 충분하다. 강제추행죄와 마찬가지로 성적 추행의 행위경향이 있어야 하나, 판례는 그 필요성을 부인한다(대판 2006. 1. 13, 2005 도 6791).

행위자가 13세 이상인 자로 인식하고 간음 또는 추행했으나 실제로는 13세 미만자인 때에는 구성요건착오로 이 죄의 고의가 배제된다. 이에 반해 13세 미만자인 줄 알았으나 13세 이상인 경우 불가벌적 불능범이라는 것이 다수설이나, 객체의 착오로 인한 불능미수가 성립한다고 보는 것이 옳다.[13)]

4. 미수범의 처벌과 고소

형법이 미수범 처벌에 관한 규정($^{제300}_{조}$)을 준용하고 있지 않은 것이 입법기술 상의 실수로 지적되나, 미수범이 처벌된다는 데 이론은 없다. 형법 제305조는 강간죄($^{제297}_{조}$), 강제추행죄($^{제298}_{조}$) 및 강간 등에 의한 상해·치상죄($^{제301}_{조}$) 또는 강간 등에 의한 살인·치사죄($^{제301조}_{의2}$)의 예에 의한다고 하고 있고, 이 중에 강간죄와 강제추행죄의 미수가 처벌되므로 본죄의 미수범도 처벌된다고 해석해야 하기 때문이다. 판례도 같은 긍정설의 입장이다(대판 2007. 3. 15, 2006 도 9453). 특히 우선 적용되는 성폭력범죄처벌특례법 제7조 5항 및 아동·청소년의성보호에관한법률 제7조 6항도 미수범 처벌을 규정하고 있다.

Ⅶ. 강간등상해·치상죄

1. 의의 및 성격

강간등상해·치상죄는 강간죄, 유사강간죄, 강제추행죄, 준강간·강제추행죄, 미성년자의제강간·강제추행죄 및 그 미수범을 범한 자가 사람을 상해하거나 상해에 이르게 함으로써 성립하는 범죄이다. 무기 또는 5년 이상의 징역에 처한다($^{제301}_{조}$). 사람을 상해한 경우는 결합범이고, 상해에 이르게 한 경우는 결과적 가중범이다.

2. 객관적 구성요건요소

(1) 행위주체 및 행위객체

행위주체는 기본범죄행위인 강간·유사강간·강제추행 등의 범죄를 범한 자로 미수범도 포함된다. 행위객체는 기본범죄에서 설명한 것과 같다.

---

13) 임웅 193면. 위험성의 유무에 따라 불능미수 또는 불능범이 된다는 견해로는 오영근 199면.

(2) 기본범죄행위와 상해 및 치상

강간·유사강간·강제추행 등 기본범죄행위는 앞에서 설명한 바와 같다. 이러한 기본범죄를 범한 자가 상해를 하거나 상해의 결과를 발생하게 하여야 한다. 다만 여기서 상해의 개념과 관련하여 강간상해·치상죄에 대해 무거운 처벌을 하는 점에 비추어 이 죄의 상해의 개념이 반드시 상해죄의 그것과 같다고 할 수 없고 상당한 정도에 달할 것을 요한다는 견해가 있다.[14] 반면 각칙의 구성요건마다 상해의 개념을 달리 해석하는 것은 실정법상의 근거가 없는 것이며 판단기준이 애매하여 자의적인 법해석이 될 위험이 있으므로 상해개념을 통일적으로 해석해야 한다는 것이 다수설의 입장이다.

‖**판례 1**‖ 강간치상죄에서 상해를 인정한 판례: ① 강간으로 인하여 피해자에게 보행불능, 수면장애, 식욕감퇴 등의 장해가 야기된 경우(대판 1969. 3. 11, 69 도 2213), ② 강간으로 인해 10일간의 가료를 요하는 히스테리증을 야기시킨 경우(대판 1970. 2. 10, 69 도 2213), ③ 처녀막파열(대판 1972. 6. 23, 72 도 855; 1995. 7. 25, 94 도 1351), ④ 회음부찰과상(대판 1983. 7. 12, 83 도 1258), ⑤ 피해자의 음순좌우 양측에 생긴 남적색피하일혈반이 타박이나 마찰로 말미암아 피멍이 든 경우(대판 1990. 4. 13, 90 도 154), ⑥ 피해자의 얼굴을 가격하여 코피가 나고 콧등이 부은 경우(대판 1991. 10. 22, 91 도 1832), ⑦ 강제추행으로 인해 피해자에게 스트레스로 인한 불면·불안·긴장·악몽 등의 증세가 나타난 경우(대판 2006. 10. 13, 2006 도 3639).

‖**판례 2**‖ 강간치상죄에서 상해를 부정한 판례: ① 강간 도중 흥분하여 피해자의 왼쪽 어깨를 입으로 빨아서 동전크기의 반상출혈상(대판 1986. 7. 8, 85 도 2042), ② 강간하려다 미수에 그치고 그 과정에서 왼쪽 손바닥에 약 2cm 정도의 긁힌 상처가 발생한 경우(대판 1987. 10. 26, 87 도 1880), ③ 피해자가 이미 성경험이 있는 자로서 3, 4일간의 치료를 요하는 외음부충혈과 양상박부근육통이 생긴 경우(대판 1989. 1. 31, 88 도 831), ④ 좌전경부흡입상(대판 1991. 11. 8, 91 도 2188), ⑤ 이마 부분이 긁혀서 경도의 부종이 있는 정도(대판 2002. 1. 11, 2001 도 4389) 등은 신체의 완전성이 손상되고 생활기능에 장애가 왔다거나 불량하게 변경되었다고 보기 어려워 강간치상죄의 상해에 해당하지 않는다.

생각건대, 상해개념을 상대적으로 이해하는 견해는 강간치상죄의 상해에 해당하지 않는 상해가 상해죄의 상해에 해당하는지에 대한 판단이 결여되어 있다. 즉 강간치상죄의 상해개념이 더 좁다면 강간치상에 해당하지 않는 상해가 있을 수 있고 그 경우 강간죄와 과실치상죄의 경합범이 된다고 해야 할 것이다. 이러한

---

14) 오영근, 「강간치상죄에서 상해의 개념」, 형사판례연구 제 3 권(1995), 155면; 오영근 186면; 이재상 174면; 정영일 391면.

관점은 일본에서 결과적 가중범의 성립을 제한하기 위해 논의된 것을 받아들인 것이다. 불필요한 논의이고 자의적인 법적용을 가져올 위험도 있다. 따라서 상해 개념은 통일적으로 해석해야 한다. 일반적으로 간음행위에 통상적으로 수반되는 경미한 부상은 이 죄의 상해개념에서 제외된다고 볼 수 있다.

‖ **판례** ‖ 피고인이 피해자를 강간하려다가 미수에 그치고 그 과정에서 피해자에게 경부 및 전흉부 피하출혈, 통증으로 약 7일간의 가료를 요하는 상처가 발생하였으나, 그 상처의 내용은 경부와 전흉부에 동전크기의 멍이 들어 있는 정도로서 굳이 치료를 받지 않더라도 일상생활에 아무런 지장이 없고 시일이 경과함에 따라 자연적으로 치유될 수 있는 정도인 사실 및 범행 당일 피해자는 경찰관에게 상처가 없고 피고인의 처벌을 원하지 않는다고 하였으나 경찰관의 권유에 따라 정확한 진단을 받기 위하여 경찰관과 함께 병원으로 갔으나 피해자가 한사코 진료를 거부하는 바람에 그냥 파출소로 돌아왔는데 피해자는 그 다음 날 피고인을 고소하기 위하여 위와 같은 내용의 상해진단서를 발부받기에 이른 사실이 인정되며, 위와 같은 상처의 정도나 그 내용에 비추어 볼 때 피해자가 위 상처로 인하여 신체의 완전성이 손상되고 생활기능에 장애가 왔다거나 건강상태를 불량하게 변경했다고 보기는 어려워 강간치상죄의 상해에 해당된다고 볼 수 없다(대판 1994. 11. 4, 94 도 131; 2002. 1. 11, 2001 도 4389).

(3) 인과관계 및 객관적 귀속

결과적 가중범에서 강간·강제추행 등의 행위로 발생되는 중한 결과는 상해이며, 기본행위와 중한 결과 사이에는 인과관계 및 객관적 귀속이 인정되어야 한다. 상해의 결과는 강간의 기회에 발생한 것이어야 한다. 따라서 강간 등의 행위자체에서 일어나거나 그 수단인 폭행 또는 협박에 의해 야기된 경우 외에 간음·추행의 기회 또는 이와 밀접하게 관련된 행위에서 생긴 것이어야 한다(대판 2003. 5. 30, 2003 도 1256). 예컨대 행위자가 강간하기 위해 계속 위협하자 이를 피하기 위해 피해자가 도망가다 실족하여 상해를 입은 경우에도 강간치상죄가 성립한다. 이러한 직접성의 요구는 결과적 가중범의 특별한 객관적 귀속의 관점이다.

3. 주관적 구성요건요소

강간등상해죄는 강간행위와 상해행위에 대한 고의가 있어야 한다. 미필적 고의로 족하다. 강간등치상죄는 진정 결과적 가중범이므로 기본행위에 대한 고의와 중한 결과에 대한 예견가능성이 필요하다.

4. 특별법상의 특례

주거침입·야간주거침입절도·특수절도강간등의 죄(성폭력범죄처벌특례법 제3조 1항), 특수강간 등의 죄(동법 제4조), 친족관계에 의한 강간등의 죄(동법 제5조), 장애인에 대한 간음등의 죄(동법 제6조), 13세 미만의 미성년자에 대한 강간 등의 죄(제7조)를 범한 자 또는 그 미수범이 사람을 상해하거나 상해에 이르게 한 경우에는 성폭력특별법이 우선 적용되어 가중처벌된다(동법 제8조). 그리고 성폭력특별법 제 9 조에 해당하는 강간등상해·치상죄 는 특정강력범죄의처벌에관한특례법상 특정강력범죄에 속한다(성폭력범죄처벌특례법 제22조, 특강법 제2조). 판례는 단순강간행위에 의하여 강간치사상죄가 된 경우(제301조)에도 특정강력범죄의 처벌에관한특례법을 적용하고 있다(대판 1996. 9. 20, 96 도 1893).

형법에는 미수범 처벌규정이 흠결되어 있으나 성폭력특별법에는 강간등상해· 치상죄의 미수범 처벌을 규정해 놓고 있다(동법 제15조). 이에 대해 결과적 가중범인 강 간등치상죄의 미수가 인정될 수 있다는 견해도 있으나, 동조는 고의범인 강간등 상해죄의 미수범 처벌만을 규정한 것으로 보는 것이 옳다.

5. 공동정범 및 미수

(가) 강간죄의 공동정범 중 1인의 행위에 의하여 사상의 결과가 발생한 때에 는 다른 범죄참가자도 이 죄의 공동정범이 된다는 것이 판례의 입장이다(대판 1984. 2. 14, 83 도 3120). 그러나 결과적 가중범의 공동정범은 인정할 필요가 없고 중한 결과에 대하여 과실이 있는 경우에 한하여 결과적 가중범이 성립하며, 다른 범죄참가자에게 예견가능성이 있는 경우에도 각자를 동시범으로 처벌하면 족하다.

(나) 강간 등에 대한 교사 또는 방조자는 중한 결과에 대한 예견가능성이 있는 경우, 즉 사상의 결과에 대해 스스로 과실이 있을 때 결과적 가중범의 교사범 또 는 방조범으로 처벌될 수 있다.

6. 죄수 및 타죄와의 관계

(가) 강간 이후 새로운 고의가 생겨 피해자를 상해한 경우 강간죄와 상해죄의 경합범이 되며, 강간치상 후 범행의 발각이 두려워 즉시 피해자를 살해한 경우에 는 강간치상죄와 살인죄의 경합범이 된다(대판 1987. 1. 20, 86 도 2360).

(나) 강간치상의 범행을 저지른 자가 실신한 피해자를 구호하지 않고 방치하였 더라도 그 행위는 포괄적으로 단일의 강간치상죄만을 구성하며 유기죄(제271조)는 성

립하지 않는다(대판 1980. 6. 24, 80 도 7260).

Ⅷ. 강간등살인 · 치사죄

1. 의의 및 성격

강간등살인 · 치사죄는 강간죄, 유사강간죄, 강제추행죄, 준강간, 준강제추행죄, 미성년자의제강간 · 강제추행죄 및 그 미수범을 범한 자가 사람을 살해하거나 사망에 이르게 함으로써 성립하는 범죄이다. 살해한 경우에는 사형 또는 무기징역에 처하고, 사망에 이르게 한 경우에는 무기 또는 10년 이상의 징역에 처한다(제301조의 2). 강간등살해죄는 강간등의 죄와 살인죄의 결합범이고, 강간등치사죄는 결과적 가중범이다.

2. 객관적 구성요건요소

기본범죄행위, 행위주체, 행위객체 그리고 살인 등은 앞에서 설명한 것과 같다. 사망의 결과와 기본행위 사이에 인과관계 및 객관적 귀속관계가 인정되어야 한다. 그리고 결과적 가중범에 특유한 특별한 객관적 귀속의 관점이 직접성의 요구이다. 직접성이 인정되기 위해서는 사망의 결과가 ⅰ) 간음 등의 행위 그 자체에서 발생하거나, ⅱ) 그 수단인 폭행 또는 협박에 의해 야기되거나, ⅲ) 간음 등의 행위에 수반되어 발생한 경우라야 한다. 따라서 피해자가 강간을 당한 데에 대한 격분 또는 수치 때문에 자살했거나(대판 1982. 2. 23, 82 도 1446), 강간으로 인한 임신이 되어 낙태수술이나 분만중 사망한 경우에는 객관적 귀속이 결여되어 이 죄가 성립하지 않는다.

‖ **판례** ‖ 피해자가 강간의 수단인 폭행 · 협박을 피하기 위하여 창문으로 뛰어내리다가 사망한 경우(대판 1978. 7. 11, 78 도 1331)와 피고인이 피해자를 유인하여 호텔객실에 감금한 후 강간하려 하자, 피해자가 완강하게 반항하던 중 피고인이 대실기간 연장을 위해 전화하는 사이에 객실 창문을 통해 탈출하려다가 지상에 추락하여 사망한 경우(대판 1995. 5. 12, 95 도 425)는 강간치사죄에 해당한다.

3. 주관적 구성요건요소

강간등살인죄는 강간 등의 행위와 살인에 대한 고의가 있어야 한다. 미필적 고의로 족하다. 강간등치사죄는 결과적 가중범이므로 기본행위에 대한 고의와 가중결과에 대한 과실이 필요하다.

4. 특별법상의 특례

강간등살인 · 치사죄는 특별법인 성폭력범죄처벌특례법이 우선 적용되어 가
중처벌된다($\frac{동법}{제9조}$). 그리고 형법에는 미수범 처벌규정이 흠결되어 있으나 위 특별
법에서는 이를 처벌한다($\frac{동법}{제15조}$). 강간등살인의 미수범 처벌에 대해서는 견해의 대
립이 없다. 동 규정을 근거로 강간등치사의 경우에도 미수범이 성립할 수 있다는
견해가 있으나 부인하는 것이 옳다.

강간등살인 · 치사죄의 처벌과 절차에 관한 특별규정으로 특정강력범죄의처
벌에관한특례법이 있어 위 성폭력특별법이 적용되는 강간등살인 · 치사죄에 준용
된다($\frac{동법}{제2조}$).

5. 죄수 및 타죄와의 관계

㈎ 강간의 의도로 폭행을 가하여 부녀를 사망시킨 직후 간음한 경우, 포괄하
여 강간치사죄만 성립한다는 견해가 있으나 강간치사죄와 사체오욕죄($\frac{제159}{조}$)의 경
합범이 된다고 해야 할 것이다.

㈏ 강간시에 미필적 고의라도 살인의 고의가 있는 경우, 강간살인죄만 성립
한다.

㈐ 강도가 부녀를 강간하여 치상 · 치사케 한 경우, 사상의 결과가 강도행위
로 인한 때에는 강도강간죄와 강도치사상죄의 상상적 경합, 사상의 결과가 강간
행위로 인한 때에는 강도강간죄와 강간치사상죄의 상상적 경합이 된다.

Ⅸ. 미성년자 · 심신미약자간음 · 추행죄

1. 의   의

미성년자 · 심신미약자간음 · 추행죄는 미성년자 또는 심신미약자에 대하여 위
계 또는 위력으로 간음 또는 추행함으로써 성립하는 범죄이다. 5년 이하의 징역
에 처한다($\frac{제302}{조}$). 이 죄의 보호법익은 피해자의 성적 자기결정의 자유이지만 보통
사람보다 자기 자신을 방어할 능력이 부족한 약자보호의 관점을 고려할 때 그 자
유는 현실적인 자유만을 의미하는 것이 아니라 그 잠재적 자유까지 포함한다고
보아야 할 것이다.

2. 객관적 구성요건요소

⑴ 행위객체

행위객체는 미성년자 또는 심신미약자이다. 미성년자라 함은 제305조와의 관계상 19세 미만, 13세 이상된 자를 의미한다. 다만 아동·청소년의성보호에관한 법률의 시행으로 19세 미만의 청소년에 대한 위계·위력에 의한 간음·추행에 대해서는 동법 제 7 조 5 항이 우선 적용되어 가중처벌된다. 이 경우 청소년 상대 위계·위력에 의한 간음·추행은 폭행·협박에 의한 강간·강제추행과 동일한 형으로 처벌받는다.

혼인한 사람은 19세 미만자라도 성년으로 보게 되므로(민법 제826 조의 2) 이 죄의 객체인 미성년자에 포함되지 않는다. 본죄에서 미성년자보호의 관점이 전혀 배제되어 있는 것은 아니지만 피해자의 현실적·잠재적인 성적 자기결정의 자유가 보호법익인 점을 고려한다면, 19세 미만의 미성년자라도 이미 혼인한 경우에는 성년자의 성적 자유와 달리 취급할 필요가 없기 때문이다.

심신미약자란 정신기능의 장애로 정상적인 성적 자기결정능력이 부족한 자를 말한다. 이 죄의 행위객체로 미성년자(19세 미만 13세 이상)가 선택적으로 규정되어 있는 관계상, 심신미약자가 행위객체로서 특별한 의미를 획득하는 경우는 특히 심신미약자가 성년인 때이다.

⑵ 행   위

행위양태는 위계 또는 위력으로써 간음 또는 추행하는 것이다.

위계라 함은 상대방을 착오에 빠뜨려 정상적인 성적 의사결정을 그르치게 하는 것을 말한다. 기망이나 유혹의 방법을 사용하거나 상대방의 부지나 신뢰 또는 호기심을 이용하는 것도 가능하다. 치료나 종교의식을 빙자하여 상대방이 간음당한다는 사실을 알지 못하게 하거나 착오를 일으키는 경우가 이에 해당한다. 단, 여기서 위계란 간음행위 자체에 대한 착오를 야기하는 것을 의미하고 간음행위와 불가분적 관련성이 인정되지 않는 다른 조건에 관한 착오를 야기하는 것을 의미하지 않는다. 따라서 피해자에게 남자를 소개시켜 준다고 거짓말을 하여 여관으로 유인한 다음 간음한 경우에는 위계에 의한 간음에 해당하지 않고(대판 2002. 7. 12, 2002 도 2029), 또한 단순히 화대를 줄 의사가 없으면서도 속이고 청소년과 성교행위를 한 경우에는 위계에 의한 청소년 간음에 해당하지 않는다(서울고법

2001. 9. 4, 2001 노 1601).

위력이라 함은 타인의 자유의사를 제압할 만한 힘의 사용을 말한다. 폭행·협박은 물론 행위자의 지위·권세를 이용하여 상대방의 의사를 제압하려는 일체의 행위가 포함된다. 판례는 단 둘이 탄 엘리베이터에서 피고인이 11세 여아를 향해 바지를 내린 후 성기를 노출하고 이를 보고 놀란 피해자에게 가까이 다가간 사례에서 미성년자에 대한 위력 추행을 인정했다(대판 2013. 1. 16, 2011 도 7164). 단, 폭행·협박을 사용하는 경우 그것이 강간죄나 강제추행죄의 폭행·협박 정도에는 이르지 않아야 한다. 만약 강한 폭행·협박으로 미성년자를 간음 또는 추행했다면 이 죄가 아니라 바로 강간죄 또는 강제추행죄가 성립하기 때문이다.

X. 피보호·감독자간음죄·피구금자간음죄

1. 의   의

피보호·감독자간음죄는 업무·고용 기타 관계로 인하여 자기의 보호 또는 감독을 받는 사람을 위계 또는 위력에 의해 간음함으로써 성립하는 범죄이다. 5년 이하의 징역 또는 1천 5백만원 이하의 벌금에 처한다($\frac{제303조}{1항}$). 업무·고용 등의 관계로 보호·감독을 받는 열악한 지위에 있는 사람의 성적 자유가 부당하게 침해되는 것을 방지하려는 데 입법취지가 있다. 추행행위의 경우는 성폭력범죄처벌특례법 제10조 1항이 적용된다.

피구금자간음죄는 법률에 의해 구금된 사람을 감호하는 자가 그 사람을 간음함으로써 성립하는 범죄이다. 7년 이하의 징역에 처한다($\frac{제303조}{2항}$). 피구금자의 성적 자유를 주된 보호법익으로 삼지만, 피구금자에 대한 인격적인 처우와 감호자의 성실성에 대한 일반인의 신뢰도 부차적인 보호법익이다. 간음행위가 아니라 추행행위의 경우 성폭력범죄처벌특례법 제10조 2항이 적용된다.

2. 구성요건요소

(1) 행위주체

피보호·감독자간음죄의 행위주체는 업무·고용 기타 관계로 타인을 보호·감독하는 지위에 있는 자를 의미한다. 보호·감독자로서의 지위와 관련하여 이 죄는 의무범적 진정신분범의 성격을 갖는다.

피구금자간음죄의 행위주체는 법률에 의해 구금된 사람을 감호하는 자이다.

이러한 지위에 있는 공직자는 검찰·경찰공무원, 교정직 공무원, 보도직 공무원이 주가 되지만, 특별형사사법관리에 해당하는 소년·마약·환경보호·공안·보호관찰·세무 등의 직무에 종사하는 공무원도 그 직무와 관련하여 일시 피구금된 사람을 감호하는 지위에 서는 한 이 죄의 주체가 될 수 있다. 이 죄를 자수범으로 보는 것이 다수설이나 의무범적 진정신분범일 뿐 자수범은 아니라고 하는 것이 옳다. 감호자가 저항할 수 없는 처지에 놓인 피구금자의 처지를 이용하여 책임무능력자로 하여금 간음하도록 사주함으로써 피구금자의 성적 자유를 침해할 수 있기 때문이다.

(2) 행위객체

피보호·감독자간음죄의 행위객체는 업무·고용 기타 관계로 자기의 **보호감독을 받는 19세 이상의 사람이다.** 보호·감독을 받는 자가 19세 미만의 청소년일 때는 아동·청소년의성보호에관한법률 제 7 조 5항$\binom{\text{위계·위력에 의한 아}}{\text{동·청소년 간음죄}}$이 우선 적용되기 때문이다. 보호·감독의 발생근거는 업무·고용 외에 포괄적으로 기타 관계라고 규정하고 있기 때문에 법률상의 업무·고용으로 인한 사용자와 피용자의 관계 외에 사실상의 보호·감독을 받는 관계는 물론 신분관계 등 자연적인 혈연·지연관계도 포함한다.

‖ **판례** ‖ 본죄의 업무·고용 기타의 관계로 자기의 보호 또는 감독을 받는 부녀라 함에 있어 기타 관계 중에는 사실상의 보호 감독을 받는 상황에 있는 부녀(처가 운영하는 미장원에 고용되어 있는 부녀)인 경우도 포함된다(대판 1976. 2. 10, 74 도 1519).

피구금자간음죄의 행위객체는 법률에 의해 구금된 사람이다. **법률에 의해 구금된 사람**이란 넓은 의미의 형사소송법에 의하여 구금된 자를 말하고 형사피의자이건 피고인이건 불문한다. 또한 확정판결에 의해 형집행 또는 보안처분집행중에 있는 자, 소년원에 수용된 자, 노역장에 유치된 자, 경찰서 유치장에 있는 자를 포함한다. 그러나 선고유예·집행유예중에 있는 자, 불구속 피의자·피고인, 보호관찰을 받는 자는 현재 구금중에 있는 자가 아니므로 이 죄의 객체가 될 수 없다.

(3) 행 위

피보호·감독자간음죄는 위계 또는 위력으로써 간음하는 것이다.

피구금자간음죄는 간음함으로써 성립하며 폭행·협박이나 위계·위력 등의 수단을 필요로 하지 않는다. 피구금자의 신체적 부자유, 심리적 공포·열악함 때문에 이러한 행위수단 없이도 성적 자유가 쉽게 침해될 수 있음을 고려하여 행위양태를 단순화한 것이다. 또한 이 죄의 보호법익은 개인의 성적 자유만이 아니고 공직에 있는 감호자의 성실성에 대한 일반인의 신뢰도 부차적인 보호법익이므로 피해자의 승낙이 있더라도 이 죄의 성립에 영향을 미치지 않는다(통설).

3. 타죄와의 관계

㈎ 19세 미만의 피보호·감독·구금자를 위계·위력으로써 간음한 경우에는 이 죄와 아동·청소년의성보호에관한법률 제 7 조간에 법조경합 특별관계가 성립한다(통설).

㈏ 13세 이상의 미성년자 또는 심신미약자인 피보호·감독·구금자를 간음한 때에는 미성년자·심신미약자간음죄($^{제302}_{조}$)가 성립한다는 것이 다수설이다. 그러나 현재는 19세 미만의 청소년에 대한 간음·추행에 대해서는 아동·청소년의성보호에관한법률이 우선 적용된다($^{동법}_{제7조}$). 다만 19세인 미성년자, 심신미약자에 대해서는 이 죄가 의무범으로서 특별규정에 해당하므로 법조경합 특별관계로 보아 오히려 이 죄만 성립한다고 보는 것이 옳다.

제 5 장 명예와 신용·업무를 보호하는 죄형법규

제 1 절 명예에 관한 죄

I. 총   설

1. 보호법익과 보호정도

명예에 관한 죄(명예훼손죄와 모욕죄)의 보호법익은 사람의 명예이다. 명예란 각 사람이 인간의 존엄과 사회적·윤리적 생활의 기초 위에서 마땅히 향유해야 할 인격적 가치를 말한다. 명예개념은 크게 ① 인간의 존엄성에 근거한 내면적인 인격가치(내적 명예), ② 인격에 대해 외부적으로 주어지는 명성이나 사회적 평가(외적 명예), ③ 개인의 주관적인 명예감정(주관적 명예) 등으로 파악된다. 여기서 보호법익인 명예를 구체적으로 어떻게 파악할 것인가에 대해서는 학설이 대립된다.

다수설[1]과 판례(대판 1987.5.12, 87 도 739)는 구체적으로 외적 명예를 명예에 관한 죄의 보호법익으로 파악한다. 인간의 타고난 내면적 가치(내적 명예)는 타인의 침해에 의해 훼손될 수 있는 성질의 것이 아니고, 또 개인의 주관적 명예감정(주관적 명예)은 사람에 따라 천차만별인 동시에 자칫 가벌성이 피해자의 주관적인 감정에 좌우될 수 있다는 위험성 때문에 보호법익으로 삼기 어렵다는 것이 그 이유이다.[2] 반면 외적 명예뿐만 아니라 내적 명예와 인격에 대한 존중요구를 보호법익으로 파악하는 소수설도 있다.[3]

생각건대 인격에 대한 존중요구를 보호법익으로 파악하는 것은 옳지 않다. 형법상 모든 규정은 기본적으로 보호법익에 대한 존중요구를 내포하고 있기 때문에, 명예에 관한 죄에서만 그러한 존중요구를 보호법익으로 파악하는 것은 타당하지 않기 때문이다. 또한 다수설과 같이 외적 명예만을 보호법익으로 파악하는

---

1) 권오걸 208면; 김성돈 182면; 박상기 172면; 배종대 265면; 백형구 344면; 손동권 182면; 오영근 226면; 이재상 184면; 임웅 201면; 정성근·박광민 211면; 정영일 100면; 진계호 217면.
2) 따라서 명예감정을 모욕죄의 보호법익으로 파악하는 견해[유기천(상) 144면]는 옳지 않다.
3) 김일수, 한국형법 III, 378면. 비슷한 견해 이정원 198면.

것도 옳지 않다. 외적 명예가 형법적 보호의 대상이 되는 것은 틀림없지만 사람의 사회생활상의 지위·능력에 대해 사회적으로 주어지는 평가만을 명예라고 할 때 내용 없는 외관상의 평판이나 근거 없는 세평만을 형법이 보호해야 하는 불합리한 경우도 생길 수 있기 때문이다. 그리고 인격적 가치를 의미하는 내적 명예는 다수설이 생각하는 바와 같이 침해될 수 없는 것이 아니고, 인간의 존엄성과 가치의 한 측면으로서 공공연한 사실폭로나 모욕행위에 의해 훼손될 수 있는 성질을 가지고 있다고 해야 한다. 이러한 사실들을 고려할 때 우리 형법상 명예에 관한 죄의 보호법익은 **주관적 명예를 배제한 내적 명예와 외적 명예를 합한 것**으로 파악하는 것이 타당하다.

명예에 대한 보호의 정도는 **추상적 위험범**이다(다수설). 그 이유로는 명예침해의 입증곤란을 회피하기 위함도 있지만, 명예가 개인의 현실적인 행실과 태도에 관계없이 인간 일반에게 주어지는 본원적인 인격적 가치로서, 현실적인 침해를 기다릴 필요 없이 공공연한 사실적시나 모욕행위 자체만으로도 훼손될 수 있는 성질을 갖고 있기 때문이다.

2. 체   계

명예에 관한 죄의 기본적 구성요건은 단순명예훼손죄($^{제307조}_{1항}$)이다. 이에 대한 불법가중적 구성요건으로는 적시사실이 허위인 경우의 가중명예훼손죄($^{제307조}_{2항}$)와 출판물에 의한 명예훼손죄($^{제309}_{조}$)가 있다. 사자명예훼손죄($^{제308}_{조}$)는 단순명예훼손죄에 대해서는 독립된 구성요건이지만, 가중명예훼손죄($^{제307조}_{2항}$)와의 사이에서는 파생적 감경구성요건과 파생적 가중구성요건의 관계에 선다. 모욕죄($^{제311}_{조}$)는 명예훼손죄로부터 독립된 구성요건이지만 모욕죄는 일반범죄, 그 밖의 명예에 관한 죄의 개별구성요건은 특별범죄의 위치에 선다.

단순명예훼손죄에 한하여 특별한 위법성조각사유로 제310조가 규정되어 있다. 그 밖에 사자명예훼손죄와 모욕죄는 친고죄($^{제312조}_{1항}$), 명예훼손죄와 출판물에 의한 명예훼손죄는 반의사불벌죄($^{제312조}_{2항}$)이다.

Ⅱ. 명예훼손죄

1. 의   의

명예훼손죄는 공연히 사실을 적시하거나 또는 허위의 사실을 적시하여 타인의 명예를 훼손함으로써 성립하는 범죄이다. 제307조 1항은 단순명예훼손죄이고 2년 이하의 징역이나 금고 또는 5백만원 이하의 벌금에 처한다. 제307조 2항은 허위사실의 적시라는 행위반가치의 증대에 의한 불법가중적 구성요건으로, 5년 이하의 징역, 10년 이하의 자격정지 또는 1천만원 이하의 벌금에 처한다. 이 죄는 반의사불벌죄이므로 피해자의 명시한 의사에 반하여 공소를 제기할 수 없다($\binom{\text{제312조}}{\text{2항}}$).

　　이 죄는 추상적 위험범·즉시범·거동범·전형적인 표시범죄이다.

2. 객관적 구성요건요소

(1) 행위주체

　　통상 명예훼손은 자연인의 인격의 외부적 표현으로서 의미를 갖기 때문에 자연인인 개인이 행위주체가 될 수 있음은 물론이다. 문제는 법인이 행위주체가 될 수 있는가이다. 명예훼손은 어떤 조직체의 활동으로 보기는 곤란한 점이 있으므로 법인은 이 죄의 주체가 될 수 없다고 하는 것이 일반적인 견해이다. 일본 판례 중에는 법인의 대표자가 법인의 명의를 사용하여 타인의 명예를 훼손한 경우에 자연인인 대표자만 처벌된다고 한 판례가 있다.[4]

　　그러나 법인의 범죄행위능력을 인정하는 한 법인도 명예훼손죄의 주체가 될 수 있다고 해야 한다. 현대 사회에서는 기업과 기업간·언론사와 언론사간·언론사와 정당간·언론사와 정치인간에 상호 모욕적이고 명예훼손적인 비방전이 적지 않게 벌어지고 있는데, 이러한 행위들은 특정 자연인 개인의 행위라고 평가하기보다는 법인의 집단적 의사가 담긴 법인의 행위로 보는 것이 더 타당하기 때문이다. 명예훼손죄가 살인·상해 등과 같이 그 성질상 법인이 절대적으로 범할 수 없는 범죄로 보는 것은 옳지 않다.

(2) 행위객체

　(a) **타인의 명예**　　행위객체는 타인의 명예이다(통설).

　(b) **명예의 내용**　　보호법익인 명예는 인간의 내적·외적 가치를 포함한다. 다만 개인의 주관적인 명예감정은 범죄학적·피해자학적 관점에서 의미를 지닐 수 있으나 보호법익으로서 법적·사회적 의미를 부여하기 곤란하다.

　(㉮) 내적 가치　　인간의 내적 가치란 인간의 존엄성의 기초가 되는 인격의 윤리적 발전가능성과 자신의 삶을 의미 있는 삶으로 가꾸어 나갈 수 있는 인간의 기본적인 능력을 의미한다.

---

4) 日大判, 昭 5. 5. 25, 刑集 9, 433.

(나) **외적 가치**   인간의 외적 가치란 각자의 성격 · 외모 · 자질 · 능력 · 직업 등에 대한 사회적인 평가, 즉 명성 또는 세평을 말한다. 이 죄에서 보호하는 명예는 반드시 그 사람의 진가와 일치하지 않아도 좋다. 사회에서 승인되고 통용되는 한 가정적 명예도 명예임에 틀림없다. 다만 이 죄의 명예는 긍정적인 가치여야 한다. 부정적인 가치, 이를테면 범죄자로서 얻는 악명 따위는 명예가 될 수 없다.

(c) **명예의 향유주체**

(가) **자 연 인**   자연인은 모두 명예의 향유주체가 된다. 유아나 정신병자, 백치뿐만 아니라, 범죄자, 실종선고를 받은 자도 역시 인격적 주체이므로 명예의 주체가 된다.

(나) **법   인**   법인도 사회생활에서 그 활동 · 봉사 · 제품생산 등과 관련하여 명성을 누릴 수 있으므로 명예의 향유주체가 된다(다수설). 법인격 없는 단체라도 법적으로 승인된 사회적 · 경제적 기능을 담당하고, 통일된 의사를 형성할 수 있는 처지에 있는 한 명예의 향유주체가 된다. 따라서 정당, 노조, 병원, 종교단체, 종친회, 향우회 따위도 명예의 주체이다. 가정 또는 동리는 명예의 향유주체가 될 수 없다. 통일된 의사를 가지고 사회적으로 활동하는 단체가 아니기 때문이다. 그러나 어떤 가정 또는 동리 그 자체에 대한 명예훼손적 언사는 그 가정 또는 마을에 속한 모든 구성원 각자에게 집합명칭에 의한 명예훼손이 될 수 있다.

(다) **사   자**   우리 형법은 사자에 대해서 모욕죄는 인정하지 않지만 명예훼손죄는 인정하고 있다. 이와 더불어 사자의 명예주체성을 인정할 것인가가 논란의 대상이 되고 있다. 사자 자신을 생존자에 준하여 명예주체로 보자는 견해가 통설이고 또한 타당하다.

(라) **국가 및 지방자치단체**   기본권의 주체가 될 수 없을 뿐만 아니라 국민의 감시와 비판의 대상인 국가나 지방자치단체는 명예의 향유주체가 될 수 없다(대판 2016. 12. 27, 2014 도 15290).

(3) **행   위**

행위양태는 명예훼손이고 명예훼손행위의 **행위수단**은 사실의 적시이다. 사실의 적시를 통한 명예훼손행위는 공연히 행하여져야 한다. 이 죄에서 공연성이라는 행위방법을 요구하는 것은 직접적으로 사회에 유포되어 사회적으로 유해한 명예훼손행위만을 처벌함으로써 개인의 표현의 자유가 이 죄로 인해 지나치게 제한되는 일이 없도록 하기 위함이다.

(a) 공 연 성

(가) **공연성의 의미**   통설과 판례(대판 1996. 7. 12, 96 도 1007; 1985. 11. 26, 85 도 2037)는 불특정인 또는 다수인이 인식할 수 있는 상태를 공연성의 의미로 본다. 여기에서 불특정인이란 명예훼손행위시에 상대방이 구체적으로 특정되어 있지 않다는 의미가 아니라, 거리의 통행인이나 광장의 사람들과 같이 상대방이 특수한 관계── 예컨대 가족이나 친척관계, 긴밀한 친구사이나 동업관계, 애인관계, 사제관계 등── 에 의하여 제한된 범위에 속하는 사람이 아니라는 뜻이다. 다수인이란 단순히 2인 이상을 말하는 것이 아니고 개인의 명예가 사회적으로 훼손되었다고 평가될 수 있을 정도로 상당 다수의 사람이라는 뜻이다.

(나) **전파성이론**   종래 인식할 수 있는 상태의 의미에 관하여 개별적으로 특정한 1인에게 사실을 적시하였어도 순차로 연속하여 불특정 또는 다수인에게 전파될 가능성만 있으면 공연성을 인정하는 견해가 있었다. 이것을 전파성이론이라 부르며 대법원판례도 일관되게 이 입장을 따르고 있다(대판 1985. 12. 10, 84 도 2380; 1990. 7. 24, 90 도 1167; 1992. 5. 26, 92 도 445; 1996. 7. 12, 96 도 1007).[5]

‖ **판례 1** ‖   전파가능성에 기초해 공연성을 인정한 판례

① 피고인의 말을 들은 사람은 한 사람씩에 불과하였으나 그들은 피고인과 특별한 친분관계가 있는 자가 아니며, 그 범행의 내용도 지방의회 의원선거를 앞둔 시점에 현역 시의회 의원이면서 다시 그 후보자가 되고자 하는 자를 비방한 것이어서 피고인이 적시한 사실이 전파될 가능성이 많을 뿐만 아니라, 결과적으로 그 사실이 피해자에게 전파되어 피해자가 고소를 제기하기에 이른 사정 등을 참작하여 볼 때, 피고인의 판시 범행은 행위 당시에 이미 공연성을 갖추었다(대판 1996. 7. 12, 96 도 1007).

② 피고인이 사실을 적시한 장소가 행정서사 갑의 사무실 내이었기는 하나 그의 사무원인 을과 동인의 처 병이 함께 있는 자리였었고, 그들은 모두 피해자와 같은 교회에 다니는 교인들일 뿐 피해자에 관한 소문을 비밀로 지켜줄 만한 특별한 신분관계는 없었던 사정을 규지할 수 있어 피고인이 그들에게 적시한 사실은 그들을 통하여 불특정 또는 다수인에게 전파될 가능성이 충분히 있었다고 보기에 넉넉하므로 원심판결에 공연성에 관한 법리오해가 있다는 논지도 받아들일 수 없다(대판 1985. 4. 23, 85 도 431).

③ 피고인이 공소 외 갑, 을, 병, 정 등에게 유포하였다는 소론 사실(수사경찰관에게 고문·폭행·협박을 받았다는 사실)은 비록 개별적으로 한 사람씩에 대하여 순차 유포한 것이긴 하나 각 그들로부터 불특정 또는 다수인에게 충분히 전파될 가능성이 있던 경우라고 보기에 넉넉하므로 원심이 피고인의 소위를 명예훼손죄로 처단한 조처는 정당하고, 거기에 소론과 같이 공연성의 법리를 오해한 위법이 없다(대판 1985. 12. 10, 84 도 2380).

---

5) 전파성이론을 지지하는 학자로는 김성천·김형준 254면; 박상기 176면.

‖ **판례 2** ‖ 전파가능성이 없어 공연성을 부정한 판례

① 위 말을 발설한 피고인이나 그 말을 들은 갑 등이 모두 위 을과 집안간인 관계로 하여 위 피고인의 말이 대화 당사자들 사이에서만 알고 그 외의 타인에게는 알려지지 않도록 감추려는 것이었다는 사실이 인정됨으로, 피고인의 위 갑 등에 한 말이 불특정 또는 다수인에게 전파될 가능성이 있었다고 볼 수 없어 피고인의 위 피해자에 대한 사실적시행위를 공연성을 갖춘 것이라고 할 수 없다(대판 1982. 4. 27, 82 도 371).

② 이혼소송 계속중인 처가 남편의 친구에게 서신을 보내면서 남편의 명예를 훼손하는 문구가 기재된 서신을 동봉한 경우, 공연성이 결여되었다고 본 사례(대판 2000. 2. 11, 99 도 4579).

③ 통상 기자가 아닌 보통 사람에게 사실을 적시할 경우에는 그 자체로서 적시된 사실이 외부에 공표되는 것이므로 그 때부터 곧 전파가능성을 따져 공연성 여부를 판단하여야 할 것이지만, 그와는 달리 기자를 통해 사실을 적시하는 경우에는 기사화되어 보도되어야만 적시된 사실이 외부에 공표된다고 보아야 할 것이므로 기자가 취재를 한 상태에서 아직 기사화하여 보도하지 아니한 경우에는 전파가능성이 없다고 할 것이어서 공연성이 없다고 봄이 상당하다(대판 2000. 5. 16, 99 도 5622).

생각건대 전파성이론은 자칫 공연성의 의미를 지나치게 확장시킴으로써 유추적용금지의 원칙에 저촉될 위험이 있고, 이 죄의 성립 여부가 상대방의 전달의사에 좌우된다는 불합리성이 있으며, 확실하게 비밀이 보장되거나 전파가능성이 없는 특수한 경우에만 공연성이 부정되는 결과가 되어 표현의 자유를 지나치게 제한할 수 있다는 비판이 가능하다.[6]

이러한 점들을 고려할 때 이 죄의 공연성의 취지를 살리려면, 불특정인 또는 다수인에게 전파될 가능성이 있느냐의 여부가 아니라, 불특정인 또는 다수인이 적시된 사실의 내용을 직접적으로 인식할 수 있는 상태에 있느냐를 기준으로 삼는 것이 옳다(직접인식상태요구설).

다만 판례가 전파가능성 여부를 주관적인 전달의사가 아니라 발언자와 상대방간의 '특별한 신분관계' 등에 의해 엄격하게 판단하고 있고, 또 다수설에 의하더라도 상대방이 불특정이면 그 수의 다소를 묻지 않기 때문에 사실상 양자의 입장에 큰 차이가 있는 것은 아니다.

(b) **사실의 적시**

(가) **사 실** 적시행위의 직접적인 대상은 타인의 인격적 가치와 사회적 평가를 저하시킬 만한 성질의 사실이다. 여기에서 사실이란 오관의 작용에 의해

---

6) 권오걸 213면; 김성돈 187면; 배종대 275면; 백형구 347면; 오영근 210면; 이영란 196면; 이재상 189면; 이정원 205면; 임웅 203면; 정성근·박광민 217면; 정영일 104면; 진계호 221면.

감지할 수 있을 정도로 현실화되고 입증이 가능한 과거 또는 현재의 구체적인 사건이나 상태를 말한다. 따라서 장래의 사건은 현재나 과거의 사실이 아니므로 이 죄에서 말하는 사실에 포함되지 않는다.[7] 장래사건의 거론은 오히려 가치판단 내지 의견진술로서 모욕행위의 일종이 될 뿐 사실의 적시에는 해당되지 않기 때문이다. 다만 장래의 사실이 현재의 사실에 대한 주장을 포함하고 있는 경우에는 이 죄의 사실이 될 수 있다고 보아야 한다(대판 2003. 5. 13, 2002 도 7420). 설교중에 특정인을 "이단 중에 이단이다"라고 말하는 것도 의견표명이나 가치판단에 불과해 사실의 적시에 해당하지 않는다(대판 2008. 10. 9, 2007 도 1220).

사실은 악행이나 추문에 관한 것이 아니더라도, 사람의 인격적 가치 내지 사회적 평가를 저하시킬 만한 것이면 된다. 행위자가 직접 경험한 사실이 아니고 추측사실이나 소문에 속한 사실이라도 무방하다. 시간·장소 등이 특정되지 않더라도 사실은 구체성을 띠어야 한다. 구체성 없는 추상적 사실은 가치판단의 대상일 뿐 적시의 대상이 될 수 없기 때문이다.

‖**판례 1**‖ 명예훼손죄가 성립하기 위하여는 사실의 적시가 있어야 하는데, 여기에서 적시의 대상이 되는 사실이란 현실적으로 발생하고 증명할 수 있는 과거 또는 현재의 사실을 말하며, 장래의 일을 적시하더라도 그것이 과거 또는 현재의 사실을 기초로 하거나 이에 대한 주장을 포함하는 경우에는 명예훼손죄가 성립한다고 할 것이고, 장래의 일을 적시하는 것이 과거 또는 현재의 사실을 기초로 하거나 이에 대한 주장을 포함하는지 여부는 그 적시된 표현 자체는 물론 전체적인 취지나 내용, 적시에 이르게 된 경위 및 전후 상황, 기타 제반 사정을 종합적으로 참작하여 판단하여야 한다. 피고인이 경찰관을 상대로 진정한 사건이 혐의인정되지 않아 내사종결 처리되었음에도 불구하고 공연히 "사건을 조사한 경찰관이 내일부로 검찰청에서 구속 영장이 떨어진다"고 말한 것은 현재의 사실을 기초로 하거나 이에 대한 주장을 포함하여 장래의 일을 적시한 것으로 볼 수 있어 명예훼손죄에 있어서의 사실의 적시에 해당한다(대판 2003. 5. 13, 2002 도 7420).

‖**판례 2**‖ 명예훼손죄에서 사실의 적시는 사실을 직접적으로 표현한 경우에 한정될 것은 아니고, 간접적이고 우회적인 표현에 의하더라도 그 표현의 전 취지에 비추어 그와 같은 사실의 존재를 암시하고, 또 이로써 특정인의 사회적 가치 내지 평가가 침해될 가능성이 있을 정도의 구체성이 있으면 족한 것이다. 따라서 교수가 학생들 앞에서 피해자의 이성관계를 암시하는 발언을 한 것은 명예훼손죄에 해당한다(대판 1991. 5. 14, 91 도 420).

＊**주의**: 적시된 사실이 진실인지의 여부는 이 죄 성립에 영향을 주지 않는다. 진실한 사실이면 제307조 1항의 단순명예훼손죄에, 허위사실이면 제307조 2항의 가중적 명예훼손죄에 각각 해당한다. 다만 불법과 형의 경중에 차이가 있을 뿐이다.

---

7) 이재상 189면; 임웅 206면.

적시된 사실이 허위인지 여부를 판단함에 있어서는 적시된 사실의 내용 전체의 취지를 살펴볼 때 세부적인 내용에서 진실과 약간 차이가 나거나 다소 과장된 표현이 있는 정도에 불과하다면 이를 허위라고 볼 수 없으나, 중요한 부분이 객관적 사실과 합치하지 않는다면 이를 허위라고 보아야 한다(대판 2014. 3. 13, 2013 도 12430).

다만 사실은 피해자에게 직접적으로 관련된 사항이어야 한다. 예컨대 처의 간통사실을 적시하더라도 남편의 명예훼손으로 되지는 않는다.

가치판단과 사실의 적시가 혼합된 진술도 있을 수 있다. '모는 밥만 먹으면 거짓말을 한다'는 진술과 같다. 이 경우 사실적시측면에 주목하면 명예훼손죄가 성립하고, 가치판단측면에 중점을 두면 모욕죄가 될 뿐이다.

(나) 적   시   적시란 명예훼손적인 사실을 사회적인 외부세계에 표시·주장·발설·전달하는 일체의 행위를 말한다. 적시의 방법은 구두, 문서, 도화 기타 무엇이든지 좋다. 다만 비방의 목적을 가지고 하는 출판에 의한 사실적시는 별죄인 출판물에 의한 명예훼손죄($\frac{제309}{조}$)에 해당한다.

사람에 대한 사실을 적시하는 경우에는 적시된 사실과 관련된 피해자가 특정될 수 있을 정도로 구체적인 표시가 필요하다. 이름은 명기하지 않아도 그 대상이 누구인가가 특정될 수 있는 경우에는 사실의 적시가 된다. 또한 사실을 직접적으로 표시하지 않고 간접적·우회적인 표시에 의하더라도 그 표현의 전 취지에 비추어 그와 같은 사실의 존재를 암시하고 또한 특정인의 사회적 평가가 침해될 가능성이 있을 정도로 구체성을 갖추고 있으면 이로써 사실의 적시가 된다.

‖ **판례 1** ‖   신문기사에 피해자의 성명 등이 명시되지 않았으나 '교육감 출마예상자', '모 상업계 교장' 등의 표현을 주위사정과 종합해 보면 그 기사내용의 당사자가 피해자임을 특정할 수 있고, 그 지역 교육계에 종사하는 많은 사람들도 위 기사내용의 당사자가 피해자임을 알 수 있는 경우에 해당하므로 출판물 등에 의한 명예훼손죄가 성립한다(대판 2005. 6. 10, 2005 도 2316).

‖ **판례 2** ‖   비록 사람의 성명 등이 명시되지 않아 게재된 기사나 영상 자체만으로는 피해자를 인식하기 어렵게 되어 있더라도 그 표현의 내용을 주위사정과 종합해 보면 피해자가 누구인지를 알 수 있는 경우에는 피해자가 특정되어 있다고 보아야 할 것이다(대판 1989. 11. 14, 89 도 1774).

(다) 일반명칭에 의한 사실적시   일반명칭에 의한 사실적시는 사실적시가 되지 않는다. '한국인은 생쥐 같은 본성을 가졌기 때문에 민주주의를 할 수 없다', '일본사람은 왜놈근성을 갖고 있다'라는 식의 주장은 어느 나라 또는 한 지방민에

대하여 막연히 명예를 폄훼하는 말이지만 그 의미가 특정된 구성원 개개인을 포함하는 것이 아니고 널리 예외가 인정되는 일반명칭에 해당되는 것이므로 사실의 적시가 되지 않는다(대판 1960. 11. 26, 4293 형상 244).

(라) 집합명칭에 의한 사실적시   집합명칭에 의한 사실적시는 사실적시가 된다. '모법대교수들', '한국판사들' 따위의 표시는 이른바 집합명칭에 해당하는 것으로서, 표시된 명칭에 소속된 개개인의 범위가 일반인과는 분명히 구분될 수 있다. 따라서 집합명칭에 의한 명예훼손은 소속된 전체 구성원 각자에 대한 사실적시가 되어 명예훼손죄가 성립한다(대판 2000. 10. 10, 99 도 5407).

‖ **판례** ‖ 배포한 보도자료에는 피해자 갑의 이름을 직접적으로 적시하고 있지는 않으나, 3.9 동지회 소속 교사들이 학생들을 선동하여 무단하교를 하게 하였다고 적시하고 있는 사실, 경기여자상업고등학교의 교사는 총 66명으로서 그 중 약 37명이 3.9 동지회 소속 교사들인 사실, 위 학교의 학생이나 학부모, 교육청 관계자들은 3.9 동지회 소속 교사들이 누구인지 알고 있는 사실을 인정한 다음, 그렇다면 3.9 동지회는 그 집단의 규모가 비교적 작고 그 구성원이 특정되어 있으므로 피고인이 3.9 동지회 소속 교사들에 대한 허위의 사실을 적시함으로써 3.9 동지회 소속 교사들 모두에 대한 명예가 훼손되었다고 할 것이고(대판 2000. 10. 10, 99 도 5407).

(c) **명예훼손**   타인의 명예를 무시·공격·비난하는 일체의 손상행위를 말한다. 이 죄는 추상적 위험범이므로 인격적 가치와 사회적 명예의 손상이라는 구성요건결과는 현실적으로 발생할 필요가 없고 발생할 일반적인 위험 또는 적성(適性)만 있으면 충분하다. 따라서 공공연하게 사실을 적시하여 타인의 명예 저하의 위험을 증대시켰을 때 이 죄는 기수가 된다.

3. 구성요건고의와 착오

구성요건고의는 사실의 적시뿐만 아니라 타인의 명예훼손에 미쳐야 한다. 또한 행위방법인 공연성은 물론, 허위사실의 적시의 경우에는 사실의 허위성에 대한 고의가 있어야 한다. 미필적 고의로도 충분하다. 그러나 허위사실적시에 의한 가중명예훼손죄의 경우 허위사실에 대해서만은 **확실성 정도의 인식을 요하는 지정고의**가 있어야 하고 그 밖의 객관적 구성요건표지에 대해서는 미필적 고의로도 충분하다. 행위자가 허위라는 것을 인식하였는지 여부는 성질상 외부에서 이를 알거나 증명하기 어려우므로, 공표된 사실의 내용과 구체성, 소명자료의 존재 및 내용, 피고인이 밝히는 사실의 출처 및 인지 경위 등을 토대로 피고인의 학력, 경력, 사회적 지위, 공표 경위, 시점 및 그로 말미암아 예상되는 파급효과 등의 여러 객관적 사정을 종합하여 판단한다(대판 2014. 3. 13, 2013 도 12430).

허위사실을 진실한 사실로 오인하고 적시하여 타인의 명예를 훼손한 경우는 불법가중사유를 인식하지 못한 경우이므로 제15조 1항이 직접 적용되어 단순명예훼손죄의 죄책을 질 뿐이다(통설).

진실한 사실을 허위사실로 오인하고 적시하여 타인의 명예를 훼손한 경우는 어떻게 할 것인가? 즉 중한 죄의 고의로 경한 죄를 실현한 경우이다. 다수설은 이 경우 착오의 일반이론에 따라 중한 고의는 경한 고의를 포괄한다고 하면서 경한 죄인 단순명예훼손죄로 처벌된다고 한다. 그러나 이 경우는 제15조 1항을 반전시켜 적용해야 한다. 따라서 경한 기본범죄의 고의기수와 중한 범죄의 미수의 관념적 경합으로 다루어야 한다. 가중명예훼손죄의 미수는 처벌되지 않으므로 결국 단순명예훼손죄의 고의기수가 될 뿐이다.

4. 위법성조각사유

(1) 정당행위

형사재판에서 검사의 기소요지의 진술이나 소송종결단계에서의 피고인과 변호인의 정당한 방어권의 행사, 법관의 보충적인 직권개입에 의한 신문, 증인의 증언 등이 다소 명예훼손적인 진술내용을 담고 있더라도 형사소송법·형사소송규칙에 근거한 정당한 것인 한 법령에 의한 행위로 위법성이 조각된다. 또한 신문·라디오·TV·정보통신망 등 언론매체의 보도도 국민의 알권리를 충족시키는 범위 내에서의 진지한 정보의 이익이 있는 한, 다소 명예훼손적인 내용을 담고 있더라도 업무로 인한 정당행위가 된다. 그 밖에도 학술논문 또는 예술작품에 대한 공정한 논평도 평론가의 업무로 인한 행위로서 위법성이 조각된다. 그러나 정당행위의 요건을 일부 충족하는 명예훼손적 행위가 권리남용으로 평가될 때에는 위법성이 조각되지 않는다.

(2) 형법 제310조에 의한 위법성조각사유

(a) 의 의　언론의 자유는 자유민주주의의 근간을 이루는 기본권으로서 비판과 의사표시를 그 핵심으로 한다. 이와 같은 언론의 자유를 엄격히 제한한다면 개인의 명예에 대한 보호는 확보되겠지만 민주사회의 발전을 기대하기 어렵다. 개인의 명예보호와 언론자유의 보장은 적절한 수준에서 조화되도록 해야 한

다. 이를 위해 형법 제310조는 특히 개인의 명예와 충돌하는 언사라도 그 내용이
진실한 사실이고 또한 공익을 위한 것일 때에는 위법성이 조각되도록 하고 있다.
이것은 공연히 사실을 적시하여 타인의 명예를 훼손하는 단순명예훼손죄에 대해
서만 적용되는 특별한 위법성조각사유이다.

(b) **성립요건**

(가) **진실한 사실**   적시된 사실은 진실한 사실이어야 한다. 전체적으로 진실
한 사실이면 세부적으로 약간의 차이가 있거나 과장이 있어도 상관없다(대판
1958. 9. 26, 4291 형상 323). 적시된 사실은 진실해야 하므로 단순명예훼손죄에 대
해서만 적용되고, 가중명예훼손죄($\frac{제307조}{2항}$)·사자명예훼손죄($\frac{제308}{조}$)·출판물에 의한
명예훼손죄($\frac{제309조}{2항}$)에는 적용될 여지가 없다.

적시된 사실이 진실한 것이라는 증명이 없더라도 행위자가 그 사실을 진실한
것으로 믿었고 또 그렇게 믿을 만한 상당한 이유가 있는 경우에는 위법성이 없다
(대판 1994. 8. 26, 94 도 237; 1996. 8. 23, 94 도 3191; 1997. 4. 11, 97 도 88). 그리고
객관적 진실의 확인은 때때로 개인의 인식능력의 한계 밖에 있기 때문에, 행위자가
신중하게 사실을 조사했음에도 착오를 일으켰다면 역시 위법성이 조각될 수 있다.
반면 행위자가 진실 여부에 관해 경솔한 주장을 편 경우에는 그러하지 아니하다.

(나) **공공의 이익**   사실의 적시가 오로지 공공의 이익에 관한 것이어야 한다.
여기에서 공공의 이익이란 국가·사회 기타 일반 다수인의 이익에 관한 것뿐만
아니라, 특정한 사회집단이나 그 구성원 전체의 이익에 관한 것도 공공의 이익에
포함된다. 적시된 사실이 공공의 이익에 관한 것인지 여부는 당해 적시 사실의 내
용과 성질, 당해 사실의 공표가 이루어진 상대방의 범위, 그 표현의 방법 등 그
표현 자체에 관한 제반 사정을 감안함과 동시에 그 표현에 의하여 훼손되거나 훼
손될 수 있는 명예의 침해정도 등을 비교·고려하여 판단해야 한다(대판 2000. 2.
25, 98 도 2188; 1993. 6. 22, 93 도 1035). 특히 공인의 공적 활동과 밀접한 관련이
있는 사안에 관하여 진실을 적시한 경우에는 원칙적으로 공공의 이익에 관한 것
으로 볼 수 있다(대판 2006. 10. 13, 2005 도 3112). 언론의 자유를 통해 추구된 공공
의 이익이 피해자 개인의 명예이익보다 우월해야 한다.

(다) **주관적 정당화요소**   행위자가 주관적으로 행위의 진실성과 공익성을 인
식하고 그것을 추구하기 위한다는 목적을 가지고 행위했을 때 타인의 명예훼손행
위가 정당화될 수 있다. 법문에는 '오로지'라고 되어 있으나 이러한 목적이 유일
한 동기일 필요는 없다. 공공의 이익이 주된 목적인 한 부수적으로 다른 사익적

목적이나 동기가 내포되어 있더라도 상관없다.

그러나 중상모략, 선동, 악의적인 비난의 목적이 게재된 경우에는 정당화될 수 없다. 이런 경우는 타인의 명예에 관한 침해가 공익옹호를 위한 적절한 수단이 될 수 없기 때문이다. 비방의 목적이 있어야 성립하는 제309조 1항의 경우에 본조가 적용되지 않는 것도 결국 같은 이유 때문이다.

‖ **판례** ‖ 형법 제310조에서 '오로지 공공의 이익에 관한 때'라 함은 적시된 사실이 객관적으로 볼 때 공공의 이익에 관한 것으로서 행위자도 주관적으로 공공의 이익을 위하여 그 사실을 적시한 것이어야 한다. 여기의 공공의 이익에 관한 것에는 널리 국가·사회 기타 일반 다수인의 이익에 관한 것뿐만 아니라 특정한 사회집단이나 그 구성원 전체의 관심과 이익에 관한 것도 포함한다. 적시된 사실이 공공의 이익에 관한 것인지 여부는 당해 적시 사실의 구체적 내용, 당해 사실의 공표가 이루어진 상대방의 범위, 그 표현의 방법 등 표현 자체에 관한 제반사정을 감안함과 동시에 그 표현에 의해 훼손되거나 훼손될 수 있는 명예의 침해정도 등을 비교, 고려하여 결정하여야 한다. 행위자의 주요한 목적이나 동기가 공공의 이익을 위한 것이라면 부수적으로 다른 사익적 목적이나 동기가 내포되어 있더라도 형법 제310조의 적용을 배제할 수 없다(대판 1996. 10. 25, 95 도 1473; 1998. 10. 9, 97 도 158).

(c) **효 과**

㈎ **실체법상 효과**   이상의 요건을 구비한 행위는 처벌되지 아니한다. 여기서 '처벌하지 아니한다'는 의미에 관하여는 처벌조각사유설·위법성조각사유설·구성요건해당성배제사유설 등이 있으나 위법성조각사유설이 우리나라의 통설이다.

㈏ **소송법상 효과**   형사소송법상 입증책임은 원칙적으로 검사에게 있다. 위법성조각사유가 존재하는 경우에도 피고인에게 주장책임이나 증거제출책임은 있지만, 사실의 입증이 불분명한 경우 불이익이 귀속될 입증책임은 역시 검사에게 있다. 따라서 피고인이 본조의 위법성조각사유를 주장할 경우 적시사실의 진실성·공익성의 부존재에 관한 입증책임은 검사가 지게 된다(통설).

(d) **착 오**

㈎ **허위사실을 진실로 오인하고 공익을 위해 적시한 경우**   다수설은 이 경우를 위법성조각사유의 전제사실에 관한 착오의 문제로 다룬다. 이 때 엄격책임설에 의하면 금지착오의 특별한 형태에 해당하여 고의기수에 해당한다. 다만 회피가능성 여부에 따라 책임정도가 감경 또는 배제될 수 있다. 제한책임설 중 구성요건착오유추적용설에 의하면 구성요건고의는 배제되고 과실범 성립 여부만 문제된다. 다수설인 법효과제한적 책임설을 따를 경우에는 구성요건고의는 인정되나

과실책임을 인정하게 된다. 그러나 어떤 입장을 취하든 명예훼손죄의 경우에는 과실범처벌규정이 없으므로 결국 불가벌이 된다.

그런데 앞서 언급한 바와 같이 비록 적시된 사실이 허위라 할지라도 행위자가 그것을 진실이라고 믿을 만한 상당한 이유가 있었거나, 신중하게 사실을 조사했음에도 착오를 일으킨 경우에는 여전히 명예훼손행위의 위법성은 탈락한다. 언론보도와 관련해서는 일종의 허용된 위험의 법리가 적용되는 사안이라고 할 수 있다.[8]

따라서 행위자의 형사책임이 문제되는 착오의 사례는 결국 행위자가 상당한 이유가 없음에도 또는 신중하게 사실을 조사하지 않고 경솔하게 허위의 사실을 진실로 오인하고 공익을 위해 적시함으로써 명예를 훼손한 사례이다. 그런데 이러한 경우를 다수설과 같이 단순히 정당화 상황에 대한 착오의 사례로 다루게 되면, 결국 과실범의 성부(구성요건착오유추적용설)나 과실책임(법효과제한적 책임설)만이 문제되어 불가벌이라는 결론에 이르러 가게 된다. 그러나 경솔히 허위의 사실을 진실이라 믿고 적시하여 타인의 명예를 훼손한 행위에 대하여 진실이라고 믿었다는 항변만으로 면죄부를 주는 것이 납득하기 어려운 결론임은 재론을 요하지 않는다. 이러한 결론을 그대로 수용하게 되면 언론과 보도의 자유는 최대한 보장될 수 있을지 모르나 개인의 명예에 대한 침해는 우려할 만한 수준으로 증가하게 될 것이다. 따라서 상당한 이유가 없거나 신중한 조사를 거치지 않은 채 경솔하게 허위의 사실을 진실로 오인하고 허위사실을 적시하여 명예를 훼손한 경우에는, 비록 허위사실에 의한 명예훼손죄($\frac{제307조}{2항}$)의 고의는 없다고 할지라도 단순명예훼손죄($\frac{제307조}{1항}$)의 고의는 인정될 수 있기 때문에 고의의 단순명예훼손죄로 의율해야 할 것으로 본다.[9]

《참고》 여기서 경솔히 허위의 사실을 진실로 오인하고 보도한 경우에 제한책임설에 따르는 부당한 처벌의 공백을 메꾸기 위해서는 보도자의 '성실한 검토의무'를 제310조의 성립에 필요한 '특별한 주관적 정당화요소'로 파악하는 것이 필요하다는 견해가 있다.[10] 그러나 제310조의 검토에 있어서 '성실한 검토의무'는 그것이 없었을 때 당연히 주관적 정당화의사를 부인하는 기능보다는, 행위자가 정당화상황의 전제되는 사실에 대한 착오를 일으켰을 때 행위자의 양심적 심사가 있었던 경우에는 허용된 위험의 사상에 기초하여 설사 정당화의 객관적 조건이 갖추어지지 않았다 할지라도 행위반가치를 탈락시켜 전체적으로 행위의 위법성을 조각하는 기능을 수행하는 것으로 보는 것이 옳다. 따라서 정당화상황의 성실한 검토가 정당화사유

---

8) 임웅 212면.
9) 같은 견해 손동권 197면; 임웅 213면.
10) 임웅 213면.

의 원칙적인 전제조건에 속한다고 볼 필요는 없고, 단지 정당화사유의 객관적 전제사실에 대한 착오문제를 다룰 때 특별히 고려해야 할 사항으로 보면 족하다.

(나) **진실한 사실을 허위인 줄 알고 적시한 경우** 제310조의 적용문제는 애당초 문제되지 않는다. 이 경우는 제15조 1항의 의미를 반전시켜 직접 적용해야 한다. 따라서 제307조 1항의 고의기수와 제307조 2항의 미수 사이의 관념적 경합이 된다. 가중명예훼손죄의 미수처벌규정이 없으므로 결국 경한 단순명예훼손죄의 고의기수로 처벌하면 된다.

5. 죄수 및 타죄와의 관계

(가) 이 죄는 일신전속적 법익을 보호하는 범죄이므로 죄수는 피해자의 수를 기준으로 해야 한다. 1개의 문서로써 또는 1회의 발언기회에 2인 이상의 자의 명예를 훼손한 경우에는 관념적 경합이 된다. 수개의 신문지상에 같은 광고문언을 게재해 동일피해자의 명예를 훼손한 경우에는 포괄일죄로 보아야 한다.

(나) 명예훼손죄와 모욕죄는 보호법익이 같지만, 명예훼손행위 중 모욕적인 언사를 한 경우는, 법조경합 특별관계이므로 명예훼손죄만 성립한다.

(다) 허위사실을 적시하여 명예와 신용을 동시에 훼손하는 경우 제307조 2항의 가중적 명예훼손죄와 신용훼손죄는 법조경합 특별관계에 있으므로 신용훼손죄만 성립한다. 진실한 사실을 적시하여 사람의 신용을 훼손하면 제307조 1항의 단순명예훼손죄만 문제된다.

(라) 명예훼손죄와 공직선거법상 후보비방죄(제251조)는 보호법익과 구성요건내용이 다른 별개의 범죄로서 상상적 경합이 된다(대판 1998. 3. 24, 97 도 2956).

Ⅲ. 사자의 명예훼손죄

사자의 명예훼손죄는 공연히 허위의 사실을 적시하여 사자의 명예를 훼손함으로써 성립하는 범죄이다. 2년 이하의 징역이나 금고 또는 5백만원 이하의 벌금에 처한다(제308조). 허위의 사실을 적시한 경우에만 성립하므로 진실한 사실을 적시한 경우에는 이 죄가 성립하지 않는다.

이 죄의 보호법익은 사자에 대한 유족의 추모감정이라는 견해, 사자에 대한 일반대중의 추모감정이라는 견해도 있으나, **역사적 존재로서 사자 자신의 명예**라고 보는 것이 옳다(다수설). 사자 자신의 인격적 가치에 대한 평가는 그의 사후까지 보호되어야 할 형사정책적 필요성이 있기 때문이다.

행위양태는 공연히 허위의 사실을 적시하여 사자의 명예를 훼손하는 것이다. 이 죄가 성립하기 위해서는 허위의 사실을 적시하여 사자의 명예를 훼손한다는 점에 대한 인식과 의사가 있어야 한다. 따라서 i) 살아 있는 사람을 사자로 오인하고 허위의 사실을 적시한 경우에는 객관적으로는 가중명예훼손죄($\binom{제307조}{2항}$)에 해당하지만, 제15조 1항이 적용되어 이 죄의 고의기수가 된다. ii) 살아 있는 사람을 사자로 오인하고 진실한 사실을 적시한 경우에는 제307조 1항의 구성요건착오에 해당하여 고의는 배제되고 과실 여부만 문제된다. iii) 사자를 살아 있는 사람으로 오인하고 진실한 사실을 적시한 경우에는 명예훼손죄($\binom{제307조}{1항}$)의 불능미수에 해당한다. 다만 명예훼손죄의 과실범 및 미수범은 처벌규정이 없으므로 불가벌이다. iv) 사자를 살아 있는 사람으로 오인하고 허위의 사실을 적시한 경우에는 가중명예훼손죄($\binom{제307조}{2항}$)의 불능미수나 사자명예훼손죄의 과실범이 문제될 수 있으나 결국 불가벌이다. 이 경우 죄질부합설의 관점에서 사자명예훼손죄가 성립한다는 견해[11]도 있으나, 본죄의 고의는 보호명예의 주체가 '사자'라는 점에 대한 인식이 있어야 하므로 사자라는 점에 인식이 결여되어 있는 행위자에게 본죄의 고의범을 인정하기는 어렵다.

이 죄는 친고죄이므로 고소권자의 고소가 있어야 공소를 제기할 수 있다($\binom{제312조}{1항}$). 이 죄의 고소권자는 사자의 친족 또는 자손을 원칙으로 하고($\binom{형소법}{제227조}$), 이들도 없는 경우 이해관계인의 신청에 따라 검사가 10일 이내에 정한다($\binom{형소법}{제228조}$).

Ⅳ. 출판물에 의한 명예훼손죄

1. 의 의

출판물에 의한 명예훼손죄는 비방의 목적을 가지고 신문·잡지·라디오·기타 출판물 등의 출판물에 의하여 사실을 적시함으로써 성립하는 범죄이다. 3년 이하의 징역이나 금고 또는 7백만원 이하의 벌금에 처한다($\binom{제309조}{1항}$). 그 사실이 허위임을 알면서 적시하여 타인의 명예를 훼손하는 경우에는 7년 이하의 징역, 10년 이하의 자격정지 또는 1천 5백만원 이하의 벌금에 처한다($\binom{제309조}{2항}$). 이 죄는 **반의사불벌죄**이므로 피해자의 분명한 의사에 반하여 공소를 제기할 수 없다($\binom{제312조}{1항}$).

이 죄는 제307조의 명예훼손죄에 비해 초과주관적 불법요소인 비방의 목적

---

11) 예컨대 박상기 184면; 임웅 217면.

을 필요로 하는 목적범이라는 점 및 구성요건적 행위방법이 공연성보다 전파성이 큰 신문·잡지·라디오·컴퓨터통신망 등 출판물에 의한다는 점에서 행위반가치가 높아 불법이 가중된 구성요건이다.

2. 객관적 구성요건요소

출판물은 공연성보다 그 전파가능성이 높기 때문에 명예훼손의 위험성도 높아진다. 따라서 출판물에 의하여 사실을 적시함으로써 타인의 명예를 훼손하는 경우에는 별도로 공연성을 요구하지 않는다.

법문은 신문, 잡지, 라디오 외에 기타 출판물이라고 행위수단을 지칭하고 있어서 이에 TV, 영화, 컴퓨터통신망, 인터넷 등도 포함되는지에 대해서는 긍정설과 부정설이 나뉜다. 부정설은 뒤의 매체들을 출판물로 해석하게 되면 피고인에게 불리한 유추해석이 되어 죄형법정주의에 반한다는 것을 이유로 든다.[12] 그러나 오늘날 영상매체 및 인터넷의 광범위한 영향력을 고려할 때 본죄의 출판물을 예시규정으로 보아 TV, 인터넷 등을 포함시키는 것이 오히려 목적론적 해석에 부합된다고 본다.[13]

한편 비방의 목적을 가지고 인터넷 등을 이용하여 사이버공간에서 타인의 명예를 훼손하였을 경우에는 특별법인 정보통신망이용촉진및정보보호등에관한법률 제70조가 우선 적용되어 가중처벌된다. 이 특별법이 본죄와 같은 법정형이라면 본죄의 출판물을 보완하기 위한 보충규정이라고 하겠으나, 가중형을 두었으므로 본죄의 특별규정이라 이해해야 할 것이다. 인터넷공간에서의 명예훼손행위에 대해 특별법이 우선 적용되면 처벌의 결과에 있어서 긍정설과 부정설의 차이는 없어지게 된다.

출판물은 주로 등록출판된 제본인쇄물, 제작물을 의미하지만 이 정도의 효용과 기능을 가지고서 사실상 출판물로 유통·통용될 수 있는 외관을 가진 그 밖의 제본인쇄물도 포함된다(대판 1997.8.26, 97 도 133).

‖**판례**‖ 공공성, 전파성, 신뢰성이 높은 출판매체로서의 외관 기능을 갖고 있어야 하기 때문에 단순한 프린트물이나 손으로 쓴 유인물, 복사물, 개인용 비디오 녹화물은 본조의 출판물 개념에서 제외된다(대판 1986.3.25, 85 도 1143). 이러한 경우는 제307조의 일반명예훼손죄가 문제될 수 있을 뿐이다.

---

12) 오영근 225면; 임웅 219면; 정성근·박광민 226면; 정영일 110면.
13) 권오걸 235면; 김성돈 201면; 김성천·김형준 270면; 박상기 185면; 이정원 215면.

구성요건행위는 명예훼손이며 사실의 적시는 명예훼손행위의 수단이다. 적시된 사실은 진실이든 허위이든 불문한다. 다만 허위의 사실을 적시한 경우 가중처벌된다(제309조 2항).

이 죄는 간접정범형식으로도 가능하다(통설). 즉 정을 모르는 기자에게 비방할 목적으로 허위의 기사를 제공하여 신문지상에 게재케 한 경우에도 이 죄가 성립한다(대판 1994. 4. 12, 93 도 3535). 만약 기자가 허위인 정을 알고도 기사화하였을 경우에는 제보자와 기자 사이에 공동정범 또는 교사범과 정범의 관계가 성립할 수 있다.

‖ **판례** ‖   타인을 비방할 목적으로 허위사실인 기사의 재료를 신문기자에게 제공한 경우에 기사를 신문지상에 게재하느냐의 여부는 신문 편집인의 권한에 속한다고 할 것이나 이를 편집인이 신문지상에 게재한 이상 기사의 게재는 기사재료를 제공한 자의 행위에 기인한 것이므로 기사재료의 제공행위는 출판물에 의한 명예훼손죄의 죄책을 면할 수 없다(대판 2002. 3. 29, 2001 도 2624; 1994. 4. 12, 93 도 3535).

그러나 제보자가 기사의 취재 · 작성과 직접적인 연관이 없는 자에게 허위의 사실을 알렸을 뿐인 경우에는, 설사 그 제보가 나중에 기사화되었더라도 피제보자에게 특별히 기사화를 부탁했거나 또는 피제보자가 이를 기사화할 것이 고도로 예상되는 등의 특별한 사정이 없는 한 제보자에게 출판물에 의한 명예훼손죄는 성립하지 않는다(대판 2002. 6. 28, 2000 도 3045).

이 죄는 추상적 위험범 · 거동범이므로 출판물 등에 의해 사실을 적시함으로써 불특정 또는 다수인이 인식할 수 있는 상태에 이르면 기수가 된다. 현실적으로 인식하였는지의 여부 및 비방목적의 달성 여부는 이 죄의 성립요건이 아니다. 따라서 출판물이나 언론매체가 일반인이 보거나 시청할 수 있을 정도로 배부되었거나 전파되었으면 실제 불특정 또는 다수인이 그 사실을 감지하지 못했더라도 이 죄의 성립에는 지장이 없다. 피해자는 물론 특정되어야 한다.

3. 주관적 구성요건요소

이 죄는 목적범이므로 고의 외에 비방의 목적이 있어야 한다. 비방의 목적이란 사람의 명예를 훼손시키기 위해 인격적 평가를 저하시키려는 의도를 말한다.

‖ **판례** ‖   형법 제309조 제 1 항, 제 2 항 소정의 '사람을 비방할 목적'이란 가해의 의사 내지 목적을 요하는 것으로서 사람을 비방할 목적이 있는지 여부는 당해 적시 사실의 내

용과 성질, 당해 사실의 공표가 이루어진 상대방의 범위, 그 표현의 방법 등 그 표현 자체에 관한 제반 사정을 감안함과 동시에 그 표현에 의하여 훼손되거나 훼손될 수 있는 명예의 침해 정도 등을 비교·고려하여 결정하여야 한다(대판 2002. 12. 10, 2001 도 7095).

적시한 사실이 공공의 이익에 관한 것인 때에는 특별한 사정이 없는 한 비방의 목적은 부인된다(대판 2000. 2. 25, 98 도 2188). 타인의 비위 또는 범죄사실을 신문에 게재했더라도 비방의 목적이 없는 한 이 죄가 성립하지 않고, 제307조 1항의 단순명예훼손죄가 성립할 수 있다. 비방의 목적이 있으면 진실한 사실을 적시한 경우에도 제310조의 규정은 적용될 여지가 없다(대판 1995. 6. 30, 95 도 1010).

V. 모 욕 죄

1. 의   의

모욕죄는 공공연하게 타인을 모욕함으로써 성립하는 범죄이다. 1년 이하의 징역이나 금고 또는 2백만원 이하의 벌금에 처한다(제311조). 모욕죄는 사실의 적시 없이 타인의 명예를 공공연하게 경멸 등의 부정적 가치판단을 통해 위태롭게 하는 것이고, 명예훼손죄는 사실의 적시를 통해 타인의 명예를 공공연하게 훼손하는 것을 말한다. 통설은 양자의 본질적인 차이점을 행위수단인 사실의 적시 여부에서 찾는다. 이 죄는 친고죄이므로 피해자의 고소가 있어야 공소를 제기할 수 있다(제312조 1항).

2. 객관적 구성요건요소

(1) 행위객체

모욕죄와 명예훼손죄는 보호법익뿐만 아니라 행위객체, 피해자도 같다. 다만 사자에 대한 모욕이 성립되지 않는 점에서 그것을 별개의 범죄구성요건으로 하고 있는 명예훼손죄와 다르다.

모욕죄의 피해자는 특정되어야 한다. 이른바 집합명칭에 의한 모욕은 그것이 구성원 개개인의 사회적 평가를 저하시킬 만한 것으로 평가될 경우에는 구성원 개개인에 대한 모욕죄가 성립할 수 있다(대판 2014. 3. 27, 2011 도 15631).

‖ **판례** ‖ 이른바 집단표시에 의한 모욕은, 모욕의 내용이 집단에 속한 특정인에 대한 것이라고는 해석되기 힘들고, 집단표시에 의한 비난이 개별구성원에 이르러서는 비난의 정도가 희석되어 구성원 개개인의 사회적 평가에 영향을 미칠 정도에 이르지 아니한 경

우에는 구성원 개개인에 대한 모욕이 성립되지 않는다고 봄이 원칙이고, 비난의 정도가 희석되지 않아 구성원 개개인의 사회적 평가를 저하시킬 만한 것으로 평가될 경우에는 예외적으로 구성원 개개인에 대한 모욕이 성립할 수 있다. 한편 구성원 개개인에 대한 것으로 여겨질 정도로 구성원 수가 적거나 당시의 주위 정황 등으로 보아 집단 내 개별 구성원을 지칭하는 것으로 여겨질 수 있는 때에는 집단 내 개별구성원이 피해자로서 특정된다고 보아야 할 것인데, 구체적인 기준으로는 집단의 크기, 집단의 성격과 집단 내에서의 피해자의 지위 등을 들 수 있다(대판 2014. 3. 27, 2011 도 15631).

(2) 행위양태

모욕이다. 모욕이란 사실을 적시하지 않은 채 타인의 인격적 가치와 명예를 깎아내리는 가치판단이나 경멸의 의사표시를 말한다. 인격에 대한 무가치판단으로서 경멸의 의사표시는 언어 또는 동작을 통해 외부로 나타나야 한다. 단순히 타인에게 실례되는 정도의 행동이나 부주의한 농담 등은 모욕의 표시라고 할 수 없다.

경멸의 의사표시를 나타내는 방법으로는 언어·거동·문서·도화배부·공개연설 등 모두 가능하다. 욕설·폭언 등이 언어에 의한 경우이고 뺨을 때리는 것, 얼굴에 침을 뱉는 것, 머리가 돌았다는 표시 등이 거동에 의한 경우이다. 단, 거동의 경우에는 폭행죄와 모욕죄가 관념적으로 경합할 수 있다.

상황에 따라 경멸의 뜻이 담겨 있는 것으로 볼 수 있는 한 부작위행태에 의한 모독도 가능하다(통설). 공식석상이나 의전행사 등에서 상관에 대하여 당연히 보여야 할 예우(자리에서 일어나거나 경례를 하는 것 등)를 하지 않는 경우가 예가 될 수 있다.

언어 또는 거동이 타인의 명예에 대한 경멸의 의사표시인가를 판단하자면 그것이 표시된 상황, 표시된 장소, 표시의 상대방, 의사표시 전체의 의미관련성 등이 종합적으로 검토되어야 한다.

‖**판례**‖　일반인이 북한의 김정일에 대해 독재자 등의 부정적인 이미지를 가지고 있어 특정인을 김정일에 비유하는 표현은 그에 대한 경멸로 받아들여지는 사회통념에 비추어 정상회담 전 북한의 김정일에 비유한 것은 경멸의 의사를 표시한 것으로 모욕죄에 해당된다(서울지법 2001. 8. 8, 2001 노 4296).

(3) 공 연 성

모욕죄의 구성요건은 명예에 관한 죄 전체의 일반적 포괄규정에 해당하므로 공연성의 의미도 명예훼손죄의 그것보다는 넓게 이해해야 한다. 따라서 밀접한 친구들 사이, 일정한 사람만이 모이는 국무회의, 이사회 석상이더라도 한 사람이 다른 사람에게 그 형식이나 행위상황으로 보아 순전히 모욕적인 언사를 농하였을 때에는 공연성이 인정될 수 있고 모욕의 성립이 가능하다.

3. 주관적 구성요건요소

모욕죄의 고의는 행위자가 타인에게 공연히 그의 인격적 가치와 명예를 무시·경멸하는 의사표시를 한다는 점에 대한 인식과 의사를 필요로 한다. 이 죄는 추상적 위험범이기 때문에 구성요건결과는 현실적으로 발생할 필요는 없고 발생의 일반적인 위험 내지 적성만 있으면 된다. 그러므로 이 죄에서는 대개 모욕이라는 거동으로써 타인의 명예가치는 무시되고, 동시에 기수가 된다.

4. 위법성조각사유

정치·학문·예술 등의 분야에서 종종 행해지는 비판 내지 논평에는 어느 정도의 무가치판단의 표시를 피할 수 없다. 이 경우 판례(대판 1959. 12. 23, 4291 형상 539)와 다수설은 모욕죄에 대한 제310조의 적용을 부인한다. 실제 제310조는 기타 사회상규에 반하지 아니하는 행위의 일례에 불과하므로 제310조가 적용되지 않더라도 이 경우는 사회상규에 반하지 않는 행위(제20조)로 정당화할 수 있다.

5. 죄수 및 타죄와의 관계

㈎ 외국원수 또는 외교사절에 대한 모욕은 형법 제107조 2항 또는 제108조 2항에 특별규정이 있으므로 법조경합 특별관계에 의해 이 죄는 배제된다. 이 때에는 공연성을 요건으로 하지 않는다.

㈏ 사람에게 폭행을 가하여 경멸의 의사를 표시한 경우 양자의 죄질이 다르므로 폭행죄와 모욕죄의 관념적 경합으로 보아야 한다.

제 2 절 신용·업무와 경매에 관한 죄

I. 총   설

1. 의   의

신용·업무와 경매에 관한 죄는 사람의 신용을 훼손하거나 업무를 방해하거나 경매·입찰의 공정성을 침해 내지 위태롭게 하는 것을 내용으로 하는 범죄이다. 형법 제34장에는 신용훼손죄($\binom{제313}{조}$), 업무방해죄($\binom{제314}{조}$) 및 경매 입찰방해죄($\binom{제315}{조}$)를 함께 규정하고 있다.

현대산업사회에서 개인의 삶은 경제적 지위 활동을 통해 광범위하고 다양하게 형성·발전해 가고 있다. 따라서 신용·업무·경매에 관한 죄는 개인의 경제적·사회적 활동의 안전과 자유를 확보해 주려는 데 본질적인 의의가 있다.

2. 보호법익과 보호정도

신용·업무와 경매에 관한 죄의 보호법익은 개인의 경제적·사회적 활동의 명예와 안전과 자유이다. 모두 보호받는 정도는 추상적 위험범으로서의 보호라는 데 견해가 일치하고 있다.

Ⅱ. 신용훼손죄

1. 의   의

신용훼손죄는 허위의 사실을 유포하거나 기타 위계로써 사람의 신용을 훼손함으로써 성립하는 범죄이다. 5년 이하의 징역 또는 1천 5백만원 이하의 벌금에 처한다($\binom{제313}{조}$). 신용훼손죄의 보호법익은 개인의 경제활동영역에서의 지급능력과 지급의사에 대한 사회적 평가로서의 신용이다.

명예훼손죄와는 사람에 대한 사회적 평가를 저하시킨다는 점에서 공통점을 가지나 명예훼손죄가 인격적 가치에 대한 평가절하의 의미를 지니는 데 비해, 이 죄는 경제활동영역에서 개인이 갖는 사회적 신뢰가치에 대한 평가절하의 의미를 지니는 점에 양자의 차이가 있다.

이 죄는 추상적 위험범·즉시범·거동범이다.

2. 객관적 구성요건요소

(1) 신   용

신용이란 사람의 지급능력과 지급의사를 포함한 채무변제의 용의성에 대한 사회적 평가를 말한다. 신용은 개인의 지급능력과 지급의사에 대한 사회적 신뢰를 본질적 내용으로 하므로, 개인의 직업적 수완·능력을 포함한 경제적 지위·활동 전반에 대한 사회적 평가를 의미하는 것은 아니다. 자연인 이외에 법인 또는 법인격 없는 단체도 경제적 단위로서 사회적으로 독립하여 활동하고 있는 이상 신용의 주체가 될 수 있다.

(2) 행   위

행위양태는 신용훼손이고 행위수단은 허위사실의 유포나 기타 위계이다.

(a) **허위사실의 유포**   허위사실은 객관적 진실에 반하는 사실을 말한다. 반드시 기본적 사실이 허위여야 하는 것은 아니다. 비록 기본적 사실은 진실이더라도 이에 허위사실을 부가시킴으로써 신용훼손의 정도를 증가시킬 수 있으면 전체를 허위사실로 볼 수 있다.

유포란 불특정인 또는 다수인에게 퍼뜨리는 것을 말한다. 사실의 유포와 사실의 적시는 중복되는 개념이므로 주장·발설·전파 등의 행위양태도 유포개념 속에 포함된다. 그러나 사실적시 없는 단순한 모욕적 의사표시나 가치판단의 표시는 사실의 유포가 아니다. 행위자가 직접 불특정인 또는 다수인에게 유포한 경우가 아니더라도 순차로 불특정인 또는 다수인에게 전파될 것을 예상하고 특정인 또는 소수인에게 발설한 경우에도 유포가 된다(통설). 이런 점에서 본조의 유포는 명예훼손죄의 공연성보다 넓은 개념이다.

(b) **기타 위계**   위계란 상대방의 착오 또는 부지를 이용하거나 기망·유혹의 방법으로 상대방을 착오에 빠뜨리는 일체의 행위를 말한다. 기타 위계라고 말하고 있기 때문에 본조의 위계는 신용을 훼손하는 행위수단의 포괄적인 한 양태이고 허위사실의 유포도 위계의 한 예시에 불과하다(대판 1961. 3. 22, 4293 형상 889). 허위사실의 유포와는 달리 위계는 비밀로 행하여지든 공공연히 행하여지든 상관없다.

(c) **신용의 훼손**   신용에 대한 사회적 평가를 공격·비난하는 일체의 손상행위를 말한다. 다만 이 죄는 추상적 위험범이므로 신용의 저하는 현실적으로 발생할 필요는 없고 발생할 일반적인 위험 또는 적성만 있으면 충분하다. 따라서 허위사실을 유포하거나 기타 위계로써 타인의 신용감소의 위험을 증대시켰을 때 기수가 된다.

3. 주관적 구성요건요소

구성요건고의는 허위사실유포, 위계 등 행위수단뿐만 아니라 신용훼손행위에 미쳐야 한다. 그러나 이 죄는 추상적 위험범·거동범에 해당하기 때문에 구성요

건결과에 대한 고의는 필요없다. 다만 허위사실유포 등과 신용훼손 사이 및 양자
와 행위객체에 대한 손상 사이의 인과관계에 대해서는 고의가 있어야 한다.

　허위사실을 진실한 사실로 오인하고 유포한 경우 구성요건착오로 고의가 배
제된다. 또한 과실범의 성립 여부가 문제될 수 있으나 과실범처벌규정이 없으므
로 불가벌이다.

4. 죄수 및 타죄와의 관계

㈎ 허위사실을 유포하고 또 위계를 사용하여 타인의 신용을 훼손한 경우에는
포괄하여 일죄로서 신용훼손죄가 성립한다. 진실한 사실을 적시하여 타인의 명예
와 신용을 훼손했을 때에는 신용훼손죄는 성립하지 않고 명예훼손죄 하나만 문제
된다.

㈏ 공연히 허위의 사실을 적시하여 타인의 명예와 신용을 동시에 훼손한 경
우 신용훼손죄는 명예에 관한 죄의 일종이긴 하지만 경제활동에 직접 관련된 특
별한 명예에 관한 죄라는 점을 고려할 때 법조경합 특별관계로 신용훼손죄만 성
립한다.

㈐ 출판물에 의해 허위사실을 적시하여 타인의 명예와 신용을 훼손한 경우에
도 위에서와 마찬가지로 법조경합 특별관계가 된다.

㈑ 신용을 훼손하고 동시에 업무를 방해한 경우에는 업무방해죄에도 업무수
행과 관련된 피해자의 명예에 대한 고려가 전혀 없는 것은 아니지만, 주로 개인의
경제적 사회적 활동의 안전과 자유를 위해하는 인격침해범죄의 일종인 점에서 관
념적 경합이 된다.

Ⅲ. 일반업무방해죄

1. 의   의

일반업무방해죄는 허위의 사실을 유포하거나 위계 또는 위력으로써 타인의
업무를 방해함으로써 성립하는 범죄이다. 5년 이하의 징역 또는 1천 5백만원 이
하의 벌금에 처한다($^{제314조}_{1항}$).

따라서 업무방해죄의 보호법익은 업무와 관련된 개인의 경제적·사회적 활동
의 안전과 자유이다.

2. 객관적 구성요건요소

(1) 행위객체

행위객체는 사람의 업무이다. 업무를 보호법익으로 보는 견해도 있으나 업무는 이념화된 가치개념이 아니라 현실적인 공격의 대상이므로 행위객체로 보는 것이 옳다.

(a) **업무의 개념**   업무란 사람이 그 사회생활상의 지위에 터잡아 계속적으로 종사하는 사무 또는 사업을 말한다(통설·대판 1996. 11. 12, 96 도 2214; 1993. 2. 9, 92 도 2929). 즉 본조의 업무는 사회적 지위와 계속성을 본질적 요소로 한다.

‖**판례**‖   주주로서 주주총회에서 의결권 등을 행사하는 것은 주식의 보유자로서 그 자격에서 권리를 행사하는 것에 불과할 뿐 그것이 ‘직업 기타 사회생활상의 지위에 기하여 계속적으로 종사하는 사무 또는 사업’에 해당한다고 할 수 없다(대판 2004. 10. 28, 2004 도 1256).

사회생활상의 지위에 터잡아 행하는 사무인 이상, 반드시 경제적인 사무에 국한하지 않고 정신적인 사무도 포함된다. 보수의 유무나 영리의 유무를 불문하고, 주된 업무뿐만 아니라 이와 밀접불가분한 관계에 있는 부수적 업무라도 상관없다. 원칙적으로 계속·반복의 의사를 가지고 계속하여 행하는 사무여야 하므로 일회적인 사무는 배제된다. 판례는 종래 ‘공장의 이전’은 일회적인 사무로서 본죄의 업무에 해당하지 않는다고 하였으나(대판 1989. 9. 12, 88 도 1752), 최근에는 ‘공장이전’ 행위에 시간적 계속성과 경영과의 밀접불가분성을 인정하여 본죄의 대상인 업무에 해당하는 것으로 보고 있다(대판 2005. 4. 15, 2004 도 8701).

‖**판례**‖   건물 임대인이 구청장의 조경공사 촉구지시에 따라 임대 건물 앞에서 1회적인 조경공사를 하는 데 불과한 경우에는 업무방해죄의 “업무”에 해당되지 않는다(대판 1993. 2. 9, 92 도 2929).

업무는 업무자가 종사하는 사무여야 한다. 사무인 이상 반드시 직업·영업일 필요는 없고, 또한 업무상 과실치사상죄(제268조)와는 달리 사람의 생명·신체에 대한 위험을 초래할 업무에 국한되지 않는다. 그러나 일시적 또는 오락을 위한 업무(예컨대 자동차 운전, 골프, 사냥)는 여기에 포함되지 않는다.

형법상 보호할 가치가 없는 업무도 여기에서 제외된다. 형법상 보호할 가치가 있는 업무인가의 여부는 그 사무가 실제 평온상태에서 일정기간 계속적으로 운영

됨으로써 사회적 생활의 기반을 이루고 있느냐에 따라 결정된다. 반드시 그 업무
가 적법하거나 유효할 것을 요하는 것은 아니다(대판 2006. 3. 9, 2006 도 382; 1996
11. 12, 96 도 2214). 따라서 법률상 무효인 임대차계약에 근거한 토지경작(대판
1980. 11. 25, 79 도 1956), 대표선출에 관한 규정에 위배하여 개최된 유림회의(대판
1991. 2. 12, 90 도 2501)도 업무에 해당한다. 그러나 어떤 사무나 활동 자체가 위법
의 정도가 중하여 사회생활상 도저히 용인될 수 없는 정도로 반사회성을 띠는 경
우에는 업무방해죄의 보호대상이 되지 않는다(대판 2001. 11. 30, 2001 도 2015). 따
라서 법원의 직무집행정지가처분결정에 의하여 그 직무집행이 정지된 자가 법원
의 결정에 반하여 직무를 계속 수행하는 경우에는 그 업무가 국법질서와 재판의
존엄성을 무시하는 것으로서 사실상 평온하게 이루어지는 사회적 활동의 기반이
되는 것이라 할 수 없기 때문에 본죄의 보호대상인 업무에서 제외된다(대판
2002. 8. 23, 2001 도 5592). 그 밖에 정당한 권한 없이 타인의 점포를 철거하는 행
위(대판 1967. 10. 31, 67 도 1086), 공인중개사 아닌 사람이 영위하는 중개업(대판
2007. 1. 12, 2006 도 6599)는 정당한 업무수행이 아니므로 업무에 해당하지 않는다.

　(b) **공무의 포함여부**　　업무방해죄의 업무에 공무도 포함되는가? 소극설은
공무방해에 관한 죄가 별도로 규정되어 있으므로 원칙적으로 이 죄의 업무에 공
무는 포함되지 않는 것으로 보아야 한다고 한다(다수설). 판례는 소극설의 입장이
다(대판 2009. 11. 19, 2009 도 4166).

‖ **판례** ‖　형법이 업무방해죄와는 별도로 공무집행방해죄를 규정하고 있는 것은 사적
업무와 공무를 구별하여 공무에 관해서는 공무원에 대한 폭행, 협박 또는 위계의 방법으
로 그 집행을 방해하는 경우에 한하여 처벌하겠다는 취지라고 보아야 한다. 따라서 공무
원이 직무상 수행하는 공무를 방해하는 행위에 대해서는 업무방해죄로 의율할 수는 없
다고 해석함이 상당하다(대판 2009. 11. 19, 2009 도 4166 전원합의체 판결).

　생각건대 폭행·협박·위계 이외의 수단, 즉 위력으로써 공무원의 공무집행
을 방해한 경우(특히 폭행·협박 정도에 이르지 않은 위력으로써 공무집행을 방해한
경우)는 공무집행방해죄($^{제136조,}_{제137조}$)의 규율대상이 되지 않으므로, 이 경우는 이 죄에
포함시켜야 할 것이다.[14] 또한 공무원의 공무집행임을 모르고 일반업무방해죄의
고의로 공무를 방해한 경우에도 과실에 의한 공무집행방해를 처벌하는 규정이 없
기 때문에 결국 본조의 업무방해죄로 처벌할 수밖에 없다.[15] 이러한 점들을 고려

---

14) 같은 견해 이형국 332면.
15) 임웅 229면.

한다면 본조의 업무에는 공무가 포함되는 것으로 해석하는 것이 타당하다. 따라서 본조인 일반업무방해죄와 공무집행방해죄는 법조경합 중 일반법과 특별법의 관계에 놓이게 된다.

(2) 행   위

허위의 사실을 유포하거나 기타 위계 또는 위력으로써 업무를 방해하는 것이다. 여기에서 업무방해는 행위양태이고, 허위사실의 유포나 위계 또는 위력은 행위수단이다.

‖**판례 1**‖ 피고인이 변호사사무실 앞에서 등에 붉은색 페인트로 '무죄라고 약속하고 이백만원에 선임했다'라는 등 허위의 사실을 기재한 흰 가운을 입고 주변을 배회하는 등 하였다면 업무방해죄를 구성한다(대판 1991. 8. 27, 91 도 1344).

‖**판례 2**‖ 업무방해죄에 있어서 '허위의 사실을 유포한다'고 함은 반드시 기본적 사실이 허위여야 하는 것은 아니고, 비록 기본적 사실은 진실이더라도 이에 허위사실을 상당 정도 부가시킴으로써 타인의 업무를 방해할 위험이 있는 경우도 포함되지만, 그 내용 전체의 취지를 살펴볼 때 중요한 부분이 객관적 사실과 합치되고, 단지 세부에 있어 약간의 차이가 있거나 다소 과장된 표현이 있는 정도에 불과하여 타인의 업무를 방해할 위험이 없는 경우는 이에 해당하지 않는다(대판 2006. 9. 8, 2006 도 1580).

(a) **위   계**   위계란 행위자가 행위목적을 이루기 위하여 상대방에게 오인·착각 또는 부지를 일으키게 하여 이를 이용하는 것을 말한다. 위계에 의한 업무방해의 예로는 ① 시험문제누설(대판 1991. 11. 12, 91 도 2211) 또는 대리시험이나 금품수수 또는 청탁 등(대판 1971. 5. 24, 71 도 339)에 의한 입시부정행위로 사립대학에 입학시키는 경우, ② 동업자의 신문지와 같은 것으로 오인될 만한 모양의 신문지를 발행하여 독자에게 혼란을 일으킨 경우, ③ 상품의 품질을 악선전하는 내용의 유인물을 보내는 경우, ④ 동종 또는 유사한 상호 또는 상표를 사용하여 고객을 빼앗는 경우 등을 들 수 있다.

‖**판례**‖ 그 밖에 ① 전용실시권 없는 의장권만을 경락받은 자가 자기에게만 실시권이 있다고 주장하면서 물품의 제조판매의 중지와 불응시 제재하겠다는 통고문을 발송한 경우(대판 1977. 4. 26, 76 도 2446), ② 농성에 가담하지 않고 근무하는 직원들에게 '노조원들과 적이 되려 하느냐'는 등의 야유와 협박을 하며 농성가담을 적극 권유한 경우(대판 1992. 5. 8, 91 도 3051), ③ 노조집행부가 회사와 협의 없이 일방적으로 휴무를 결정한 후 유인물을 배포하여 유급휴일로 오인한 근로자들이 출근하지 않아 공장가동을 불가능하게 한 경우(대판 1992. 3. 31, 92 도 58), ④ 대학교수가 입학시험문제를 사전에

응시자에게 알려준 경우(대판 1991. 11. 12, 91 도 2211), ⑤ 교무처장 등이 기부금 명목의 금품을 받고 학생의 사정부를 허위로 작성하여 합격토록 한 경우(대판 1994. 3. 11, 93 도 2305), ⑥ 경쟁사가 제작한 고속도로 통행요금징수 기계화시스템의 성능에 대한 문제점을 강조하기 위하여 인위적으로 각종 소형화물차 16대의 타이어 공기압을 낮추어 현장시험을 하게 한 경우(대판 1994. 6. 14, 93 도 288), ⑦ 석사학위논문을 타인에 의해 대리작성케 하여 제출한 경우(대판 1996. 7. 30, 94 도 2708) 등도 이에 해당한다.

타인명의의 허위학력과 경력을 기재한 이력서를 작성 제출한 후 회사에 입사, 이른바 위장취업을 함으로써 회사의 사원채용업무를 방해한 경우도 위계에 의한 업무방해가 되는가? 대법원판례는 이를 긍정하고 있다(대판 1992. 6. 9, 91 도 2221). 이에 대해 학력 · 경력 사칭 자체는 업무방해행위가 될 수 없다는 비판이 있다.[16] 생각건대 동일인이 입사시험에서 자신의 학력 · 경력 일부를 속이고 입사한 것만 가지고 곧바로 업무방해가 되지는 않는다고 본다. 그것이 고용법상으로도 징계해고의 사유가 되지 않음을 고려할 때 형법의 보충성에 비추어 당연한 결론이다. 그러나 타인의 신분 · 학력과 경력을 차용한 위장취업은 업무방해가 된다.

심사담당업무의 경우 업무담당자가 사실을 충분히 확인하지 아니한 채 신청인이 제출한 허위의 신청사유나 소명자료를 경솔히 믿고 이를 수용한 경우에는 본죄가 성립하지 않으나, 신청인이 허위의 주장을 소명하는 자료를 제출하여 업무담당자가 충분히 심사를 하였음에도 허위임을 발견하지 못한 경우에는 본죄가 성립한다(대판 2007. 12. 27, 2007 도 5030).

(b) 위 력   사람의 의사를 제압 · 혼란케 할 만한 일체의 세력을 말한다(대판 1987. 4. 28, 87 도 453). 여기에는 폭행 · 협박과 같은 유형적 방법에 의한 경우는 물론 정치적 · 경제적 지위나 권세를 이용하는 무형적 방법에 의한 경우도 포함된다. 위력은 행위자의 위세나 주위사정으로 보아 피해자의 의사를 제압할 수 있는 세력이 현존하면 충분하고 피해자의 의사가 현실로 제압을 당했는가는 묻지 않는다.

위력에 의한 업무방해죄의 예로는 ① 음식점이나 다방에서 고함을 지르고 난동을 부리는 일(대판 1961. 2. 24, 4293 형상 864), ② 가옥명도를 받기 위하여 다방 출입문을 폐쇄한 경우(대판 1962. 4. 12, 62 도 17), ③ 시장 번영회의 결의에 의해 특정 소속회원이 점포에서 영업을 못하도록 단전조치를 한 경우(대판 1983. 11. 8,

16) 박상기, 「소위 위장취업과 업무방해죄」, 법률신문, 1993. 11. 29, 15면; 배종대 304면; 백형구 367면; 진계호 241면.

83 도 1798), ④ 회사경비원들의 출입통제업무를 완력으로써 방해한 경우(대판 1991. 9. 10, 91 도 1666), ⑤ 회의개최를 집단적인 폭언으로써 방해한 경우(대판 1991. 2. 12, 90 도 2501), ⑥ 대부업체 직원이 채권회수의 목적으로 수백 회 전화를 걸어 업무를 방해한 경우(대판 2005. 5. 27, 2004 도 8447), ⑦ 임대차계약기간이 만료된 임차인에게 사무실명도를 강요하기 위한 목적으로 단전·단수조치를 취한 경우(서울서부지법 항소부 2005. 9. 29, 2005 노 757; 대판 2006. 4. 27, 2005 도 8074), ⑧ 특정신문에 광고를 게재하는 광고주들에게 지속적·집단적으로 항의전화를 하거나 광고주들의 홈페이지에 항의글을 게시하는 등의 방법으로 광고중단을 압박한 경우(대판 2013. 3. 14, 2010 도 410) 등을 들 수 있다. 그러나 단순히 욕설을 한 것만으로는 이 죄의 위력에 해당하지 않는다(대판 1983. 10. 11, 82 도 2584).

쟁의행위로서의 노조원파업은 업무방해죄의 위력에 해당하는 요소를 포함하고는 있으나 파업이 언제나 업무방해죄에 해당하는 것으로 볼 것은 아니다. 전후 사정과 경위 등에 비추어 사용자가 예측할 수 없는 시기에 전격적으로 파업이 이루어져 사용자의 사업운영에 심대한 혼란 내지 막대한 손해를 초래하는 등으로 사용자의 사업계속에 관한 자유의사가 제압·혼란될 수 있다고 평가할 수 있는 경우에 비로소 집단적 노무제공의 거부가 위력에 해당하여 업무방해죄가 성립한다(대판 2011. 3. 17, 2007 도 482 전원합의체 판결).

(c) **업무방해**   업무의 집행 자체를 방해하는 경우와 업무의 경영을 저해하는 모든 경우를 포함한다. 이 죄는 추상적 위험범이므로 업무운용의 지장과 업무에 대한 신뢰도 저하라는 구성요건결과가 현실적으로 발생할 필요는 없고 발생할 일반적인 위험 또는 적성만 있으면 충분하다(대판 1997. 3. 11, 96 도 2801). 업무방해의 결과발생 염려가 없는 경우에는 당연히 이 죄가 성립하지 않는다(대판 2007. 4. 27, 2006 도 9028).

3. 위법성조각사유

위계·위력으로써 타인의 업무를 방해하면 자기의 권리행사일지라도 권리남용이 되어 자구행위가 되지 않는다.

‖ **판례** ‖   가옥접유자와의 임대차기간이 만료되었거나 그 자가 계약에 위반하여 타인에게 전대하려고 하거나 불법으로 내부수리를 가한다 하더라도 가주(家主)로서는 법률에 따라 그를 금지하게 하거나 명도를 소구하여야지 위계를 써서 업무를 방해할 수는 없다(대판 1962. 4. 12, 62 도 17).

노동쟁의행위가 근로조건개선 기타 근로자의 정당한 이익을 주장하기 위한 상당한 수단인 경우에는 정당행위로서 위법성이 조각된다는 것이 판례(대판 1996. 2. 27, 95 도 2970) 및 통설의 입장이다.

쟁의행위 중 폭력 또는 파괴행위가 그 적정한 범위를 일탈하였을 경우에는 권리남용이 되어 위법성을 조각하지 않는다(대판 1992. 5. 8, 91 도 3051).

4. 죄수 및 타죄와의 관계

㈎ 허위사실을 수차 반복하여 수인에게 전달하여 타인의 업무를 방해한 때에도 단순일죄가 된다.

㈏ 1개의 행위로 타인의 신용을 훼손함과 동시에 업무를 방해하면 이 죄와 신용훼손죄의 관념적 경합이 된다.

㈐ 폭행을 수단으로 하여 타인의 업무를 방해한 경우에는 폭행죄와 업무방해죄의 상상적 경합이 성립한다(대판 2012. 10. 11, 2012 도 1895).

Ⅳ. 컴퓨터관련특수업무방해죄

1. 의의 및 성격

컴퓨터관련특수업무방해죄는 컴퓨터 등 정보처리장치 또는 전자기록 등 특수매체기록을 손괴하거나 정보처리장치에 허위의 정보 또는 부정한 명령을 입력하거나 기타의 방법으로 정보처리에 장애를 발생하게 하여 사람의 업무를 방해함으로써 성립하는 범죄이다. 5년 이하의 징역 또는 1천 5백만원 이하의 벌금에 처한다($\binom{\text{제314조}}{\text{2항}}$).

정보통신망이용촉진및정보보호등에관한법률에서는 정보통신망의 보호를 위하여 정당한 권한 없이 정보통신시스템, 데이터 또는 프로그램 등을 훼손·멸실·변경·위조 또는 그 운용을 방해할 수 있는 프로그램을 전달 또는 유포하는 행위, 대량의 신호 또는 데이터를 보내거나 부정한 명령을 처리하도록 하는 등의 방법으로 정보통신망에 장애를 발생하게 하는 행위를 처벌하는 비슷한 규정을 두고 있다($\binom{\text{제48조 2항 및}}{\text{3항, 제71조}}$).

2. 객관적 구성요건요소

(1) 행위객체

사람의 업무이다. 컴퓨터 등 정보처리장치 또는 전자기록 등 특수매체기록도 이 죄의 행위객체에 포함된다.

(a) **컴퓨터 등 정보처리장치** 컴퓨터 등 정보처리장치란 자동적으로 계산이나 데이터처리를 할 수 있는 전자장치를 말한다. 흔히 컴퓨터시스템이라고도 부른다. 여기에는 하드웨어와 소프트웨어가 다 포함되며, 범용컴퓨터를 비롯 이른바 오피스컴퓨터, 퍼스널컴퓨터(마이크로컴퓨터), 제어용컴퓨터 등이 이에 속한다. 이 죄의 성질상 타인의 업무에 사용하는 정보처리장치에 국한한다고 보아야 한다.

(b) **전자기록 등 특수매체기록** 전자기록이란 전자방식과 자기방식에 의해 만들어진 기록으로 컴퓨터에 의한 정보처리에 사용되는 것을 말한다. **특수매체기록**이란 전자기록 이외에 광기술이나 레이저기술을 이용한 기록 등 사람의 지각으로 인식할 수 없는 방식에 의해 만들어진 기록으로 정보처리장치에 의한 정보처리에 사용되는 것을 말한다. 전자기록은 특수매체기록의 예시에 불과하다.

전자방식이란 전자의 작용을 이용한 기록방식을 말한다. 반도체기억집적회로(IC메모리)를 사용한 기록이 현재 주류를 이루고 있다. 예컨대 컴퓨터 내의 ROM (Read Only Memory), RAM(Random Access Memory), IC카드 속의 기록 등이 이에 속한다. 이에 비해 **자기방식**이란 자기의 작용을 이용한 기록방식을 말한다. 이 방식에 의한 기록으로는 자기드럼, 자기디스크, 자기테이프, 광자기디스크 등을 사용한 기록을 들 수 있다. 일상생활에서 널리 쓰이는 현금카드, 신용카드, 전화카드, 승마투표권, 정기권, 승차권 등의 자기기록부분 등에 널리 쓰이고 있다.

기록이란 일정한 기록매체 위에 정보 내지 데이터가 보존되어 있는 상태를 말한다. 정보 내지 데이터 그 자체나 기억매체물 그 자체를 뜻하는 것은 아니다. 다만 기록이라고 할 수 있으려면 어느 정도의 영속성을 필요로 한다. 따라서 통신 중의 데이터나 중앙처리장치(CPU) 또는 RAM에서 처리중인 데이터는 기록에 포함되지 않는다.

이 죄의 전자기록 등 특수매체기록은 컴퓨터 등 정보처리장치에 사용하는 기록을 의미한다. 따라서 비밀침해죄($\frac{제316조}{2항}$)의 행위객체인 전자기록 등 특수매체기록보다 범위를 좁혀 녹음테이프, 녹화필름, 마이크로필름 등은 여기에서 제외해야 한다.

(c) **업   무**   일반업무방해죄에서 설명한 것과 같다. 다만 이 죄는 컴퓨터에 대한 가해행위 및 컴퓨터의 작동장애를 통해 업무를 방해하는 것이다. 그러므로 이 죄의 업무에는 공무도 당연히 포함된다(다수설).

(2) 행   위

컴퓨터 등 정보처리장치 또는 전자기록 등 특수매체기록을 손괴하거나 정보처리장치에 허위의 정보 또는 부정한 명령을 입력하거나 기타 방법으로 정보처리에 장애를 일으켜 타인의 업무를 방해하는 것이다.

여기에서 기본적 구성요건행위는 업무방해이다. 정보처리장치 또는 특수매체기록에 대한 가해행위와 정보처리의 장애는 중첩적으로 연결된 행위수단의 일종이다.

(a) **정보처리장치 또는 특수매체기록에 대한 가해**

(가) 손   괴   사람의 업무에 사용하는 컴퓨터 등 정보처리장치 또는 전자기록 등 특수매체기록을 손괴하는 것이다. 컴퓨터 등 정보처리장치의 손괴란 물리적으로 그 효용을 해하는 행위로서 물리적 가해를 말한다. 이에는 입출력장치와 같은 부속설비도 포함된다. 전자기록 등 특수매체기록의 손괴란 자기디스크 등에 기록된 내용을 소거하는 것을 말한다.

(나) 허위정보 또는 부정한 명령의 입력   정보처리장치에 허위의 정보 또는 부정한 명령을 입력하는 것이다. 이것은 기계적 조작을 통하여 진실에 반하는 정보를 전달하거나 프로그램을 조작함으로써 정보처리에 혼란을 야기시켜 그 본래의 효용을 저해하는 일체의 행위를 말한다.

여기에서 허위의 정보란 진실에 반하는 내용의 정보를 말한다. 은행에 대한 입금이 없었는데도 있었던 것으로 하거나 학교성적의 전산기록을 변경 · 조작하는 것 등이다. 부정한 명령이란 프로그램을 구성하는 개개의 명령을 부정하게 변경, 삭제, 추가하거나 프로그램 전체를 변경하는 것을 말한다. 프로그램을 조작하게 되면 올바른 자료가 투입된다 하더라도 부당한 자료가 출력된다. 프로그램조작방법의 대표적인 것으로 트로이목마(Trojan horse)수법과 바이러스침투 등이 있다.

‖ **판례** ‖   정보처리장치를 관리 운영할 권한이 없는 자가 그 정보처리장치에 입력되어 있던 관리자의 아이디와 비밀번호를 무단으로 변경하는 행위는 정보처리장치에 부정한

명령을 입력하여 정당한 아이디와 비밀번호로 정보처리장치에 접속할 수 없게 만드는 행위로서 정보처리에 장애를 현실적으로 발생시킬 뿐 아니라 이로 인하여 업무방해의 위험을 초래할 수 있으므로, 컴퓨터등장애업무방해죄를 구성한다(대판 2006. 3. 10, 2005 도 382).

(대) **기타 방법에 의한 가해행위** 앞에서 본 두 가지 이외의 가해수단으로 정보처리장치의 작동에 직접 영향을 미칠 성질의 것을 말한다. 예컨대 처리불능한 내용이나 대량의 데이터 입력, 대량동시접속으로 인한 서버의 다운, 컴퓨터 전원의 절단, 온도 · 습도 등의 작동환경파괴, 통신회선의 절단 등이 이에 해당한다.

(b) **정보처리의 장애** 정보처리에 장애를 일으키는 일체의 행위를 말한다. 일명 컴퓨터사보타지라고 한다. 주로 컴퓨터의 작동장애나 정보처리기능의 장애를 말한다.

작동이란 컴퓨터가 정보처리를 위하여 행하는 입력 · 출력 · 검색 · 연산 등의 움직임을 말한다. 장애란 컴퓨터가 설치관리자의 사용목적에 적합한 작동을 하지 못하게 하거나 그 사용목적과 다른 기능 또는 산출을 하게 하는 것을 말한다. 장애는 어느 정도 주목할 만한 것이어야 한다. 일시적 장애라도 좋지만, 시간 · 노력 · 비용을 크게 들이지 않고 제거할 수 있는 장애는 여기에 해당하지 않는다.

(c) **업무의 방해** 정보처리장치의 용역을 통해 처리하려는 사무에 지장을 초래하는 일체의 행위를 말한다. 그 밖의 점은 일반업무방해죄의 업무방해와 성질 및 내용이 같다. 이 죄는 거동범 및 추상적 위험범이므로, 현실로 방해의 결과가 발생할 필요는 없고 일반적인 위험 내지 업무를 방해할 우려 있는 상황만 초래하면 기수가 된다. 예컨대 컴퓨터사용자가 바이러스에 감염된 디스켓을 넘겨받아 그것을 부팅하거나 인터넷을 통해 다운받기 위해 「엔터키」를 치는 순간 이같은 위험상황은 초래되고 이 죄는 기수에 이른다.

예루살렘바이러스 · CIH바이러스 · 미켈란젤로바이러스와 같이 일정시기에 활동을 시작하면서 자료를 파괴하는 시한폭탄형 바이러스는 감염단계를 지나 감염된 프로그램의 실행과 함께 장애가 발생할 때 기수가 된다는 견해도 있으나 감염사실이 밝혀진 이상 기수에 해당한다고 봐야 할 것이다.

타인의 패스워드를 사용하거나, 정보를 부정하게 입수하거나, 엿보는 행위 또는 자기의 정보처리를 위해 타인의 컴퓨터를 권한 없이 사용하는 행위는 업무방해행위의 유형에 들지 않는다.

3. 주관적 구성요건요소

구성요건고의는 컴퓨터 등 정보처리장치나 이에 사용되는 전자기록 등 특수매체기록을 손괴하거나 정보처리장치에 허위의 정보나 부정한 명령을 입력하거나 기타 방법으로 정보처리장치에 해를 가한다는 점, 정보처리에 기능장애를 발생시킨다는 점, 이로 인하여 타인의 업무를 방해한다는 점에 대한 인식과 의사를 포함한다.

4. 죄수 및 타죄와의 관계

1개의 정보처리장치에 수차례 반복하여 허위의 정보를 입력했더라도 동일한 전체 고의 안에서 시간적으로 연속되었을 때에는 단순일죄가 된다. 1개의 행위로 컴퓨터를 손괴하여 업무를 방해했더라도 재물손괴는 이 죄에 흡수되어 이 죄만 성립한다. 이 죄의 업무방해가 동시에 배임에 해당할 때에는 이 죄와 배임죄의 관념적 경합이 된다.

V. 경매·입찰방해죄

1. 의   의

경매·입찰방해죄는 위계·위력 또는 기타 방법으로 경매 또는 입찰의 공정을 해함으로써 성립하는 범죄이다. 2년 이하의 징역 또는 7백만원 이하의 벌금에 처한다($\frac{제315}{조}$).

보호법익은 경매·입찰의 공정성을 통해 실현될 개인의 **경제활동의 안전과 자유**이다.

경매·입찰의 공정성이란 경매·입찰이 적정한 가격을 형성하여 낙찰될 수 있도록 안전하고 자유로운 경쟁상태를 유지하는 것, 특히 그 과정과 절차의 공정성, 경매·입찰가격결정의 공정성, 경매·입찰방법의 공정성을 의미한다.

2. 객관적 구성요건요소

(1) 경매·입찰

경매란 파는 사람이 2인 이상의 원매자(願買者)에게서 구두로 청약을 받고 최고가격을 부른 청약자에게 매도를 승낙함으로써 성립되는 매매를 말한다. **입찰**

이란 경쟁계약에서 경쟁에 참가한 다수 응모자에게 문서로 계약의 내용을 표시하
도록 한 후에 주문자가 자신에게 가장 유리한 청약자를 상대방으로 하여 계약을
체결하는 것을 말한다.

(2) 행   위

행위는 위계 · 위력 또는 그 밖의 방법으로 경매 · 입찰의 공정성을 방해하는
것이다. 여기에서 공정성을 해하는 것이 행위양태이고, 위계 · 위력 기타 방법은
행위수단 및 방법을 말한다.

‖ **판례** ‖   이 죄의 위력의 사용은 폭행 · 협박의 정도에 이르러야 하는 것은 아니다. 따
라서 입찰장소의 주변을 에워싸고 사람들의 출입을 막는 등 위력을 사용하여 입찰에 참
가하려는 사람을 참석하지 못하도록 한 행위는 입찰방해죄에 해당한다(대판 1993. 2. 23,
92 도 3395).

(a) **공정을 해하는 행위**   경매 또는 입찰이 적정한 가격을 형성하여 낙찰되
는 데 필요한 안전하고 자유로운 경쟁상태를 방해하거나 위태롭게 하는 것을 말
한다. 경매 · 입찰의 가격결정에 악영향을 주는 것, 경쟁방법의 공정성을 깨뜨리
는 것 등을 포함한다.

적정 또는 공정한 가격의 기준에 관하여는 견해가 갈린다. **경쟁가격설**은 객관
적으로 산정되는 공정한 가격이 아니라 경매 · 입찰의 구체적 진행과정에서 얻어
지는 경쟁가격을 기준으로 삼는다(다수설). 이에 반해 **시장가격설**은 평균적인 시
장가격을 기준으로 정해야 한다는 입장이다.[17] 판례는 경쟁가격설을 따른다(대판
1971. 4. 30, 71 도 519).

생각건대 경매 · 입찰에서 형성되는 경쟁가격도 시장가격의 상대적인 반영일
때 적정성을 보장받을 수 있다는 점, 경매 · 입찰제도에서 예상되는 가격자유경쟁
도 사회적으로 형성된 시장가격을 중심으로 한 것이지 참가자들의 전략적인 호가
가 아니라는 점에서 사회적으로 적정한 이윤이 고려된 시장가격에 따라야 한다는
시장가격설이 옳다.

이 죄는 추상적 위험범이므로 경매 · 입찰의 공정한 운용에 대한 지장과 그 공
정성에 대한 신뢰저하라는 구성요건결과가 현실적으로 발생할 필요는 없고, 발생할
일반적인 위험 또는 적성만 있으면 기수가 성립한다(대판 1994. 5. 24, 94 도 600).

(b) **담합행위**   담합은 경매 · 입찰의 경쟁에 참가하는 자가 서로 모의하여

---

17) 강구진 238면; 백형구 373면; 정성근 · 박광민 248면.

그 중 특정한 자를 경락자·낙찰자로 하기 위해, 나머지 참가자는 일정한 가격 이상 또는 이하로 호가 또는 응찰하지 않을 것을 협약하는 것을 말한다.

담합행위는 일반거래관념상 정당한 상거래행위로 인정해야 할 경우도 있지만, 담합금의 액수가 공정한 경쟁입찰을 해할 정도로 거액이거나, 실제로는 단독 입찰인데 경쟁입찰로 가장하기 위하여 가장경쟁자를 조작하고 입찰에 관하여 사전모의를 한 경우(대판 1994. 11. 8, 94 도 2142), 부당한 이익을 얻을 목적으로 담합한 경우에는 이 죄의 공정성을 해하는 행위에 해당한다. 그러나 일부 입찰자가 단순히 정보를 교환하여 응찰가격을 조정하는 행위는 담합행위에 포함되지 않는다(대판 1997. 3. 28, 95 도 1199). 또한 일부 입찰자들에 의해 담합시도가 있었으나 다른 입찰자들이 이에 응하지 아니하여 결국 담합이 이루어지지 않은 경우에도 입찰방해죄는 성립하지 않는다(대판 2003. 9. 26, 2002 도 3924).

이 죄는 추상적 위험범이므로 담합으로 경매·입찰에 참가한 때 기수가 된다. 담합이 있고 그에 따른 담합금이 수수되었더라도 입찰시행자의 이익을 해함이 없이 자유로운 경쟁을 한 것과 동일한 결과가 된 경우에는 입찰의 공정을 해할 위험이 없어 입찰방해죄가 성립되지 않는다(대판 1983. 1. 18, 81 도 824). 반면 입찰참가자 전원과의 사이에 담합이 이루어진 것은 아니고 입찰참가자들 중 일부와의 사이에만 담합이 이루어진 경우라고 하더라도 그것이 입찰의 공정을 해하는 정도에 이른 것으로 평가되면 본죄는 성립한다(대판 2006. 6. 9, 2005 도 8498).

3. 주관적 구성요건요소

구성요건고의로서 인식과 의사는 위계·위력 등 행위수단뿐만 아니라 경매·입찰의 공정성을 해하는 행위에까지 미쳐야 한다. 공정성은 규범적 구성요건표지이므로 보통사람의 이해수준에서 그에 대한 정신적 이해가 있으면 인식한 셈이 된다. 미필적 고의로도 충분하다.

4. 위법성조각사유

금품을 수수한 담합행위라도 경쟁자간의 무모한 출혈을 방지하기 위한 목적으로 주문자의 예정가격 범위 내에서 사전모의한 경우에는 일종의 자위권행사로서 사회상규에 반하지 않는 정당행위의 일종으로 보아야 한다. 이 경우에 비록 상충하는 이익충돌은 있지만 결과적으로 경매주문자나 입찰시행자의 이익을 해함이 없으므로 허용된 위험의 한계 안에서 위법성이 조각되기 때문이다(통설·대판

1994. 11. 8, 94 도 2142).

‖**판례**‖ 담합의 목적이 주문자의 예정가격범위 내에서 적정한 가격을 유지하면서 무모한 출혈경쟁을 방지하기 위하여 공정가격을 협정한 때에는 경매·입찰방해죄가 되지 않는다(대판 1982. 11. 9, 81 도 237).

제 6 장 사생활의 평온을 보호하는 죄형법규

제 1 절 비밀침해의 죄

I. 총   설

1. 의   의

비밀침해의 죄는 개인의 정보·통신의 비밀과 개인의 사생활의 비밀을 침해하는 것을 내용으로 하는 범죄이다. 비밀침해죄($\frac{제316}{조}$)와 업무상 비밀누설죄($\frac{제317}{조}$)가 있다.

2. 보호법익과 보호정도

비밀침해죄의 보호법익은 **사생활의 평온**이다. 구체적으로는 개인이 관심을 갖고 있는 비밀과 관련된 사생활의 평온이다. 즉 사생활의 영역 중 편지·문서 또는 도화를 공개하지 않은 상태로 간직·유지함으로써 개인이 얻을 수 있는 정신적 평온을 말한다. 보호정도는 **추상적 위험범**으로서의 보호이다.

업무상 비밀루설죄의 보호법익은 특정사실의 비밀유지와 관련된 사생활의 평온이다. 즉 사생활의 영역 중 특수한 신분을 가진 자에게 부득이 의뢰인으로서 알리게 된 비밀을 더 이상 공개되지 않은 상태에 머물게 함으로써 개인이 얻을 수 있는 정신적 평온을 말한다. 아울러 특정직업종사자들의 비밀준수에 대한 일반인의 신뢰도 부수적 보호법익으로 삼는다. 이 죄의 보호정도는 **구체적 위험범**으로서의 보호이다.

II. 비밀침해죄

1. 의   의

비밀침해죄는 봉함·기타 비밀장치한 타인의 편지·문서 또는 도화를 개봉하거나$\binom{\text{제316조}}{\text{1항}}$ 봉함 기타 비밀장치한 사람의 편지·문서·도화 또는 전자기록 등 특수매체기록의 내용을 기술적 수단을 이용하여 알아냄으로써$\binom{\text{제316조}}{\text{2항}}$ 성립하는 범죄이다. 3년 이하의 징역이나 금고 또는 5백만원 이하의 벌금에 처한다$\binom{\text{제316}}{\text{조}}$. 본조 2항은 개정형법에서 신설한 것이다. 보호법익은 개인의 비밀과 관련된 사생활의 평온이다.

국가 또는 공공단체의 비밀도 개인이 간직하고 보관하는 것이면 이 죄의 보호대상이 된다.[1] 그러나 공무원의 직무와 관련된 비밀을 그 내용으로 하는 경우에는 이 죄가 아니라 공무상 비밀침해죄$\binom{\text{제140조}}{\text{2항}}$의 규율대상이다.

이 죄는 즉시범·거동범이다. 또한 본조 1항의 죄는 추상적 위험범이며, 2항의 죄는 침해범이다.

2. 객관적 구성요건요소

(1) 행위객체

행위객체는 봉함 기타 비밀장치한 타인의 편지·문서·도화 또는 전자기록 등 특수매체기록이다.

(a) **편지·문서·도화**   편지란 특정인으로부터 다른 특정인에게 의사를 전달하는 문서를 말한다. 편지는 발송 전후, 발송도중임을 불문하고 이 죄의 객체가 되지만, 수령자가 일단 수령하고 열람한 후에는 이 죄의 행위객체가 되지 않는다.

문서는 작성자의 일정한 의사표시를 내용으로 하는 편지 이외의 서류 일체를 말한다. 여기에는 사문서, 공문서, 일기장, 유언장, 창작물원고, 메모장, 계산서 등이 포함된다.

도화는 제작자의 일정한 의사표시를 내용으로 하는 문서 이외의 의사소통의 매개체를 말한다. 주로 그림에 의해 의사표시를 하는 설계도, 위치도, 안내도, 약도, 도표 등이 포함된다. 사진도 사람의 의사가 표시된 것인 한 도화의 일종이다.

(b) **봉함 기타 비밀장치**   봉함이란 겉봉을 파손하지 않고는 그 내용을 쉽게 알아볼 수 없도록 한 장치를 말한다. 봉투를 접착제로 붙인 경우가 그 전형적인 예이다. 비밀장치란 외포를 만들어 그 내용을 알 수 없게 하는 봉함 이외의 모든 장치를 말한다. 봉함은 비밀장치의 한 예시에 불과하다. 공개성을 차단하기 위한 장치이면 풀로 붙인 것, 인봉한 것, 끈으로 매어 둔 것, 책상서랍 서류가방 또는

---

1) 권오걸 272면; 김성돈 227면; 김종원 147면; 박상기 217면; 서일교 88면; 손동권 236면; 유기천(상) 151면; 이재상 225면; 이정원 237면; 정영석 298면. 반대로 국가의 비밀은 포함되지 않는다는 견해로는 배종대 315면; 오영근 258면; 정성근·박광민 253면; 진계호 254면.

금고에 넣고 열쇠를 잠가 둔 것, 컴퓨터의 시동을 막기 위해 열쇠로 잠가 두거나 패스워드를 걸어 놓는 것, 전자카드판독·지문감식·홍체감식 장치의 설치 등이 모두 이 죄의 비밀장치에 포함된다.

편지 등을 비밀장치한 용기 속에 넣어 둔 경우도 비밀장치된 편지라고 할 수 있는가? 이 죄는 기타 비밀장치라는 일반조항을 두어 널리 비밀을 보호하려는 것이므로 이 경우를 포함하는 것으로 해석하는 것이 타당하다(통설).

(c) **전자기록 등 특수매체기록** 전자기록 등 특수매체기록이란 일정한 데이터에 관한 전자적 기록이나 광학적 기록을 말한다. 전자기록은 전기적 기록과 자기적 기록을 포함하고, 광학기록은 레이저기술을 이용한 기록 등을 포함한다. 이 죄에서 전자기록 등 특수매체기록을 행위객체로 한 것은 사람의 지각으로 인식할 수 없는 방식에 의해 만들어지는 기록으로서 비밀유지의 이익이 있는 것을 기술적 수단으로써 탐지하는 것을 막자는 데 있다. 따라서 이 죄의 특수매체기록은 전자기록, 광기록 외에도 널리 녹음테이프, 음반, 녹화필름, 마이크로필름 등을 포함한다고 해야 할 것이다.

(2) 행 위

(a) **개 봉** 이 죄의 행위양태는 개봉이다($^{제316조}_{1항}$). 개봉이란 봉함 기타 비밀장치를 훼파하여 편지·문서 또는 도화의 내용을 공개될 수 있는 상태에 두는 것을 말한다. 개봉의 방법은 묻지 않는다. 반드시 비밀장치를 제거하거나 손괴해야 하는 것은 아니다. 봉투의 붙인 부분을 뜯거나 시정을 열거나 묶어둔 끈을 풀어 두는 것으로 족하다.

이 죄는 추상적 위험범·거동범이므로 개봉으로써 기수가 되며, 행위자가 그 내용을 요해했는가를 묻지 않는다.

(b) **기술적 수단을 이용한 내용탐지** 봉함 기타 비밀장치한 타인의 편지·문서·도화 또는 전자기록 등 특수매체기록을 개봉하지 않고 원형 그대로 둔 채 기술적 수단을 이용하여 그 내용을 알아낸 경우이다($^{제316조}_{2항}$). 봉함된 편지의 내용을 자외선을 이용하여 탐지하는 경우, 암호화된 특수매체기록의 내용을 암호를 해독하거나 파괴하여 탐지해낸 경우가 이에 해당한다.

남이 설치한 보안장치를 푸는 행위인 이른바 **컴퓨터해킹**(hacking)을 통해 남의 비밀을 빼내면 비밀침해죄에 해당하고, 해킹해서 재산상의 이익을 얻으면 컴퓨터 등 사용사기죄에 해당한다.

다만 전산망에 의하여 처리·보관·전송되는 타인의 정보를 훼손하거나 비밀을 침해·도용·누설하는 행위에 대해서는 특별법인 **정보통신망이용촉진및정보보호에관한법률**의 무거운 형벌$\binom{\text{제71조; 5년 이하의 징역}}{\text{또는 5천만원 이하의 벌금}}$이 적용되므로, 이 한에서 전송 중인 E-mail을 가로채어 읽는 행위, 해킹에 의한 비밀침해, 전자문서 등 손괴는 이 특별법이 우선 적용된다.

반면 전기통신을 통한 대화의 비밀은 **통신비밀보호법**이 보장하고 있다$\binom{\text{제16조}}{\text{1호}}$. 예컨대 컴퓨터통신망의 대화방 또는 인터넷상의 IRC(Internet Relay Chatting)에서의 대화를 불법으로 도청하는 행위가 그것이다.

봉함 또는 비밀장치한 특수매체기록을 단지 개봉한 것만으로는 아직 그 내용을 공개할 수 있는 상태에 둔 것은 아니므로 이 죄에 해당하지 않고, 기술적 방법으로 그 내용을 지득했을 때 비로소 이 죄에 해당한다. 이 죄는 침해범이기 때문이다.

3. 주관적 구성요건요소

이 죄의 고의는 행위자가 봉함 기타 비밀장치된 타인의 편지, 문서 또는 도화를 개봉한다는 점 또는 기술적 수단을 이용하여 내용을 탐지한다는 점에 대한 인식과 의사를 필요로 한다. 행위자가 자기의 서함에 잘못 들어온 타인의 편지를 자기에게 온 편지라고 착각하고 그 편지를 개봉한 경우에는 구성요건착오에 해당하여 고의는 조각되고 과실만이 문제된다. 그러나 이 죄는 과실범 처벌규정이 없으므로 불가벌이다.

4. 구성요건해당성배제사유

사소한 비밀침해행위는 구성요건해당성이 없으며, 피해자의 동의는 구성요건해당성을 배제한다. 피해자의 승낙을 위법성조각사유로 보는 다수설 중에서도 이 경우는 구성요건해당성을 배제하는 양해의 사례로 보는 견해가 많다. 피해자의 범위는 편지 등의 비밀이 발신인과 수신인에게 공통되는 것이므로 이들을 모두 승낙적격 있는 피해자로 보아야 한다.

5. 위법성조각사유

㈎ 법령에 의한 정당행위로는 형의집행및수용자의처우에관한법률 제43조 4항(서신검열), 형사소송법 제107조·제120조(피고인의 우편물 또는 전신에 대한 압

수 또는 제출명령) 및 우편법 제28조 2항(법규위반우편물의 개피)·제35조(환부불가능우편물의 개피), 군사법원법 제147조(피고인의 우편물 압수), 통신비밀보호법 제 3 조(우편물의 검열) 등이 있다.

(나) 부부 사이에서 일방이 타방의 편지를 개봉할 권한이 없지만, 일방이 장기 출타중이거나 일방 앞으로 속달된 지급편지나 전보 따위는 타방이 개봉한 경우라도 추정적 승낙에 의해 정당화될 수 있다.

(다) 친권자가 친권의 행사로서 미성년인 자녀 앞으로 온 편지를 개봉했을 때 정당화되는가? 다수설은 이 경우 법령에 의한 행위로 정당화된다는 입장이다. 가족법상의 친권은 자를 보호하고 교양할 일반적 권리의무($\frac{민법}{제913조}$)이므로 친권 속에 자의 편지를 개봉할 일반적인 권리가 포함되어 있다고 볼 수는 없다.[2] 따라서 친권자라 하더라도 원칙적으로 자의 사적 비밀과 관련된 사생활의 평온을 함부로 교란해서는 안 된다. 다만 자녀의 인격적 성숙을 위해 특별히 문제되는 편지를 개봉한 경우에는 경미한 법익충돌이라는 관점에서 정당화된다고 해야 할 것이다.

6. 친 고 죄

이 죄는 친고죄이다($\frac{제318}{조}$). 이 죄의 보호법익은 비교적 경미한 개인적 법익이고 국가의 일방적인 소추가 이루어질 때 그 비밀이 공개되어 오히려 피해자에게 불이익을 끼칠 염려도 있어 친고죄로 한 것이다($\frac{제318}{조}$).

고소권자의 범위와 관련하여 편지 등의 발송 내지 도착 전후를 불문하고 발신인과 수신인 모두 편지 등의 비밀에 이해관계가 있으므로 양자 모두 고소권자가 된다고 보아야 한다(다수설). 이 경우 함께 고소해야 할 필요는 없고 어느 일방이 고소하면 충분하다.

Ⅲ. 업무상 비밀누설죄

1. 의   의

업무상 비밀누설죄는 일정한 직업에 종사하는 자나 그 직무상 보조자 또는 종사하던 자가 업무처리중 또는 직무상 지득한 타인의 비밀을 누설함으로써 성립하는 범죄이다. 3년 이하의 징역이나 금고, 10년 이하의 자격정지 또는 7백만원 이하의 벌금에 처한다($\frac{제317}{조}$). 이 죄에서 직업상의 신분주체는 업무 내지 직무의 성질

---

2) 배종대 321면; 백형구 399면.

상 의뢰자와의 신분관계를 기초로 하여 타인의 비밀을 지득하는 것이 불가피하기 때문에 그 비밀의 누설을 방지하기 위한 것이다.

이 죄는 구체적 위험범·즉시범·결과범이다. 또한 특정사실의 비밀유지에 대한 개인적 이익을 주된 보호법익으로, 그리고 특정직업종사자들의 비밀준수에 대한 일반인의 신뢰를 부수적 보호법익으로 삼는다는 점에서 결합범이다. 이 죄도 친고죄이다($\binom{제318}{조}$).

2. 객관적 구성요건요소

(1) 행위주체

의사·한의사·치과의사·약제사·약종상·조산사·변호사·공인회계사·공증인·대서업자 또는 그 직무상 보조자 또는 그러한 직업에 종사하던 자, 종교의 직에 있는 자와 있던 자에 제한된다. 이 죄가 자수범이라는 견해가 있으나, 의무범적 진정신분범일 뿐 자수범은 아니므로 이 죄의 행위주체가 그 정을 모르는 비신분자를 이용하여 간접정범이 될 수도 있다.[3]

업무상 비밀누설죄의 주체로 열거되지 아니한 비신분자는 이 죄의 직접정범은 물론 간접정범도 될 수 없다. 이러한 자가 지득한 타인의 비밀을 공연히 사실을 적시하는 방법으로 누설했을 경우 명예훼손죄를 구성할 뿐이다.

여기서 직무상 보조자란 예를 들어 의사의 조수, 변호사사무실의 사무장을 말한다. 간호사 또는 간호조무사는 의사의 직무보조자는 아니다.

《참고》 입법론적으로는 업무상 타인의 비밀을 지득할 만한 위치에 있는 업무자들을 현재와 같이 제한적으로 열거하는 것보다는 예시적으로 열거하는 것이 바람직하다. 현재 본조에서 변호사 아닌 특별변호인($\binom{형사소송법}{제31조 단서}$)과 변호사가 아닌 소송대리인($\binom{민사소송법}{제88조 1항}$)이 빠진 것은 입법의 불비이며, 그 외에도 세무사·신용정보회사의 종사원·공인된 상담원 등을 포함시키는 것이 바람직하다는 견해가 지배적이다.

참고로 1992년 형법개정법률안은 본죄의 주체를 「의료업무, 법률업무, 회계업무 기타 의뢰자와의 신뢰관계에 의하여 사람의 비밀을 알게 되는 업무에 종사하는 자나 그 직무상의 보조자 또는 그러한 직에 있던 자」로 규정하였다($\binom{제184}{조}$).

(2) 행위객체

업무처리중 또는 직무상 알게 된 타인의 비밀이다.

(a) **비　　밀**　비밀이란 단지 제한된 범위의 특정한 사람에게만 알려져 있

---

3) 권오걸 277면; 김성돈 231면; 김성천·김형준 290면; 손동권 240면; 오영근 264면; 정영일 143면.

고, 비밀주체의 납득할 만한 객관적 이익에 따라 그 밖의 사람에게는 더 알려지지
말아야 할 사실을 말한다. 따라서 비밀개념에는 적어도 세 가지 요소, 즉 ① 사실
의 비밀성, ② 비밀주체의 주관적인 비밀유지의사, ③ 객관적인 비밀유지이익이
있어야 한다.

(가) 비밀성의 요건   비밀성의 요건에 관하여는 주관적인 비밀유지의사와 객
관적인 비밀유지이익을 모두 고려하여 판단하는 것이 옳다(통설). 비밀개념에서
비밀유지 의사가 가장 중요한 요소이지만 비밀의 범위가 피해자의 주관적 의사에
의해 자의적으로 확대되는 것을 막기 위해서는 객관적인 비밀유지이익과 합치되
는 비밀만을 행위객체로 삼을 필요가 있다. 즉 본인이 비밀로 할 것을 원할 뿐만
아니라 객관적으로도 비밀로 할 이익이 있어야 하기 때문이다.

(나) 사실의 비밀성   비밀을 아는 사람들은 제한되고 특정되어 있거나 특정
될 수 있는 사람이어야 하기 때문에 공지의 사실, 공개된 비밀은 이미 비밀이 아
니다. 비밀의 대상은 오직 사실이다. 허위의 사실이나 가치판단은 경우에 따라 명
예훼손이나 모욕은 될 수 있을지언정 비밀누설의 대상은 될 수 없다.

(다) 주관적인 비밀유지의사   피해자로서의 비밀주체가 자신과 관련된 어떤
사실을 비밀로 하기를 원하거나 요구하는 주관적 의사(비밀유지의사)는 명시적으
로 표시될 필요는 없고 현존하기만 하면 충분하다. 이러한 의사는 보통 비밀로 해
야 할 사실의 자연적 성질로부터 추론된다. 즉 비밀주체의 전력과 관련하여 부담
이 될 만한 사정이나 건강악화, 사업상의 실패, 남의 얘깃거리가 될 만한 가정의
불상사 등이면 비밀주체의 비밀유지의사는 현존하는 것으로 본다. 이러한 비밀유
지의사는 미성년자나 정신이상자들도 가질 수 있다.

(라) 객관적인 비밀유지이익   어떤 사실의 비밀유지에 관해 개인이 자신의 입
장에서 어떤 합리적인 이익을 갖고 있어야 한다. 여기서는 어떤 사실이 사생활의
비밀로서 내용적인 적성을 갖고 있느냐는 점(비밀적격성)과, 그것을 피해자 본인
의 비밀로서 보호해 주어야 할 필요가 있느냐는 점(비밀필요성)이 판단기준이 된
다. 반드시 공공의 이익으로 승인되거나 경제적으로 가치 있는 이익이어야만 비
밀적격성을 갖는 것은 아니다. 공적 생활에 관한 비밀도 개인의 비밀에 관련된 것
인 한 비밀적격성을 갖는다. 사소한 비밀은 비밀필요성이 없으므로 비밀유지이익
이 부인된다.

(마) 비밀의 주체(피해자)   이 죄의 비밀은 타인의 비밀이어야 한다. 비밀의
주체인 타인은 생존하는 자연인과 법인 또는 법인격 없는 단체 등이다. 다만 국가

또는 공공단체는 제외된다. 이 죄의 보호법익이 개인적 법익인 사생활의 평온이
므로 개인의 비밀에 국한되기 때문이다(다수설).

　　(b) **업무처리상 · 직무상 지득한 비밀**　　비밀은 업무처리중 또는 직무상 지
득한 것임을 요한다. 업무처리중 또는 직무상 알게 된 비밀인 이상, 알게 된 기회
나 방법은 묻지 않는다. 비밀주체의 고지에 의한 것이건, 부지불식간에 또는 우연
한 발견에 의해 알게 된 것이건 상관없다. 다만 업무처리나 직무수행과 그로 인해
알게 된 비밀 사이에는 인과관계 및 밀접성(직접성)이 있어야 한다.

　　(3) 행　　위

　　이 죄의 행위양태인 누설은 비밀에 속하는 사실을 아직 이를 모르는 제 3 자
에게 고지하는 일체의 행위를 말한다.

　　㈎ 제 3 자의 범위　　제 3 자가 비밀유지의무를 지는 자라고 하더라도 누설이
된다. 다만 비밀주체의 의사에 비추어 비밀을 알아도 좋을 범위의 사람은 여기에
서 말하는 제 3 자가 될 수 없다. 예컨대 변호사에게 비밀을 알려 준 소송의뢰인의
의사에 비추어 볼 때 그 비밀을 변호사가 자신의 사무장에게 고지했더라도 누설
이 되지 않는다.

　　㈏ 누설의 방법　　누설의 방법은 묻지 않는다. 구두, 서면, 서류를 열람시키
는 방법 등 무엇이든 상관없다. 남에게 알리지 않을 것을 조건으로 고지했어도 누
설이 된다. 부작위에 의한 누설도 가능하다(다수설). 타인의 비밀사항이 기재된
서류를 방치하여 제 3 자가 열람하도록 한 경우가 이에 해당한다.

　　㈐ 누설의 정도　　누설은 어느 누구에게 속하는 비밀이라는 점이 알려질 수
있을 정도로 구체적인 고지를 필요로 한다. 막연한 고지는 누설이 되지 않는다.
행위자가 학술논문을 쓰면서 업무처리상 지득한 타인의 비밀에 속하는 사례를 다
루더라도 피해자를 익명으로 표현했다면 비밀누설이라고 할 수 없다.

　　㈑ 명예훼손과의 관계　　공연히 타인의 비밀을 누설하면 이 죄와 명예훼손죄
의 관념적 경합이 된다.

　　(4) 결　　과

　　구성요건결과는 행위객체인 타인의 비밀에 대한 침해의 구체적인 위험이다.
상대방이 그 내용을 인식할 가능성만 있으면 비록 현실적으로 비밀이 침해되지
않았더라도 구체적인 침해의 위험성은 존재한다. 이 죄는 **구체적 위험범**이므로 누
설행위에 의해 비밀이 상대방인 제 3 자에게 도달한 때 기수가 되고 비밀의 현실

적인 인식이 있을 것을 요하지 않는다. 반면 본죄를 추상적 위험범으로 보게 되면 비밀을 누설한 순간 기수가 된다.

3. 주관적 구성요건요소

구성요건고의는 행위자가 자신의 신분, 자기의 업무처리상 또는 직무상 지득한 타인의 비밀을 누설한다는 점 및 비밀침해의 구체적인 위험결과 등에 대한 인식과 의사이다. 지득한 정보가 비밀사항이 아니라고 착오하고 누설한 경우에는 구성요건착오가 되어 고의가 배제된다.

4. 위법성조각사유

(가) 정당행위   법령에 의하여 비밀의 고지가 의무로 되어 있는 경우, 즉 감염병의예방및관리에관한법률 제11조에 의한 감염병환자의 신고, 국가보안법 제10조에 의한 범죄고지 또는 변호사가 변호권의 범위 내에서 타인의 비밀을 적시하는 경우처럼 정당한 업무로 인해 타인의 비밀을 누설해도 위법성이 조각된다.

(나) 긴급피난   치료중인 환자가 에이즈환자인 것을 안 의사가 다른 사람에게 전염되는 것을 막기 위해 그 환자의 약혼녀에게 이 사실을 알려주었다면, 타인의 생명·신체 또는 자유에 대한 위난을 피하기 위하여 피해자의 비밀을 누설한 경우이므로 긴급피난에 의해 위법성이 조각된다.

(다) 증언을 거부할 수 있는 자의 증언   소송절차에서 증인에게 증언거부권이 없는 때에는 증언의무가 묵비의무에 우선하므로 법령에 의한 행위$\left(\begin{smallmatrix} \text{형소법 제146조,} \\ \text{제149조 단서 후단} \end{smallmatrix}\right)$가 되어 위법성이 조각된다.

소송법상 증언거부권을 행사하지 않고 타인의 비밀에 속한 사실을 증언한 경우 위법성이 조각되는가? 국법질서가 국민에게 모순되는 의무를 과할 수 없는 이상 증언거부권을 행사하지 않으면 증언의무가 있으므로 묵비의무에서 벗어나 위법성이 조각된다는 견해가 다수설이다.

그런데 소송법상 증언거부권의 취지는 타인과 특별한 신뢰관계에 있는 자는 비밀주체의 이익을 위해 그 비밀을 털어 놓지 않아도 좋다는 데 있다. 이 경우 묵비의무를 증언의무보다 우위에 둔 것이 법질서의 기본골격이고 이 한에서 국법질서간의 모순은 발견되지 않는다. 따라서 묵비의무를 진 이 죄의 주체가 임의로 증언거부권을 포기하고 묵비의무를 위반하여 타인의 비밀에 속한 사실을 진술했다면 그것이 단지 소송절차에서 이루어졌다는 이유만으로 정당화될 수는 없다. 단

구체적인 사례에서 이익교량에 따라 긴급피난에 의해 위법성이 조각설 가능성은 남아 있다.[4]

제 2 절   주거침입의 죄

I. 총   설

1. 의   의

주거침입의 죄는 개인의 생활 또는 업무의 근거되는 일정한 구획된 장소의 평온을 침해하거나 위협하는 범죄이다. 주거침입의 죄는 개인적 법익 중에서도 인격적 법익의 일종인 사생활의 자유와 평온을 보호하는 데 그 취지가 있다.

2. 보호법익

(1) 사실상 평온설

이 죄의 보호법익은 권리로서의 주거권이 아니라 주거를 지배하고 있는 공동생활자 모두의 사실상의 평온이라는 견해이다(다수설[5]·대판 1995. 9. 15, 94 도 3336). 이에 의하면 사실상의 주거자 또는 관리자의 승낙을 받고 타인 소유의 주거에 들어가는 것은 주거의 사실상 평온을 해하는 것이 아니므로 이 죄가 될 수 없다는 결론에 이른다. 또한 주거에 대한 사실상의 지배가 있으면 정당한 권원이 없더라도 보호된다.

그러나 사실상의 평온설에 대해서는 ① 사생활의 평온을 향유하는 것은 단순한 사실관계만이 아니라 법적 관계일 수도 있다는 점을 간과하고 있고, ② 주거 등 일정한 장소에서의 평온을 공동생활자 전원의 것으로만 파악하고 법익주체 개인의 의사와 떼어 놓음으로써 이 죄에서 개인적 법익을 보호하는 죄형법규보다 사회적 법익을 보호하는 죄형법규의 측면이 두드러져 만족스럽지 못하다는 비판이 제기된다.

---

4) 박상기 226면; 오영근 268면; 이정원 247면; 임웅 247면; 정영일 145면.
5) 권오걸 282면; 김성돈 234면; 김성천·김형준 295면; 김종원 141면; 남흥우 107면; 배종대 330면; 백형구 386면; 손동권 245면; 오영근 272면; 유기천(상) 160면; 이영란 241면; 이형국 360면; 정성근·박광민 249면; 정영석 303면; 정영일 148면; 황산덕 252면.

⑵ 주거권설

(a) **구주거권설**   구주거권설은 이 죄의 보호법익을 주거권(Hausrecht)으로 보되, 오직 가장 또는 호주만이 주거의 출입에 대해 허락권을 가지고 있는 것으로 이해하는 견해이다. 구법시대의 판례가 취한 입장이지만, 헌법상 평등이념에 반하므로 더 이상 취할 바 못된다.

(b) **신주거권설**   신주거권설은 이 죄의 보호법익을 통일적으로 주거권이라고 하는 견해이다.[6] 여기에서 주거권이란 널리 주거의 평온, 즉 타인의 침입을 허용하지 않는 사생활의 향유가 기대되는 구획된 장소에서 자기 의사의 자유로운 결정 및 자유로운 활동의 이익을 말한다. 이러한 주거권의 핵심은 주택과 그 밖의 사생활 내지 업무보호영역에 누가 들어오고 누가 머물러도 좋은지를 결정할 수 있는 자유이다. 이런 의미에서 주거권은 헌법이 보장하고 있는 개인적 자유권의 일종이며, 주거권의 침해, 즉 주거평온의 교란은 주거권자의 개인적 자유에 대한 침해라고 할 수 있다. 따라서 법익주체인 주거권자의 의사에 반해 주거권을 침해한 이상, 사실상 주거를 지키고 있는 다른 사람이나 공동주거권자의 승낙을 받고 들어간 때에도 이 죄는 성립한다는 결론에 이른다.

⑶ 절 충 설

주거권을 주된 보호법익으로 보고 여기에 사실상의 평온을 절충시켜, 일정하게 구획된 개인의 생활 또는 업무의 장소에서 개인이 누릴 수 있는 법적 지위 내지 사실상의 평온을 보호법익으로 보는 견해이다.[7] 주거권이나 사실상의 평온만을 보호법익으로 볼 때 생길 수 있는 문제점을 양자를 절충함으로써 제거할 수 있다는 이유를 든다.

⑷ 비판과 결론

주거권설에 따라 주거권을 엄격하게 법적인 권리로 파악하게 되면 임대차 기간이 종료한 임차인과 같이 정당한 권원은 없지만 주거 등을 사실상 평온하게 이용·관리·지배하고 있는 상태를 보호할 수 없게 된다. 또한 사실상 주거를 지키고 있는 다른 사람이나 공동주거권자의 승낙을 받고 들어간 때에도 그것이 법익주체인 주거권자의 의사에 반하는 경우에는 주거침입죄가 성립한다는 결론도 법

---

6) 강구진 189면; 박상기 229면; 이재상 235면. 사실상의 평온을 규범적으로 파악하여 주거권과 동일시 하는 견해(이정원 250면)도 이 견해에 포함시킬 수 있다. 주거권설이 독일에서는 통설적 견해이다. Lackner, §123 Rdn. 1; Schäfer, LK, §123 Rdn. 1; Sch/Sch/Lenckner, §123 Rdn. 1 참조.
7) 김일수, 한국형법Ⅲ, 472면; 진계호 265면.

현실과 부합하지 않는다. 예컨대 부모가 교제를 금하는 친구들을 자녀가 허락 없이 집에 초청해 놀거나 공부하는 경우에도 주거권설에 따르면 주거침입죄가 성립한다고 해야 하기 때문이다. 이렇게 주거침입죄의 성부를 주거권자의 의사에 종속시키게 되면 주거출입 자체에 문제가 없고 사실상의 평온을 해하지 않은 경우에도 주거침입죄를 인정해야 하는 문제점이 발생한다.

절충설은 주거권에 사실상의 평온을 절충함으로써 양설이 갖는 문제점을 제거할 수 있다고 하나 주거권을 보호법익에 포함시키는 이상 주거권설이 갖는 문제점은 여전히 남는다고 보아야 한다.

결론적으로 본죄의 보호법익은 사실상의 평온으로 보는 것이 옳다. 본죄가 주거를 불가침의 영역으로 규정하고 있는 것은 주거 내에서의 사생활의 평온을 보호하려는 데 그 목적이 있고, 또 그렇게 보는 것이 법현실에 가장 부합하기 때문이다. 사실상의 평온설에 대해 제기된 비판은 큰 설득력이 없다. 사실상의 평온이 단순한 사실관계가 아니라 법적 관계의 성질을 가지고 있다고 해서 주거권을 보호법익으로 삼아야 할 필연적인 이유가 발생하는 것은 아니고, 또한 사실상의 평온에 대한 침해가 있었는가의 여부는 결국 거주자나 관리자의 의사에 달려 있기 때문에 본죄를 사회적 법익으로 변질시킨다는 비판은 전혀 근거가 없다.

본죄의 보호법익을 사실상의 평온으로 보게 되면 주거침입죄의 성부는 전적으로 주거출입 자체에 대한 거주자나 관리자의 승낙 여부에 달려 있으며, 혹 출입자가 다른 진의나 목적을 숨기고 있었다고 할지라도 출입자체에 승낙이 있었다면 사실상의 평온에 대한 침해는 없는 것으로 보아야 한다. 또한 복수거주자가 있는 경우에도 현실적으로 한 사람의 승낙을 받고 평온히 주거에 출입한 경우에는 주거침입죄가 성립하지 않는 것으로 보아야 한다.

Ⅱ. 단순주거침입죄

1. 의   의

단순주거침입죄는 타인의 주거, 관리하는 건조물, 선박이나 항공기 또는 점유하는 방실에 함부로 침입함으로써 성립하는 범죄이다. 3년 이하의 징역 또는 5백만원 이하의 벌금에 처한다($^{제319조}_{1항}$). 이 죄의 미수범은 처벌한다($^{제322}_{조}$). 2인 이상이 공동하여 이 죄를 범한 때에는 폭력행위등처벌에관한법률 제 2 조 2항에 의해 가중처벌된다. 이 죄는 침해범·계속범이다.

2. 객관적 구성요건요소

(1) 행위객체

(a) **타인의 주거** 주거란 사람이 기거하고 침식에 사용하는 주택건조물, 기타 장소이다. 기거침식에 사용되는 장소인 한 일시적이어도 좋고, 주택건조물의 전부가 아니라 일실(一室)이어도 좋다. 일정기간만 사용하는 장소인 별장도 주거에 속한다. 주거인 한 거주자가 항상 현존해야 하는 것은 아니다. 일시 외출중이거나 장기해외출장으로 집을 비웠더라도 주거이다.

주거의 설비·구조 여하를 불문하므로 천막집·판자집 토굴이라도 어느 정도의 주거로서의 설비를 갖추고 있는 한 주거에 해당한다. 주택건조물뿐만 아니라 이에 부속된 계단·복도·지하실·정원·차고·위요지(대판 2001. 4. 24, 2001도 1092)도 주거 속에 포함한다.

‖**판례 1**‖ 이미 수일 전에 2차례에 걸쳐 피해자를 강간하였던 피고인이 대문을 몰래 열고 들어와 담장과 피해자가 거주하던 방 사이의 좁은 통로에서 창문을 통하여 방안을 엿본 경우, 주거침입죄에 해당한다(대판 2001. 4. 24, 2001도 1092).

‖**판례 2**‖ 주거침입죄에서 주거란 단순히 가옥 자체만을 말하는 것이 아니라 그 정원 등 위요지를 포함한다. 따라서 다가구용 단독주택이나 다세대주택·연립주택·아파트 등 공동주택 안에서 공용으로 사용하는 계단과 복도는, 주거로 사용하는 각 가구 또는 세대의 전용 부분에 필수적으로 부속하는 부분으로서 그 거주자들에 의하여 일상생활에서 감시·관리가 예정되어 있고 사실상의 주거의 평온을 보호할 필요성이 있는 부분이므로, 특별한 사정이 없는 한 주거침입죄의 객체인 '사람의 주거'에 해당한다(대판 2009. 8. 20, 2009도 3452).

이 죄의 주거는 타인의 주거여야 한다. 타인과 공동생활하고 있는 공동주거는 공동생활에서 이탈한 후에는 타인의 주거가 된다. 예컨대 가출한 탕자가 강도나 절도의 목적으로 아버지집에 침입한 경우, 별거중인 처가 남편의 아파트에 함부로 침입하는 경우에도 주거침입이 된다.

＊주의: 주거에서 소유권의 유무는 중요하지 않다. 차가인 경우에는 가옥의 소유자나 임대인에 대해서도 임차인의 주거로서 보호된다. 또한 주거가 적법하게 시작된 이상 이를테면 임대차기간 경과 후의 점유계속처럼 도중에 권원 없이 불법한 점유가 된다 하더라도 사실상의 점유상태가 주거로서 보호된다. 따라서 부적법한 점유를 배제할 권리를 가진 자도 사법적 절차에 의하지 않고 그 권리를 자력으로 구제하기 위해 함부로 들어가면 주거침입이 된다(대판 2007. 7. 27, 2006도 3137).

(b) **관리하는 건조물 · 선박 · 항공기**

(가) **관리**란 사실상의 지배 · 운영, 즉 함부로 타인이 침입하는 것을 방지할 만한 인적 · 물적 설비를 갖추는 것을 의미한다. 감시 · 관리하는 경비원, 관리인을 두는 것은 물론 열쇠로 잠궈 놓거나 문에 못질을 해둔 경우도 관리에 해당한다. 반드시 출입이 불가능하거나 곤란하게 할 설비여야 할 필요는 없지만 단순히 출입금지라는 표지만 세워둔 것으로는 아직 관리라 하기 어렵다.

(나) **건조물**이란 주거를 제외한 일체의 건물 및 그 위요지를 말한다. 공장, 창고, 극장, 백화점, 관공서의 청사, 역사, 학교 등이 이에 속한다. 공사현장에 세워진 타워크레인이나 그 운전실은 건조물에 해당하지 않는다(대판 2005. 10. 17, 2005도 5351).

지배 · 관리의 대상이지만 주거에는 사용되지 않는 빈집과 같은 의미의 저택은 건조물에 포함된다.

‖ **판례** ‖ 건조물이라고 할 수 있자면 사람이 그 내부에 출입할 수 있을 정도로 지붕과 담벽 또는 기둥에 의해 받쳐져 있고 토지에 정착되어 있어야 한다(대판 1989. 2. 28, 88 도 2430).

(다) **선박**이란 수상교통의 수단으로 사용되는 축조물로서 그 크기는 묻지 않으나 적어도 사람의 주거에 상응하는 정도의 규모이어야 한다(통설). 따라서 소형보트는 제외된다.

(라) **항공기**란 사람의 조종에 의해 공중을 운행하는 기기를 말한다. 비행기 · 비행선 · 우주선 · 우주왕복선 등이 여기에 포함된다.

(c) **점유하는 방실**   건물 내에서 사실상 지배 · 관리하는 구획된 장소 및 주거나 관리하는 건조물 규모에 해당하지 않는 그 밖의 모든 축조물을 말한다. 빌딩의 사무실, 교수연구실, 투숙중인 호텔, 여관의 객실, 건축공사장의 임시가건물, 시장점포도 여기에 해당한다.

(2) **행 위**

(a) **침 입**   침입은 주거에 대한 결정의 자유를 가진 주거자, 관리자 또는 점유자의 의사 또는 추정적 의사에 반하여 들어가는 것을 말한다. 침입이 공연히 행하여졌는가, 은밀히 행하여졌는가, 폭력적으로 행하여졌는가는 불문한다.

침입은 거동에 의한 신체적 침입이다. 행위자의 신체의 일부가 주거에 들어 갔을 때 침입이 된다. 실행의 착수에 관하여 판례는 주거침입의 고의로 주거로 들어가는 문의 시정장치를 부수거나 문을 여는 등 침입을 위한 구체적 행위를 시작하였다면 실행의 착수가 있는 것으로 본다(대판 1995. 9. 15, 94 도 2561). 또한 출입문이 열려 있으면 안으로 들어가겠다는 의사 아래 출입문을 당겨보는 행위를 한 때에도 이미 실행의 착수를 인정한다(대판 2006. 9. 14, 2006 도 2824). 개별적 객관설의 관점에서 보면 주거침입의사로 주거의 문을 열거나 문의 시정장치를 여는 등의 행위를 했을 때 비록 신체의 일부가 집안으로 들어가지 않았더라도 실행의 착수가 인정된다.

침입은 외부로부터의 침입이어야 한다. 따라서 처음부터 주거 안에 있는 자나 적법하게 주거 안으로 들어온 자는 그 후 침입의 의사가 생긴 경우에도 침입이 되지 않는다(대판 1984. 2. 14, 83 도 2897). 일단 허가를 받고 안으로 들어온 이상 퇴거불응죄가 성립하지 않는 한 침입이 되지 아니한다. 다만 한 울타리 내에서도 출입이 금지된 공간이 있는 경우에는 침입죄가 성립할 여지가 있다. 호텔투숙객이 다른 객실에 들어가거나 남자가 엿볼 목적으로 여자화장실에 들어가는 것, 민원인이 출입이 금지된 부서에 허락 없이 들어가는 것 등이 그 예이다.

(b) **주거자 등의 의사**   침입은 주거의 경우에는 주거자, 건조물·선박·항공기의 경우에는 관리자, 방실의 경우에는 점유자의 의사 또는 추정적 의사에 반한 경우에만 인정된다.

‖ **판례** ‖   주거침입죄는 사실상의 주거의 평온을 보호법익으로 하는 것이므로 그 거주자 또는 관리자가 건조물 등에 거주 또는 관리할 권한을 가지고 있는가 여부는 범죄의 성립을 좌우하는 것이 아니고, 그 거주자나 관리자와의 관계 등으로 평소 그 건조물에 출입이 허용된 사람이라 하더라도 주거에 들어간 행위가 거주자나 관리자의 명시적 또는 추정적 의사에 반함에도 불구하고 감행된 것이라면 주거침입죄는 성립하며, 출입문을 통한 정상적인 출입이 아닌 경우 특별한 사정이 없는 한 그 침입방법 자체에 의하여 위와 같은 의사에 반하는 것으로 보아야 한다(대판 1995. 9. 15, 94 도 3336).

(가) 의사결정의 주체   주거자는 현실로 주거에 거주하는 자이다. 부부는 공동으로 주거의 평온에 대한 결정의 자유를 갖는다. 남편의 부재중 처의 승낙하에 간통의 목적으로 집에 들어간 자의 행위는 주거침입이 되는가? 이 문제는 복수의 주거자가 있을 경우 주거자 전원의 승낙이 필요한가의 문제와 결부되어 있다.

이에 관하여 **적극설**은 공동생활·공동관리인 때에는 전원의 승낙이 필요한데, 이 경우에는 처의 승낙만 있을 뿐이고 공동주거자인 남편의 추정적 승낙이 있

다고 볼 수 없으므로 주거침입이 된다고 한다(대판 1984. 6. 26, 83 도 685). 그러나
소극설은 현재 주거자의 진의에 의한 승낙이 있으면 주거침입이 되지 않는다고
한다(다수설). 남편의 출타중 현실의 주거자인 처가 승낙한 경우 그 승낙은 주거
의 평온에 관해 최종적으로 유효할 뿐만 아니라 주거의 사실상의 평온을 해치지
않기 때문에 소극설이 타당하다.

관리자는 건조물·선박·항공기의 관리인을 말한다. 단순히 현실로 감시의
임무를 맡고 있는 사람만을 가리키는 것이 아니며, 예컨대 시장은 퇴청 후에도 시
청건물의 관리인이다. 점유자는 방실을 법적 또는 사실적으로 지배·사용하는 자
를 말한다.

(나) 의   사   주거자, 관리자, 점유자의 의사는 명시적일 필요는 없고 주위
의 사정으로 미루어 이해될 수 있는 것이면 충분하다. 일반적·묵시적 허용이 있다
고 보여지는 경우에는 주거침입이 될 수 없다(대판 2003. 5. 30, 2003 도 1256). 하지
만 평상시에 출입이 허용된 장소라도 합리적인 근거에 기초하여 특별히 어느 한 개
인에게 내려진 출입금지에 위반하여 들어간 경우에는 주거침입이 된다. 또한 구체
적으로 출입을 제지당하지 않았다 하더라도 관리자의 의사에 반하여 건조물인 대
학교에 들어간 것이라면 역시 주거침입이 성립한다(대판 2003. 5. 13, 2003 도 604).

주거출입이 주거자 등의 명시적·추정적 의사에 반하느냐의 여부는 결과에
서 확인된 실질적인 의사가 아니라 주거출입 '자체'에 대한 의사를 중시하여 판단
해야 한다.

(다) 강박에 의한 의사표시   주거자 등의 의사표시는 자율적인 의사결정에 기
초한 것이어야 하기 때문에 승낙의 의사표시가 강박에 의한 것일 경우에는 유효
한 동의가 되지 않는다.

(라) 기망에 의한 의사표시   외판원이 아파트관리사무소 직원을 사칭하거나
경찰이 염탐을 목적으로 외판원을 가장하여 들어온 경우와 같이 주거자가 기망에
의해 출입을 승낙한 경우에는 주거침입죄의 성부에 대해 의견이 대립한다. 긍정
설은 주거권자가 전후사정을 알았을 경우에는 허락하지 않았을 것이라는 이유로
주거침입죄를 긍정한다.[8] 그러나 출입을 허락한 동기에는 착오가 있었지만 출입
자체에 대한 의사표시가 있는 경우에는, 주거의 사실상 평온이 침해되었다고 볼
수 없고 또한 단순한 동기의 착오는 승낙의 유효성에 영향을 미치지 않기 때문에

---

8) 권오걸 288면; 김종원 143면; 배종대 337면; 손동권 249면; 오영근 278면; 이영란 246면;
  이형국 363면; 정성근·박광민 266면; 정영석 307면; 정영일 151면; 황산덕 250면.

주거침입죄를 부정하는 것이 옳다.[9]

(마) **범죄목적으로 출입한 경우**   ⅰ) 일반 주거에 절도 · 강도 · 폭행 · 방화 · 도청장치설치 · 대리시험응시 · 뇌물응시 등의 범죄목적을 가지고 출입한 경우에 출입허가가 있었음에도 불구하고 주거침입죄가 성립되는가에 대해서는 긍정설[10]과 부정설[11]이 나뉜다. 긍정설은 범죄목적이 있는 경우에는 주거자의 진의에 반할 뿐만 아니라 개인의 privacy 보호를 위해 주거침입을 긍정해야 한다고 한다. 판례는 긍정설의 입장에 서 있다.

‖ **판례** ‖   판례는 입장권 없이 입장하는 경우, 대리시험을 쳐주기 위해 고사장에 들어간 경우(대판 1967. 12. 19, 67 도 1281), 회의장소에 도청기를 몰래 설치하려고 들어간 경우(대판 1978. 10. 10, 75 도 2665), 절도의 목적(대판 1983. 7. 12, 83 도 1394), 강도의 목적(대판 1952. 5. 20, 4285 형상 80), 폭행의 목적(대판 1955. 12. 23, 4288 형상 25), 시설물 손괴의 목적(대판 2007. 3. 15, 2006 도 7079)으로 주거에 들어간 경우 주거침입을 인정한다.

그러나 이 경우도 앞의 기망에 의한 의사표시의 경우와 크게 다르지 않다. 설사 주거자가 행위자의 범죄목적을 모르고 출입을 허락했다 할지라도 주거출입 '자체'에 대한 승낙이 있는 이상, 주거의 평온은 침해되지 않았고 따라서 주거침입은 문제되지 않는다고 해야 한다.

한편 강간의 의도를 가진 범인을 남편으로 오인하여 피해자가 문을 열어 준 경우에는 출입 '자체'에 대한 피해자의 명시적 또는 묵시적 승낙이 없어 주거침입죄가 성립한다고 해야 한다(대판 2003. 5. 30, 2003 도 1256).

ⅱ) 누구나 출입할 수 있는 공개된 장소, 예컨대 극장, 음식점, 관공서, 백화점 등에 범죄목적을 가지고 출입한 경우에 주거침입죄가 성립되는가에 대해서는 부정설이 다수설이다. 이 경우도 출입자체가 허락된 이상 불법의 목적을 가진 것만으로는 주거침입죄가 성립하지 않는다고 보는 것이 옳다. 단 앞의 장소에의 출입 '자체'가 영업주나 관리자의 의사에 반하는 경우, 예컨대 영업시간 외의 출입, 강도의 목적으로 복면을 하고 출입하는 경우 등은 주거침입죄가 성립할 수 있다.

판례는 공중에게 개방된 장소일지라도 범죄의 목적을 가지고 출입한 경우에는 주거침입죄가 된다고 한다. 이른바 **부산초원복집사건**에서 「피고인들이 도청할

---

9) 김성천 · 김형준 303면; 박상기 231면; 이재상 242면; 임웅 253면; 하태훈, 「승낙의 의사표시의 흠결과 주거침입죄의 성부」, 형사판례연구(6), 1998, 232면.
10) 배종대 336면; 손동권 249면; 이재상 241면; 임웅 254면; 정성근 · 박광민 267면; 진계호 269면.
11) 박상기 231면; 이정원 261면.

목적으로 음식을 먹으려 한다는 사실을 영업주가 알았더라면 출입을 허용하지 않았을 것이기 때문에 피고인들의 음식점 출입행위는 영업주의 추정적 의사에 반해 주거침입이 된다」고 판시한 바 있다(대판 1997. 3. 28, 95 도 2674).[12]

(c) **동 의 자**　　주거의 평온에 관한 의사결정의 주체는 유효한 동의의 주체이기도 하다. 주거에 여러 사람이 거주할 때에는 각자가 동의권자이다. 이 때 반드시 전원의 동의 내지 추정적 승낙이 필요한가? 긍정설(대판 1984. 6. 26, 83 도 685)도 있으나, 각자는 유효한 동의권자로서 독자적으로 타인의 출입과 체재를 통제할 수 있다고 보아야 한다. 따라서 주거자나 가족 중 일부의 승낙을 받고 들어간 경우에는 원칙적으로 위법하지 않다.[13] 예컨대 부의 부재중의 처나 주인의 부재중의 가정부도 제3자의 출입에 대해 동의할 수 있다. 설사 부모가 집에 있었다 할지라도 아들이 그 의사에 반해 친구를 몰래 집에 데리고 들어온 경우에도 주거침입은 문제되지 않는다. 그러나 다른 주거자의 현재하는 명시적인 반대의사가 있는 경우에는 일부의 동의를 받고 들어가더라도 주거침입은 성립된다고 해야 한다.

(d) **부작위에 의한 침입**　　침입은 부작위에 의해서도 가능하다. 진정부작위범인 퇴거불응죄는 별도로 규정되어 있으므로, 여기에서는 주로 부진정부작위범 형식이 문제된다. 예컨대 주거에 대한 보증인의무를 진 보증인이 제3자의 침입을 방지하지 않거나 주거자의 의사에 반하여 침입하는 것을 알고도 방치한 경우와 같다. 부작위에 의한 침입은 주거자의 퇴거요구를 받을 것을 요건으로 하지 않는 점에서 퇴거불응죄와 구별된다.

(3) **결　　과**

구성요건결과는 주거평온의 교란이다. 행위자가 주거 등에 침입하면, 신체적 진입이나 체류로 인해 주거평온의 교란이 발생한다.

원칙적으로 행위자의 신체가 완전히 주거에 들어감으로써 기수가 된다(다수설). 판례는 신체의 일부분만이 주거 안으로 들어갔더라도 사실상 주거의 평온을 해할 정도에 이르렀다면 이 죄의 기수가 된다(대판 1995. 9. 15, 94 도 2561)고 하나 신체의 일부만이 들어간 경우에는 미수로 보는 것이 옳다. 주거에 사람이 있는지 여부를 확인하기 위하여 집의 초인종을 누른 행위만으로는 아직 실행의 착수가 인정되지 않는다(대판 2008. 4. 10, 2008 도 1464). 이 죄는 계속범이므로 침입에 의

---

12) 판례에 동조하는 견해는 권오걸 288면; 김성돈 240면; 이영란 246면.
13) 배종대 335면; 백형구 388면; 오영근 278면; 이형국 364면; 진계호 270면.

해 주거평온의 교란은 어느 정도 시간적으로 계속되어야 한다. 침입행위는 퇴거하든가 새로이 체류의 승낙이 있을 때까지 계속된다. 신체의 일부만 들어간 경우, 침입하기 위해 자물쇠를 부수었으나 들어가지 못한 경우, 담을 넘다가 붙잡힌 경우에는 미수범이 된다($\frac{제322}{조}$).

‖**판례**‖ 주거침입죄는 사실상의 주거의 평온을 보호법익으로 하는 것이므로, 반드시 행위자의 신체의 전부가 범행의 목적인 타인의 주거 안으로 들어가야만 성립하는 것이 아니라 신체의 일부만 타인의 주거 안으로 들어갔다고 하더라도 거주자가 누리는 사실상의 주거의 평온을 해할 수 있는 정도에 이르렀다면 범죄구성요건을 충족하는 것이라고 보아야 하고, 따라서 주거침입죄의 범의는 반드시 신체의 전부가 타인의 주거 안으로 들어간다는 인식이 있어야만 하는 것이 아니라 신체의 일부라도 타인의 주거 안으로 들어간다는 인식이 있으면 족하다. 따라서 야간에 타인의 집의 창문을 열고 집 안으로 얼굴을 들이미는 등의 행위를 하였다면 피고인이 자신의 신체의 일부가 집 안으로 들어간다는 인식하에 하였더라도 주거침입죄의 범의는 인정되고, 또한 비록 신체의 일부만이 집 안으로 들어갔다고 하더라도 사실상 주거의 평온을 해하였다면 주거침입죄는 기수에 이르렀다(대판 1995. 9. 15, 94 도 2561).

3. 주관적 구성요건요소

이 죄가 성립하자면 행위자가 주거자·관리자·점유자의 의사 내지 추정적 의사에 반하여 타인의 주거공간에 들어간다는 인식과 의사가 있어야 한다. 행위자가 주거자·관리자·점유자의 의사에 반하여 들어간다는 점을 인식하지 못한 때에는 구성요건착오로서 고의가 배제된다.

4. 위법성조각사유

㈎ **법령에 의한 정당행위**   형사소송법상의 강제처분에 의하여 압수·수색·체포·구속을 위해 수사기관이 타인의 주거에 들어간 경우, 민사소송법상의 강제집행에 의한 압류·가처분을 위해 집행관이 타인의 주거에 들어간 경우는 법령에 의한 정당행위가 된다.

㈏ **사회상규에 의한 정당행위**   외출중인 이웃집에서 화재가 발생한 경우 그 불을 초기에 진화하기 위해 담을 타넘어 그 집에 들어간 경우는 추정적 승낙의 경우이며, 채권자가 채권을 변제받기 위하여 채무자 집에 들어간 경우는 경미한 법익충돌에 의한 정당행위의 예로서 사회상규에 반하지 않는 주거침입이다. 판례는 간통현장을 사진 촬영하기 위하여 남편의 내연녀의 주택에 침입한 행위는 정

당행위에 해당하지 않는다고 한다(대판 2003. 9. 26 2003 도 3000).

(다) 긴급피난   맹견의 추격을 받자 타인의 집안으로 뛰어들어가 몸을 피한 경우, 이웃집에 불이 나자 불을 끄기 위해 다른 이웃집의 슬라브지붕 위에 올라가 물을 뿌린 경우 등은 정당화적 긴급피난에 해당한다.

‖ **판례** ‖   사인이 현행범을 추격하던 중 그 체포를 위해 임의로 타인의 주거에 들어간 경우에는 현행범의 체포라는 사실만으로 주거침입의 위법성이 조각되는 것은 아니다(대판 1965. 12. 21, 65 도 899).

5. 죄수 및 타죄와의 관계

(가) 주거침입죄는 계속범이므로, 불법으로 주거 등에 침입함으로써 일단 기수에 이르지만 그 장소를 퇴거할 때까지 기간이 아무리 길더라도 1개의 주거침입죄가 성립할 뿐, 별도의 퇴거불응죄가 성립하는 것은 아니다.

(나) 수개의 건조물에 침입한 때에는 짧은 시간 안에 같은 부지 안에 인접한 건조물인 경우에도 건조물의 수에 따라 수개의 주거침입이 된다. 뿐만 아니라 같은 건조물 안에 수개의 방실로 구분된 각각 다른 상호의 점포에 침입했을 때에도 방실의 수에 따라 수개의 주거침입이 된다. 이 죄는 일신전속적 법익을 보호하는 죄형법규이기 때문이다.

(다) 주거침입죄는 주거침입을 위한 수단으로 범한 재물손괴 또는 폭행죄와 관념적 경합이 된다. 하지만, 주거침입이 다른 범죄의 수단으로 저질러진 경우 또는 주거침입의 기회에 다른 범죄가 저질러진 경우에는 주거침입죄와 다른 범죄는 실체적 경합이된다.

* 주의: 야간주거침입절도($^{제330}_{조}$), 특수절도죄($^{제331조}_{1항}$) 및 특수강도죄($^{제344조}_{1항}$)의 경우 주거침입이 절취행위의 수단으로 구성요건화되어 있으므로 별도로 주거침입죄를 논하지 않지만, 그 외의 경우는 별개로 주거침입죄를 구성하며 절도·강도죄와 실체적 경합에 서는 것이 원칙이다.

Ⅲ. 퇴거불응죄

1. 의   의

퇴거불응죄는 타인의 주거, 관리하는 건조물·선박·항공기, 점유하는 방실에 일단 적법하게 들어갔으나 주거자·관리자·점유자 등의 퇴거요구를 받고도 이에 불응함으로써 성립하는 범죄이다. 주거침입죄와 같은 형인 3 년 이하의 징역 또는 5 백만원 이하의 벌금에 처한다($^{제319조}_{2항}$). 이 죄의 미수범은 처벌한다($^{제322}_{조}$).

단순주거침입죄가 주거자 등의 의사에 반하여 들어감으로써 성립하는 범죄인 데 반해 이 죄는 일단 적법하게 들어갔으나 주거자 등의 퇴거요구를 받고도 이에 불응함으로써 성립한다는 점에서 구별된다.

우리 형법에 몇 개 안 되는 진정부작위범 중 하나이다. 2 인 이상이 공동하여 이 죄를 범한 경우 폭력행위등처벌에관한법률 제 2 조 2 항에 의해 가중처벌된다.

2. 객관적 구성요건요소

(1) 행위주체 · 행위객체

퇴거불응죄의 주체는 타인의 주거 등에 적법하게 또는 과실로 들어갔다가 주거자의 퇴거요구를 받고 곧 퇴거해야 할 지위에 있는 자이다. 행위객체는 주거침입죄의 경우와 같다.

(2) 행 위

퇴거요구에 대한 퇴거불응이다.

(a) **퇴거요구** 퇴거요구는 1 회로도 족하다. 행위자가 퇴거요구를 인식할 수 있는 한 반드시 명시적인 요구여야 하는 것은 아니다. 퇴거요구의 주체는 주거자 · 관리자 · 점유자이지만 이들로부터 위임을 받은 자 또는 대리자라도 상관없다. 또한 주거자인 이상 반드시 주거에 대한 법률상의 권한이 있어야 하는 것은 아니다. 따라서 임대차기간 만료 후 소유자의 명도요구를 받은 임차인일지라도 아직 차가에 대해서는 주거자이므로 소유자에 대해서도 퇴거요구를 할 수 있다.

피의자에 대한 구속영장을 집행하기 위해 피의자의 주거에 들어온 경찰관리에게는 퇴거요구를 할 수 없다.

(b) **퇴거불응** 퇴거요구를 받고 이에 응하여야 할 책임 있는 행위자가 부작위로 나아가는 것을 말한다. 이 죄는 진정부작위범이다. 일단 퇴거요구를 받은 자는 비록 그 때까지 적법하게 주거공간에 체류하던 자라도 즉시 퇴거해야 한다. 만약 유책한 지체가 있게 되면 일단 퇴거불응이 된다. 그 결과 퇴거요구자의 주거 등의 평온에 대한 위법한 공격으로 간주되며 퇴거요구자의 정당방위가 가능해진다.

다만 퇴거요구를 받은 자가 퇴거요구에 응할 수 있는 객관적 · 주관적 사정하에 있어야 한다. 예컨대 달리는 주거차량에서 갑자기 내리라고 하는 것은 객관적으로 요구에 응할 수 있는 사정이 아니다. 또한 옷을 벗고 있는 사람은 갑작스러운 퇴거요구에 즉각 응할 수 있는 주관적인 사정하에 있지 않다. 따라서 옷을 차려 입을 때까지는 퇴거요구 후 시간이 지체되었을지라도 위법한 체류라고 할 수 없다.

(3) 결   과

구성요건결과는 주거 등의 평온에 대한 교란이다. 행위자가 퇴거에 불응함으로써 행위객체에 대한 위해가 발생하고 주거 등의 평온이 교란된다. 퇴거할 수 있는 상태에서 퇴거요구에 응하지 않고 체류를 계속함으로써 더 이상 적절한 어떤 퇴거도 기대할 수 없는 단계에 이르렀을 때 기수가 된다.

형법은 이 죄의 미수범을 처벌하고 있지만($\frac{제322}{조}$), 이 죄는 진정부작위범 · 거동범이므로 미수를 상상하기 어렵다는 것이 다수설이다. 퇴거불응죄의 경우 퇴거요구에 대한 불응이 있는 즉시 주거의 평온에 대한 침해가 있는 것으로 보아야 하고 따라서 사실상 미수를 생각하기 어렵다고 해야 한다. 퇴거불응죄에 대한 미수범규정은 입법의 불찰로 보는 것이 타당하다. 신체가 주거에서 퇴거하였다면 가재도구를 남겨 두었더라도 본죄는 성립하지 않는다(대판 2007. 11. 15, 2007 도 6990).

3. 주관적 구성요건요소

행위자는 적어도 주거자 등의 퇴거요구가 있다는 사실과 그러한 요구가 정당한 요구라는 사실 및 자신의 체류에 대한 정당성이 결여되어 있다는 사실을 인식하였음에도 불구하고 퇴거요구에 불응하려는 의사가 있어야 한다.

4. 구성요건해당성배제사유

사소한 퇴거불응은 사회적 상당성이 있는 행위로서 구성요건해당성이 배제된다. 예컨대 채권자가 채무자의 주거의 평온을 해하지 않는 범위에서 채무변제를 독촉하기 위해 채무자의 주거에 잠시 머무는 경우에는 채무자의 퇴거요구가 있더라도 이 죄를 구성하지 않는다.

5. 위법성조각사유

퇴거요구를 받은 자가 적법하게 그 장소에 머물 수 있는 권한이 있는 때에는 법령에 의한 정당행위로서 위법성이 조각된다. 예컨대 적법한 쟁의행위로서 사업장을 점거중인 근로자들이 사용자로부터 퇴거요구를 받고 이에 불응한 채 점거행위를 계속하더라도 퇴거불응죄가 성립하지 않는다(대판 2007. 3. 29, 2006 도 9307).

Ⅳ. 특수주거침입죄

특수주거침입죄는 단체 또는 다중의 위력을 보이거나 위험한 물건을 휴대하여 주거침입이나 퇴거불응함으로써 성립하는 범죄이다. 5년 이하의 징역에 처한다($^{제320}_{조}$). 미수범은 처벌한다($^{제322}_{조}$). 이 죄는 주거침입죄와 퇴거불응죄에 비하여 위험성이 높은 행위수단·방법이 추가됨으로써 법익위해의 위험이 높아지기 때문에 불법이 가중된 구성요건이다.

단체 또는 다중인 경우에는 행위자 전원이 함께 주거에 침입하지 않고 그 중 1인만 침입한 때에도 이 죄의 성립에 지장 없다. 위험한 물건은 처음부터 휴대한 경우는 물론이고 빈손으로 침입했다가 현장에서 위험한 물건을 집어든 경우도 포함한다. 위험한 물건을 피해자에게 꺼내 보이거나 피해자가 이것을 인식할 필요는 없다.

Ⅴ. 신체·주거수색죄

1. 의   의

신체·주거수색죄는 사람의 신체, 주거, 관리하는 건조물, 자동차, 선박이나 항공기 또는 점유하는 방실을 수색함으로써 성립하는 범죄이다. 3년 이하의 징역에 처한다($^{제321}_{조}$). 이 죄에는 단순한 주거수색과는 그 대상과 보호법익이 다른 신체수색이라는 이질적 요소도 들어 있어 해석상 주의를 요한다. 따라서 단순히 주거의 평온만이 아니라 개인의 신체적 자유와 안전 및 사적 비밀도 이 죄의 보호법익이 된다.

2. 구성요건요소

수색이란 사람 또는 물건을 발견하기 위해 사람의 신체 또는 일정한 장소를 조사하는 일체의 행위를 말한다. 수색은 불법하여야 하므로 합법적인 수색($\substack{형소법 제\\109조, 제 137조}$)인 경우에는 위법성이 조각된다.

이 죄는 처음에는 적법하게 주거 등에 들어간 자가 불법하게 객체를 수색하는 경우에 성립한다. 아예 처음부터 피해자의 의사에 반한 위법한 수색인 경우는 이 죄와 주거침입죄의 경합범이 된다. 절도나 강도의 목적으로 주거에 침입하여 실내의 금품을 물색하는 경우에 해당하는 수색행위는 불가벌적 수반행위로서 절도·강도죄에 흡수된다.

3. 미수·기수

이 죄의 미수범은 처벌한다($\substack{제322\\조}$). 실행의 착수시기는 수색을 개시한 때이므로, 신체수색을 위해 위법하게 남의 통행을 제지하거나 주거수색을 위해 위법하게 남의 주거에 침입했을지라도 폭행죄·주거침입죄의 실행의 착수가 있을 뿐 아직 이 죄의 실행의 착수에는 이르지 않았다고 보아야 한다.

구성요건결과, 즉 신체적 안전·주거의 평온에 대한 교란이나 사적 비밀의 훼손이 발생하였을 때 기수에 이른다.

제3편 개인적 법익을 보호하는 죄형법규
(재산적 법익 분야)

제 1 장 재산죄 개설

제 1 절 생각의 실마리

재산죄는 개인의 소유권 내지 재산을 보호법익으로 삼는 죄형법규를 말한다. 기본적 구성요건은 절도·강도·사기·공갈·횡령·배임·장물·손괴·권리행사방해의 죄이다. 물론 재산에 관한 죄는 이것에 한하지 않는다. 방화와 실화의 죄($^{제164조}_{이하}$), 일수와 수리에 관한 죄($^{제177조}_{이하}$), 신용·업무와 경매에 관한 죄($^{제313조}_{이하}$) 등도 간접적으로 개인의 재산을 보호하는 기능을 한다. 그러나 일반적으로 형법상 재산죄는 재산적 법익, 즉 소유권 내지 재산을 보호법익으로 삼는 범죄라는 점에서 다른 인신범죄와 사회적 법익을 위해하는 범죄와 다르다.

제 2 절 재산죄의 분류

I. 분류의 어려움

재산죄 일반을 소유권침해범죄와 일반재산범죄로 분류하기도 하지만 만족할 만한 체계를 제공해 주지는 못한다. 소유권침해범죄 중에도 강도죄와 같은 것은 재물과 재산상의 이익을 포괄하기 때문에 이러한 구별을 어렵게 만든다.

보통 분류방법으로는 법익에 따른 분류, 점유상태 또는 침해방법에 따른 분류 등을 열거할 수 있다.

II. 보호법익에 따른 분류

보호법익이 소유권이냐 소유권 이외의 재산이냐, 아니면 소유권을 포함한 전체로서의 재산이냐에 따라 재산죄를 세 가지로 분류할 수 있다.

(a) **소유권침해범** 절도죄·강도죄·횡령죄·재물손괴죄 등을 들 수 있다.

(b) **소유권 이외의 특별한 재산적 가치에 대한 범죄**   타인의 소유권이나 소유권을 포함한 전체로서의 재산이 아니라 용익물권·담보물권 등과 같은 제한물권이나 임차권·사용대차권과 같은 채권의 대상인 목적물이 그의 소유권자에 의해 취거 또는 손괴되는 경우이다. 구체적으로 자동차등불법사용죄·권리행사방해죄·점유강취죄·강제집행면탈죄·특별법상의 파산범죄를 들 수 있다.

(c) **전체로서의 재산에 관한 범죄**   사기죄·공갈죄·배임죄·부당이득죄·장물죄·특별법상의 경제범죄 등을 들 수 있다.

Ⅲ. 객체에 따른 분류

(a) **개개의 재물을 침해하는 재물죄**   절도죄·횡령죄·손괴죄가 이에 속한다.

(b) **재산상의 이익을 침해하는 이득죄**   배임죄가 이에 속한다.

(c) **양자의 성격이 결합된 범죄**   강도죄·사기죄·컴퓨터등사용사기죄·공갈죄가 이에 속한다.

Ⅳ. 영득의사의 유무에 따른 분류

특별한 주관적 불법요소인 영득의사 내지 이득의사가 필요한가의 여부에 따라 재산죄는 영득죄와 이득죄로 분류되기도 한다.

(a) **영 득 죄**   일반적·주관적 불법요소인 구성요건고의 외에 특별한 주관적 불법요소인 위법령득의 의사를 필요로 하는 범죄를 말한다. 절도죄·강도죄·횡령죄·장물취득죄 등이 이에 속한다.

(b) **이 득 죄**   일반적·주관적 불법요소인 구성요건고의 외에 특별한 주관적 불법요소인 위법리득의 의사를 필요로 하는 범죄를 말한다. 사기죄·공갈죄·배임죄·장물죄(양도·보관·알선·운반) 등이 이에 속한다.

(c) **비영득죄**   협의의 손괴죄가 이에 속한다.

Ⅴ. 점유침탈방법에 따른 영득죄의 분류

영득죄를 다시 점유침탈방법에 따라 탈취죄, 횡령죄 및 편취죄로 분류하기도 한다.

(a) **탈 취 죄**   소유자·소지자의 의사에 반하거나 적어도 의사에 의하지

않고 타인이 점유하는 타인의 재물을 취득하는 것을 말한다. 절도죄·강도죄·장
물죄 등이 이에 속한다.

(b) **횡 령 죄**   자기가 점유 보관하거나 누구의 점유에도 속하지 않는 타인
의 재물을 탈취 이외의 방법으로 영득하거나 반환을 거부함으로써 영득하는 경우
또는 습득함으로써 영득하는 경우를 포함한다. 횡령죄·점유이탈물횡령죄 등이
이에 속한다.

(c) **편 취 죄**   소유자·소지자의 하자 있는 의사에 기하여 재물의 점유를 교
부받아 그에 대한 지배를 획득하는 경우를 말한다. 사기죄·공갈죄가 이에 속한다.

제 3 절   친족상도례

(1) 의의 및 적용범위

친족 사이에서 저질러진 재산죄에 대하여 친족관계라는 특수사정을 고려하
여 처벌에서 특별취급하도록 한 규정들을 친족상도례라고 부른다.

형법 제328조는 권리행사방해죄에 관하여 근친간에는 형을 면제하고($\frac{1}{항}$), 원
친간에는 친고죄로 하고 있다($\frac{2}{항}$). 다만, 이러한 신분관계가 없는 공범자에게는 이
규정들을 적용하지 않는다($\frac{3}{항}$). 이 규정은 강도의 죄와 손괴의 죄를 제외한 모든 재
산죄, 즉 절도죄·사기죄·공갈죄·횡령죄·배임죄와 그 미수범에 준용된다.

장물에 관한 죄에서는 다시 **장물범과 피해자** 사이에 근친 또는 원친관계가 있
을 때 신분관계에 따라 형을 면제하거나 친고죄로 하고($\frac{제365조}{1항}$), **장물범과 본범** 사
이에 근친관계가 있는 때에는 그 형을 감경 또는 면제하되($\frac{제365조}{2항 본문}$), 단 신분관계가
없는 공범자에 대하여는 이 규정($\frac{제365조}{2항 본문}$)을 적용하지 않는다($\frac{제365조}{2항 단서}$).

특별법에 의한 절도(예: 산림절도)(대판 1959.9.18, 4292 형상 290), 특정경제
범죄가중처벌등에관한법률위반(예: 사기)(대판 2000.10.13, 99 오 1) 등에 대해서
도 친족상도례를 적용할 수 있다.

‖**판례**‖   친척 소유 예금통장을 절취한 자가 그 친척 거래 금융기관에 설치된 현금자
동지급기에 예금통장을 넣고 조작하는 방법으로 친척 명의 계좌의 예금 잔고를 자신이
거래하는 다른 금융기관에 개설된 자기 계좌로 이체한 경우, 그 범행으로 인한 피해자는
이체된 예금 상당액의 채무를 이중으로 지급해야 할 위험에 처하게 되는 그 친척 거래
금융기관이라 할 것이고, 거래 약관의 면책 조항이나 채권의 준점유자에 대한 법리 적용
등에 의하여 위와 같은 범행으로 인한 피해가 최종적으로는 예금 명의인인 친척에게 전

가될 수 있다고 하여, 자금이체 거래의 직접적인 당사자이자 이중지급 위험의 원칙적인 부담자인 거래 금융기관을 위와 같은 컴퓨터 등 사용사기 범행의 피해자에 해당하지 않는다고 볼 수는 없으므로, 위와 같은 경우에는 친족 사이의 범행을 전제로 하는 친족상도례를 적용할 수 없다(대판 2007. 3. 15, 2006 도 2704).

(2) 법률상 취급 및 법적 성격

종래 친족상도례에서 형이 면제되는 경우의 법적 성격에 관하여 위법성조각사유설, 책임조각사유설, 인적 처벌조각사유설이 있다. 그러나 친족상도례의 법률상 취급은 다음 세 가지 경우로 나뉘므로, 법적 성격도 각각 살펴보아야 한다.

(a) **형이 면제되는 경우**   직계혈족, 배우자, 동거친족, 동거가족 또는 그 배우자 사이에서 범한 재산죄는 그 형을 면제한다($^{제328조}_{1항}$). 친족간의 재산범죄는 구성요건에 해당하는 위법·유책한 행위이지만, 근친이라는 신분상의 특수관계를 고려하여 형벌만은 면제한다는 취지이므로 인적 처벌조각사유로 보아야 한다(통설).

(b) **친고죄인 경우**   제328조 1항 이외의 친족(원친) 사이에서 범한 재산죄는 고소가 있어야 공소를 제기할 수 있다($^{제328조}_{2항}$). 상대적 친고죄가 되는 경우이다. 친고죄에 있어서 고소는 소추조건이다.

(c) **형이 감경 또는 면제되는 경우**   장물범과 '본범' 사이에 제328조 1항의 근친관계가 있을 때에는 그 형을 감면한다($^{제365조}_{2항\ 본문}$). 이 경우는 친족간의 범인은닉($^{제151조}_{2항}$)이나 증거인멸($^{제155조}_{4항}$)과 유사한 점이 있다. 따라서 기대가능성의 현저한 감소로 인한 형벌감면적 면책사유의 일종으로 보아야 한다.

(3) 친족의 의의와 범위

친족상도례에서 말하는 친족의 법률적 정의와 범위는 민법($^{민법\ 제767}_{조\ 이하}$)에 따른다(대판 1980. 4. 22, 80 도 485). 특히 문제되는 친족의 범위를 보면 다음과 같다.

(가) **직계혈족**   직계혈족은 직계존속과 직계비속을 말한다($^{제768}_{조}$). 혈족에는 자연혈족과 법정혈족이 포함된다. 혼인외의 자에겐 인지 전에는 친족상도례가 적용되지 않는다. 또한 피고인이나 피해자가 타가에 입양된 사실이 있다고 할지라도 생가를 중심으로 한 종전의 친족관계는 소멸되지 않는다(대판 1967. 1. 31, 66 도 1483). 다만 친양자의 경우 입양 전의 친족관계는 친양자 입양이 확정된 때에 종료한다($^{민법\ 제908}_{조의\ 3}$).

(나) **배 우 자**   형법상의 친족상도례의 적용을 받는 배우자는 법률혼의 경우와 준법률혼에 속하는 사실혼의 경우만을 의미한다. 여러 해 동안 별거중이더라도 무방하다. 다만 책임감소에 의한 형벌감면사유인 장물죄의 친족상도례에서는

법률혼관계라도 수년간 별거중인 경우에는 소비공동체적인 관계를 인정하기 어려우므로 친족상도례의 적용을 부인하는 것이 옳다.

㈐ **동거친족·가족**　동거는 같은 주거에서 일상생활을 함께 하는 것을 말한다. 따라서 일시숙박체류나 출가한 친족·가족, 가끔 내방하여 숙박한 사실이 있더라도 정주권이 없는 경우, 주거에서 생활하더라도 취사·기거·생활용품을 따로 하는 차가(借家)친족·가족 등은 동거친족·가족이라 할 수 없다.

㈑ **일방친족관계**　생질이나 이질 또는 고종사촌과 같이 행위자 또는 피해자의 어느 일방에서 볼 때만 친족이 되는 경우(일방친족관계), 민법 제768조(혈족의 정의)에 의해 일방친족관계나 이종사촌도 방계혈족으로 혈족에 포함된다. 방계혈족은 직계혈족이 아니므로 동거친족이 되지 않는 한, 형면제적 친족상도례($^{제328조}_{1항}$)는 적용될 수 없다. 그러나 방계혈족도 친족의 범위에는 들어가므로 친고죄적 친족상도례($^{제328조}_{2항}$)는 적용될 수 있음을 유의해야 한다.

(4) 친족관계의 존재범위

㈎ **인적 범위**　친족상도례에서 친족관계는 ① 행위자와 재물의 소유자 사이에 존재해야 한다는 견해(소유자관계설), ② 행위자와 재물의 점유자 사이에 존재해야 한다는 견해(점유자관계설), ③ 행위자와 재물의 소유자·점유자 모두 사이에 존재해야 한다는 견해(소유자·점유자관계설) 등으로 나뉜다. 다수설과 판례(대판 1980.11.11, 80 도 131)의 입장인 ③설에 의하면, 친족 아닌 자의 소유물을 친족이 점유하고 있을 때는 물론, 친족의 소유물을 친족 아닌 자가 점유하고 있는 때에도 친족상도례는 적용되지 않는다.

생각건대 재산죄의 보호법익을 소유권 및 점유로 보는 입장에서는 소유자·점유자관계설이 논리적이다. 그러나 재산죄의 보호법익은 소유권이나 재산이지 점유가 아니므로 소유자관계설이 타당하다.[1] 따라서 친족이 제3자의 소유물을 점유하고 있는 경우에는 친족상도례의 적용이 없지만, 제3자가 친족의 재물을 점유하고 있는 경우에는 친족상도례의 적용이 있다.

‖**판례 1**‖　재물의 소유자가 여러 명인 경우에는 모든 소유자와 행위자 사이에 친족관계가 있어야 한다. 만약 재물이 친족과 친족 아닌 자의 공유에 속할 때에는 친족상도례가 적용될 여지가 없다(대판 1966.1.31, 65 도 1183).

‖**판례 2**‖　횡령범인이 위탁자가 소유자를 위해 보관하고 있는 물건을 위탁자로부터

---

[1] 김성천·김형준 351면; 배종대 404면; 이재상 295면; 이정원 317면; 정영일 187면.

보관받아 이를 횡령한 경우에 형법 제361조에 의하여 준용되는 제328조 제2항의 친족 간의 범행에 관한 조문은 범인과 피해물건의 소유자 및 위탁자 쌍방 사이에 같은 조문에 정한 친족관계가 있는 경우에만 적용되고, 단지 횡령범인과 피해물건의 소유자간에만 친족관계가 있거나 횡령범인과 피해물건의 위탁자간에만 친족관계가 있는 경우에는 적용되지 않는다(대판 2008. 7. 24, 2008 도 3438).

(나) 시적 범위　친족관계는 행위시에 존재하면 족하고 그 후에 소멸해도 상관없다. 부가 혼인 외의 출생자를 인지한 경우에는 민법 제860조에 의해 그 자의 출생시까지 소급하여 인지의 효력이 생긴다. 그러므로 인지가 범행 후에 이루어진 경우라 하더라도 그 소급효에 따라 형성되는 친족관계를 기초로 하여 친족상도례의 규정이 적용된다(대판 1997. 1. 24. 96 도 1731).

(5) 친족관계의 인식 및 착오

친족상도례가 **소추조건이나 인적 처벌조각사유**인 경우에는 친족관계가 객관적으로 존재하면 족하고, 행위자가 그 존재를 인식할 필요는 없다. 따라서 친족관계에 관한 착오는 구성요건고의의 성립에 영향을 주지 않는다.

> 보기　갑이 자기 아버지의 돈지갑인 줄 알고 절취했는데 아버지 친구분의 것이었을 때에는 친족상도례가 적용되지 않지만, 반대로 아버지 친구분의 것으로 알고 절취했는데 실은 자기 아버지의 것이었을 때에는 이 특례가 적용된다.

장물범과 본범 사이에 적용되는 친족상도례에서 일정한 신분관계는 형벌감면의 기초되는 **책임감소사유**이므로 친족관계에 대한 행위자의 인식을 필요로 한다. 이에 대한 착오는 면책사유의 전제되는 사실에 관한 착오문제로 돌아가게 된다.

(6) 공범관계

(가) 비친족이 친족간의 재산범죄에 공동정범 및 공범으로 가담해도 친족상도례는 적용되지 않고(제328조 3항, 제365조 2항 단서), 공동정범 및 공범의 예에 따라 처벌될 뿐이다. 예컨대 갑이 자기 부친의 시계를 절취하는 데 교사·방조한 자는 절도죄의 교사·방조범으로 처벌되고, 갑에게 적용되는 친족상도례의 적용을 받지 않는다.

(나) 친족관계 있는 자가 비친족인 타인을 교사 또는 방조한 경우에는 소추조건·인적 처벌조각사유로서의 성격을 갖는 이 특례의 규정은 그대로 적용된다. 책임개별화의 성격을 갖는 친족상도례(장물범과 본범 사이에 근친관계가 있는 때)에서도 책임개별화의 성질상 이 특례의 규정이 그대로 적용된다.

제 2 장 소유권을 보호하는 죄형법규

제 1 절 절도의 죄

Ⅰ. 총 설

1. 보호법익

절도죄의 보호법익은 **소유권**이다(소유권설). 다수설의 입장이다. 소유권은 전통적으로 재물에 대한 사용·수익·처분권을 의미하지만 현대 소비사회에서는 소비권이 사용·수익·처분권보다 중요한 의미를 갖는다. 이 견해와는 달리, 절도죄의 보호법익은 단순한 점유 내지 소지 자체라는 입장(점유설)과 소유권 및 점유라는 입장(소유권 및 점유병존설)도 있다.

다음과 같은 이유로 소유권설이 타당하다. 첫째, 형법이 점유의 권원이 되는 소유권 이외의 본권, 즉 제한물권 등을 보호하기 위하여 권리행사방해죄($^{제323}_{조}$)를 별도로 규정하고 있다는 점이다. 둘째, 점유침탈을 통한 절취행위는 점유침탈이 없는 횡령행위에 비해 불법이 가중된 침해행위를 기술하고 있는 것이지, 절취행위 속에 점유침탈이 필연적으로 내재한다고 해서 점유 자체를 보호법익으로 파악할 필요는 없다.

2. 체 계

단순절도죄($^{제329}_{조}$)는 기본적 구성요건이고, 이에 비해 불법가중적 구성요건으로 특수절도죄($^{제331}_{조}$), 책임가중적 구성요건으로 상습절도죄($^{제332}_{조}$)가 있다. 그 밖에 야간주거침입절도죄($^{제330}_{조}$)와 개정형법에서 신설한 **자동차등불법사용죄**($^{제331조}_{의\,2}$)는 단순절도죄에 대해 독자적 범죄유형(delictum sui generis)이 된다.

그 밖에도 미수범처벌규정($^{제342}_{조}$)과 징역형에 처해질 경우의 자격정지병과($^{제345}_{조}$) 및 친족상도례의 적용($^{제344}_{조}$)이 있다. 상습절도와 5인 이상의 공동절도의 경우 특정범죄가중처벌등에관한법률 제 5 조의 4가 우선 적용된다.

Ⅱ. 단순절도죄

1. 의의 및 성격

단순절도죄는 타인이 점유하는 타인의 재물을 절취함으로써 성립하는 범죄이다($^{제329}_{조}$). 강도죄와 더불어 재산죄의 대표적 범죄로서, 소유자 내지 점유자의 의사에 반하여 재물을 탈취하는 것이 특징이다. 이 죄는 타인이 점유하는 타인의 재물을 탈취하는 것이라는 점에서, 자기가 점유하는 타인의 재물을 영득하는 횡령죄 및 타인이 점유하는 자기의 재물을 탈취하는 권리행사방해죄와 구별된다.

단순절도죄는 침해범·상태범·즉시범·결과범·공격범·지배범의 일종이며, 재물죄, 영득죄, 탈취죄로서의 성격도 갖고 있다.

2. 객관적 구성요건요소

(1) 행위객체

타인의 점유하에 있는 타인의 재물이다. 타인성과 재물성은 규범적 구성요건표지이다.

(a) 타 인 성

(개) 의   미   절도죄의 행위객체는 타인이 점유하는 타인소유의 물건이다. 여기서 타인성은 재물이 범인 이외의 다른 사람의 소유와 점유에 속하는 것을 의미한다. 따라서 무주물(예: 야생동물, 추수한 곡식 중 논밭에 버려진 이삭 등)은 절도죄의 객체가 될 수 없다. 피상속인이 사망한 후 상속인이 없는 경우의 상속재산은 국가에 귀속되므로 무주물이 아니다. 타인의 소유이지만 타인의 점유하에 있지 않고 점유를 이탈한 재물은 절도죄의 객체가 아니라 점유이탈물횡령죄($^{제360조}_{1항}$)의 객체가 될 뿐이다. 금전을 도난당한 경우 절도범이 절취한 금전만 소지하고 있는 때 등과 같이 구체적으로 절취된 금전을 특정할 수 있어 객관적으로 다른 금전 등과 구분됨이 명백한 예외적인 경우에는 절도피해자가 그 금전을 스스로 절취하더라도 그 금전이 타인의 재물이라고 할 수 없다(대판 2012. 8. 30, 2012 도 6157).

여기서 타인으로는 자연인, 법인, 단체를 불문한다. 자연인은 의사능력·책임능력 유무에 불구하고 타인이 될 수 있으므로, 유아나 정신병자 등도 소유의 주체로서 타인이 될 수 있다.

(내) 공유물의 타인성   공유자 중 1 인이 다른 공유자가 점유하거나 제 3 자로

하여금 점유하게 한 공유물을 임의로 탈취한 경우에도, 공유물을 타인의 재물로 보아 절도죄가 성립한다(대판 1994. 11. 25, 94 도 2432). 총유물($\frac{민법}{제275조}$) 및 합유물($\frac{민법}{제271조}$)의 경우에도 같다.

(b) 재 물 성

(개) 유체물 및 관리할 수 있는 동력   유체물 및 관리할 수 있는 동력은 이 죄의 객체인 타인의 '재물'이 될 수 있다($\frac{제346조}{참조}$).

i) 관리가능성설과 유체성설   우리 형법의 해석상 재물에 관하여 이른바 유체성설과 관리가능성설의 대립이 있다. 관리가능성설은 관리할 수 있다면 유체물뿐만 아니라 무체물도 재물이 된다고 한다(다수설). 이에 비해 유체성설은 재물을 유체물, 즉 일정한 공간을 차지하고 있는 물체에 한한다고 본다. 재물이란 언어의 의미상 원래 '외부세계의 유체적 대상'을 뜻하기 때문에 유체성설의 입장이 타당하다. 이러한 입장에 설 때, 전기 등 관리할 수 있는 동력은 원래 재물이 아니지만 형법 제346조의 간주규정에 따라 예외적으로 재물로 간주될 수 있을 뿐이다.

ii) 유 체 물   유체물이란 외부세계의 일정한 공간을 차지하고 있는 대상물을 말한다. 현금은 물론 유체물에 해당한다. 그러나 채권 기타의 권리 또는 청구권 자체는 유체물이 아니다. 다만 이러한 권리가 문서 등에 유체화된 경우, 예컨대 어음·수표·상품권 등의 유가증권 또는 예금통장 등은 유체물에 해당한다. 유체물은 반드시 고체에 한하지 않고, 액체 또는 기체도 유체물의 일종으로 보아야 한다. 따라서 물·가스·증기 등도 유체물이다. 나아가 이 유체물은 소유권 보호의 대상이 될 때 재물성을 획득한다. 따라서 바닷물, 사막의 모래, 공기, 해·달·별도 유체물이지만, 소유권 보호의 대상인 유체물이 아니기 때문에 타인의 재물이 되지 않는다.

‖ 판례 ‖   토지개량조합의 조합원은 누구나 수로에 있는 물을 자기 논에 넣어 관개에 이용할 수 있으나 어떤 조합원이라도 수로를 막아서 물을 사용할 수 없다. 따라서 피해자가 자기 논에 물을 넣기 위하여 특수한 공작물을 설치하여 저수하였어도 그 물이 물을 막는 사람의 사실상이나 법률상 지배하는 것이 되지 못한다고 인정되므로 저수한 물은 절도죄의 객체가 되지 못한다(대판 1964. 6. 23, 64 도 209).

iii) 관리할 수 있는 동력   소유자의 지배관계가 형성된 무체물을 '관리할 수 있는 동력'이라 한다. 무체물로는 음향·향기·전기·빛·열 등을 들 수 있으나, 그것이 관리가능한 동력이 되었을 때에 비로소 재물이 될 수 있다. 관리

가능하다고 하려면 이들 무체물인 동력이 일정한 용기에 의해 유체화(축전조·수
조·압축공기 등)되든가, 통제가능한 작용력(인공냉온기·전력·수력·풍력·자기력
등)이 있든가 해야 한다.

　　여기에서 관리란 '물리적 관리'를 뜻하고 '사무적·법적 관리'를 포함하는 것
이 아니므로, 권리 자체, 라디오·TV의 전파, 전화·Fax의 송수신기능(대판
1998. 6. 23, 98 도 700), 컴퓨터프로그램이나 전자기록의 복사에 의한 경제적 가치
등은 절도죄의 객체인 재물로 간주할 수 없다(통설).

‖판례‖   타인의 전화기를 무단으로 사용하여 전화통화를 하는 행위는 전기통신사업
자가 그가 갖추고 있는 통신선로, 전화교환기 등 전기통신설비를 이용하고 전기의 성질
을 과학적으로 응용한 기술을 사용하여 전화가입자에게 음향의 송수신이 가능하도록 하
여 줌으로써 상대방과의 통신을 매개하여 주는 역무, 즉 전기통신사업자에 의하여 가능
하게 된 전화기의 음향송수신기능을 부당하게 이용하는 것으로, 이러한 내용의 역무는
무형적인 이익에 불과하고 물리적 관리의 대상이 될 수 없어 재물이 아니라고 할 것이므
로 절도죄의 객체가 되지 아니한다(대판 1998. 6. 23, 98 도 700).

　　여기에서 동력이란 열·바람·전기 등의 자연적 에너지를 이용하여 기계를
움직이는 힘을 말한다. 자연적 에너지에 한하므로, 사람의 노동력이나 공장기계의
압축력 또는 우마의 견인력은 여기에서 말하는 '관리할 수 있는 동력'의 개념에
포함시킬 수 없다.

　　정보·기획·사상·이념적 가치·권리 등은 재물이 아니다. 문서를 복사하여
원본은 놓아 두고 복사본만 가져간 경우(대판 1996. 8. 23, 95 도 192), 컴퓨터에 저
장된 정보를 복사하거나 프린트해서 가져간 경우(대판 2002. 7. 12, 2002 도 745) 등
은 절도죄나 장물죄가 될 수 없다. 이른바 권리절도나 컴퓨터프로그램절도는 특
별한 범죄로 구성요건화되지 않는 한 절도죄의 일유형이 될 수 없다. 자동차등불
법사용죄는 특별한 범죄로 구성요건화한 권리절도의 일례이다.

‖판례 1‖   절도죄의 객체는 관리가능한 동력을 포함한 '재물'에 한한다 할 것이고, 또
절도죄가 성립하기 위해서는 그 재물의 소유자 기타 점유자의 점유 내지 이용가능성을
배제하고 이를 자신의 점유하에 배타적으로 이전하는 행위가 있어야만 할 것인바, 컴퓨
터에 저장되어 있는 '정보' 그 자체는 유체물이라고 볼 수도 없고, 물질성을 가진 동력도
아니므로 재물이 될 수 없다 할 것이며, 또 이를 복사하거나 출력하였다 할지라도 그 정
보 자체가 감소하거나 피해자의 점유 및 이용가능성을 감소시키는 것이 아니므로 그 복
사나 출력 행위를 가지고 절도죄를 구성한다고 볼 수도 없다(대판 2002. 7. 12, 2002 도
745).

‖ **판례 2** ‖ A 회사 전무가 사망하여 그의 책상 서랍을 정리하던 중 메모형식으로 작성된 회사 중역들에 대한 특별상여금 지급내역서 1부 및 퇴직금 지급내역서 2부가 바닥에 떨어져 있어 신임 전무가 이를 책상 위에 올려 놓았다. 마침 피고인이 이를 보고 위 서류들을 그 옆의 총무과 사무실로 가지고 가서 복사기를 사용하여 복사를 한 후 원본은 제자리에 갖다 놓고 그 사본만을 가지고 갔다면 위 회사소유의 문서사본을 절취한 것으로 볼 수 없다(대판 1996. 8. 23, 95 도 192).

다만 최근 판례는 회사가 개발중인 기계의 설계도면을 몰래 출력하기 위하여 회사소유의 A2 용지 2장을 사용한 사안에서 '정보절도' 부분에 대해서는 무죄를 선고했으나, 출력용지 2장에 대해서는 절도죄의 성립을 인정하였다(대판 2003. 9. 23, 2003 도 1560).

(나) 재산적 가치의 요부   절도죄에서 재물의 재산적 가치는 소유자가 소유권의 대상으로 할 수 있는 **주관적 가치**만 있으면 족하고, 반드시 경제적인 교환가치를 요하는 것은 아니다(통설·판례). 돌아가신 부모의 퇴색한 사진, 애인의 편지, 민법상 무효인 증서, 주민등록증(대판 1969. 12. 9, 69 도 1627), 백지의 자동차출고의뢰서용지(대판 1996. 5. 10, 95 도 3057), 부동산매매계약서 사본(대판 2007. 8. 23, 2007 도 2595) 따위도 재물로 인정할 수 있다.

이 주관적 가치는 소유권을 보호법익으로 삼는 절도죄규범의 보호목적에 비추어 일반적으로 보호할 가치가 있는 것이어야 한다. 경제적 교환가치가 극히 작고 규범의 보호목적에 비추어 보아 일반인에게 주관적 가치조차 인정될 수 없는 경우에는 애당초 재물성 자체가 부인되어 구성요건해당성이 배제된다.

(다) 인체의 일부 및 사체   인체는 소유권의 대상이 아니며, 따라서 재물로 대상화될 수 없다(통설). 의치·의안·의족·가발 등도 신체에 고착되고 있는 한 인체의 일부이며, 재물이 아니다. 반면, 생체로부터 분리된 모발·치아·혈액·장기 따위는 재물이다.

사체는 유골·유발 등과 더불어 영득행위에 대해 형법 제161조(사체 등의 영득죄)에서 특별히 보호받고 있는 외에는, 절도죄의 객체인 재물이 되지 않는다(통설). 다만, 사체가 유해로서의 성질을 잃고 단지 의학실험이나 학술연구의 대상물(예: 미이라 등)에 지나지 않을 때는 재물성을 취득한다.

(라) 동 물   동물도 유체물의 일종이지만, 소유자의 지배가 가능해야 비로소 재물이 되므로, 재물의 대상인 동물은 주로 가축이나 애완용 동물이다. 따라서 야생동물은 야생상태하에서는 무주물이기 때문에 타인의 재물이 될 수 없다.

가축도 도주하여 소유자의 지배가 불가능할 정도의 야생으로 돌아간 경우에는 재물이라 할 수 없다.

(마) **금 제 품** 금제품도 절도죄의 객체인 재물에 포함되는가? 금제품에 관하여는 ① 소유권의 목적이 될 수 없으므로 재물에 포함되지 않는다는 견해(소극설),[1] ② 금제품은 사인간의 관계에서는 소유가 금지되어 있지만 국가가 소유권을 갖기 때문에 소유권이 없다고 할 수 없을 뿐만 아니라, 사인이 점유하고 있는 경우에도 절차에 따라 몰수되기 전까지는 그 점유를 보호해야 하므로 재물이 된다는 견해(적극설),[2] ③ 소유와 소지(점유)가 모두 금지되어 있는 금제품(예: 아편연흡식기, 위조통화)은 재물성을 상실하지만, 단지 소지(점유)만 금지되어 있는 금제품(예: 군용알콜·석유, 불법무기)은 재물이 된다는 견해(절충설)[3] 등이 있다.

생각건대 '소유권'의 대상조차 될 수 없는 것은 절도죄규범의 보호목적에 비추어서 보호할 만한 재물성을 갖지 못한다고 보는 것이 타당하다. 그러나 금제품은 사인간에 소유 내지 소지가 금지되어 있다 할지라도 그것이 몰수의 대상이 되는 한(예컨대 제48조, 제206조 참조) 국가의 소유권이 인정되기 때문에 절도죄의 행위객체가 된다고 보는 적극설이 타당하다. 또한 절충설은 흔히 위조통화를 소유·소지가 금지된 절대적 금제품으로 보고 있으나, 위조통화에 대한 국가의 소유권이 인정될 수 있고, 게다가 행사의 목적이 없는 한 사인간의 위조통화 소유·소지가 가능하기 때문에 이 경우는 금제품이라고 할 수 없다. 따라서 위조통화도 절도죄의 보호대상인 재물이 된다.

(바) **부 동 산** 부동산도 절도죄의 객체인 재물에 포함되는가? 역사적으로 절도죄의 객체는 동산에 제한되었고, 실제로 부동산절도의 경우는 권리를 절취하거나 경계를 침범하거나 부동산을 점거하는 것을 생각할 수 있을 뿐이므로 부동산은 재물에 포함되지 않는다고 보는 것이 옳다(다수설). 따라서 부동산절도·권리절도 등은 성립될 수 없다.

(2) **행 위**

구성요건행위는 절취이다. **절취**란 타인의 재물에 대한 타인의 점유를 침탈하여 새로운 점유를 개시하는 것이다. 즉 타인이 점유하고 있는 타인의 재물을 점유

---

1) 서일교 134면.
2) 권오걸 311면; 김성돈 256면; 김성천·김형준 326면; 강구진 284면; 박상기 243면; 손동권 277면; 오영근 302면; 유기천(상) 187면; 이건호 314면; 임웅 270면; 정성근·박광민 284면; 정영일 166면.
3) 김종원 177면; 배종대 354면; 백형구 119면, 128면; 이영란 269면; 이재상 259면; 이정원 277면; 이형국 385면; 정영석 324면; 황산덕 268면.

자의 의사에 반하여 점유를 배제하고 자기 또는 제3자의 점유로 옮기는 것을 말한다.

(a) 점   유

(가) 의   의   형법상 점유란 사회생활상의 규례에 따라 지배의사를 가지고 재물을 사실상 지배하는 것이다. 책임능력이나 의사결정능력이 없어도, 또는 점유가 적법한 것이 아닐지라도 점유는 성립될 수 있다.

(나) 형법상 점유의 요소   형법상 점유에는 세 가지 요소, 즉 물리적 요소, 정신적 요소, 사회규범적 요소가 필요하다.

ⅰ) 객관적·물리적 요소   형법상 점유는 재물에 대한 사실상의 지배를 필요로 한다. 따라서 재물과 점유자 사이에 밀접한 장소적 관계 내지 재물에 대한 장소적·시간적 작용가능성이 있어야 한다. 예컨대 집안이나 가게, 공장 안에 있는 물건에 대해서는 점유자가 사실상의 지배를 하고 있는 것으로 인정된다.

민법상 점유를 갖지 못하는 점유보조자(민법 제195조)도 형법상 점유자가 된다. 사실상의 지배를 하고 있기 때문이다. 그러나 민법상 점유로 인정되는 상속으로 인한 점유(민법 제193조), 간접점유(민법 제194조)는 형법상 점유가 될 수 없다.

‖판례‖   종전 점유자의 점유가 그의 사망으로 인한 상속에 의하여 당연히 그 상속인에게 이전된다는 민법 제193조는 절도죄의 요건으로서의 '타인의 점유'와 관련하여서는 적용의 여지가 없고, 재물을 점유하는 소유자로부터 이를 상속받아 그 소유권을 취득하였다고 하더라도 상속인이 그 재물에 관하여 위에서 본 의미에서의 사실상의 지배를 가지게 되어야만 이를 점유하는 것으로서 그때부터 비로소 상속인에 대한 절도죄가 성립할 수 있다(피고인이 내연관계에 있는 갑과 아파트에서 동거하다가, 갑의 사망으로 상속인인 을 및 병 소유에 속하게 된 부동산 등기권리증 등이 들어 있는 가방을 위 아파트에서 가지고 가 절취하였다는 내용으로 기소된 사안에서, 피고인이 가방을 들고 나온 시점에 을 등이 아파트에 있던 가방을 사실상 지배하여 점유하였다고 볼 수 없어 피고인의 행위가 절도죄를 구성한다고 할 수 없는데도, 이와 달리 보아 절도죄를 인정한 원심판결에 법리오해 등의 위법이 있다고 한 사례, 대판 2012. 4. 26, 2010 도 6334).

재물에 대한 사실상의 지배는 사실적인 처분가능성을 의미할 뿐, 법적 지배가능성을 뜻하는 것은 아니다. 반드시 지배가 적법한 권원에 의한 것일 필요는 없다. 예컨대 절도·강도범도 탈취한 장물에 대한 점유를 갖기 때문에 이를 절취하면 절도가 성립한다(대판 1966. 12. 20, 66 도 1437).

ⅱ) 주관적·정신적 요소   형법상의 점유는 재물에 대한 지배의사를

필요로 한다(대판 1981. 8. 25, 80 도 509). 여기서 지배의사란 재물을 자기의 의사에 따라 사실상 처분할 자유가 있음을 의미한다. 반드시 소유의 의사나 영득의 의사를 필요로 하지는 않는다.

㉮ 지배의사는 자연적인 사실상의 처분의사 내지 지배의사이다. 달리 법적 처분권이나 행위능력 등은 필요 없다. 따라서 어린아이나 정신병자도 지배의사를 가질 수 있다. 법인은 자연적인 점유의사를 스스로 가질 수 없으므로 법인의 점유는 부인되어야 한다는 것이 다수설이다. 그러나 법인도 절도죄의 피해자가 될 수 있는 이상 법인기관의 점유의사에 의해 재물을 점유할 수 있다고 보는 것이 옳다.[4]

㉯ 지배의사는 잠재적 의사로도 충분하다. 따라서 숙면자 · 무의식자 · 의식상실자도 점유를 갖고 있다.

‖ 판례 ‖   비록 피해자가 졸도하여 의식을 상실한 경우에도 현장에 떨어진 피해자의 물건은 당연히 그 지배 내에 있는 것으로 보아야 할 것이다. 타인에게 상해를 가하여 혼수상태에 빠지게 한 후에 우발적으로 그의 재물을 절취하는 행위는 폭행을 절취의 수단으로 사용한 것이 아니므로 강도죄가 성립하지 아니한다(대판 1956. 8. 17, 4289 형상 170).

㉠ 사자의 점유문제   사자는 이러한 잠재적 의식조차 가질 수 없으므로 점유의 주체가 되지 않는다.

㉡ 재물탈취의 의도로 살해한 경우   살해행위 자체가 가장 강한 정도의 폭행에 해당되기 때문에 강도살인이 된다. 이 경우에는 피해자가 생전에 가지고 있던 점유가 침해되는 것으로 보아야 한다(다수설). 판례도 같은 입장이다(대판 1968. 6. 25, 68 도 590).

㉢ 사람을 살해한 후 비로소 물건에 욕심이 생겨 재물을 탈취한 경우   살해 후 현장에서 재물을 탈취하는 경우에는 사망으로 인해 사자의 점유는 끝났다고 보아 살인죄와 점유이탈물횡령죄의 경합범이라고 보는 것이 타당하다.[5] 판례는 피해자의 점유가 계속되어 살인죄와 절도죄의 경합범이 성립한다고 한다.

‖ 판례 ‖   피해자를 살해한 방에서 사망한 피해자 곁에 4시간 30분쯤 있다가 그 곳 피해자의 자취방 벽에 걸려 있던 피해자가 소지하는 물건들을 영득의 의사로 가지고 나온 경우 피해자가 생전에 가진 점유는 사망 후에도 여전히 계속되는 것으로 보아야 한다(대판 1993. 9. 28, 93 도 2143).

㉣ 행위자와 무관하게 사망한 어느 사체를 발견하고 사체에 부착된 재물을 영득한 경우   역시 사자의 점유를 부인하여 점유이탈물횡령죄로 취급해야 한다. 단 재물

---

4) 같은 견해 임웅 287면.
5) 백형구 131면; 손동권 272면; 오영근 307면; 이재상 263면; 이정원 285면.

이 아직 기타의 자의 점유에 속하지 않아야 한다.

㉲ 지배의사는 일반적 의사이면 족하다. 특정한 재물에 대한 구체적 지배의 사일 필요는 없다. 개개 재물의 특성에 대한 인식, 재물의 소재에 대한 인식, 소유 자가 누구이며 또 점유자가 누구인가에 대한 인식 등은 필요 없다. 또한 점유의사 가 일정한 범위의 대상물에 일반적으로 미칠 때에는 지배의사가 인정된다.

보기 우편함에 들어 있는 물건은 함에 투입되는 순간부터 주인의 점유하에 있고, 자기 집에서 잃어버린 물건 등은 여전히 주택점유관리자의 소지하에 있다. 가게문 을 열기 전에 가게 앞에 배달해 둔 상품, 집 문앞에 배달된 신문에 대해서도 주인의 점유가 인정된다. 양식장에 투입해 둔 진주패도 양식업자의 점유하에 있다.

iii) 사회규범적 요소   형법상 점유는 사회규범적 관점에서 점유·사용· 처분의 가능성이 있어야 한다. 여기서 사회규범적 관점이란 거래계에서 통용되는 사회생활상의 규례를 말한다.

형법상 점유는 사회규범적 요소에 의해 확대되거나 제한된다.

㉮ 일단 개시된 점유가 시간적·장소적 지배관계의 분리나 일시적 정지가 있더라도 사회규범적 요소에 의해 확대되는 경우가 있다. 이 경우 일종의 정신적· 사회관행적 점유가 인정되는 셈이다.

보기 일시 외출하거나 여행중 가옥 내에 방치해 둔 물건, 밤이 되어 논밭에 두고 온 곡물, 집 부근의 닭·염소 등 집에 돌아오는 습성을 갖고 있는 가축, 길거리에 세 워 놓은 자동차 또는 자전거, 야외식당에서 손님들이 들고 나가 여기저기 흩어 놓 고 간 그릇 따위는 모두 주인의 점유에 속한다.

잃어버린 물건이나 깜박 잊고 차에 두고 내린 물건에 대하여 어느 범위까지 점 유를 인정할 것인가? 절도죄와 점유이탈물횡령죄의 성립한계의 문제이다. 통상적 으로 어디에 두었는지 모를 만큼 확실히 잃어버린 물건은 유실물로서 주인의 점 유를 이탈했다고 보아야 한다. 그러나 물건의 소유권자가 소재를 알고 이를 다시 찾을 수 있는 경우에는 점유를 잃지 않는다. 다른 사람의 배타적 지배범위에 두 고 온 물건에 대해서는 다른 사람의 새로운 점유가 개시되므로 점유이탈로 볼 수 없다.

보기 여관, 목욕탕, 극장, 도서관, 공중화장실, 학교교실, 공공사무실 등지에 두고 온 물건은 집주인 또는 관리자의 점유에 속한다. 좌석이 정해진 노선항공기나 선 박, 노선전차나 기차 또는 고속버스 내에 그냥 두고 내린 물건도 역시 기장·선장·

차장이나 운전사의 점유하에 있다. 개인택시의 뒷좌석에 승객이 두고 내린 물건에 대해서도 운전자에게 새로운 점유가 인정된다.

그러나 좌석이 정해지지 않은 지하철, 시내버스, 완행열차 등지에 승객이 두고 내린 물건은 유실물이라고 해야 할 것이다.

∥**판례 1**∥ 당구장과 같이 타인의 관리 아래 있는 장소에서 물건(신용카드)을 잃은 때에는 그 물건은 일응 그 관리자의 점유에 속한다 할 것이고, 이를 그 관리자가 아닌 종업원이나 제3자가 취거하는 것은 점유이탈물횡령죄가 아니라 절도죄에 해당한다(대판 2002. 1. 11, 2001 도 6158; 1988. 4. 25, 88 도 409).

∥**판례 2**∥ 승객이 놓고 내린 지하철의 전동차 바닥이나 선반 위에 있던 물건을 가지고 갈 경우, 지하철의 승무원은 유실물법상 전동차의 관수자로서 승객이 잊고 내린 유실물을 교부받을 권능을 가질 뿐 전동차 안에 있는 승객의 물건을 점유한다고 할 수 없고, 그 유실물을 현실적으로 발견하지 않는 한 이에 대한 점유를 개시하였다고도 할 수 없으므로, 그 사이에 위와 같은 유실물을 발견하고 가져간 행위는 점유이탈물횡령죄에 해당함은 별론으로 하고 절도죄에 해당하지는 않는다(대판 1999. 11. 26, 99 도 3963).

㉯ 일단 개시된 점유가 사실상의 지배나 지배의사의 존재에도 불구하고 사회규범적 요소에 의해 제한되는 경우도 있다.

보기 상점을 지키는 점원, 집의 가사를 돌보는 파출부, 음식점에서 음식을 나르는 점원의 경우처럼 일정한 재물에 대해 사실상의 지배를 하고 있을지라도 그에 대한 점유는 주인에게 속한다. 그 밖에 음식점에서 손님이 사용하고 있는 그릇·수저에 대해서도 점유는 주인에게 속한다.

㈐ 공동점유의 경우

i) 대등관계의 공동점유   공유물 또는 타인의 재물을 공동점유하는 경우에, 만약 1인이 다른 공동점유자의 점유를 침해하여 자신의 단독점유로 옮긴다면 절취가 된다(통설). 반면에, 공유물이 공동점유하에 있지 않고 어느 1인의 단독점유하에 있는 경우에 점유자가 영득하면 횡령일 뿐이다.

∥**판례**∥ 동업체에 제공된 물품은 동업관계가 청산되지 않는 한 동업자들의 공동점유에 속하므로, 그 물품이 원래 피고인의 소유라거나 피고인이 다른 곳에서 빌려서 제공하였다는 사유만으로는 절도죄의 객체가 됨에 지장이 없다(대판 1995. 10. 12, 94 도 2076). 동업관계로 수금한 금원에 대해 공동점유에 관한 절도죄로 판단한 예는(대판 1965. 1. 19, 64 도 586).

ii) 상하주종관계의 공동점유   상점주인과 종업원 사이와 같이 상하주종자간에는 공동점유가 성립되지 않는다(다수설).

점유보조자를 포함한 하위점유자도 제 3 자에 대한 관계에서는 사실상의 지배자로서 형법상 점유자가 되지만, 주된 점유자에 대해서는 순수한 보조기능을 갖는 데 그치기 때문이다. 따라서 상점종업원이 상점안의 상품을 영득한 경우, 상점주에게 고용된 상품운반자가 가까운 거리에 상품을 운송하던 도중 상품의 일부를 영득한 경우 절취행위가 성립한다.

‖ **판례** ‖   피고인은 경리담당직원의 요청으로 그와 동행하여 은행에서 경리직원이 찾은 현금 200여만원 중 50만원을 그의 부탁으로 소지하고 사무실에 와서 위 50만원을 그에게 교부할 때 그 중 10만원을 현금처럼 가장한 돈뭉치와 바꿔치기하였다면 피고인이 돈 50만원을 피해자를 위하여 운반하기 위해 소지하였다 하더라도 피해자의 점유가 상실된 것이라고 볼 수 없을뿐더러 피고인의 운반을 위한 소지는 피고인의 독립적인 점유에 속하는 것이 아니고 피해자의 점유에 종속하는 점유의 기관으로서 소지함에 지나지 않으므로 그 소지중에 있는 돈 10만원을 꺼내어 이를 영득한 행위는 피해자의 점유를 침탈한 것이기 때문에 절도죄가 성립한다(대판 1966. 1. 31, 65 도 1178).

반면 주인이 외출하면서 점원에게 가게의 돈과 재물을 맡긴 상태에서 점원이 그 돈과 재물을 영득한 경우처럼 특별한 위임관계가 있다고 볼 수 있는 경우에는 점원의 단독점유가 인정되어 횡령죄가 성립한다(대판 1982. 3. 9, 81 도 3396).

《**참고**》 은행·역 또는 백화점에서 돈을 관리하는 금전관리 출납직원은 그 돈에 대해 단독점유를 갖는다. 따라서 횡령이 문제될 수 있을 뿐이다.

㈐ 화물운반자와 위탁자 사이의 **점유관계**   화물운반자와 위탁자 사이의 점유관계에 대해서는 i) 타인을 위해 물건을 사실상 지배(민법 제 195조)하는 점유보조자로서 위탁관계에 의한 단독점유를 인정할 수 있다는 견해, ii) 운반자에 대한 위탁자·고용주의 현실적인 감독·통제가 가능하면 공동점유, 불가능하면 단독점유를 인정해야 한다는 견해가 대립하고 있다. 생각건대 같이 물건을 나르는 것이 아니라 단독으로 물건을 운반해 줄 것을 위탁한 경우에는 통상 신뢰관계에 기초한 점유의 이전이 있다고 볼 수 있기 때문에 운반자의 단독점유를 인정하는 것이 옳다.

‖ **판례** ‖   ① 단독으로 물건을 운반할 것을 위탁받은 지게꾼이 그 물건을 영득한 경우(대판 1982. 12. 23, 82 도 2394), ② 은행에 입금지시를 받은 돈을 사환이 소비한 경우(대판 1968. 10. 29, 68 도 1222), ③ 화물자동차의 운전자가 운반중인 재물을 영득한 경우(대판 1957. 9. 20, 4290 형상 281)에는 단독점유로 보아 횡령죄가 성립한다. 반면에 철도공무원이 운반중인 화물을 처분한 때에는 고용주(철도청)와의 공동점유로 보아 절도죄가 성

립한다(대판 1967. 7. 8, 65 도 798).

(마) **봉함된 포장물의 점유**   봉함된 포장물 또는 용기 속의 물건을 타인으로 부터 위탁받은 자가 그 내용물을 영득한 경우에 판례는 위탁물 전체에 대하여는 수탁자가, 내용물에 대하여는 위탁자가 점유를 가지므로 절도죄가 된다고 한다(대판 1956. 1. 27, 4288 형상 375: 보관계약에 따라 보관중인 포장된 가마니 속의 정부미의 점유는 정부에 있다 할 것이므로 이를 발취한 보관자의 행위는 횡령죄가 아니라 절도죄에 해당한다). 다수설은 단순히 형식적으로 봉함물이라는 점에 구애될 것이 아니라 구체적인 위탁관계를 참작하여, 순전히 형식적인 위탁관계라면 절도가 되고 실질적인 위탁관계라면 횡령이 된다고 한다(다수설). 다수설의 견해가 방법론적으로 옳은 착안이라고 생각한다.

은행의 개인보관함이나 역·백화점의 보관함과 같이 봉함물 자체의 점유자와 그 봉함물을 개봉할 수 있는 열쇠의 소지자가 다른 경우에는 열쇠소지자(위탁자)만이 단독으로 봉함물의 내용물을 점유한다는 것이 다수설이다. 그러나 이런 사례는 경우를 나누어, 첫째 열쇠소지자가 언제나 봉함물보관자의 동의 하에서만 그 봉함물을 개봉할 수 있고 그 보관자가 봉함물 전체를 처분할 수 있는 권한을 위탁받고 있다면 봉함물보관자의 단독점유가 인정되고, 둘째 그러한 조건이 주어져 있지 않다면 봉함물보관자와 열쇠소지자의 공동점유가 인정된다고 보는 것이 구체적인 위탁관계를 고려한 관점에서 올바른 결론이다.[6]

(b) **점유의 침탈**

(가) **의의 및 방법**   **점유의 침탈**이란 점유자의 지배의사에 반하는 행동으로써 재물에 대한 그의 사실상의 지배를 배제하는 것을 말한다. 여러 가지 수단·방법이 가능하다. 반드시 몰래 행하여질 필요는 없으며, '날치기'행동처럼 피해자의 면전에서 공공연히 행하여질 수도 있다. 그 밖에도 직접·간접의 방법, 사위적인 방법 등도 가능하다.

‖ **판례** ‖   피해자가 결혼예식장에서 신부측 축의금 접수인인 것처럼 행세하는 피고인에게 축의금을 내어 놓자 이를 교부받아 가로챈 사안에서, 피해자의 교부행위의 취지는 신부측에 전달하는 것일 뿐 피고인에게 그 처분권을 주는 것이 아니므로, 이를 피고인에게 교부한 것이라고 볼 수 없고 단지 신부측 접수대에 교부하는 취지에 불과하므로 피고인이 그 돈을 가져간 것은 신부측 접수처의 점유를 침탈하여 범한 절취행위라고 보는 것이 정당하다(대판 1996. 10. 15, 96 도 2227).

─────────────

6) BGHSt 22, 180; Sch/Sch/Eser, StGB, §242 Rdnr. 34.

(나) **절취와 사취의 구별**   절도죄는 상대방의 의사에 반한 점유의 침탈이고 사기죄는 상대방의 하자 있는 의사에 기한 '교부행위'에 의해 성립하는 편취죄이기 때문에 양자는 기본적으로 교부행위가 있었는가의 여부에 따라 구별된다. 그러나 절취에 있어서도 점유의 침탈이 사위적인 방법(책략절도)에 의해 이루어 졌을 때에는 피해자의 교부행위가 있기 때문에 사취와의 구별이 용이하지 않게 된다.

점유의 침탈이 사위적인 방법에 의해 행해졌을 때 절취와 사취의 구별은 피해자에게 **점유이전에 대한 의사가** 있었는가를 기준으로 이루어져야 한다(다수설 · 판례[7]). 사취의 경우에는—— 비록 기망에 의한 하자 있는 의사라 할지라도—— 피해자의 자의에 의해 재물의 점유가 상대방에게 이전(처분행위의 직접성이 존재)되는 반면에, 절취의 경우에는 형식적으로는 점유가 상대방에게 이전되었다 할지라도 피해자에게 점유이전의 의사가 없기 때문에 아직 피해자의 수중에 점유가 남아 있고(처분행위의 직접성이 부존재) 이를 상대방이 영득하면 의사에 반한 점유의 침탈이 성립되기 때문이다.

예컨대 보석상점에 들어가 보석반지를 구입할 뜻을 밝히고 점원이 다이아몬드반지를 꺼내 주자 구경하는 척 하다가 틈을 봐서 도망하는 경우, 백화점 옷 코너에서 구입을 가장하여 옷을 갈아입은 후 주인이 한눈을 파는 사이 도망가는 경우, 자동차의 시운전을 빙자하여 몰고 나간 뒤 돌아오지 않는 경우 등은 점유이전의 의사가 없고 아직 피해자의 수중에 재물의 점유가 남아 있기 때문에 절도죄가 성립한다.

형사임을 가장하여 보석상점에 들어가 밀수보석을 압수하였는데 주인이 속아서 이를 묵인한 사례는 소위 묵인 또는 인내의 경우로서 절도죄가 성립한다는 견해가 있다.[8] 피해자가 직접 교부하지 않고 범인이 압수를 명목으로 스스로 취거해 간 경우에는 피해자의 재산처분행위가 없을 뿐만 아니라, 피해자에게는 아무런 행위의 선택가능성이 없으므로 자의에 의한 점유이전이 아니라 점유의 침탈로 보아야 한다는 것이다. 그러나 이 경우에는 사기죄가 성립한다고 보는 것이 옳다. 규범적 관점에서 볼 때 피해자가 범인의 취거행위를 묵인한 것은 스스로 교부한 행위와 동일하게 평가할 수 있을 뿐만 아니라, 상대방이 압수의 적법한 권한이 있는 자라고 믿고 저항할 수 없다라고 생각하여 교부한 경우라도 형사(국가)에게 밀수보석의 점유를 이전한다는 의사의 자의성은 인정되기 때문이다.[9] 반면 압수

---

7) 대판 1994. 8. 12, 94 도 1487; 1983. 2. 22, 82 도 3115.
8) 김일수, 한국형법 Ⅲ, 357면; 배종대 369면, 429면.
9) 같은 견해 이정원 370면.

에 동의하지 않음에도 피해자의 의사에 반하여 취거해 간 경우에는 점유의 침탈이 됨은 물론이다.

‖**판례 1**‖ 피고인이 피해자가 경영하는 금방에서 마치 귀금속을 구입할 것처럼 가장하여 피해자로부터 순금목걸이 등을 건네받은 다음, 화장실에 갔다 오겠다는 핑계를 대고 도주한 것이라면, 위 순금목걸이 등은 도주하기 전까지는 아직 피해자의 점유하에 있었다고 할 것이므로 절도죄에 해당한다(대판 1994. 8. 12, 94 도 1487).

‖**판례 2**‖ 피고인이 피해자에게 이 사건 밍크 45마리에 관하여 자기에게 그 권리가 있다고 주장하면서 이를 가져간 데 대하여 피해자의 묵시적인 동의가 있었다면 피고인의 주장이 후에 허위임이 밝혀졌더라도 피고인의 행위는 절도죄의 절취행위에는 해당하지 않는다(대판 1990. 8. 10, 90 도 1211).

　　㈐ **절취의 착수시기**　　절취의 착수는 점유침탈의 개시와 더불어 성립한다. 실행의 착수는 범죄의사의 표명이라고 볼 수 있는 객관적인 행위가 있어야 하므로, 행위자의 범행계획에 비추어 점유침해사실이 확정적으로 외부에 표시되었다고 볼 수 있는 근접행위가 있을 때 실행의 착수가 있다고 보아야 할 것이다(주관적 객관설의 입장).

　　　보기　훔칠 물건을 건드리는 행위, 훔칠 물건에 접근하는 행위, 훔칠 물건에 접근하여 이것저것 고르면서 특정한 대상물을 물색하는 행위, 가정부가 집주인의 내실에 들어가 장롱 속에서 보석을 꺼낸 후 기회를 엿보기 위해 다른 장롱 속에 감추어 둔 행위, 타인의 주거에 침입하여 거실·방안 등을 살피며 절취한 재물을 찾는 경우 실행의 착수가 있다. 야간주거침입절도죄의 경우에는 주거침입만으로도 실행의 착수가 인정되지만, 단순절도죄의 경우에는 단지 주거에 침입한 것만으로는 실행의 착수가 있다고 보기 어렵다.

　　판례는 이른바 **밀접행위시설**(대판 1986. 12. 23, 86 도 2256)을 취한다. 이에 의하면 재물에 대한 타인의 사실상의 지배를 침해하는 데 밀접한 행위를 개시한 때에 실행의 착수가 있다.

‖**판례 1**‖ 절도죄의 실행의 착수시기는 재물에 대한 타인의 사실상의 지배를 침해하는 데에 밀접한 행위를 개시한 때라고 보아야 하므로, 야간이 아닌 주간에 절도의 목적으로 타인의 주거에 침입하였다고 하여도 아직 절취할 물건의 물색행위를 시작하기 전이라면 주거침입죄만 성립할 뿐 절도죄의 실행에 착수한 것으로 볼 수 없는 것이어서 절도미수죄는 성립하지 않는다(대판 1992. 9. 8, 92 도 1650).

‖**판례 2**‖ 노상에 세워 놓은 자동차 안에 있는 물건을 훔칠 생각으로 자동차의 유리

창을 통하여 그 내부를 손전등으로 비추어 본 것에 불과하다면 비록 유리창을 따기 위해 면장갑을 끼고 있었고 칼을 소지하고 있었다 하더라도 절도의 예비행위로 볼 수는 있겠으나 타인의 재물에 대한 지배를 침해하는 데 밀접한 행위를 한 것이라고는 볼 수 없어 절취행위의 착수에 이른 것이었다고 볼 수 없다(대판 1985. 4. 23, 85 도 464).

‖**판례 3**‖   소매치기의 경우 피해자의 양복상의 주머니로부터 금품을 절취하려고 그 호주머니에 손을 뻗쳐 그 걸을 더듬은 때에는 절도의 범행은 예비단계를 지나 실행에 착수하였다고 봄이 상당하다(대판 1984. 12. 11, 84 도 2524).

‖**판례 4**‖   야간이 아닌 주간에 절도의 목적으로 다른 사람의 주거에 침입하여 절취할 재물의 물색행위를 시작하는 등 그에 대한 사실상의 지배를 침해하는 데에 밀접한 행위를 개시하면 절도죄의 실행에 착수한 것으로 보아야 한다(피해자의 다세대주택에 침입하여 재물을 찾으려고 신발을 신은 채 거실을 통하여 안방으로 들어가 여기저기를 살펴보고 절취할 재물을 찾지 못하고 다시 거실로 나와서 두리번거리고 있다가 피해자와 마주치자 체포면탈 목적으로 피해자를 상해한 사건) (대판 2003. 6. 24, 2003 도 1985).

(c) 새로운 점유의 개시(점유의 취득)

(가) **의의 및 방법**   점유의 침탈이 피해자의 측면에서 본 절취의 요건이라면, 새로운 점유의 개시는 행위자의 측면에서 본 절취의 요건이라 할 수 있다. 행위자가 자기의 점유로 옮김으로써 새로운 점유를 취득하는 경우가 보통이지만, 제 3 자의 점유로 옮기는 경우에도 새로운 점유의 개시가 있게 된다.

대부분의 경우에 새로운 점유의 개시는 타인의 점유의 침탈과 동시에 일어나지만 반드시 그런 것은 아니다. 새로운 점유를 취득하지 않고, 이를테면 어장 속의 물고기를 강물로 흘려버린 경우처럼 단순히 타인의 점유를 배제하는 것만으로는 손괴가 될지언정 절취라고는 할 수 없다.

(나) **절취의 기수시기**   절취행위의 기수시기는 새로운 점유의 개시가 있는 시점이다. 즉 재물의 점유를 취득할 때 기수가 된다는 취득설이 통설·판례(대판 1994. 9. 9, 94 도 1522; 1984. 2. 14, 83 도 3242)의 입장이다.

절취의 기수시기를 결정하는 시점은 새로운 점유가 개시된 때, 즉 행위자가 새로운 점유를 사실상 취득한 때이다. 그러나 언제 새로운 점유가 개시되었느냐는 구체적인 사례에서 목적물의 성질·모양·은닉방법·장소 등에 따라 다르게 판단될 문제이므로 취득설이라 할지라도 일률적으로 적용될 수는 없다. 작고 가벼워 쉽게 운반할 수 있는 물건들은 손에 잡거나 주머니·가방 등에 넣는 것으로서 이미 점유의 취득이 될 수 있지만, 크고 무거워 운반이 용이하지 않은 물건들은 어느 정도 피해자의 지배범위를 벗어난 때에 점유의 취득이 있다고 할 수 있다.

보기 ① 가정부가 주인의 내실에서 보석을 꺼내 같은 방의 다른 은폐물 속에 감추어 둔 것만 가지고서는 아직 새로운 점유의 개시가 있다고 할 수 없으나, 그것을 자기의 방으로 갖고 들어와 감추어 둔 때에는 새로운 점유의 개시가 있다고 보아야 할 것이다.

② 호주머니나 핸드백 속에 숨길 수 있는 작은 물건의 절취는 행위자가 물건을 호주머니나 핸드백 속에 넣자마자 기수가 된다. 친구집에 놀러 갔던 중학생이 그 집 안방 화장대 서랍 속에 들어 있는 현금을 꺼내 자기의 상의 안주머니에 넣은 때에는 기수가 된다.

③ 비교적 큰 물건의 절취에서는 행위자가 물건이 있는 영역으로부터 벗어나기 시작한 때 또는 물건이 있던 자리에서 더 이상 눈에 띄지 않을 만큼 옮겨 놓은 때에 기수가 된다. 타인의 공장에 들어가 공구를 빈 포대에다 집어 넣었으나 인기척에 당황하여 포대를 둔 채 도망쳐 나왔다면 미수에 불과하다. 공장의 직공이 공장 내의 은밀한 장소에 감추어 둔 용기에 다 채우면 적당한 기회를 보아서 들고 나올 생각으로 제품을 한두 개씩 채우다가 발각되었을 경우에는 미수이다.

④ 중량과 크기가 큰 물건을 마당에 적재하거나 차량에 적재한 때에 이미 절도죄의 기수가 된다는 견해[10]도 있으나 아직 미수단계로 보아야 한다.

⑤ 판례는 입목절도의 경우 나무를 캐낸 때에 이미 소유자의 입목에 대한 점유가 침해되고 범인의 사실적 지배하에 놓이므로 기수가 성립된다(대판 2008. 10. 23, 2008도 6080)고 하나 이 경우도 아직 미수단계에 있다고 보는 것이 옳다. 따라서 캐낸 입목이 무거워 자동차까지 옮기는 데 타인이 가담했다면 특수절도죄가 성립한다.

㈑ 절취의 기수(Vollendung)와 절취의 완수(Beendigung)   양자는 구별해야 한다. 기수시기를 정함에 있어 위법영득이 성공했느냐는 중요하지 않다. 그러나 위법영득까지 성공하면 절취는 비로소 완료한다. 즉 종료를 넘어 완료가 되고, 기수에서 완수에 이르게 된다. 완수시기를 중심으로 절도죄의 공소시효도 진행하며, 일단 완수가 되면 절취한 재물에 대한 그 후의 사용 · 수익 · 처분 · 손괴 따위는 절도죄의 구성요건에 포괄적으로 포함되는 불가벌적 사후행위가 될 뿐이다.

(3) 결   과

구성요건결과는 재물에 대한 기존의 지배관계에 갈음한 새로운 사실상의 지배관계의 확립이다. 이것은 일시적이라도 좋고, 반드시 자력점유가 아니더라도 좋지만, 일단 확립된 이상 사실상의 상태가 존재해야 한다.

---

10) 배종대 371면; 임웅 298면.

절취행위와 새로운 지배관계의 확립 사이에는 인과관계 및 객관적 귀속관계가 있어야 한다.

3. 주관적 구성요건요소

절도죄는 전형적인 영득죄이므로 구성요건고의 외에 위법영득의 의사가 있어야 한다. 이 의사는 초과주관적 불법요소이다.

(1) 구성요건고의

절도의 고의는 타인의 재물에 대한 인식 및 절취행위에 대한 인식과 의사를 포함한다. 미필적 고의로도 충분하다.

《참고》 행위자가 본죄의 행위객체·행위·행위결과에 대한 인식이 없었거나 오인한 경우에는 구성요건착오가 문제된다. 예컨대 음식점 입구에 진열해 놓은 타인의 신발이나 타인의 우산을 자기의 것으로 오인하여 가지고 나온 경우 구성요건착오로서 고의가 배제된다. 이와 반대로 자기의 물건을 타인의 것으로 착각한 뒤 절취의 고의로 들고 나온 경우에는 반전된 구성요건착오로서 불능미수에 해당한다. 한편, 단순절도인 줄 알고 특수절도를 했다면 제15조 1항에 의해 단순절도의 고의기수범이 될 뿐이다.

(2) 위법영득의 의사

(a) **의   의**   위법영득의 의사란 권리자를 배제하고 타인의 물건을 자기의 소유물과 같이 경제적 용법에 따라 이용·처분할 의사를 말한다.

(b) **위법영득의사의 요부**   독일형법은 위법영득의 의사를 명문으로 규정하고 있지만, 그와 같은 명시가 없는 우리 형법의 해석상으로 고의 외에 별도의 주관적 구성요건요소로서 위법영득의 의사가 필요한가에 관해 다툼이 있다.

   i) 필 요 설   이 견해는 ① 절도의 보호법익을 소유권으로 보는 한 주관적 불법요소로서 위법영득의 의사가 필요하며, ② 위법영득의 의사 여부에 따라 재산죄를 영득죄와 손괴죄로 구별할 수 있으며, ③ 손괴죄는 영득죄보다 형이 가벼운데 그것은 위법영득의 의사가 없기 때문이라 할 것이므로, 반대로 영득죄에는 위법영득의 의사가 필요하다고 한다(다수설[11]·대판 1999. 4. 9, 99 도 519; 1996. 5. 10, 95 도 3057).

   ii) 불필요설   이 견해는 ① 위법영득의 의사에 관한 명문규정이 없으

---

11) 권오걸 334면; 김성돈 266면; 김성천·김형준 342면; 박상기 257면; 배종대 374면; 백형구 136면; 손동권 285면; 유기천(상) 200면; 이영란 280면; 이재상 273면; 이정원 295면; 이형국 390면; 임웅 299면; 정영일 174면; 진계호 310면.

며, ② 절도죄의 보호법익은 점유이므로 점유침해의 의사 외에 별도의 의사를 요하지 않으며, ③ 사용절도의 경우에 위법영득의 의사가 없다고 절도죄로 벌하지 않는다면 피해자보호에 충실하지 못하며, ④ 단순히 손괴·은닉의 의사로 타인의 재물을 절취한 경우 그 수단인 절취행위 자체가 전혀 고려되지 않는다면 불합리하다는 점을 논거로 든다.[12]

      iii) **결 론** 필요성이 타당하다. 첫째, 체계적인 해석의 관점에서 재산죄 전체의 맥락을 검토할 때 영득의사의 필요성이 인정된다. 법익침해의 관점에서 절도죄와 손괴죄는 동일한 성질의 범죄이다. 절도죄의 행위반가치를 손괴죄의 행위반가치보다 중하게 하는 것은 바로 위법영득의 의사 때문이다. 따라서 위법영득의 의사와 손괴의 의사는 절도죄와 손괴죄를 그 불법의 면에서 구분해 주는 기능을 수행한다.

      둘째, 목적론적 해석의 관점에서 위법영득의사를 절도죄의 주관적 불법구성요건요소로 삼음으로써, 실제 사용절도행위를 절도죄의 규율대상에서 제외하고 영득행위만을 규율대상으로 삼을 수 있다.

      (c) **위법영득의사의 법적 성격** ① 위법영득의 의사를 주관적 구성요건요소인 고의에 포함시키는 견해,[13] ② 고의 이외의 **초과된 내적 경향**(초과주관적 구성요건요소)으로 파악하는 견해(다수설)가 있다. 전자는 절취의 고의에 영득의 의사가 포함된다는 견해로서 그렇게 되면 고의와 위법영득의사를 나누는 실익이 별로 크지 않게 된다. 그리고 절취의 고의와 영득의 고의는 구별하는 것이 옳다. 즉 객관적 구성요건요소를 인식·의욕하는 내용을 갖는 구성요건고의와 위법영득행위 자체를 의도하는 내용을 갖는 위법영득의사는 체계상 구별하는 것이 타당하다.

      (d) **위법영득의사의 내용**

      (가) **영득행위**

      (i) **영득행위의 요소** 영득행위를 소극적·적극적 양 요소로 구별할 수 있다. 소극적 요소는 재물에 대하여 권리자를 배제하는 행위를 의미하고, 적극적 요소는 재물에 대하여 범인이 소유권자처럼 이용·처분하는 행위를 의미한다.

      판례도「절도죄의 성립에 필요한 불법영득의 의사라 함은 권리자를 배제하고 타인의 물건을 자기의 소유물과 같이 그 경제적 용법에 따라 이용·처분할 의사

---

12) 오영근 333면; 이건호 318면; 정성근·박광민 317면; 정영석 301면; 정창운 313면.
13) 배종대 372면; 오영근 333면; 유기천(상) 213면; 정성근·박광민 317면; 진계호 310면.

를 말한다」고 판시하고 있다(대판 1999. 4. 9, 99 도 519; 1996. 5. 10, 95 도 3057).

① 소극적 영득요소   이는 재물에 대하여 소유권자에 유사한 지배를 함부로 행사하여 소유권자를 계속적·종국적으로 배제하는 행위를 말한다. 소유권자를 계속적·종국적으로 배제한다는 점에서, 절도죄의 영득행위의 소극적 구성요소는 사용절도(furtum usus)와의 구별 외에 더 나아가 절도죄와 횡령죄를 구별하는 한 기준이 될 수 있다.

영득의사가 없는 사용절도를 어떻게 취급할 것인가? 절도죄의 구성요건으로 영득행위나 위법영득의사가 필요 없다고 보는 입장에서는 사용절도도 절도죄가 된다. 그러나 절도죄에 위법영득의 의사가 필요하다는 입장에서는, 목적물을 단지 일시 사용할 뿐, 그것을 계속 사용함으로써 소유권자를 배제하는 데까지 이르지 않은 사용절도는 절도죄가 되지 않는다(다수설). 즉 반환의사를 본질적 내용으로 하는 사용절도는 불가벌이다. 그러나 만약 소유자가 물건을 잃어버렸다고 여기고 새로운 다른 물건으로 대체할 수밖에 없을 정도로 계속적인 소유권자배제가 있었다면 영득행위가 된다.

① 위법영득행위가 인정되는 예: 세워둔 타인의 자전거를 몇 시간 이상 함부로 사용하는 경우, 또 일시 사용이라 하더라도 사용하고 난 자전거를 소유자가 쉽게 발견할 수 없는 다른 장소에 버리고 간 경우, 해변에 계류되어 있던 타인의 전마선을 그 소유자의 승낙 없이 타고 나갔다가 그것을 다시 주인이 쉽게 찾을 수 없는 다른 곳에 방치한 경우(대판 1961. 6. 28, 4294 형상 179), 영업점 내의 휴대전화를 가지고 나와 사용한 다음 약 1~2시간 후 영업점 정문 옆 화분에 놓아두고 간 경우(대판 2012. 7. 12, 2012 도 1132).
② 불가벌적 사용절도의 예: 일시 사용된 자전거를 경찰관이나 소유자가 쉽게 찾을 수 있는 인근 공공주차장이나 제자리에 세워 둔 경우는 물리적으로는 자전거 자체(또는 소모품인 건전지나 유류)가 소모되었을지라도 일시 사용에 그친 한 영득행위로 볼 것은 아니다.

‖ 판례 ‖ 동네 선배로부터 차량을 빌렸다가 반환하지 아니한 보조열쇠를 이용하여 그 후 3차례에 걸쳐 위 차량을 2~3시간 정도 운행한 후 원래 주차된 곳에 갖다 놓아 반환한 경우 피해자와의 친분관계, 차량의 운행경위, 운행시간, 운행 후의 정황 등에 비추어 불법영득의 의사가 있었다고 볼 수 없다(대판 1992. 4. 24, 92 도 118).

어떤 물건이 일시 사용된 후 그 경제적 가치에 비추어 더 이상 동일한 물건으로 간주될 수 없는 경우에는 계속적인 소유권자배제가 있다고 보아 불가벌적 사용절도에 해당되지 않는다. 예컨대 서점에서 팔려고 하는 책을 일시 읽어보던 중 그 책에 연필 따위로 줄을 긋거나 메모를 하는 경우, 건전지 등과 같은 상품을 일시 사용하여 상품으로서의 본래 기능을 할 수 없게 만든 경우가 이에 해당한다.

‖ **판례** ‖   타인의 물건을 점유자의 승낙 없이 무단사용하는 경우에 있어서 그 사용으로 인한 물건 자체가 가지는 경제적 가치가 상당한 정도로 소모되거나 또는 사용 후 본래의 장소가 아닌 다른 곳에 버리거나 곧 반환하지 아니하고 장시간 점유하고 있는 것과 같은 때에는 그 소유권 또는 본권을 침해할 의사가 있다고 보아 불법영득의 의사를 인정할 수 있으나, 피고인이 타인의 도장과 인감도장을 그의 책상서랍에서 몰래 꺼내어 가서 그것을 차용금증서와 연대보증인란에 찍고 난 후 곧 제자리에 넣어둔 경우 위 도장에 대한 불법영득의 의사가 있었다고 인정할 수 없다(대판 1987. 10. 28, 87 도 1959).

② **적극적 영득요소**   이것은 재물 또는 재물의 가치를 범인이 소유권자와 유사한 지배를 행사하여 이용 · 처분하는 행위를 말한다. 예컨대 절취한 음식물을 섭취한다든가 매각한다든가, 혹은 증여 · 선물하는 따위가 그 이용 처분행위의 양태이다.

소유권자배제는 계속적 · 종국적이어야 하지만, 행위자에 의한 지배 · 사용은 잠정적이거나 일회적인 것일지라도 용도에 합당한 사용인 한 무방하다.

재물의 지배 · 사용이라는 적극적 향유의사가 없으면 영득행위가 될 수 없다. 예컨대 즉시 파괴하기 위하여 타인의 물건을 취거한 경우는 그 자체 손괴행위이다. 다만 파괴가 경제적 가치를 얻기 위한 직접적인 방도였다면, 그것은 영득행위가 될 수 있다. 예컨대 불을 피우기 위해 절취한 석탄을 곧장 태우는 경우가 그것이다. 이와 같은 적극적 영득요소는 절취냐 손괴냐를 결정하는 하나의 기준이 된다.

(ii) **영득행위의 대상**   영득행위는 적극적인 이용 · 처분행위와 소극적인 배제행위로 구성된다. 이러한 영득행위의 대상이 무엇인가에 관하여는 ① 재물의 물체 그 자체라는 **물체설**, ② 재물의 가치라고 보는 **가치설**, ③ 물건 그 자체뿐만 아니라 물건의 가치도 영득행위의 대상이 된다고 하는 **종합설**의 대립이 있다. 현재 **종합설**이 통설과 판례(대판 1981. 10. 13, 81 도 2394)의 입장이다. 물체와 가치는 재물이 가지고 있는 동일한 속성의 양측면에 해당하기 때문에 종합설이 타당하다.

적극적 · 소극적 영득행위의 대상은 재물의 물체 그 자체 또는 물체 속에 화체된 경제적 가치이다. 그런데 사용절도의 경우에도 언제나 물건의 사용으로 인한 사용가치(Gebrauchswert)의 획득이 있기 때문에, 종합설을 따를 때에도 가치의 범위를 제한할 필요가 있다. 즉 여기서 영득행위의 대상이 되는 가치는 재물의 일반적인 사용가치가 아니라 재물의 종류와 기능에 결부된 특수한 기능가치(Funkt-ionswert)를 의미한다고 해야 한다.[14) 그러므로 종합설의 입장에서 영득행위의 대상을 정할 때 다음과 같은 점을 특히 염두에 두어야 한다:

① 타인의 재물을 임의로 사용한 후 물건 자체를 반환한 때에는 원칙적으로 사용가치가 영득행위의 대상이 되지만, 이 때에도 그 물체와 결합된 특수한 기능가치를 침해함으로써 적어도 재물의 경제적 가치를 감소시킨 때에 한하여 영득행위를 인정할 수 있다.[15) 따라서 한 첼로연주자가 오케스트라 연습실에 함께 진열해 놓은 동료의 악기를 들고 나가 하루저녁 연주한 뒤 다시 제자리에 갖다 놓은 경우에는 영득행위가 되지 않는다. 여기서는 단순한 사용가치만이 문제되기 때문이다. 절취한 주민등록증을 사용 후 곧 반환한 경우에도 마찬가지이다(대판 1971. 10. 19, 70 도 1399).

② 반면 예금통장에는 그에 고유한 예금액이라는 기능가치(경제적 가치)가 화체되어 있다. 따라서 예금통장을 절취하여 예금을 인출한 후 통장을 반환한 경우에는 그에 고유한 기능가치가 침해되었기 때문에 불법영득의 의사가 인정될 수 있다(통설). 판례도 예금통장은 예금액에 대한 증명기능이 있고 이러한 증명기능은 예금통장 자체가 가지는 경제적 가치라고 보아야 하므로, 예금통장을 사용하여 예금을 인출하게 되면 그 인출된 예금액에 대하여는 예금통장 자체의 예금액 증명기능이 상실되고 이에 따라 그 상실된 기능에 상응한 경제적 가치도 소모된다는 이유로 예금출금 후 통장을 반환했더라도 경제적 가치의 소모로 인한 불법영득과 절도죄의 성립을 인정하였다(대판 2010. 5. 27, 2009 도 9008). 반면 절취한 현금인출카드를 사용한 후 반환한 경우에는 단순한 사용가치의 취득만이 있고 기능가치의 침해(감소)가 일어나지 않았기 때문에 영득행위가 성립하지 않는다(대판 2006. 3. 9, 2005 도 7819; 1998. 11. 10, 98 도 2642). 현금인출카드는 예금통장과는 달리 그 안에 특수한 가치가 내재되어 있는 것이 아니라 단순한 현금인출도구에 불과하기 때문이다.

③ 금전, 특히 현금에 대한 영득행위의 경우에는 일반적으로 화폐 자체보다 명목상의 액면가치가 중요하다. 따라서 금전에 관해서는 이른바 액면가치설이 타당하다.[16) 따라서 1만원권 지폐 한 장을 놓고, 주인 몰래 1천원권 지폐 열 장을 가져갔더라도 위법영득의 의사는 없다고 본다.

(나) 영득행위의 위법성   영득행위는 위법한 것이어야 한다. 여기서 위법성은 영득행위가 특별히 피해자의 소유권질서와 모순·충돌된다는 의미이다. 영득행위의 위법성에 대해서는 미필적 고의 정도의 인식과 의사만 있어도 충분하다.

대법원 판례 중에는 ① 굴삭기 매수인이 약정된 기일에 대금채무를 이행하지 아니하면 굴삭기를 회수하여 가도 좋다는 약정을 하고 각서와 매매계약서 및 양

---

14) 김성돈 269면; 배종대 381면; 이재상 277면; 임웅 304면; 이정원 300면; Sch/Sch/Eser, § 242 Rdn. 49.
15) 임웅 304면.
16) 임웅 305면.

도증명서 등을 작성하여 판매회사 담당자에게 교부한 후 그 채무를 불이행하자 그 담당자가 굴삭기를 취거하여 매도한 경우, 그 굴삭기 취거행위는 절도죄에 해당하고 불법영득의 의사도 인정된다(대판 2001. 10. 26, 2001 도 4546)거나, ② 외상매매계약을 해제하여 외상물품의 반환청구권이 매도인에게 있다 하더라도 매수인의 승인을 받지 아니하고 외상물품을 가져간 경우 절도행위에 해당한다(대판 1973. 2. 28, 72 도 2538)고 한 것이 있으나, 영득행위로 모순·충돌될 것도 없이 마땅히 유지·회복되었어야 할 소유권상태가 확립된 데 불과한 경우에는 비록 영득행위는 있었을지라도 위법영득은 아니며 위법영득의 의사가 성립될 수 없다.

(다) 제 3 자를 위한 영득의사   영득의사는 행위자가 절취한 물건을 스스로 영득할 의사(자기영득의사)이든, 제 3 자에게 영득시킬 의사(제 3 자영득의사)이든 문제되지 않는다. 우리 형법은 이미 강도죄·사기죄·공갈죄·배임죄에서 행위자가 아닌 제 3 자가 재물이나 이익을 취득한 경우도 범죄성립을 인정하고 있기 때문에 절도죄에 있어서 제 3 자를 위한 영득을 부인할 이유가 없다.

4. 구성요건해당성

사소한 절도행위라도 소유권보호의 견지에서 구성요건해당성이 배제될 수 없다. 따라서 껌 한 개, 성냥 한 갑의 절취도 절도죄의 구성요건을 충족시킨다. 그러나 경제적 교환가치가 극히 작고 규범의 보호목적에 비추어 어느 누구에게도 주관적 가치조차 없으리라고 인정될 때에는 애당초 재물성 자체가 부인되어 구성요건해당성이 배제될 수 있다. 예컨대 한 사람의 주머니 속에 별 의미 없이 들어 있던 휴지조각을 훔쳤더라도 절도죄의 구성요건에 해당하지 않는다. 피해자의 승낙이 있는 경우에도 구성요건해당성이 배제된다.

5. 위 법 성

총칙상의 정당화사유에 의해 절취행위의 위법성이 조각될 수 있다.

① 절취의 피해자가 현장에서 또는 도주중인 절도범인으로부터 자기의 재물을 회복 또는 탈환하는 행위: 자기재물의 재탈환 자체는 구성요건고의 및 위법영득의사의 흠결로 절도죄의 구성요건해당성이 없다. 다만, 절도범인을 추격하여 재물을 재탈환하는 과정에서 발생하는 폭행·협박·상해행위 등은 정당방위로서 위법성이 조각된다.

② 절취의 피해자가 상당한 시일이 지난 후 절도범인으로부터 자기의 재물인

도품을 회복 또는 탈환하는 행위: 앞의 경우와 마찬가지로 재물취거행위 자체는 형법상 문제되지 않는다. 다만 그 과정에 수반되는 폭행·협박·상해·체포행위 등은 자구행위로서 정당화될 수 있다.

6. 죄수 및 타죄와의 관계

(1) 죄 수

(a) **사후행위** 절도죄는 상태범이므로 도품인 장물을 사후적으로 사용·처분하거나 손괴하는 행위는 불가벌적 사후행위가 되어 별죄를 구성하지 않는다 (대판 1975. 8. 29, 75 도 1996).

장물을 이용하여 법률적 처분으로써 새로이 다른 재물을 편취한 경우는 새로운 법익침해가 되어 별죄를 구성한다.

‖ **판례** ‖ 절취 또는 강취한 예금통장과 인장을 사용하여 예금자명의의 예금청구서를 위조한 다음, 이를 은행원에게 제출·행사하여 예금을 찾아내면, 장물의 단순한 사후처분행위가 아니라 새로운 법익의 침해행위가 되므로 이 때에는 절도죄 외에 사문서위조·동행사·사기의 각 범죄가 성립하고, 이들은 실체적 경합관계에 있다(대판 1974. 11. 26, 74 도 2817; 1990. 7. 10, 90 도 1176).

(b) **1죄 또는 수죄** 절도죄의 보호법익인 소유권은 생명·신체에 대한 죄의 보호법익처럼 일신전속적 법익이 아니므로 죄수는 소유권의 수를 기준으로 할 것이 아니라 침해행위의 횟수를 기준으로 결정해야 한다. 따라서 행위상황과 피해자, 행위객체, 고의 등에 따라 각각 다른 일시, 장소, 상이한 피해자, 별개의 결의하에서 범행이 이루어졌으면 수죄가 되고, 수인의 소유물인 재물 수개를 1인이 점유하고 있을 때 1회의 절도행위로 전부를 절취했거나 또 절취한 시간과 장소가 밀착되어 있는 한 수회에 걸쳐서 절취했어도 포괄하여 1죄가 된다(대판 1970. 7. 21, 70 도 1133).

(2) 타죄와의 관계

(a) **절도죄와 주거침입죄** 야간주거침입절도는 별도 규정이 있다. 그런데 야간 아닌 주간에 주거에 침입하여 절도한 경우에, 주거침입은 절도에 부수되는 과정이 아니라는 점, 양 죄의 보호법익 및 죄질이 각각 다르다는 점을 고려할 때 주거침입죄와 절도죄 양 죄는 실체적 경합관계에 놓이게 된다.

(b) **절도죄와 문서위조죄** 절취한 어음용지나 차용증서 등에 위조인장을

찍어 본인명의의 문서를 위조한 후 이것을 행사하면 절도죄와 문서위조죄 · 동 행
사죄의 실체적 경합이 된다. 즉 이 경우 문서위조는 불가벌적 사후행위가 아니다.

(c) **절도죄와 폭행 · 상해죄**   폭행 · 상해행위가 재물탈취의 방법으로 감행
되고 그것이 피해자의 반항을 억압할 정도이면 절도는 폭행 · 상해죄와 결합하여
강도 또는 강도상해죄가 된다. 또 절도범인이 재물의 탈환을 항거하거나 체포를
면탈하거나 죄적을 인멸할 목적으로 폭행 · 상해를 감행한 경우에는 준강도가 된
다. 이에 해당하지 않는 폭행 · 상해의 경우, 예컨대 소매치기가 피해자의 손목시
계를 낚아채다가 손목에 상처를 입힌 경우에는 절도죄와 상해죄의 관념적 경합이
된다.

(d) **절도죄와 강도죄**   절도의 실행에 착수했다가 도중에 강도로 돌변한 경
우나 절도범인이 재물을 탈취한 후 또다시 다른 재물을 강취한 경우에는 양자 모
두 동일한 기회에 동일한 피해자를 상대로 행하여진 절취행위이므로 포괄하여,
법정형이 무거운 강도죄만 성립한다고 보아야 할 것이다.

(e) **절도죄와 사기죄**   절도범인이 절취한 장물을 사정을 모르는 제 3 자에
게 매각하거나 장물로써 제 3 자를 적극 기망하여 금품을 편취한 경우처럼 소유권
침탈의 범위를 넘어 새로운 법익을 다시 침해한 경우에는 사기죄가 성립한다. 이
경우에 절도죄와 사기죄는 실체적 경합이 된다.

‖ **판례** ‖   절취한 예금통장을 이용하여 예금을 인출하거나(대판 1974. 11. 26, 74 도 2817),
절취한 전당표로 전당물을 편취한 때(대판 1980. 10. 14, 80 도 2155)에는 새로운 법익을 침
해하였으므로 별도로 사기죄가 성립한다. 반면, 절취한 자기앞수표로 음식대금을 지불하고
거스름돈을 받은 경우에는 별도로 사기죄가 성립하지 않는다(대판 1987. 1. 20, 86 도 1728).

(f) **절도죄와 장물죄**   절도를 교사한 후 절도범인으로부터 도품을 취득·
운반 · 보관한 경우에는 절도교사와 장물죄의 실체적 경합이 된다. 절도범인 자신
이 장물을 운반 · 보관한 경우에는 불가벌적 사후행위에 해당하므로 장물죄는 성
립하지 않고 절도죄만 성립한다. 타인이 소지하고 있는 장물을 장물인 줄 알면서
절취한 경우에 별도로 장물취득죄가 성립하지는 않고 절도죄만 성립한다.

(8) **절도죄와 특별법위반죄**   도품의 사용 · 처분이 축산물가공처리법위반
(절취한 소를 밀도살한 경우)이나 마약법위반(절취한 마약을 소지한 경우), 부정경쟁
방지법위반(절취한 CD에 담긴 영업비밀의 부정사용, 대판 2008. 9. 11, 2008 도 5364)과
같은 특별법에 저촉되는 경우에는 절도죄와 특별법위반죄의 실체적 경합이 된다.

7. 형   벌

6년 이하의 징역 또는 1천만원 이하의 벌금에 처한다($\overset{제329}{조}$). 유기징역에 처할 경우에는 10년 이하의 자격정지를 병과할 수 있다($\overset{제345}{조}$). 미수범은 처벌하며($\overset{제342}{조}$), 소추조건과 인적 처벌조각사유(형면제)로서 친족간의 특례가 적용된다($\overset{제344}{조}$).

Ⅲ. 야간주거침입절도죄

1. 의의 및 성격

야간주거침입절도죄는 야간에 사람의 주거 등에 침입하여 절도를 범함으로써 성립하는 범죄이다($\overset{제330}{조}$). 이 죄의 성격에 대하여는 야간이라는 시간적 제한을 받는 주거침입죄와 절도죄의 결합범으로 보는 견해, 야간주거침입과 절도죄의 결합범으로서 특별한 행위정황으로 인해 형이 가중되는 구성요건이라는 견해 등이 있다. 생각건대 이 죄는 단순한 결합범이 아니라 독자적인 불법요소를 갖춘 독자적 범죄로 보는 것이 타당하다. 그렇다면 보호법익도 소유권 외에 주거의 사실상의 평온으로 봐야 한다.

침해범·결합범·즉시범·결과범·공격범·지배범·상태범의 일종이다.

2. 객관적 구성요건요소

(1) 야   간

(a) **야간의 의미**   '야간에'라는 구성요건표지는 행위상황을 지칭한다. 야간이란 범죄지의 일몰시부터 일출시까지를 말한다(다수설, 대판 1967. 8. 29, 67 도 944).

(b) **야간이 미치는 범위**   야간에 침입하여 절취한다는 의미에 관해서는, ① 절취행위시만 야간이면 된다는 견해,[17] ② 주거침입과 절취가 모두 야간에 이루어진 경우는 물론 어느 한 쪽만이 야간에 이루어진 경우도 포함한다는 견해,[18] ③ 침입행위와 절취행위가 모두 야간에 이루어져야 한다는 견해,[19] ④ 주거침입이 야간에 이루어져야 한다는 견해[20] 등이 있다.

---

17) 김성천·김형준 357면; 박상기 263면; 백형구 140면.
18) 권오걸 349면; 김성돈 275면; 김성천·김형준 357면; 김종원 191면; 배종대 386면; 이형국 406면; 임웅 316면; 정성근·박광민 319면; 진계호 313면; 황산덕 285면.
19) 김일수, 한국형법 Ⅲ, 561면; 손동권 298면; 이영란 284면; 정영일 179면.
20) 오영근 341면; 이재상 282면; 이정원 337면.

구체적인 차이는 야간에 침입하여 주간에 절도를 한 경우 ① 설과 ③ 설에 따르면 야간주거침입죄(폭처법제2조 2항)와 절도죄의 경합범이 되나, ② 설과 ④ 설에 따르면 본죄가 성립하게 된다. 반면 주간에 침입하여 야간에 절도를 하는 경우 ① 설과 ② 설에 의하면 본죄가 성립하나, ③ 설과 ④ 설에 따르면 주거침입죄와 절도죄의 경합범이 된다. 주간에 침입하여 주간에 절도를 한 경우에는 어떤 견해에 따르더라도 본죄는 성립하지 않는다.

생각건대 본죄의 독자적 범죄로서의 성격을 강조하는 한 침입행위와 절도행위가 모두 야간에 이루어져야 본죄가 성립할 수 있다. 그렇게 하는 것이 법문의 문리적 구조에 맞을 뿐만 아니라, 본죄의 적용범위를 가능한 제한할 수 있기 때문이다. ① 설, ② 설 및 ④ 설은 다음과 같은 문제점을 가지고 있다. 우선 실행의 착수시기와 관련하여 ① 설과 ② 설에 따르면 이미 '주간'에 주거에 침입한 때에 본죄의 실행의 착수가 있게 된다. 그러나 주간주거침입에 의한 절도일 경우 절취할 물건을 물색하기 전에는 아직 주거침입만으로는 실행의 착수가 없다는 것이 통설과 판례(대판 1992. 9. 8, 92 도 1650)의 견해이다. 따라서 주간에 주거에 침입하여 잠복하고 있다가 발각된 경우, 행위자가 야간절도를 계획했다고 이야기하면 본죄의 미수가 되나, 주간절도를 계획했다고 주장하면 절도죄는 아직 예비단계에 머물러 무죄가 되는 결과가 된다. 이렇게 범죄의 성립이 행위자의 주관적 의사나 주장에 따라 달라지는 불합리를 막기 위해서는 본죄의 실행의 착수시기가 '야간'주거침입시에 있다고 보지 않을 수 없다. 다른 한편 야간에 침입하여 주간에 절도한 경우에도 ② 설 및 ④ 설에 따르면 본죄가 성립한다. 그러나 이 경우는 주간에 침입하여 주간에 절도를 한 경우와 실질적으로 차이를 인정할 수 없다. 양자 모두 주간의 주거침입'상태'에서 주간에 절취를 한 것이기 때문이다. 따라서 '주간주거침입＋주간절도'와의 차이를 인정하기 위해서는 침입행위시뿐만 아니라 절취행위시도 '야간'에 이루어지지 않으면 안된다. 이러한 점들을 고려할 때 결국 야간이라는 행위상황은 침입행위시와 절취행위시 양자에 다 있어야 한다는 결론에 이르게 된다.

판례는 주간에 주거에 침입하여 야간에 절도한 경우 야간주거침입절도죄로 처벌할 수 없다고 판시하였다(대판 2011. 4. 14, 2011 도 300).

‖ **판례** ‖ 형법은 제329조에서 절도죄를 규정하고 곧바로 제330조에서 야간주거침입절도죄를 규정하고 있을 뿐, 야간절도죄에 관하여는 처벌규정을 별도로 두고 있지 아니하다. 이러한 형법 제330조의 규정형식과 그 구성요건의 문언에 비추어 보면, 형법은 야간

에 이루어지는 주거침입행위의 위험성에 주목하여 그러한 행위를 수반한 절도를 야간주
거침입절도죄로 중하게 처벌하고 있는 것으로 보아야 하고, 따라서 주거침입이 주간에
이루어진 경우에는 야간주거침입절도죄가 성립하지 않는다고 해석하는 것이 타당하다
(대판 2011. 4. 14, 2011 도 300).

(2) 행   위

주거 등 침입행위와 절취행위의 두 행위가 필요하다.

(3) 실행의 착수와 기수

이 죄는 주거침입과 절도의 결합범이다. 주거침입행위가 절취행위보다 선행
하기 마련이다. 따라서 실행의 착수시기는 '주거침입시'이다(대판 1984. 12. 26, 84
도 2433). 주거침입행위 자체가 아직 종료되지 않았더라도 단순한 주거침입죄의
미수가 아니라 이 죄의 미수이다. 기수시기는 '절취행위의 종료시'이다.

‖**판례 1**‖   야간에 타인의 재물을 절취할 목적으로 사람의 주거에 침입한 경우에는 주
거에 침입한 단계에서 이미 형법 제330조에서 규정한 야간주거침입절도죄라는 범죄행위
의 실행에 착수한 것이라고 보아야 한다(출입문이 열려 있으면 안으로 들어가겠다는 의사
아래 출입문을 당겨보는 행위를 주거침입의 실행에 착수한 것으로 보아 전체적으로 야간주거침
입절도죄의 실행의 착수를 인정한 사례, 대판 2006. 9. 14, 2006 도 2824).

‖**판례 2**‖   피고인이 피해자가 경영하는 까페에서 야간에 아무도 없는 그 곳 내실에
침입하여 장식장 안에 들어 있던 정기적금통장 등을 꺼내 들고 나오던 중 발각되어 돌려
준 경우 피고인은 피해자의 재물에 대한 소지(점유)를 침해하고, 일단 피고인 자신의 지
배 내에 옮겼다고 볼 수 있으니 절도의 미수에 그친 것이 아니라 야간주거침입절도의 기
수라고 할 것이다(대판 1991. 4. 23, 91 도 476).

(4) 결   과

구성요건결과는 주거침입행위에 의한 주거평온의 교란과 절취행위에 의한
새로운 재물지배관계의 확립이라고 말할 수 있다. 주거등 침입행위와 주거평온의
교란, 절취행위와 새로운 재물지배관계의 확립 사이에, 그리고 주거 등에의 침입
행위와 주거 등의 영역 내에서 일어난 절취행위 사이에도 각각 인과관계 및 객관
적 귀속관계가 있어야 한다.

3. 주관적 구성요건요소

주거침입의 고의와 절도의 고의 및 절취한 재물에 대한 위법영득의 의사가
있어야 한다. 주거침입행위가 절취행위에 선행하지만 결합범이므로 이미 실행의

착수시기인 주거침입시에 절도의 고의가 있어야 한다. 또한 야간도 독립된 객관적 불법요소이므로 고의의 인식대상이다.

4. 피해자의 승낙

피해자의 승낙으로 구성요건해당성이 배제된다. 주거침입행위만 승낙한 경우 단순절도가 성립되고, 절취행위만 승낙한 경우 주거침입죄만 된다.

5. 형 벌

10년 이하의 징역이며, 10년 이하의 자격정지가 병과될 수 있다($^{제345}_조$). 미수범은 처벌된다($^{제342}_조$). 친족간의 특례도 적용된다($^{제344}_조$).

Ⅳ. 특수절도죄

1. 의의 및 성격

특수절도죄는 야간에 문호 또는 장벽 기타 건조물의 일부를 부수고 주거 등의 생활공간에 침입하여 타인의 재물을 절취하거나 흉기휴대 또는 2인 이상이 합동으로 타인의 재물을 절취함으로써 성립하는 범죄이다($^{제331}_조$).

야간주거침입절도죄 및 단순절도죄에 비해 불법이 가중되고, 이에 따라 형벌도 가중된 이른바 불법가중적 구성요건이다. 제331조 1항의 특수절도는 야간주거침입절도에 비해서 야간손괴죄가 추가됨으로써 불법이 증가된 경우이고, 제331조 2항은 흉기휴대 및 합동절도라는 강포성·집단성으로 인해 주민의 일반적 안정감이 해하여질 수 있으므로 불법이 가중된 경우이다.

2. 객관적 구성요건요소

(1) 제331조 1항의 특수절도(야간손괴 후 야간주거침입절도)

야간이란 야간주거침입절도죄의 설명과 같다. 손괴행위·침입행위·절취행위 모두에 적용된다. 따라서 주간에 문호 등을 손괴하고 주거에 침입하여 절취한 경우에는 이 죄가 성립하지 않는다(대판 1971. 2. 23, 70 도 2699).

문호·장벽 기타 건조물의 일부란 주거 등에 대한 외인의 침입을 막기 위해 설치된 일체의 안전시설을 말한다. 손괴행위란 물질적으로 문호 등의 일부를 손괴하여 그 안전시설의 효용을 상실시키는 행위를 말한다. 침입행위는 주거침입죄($\frac{제319조}{1항}$)의 내용과 같고, 절취행위는 단순절도죄($\frac{제329}{조}$)와 같다.

실행의 착수시기는 야간에 침입의 목적으로 건조물 등의 일부를 손괴하기 시작한 때(대판 1986. 7. 8, 86 도 843: 출입문의 자물쇠를 떼어내거나 출입문의 환기창문을 열었을 때)이며, 기수시기는 절취행위가 종료된 때이다.

⑵ **제331조 2항의 특수절도**(흉기휴대절도 및 합동절도)

⒜ **흉기휴대절도**

① 흉 기 흉기란 본래의 구조·성질상 사람의 생명·신체에 위해를 줄 수 있는 기구 또는 용법상 사람의 살상에 사용될 수 있을 만큼 일반인이 위해를 느낄 수 있는 기구를 말한다. 일반적으로 총·칼·도끼·쇠망치·곤봉·폭발물·화염병·드라이버 따위도 흉기에 해당한다. 그러나 여기에서 흉기는 객관적인 성질상 일반인이 위험을 느낄 수 있는 기구라야 하므로, 청산가리·염산 따위의 액체나 독가스 같은 기체, 맹견 같은 동물은 비록 위험한 물건에는 해당하나 흉기라고 할 수는 없다. 또한 극히 작은 손칼·면도칼·새끼줄·수건·장난감권총 따위도 흉기라고 할 수 없다.

《참고》 위험한 물건과 흉기의 구분: 특수절도죄에서의 '흉기'와 특수폭행죄($\frac{제261}{조}$), 특수협박죄($\frac{제284}{조}$), 특수주거침입죄($\frac{제320}{조}$), 특수체포·감금죄($\frac{제278}{조}$)에서의 '위험한 물건'은 개념상 구분된다. 개념상 흉기는 특수개념, 위험한 물건은 그보다 넓은 일반 개념으로 보아야 한다. 흉기는 위험한 물건보다 객관적 성질상 사람의 신체·생명에 더 큰 위해를 줄 수 있는 중한 기구라고 보아야 할 것이다. 예컨대 맥주병은 위험한 물건인 반면, 깨진 맥주병은 흉기에 해당한다.

② 휴 대 휴대란 몸 또는 몸 가까이에 소지하는 것이다. 휴대는 일반적인 소지보다 더 현실적·구체적인 협의의 개념이다. 반드시 범행시 들고 사용하지 않고 주머니나 가방 속에 넣어가지고 있더라도 휴대가 된다.

⒝ **합동절도** 2인 이상이 합동하여 절도하는 것인데, 여기서 2인 이상의 합동범행을 합동범이라고 한다. 형법상 합동범규정은 특수절도 외에 특수강도($\frac{제334조}{2항}$)와 특수도주($\frac{제146}{조}$)에도 있다.

㈎ **합동범의 개념구성** 합동의 의미에 대해서는 ① 공동의사주체설에 근거한 공모공동정범을 합동범에 한해 인정하는 공모공동정범설,[21] ② 현장에서 실

---

21) 김종수, 「공모공동정범」, 법조, 1952, 20면 이하.

행행위의 분담이 있어야 한다는 현장설(다수설[22]·판례[23]), 그리고 ③ 본질상 공동정범과 같지만 집단범죄를 효율적으로 대처하기 위해 특별히 형을 가중했다는 가중적 공동정범설[24] 등이 갈린다.

생각건대 우리 형법상 '합동'의 개념은 가중적 공동정범설과 현장설의 중간에서 파악하는 것이 옳다(현장적 공동정범설). 따라서 합동범은 주관적 요건으로 공모 외에 객관적 요건으로 현장에서의 실행행위의 분담이 요구되지만 실행행위의 분담은 반드시 동시에, 동일한 장소에서 이루어져야 하는 것은 아니다. 시간적·장소적 협동관계에 있으면 족하다. 그리고 합동범은 공동정범의 하나이므로 현장성을 갖춘다 해도 공범과 정범의 일반적 구별기준에 따라 정범표지를 갖춘 자만이 합동범으로 취급될 수 있다.

(나) **합동범의 공범**   합동절도가 성립하는 한, 내부자 사이에 별도로 공동정범이나 교사·방조범의 가능성을 고려할 필요는 없다. 그러나 외부에서 교사자 또는 방조범으로 관여할 수 있음은 물론이다. 원칙적으로 현장 밖의 공모자가 이 죄의 공동정범이 될 수는 없다. 단, 배후거물이나 두목으로서 전체 합동절도 관계를 주도적으로 지휘·지배하거나, 기능적 역할분담을 통해 법익침해의 현실적 위험성 증대에 본질적인 기여를 행한 사람은 예외적으로 공동정범의 성립을 인정해도 좋다. 반면 현장설을 엄격하게 따르는 다수설은 어떤 경우에도 현장성이 결여된 공모자의 공동정범 성립을 부인한다. 그렇게 되면 현장 밖의 공모자는 특수절도의 공동정범이 아니라 단순절도의 공동정범이 된다. 또한 현장성이 결여된 배후수괴 등은 행위상황에 따라 특수교사·방조($_{2항}^{제34조}$)로 처벌하면 족하다고 한다.

종래 대법원 판례는 합동범의 공동정범을 인정하지 않았으나(대판 1976. 7. 27, 75 도 2720), 이후 입장을 바꾸어 3명 이상이 절도를 공모한 후 2명이 절도현장에 가고 나머지 1명은 현장에 가지 않았더라도 3명 모두 합동절도의 공동정범이 된

---

22) 강구진 287면; 권오걸 355면; 김성천·김형준 359면; 박상기 265면; 배종대 393면; 백형구 143면; 서일교 147면; 오영근 347면; 유기천(상) 215면; 이영란 289면; 이재상 288면; 이정원 312면; 이형국 410면; 임웅 319면; 정성근·박광민 325면; 정영일 182면; 진계호 316면.

23) 대판 1976. 7. 27, 75 도 2720: 「형법 제331조 제 2 항 후단의 합동절도의 경우에는 주관적 요건으로서 공모 외에 객관적 요건으로서 시간적으로나 장소적으로 협동관계가 있는 실행행위의 분담이 있어야 하므로 "갑"이 공모한 내용대로 국도상에서 "을" "병" 등이 당일 마을에서 절취하여 온 황소를 대기하던 트럭에 싣고 운반한 행위는 시간적으로나 장소적으로 절취행위와 협동관계가 있다고 할 수 없어 합동절도죄로 문의할 수는 없으나 공동정범에 있어서 범죄행위를 공모한 후 그 실행행위에 직접 가담하지 아니하더라도 다른 공범자의 죄책을 면할 수 없으니 "갑"의 소위는 본건 공소사실의 범위에 속한다고 보아지므로 "갑"은 일반 절도죄의 공동정범 또는 합동절도방조로서의 죄책을 면할 수 없다.」

24) 김종원 194면; 황산덕 287면.

다고 판시했다(대판 1998. 5. 21, 98 도 321 전원합의체). 현장에 가지 않은 공모자가 범행전체를 주도적으로 지배한 경우라는 점에서 이 판례는 현장적 공동정범설의 입장을 따른 것으로 보인다.

‖**판례**‖ 3인 이상의 범인이 합동절도의 범행을 공모한 후 적어도 2인 이상의 범인이 범행현장에서 시간적, 장소적으로 협동관계를 이루어 절도의 실행행위를 분담하여 절도 범행을 한 경우에는 공동정범의 일반이론에 비추어 그 공모에는 참여하였으나 현장에서 절도의 실행행위를 직접 분담하지 아니한 다른 범인에 대하여도 그가 현장에서 절도 범행을 실행한 위 2인 이상의 범인의 행위를 자기 의사의 수단으로 하여 합동절도의 범행을 하였다고 평가할 수 있는 정범성의 표지를 갖추고 있다고 보여지는 한 그 다른 범인에 대하여 합동절도의 공동정범의 성립을 부정할 이유가 없다(대판 1998. 5. 21, 98 도 321 전원합의체).

(c) **실행의 착수 및 기수시기** 원칙적으로 절도죄의 그것과 같다. 그러나 야간에 주거에 침입하여 행하여진 경우는 야간주거침입절도죄의 경우와 마찬가지로 실행의 착수시기는 주거침입시, 기수시기는 절취행위의 종료시라고 해야 할 것이다. 반면 판례는 야간에 주거에 침입하여 합동절도를 범한 경우 실행의 착수시기를 절도죄와 마찬가지로 밀접행위시로 보고 있다(대판 2010. 4. 29, 2009 도 14554).

‖**판례**‖ 피고인이 성명불상의 공범과 합동하여 2009. 5. 20. 22:15경 아파트 신축공사현장에서 피해자 공소외인 소유의 건축공사용 자재인 동파이프를 절취하려다가 미수에 그쳤다는 공소사실에 대하여, 피고인이 이 사건 공사현장 안에 있는 건축자재 등을 훔칠 생각으로 성명불상의 공범과 함께 마스크를 착용하고 위 공사현장 안으로 들어간 후 창문을 통하여 건축 중인 아파트의 지하실 안쪽을 살폈을 뿐이고 나아가 위 지하실에까지 침입하였다거나 훔칠 물건을 물색하던 중 동파이프를 발견하고 그에 접근하였다는 등의 사실을 인정할 만한 증거가 없는 이상, 비록 피고인이 창문으로 살펴보고 있었던 지하실에 실제로 값비싼 동파이프가 보관되어 있었다고 하더라도 피고인의 위 행위를 위 지하실에 놓여있던 동파이프에 대한 피해자의 사실상의 지배를 침해하는 밀접한 행위라고 볼 수 없다고 판단하여, 이 부분 특수절도미수 공소사실을 유죄로 인정한 제1심판결을 파기하고 이 부분에 대하여 무죄를 선고하였다. 위에서 본 법리 및 기록에 비추어 살펴보면, 원심의 위와 같은 판단은 정당한 것으로 수긍이 가고, 거기에 상고이유로 주장하는 바와 같은 절도죄의 실행착수에 관한 법리오해의 위법이 있다고 할 수 없다(대판 2010. 4. 29, 2009 도 14554).

3. 주관적 구성요건요소

객관적 구성요건의 실현에 관한 고의 및 타인의 재물절취에 대한 위법영득의 의사가 필요하다.

4. 형   벌

1년 이상 10년 이하의 징역에 처해지며, 10년 이하의 자격정지가 병과될 수 있다($_{조}^{제345}$). 미수범은 처벌한다($_{조}^{제342}$). 또한 친족간의 특례의 적용이 있다($_{조}^{제344}$).

Ⅴ. 자동차등불법사용죄

1. 의의 및 성격

자동차등불법사용죄는 권리자의 동의 없이 타인의 자동차, 선박, 항공기 또는 원동기장치된 자전거를 일시 사용함으로써 성립하는 범죄이다($_{의 2}^{제331조}$). 원래 위법영득의 의사 없이 타인의 물건을 일시 사용한 경우는 사용절도로서 절도죄가 성립하지 않는다. 그러나 현대인의 사회생활에서 자동차, 선박, 항공기 또는 원동기장치된 자전거 등은 개인의 연장된 수족과 같은 교통시설로서 이를 본인의 동의 없이 함부로 사용할 때 야기되는 이해관계자 사이의 갈등은 빈번하고도 심각하다. 이러한 갈등을 해결하기 위해 형법이 신설한 규정이다.

이 죄는 단순절도죄에 대해 독자적인 성격을 지닌 독자적 범죄의 일종으로 보아야 할 것이다. 이 죄는 타인의 소유권을 배제하려는 의사 없이 불법적인 사용만을 처벌하려는 의도이므로 사용권이 보호법익이다. 따라서 비록 소유자라도 타인의 '사용권'하에 있는 자동차 등을 권리자의 동의 없이 무단으로 사용하게 되면 이 죄가 성립하게 된다. 이 죄는 이용범·침해범·계속범·결과범의 성격을 갖고, 공격범·지배범·상태범의 일종이다.

2. 객관적 구성요건요소

(1) 행위객체

자동차, 선박, 항공기, 원동기장치된 자전거를 말한다. 여기에서 **자동차**란 철길 또는 가설된 선로에 의하지 않고 원동기를 사용하여 운전되는 차를 말한다. 선박이란 수면을 운행하는 교통수단을 말한다. 수중을 운행하는 잠수함이나 수상비행기의 일종인 비행정도 선박의 일종이지만 여기에서는 주로 일반적인 교통수단인 선박만을 지칭한다고 해야 할 것이다.

항공기란 사람의 조종에 의해 공중을 운행하는 기기를 말한다. 비행기·비행선·활공기(글라이더)·우주선·우주왕복선 등을 널리 포괄하는 개념이다.

원동기장치된 자전거란 자동차관리법 제 3 조의 규정에 의한 2 륜자동차 중 국토교통부령이 정하는 차를 말한다. 도로교통법에 따르면 원동기장치자전거는 총배기량 125cc 이하의 2 륜자동차(오토바이) 또는 50cc 미만의 원동기를 단 차를 말한다($\frac{도로교통법}{제2조\ 19호}$).

(2) 행   위

권리자의 동의 없이 일시 사용하는 것이다. 이 죄의 표제는 **불법사용**으로 되어 있으나 반드시 이에 국한하지 않고 불법사용에 준하는 무단사용까지 포함한다고 해야 할 것이다.

일시사용은 권리자를 배제하는 데까지 이르지 않은 채 무단히 경제적 용법에 따라 물건을 이용하는 것을 말한다. 경제적 가치감소 여부는 여기에서 중요하지 않다. 일시적이란 권리자의 사용권을 방해했다고 평가할 수 있는 시간을 말한다. 사용이란 자동차 등을 교통수단으로 이용하는 것을 말하며, 그 이외에 부수적으로 자동차 등에 무단으로 침입하여 잠을 자거나 음악을 듣는 것은 자동차등불법사용죄에 해당하지 않는다. 이 경우 항공기·선박의 경우는 주거침입죄($\frac{제319}{조}$)가 될 수 있다. 그리고 일시사용의 범위와 관련하여 일시사용이 불법하게 사용을 개시한 경우만을 의미하는가 아니면 정당하게 사용하다가 그 동의의 범위를 넘은 경우도 포함되는가 문제된다. 권리자의 동의범위를 넘은 경우까지 이 죄가 성립한다면 사소한 계약위반까지 처벌하게 되어 형법의 보충성에 반하므로, 대여기간을 초과하여 잠시 사용하는 경우나 빌린 사람이 권리자의 동의 없이 사용권 없는 가족에게 운전하도록 하는 경우 등은 불법사용에 해당하지 않는다(통설).

여기서 권리자의 동의가 있으면 이 죄의 구성요건행위 자체가 불성립한다. 동의의 존재시기는 적어도 일시 사용의 개시 직전이라고 해야 한다. 사후동의는 이 죄 성립에 지장 없다.

(3) 결   과

이 죄는 침해범·결과범이므로 구성요건결과야기로 기수에 이른다. 구성요건결과는 대상물에 대한 기존의 사용관계에 대한 장애의 발생이다. 일시사용과 사용관계에 대한 장애발생 사이에는 인과관계 및 객관적 귀속관계가 있어야 한다.

3. 주관적 구성요건요소

구성요건고의는 타인의 자동차, 선박, 항공기 또는 원동기장치자전거라는 사실, 권리자의 동의 없이 이를 일시 사용한다는 점에 대한 인식과 의사이다. 그 밖에 위법영득의 의사와 같은 특별한 주관적 불법요소는 필요하지 않다. 이 죄가 원래 위법영득의사 없는 사용절도의 일례였으나 형법이 일반교통수단인 대상물의 특수성을 고려하여 특별히 규율대상으로 삼았기 때문이다.

4. 형   벌

3년 이하의 징역 또는 5백만원 이하의 벌금, 구류 또는 과료에 처한다. 10년 이하의 자격정지를 병과할 수 있다($^{제345}_{조}$). 미수범은 처벌한다($^{제342}_{조}$). 친족상도례의 적용도 있다($^{제344}_{조}$).

Ⅵ. 상습절도죄

1. 의의 및 성격

상습절도죄는 상습으로 절도·야간주거침입절도·특수절도·자동차등불법사용죄를 범함으로써 성립하는 범죄이다($^{제332}_{조}$). 그 성격은 행위주체의 상습성이라는 일종의 신분요소에 의해 책임 및 형이 가중되는 책임가중적 구성요건일 뿐 아니라 부진정신분범의 일종이다. 상습범의 신분요소는 행위자정형의 요소이다.

2. 구성요건요소

(1) 상 습 성

상습성은 동종의 범행을 반복·누행하는 습벽을 말한다. 이 상습성은 책임가중사유이다. 상습성의 인정자료에는 제한이 없다. 절도범행이 불과 2회라고 하더라도 그것이 행위자의 상습적인 도벽의 발현이라면 상습절도이다. 그러나 단순히 절도를 여러번 하였더라도 행위가 모두 우발적인 동기에서 행하여졌거나 또는 곤궁상태 또는 동정할 만한 궁박상태에서 일어난 경우, 최후 범행과 시간적 경과가 있는 경우 등은 상습성이 인정될 수 없다.

‖**판례**‖   상습범에 있어서 상습성이라 함은 범행을 반복·누행하는 습벽을 말하는 것이므로 상습성을 인정함에 있어서는 그 범행의 횟수와 태양, 종전의 전과사실 등이 그 중요한 논거가 되는 것이라 하더라도 이 사건에 있어서와 같이 3차례에 걸친 전과사실이 있으나 최종 범행일로부터는 6년이 훨씬 지나고 출소일로부터는 3년이 지난 후에 이 사건 범행을 단 1회 범한 것이라면…, 이것만으로 이 사건 범행을 상습성의 발현이라고 인정하기에는 부족하다고 할 것이고…(대판 1987. 9. 8, 87 도 1371).

(2) 기본범행의 존재

단순절도·야간주거침입절도·특수절도·자동차등불법사용죄를 범했어야 한다.

3. 죄수 및 형벌

수개의 행위가 상습적으로 반복되었을 경우라도 포괄일죄가 된다는 것이 판례 및 통설의 입장이다. 절도·야간주거침입절도·특수절도 등이 상습적으로 반복된 경우에는 그 중 법정형이 가장 중한 상습특수절도죄에 나머지 행위를 포괄시켜 특수절도죄의 상습범으로 처단하는 것이 옳다.

그 죄에 정한 형의 1/2까지 가중한다. 단 10년의 자격정지를 병과할 수 있다 ($\binom{제345}{조}$). 미수범은 처벌한다($\binom{제344}{조}$). 다만 5명 이상이 공동하여 절도죄·야간주거침입절도죄·특수절도죄 및 그 미수의 죄를 상습적으로 범한 경우에는 특정범죄가중처벌법 제 5 조의 4 2항에 의하여 가중처벌된다.

제 2 절   강도의 죄

I. 총   설

1. 보호법익

강도의 죄는 강한 정도의 폭행 또는 협박으로써 타인의 재물을 강취하거나 재산상의 이익을 취득하거나 제 3 자로 하여금 취득케 함으로써 성립하는 범죄이다. 이처럼 강도의 죄에는 재물죄뿐만 아니라 이익죄도 포함된다. 따라서 개개 재물에 대한 소유권뿐만 아니라 전체로서의 재산 자체가 문제된다.

강도의 죄는 물론 독자적 범죄이지만, 재산죄와 강요죄의 결합형식을 띠고 있다. 그래서 보호법익도 재산 및 개인의 신체의 완전성 내지 자유라고 해야 한다.

2. 체   계

강도의 죄에서 기본적 구성요건은 단순강도죄($^{제333}_조$), 준강도죄($^{제335}_조$), 인질강도죄($^{제336}_조$)이고, 그 밖에 특수강도죄($^{제334}_조$), 강도상해·치상죄($^{제337}_조$), 강도살인·치사죄($^{제338}_조$), 강도강간죄($^{제339}_조$), 해상강도죄($^{제340}_조$), 상습강도죄($^{제341}_조$) 등은 형이 가중되는 경우이다. 이 중에서 특수강도죄($^{제334조}_{2항}$), 해상강도죄는 불법이 가중되는 경우이고, 상습강도죄는 책임이 가중되는 경우이다. 야간주거침입특수강도죄($^{제334조}_{1항}$), 강도상해죄($^{제337}_조$), 강도살인죄($^{제338}_조$), 강도강간죄($^{제339}_조$)는 다른 범죄와의 형사정책적 결합범이지만 기본범죄와 독립된 형태의 독자적 범죄유형이다. 강도치상죄($^{제337}_조$)와 강도치사죄($^{제338}_조$)는 결과적 가중범이다.

Ⅱ. 단순강도죄

1. 의의 및 성격

단순강도죄는 폭행 또는 협박으로 타인의 재물을 강취하거나 기타 재산상의 이익을 취득하거나 제 3 자로 하여금 이를 취득하게 함으로써 성립하는 범죄유형이다($^{제333}_조$). 재산죄와 강요죄의 결합범형식이다. 보호법익은 재산권과 개인의 신체의 완전성, 의사결정 및 행동의 자유이다. 보호정도는 침해범으로서의 보호이다. 이 죄는 준강도죄·인질강도죄를 제외한 다른 모든 강도죄의 기본적 구성요건일 뿐만 아니라, 결합범·즉시범·결과범·상태범·곤궁범의 성격도 갖는다.

이 죄는 폭행·협박을 수단으로 하고, 재물죄 이외에 이득죄도 포함하며, 친족상도례의 적용이 없다는 점에서 절도죄와 구별된다.

2. 객관적 구성요건요소

(1) 행위객체

행위객체는 '타인의 재물 또는 재산상의 이익'이다.

(a) **타인의 재물**   타인성은 절도죄에서 설명한 것과 같다. 타인이 적법하게 점유하고 있는 자기의 재물을 강취했을 때 이 죄는 성립하지 않고, 단지 점유강취죄($^{제325}_조$)가 문제될 뿐이다. 재물도 절도죄에서 설명한 것과 같다. 유체물은 물론,

관리가능한 동력도 포함된다($\substack{제346 \\ 조}$). 부동산에 대한 강도죄의 성립도 가능하다(다수설). 폭행·협박으로 주인을 몰아내고 집을 차지하거나 또는 소유권이전등기를 하게 하는 경우가 그 예이다. 다만 탈취죄의 성격상 이 때의 부동산은 재물이 아니라 재산상의 이익으로 보아야 한다.

(b) **재산상의 이익**

㈎ 의 미 재물 이외의 일체의 재산적 가치·이득을 말한다. 여기에는 적극적 이익과 소극적 이익, 또는 영구적 이익과 일시적 이익이 모두 포함된다. 재산상의 이익 내지 재산 자체의 개념에 관하여는 학설대립이 있다.

① **법률적 재산설** 민법상 개인의 모든 권리를 재산으로 보는 입장이다. 그러나 이 이론은 개인의 사법상 권리의 대상인 한 단순한 기대이익만 있고 경제적 가치가 전무한 것도 본죄의 재산상의 이익이 될 수 있는 반면, 경제적으로는 가치 있는 지위가 개인의 사법상의 권리에 해당하지 않는 한 재산상의 이익이 될 수 없다는 약점을 가지고 있다.

② **경제적 재산설** 법적인 성격은 고려하지 않고 경제적 교환가치가 있는 모든 지위를 재산이라고 하는 입장이다.[25] 판례도 경제적 재산개념을 따른다(대판 1997. 2. 25, 96 도 3411; 1994. 2. 22, 93 도 428; 1987. 2. 10, 86 도 2472). 이에 따르면 경제적 교환가치가 없는 개인의 사법상의 권리는 재산이 아니지만, 순전히 사실상의 수익기대나 무효, 불완전한 청구권 및 노동력, 심지어 법질서의 보호를 받지 못하는 이익(노름빚 또는 매춘부의 화대)도 그것이 경제적인 가치를 가지는 한 본죄의 재산이나 이익이 될 수 있다. 그러나 이 입장은 형법적 판단의 독자성만을 앞세운 나머지 법질서의 통일을 해치게 된다.

③ **법률적·경제적 재산설**(절충설) 법익질서의 승인된 범위 내에서 개인이 갖고 있는 경제적으로 가치 있는 모든 재화가 재산이라고 하는 입장이다.[26] 이 입장은 물론 경제적 재산개념을 중점으로 하지만, 여기에 법질서의 통일이라는 원칙에 의해 일정한 제한을 가한다. 그리하여 법질서가 어떤 재화에 대한 처분을 거절하거나 이러한 재화의 소유자에게 아무런 보호를 보장해 주지 않는다면, 그 이익은 형법에 의해서도 보호할 가치 있는 재산상의 구성요소로서 승인될 수 없다. 법질서의 통일과 형법의 보충적·단편적 성격을 고려한다면, 다른 법질서

---

25) 권오걸 375면; 김성돈 291면; 손동권 316면; 오영근 300면; 이영란 295면; 이재상 301면; 임웅 272면; 정성근·박광민 335면; 정영일 189면; 진계호 283면.
26) 김성천·김형준 370면; 김일수, 한국형법 Ⅲ, 580면; 강구진 250면; 박상기 245면; 배종대 409면; 이형국 421면. 비슷한 취지 이정원 324면.

에서조차 보호할 가치 없는 법익을 형법이 앞장서 보호할 필요는 없다. 이런 점에서 법률적·경제적 재산개념이 타당하다.

‖**판례 1**‖   형법 제333조 후단 강도죄(이른바 강제이득죄)의 요건이 되는 재산상의 이익이란 재물 이외의 재산상의 이익을 말하는 것으로서, 그 재산상의 이익은 반드시 사법상 유효한 재산상의 이득만을 의미하는 것이 아니고 외견상 재산상의 이득을 얻을 것이라고 인정할 수 있는 사실관계만 있으면 여기에 해당된다(대판 1997. 2. 25, 96 도 3411; 1994. 2. 22, 93 도 428; 1987. 2. 10, 86 도 2472).

‖**판례 2**‖   피고인들이 폭행·협박으로 피해자로 하여금 매출전표에 서명을 하게 한 다음 이를 교부받아 소지함으로써 이미 외관상 각 매출전표를 제출하여 신용카드회사들로부터 그 금액을 지급받을 수 있는 상태가 되었는바, 피해자가 각 매출전표에 허위 서명한 탓으로 피고인들이 신용카드회사들에게 각 매출전표를 제출하여도 신용카드회사들이 신용카드 가맹점 규약 또는 약관의 규정을 들어 그 금액의 지급을 거절할 가능성이 있다 하더라도, 그로 인하여 피고인들이 각 매출전표상의 금액을 지급받을 가능성이 완전히 없어져 버린 것이 아니고 외견상 여전히 그 금액을 지급받을 가능성이 있는 상태이므로, 결국 피고인들이 '재산상 이익'을 취득하였다고 볼 수 있다(대판 1997. 2. 25, 96 도 3411).

⑷ **범   위**   **법률적·경제적 재산설**에 따를 때 재산적 이익의 내용과 범위는 다음과 같다:

① 경제적 교환가치 있는 개인의 모든 사법상의 재산권, 즉 소유권, 물권적·채권적 청구권, 비유체적 재산권, 부양청구권과 같은 가족법상의 청구권, 경제적 가치를 갖고 있는 한 일체의 형성권 등.

② 재산증가가 확실히 기대되는 경제적 이익, 사법상의 기대권에 상당하는 일정한 경제적 이익의 현실적 기대.

③ 일반적이고 불확실한 전망이나 희망이 아니고, 사태가 정상적으로 진행될 경우 재산증가가 생길 개연성이 있는 사실상의 기대, 예컨대 증가일로에 있는 주식을 매입함으로써 현시가보다 더 높은 수익을 얻을 수 있는 전망 등.

④ 자연채무와 같이 이행이 강제될 수 없으나 경제적 가치를 갖는 법적 지위.

⑤ 사실상의 교환가치를 가지며 또한 법적으로 유효한 계약에 의해 실현될 수 있는 노동력. 예컨대 영업용택시운전자에게 흉기를 들이대어 택시를 주행시킨 경우에는 경제적 가치가 전제된 노무제공이 강제로 이루어진 것이므로 강도이득죄($\frac{제333조}{후단}$)를 구성한다. 그러나 매춘부의 노무제공이나 살인청부업자의 노무제

공 따위는 그것 자체가 보호할 가치 없는 재산요소이므로 재산상의 이익이 될 수
없다.

⑥ 소극적 재산의 감소, 즉 채무부담 등의 감소나(대판 1994. 2. 22, 93 도 428),
제한물권 등의 해제.

⑦ 불법원인에 기인하고 있기 때문에 법적으로 무효인 청구권은 법률적·경
제적 재산설에서는 재산상의 이익이 될 수 없다. 따라서 폭행·협박으로 노름빚
을 면제받은 경우에는 강도죄가 성립하지 않는다. 이는 쌍방이 선량한 풍속에 반
하는 의사표시에 의해 음행하기로 하고, 매춘부에게 위조통화로 화대를 지불한
경우는 재산상의 이익에 관한 사기가 될 수 없는 것과 같다. 물론 경제적 재산설
에 따르면 이런 것도 재산상의 이익이 된다.

(2) 행   위

폭행 또는 협박으로 타인의 재물을 강취하거나 재산상의 이익을 취득하거나
제 3 자로 하여금 취득하게 하는 것이다.

(a) **폭행 또는 협박**

㈎ 의   미   **폭행**이란 타인에 대한 일체의 유형력행사를 말한다. 살상행
위는 물론, 마취제 사용처럼 폭력에 의하지 않고서도 상대방을 항거불능상태에
이르게 하는 행위(혼취강도)도 포함한다. 이 때의 폭력에는 절대적 폭력은 물론,
심리적 폭력도 포함된다(대판 1979. 9. 25, 79 도 1735; 1984. 12. 11, 84 도 2324).

협박이란 현재 또는 장래에 미칠 해악의 고지로써 상대방에게 외포심을 불러
일으키는 것을 말한다. 해악의 고지는 내용적으로 제한된 바 없다. 현실적으로 행
위자가 해악을 가할 의사나 능력을 갖고 있었느냐의 여부도 불문한다. 다만 해악
의 발생이 행위자의 의사 여하에 달려 있는 것으로 피해자에게 여겨질 수 있는
정도의 외관은 갖고 있어야 한다.

㈏ 정   도   여기서 폭행·협박은 상대방의 반항을 억압할 정도로 강한
것이어야 한다. 이것을 **최협의의 폭행·협박**이라고 한다.

‖**판례**‖ 강도죄에 있어서 협박이란 피해자에게 해악을 고지하여 공포심을 일으키게
하는 것으로서 그 정도는 사회통념상 객관적으로 상대방의 반항을 억압하거나 항거불능
케 할 정도의 것이라야 한다. 따라서 다소의 강제력을 행사하여 사기도박으로 잃은 돈을
억지로 되돌려 받은 것이 강도죄에 있어서의 폭행·협박의 정도에 이르지 않는다(대판
1993. 3. 9, 92 도 2884).

반항을 억압할 정도는 피해자가 정신적·육체적 자유를 상실할 정도의 상태를 말하는 것이 보통이다. 반드시 완전한 상실에 한하지 않고, 반항을 하는 것이 심히 곤란하다고 판단되는 경우도 포함된다.

폭행·협박의 정도의 판단기준에 관하여는 피해자의 주관을 표준으로 할 것(주관설)이 아니라, 당사자들의 형편과 행위사정 및 폭행·협박 자체의 객관적 성질에 대한 일반인의 고려를 표준으로 해야 한다(객관설). 그리하여 피해자의 연령, 성별, 성격 등(피해자의 형편)과 범행의 시각, 장소 등(행위상황)과 폭행·협박 자체의 양태, 행위자의 인상 등(행위자의 형편)을 종합적으로 평가하여 일반적으로 상대방의 반항을 억압할 정도의 것인지를 판단해야 한다(통설·대판 1986. 12. 23, 86 도 2203). 비록 강도의 고의가 있었더라도 폭행·협박이 이 정도에 미치지 못하고 단지 상대방의 의사의 자유를 제한할 정도에 그친다면 공갈죄가 성립할 뿐이다.

최협의의 폭행·협박이 있는 한 상대방이 현실적으로 항거불능한 상태에 있었느냐, 또는 실제로 가해능력이 있는 수단을 사용했느냐(예컨대 장난감권총을 진짜권총으로 가장하여 사용한 경우 등)는 문제가 되지 않는다.

㈐ 상 대 방   폭행·협박의 상대방은 반드시 재물 또는 재산상 이익의 피해자와 일치할 필요는 없다(통설·대판 1967. 6. 13, 67 도 610). 강취 또는 취득시에 목적수행에 장애가 되는 제 3 자에 대하여 가한 것이라도 충분하다. 반드시 재물 또는 재산상 이익에 관한 정당한 권리자나 그것을 보호할 지위에 있는 자일 필요는 없다. 상대방이 자연적인 의사를 갖고 있는 한, 충분한 의사능력이 없는 어린아이나 정신병자도 폭행·협박의 상대방이 될 수 있다.

⒝ 강   취

㈎ 의   미   강취란 폭행·협박을 수단으로 상대방의 의사에 반하여 타인의 재물을 자기 또는 제 3 자의 점유로 옮기는(즉, 재물을 취거하는) 것을 말한다.

㈏ 폭행·협박과 재물취거의 관계   강취의 개념 내에서 폭행·협박과 재물취거의 관계는 다음 몇 가지 점에서 특히 문제된다.

i) 인과관계   폭행·협박과 재물취거 사이에 객관적 인과관계가 있어야 한다. 다수설과 판례(대판 1956. 8. 17, 4289 형상 170)의 입장이다.

따라서 '객관적으로 상대방의 반항을 억압할 정도의 폭행·협박을 가했으나, 피해자가 다만 연민의 정 또는 동정심에서 재물을 교부했다고 하는 경우'에는 인과관계가 결여되어 강도미수가 된다. 객관적으로 상대방의 반항을 억압할 정도의 폭행·협박을 가했으나 상대방이 의사가 억압되거나 항거불능상태에 빠지지 않고 단지 공포심만으로 재물을 교부한 경우에도 강도미수죄가 성립한다.

ⅱ) 목적·수단의 관계   폭행·협박은 타인의 재물을 취거하기 위한 수단이어야 한다. 즉 폭행·협박은 취거행위보다 시간적으로 앞서야 한다. 만약 이것이 취거행위의 기수와 완수 사이에서 행하여진다면 강도가 아니라 준강도에 해당할 뿐이다.

여기에서 폭행·협박으로 인한 자유침해행위는 하나의 계속적 성격을 띨 수 있다. 그러므로 계속적 폭행·협박중에 비로소 강도의 고의를 가지고 타인의 재물을 취거해도 강도죄가 성립한다.

이와는 달리, 행위자가 강도의 고의 없이 가한 폭력의 여파작용을 취거에 이용했을 뿐 폭력사용 자체는 더 계속되지 않았다든가(대판 1984. 2. 28, 84 도 38; 강간피해자가 도피하면서 놓고 간 가방에서 돈을 꺼낸 경우), 제 3 자에 의해 조성된 피해자의 무방비상태를 이용하여 취거하는 경우에는 강취가 될 수 없다.

문제는 강도의 고의 없이 폭행·협박하여 상대방이 항거불능상태에 빠진 후 재물강취의 고의가 생겨 재물을 취거한 경우이다. 판례(대판 1977. 9. 28, 77 도 1350)는 강간행위 후 강도의 고의가 생겨 부녀가 항거불능상태에 빠져 있는 상태를 이용하여 재물을 취거한 경우에 강간죄와 강도죄의 경합범을 인정하였지만, 학설은 이에 반대한다. 폭행·협박이 재물강취의 수단이 되었다고 볼 수 없기 때문이다. 이 경우는 강간죄와 절도죄의 경합범으로 보는 것이 옳다(다수설). 만약 강간범이 강간행위시에 피해자의 손목시계를 탈취했다면 강취행위도 성립하여 강간죄와 강도죄의 결합범인 강도강간죄($^{제339}_{조}$)가 된다(대판 1988. 9. 9, 88 도 1240).

ⅲ) 시간적·장소적 직접관련성   폭행·협박과 재물취거 사이에 '직접적인 시간적·장소적 연관'이 있어야 한다(통설). 그리하여 범인이 피해자의 집 열쇠를 강취하여 밤에 열쇠로 집문을 열고 들어가 몰래 물건을 절취했다면, 전체로서 강취죄($^{제333조}_{전단}$)가 성립할 수 없고, 열쇠에 대한 강취와 물건에 대한 야간주거침입절도의 경합범이 될 뿐이다.

ⅳ) 피해자의 재물교부·재물취거묵인이 있는 경우   강취도 취거의 일종이므로 점유의 침탈이 있어야 한다. 만약 피해자가 범인의 폭행·협박하에서 재물을 스스로 교부했거나 범인의 재물취거를 묵인했다면 어떻게 될까?

이 경우 피해자의 내적 의사형성에 대한 폭행·협박의 강제효과에 따라, 만약 피해자가 이 폭행·협박에 직면하여 다른 선택의 여지가 없어서 교부·묵인했다면 단순한 하자 있는 의사표시가 아니라 전적으로 무효인 교부·묵인이다. 따라서 범인의 탈취행위에 포함되어 강취행위가 성립된다.

　　반면 피해자가 범인의 폭행·협박하에서도 자기의 재물을 보지할 수 있다고 생각했거나, 자기에게 미칠 해악과 점유상실 사이를 교량하여 재물교부 내지 취거묵인 쪽을 선택 결정했다면 강취는 성립할 수 없다. 이러한 교부 또는 묵인행위는 유효하며, 단지 행위형성에 다소 하자가 있을 뿐이다.

　　(다) **강취의 정도**　　강취의 개념 속에 이미 강도의 폭행·협박이 포함되므로, 강취에 의한 점유침탈은 항상 피해자의 예상되는 저항을 억압할 수 있는 정도여야 한다.

　　《참고》　날치기의 문제: 노상에서 피해자에게 충돌하여 놀란 사이에 재빨리 그의 재물을 탈취해 가는 이른바 '날치기'의 경우는 보통 상대방의 저항을 억압할 수 있는 계속성이 없었던 경우이므로 강취가 아니라 절취에 해당한다. 그러나 이 경우 피해자가 자기의 손가방을 두 손으로 꽉잡고 놓아 주지 않으므로, 범인이 있는 힘을 다해 그것을 빼앗았다거나, 또는 그때 가방은 땅에 떨어졌지만 피해자에게 반항하기 어려운 위협을 가하면서 집어들고 도망쳐 버렸다면 강취가 성립한다.

　　(c) **강제이득**

　　(가) 의　　미　　강제이득이란 폭행·협박으로 재산상의 이익을 얻거나 제 3 자로 하여금 얻게 하는 것을 말한다. 이 점에서 강도죄와 절도죄는 대상 및 행위양태에서도 구별된다.

　　(나) **폭행·협박과 취리의 관계**　　폭행·협박과 재산상의 이익취득 사이에는 객관적인 인과관계가 필요한 점은 재물강취의 경우와 같다.

　　(다) **폭행·협박과 피해자의 처분행위의 관계**　　강도죄에서 재산상 이익의 취득은 상대방의 저항을 억압할 만한 폭행·협박으로 상대방의 의사를 지배한 상태에서 행하여지는 것이다. 설령 피해자의 처분행위가 있더라도 이는 억압된 상태하의 행위에 불과하므로 법률상 처분행위로 볼 수 없다. 결국 강도이득죄에서 피해자의 처분행위는 성립요건이 될 수 없다. 통설과 판례[대판 1964. 9. 8, 64도 310(채무면탈목적살인)]의 입장이다. 이 점이 피해자의 재산적 처분행위에 의해 기수가 될 수 있는 사기이득죄($^{제347}_{조}$)나 공갈이득죄($^{제350}_{조}$)와 다르다.

　　(라) **재산상 이득을 얻기 위한 살해의 문제**　　채무면탈이나 상속분의 이익을 얻기 위해, 또는 **생명보험금**을 타기 위해 관계당사자를 살해한 경우에 이를 단순한 살인죄로 볼 것이냐, 아니면 강도살인죄로 볼 것인가? 그 한계가 문제된다.

강도이득죄가 성립하기 위해서는 현실적으로 행위자 또는 제 3 자가 재산상의 이득을 취득하거나 적어도 취득할 개연성이 있어야 한다. 이러한 개연성이 없음에도 불구하고 단순히 채무면탈 등을 내심의 동기로 삼아 살인을 저질렀을 때에는 단순살인죄에 해당하고, 이러한 개연성이 객관적으로 존재하고 있음을 내다보고 같은 동기에서 살해했다면 강도살인죄가 성립한다.

‖**판례 1**‖ 행위자가 채무를 면할 목적으로 피해자를 살해하였고, 또 상속인도 없음을 알고 피해자를 살해함으로써 사실상 그 채권의 추궁을 면한 것과 같은 입장에 놓이리라는 것을 알고 살해하였다면, 이는 강도살인죄가 되는 것이다 (대판 1971. 4. 6, 71 도 287).

‖**판례 2**‖ 강도살인죄가 성립하려면 먼저 강도죄의 성립이 인정되어야 하고, 강도죄가 성립하려면 불법영득(또는 불법이득)의 의사가 있어야 하며, 형법 제333조 후단 소정의 이른바 강제이득죄의 성립요건인 '재산상 이익의 취득'을 인정하기 위하여서는 재산상 이익이 사실상 피해자에 대하여 불이익하게 범인 또는 제 3 자 앞으로 이전되었다고 볼 만한 상태가 이루어져야 하는데, 채무의 존재가 명백할 뿐만 아니라 채권자의 상속인이 존재하고 그 상속인에게 채권의 존재를 확인할 방법이 확보되어 있는 경우에는 비록 그 채무를 면탈할 의사로 채권자를 살해하더라도 일시적으로 채권자측의 추급을 면한 것에 불과하여 재산상 이익의 지배가 채권자측으로부터 범인 앞으로 이전되었다고 보기는 어려우므로, 이러한 경우에는 강도살인죄가 성립할 수 없다(대판 2010. 9. 30, 2010 도 7405).

(3) 결 과

구성요건결과는 재물 또는 재산상의 이득에 대한 기존의 사실상의 지배관계에 갈음한 새로운 사실상의 지배관계의 확립이다. 또한 재산죄와 강요죄의 결합범 및 결과범이므로 폭행·협박과 재물강취·강제이득 사이에는 인과관계가 및 객관적 귀속관계가 있어야 한다.

3. 주관적 구성요건요소

강도의 고의와 위법영득 내지 위법이득의 의사가 필요하다. 강도의 고의에는 폭행·협박, 재물의 탈취, 재산상의 이익취득에 대한 인식 및 의사가 필요하다.

폭행·협박으로 타인의 재물을 일시사용하는 경우인 「사용강도」는 처벌되는가? 사용강도는 강도죄가 되지 않지만, 강요죄, 공갈죄 내지 폭행·협박죄는 성립할 수 있다. 위법영득 및 위법이득의 의사에서 위법성은 영득 또는 이득행위가 실질적인 소유권 또는 재산권질서에 반할 때 인정된다.

4. 착수 · 기수시기

(1) 착수시기

재물탈취 또는 재산상의 이익취득의 수단으로 강도의 폭행 · 협박이 개시된 때 실행의 착수가 있다. 강도의사로 주거에 침입하여 재물을 물색하던 중 체포된 경우는 아직 강도의 예비에 불과하다. 또 행위자가 필요하면 강도로 변하겠다는 고의로 재물을 물색하다가 체포된 경우는 절도의 미수에 불과할 뿐 아직 강도의 실행에 착수한 것은 아니다.

(2) 기수시기

재물강취의 경우 기수시기는 범인이 재물에 대한 새로운 점유를 개시한 때이다. 절도죄의 기수시기에 관한 **취득설**이 여기에서도 타당하다. 범인이 피해자의 재물 · 재산상의 이익에 대해 이미 사실상의 지배를 획득했고, 피해자가 앞으로 재물에 대한 지배권을 행사하려면 그 사실상의 실력적 지배를 극복하지 않으면 안 될 정도에 이르렀다면 기수라고 해야 한다.

5. 공범 및 죄수관계

(1) 공범관계

㈎ 단순강도를 범할 공동의사로 행위를 분담했으나 그 중 1인이 살인을 저질렀다면, 그 자에 대해서만 강도살인이 적용되고 타공동정범자들은 단순강도죄 범위에서만 책임을 진다.

㈏ 승계적 공동정범은 인정할 수 없다. 그러므로 강도를 범하기 위해 이미 폭행 · 협박을 가한 후에, 이 같은 사정을 알고서 단지 재물취거행위에 가담함으로써 강도범을 도운 자는 경우에 따라 강도죄의 방조범 내지 절도죄의 공동정범(특수절도)이 될 수 있을 뿐이다.

㈐ 절도를 이미 결의하고 있는 자에게 강도를 교사한 경우에는, 폭행 · 협박에 기초한 강취는 단순 취거와는 다르고 더 높은 불법의 실현을 교사한 것이므로 강도죄의 교사범이 성립한다고 보는 것이 옳다.

(2) 죄수관계

강도죄는 절도 · 폭행 · 협박 · 강요죄 등과 법조경합관계에 있다. 따라서 강도죄가 될 때는 별도로 절도죄는 성립하지 않는다.

강도죄의 죄수결정기준에 관하여 판례는 피해자수를 기준으로 한다(대판 1991. 6. 25, 91 도 643). 그러나 재물탈취나 재산상의 이익취득과 관련해서는 침해 행위의 횟수를 기준으로 결정해야 한다. 예컨대 같은 장소에서 1개의 협박행위로 수인의 재물을 탈취한 경우는 단순일죄가 된다. 예금통장을 강취하고 예금자 명의의 예금청구서를 위조한 다음, 이를 은행원에게 제출행사하여 예금인출금 명목의 금원을 교부받았다면 강도, 사문서위조·동행사, 사기의 각 범죄가 성립하고 이들은 실체적 경합관계가 된다(대판 1991. 9. 10, 91 도 1722).

강취한 타인의 현금카드를 이용하여 현금자동지급기에서 예금을 인출한 경우 강도죄와 컴퓨터등사용사기죄의 실체적 경합이 된다. 이 경우 판례는 강도죄와 절도죄의 실체적 경합으로 본다(대판 2007. 5. 10, 2007 도 1375).

‖ **판례** ‖   대판 1991. 6. 25, 91 도 643: 1. 강도가 동일한 장소에서 동일한 방법으로 시간적으로 접착된 상황에서 수인의 재물을 강취하였다고 하더라도, 수인의 피해자들에게 폭행 또는 협박을 가하여 그들로부터 그들이 각기 점유 관리하고 있는 재물을 각각 강취하였다면, 피해자들의 수에 따라 수개의 강도죄를 구성한다.
 2. 피고인이 여관에서 종업원을 칼로 찔러 상해를 가하고 객실로 끌고 들어가는 등 폭행·협박을 하고 있던 중, 마침 다른 방에서 나오던 여관의 주인도 같은 방에 밀어 넣은 후, 주인으로부터 금품을 강취하고, 1층 안내실에서 종업원 소유의 현금을 꺼내 갔다면, 여관 종업원과 주인에 대한 각 강도행위가 강도죄를 구성하되 종업원과 주인을 폭행·협박한 행위는 법률상 1개의 행위로 평가되는 것이 상당하므로 위 2개의 강도죄는 상상적 경합범관계에 있다고 할 것이다.
 3. 피고인이 여관에 들어가 1층 안내실에 있던 여관의 관리인을 칼로 찔러 상해를 가하고, 그로부터 금품을 강취한 다음, 각 객실에 들어가 각 투숙객들로부터 강취한 행위는 비록 시간적으로 접착된 상황에서 동일한 방법으로 이루어지기는 하였으나, 포괄하여 1개의 강도상해죄만을 구성하는 것이 아니라 각 강도상해죄는 실체적 경합범의 관계에 있는 것이라고 할 것이다.

6. 형   벌

3년 이상의 유기징역에 처한다. 단 10년 이하의 자격정지를 병과할 수 있다 ($^{제345}_{조}$). 미수범은 처벌한다($^{제342}_{조}$). 친족상도례의 적용은 없다.

Ⅲ. 특수강도죄

특수강도죄는 야간에 사람의 주거, 관리하는 건조물, 선박이나 항공기 또는 점유하는 방실에 침입하거나($^{제334조}_{1항}$) 흉기를 휴대하거나 2인 이상이 합동하여($^{동조}_{2항}$) 단순강도죄를 실현하는 것이다.

　　이 때의 '야간'이나 '위험한 물건', '합동' 등은 야간주거침입절도죄와 특수절도죄에서 설명한 개념과 같다. 본조의 흉기휴대강도에서 흉기 속에는 피해자의 반항을 억압할 수 있는 정도의 폭행·협박에 사용될 수 있는 것인 한, 청산가리·염산 등 액체로 된 독극물이나 독가스 같은 기체, 맹견 같은 동물도 포함된다. 그 밖에도 실행의 착수시기가 야간주거침입절도는 야간에 주거에 침입한 때이지만, 야간주거침입강도의 경우 **폭행·협박을 개시한 때**라는 차이가 있다(다수설).

‖ **판례** ‖　특수강도의 실행의 착수는 강도의 실행행위 즉 사람의 반항을 억압할 수 있는 정도의 폭행 또는 협박에 나아갈 때이다. 강도의 범의로 야간에 칼을 휴대한 채 타인의 주거에 침입하여 집안의 동정을 살피다가 피해자를 발견하고 갑자기 욕정을 일으켜 칼로 협박하여 강간한 경우, 야간에 흉기를 휴대한 채 타인의 주거에 침입하여 집안의 동정을 살피는 것만으로는 특수강도의 실행에 착수한 것이라고 할 수 없다(대판 1991. 11. 22, 91 도 2296).

　　* 주의: 소수설[27]과 다른 판례(대판 1992. 7. 28, 92 도 917)는 야간주거침입강도죄에서 실행의 착수시기를 주거침입시로 보고 있다. 이 견해는 본죄를 야간주거침입절도와 같은 것으로 보고 있기 때문이다. 그러나 이렇게 되면 야간주거침입절도죄와 야간주거침입강도죄의 구별이 행위자의 순수주관적 의사에 따라 결정되기 때문에 애매해진다.

　　무기 또는 5년 이상의 징역으로 형이 가중되어 있다. 유기징역에 처할 경우 10년 이하의 자격정지를 병과할 수 있다($^{제345}_{조}$). 미수범은 처벌한다($^{제342}_{조}$).

Ⅳ. 준강도죄

1. 의의 및 성격

　　준강도죄는 절도범이 재물의 탈환을 항거하거나 체포를 면탈하거나 죄적을 인멸할 목적으로 폭행 또는 협박을 가한 때에 성립한다($^{제335}_{조}$). 구 형법상의 사후강도에 해당하던 범죄이다.

　　이 죄를 강도죄의 특수형태 또는 절도죄의 가중구성요건으로 보는 입장도 있으나, **절도와 강요(폭행·협박 등)의 양 요소에 의해 결합된 독자적 구성요건으로** 봄이 옳다. 왜냐하면 이 죄는 강도의 폭행·협박이 부가된다는 점에서 절도와 다

---

27) 권오걸 390면; 김성천·김형준 377면; 이정원 337면; 정영일 193면.

른 위법성이 인정되며 강취강도와 비슷하다. 그러나 이 폭행·협박은 타인의 재물에 대한 점유를 획득하기 위한 수단이 아니라, 이미 획득한 점유의 보지 내지 방어에 기여한다는 점에서 강취강도와 다른 특성을 갖고 있기 때문이다.

그러나 절도범인이 실제로 발각되었거나 발각되었다고 잘못 생각함으로써 폭행·협박으로 나아갈 수 있는 특별히 위험한 상황이 존재하고, 이 상황에서 도출될 수 있는 행위자의 위험성과 행위의 불법성이 준강도를 강도에 준하여 취급하게 할 수 있는 형사정책적 근거가 된다.

2. 객관적 구성요건요소

(1) 행위주체

⑺ **절도의 정범**   본죄의 주체는 정범성을 지닌 절도범인이다. 따라서 절도죄의 공동정범이나 간접정범은 본죄의 주체가 될 수 있지만, 절도죄의 교사범이나 방조범은 주체가 될 수 없다. 절도의 공범자가 폭행·협박에 가담하면 본죄의 공범이 될 수 있을 뿐이다. 절도죄의 정범이기만 하면 단순절도이건, 야간주거침입절도이건, 특수절도이건, 상습절도이건 불문한다.

⑻ **절도의 기수·미수범**   본조의 절도는 기수·미수범을 불문한다(다수설). 판례의 입장도 같다(대판 1990. 2. 27, 89 도 2532). 따라서 적어도 실행의 착수에는 이르러야 하고 아직 예비단계에 머물러 있는 자는 본죄의 주체가 될 수 없다.

⑼ **강도의 주체성**   강도도 이 죄의 주체가 될 수 있는가에 대해서는 부정설[28]과 긍정설[29]이 대립하고 있다. 긍정설은 강도죄는 절도죄의 구성요건을 포괄할 뿐만 아니라, 절도가 도품을 보존하기 위해 사후적으로 폭행·협박한 경우를 준강도로 보는데, 강도가 강취품을 보존하기 위해 사후적으로 폭행·협박한 경우를 단순폭행·협박죄로 다룬다면 균형이 맞지 않는다고 한다. 결국 이를 긍정한다면 강도죄와 준강도죄의 실체적 경합이,[30] 부정한다면 강도죄와 단순폭행·협박죄의 실체적 경합이 된다.

생각건대 강도는 본죄의 주체가 될 수 없다고 해야 한다. 첫째, 법문이 절도를 주체로 한정하고 있는데 강도를 주체로 인정하는 것은 문언해석에 반한다. 둘

---

28) 김성돈 302면; 박상기 284면; 손동권 329면; 임웅 337면; 정성근·박광민 345면; 정영일 195면.
29) 김성천·김형준 379면; 김일수, 한국형법 Ⅲ, 596면; 배종대 430면; 이재상 310면; 이정원 339면; 이형국 428면. 독일의 통설과 판례의 입장이다.
30) 김일수, 한국형법 Ⅲ, 596면; 배종대 430면.

째, 절도의 경우는 재물을 취거하려는 기회에 재물탈환항거·체포면탈·죄적인
멸 등의 목적으로 폭행·협박하는 것이 강도에 준하는 위험성과 불법성을 띠기
때문에 특별규정을 통해 중하게 처벌할 필요성이 있으나, 애당초 폭행·협박을
수단으로 하고 중한 형벌이 규정되어 있는 강도에서는 그럴 필요성이 크지 않다.
강도의 기수범이 사후에 재물탈환의 항거나 체포면탈 등을 위해 재차 폭행·협박
하는 경우에는 이미 성립한 강도죄와는 별도의 폭행·협박죄를 인정하는 것으로
족하다. 그리고 아직 강도가 미수단계에 머물러 있는 경우에는 혹 재물탈환의 항
거나 체포면탈 등을 위해 폭행·협박이 가해지더라도 기왕의 불법에 포괄되는 것
으로 해석하여 강도죄 외에 별도의 죄가 성립하는 것으로 볼 것은 아니다.

만약 단순강도의 기수범이 사후에 체포를 면탈할 목적이나 재물탈환을 항거
하기 위하여 흉기를 집어들고 폭행·협박을 가한 때에는, 강도를 주체로 한 준강
도죄의 성립을 인정한다면 준강도에 의한 특수강도죄가 성립한다. 그러나 부정설
에 서게 되면 강도죄와 특수협박죄의 실체적 경합이 된다. 그리고 단순강도의 미
수가 체포면탈 등을 위해 흉기를 들고 폭행·협박을 하는 경우에는 강도죄의 미
수와 특수폭행·협박죄의 실체적 경합이 된다.

(2) 행위객체

폭행·협박의 행위객체는 반드시 재물의 소유자 또는 소지자에 한하지 않고,
범죄현장에서 추적 또는 추격하여 자기를 체포하려거나 연행하려는 자, 절취의
기수 내지 완수를 방해하려는 자 등이 포함된다. 공범과 절취물건을 배분하면서
기분이 상하여 공범자에게 폭행을 가한 경우 준강도가 되지 않는다. 반면 공범자
를 추격하는 사람인 줄 잘못 알고 폭행했다면 준강도가 성립한다. 이 경우 폭행당
한 공범에게는 준강도의 불능미수가 성립한다.

(3) 행   위

절도의 기회에 폭행·협박을 가하는 것이다.

(개) 절도의 기회   본죄의 폭행·협박은 절도의 기회에 행해져야 한다. 절도
의 기회란 시간적·장소적 근접성을 의미한다.

i) 시간적 근접성   재물의 점유를 확보하여 절도가 완수(완료) 후에
도 체포면탈이나 증거인멸 목적의 폭행·협박은 가능할 수는 있으나, 이를 절도
의 기회에 행해진 것으로 보아 강도에 준하는 책임을 묻는 것은 무리라는 점, 이
미 완수(완료)단계를 지나면 절도범죄는 종결된 상태라는 점 등을 고려할 때, 준

강도죄는 실행의 착수 이후 완수(완료)되기 전까지 폭행·협박이 행해지면 성립하는 것으로 보는 것이 옳다(대판 1984. 9. 11, 84 도 1398). 또한 일단 체포되면, 그 후 연행중에 체포상태에서 벗어나기 위해 폭행을 가해도 준강도는 성립하지 않는다.

‖판례‖   준강도는 절도범인이 절도의 기회에 재물탈환, 항거 등의 목적으로 폭행 또는 협박을 가함으로써 성립되는 것이므로, 그 폭행 또는 협박은 절도의 실행에 착수하여 그 실행중이거나 그 실행 직후 또는 실행의 범의를 포기한 직후로서 사회통념상 범죄행위가 완료되지 아니하였다고 인정될 만한 단계에서 행하여짐을 요한다(대판 1984. 9. 11, 84 도 1398).

ii) 장소적 근접성   폭행·협박은 절도현장 또는 이와 밀접한 인근장소에서 행하여져야 한다. 그러나 현장으로부터 계속 추적을 받는 한, 상당한 시간·거리의 간격이 있더라도 상관없다.

(나) 폭행·협박의 정도   여기서 폭행·협박은 강도죄에서와 마찬가지로 상대방의 반항을 억압할 정도여야 한다. 현실적으로 반항을 억압하였을 것을 요하지는 않는다(대판 1981. 3. 24, 81 도 409).

‖판례‖   준강도죄의 구성요건인 폭행은 강도죄의 폭행의 정도와의 균형상 상대방의 반항을 억압할 정도 즉 반항을 억압하는 수단으로서 일반적 객관적으로 가능하다고 인정되는 정도면 족하다 할 것이고 이는 체포되려는 구체적 상황에 비추어 체포의 공격력을 억압함에 족한 정도의 것인 여부에 따라 결정되어야 할 것이다. 그래서 피고인이 옷을 잡히자 체포를 면하려고 충동적으로 저항을 시도하여 잡은 손을 뿌리친 정도의 폭행정도는 준강도죄에 해당하는 폭행정도가 아니다(대판 1985. 5. 14, 85 도 619).

(다) 단순강도의 준강도 또는 특수강도의 준강도 구별 기준   단순강도의 준강도와 특수강도의 준강도의 구별기준에 대해서는 ① 절도에 관한 가중사유를 기준으로 한다는 ‘절취태양기준설’, ② 폭행·협박행위의 태양에 따라 판단해야 한다는 ‘폭행·협박태양기준설’, ③ 절도행위 또는 폭행·협박행위의 양자를 기준으로 어느 하나에 가중사유가 있으면 특수강도로 처벌할 수 있다는 ‘택일설’, ④ 절도행위 및 폭행·협박행위의 양자 모두에 가중사유가 있으면 특수강도로 처벌할 수 있다는 ‘종합설’ 등이 대립한다.

판례는 “절도범인이 처음에는 흉기를 휴대하지 아니하였으나 체포를 면탈할 목적으로 폭행 또는 협박을 가할 때에 비로소 흉기를 휴대 사용하게 된 경우에는 형법 제334조의 예에 의한 준강도(특수강도의 준강도)가 되는 것으로 해석하여야 할 것이다"라고 하여 폭행·협박태양기준설을 따른다(대판 1973. 11. 13, 73 도 1553 전원합의체 판결).

생각건대, 범죄에서 위험성을 결정하는 것은 그 범죄의 실행행위인바 준강도죄의 실행행위는 폭행·협박이다. 따라서 일차적으로는 폭행·협박의 태양을 기준으로 하여야 한다. 이에 따르면 절도의 실행에 착수한 자가 체포를 면탈할 목적으로 타인을 단순폭행한 경우에는 단순강도죄의 준강도, 흉기를 사용하여 특수폭행한 경우에는 특수강도죄의 준강도죄가 성립한다. 그러나 절도의 행위주체가 특수강도의 주체성을 가지고 있는 경우(예컨대 야간에 주거 등에 침입한 경우, 2 인 이상의 합동절도인 경우)에는 비록 단순 폭행·협박이 있다하더라도 특수강도죄의 성립을 인정하는 것이 옳다. 예컨대 2 인 이상이 강도한 경우 특수강도죄가 성립하는데 2 인 이상의 합동절도범이 준강도로 나간 경우 단순강도가 성립한다고 하면 이 또한 형의 균형이 맞지 않기 때문이다. 결론적으로 절도행위 또는 폭행·협박행위의 양자를 기준으로 어느 하나에 가중사유가 있으면 특수강도죄로 처벌하는 것이 옳다.

3. 주관적 구성요건요소

고의성립에는 절도의 고의 외에 폭행·협박의 고의, 그리고 폭행·협박은 탈취된 재물의 확보를 위해 행하여지며, 이러한 탈취의 완수에 장애가 되는 사람에 대하여 행하여진다는 데 대한 인식과 의사가 필요하다.

그 밖에도 준강도죄는 목적범이다. 법문에 '재물탈환의 항거', '체포면탈', '죄적인멸'이라는 세 가지 목적이 열거되어 있다.

4. 미수와 기수의 구별

미수범 처벌규정이 없었던 입법상의 미비를 보완하여 개정형법은 미수범 처벌규정을 신설하였다($^{제342}_{조}$).

준강도죄의 미수와 기수의 구별기준에 관하여는 학설이 대립된다.

ⅰ) **절취행위표준설** 재물절취의 기·미수에 따라 구별해야 한다는 견해이다.[31] 현재 판례의 입장이다(대판 2004. 11. 18, 2004 도 5074). 이 견해에 따르면 폭행·협박이 가해졌더라도 절도가 미수이면 준강도도 미수가 된다. 주된 이유

---

31) 김성돈 304면; 김종원 202면; 손동권 333면; 이재상 313면; 정성근·박광민 350면; 정영석 341면; 정영일 456면.

로는 준강도도 결합범인 이상 강도와 마찬가지로 재물성취의 성부에 따라 기·미수를 구별해야 한다는 점, 만약 폭행·협박을 기준으로 삼게 되면 절도의 미수범이 폭행·협박의 기수에 이른 경우에는 준강도의 기수로서 강도죄의 기수에 준해 처벌받게 되는 반면 강도범이 폭행·협박을 했으나 재물의 강취에 성공하지 못한 경우에는 강도죄의 미수로 처벌을 받게 되어 형의 불균형이 생긴다는 점을 든다.

‖ **판례** ‖ 피해자에 대한 폭행·협박을 수단으로 해 재물을 탈취하고자 했으나 그 목적을 이루지 못한 자가 강도미수죄로 처벌되는 것과 마찬가지로, 절도미수범인이 폭행·협박을 가한 경우에도 강도미수에 준하여 처벌하는 것이 합리적이라 할 것이다. 만일 강도죄에 있어서는 재물을 강취해야 기수가 됨에도 불구하고 준강도의 경우에는 폭행·협박을 기준으로 기수와 미수를 결정하게 되면 재물을 절취하지 못한 채 폭행·협박만 가한 경우에도 준강도죄의 기수로 처벌받게 됨으로써 강도미수죄와의 불균형이 초래된다. 준강도죄의 입법취지, 강도죄와의 균형 등을 종합적으로 고려해 보면, 준강도죄의 기수 여부는 절도행위의 기수 여부를 기준으로 판단해야 한다(대판 2004. 11. 18, 2004 도 5074 전원합의체판결).

　　　ii) **폭행·협박행위표준설**　　폭행·협박의 기·미수에 따라 결정해야 한다는 견해이다.[32] 과거 판례의 입장이다(대판 1964. 11. 24, 64 도 504). 이 견해에 따르면 절도가 기수이더라도 폭행·협박이 기수에 이르지 못하면 준강도의 미수가 된다. 논거로는 준강도는 강도죄와 행위구조가 다르다는 점, 본죄의 구성요건 행위가 폭행·협박이기 때문에 기수·미수의 기준도 당연히 폭행·협박에서 찾아야 한다는 점, 절취행위표준설을 취하게 되면 절도의 미수단계에서 폭행·협박을 한 경우 항상 준강도의 미수만 성립되어 부당하다는 점을 든다.

　　　iii) **종 합 설**　　준강도죄는 절취행위와 폭행·협박이 결합되어 있는 범죄이기 때문에, 절취행위의 기·미수와 폭행·협박의 기·미수 양자를 모두 기준으로 삼아 판단해야 한다는 입장이다.[33] 여기서 폭행·협박의 미수란 폭행·협박에 의해 상대방의 반항이 억압되지 않은 경우를 의미한다고 한다. 종합설에 따르면 절도기수범이 폭행·협박하고 그 폭행·협박이 기수에 이른 경우에만 준강도의 기수가 인정된다.

　　　iv) **결　　론**　　준강도가 강도와 불법적 유사성을 갖고 재산범죄의 속

---

32) 강구진 308면; 김성천·김형준 384면; 박상기 287면; 배종대 434면; 백형구 160면; 유기천 (상) 211면; 진계호 343면.
33) 권오걸 403면; 오영근 375면; 이영란 308면; 이정원 376면; 이형국 430면; 임 웅 341면; 정영일 200면.

성을 본질로 하는 한 재물취득의 성부를 기수판단에 있어서 고려하지 않는 것은 잘못이다. 따라서 준강도는 절취행위의 성부를 기준으로 기수·미수를 판단해야 한다. 강도죄와 형의 균형을 맞추기 위해서도 이러한 결론이 바람직하다.

5. 공범 및 죄수관계

(1) 공 범

절도의 공동정범 가운데 1인이 준강도죄를 범한 경우 다른 공동정범자에게 도 이 죄가 성립하는가? 판례는 특히 합동절도의 경우 그 중 1인이 체포를 면탈 할 목적으로 폭행하여 상해를 가한 경우 다른 합동절도범도 이를 예견할 수 있다 면 강도상해죄의 죄책을 면할 수 없다고 본다(대판 1991. 11. 26, 91 도 2267; 1984. 10. 10, 84 도 1887).

‖**판례 1**‖ 갑이 을과 공모하여 타인의 재물을 절취하려다 미수에 그친 이상 을이 체 포를 면탈하려고 경찰관에게 상해를 가할 때 갑이 비록 거기에는 가담하지 아니하였다 고 하더라도 을의 행위를 예견하지 못한 것으로 볼 수 없는 한 준강도상해의 죄책을 면 할 수 없다(대판 1989. 3. 28, 88 도 2291).

‖**판례 2**‖ 피고인이 공동피고인과 절도를 공모함에 있어 범행장소가 사람이 없는 빈 가게인 줄로 믿었으며 공동피고인이 물건을 절취하기 위해 가게 안에 들어가 있는 동안 피고인은 동 가게 바깥에서 망을 보고 있던 중 가게 안에서 예기치 아니한 인기척이 나 므로 먼저 달아났으며, 위 공동피고인은 가게를 빠져 나오려다가 출입구가 이례적으로 협소하여 몸이 걸려 체포되려 하자 이를 면탈할 목적으로 폭행을 가하여 상해를 입힌 경 우, 피고인으로서는 공동피고인이 위 절취의 기회에 사람을 폭행 또는 협박하거나 상해 를 입히리라고 예견할 수 없었다 할 것이므로 특수절도죄를 초과하여 강도상해죄의 책 임을 지을 수 없다(대판 1984. 2. 28, 83 도 3321).

생각건대 준강도죄의 공동정범이 되려면 절취행위와 폭행·협박행위 모두에 정범성을 지닌 자여야 한다. 폭행·협박에 대한 예견가능성만으로는 공동정범의 요건인 공동의 범행실현의사가 있다고 할 수 없으므로 공동정범이 성립할 여지는 없다고 보아야 한다. 또한 절도의 공동정범이 처음부터 체포면탈을 위해 폭행· 협박을 가할 의사를 가지고 있었다 하더라도 공동정범의 정범성표지는 기능적인 범행지배이므로 공범의 폭행에 대한 예견가능성만 가지고 준강도죄의 공동정범 을 인정할 수 없다(다수설).

⑵ 죄   수

㈎ 준강도죄가 성립하면 절도죄와 폭행·협박은 이에 흡수된다(법조경합 흡수관계).[34] 만약 절도범인이 흉기를 휴대하고 폭행·협박을 하면 특수강도의 준강도($\frac{제334조}{2항}$)가 된다.

㈏ 절도범이 체포를 면탈할 목적으로 경찰관에게 폭행·협박을 가한 경우 준강도죄와 공무집행방해죄의 상상적 경합이 된다(대판 1992. 7. 28, 92 도 917).

㈐ 강도범이 체포를 면탈할 목적으로 경찰관에게 폭행·협박을 가한 경우 강도죄와 공무집행방해죄의 실체적 경합이 된다(대판 1992. 7. 28, 92 도 917). 강도범도 본죄의 주체가 될 수 있다는 견해에 따르면, 먼저 준강도죄와 공무집행방해죄의 상상적 경합을 한 뒤, 강도죄와 준강도죄를 실체적 경합으로 취급하게 된다.

㈑ 절도범이 체포를 면탈할 목적으로 체포하려는 여러 명의 피해자에게 같은 기회에 폭행을 가하여 그 중 1 인에게만 상해를 가하였다면 이러한 행위는 포괄하여 하나의 강도상해죄만 성립한다(대판 2001. 8. 21, 2001 도 3447).

6. 처   벌

행위가 야간주거침입·흉기휴대인 때에는 특수강도죄($\frac{제334}{조}$)의 규정에 따라, 그 이외의 경우에는 단순강도죄($\frac{제333}{조}$)의 규정에 따라 처벌한다. 뿐만 아니라 준강도가 상해나 살인, 강간 등의 범행에까지 이르렀을 때에는 강도상해·치상죄($\frac{제337}{조}$), 강도살인죄($\frac{제338}{조}$) 및 강도강간죄($\frac{제339}{조}$)가 적용된다.

V. 인질강도죄

인질강도죄는 사람을 체포·감금·약취 또는 유인하여 이를 인질로 삼아 재물 또는 재산상의 이익을 취득하거나 제 3 자로 하여금 이를 취득하게 함으로써 성립하는 범죄이다($\frac{제336}{조}$). 체포·감금죄 및 약취·유인죄와 공갈죄 양 요소에 의한 독자적 범죄이다. 보호법익은 제 1 차적으로 타인의 재산권, 부차적으로 타인의 인격권이다.

체포란 사람의 신체에 대한 직접적·현실적 구속을 말한다. 감금이란 사람을 구획된 장소에 가두어 밖으로 못 나가게 하거나 심히 곤란하게 하는 것을 말한다.

---

34) 배종대 440면; 백형구 160면; 진계호 344면.

약취란 폭행·협박 및 사실상의 힘으로써 타인을 그의 의사에 반하여 자기 또는 제 3 자의 실력적 지배하에 옮기는 것을 말한다.

유인이란 기망 또는 유혹의 수단으로써 타인을 본인의 하자 있는 의사에 따라 현재의 자유롭고 안전한 생활관계로부터 자기 또는 제 3 자의 실력적 지배로 옮기는 것을 말한다.

인질로 삼는다 함은 체포·감금·약취·유인된 사람을 완력이나 무력으로 붙들어 놓고 흥정의 대상으로 삼는 것을 말한다. 흥정은 볼모를 풀어주는 조건으로 재물 또는 재산상의 이익을 취하려는 것이어야 한다. 오로지 수감된 정치범을 석방하라는 등의 조건은 이 죄에 해당하지 않고 인질강요죄($\frac{제324조}{의 2}$)가 문제될 뿐이다.

석방의 대가로 취득하는 것인 한, 어떤 명목의 경제적 이익도 재산상의 이득에 포함된다. 기수시기는 재물 또는 재산적 이익을 취득한 때이다. 따라서 단순히 재물이나 재산상의 이익을 요구하다가 체포된 경우에는 인질강도죄의 미수($\frac{제342}{조}$)에 해당할 뿐이다.

미성년자의 약취·유인범이 인질강도죄를 범한 경우에는 특정범죄가중처벌등에관한법률에 의해 가중처벌된다($\frac{특가법 제5조의}{2 제2항 1호}$).

Ⅵ. 강도상해·치상죄

1. 의의 및 성격

강도상해·치상죄는 강도가 사람을 상해하거나 상해에 이르게 함으로써 성립하는 범죄이다($\frac{제337}{조}$). 강도상해죄는 강도죄와 상해죄의 결합범이고, 강도치상죄는 강도죄의 결과적 가중범이다. 우리 형법은 강도상해죄와 강도치상죄를 같이 취급하고 있다.

2. 구성요건

(1) 행위주체

적어도 강도행위의 실행에 착수한 이후의 모든 강도범인이다. 여기에는 단순강도·특수강도·준강도·인질강도 등의 강도범인이 모두 포함된다. 기수이든 미수이든 불문한다. 다만 단순한 강도예비·음모자는 제외된다.

(2) 행   위

고의로 상해를 가하거나 과실로 상해의 결과를 야기하는 것이다. 상해행위 및 치상의 원인은 강도의 기회에 행하여지기만 하면 충분하다는 것이 다수설 및 판례(대판 1992. 4. 14, 92 도 408; 1988. 2. 9, 87 도 2492)의 입장이다. 그러나 상해의 결과는 강도의 기회에 발생하면 충분하지만, 치상의 결과는 결과적 가중범의 본질상 강도의 수단인 폭행·협박행위에 의해 직접 발생한 것이라야 한다. 여기에서 강도의 기회란 강도가 실행에 착수한 후 기수를 거쳐 완수에 이르는 동안 강도행위와 시간적·장소적으로 밀접한 관계에 있는 한도 내의 것이라는 의미이다. 날치기 수법에 의한 절도범이 점유탈취의 과정에서 우연히 피해자를 넘어지게 하거나 부상케 하는 경우에는 피해자의 반항을 억압하기 위한 강제력의 행사가 아니므로 준강도에 의한 강도치상죄는 성립하지 않는다(대판 2003. 7. 25, 2003 도 2316).

‖ **판례** ‖ 피고인이 피해자로부터 재물을 강취하고 피해자가 운전하는 자동차에 함께 타고 도주하다가 단속 경찰관이 뒤따라오자 피해자를 칼로 찔러 상해를 가하였다면 강도상해죄를 구성한다. 강취행위와 상해 사이에 1시간 20분이라는 시간적 간격이 있었다는 것만으로는 강도상해죄의 성립에 영향이 없다(대판 1992. 1. 21, 91 도 2727).

여기서 상해의 개념은 상해죄의 그것과 동일한 생리적 기능의 장애이다. 따라서 강도행위에 수반되어 단지 경미한 부상이 발생했을 경우에는 본 죄가 성립하지 않는다.

‖ **판례** ‖ 강도상해죄에 있어서의 상해는 피해자의 신체의 건강상태가 불량하게 변경되고 생활 기능에 장애가 초래되는 것을 말하는 것으로서, 피해자가 입은 상처가 극히 경미하여 굳이 치료할 필요가 없고 치료를 받지 않더라도 일상생활을 하는 데 아무런 지장이 없으며 시일이 경과함에 따라 자연적으로 치유될 수 있는 정도라면, 그로 인하여 피해자의 신체의 건강상태가 불량하게 변경되었다거나 생활기능에 장애가 초래된 것으로 보기 어려워 강도상해죄에 있어서의 상해에 해당한다고 할 수 없다(대판 2003. 7. 11, 2003 도 2313).

(3) 주관적 불법요소

강도상해의 경우는 강도의 고의와 상해의 고의가 있어야 한다. 강도치상죄는 결과적 가중범이므로 강도의 고의와 상해의 결과발생에 대한 과실이 있어야 한다. 그 밖에도 위법영득 또는 위법이득의 의사가 있어야 한다.

3. 공범과 미수

(1) 공 범

강도의 공범(공동정범 포함) 중 1인이 강도의 기회에 상해를 가하거나 과실로 상해의 결과를 가져온 경우에 다른 공범에게도 이 죄가 성립하는가?

판례는 다른 공범자가 강도의 기회에 한 상해행위에 대해서 강도상해죄의 책임을 면할 수 없다고 한다. 또한 결과적 가중범의 공동정범을 인정하는 입장에서 상해의 결과발생을 예견할 수 있었던 때에는 강도치상죄의 공동정범도 인정한다 (대판 1990. 12. 26, 90 도 2362).

‖ **판례** ‖ 강도의 공범자 중의 한 사람이 강도의 기회에 피해자에게 폭행을 가하여 상해를 입힌 경우 다른 공범자도 재물강취의 수단으로 폭행을 가할 것이라는 점에 관하여 상호의사의 연락이 있었던 것이므로 구체적으로 상해에 관하여 공모하지 않았다 하더라도 폭행으로 생긴 결과에 대한 공범으로서 강도상해 및 강도치상의 책임을 진다(대판 1990. 12. 26, 90 도 2362).

생각건대 공동정범이 성립하려면 주관적 요건으로 공동가공의사와 객관적 요건으로 공동의 실행행위가 있어야 한다. 강도상해죄의 공동정범은 강도가 상해에 대한 공동의 의사뿐만 아니라 상해행위에 대한 기능적인 범행지배를 인정할 수 있는 정범표지가 있어야 한다. 그리고 강도치상죄는 결과적 가중범이므로 과실 있는 각자를 결과적 가중범의 정범으로 처벌하면 족하고, 결과적 가중범의 공동정범을 인정할 필요성은 없다.

(2) 미 수

강도상해죄의 미수범은 처벌한다($^{제342}_{조}$). 강도상해죄의 미수는 강도의 기수·미수와 상관없이 상해가 미수에 그친 경우이다.

결과적 가중범인 강도치상죄의 미수범이 처벌되는 가에 대해서, 다수설은 결과적 가중범의 미수를 인정하지 않으므로 강도치상죄의 미수범성립을 부정한다. 반면 개정형법에서 강도치상죄의 미수처벌규정을 신설하였으므로 기본범죄인 강도의 미수로 인해 치상의 결과가 발생한 때 강도치상죄의 미수가 된다는 소수설도 있다.[35] 고의범죄인 강도상해죄에 있어서는 기본범죄의 기수·미수에 상관없이 상해가 발생하면 기수범으로 보면서, 결과적 가중범에서는 중한 결과가 발생

---

[35] 김일수, 한국형법 Ⅲ, 608면; 이정원 349면; 임웅 346면.

했음에도 불구하고 기본범죄가 미수이면 전체를 미수범으로 보자는 견해는 일관성이 결여된 것이다. 기본범죄의 기수·미수 여부에 따라 전체에 대한 불법의 평가를 달리하자는 취지는 공감이 가지만 그것은 고의범과 과실범에 공통적으로 적용되어야 한다. 따라서 결과적 가중범의 미수는 부정하는 것이 옳다. 개정형법의 미수범규정이 강도치상죄를 포괄한 것은 입법의 실수로 보는 것이 타당하다.

4. 죄수와 처벌

(1) 죄   수

강도상해죄는 재산죄의 측면보다 생명·신체 등 인격적 측면을 보호하는 성격이 강한 범죄이므로 죄수는 강도행위의 수 보다 피해자의 수에 따라 결정해야 할 것이다. 예컨대 동일한 기회에 동일한 장소에서 여러 사람에게 폭행·협박하여 재물을 강취한 경우 강도죄의 포괄일죄이다. 그러나 여러 사람에게 상해를 입힌 경우에는 강도상해죄의 실체적 경합이 된다(대판 1991. 6. 25, 91 도 643).

(2) 처   벌

형벌은 무기 또는 7년 이상의 징역에 처한다. 단, 유기징역에 처할 경우에는 10년 이하의 자격정지를 병과할 수 있다($\binom{제345}{조}$). 이 죄 또는 그 미수죄로 형을 받아 집행을 종료하거나 면제를 받은 후 3년 내에 다시 이들 죄를 범한 자는 사형·무기 또는 10년 이상의 징역에 처한다($\binom{특가법}{제5조의\ 5}$).

Ⅶ. 강도살인·치사죄

1. 의의와 성격

강도살인·치사죄는 강도가 사람을 살해하거나 사망에 이르게 함으로써 성립하는 범죄이다($\binom{제338}{조}$). 강도살인죄는 강도죄와 살인죄의 결합범이고, 강도치사죄는 강도죄의 결과적 가중범이다.

2. 구성요건

(1) 행위주체

강도이다. 강도의 실행에 착수한 이상 미수이든 기수이든 불문한다. 범위는 강도상해·치상죄의 경우와 같다.

(2) 행   위

사람을 살해하거나 과실로 사람을 사망에 이르게 하는 것이다. 살해의 결과는 강도의 기회에 발생하기만 하면 충분하지만, 치사의 결과는 강도의 수단인 폭행·협박에 의해 직접 발생한 것이라야 한다. 재물강취의 목적과 수단으로 사람을 살해한 이상, 살해행위가 강취행위 전후에 있었느냐는 불문한다. 다만 살해 후비로소 재물탈취의 고의가 생긴 경우에는 살인죄와 점유이탈물횡령죄의 경합범이라고 해야 한다.

‖ **판례** ‖ 강도범행 직후 신고를 받고 출동한 경찰관이 위 범행현장으로부터 약 150m 지점에서, 화물차를 타고 도주하는 피고인을 발견하고 순찰차로 추적하여 격투 끝에 피고인을 붙잡았으나, 피고인이 너무 힘이 세고 반항이 심하여 수갑도 채우지 못한 채 피고인을 순찰차에 억지로 밀어 넣고서 파출소로 연행하고자 하였는데, 그 순간 피고인이 체포를 면하기 위하여 소지하고 있던 과도로써 옆에 앉아 있던 경찰관을 찔러 사망케 하였다면 피고인의 위 살인행위는 강도행위와 시간상 및 거리상 극히 근접하여 사회통념상 범죄행위가 완료되지 아니한 상태에서 이루어진 것이라고 보여지므로 강도살인죄에 해당한다(대판 1996. 7. 12, 96 도 1108).

(3) 주관적 불법요소

강도살인의 경우는 강도의 고의와 살인의 고의가 있어야 한다.[36] 강도치사의 경우에는 강도의 고의와 사망의 결과발생에 대한 과실이 있어야 한다. 그 밖에 강취강도의 경우에는 특별한 주관적 불법요소로 위법영득의 의사, 이득강도의 경우에는 위법이득의 의사가 있어야 한다.

3. 공   범

강도의 기회에 공동으로 폭행의 의사연락하에서 폭행하여 사망의 결과를 야기한 경우에는 각자 사망의 결과발생에 대해 과실(예견가능성)이 인정되는 자만 강도치사죄의 책임을 진다. 반면 강도의 공동정범 중 1인이 강도의 기회에 고의로 살인까지 저지른 경우에는 그 자에 한해서 강도살인죄의 책임을 물어야 한다.

그러나 판례는 강도의 공범 중 1인이 고의로 피해자를 살해한 경우에도 살인에 대한 예견가능성을 이유로 다른 공범자에게 강도치사죄의 죄책을 묻고 있다.

---

36) 강도가 베개로 피해자의 머리부분을 약 3분간 누르던 중 피해자가 저항을 멈추고 사지가 늘어졌음에도 계속하여 누른 행위에 살해의 고의를 인정한 판례가 있다(대판 2002. 2. 8, 2001 도 6425).

‖**판례**‖ 피고인들이 등산용 칼을 이용하여 노상강도를 하기로 공모한 사건에서 범행 당시 차안에서 망을 보고 있던 피고인 갑이나 등산용 칼을 휴대하고 있던 피고인 을과 함께 차에서 내려 피해자로부터 금품을 강취하려 했던 피고인 병으로서는 그 때 우연히 현장을 목격하게 된 다른 피해자를 피고인 을이 소지중인 등산용 칼로 살해하여 강도살 인행위에 이를 것을 전혀 예상하지 못하였다고 할 수 없으므로 피고인들 모두는 강도치 사죄로 처단함이 옳다(대판 1990. 11. 27, 90 도 2262).

4. 처 벌

강도가 사람을 살해한 경우에는 사형 또는 무기징역, 사망에 이르게 한 경우는 무기 또는 10년 이상의 징역에 처한다. 과실에 의한 치사를 고의살인과 동등하게 처벌함은 책임원칙에 반하므로 양자의 법정형을 달리 정한 것은 타당하다. 유기징역에 처할 경우에는 10년 이하의 자격정지를 병과할 수 있다(제345조).

미수범은 처벌된다(제342조). 강도살인죄의 미수는 살해행위가 미수에 그친 경우이다. 강도치사죄의 미수는 강도의 미수가 과실로 사망의 결과를 야기한 경우라고 보는 견해도 있으나 미수의 성립을 부인하는 것이 옳다.

Ⅷ. 강도강간죄

1. 의의 및 성격

강도강간죄는 강도가 부녀를 강간함으로써 성립하는 범죄이다(제339조). 강도죄와 강간죄의 결합범이지만 여기에서 강도 또는 강간은 강도의 죄와 강간의 죄에 규정된 모든 양태가 가능하다. 준강도범, 인질강도범, 해상강도범 또는 강도상해범이 피해자를 강간했을 때에도 이 죄가 성립한다. 다만 특수강도범이 강간한 때에는 성폭력범죄의처벌및피해자보호등에관한법률 제 5 조 2항에 의해 가중처벌된다.

2. 구성요건

(1) 행위주체

주체는 강도범이다. 강도의 실행에 착수한 이상 미수이든 기수이든 가리지 않는다(대판 1986. 5. 27, 86 도 507). 강간범이 강간의 기회에 강도한 경우에도 이 죄에 해당하는가? 강간행위의 종료 전에 강도한 경우라면 강도의 신분을 취득하였기 때문에 본죄의 주체가 될 수 있으나 강간행위 완료 후 강도한 경우는 강간 죄와 강도죄의 경합범이 된다(다수설·대판 1988. 9. 9, 88 도 1240). 판례도 강간범이 강간행위 후 특수강도를 범한 경우에 성폭력범죄의처벌및피해자보호등에관한 법률 제 5 조 2항의 특수강도강간죄로 의율할 수 없다고 하였다(대판 2002. 2. 8, 2001 도 6425).

‖ **판례 1** ‖   강도강간죄는 강도라는 신분을 가진 범인이 강간죄를 범하였을 때 성립하는 범죄이고 따라서 강간범이 강간행위 후에 강도의 범의를 일으켜 그 부녀의 재물을 강취하는 경우에는 강도강간죄가 아니라 강도죄와 강간죄의 경합범이 성립될 수 있을 뿐이다. 그러나 강간범이 강간행위 종료 전, 즉 그 실행행위의 계속중에 강도의 행위를 할 경우에는 이 때에 바로 강도의 신분을 취득하는 것이므로 이후에 그 자리에서 강간행위를 계속하는 때에는 강도가 부녀를 강간한 때에 해당하여 강도강간죄를 구성한다(대판 1988. 9. 9, 88 도 1240; 2010. 12. 9, 2010 도 9630).

‖ **판례 2** ‖   강간범이 강간행위 후에 강도의 범의를 일으켜 그 부녀의 재물을 강취하는 경우에는 형법상 강도강간죄가 아니라 강간죄와 강도죄의 경합범이 성립될 수 있을 뿐인바, 성폭력범죄의처벌및피해자보호등에관한법률 제 5 조 제 2 항은 형법 제334조(특수강도) 등의 죄를 범한 자가 형법 제297조(강간) 등의 죄를 범한 경우에 이를 특수강도강간 등의 죄로 가중하여 처벌하고 있으므로, 다른 특별한 사정이 없는 한 강간범이 강간의 범행 후에 특수강도의 범의를 일으켜 그 부녀의 재물을 강취한 경우에는 이를 성폭력범죄의처벌및피해자보호등에관한법률 제 5 조 제 2 항 소정의 특수강도강간죄로 의율할 수 없다(대판 2002. 2. 8, 2001 도 6425).

(2) 행   위

강도의 기회에 부녀를 강간하는 것이다.

처음부터 재물강취의 목적과 수단으로 그리고 강도의 기회에 강간을 한 경우에 강도강간이 된다. 강간시의 폭행·협박이 동시에 재물강취의 수단이 된 경우라도 이 죄가 성립한다.

강간범이 강간 후 재물강취의 고의가 생겨 피해자의 항거불능상태를 이용하여 피해자의 물건을 강취한 경우 강간죄와 강도죄의 경합범이 된다(대판 1988. 9. 9, 88도 1240; 1977. 9. 28, 77 도 1350). 강도 후 비로소 강간의 고의가 생기더라도 양 죄의 실체적 경합이 된다.

3. 처   벌

무기 또는 10년 이상의 징역에 처한다. 단, 유기징역에 처할 때에는 10년 이하의 자격정지를 병과할 수 있다($\substack{\text{제345}\\\text{조}}$). 미수범은 처벌한다($\substack{\text{제342}\\\text{조}}$). 이 죄의 미수는 강도행위의 기수·미수를 불문하고 강간행위의 기수·미수를 의미한다. 즉 강도가 기수라도 강간이 미수이면 이 죄의 미수이다.

4. 죄   수

㈎ 강도가 부녀를 강간하여 치상·치사케 한 경우, 사상의 결과가 강도행위로 인한 경우에는 강도강간죄와 강도치사상죄의 상상적 경합이, 반면 사상의 결과가 강간행위로 인한 경우에는 강도강간죄와 강간치사상죄의 상상적 경합이 성립한다.

㈏ 강도가 강간하면서 부녀를 살해·상해한 때에는 강도강간죄와 강도상해 또는 강도살인죄의 상상적 경합이다.

㈐ 강도가 강간한 후 살인 또는 상해의사가 생겨 살해 또는 상해한 때에는 강도강간의 고의와 살해 또는 상해의 고의가 전후 별개인 한 강도강간과 강도살인 또는 강도상해의 경합범으로 보는 것이 옳다(다수설).

∥**판례**∥ 강도가 재물강취의 뜻을 재물의 부재로 이루지 못한 채 미수에 그쳤으나 그 자리에서 항거불능의 상태에 빠진 피해자를 간음할 것을 결의하고 실행에 착수했으나 역시 미수에 그쳤더라도 반항을 억압하기 위한 폭행으로 피해자에게 상해를 입힌 경우에는 강도강간미수죄와 강도치상죄가 성립되고 상상적 경합관계가 된다(대판 1988. 6. 28, 88 도 820).

Ⅸ. 해상강도·해상강도상해(치상)·해상강도살인(치사·강간)죄

해상강도·해상강도상해·해상강도살인죄는 다중의 위력으로 해상에서 선박을 강취하거나 선박 내에 침입하여 타인의 재물을 강취함으로써 성립하는 범죄이다($\substack{\text{제340}\\\text{조}}$). 이른바 '해적죄'를 말한다. 그 성격은 특수강도의 일종으로서 단순강도에 비해 위법성이 가중된 불법가중구성요건이다. 해상강도는 다중의 결합을 요건으로 하고 있는 점에서 육상강도인 특수강도와 유사하다. 그럼에도 불구하고 특수강도보다 더 무겁게 처벌하는 까닭은 행위장소 및 양태의 특수성에 기한 위험성이 더 크기 때문이다.

이 때의 다중은 집단의 위력을 보일 정도면 충분하고, 위력은 상대방의 의사를 제압할 수 있는 정도의 유형 무형의 것을 말한다.

각 행위양태에 따라 달리 처벌하고 있다. 단, 유기징역에 처할 때에는 10년 이하의 자격정지를 병과할 수 있다(제345조). 미수범은 처벌한다(제342조). 결과적 가중범인 해상강도치상·치사의 미수도 처벌할 수 있게 되었다는 견해도 있으나 결과적 가중범의 미수범 성립은 부인하는 것이 옳다.

Ⅹ. 상습강도(특수강도·인질강도·해상강도)죄

상습강도죄는 상습적으로 강도죄, 특수강도죄, 인질강도죄 또는 해상강도죄를 범함으로써 성립하는 범죄이다(제341조). 행위의 상습성으로 인한 책임가중적 범죄유형이다.

무기 또는 10년 이상의 유기징역에 처한다. 단, 유기징역에 처할 경우에는 10년 이하의 자격정지를 병과할 수 있다(제345조). 미수범은 처벌한다(제342조).

ⅩⅠ. 강도예비·음모죄

강도예비·음모죄는 강도의 결의를 가지고 강도의 실행에 착수하기 전 그 실행을 준비하거나 모의한 것 때문에 처벌의 대상이 되는 범죄이다(제343조).

강도죄의 흉폭성에 비추어 범행의 결의가 객관적·외부적으로 표명된 이상, 실행의 착수를 미연에 저지하기 위한 형사정책적 필요에서, 예비·음모에 불과하더라도 독자적으로 처벌하려는 데 입법취지가 있다. 따라서 강도예비·음모죄는 단순강도죄의 수정적 구성요건이 아니라 강도죄의 실행의 착수 이전에 제한된 독립된 범죄구성요건이라고 보아야 한다. 더욱이 이같은 예비·음모는 강도죄를 범할 목적을 전제로 가벌성을 획득하게 되는 목적범의 성격을 띤다.

예비 또는 음모행위자는 강도의 준비행위에 해당하는 예비 또는 음모행위 자체에 대한 인식과 의사가 있어야 한다. 또한 특별한 주관적 불법요소로서 강도죄를 범할 목적이 있어야 한다. 여기에서 강도죄는 단순강도죄뿐만 아니라 특수강도·준강도 등 그 밖의 강도죄를 포함하는 것으로 이해해야 한다.

반면 판례는 강도예비·음모죄가 성립하기 위해서는 예비·음모 행위자에게 미필적으로라도 '강도'를 할 목적이 있어야 하고 단순히 '준강도'할 목적(피고인이 나중에 절도범행이 발각될 경우 체포를 면탈하는 데 도움이 될 것이라는 생각에서 등산용 칼을 준비한 경우)이 있음에 그치는 경우에는 강도예비·음모죄로 처벌할 수 없다고 한다(대판 2006. 9. 14, 2004 도 6432).

본죄는 7년 이하의 징역에 처한다. 단 10년 이하의 자격정지를 병과할 수 있다($\frac{제345}{조}$). 예비죄의 이같은 특정한 처벌조항 때문에 이를 독자적 범죄로 이해하지 않을 수 없다.

제 3 절 횡령의 죄

I. 총   설

횡령의 죄는 자기가 보관하는 타인의 재물이나 점유이탈물을 불법하게 영득하거나 타인으로 하여금 영득하게 함으로써 성립하는 범죄이다. 절도의 죄와 달리 타인의 점유를 해하지 않는다는 점에 횡령죄의 특성이 있다.

1. 보호법익

보호법익은 소유권이다. 이 점에서 절도의 죄와 구별되지 않는다. 다만 점유침탈이라는 행위양태를 필요로 하지 않는 점에서 절도의 죄와 구별된다. 보호받는 정도는 위험범으로 보는 견해도 있으나, 미수범처벌규정을 두고 있는 점을 고려할 때 침해범으로 보는 것이 타당하다. 판례는 위험범으로 보고 있다(대판 2002. 11. 13, 2002 도 2219).

2. 횡령죄의 본질

종래 횡령행위의 해석과 관련하여 횡령죄의 본질을 놓고 월권행위설과 영득행위설이 대립하여 왔다.

(1) 영득행위설

영득행위설은 횡령죄의 본질이 위탁된 타인의 물건을 위법하게 영득하는 것이라고 한다(다수설). 따라서 위법영득의 의사를 실현하는 모든 행위는 횡령행위가 될 수 있다.

(2) 월권행위설

월권행위설은 횡령죄의 본질이 자신이 보관하고 있는 타인의 위탁물에 대하여 권한을 초과하는 월권적 처분행위를 함으로써 위탁에 기초한 신임관계를 파괴하는 것이라고 한다. 따라서 위법영득의 의사 여부를 불문하고 신임관계를 객관적으로 해칠 만한 위탁물에 대한 모든 월권행위는 횡령행위가 될 수 있다. 그 결과 일시사용의 목적으로 점유물을 처분하는 경우, 점유물을 손괴·은닉의 의사를 가지고 처분한 경우에도 횡령죄의 성립을 인정하게 된다.

(3) 절충설(결합설)

타인의 신임관계를 위반하여 불법으로 영득하는 행위가 횡령이라는 견해이다. 배신에 기초한 불법영득이 곧 횡령이 된다는 것으로 월권행위설과 영득행위설의 관점을 결합한 견해이다.

(4) 결   론

횡령죄도 소유권침해범죄의 일종으로서 특히 영득의사를 내용으로 하는 영득죄에 속하기 때문에 영득행위설이 타당하다고 해야 한다. 따라서 재물의 영득 없는 단순한 신임관계의 배신만으로는 횡령이 될 수 없다. 또한 위탁된 타인의 물건을 위법하게 영득하는 것은 이미 타인의 신뢰관계에 대한 배신을 의미한다는 점에서, 불법영득과 배신성을 결합하고 있는 절충설은 사실상 영득행위설에 포함된다고 할 수 있다. 판례도 영득행위설을 취하고 있다.

3. 체   계

횡령죄는 단순횡령죄($^{제355조}_{1항}$), 업무상 횡령죄($^{제356}_{조}$) 및 점유이탈물횡령죄($^{제360}_{조}$)로 구성된다. 여기에서 단순횡령죄를 기본적 구성요건으로 할 때 업무상 횡령죄는 불법가중적 구성요건에 해당한다. 이에 비해 점유이탈물횡령죄는 제 3 의 독립된 범죄유형에 해당한다.

위탁물횡령죄의 미수범은 처벌되고($^{제359}_{조}$), 자격정지를 병과할 수 있다($^{제358}_{조}$). 또한 친족상도례($^{제328}_{조}$)와 동력에 관한 규정($^{제346}_{조}$)은 이 장의 모든 횡령죄에 준용된다.

Ⅱ. 단순횡령죄

1. 의의 및 성격

단순횡령죄는 타인의 재물을 보관하는 자가 재물을 횡령하거나 반환을 거부함으로써 성립하는 범죄이다($^{제355조}_{1항}$). 침해범·상태범·결과범의 성격을 지닐 뿐만 아니라 표시범·의무범의 일종이기도 하다.

이 죄는 의무범적 진정신분범이지만 자수범은 아니다. 따라서 의무 없는 자는 공동정범이나 간접정범은 될 수 없지만 공범은 될 수 있다. 또한 이 죄의 신분주체에 의한 간접정범이나 부작위범의 형태도 가능하다. 상태범이므로 불가벌적 사후행위가 인정된다.

횡령죄는 자기가 점유하는 타인의 재물을 영득하는 점에서 타인이 점유하는 타인의 재물을 영득하는 절도·강도·사기 및 공갈의 죄와 구별된다. 또한 타인의 신임관계를 배반한다는 점에서 배임죄와 공통되나, 횡령죄는 개개의 재물에 대한 위탁을 기초로 한 재물죄임에 반해, 배임죄는 재물 이외의 재산상의 이익을 침해하는 순수한 이득죄라는 점에서 구별된다.

2. 객관적 구성요건요소

(1) 행위주체

행위주체는 위탁관계에 의하여 타인의 재물을 보관하는 자의 지위에 있는 모든 자연인과 법인이다. 여기서 보관자의 지위는 신분요소이고 이러한 신분요소를 가진 자만이 주체가 된다는 점에서 진정신분범의 일종이다. 또한 여기에서 보관자는 위탁자에 대해 신임관계에 기초한 보관의무를 지게 되므로 일종의 의무범이다.

(2) 행위객체

자기가 보관하는 타인의 재물이다.

(a) **자기의 보관**　　자기의 보관이란 남이 맡긴 물건을 행위자 자신이 간직하고 관리하는 것을 말한다. 이 죄의 점유는 위탁관계에 의한 제한을 받는다. 이 점에서 그것 없이 우연히 자기의 점유하에 놓이게 되었거나 어느 누구의 점유에도 속하지 않는 유실물·표류물·매장물에 대한 점유이탈물횡령죄의 행위객체와 구별된다. 그러므로 자기의 보관이라는 개념에서 중요한 요소는 위탁관계와 점유이다.

㈎ 위탁관계　　자기가 보관하는 타인의 재물은 위탁관계에 터잡아 이루어진 것이어야 한다(통설).

위탁관계의 발생원인은 사용대차·임대차·위임·임치·고용 등 계약에 의한 경우가 보통이지만, 사무관리·후견 등과 같이 법률의 규정에 의한 경우도 있

다. 더 나아가 관습·조리·신의칙에 터잡아 재물의 보관에 대해 신임관계가 발
생한 경우도 포함된다(대판 2006. 1. 12, 2005 도 7610). 예컨대 타인의 부탁으로 인
해 수령한 물품대금 또는 타인의 몫이 포함된 주식양도대금이나 상관집에 세배하
러 가면서 동료직원이 전해달라고 부탁한 선물상자 등은 수령과 동시에 위탁물이
될 수 있다.

　　반드시 위탁자와 수탁자 사이에 직접적인 위탁행위가 있어야 하는 것은 아니
지만, 조리·관습·신의칙 등에 의해 적어도 위탁행위에 준하는 **신뢰관계**는 존재
해야 한다(대판 1987. 10. 13, 87 도 1778). 만약 그 정도의 신뢰관계가 인정되지 않
으면 점유이탈물횡령죄와의 구별이 모호해지기 때문에 횡령죄의 성립을 부정해
야 한다. 판례는 송금절차의 착오로 자신의 구좌에 잘못 입금된 돈을 소비한 경우
횡령죄로 보고 있으나(대판 2005. 10. 28, 2005 도 5975) 점유이탈물횡령죄로 보아
야 한다.

‖**판례 1**‖   채무자가 채무총액에 관한 지불각서를 써 줄 것으로 믿고, 채권자가 채무
자에게 그 액면금 등을 확인할 수 있도록 가계수표들을 교부하였다면, 채권자와 채무자
사이에는 만약 합의가 결렬되어 채무자가 채권자에게 지불각서를 써 주지 아니하는 경
우에는 곧바로 그 가계수표들을 채권자에게 반환하기로 하는 조리에 의한 위탁관계가
발생하였다(대판 1996. 5. 14, 96 도 410).

‖**판례 2**‖   횡령죄에 있어서의 재물의 보관이라 함은 재물에 대한 사실상 또는 법률상
지배력이 있는 상태를 의미하므로 그 보관이 위탁관계에 기인하여야 할 것임은 물론이
나 그것이 반드시 사용대차, 임대차, 위임 등의 계약에 의하여 설정되는 것임을 요하지
아니하고 사무관리, 관습, 조리, 신의칙에 의해서도 성립된다(대판 1987. 10. 13, 87 도
1778).

　　위탁관계는 객관적으로 존재하는 사실상의 관계이면 충분하다. 따라서 소유
자의 의사와 관계없이 법률의 규정에 의한 사무관리에 의해서도 위탁관계는 성립
할 수 있다. 또한 위탁관계가 법률상 무효·취소된 때에도 이미 인도된 재물의
점유에 대해 사실상의 위탁관계는 인정된다.

‖**판례**‖   피고인이 종중의 회장으로부터 담보 대출을 받아달라는 부탁과 함께 종중 소
유의 임야를 이전받은 다음 임야를 담보로 금원을 대출받아 임의로 사용하고 자신의 개
인적인 대출금 채무를 담보하기 위하여 임야에 근저당권을 설정하였다면 비록 피고인이
임야를 이전받는 과정에서 적법한 종중총회의 결의가 없었다고 하더라도 피고인은 임야
나 위 대출금에 관하여 사실상 종중의 위탁에 따라 이를 보관하는 지위에 있다고 보아야

할 것이어서 피고인의 위 행위가 종중에 대한 관계에서 횡령죄를 구성한다(대판 2005. 6. 24, 2005 도 2413).

　　그러나 절도 · 강도 · 사기 또는 공갈에 의해 점유하게 된 재물에 대하여는 사실상의 위탁관계도 인정될 여지가 없다(대판 1986. 2. 11, 85 도 2513; 1971. 5. 24, 71 도 694).

‖ **판례** ‖　횡령죄는 불법영득의 의사 없이 목적물의 점유를 시작한 경우라야 하고 타인을 공갈하여 재물을 교부케 한 경우에는 공갈죄를 구성하는 외에 그것을 소비하고 타에 처분하였다 하더라도 횡령죄를 구성하지는 않는다(대판 1986. 2. 11, 85 도 2513).

　　(나) **불법원인위탁 및 급여**　　위탁관계는 적법하게 설정된 것이어야 한다. 위탁관계가 불법한 원인에 기인한 경우에 횡령죄가 성립할 것인가에 대해서는 긍정설, 부정설, 절충설이 대립하고 있다.

　　(i) **긍정설**(적극설)　　불법원인급여의 경우에도 횡령죄가 된다는 견해이다(소수설).[37] 논거로는 ① 불법원인급여는 자연채무의 일종으로 소송법상 소추가 불가능해도 소유권은 여전히 급여자에게 남아 있다는 점, ② 범죄의 성립 여부는 형법의 독자적인 판단에 따라 결정된다는 점, ③ 불법원인급여물의 영득도 재물에 대한 사회적 존재질서를 파괴하는 위법행위라는 점, ④ 위탁관계는 사실상의 관계이면 족하다는 점 등을 든다.

　　(ii) **부정설**(소극설)　　불법원인급여에 대한 횡령죄의 성립을 부정하는 견해이다(다수설).[38] 논거로는 ① 불법원인급여로 소유권이 수급자에게 이전된다는 점, ② 혹 소유권이 급여자에게 있더라도 그 반환청구가 불가능한 소유권은 내용이 공허하다는 점, ③ 민법상 반환의무가 없는 재물에 대한 영득을 형법이 횡령죄로 처벌하면 형법의 보충성의 원칙에 반하고 법질서의 통일을 깨뜨린다는 점, ④ 형법의 법률적 · 경제적 재산개념을 따를 때 민법의 보호를 받지 못하는 재물은 형법의 보호대상이 될 수 없다는 점 등을 든다.

　　(iii) **절 충 설**　　절충설은 불법원인급여를 둘로 나누어, 첫째 소유권 이전의사에 의한 점유이전이 있는 경우(민법 제746조가 적용되는 **불법원인급여**의 경우)에

---

37) 강구진 354면; 김성천 · 김형준 478면; 백형구 204면; 유기천(상) 271면; 임웅 445면; 정영석 371면; 정영일 257면.
38) 권오걸 536면; 김성돈 390면; 김종원 229면; 박상기 383면; 배종대 524면; 서일교 179-180면; 손동권 418면; 오영근 468면; 이영란 378면; 이재상 396면; 이정원 421면; 이형국 488-499면; 정성근 · 박광민 435면; 진계호 400면; 황산덕 317면.

는 횡령죄가 되지 않는다고 한다.[39] 예컨대 뇌물로 공무원에게 제공한 금품이나 불륜관계를 지속하기 위하여 내연녀에게 제공한 금품, 그리고 도박채무를 변제하기 위해 제공한 금품 등을 예로 들 수 있다.

둘째, 소유권 이전의사가 없는 점유이전의 경우(민법 제746조가 적용되지 않은 **불법원인위탁의 경우**), 예컨대 뇌물로 전달할 자금이나 마약구입자금을 착복한 경우, 위탁된 절도품을 착복한 경우 등에는 ① 소유권이 여전히 위탁자에게 있고 법이 보호하는 신뢰관계가 존재하므로 횡령죄를 구성한다는 견해,[40] ② 보호가치 없는 신뢰관계의 파괴가 횡령죄의 기수가 될 수는 없지만 법익평온상태를 교란하는 정도의 결과·행위반가치는 있으므로 횡령죄의 불능미수가 된다는 견해,[41] ③ 법으로 보호될 수 없는 신뢰관계의 배신은 횡령죄를 구성하지 않는다는 견해[42]로 나뉜다.

(ⅳ) 판　　례　　판례는 원칙적으로 횡령죄 부정설의 입장에 서 있다(대판 1999. 6. 11, 99 도 275; 1988. 9. 20, 86 도 628). 그러나 최근에는 구체적인 행위상황을 고려하여 수급자의 불법성이 급여자의 불법성보다 현저히 클 경우에는 예외적으로 횡령죄가 성립한다고 하였다(대판 1999. 9. 17, 98 도 2036).

‖**판례 1**‖　민법 제746조에 불법의 원인으로 인하여 재산을 급여하거나 노무를 제공한 때에는 그 이익의 반환을 청구하지 못한다고 규정한 뜻은 급여를 한 사람은 그 원인행위가 법률상 무효임을 내세워 상대방에게 부당이득반환청구를 할 수 없고, 또 급여한 물건의 소유권이 자기에게 있다고 하여 소유권에 기한 반환청구도 할 수 없어서 결국 급여한 물건의 소유권은 급여를 받은 상대방에게 귀속된다. 따라서 조합장이 조합으로부터 공무원에게 뇌물로 전달하여 달라고 금원을 교부받은 것은 불법원인으로 인하여 지급받은 것으로서 이를 뇌물로 전달하지 않고 타에 소비하였다고 해서 타인의 재물을 보관중 횡령하였다고 볼 수는 없다(대판 1999. 6. 11, 99 도 275; 1988. 9. 20, 86 도 628).

‖**판례 2**‖　윤락녀가 손님으로부터 받은 화대를 포주에게 보관했다가 이를 분배하기로 한 포주와 윤락녀간의 약정은 선량한 풍속 기타 사회질서에 위반되어 불법원인급여에 해당되지만, 포주측의 불법성이 현저히 크므로 불법원인급여의 적용은 배제, 윤락녀는 포주에게 보관한 화대 전부의 반환을 청구할 수 있고, 포주가 이를 임의로 소비한 행위는 횡령죄를 구성한다(대판 1999. 9. 17, 98 도 2036).

---

39) 김성천·김형준 478면; 김일수, 한국형법 Ⅲ, 630-631면. 강동범,「소위 불법원인급여와 횡령죄의 성부」, 형사판례연구 1(1993), 193-194면에서는 불법원인급여의 경우에는 소유권 내지 이익이 수급자에게 귀속되므로 애당초 형법상 횡령의 문제가 발생하지 않는다고 한다.

40) 김성천·김형준 478면.

41) 김일수, 한국형법 Ⅲ, 631면.

42) 강동범, 앞의 글, 194면.

(v) **결 론**　횡령죄 성립의 중요한 기준은 **재물의 타인성과 위탁관계**이다. 먼저 **불법원인급여**는 소유권 이전의사가 있는 점유이전이므로 재물의 타인성 요건을 충족하지 않는다. 따라서 처음부터 횡령죄의 성립이 부인된다. 문제는 **불법원인위탁물**을 횡령한 경우이다. 이 경우에는 소유권이 여전히 위탁자에게 남아 있기 때문에 위탁자와 수탁자 사이에 존재하는 신뢰관계를 과연 형법이 어느 정도까지 보호해야 하는가가 문제된다. 순객관적인 관점에서 보면 재물의 위탁관계가 불법한 목적을 위한 것이거나 불법한 원인에 기하고 있을 때 양자 사이의 신뢰관계를 법으로 보호해 줄 필요는 없다. 불법적 거래를 보호하는 것은 법의 임무가 아니기 때문이다. 그러나 신뢰관계가 법의 보호영역 밖에 있을 때 주관적으로 그것을 침해함으로써 발생하는 재산상의 손해도 역시 법의 보호영역 밖에 있다고 보는 것이 옳을까. 형법적 불법의 행위반가치와 결과반가치면을 종합고찰한다면 횡령죄 불법의 가장 낮은 단계를 유지한 불능미수설에 경청할 점이 있다. 순객관적으로 보호할 가치 없는 신뢰관계의 파괴라도 행위자가 횡령죄불법을 저지르기 위해 실행에 나아간 경우에는 불능미수 정도의 불법성을 인정하는 것이 합리적인 불법귀속이 아닐까 생각한다.[43)

(다) **점 유**　점유는 재물에 대한 법률상 또는 사실상의 지배를 뜻한다. 횡령죄에서 점유는 위탁관계를 전제로 하는 보관의 구성요소이기 때문이다.

(i) **절도죄의 점유와의 구별**　횡령죄의 점유는 위탁관계를 전제로 하기 때문에 행위주체의 신분요소를 결정하는 의미를 지닌다. 이 점에서 널리 탈취행위의 구성요소로서의 의미를 지니는 절도죄의 점유보다 그 의미가 좁다. 반면 관리라는 법률적 지배까지도 포함한다는 점에서 단지 사실상의 소지만을 뜻하는 절도죄의 점유보다 범위가 넓다.

(ii) **부동산의 점유**　부동산에 대한 점유자의 지위는 부동산에 대한 법적 처분권한의 여부를 가지고 판단한다(통설·판례). 따라서 부동산의 등기명의인은 부동산을 법률상 유효하게 처분할 수 있는 지위에 있는 자이기 때문에 부동산의 점유자이다(대판 1996. 1. 23, 95 도 784). 반면 등기부상의 명의인이라 하더라도 등기가 원인무효이거나(대판 1989. 2. 28, 88 도 1368), 위탁자가 소유권을 취득할 수 없는 때(대판 1982. 2. 9, 81 도 2936)에는 부동산의 점유자가 될 수 없다. 부동산을 사실상 지배하고 있는 자라도 법률상의 처분권한이 없는 한 점유자라고 볼 수 없다. 미성년자의 친권자·후견인·법인의 대표 등과 같이 법적 권한에 기해 사실

---

43) 김일수, 「미수의 불법귀속에 관한 연구」, 고려법학 제40호(2003), 25면.

상 타인의 부동산을 관리 · 지배하는 자는 본죄의 점유자가 될 수 있다. 마찬가지로 부동산의 명의수탁자의 지위를 포괄승계한 상속인도 법적 처분권한을 취득하였으므로 부동산에 대한 점유자가 된다(대판 1996. 1. 23, 95 도 784).

‖ **판례** ‖ 횡령죄에 있어 부동산에 대한 보관자의 지위는 그 부동산에 대한 점유를 기준으로 할 것이 아니라 그 부동산을 유효하게 처분할 수 있는 권능이 있는지의 여부를 기준으로 하여 결정하여야 할 것이고, 위 임야의 사정명의자로서 명의수탁인 조부가 사망함에 따라 그의 자인 부가, 또 위 부가 사망함에 따라 피고인이 각 그 상속인이 됨으로써 피고인은 위 임야의 수탁관리자로서의 지위를 포괄승계한 것이어서, 피고인은 위 임야를 유효하게 처분할 수 있는 보관자로서의 지위를 취득하였다고 할 것이다(대판 1996. 1. 23, 95 도 784; 같은 취지 대판 2005. 6. 24, 2005 도 2413).

단 미등기부동산에 대해서는 위탁관계에 의하여 현실로 부동산을 관리 · 지배하는 자를 보관자로 볼 수 있다(대판 1993. 3. 9, 92 도 2999).

특정 부동산의 등기서류만을 보관하고 있는 자는 부동산의 점유를 갖고 있는 것이 아니라 타인의 사무를 처리하는 자의 지위에 있는 것으로 보아야 한다. 따라서 단순히 등기서류를 임치하고 있는 자가 그 부동산을 처분하면 횡령이 아니라 배임이 문제될 수 있을 뿐이다.

(iii) **금전위탁의 점유**   봉함금 · 공탁금과 같이 금전이 특정물로 위탁된 경우 보관자는 그 특정금전에 대한 점유자가 된다(통설). 각종 저금의 인출을 의뢰받고 예금통장과 인장을 맡은 자가 현실로 인출한 금전도 의뢰자에게 인도될 때까지 수탁자의 점유에 속한다. 반면 금전이 불특정물로 위탁된 경우 금전에 대한 소유권은 원칙적으로 수치인에게 이전된다 할 것이므로, 수치인은 타인의 재물을 보관하는 자가 아니라 타인의 사무를 처리하는 자로 보아야 한다.

(iv) **은행예금의 점유**   타인의 돈을 위탁받아 은행에 예금한 경우에도 그 돈에 대한 점유를 인정할 수 있는가? 횡령죄의 점유는 사실상의 지배뿐만 아니라 법률상의 지배를 포함한다. 따라서 수탁자가 예금액을 언제라도 인출할 수 있는 지위에 있는 한, 예금액에 대한 법률상의 지배로서 불특정물에 대한 점유를 갖고 있다고 보아야 할 것이다. 다만 최근 개정된 금융실명거래및비밀보장에관한법률(법률 제12711호, 시행 2014. 11. 29.)이 시행됨에 따라 실명이 확인된 계좌에 들어 있는 예금은 명의자의 소유로 추정(제3조 5항)되고, 판례도 법률에 따라 실명확인 절차를 거쳐 작성된 예금계약서(예금명의자와 은행 간에 체결된 계약서) 등의 증명력을 번복하기에 충분할 정도의 명확한 증명력을 가진 구체적이고 객관적인 증거

가 있는 경우에만 예외적으로 예금신탁자의 소유를 인정(대판 2009. 3. 19, 2008 다 45828 전원합의체 판결)하고 있으므로, 비록 예금명의자(수탁자)가 예금을 인출하여 영득하거나 반환요구를 거부하더라도 예금신탁자가 계좌에 보유된 예금이 자신의 소유라는 것을 명확한 증거를 근거로 입증하지 못한다면 수탁자에게 횡령죄는 성립하지 않는다.

(v) 유가증권의 점유   창고증권·화물상환증·선하증권 등 물권적 유가증권은 인도함으로써 물권적 효력이 생긴다. 따라서 이들 유가증권의 소지인은 비록 재물에 대한 사실상의 지배가 없더라도 임치물을 자유롭게 처분할 수 있는 지위에 있으므로 재물에 대한 법률적 지배를 가진다(통설).

(vi) 상하주종간의 점유   상하주종관계에서는 상위자만이 점유자이다. 따라서 하위자가 재물을 영득하면 절도죄일 뿐 횡령죄가 되지 않는다. 그러나 상하주종관계라도 보조자에게 독립적인 처분권한이 주어져 있다면 사실상 보관자의 지위에 있다 할 것이므로 점유자로 보아야 할 것이다. 예컨대 사환에게 은행 또는 우체국에 가서 단독으로 돈을 입출금하도록 심부름을 시킨 경우에는 횡령이 될 수 있다(대판 1986. 8. 19, 86 도 1093).

(vii) 공동소유자 1인의 점유   공동소유물을 공동소유자 중 1인이 보관하고 있는 경우 보관자는 공동소유물의 점유자가 된다. 따라서 보관자가 공동소유물을 임의로 처분하면 횡령죄가 된다(대판 2001. 10. 30, 2001 도 2095). 그러나 공동상속한 부동산을 상속인 중 1인이 점유하고 있던 중 다른 공동상속인의 지분을 임의로 처분한 경우에는 그에게는 법적 처분권한이 없으므로 횡령죄가 성립하지 않는다.

‖**판례 1**‖ 피고인과 갑이 이 사건 임대목적물을 공동으로 임대한 것이라면 그 보증금반환채무는 성질상 불가분채무에 해당하므로, 위 임대보증금 잔금은 이를 정산하기까지는 피고인과 갑의 공동소유에 귀속한다고 할 것이고, 공동소유자 1인에 불과한 피고인이 갑의 승낙 없이 위 임대보증금 잔금을 임의로 처분하였다면 횡령죄가 성립한다(대판 2001. 10. 30, 2001 도 2095).

‖**판례 2**‖ 피고인이 다른 동업자들과 공동으로 토지를 매수하여 이를 편의상 피고인 이름으로 소유권이전등기를 경료하여 두고서 업무상 관리하여 오던 중 피고인의 개인용도를 위하여 농협으로부터 금원을 차용하면서 위 동업자들의 승낙도 없이 피고인 임의로 농협 앞으로 근저당권설정등기를 경료하여 주었다면 업무상 횡령죄에 해당한다(대판 1987. 12. 8, 87 도 1690).

⒣ **화물운반자와 위탁자 사이의 점유**   위탁자와 화물운반자의 공동운반이 아니라 후자에게 단독 운반이 위탁된 경우에는 통상 신뢰관계에 기초한 화물점유의 이전이 있다고 보아야 하기 때문에 화물운반자의 단독점유를 인정하는 것이 옳다. 따라서 지게꾼에게 단독으로 물건을 운반하도록 위탁한 경우(대판 1982. 12. 23, 82 도 2384), 화물자동차의 운전자가 운반중인 재물을 영득한 경우(대판 1957. 10. 20, 4290 형상 281)에는 단독점유로서 횡령죄가 된다. 반면 판례는 철도공무원이 운반중인 화물을 처분한 경우에는 고용주(철도청)와의 공동점유로 보아 절도죄가 성립한다고 한다(대판 1967. 7. 8, 65 도 798).

⒤ **봉함물의 점유**   타인으로부터 봉함된 포장물이나 용기 속에 들어 있는 물건을 위탁받아 관리하는 자가 전부 또는 내용물만 영득한 경우를 어떻게 취급해야 할 것인가? 단순히 형식적으로 봉함물이라는 점에 구애될 것이 아니라 구체적인 위탁관계를 참작하여 순전히 형식적인 위탁관계라면 절도가 되고 실질적인 위탁관계라면 횡령이 된다.

(b) **타인의 재물**   타인의 재물이란 행위자 이외의 자의 소유(타인소유)에 속하는 재물을 의미한다. 여기에서 타인이란 행위자 이외의 자를 말한다. 자연인, 법인, 법인격 없는 단체나 조합을 불문한다. 1인 회사의 경우 1인 주주 겸 대표이사에 대해 회사도 타인이 된다(대판 2005. 4. 29, 2005 도 741; 1995. 3. 14, 95 도 59; 1982. 4. 13, 80 도 537).

‖ **판례** ‖   주식회사의 주식이 사실상 1인의 주주에 귀속하는 1인회사에 있어서도 회사와 주주는 분명히 별개의 인격이어서 1인회사의 재산이 곧바로 그 1인주주의 소유라고 볼 수 없으므로, 회사의 사실상 1인주주라고 하더라도 회사의 금원을 업무상 보관중 이를 임의로 처분한 소위는 업무상 횡령죄를 구성한다(대판 1995. 3. 14, 95 도 59).

여기에서 재물은 절도죄에서와는 달리 동산 외에 부동산까지도 포함한다. 관리할 수 있는 동력도 재물로 간주한다($^{제361}_{조}$). 권리는 재물이 아니므로 광업권은 횡령죄의 객체가 될 수 없다(대판 1994. 3. 8, 93 도 2272). 그러나 권리가 화체되어 있는 문서 자체는 재물이다. 따라서 채권 자체는 재물이 아니지만 이 채권이 체현(體現)된 채권증서는 재물로서 이 죄의 객체가 된다.

특별히 문제되는 경우는 다음과 같다:

㈎ **대 체 물**   쌀·연탄·기름·금전 등의 물건처럼 종류·품질·수량·액면가에 따라 다른 물건과 대체할 수 있는 물건을 대체물이라고 한다. 금전 기타

대체물을 위탁받은 경우에 이를 횡령죄의 객체인 타인의 재물이라고 할 수 있는
가? 이러한 대체물의 위탁시에 소유권이전의 의사가 있었는지의 여부에 달려 있다.

이를 다시 세분하여 개별적으로 고찰해 보기로 하자.

(ⅰ) **특정물로서 위탁된 경우**   대체물이라 하더라도 특정물로서 위탁되어 수
탁자가 임의로 소비할 수 없는 경우에는 소유권이 위탁자에게 있다 할 것이므로
수탁·보관자가 이를 임의로 소비하면 횡령죄를 구성한다(통설). 수탁자가 임의
로 소비할 수 없는 조건으로 위탁된 봉함금 또는 공탁금의 경우도 마찬가지이다.

(ⅱ) **용도·목적을 정하지 않고 위탁한 불특정물**   대표적인 예가 소비임치이
다. 수치인이 계약에 따라 임치물을 소비할 수 있는 경우($^{민법}_{제702조}$)에는 임치물 자체
의 소유권은 수치인에게 이전되므로 횡령죄 문제는 생기지 않는다.

(ⅲ) **용도·목적을 정하여 위탁한 금전(불특정물)**   토지매입비용과 같이 일
정한 용도와 목적을 정하여 위탁한 금전을 수탁자가 임의로 다른 목적에 사용한
경우를 어떻게 취급할 것인가? ① 금전 기타의 대체물이 특정물로서 위탁된 경우
가 아닌 한, 소유권이 수탁자에게 이전할 뿐만 아니라 물건으로서가 아닌 가치로
고찰하여야 하므로 전체재산에 대한 배임죄가 될 뿐이라는 견해(배임죄설),[44] ②
금전 기타의 대체물도 재물이라고 하지 않을 수 없고 수탁자가 정해진 용도에 따
라 사용할 때까지 소유권이 위탁자에게 유보되므로 횡령죄의 성립을 인정해야 한
다는 견해(횡령죄설)[45]가 대립하고 있다. 대법원은 일관되게 횡령죄 성립을 인정
하고 있다(대판 2006. 3. 9, 2003 도 6733).

‖ **판례** ‖   목적·용도를 정하여 위탁한 금전은 정해진 목적·용도에 사용할 때까지는
이에 대한 소유권이 위탁자에게 유보되어 있는 것으로서, 특히 그 금전의 특정성이 요구
되지 않는 경우 수탁자가 위탁의 취지에 반하지 않고 필요한 시기에 다른 금전으로 대체
시킬 수 있는 상태에 있는 한 이를 일시 사용하더라도 횡령죄를 구성한다고 할 수 없고,
수탁자가 그 위탁의 취지에 반하여 다른 용도에 소비할 때 비로소 횡령죄를 구성한다
(대판 1995. 10. 12, 94 도 2076; 같은 취지 대판 2003. 7. 25, 2003 도 2331).

생각건대 일정한 용도·목적을 정하여 임치·위탁한 금전이라도 소비임치의
의사표시가 분명하거나 또는 수탁자가 위탁의 취지에 반하지 않고 필요한 시기에
동액의 다른 금전으로 대체시킬 수 있는 사정하에서 일시 유용한 경우에는 타인

---

44) 김종원 228면; 배종대 530면; 오영근 474면; 유기천(상) 276면; 이영란 383면; 이재상 405
면; 이형국 490면; 임웅 447면.
45) 강구진 351면; 권오걸 531면; 김성돈 385면; 김성천·김형준 475면; 박상기 376면; 백형구
203면; 손동권 422면; 이정원 426면; 정성근·박광민 438면; 정영석 372면; 정영일 258면;
황산덕 317면.

의 재물로서의 특정성이 희박하기 때문에 배임죄의 성립가능성은 별론으로 하고 횡령죄의 성립은 어렵다. 그러나 그 밖의 경우로서 일정한 용도·목적을 정하여 위탁한 금전은 정해진 목적·용도에 사용할 때까지는 그에 대한 소유권이 위탁자에게 유보되어 있다고 할 것이므로 수탁자가 그 취지에 반해 다른 용도에 소비해 버린 경우에는 횡령죄를 구성한다고 보는 것이 옳다. 또한 용도나 목적이 특정되어 보관된 금전은 그 보관 도중에 특정의 용도나 목적이 소멸되었다고 하더라도 위탁자가 이를 반환받거나 그 임의소비를 승낙하기까지는 여전히 위탁자의 소유물이라고 할 것이기 때문에 보관자가 임의소비한 경우에는 역시 횡령죄가 성립하다(대판 2002. 11. 22, 2002 도 4291).

(iv) 위탁판매 등에 의해 취득한 대금　위탁판매대금은 특별한 사정이 없는 한, 위탁금 성질을 갖게 되어 수탁자가 수령함과 동시에 위탁자의 소유로 귀속하므로 수탁자가 임의로 소비하면 횡령죄가 된다. 판례(대판 1996. 6. 14, 96 도 106; 1982. 3. 9, 81 도 572) 및 다수설의 입장이다.

채권추심을 위하여 신탁적으로 채권양도를 받아 추심한 물품대금의 소유권은 특별한 사정이 없는 한 역시 채권양도인의 소유에 속하기 때문에 이를 임의로 소비하면 횡령죄를 구성한다(대판 1970. 12. 29, 70 도 2387).

금전의 수수를 수반하는 사무처리를 위임받은 자가 그 행위에 기하여 위임자를 위하여 제3자로부터 수령한 금전은 목적이나 용도를 한정하여 위탁된 금전과 마찬가지로 달리 특별한 사정이 없는 한 그 수령과 동시에 위임자의 소유에 속하고, 위임을 받은 자는 이를 위임자를 위하여 보관하는 관계에 있다고 보아야 할 것이기 때문에 이를 소비하거나(대판 2001. 12. 14, 2001 도 3042) 임의로 위임자에 대한 자신의 채권에 상계충당한 경우(대판 2007. 2. 22, 2006 도 8939) 횡령죄가 성립한다.

(v) 회사·단체·공공기관 소유의 금전을 유용한 경우　회사·단체·공공기관이 소유하는 금전을 조직 내부의 사무분담에 따라 관리·보전하는 자가 그 금전을 일시 유용하거나 본래의 용도·목적 이외의 항목으로 유용하는 경우에는 재물의 타인성이 강하게 나타나므로 횡령죄의 성립을 인정해야 한다.

‖**판례 1**‖　조합 등의 단체에 있어서 그 자금의 용도가 엄격하게 제한되어 있는 경우에는 용도 외의 사용은 그것이 조합을 위한 것이라고 하더라도 그 사용행위 자체로서 불법영득의 의사를 실현한 것이 되어 불법영득의 의사를 부정할 수 없다(대판 1992. 10. 27, 92 도 1915).

‖ **판례 2** ‖ 사립학교법 제29조 및 같은 법 시행령에 의해 학교법인의 회계는 학교회계와 법인회계로 구분되고 학교회계 중 특히 교비회계에 속하는 수입은 다른 회계에 전출하거나 대여할 수 없는 등 용도가 엄격히 제한되어 있기 때문에 교비회계자금을 다른 용도(법인구성원에 대한 변호사비용)에 사용하였다면 그 자체로서 횡령죄가 성립한다(대판 2003. 5. 30, 2002 도 235).

(나) **부동산의 이중매매**　　물권변동에 관해 형식주의를 취하고 있는 현행 민법하에서 부동산의 소유권이전등기를 경료할 때까지는 소유권은 매도인에게 유보되어 있으므로 타인의 재물이라 할 수 없다. 따라서 부동산의 이중매매에서는 횡령죄가 아니라 배임죄가 문제될 뿐이다(대판 2018. 5. 17, 2017 도 4027).

(다) 담보부 · 유보부 소유권의 경우

(ⅰ) 매도담보 · 양도담보의 경우

ⅰ) 부동산과 등기 · 등록 가능한 동산의 경우　　양도담보에서는 특약이 없는 한 목적물을 점유하는 채무자에게 소유권이 유보되고, 채권자에게는 담보의 목적범위 안에서 그 담보권만 인정된다. 반면 매도담보는 목적물의 소유권이 채권자에게 이전되고 채무자가 대금을 변제하면 그 목적물의 반환을 청구할 수 있도록 약정되는 경우이다. 그런데 가등기담보등에관한법률(1984년 1월 1일부터 시행, 이하 가담법)이 시행된 이후로는 부동산과 등기 · 등록 가능한 동산에 대한 양도담보 · 매도담보의 채권자는 청산기간이 경과한 후에 청산을 하여야만 비로소 담보목적물의 소유권을 취득할 수 있다. 그 때까지 소유권자는 여전히 채무자이며, 채권자는 담보의 목적범위 안에서 담보물권만 취득한다(담보물권설).

따라서 만약 채무자가 채권자의 승낙 없이 목적물을 처분하면 배임죄가 성립할 뿐, 횡령죄는 성립하지 않는다. 반면 채권자가 담보권 실행기간 도과 전에 목적물을 처분하면 그에 대한 횡령죄가 성립한다.

또한 채권자가 담보권 실행기간 도과 후에 목적물을 처분하고 청산을 하지 않으면 청산금에 대하여도 횡령죄가 성립한다. 부동산소유권 이전 시점은 소유권이전등기시가 아니라 청산시이기 때문이다.

ⅱ) 보통 동산의 경우　　가담법이 직접 규율하고 있지 않은 보통 동산의 경우, 민법상 법률관계에 관하여 담보물권설과 신탁적 소유권이전설 등이 대립한다. 형법상 법률관계도 그에 따라 달라진다.

① 매도담보든 양도담보든 가담법을 유추적용하는 입장(담보물권설)을 따르면, 부동산 등의 경우와 결론이 같다.

② 양도담보의 경우, 신탁적 소유권이전설을 따르면 역시 채무자가 소유권자이므로 부동산 등의 경우와 결론은 마찬가지이다. 동산의 소유권은 신탁적으로 채권자에게 이전됨에 불과하므로 채권자와 채무자의 대내적 관계에서는 채무자가 의연히 소유권을 보유하게 되어, 채무자가 이를 처분하는 등 부당히 담보가치를 감소시키는 행위를 하면 배임죄가 성립한다(대판 1989. 7. 25, 89 도 350). 횡령죄의 주체가 될 수 있는 사람은 채권자이다(대판 1989. 4. 11, 88 도 906).

③ 매도담보의 경우, 가담법을 유추적용하는 입장을 따르지 않으면 채권자가 소유권자이다. 따라서 채무자가 목적물을 임의처분하면 횡령죄가 성립하고, 채권자가 변제기 도과 전에 목적물을 처분하면 환매권의 침해로서 배임죄가 성립한다. 반면 채권자가 변제기 도과 후 목적물을 처분하면 무죄이다.

iii) 양도담보권자가 담보목적물을 부당하게 염가로 처분한 경우

① 담보목적물이 부동산이거나 등기·등록 가능한 동산인 경우   종전 판례(대판 1989. 10. 24, 87 도 126; 1985. 11. 26, 85 도 1493 전원합의체)와 가담법 시행 이후의 최근 판례(대판 1997. 12. 23, 97 도 2430)도 배임죄의 성립을 부인하고 있다.

‖ **판례** ‖   담보권자가 변제기 경과 후에 담보권을 실행하기 위하여 담보목적물을 처분하는 행위는 담보계약에 따라 담보권자에게 주어진 권능이어서 자기의 사무처리에 속하는 것이지 타인인 채무자의 사무처리에 속하는 것이라고 할 수 없으므로, 담보권자가 담보권을 실행하기 위하여 담보목적물을 처분함에 있어 시가에 따른 적절한 처분을 하여야 할 의무는 담보계약상의 민사채무일 뿐 그와 같은 형법상의 의무가 있는 것은 아니므로 그에 위반한 경우 배임죄가 성립된다고 할 수 없다(대판 1997. 12. 23, 97 도 2430).

그러나 이 판례의 입장은 가담법 시행 이후 청산형의 양도담보만 남게 되어 담보권이 실행되더라도 청산절차가 종료한 후가 아니면 담보권자가 소유권을 취득할 수 없다는 점을 간과한 것으로 보인다. 즉 변제기가 경과하여 담보권이 실행된다고 하더라도 담보권자는 담보목적물의 소유자가 아니다. 따라서 담보권자가 담보목적물을 처분하는 행위는 자기의 사무가 아니라 타인의 사무이다. 만약 담보권자가 담보목적물을 부당하게 염가로 처분하여 채무자에게 청산할 청산금이 없다면 이는 타인의 사무를 처리하는 자가 그 임무에 위배한 배임죄가 된다고 해야 할 것이다.

② 담보목적물이 보통의 동산인 경우   목적물이 보통의 동산이더라도 담보물권설(가담법을 유추적용해야 한다는 입장)을 따르면 역시 배임죄가 성립한다. 반면 신탁적 소유권이전설(종래의 양도담보로 보는 입장)을 따르면 양도담보권자는

배임죄의 주체가 될 수 없다.

(ii) 명의신탁의 경우

i) 문제의 제기   종래 명의신탁에서 신탁물에 대한 소유권은 신탁목적의 범위 내에서는 수탁자에게 이전되나, 목적범위 밖에서는 신탁자에게 있었다. 따라서 수탁자가 신탁목적범위를 일탈해서 신탁목적물을 처분하면 횡령죄가 되고, 신탁목적범위 내에서 신탁목적물을 처분하면 무죄였다.

이러한 명의신탁의 법리는 부동산실권리자명의등기에관한법률(제정 1995. 3. 30, 법률 제4944호)이 시행되기 이전까지는 타당하였다. 이 법(약칭 부동산실명법)의 시행으로 명의신탁은 원칙적으로 무효이다(동법 제4조). 그럼에도 불구하고 수탁자가 신탁목적물을 처분했을 때 횡령죄가 성립하는지 문제다. 물론 종중이 보유한 부동산이나 부부간에는 이 법에 의해서도 예외적으로 유효하므로(동법 제8조), 이 경우에 수탁자가 이를 불법처분하면 여전히 횡령죄가 성립한다.

ii) 2자간 등기명의신탁의 경우   2자간 등기명의신탁이란 부동산소유자가 명의수탁자와 명의신탁약정을 하고 수탁자명의로 부동산등기를 한 경우를 말한다. 수탁자가 부동산을 영득한 경우에 여전히 횡령죄가 성립할 수 있다는 견해 (부당이득설)와 횡령죄의 성립을 부정하는 견해(불법원인급여설)가 대립하고 있다.

① 부당이득설(횡령죄 긍정설)   수탁자명의의 등기가 무효인 이상 신탁자가 부동산에 대한 소유권을 여전히 보유하고 있고, 따라서 신탁자는 소유권에 기한 방해배제청구권과 부당이득반환청구권을 행사하여 등기말소나 이전등기를 청구할 수 있으므로 신탁목적물을 처분한 수탁자에게 횡령죄가 성립한다는 견해이다.[46]

② 불법원인급여설(횡령죄 부정설)   무효인 명의신탁에 기한 수탁자는 더 이상 신탁부동산의 보관자가 될 수 없어서 횡령죄가 성립하지 않고 동법 제7조의 벌칙규정에 의해 처벌된다는 견해이다.[47]

③ 불법원인위탁설(횡령죄의 불능미수설)   부동산실명법에 의해 기존의 명의신탁관계는 무효가 되므로 불법원인급여물을 영득한 경우가 아니라 불법원인위탁물을 영득한 경우와 동일하게 보는 것이 좋다는 견해이다. 따라서 신탁자와

---

46) 김성돈 399면; 김성천·김형준 471면; 배종대 531면; 백재명, 「부동산명의신탁과 횡령죄」, 형사판례연구 7(1999), 376면; 백형구 202면; 손동권, 「명의신탁 부동산의 처분행위에 대한 횡령죄의 성립 여부」, 고시연구 1997.12, 40면; 이정원 417면; 이재상 400면; 임 웅 430면; 장영민, 「명의신탁된 부동산의 횡령행위의 죄책」, 고시계 1997.12, 38면; 정성근·박광민 448면; 정영일 265면; 민법학자로는 김준호, 이명구박사화갑기념논문집, 3.
47) 박상기 378면; 오영근 480면; 민법학자로는 이은영, 민법학강의, 345면.

수탁자 사이의 위탁관계가 형법상 보호할 가치가 있는 신뢰관계에 기초한 것이 아니기 때문에 횡령죄의 기수범은 될 수 없다. 하지만 횡령죄의 행위반가치는 존재하므로 횡령죄 미수가 문제된다. 이 경우 결과반가치는 법익평온상태를 교란시킬 정도의 아주 낮은 결과반가치에 해당한다고 볼 수 있으므로 횡령죄의 불능미수로 다루는 것이 타당하다고 한다.[48]

④ 판   례   대법원은 소유관계가 명백한 부동산에 대해서는 실소유자의 권리를 인정하여 실소유자(명의신탁자)로부터 명의수탁받은 자가 임의처분행위를 했을때 실소유자에 대한 횡령죄를 인정한다(대판 2000. 2. 22, 99 도 5227).

‖ **판례** ‖   부동산을 소유자로부터 명의수탁받은 자가 이를 임의로 처분하였다면 명의신탁자에 대한 횡령죄가 성립하며, 그 명의신탁이 부동산실권리자명의등기에관한법률 시행 전에 이루어졌고 같은 법이 정한 유예기간 이내에 실명등기를 하지 아니함으로써 그 명의 신탁약정 및 이에 따라 행하여진 등기에 의한 물권변동이 무효로 된 후에 처분행위가 이루어졌다고 하여 달리 볼 것이 아니다(대판 2000. 2. 22, 99 도 5227. 동지 대판 2009. 11. 26, 2009 도 5547).

⑤ **결론**(횡령죄 긍정설)   명의신탁약정뿐 아니라 2자간 명의신탁에 기한 물권변동은 무효이기 때문에 수탁자는 유효하게 소유권을 취득하지 못하며 따라서 소유권은 여전히 신탁자에게 남아 있게 된다(부동산실명법제4조 1항 및 2항 본문). 물권변동의 무효를 제3자에게 대항하지 못한다고 규정한 동법 제4조 3항과 실명전환을 강제하도록 하기 위해 이행강제금을 부과하도록 한 동법 제6조를 고려할 때 수탁자의 소유권 취득을 인정하려는 견해는 옳지 못하다.[49] 대법원 판례도 부동산실명법의 취지는 명의신탁을 막아 부동산거래의 투명성을 확보하려는 데 있지 수탁자가 부동산의 소유권을 취득할 수 있다는 의미가 아님을 분명히 한 바 있다(대판 2002. 12. 26, 2000 다 21123). 신탁자는 소유권에 기한 방해배제청구권과 부당이득반환청구권을 행사하여 등기말소나 이전등기를 청구할 수 있다는 점에서 여전히 소유권자이고, 따라서 대내적 신뢰관계의 배신을 통해 신탁자의 소유권을 침해하는 행위는 횡령죄로 벌할 근거와 필요성이 인정된다. 횡령죄 부정설은 수탁자의 소유권 취득을 전제로 한다는 점에서, 그리고 횡령죄의 불능미수설은 대내적 신뢰관계를 너무 낮게 평가한 것이 아닌가라는 점이 문제점으로 지적될 수 있다.

iii) **3자간 등기명의신탁**(중간생략명의신탁)의 경우   3자간 등기명의신

---

48) 김일수, 「미수의 불법귀속에 관한 연구」, 고려법학 제40호(2003), 26-27면.
49) 임웅 431면.

탁이란 예컨대 갑이 을과 명의신탁약정을 하고 병으로부터 부동산을 매입하여 명의수탁자 을명의로 중간생략등기한 경우를 말한다. 부동산실명법에 따라 갑과 을 사이의 명의신탁약정은 무효이고 수탁자인 을 앞으로의 소유권이전등기도 무효이므로 소유권은 여전히 매도인이 병에게 남게 된다(제4조 1항 및 2항 본문). 이 경우 수탁자 을이 부동산을 제3자에 매도한 경우의 죄책에 대해서는 ① 갑·을간의 불법원인위탁관계로 보아 횡령죄의 불능미수가 된다는 견해,[50] ② 소유권을 취득하지 못한 신탁자에 대해서는 횡령죄가 성립할 수 없기 때문에 소유권자인 병에 대한 횡령죄가 된다는 견해,[51] ③ 신탁자 갑에 대한 관계에서 횡령죄가 된다는 견해[52]가 대립하고 있다.

종래 판례(대판 2001. 11. 27, 2000 도 3463)는 이런 경우 신탁자에 대한 수탁자의 횡령죄 성립을 인정하였으나, 이후 전원합의체 판결(대판 2016. 5. 19, 2014 도 6992 전원합의체)을 통해 무죄설로 돌아섰다.

‖ 판례 ‖ 부동산을 매수한 명의신탁자가 자신의 명의로 소유권이전등기를 하지 아니하고 명의수탁자와 맺은 명의신탁약정에 따라 매도인에게서 바로 명의수탁자에게 중간생략의 소유권이전등기를 마친 경우, 부동산 실권리자명의 등기에 관한 법률(이하 ‘부동산실명법’이라 한다) 제4조 제2항 본문에 의하여 명의수탁자 명의의 소유권이전등기는 무효이고, 신탁부동산의 소유권은 매도인이 그대로 보유하게 된다. 따라서 명의신탁자로서는 매도인에 대한 소유권이전등기청구권을 가질 뿐 신탁부동산의 소유권을 가지지 아니하고, 명의수탁자 역시 명의신탁자에 대하여 직접 신탁부동산의 소유권을 이전할 의무를 부담하지는 아니하므로, 신탁부동산의 소유자도 아닌 명의신탁자에 대한 관계에서 명의수탁자가 횡령죄에서 말하는 ‘타인의 재물을 보관하는 자’의 지위에 있다고 볼 수는 없다. 명의신탁자가 매매계약의 당사자로서 매도인을 대위하여 신탁부동산을 이전받아 취득할 수 있는 권리 기타 법적 가능성을 가지고 있기는 하지만, 명의신탁자가 이러한 권리 등을 보유하였음을 이유로 명의신탁자를 사실상 또는 실질적 소유권자로 보아 민사상 소유권이론과 달리 횡령죄가 보호하는 신탁부동산의 소유자라고 평가할 수는 없다. 명의수탁자에 대한 관계에서 명의신탁자를 사실상 또는 실질적 소유권자라고 형법적으로 평가하는 것은 부동산실명법이 명의신탁약정을 무효로 하고 있음에도 불구하고 무효인 명의신탁약정에 따른 소유권의 상대적 귀속을 인정하는 것과 다름이 없어서 부동산실명법의 규정과 취지에 명백히 반하여 허용될 수 없다(대판 2016. 5. 19, 2014 도 6992 전원합의체 판결).

생각건대 형식적 소유권자는 여전히 병이나 원매도인 병과 명의수탁자 을 사

---

50) 김일수, 앞의 글, 28면.
51) 박상기 379면; 백재명, 앞의 글, 377면; 이재상 401면; 정성근 · 박광민 450면.
52) 김성돈 400면; 배종대 534면; 장영민, 앞의 글, 38면; 정영일 265면;

이에는 횡령죄 재물보관의 기초가 되는 위탁관계 내지 신뢰관계를 인정하기 어렵다. 따라서 병과의 관계에서 횡령을 문제삼으려면 차라리 점유이탈물횡령을 문제삼아야 한다. 한편 명의신탁자인 갑과 매도인 병 사이에 체결된 매매계약은 여전히 유효하므로 갑은 수탁자 을명의의 등기말소를 구하는 동시에 매도인 병을 상대로 매매계약에 기한 소유권이전등기를 구할 수 있다. 따라서 수탁자 을의 부동산 처분은 갑에 대한 신뢰관계의 배신행위로서 재산상 손해를 끼친 배임행위가 된다고 보는 것이 옳다. 부동산물권변동에 관한 형식주의에 따라 갑은 아직 소유권자가 아니기 때문에 갑에 대한 횡령죄가 성립할 수는 없다.

　　　iv) 계약명의신탁의 경우　　　계약명의신탁이란 예컨대 명의신탁자인 갑이 명의수탁자인 을에게 부동산의 매수를 위임하면서 명의신탁약정까지 맺고, 이에 따라 수탁자 을이 제3자인 병으로부터 부동산을 매수——을이 병의 계약파트너가 됨——하여 자기 앞으로 이전등기하는 형식의 명의신탁을 말한다.

　　　㉮ 매도인이 악의인 경우　　　매도인 병이 갑과 을간의 명의신탁사실을 알았던 경우는 을 앞으로 한 소유권이전등기는 무효가 된다(부동산실명법 제4조 2항 단서). 이 사례에서 수탁자 을이 임의로 신탁부동산을 처분하는 경우, ① 소유권은 여전히 매도인 병에게 남아 있으므로 병에 대한 횡령죄가 성립한다는 견해,[53] ② 신탁자인 갑에 대한 사실상의 신임관계를 배반한 경우이므로 갑에 대한 배임죄가 성립한다는 견해,[54] ③ 갑과의 관계에서 불법원인위탁관계의 일종이 되어 횡령죄의 불능미수가 된다는 견해[55] 등이 대립한다.

　　　이 사례는 앞의 중간생략명의신탁의 경우와 사실상 같다. 따라서 매도인 병에 대한 횡령이 아니라 신탁자 갑에 대한 배임죄를 인정하는 것이 옳다. 이 때 신탁자와 수탁자 사이에는 명의신탁약정의 무효에도 불구하고 사실상의 신임관계는 여전히 존재한다고 볼 수 있기 때문이다.[56] 배임죄의 근거가 되는 신임관계는 신의칙에 근거해서도 인정될 수 있을 뿐만 아니라(대판 1987. 4. 28, 83 도 1568; 1995. 12. 22, 94 도 3013), 사무처리의 근거가 되는 법률행위가 무효인 때에도 사실상의 신임관계가 존재하는 것으로 평가할 수 있으면 배임죄의 사무처리에 해당하는 것으로 볼 수 있다.

　　　반면 판례는 매도인이 악의인 계약명의신탁에서 명의수탁인은 명의신탁자나 매도인에 대한 관계에서 '타인의 재물을 보관하는 자'나 '타인의 사무를 처리하는

---

53) 김성돈 402면; 김성천·김형준 472면; 박상기 380면; 백재명, 앞의 글, 382면; 오영근 548
　　면; 임웅 432면.
54) 배종대 535면; 손동권 431면; 이재상 402면; 장영민, 앞의 글, 39면; 정성근·박광민 451면.
55) 김일수, 앞의 글, 28면.
56) 배종대 535면.

자'의 아무 지위에도 있지 않다고 판시(대판 2012. 11. 20, 2011 도 7361)하여 무죄설의 입장을 취하고 있다.

‖**판례**‖ 명의신탁자와 명의수탁자가 이른바 계약명의신탁 약정을 맺고 명의수탁자가 당사자가 되어 명의신탁 약정이 있다는 사실을 알고 있는 소유자와 부동산에 관한 매매계약을 체결한 후 매매계약에 따라 부동산의 소유권이전등기를 명의수탁자 명의로 마친 경우에는 부동산 실권리자명의 등기에 관한 법률(이하 '부동산실명법'이라 한다) 제 4 조 제 2 항 본문에 의하여 수탁자 명의의 소유권이전등기는 무효이고 부동산의 소유권은 매도인이 그대로 보유하게 되므로, 명의수탁자는 부동산 취득을 위한 계약의 당사자도 아닌 명의신탁자에 대한 관계에서 횡령죄에서 '타인의 재물을 보관하는 자'의 지위에 있다고 볼 수 없고, 또한 명의수탁자가 명의신탁자에 대하여 매매대금 등을 부당이득으로 반환할 의무를 부담한다고 하더라도 이를 두고 배임죄에서 '타인의 사무를 처리하는 자'의 지위에 있다고 보기도 어렵다. 한편 위 경우 명의수탁자는 매도인에 대하여 소유권이전등기말소의무를 부담하게 되나, 위 소유권이전등기는 처음부터 원인무효여서 명의수탁자는 매도인이 소유권에 기한 방해배제청구로 말소를 구하는 것에 대하여 상대방으로서 응할 처지에 있음에 불과하고, 그가 제 3 자와 한 처분행위가 부동산실명법 제 4 조 제 3 항에 따라 유효하게 될 가능성이 있다고 하더라도 이는 거래 상대방인 제 3 자를 보호하기 위하여 명의신탁 약정의 무효에 대한 예외를 설정한 취지일 뿐 매도인과 명의수탁자 사이에 위 처분행위를 유효하게 만드는 어떠한 신임관계가 존재함을 전제한 것이라고는 볼 수 없으므로, 말소등기의무의 존재나 명의수탁자에 의한 유효한 처분가능성을 들어 명의수탁자가 매도인에 대한 관계에서 횡령죄에서 '타인의 재물을 보관하는 자' 또는 배임죄에서 '타인의 사무를 처리하는 자'의 지위에 있다고 볼 수도 없다(대판 2012. 11. 20, 2011 도 7361).

　　㉯ 매도인이 선의인 경우　　매도인 병이 명의신탁사실을 모르는 경우에는 갑과 을간의 명의신탁약정은 무효이지만, 을과 병 사이의 매매계약 및 물권변동은 유효하다(부동산실명법 제4조). 따라서 을 앞으로 한 소유권이전등기는 완전히 유효하고 을은 부동산에 대한 소유권을 취득하게 된다. 이 사례에서 을이 신탁부동산을 임의로 처분하더라도 자기 소유 재물의 처분이기 때문에 횡령죄의 성부는 문제되지 않는다.[57] 판례도 같은 입장이다(대판 2001. 9. 25, 2001 도 2722; 2016. 8. 24, 2014 도 6740).

　　문제는 신탁자 갑에 대한 배임죄가 성립하는가인데, ① 긍정설은 명의신탁약정이 무효일지라도 신탁자와 수탁자 사이에 존재하는 사실상의 신임관계까지 무효가 되는 것은 아니므로 신탁자인 갑에 대한 배임죄가 된다고 하며,[58] ② 부정

---

[57] 배종대 535면; 오영근 482면; 이재상 402면; 임 웅 433면; 정성근 · 박광민 451면. 반면 신탁자에 대한 횡령죄가 된다는 견해는 김성천 · 김형준 472면; 백재명, 앞의 글, 384면.

[58] 배종대 535면; 이재상 402면; 임 웅 433면; 장영민, 앞의 글, 40면; 정성근 · 박광민 451면.

설은 배임죄를 인정하게 되면 부동산실명법이 인정하지 않는 명의신탁약정을 사실상 인정하는 결과가 되어 부당하다고 하거나[59] 또는 사무처리의 근거가 되는 법률행위가 무효여서 보호받을 신임관계가 존재하지 않기 때문에 배임죄가 성립하지 않는다고 한다.[60]

생각건대 이 경우는 앞의 사례들과는 달리 평가해야 할 것으로 본다. 물권변동이 무효인 앞의 사례들과는 달리 이 사례에서 수탁자 을은 유효하게 신탁부동산에 대한 소유권을 취득하기 때문이다. 법이 유효하게 소유권취득을 인정한 소유자의 적법한 권리행사에 대해 가벌성을 인정하는 것은 타당하지 않다. 따라서 이 경우는 원매도인인 병에 대한 횡령죄는 물론이고 신탁자인 갑에 대한 배임죄도 성립하지 않는 것으로 보는 것이 옳다.[61] 을에 대해서는 부동산실명법 제 7 조 2 항 위반으로 벌하면 족하다.

대법원은 계약명의신탁에 있어서 매도인이 선의인 경우 수탁자의 신탁부동산 처분행위가 횡령죄는 물론 배임죄에도 해당하지 않는 것으로 본다(대판 2001. 9. 25, 2001 도 2722).

‖**판례**‖ ① 횡령죄 부분: 횡령죄는 타인의 재물을 보관하는 자가 그 재물을 횡령하는 경우에 성립하는 범죄인바, 부동산실권리자명의등기에관한법률 제 2 조 제 1 호 및 제 4 조의 규정에 의하면, 신탁자와 수탁자가 명의신탁 약정을 맺고, 이에 따라 수탁자가 당사자가 되어 명의신탁 약정이 있다는 사실을 알지 못하는 소유자와 사이에서 부동산에 관한 매매계약을 체결한 후 그 매매계약에 기하여 당해 부동산의 소유권이전등기를 수탁자 명의로 경료한 경우에는, 그 소유권이전등기에 의한 당해 부동산에 관한 물권변동은 유효하고, 한편 신탁자와 수탁자 사이의 명의신탁 약정은 무효이므로, 결국 수탁자는 전소유자인 매도인뿐만 아니라 신탁자에 대한 관계에서도 유효하게 당해 부동산의 소유권을 취득한 것으로 보아야 할 것이고, 따라서 그 수탁자는 타인의 재물을 보관하는 자라고 볼 수 없다(대판 2001. 9. 25, 2001도 2722; 동지 대판 2000. 3. 24, 98 도 4347).

② 배임죄 부분(배임죄는 이 사건에서 주위적 공소사실인 횡령죄에 대한 예비적 공소사실임): 배임죄는 타인의 사무를 처리하는 자가 그 임무에 위배하는 행위로서 재산상 이익을 얻고, 이로 인하여 본인에게 손해를 가한 경우에 성립하는바, 위와 같은 계약명의신탁에 있어서, 수탁자는 전 소유자인 매도인뿐만 아니라 신탁자에 대한 관계에서도 유효하게 당해 부동산의 소유권을 취득하고, 그 부동산의 처분대금도 당연히 수탁자에게 귀속된다고 하는 이상 신탁자는 수탁자에 대하여 부당이득반환청구권을 행사하는 것은 별론이나 수탁부동산의 반환이나 처분대금의 반환은 물론 불법행위를 원인으로 하는 손해

---

59) 박상기 380면.
60) 김일수 310면.
61) 계약명의신탁에서 매도인이 선의인 경우 본서와 같이 횡령죄와 배임죄의 성립을 다 부인하는 견해로는 박상기 380면; 손동권, 430면; 오영근 482면; 정영일 266면.

배상청구 등도 할 수 없게 된다 할 것이다. 원심이 같은 취지에서 계약명의신탁에 있어서, 단지 부당이득반환의무만을 부담하는 수탁자인 피고인이 이 사건 부동산을 위 피해자(신탁자)의 허락없이 매도하여서는 아니 되고, 매도하더라도 그 대금을 위 피해자에게 전달해 주거나 위 피해자를 위하여 사용할 임무가 있는 등 위 수탁부동산 및 그 처분대금에 대하여 타인의 재산을 보전·관리하는 자의 지위에 있다고는 볼 수 없으므로, 피고인이 이 사건 부동산을 임의로 매도하여 그 처분대금을 반환하지 아니하고 소비하였다 하여 이를 배임죄로 처벌할 수는 없다고 판단하였음은 정당하고 거기에 법리오해의 위법이 있다 할 수 없다(대판 2001. 9. 25, 2001 도 2722).

같은 논리로 계약명의신탁에서 매도인이 선의인 경우 수탁자가 신탁부동산에 관한 등기를 받기 이전에 매도인과의 합의로 매매계약을 해제하고 매매대금을 반환 받은 경우 수탁자는 그 매매대금에 대하여서도 타인의 재물을 보관하는 자에 해당하지 않는다(대판 2007. 3. 29, 2007 도 766).

v) 죄수관계   부동산실명법을 위반하여 명의신탁계약을 한 당사자와 그 교사범 및 방조범은 이 법 벌칙조항에 의해 형사처벌된다(제7조). 등기명의신탁의 경우와 계약명의신탁 중 매도인 병이 악의인 경우 명의수탁자 을에게 배임죄가 성립하는 것으로 본다면 양 죄는 실체적 경합이 된다. 이 경우 명의신탁자 갑은 부동산실명법 위반죄, 병은 이 죄의 공범이 된다.

을이 처분하는 부동산을 매수한 제 3 취득자는 비록 악의의 매수인이라 할지라도 을의 배임죄(또는 학설에 따라 횡령죄)의 공범이 될 수는 없다. 처음부터 이를 불법영득할 의사로 내부관계형성에 개입하여 매수한 것이 아닌 한 단순히 알고 매수했다고 해서 공범이 되는 것은 아니기 때문이다(대판 1983. 10. 25, 83 도 2027).

판례는 을에게 횡령죄가 성립하더라도 을의 처분권한은 외부관계에서 유효하므로 이를 취득한 제 3 자는 비록 을이 갑의 승낙 없이 매각한다는 정을 알았을지라도 장물취득죄는 성립하지 않는다고 한다(대판 1979. 11. 27, 79 도 2410). 그러나 장물취득죄에서 장물영득은 위법한 영득이어야 할 필요가 없기 때문에 비록 외부관계에서 적법하더라도 취득하는 재물이 횡령죄의 장물인 정을 안 이상 장물취득죄가 된다고 해야 한다.

(iii) 할부판매의 경우   할부판매의 경우에 일단 목적물의 인도가 이루어졌더라도 할부대금을 완납할 때까지는 물건에 대한 소유권이 매도인에게 남아 있다. 따라서 매수인이 대금완납 전에 이를 처분하면 횡령죄가 된다.

(라) 기   타   ① 갹출된 기부금·공동모금의 소유권은 발기단체에 귀속한다. ② 유치권자가 재물소유자의 동의 없이 유치한 재물을 처분한 경우나, 동업계약을 체결하고 공동사업을 경영하던 중 1인이 제 3 자로부터 얻은 사업수익을 자

기의 용도에 임의로 소비한 경우에도 횡령죄가 된다(대판 1996. 3. 22, 95 도 2824).

③ 계주가 계원들로부터 징수한 불입금은 일단 계주에게 소유권이 귀속하며, 입사보증금도 일단 사용자에게 소유권이 이전된다.

④ 소위 '프랜차이즈 계약'인 본사와 가맹점 사이의 계약은 동업계약이 아니고, 가맹점주의 물품판매대금은 그의 소유에 속하므로 이를 임의소비한 행위는 횡령죄가 아니다(대판 1996. 2. 23, 95 도 2608).

(3) 행   위

횡령 또는 반환거부이다.

(a) **횡   령**   횡령이란 타인의 재물을 보관하는 자가 물건에 대한 위법영득의 의사를 객관적으로 인식할 수 있는 방법으로 표현하는 행위를 말한다. 이같은 정의는 횡령죄의 본질에 관하여 영득행위설을 취할 때 얻어지는 당연한 귀결이다.

횡령은 법률행위이건 사실행위이건 묻지 않는다. 객관적 처분행위별로 보면 횡령은 재물의 매각·증여·대여·교환·가등기·저당권 및 질권설정·점유개정·채무변제충당·예금 및 인출과 같은 법률적 처분행위에 의해 야기될 수 있고, 소비·착복·억류·반출·은닉·휴대도주와 같은 사실적 처분행위에 의해 야기될 수도 있다.

법률적 처분행위는 청약 또는 계약의 체결로 충분하다. 그것의 유효·무효·취소 여부는 횡령의 성립에 영향 없다. 민법상 무효인 가장매매도 객관적인 처분행위로서 횡령의 성립에 지장 없다. 다만 그로 인해 소유권의 침해 등 피해자에게 재산상의 실해가 발생한 것이 아닌 한, 횡령은 미수에 그칠 뿐이다. 판례 중에는 처분행위가 당연무효일 때 횡령죄를 구성하지 않는다(대판 1978. 11. 28, 75 도 2713)고 판시한 것도 있다. 그러나 이 경우에도 위법영득의 의사는 객관적으로 표현되었으므로 횡령죄의 성립을 인정해야 한다.

횡령은 부작위로도 가능하다(통설). 예컨대 사법경찰관리가 수사절차에서 압수한 증거물에 대한 영치절차를 밟지 않고 억류한 채 검사에게 송부하지 않은 경우에는 부작위에 의한 횡령이 된다.

(b) **반환거부**   반환거부라 함은 자기가 보관하고 있는 타인의 재물에 관한 소유자의 반환요청에 대하여 소유자의 권리를 배제하는 의사표시적 행위를 말한다. 반환거부도 작위·부작위의 형식으로 표현될 수 있다.

반환거부는 횡령과 함께 횡령죄의 구성요건행위의 한 양태로 기술되어 있으므로 역시 위법영득의사가 외부적으로 인식할 수 있는 방법으로 객관화되어야 한다. 따라서 단순히 반환을 거부한 사실만으로 횡령죄를 구성하는 것은 아니다. 반환거부의 이유 및 주관적 의사 등을 종합하여 반환거부행위가 횡령행위와 같다고 볼 수 있는 정도에 이르렀을 때 횡령죄는 성립한다(대판 1993. 6. 8, 93 도 874; 1986. 10. 28, 86 도 1516). 그러나 영득의 의사가 없거나 반환할 수 없는 사정이 있는 경우, 그리고 동시이행의 항변이나 유치권의 행사 등과 같이 반환을 거부할 만한 정당한 이유가 있을 때에는 반환거부 자체만으로 횡령죄가 되는 것은 아니다.[62]

(4) 결　　과

이 죄는 침해범·결과범이므로 구성요건결과를 필요로 한다. 횡령 또는 반환 거부와 같은 구성요건행위의 결과로 재물의 소유자에게 재산상의 손해가 발생해야 한다. 타인의 재물을 횡령했더라도 재산적 손해가 발생하지 않은 경우에는 재물소유자의 의사에 반한 때에도 횡령죄의 기수가 되기 어렵다.

횡령 또는 반환거부행위와 재산상의 손해발생 사이에는 인과관계 및 객관적 귀속관계가 있어야 한다. 충분한 자력이 있는 자가 편의상 일시 타인의 기탁금을 융통하는 경우에는 위험의 창출이 있다고 보기 어려우므로 횡령이 되지 않는다고 해야 할 것이다.

---

62) 대판 1993. 6. 8, 93 도 874: 「원심은, 피고인이 피해자로부터 명의신탁받은 이 사건 아파트의 반환을 1992. 2. 22.경 피해자로부터 요구받고도 이를 거부하여 위 아파트를 횡령하였다는 공소사실에 대하여 다음과 같은 이유로 무죄를 선고하고 있다. 즉, 거시증거에 의하면 피해자가 1991. 11. 15.경 위 아파트를 피고인의 거주를 위하여 매수하면서 피고인 앞으로 소유권이전등기를 경료하였고, 피고인은 피해자 경영의 회사에 재직하는 동안 위 아파트에 무상으로 거주할 수 있도록 피해자로부터 승낙받고 그 무렵부터 가족들과 함께 거주하여 왔던바, 피해자가 1992. 2.경 회사 경영에서 손을 떼면서 위 아파트를 회사 공동경영자인 A의 처남인 B에게 넘겨 줄 것을 요구하자, 피고인은 자신이 입주한지 3개월밖에 되지 않았고 겨울철이어서 이사할 곳도 마땅하지 않았으며 또한 자신이 그 동안 회사에 이바지한 점을 고려하여 자신이 위 아파트를 매수할 수 있도록 자금을 빌려달라고 부탁하였으나 거절당하였고, 이에 같은 달 24.경에는 피고인이 B에게 전세금 4,000만 원에 계속 거주할 수 있도록 부탁하여 그 승낙을 받았으나(등기명의는 B의 처앞으로 넘겨 주기로 약속하였다.), 피고인이 전세금을 마련하기 위하여 피해자를 협박한 사실로 인하여 같은 해 3. 13. 수사관들에게 연행됨으로써 결국 위 아파트의 등기명의를 넘겨 주지 못한 채 구속되기에 이른 사실이 인정되는바, 위 인정사실에 의하면 피고인이 피해자의 요구에 의하여 위 아파트의 소유권이전등기를 피해자 또는 동인이 지정한 B에게 넘겨 주지 아니하였다 하더라도 그와 같은 반환의 지연행위를 불법영득의 의사를 실현하는 횡령행위라고 보기는 어렵고, 달리 이를 인정할 증거가 없다는 것이다. 기록에 비추어 살펴보면, 원심의 사실인정은 수긍되고, 또 위와 같은 사실관계하에서 피고인에게 불법영득의 의사가 없었다고 본 원심판단 또한 옳다 할 것이다.」

대판 1986. 10. 28, 86 도 1516: 「원심이 확정한 사실에 의하면, 피고인이 반환을 거부한 공소외 갑 소유의 공구는 같은 공소외인이 피고인이 근무하는 당원설비공업주식회사로부터 아파트 급수위생난방공사의 노임하청을 받아 시공하던 중 공사금의 인상을 요구하다 거절당하자 공정 40퍼센트에 이르렀을때 공사를 중단하고 현장을 떠나면서 공사현장에 두고 간 것들을 피고인이 거두어 보관하고 있던 것으로서, 위 갑은 총 공사대금 7,380,000원 중에서 이미 5,237,750원을 지급받아 갔기 때문에 그가 완성한 공정 40퍼센트에 비하면 2,230,000여 만원의 공사비를 초과지급받은 결과가 되었으므로 피고인이 위와 같이 초과지급된 공사비를 반환할 때까지는 보관중인 공구를 반환할 수 없다고 거부하였다는 것이니, 피고인이 반환거부행위는 그 거부의 이유 및 주관적인 의사와 종합하여 볼때 불법영득의 의사가 있었던 것이라 할 수 없을 것이므로 횡령죄를 구성한다 할 수 없다.」

(5) **기수 · 미수**

(a) **기수시기**   횡령죄는 절도죄와는 달리 행위자가 이미 재물의 점유를 가지고 있음을 전제로 한다. 따라서 행위자의 위법영득의사가 외부적으로 인식될 수 있을 정도의 행위에 의해 객관적으로 실현된 때 일단 기수가 된다(실현설).[63] 이에 비해 위법영득의 의사가 객관적으로 외부에 표현된 때에 횡령죄의 기수가 된다는 견해도 있다(표현설[64] · 대판 2002. 11. 13, 2002 도 2219; 1981. 5. 26, 81 도 673). 횡령죄는 위험범일 뿐만 아니라 위법영득의사는 초과주관적 불법요소이므로 기수성립에 그 실현 여부는 중요하지 않다는 점을 논거로 든다. 물론 목적범의 기수에는 목적의 성취나 성공을 필요로 하지 않는다. 그러나 어느 정도까지의 실현을 필요로 하는가는 해석론에 따라 개별적으로 정해야 한다. 생각건대 현행형법은 횡령죄의 미수를 처벌하고 있고($^{제359}_{조}$), 또 결과범으로서 미수와 기수의 구별이 필요하므로 그것을 가능하게 해 주는 실현설이 타당하다.

∥**판례**∥ 횡령죄는 다른 사람의 재물에 관한 소유권 등 본권을 그 보호법익으로 하고 본권이 침해될 위험성이 있으면 그 침해의 결과가 발생되지 아니하더라도 성립하는 이른바 위태범이므로, 다른 사람의 재물을 보관하는 사람이 그 사람의 동의 없이 함부로 이를 담보로 제공하는 행위는 불법영득의 의사를 표현하는 횡령행위로서 사법 (私法) 상 그 담보제공행위가 무효이거나 그 재물에 대한 소유권이 침해되는 결과가 발생하는지 여부에 관계없이 횡령죄를 구성한다(대판 2002. 11. 13, 2002 도 2219).

(b) **미수의 인정여부**   현행 형법은 횡령죄의 미수에 대한 처벌규정($^{제359}_{조}$)을 두고 있다. 그러나 행위자가 처음부터 타인의 재물을 보관하고 있으므로 실제 (장애)미수를 인정할 수 있느냐에 관하여는 의견이 대립하고 있다. 주로 표현설의 입장에서 주장되는 부정설은 불법영득의 의사가 객관적으로 외부에 표현되면 횡령은 이미 기수가 되므로 횡령죄의 미수는 이론상으로는 가능할지라도 실제로는 인정하기 어렵다고 한다.

횡령죄의 미수를 부인하면 그 공백을 메우기 위해 판례(대판 2002. 11. 13, 2002 도 2219)의 입장처럼 횡령죄 전체를 위험범으로 취급하는 것이 논리적이다. 그러나 미수처벌규정까지 무시하면서 횡령죄를 굳이 위험범으로 간주하려는 사고는 이론적인 혼란으로 보인다. 횡령죄는 위법영득의 의사가 실현단계에 이르러야 기수가 되므로(실현설), 실행의 착수 후 아직 기수에 이르지 못한 단계의 횡령

---

63) 권오걸 545면; 김성돈 392면; 김종원 232면; 백형구 205면; 오영근 487면; 이정원 454면; 이형국 493면; 정성근 · 박광민 443면; 진계호 405면.
64) 김성천 · 김형준 487면; 박상기 387면; 배종대 539면; 손동권 433면; 유기천(상) 303면; 이재상 407면; 임웅 453면; 정영석 373면; 정영일 209면.

행위는 미수로 취급해야 할 것이다. 예컨대 매매계약을 체결하고 소유권이전등기를 경료한 때 기수가 되므로 매매계약을 체결하거나 소유권이전등기를 신청해 놓은 상태는 아직 미수라고 해야 한다.

3. 주관적 구성요건요소

(1) 구성요건고의

구성요건고의에는 행위자 자신의 신분, 자기가 보관하고 있는 타인의 재물을 횡령 또는 반환거부한다는 점, 그로 인하여 피해자에게 발생할 재산적 손해에 대한 인식과 의사가 있어야 한다. 인식정도는 미필적 고의로도 충분하다.

(2) 위법영득의사

횡령의 고의 외에 위법영득의사를 필요로 한다. 횡령행위의 본질에 관하여 월권행위설을 취할 때에는 이러한 고의만 있으면 횡령죄가 성립하지만, 영득행위설을 따를 때에는 고의 외에 초과주관적 불법요소인 위법영득의사가 있어야 한다.[65]

위법영득의사의 내용은, 위탁임무에 위배하여 권한이 없으면서도 자기 또는 제3자의 이익을 위하여 소유자가 아니면 할 수 없는 이용·처분을 하려는 의사이다.

특히 문제되는 경우를 살펴본다.

(a) **일시유용의 경우**　보관자가 일시사용의 목적으로 권한을 넘어 보관물을 유용한 경우에는 위법영득의 의사가 없다. 반면 즉시 복구할 의사로 일시사용한 경우가 아닌 한, 후일에 반환·변상·전보할 의사와 또 그럴 만한 자력이 있더라도 위법영득의 의사는 존재한다(대판 2006. 6. 2, 2005 도 3431).

(b) **항목유용의 경우**　단순한 항목유용은 위법영득의사가 없어 횡령죄를 구성하지 않는다(대판 2002. 11. 26, 2002 도 5130). 예컨대 출장비를 지정용도 이외로 임의소비한 것만으로 바로 불법영득의 의사가 인정되지는 않는다. 그러나 용도가 정해져 있는 돈을 사용해서는 안 될 곳 또는 불필요한 용도에 소비한 때에는 위법영득의 의사를 인정할 수 있다(대판 1989. 10. 10, 87 도 1901). 예컨대 노동조합이 사용자단체로부터 조합원들의 출퇴근 편의를 위한 통근차량의 구입 및 유

---

65) 강구진 347면; 김성천·김형준 482면; 백형구 206면; 손동권 434면; 이재상 408면; 이형국 493면. 반면 위법영득의 의사가 횡령의 고의에 포함되는 것으로 보는 견해는 권오걸 548면; 김성돈 394면; 박상기 386면; 배종대 540면; 이영란 385면; 이정원 429면; 임웅 451면; 정성근·박광민 445면; 정영일 269면. 초과주관적 불법요소로서의 위법영득의사가 불필요하다는 견해로는 오영근 484면.

지에 사용하도록 용도가 제한된 자금을 수령하여 이를 조합간부 등에 대한 유류
비로 지급한 경우 불법영득의사가 실현되어 업무상 횡령죄가 성립한다(대판
2007. 2. 22, 2006 도 2238).

‖ **판례** ‖　예산을 집행할 직책에 있는 자가 자기 자신의 이익을 위한 것이 아니고 경비
부족을 메꾸기 위하여 예산을 전용한 경우라면, 그 예산의 항목유용 자체가 위법한 목적
을 가지고 있다거나 예산의 용도가 엄격하게 제한되어 있는 경우는 별론으로 하고 그것
이 본래 책정되거나 영달되어 있어야 할 필요경비이기 때문에 일정한 절차를 거치면 그
지출이 허용될 수 있었던 때에는 그 간격을 메우기 위한 유용이 있었다는 것만으로 바로
그 유용자에게 불법영득의 의사가 있었다고 단정할 수는 없다(대판 2002. 11. 26, 2002 도
5130).

　　(c) **위법하지 않은 영득의 경우**　　의도된 영득행위는 위법해야 한다. 따라서
피해자의 승낙이 있거나 정당한 권리행사인 때에는 횡령죄의 위법성이 조각되는
것이 아니라 애당초 위법영득의사가 배제됨으로써 횡령죄가 성립하지 않는다고
해석해야 할 것이다.
　　(d) **기　　타**　　수탁자가 위탁자 본인을 위해 재물을 처분한 때에는 위법영
득의 의사가 부인된다. 법인의 기관담당자로서의 인격과 자연인으로서의 인격은
법리상 구별되므로 만약 1인 회사의 1인주주 겸 대표이사가 회사의 재산을 임의
로 유용하거나 처분한 때에도 위법영득의사를 인정할 수 있다(대판 1995. 3. 14, 95
도 59).

4. 구성요건해당성

　　횡령죄에서 피해자의 동의·승낙은 구성요건해당성배제사유가 된다. 좀더 엄
밀히 말하면 행위자가 피해자(위탁자)를 위해서 또는 피해자의 승낙을 받고 처분
한 때에는 애당초 위법영득의 의사가 없기 때문에 횡령죄를 구성하지 않는다.

5. 위 법 성

　　총칙상의 정당화사유에 의해 횡령행위의 위법성이 조각될 수 있다. 특히 이
죄는 보관자로서의 신뢰배반을 기초로 하기 때문에 행위자의 일정한 권한의 범위
안에 속하는 처분행위는 위법하지 않다. 행위자에게 일정한 법적 처분권한이 있
는 경우에는 법령에 의한 정당행위로서 위법성이 조각된다.

6. 정범 및 공범

횡령죄는 위탁관계에 의하여 타인의 재물을 보관하는 자만이 정범이 될 수 있는 이른바 의무범적 진정신분범이다. 따라서 타인의 재물을 보관하는 의무를 전혀 부담하지 않는 비신분자는 이 죄의 단독정범은 물론 공동정범이나 간접정범도 될 수 없다. 대신 공범으로서의 가담만 가능할 뿐이다.

《참고》 의무범의 범주를 알지 못했던 우리 형법학에서 형법 제33조의 문언에 따라 비신분자도 신분자와 공동하여 이 죄를 범한 때 공동정범이 된다는 견해가 지배적이다. 이것을 소위 구성적 위법신분의 위법성연대라고 설명한다. 그러나 진정신분범 중 이른바 의무범 내지 행위자관련 신분범에 해당하는 범죄의 경우에는 각 행위자에게 특유한 신분상의 의무위반이 없는 한 정범성을 취득할 수 없으므로, 의무 없는 자가 타인의 신분상의 의무위반을 차용하여 의무범의 공동정범이 될 수 없다. 따라서 형법 제33조 본문 중 공동정범의 성립은 이 죄와 같은 의무범적 진정신분범을 제외한 나머지 진정신분범, 즉 결과관련 신분범에 대해서만 제한적으로 적용하는 것이 합리적이다.[66]

타인의 재물을 보관하는 자가 업무상 보관자와 공범관계에 있을 때에는 형법 제33조 단서가 적용된다. 따라서 업무자라는 신분이 없는 보관자는 단순횡령죄의 공동정범 또는 공범이 되고, 업무상 보관자는 불법가중된 업무상 횡령죄에 의해 처벌받는다.

비보관자가 업무상 보관자와 공범관계에 있을 때 비보관자는 제33조 본문에 의해 이 죄(단순횡령죄)의 공동정범 또는 공범이 되지만, 업무상 보관자는 동조 단서에 의해 업무상 횡령죄로 처벌받는다는 견해도 있다.[67] 그러나 업무상 횡령죄는 의무범적 진정신분범에 불법가중적 부진정신분범이 결합된 형태로서 본질적인 요소인 의무범적 진정신분범의 특성을 버릴 수 없다. 따라서 비보관자가 업무상 보관자의 횡령에 가공한 때에는 동 죄의 공동정범이나 공범의 가능성 및 단순횡령죄의 공동정범의 가능성은 배제되고, 가공정도에 따라 단지 단순횡령죄의 교사범 또는 방조범이 문제될 뿐이다.

횡령죄는 상태범이다. 횡령죄에 의하여 취득한 장물을 처분하는 행위는 새로운 법익을 침해하지 않는 불가벌적 사후행위로서 별죄를 구성하지 않는다(대판 1996. 12. 29, 96 도 1755). 따라서 후행 처분행위가 새로운 위험을 추가함으로써 법익침해에 대한 위험을 증가시키거나(추가로 별개의 근저당권 설정) 선행 처분행위

---

66) 의무범과 의무범적 진정신분범에 대해서는 김일수 · 서보학, 형법총론(제12판), 423면 이하.
67) 이재상 414면.

와는 무관한 방법으로 법익침해의 결과를 발생시키는 경우라면(해당 부동산의 매각), 이는 선행 처분행위에 의하여 이미 성립된 횡령죄에 의해 평가된 위험의 범위를 벗어나는 것이므로 특별한 사정이 없는 한 별도로 횡령죄를 구성한다(대판 2013. 2. 21, 2010 도 10500 전원합의체 판결).

‖ **판례** ‖   타인의 부동산을 보관 중인 자가 불법영득의사를 가지고 그 부동산에 근저당권설정등기를 경료함으로써 일단 횡령행위가 기수에 이르렀다 하더라도 그 후 같은 부동산에 별개의 근저당권을 설정하여 새로운 법익침해의 위험을 추가함으로써 법익침해의 위험을 증가시키거나 해당 부동산을 매각함으로써 기존의 근저당권과 관계없이 법익침해의 결과를 발생시켰다면, 이는 당초의 근저당권 실행을 위한 임의경매에 의한 매각 등 그 근저당권으로 인해 당연히 예상될 수 있는 범위를 넘어 새로운 법익침해의 위험을 추가시키거나 법익침해의 결과를 발생시킨 것이므로 특별한 사정이 없는 한 불가벌적 사후행위로 볼 수 없고, 별도로 횡령죄를 구성한다(대판 2013. 2. 21, 2010 도 10500 전원합의체 판결).

7. 죄수 및 타죄와의 관계

(1) 죄   수

횡령죄의 죄수는 위탁관계의 수를 기준으로 해야 한다. 횡령죄의 본질은 위탁에 기초한 법률상의 보관의무에 위반하여 불법한 처분행위를 하는 데 있는 것이므로 위탁관계의 수에 따라 합리적으로 판단할 수 있기 때문이다. 판례도 같은 입장이다(대판 1979. 8. 28, 79 도 161).

(2) 타죄와의 관계

(a) **절도죄와의 관계**   타인의 재물에 대한 점유가 행위자 자신에게 있는가 타인에게 있는가에 따라 양자는 구별된다. 우체부가 배달해야 할 우편물의 일부 또는 전부를 영득한 경우 우체부의 단독점유를 인정하여 횡령죄가 성립한다. 절도의 수단으로 횡령 또는 반환거부가 취해졌거나 횡령의 수단으로 절취가 행해졌더라도 후행위는 선행위에 흡수되는 불가벌적 사후행위라고 해야 할 것이다.

(b) **사기죄와의 관계**   자기가 점유하는 타인의 재물에 대해 분실했다는 등의 기망수단을 사용하여 타인으로 하여금 체념케 하여 자기의 재물로 영득한 자도 횡령죄로 처벌될 뿐 사기죄는 문제되지 않는다. 그러나 자기가 점유하는 타인의 재물을 횡령한 뒤 횡령한 재물을 이용하여 다시 타인을 기망하고 타인의 재물을 편취한 때에는 새로운 사기죄가 성립하고 양자는 실체적 경합관계에 놓인다.

‖ **판례** ‖   사기죄는 타인이 점유하는 재물을 그의 처분행위에 의하여 취득함으로써 성립하는 죄이므로 자기가 점유하는 타인의 재물에 대하여는 이것을 영득함에 기망행위를

한다 하여도 사기죄는 성립하지 아니하고 횡령죄만을 구성한다(대판 1987. 12. 22, 87 도 2168).

(c) 장물죄와의 관계

(가) **횡령행위와 정을 아는 제 3 자의 매수행위**   자기가 보관하는 타인의 재물을 자기의 재물인 양 불법처분한 때에는 횡령죄가 성립함과 동시에 그 재물은 장물이 될 수 있다. 만약 처분자의 상대방이 그 정을 알고도 이를 매수하였으면 장물취득죄가 된다(다수설). 이 경우 횡령죄의 공범이 된다는 견해도 있으나,[68] 정범의 행위에 종속하는 공범의 다른 요건(공모 등 횡령관계형성에의 기여)을 갖추지 않았음에도 이 사실만으로 횡령죄의 공범이라고 단정하는 것은 무리이다.

(나) **장물의 보관과 보관자의 처분행위**   장물의 보관을 위탁받은 자가 다시 이를 위법하게 처분한 때에 장물죄 이외에 횡령죄가 성립할 것인가? 판례는 장물보관죄가 성립한 이상 이후의 영득행위는 불가벌적 사후행위라고 한다(대판 1976. 11. 23, 76 도 3067; 2004. 4. 9, 2003 도 8219). 불법원인급여와 횡령죄와의 관계에서 부정설을 취하는 입장에서는 별도의 죄의 성립을 인정하지 않으나 긍정설에 서게 되면 장물보관죄와 횡령죄의 실체적 경합으로 보게 된다.[69] 본서와 같이 이 경우를 불법원인위탁으로 보고 절충설을 취하게 되면 장물보관죄 외에 횡령죄의 불능미수가 경합하게 된다.

‖ **판례** ‖   절도범인으로부터 장물보관을 의뢰받고 그 정을 알면서 이를 인도받아 보관하고 있다가 자기 마음대로 이를 처분하였다 하여도 장물보관죄가 성립되는 때에는 이미 그 소유자의 소유물추구권을 침해하였으므로 그 후의 횡령행위는 불가벌적 사후행위에 불과하여 별도로 횡령죄가 성립하지 않는다(대판 1976. 11. 23, 76 도 3067).

8. 형   벌

5년 이하의 징역 또는 1 천 5 백만원 이하의 벌금이며, 유기징역에 처할 때에는 10년 이하의 자격정지를 병과할 수 있다(제355조 1항, 제358조·).

미수범은 처벌되며(제359 조), 친족간의 특례도 적용된다(제361 조). 이 죄에 의해 취득하거나 제 3 자로 하여금 취득하게 한 재물의 가액이 5 억원 이상인 때에는 특정경제범죄가중처벌등에관한법률에 의해 가중처벌되고 그 이득액 이하에 상당하는 벌금을 병과할 수 있다(동법제3조 1항·2항).

---

68) 김종원 250면; 김성돈 397면; 박상기 390면; 이재상 413면; 이형국 495면.
69) 예컨대 임웅 454면.

Ⅲ. 업무상 횡령죄

1. 의의 및 성격

업무상 횡령죄는 업무상의 임무에 위배하여 자기가 보관하는 타인의 재물을 횡령하거나 그 반환을 거부함으로써 성립하는 범죄이다($\overset{제356}{조}$). 단순횡령죄에 비해 불법가중적 구성요건이라 해야 한다.

침해범·상태범·결과범·표시범·의무범의 일종인 점에서 단순횡령죄와 같다. 다만 타인의 재물을 위탁 관리하는 보관자라는 신분 외에 업무자라는 이중의 신분을 필요로 한다.

2. 객관적 구성요건요소

(1) 행위주체

타인의 재물을 업무상 보관하는 자이다. 타인의 재물을 보관하는 자일 뿐만 아니라(진정신분범의 요소) 업무상 보관하는 자(부진정신분범의 요소)라는 점에서 이중의 신분지위를 갖는다.

(a) **보관자로서의 지위**   보관자로서의 지위에서 핵심적인 요소는 보관이다. 보관에 관하여는 단순횡령죄의 행위객체에서 설명한 것과 같다.

(b) **업무자로서의 지위**

(개) 업무의 의미   업무란 사회생활의 지위에 터잡아 계속 또는 반복적으로 행하는 사무를 말한다. 계속·반복성과 사회생활상의 지위를 요소로 한다는 점에서 업무상 과실치사상죄($\overset{제268}{조}$)의 업무와 내용을 같이하지만, 사람의 생명·신체에 대한 위험성을 수반하지 않고 타인의 재물에 대한 보관을 내용으로 하는 사무라는 점에서 차이가 난다.

업무인 한, 본무이든 겸무이든 주업이든 부업이든 가리지 않고, 자기를 위한 사무이건 타인을 위한 사무이건, 법률적 위임사무이건 타인을 대신해서 행하는 사실적 사무이건 불문한다. 타인을 위한 사무일 경우에는 재량권이 주어진 사무인가 단순히 타인을 보조하는 사무인가를 묻지 않는다.

(내) 업무의 근거   업무는 법령·계약·관습·관례 그 어느 것에 의하든 상관없다(대판 1982. 1. 12, 80 도 1970). 업무는 원칙적으로 적법해야 한다. 사회질서에 반하거나 강행법규에 위반되는 등 법이 절대로 금지하는 행위는 비록 업무의 의사로 반복하더라도 이 죄의 업무가 되지 못한다. 그러나 업무의 내용 자체가 위

법하지 않는 한, 면허·인가를 취득하지 못한 경우처럼 행정절차상의 불법이더라
도 현재 반복·계속하는 사실만 있으면 업무에 해당한다.

(다) 업무의 내용   업무는 공무이건 사무이건 가리지 않는다. 공무원의 지위
에서 행하는 것이건 사기업으로 행하는 것이건 상관없다. 창고업·운송업·수선
업·세탁업·전당포영업 등과 같이 타인의 재물보관을 주된 내용으로 하는 것만
이 아니고, 업무수행과 관련하여 관례상 타인의 재물을 보관하는 경우도 포함된다.

(2) 행위객체

업무상 자기가 보관하는 타인의 재물이다. 업무상 타인의 재물을 보관하는
관계로 재물에 대한 점유와 업무는 생활경험상 상호관련성이 있어야 한다. 업무
와 아무 상관없이 보관하던 재물을 영득한 경우에는 단순횡령죄가 문제될 수 있
을 뿐이다.

(3) 행   위

횡령하거나 반환을 거부하는 것이다. 단순횡령죄의 구성요건행위와 같다.

(4) 결   과

구성요건결과로서 재산적 손해가 발생해야 할 것과 구성요건행위와 결과 사
이에 인과관계 및 객관적 귀속관계가 있어야 함은 단순횡령죄와 같다.

구성요건행위가 실행의 착수 후 종료에 이르지 못했거나 결과발생에 이르지
못한 경우에는 미수가 되는 점도 단순횡령죄에서와 같다.

3. 주관적 구성요건요소

구성요건고의는 행위자 자신의 이중적 신분지위, 자기가 업무상 보관하는 타
인의 재물을 횡령 또는 반환거부함으로써 피해자에게 손해가 발생하리라는 점에
대한 인식과 의사이다. 미필적 고의로도 충분하다. 또한 위법영득의 의사도 필요
하다(대판 1996. 9. 6, 95 도 2551). 그 내용은 단순횡령죄의 그것과 같다.

4. 정범 및 공범

동일한 타인의 재물을 업무상 보관자와 업무에 의하지 않는 보관자가 공동점
유하던 중 횡령한 경우에는 업무상 보관자는 업무상 횡령죄의 정범으로, 비업무
자는 형법 제33조 단서에 따라 단순횡령죄의 정범으로 처벌하되 양자는 중복관계
에 있으므로 양자 사이는 공동정범이 된다(대판 1961. 10. 5, 4294 형상 396).

보관자도 업무자도 아닌 자가 가공한 경우에 단순횡령죄의 교사 · 방조범만
이 고려될 수 있다. 의무범적 진정신분범에서 비신분자의 공동정범가능성을 배제
하는 본서의 입장에서는 비신분자에게 단순횡령죄나 업무상 횡령죄의 공동정범
의 성립가능성은 배제된다. 또한 형법 제33조 단서에 의해 이 죄의 공범가능성은
배제되고 단순횡령죄의 공범만이 문제된다. 단 다수설에 따르면 비신분자는 제33
조 본문과 단서에 의해 단순횡령죄의 공동정범이 될 수 있다.

5. 죄   수

업무상 보관하는 금전과 개인적인 위탁에 의한 보관금을 혼합하여 보관하던
중 이를 횡령한 경우에는 법조경합 특별관계로서 업무상 횡령죄만 성립한다.

회사의 경리사원이 연속적으로 회사의 공금을 횡령한 경우에는 업무상 횡령
죄의 포괄일죄가 된다(대판 1993. 10. 12, 93 도 1512).

6. 형   벌

10년 이하의 징역 또는 3천만원 이하의 벌금에 처한다. 유기징역에 처할 때
는 10년 이하의 자격정지를 병과할 수 있다($^{제358}_{조}$). 미수범은 처벌되며($^{제359}_{조}$), 친족
간의 특례도 적용된다($^{제361}_{조}$). 이 죄로 인해 취득하거나 제 3 자로 하여금 취득하게
한 재물의 가액이 5억원 이상인 때에는 특정경제범죄가중처벌등에관한법률에 따
라 가중처벌되고, 그 이득액 이하에 상당하는 벌금을 병과할 수 있다($^{동법}_{제3조}$). 그 밖
에 회계관계직원등의책임에관한법률에 규정된 일정한 자가 횡령죄를 범하여 국
고 또는 지방자치단체에 끼친 손실액이 1억원 이상 될 경우에는 특정범죄가중처
벌등에관한법률 제 5 조에 의해 가중처벌된다.

Ⅳ. 점유이탈물횡령죄

1. 의의 및 성격

점유이탈물횡령죄는 유실물 · 표류물 · 매장물 또는 그 밖에 타인의 점유를 이
탈한 재물을 횡령함으로써 성립하는 범죄이다($^{제360}_{조}$). 침해범 · 즉시범 · 결과범의
성격을 지닐 뿐만 아니라 지배범 · 상태범의 일종인 점에서 절도죄의 성격과 비슷
한 점이 있다.

점유이탈물횡령죄의 성질에 관하여 이 죄는 절도와 횡령의 중간적 성격을 가

진 범죄로서 신뢰관계의 배신을 본질로 하지 않는다는 점에서 위탁물횡령죄와 성격을 달리하고, 소유권만을 침해하는 가장 단순한 재산범죄라는 점에서 독립된 별개의 범죄라고 보아야 한다.

2. 객관적 구성요건요소

(1) 행위주체

신분범이 아니므로 주체에 관하여는 아무런 제한이 없다. 이 점에서 다른 횡령죄와 구별된다.

(2) 행위객체

유실물·표류물·매장물 기타 점유이탈물이다. 이를 총괄해서 단순히 점유이탈물이라고도 부른다. 그런 의미에서 유실물·표류물·매장물은 점유이탈물의 예시에 불과하다.

타인의 점유를 이탈한 물건인지의 여부에 따라 이 죄와 절도죄가 구별된다. 원점유자가 물건의 소재를 알고 있고 다시 찾을 가능성이 있는 경우에는 점유를 이탈한 것이 아니다. 이 경우 원점유자의 점유가 인정되므로 절도죄가 성립한다.

다른 사람의 지배범위 내(예컨대 당구장, 호텔 등)에 두고 온 물건은 그 타인의 물건에 대한 새로운 점유가 인정되기 때문에 유실물이 아니다. 따라서 물건에 대하여 새로운 점유자 이외의 자가 취거하여 간 경우에는 절도죄가 성립한다. 그러나 이들 물건에 대한 원주인의 소유 또는 점유는 그대로 유효하므로 만약 새로운 점유자가 원주인의 반환 요구에도 불구하고 이들 물건을 돌려주지 않고 그대로 점유를 계속할 때에는 단순횡령죄 내지 업무상 횡령죄가 성립한다.

(a) **유 실 물**   유실물이란 잃어버린 물건 또는 분실물을 말한다. 점유이탈물횡령죄가 문제되는 대부분이 유실물이다. 유실물의 종류·취급·처리에 관하여는 유실물법이 있으나 동법의 유실물과 이 죄의 객체로서의 유실물은 반드시 일치하지는 않는다.

《참고》 유실물법에서는 분실물 외에도 착오로 점유한 물건, 타인이 놓고 간 물건 및 일실한 가축도 준유실물이라 한다(동법 제12조).

준유실물을 유실물의 일종이라 한다면, 착오로 점유한 물건이란 잘못 배달된 우편물, 잘못 인도된 재물, 잘못 계산된 거스름돈 등이다. 자신의 은행계좌로 잘못 입금된 타인의 송금을 영득한 경우, 판례는 횡령죄로 보고 있지만(대판 1968.

7. 24, 66 도 1705), 유실물로 보아 점유이탈물횡령죄를 인정해야 한다. 또한 타인이 놓고 간 물건이란 전차·버스·지하철의 승차구간에 승객이 놓고 내린 휴대품 따위를 들 수 있다.

　(b) **표 류 물**　　표류물이란 점유를 이탈하여 바다 또는 하천에 떠서 흐르는 물건을 말한다. 수중에 가라앉아 있는 점유이탈물인 침몰품도 점유이탈물에 대한 타인의 소유권 보호라는 형법적 보호기능의 측면에서 본죄의 행위객체에 해당한다.

　(c) **매 장 물**　　매장물이란 토지·해저·하천바닥(河床) 또는 분묘·건조물 속에 묻혀있어 발굴 등의 작업에 의하지 않고는 획득이 곤란한 상태에 있는 물건으로서 점유이탈물에 준하는 것을 말한다(유실물법 제13조). 예컨대 해저에 묻혀 있는 보물, 고분 내에 매장되어 있는 보석, 수몰지구에 수장된 유품 따위를 들 수 있다. 단 매장문화재에 관해서는 문화재보호법이 우선 적용된다.

　　다만 매장물이기 위해서는 과거 누군가가 소유하고 있었고 현재에도 그 소유가 상속인들에 의해 계속되고 있는 상태여야 한다. 무주물은 매장된 상태에 있더라도 이 죄의 객체인 매장물이 될 수 없다.

　(d) **기타 점유이탈물**　　점유이탈물이란 점유자의 의사에 기하지 않고 그의 점유를 벗어났으나 아직 누구의 점유에도 속하지 않는 타인소유의 재물을 말한다.

　　앞서 본 유실물·표류물·매장물도 점유이탈물의 예시에 불과하므로 여기에서 말하는 점유이탈물은 거기에 속하지 않는 그 밖의 점유이탈물만을 지칭한다. 그러나 아직 타인의 점유를 벗어났다고 볼 수 없는 재물은 점유이탈물이 아니다. 예컨대 강간 피해자가 도피하면서 현장에 놓고간 손가방은 사회통념상 피해자의 지배하에 있는 물건이기 때문에 점유이탈물이 아니다(대판 1984. 2. 28, 84 도 38).

　(3) **행 　위**

　　구성요건행위는 횡령이다. 위탁물횡령죄와는 달리 반환거부는 이 죄의 행위양태가 아니다. 여기에서 횡령은 위법영득의 의사를 가지고 점유이탈물을 자기의 사실상의 지배하에 두는 것을 말한다(통설·판례). 이같은 행위양태도 점유이탈물에 대한 일종의 불법처분이므로 처음부터 위법영득의 의사로써 습득하면 그 때 이 죄의 구성요건행위가 성립한다.

　　부작위로도 위법점유는 취득할 수 있다. 이를테면 위법점유의 의사로 법률에 정한 절차를 상당기간 내에 밟지 않은 경우에도 횡령행위는 성립한다(유실물법 제1조). 이 죄는 상태범이므로 습득한 자기앞수표를 현금과 교환한 것만 가지고서는 불가벌적 사후행위에 불과하고 별도로 사기죄를 구성하지는 않는다(대판 1980. 1. 15, 79도 2948). 또한 점유이탈물을 불법영득의 의사로 습득한 때에는 비록 그것이 도품인 점을 알고 있더라도 이 죄가 성립하고 장물취득죄는 별도로 문제되지 않는다.

(4) 결　　과

이 죄는 침해범·결과범의 일종이기 때문에 구성요건결과로서 재산적 손해의 발생을 필요로 한다. 그리고 즉시범이므로 이러한 재산적 손해는 점유이탈물에 대한 행위자의 위법한 점유획득과 동시에 발생한다.

미수범은 벌하지 않는다. 자기가 점유하고 있는 재물을 횡령하는 경우와는 달리, 점유이탈물에 대한 위법적인 점유를 획득함으로써 기수에 이른다.

3. 주관적 구성요건요소

구성요건고의는 행위객체 및 결과에 관한 인식과 의사이다. 미필적 고의이면 족하다. 또한 횡령죄의 한 양태이므로 초과주관적 불법요소로 위법영득의 의사를 필요로 한다. 제 3 자를 위한 영득도 인정된다.

4. 형　　벌

1년 이하의 징역이나 3백만원 이하의 벌금 또는 과료에 처한다($^{제360}_{조}$).

제 4 절　손괴의 죄

Ⅰ. 총　　설

1. 의　　의

손괴의 죄는 기본적으로 타인의 재물에 대하여 그 효용의 전부 또는 일부를 해하는 것을 내용으로 하는 범죄이다. 재물이나 문서·전자기록 등 특수매체기록의 효용을 해하는 것이 전형이지만 공익건조물이나 토지의 경계를 훼손하는 것도 포함한다. 재산죄 가운데서 재물만을 객체로 하는 순수한 재물죄이고, 영득의 의사를 필요로 하지 않는 점에서 영득죄와 구별된다.

2. 체 계

재물등손괴죄($\frac{제366}{조}$)와 공익건조물파괴죄($\frac{제367}{조}$)가 각각 보호법익을 달리하는 독립된 별개의 기본적 구성요건이다. 가중적 구성요건으로 중손괴죄($\frac{제368조}{1항}$)・손괴치사상죄($\frac{제368조}{2항}$)와 특수손괴죄($\frac{제369}{조}$)가 있다. 중손괴죄와 손괴치사상죄는 결과적 가중범에 의한 불법 책임 및 형의 가중이고, 특수손괴죄는 행위방법에 의한 불법 및 형의 가중이다. 결과적 가중범을 제외한 나머지 손괴의 죄에 대해 미수범을 처벌하고($\frac{제371}{조}$), 이와 독립된 제 3 의 특별구성요건으로 경계침범죄($\frac{제370}{조}$)를 규정하고 있다.

동력에 관한 규정을 준용하고 있으나($\frac{제372}{조}$), 친족상도례의 규정은 준용하지 않는다. 과실범은 처벌하지 않지만, 도로교통법 제108조는 「차의 운전자가 업무상 필요한 주의를 게을리하거나 중대한 과실로 다른 사람의 건조물이나 그 밖의 재물을 손괴한 때에는 2년 이하의 금고나 200만원 이하의 벌금의 형으로 벌한다」는 규정을 두고 있다.

Ⅱ. 재물등손괴죄

1. 의의 및 성격

재물등손괴죄는 타인의 재물, 문서 또는 전자기록 등 특수매체기록을 손괴・은닉하거나 기타의 방법으로 그 효용을 해함으로써 성립하는 범죄이다($\frac{제366}{조}$). 보호법익은 소유권의 이용가치이다.

폭력행위등처벌에관한법률은 2 인 이상이 공동하여 이 죄를 범한 때에는 그 형을 가중하여 처벌한다($_{제2조\ 2항}^{동법}$).

이 죄는 침해범・즉시범・상태범・결과범의 성격을 지닐 뿐만 아니라 공격범・지배범의 일종이기도 한다. 간접정범의 형태는 물론 부진정부작위범의 형태로도 성립한다.

2. 객관적 구성요건요소

(1) 행위객체

타인의 재물, 문서 또는 전자기록과 같은 특수매체기록이다.

(a) 타   인   여기서 타인은 국가・법인・법인격 없는 단체 또는 개인을 가리지 않는다. 타인소유라야 하므로 자기 소유물이나 무주물이어서는 안 된다.

비록 타인의 권리의 목적이 된 자기소유의 재물·문서 또는 전자기록 등 특수매체기록을 손괴해도 이 죄는 성립하지 않고 권리행사방해죄(제38장)나 공무상 보관물무효죄($^{제142}_{조}$)를 구성할 뿐이다.

　　반면 타인의 소유물인 한, 소지·점유는 자기에게 있건 타인에게 있건 불문한다. 자기소유의 부동산에 부합된 물건이라도 타인의 소유에 속할 때에는 이 죄의 객체가 된다. 또한 타인의 소유에 속하는 문서인 한, 문서작성인이 누구인가, 누가 소지하고 있는가를 묻지 않는다(대판 1987. 4. 14, 87 도 177; 1984. 12. 26, 84 도 2290).

‖ **판례** ‖ 문서손괴죄에 해당하는 경우는 다음과 같다:
　① 피고인이 피해자로부터 전세금을 받고 영수증을 작성교부한 뒤에 피해자에게 위 전세금을 반환하겠다고 말하여 피해자로부터 위 영수증을 교부받고 나서 전세금을 반환하기도 전에 이를 찢어버린 경우(대판 1984. 12. 26, 84 도 2290), ② 자기명의의 문서라 할지라도 이미 타인(타기관)에 접수되어 있는 문서에 대하여 함부로 이를 무효화시켜 그 용도에 사용하지 못하게 한 경우(대판 1987. 4. 14, 87 도 177), ③ 약속어음의 수취인이 차용금의 지급담보를 위하여 은행에 보관시킨 약속어음을 은행지점장이 발행인의 부탁을 받고 그 지급기일란의 일자를 지운 경우(대판 1982. 7. 27, 82 도 223), ④ 약속어음의 발행인이 소지인에게 어음의 액면과 지급기일을 개서하여 주겠다고 하여 위 어음을 교부받은 후 위 어음의 수취인란에 타인의 이름을 추가로 기입하여 위 어음배서의 연속성을 상실하게 함으로써 그 효용을 해한 경우(대판 1985. 2. 26, 84 도 2802), ⑤ 확인서가 소유자의 의사에 반하여 손괴된 경우 확인서가 피고인 명의로 작성된 것이고 또 그것이 진실에 반하는 허위내용을 기재한 것이라 하더라도 문서손괴죄에 해당한다(대판 1982. 12. 28, 82 도 1807).

　　공유에 속하는 재물 또는 문서는 공유자 상호간에 타인의 재물·문서로 취급됨은 절도의 객체인 공유물에서 취급한 것과 같다.

　　(b) **재　　물**　　재물이란 유체물 및 물리적으로 관리할 수 있는 동력을 말한다($^{제372}_{조}$). 이 죄의 재물은 물건의 종류·성질 또는 경제적 교환가치의 유무 등을 불문하고 널리 재산권의 목적이 될 수 있는 일체의 물건을 포함한다. 그러나 이용가치·효용이 전혀 없거나 소유자가 주관적 가치도 부여하지 않는 물건은 이 죄의 행위객체에서 제외된다.

　　동산·부동산을 불문한다. 동물도 재물에 포함되지만 사체는 이 죄의 객체인 재물에 들지 않는다($^{제159}_{조}$). 공익건조물을 '파괴'하면 이 죄가 아니라 별개의 공익건조물파괴죄($^{제367}_{조}$)에 해당한다. 그러나 손괴의 의사로써 '파괴'정도에 이르지 않고 손괴에 그친 한, 공익건조물도 재물손괴죄의 객체가 된다.

《참고》 공무소에서 사용하는 건조물·선박·기차·항공기 등 공용물도 이 죄의 객체가 될 수 있는가? 형법에는 공용물파괴죄 및 그 미수범처벌(제141조 2항, 제143조) 그리고 공용서류등무효죄(제141조 1항)가 별도로 규정되어 있으므로 공용물은 이 죄의 객체에서 제외하는 것이 옳다(다수설).

(c) 문 서 이 죄의 문서는 공용서류(제141조1항의 객체)에 해당하지 않는 모든 서류를 말한다. 사문서이든 공문서이든 묻지 않는다.

사문서는 권리·의무에 관한 문서이든 사실증명에 관한 문서이든 묻지 않고, 작성명의인이 누구인가도 상관하지 않는다. 자기명의의 문서라도 타인의 소유이면 이 죄의 객체가 된다. 편지는 물론 도화나 유가증권도 여기에 포함된다. 차용증서에 보증인으로 기재된 사람이 채권자가 소지하고 있는 증서에다 보증인이란 문구 대신 입회인이란 문구를 써 넣은 것은 사문서손괴에 해당한다.

공문서의 경우 문서소유의 주체인 타인은 사인뿐만 아니라 국가·공공단체도 포함하므로 공용서류(제141조 1항)에 해당하지 않는 한, 공문서도 이 죄의 객체가 된다.

(d) **특수매체기록** 특수매체기록이란 일정한 데이터에 대한 전자기록이나 광학기록을 말한다. 여기에서 전자기록은 특수매체기록의 예시에 불과하다. 전자기록은 전기적 기록과 자기적 기록을 포함하고 전기적 기록에는 전자문서도 포함된다. 광학기록에는 레이저기술을 이용한 기록 등이 포함된다.

특수매체기록을 행위객체로 한 것은 프로그램의 파기, 데이터의 소거를 손괴에 준하여 규율한다는 취지이다. 기록을 담고 있는 매체물이 아니라 **매체물이 담고 있는 데이터의 기록 자체**가 이 죄의 행위객체가 된다는 점을 유의해야 한다. 만약 컴퓨터디스켓이나 레이저디스크처럼 기록을 담은 매체물을 파손하거나 컴퓨터하드웨어를 파손한 때(물리적 가해)에는 특수매체기록손괴가 아니라 재물손괴가 될 뿐이다.

마이크로필름기록은 단순한 문자의 축소 내지 기계적 확대에 의한 재생에 불과하므로 문서의 일종이다. 이에 비해 영상기록은 재물의 일종이다.

(2) 행 위

구성요건행위는 (a) 손괴, (b) 은닉, (c) 기타의 방법으로 효용을 해하는 것이다.

(a) 손 괴 손괴란 재물, 문서 또는 전자기록 등 특수매체기록의 전부 또는 일부에 직접 유형력을 행사하거나 기계적 조작을 통하여 물리적으로 훼손하

거나 특수매체기록의 전부 또는 일부를 소거하거나 변경하여 본래의 효용을 감소
시키는 일체의 행위를 말한다. 컴퓨터에 입력된 전산자료 등을 말소하거나 변경
하는 경우도 손괴의 일종이다.

반드시 중요부분을 훼손해야 하는 것은 아니다. 물리적 훼손을 가한 이상, 간
단히 수리할 수 있는 정도의 경미한 것이라도 상관없다. 물체 자체를 완전히 소멸
시키지 않더라도 본래의 용도에 따른 이용가능성을 저해했을 때에도 손괴에 해당
한다(대판 1992. 7. 28, 92 도 1345). 따라서 자동차의 타이어에서 바람을 빼어버리
는 것도 손괴가 된다.

‖ **판례** ‖   여기에서 재물의 효용을 해한다고 함은 그 물건의 본래의 사용목적에 공할
수 없게 하는 상태로 만드는 것은 물론 일시 그것을 이용할 수 없는 상태로 만드는 것도
역시 효용을 해하는 것에 해당한다(대판 1993. 12. 7, 93 도 2701).

손괴개념은 처음 **물체침해설**에서 출발했으나 그 후 **기능방해설**로 발전하였다
가 오늘날에는 **보존상태변경설**이 유력해지고 있는 실정이다. 이러한 경향에 따를
때 손괴에서 물체 자체가 반드시 소멸될 필요는 없다. 재물이 가지고 있는 본래의
용도를 방해하거나 소유자의 이익에 반하는 물건의 보존상태를 변경시켜 놓은 것
만으로 손괴가 될 수 있다. 예컨대 기계를 분해시켜 놓아 제때에 작동할 수 없도
록 만들어 놓은 경우, 우물물을 더럽게 한 경우, 타이어의 바람을 빼는 경우, 광고
물 위에 다른 광고물을 부착시키거나 백색페인트로 도색하여 광고문안을 지워 버
린 경우(대판 1991. 10. 22, 91 도 2090)도 손괴가 된다.

재물을 본래의 목적대로 사용할 수 없게 한 방해는 영구적일 필요는 없고 일
시적이어도 좋다(대판 1982. 7. 13, 82 도 1057). 그러나 물리적 손상이나 효용감소
도 없이 단순히 재물이 갖고 있는 기능을 방해한 것만으로는 손괴가 되기 어렵다.
반면 물리적 훼손 없이 단순한 기능저하를 웃도는 효용감소는 손괴행위는 아니더
라도 「기타 방법에 의한 효용침해」에 해당할 수 있다.

‖ **판례** ‖   판결에 의하여 명도받은 토지의 경계에 설치해 놓은 철조망과 경고판을 치워
버린 경우에는 울타리로서의 역할을 해한 것이라고 볼 수 있으므로 재물손괴죄가 성립
한다(대판 1982. 7. 13, 82 도 1057).

(b) 은   닉   은닉이란 재물, 문서 또는 전자기록 등 특수매체기록의 소재
를 불분명하게 하여 발견을 곤란 또는 불가능하게 함으로써 본래의 효용을 해하
는 것을 말한다. 은닉은 무형적으로 물건의 소재를 불명하게 할 뿐, 물건 자체의

상태에 유형적인 변화를 가하는 것이 아니라는 점에서 손괴와 구별된다. 따라서 손괴 이외의 방법으로 문서 또는 물건을 다른 곳에 옮겨 놓아 일시적으로 사용할 수 없게 만드는 것도 은닉에 해당한다.

　　특수매체기록의 은닉이란 파일의 속성을 바꾼다거나 다른 디렉토리에 옮겨놓아 찾기 어렵게 만드는 것을 의미한다.

　　재물, 문서 또는 전자기록 등 특수매체기록의 점유가 반드시 행위자에게 이전되어야 하는 것은 아니다. 피해자가 점유하고 있는 서가의 책속에 문서를 꽂아 놓아 발견하기 어렵게 하는 것도 은닉에 해당한다.

　　행위자가 재물, 문서 또는 전자기록 등 특수매체기록을 자기점유하에 이전하여 은닉한 경우에 피해자가 행위자의 점유사실을 알고 있다 할지라도 구체적인 소재를 발견하기 곤란한 사정이라면 역시 은닉에 해당한다. 문서의 반환을 거부함으로써 용도에 따라 사용할 수 없는 상태를 만든 것도 은닉에 해당한다(대판 1971. 11. 23, 71 도 1576). 그러나 문서를 반환하지 않고 민사소송의 증거물로 제출했다는 것만으로는 은닉이 되지 않는다(대판 1979. 8. 28, 79 도 1266).

‖ **판례** ‖　회사의 경리사무 처리상 필요불가결한 매출계산서 매출명세서 등의 반환을 거부함으로써 그 문서들을 일시적으로 그와 같은 용도에 사용할 수 없게 하는 것도 그 문서의 효용을 해한 경우로 문서은닉죄에 해당한다(대판 1971. 11. 23, 71 도 15 76).

　　재물, 문서 또는 전자기록 등 특수매체기록을 은닉한 때에는 본죄냐 아니면 절도죄 또는 횡령죄냐가 문제될 수 있는데, 위법영득의 의사가 있느냐가 손괴죄와 영득죄를 구분하는 기준이 된다.

　　(c) **기타의 방법으로 효용침해**　　손괴·은닉 이외의 방법으로 재물, 문서 또는 전자기록 등 특수매체기록의 이용가치나 효용을 해하는 일체의 행위를 말한다. 즉, 재물, 문서 또는 전자기록 등 특수매체기록에 대한 유형적인 타격이나 무형적인 소재불명 이외의 방법으로 사실상 또는 감정상 그 재물, 문서 또는 전자기록 등 특수매체기록을 본래의 용도에 사용할 수 없는 상태에 이르게 한 모든 경우가 여기에 해당한다. 따라서 손괴죄의 행위양태 중 「기타 방법으로 효용을 해한다」는 표지는 손괴·은닉에 비해 포괄성을 지닌 규범적 표지가 된다.

　　보기　i) 그림에 낙서하여 피해자가 기분상 그 그림을 걸어 둘 수 없게 만든 경우, ii) 식기에 방뇨하여 기분상 그것을 쓸 수 없게 한 경우, iii) 타인의 고시용 새 법전 안쪽 표지에 빨간 글씨로 낙방거자(落榜擧子)라고 써 넣어 기분상 그것을 계속 사용할 수 없게 만든 경우, iv) 새장이나 어장을 개방하여 그 안의 새나 물고기를 방생케 한 경우, ⅴ) 남의 보석반지를 바다에 던져버린 경우, ⅵ) 타인의 간판을 떼어내거나 화물에 부착된 짐표를 떼어버린 경우, ⅶ) 문서의 내용을 변경하지 않고 연서자 중 한 사람의 명의를 말소하고 다른 사람의 명의를 부가한 경우, ⅷ) 타인의 소유하는 자기명의의 문서의 작성일자를 개서한 경우, ⅸ) 남의 담벽에 빨간색 스프레이로 낙서와 추한 그림을 그려 놓은 경우, ⅹ) 타인의 인사하는 앵무새에게 욕설을 가르쳐 욕설하는 앵무새로 만들어 놓은 경우, ⅺ) 우물물을 송수하는 고무호스를 돌로 눌러서 물이 통하지 못하게 한 경우, ⅻ) 타인의 컴퓨터에 입력된 전산자료를 일부 변경하거나 바이러스를 감염시켜 전산자료를 사용할 수 없도록 하는 경우, ⅹⅲ) 자동차문 열쇠구멍에 성냥개비를 꽂아 놓아 열쇠가 들어가기 곤란하게 한 경우, ⅹⅳ) 휘발유탱크에 설탕을 집어넣은 경우 등을 들 수 있다.

(3) 결 과

(a) **구성요건결과**   손괴·은닉 기타 방법으로 효용을 해하는 행위로 말미암아 재물, 문서 또는 전자기록 등 특수매체기록의 물리적 형태의 완전성 내지 효용가치에 대한 손상이 발생해야 한다. 이것을 한마디로 이용가치의 감소라고 요약할 수 있다. 이용가치의 감소는 대부분 재산적 손해를 발생시키지만 반드시 그것과 일치하는 것은 아니다.

손괴·은닉 기타 방법으로 인한 효용침해행위와 이용가치의 감소 사이에는 인과관계 및 객관적 귀속관계가 있어야 한다. 따라서 비록 손괴 등의 행위는 있었지만 물체 자체의 상태에 아무 변화를 초래하지 않았거나 훼손된 재물을 수리하여 더 좋게 만드는 것은 허용된 위험의 범위 안에 있어 위험의 창출이라고 보기 어려우므로 손괴가 될 수 없다.

(b) **미수·기수**

(가) 미 수   실행의 착수시기는 손괴의 고의를 가지고 손괴·은닉 기타 방법으로 인한 효용침해행위를 직접 개시한 때이다. 실행에 착수했으나 행위를 종료하지 못했거나(미종료미수), 행위는 종료했지만 구성요건결과가 발생하지 않는 경우(종료미수)에는 미수가 된다. 미수범은 처벌한다(제371조).

(나) 기 수   허용된 위험의 단계를 지나 구성요건결과인 이용가치의 감소 상태에 이르렀을 때 기수에 이른다. 재물, 문서 또는 전자기록 등 특수매체기록의 물질적 손상은 물론이고 효용의 상실 내지 감소 등 기존의 보존상태에 위험결과가 야기된 모든 경우가 기수에 해당한다.

3. 주관적 구성요건요소

고의범이다. 과실재물손괴는 원칙적으로 처벌하지 않지만 도로교통법 제108조, 군형법 제73조 등에 예외가 있다. 구성요건고의는 객관적 구성요건요소에 해당하는 타인의 재물·문서·전자기록 등 특수매체기록, 손괴·은닉 등의 행위, 그로 인한 구성요건결과와 인과관계에 관한 인식과 의사이다. 미필적 고의로도 충분하다. 타인의 재물인 점만 알았으면 그 밖에 재물의 소유자, 재물의 성질· 가격·내용 등에 관해서는 상세한 인식이 없더라도 고의성립에 지장이 없다. 고의의 인식내용은 불법유형이기 때문이다.

이 죄는 영득죄가 아니므로 고의 외에 별도로 위법영득 또는 위법이득의사를 필요로 하는 것은 아니다.

4. 위 법 성

이 죄의 위법성은 각종 정당화사유에 의해 조각될 수 있다. 예컨대 타인에 의해 사주되어 공격해 오는 맹견을 사살한 것은 정당방위에 해당한다. 농경지의 침수피해를 막기 위해 부득이 제방을 절단하는 손괴행위는 긴급피난에 해당한다. 도망다니던 채무자가 다시 승용차를 타고 도망하려 하자 타이어에 펑크를 내 운행을 정지시킨 경우는 자구행위에 해당할 수 있다.

그러나 타인이 권한 없이 식재한 묘목이라고 해서 묘목이 있는 땅 소유자가 함부로 뽑아버리는 것은 정당화되지 않는다. 또한 관할관청의 허가 없이 가설한 위법한 시설물일지라도 적법한 절차 없이 함부로 손괴하는 것은 정당화되지 않는다.

그 밖에도 노동조합의 요구를 관철하기 위해 단체교섭 또는 파업중 회사의 기물을 손괴하는 행위 등은 정당화되지 않는다.

5. 죄수 및 타죄와의 관계

(1) 죄 수

동일한 손괴고의로 같은 현장에서 같은 피해자의 여러 가지 재물을 손괴한 때에는 단순일죄가 될 뿐이다. 동일한 손괴고의로 같은 현장에서 피해자가 다른 여러 사람의 재물을 손괴한 때에도, 이 죄에서 피해자는 타인이란 유형성만 갖추면 충분하고 개성은 중시되지 않으므로 단순일죄가 된다. 일시 장소가 다른 여러

개의 손괴행위는 실체적 경합이 된다. 다만 동일한 장소에 있는 동일한 피해자의 재물을 일정기간 동안 계속·반복하여 손괴한 경우라면 전체적으로 포괄일죄가 될 뿐이다.

(2) 타죄와의 관계

(a) **문서변조죄와의 관계**　　손괴죄의 객체인 문서는 작성명의 소지인 여하를 막론하고 오직 타인소유의 문서인 데 반해, 문서위조·변조죄의 객체인 타인의 문서란 타인명의의 문서를 가리킨다. 타인명의의 문서의 효력과 내용을 변경하면 문서변조죄가 된다. 타인이 소유하고 있는 자기명의의 문서의 문면을 변경하여 증서의 효력을 일부 또는 전부를 멸실시키면 문서손괴죄가 된다. 연명문서의 명의자 중 한 사람의 서명을 말소하는 것도 변조가 아니고 문서손괴죄에 해당한다. 타인명의의 그리고 타인소유의 문서를 변경한 경우는 문서변조죄와 문서손괴죄의 법조경합 흡수관계에 놓이게 되고 문서변조죄가 우선 적용된다.

(b) **그 밖의 경우**　　타인의 사무처리를 맡은 자가 그 범위에서 위탁받은 타인의 재물을 손괴하면 배임죄와 손괴죄의 관념적 경합이 된다. 증거인멸이 동시에 재물손괴가 되는 경우에도 증거인멸죄와 손괴죄의 관념적 경합이 된다. 편지개봉 후에 이를 은닉하면 비밀침해죄와 손괴죄의 관념적 경합이 된다. 살인행위에 따른 의복의 손괴는 불가벌적 수반행위로서 살인죄에 흡수된다.

컴퓨터 등 정보처리장치 또는 전자기록 등 특수매체기록을 손괴하여 사람의 업무를 방해한 경우 본죄와 컴퓨터업무방해죄($^{제314조}_{2항}$)가 상상적 경합관계가 된다는 견해도 있으나, 양 죄는 법조경합 흡수관계에 놓이게 되어 결국 컴퓨터업무방해죄가 성립한다고 보는 것이 옳다(다수설).

Ⅲ. 공익건조물파괴죄

1. 의의 및 성격

공익건조물파괴죄는 공익에 사용하는 건조물을 파괴함으로써 성립하는 범죄이다($^{제367}_{조}$). 이 죄는 재물손괴죄와 독립된 별개의 기본적 구성요건의 하나로 형법에 신설된 것이다. 미수범은 처벌한다($^{제371}_{조}$).

이 죄는 침해범·즉시범·상태범·결과범의 성격을 지닐 뿐만 아니라 공격범·지배범의 일종이기도 한다. 따라서 간접정범의 형태로는 물론 부진정부작위범의 형태로도 성립할 수 있다.

2. 객관적 구성요건요소

(1) 행위객체

공익에 공하는 건조물이다. **건조물**이란 가옥 기타 이와 유사한 건축물을 말한다. 지붕과 벽, 기둥에 의해 지지되고 토지에 정착하여 적어도 사람이 내부에 출입할 수 있는 것이어야 한다. 그러므로 시골 버스정류소의 대기실은 이 죄의 객체인 건조물이 될 수 있지만, 그렇지 않은 축항·제방·교량·철도·전주·기념비·분묘 등은 여기의 건조물이 아니다. 공익에 제공되는 건축물인 한 반드시 완공된 건축물일 필요는 없다.

건조물은 공익에 사용되는 것이어야 한다. 공익에 사용되는 건조물인 한, 그것이 사인소유이든 국가 또는 공공단체의 소유이든 묻지 않는다. 자기소유라도 공익건조물인 한 이 죄의 객체에 해당한다(통설). **공익건조물**이라고 하기 위하여는 건조물이 공공의 이익을 위한 것이라는 사용목적을 갖고 있고, 또 현실적으로 공공의 이익에 제공되어 일반인이 쉽게 접근할 수 있는 것이어야 한다(예컨대 공설실내체육관, 올림픽스타디움, 공중전화박스, 지하철 승강장, 정거장 대합실, 공원 및 고속도로 휴게소, 교회당, 사립학교 건물, 마을회관, 공회당 등).

공무소에서 사용하는 건조물은 원칙적으로 일정한 범위의 사람에게 이용이 제한되어 있는 건조물이므로 이 죄의 행위객체가 아니라 공용물파괴죄($^{제141}_{조}$)의 객체가 된다. 따라서 법원도서관, 국회도서관 등은 공용건조물은 될 수 있어도 여기의 공익건조물은 아니다. 그러나 누구나 원칙적으로 이용할 수 있는 것이면 출입이 입장권 소지자에 제한된다고 하여도 공익건조물임에 틀림없다(예컨대 시민극장, 공공실내수영장, 박물관 등).

이 죄는 소유권침해범죄가 아니므로 자기소유의 건조물이라 할지라도 공익에 사용되는 이상 이 죄의 행위객체가 된다. 건조물에 사람이 현존하는지 여부는 중요하지 않다.

(2) 행   위

파괴하는 것이다. 파괴(Zerstören)란 건조물의 중요부분을 물리적으로 훼파하여 건조물의 전부 또는 일부를 용도에 따라 사용할 수 없게 하는 것을 말한다. 대상을 물질적으로 훼손하여 재물의 효용을 해한다는 점에서 손괴와 같으나 손괴보다 훼손의 정도가 큰 것이 파괴이다. 이를테면 건조물의 중요한 구성부분을 훼손하거나 간단히 수리할 수 없을 정도로 사용불가능하게 하는 경우이다. 이처럼 파괴는 손괴보다 행위불법 및 결과불법의 정도가 크다는 점에서 일반재물손괴죄보다 법정형이 높다.

공익건조물을 파괴할 의사로 행위했으나 파괴의 정도에 이르지 않은 경우에는 본죄의 미수가 된다. 반면 파괴의사가 아닌 손괴의사로 실행에 착수하여 공익건조물을 손괴한 정도의 결과가 발생한 경우에는 일반재물손괴죄가 성립한다.

파괴의 방법은 가리지 않는다. 다만 화력을 사용하여 손괴한 때에는 공용건조물방화죄($\frac{제165}{조}$), 일수의 방법으로 훼손한 때에는 공용건조물일수죄($\frac{제178}{조}$)가 성립하므로(법조경합 특별관계) 이 죄의 파괴방법은 방화 · 일수 이외의 모든 방법이다 가능하다.

3. 주관적 구성요건요소

구성요건고의는 공익건조물이라는 점과 파괴한다는 점 및 파괴행위로 인해 공익건조물의 이용에 장애가 발생할 것이라는 점에 대한 행위자의 인식과 의사이다.

Ⅳ. 중손괴죄 · 손괴치사상죄

1. 의의 및 성격

중손괴죄 · 손괴치사상죄는 일반재물손괴죄와 공익건조물파괴죄를 범하여 사람의 생명 또는 신체에 위험을 발생하게 하거나(구체적 위험범) 사상의 결과를 야기함으로써 성립하는 범죄이다($\frac{제368}{조}$). 특수손괴죄도 일반재물손괴죄나 공익건조물파괴죄의 불법가중형태에 불과하므로 특수손괴죄를 범하여 타인의 생명 또는 신체에 위험을 발생하게 하거나 사상의 결과를 야기한 때도 중손괴죄 또는 손괴치사상죄가 성립한다.

여기서 중손괴죄는 ⅰ) 손괴고의와 과실에 의한 살상위험의 야기가 결합한 진정결과적 가중범의 형태, ⅱ) 손괴고의와 고의에 의한 살상위험의 야기가 결합한 부진정결과적 가중범의 형태가 혼합된 법형상으로서의 성격을 지닌 것으로 이해해야 한다.

2. 객관적 구성요건요소

행위주체는 일반재물손괴죄 또는 공익건조물파괴죄를 범한 자 또는 그 미수범이다. 행위객체는 일반재물손괴죄 또는 공익건조물파괴죄의 그것과 같다. 구성요건행위도 일반재물손괴죄 또는 공익건조물파괴죄의 그것과 같다.

다만 구성요건결과에서 차이가 난다. 중손괴죄는 일반손괴 및 공익건조물파괴로 인한 결과 외에 생명·신체에 대한 위험이라는 구체적 위험결과의 발생을 필요로 한다. 손괴치사상죄는 진정결과적 가중범이므로 결과적 가중범의 일반원리에 따라 손괴행위로 인해 중한 사상의 결과가 발생해야 하고 손괴행위와 발생한 결과 사이에는 인과관계 및 객관적 귀속관계가 있어야 한다.

생명·신체에 대한 위험이 신체상해로 말미암아 야기된 경우, 이를테면 손괴행위로 치명상을 당하여 생명이 위독한 상태에 이른 때에는 상해의 결과가 이미 발생한 것이므로 중손괴죄가 아니라 손괴치사상죄에 해당한다.

3. 주관적 구성요건요소

중손괴죄에서 먼저 진정결과적 가중범이 문제될 때에 주관적 구성요건은 결과적 가중범의 일반이론에 따라 기본범죄행위인 손괴 또는 파괴에 대한 고의와 중한 생명·신체의 위험발생에 대한 과실이 있어야 한다. 만약 중손괴죄의 부진정결과적 가중범이 문제되면 주관적 구성요건은 기본범죄행위인 손괴 또는 파괴에 대한 고의와 중한 생명·신체의 위험발생에 대한 고의가 있어야 한다.

손괴치사상죄는 진정결과적 가중범이므로 결과적 가중범의 일반이론에 따라 기본범죄행위인 손괴 또는 파괴에 대한 고의와 중한 사상의 결과발생에 대한 과실이 있어야 한다.

4. 처   벌

중손괴죄에 대해서는 1년 이상 10년 이하의 징역이 과하여진다($^{제368조}_{1항}$). 손괴치사상죄는 상해와 사망에 이르게 한 경우를 구별하여, 전자는 1년 이상의 유기징역에, 후자는 3년 이상의 유기징역에 처해진다.

V. 특수손괴죄

특수손괴죄는 단체 또는 다중의 위력을 보이거나 위험한 물건을 휴대하여 일반재물손괴죄 또는 공익건조물파괴죄를 범한 때 성립하는 범죄이다($^{제369조}_{1항·2항}$).

이 죄는 일정한 행위방법에 의해 기본적인 두 가지 구성요건, 즉 일반재물손괴죄와 공익건조물파괴죄에 비해 불법 및 형이 가중되는 구성요건이다. 행위방법을 행위반가치의 구성요소로 보는 한, 이 죄는 행위반가치의 증대에 의한 불법가중이다.

단체 또는 다중의 위력, 위험한 물건의 휴대 등에 관하여는 특수폭행죄($^{제261}_{조}$)에서 설명한 것과 같다.

VI. 경계침범죄

1. 의의 및 성격

경계침범죄는 경계표를 손괴 이동 또는 제거하거나 기타의 방법으로 토지의 경계를 인식불능케 함으로써 성립하는 범죄이다. 3년 이하의 징역 또는 500만원 이하의 벌금에 처한다($^{제370}_{조}$).

이 죄는 손괴죄의 일종이다. 토지에 대한 권리와 중요한 관계를 가진 토지경계의 식별기능을 보호함은 물론, 토지소유권의 이용가치도 함께 보호하고 있다고 보아야 할 것이다. 그 밖에도 이 죄는 침해범·결합범·즉시범·상태범·결과범의 성격을 지닐 뿐만 아니라 공격범·지배범의 일종이기도 하다. 따라서 간접정범의 형태로는 물론 부진정부작위범의 형태로도 성립할 수 있다.

2. 객관적 구성요건요소

(1) 행위객체

(a) 내 용 행위객체는 「경계표」와 「토지의 경계」이다.

(b) 경 계 표 경계표란 토지의 경계를 확정하기 위하여 토지에 설치된 표지, 공작물, 입목 그 밖의 물건을 말한다. 반드시 타인의 소유임을 요하지 않고 자기의 소유이든 무주물이든 가리지 않는다. 또한 사법상 권리관계를 표시하기 위한 것이건 도경계표·국경계표와 같은 공법상·국제법상의 권리관계를 표시하기 위한 설치물이든 묻지 않는다.

경계표는 인위적으로 설치한 것이라도 좋고 자연상태로 존재하는 물건을 기존상태대로 이용한 것이라도 좋다. 그러나 자연상태대로 있는 물건을 경계표로 이용한 때에는 자연물이 경계표라는 사실을 객관적으로 식별할 수 있는 정도의 구체성을 가져야 한다.

경계표는 지상에 현출된 것이건 지하에 매몰된 것이건 묻지 않는다. 또한 자기가 설치한 것이건 타인이 설치한 것이건 상관없다. 영속적인 것에 한하지 않고 어느 정도 내구성이 있는 물건인 한, 일시적인 것도 괜찮다.

경계표의 재료·구조·상태 여하도 묻지 않는다. 그러나 용이하게 변질·붕괴되거나 용해되어 원형을 보존하지 못하는 물건, 임시로 쳐놓은 새끼줄 따위는 경계표라고 보기 어렵다. 경계표는 반드시 표시하는 경계선상에 있어야 할 필요는 없다.

(c) **토지의 경계**   토지의 경계란 소유권 등 토지권리의 장소적 한계를 나타내는 지표를 말한다. 소유권·지상권·지역권·임차권 등 토지에 관한 사법상의 권리범위를 표시하는 경계뿐만 아니라 도·군·시·읍·면의 경계와 같은 공법상의 권리관계에 기한 경계도 포함한다. 또한 자연적 경계(수목·유수 등)이건 인위적 경계이건 가리지 않는다.

토지경계가 실체법상의 권리관계에 부합하지 않는다 할지라도 사실상 경계표로 기능하는 지표인 한, 일반적으로 승인되어 온 관습상의 것이건 이해관계인의 명시적·묵시적 합의에 의한 것이건 상관없다(다수설·판례). 또한 반드시 경계가 권한 있는 당국에 의해 확정된 것이어야 할 필요는 없다(대판 1992. 12. 8, 92 도 1682). 이 한도에서 토지경계는 법률상 정당한 경계라는 진실보다 사실상 현존하는 경계라는 현상이 우선적인 보호대상임을 알 수 있다. 그러므로 사실상 현존하는 경계를 훼손한 뒤 자기가 정당하다고 간주한 경계를 만드는 것도 이 죄를 구성한다. 단, 행위자가 일방적으로 세운 경계표는 여기의 경계표에 해당하지 않는다(대판 1986. 12. 9, 86 도 1492).

(2) 행   위

(a) **내   용**   이 죄의 구성요건행위는 경계표를 「손괴·이동 또는 제거」하거나 기타의 방법으로 토지경계를 「인식불능」하게 하는 것이다.

경계표의 손괴·이동 제거행위가 토지경계의 인식불능행위의 한 예시라는 것이 우리나라의 다수설·판례(대판 1992. 12. 8, 92 도 1682)이다. 따라서 경계표를 손괴·이동·제거하더라도 토지경계를 인식불능케 하는 정도에 이르지 않으면 이 죄는 성립하지 않는다고 한다. 그러나, 다수설은 실제적인 적용의 결과가 사리에 반하여 타당하지 않다. 경계표의 손괴·이동·제거를 경계인식불능행위의 예시로 본다면, 경계표의 손괴·이동·제거행위만 있고 경계인식불능이 없는 경우 본죄는 불성립이지만 일반재물손괴죄($\frac{제366}{조}$)가 된다. 그런데 일반재물손괴죄의 법정형은 본죄의 법정형보다 높고, 전자의 미수범은 처벌하나 본죄의 미수범은 처벌하지 않는다. 그렇다면 전자의 죄질이 더 중한 셈이다. 그런데 다수설에 따르면 죄질이 약한 본죄의 미수(불처벌)가 중한 죄인 일반재물손괴죄의 기수가 되어 범죄이론적으로나 형사정책적으로도 맞지 않다. 그러므로 이 죄의 구성요건행위에서 경계표의 손괴·이동 또는 제거행위와 인식불능행위는 선택적으로 파악돼야 할 것이다.

(b) **경계표의 「손괴·이동·제거」**   손괴란 경계표를 물리적으로 훼손하는 행위를 말한다. 일반재물손괴죄의 손괴행위와 같다. 제거란 경계표가 원래 설치된 장소에서 취거하는 행위를 말한다. 손괴나 제거는 경계표 자체에 물리적인 변경을 가하여 식별기능과 효용가치를 해친다는 점에서 유사하다.

이동은 경계표를 원래의 위치에서 다른 장소로 옮기는 행위를 말한다. 다시 말해서 새로운 경계선을 설정하고 기존의 경계표를 새로운 경계선에다 옮겨놓는 일체의 행위를 이동이라 한다. 이것은 경계표 자체에 물리적인 변경을 가하는 것은 아니지만 그럼에도 본래의 식별기능을 해친다는 점에서 손괴적인 요소를 발견할 수 있다.

(c) **기타의 방법에 의한 경계의 인식불능**   기타의 방법으로 토지경계를 인식불능하게 함이란 경계표의 손괴·제거·이동에 준하는 방법으로 토지경계의 형질이나 현존상태를 변경하여 기존의 토지경계를 식별할 수 없게 만드는 일체의 행위를 말한다.

<u>보기</u> 경계표를 매몰하거나, 경계를 이루는 자연하수의 방향을 바꾸어 놓거나 구거(구거) 또는 자연지형물인 골짜기를 매립하여 평지로 만드는 경우를 들 수 있다. 그 밖에 경계를 이루는 산등성이를 깎아내려 형질을 변경하거나 언덕을 깎아내려 경계와 다른 석축을 쌓은 경우 또는 타인의 토지경계에 무단히 주택을 건설하는 것도 여기에 해당한다.

(3) **결   과**

(a) **구성요건결과**   구성요건결과는 행위양태와 행위객체의 상호연관성 속

에서 파악될 수 있다. i) 즉 전반부의 경계표 손괴·제거·이동 행위부분에서 행위객체는 경계표이다. 따라서 경계표가 갖는 식별기능의 위해가 이 행위부분의 구성요건결과이다. ii) 이에 비해 후반부의 기타 방법에 의한 토지경계의 인식불능 행위부분에서 행위객체는 토지의 경계이다. 따라서 토지경계가 갖는 식별기능의 위해가 이 행위부분의 구성요건결과이다. 이러한 구성요건결과를 한마디로 묶어 경계침범이라고 말해도 좋을 것이다.

반면 다수설은 토지경계의 인식불능만을 이 죄의 구성요건결과로 본다. 따라서 경계표의 손괴·이동·제거 등의 행위를 하더라도 토지경계의 인식불능상태가 초래되지 않는 한 미수가 되고, 이 죄의 미수범 처벌규정이 없으므로 결국 불가벌이 된다(대판 1992. 12. 8, 92 도 1682; 1972. 2. 29, 71 도 2293).

(b) 기 수   미수범은 벌하지 않는다. 비록 이들 행위가 있었을지라도 아직 구체적인 경계 침범이 발생하지 않은 때, 즉 기수에 이르지 아니한 때에는 이 죄의 성립은 없다. 구성요건행위와 결과 사이에는 인과관계 및 객관적 귀속관계가 있어야 하므로 양자 사이에 이와 같은 관계가 결여되었을 때 이 죄는 성립하지 않는다.

3. 주관적 구성요건요소

구성요건고의는 행위객체 및 결과와 양자 사이의 인과관계에 대한 행위자의 인식과 의사이다. 미필적 고의이면 충분하다. 경계침범의 고의가 없고 훼손고의만 있었을 때에는 이 죄에 해당하지 않고 재물손괴죄가 될 뿐이다. 경계는 반드시 법률상 정당한 경계를 의미하는 것은 아니므로 정당한 경계가 아니라고 믿은 것만으로는 고의가 조각되지 않는다.

4. 죄수 및 타죄와의 관계

(1) 죄 수

이 죄의 죄수는 원칙적으로 경계표 또는 경계의 수를 표준으로 하여 결정한다. 따라서 경계표가 하나이면 수 개의 경계가 흔들려도 일죄이고, 경계가 1개이면 수 개의 경계표를 손괴·이동·제거하여도 일죄이다. 그러나 1개의 경계표가 수 개의 경계를 결정하는 유일한 기준이 될 경우, 그 1개의 경계표를 이동한 경우라도 경계를 중심삼아 수 죄가 된다고 봐야 한다. 1개의 경계의 일부만 불분명하게 했더라도 1개의 경계침범죄를 구성한다. 경계의 수를 정함에는 인접한 토지의 경계 한쪽 끝에서부터 다른 쪽 끝까지를 1개의 경계로 보아야 한다.

(2) 타죄와의 관계

(a) **재물손괴죄와의 관계**   이 죄가 성립하면 재물손괴죄는 이 죄에 흡수된다는 견해도 있다. 그러나 죄질면에서 재물손괴죄를 경계침범죄보다 높게 취급하고 있는 것이 입법태도라고 보이므로 이 경우 양자 사이에 관념적 경합을 인정하는 것이 옳다.

(b) **부동산절도와의 관계**   위법영득의 의사를 가지고 경계를 침범한 경우, 부동산절도를 인정하지 않는 입장에서는 위법영득의 의사를 가지고 경계침범을 한 때에도 이 죄의 성립을 인정하는 것이 논리적이다. 물론 이 죄의 성립에는 구성요건고의만 필요하고, 그 밖에 위법영득의 의사나 가해의사까지 요구하는 것은 아니다. 그래서 위법영득의 의사를 가지고 경계를 침범했더라도 고의가 있는 한 이 죄가 성립한다.

제 3 장 재산을 보호하는 죄형법규

제 1 절 사기의 죄

I. 총 설

1. 보호법익 및 체계

사기죄의 보호법익은 **전체로서의 재산**이다. 즉 소유권, 기타의 **본권 및 재산상의 이익**이다. 판례는 거래상의 신의성실의무위반을 사기죄의 본질로 설명하고, 사기죄의 성립에 반드시 재산상의 손해발생이 필요한 것은 아니라고 함으로써 마치 거래상의 신의칙과 처분의사의 자유만을 보호법익으로 삼고 있는 듯한 인상을 준다.[1] 그러나 이러한 것들은 사기죄의 구성요건을 적용함으로써 사실상 형법적 보호를 얻게 되는, 보호의 반사적 효과일 뿐, 독립된 법익이나 부차적 법익도 아니다. 따라서 보호법익은 단지 전체로서의 재산일 뿐이다. 보호받는 정도는 침해범이다.

사기의 죄는 각각 독립된 범죄유형인 사기죄($\frac{제347}{조}$), 준사기죄($\frac{제348}{조}$)와 부당이득죄($\frac{제349}{조}$)로 나누어진다. 이들 범죄에 대한 상습범은 가중처벌되며($\frac{제351}{조}$), 부당이득죄를 제외하고는 미수범도 처벌된다($\frac{제352}{조}$). 친족상도례 및 동력규정도 준용된다. 형법은 현대사회의 기술발달에 따라 등장한 신종범죄에 대처하기 위해 **컴퓨터등 사용사기죄**($\frac{제347조}{의2}$)와 **편의시설부정이용죄**($\frac{제348조}{의2}$)를 신설하였다.

＊ 참고: 최근 다수 범죄가 발생하고 있는 보험사기의 조사·처벌에 대해서는 '보험사기방지 특별법'(법률 제14123호, 시행 2016. 9. 30.)의 규정이 우선 적용된다.

---

1) 대판 1997. 9. 9, 97 도 1561: 「사기죄의 요건으로서의 기망은 널리 재산상의 거래관계에 있어서 서로 지켜야 할 신의와 성실의 의무를 저버리는 모든 적극적 및 소극적 행위로서 사람으로 하여금 착오를 일으키게 하는 것을 말하며 사기죄의 본질은 기망에 의한 재물이나 재산상 이익의 취득에 있고, 상대방에게 현실적으로 재산상 손해가 발생함을 그 요건으로 하지 아니하는바 …」

2. 범죄피해자학의 관점

범죄피해자학은 원래 범죄피해자의 행동이 범죄에 미친 영향에 관한 범죄학적 이론을 지칭한다. 이 관점은 범죄의 발생에는 범죄자의 위법·유책한 행위 외에 관련된 피해자의 불가피한 참여도 중요한 몫을 한다는 사실을 강조한다. 범죄란 가해자와 피해자의 상호작용의 집합형태라는 것이다.

범죄피해자학의 지식은 사기죄 구성요건해석에서 피해자의 공동책임이 영향을 미칠 수 있는 기초를 제공한다. 형법상 사기죄는 정당한 신뢰만을 보호가치 있는 것으로 간주한다. 정당한 신뢰만이 각자에게 각성의무를 부과할 수 있기 때문이다. 그러므로 사기죄에서 피해자의 공동책임은 신뢰가 보호할 가치 있는 정당한 것인가, 근거 있는 신뢰인가를 결정하는 데 중요한 역할을 한다. 만약 피해자가 행위자의 기망행위를 검토해서 행위자가 자기를 속인다는 것을 알 수 있었지만, 피해자의 탐욕이나 투기심 때문에 기망에 속아 넘어간 경우는 바로 정당한 신뢰에 대한 각성의무를 위반한 것이다. 또한 피해자가 기망의 위험을 알아차릴 수 있었는데도 경솔하게 신뢰했을 때에도 피해자에게 공동책임이 있다. 체계적으로 피해자의 공동책임은 기망행위의 영역에서 성립을 제한하는 기능을 한다.

II. 사 기 죄

1. 의의·성격·구조

사기죄는 사람을 기망하여 재물을 편취하거나 재산상의 이익을 얻거나 혹은 제3자로 하여금 이를 취득케 함으로써 성립하는 범죄이다($^{제347}_{조}$). 그러므로 사기죄는 재물죄인 동시에 이득죄이다. 그러나 개개 재물에 대한 소유권범죄가 아니라 재산죄이다. 즉 사기취재죄의 경우에도 그 대상은 위법영득의 대상인 재물이 아니라, 오직 위법이득의 대상이 되는 개개의 재산이다. 반면 사기이득죄의 대상은 보다 넓게 전체로서의 재산이다.

사기죄는 침해범·즉시범·결과범의 성격을 지니고 지배범·상태범의 일종이기도 하다. 이욕범·지능범으로서의 성격도 갖는다.

사기죄가 성립하려면 구조적으로 ① 기망행위 → ② 피기망자의 착오 → ③ 재산처분행위 → ④ 재산상 손해발생 → ⑤ 재산상 이익취득을 필요로 한다. 그리고 이들 구성요소 사이에 각각 인과관계가 있어야 한다. 그 밖에도 ⑥ 구성요건고의와 ⑦ 위법이득의사를 필요로 한다.

2. 객관적 구성요건요소

(1) 행위객체

(a) **타인의 재산**(사기취재의 객체)   원칙적으로 타인이 점유하는 타인의 재산으로서, 절도죄에서 설명한 것과 대부분 같다. 단, 자기가 점유하는 타인소유의 재물도 위탁관계에 기한 점유가 아닌 한 사기죄의 객체로 될 수 있다. 타인이 점유하는 자기의 재물에 대해서는 기망에 의한 편취가 있더라도 권리행사방해죄($^{제323}_{조}$)나 공무상 보관물무효죄($^{제142}_{조}$)에 해당하는 것은 별론으로 하고 본죄는 성립하지 않는다. 부동산사기와 관련하여 부동산도 편취죄의 성격상 사기취재의 객체인 재물이 된다.

사기죄의 객체로서 재물은 소유권침탈의 대상으로서의 재물이 아니라, 피해자의 재산적 손해의 대상으로서의 재물 및 행위자의 위법이득의 대상인 재산의 적극적 구성부분으로서의 재물이다. 따라서 경제적 교환가치 있는 재물만이 사기죄의 객체인 재물의 개념에 들어간다.[2] 예컨대 유품 중 퇴색한 부친의 사진 한 장은 비록 절도죄의 객체는 될 수 있어도 교환가치가 없기 때문에 사기죄의 객체가 될 수는 없다.

(b) **재산상의 이익**(사기이득의 객체)   강도이득죄에서 설명한 것과 같다. 법률적·경제적 재산개념에 따른다면 재산상의 이익은 재산의 경제적 가치의 증가를 말한다. 이에는 적극적 이익과 소극적 이익 또는 영구적 이익과 일시적 이익이 모두 포함된다. 적극적 이익에는 노동의 제공, 담보의 제공, 채권추심의 승인 등이 해당하고, 소극적 이익에는 채무의 면제, 채무변제의 유예 등이 해당한다.

‖ **판례** ‖ 재산상 이익취득을 긍정한 사례
① 피해자를 기망하여 연대보증인으로 서명케 한 경우(대판 1983. 2. 22, 82 도 2555), ② 지급기일에 지급할 의사와 능력이 없으면서 채무이행을 연기 받을 목적으로 어음을 발행한 경우(대판 1998. 12. 9, 98 도 3282; 1997. 7. 25, 97 도 1095; 1983. 11. 8, 83 도 1723), ③ 채권자를 기망하여 대출받은 것이 신규대출은 아니지만 소위 대환에 의해 변제기를 연장받은 경우(대판 1997. 2. 14, 96 도 2904), ④ 신용보증기금을 기망하여 신용보증서를 발급 받은 경우(대판 2007. 4. 26, 2007 도 1274). ⑤ 수익분배를 약속받고 그러한 경제적 이익을 기대할 수 있는 자금운용의 권한과 지위를 획득한 경우(대판 2012. 9. 27, 2011 도 282).

---

2) 같은 견해 박상기 302면. 반대로 행위자의 주관적 가치만 있는 물건도 사기죄의 재물이 될 수 있다는 견해 배종대 446면.

‖ **판례** ‖   재산상 이익취득을 부정한 사례

① 법원을 기망하여 부재자의 재산관리인으로 선임된 경우(대판 1973. 9. 25, 73 도 1080), ② 환자가 치료비변제를 일시 모면하기 위하여 거짓말을 하고 병원을 빠져나와 도주한 경우(대판 1970. 9. 22, 70 도 1615), ③ 피해자인 은행을 기망하여 지급보증서를 받았으나 피고인이 아직 채권자에게 교부하지 않아 피해자의 보증채무가 발생하지 않은 경우(대판 1982. 4. 13, 80 도 2667).

(2) 기망행위

(a) **기망의 의의**   기망이란 허위의 의사표시에 의하여 타인을 착오에 빠뜨리는 일체의 행위이다. 판례는 널리 재산상의 거래관계에서 서로 지켜야 할 신의와 성실의 의무를 저버리는 모든 적극적 및 소극적 행위로서 타인에게 착오를 일으키게 하는 행위를 기망이라 한다(대판 1998. 4. 24, 97 도 3054; 1987. 10. 13, 86 도 1912).

‖ **판례** ‖   사기죄의 요건으로서의 기망은 널리 재산상의 거래관계에 있어서 서로 지켜야 할 신의와 성실의 의무를 저버리는 모든 적극적 및 소극적 행위로서 사람으로 하여금 착오를 일으키게 하는 것을 말한다. 그러므로 일반적으로 상품의 선전, 광고에 있어 다소의 과장 허위가 수반되는 것은 그것이 일반상거래의 관행과 신의칙에 비추어 시인될 수 있는 한 기망성이 결여된다고 하겠으나 거래에 있어서 중요한 사항에 관하여 구체적 사실을 거래상의 신의성실의무에 비추어 비난받을 정도의 방법으로 허위고지한 경우에는 과장허위광고의 한계를 넘어 사기죄의 기망행위에 해당한다[대판 1992. 9. 14, 91 도 2994 (백화점 변칙세일 사기사건); 같은 취지 대판 1997. 9. 9, 97 도 1561; 2002. 2. 5, 2001 도 5789].

비록 권리행사라 할지라도 기망행위를 수단으로 한 경우, 그 권리행사에 속하는 행위와 그 수단에 속하는 기망행위를 전체적으로 관찰하여 그와 같은 기망행위가 사회통념상 권리행사의 수단으로서 용인할 수 없는 정도라면 그 권리행사에 속하는 행위는 사기죄를 구성한다(대판 2003. 6. 13, 2002 도 6410).

(b) **기망의 대상**

(가) 사실에 관한 기망   사실(Tatsache)이란 원칙적으로 현재 또는 과거의 사건, 상태 또는 관계를 말한다. 예컨대 장래의 지급능력과 같은 장래사실은 원칙적으로 사실이 될 수 없다. 그러나 돈을 빌리는 경우에 언제까지는 꼭 지급하겠으며 또 지급할 자력도 생긴다는 주장은 장래에 지급할 능력이 있다는 것을 지금 당장에 확신시키는 현재의 내적 사실을 동시에 포함하고 있기 때문에 사실에 관한 기망이 될 수 있다. 또한 지구의 멸망을 예언하면서 전재산을 헌납하면 구원을 받을 수 있다고 주장하여 재산을 바치게 하거나, 부적을 사면 아들이 원하는 대학에 꼭

합격할 것이라고 주장하여 고가의 부적을 사게 한 경우에도 단순한 장래사실의 주장이 아니라 그것이 반드시 이루어질 것을 확신시키는 현재의 내적 사실을 동시에 포함하고 있어 사실에 관한 기망이 될 수 있다.

자금의 용도를 진실하게 고지하지 않고 돈을 빌린 경우 대개는 중요치 않은 동기의 착오만이 될 것이지만, 자금의 용도가 대주의 의사결정에 중요한 참고사실이 되는 경우에는 예외적으로 허위용도의 고지가 사실에 관한 기망이 될 수 있다(소위 용도사기). 판례는 종전 진실한 용도를 고지하지 않은 까닭에 대주가 착오를 일으켜 금전을 대부하였을 때 사기죄 성립을 부인했으나(대판 1960.9.4, 4292 형상 656), 최근 이 경우에도 사기죄 성립을 전면 인정하는 입장으로 돌아섰다(대판 2005.9.15, 2003 도 5382; 1995.9.15, 95 도 707).

‖ **판례** ‖ 사기죄의 실행행위로서 기망은 반드시 법률행위의 중요부분에 관한 허위표시임을 요하지 아니하고 상대방을 착오에 빠지게 하여 행위자가 희망하는 재산적 처분행위를 하도록 하기 위한 판단의 기초가 되는 사실에 관한 것이면 족한 것이므로, 용도를 속이고 돈을 빌린 경우에 있어서 만일 진정한 용도를 고지하였더라면 상대방이 돈을 빌려주지 않았을 것이라는 관계가 있는 때에는 기망행위가 있는 것으로 보아야 한다(대판 1996.2.27, 95 도 2828).

(나) 가치판단에 관한 기망   기망행위의 대상에 가치판단이나 의견의 진술도 포함되는가. 가치판단이나 의견의 진술은 개인의 주관적 의사의 표명에 불과하고 객관적 불일치 여부의 확정이 불가능하기 때문에 원칙적으로 기망의 대상이 될 수 없다. 따라서 단순한 가치판단, 단순한 의사표시, 단순한 법적 의견, 극히 사적인 견해 따위에 불과한 것은 약간의 과장된 표현이 있다 하더라도 기망의 대상이 될 수 없다. 반면 가치판단이나 의견의 진술이 진술자의 전문가적 지식과 결부되어 있거나 사실의 중요부분을 내포하고 있는 것으로 볼 수 있을 때에는 기망행위가 될 수 있다.[3] 예컨대 전문가가 어떤 그림이 매우 고가품이라는 주장은 동시에 그것이 진품이라는 사실에 관한 주장일 수 있고, 증시분석가의 전망이 좋은 주식이라는 주장도 단순한 가치판단을 넘어 사실의 핵심(Tatsachenkern)을 내포하고 있는 주장으로서 기망행위가 될 수 있다. 가치판단이 구체적인 사실을 근거로 나왔을 때에는 당연히 기망의 대상이 될 수 있다.

---

3) 원칙적 소극설·예외적 적극설의 입장이다. 같은 견해 권오걸 436면; 김성돈 325면; 김성천·김형준 401면; 박상기 303면; 배종대 449면; 손동권 356면; 이재상 332면; 임웅 362면; 정성근·박광민 370면.

㈐ **사실의 양태** 기망행위가 사실과 관계있는 한, 법률행위의 내용의 중요부분에 관한 기망이었느냐는 불문한다. 즉 그것이 물건의 성질·품질 등에 관한 사실이든, 대금지급의사와 같은 내적 사실이든, 법률적 효력과 같은 법률적 사실이든, 민법상 무효인 법률행위로서 법률상 실현할 수 없는 사실이든 불문한다. 다만 기망행위가 법률행위의 동기에 착오를 유발한 데 그친 경우라면 아직 사기죄의 구성요건에 해당하는 기망행위로 볼 수 없다.

  ⒞ **기망행위의 수단** 기망의 수단·방법에는 제한이 없다. 언어, 문서, 거동, 침묵과 같은 다양한 수단을 이용해서 범인 스스로 또는 제 3 자를 이용하는 간접정범 형태로도 가능하다. 그리고 작위뿐만 아니라 부작위에 의해서도 가능하다. 기망행위가 부작위에 의한 경우 사기죄가 특수한 행태의존적 결과범이라는 사실에 주목하여 부작위가 기망이라는 구성요건적 행위양태에 상응하는 것인지 동치성과 동가치성의 관점에서 검토할 필요가 있다.

  ㈎ **작위에 의한 기망** 작위에 의한 기망에는 명시적 기망행위와 묵시적 기망행위가 있다.

  ⒤ **명시적 기망행위** 언어에 의한 기망행위로서 주로 구두나 문서 등의 표현수단에 의해 적극적으로 상대를 기망하는 것을 말한다.

  ⒥ **묵시적 기망행위** 언어나 문서에 의해 적극적인 거짓행동을 함이 없이 은연중의 행동으로 허위의 외관을 나타내는 경우이다. 행동 자체가 구체적 상황하에서 일정한 설명가치, 즉 암묵적 의사표시를 포함해야 한다. 행동이 묵시적 설명가치를 포함하는지, 그리고 어떠한 내용을 나타내는지는 거래관행과 사회통념에 따라 결정해야 한다.

  묵시적 기망행위의 대표적인 예로는 무전취식과 무전숙박을 들 수 있다. 음식을 주문하거나 숙박을 할 때에는 특별한 사정이 존재하지 않는 한 대금을 지급하는 것이 일반적 거래관행이므로 음식주문이나 숙박신청 그 자체가 대금지급의 암묵적 의사표시여서 묵시적 기망에 해당한다.

  그 밖에 묵시적 기망의 예로는, ① 절취한 예금통장으로 예금을 청구한 경우 (대판 1974. 11. 26, 74 도 2817), ② 절도범이 절취한 장물을 자기 것인 양 담보로 제공하고 금원을 차용한 경우(대판 1980. 11. 25, 80 도 2310), ③ 타인에게 매도하여 소유권이전등기까지 경료해 준 부동산을 자기소유라고 하여 재차 매도한 경우 (대판 1971. 8. 31, 71 도 1302), ④ 채권의 담보로 가옥소유권이 채권자에게 이전등기되었음에도 이런 사실을 숨긴 채 타인에게 임대한 경우(대판 1984. 1. 31, 83 도

1501) 등을 들 수 있다.

(나) **부작위에 의한 기망행위** 기망행위는 부작위에 의해서도 가능하다. 사실의 묵비가 설명가치를 지니는 묵시적 기망행위에 해당하지 않는 경우 부작위에 의한 기망인지를 검토해야 한다.

행위가 작위와 부작위를 함께 내포하고 있는 경우 그 판단은 규범적인 고찰과 행태의 사회적인 의미를 고려하여 그 행태에 대한 법적 비난의 중점이 어디에 있는가에 따라야 한다. 그래서 행위자의 침묵이 설명가치를 지니는 묵시적 기망행위에 해당하지 않는 경우에, 보증인적 지위와 고지의무가 필요한 부작위에 의한 기망인지를 검토한다.

(i) **부작위에 의한 기망행위와 묵시적 기망행위의 구별** 양자의 구별이 쉬운 것은 아니다. 통설과 판례는 상대방이 일정한 설명가치를 내포하고 있는 행위자의 행위에 의해 착오에 빠지는 경우가 묵시적 기망(작위적 기망)이고, 보증인적 지위에 있는 행위자가 스스로 착오에 빠져 있는 상대방의 착오를 제거하지 않거나 착오에 빠지는 것을 저지하지 않는 경우가 부작위에 의한 기망이 된다고 본다. 즉 부작위에 의한 기망이 성립하기 위해서는, 첫째 상대방이 행위자와 관계 없이 스스로 기망에 빠져 있어야 하고, 둘째 행위자가 상대방의 착오를 제거해야 할 보증인적 지위에 있어야 한다.

∥ **판례 1** ∥ 부작위에 의한 기망은 상대방이 착오에 빠져 있는 것을 지실하면서 법률상 고지의무가 있음에도 불구하고 이를 하지 않고 사실을 묵비하는 것을 말하고 신의성실의 원칙하에 이루어져야 할 거래상의 필요가 있는 경우도 법률상의 고지의무가 있다. … 그 의무에 위반하여 침묵할 경우에는 이로 인하여 상대방으로 하여금 인식의 대상을 착각시키고 사실판단에 착오를 가져오게 하는 것이니 위 사실을 고지하지 아니함은 위 고지의무에 위반하였다(대판 1980. 7. 8, 79 도 2734).

∥ **판례 2** ∥ 부작위에 의한 기망이 인정한 사례

① 저당권 또는 가등기가 경료되어 있는 사실을 숨기고 매도한 경우(대판 1981. 8. 20, 81 도 1638), ② 매매목적물의 소유권귀속에 관하여 소송이 계속중인 사실을 숨기고 부동산을 매도한 경우(대판 1983. 3. 22, 84 도 301), ③ 대지 및 지상건물에 대한 명도소송이 제기되어 계속중이고 점유이전금지 가처분까지 되어 있는 사실을 알리지 않은 경우(대판 1985. 3. 26, 84 도 301), ④ 소유권귀속에 관한 분쟁이 있어 재심소송이 계속중인 사실을 숨기고 매도한 경우(대판 1986. 9. 9, 86 도 956), ⑤ 매수인이 재개발사업이 진행중인 것을 매도인이 모르는 것을 이용하여 1/10 정도의 가격으로 이를 매수한 경우(대판 1987. 10. 13, 86 도 1912), ⑥ 매매목적물이 유언으로 재단법인에 출연된 사실을 숨기고

매도하여 대금을 교부받은 경우(대판 1992. 8. 14, 91 도 2202), ⑦ 토지에 관하여 도시계
획이 입안되어 있어 장차 협의매수되거나 수용될 것이라는 사정을 알면서 이를 모르는
매수인에게 고지하지 아니한 경우(대판 1993. 7. 13, 93 도 14).

(ii) **보증인지위와 의무, 동가치성**   기망행위의 부작위에 의한 사기죄가 성립
하려면 행위자에게 보증인지위와 의무가 있어야 한다. 보증인적 지위에 근거한
고지의무의 발생근거에 대해서는 형식설과 실질설(기능설)의 입장이 있으나, 부
작위에 의한 기망과 관련해서는 통상 법령, 계약, 선행행위에 의한 고지의무가 고
려될 수 있다. 법령에 의한 경우는 보험계약상의 고지의무($\binom{상법}{제651조}$)가 그 예이고,
선행행위로 인한 경우는 고의 없이 타인의 착오를 유발했으나 고지를 통해 착오
를 제거해 주지 않고 오히려 그 착오상태를 이용해 재산적 이익을 취하는 경우를
예로 들 수 있다.

한편 고지의무가 당사자간의 명시된 계약에 의해서도 발생할 수 있음은 물론
이다. 문제는 계약관계에 있어서 신의성실원칙에 근거한 고지의무가 인정될 수
있는가에 있다. 이에 대해서는 일반적인 신의성실원칙에 근거한 고지의무를 인정
하는 것은 형법의 보충성의 원칙에 반하기 때문에 계약상 명시적인 고지의무가
있거나 부동산 등기부상으로 매매목적물의 하자를 쉽게 확인할 수 없는 경우 등
에 한하여 부작위에 의한 사기죄를 인정해야 한다는 견해가 있다.[4] 생각건대 계
약의 당사자라는 이유만으로 신의성실에 근거한 보증인적 지위가 당연히 발생하
는 것은 아니라고 할 것이다. 다만 계약에 명시적으로 규정되어 있지 않다 할지라
도 계약의 상대방을 재산적 손해로부터 보호해야 할 특별한 신임관계가 존재하는
경우에는 고지의무가 발생한다고 보는 것이 옳다. 이 때 특별한 신임관계란 처음
부터 계약 당사자간에 공동의 목적을 달성하기 위한 공동협력이 전제될 때에 인
정된다.[5] 그리고 고지의무는 그 내용이 의사결정의 중요한 사항에 속하는 것이어
야 한다.[6]

판례는 ① 고지하지 아니하면 장래 그 거래관계의 효력이나 채무의 이행에
장애를 가져와 계약상의 채권을 확보하지 못할 위험이 있고, ② 상대방이 그 사
정을 알았더라면 거래에 임하지 아니하거나 재물을 교부하지 아니할 것이 경험칙
상 명백하며, ③ 행위자가 이와 같은 사정을 알았을 경우에 신의칙에 근거한 고

---

4) 배종대 453면; 하태훈, 「부동산거래관계에 있어서 고지의무와 부작위에 의한 기망」, 형사판례
  연구 2(1994), 207면
5) 박상기 309면 Sch/Sch/Cramer, §263, Rdn 22.
6) 박상기 309면; 이재상 337면; 정성근 · 박광민 373면.

지의무가 발생한다고 한다(대판 1996. 7. 30, 96 도 1081).

더 나아가 부작위는 작위의 행위양태와 **동가치성**이 있어야 한다. 특히 구성요
건상 행위수단이나 방법이 특정되어 있어 일정한 행위양태(기망)에 의해서만 구
성요건결과가 발생하도록 되어 있는 소위 행태의존적 결과범(사기죄)의 구성요건
에서는 부작위행위가 결과야기 자체는 물론, 결과야기행위의 구성요건적 양태와
도 동가치성을 가질 때 비로소 구성요건적 부작위로 평가될 수 있다.

그 밖에 특별히 부작위에 의한 기망이 문제되는 사례로 소위 **거스름돈** 사기의
경우가 있다. 상대방이 잘못하여 더 많은 거스름돈을 주는 것을 알면서도 그대로
수령하는 행위도 부작위에 의한 기망이 될 것인가? 과분의 거스름돈임을 현장에
서 알고 받은 경우에는 부작위에 의한 기망, 교부 뒤 알게 되어 영득한 경우에는
점유이탈물횡령이 된다는 견해(대판 2004. 5. 27, 2003 도 4531)[7]가 다수설이다. 그
러나 거래관행상 거스름돈을 받는 자가 항상 거스름돈이 맞는지를 고지해야 할
의무를 부담하고 있는 것은 아니므로 어떤 경우에나 부작위에 의한 기망이 되지
않는다고 보는 것이 옳다.[8] 대신 점유이탈물횡령죄는 인정할 수 있을 것이다.

(d) **기망의 정도**   경험칙상 일반인이 착오에 빠질 수 있는 정도면 충분하지
만, 거래상 신의칙에 반하는 정도라야 한다(통설·판례). 상거래상 어느 정도 과
장된 광고·선전은 일반적인 상관행으로 승인되어 있다. 그러므로 그것이 사회상
당성의 범위에 머물러 있는 한, 상대방이 다소 착오를 일으켰더라도 경범죄처벌
법 등에 의한 처벌은 별론으로 하고 기망행위 자체를 구성하지 않는다고 본다.

‖ **판례 1** ‖   연립주택을 분양함에 있어 평형의 수치를 다소 과장하여 광고를 하였으나,
그 광고는 거래당사자 사이에서 매매대금을 산정하기 위한 기준이 되었다고 할 수 없고,
단지 분양 대상 주택의 규모를 표시하여 분양이 쉽게 이루어지도록 하려는 의도에서 한
것에 지나지 아니하므로, 연립주택의 서비스면적을 포함하여 평형을 과장한 광고가 거
래에 있어 중요한 사항에 관하여 구체적 사실을 거래상의 신의성실의 의무에 비추어 비
난받을 정도의 방법으로 허위로 고지함으로써 사회적으로 용인될 수 있는 상술의 정도
를 넘은 기망행위에 해당하지 않는다(대판 1995. 7. 28, 95 다 19515; 1991. 6. 11, 91 도 788).

‖ **판례 2** ‖   기망으로 인정된 사례
① 판매하다 남은 식품에 부착되어 있는 바코드와 비닐랩 포장을 뜯어내고 다시 포장
을 하면서 가공일이 당일로 기재된 바코드와 백화점 상표를 부착하여 진열대에 진열하

---

7) 권오걸 444면; 김성천·김형준 412면; 손동권 358면; 오영근 407면; 이영란 332면; 임웅
366면; 정영일 216면; 진계호 354면.
8) 김성돈 329면; 박상기 329면; 이재상 338면; 이정원 363면; 이형국 452면; 정성근·박광민
376면.

여 판매한 행위(대판 1996. 2. 13, 95 도 2121), ② 식품매장에서 당일 판매하지 못하고 남은 생식품을 다음날 포장지를 교체하면서 가공일자가 재포장일자로 기재된 바코드라벨을 부착하여 판매하는 행위(대판 1995. 7. 28, 95 도 1157), ③ 종전에 출하한 일 없던 신상품에 대해서 첫 출하시부터 종전가격 및 할인가격을 비교표시하여 바로 세일에 들어가는 이른바 변칙세일행위(대판 1992. 9. 14, 91 도 2994), ④ 식육식당을 경영하는 자가 음식점에서 한우만을 취급한다는 취지의 상호를 사용하면서 수입쇠고기를 조리·판매하는 행위(대판 1997. 9. 9, 97 도 1561)는 그 사술의 정도가 사회적으로 용인될 수 있는 상술의 정도를 넘는 사기죄의 기망행위에 해당한다.

(e) **기망의 상대방**   기망의 상대방은 타인이다. 광고사기의 경우에는 불특정인도 상대방이 될 수 있다. 다만 심신상실자나 유아 따위는 스스로 착오를 일으킬 능력이 없기 때문에 기망의 상대방이 될 수 없고, 미성년자나 심신장애자는 준사기죄($^{제348}_{조}$)의 객체가 된다.

기망의 상대방과 재산상의 피해자는 동일인이 아니라도 좋다. 예컨대 법원을 기망하여 자기에게 유리한 판결을 받고 이에 기하여 강제집행을 하여 타인의 재물을 편취하거나 자기의 채무를 면하는 소위 소송사기의 경우에도 피기망자는 법원이고 피해자는 재판의 상대방, 즉 패소자가 된다. 또한 신용카드 발행회사와 회원 사이에 가맹점이 끼어든 소위 3당사자 카드(신용카드의 전형적 유형)의 경우, 카드회원이 카드발급 이후에 대금납입의 의사와 능력이 없으면서 가맹점에서 상품을 구입했을 때 사기죄가 성립한다. 이 경우 통상적으로 가맹점은 기망의 상대방, 카드발행회사가 피해자가 된다.

(3) 착오의 유발

행위자의 기망에 의해 피기망자의 착오가 야기되어야 한다. 만약 행위자의 기망행위가 착오의 야기에 인과적 원인이 되지 않았다면 기망행위로 인한 착오의 야기는 성립되지 않는다. 기망행위와 착오 사이에 인과관계가 결여된 때에는 사기미수죄가 된다. 사기범이 타인을 기망하여 자신의 계좌에 돈을 송금 받은 후 은행에 대하여 예금반환을 청구함에 따라 은행이 사기범에게 예금을 지급하는 행위는 그 금액 상당의 예금계약의 성립 및 예금채권 취득에 따른 것으로서 은행이 착오에 빠져 처분행위를 한 것으로 볼 수 없기 때문에 은행을 피해자로 한 사기죄는 성립하지 않는다(대판 2010. 5. 27, 2010 도 3498).

착오의 야기는 사기범인이 피기망자에게 잘못된 표상을 새로이 불러일으켜 주었을 때 인정할 수 있다. 따라서 이미 존재하고 있는 착오를 단지 이용한 자는 착오를 야기한 자가 아니다. 다만 상대방의 착오를 제거해야 할 보증인적 지위에 있는 자에게는 부작위에 의한 기망이 성립될 수 있다.

착오는 현실과 불일치하는 사실에 관한 적극적인 표상을 전제한다. 진실한 사실에 관한 표상이 단순히 결하여 있다는 점만으로는 착오가 성립되지 않는다. 적극적인 표상에 착오가 있는 한, 착오자가 전체적 사실을 잘못 표상했느냐, 아니면 그 중의 일부 사정에 관해서만 착오했느냐는 중요하지 않다.

(4) 재산적 처분행위(교부행위)

(a) 의 의 　재산적 처분행위라 함은 직접적으로 재산상의 손해를 가져오는 일체의 자의적인 작위 또는 부작위를 말한다. 사기죄의 구성요건 중에는 재물의 교부를 받거나 제3자로 하여금 교부받게 하는 것(사기취재) 및 재산상 이익을 취득하거나 제3자로 하여금 취득하게 하는 것(사기이득)이 필요하다. 이것은 당연히 피기망자의 처분행위를 전제한다(기술되지 아니한 구성요건표지).

‖**판례 1**‖ 　사기죄는 타인을 기망하여 착오에 빠뜨리고 그로 인한 처분행위로 재물의 교부를 받거나 재산상의 이익을 취득한 때에 성립하는 것이므로, 피고인이 피해자에게 부동산매도용인감증명 및 등기의무자본인확인서면의 진실한 용도를 속이고 그 서류들을 교부받아 피고인 등 명의로 위 부동산에 관한 소유권이전등기를 경료하였다 하여도 피해자의 위 부동산에 관한 처분행위가 있었다고 할 수 없을 것이고 따라서 사기죄를 구성하지 않는다(대판 2001. 7. 13, 2001 도 1289).

‖**판례 2**‖ 　사기죄가 성립하기 위하여는 기망행위와 이에 기한 피해자의 처분행위가 있어야 할 것인바, 타인의 일반전화를 무단으로 이용하여 전화통화를 하는 행위는 전기통신사업자인 한국전기통신공사가 일반전화 가입자인 타인에게 통신을 매개하여 주는 역무를 부당하게 이용하는 것에 불과하여 한국전기통신공사에 대한 기망행위에 해당한다고 볼 수 없을 뿐만 아니라, 이에 따라 제공되는 역무도 일반전화 가입자와 한국전기통신공사 사이에 체결된 서비스이용계약에 따라 제공되는 것으로서 한국전기통신공사가 착오에 빠져 처분행위를 한 것이라고 볼 수 없으므로, 결국 위와 같은 행위는 형법 제347조의 사기죄를 구성하지 아니한다 할 것이고, 이는 형법이 제348조의 2를 신설하여 부정한 방법으로 대가를 지급하지 아니하고 공중전화를 이용하여 재산상 이익을 취득한 자를 처벌하는 규정을 별도로 둔 취지에 비추어 보아도 분명하다(대판 1999. 6. 25, 98 도 3891).

(b) **처분행위의 양태 · 결과 · 처분의사**

(가) 처분행위의 양태

(ⅰ) 작위에 의한 처분행위 　재산상의 지위 또는 상태에 영향을 미칠 수 있는 한, 모든 사실상의 행위를 포함한다. 반드시 유효한 법률행위일 필요는 없다. 따라서 취소할 수 있는 법률행위, 무효인 법률행위는 물론 순전히 사실적인 행위라도

처분행위의 성립에 지장없다. 즉 점유를 포기하거나 노무를 제공하는 것도 피해자에게 재산상의 손해라는 결과를 야기시킬 수 있었다면 충분히 처분행위가 된다.

(ii) **부작위에 의한 처분행위**   부작위에 의한 처분행위도 가능하다. 착오에 빠진 자가 재산을 유지·증가시킬 수 있는 처지에 있었음에도 불구하고 착오로 인하여 이와 같은 조치를 취하지 않은 때가 이에 해당한다. 예컨대 피해자가 기망에 의한 착오에 빠져 채권의 존재를 알지 못하여 채권행사를 하지 못한 경우를 들 수 있다(대판 2007. 7. 12, 2005 도 9221). 사실상 이행가능한 청구권을 행사하지 않았거나 기타의 권리를 행사하지 않은 경우도 이에 해당한다.

(나) **처분행위의 결과**

(i) **재산의 감소**   처분행위의 결과는 적극적인 작위행위에 의한 재산감소 뿐만 아니라, 부작위에 의해 충분히 가능했던 재산증식이 이루어지지 아니한 경우까지를 포함한다.

(ii) **직접적인 원인야기**   재산의 감소는 처분행위로부터 직접 야기되어야 한다. 통상 처분자의 점유이전이 있었다면 처분행위의 직접성은 존재한다. 그러나 처분결과에 대해 기망자의 또 다른 점유침탈을 더 필요로 한다면 직접성은 존재하지 않는다.

＊주의: 사취의 경우에는 피해자의 자의에 의해 재물의 점유가 상대방에게 이전되기 때문에 직접성이 인정되나, 절취(소위 책략절도)의 경우에는 형식적으로는 점유가 상대방에게 이전되었다 할지라도 아직 피해자에게 점유가 유보되어 있기 때문에 기망자의 또 다른 점유침탈이 요구되는 경우이다.

(다) **처분의사**   피기망자의 처분의사가 필요하다는 것이 다수설의 입장이다. 반면 처분행위로 인한 객관적인 재산의 감소만 있으면 족하고 처분의사는 필요치 않다는 견해도 있다.[9] 판례는 종래 처분의사가 필요하다는 입장(대판 1987. 10. 26, 87 도 1042)이었으나, 최근 전원합의체 판결(대판 2017. 2. 16, 2016 도 13362)을 통해 처분의사 불요설로 돌아섰다. 생각건대 이 문제는 사기이득의 경우와 사기취재의 경우를 나누어 살펴야 한다. 사기이득의 경우에는 처분의사가 필요 없다. 따라서 처분자가 서명날인의 재산적 관련성을 인식하지 못하고 차용증이나 물품인도증에 서명날인을 했더라도 재산적 처분행위가 인정된다. 반면 사기취재의 경우에는 절도죄와의 구별을 위해 처분행위의 인식, 즉 처분의사가 필요하다고 해야 한다.[10]

(c) **처분행위의 자의성**   처분행위는 자의적으로 이루어져야 한다. 처분행

---

9) 권오걸 451면; 박상기 321면; 이영란 337면; 이재상 345면.
10) 이정원 367면; 진계호 360면. 독일의 통설과 판례의 입장이다.

위가 강요된 경우에는 자의성이 인정되지 않는다.

    (d) **처분행위자와 피기망자 또는 재산의 피해자의 관계**(소위 삼각사기)   처분행위가 성립하기 위하여는 처분행위자와 피기망자가 같아야 한다. 그러나 처분행위자와 재산상의 피해자는 반드시 동일인임을 요하지 않는다. 이 경우를 삼각사기(Dreiecksbetrug)라고도 한다.

    (i) **처분행위자의 지위**   삼각사기의 경우 처분행위자와 피해자의 재산 사이에는 밀접한 관계가 있어야 한다. 이 관계는 삼각사기와 선의의 도구에 의한 간접정범 형태의 절도를 구분하기 위한 기준이 된다. 이 관계의 의미에 대해 ① 처분행위자가 계약관계에 의해 피해자의 재산을 처분할 수 있는 권한이 있는 경우에만 삼각사기를 인정하는 계약관계설, ② 처분행위자가 피해자의 재산을 처분할 수 있는 법적 권한이 있어야 한다는 법적 권한설, ③ 처분행위자가 재산의 소유자를 대신하여 법적 또는 사실상 그의 재산을 처분할 수 있는 위치에 있으면 족하다는 사실상의 지위설(힘의 영역설 또는 창고설이라고도 한다, 다수설 · 판례)이 대립한다. 사기죄의 처분행위에 재산상의 지위나 상태에 영향을 미칠 수 있는 유효한 법률행위만이 아니라 하자 있는 법률행위나 사실행위도 포함된다고 보는 한 사실상의 권한을 가진 경우도 밀접한 관계가 있는 것으로 봐야 한다. 따라서 처분행위자는 점유를 사실상 관리 · 보호하는 지위에 있으면 충분하다.

    종전 판례는 처분행위자에게 피해자의 재산을 처분할 수 있는 법적 권한이 있어야 한다고 하였으나(대판 1981. 7. 28, 81 도 529), 현재는 피해자를 위하여 재산을 처분할 수 있는 권능을 갖거나 지위에 있으면 족하다는 입장을 보이고 있다(대판 1994. 10. 11, 94 도 1575).

‖**판례**‖   사기죄가 성립되려면, 피기망자가 착오에 빠져 어떠한 재산상의 처분행위를 하도록 유발하여 재산적 이득을 얻을 것을 요하고, 피기망자와 재산상의 피해자가 같은 사람이 아닌 경우에는 피기망자가 피해자를 위하여 그 재산을 처분할 수 있는 권능을 갖거나 그 지위에 있어야 한다. 그러나 여기에서 피해자를 위하여 재산을 처분할 수 있는 권능이나 지위라 함은 반드시 사법상의 위임이나 대리권의 범위와 일치하여야 하는 것은 아니고, 피해자의 의사에 기하여 재산을 처분할 수 있는 서류 등이 교부된 경우에는 피기망자의 처분행위가 설사 피해자의 진정한 의도와 어긋나는 경우라고 할지라도 위와 같은 권능을 갖거나 그 지위에 있는 것으로 보아야 한다(대판 1994. 10. 11, 94 도 1575).

    (ii) **소송사기**   피기망자(법원)와 피해자(패소자)가 다른 대표적인 예가 소송사기이다. 소송사기란 법원에 대하여 허위의 사실을 주장하거나 허위의 증거를

제출하여 법원을 기망하고 판결에 기하여 상대방으로부터 재물 또는 재산상의 이익을 얻는 것을 말한다. 소송사기가 성립하기 위하여는 법원의 재판이 피해자의 처분행위에 갈음할 수 있는 내용과 효력이 있어야 한다. 간접정범 형태에 의한 소송사기도 가능하다(대판 2007. 9. 6, 2006 도 3591).

　　물론 소송사기의 경우 사기죄의 성립에는 제소 당시 주장한 권리가 존재하지 않는다는 사실을 잘 알고 있으면서도 허위의 주장과 입증으로 법원을 기망한다는 인식이 있어야 한다. 단순히 사실을 잘못 인식하였다거나 법률적 평가를 잘못하여 존재하지 않는 권리를 존재한다고 믿고 제소하는 행위는 사기죄를 구성하지 아니한다(대판 2003. 5. 16, 2003 도 373; 1996. 8. 23, 96 도 1265).

　　이와 같은 소송사기에 있어서도 법원은 지급의무를 지우는 판결을 선고함으로써 재산적 처분행위를 한 셈이 된다. 물론 법원은 피고(패소자)의 재산에 대한 점유관리자는 아니다. 그러나 판결에 의해 피고의 재산에 손해를 끼칠 법적 가능성이 있으므로, 법적 처분자로서의 법원과 피해자의 재산 사이에 법적인 밀접관계는 존재한다.

‖ **판례 1** ‖　소송사기에 있어서 피기망자인 법원의 재판은 피해자의 처분행위에 갈음하는 내용과 효력이 있는 것이어야 하므로, 피고인들이 타인과 공모하여 그 공모자를 상대로 제소한 경우나 피고인들이 법원을 기망하여 얻으려고 한 판결의 내용이 소송 상대방의 의사에 부합하는 것일 때에는, 착오에 의한 재물의 교부행위가 있다고 할 수 없어 소송사기죄가 성립되지 아니한다(대판 1996. 8. 23, 96 도 1265; 1983. 10. 25, 83 도 1566).

‖ **판례 2** ‖　피고인이 타인과 공모하여 그 공모자를 상대로 제소하여 의제자백의 판결을 받아 이에 기하여 부동산의 소유권이전등기를 하였다고 하더라도 이는 소송 상대방의 의사에 부합하는 것으로서 착오에 의한 재산적 처분행위가 있다고 할 수 없어 부동산을 편취한 것이라고 볼 수 없고, 또 그 부동산의 진정한 소유자가 따로 있다고 하더라도 피고인이 의제자백판결에 기하여 진정한 소유자로부터 소유권을 이전받은 것이 아니므로 그 소유자로부터 부동산을 편취한 것이라고 볼 여지도 없다(대판 1997. 12. 23, 97 도 2430; 1996. 8. 23, 96 도 1265; 1983. 10. 25, 83 도 1566).

　　소송사기와 관련하여, 가압류·가처분 또는 재판상 화해를 신청하는 경우, 가압류·가처분은 강제집행의 보전방법에 불과하여 청구의 의사표시로 볼 수 없고(대판 1988. 9. 13, 88 도 55; 1982. 10. 26, 82 도 1529), 재판상 화해는 새로운 법률관계를 창설하는 것이므로 화해내용이 실제 법률관계와 일치하지 않아도 사기죄가 성립하지 않는다(대판 1968. 2. 27, 67 도 1579). 그러나 허위채권으로 지급명령을 신청한 경우는 채무자의 이의신청으로 소를 제기한 것으로 간주되고, 이의신청이 없거나 각하된 경우에는 확정판결과 동일한 효력을 가지므로($\binom{\text{민소법 제464}}{\text{조, 제474조}}$) 사기죄가 성립한다고 보아야 한다.

판례에 의하면 사자를 상대로 한 소송사기는 성립하지 않는다(대판 1997. 7. 8, 97 도 632; 1987. 12. 22, 87 도 852). 판례는 사망자에 대한 승소판결은 당연무효이기 때문에 법원의 재산처분행위가 있다고 볼 수 없다는 입장이다.[11] 같은 논리에 의해 허무인에 대한 소송도 사기죄를 구성하지 않는다(대판 1992. 12. 11, 92 도 743).[12]

(e) **착오와 처분행위의 인과관계**   피기망자와 처분행위자는 동일인이어야 하고, 그의 착오와 처분행위 사이에 인과관계가 있어야 한다. 예컨대 처분자가 고학생임을 자처하는 행상인의 언동에 착오를 일으켰지만, 단지 연민의 정에서 위조품에 대한 대금으로 재물을 교부한 경우에는 착오와 처분행위 사이에 인과관계가 없다.

∥ **판례** ∥   법인이 임대주택용지 분양신청을 함에 있어서 분양신청자 중의 추첨대상자에 들기 위하여 법인의 대표이사 개인의 허위 건축실적증명을 첨부한 경우 기망행위와 처분행위 사이의 인과관계가 없어 사기죄를 구성하지 않는다(대판 1994. 5. 24, 93 도 1839).

(5) 재산상의 손해

(a) **재산상 손해발생의 필요성 여부**   사기죄가 성립하기 위해 재산상 손해의 발생이 필요한지에 대해서는, 기망으로 인한 재산의 처분행위가 있으면 사기가 성립하고 재산상 손해발생은 필요치 않다는 견해(소극설), 사기취재죄의 경우에는 재산상 손해의 발생이 필요치 않으나 사기이득죄의 경우에는 필요하다는 견해(이원설)도 있다. 그러나 재산범죄로서 침해범의 성격을 갖고 있는 사기죄에서는 피기망자의 재산적 처분행위에 의해 그의 재산 내지 타인의 재산에 직접 손해가 발생해야 한다(적극설, 다수설). 피해자의 재산적 손해발생은 사기죄의 구성요건결과이다. 사기죄는 피해자의 재산적 손해발생으로 기수가 된다.

---

11) 대판 1997. 7. 8, 97 도 632: 「피고인의 제소가 사망한 자를 상대로 한 것이라면 그 판결은 그 내용에 따른 효력이 생기지 아니하여 상속인에게 그 효력이 미치지 아니하므로, 사기죄를 구성할 수 없다.」
12) 대판 1992. 12. 11, 92 도 743: 「소송사기에 있어서 피기망자인 법원의 재판은 처분행위에 갈음하는 내용과 효력이 있는 것이어야 하는바, 있지 아니한 자에 대하여 판결이 선고되더라도 그 판결은 피해자의 처분행위에 갈음하는 내용과 효력을 인정할 수 없고, 따라서 착오에 의한 재물의 교부행위를 상정할 수 없는 것이므로 성립을 시인할 수 없다.」

대법원판례는 사기죄의 본질은 기망에 의한 재물이나 재산상 이익의 취득에 있으므로, 상대방에게 현실적으로 재산상의 손해가 발생할 것을 요하지 않는다고 판시한 경우도 있고(대판 1992. 9. 14, 91 도 2994), 재물편취를 내용으로 하는 사기죄에서는 기망으로 인한 재물교부 자체가 피해자의 재산손해가 되므로 상당한 대가를 지급하였거나 피해자의 전체재산에 손해가 없다 하여도 사기죄 성립에 지장이 없다고 판시(대판 1982. 6. 22, 82 도 777; 1995. 3. 24, 95 도 203)하여 소극설의 입장에 서 있다.

(b) **재산개념의 종류**   재산개념에 관하여는 법률적 재산개념, 경제적 재산개념, 법률적·경제적 재산개념 등이 있다.

(개) **법률적 재산개념**   민법상 개인이 갖는 모든 권리·의무를 재산으로 파악하는 입장이다. 19C 중반 Binding이 주창한 이론이지만 오늘날 추종자는 없다.

(내) **경제적 재산개념**   재산의 법적 측면이 아닌 경제적 교환가치만을 재산으로 파악하는 입장이다. 우리나라 판례의 재산개념도 이 범주에 속한다(대판 1997. 2. 25, 96 도 3411; 1994. 2. 22, 93 도 428; 1987. 2. 10, 86 도 2472).

경제적 재산개념에 따르면 법률의 보호를 받지 못하는 경제적 이익도 재산개념에 포함된다. 따라서 매춘부의 성행위도 화대라는 경제적 가치와 반대급부관계에 있는 한 재산이 되며, 첩계약의 대가나 매춘부의 화대(대판 2001. 10. 23, 2001 도 2991)도 법률상의 보호밖에 있는 것이지만 재산개념에 포함된다.

‖ **판례** ‖   일반적으로 부녀와의 성행위 자체는 경제적으로 평가할 수 없고, 부녀가 상대방으로부터 금품이나 재산상 이익을 받을 것을 약속하고 성행위를 하는 약속 자체는 선량한 풍속 기타 사회질서에 위반한 사항을 내용으로 하는 법률행위로서 무효이나, 사기죄의 객체가 되는 재산상의 이익이 반드시 사법(私法)상 보호되는 경제적 이익만을 의미하지 아니하고, 부녀가 금품 등을 받을 것을 전제로 성행위를 하는 경우 그 행위의 대가는 사기죄의 객체인 경제적 이익에 해당하므로, 부녀를 기망하여 성행위 대가의 지급을 면하는 경우 사기죄가 성립한다(대판 2001. 10. 23, 2001 도 2991).

(다) **법률적·경제적 재산개념**   법익질서의 승인된 범위 내에서 개인이 갖고 있는 모든 경제적으로 가치 있는 재화를 재산으로 파악하는 입장이다. 우리나라의 다수설이다.

(라) **결 론**   경제적 재산개념은 사기죄의 보호법익 밖에 있는 단순한 경제적 기대치나 재화에 대한 심리적 기대치까지 재산으로 평가함으로써 형법의 임무를 벗어난 단순한 경제적 위험까지 형법적 규율의 영역 안으로 끌어들일 위험

이 있다. 따라서 법질서의 통일과 형법의 보충적·단편적 성격을 고려한다면 다른 법질서에 보호할 가치 없는 법익을 형법이 앞장서 보호할 필요가 없다는 점에서 법률적·경제적 재산개념(절충적 입장)을 사기죄의 재산개념으로 취하는 것이 옳다.

(마) 재산개념과 관련한 문제

(i) **불법원인급여물에 대한 사기죄의 성립 여부**   통화위조나 마약구입에 쓸 자금이라고 속이고 받은 돈을 사취하는 경우, 로비나 뇌물자금의 명목으로 교부받은 돈을 사취하는 경우 또는 절도범인이 소지하고 있는 장물을 사취하는 경우 등과 같이 불법원인급여물($\frac{민법}{제746조}$)을 사취한 경우에 사기죄가 성립하는가. 현재 우리나라에서는 불법원인급여물에 대한 사기죄의 성립을 긍정하는 것이 판례(대판 2006. 11. 23, 2006 도 6795; 2004. 5. 14, 2004 도 677)와 다수설의 입장이다.[13] 비록 불법원인급여물이라 할지라도 기망행위에 의해 급여자에게 재산상 손해를 끼친 것은 사실이고, 사법상 불법이라 할지라도 사기죄의 성립 여부는 형법의 독자적인 관점에서 판단되어야 한다는 것을 이유로 든다. 반면 불법원인급여·위탁물에 대한 사취에 대해서는 불법귀속의 관점에서 사기죄의 불능미수 정도의 불법비난이 가능하다는 견해도 있다.[14] 부정설은 불법원인급여물에 대한 급여자의 반환청구권이 인정되지 않기 때문에 사취하더라도 재산상 손해가 발생하지 않으며, 법질서의 통일이라는 관점에서 사기죄의 성립을 부인하는 것이 옳다고 한다.[15]

생각건대 법률적·경제적 재산개념에 따르면 불법원인급여물에 대한 사기죄의 성립은 부정하는 것이 옳다. 다른 법질서에서 보호하지 않는 법익을 형법이 보호할 필요가 없기 때문이다. 이러한 결론은 범죄피해자학의 관점에서도 옳다. 최근에는 형법상의 사기죄가 정당한 신뢰만을 보호할 가치 있는 것으로 여기고, 피해자가 각성의무를 위반한 채 경솔하게 신뢰하여 기망당한 경우 피해자의 공동책임을 인정하여 기망행위의 성립을 제한할 수 있다는 주장이 설득력 있게 제기되고 있다. 하물며 피해자가 경솔의 단계를 넘어 스스로 불법한 목적에 기여하고자 처분행위를 한 경우에 범죄피해자학의 관점에서 법이 구원조치를 취해야 할 필요성은 인정되지 않는다.

---

13) 강구진 333면; 권오걸 432면; 김성돈 323면; 김종원 217면; 배종대 475면; 백형구 180면; 서일교 169면; 손동권 382면; 유기천(상) 237면; 이재상 354면; 이형국 459면; 임웅 373면; 정성근·박광민 390면; 정영석 356면; 정영일 213면; 진계호 369면; 황산덕 307면.
14) 김일수, 「미수의 불법귀속에 관한 연구」, 고려법학 제40호(2003), 30면.
15) 안경옥, 「불법원인급여와 사기죄의 성립」, 형사법연구 제17호(2002), 121면, 128면 참조; 이정원 383면. 또한 박상기 383면 참조(횡령죄와 관련).

(ii) **매음료사취의 문제**   성관계 후 사전에 약속한 매음료를 주지 않거나 반대로 매춘부가 화대를 받은 후 성적 서비스를 이행하지 않고 도주한 경우에는 사기죄의 성립을 부정하는 것이 옳다. 매음료도 법질서의 보호범위 내에 있는 경제적 가치로 볼 수 없기 때문이다. 반면 경제적 재산 개념을 취하는 판례는 긍정설의 입장에 서 있다(대판 2001. 10. 23, 2001 도 2991).

(c) **손해개념**   사기죄에 있어서 손해의 판정은 개별적·객관적 손해개념에 따른다. 이는 처분행위 전·후의 재산의 전체적 가치를 비교하여 처분행위 후 재산의 전체적 가치가 감소되었을 때 재산상의 손해가 있다는 입장이다.

(d) **손해의 발생시기**   사기죄의 기수시기는 재산상의 손해가 발생한 때이다. 반드시 행위자가 위법한 이익을 취득할 것을 요하지 않는다.

피해자의 재산처분행위는 재산에 속한 지위의 포기, 의무의 부담, 재산상태를 유지하고 있는 지위의 가치감소에서도 인정될 수 있다. 다음과 같은 경우 사기죄의 기수·미수와 관련하여 손해의 발생시기가 특히 문제된다.

① **동산·부동산사기의 경우**   동산의 경우에는 인도로, 유가증권[16] 또는 금전의 경우에는 교부로, 각각 기수 및 완수에 이른다. 그러나 부동산의 경우에는 매도인으로부터 점유이전에 필요한 서류 일체를 교부받은 때, 재산상의 손해는 야기된 것이므로 기수가 된다. 더 나아가 현실의 점유이전이나 소유권이전등기의 취득시에 완수가 있게 된다.

‖ **판례** ‖   타인의 명의를 빌려 예금계좌를 개설한 후, 통장과 도장은 명의인에게 보관시키고 자신은 위 계좌의 현금인출카드를 소지한 채, 명의인을 기망하여 위 예금계좌로 돈을 송금하게 한 경우, 자신은 통장의 현금인출카드를 소지하고 있으면서 언제든지 카드를 이용하여 차명계좌 통장으로부터 금원을 인출할 수 있었고, 명의인을 기망하여 위 통장으로 돈을 송금받은 이상, 이로써 송금받은 돈을 자신의 지배하에 두게 되어 편취행위는 기수에 이르렀다고 할 것이고, 이후 편취금을 인출하지 않고 있던 중 명의인이 이를 인출하여 갔다 하더라도 이는 범죄성립 후의 사정일 뿐 사기죄의 성립에 영향이 없다(대판 2003. 7. 25, 2003 도 2252).

② **보험사기의 경우**   보험금을 편취하기 위해 자상이나 방화 등을 한 경우 (소위 보험금편취사례) 이는 사기의 예비행위에 불과하고, 보험금 지급을 청구한 때에 실행의 착수가 인정되고 보험금을 수령한 때에 기수가 된다. 보험계약상 질병 등의 고지의무 있는 자가 이를 숨기고 보험계약을 체결한 뒤 후에 질병의 악

---

16) 대판 1985. 12. 24, 85 도 2317.

화로 사망한 사례(소위 보험계약기망사례)에서도 역시 보험금 지급을 청구한 때에
실행의 착수가 있고 보험금을 수령한 때에 기수가 된다. 보험사기의 처벌에는 보
험사기방지 특별법이 우선 적용된다.

③ 소송사기의 경우   실행의 착수시기는 법원에 소를 제기한 때이고(대판
2003. 7. 22, 2003 도 1951; 1993. 9. 14, 93 도 915), 기수시기는 손해가 발생한 시점,
즉 패소자에게 이미 재산상의 손해가 구체화된 시점인 승소판결 확정시이다(대판
1983. 4. 26, 83 도 188). 따라서 승소판결에 기하여 재물을 교부받거나 허위등기를
경료한 경우는 사기의 완수시점이다.

⑹ 재산상의 이익취득

재산상의 이익취득이란 일체의 재산상태의 유리한 형성을 말한다. 경제적 재
산개념 내지 경제적·법률적 재산개념에 따르면 재산상의 이익은 재산의 경제적
가치의 증가를 말한다. 구체적으로 재물의 교부를 받거나 제 3 자로 하여금 교부
를 받게 하는 것 등은 재산상 이익의 적극적 취득형태이다. 그 밖에도 재산적 지
위의 획득, 재산상 불이익의 면제, 가압류의 해제도 재산상 이익에 해당하며, 소
유권·점유 및 담보물권의 취득, 청구권과 기대권의 취득, 그리고 순전히 사실상
의 경제적 가치 있는 지위의 취득도 그것이 재산에 속하는 한, 재산상 이익이 될
수 있다. 재산상의 이익의 결정에도 재산상 손해의 계산에 있어서와 같이 취득된
재산의 증감을 비교하여야 한다.

‖ **판례 1** ‖   피고인이 피해자에게 백미 100가마를 변제한다고 말하면서 10가마의 백미
보관증을 100가마의 보관증이라고 속여 교부하고 한문 판독능력이 없는 피해자가 이를
100가마의 보관증으로 믿고 교부받았다고 하더라도 나머지 90가마의 채무가 소멸할 리
없고 피고인이 위 채무를 면탈하였다고 할 수 없어 이로 인하여 재산상의 이익을 취득하
였다고 할 수 없을 것이므로 사기죄에 해당한다고 할 수 없다(대판 1990. 12. 26, 90 도
2037).

‖ **판례 2** ‖   사기죄에 있어서 채무이행을 연기받는 것도 재산상의 이익이 되므로, 채무
자가 채권자에 대하여 소정기일까지 지급할 의사와 능력이 없음에도 종전 채무의 변제
기를 늦출 목적에서 어음을 발행·교부한 경우에는 사기죄가 성립한다(대판 1997. 7. 25,
97 도 1095; 2005. 9. 15, 2005 도 5215).

⑺ 실행의 착수·기수·완수시기

실행의 착수시기는 편취의 고의로써 기망행위를 개시한 때이며, 재산상의 손
해가 발생한 때 기수가 된다. 그러나 사기의 완수시기는 재물 또는 재산상 이익의
취득이라는 목표에 이른 때이다.

‖**판례**‖　장애인단체의 지회장이 지방자치단체로부터 보조금을 더 많이 지원받기 위하여 허위의 보조금 정산보고서를 제출한 경우, 보조금 정산보고서는 보조금의 지원 여부 및 금액을 결정하기 위한 참고자료에 불과하고 직접적인 서류라고 할 수 없으므로, 다음해의 보조금 편취의 실현에 이르는 현실적 위험성을 포함하는 행위를 개시한 것이라고 볼 수 없어 보조금 편취범행(기망)의 실행에 착수한 것으로 보기 어렵다(대판 2003. 6. 13, 2003 도 1279).

3. 주관적 구성요건요소

구성요건고의와 위법이득의 의사가 있어야 한다.

《참고》 다수설은 이 죄의 특별한 주관적 불법요소로 위법영득의 의사가 필요하다는 입장이다. 그러나 사기죄는 소유권침해범인 재물범죄가 아니라 재산이전범죄이다. 사기죄의 객체로 재물교부와 재산상 이익취득이 구별되지만, 이같은 구별은 사기죄의 재산죄로서의 성격에 영향을 미치지 않는다. 여기에서 재물은 전체로서의 재산의 적극적 구성부분일 뿐 소유권침탈의 대상은 아니기 때문이다. 따라서 위법영득의사 아닌 위법이득의사가 필요하다.

(1) 구성요건고의

사기죄 고의는 행위자가 타인을 기망한다는 사실, 피기망자가 착오하여 재산을 처분한다는 사실, 재산처분행위로 피해자의 재산상 손해가 발생한다는 사실에 대한 인식·의욕이다.[17] 미필적 고의로 충분하다.

(2) 위법이득의 의사

위법이득의 의사란 자기 또는 제 3 자에게 위법한 재산상의 이득을 얻게 해준다는 의사를 말한다. 이 의사의 내용은 실현될 필요는 없다. 재산상의 이익을 성취하지는 못했어도 재산상의 손해를 야기하기만 하면 사기죄의 기수가 된다. 절도죄와 마찬가지로 사기죄도 목적이라는 초과된 내적 경향을 가진 범죄이다.

4. 위 법 성

정당한 권리자가 권리실행의 수단으로 타인을 기망해 재물의 교부 또는 재산상의 이익을 취득한 경우에 사기죄가 성립할 수 있을 것인가? 기망행위가 사

---

17) 대판 2009. 4. 9, 2009 도 128:「피고인이 허위의 주장을 하면서 소유권보존등기말소청구소송 등을 제기하여 그로 인해 경매절차가 진행 중인 부동산에 예고등기가 경료되도록 함으로써 경매가격 하락 등을 의도하였을 뿐이고, 위 말소등기청구소송을 통하여 승소판결을 받아 재산상의 이익을 취하려고 하였다는 사정을 인정하기 어렵다면 피고인에게는 소송사기를 통해 재물 또는 재산상의 이익을 취득하려는 고의 내지 불법영득의 의사가 있다고 보기 어렵다.」

회상당성의 범위 내에서 권리행사라고 보여지는 한, 위법성이 조각된다 할 것이다.

상거래에서 신의칙에 반하지 않을 정도의 경미한 기망행위 또는 경미한 법익침해에 해당되는 재산상의 손해야기는 위법성을 조각하는 것이 아니라 애당초 구성요건해당성을 조각한다.

5. 죄수 및 타죄와의 관계

(1) 죄   수

사기취재와 사기이득은 보호법익이 같고 객체만 다르므로 사기취재죄가 성립할 때 사기이득죄는 성립하지 않는다. 1개의 기망행위로 같은 사람에게 수차례에 걸쳐 재물을 편취한 경우는 포괄일죄가 된다(대판 1996. 1. 26, 95 도 2437). 반면에 1개의 기망행위로 여러 사람을 기망하여 각 사람에게 재물을 편취한 경우는 포괄일죄가 아니라 각 피해자별로 사기죄가 성립한다. 이 때 판례는 실체적 경합으로 보지만(대판 1997. 6. 27, 97 도 508), 수개의 점유를 침해한 것이므로 관념적 경합이다. 같은 사람에게 수개의 기망행위로 재물을 편취한 경우는 범행목적과 범행방법이 같은 경우만 포괄일죄이다. 목적과 방법이 다를 경우는 실체적 경합이 된다(대판 1997. 6. 27, 97 도 508). 어음을 편취한 후 이를 숨기고 제3자로부터 할인받은 경우에는 할인행위에 대해 별도의 사기죄가 성립한다(대판 2005. 9. 30, 2005 도 5236).

(2) 타죄와의 관계

(a) **사기죄와 수뢰죄**   공무원이 직무에 관하여 타인을 기망하여 재물을 교부받은 경우에는 사기죄와 수뢰죄의 관념적 경합이 된다. 그러나 기망이라고 보기 어려울 정도라면 수뢰죄만 성립한다(대판 1962. 2. 28, 4294 형상 578).

(b) **사기죄와 위조통화·위조문서행사죄**   각종 위조통화·위조문서를 행사하여 타인의 재물을 편취한 경우, 이들 행사행위는 본래 기망행위의 한 내용을 구성하므로 위조통화행사죄와 사기죄는 관념적 경합이 된다. 그러나 대법원은 이 경우 실체적 경합을 인정한다(대판 1979. 7. 10, 79 도 840).

(c) **사기죄와 횡령죄 및 배임죄**   자기가 점유하는 타인의 재물을 기망에 의해 영득한 경우는 횡령죄만 성립하고 사기죄가 되지 않는다(대판 1980. 12. 9, 80 도 1177). 이와는 달리 타인의 사무를 처리하는 자가 본인에 대하여 기망행위를

하여 재산상의 이익을 취득하고 본인에게 손해를 가한 경우는 사기죄와 배임죄의
관념적 경합을 인정하는 것이 다수설이고 또한 타당하다. 그러나 대법원은 사기
죄만 인정한다(대판 1983. 7. 12, 82 도 1910).

‖**판례 1**‖ 자기가 점유하는 타인의 재물을 횡령하기 위하여 기망수단을 쓴 경우에는
피기망자에 의한 재산적 처분행위가 없으므로 일반적으로 횡령죄만 성립하고 사기죄는
성립하지 않는다(대판 1980. 12. 9, 80 도 1177).

‖**판례 2**‖ 타인의 위탁에 의하여 사무를 처리하는 자가 사무처리상 임무를 배반하여
본인에 대하여 기망행위를 하고 착오에 빠진 본인으로부터 재물을 교부받은 경우에는
사기죄가 성립되며 비록 배임죄의 구성요건이 충족되어도 별도로 배임죄를 구성하는 것
이 아니다(대판 1983. 7. 12, 82 도 1910).

(d) **사기죄와 도박죄**　사기도박은 승패가 우연과 확률에 의해 좌우되는 것
이 아니기 때문에 도박죄는 성립하지 않고 단지 사기죄만 성립한다(대판 1960.
11. 16, 4293 형상 743).

(e) **사기죄와 신용카드범죄**

(가) **신용카드의 부정발급**　신용카드사용으로 인한 대금결제의 의사와 능력이
없으면서도 있는 것처럼 가장하여 카드회사를 기망하고, 이에 착오를 일으킨 카
드회사로부터 일정 한도 내에서 카드사용을 허용해 주는 신용카드를 발급받은 경
우 사기죄가 성립되는가에 대해서는 의견이 대립된다. 긍정설은 카드의 발급으로
행위자는 카드회사의 재산을 처분할 수 있는 자의 지위에 놓이게 되고 이로써 카
드회사의 재산에 손해가 발생할 위험이 존재하므로 사기죄가 성립한다고 한다.[18]
그러나 이에 대해서는 침해범인 사기죄를 위험범화 시킨다는 비판이 가능하다.
따라서 신용카드 부정발급의 경우에는 비록 시장에서의 교환가치는 작지만 신용
카드 자체가 재물로서의 성격을 갖기 때문에 사기죄가 성립한다고 보아야 한다.
이 때 신용카드의 명의는 자기의 것이든 타인의 것이든 불문한다. 이에 대해서는
신용카드 자체의 가치가 경미하고 카드사용이 가능하다는 지위에 있는 것만으로
는 침해범인 사기죄의 성립을 인정할 수 없다는 부정설도 있다.[19]

판례는 대금결제의 의사와 능력없이 신용카드를 발급받은 경우 그 자체가 사
기죄에 해당한다는 입장을 취하고 있다(대판 1996. 4. 9, 95 도 2466). 반면 타인의

18) 김영환, 「현금자동지급기의 부정사용에 관한 형법적 문제점」, 형사판례연구 6(1998), 260면;
박상기 335면; 장영민, 「자기명의의 신용카드 남용행위의 죄책」, 고시연구 1997. 6, 66면. 역시
긍정설의 견해는 임웅 391면(사기의 미수죄 인정).
19) 배종대 478면; 정성근·박광민 392면.

명의를 모용하여 신용카드를 발급받은 사례에서는 그 타인의 신용카드를 이용하여 현금자동지급기에서 현금대출을 받은 경우에는 절도죄, 인터넷 등을 이용하여 신용대출을 받은 경우에는 컴퓨터등사용사기죄가 성립한다고 할 뿐 신용카드 부정발급 자체에 대해서는 형법적 평가를 생략하고 있다(대판 2006.7.27, 2006 도 3126).

(내) 자기신용카드의 부정사용

(i) **자기신용카드를 가맹점에서 부정사용한 경우**   대금결제의사와 능력 없이 자기의 신용카드를 사용하여 가맹점에서 물품 등을 구입한 경우 사기죄가 성립하는가. 이 문제는 신용카드의 부정발급 후 부정사용과 정상발급 후 부정사용의 경우로 나누어 살펴보아야 한다. 첫째, 신용카드를 부정발급받은 후 부정사용한 경우 사기죄가 성립하는지에 대해, 부정설은 가맹점은 카드명의인의 대금결제의사와 능력을 고려하지 않고 결제승인이 떨어지면 카드결제를 하기 때문에 가맹점에 대한 기망행위와 착오를 인정할 수 없어 결국 사기죄가 성립할 수 없다고 한다.[20] 그러나 가맹점에 실질적 심사권한이 없다는 이유로 사기죄의 성립을 부정하는 것은 신용거래에 대한 너무 피상적인 관찰에 속한다. 가맹점에서 물품 등을 구입하면서 결제수단으로 카드를 제시하는 행위는 묵시적으로 대금결제의사와 능력을 나타내는 설명가치를 갖고 있다고 볼 수 있다. 신용거래 자체가 거래참가자의 대금지급의사와 능력을 당연한 전제로 성립되는 것이기 때문이다. 따라서 대금결제의 의사와 능력 없이 물품 등을 구입하고 신용카드를 결제수단으로 제시하는 자는 신용거래의 당연한 전제를 신뢰하고 거래에 임하는 가맹점을 기망하고 재산상 이득을 취한 것으로 보아야만 한다.[21] 물론 이런 거래에서 피해자는 통상 카드회사가 될 것이나(삼각사기), 가맹점에 귀책사유가 있어서 카드회사의 물품대금지급이 거절될 경우에는 가맹점이 피해자가 될 것이다.

둘째, 신용카드를 정상적으로 발급받은 후 신용카드를 부정사용한 경우에는 사기죄의 성립을 부인하는 것이 옳다. 신용카드 취득시부터 기망의사에 터 잡고 있던 앞의 사례와는 달리 카드의 정상적인 취득과 사용중 무자력상태에 빠진 후 부정사용한 경우는 형법적 평가가 달라질 수 있다. 구체적으로 카드회사가 부여

---

20) 김영환, 「신용카드부정사용에 관한 형법해석론의 난점」, 형사판례연구 3(1995), 308면; 배종대 445면; 안경옥, 「신용카드 부정취득·사용행위에 대한 형사법적 고찰」, 형사법연구 제11권 (1999), 262면 이하.

21) 사기죄의 성립을 긍정하는 견해로는 박상기 337면; 임웅 400면; 장영민, 「자기명의의 신용카드남용행위의 죄책(상)」, 고시연구 1997.5, 72면; 정성근·박광민 393면. 사기의 포괄일죄 인정(오영근 430면).

한 신용한도 내에서 발생하는 손해는 신용카드시스템에 내재된 허용된 위험(허용된 손해)으로 볼 수 있다는 점, 동시에 이 손해는 신용평가·제공의 책무를 가진 카드회사의 자기책임에 기초한 손해라는 점(피해자의 자손행위), 형법의 보충적 성격으로 계약당사자간 민사법률분쟁에 형법의 개입은 최대한 자제되어야 한다는 점, 형법의 섣부른 개입은 신용평가의 책임을 지고 있는 카드회사의 도덕적 해이를 부추기고 오히려 신용평가시스템의 체질과 역량을 약화시킨다는 점 등을 고려할 때 정상적인 신용카드의 발급 후 발생한 자기신용카드의 부정사용행위에 대해서는 사기죄의 성립을 부인하는 것이 옳다.[22] 유죄설을 취하는 견해도 있다.[23]

이 문제에 대해 최초 대법원 판례(대판 2004. 7. 22, 2004 도 3146)는 무죄설을 취했으나 이후 유죄설에 입각한 판결들이 나오고 있다.

‖ **판례** ‖ 신용카드 사용으로 인한 신용카드업자의 금전채권을 발생케 하는 행위는 카드회원이 신용카드업자에 대하여 대금을 성실히 변제할 것을 전제로 하는 것이므로, 카드회원이 일시적인 자금궁색 등의 이유로 그 채무를 일시적으로 이행하지 못하게 되는 상황이 아니라 이미 과다한 부채의 누적 등으로 신용카드 사용으로 인한 대출금 채무를 변제할 의사나 능력이 없는 상황에 처하였음에도 불구하고 신용카드를 사용하였다면 사기죄에 있어서 기망행위 내지 편취의 범의를 인정할 수 있다 할 것이다. 피고인은 이 사건 범행 당시 일정한 수입이 없었고 다른 카드의 사용으로 인하여 채무 및 사채 등 빚이 많은 상태이어서 카드대금을 결제할 능력이 없었다는 점을 자인하고 있으므로 그러한 상태에서 피고인이 이 사건 신용카드를 사용하여 피해자 회사로부터 대출을 받거나 현금서비스를 받았다면 위 법리에 비추어 볼 때 비록 적극적인 기망행위가 없었다고 하더라도 사기죄를 구성한다고 봄이 상당하다(대판 2005. 9. 30, 2005 도 398; 같은 취지 2005. 10. 13, 2004 도 3354; 2005. 10. 27, 2004 도 3408).

(ii) 자기신용카드를 현금자동지급기에서 사용한 경우 변제의사와 능력 없이 자기의 신용카드를 사용하여 현금자동지급기에서 현금서비스를 받은 경우에는 어떤 경우에나 사기죄의 죄책을 묻기 어렵다. 사람에 대한 기망이 없을 뿐만 아니라, 기계에 대한 기망으로는 사기죄가 성립하지 않기 때문이다. 또한 자기신용카드를 사용한 현금인출은 허위정보의 입력이나 부정한 명령의 입력도 아니기 때문에 컴퓨터사용사기죄에도 해당하지 않는다(다수설).

---

22) 같은 견해 김도근, 「신용카드관련 범죄의 유형 및 그에 대한 판례의 태도」, 재판실무연구, 2001, 201면; 서보학, 「자기명의 신용카드의 부정사용과 사기죄의 성부」, 형사법연구 제21호(2004), 283면 이하; 이상돈, 「신용카드의 부정사용과 형법해석정책」, 법률신문, 제3214호, 2003. 10. 27, 13면; 정성근·박광민 393면; 대전지법 2003. 8. 29, 2003 노 1492. 역시 부정설 오영근 432면.

23) 김성돈 348면; 박상기 337면; 이재상 375면; 임웅 401면.

(iii) 대법원판례는 대금결제의사와 능력을 속이고 카드회사로부터 신용카드를 발급받은 뒤 현금자동지급기를 통한 현금서비스와 가맹점을 통한 물품구입을 한 경우 포괄하여 사기죄가 되는 것으로 보고 있다(대판 1996. 4. 9, 95 도 2466).

‖ **판례** ‖ 신용카드사용으로 인한 대금결제의 의사와 능력이 없으면서도 있는 것처럼 가장하여 카드회사를 기망하고, 카드회사는 이에 착오를 일으켜 일정 한도 내에서 카드 사용을 허용해 줌으로써 피고인은 기망당한 카드회사의 신용공여라는 하자 있는 의사표시에 편승하여 자동지급기를 통한 현금대출도 받고, 가맹점을 통한 물품구입대금 대출도 받아 카드발급회사로 하여금 같은 액수 상당의 피해를 입게 함으로써, 카드사용으로 인한 일련의 편취행위가 포괄적으로 이루어지는 것이다. 따라서 카드사용으로 인한 카드회사의 손해는 그것이 자동지급기에 의한 인출행위이든 가맹점을 통한 물품구입행위이든 불문하고 모두가 피해자인 카드회사의 기망당한 의사표시에 따른 카드발급에 터잡아 이루어지는 사기의 포괄일죄이다(대판 1996. 4. 9, 95 도 2466).

(대) 타인신용카드의 부정사용

(i) **타인신용카드를 가맹점에서 사용한 경우**   카드가맹점에서 타인의 신용카드를 자기의 것인양 사용하여 물품 등을 제공받은 때 사기죄가 성립한다는 데에는 이론이 없다(통설·대판 1999. 7. 9, 99 도 857; 1997. 1. 21, 96 도 2715). 타인명의의 신용카드를 절취한 후 이를 부정사용한 경우 별도의 사기죄가 성립한다(대판 1996. 7. 12, 96 도 1181).

이 경우도 피해자는 통상 대금보전의 의무를 지고 있는 카드회사가 될 것이나(삼각사기), 가맹점에 귀책사유가 있어서 물품대금의 지급이 거절될 경우에는 가맹점이 그리고 카드명의인에게 귀책사유가 있어서 카드대금의 일부라도 보전 의무가 있는 경우에는 카드명의인도 피해자가 될 수 있다.

(ii) **타인신용카드로 현금자동지급기를 이용한 경우**   타인신용카드로 현금자동지급기에서 현금서비스를 받은 경우에는 절도죄라는 견해[24]와 컴퓨터사용사기죄라는 견해[25]가 대립하고 있다. 판례는 일관되게 절도죄가 성립한다는 입장이다(대판 2006. 7. 27, 2006 도 3126; 2003. 5. 13, 2003 도 1178; 2002. 7. 12, 2002 다 2134). 생각건대 형법개정법률(2001. 12. 29, 법률 제6543호)이 형법 제347조의 2(컴퓨터등사용사기죄)에 '권한 없이 정보를 입력·변경하여 정보처리를 하게 하는 행위'를 구성요건에 추가하였기 때문에 컴퓨터등사용사기죄로 의율하는 것이 옳다.

---

24) 강동범, 고시계 1996. 9., 80면; 김성돈 351면; 박상기 342면; 이정원 394면; 장영민, 고시계 1996. 2., 46면.
25) 배종대 490면; 손동권, 고시연구 1996. 5, 174면; 오영근 429면; 이재상 374면; 임웅 398면; 정성근·박광민 396면.

여신전문금융업법에서는 위조·변조된 신용카드를 사용하거나 분실 또는 도난 된 타인의 신용카드를 사용하는 행위에 대해 별도의 처벌규정을 두고 있다(동법제70조 1항).

‖판례‖ 피고인이 타인의 명의를 모용하여 신용카드를 발급받은 경우, 비록 카드회사 가 피고인으로부터 기망을 당한 나머지 피고인에게 피모용자 명의로 발급한 신용카드를 교부하고, 사실상 피고인이 지정한 비밀번호를 입력하여 현금자동지급기에 의한 현금대 출(현금서비스)을 받을 수 있도록 하였다 할지라도, 카드회사의 내심의 의사는 물론 표 시된 의사도 어디까지나 카드명의인인 피모용자에게 이를 허용하는 데 있을 뿐, 피고인 에게 이를 허용한 것은 아니라는 점에서 피고인이 타인의 명의를 모용하여 발급받은 신 용카드를 사용하여 현금자동지급기에서 현금대출을 받는 행위는 카드회사에 의하여 미 리 포괄적으로 허용된 행위가 아니라, 현금자동지급기의 관리자의 의사에 반하여 그의 지배를 배제한 채 그 현금을 자기의 지배하에 옮겨 놓는 행위로서 절도죄에 해당한다고 봄이 상당하다(대판 2002. 7. 12, 2002 다 2134).

6. 형   벌

10년 이하의 징역 또는 2천만원 이하의 벌금에 처한다. 단, 10년 이하의 자 격정지를 병과할 수 있다(제353조). 미수범은 처벌한다(제352조). 또한 친족상도례가 준 용된다(제354조,제328조). 친족상도례가 적용되기 위하여는 행위자와 피해자 사이에 친족관 계가 있어야 한다. 피기망자가 사기의 피해자가 아닌 경우, 행위자와 피기망자 사 이에 친족관계가 있더라도 친족상도례의 적용은 없다. 상습범은 1/2까지 가중처 벌된다(제351조). 사기와 상습사기의 이득액이 5억원을 넘으면 특정경제범죄가중처 벌법 제 3 조의 가중된 형으로 처벌된다.

Ⅲ. 컴퓨터등사용사기죄

1. 의의 및 성격

컴퓨터등사용사기죄는 컴퓨터 등 정보처리장치에 '허위의 정보' 또는 '부정한 명령'을 입력하거나 '권한 없이 정보를 입력·변경'하여 정보처리를 하게 하고 이 로써 재산상의 이익을 취득하거나, 제3자로 하여금 재산상의 이익을 취득하게 함으로써 성립하는 범죄이다(제347조의 2).

오늘날 은행업무를 비롯한 금전거래분야에서 자금의 관리·결제·이동 등은 사람을 개입시키지 않고도 컴퓨터 등 정보처리장치에 의해 자동처리되는 방식을 취한다. 그런데 만약 은행의 온라인시스템의 단말기를 조작하여 허위의 입금데이터를 입력하여 예금원장파일의 잔고를 함부로 증액시킨 경우, 기존의 재산죄 구성요건으로는 처벌할 수 없다. 여기에는 사람에 대한 기망행위가 없기 때문에 사기죄가 되지 않으며, 재물의 점유이전을 수반하지 않기 때문에 절도죄도 성립할 수 없다. 또한 행위자에게 타인을 위한 사무처리자라는 신분이 없기 때문에 배임죄도 성립하지 않는다. 형법은 자동화된 정보처리장치에 의한 거래형태를 악용하여 재산상의 이익을 꾀하는 행위를 규율하기 위하여 본죄를 신설한 것이다.

원래 개정형법은 허위의 정보 또는 부정한 명령을 입력하는 경우만을 규정하고 있었으나, 다시 형법개정법률(2001. 12. 29, 법률 제6543호)을 통해 '권한 없이 정보를 입력 · 변경'하는 경우를 행위태양으로 추가하였다(시행일 2002. 6. 30).

이 죄는 사기죄의 보충규정으로 보아야 한다. 만약 사무처리과정에 사람이 직접 개재하기 때문에 그를 피기망자로 볼 수 있는 경우에는 직접 사기죄가 적용된다고 해야 한다.

2. 객관적 구성요건요소

(1) 행위객체

행위객체는 주로 재산상의 이익이다. 재물은 전체로서의 재산의 적극적 구성부분이므로 재산상 이익에는 재물도 포함된다. 사기죄가 재산상의 이익 외에 타인의 재물을 행위객체로 한 것과 비교해 볼 때, 행위객체로서 유독 재물을 제외해야 할 이유가 없기 때문이다. 따라서 본죄를 순수한 이득죄로 바라보고, 권한 없는 정보의 입력을 통해 현금자동지급기에서 현금을 인출한 경우에는 재물의 취득에 해당하기 때문에 본죄에 해당하지 않는다는 다수설[26]과 판례(대판 2003. 5. 13, 2003 도 1178)의 입장은 너무나 문언의 형식적인 의미에 얽매인 것으로 옳다고 할 수 없다. 결론적으로 본죄에서 재산상 이익은 재물을 포괄하는 일반 개념으로 보아야 한다.[27] 이는 순수한 이익죄인 배임죄에서 행위자가 취득한 현금이 재산상의 이익에 당연히 포함되는 것으로 해석하는 것과 같다.

한편 대법원도 예금주인 현금카드 소유자로부터 일정한 금액의 현금을 인출해 오라는 부탁을 받고 현금카드를 건네받은 것을 기화로 현금자동지급기에서 위

---

26) 예컨대 강동범, 「절취한 현금카드의 부정사용행위에 대한 형사책임」, 고시계 1996. 9, 80면; 박상기 338면; 백형구 184면; 이정원 394면; 이정훈, 「최근 형법개정조문(컴퓨터등사용사기죄)의 해석론과 문제점」, 형사법연구 제17호(2002), 135면; 하태훈, 「현금자동인출기 부정사용에 대한 형법적 평가」, 형사판례연구 4(1996), 335면.

27) 배종대 490면; 이재상 374면; 정성근 · 박광민 396면.

임받은 금액을 초과하여 현금을 인출한 뒤 그 초과된 금액의 현금을 영득한 사례에서, 행위자는 그 인출한 현금 총액 중 인출을 위임받은 금액을 넘는 부분의 비율에 상당하는 재산상 이익을 취득한 것으로 볼 수 있으므로, 이러한 행위는 그 차액 상당액에 관하여 형법 제347조의 2에 규정된 '컴퓨터 등 정보처리장치에 권한 없이 정보를 입력하여 정보처리를 하게 함으로써 재산상의 이익을 취득'하는 행위로서 컴퓨터등사용사기죄에 해당된다고 판결(대판 2006. 3. 24, 2005 도 3516) 함으로써 현금자동지급에서 인출된 현금이 재산상 이익의 개념에 포괄될 수 있음을 인정하였다.

(2) 구성요건행위

구성요건행위는 컴퓨터 등 정보처리장치에 허위의 정보 또는 부정한 명령을 입력하거나 권한 없이 정보를 입력·변경하여 정보처리를 하게 하게 하는 것이다.

(a) **컴퓨터 등 정보처리장치**   컴퓨터 등 정보처리장치란 자동적으로 계산이나 데이터의 처리를 할 수 있는 전자장치를 말한다. 여기에는 범용컴퓨터를 비롯 이른바 오피스컴퓨터, 퍼스널컴퓨터, 제어용컴퓨터 등이 있으며, 네트워크 시스템의 단말기도 다른 기기에 편입되어 자동적으로 정보처리를 행하는 전자장치이므로 이에 포함된다.

재산죄로서의 성격에 비추어 정보처리장치의 범위도 사무처리에 사용되는 정보처리장치, 즉 재산상 이익의 득실·변경에 관련된 컴퓨터에 한정된다고 해야 한다. 따라서 은행의 온라인시스템과 연결된 컴퓨터, 현금카드에 의해 용역을 제공하는 현금자동인출기 등이 여기에 포함된다.

(b) **허위정보나 부정한 명령의 입력**   허위의 정보를 입력한다는 것은 당해 사무처리시스템에 예정되어 있는 사무처리의 목적이나 진실한 내용에 반하는 자료를 정보처리장치에 입력시키는 것을 말한다. 예컨대 은행의 온라인시스템에서 창구단말기를 사용하여 허위의 입금데이터를 입력하거나(대판 2006. 9. 14, 2006 도 4127) 범용단말기를 써서 원장파일상의 예금잔고를 증액시키는 것 등을 말한다. 또한 홈뱅킹서비스를 악용하여 타인의 계좌로부터 자신의 계좌로 예금을 이체하는 경우도 여기에 해당한다. 그 밖에도 은행의 온라인시스템 밖에서 작출한 허위기록의 파일을 은행의 정규예금원장파일에 바꾸어 끼우는 행위 등도 여기에 속한다.

부정한 명령을 입력한다는 것은 당해 사무처리시스템에 예정되어 있는 사무처리의 목적에 비추어 지시해서는 안 될 명령을 입력하는 것을 말한다. 프로그래

머가 자신의 예금잔고를 부정하게 증액시키는 처리를 할 프로그램을 만들어서 입력시키는 것과 같은 프로그램조작이 여기에 해당한다.

(c) **권한 없이 정보를 입력·변경**　　권한 없이 정보를 입력한다는 것은 타인의 진정한 정보를 권한 없는 자가 본인(타인)의 승낙 없이 사용하는 것을 말한다(진정한 정보의 무권한 사용). 예컨대 타인의 신용카드를 절취하거나 일시적으로 취득한 자가, 본인의 승낙 없이 신용카드와 올바른 비밀번호를 사용하여 현금자동인출기에서 돈을 인출하거나 다른 계좌로 이체하는 행위를 들 수 있다. 타인의 신용카드에 수록되어 있는 정보를 복사하여 똑같은 정보를 담은 신용카드를 위조한 뒤 사용하는 것도 여기에 해당한다. 최근에는 전화를 이용한 텔레뱅킹이나 인터넷을 이용한 인터넷뱅킹이 많이 이용되고 있는데, 타인의 계좌번호, 주민등록번호, ID 및 비밀번호 등을 사용하여 텔레뱅킹·인터넷뱅킹에 접속한 뒤 현금을 다른 계좌로 이체하는 행위 등도 여기의 행위양태에 속한다. 그리고 타인의 ID와 비밀번호를 도용하여 인터넷뱅킹에 접속한 경우에는 본죄와 정보통신망이용촉진및정보보호등에관한법률 제48조 1항 위반죄($^{법칙 제72조}_{1항 1호}$)의 상상적 경합이 된다.

‖**판례 1**‖　금융기관 직원이 범죄의 목적으로 전산단말기를 이용하여 다른 공범들이 지정한 특정계좌에 무자원 송금의 방식으로 거액을 입금한 것은 형법 제347조의 2에서 정하는 컴퓨터 등 사용사기죄에서의 '권한 없이 정보를 입력하여 정보처리를 하게 한 경우'에 해당한다고 할 것이고, 이는 그 직원이 평상시 금융기관의 여·수신업무를 처리할 권한이 있었다고 하여도 마찬가지이다(대판 2006. 1. 26, 2005 도 8507).

‖**판례 2**‖　타인의 명의를 모용하여 발급받은 신용카드의 번호와 그 비밀번호를 이용하여 ARS 전화서비스나 인터넷 등을 통하여 신용대출을 받는 방법으로 재산상 이익을 취득하는 행위 역시 미리 포괄적으로 허용된 행위가 아닌 이상, 컴퓨터 등 정보처리장치에 권한 없이 정보를 입력하여 정보처리를 하게 함으로써 재산상 이익을 취득하는 행위로서 컴퓨터등사용사기죄에 해당한다(대판 2006. 7. 27, 2006 도 3126).

권한 없이 정보를 변경한다는 것은 입력된 정보가 컴퓨터에 의해 처리되는 과정에 권한 없이 간섭하여 영향을 미치는 것을 의미한다. 처리중이 아닌 이미 전자기록으로 존재하는 정보를 권한 없이 변경하는 경우에는 앞의 행위양태들(허위정보나 부정한 명령의 입력 또는 진정한 정보의 무권한 입력에 의한 정보의 변경)에 해당하거나, 형법상 전자기록변작죄($^{제227조의 2,}_{제232조의 2}$)가 적용된다. 권한 없는 정보의 변경에 대한 예로는 타인에 의하여 입력된 정보가 처리·전송되는 과정에서 해킹을 통해 변경하거나 또는 콘솔이나 하드웨어 조작 등의 방법으로 정보처리과정에 영향을 미쳐 정보변경을 가져오는 것을 들 수 있다.[28] 그리고 변경된 정보가 정보통신망에 의해 처리되는 것일 때에는 정보통신망이용촉진및정보보호등에관한법률의 조항(제49조, 벌칙)(제71조 11호)도 적용될 수 있다.

도난·분실된 신용카드나 직불카드(현금·직불·공용카드 포함)를 부정사용한 경우에는 여신전문금융업법 제70조 1항(7년 이하의 징역 또는 5천만원 이하의 벌금)에도 해당한다. 타인의 신용카드를 절취한 후 이를 이용하여 현금자동지급기에서 돈을 인출한 경우, 판례는 절도죄와 여신전문금융업법상 부정사용죄의 실체적 경합관계라고 한다(대판 1995. 7. 28, 95 도 997). 그러나 이 죄가 신설된 지금은 전반부는 절도죄, 후반부는 여신전문금융업법상 부정사용죄와 컴퓨터등사용사기죄의 법조경합 흡수관계로 한 뒤(본죄 성립) 양 죄의 실체적 경합으로 보아야 할 것이다.

(d) **정보처리를 하게 함**　정보처리를 하게 함이란 입력된 허위정보나 부정명령 또는 권한 없이 입력·변경된 정보에 따라 계산이나 데이터의 처리가 이루어진 경우를 말한다. 사기죄에서 피해자의 재산처분행위와 유사한 성격을 지닌다. 그리고 허위정보나 부정명령의 입력과 정보처리 사이에는 인과관계가 있어야 한다.

‖**판례**‖　형법 제347조의 2는 컴퓨터 등 정보처리장치에 허위의 정보 또는 부정한 명령을 입력하거나 권한 없이 정보를 입력·변경하여 정보처리를 하게 함으로써 재산상의 이익을 취득하거나 제 3 자로 하여금 취득하게 하는 행위를 처벌하고 있다. …여기서 '정보처리'는 사기죄에서 피해자의 처분행위에 상응하므로 입력된 허위의 정보 등에 의하여 계산이나 데이터의 처리가 이루어짐으로써 직접적으로 재산처분의 결과를 초래하여야 하고, 행위자나 제 3 자의 '재산상 이익 취득'은 사람의 처분행위가 개재됨이 없이 컴퓨터 등에 의한 정보처리 과정에서 이루어져야 한다(대판 2014. 3. 13, 2013 도 16099).

(3) 결　　과

(a) **구성요건결과**　구성요건결과는 사기죄로서의 본질에 비추어 역시 피해자의 재산적 손해발생이라고 해야 한다. 사기죄와 마찬가지로 이 요건은 기술되지 않은 구성요건표지에 해당한다. 허위정보나 부정명령의 입력 또는 권한 없는 정보의 입력·변경과 그로 인한 정보처리의 결과 피해자의 재산적 손해가 발생해야 하는 것이므로, 구성요건행위와 구성요건결과 사이에는 인과관계 및 객관적 귀속관계가 있어야 한다.

(b) **기수·미수**　컴퓨터등사용사기죄는 일련의 연속된 행위에 의해 결과발

---

28) 이정훈, 앞의 글, 147면 참조; Tröndle/Fischer, §263a Rdn. 9; Sch/Sch/Cramer, §263a Rdn. 12.

생에까지 이른다. 즉 ① 허위정보나 부정명령의 입력 또는 권한 없이 정보의 입력·변경 → ② 정보처리를 하게 함 → ③ 재산상의 손해발생 → ④ 행위자 또는 제 3 자의 재산적 이익취득 등이 그것이다. 여기에서 실행의 착수시기는 컴퓨터에 허위정보나 부정명령 또는 권한 없이 명령을 입력시키기 시작한 때이고, 기수시기는 정보처리결과 재산상의 손해가 발생한 때이다.

(c) **완수시기**   기수시기는 피해자의 재산적 손해가 발생한 때이지만, 그 완수시기는 재산상의 이익을 취득하거나 제 3 자로 하여금 재산상의 이익을 취득하게 한 때이다.

여기에서 **재산상의 이익을 취득**한다는 것은 허위정보나 부정한 명령 또는 권한 없이 정보를 입력·변경시켜 정보처리케 한 결과, 은행의 예금원장파일에 일정한 예금채권이 인상되고 그로부터 그 예금을 인출하거나 대체할 수 있는 지위를 얻게 된 것 또는 직접 현금을 인출하는 것 등을 말한다.

3. 주관적 구성요건요소

(1) 구성요건고의

구성요건고의는 행위자가 컴퓨터 등 정보처리장치에 허위의 정보나 부정한 명령을 입력하거나 권한 없이 정보를 입력·변경하여 정보처리를 하게 한다는 사실, 이로 인하여 피해자의 재산상 손해가 발생한다는 사실 및 이들 일련의 사태 사이에 존재하는 인과관계에 대한 인식·의사이다. 미필적 고의로도 충분하다.

(2) 위법이득의 의사

이 죄는 사기죄와 마찬가지로 재산죄이다. 따라서 소유권침해범죄에서 요하는 재물에 대한 위법영득의 의사가 아니라 전체로서의 재산에 대한 위법이득의 의사가 있어야 한다. 여기에서 위법이득의사란 자기 또는 제 3 자에게 위법한 재산상의 이익을 얻게 해 준다는 의사를 말한다. 이 의사의 내용은 반드시 실현되어야 하는 것은 아니다. 재산상의 이익을 취득하지는 못했어도 정보처리를 하게 함으로써 피해자에게 재산상의 손해가 발생하게 하면 기수가 되기 때문이다.

4. 형 벌

10년 이하의 징역 또는 2천만원 이하의 벌금에 처한다($^{제347조}_{의 2}$). 단, 10년 이하의 자격정지를 병과할 수 있다($^{제353}_{조}$). 미수범은 처벌한다($^{제352}_{조}$). 또한 친족상도례가 준용된다($\frac{제354조.}{제328조}$). 친족상도례가 적용되기 위하여는 행위자와 피해자 사이에 친족 관계가 있어야 한다. 판례는 손자가 할아버지 소유의 예금통장을 절취하여 이를 현금자동지급기에 넣고 조작하는 방법으로 예금잔고를 자신의 거래은행계좌로 이체한 사안에서, 컴퓨터 등 사용사기 범행의 피해자는 할아버지가 아닌 금융기관이라는 이유로 친족상도례를 적용할 수 없다고 보았다(대판 2007. 3. 15, 2006 도 2704). 상습범은 1/2까지 가중처벌된다($\frac{제351}{조}$). 이득액이 5억원을 넘으면 특정경제범죄가중처벌법 제 3 조의 가중된 형으로 처벌된다.

‖ **판례** ‖ 권한 없이 컴퓨터 등 정보처리장치를 이용하여 예금계좌 명의인이 거래하는 금융기관의 계좌 예금 잔고 중 일부를 자신이 거래하는 다른 금융기관에 개설된 그 명의 계좌로 이체한 경우, 예금계좌 명의인의 거래 금융기관에 대한 예금반환 채권은 이러한 행위로 인하여 영향을 받을 이유가 없는 것이므로, 거래 금융기관으로서는 예금계좌 명의인에 대한 예금반환 채무를 여전히 부담하면서도 환거래관계상 다른 금융기관에 대하여 자금이체로 인한 이체자금 상당액 결제채무를 추가 부담하게 됨으로써 이체된 예금 상당액의 채무를 이중으로 지급해야 할 위험에 처하게 된다. 따라서 친척 소유 예금통장을 절취한 자가 그 친척 거래 금융기관에 설치된 현금자동지급기에 예금통장을 넣고 조작하는 방법으로 친척 명의 계좌의 예금 잔고를 자신이 거래하는 다른 금융기관에 개설된 자기 계좌로 이체한 경우, 그 범행으로 인한 피해자는 이체된 예금 상당액의 채무를 이중으로 지급해야 할 위험에 처하게 되는 그 친척 거래 금융기관이라 할 것이고, 거래 약관의 면책 조항이나 채권의 준점유자에 대한 법리 적용 등에 의하여 위와 같은 범행으로 인한 피해가 최종적으로는 예금 명의인인 친척에게 전가될 수 있다고 하여, 자금이체 거래의 직접적인 당사자이자 이중지급 위험의 원칙적인 부담자인 거래 금융기관을 위와 같은 컴퓨터 등 사용사기 범행의 피해자에 해당하지 않는다고 볼 수는 없으므로, 위와 같은 경우에는 친족 사이의 범행을 전제로 하는 친족상도례를 적용할 수 없다(대판 2007. 3. 15, 2006 도 2704).

Ⅳ. 준사기죄

1. 의의 및 성격

준사기죄는 미성년자의 낮은 판단능력이나 정신장애자들의 열악한 정신상태를 이용하여 재물의 교부를 받거나 재산상의 이익을 취득함으로써 성립하는 범죄이다($\frac{제348}{조}$). 사기죄의 보충적 성격을 갖고 있다. 구성요건행위는 그 자체 기망수단을 쓴 것이 아니므로 사기죄라고 할 수 없으나, 상대방의 하자 있는 의사상태를 이용하는 점에서 기망수단에 의한 사기죄와 유사한 면이 있으므로 사기죄에 준하여 취급하는 것이다. 따라서 피해자가 지려천박한 미성년자 또는 심신장애자이더라도 일반인에게 하듯이 적극적인 기망수단을 쓴 경우에는 사기죄가 성립할 뿐이다.

　　본죄는 사기죄와 마찬가지로 침해범이다. 이용행위를 통해 재물의 교부를 받거나 재산상 이익을 취득해야 본죄가 성립한다는 점에서 사기죄와 성격을 달리 볼 이유가 없기 때문이다. 따라서 본 죄는 피해자에게 재산상 손해가 발생할 때 기수가 된다. 또한 준사기죄는 이용이라는 내적 경향을 필요로 하는 경향범의 일종이다.

2. 객관적 구성요건요소

(1) 미성년자의 지려천박

　　미성년자란 민법상의 개념으로서 20세 미만의 자를 말한다($\frac{민법}{제4조}$). 결혼하여 성년으로 의제되는 미성년자($\frac{민법 제826}{조의 2}$)도 본죄의 미성년자에 포함된다. 혼인생활의 독립성을 보장하기 위해 성년의제로 친권에 복종할 필요가 없게 된다는 사법상의 효과와는 별개로, 아직 경험과 지식이 부족하고 정신적으로 미성숙 단계에 있는 미성년자의 재산을 보호하려는 본 규정의 입법취지는 혼인한 미성년자라고 달라질 수 없기 때문이다. 단 행위객체가 미성년자이면 모두 본죄가 성립하는 것이 아니라 지려천박한 미성년자를 이용한 경우에만 본죄가 성립한다.

　　지려천박이란 지각과 사려가 부족한 경우를 말한다. 실제 기망적 수단까지 사용하지 않더라도, 단지 유혹적 수단에 이끌려서도 재산상 처분행위를 할 처지에 놓여 있는 자를 말한다.

(2) 사람의 심신장애

　　여기서 심신장애란 형사책임능력($\frac{제10}{조}$)에 관한 것이 아니라 재산상의 거래능력에 관한 것으로서 정신능력의 열약으로 보통의 판단능력이 결하여 있는 것을 말한다. 심신장애에는 심신미약자($\frac{제10조}{2항}$)뿐 아니라 심신상실자($\frac{제10조}{1항}$)도 포함된다. 다만 이 경우 심신상실자는 사실상의 점유 및 그 점유를 이전하는 능력은 가져야 한다. 이것조차 불가능할 정도로 의사능력이 아주 결여된 경우는 절도죄가 성립할 뿐이다(통설).

(3) 이용행위

　　행위자는 상대방의 의사의 하자상태를 이용하여 재물의 교부 또는 재산상의 이익을 취득하거나 제3자로 하여금 교부받게 하거나 취득하게 하여야 한다.

이와 같은 이용행위로 피해자에게 재산상의 손해가 발생하면 기수가 된다. 행위자가 꼭 재산상의 이득을 취득할 것까지는 필요없다. 피해자나 피이용자의 교부 또는 대여행위를 통하여 행위자가 재물의 교부 또는 재산상의 이익을 취득하거나 제3자로 하여금 교부받거나 취득하게 함으로써 완수에 이른다.

3. 주관적 구성요건요소

고의 및 위법이득의사가 필요함은 사기죄와 같다. 그러나 이용행위의 특성에서 나타나는 특수한 주관적 불법요소로서 강화된 내적 경향이 필요하다(경향범).

4. 형 벌

10년 이하의 징역 또는 2천만원 이하의 벌금에 처한다. 단, 10년 이하의 자격정지를 병과할 수 있다(제353조). 미수범은 처벌한다(제352조). 상습범은 1/2까지 가중처벌된다(제351조).

V. 편의시설부정이용죄

1. 의의 및 성격

편의시설부정이용죄는 부정한 방법으로 대가를 지급하지 않고 자동판매기, 공중전화 기타 유료자동설비를 이용하여 재물 또는 재산상의 이익을 취득함으로써 성립하는 범죄이다(제348조의 2).

오늘날 자동판매기 등 자동편의시설의 보급이 급증하면서 부정이용사례도 급증하고 있어, 그에 관한 적절한 대책 없이는 공중의 편의에 제공될 자동편의시설의 안전한 보급이 어려우리라는 점을 고려하여 형법에서 신설하였다.

자동설비가 전자식 금전식별능력이나 자기식 가치증권계량능력을 가진 경우에도 편의시설부정이용죄는 편의시설에 관한 특별규정으로서 컴퓨터등사용사기죄 규정에 우선한다.

2. 객관적 구성요건요소

(1) 행위객체

재물 또는 재산상의 이익이다. 편의시설부정이용죄는 재물죄와 재산죄 두 가지 성격을 모두 지닌다.

(2) 행   위

대가를 지급하지 않고 편의시설을 부정하게 이용하는 것이다. 여기에서 편의시설은 자동판매기, 공중전화 기타 유료자동설비이다.

(a) **편의시설**   구성요건행위의 대상은 자동판매기, 공중전화 기타 유료자동설비와 같은 편의시설이다. 여기에서 자동판매기와 공중전화는 기타 유료자동설비의 예시에 불과하다. 자동판매기는 금전의 투입 또는 카드를 통한 대가지급 등에 응하여 우표, 음식물 기타 물품을 제공하는 자동기계설비를 말한다. 유료자동설비는 자판기·공중전화 외에도 자동보관함, 자동입장시설물, 공중교통시설의 자동개찰구처럼 물품 이외의 편익을 제공하는 설비를 말한다. 일반 전화나 현금자동지급기는 여기의 편의시설에 해당하지 않는다.

(b) **대가지급**   대가지급이란 물품구입가액이나 편의시설이용료에 상당한 값의 금전적 지급을 말한다. 편의시설 자체에 지폐나 동전 또는 자기스트라이프(streipe)로 된 가치증권의 가액식별능력이 있음을 전제로 편의시설이용에 필요한 값을 미리 지급하는 통상적인 경우를 말한다. 이와 같은 통상의 대가를 지급하지 않은 경우가 문제된다.

(c) **부정이용행위**   부정한 방법으로 유료자동설비를 이용하는 것이다. 부정한 방법에는 아무 제한이 없다. 예컨대 위폐를 사용하거나 부정하게 만든 선불카드(pre-paid card)를 투입하거나 잔고를 허위의 것으로 개변한 IC카드, 전화카드, 정액승차권 등을 자동설비에 투입하여 서비스를 제공받는 경우 등이 여기에 속한다. 다만 여기에서 이용은 통상의 이용방법을 전제한 것이므로 예컨대 자동설비를 파괴하고 그 속에 있는 현금이나 물품을 취거한 경우에는 손괴죄와 절도죄가 성립할 뿐 편의시설부정이용죄에는 해당하지 않는다(통설). 자동개찰구에 승차권을 투입하지 않고 틈새로 몰래 빠져나가 승차하는 행위도 이 죄에 해당하지 않는다. 현행법상으로는 무죄이다.

(d) **컴퓨터등사용사기죄와의 관계**   컴퓨터에 연결되어 있거나 자체 속에 컴퓨터를 내장하고 있는 유료자동설비를 대가 없이 이용하여 재산상의 이익을 얻는 경우에 편의시설부정이용죄와 컴퓨터등사용사기죄의 관계가 문제된다. 허위의 잔고가 기록된 IC카드나 선불카드를 사용하여 서비스를 받는 경우, 이러한 카드는 대개 자기스트라이프로 된 가치증권의 성격을 지니므로, 자동정보처리장치에 부정한 명령을 입력하여 정보처리를 하게 하는 컴퓨터등사용사기죄와 행위객체

및 행위양태를 달리한다. 그러나 부정한 자료를 자동편의시설에 투입하여 작동시키는 행위는 컴퓨터등사용사기죄와 중첩한다. 편의시설부정이용죄는 컴퓨터등사용사기죄에 대해 유료자동설비라는 표지가 추가된 것이므로 일종의 특별관계에 있다. 따라서 특별법은 일반법에 우선한다는 원칙에 따라 법정형이 더 가벼운 편의시설부정이용죄를 우선 적용해야 한다.

(3) 결   과

(a) **구성요건결과**   편의시설부정이용죄는 침해범·결과범의 일종이므로, 기수가 되려면 구성요건결과의 발생이 필요하다. 구성요건결과는 재산죄로서의 본질에 비추어 역시 피해자의 재산적 손해발생이라고 해야 한다.

편의시설에 대한 부정이용행위의 결과 피해자의 재산적 손해가 발생해야 한다. 구성요건행위와 구성요건결과 사이에는 인과관계 및 객관적 귀속관계가 있어야 한다.

(b) **기수·미수**   실행의 착수시기는 편의시설에 대한 부정이용행위를 개시한 때이고, 기수시기는 부정이용행위의 결과 피해자에게 재산상의 손해가 발생한 때이다.

(c) **완수시기**   완수시기는 재물 또는 재산상의 이익을 취득한 때이다.

3. 주관적 구성요건요소

(1) 구성요건고의

구성요건고의는 대가를 지급하지 않고 부정한 방법으로 편의시설을 이용한다는 점, 이로 인하여 피해자의 재산상 손해가 발생한다는 점 및 양자 사이에 존재하는 인과관계에 대한 인식·의사이다. 미필적 고의로도 충분하다.

(2) 위법영득의사 내지 위법이득의사

행위객체에 따라 특별한 주관적 불법요소로서 재물에 대한 위법영득의사 내지 재산적 이익에 대한 위법이득의사가 필요하다.

4. 형   벌

3년 이하의 징역 또는 5백만원 이하의 벌금, 구류 또는 과료에 처한다($^{제348}_{조의 2}$). 단, 10년 이하의 자격정지를 병과할 수 있다($^{제353}_{조}$). 미수범은 처벌한다($^{제352}_{조}$). 상습범은 1/2까지 가중처벌된다($^{제351}_{조}$).

Ⅵ. 부당이득죄

1. 의의 및 성격

부당이득죄는 사람의 궁박한 상태를 이용하여 현저하게 부당한 이익을 취득하거나 제 3 자로 하여금 취득하게 함으로써 성립하는 범죄이다($^{제349}_{조}$). 소위 폭리죄라고도 하지만, 법적 성격은 재산범죄의 일종이다. 따라서 보호법익은 재산이다.

2. 객관적 구성요건요소

(1) 궁박한 상태

궁박이라 함은 급박한 곤궁을 의미한다(대판 2010. 5. 27, 2010 도 778). 다만, 경제적인 곤궁상태에 한하지 않고, 정신적·육체적인 위급상태도 포함한다. 예컨대 이민 또는 포로수용상태, 생명 또는 신체의 위급상태를 기회로 미끼로 부당한 이익을 취득하는 일 따위도 궁박한 상태에 있는 자의 이용행위가 될 수 있다. 궁박한 상태를 초래케 한 원인이 누구에게 있느냐는 불문한다.

(2) 이용행위

여기서 이용이라 함은 협의의 준사기죄에서의 이용이 편승이었던 점과 비교하여 보다 강한 의미에서의 착취를 의미한다. 또한 이용이라는 행위표지는 협의의 준사기죄에서와 마찬가지로 하나의 강화된 내적 경향의 표시이다(경향범).

(3) 현저히 부당

현저히 부당하다는 것은 행위 당시의 구체적 사정을 종합하여 객관적으로 판단하여 볼 때, 행위자의 급부에 비해 피해자의 반대급부가 사회통념이나 건전한 상식에 비추어 지나친 불균형을 이룬다고 판단되는 경우를 말한다.

‖ **판례** ‖ 형법상 부당이득죄에 있어서 궁박이라 함은 '급박한 곤궁'을 의미하고, '현저하게 부당한 이익의 취득'이라 함은 단순히 시가와 이익과의 배율로만 판단할 것이 아니라 구체적·개별적 사안에 있어서 일반인의 사회통념에 따라 결정하여야 하는 것으로서, 피해자가 궁박한 상태에 있었는지 여부 및 급부와 반대급부 사이에 현저히 부당한 불균형이 존재하는지 여부는 거래당사자의 신분과 상호 간의 관계, 피해자가 처한 상황의 절박성의 정도, 계약의 체결을 둘러싼 협상과정 및 거래를 통한 피해자의 이익, 피해자가 그 거래를 통해 추구하고자 한 목적을 달성하기 위한 다른 적절한 대안의 존재 여부, 피고인에게 피해자와 거래하여야 할 신의칙상 의무가 있는지 여부 등 여러 상황을 종합하여 구체적으로 판단하되, 특히 우리 헌법이 규정하고 있는 자유시장경제질서와

여기에서 파생되는 사적 계약자유의 원칙을 고려하여 그 범죄의 성립을 인정함에 있어서는 신중을 요한다(대판 2010. 5. 27, 2010 도 778).

판례는 개발사업 등이 추진되는 사업부지 중 일부의 매매와 관련된 이른바 '알박기' 사건에서 부당이득죄가 성립하기 위해서는, 피고인이 피해자의 개발사업 등이 추진되는 상황을 미리 알고 그 사업부지 내의 부동산을 매수한 경우이거나 피해자에게 협조할 듯한 태도를 보여 사업을 추진하도록 한 후에 협조를 거부하는 경우 등과 같이, 피해자가 궁박한 상태에 빠지게 된 데에 피고인이 적극적으로 원인을 제공하였거나 상당한 책임을 부담하는 정도에 이르러야 한다고 하면서, 이러한 정도에 이르지 않은 상태에서 단지 개발사업 등이 추진되기 오래 전부터 사업부지 내의 부동산을 소유하여 온 피고인이 이를 매도하라는 피해자의 제안을 거부하다가 수용하는 과정에서 큰 이득을 취하였다는 사정만으로 함부로 부당이득죄의 성립을 인정해서는 안 된다고 한다(대판 2009. 1. 15, 2008 도 8577, 아파트 건축사업이 추진되기 수년 전부터 사업부지 내 일부 부동산을 소유하여 온 피고인이 사업자의 매도 제안을 거부하다가 인근 토지 시가의 40배가 넘는 대금을 받고 매도한 사안에서, 부당이득죄의 성립을 부정한 사례임).

(4) 이익의 취득 또는 제 3 자로 하여금 이를 취득하게 할 것

부당이득죄도 위법이득의 의사를 요하는 범죄이기 때문에 목적범에 해당한다. 목적의 내용이 되는 이득의 취득 여부는 기수성립과 관계없고, 단지 완수의 조건이 될 뿐이다.

본 죄는 다른 재산범죄와 마찬가지로 침해범이다. 따라서 상대방에게 재산상 손해가 발행할 때 기수가 된다.

3. 주관적 구성요건요소

구성요건고의와 위법이득의 의사가 필요하다. 또한 이용행위의 특성에서 나타나는 특수한 주관적 불법요소로서 강화된 내적 경향이 필요함은 위의 준사기죄에서 설명한 것과 같다(경향범).

4. 형 벌

3년 이하의 징역 또는 1천만원 이하의 벌금에 처한다. 단, 10년 이하의 자격정지를 병과할 수 있다(제353조). 사기죄·준사기죄와 달리 미수범은 처벌하지 않는다$\binom{제352조}{참조}$. 상습범은 1/2까지 가중처벌된다$\binom{제351}{조}$.

제2절 공갈의 죄

Ⅰ. 총   설

공갈의 죄는 재산죄의 일종이다. 보호법익도 제1차적으로는 재산이다. 또한 공갈을 수단으로 하여 타인에게 외포심을 일으켜 의사결정이나 행동의 자유를 침해하여 재산을 갈취하는 죄이므로 의사결정 및 행동의 자유도 부차적인 보호법익이라 해야 한다.

형법은 공갈을 사기와 같은 장에 규정하고 있다. 이 죄가 공갈을 수단으로 하여 상대방의 하자 있는 의사를 유발하고 이에 터잡아 재물의 교부 또는 재산상의 이익을 취득하는 점에서 사기죄와 유사한 점이 있다. 그 한에서 양자를 동기범죄라고 칭한다.

Ⅱ. 공 갈 죄

1. 의의 및 성격

(1) 의의·성격

공갈죄는 사람을 공갈하여 재물의 교부를 받거나 재산상의 이익을 취득하는 것 또는 제3자로 하여금 재물의 교부를 받게 하거나 재산상의 이익을 취득하게 함으로써 성립하는 범죄이다$\binom{제350}{조}$.

다수설은 공갈죄를 사기죄처럼 재산죄인 동시에 이득죄라고 말한다. 그러나 이 죄는 위법영득의 의사로 개개 재물에 대한 소유권침탈을 내용으로 하는 소유권범죄가 아니라, 위법이득의 의사로 타인을 폭행·협박하여 재산상의 손해를 야기시키는 것을 내용으로 하는 재산범죄이다. 즉 공갈취재죄의 경우에도 그 대상은 위법영득의 대상인 재물이 아니라, 오직 위법이득의 대상인 재산의 적극적 구성부분에 해당하는 재물이며, 반면 공갈이득죄의 대상은 보다 넓게 전체로서의 재산이다.

⑵ 강도죄와의 구별

공갈죄와 강도죄는 객체가 다같이 재물과 재산상의 이익으로 공통되고, 또 폭행·협박을 수단으로 하는 점에서 유사한 점이 있지만, 공갈죄는 재산죄이므로 재물도 재산의 적극적 구성부분의 하나로 파악된다는 점, 또 공갈죄의 폭행·협박의 정도는 상대방의 반항을 억압할 정도에 도달하지 않는 행위를 내용으로 하기 때문에, 공갈죄는 강도처럼 범인이 타인의 의사를 억압하여 피해자에게 직접 재산상의 손해를 가하는 것이 아니고, 단지 공갈을 통해 '자력손해'를 야기시킨다는 점에서 구별된다.

2. 객관적 구성요건요소

⑴ 객   체

(a) **타인의 재물**   사기죄에서 설명한 것과 원칙적으로 같다. 금전, 유가증권, 백지위임장은 물론 장물이나 소지가 금지된 금제품도 여기서 재물에 해당한다. 부동산공갈도 성립할 수 있다. 탈취죄인 강도죄에서 부동산은 재산적 이익의 일종으로 봐야 하지만 편취죄인 공갈죄에서 부동산은 공갈취재의 객체인 재물로 봐야 한다. 여기의 타인에는 법인도 포함된다. 왜냐하면 회사를 상대로 한 공갈취재도 가능하기 때문이다.

‖**판례**‖ 갑이 을의 돈을 절취한 다음 다른 금전과 섞거나 교환하지 않고 쇼핑백 등에 넣어 자신의 집에 숨겨두었는데, 피고인이 을의 지시로 폭력조직원 병과 함께 갑에게 겁을 주어 쇼핑백 등에 들어 있던 절취된 돈을 교부받아 갈취하였다고 하여 폭력행위 등 처벌에 관한 법률 위반(공동공갈)으로 기소된 사안에서, 피고인 등이 갑에게서 되찾은 돈은 절취 대상인 당해 금전이라고 구체적으로 특정할 수 있어 객관적으로 갑의 다른 재산과 구분됨이 명백하므로 이를 타인인 갑의 재물이라고 볼 수 없고, 따라서 비록 피고인 등이 갑을 공갈하여 돈을 교부받았더라도 타인의 재물을 갈취한 행위로서 공갈죄가 성립된다고 볼 수 없는데도 …(대판 2012. 8. 30, 2012 도 6157).

(b) **재산상의 이익**   사기죄에서의 그것과 내용상 동일하다. 부녀와의 정교 자체는 재산상의 이익이 되지 않는다(대판 1982. 2. 8, 82 도 2714). 단 앞의 판례는 매음을 전제로 성교를 한 후 폭행·협박으로 매음료를 지불하지 않을 때에는 재산상 이익의 취득으로 인한 공갈죄의 성립이 가능한 것으로 보고 있다. 이는 경제적 재산개념에 따른 결론이나, 법률적·경제적 재산개념에 따를 때에는 그 경우도 공갈죄의 성립은 불가능한 것으로 보아야 한다.

‖ **판례** ‖   공갈죄는 재산범죄로서 그 객체인 재산상 이익은 경제적 이익이 있는 것을 말하는 것인바, 일반적으로 부녀와의 정교 그 자체는 이를 경제적 이익으로 평가할 수 없는 것이므로 부녀를 공갈하여 그와 정교를 맺었다고 하여도 특단의 사정이 없는 한 이로써 재산상 이익을 갈취한 것이라고 볼 수 없는 것이고 이러한 취지는 가령 피해자가 주점 접대부라고 할지라도 매음을 전제로 정교를 맺은 것이 아닌 이상 동일하다고 보아야 한다 (대판 1982. 2. 8, 82 도 2714).

(2) 공갈행위

(a) **공갈의 의의**   공갈이라 함은 위법이득의 의사로 타인에게 폭행 또는 협박을 가하여 상대방으로 하여금 외포심을 일으키게 함을 말한다.

여기서 **폭행**이란 타인에 대한 일체의 유형력의 행사를 말한다. 경우에 따라 타인의 재물에 대한 유형력의 행사도 폭행이 될 수 있다. 이 때의 폭행 역시 상대방의 의사에 영향을 주는 심리적 폭력(강제폭력, vis compulsiva)만을 의미하고 절대적 폭력(vis absoluta)은 제외된다(다수설). 절대적 폭력이 있는 경우에는 피해자의 의사형성이 사실상 불가능하기 때문에 강도죄가 성립하는 것으로 보아야 한다.

협박이란 타인의 의사결정의 자유를 제한하거나 의사실행의 자유를 방해할 정도로 겁을 먹게 할 만한 해악의 고지를 말한다(대판 1995. 3. 10, 94 도 2422). 해악은 현재 또는 장래의 사항이라도 좋고 해악의 내용도 제한된 바 없다. 또한 현실적으로 해악을 가할 의사와 능력 유무도 불문하고, 단지 해악의 발생이 협박자의 의사 여하에 달려 있음을 고지하기만 하면 족하다. 해악고지의 수단 · 방법에는 제한이 없다. 또한 해악고지의 주체도 반드시 협박자 본인일 필요는 없고, 제3자에 의한 가해의 고지도 무방하다.

‖ **판례 1** ‖   공갈죄의 수단으로서 협박은 사람의 의사결정의 자유를 제한하거나 의사실행의 자유를 방해할 정도로 겁을 먹게 할 만한 해악을 고지하는 것을 말하고, 해악의 고지는 반드시 명시의 방법에 의할 것을 요하지 아니하며 언어나 거동에 의하여 상대방으로 하여금 어떠한 해악에 이르게 할 것이라는 인식을 갖게 하는 것이면 족한 것이고, 또한 직접적이 아니더라도 피공갈자 이외의 제3자를 통해서 간접적으로 할 수도 있으며, 행위자가 그의 직업, 지위 등에 기하여 불법한 위세를 이용하여 재물의 교부나 재산상 이익을 요구하고 상대방으로 하여금 그 요구에 응하지 아니한 때에는 부당한 불이익을 초래할 위험이 있다는 의구심을 야기하게 하는 경우에도 해악의 고지가 된다(폭력배와 잘 알고 있다는 지위를 이용하여 불법한 위세를 보임으로써 해악의 고지를 하였다고 본 사례)(대판 2003. 5. 13, 2003 도 709).

‖ **판례 2** ‖ 신문의 부실공사 관련기사에 대한 해당 건설업체의 반박광고가 있었음에
도 재차 부실공사 관련기사가 나가는 등 그 신문사 기자들과 그 건설업체 대표이사의 감
정이 악화되어 있는 상태에서, 그 신문사 사주 및 광고부장이 보도자제를 요청하는 그
건설업체 대표이사에게 자사 신문에 사과광고를 싣지 않으면 그 건설업체의 신용을 해
치는 기사가 계속 게재될 것 같다는 기자들의 분위기를 전달하는 방식으로 사과광고를
게재토록 하면서 과다한 광고료를 받은 행위는 공갈죄의 구성요건에 해당한다(대판
1997. 2. 14, 96 도 1959).

　　폭력행위등처벌에관한법률 제 2 조에 가중처벌되는 행위양태가 규정되어 있
다. 2 인 이상이 공동하여 공갈하면 1/2까지 가중처벌된다(동법제2조 2항).

　　(b) **폭행·협박의 정도**　　공갈죄의 폭행·협박은 타인의 의사나 행동의 자
유를 제한하는 정도로 충분하고 반드시 강도죄에서와 같이 상대방의 반항을 억압
할 정도를 요하지 않는다(다수설). 이런 의미에서 공갈죄에서의 폭행·협박과 강
도죄에서의 폭행·협박은 질적 차이가 아닌 양적 차이만을 갖는다고 말할 수 있다.
　　정도의 판단기준에 관하여는 피해자의 주관을 표준으로 할 것(주관설)이 아
니라, 폭행·협박 자체의 객관적 성질을 고려하여 일반인의 입장을 표준으로 해
야 함(객관설)은 강도죄에서 본 바와 같다. 따라서 피해자의 연령, 성별, 성격 등
(피해자의 입장)과 범행의 시각, 장소 등(행위상황)과 폭행·협박 자체의 양태, 행
위자의 인상 등(행위자의 입장)을 종합하여 일반적으로 상대방이 외포심을 일으키
기에 족한 것인지의 여부를 평가해야 한다.
　　(c) **공갈의 상대방**　　공갈의 상대방은 재산상의 피해자와 동일인일 필요는
없다. 다만 이 경우 피공갈자에게 공갈의 객체가 된 재물에 대한 처분의 권한 또
는 사실상의 지위는 있어야 한다(대판 2005. 9. 29, 2005 도 4738). 이 점에서 피공
갈자와 재산의 처분행위자는 동일인이어야 한다.
　　(3) 재산적 처분행위
　　재산적 처분행위는 사기죄에서 설명한 것과 같다. 공갈죄의 구성요건 중에는
재물의 교부를 받거나 제 3 자로 하여금 교부받게 하는 것(공갈취재) 및 재산상의
이익을 취득하거나 제 3 자로 하여금 취득하게 하는 것(공갈이득)이 필요한데, 바
로 이것은 피공갈자의 재산적 처분행위를 전제로 한다. 이런 의미에서 재산적 처
분행위는 이른바 기술되지 아니한 구성요건표지이다.
　　재산적 처분행위는 공갈취재죄와 공갈이득죄 사이에 본질적 차이가 없다. 단
지 객체가 재물이냐 재산상의 이익이냐에 따라 처분행위의 양태가 상이할 따름이

다. 다만 사기죄에서 교부·공여 등의 처분행위는 피기망자의 자의에 의해 행하여짐에 반해, 공갈죄에서의 교부·공여 등의 처분행위는 타의에 의해,「싫어하면서」행하여진다는 점에 차이가 있다.

　　처분자의 행태도 작위 및 부작위 또는 묵인에 의한 경우가 모두 가능하다(통설). 예컨대 공갈로 인하여 상대방이 외포에 빠져 있음을 기화로 범인이 스스로 재산을 취거해가는 경우에도 처분행위는 성립할 수 있다. 채무자가 채권자를 협박하여 권리행사를 못하게 함으로써 채권의 소멸시효에 걸리게 한 경우에는 부작위에 의한 재산상 이익의 처분행위가 있는 경우이다.

∥**판례**∥ 종업원이 주인을 협박하여 그 업소에 취직을 하여 그 주인으로부터 월급 상당액을 교부받은 경우 그 종업원이 주인에게 종업원으로서 상당한 근로를 제공한 바가 없다면 이는 갈취행위로 보아야 한다(대판 1991. 10. 11, 91 도 1755).

　　그 밖에도 공갈과 피공갈자의 외포심 발생, 피공갈자의 외포심과 재산적 처분행위 사이에 각각 인과관계가 필요함은 사기죄의 처분행위에서 설명한 것과 같다.

　　(4) 재산상의 손해

　　피공갈자의 재산적 처분행위에 의해 그의 재산 또는 타인의 재산이 직접 손해를 입지 않으면 안 된다. 본죄가 재산죄이고 침해범의 성격을 갖는 이상 재산손해의 발생은 필요하다. 또한 공갈죄는 자유도 부차적인 법익으로 포괄하고 있기 때문에, 본죄의 피해자로는 재산의 피해자뿐만 아니라 자유의 피해자도 가능하다. 따라서 갈취하는 재산에 대해 상당한 대가가 지급되어 결국 전체로서의 재산적 가치의 감소가 일어나지 않았다 하더라도 공갈죄가 불성립하는 것이 아니라 단지 미수에 그칠 따름이다. 이 점이 사기죄의 재산적 손해개념과 다른 점이다.

　　손해가 발생된 때에 기수가 됨은 사기죄에서와 같다. 부동산 공갈죄에서는 소유권이전등기에 필요한 서류 일체를 교부받은 때 기수가 되고, 그 부동산에 관하여 소유권이전등기를 경료받거나 인도를 받은 때 완수가 된다. 반면 판례(대판 1992. 9. 14, 92 도 1506)가 등기서류 일체를 교부받은 때를 기수시점으로 보지 않고 소유권이전등기를 경료받은 때를 기수시점으로 본다.

∥**판례**∥ 부동산에 대한 공갈죄는 부동산에 관하여 소유권이전등기를 경료받거나 또는 인도를 받은 때에 기수로 되는 것이고, 소유권이전등기에 필요한 서류를 교부받은 때에 기수로 되어 그 범행이 완료되는 것은 아니다(대판 1992. 9. 14, 92 도 1506)

(5) 완수시기

공갈죄의 기수시기는 재산상의 손해가 발생한 때이지만, 완수시기는 재물의 교부 또는 재산상의 이익의 취득목표가 성취된 때이다. 판례(대판 1996. 9. 20, 95 도 1728)가 현금카드를 갈취한 후 이를 이용하여 현금자동지급기에서 현금을 인출한 행위를 갈취행위와 분리하여 따로 절도죄로 처단할 수 없다고 한 것도 이러한 맥락에서 이해할 수 있다. 완료에 이르기까지는 공동정범 및 방조범의 성립이 가능하다.

‖ **판례** ‖ 예금주인 현금카드 소유자를 협박하여 그 카드를 갈취하였고, 하자 있는 의사표시이기는 하지만 피해자의 승낙에 의하여 현금카드를 사용할 권한을 부여받아 이를 이용하여 현금을 인출한 이상, 피해자가 그 승낙의 의사표시를 취소하기까지는 현금카드를 적법, 유효하게 사용할 수 있고, 은행의 경우에도 피해자의 지급정지신청이 없는 한 피해자의 의사에 따라 그의 계산으로 적법하게 예금을 지급할 수밖에 없는 것이므로, 피고인이 피해자로부터 현금카드를 사용한 예금인출의 승낙을 받고 현금카드를 교부받은 행위와 이를 사용하여 현금자동지급기에서 예금을 여러번 인출한 행위들은 모두 피해자의 예금을 갈취하고자 하는 피고인의 단일하고 계속된 범의 아래에서 이루어진 일련의 행위로서 포괄하여 하나의 공갈죄를 구성한다고 볼 것이지, 현금지급기에서 피해자의 예금을 취득한 행위를 현금지급기 관리자의 의사에 반하여 그가 점유하고 있는 현금을 절취한 것이라 하여 이를 현금카드 갈취행위와 분리하여 따로 절도죄로 처단할 수는 없다(대판 1996. 9. 20, 95 도 1728).

3. 주관적 구성요건요소

(1) 구성요건고의

구성요건고의는 폭행·협박 등의 강요수단의 투입, 재산적 처분행위, 재산적 손해 등에 대한 인식과 의사이다. 고의의 강도에 관해서는 미필적 고의 정도이면 족하다.

(2) 위법이득의 의사

위법이득의 의사는 행위자가 자기 또는 제3자에게 위법한 재산상 이익을 얻게 해 줄 의사를 말한다. 이득행위는 위법한 것이어야 한다. 이득행위의 위법성은 이득추구행위가 특별히 피해자의 재산질서와 모순·충돌된다는 의미이다.

(3) 권리행사와 공갈죄의 성부 문제

타인으로부터 재산을 취득할 수 있는 권리를 가진 자가 그 타인을 공갈하여 재물을 교부받거나 재산상 이익을 취득한 경우에 공갈죄가 성립하는가이다.

(a) **공갈죄설**   판례는 일관되게 「공갈행위로서 해악의 고지가 비록 정당한 권리의 실현수단으로 사용된 경우라고 하여도 그 권리실현의 수단방법이 사회통념상 허용되는 정도나 범위를 넘는 것인 이상 공갈죄의 실행에 착수한 것으로 보아야 한다」(대판 1996. 3. 22, 95 도 2801)는 입장을 견지해 왔다.

‖ **판례** ‖   ① 공사 수급인의 공사 부실로 하자가 발생되어 도급인측에서 하자보수시까지 잔액지급을 거절하자 수급인이 일방적으로 공사를 중단하고 수급인이 권리행사를 빙자하여 도급인측에 대하여 비리를 관계기관에 고발하겠다는 내용의 협박 내지 사무실의 장기간 무단점거 및 직원들에 대한 폭행 등의 위법수단을 사용하여 공사대금을 교부받은 행위는 사회통념상 허용되는 범위를 넘는 것으로서 공갈죄에 해당한다(대판 1991. 12. 13, 91 도 2127), ② 피해자의 정신병원에서의 퇴원 요구를 거절해 온 피해자의 배우자가 피해자에 대하여 재산이전 요구를 한 경우, 그 배우자가 재산이전 요구에 응하지 않으면 퇴원시켜 주지 않겠다고 말한 바 없더라도 이는 암묵적 의사표시로서 공갈죄의 수단인 해악의 고지에 해당하고 이러한 해악의 고지가 권리의 실현수단으로 사용되었더라도 그 수단방법이 사회통념상 허용되는 정도나 범위를 넘는 것으로서 공갈죄를 구성한다(대판 2001. 2. 23, 2000 도 4415).

(b) **강요죄 · 폭행죄 · 협박죄설**   이러한 판례의 태도에 대해서 다수설은 공갈죄도 위법이득의 의사를 필요로 하는 재산죄이므로 정당한 권리를 가지고 있는 때에는 위법이득의 의사가 결여되어 공갈죄가 성립하지 않고 강요죄, 폭행죄 또는 협박죄만 성립할 뿐이라고 한다.[29]

(c) **결   론**   위법이득의 위법성은 이득행위가 특별히 피해자의 재산질서와 모순 충돌된다는 의미이다. 마땅히 유지 · 회복되어야 할 재산상태가 확립된 것에 불과한 경우에는 비록 이득행위가 있을지라도 위법이득행위는 아니다. 따라서 정당한 권리가 존재하는 경우 이 권리의 실현을 위한 정도를 넘는 공갈행위의 수단을 사용했더라도 위법이득의사는 없으므로 공갈죄는 성립하지 않고 단지 공갈수단과 관련된 범죄(폭행죄 또는 협박죄)만 성립한다. 만약 재산의 일부에 대하여만 정당한 권리가 있었던 경우에는 그것이 가분적 성질이면 권리가 없는 부분에 대하여, 불가분적 성질이면 재산 전체에 대하여 공갈죄의 성립을 인정할 수 있을 것이다. 그리고 정당한 권리가 없는데도 있는 것으로 오인하고 공갈한 경우에는 구성요건착오를 유추적용하여 위법영득의사를 부인해야 할 것이다.

---

29) 권오걸 510면; 김성천 · 김형준 455면; 박상기 358면; 배종대 514면; 이영란 368면; 이재상 383면; 이정원 410면; 이형국 479면; 임웅 418면; 진계호 389면.

4. 위 법 성

판례처럼 정당한 권리행사의 경우에도 공갈죄가 성립한다는 입장에서는 권리행사가 정당행위($\overset{제20}{조}$) 또는 자구행위($\overset{제23}{조}$)의 요건을 충족하는 경우에는 위법성이 조각된다고 본다. 그러나 공갈죄에서 위법이득의사를 특별한 주관적 불법요소로 보는 한 애당초 구성요건해당성을 조각한다고 해야 한다.

5. 정범 및 공범관계

공갈죄의 공동정범은 공동실행의 의사와 공동실행의 사실이 있어야 하며, 또한 각자 위법이득의 의사도 있어야 한다. 다만 제3자에게 이득시키려는 의사도 공갈죄의 주관적 구성요건에 해당하므로, 공동정범은 일공동정범자가 단지 타공동정범자 중의 일인에게 재산상의 이익을 얻도록 해 주는 경우에도 성립 가능하다. 일방은 위법이득의사 없이 단지 폭행 또는 협박만 하고, 타방은 일방을 위한 위법이득의사에서 공갈행위를 하여 갈취한 경우에 일방은 폭행 또는 협박죄, 타방은 공갈죄에 해당하나 양자는 부분적인 중첩관계에 있으므로 공동정범의 성립이 가능하다. 적법하게 행동하는 공무원을 개입시켜 간접정범의 형태로 공갈죄를 범할 수도 있다.

위법이득의 의사는 공범자에게 반드시 필요한 요건이 아니다. 정범자가 위법이득의 의사를 가지고 행위하는 한, 이 사실을 알고 단지 폭행 또는 협박에만 가담한 자도 방조범이 된다. 교사범의 경우는 교사자가 위법이득행위로 사실상 목적을 달성할 수 있음을 알았느냐의 여부는 중요하지 않다. 이득의 결과는 구성요건에 속하지 않기 때문이다.

6. 죄   수

(가) 1개의 공갈행위로써 동일한 피해자로부터 여러 번에 걸쳐 재물을 교부받은 때에는 포괄하여 공갈일죄만 성립한다.

(나) 1개의 공갈행위로써 여러 사람을 외포시켜 각각으로부터 재물을 교부받은 경우 공갈죄의 보호법익에는 개인의 자유도 포함되므로, 수개의 피해법익을 고려하여 상상적 경합으로 보아야 한다.

(다) 동일인에 대하여 수 차례에 걸쳐 금전갈취를 위한 협박편지를 보냈으나 뜻을 실현하지 못한 경우에는 1개의 협박행위마다 1개의 공갈미수죄가 성립한다

(대판 1958. 4. 11, 4290 형상 360).

㈕ 공갈죄는 상태범이다. 따라서 갈취된 재산의 처분은 불가벌적 사후행위이다. 그러나 사후의 처분행위라도 공갈죄의 위법상태에 포섭될 수 없는 정도의 새로운 법익침해가 야기된 때에는 별죄를 구성한다.

‖ **판례** ‖ 예금통장과 인장을 갈취한 후 사문서를 위조한 후 이를 행사하여 예금을 인출한 경우 공갈죄 외에 사문서위조 동행사 및 사기죄가 성립한다(대판 1979. 10. 30, 79 도 489).

7. 타죄와의 관계

(1) 공갈죄와 사기죄

동일한 행위가 사기와 공갈의 양 수단을 겸용하였을 경우가 있다. 예컨대 환경단체의 임원을 사칭하면서 돈을 주지 않을 경우에는 회사의 폐기물불법매립사실을 환경단체를 통해 폭로하겠다고 협박한 사안이 그 예이다. 이런 경우에는 기망과 공갈의 양 요소 중 어느 것이 피해자의 의사형성에 더 영향을 미쳤는가에 따라 구별해야 한다. 즉 피해자의 하자 있는 의사를 기준으로 하여, 만약 공갈이 기망의 수단이 된 경우에는 사기죄가 성립하고, 기망이 공갈을 강화하거나 이에 편승한 외포심에 기인했을 때에는 공갈죄가 성립한다. 다만, 위 사실의 구별과 판단이 어려울 때에는 양 죄의 관념적 경합으로 보는 것이 좋을 것이다.

(2) 공갈죄와 수뢰죄

공무원이 직무집행과 관련하여 상대방을 공갈하여 취재한 경우에는, ① 직무관련성의 여부에 따라 직무관련성이 있을 때에는 수뢰죄와 공갈죄의 상상적 경합이 되고, 직무관련성이 없을 경우에는 공갈죄만이 된다는 견해(소수설), ② 공무원의 직무집행의 의사 여부를 기준으로, 만약 직무집행의 의사 없이 이를 빙자하여 재물의 교부를 받은 경우에는 공갈죄만 성립하고(대판 1994. 12. 22, 94 도 2528), 직무집행의 의사를 가지고 직무집행과 관련하여 취재한 때에는 수뢰죄와 공갈죄의 상상적 경합이 된다는 견해(다수설·대판 1969. 7. 22, 65 도 1166)가 나뉜다. 수뢰죄의 성립에는 반드시 직무집행의 의사가 필요치 않고 직무관련성만 있으며 족하기 때문에, 직무집행의 의사를 기준으로 수뢰죄의 성립 여부를 판단하는 다수설의 관점은 타당하지 않다. 따라서 소수설이 타당하다.[30]

수뢰죄와 공갈죄의 상상적 경합이 되는 경우 피공갈자에게 증뢰죄가 성립하

---

30) 이정원 411면; 임웅 419면.

는 지에 대해 긍정하는 견해도 있으나, 피공갈자는 의사의 임의성이 완전히 상실되지 않았을지라도 외포심에서 마지못하여 재산을 처분한 것이지 재물공여의 의사로 행한 것은 아니기 때문에 별도로 증뢰죄를 문의할 필요는 없다(판례).

‖ **판례** ‖ 공무원이 직무집행의 의사 없이 또는 직무처리와 대가적 관계없이 타인을 공갈하여 재물을 교부하게 한 경우에는 공갈죄만이 성립하고, 이러한 경우 재물의 교부자가 공무원의 해악의 고지로 인하여 외포의 결과 금품을 제공한 것이라면 그는 공갈죄의 피해자가 될 것이고 뇌물공여죄는 성립될 수 없다고 하여야 할 것이다(대판 1994. 12. 22, 94 도 2528).

(3) 공갈죄와 컴퓨터등사용사기죄

갈취한 타인의 현금카드를 이용하여 현금자동지급기에서 예금을 인출한 경우 하자 있는 의사표시기이기는 하나 현금카드사용에 대한 피해자의 승낙이 있으므로 컴퓨터등사용사기죄는 성립하지 않고 공갈죄 하나만이 성립한다. 타인의 현금카드를 이용한 예금인출을 절도죄로 판단하는 판례도 이 경우 공갈죄 하나만 성립하는 것으로 보고 있다(대판 2007. 5. 10, 2007 도 1375).

8. 형 벌

10년 이하의 징역 또는 2천만원 이하의 벌금에 처한다. 단, 10년 이하의 자격정지를 병과할 수 있다($^{제353}_{조}$). 미수범은 처벌한다($^{제352}_{조}$). 친족상도례의 적용도 있다($^{제354}_{조}$). 갈취한 재물 또는 재산상의 이익이 5억원 이상인 때에는 특정경제범죄가중처벌등에관한법률에 따라 가중처벌하며, 그 이득액 이하에 상당하는 벌금을 병과할 수 있다($^{동법}_{제3조}$).

Ⅲ. 특수공갈죄

특수공갈죄는 단체 또는 다중의 위력을 보이거나 위법한 물건을 휴대하여 공갈죄를 범함으로써 성립하는 범죄이다. 1년 이상 15년 이하의 징역에 처한다($^{제350}_{조의2}$). 미수범은 처벌한다($^{제352}_{조}$). 이 죄는 단순공갈죄에 비하여 행위수단 및 방법면에서 위험성이 더 크므로 불법 및 형이 가중된 구성요건이다.

'단체 또는 다중의 위력' 및 '위험한 물건의 휴대'의 의미에 대해서는 전술한 특수폭행죄 부분의 설명을 참고하기 바란다.

＊ 주의: 특수공갈죄는 폭력행위등처벌에관한법률 제 3 조의 해당부분이 삭제되고
2016년 1 월 형법 개정을 통해 새로 신설된 조항이다.

Ⅳ. 상습공갈죄

상습공갈죄는 행위자의 상습성으로 인하여 책임 및 형이 가중된 책임가중적
구성요건이다(제351조). 이 죄의 미수범은 처벌된다(제352조). 상습에 관하여는 상습절도
죄에서 설명한 것과 같다.

제 3 절　배임의 죄

Ⅰ. 총　　설

1. 의의 및 보호법익

배임의 죄란 타인의 사무를 처리하는 자가 임무에 위배되는 행위를 하여 스
스로 재산상 이익을 취득하거나 제 3 자로 하여금 이를 취득하게 하여 본인에게
손해를 끼치는 범죄를 말한다.

보호법익은 사기죄와 마찬가지로 전체로서의 재산이다. 즉 소유권 기타의 본
권 및 재산상의 이익이다. 이 점에서 재물에 대한 소유권을 보호법익으로 삼는 횡
령죄와 구별된다.

본죄는 침해범에 속한다(다수설). 반면 판례는 위험범으로 보고 있다(대판
2000. 4. 11, 99 도 334).

2. 체　　계

배임의 죄는 크게 배임죄와 배임수증죄로 구별된다. 배임죄는 단순배임죄(제355조 2항)와 업무상배임죄(제356조)로 세분되고, 배임수증죄는 배임수재죄(제357조 1항)와 배임증재
죄(제357조 2항)로 세분된다.

형법은 단순배임죄를 기본적 구성요건으로 하고, 업무상배임죄를 불법가중적
구성요건으로 규정하고 있다. 배임수재죄와 배임증재죄는 각각 법정형이 다른 필
요적 공동정범관계이며, 배임죄에 대해서는 독립별개의 구성요건이라고 보아야

할 것이다. 미수범은 처벌되며($^{제359}_{조}$), 자격정지를 병과할 수 있다($^{제358}_{조}$). 친족간의 특례규정과 동력에 관한 규정도 준용된다($^{제361}_{조}$).

3. 배임죄의 본질

배임죄의 본질에 관하여 권한남용설과 배신설이 대립하고 있다. 이 견해 중 어느 것을 취하느냐에 따라 배임죄 · 횡령죄의 성립범위에도 차이가 생긴다.

㈎ 권한남용설   권한남용설은 타인의 사무를 처리할 법적 처분권한을 가진 자가 그 대리권한을 남용하여 타인에게 재산상의 손해를 가하는 데 배임죄의 본질이 있다는 견해이다(Binding). 이에 의하면 배임죄 성립의 전제조건은 대리권의 존재이다. 그 결과 배임행위는 법률행위에 국한된다. 이에 따르면 횡령과 배임은 침해방법의 성질에 따라 구별되는데, 횡령은 월권적 처분행위에 의해 위탁에 기초한 신임관계를 파괴하는 사실행위인 데 반해, 배임은 대리권 남용에 의해 타인에게 재산상 손해를 가하는 법률행위라는 점에 차이가 있다. 그러므로 배임죄와 횡령죄는 택일관계가 된다.

㈏ 배 신 설   배신설은 배임죄의 본질을 신의성실의 의무를 위배하여 타인에게 재산상의 손해를 가하는 데 있다고 보는 견해이다. 이에 의하면 배임죄는 대리권의 존재를 필요로 하지 않고 배임행위도 반드시 법률행위에 국한되지 않는다. 그 결과 배임죄와 횡령죄는 신임관계를 침해한다는 배신성에서 본질이 동일하며, 다만 행위객체를 달리할 뿐이다. 전체재산을 행위객체로 삼는 배임죄와 개별재물을 행위객체로 삼는 횡령죄의 관계는 **일반법과 특별법**의 관계가 된다.

㈐ 결   론   신뢰관계의 배반을 본질적 내용으로 삼는 배신설이 우리 형법 해석상 배임죄 본질규명에 더 적합하다(통설 · 대판 1995. 12. 22, 95 도 3013).

Ⅱ. 단순배임죄

1. 의의 및 성격

단순배임죄는 타인의 사무를 처리하는 자가 임무에 위배하는 행위로써 재산상의 이익을 취득하거나 제 3 자로 하여금 취득하게 하여 본인에게 재산상의 손해를 가함으로써 성립하는 범죄이다($^{제355조}_{2항}$).

배임죄는 재산죄 중에서 재산상의 이익만을 대상으로 하는 순수한 이익죄이다. 또한 침해범 · 상태범 · 결과범의 성격을 지닐 뿐만 아니라 의무범 · 진정신분범의 일종이기도 하다.

2. 객관적 구성요건요소

객관적 구성요건은 i) 타인의 사무를 처리하는 자(행위주체)가, ii) 배임행위를 하여(행위), iii) 재산상의 이익(행위객체)을 취득하려고, iv) 본인에게 손해를 가할 것(결과)을 요소로 삼고 있다.

(1) 행위주체

배임죄의 주체는 '타인의 사무를 처리하는 자'이다. 타인의 사무를 처리하는 자란 타인과의 대내적 신임관계에 따라 맡겨진 사무를 그 타인을 위해 신의칙에 맞추어 처리해야 할 의무를 진 자를 말한다.

(a) **사무의 타인성**   타인의 사무처리에서 타인이란 행위자 이외의 모든 자연인·법인·법인격 없는 단체를 포함한다. 법인이 타인의 사무를 처리하는 자일 경우 판례는 법인의 범죄능력을 부정하는 입장에서 자연인인 대표기관이 배임죄의 주체가 된다고 한다(대판 1984. 10. 10, 82 도 2595).

타인의 사무가 전형적·본질적 내용을 이루는 한, 비록 자기사무로서의 성격을 갖더라도 타인의 사무로 볼 수 있다. 예컨대 이중매매나 이중저당에서는 매도인이나 저당권설정자에게 선매자에 대한 매도절차이행이나 선저당권자에 대한 저당권실현확보가 본질적으로 중요하기 때문에 타인의 사무로 봐야 한다.

1인회사에서도 1인주주 겸 대표이사인 자연인과 법인격인 회사는 각각 별개의 독립된 인격이므로 1인 기업주에 대해 법인은 타인이다. 따라서 법인의 재산은 1인주주에 대해 타인의 재산이 되고, 1인회사의 대표이사로서의 회사업무처리도 타인의 사무처리가 된다(대판 2005. 10. 28, 2005 도 4915).

주식회사의 자본조달을 목적으로 하는 신주발행에 있어서 대표이사는 회사의 사무를 처리하는 자이고 주주의 사무를 처리하는 자가 아니다. 따라서 신주발행업무를 처리하는 대표이사는 주주가 아닌 회사에 대한 관계에서 타인의 사무를 처리하는 자의 위치에 선다(대판 2010. 10. 14, 2010 도 387). 소위 삼성에버랜드 사건에 대한 판결(대판 2009. 5. 29, 2007 도 4949 전원합의체 판결)에서 대법원은 신주의 저가발행이 주주배정방식이면 기존 주주가 손해를 입지 않으므로 배임죄가 성립하지 않지만 제3자 배정방식인 경우에는 기존 주주가 손해를 입으므로 배임죄가 성립한다고 판단하였으나, 신주발행은 회사의 사무에 속하므로 배임죄의 성립 여부는 주주가 아닌 회사에 대한 손해의 발생유무를 기준으로 판단해야 한다는 점에서 동 판결은 잘못된 것이라고 하지 않을 수 없다.

(b) **재산관련 사무**   본죄는 재산범죄인 까닭에 타인의 재산상의 이익과 주요한 부분에서 연관성을 갖는 사무여야 한다(사무의 재산련관성; 통설·대판 1987. 4. 28, 86 도 2490). 그러자면 타인의 재산보호가 신임관계에 기초한 사무의 본질적 내용이 되어야 한다. 단순히 부수적 의무인 것만으로는 부족하다. 집행관이나 등기공무원, 민사소송대리를 맡은 변호사 등은 타인의 재산적 이익에 본질적으로 연결되므로 타인의 사무를 처리하는 자의 지위에 선다. 반면 형사소송의 대리를 맡은 변호인은 타인의 사무를 처리하는 자가 되지 않는다.

사무는 재산관련성을 갖는 한 공무이든 사무이든 상관없고 계속적 사무이든 일시적 사무이든 관계없다. 반드시 법률적 사무일 필요도 없고 사실상의 사무라도 좋다. 반드시 제 3 자에 대한 대외관계에서 대리권이 존재할 필요도 없다.

그러나 타인의 재산상의 이익을 보호해야 할 신의칙의 의무가 포함된 어느 정도 정형성을 갖춘 사무라야 한다. 그렇지 않은 '계약이행상의 일반적인 의무'는 타인의 사무에 속하지 않는다.

양도담보권자가 담보목적물을 부당하게 염가로 처분한 경우가 문제된다. 판례는 배임죄의 성립을 부정한다(대판 1997. 12. 23, 97 도 2430). 그러나 판례의 입장은 가담법 시행 이후에는 타당하다고 할 수 없다. 가담법 시행 이후 청산형양도담보만 남게 되어 담보권이 실행되더라도 청산절차가 종료한 후가 아니면 담보권자가 소유권을 취득할 수 없다. 즉 변제기가 경과하여 담보권이 실행된다고 하더라도 담보권자가 담보목적물의 소유자가 아니다. 따라서 담보권자가 담보목적물을 처분하는 행위는 자기의 사무가 아니라 타인의 사무이다. 만약 담보권자가 담보목적물을 부당하게 염가로 처분하여 채무자에게 청산할 청산금이 없다면 배임죄가 된다고 해야 할 것이다.

(c) **사무의 처리와 근거**   사무의 처리란 신임관계에 기초하여 맡은 일을 타인을 위해 신의칙에 따라 성실히 수행해야 할 의무의 이행을 말한다. 적어도 사회윤리적 신임관계에 기초하는 한, 처리가 법률행위이건 사실행위이건 가리지 않는다.

타인의 사무를 처리하는 근거는 법령(채권자·후견인·파산관재인·집행관 또는 회사의 대표자 등)·계약(위임·고용·도급·임치 등)뿐만 아니라 관습·사무관리에 기인하여 타인의 사무를 처리하는 자라도 **신의칙에 따른 신임관계**가 인정되면 여기에서 말하는 사무처리가 된다.

‖ **판례** ‖　배임죄에 있어서 그 임무에 위배하는 행위라 함은 처리하는 사무의 내용, 성질 등 구체적 상황에 비추어 법률의 규정, 계약의 내용 혹은 신의칙상 당연히 할 것으로 기대되는 행위를 하지 않거나 당연히 하지 않아야 할 것으로 기대하는 행위를 함으로써 본인과 사이의 신임관계를 저버리는 일체의 행위를 포함하는 것이고 그러한 행위가 법률상 유효한가의 여부는 따져볼 필요가 없다(대판 1987. 4. 28, 83 도 1568).

　사무처리의 근거가 되는 법률행위가 무효인 경우에는 신임관계가 애당초 발생하지 않았다고 할 것이므로 원칙적으로 배임죄의 성립이 부정된다(대판 1986. 9. 9, 86 도 1382). 그러나 그 경우에도 예외적으로 사실상의 신임관계가 있는 것으로 평가할 수 있을 때에는 배임죄의 사무처리에 해당한다고 보아야 한다.[31] 여기서 사실상의 신임관계는 타인의 사무처리와 관련하여 그의 재산상 이익을 보호해야 할 특별한 보증인적 지위에 있는 경우에 인정될 수 있다.

‖ **판례** ‖　내연의 처와의 불륜관계를 지속하는 대가로서 부동산에 관한 소유권이전등기를 경료해 주기로 약정한 경우, 위 부동산 증여계약은 선량한 풍속과 사회질서에 반하는 것으로 무효이어서 위 증여로 인한 소유권이전등기의무가 인정되지 아니하는 이상 동인이 타인의 사무를 처리하는 자에 해당한다고 볼 수 없어 비록 위 등기의무를 이행하지 않는다 하더라도 배임죄를 구성하지 않는다(대판 1986. 9. 9, 86 도 1382).

　(d) **사무처리의 독립성**　타인의 사무에 관한 처리가 되기 위하여는 이 사무처리자에게 적어도 **독립성 및 결정의 자유**가 있어야 한다. 이익의 귀속주체인 본인의 엄격한 지시에 구속되어 본인의 재산적 이익을 어떻게 처리해야 하는가에 관하여 행위자의 독립된 선택의 자유가 전혀 없는 사정이라면 타인의 사무를 「처리」하는 경우가 아니라 「심부름」에 불과하기 때문이다.

　(2) **행　　위**

　구성요건행위는 i) 임무위배행위(배임행위), ii) 재산상의 이익취득행위(이득행위) 및 iii) 본인에게 손해를 가하는 행위(가해행위)이다. 그러나 이 중에서 불법유형적으로 가장 중요한 부분은 배임행위와 가해행위이고, 이득행위는 별도로 독립된 구성요건적 행위표지로 삼지 않아도 체계론적 해석상 큰 무리가 없다.

　(a) **배임행위**(임무위배행위)

　(가) **의　　의**　배임행위란 타인의 사무를 처리하는 자가 임무에 위배하는 방법으로 사무를 처리하는 것을 말한다. 그것은 대리 또는 위임의 권한을 받은 자가 권한을 남용한 경우는 물론, 법률상 또는 사실상의 신뢰관계에 기초한 임무를 위반

---

31) 이재상 422면; 이정원 439면; 이형국 510면; 이회창(주각) 550면.

하는 경우도 포함한다. 임무위배행위는 작위이건 부작위이건 불문한다.

(나) 임무위배의 내용   배임행위는 처리하는 사무의 내용, 성질 등에 비추어 법령의 규정, 계약의 내용 또는 신의칙상 당연히 하여야 할 것으로 기대되는 행위를 하지 않거나 당연히 하지 않아야 할 것으로 기대되는 행위를 함으로써 본인과의 신임관계를 저버리는 일체의 행위를 말한다(대판 1994. 9. 9, 94 도 902).

배임행위의 기초인 **임무위배와 단순한 채무위배(채무불이행)는 구분되어야** 한다. 단순한 재산보전적 사무배려는 채무위배의 대상이지 배임죄에서 말하는 임무위배가 아니다. 따라서 타인의 재산적 이익이 자기 자신의 반대이익에 해당하거나 타인의 이익 부분이 자신의 이익에도 연결되어 자신의 이익을 위해서 추구되어야 하는 채권채무관계는 가벌적 배임의 영역 밖에 있다. 급부교환관계에 있는 채무자, 즉 매매계약·양도계약·임대차계약·고용계약·공급계약에서 일방이 채무를 불이행한 경우 단순한 채무위배의 예로 들 수 있다.

비록 약관 등에 의해 채권법상의 의무가 계약의 형태로 다시 약정된 경우라 하더라도 그것은 채무의 의무성을 높이거나 이에 상응한 채권의 구속력을 높이지 아니하므로 역시 단순한 계약의무의 침해일 뿐 임무의 위배가 되는 것은 아니다.

‖ **판례** ‖ 배임행위의 사례

① 계주가 계금을 순번에 해당하는 계원에게 지급하지 않고 자의로 소비한 경우(대판 1995. 9. 28, 95 도 1176), ② 부동산매매에서 매도인이 중도금까지 받고 난 뒤 그 부동산을 매수인 이외의 자에게 이중으로 매매한 경우(대판 1986. 7. 8, 85 도 1873), ③ 채권담보의 목적으로 부동산의 소유권이전등기를 넘겨받은 채권자가 채무자의 변제기일 전에 제3자에게 소유권이전청구권 보전을 위한 가등기를 해 준 경우(대판 1989. 11. 28, 89 도 1309), ④ 부동산을 매도하여 중도금까지 받은 후 다시 제3자에게 가등기를 설정해 주거나 전세등기를 해 준 경우(대판 1983. 6. 14, 81 도 2278; 1969. 9. 30, 69 도 1001), ⑤ 양도담보채권자가 담보부동산을 채권변제와 관계없이 그 변제기일 이전에 제3자에 대한 채무를 위해 근저당권을 설정해 준 경우(대판 1995. 5. 12, 95 도 283; 1977. 5. 24, 76 도 4180), ⑥ 은행원의 불량 또는 부정대출의 경우(대판 2003. 2. 11, 2002 도 5679; 1980. 9. 9, 79 도 2637), ⑦ 부동산양도담보설정계약을 체결한 채무자가 소유권이전등기경료 전에 임의로 제3자에게 지상권설정등기를 경료해 준 경우(대판 1997. 6. 24, 96 도 1218), ⑧ 주택에 대한 전세권설정계약을 맺고 중도금까지 지급받은 후 다른 사람에게 근저당설정등기를 경료해 준 경우(대판 1993. 9. 28, 93 도 2206), ⑨ 금융기관에 대한 피담보채무를 이행인수하면서 공장저당법에 의하여 공장저당권이 설정된 공장기계를 함께 양수한 자가 그 목적물을 임의로 처분한 경우(대판 2003. 7. 11, 2003 도 67), ⑩ 법인으로부터 교부받아 소지하고 있던 판공비 지출용 법인신용카드를 업무와 무관하게 개인적 용도로 사용한 경우(대판 2006. 6. 27,

2003 도 8095), ⑪ 1인회사의 주주가 자신의 개인채무를 담보하기 위하여 회사 소유의 부동산에 대하여 근저당권설정등기를 하는 경우(대판 2005. 10. 28, 2005 도 4915), ⑫ 학교법인의 이사장이 자금사정이 악화되어 있는 제3자의 채무를 사실상 인수하면서 약속어음에 배서연대보증을 하여 법인명의로 채무부담행위를 한 경우(대판 2005. 8. 25, 2005 도 3410), ⑬ 근저당권설정자가 근저당권의 목적이 되는 토지에 식재된 수목을 처분하는 등으로 부당히 그 담보가치를 감소시킨 경우(대판 2007. 1. 11, 2006 도 4215), ⑭ 예금통장을 담보로 제공한 자가 부당하게 예금을 인출하여 사용한 경우(대판 2010. 8. 19, 2010 도 6280)에는 임무위배가 된다.

(다) 특히 문제되는 사례

(i) 모험거래 모험거래란 일정한 거래가 본인에게 미칠 손익에 대한 전망이 불투명함에도 불구하고 행위자가 권한을 남용하여 본인의 계산으로 사무를 처리하는 경우를 말한다. 이것은 투기적 성질을 가진 사무처리에 해당한다. 모험거래를 할 수 있는 권한의 유무·범위는 법률상·계약상의 신뢰관계에 기초한 본인과 행위자 사이의 내부관계에 의해 결정될 성질의 것이다. 내부관계에 비추어 모험거래의 권한이 일체 금지되어 있을 때에는 배임행위가 될 수 있다. 혹시 본인의 동의가 있었더라도 그 범위를 초과한 모험거래는 원칙적으로 배임행위가 될 수 있다.

(ii) 이중저당 이중저당이란 갑이 을에게서 돈을 빌리고 1번 저당권을 설정해 주기로 약정했으나, 아직 등기가 종료되지 않았음을 틈타 병에게 다시 돈을 빌리고 저당권설정등기까지 경료한 경우를 말한다. 여기에서 갑은 을의 저당권설정등기에 협력해야 할 의무를 지고 있는데 그 한에서 타인의 사무를 처리하는 자의 지위에 선다. 갑은 임무에 위배하여 자신의 재산상의 이익을 취하고 그로 인해 을에게 손해를 끼쳤기 때문이다. 물론 이 경우 갑의 사무는 자기의 사무임과 동시에 타인의 사무인 성질을 갖고 있으나, 타인을 위한 사무인 점이 비중을 갖고 있기 때문에 을에 대한 임무위배를 배임행위로 인정할 수 있다.

(iii) 부동산의 이중매매 부동산의 이중매매란 갑이 을에게 자기의 부동산을 매도하였으나 이전등기를 해주지 않은 상태에서 이를 병에게 다시 매도하고 병에게 소유권이전등기를 경료해 준 경우를 말한다.

부동산물권변동에 관해 형식주의를 취하는 현행 민법에서는 배임죄의 성립 여부가 문제된다. 이 문제는 이중매매의 진행단계를 나누어 살펴보는 것이 좋다.

① 계약금만 수령한 경우 매도인이 매매계약을 체결하면서 계약금만 받은 단계에서 이중으로 매도한 때에는 배임행위가 되지 않는다(대판 1984. 5. 15, 84 도

315). 계약금만 교부받은 단계에서 매도인은 언제든지 계약금의 배액을 지급하고 이를 해제할 수 있다. 따라서 매도인은 이 단계에서 채무위배를 저지를 수는 있어도 임무위배를 저지를 수 없기 때문이다. 이 한도까지는 사적 자치원칙·계약자유원칙이 그대로 통용된다고 보아야 한다.

② 중도금 또는 잔금을 수령한 경우   매수인이 중도금을 지급하면 계약의 이행에 이미 착수한 것이 되어 매도인이 계약을 일방적으로 해제할 수 없는 효과가 발생한다. 그러므로 매도인은 매수인의 소유권취득에 협력해야 할 신의칙상의 임무를 져야 한다. 이때 매도인이 신임관계를 저버리고 이중매매를 하면 배임행위가 된다(다수설·대판 2018. 5. 17, 2017 도 4027 전원합의체 판결). 단 매도인이 앞의 매매계약을 적법하게 해제하고 재매도한 경우에는 배임죄가 성립하지 않는다.

③ 선의의 후매자에 대한 관계   부동산 이중매매계약을 체결한 뒤 매도인이 선매수인에게 소유권이전의무를 이행했다고 해서 후매수인에 대한 관계에서 그의 임무를 위배한 것이라고 할 수 없다(대판 1992. 12. 24, 92 도 1223). 따라서 배임죄의 문제가 생기지 않는다. 다만 매도인이 금전편취의 목적으로 후매수인과도 이중으로 계약을 체결하고 일정액의 대금을 수령한 후 선매수인에게 등기를 경료했다면 사기죄가 문제될 수 있다.

④ 악의의 후매자의 죄책   부동산 이중매매는 매도인의 배임죄가 성립한다. 이 때 악의의 후매자의 형사책임은 어떻게 될 것인가? 후매자가 단순히 매도인의 배임행위를 알고 매수하는 경우에는 배임죄의 공범이 되지 않으나(대판 2005. 10. 28, 2005 도 4915), 적극적으로 매도인의 선매수인에 대한 신임관계의 배신에 기여한 경우에는 배임죄의 공범이 될 수 있다.

(iv) 동산의 이중매매

① 현실의 인도 또는 간이인도의 경우   갑이 동산을 을에게 매각하기로 하여 중도금 또는 잔대금을 수령한 후 현실의 인도 또는 간이인도를 하기 전에 다시 병에게 이중으로 매각하여 그 물건을 인도한 경우에 병은 완전히 소유권을 취득한다. 이 때 갑은 을에 대해 위 동산을 인도해야 할 임무에 반하였으므로 배임행위가 된다. 반면 판례는 부동산과는 달리 동산 이중매매의 경우 배임죄의 성립을 부인한다.

‖ 판례 ‖ 매매의 목적물이 동산일 경우, 매도인은 매수인에게 계약에 정한 바에 따라 그 목적물인 동산을 인도함으로써 계약의 이행을 완료하게 되고 그때 매수인은 매매목적물에 대한 권리를 취득하게 되는 것이므로, 매도인에게 자기의 사무인 동산인도채무 외에 별도로 매수인의 재산의 보호 내지 관리 행위에 협력할 의무가 있다고 할 수 없다. 동산매

매계약에서의 매도인은 매수인에 대하여 그의 사무를 처리하는 지위에 있지 아니하므로, 매도인이 목적물을 매수인에게 인도하지 아니하고 이를 타에 처분하였다 하더라도 형법상 배임죄가 성립하는 것은 아니다(대판 2011. 1. 20, 2008 도 10479 전원합의체 판결).

　　② **점유개정의 경우**　　갑이 동산을 을에게 매각하고 점유개정에 의한 인도 후 병에게 다시 매각하여 인도한 경우에 갑은 을의 동산을 보관하는 자였으므로 병에게 판매한 매각행위는 실제 자기가 점유하고 있는 타인의 재물에 대한 침해가 되어 횡령죄를 구성한다.

　　(v) **채권담보 목적의 부동산에 관한 대물변제예약**　　담보 목적으로 부동산에 관한 대물변제예약을 체결한 채무자가 신임관계를 위반하여 당해 부동산을 제3자에게 처분함으로써 채권자로 하여금 부동산의 소유권 취득을 불가능하게 하거나 현저히 곤란하게 하였다면 이러한 행위는 대물변제예약에서 비롯되는 본질적·전형적 신임관계를 위반한 것으로서 배임죄에 해당한다고 보아야 한다. 반면 최근 판례는 이 경우 채무자가 약정의 내용에 좇은 이행을 하여야 할 채무는 특별한 사정이 없는 한 '자기의 사무'에 해당하는 것이 원칙이라고 하여 배임죄 성립을 부인하였다.

‖ **판례** ‖　　채무자가 대물변제예약에 따라 부동산에 관한 소유권을 이전해 줄 의무는 예약 당시에 확정적으로 발생하는 것이 아니라 채무자가 차용금을 제때에 반환하지 못하여 채권자가 예약완결권을 행사한 후에야 비로소 문제가 되고, 채무자는 예약완결권 행사 이후라도 얼마든지 금전채무를 변제하여 당해 부동산에 관한 소유권이전등기절차를 이행할 의무를 소멸시키고 의무에서 벗어날 수 있다. 한편 채권자는 당해 부동산을 특정물 자체보다는 담보물로서 가치를 평가하고 이로써 기존의 금전채권을 변제받는 데 주된 관심이 있으므로, 채무자의 채무불이행으로 인하여 대물변제예약에 따른 소유권등기를 이전받는 것이 불가능하게 되는 상황이 초래되어도 채권자는 채무자로부터 금전적 손해배상을 받음으로써 대물변제예약을 통해 달성하고자 한 목적을 사실상 이룰 수 있다. 이러한 점에서 대물변제예약의 궁극적 목적은 차용금반환채무의 이행 확보에 있고, 채무자가 대물변제예약에 따라 부동산에 관한 소유권이전등기절차를 이행할 의무는 궁극적 목적을 달성하기 위해 채무자에게 요구되는 부수적 내용이어서 이를 가지고 배임죄에서 말하는 신임관계에 기초하여 채권자의 재산을 보호 또는 관리하여야 하는 '타인의 사무'에 해당한다고 볼 수는 없다. 그러므로 채권 담보를 위한 대물변제예약 사안에서 채무자가 대물로 변제하기로 한 부동산을 제3자에게 처분하였다고 하더라도 형법상 배임죄가 성립하는 것은 아니다(대판 2014. 8. 21, 2014 도 3363 전원합의체 판결).

　　(b) **가해행위**　　가해행위란 전체재산의 가치를 감소시켜 본인에게 재산상의

손해를 가하는 것을 말한다. 이것은 본인의 전체재산상태의 손실을 의미하므로 기존재산의 감소이든 장래 취득할 이익의 상실이든 불문한다. 재산상의 손해가 동시에 본인에게 재산상의 이익을 준 경우에는 손해를 가한 것이라 말할 수 없다. 물론 여기에서 말하는 이익은 가해행위 자체로부터 취득한 이익을 말한다. 배임행위 결과 본인이 취득한 손해배상청구권이나 원상회복청구권을 의미하지는 않는다.

그리고 손해는 현실적으로 **재산적 실해를 가한 경우**뿐만 아니라 실해발생의 **위험을 초래케 한 경우**(대판 1998. 2. 10, 97 도 2919), 재산상 권리의 실행을 불가능하게 할 염려 있는 상태 또는 손해발생의 위험을 야기한 경우도 포함된다. 다만 실해가 아닌 구체적인 손해발생의 위험만이 야기된 경우에는 기수가 아닌 미수만이 문제된다.

재산상 손해의 유무에 대한 판단은 본인의 전 재산상태와 관계에서 법률적 판단에 의하지 아니하고 경제적 관점에서 파악하여야 한다(대판 1995. 11. 21, 94 도 1375).

‖ **판례** ‖   ① 부동산양도담보설정계약을 체결한 채무자가 소유권이전등기 경료 전에 임의로 기존의 근저당권자인 제 3 자에게 지상권설정등기를 경료하여 주었다면 이로써 양도담보권자의 채권에 대한 담보력 감소의 위험이 발생한 것이고(대판 1997. 6. 24, 96 도 1218), ② 주식회사의 대표이사가 회사의 유일한 재산을 처분하면서 주주총회의 특별결의나 이사회의 승인을 거치지 아니하여 그 매매계약이나 소유권이전등기가 법률상 무효라고 하더라도 경제적 관점에서 파악할 때 재산상 손해를 가한 경우에 해당하며(대판 1995. 11. 21, 94 도 1375), ③ 중소기업진흥기금을 중소기업합리화사업 부적격 업체를 위하여 부당하게 지출되도록 한 경우 재산상의 손해를 입었다고 보아야 한다(대판 1997. 10. 24, 97 도 2042).

(c) **이득행위**   이득행위란 재산상의 이익취득행위로서 전체재산상태의 보다 유리한 형성을 의미한다. 배임죄의 기수는 임무위배행위와 더불어 가해행위가 종료되고 그로 인해 본인에게 재산상의 손해가 발생한 때이지만, 완수시기는 이득행위가 완료된 때이다.

이득의 의사로써 배임행위를 범하는 경우에 피해자측의 일정한 의사표시나 처분행위를 요하지 않는다. 그러므로 배임죄에서 피해자의 처분행위에 의해 재산상의 이익을 취득했느냐는 중요하지 않다. 이 점이 피해자의 재산적 처분행위에 의해서만 범죄의 기수에 이를 수 있는 사기취재죄(제347조)나 공갈취재죄(제350조)와 구별되는 점이다.

(3) 결   과

배임죄는 침해범 · 결과범의 일종이기 때문에 구성요건결과를 필요로 한다. 따라서 배임행위 내지 가해행위로 인해 본인에게 재산상의 실손해가 발생해야 한다. 일련의 구성요건행위와 재산상의 손해발생 사이에는 인과관계 및 객관적 귀속관계가 있어야 한다. 손해와 더불어 그 손해를 만회할 만한 이익이 함께 발생한 경우에는 재산상 손해가 있다고 할 수 없다(대판 2007. 6. 15, 2005 도 4338).

본인에게 재산적 손해가 발생한 것으로 인정되는 이상, 구체적으로 명확하게 손해액이 확정되지 않더라도 배임죄의 기수에는 영향 없다. 또한 손해발생시 행위자가 실해를 배상할 자력이 있었는지의 여부와 후일에 손해를 배상했는지의 여부는 결과인정에 아무 지장없다.

‖ 판례 ‖ 피해자 회사의 영업팀장이 전산조작행위를 통해 전산상 회사의 외상대금채권이 줄어든 것으로 처리한 경우 회사의 외상대금채권 행사가 곤란하게 되는 상태가 조성된 것은 사실이나, 그렇다고 하여 곧바로 회사의 외상대금채권 행사가 사실상 불가능해지거나 현저히 곤란하게 되었다고 단정할 수는 없고, 만일 회사가 관리 · 운영하는 전산망 이외에 전표, 매출원장 등 회사의 체인점들에 대한 외상대금채권의 존재와 액수를 확인할 수 있는 방법들이 존재하고, 또한 삭제된 전매입고 금액을 기술적으로 용이하게 복구하는 것이 가능하다면 회사에 재산상 실해발생의 위험이 생기는 것이 아니라 할 것이므로 업무상 배임죄는 성립하지 않는다(대판 2006. 7. 27, 2006 도 3145).

(4) 미수 · 기수

(a) 미   수   실행의 착수시기는 배임의 고의로써 배임행위를 개시한 때이다. 구체적으로 부동산이중매매의 경우, 매도인이 다시 제 3 자와 매매계약을 체결하고 계약금을 넘어 중도금을 수령한 때에 배임죄의 실행의 착수가 인정된다(대판 2003. 3. 15, 2002 도 7134). 실행에 착수했으나 본인에게 재산상의 손해가 발생하지 않은 경우, 또는 일련의 구성요건행위와 재산상의 손해발생 사이에 인과관계 및 객관적 귀속관계가 없을 때에도 미수가 된다.

(b) 기   수   일련의 구성요건행위의 결과로 본인에게 재산상의 실손해가 발생한 때 배임기수가 된다. 구체적으로 부동산이중매매에서는 제 3 자에게 소유권이전등기를 경료한 때 기수가 된다(대판 1984. 11. 27, 83 도 1946).

판례는 재산상의 실해가 발생할 필요는 없고, 발생할 위험만 있으면 배임죄의 기수가 된다는 입장이다(대판 2006. 6. 2, 2004 도 7112; 2017. 9. 21, 2014 도 9960). 본죄의 성격이 침해범임을 고려한다면 손해발생가능성 또는 손해발생위험이나 기타 재산상의 위험만으로는 아직 기수라 할 수 없고 미수에 불과하다고 해야 한다.

‖**판례**‖ 갑 주식회사 대표이사인 피고인이 갑 회사 설립의 동기가 된 동업약정의 투자금 용도로 부친 을로부터 2억 원을 차용한 후 을에게 갑 회사 명의의 차용증을 작성・교부하는 한편 갑 회사 명의로 액면금 2억 원의 약속어음을 발행하여 공증해 줌으로써 갑 회사에 재산상 손해를 입게 하고 을에게 재산상 이익을 취득하게 하였다고 하여 업무상배임으로 기소된 사안에서, 피고인의 행위가 대표이사의 대표권을 남용한 때에 해당하고 그 행위의 상대방인 을로서는 피고인이 갑 회사의 영리 목적과 관계없이 자기 또는 제3자의 이익을 도모할 목적으로 권한을 남용하여 차용증 등을 작성해 준다는 것을 알았거나 알 수 있었으므로 그 행위가 갑 회사에 대하여 아무런 효력이 없다고 본 원심판단은 수긍할 수 있으나, 을은 피고인이 작성하여 준 약속어음공정증서에 기하여 갑 회사의 병 재단법인에 대한 임대차보증금반환채권 중 2억 원에 이르기까지의 금액에 대하여 압류 및 전부명령을 받은 다음 확정된 압류 및 전부명령에 기하여 병 재단법인으로부터 갑 회사의 임대차보증금 중 1억 2,300만 원을 지급받은 사실에 비추어 피고인의 임무위배행위로 인하여 갑 회사에 현실적인 손해가 발생하였거나 실해 발생의 위험이 생겼으므로 배임죄의 기수가 성립하고, 전부명령이 확정된 후 집행권원인 집행증서의 기초가 된 법률행위 중 전부 또는 일부에 무효사유가 있는 것으로 판명되어 집행채권자인 을이 집행채무자인 갑 회사에 부당이득 상당액을 반환할 의무를 부담하더라도 배임죄의 성립을 부정할 수 없다(대판 2017. 9. 21, 2014 도 9960).

3. 주관적 구성요건요소

(1) 구성요건고의

배임죄의 고의는 행위자가 타인의 사무를 처리하는 자라는 사실, 임무에 위배하는 행위로 재산상의 이득을 취득하거나 제3자로 하여금 취득하게 한다는 사실 및 본인에게 재산상의 손해가 발생한다는 사실에 대한 인식과 의사이다. 다만 미필적 고의로도 충분하다(통설).

(2) 위법이득의 의사

독일형법은 배임죄를 순수한 재산침해범죄로 구성하였기 때문에 위법이득의 사가 필요없고 오직 재산상의 손해만 발생하면 배임죄가 성립한다. 그러나 우리 형법은 배임죄를 이득죄의 하나로 구성하였기 때문에 위법이득의 의사가 필요하다는 것이 다수설・판례(대판 1994. 9. 9, 94 도 619)의 입장이며, 또한 타당하다.

4. 구성요건해당성

극히 경미한 재산상의 손해가 발생한 데 불과하거나 사소한 배임행위는 배임죄의 구성요건에 해당하지 않는다. 또한 사무처리에 대하여 피해자 본인의 동의가 있는 때에는 구성요건해당성을 배제한다.

5. 위 법 성

총칙상의 정당화사유에 의해 배임행위의 위법성이 조각될 수 있다. 횡령죄와 마찬가지로 배임죄도 신분자로서의 임무위배를 기초로 하기 때문에 행위자의 일정한 권한범위 안에 속하는 사무처리는 비록 피해자 본인에게 손해가 발생했더라도 위법하지 않다. 업무에 의한 정당행위가 되기 때문이다.

6. 정범 및 공범

다수설적 견해는 비신분자의 배임죄에 대한 공동정범 성립을 인정한다. 그러나 배임죄는 의무범적 진정신분범이므로 비신분자가 이에 가담했을 때라도 형법 제33조 본문의 공동정범 조항을 제한적으로 적용하여 비신분자의 공동정범을 부인하고 공범으로서의 가담만 인정해야 한다.

배임죄의 공동정범 및 방조범은 완수시까지 성립가능하다.

7. 죄수 및 타죄와의 관계

(1) 죄   수

(a) **사후행위**   배임죄는 상태범이므로 배임행위가 종료한 후 행하여진 이득의 처분행위는 새로운 법익을 침해하지 않는 한 불가벌적 사후행위로서 배임죄에 흡수된다.

(b) **일죄 또는 수죄**   배임죄의 죄수는 신임관계에 기초한 임무위배의 수를 기준으로 해야 한다. 신임관계가 단일하고 행위자가 같은 고의로써 근접된 일시·장소에서 동종·유사한 배임행위를 저질렀을 때에는 비록 여러 차례 신임관계를 위배했더라도 포괄일죄를 인정하는 것이 옳다.

‖ **판례** ‖   피해자들에 대하여 각각 별도로 아파트에 관하여 소유권이전등기절차를 이행하여 주어야 할 업무상 임무가 있다면 각 피해자의 보호법익은 독립한 것이므로, 범의가 단일하고 제3자 앞으로 소유권이전등기 및 근저당권설정등기를 한 행위시기가 근접하여 있으며 피해자들이 소유권이전등기를 받을 동일한 권리를 가진 자라고 하여도 위법행을 포괄일죄라고 볼 수 없고 피해자별로 독립한 수개의 업무상 배임죄가 성립한다 (대판 1994. 5. 13, 93 도 3358; 1993. 6. 22, 93 도 743).

(2) 타죄와의 관계

(a) **횡령죄와의 관계**   배임죄의 본질을 배신설에 따라 파악하는 이상 횡령죄와 배임죄는 신임관계를 배반한다는 점에서 본질이 같고, 객체의 성질에 따라 양자가 구별될 수 있을 뿐이다. 이 점에서 보면 횡령죄는 재물죄이고 배임죄는 이득죄이

다. 따라서 양자의 관계는 특별법·일반법의 관계이고, 양자가 경합하는 경우에는 법조경합 특별관계가 되어 횡령죄만 성립하고 배임죄는 별도로 문제되지 않는다.

(b) **사기죄와의 관계**   배임행위가 본인에 대한 기망수단을 사용하여 이루어진 경우 양자의 관념적 경합을 인정하는 것이 타당하다(다수설). 판례도 관념적 경합을 인정한다(대판 2002. 7. 18, 2002 도 669).

(c) **장물죄와의 관계**   장물은 재산범죄에 의해 영득한 재물을 말한다. 배임죄에 의해 취득한 것은 재산상의 이익일 뿐 여기에서 재물은 배임행위에 제공된 물건에 지나지 않으므로, 이를 취득했더라도 장물죄가 성립되지는 않는다(통설).

‖**판례**‖ 채무자가 채권자에게 양도담보로 제공한 물건을 임의로 타인에게 양도하는 행위는 배임죄에 해당하지만 그 물건은 배임행위에 제공한 물건이지 배임행위로 인하여 영득한 물건 자체는 아니므로 타인이 그러한 사정은 알면서 그 물건을 취득하였다고 하여도 장물취득죄로 처벌할 수 없다(대판 1983. 11. 8, 82 도 2119).

8. 형   벌

5년 이하의 징역 또는 1천 5백만원 이하의 벌금이며, 유기징역에 처할 때에는 10년 이하의 자격정지를 병과할 수 있다($\frac{제355조 2항,}{제358조}$). 미수범은 처벌되며($\frac{제359}{조}$), 친족간의 특례가 적용된다($\frac{제361}{조}$). 배임죄에 의해 취득하거나 제 3 자로 하여금 취득하게 한 재산적 이익의 가액이 5억원 이상인 때에는 특정경제범죄가중처벌등에관한법률에 따라 가중처벌되고 그 이득액 이하에 상당하는 벌금을 병과할 수 있다($\frac{동법 제3조}{1항·2항}$).

Ⅲ. 업무상 배임죄

업무상 배임죄는 업무상 타인의 사무를 처리하는 자가 임무에 위배하는 행위로써 자기 또는 제 3 자를 위한 재산상의 이익을 취득하고 본인에게 손해를 가함으로써 성립하는 범죄이다($\frac{제356}{조}$).

이 죄 역시 침해범·상태범·결과범·의무범의 일종인 점은 단순배임죄와 같다. 다만 이 죄는 타인의 사무를 관리하는 자라는 진정신분과 업무자라는 부진정신분을 이중으로 필요로 하는 신분범이다. 여기에서 타인의 사무를 처리하는 자란 고유한 권한으로써 그 처리를 하는 자에 한하지 않고, 그 자의 보조기관으로서 직접 또는 간접으로 그 처리에 관한 사무를 담당하는 자도 포함한다(대판 1999. 7. 23, 99 도 1911).

판례(대판 2005. 3. 11, 2004 도 4142)는 업무상 배임죄의 공동정범을 인정하기 위해서는 피해자 본인에 대한 배임행위가 된다는 것을 알면서도 소극적으로 그 배임행위에 편승하여 이익을 취득한 것만으로는 부족하고, 실행행위자의 배임행위를 교사하거나 배임행위의 전 과정에 관여하는 등으로 배임행위에 적극가담할 것을 필요로 한다는 입장이다.

그러나 **업무상 배임죄는 의무범의 일종이므로** 그 공동정범이 되려면 사무관리자이건 그 보조기관이건 각자 타인에 대한 의무부담자의 지위에 있어야 한다. 의무부담자가 아님에도 적극가담만 있다면 공동정범이 될 수 있다는 판례의 태도는 아직도 업무상 배임죄를 의무범으로 보지 않고 침해범의 범주로 오해한 때문이다. 업무자가 아닌 타인의 사무관리자는 업무자들과 공모하여 배임죄를 범하였더라도 제33조 단서에 의해 단순배임의 책임을 지게 된다(대판 1986. 10. 28, 86 도 1517).

업무에 관하여는 업무상 횡령죄, 그 밖의 구성요건요소에 관하여는 단순배임죄에서 설명한 것과 같다.

10년 이하의 징역 또는 3천만원 이하의 벌금에 처한다($\frac{제356}{조}$). 유기징역에 처할 때에는 10년 이하의 자격정지를 병과할 수 있다($\frac{제358}{조}$). 미수범은 처벌되며($\frac{제359}{조}$), 친족간의 특례가 적용된다($\frac{제361}{조}$).

업무상 배임죄로 인해 취득하거나 제3자로 하여금 취득하게 한 재산적 이익의 가액이 5억원 이상인 때에는 특정경제범죄가중처벌등에관한법률에 따라 가중처벌되고 그 이득액 이하에 상당하는 벌금을 병과할 수 있다($\frac{동법}{제3조}$). 그 밖에 회계관계직원등의책임에관한법률에 규정된 일정한 자가 배임죄를 범하여 국고 또는 지방자치단체에 끼친 손실액이 1억원 이상 될 경우에는 특정범죄가중처벌등에관한법률 제5조에 의해 가중처벌된다.

Ⅳ. 배임수재죄

1. 의　　의

배임수재죄는 타인의 사무를 처리하는 자가 임무에 관하여 부정한 청탁을 받고 재물 또는 재산상의 이익을 취득하거나 제3자로 하여금 취득하게 함으로써 성립하는 범죄이다($\frac{제357조}{1항}$). 제3자를 수익주체로 하는 배임수재죄는 최근 형법개정(2016. 5. 29.)으로 도입되었다.

형법은 공무원 또는 중재인의 직무와 관련한 뇌물수수를 수뢰죄·증뢰죄로 규율하고 있다. 이에 비해 본죄는 공무원·중재인 이외의 사인의 뇌물수수를 규율하기 위해 일종의 사적 뇌물죄로 규정된 것이다. 금융기관의 임직원에 대해서는 본죄 대신에 특정경제범죄가중처벌등에관한법률(제5조,)이 적용된다.

2. 보호법익과 성격

본죄의 보호법익은 사무처리의 **청렴성**이다. 본죄의 사무는 반드시 재산관리사무임을 요하지 않고 또한 기수의 성립에 재산상 손해의 발생을 요하지 않기 때문에, 타인의 재산권은 보호법익으로 포함되지 않는다. 보호받는 정도는 침해범으로서의 보호이다. 또한 결합범·상태범·결과범의 성격을 지닌다.

배임수재죄는 진정신분범이긴 하지만 의무범은 아니다. 따라서 비신분자가 이 죄의 신분자의 행위에 가담했을 때에는 형법 제33조 본문이 제한 없이 적용되어 공동정범의 성립도 가능하다.

3. 객관적 구성요건요소

(1) 행위주체

타인의 사무를 처리하는 자이다. 여기에서 타인의 사무처리자라는 신분은 불법구성적 요소이며 이 점에서 진정신분범이다. 구체적인 내용은 단순배임죄에서 설명한 것과 같다.

‖ **판례** ‖ 배임수재죄의 주체로서 타인의 사무를 처리하는 자라 함은 타인과의 대내관계에 있어서 신의성실의 원칙에 비추어 그 사무를 처리할 신임관계가 존재한다고 인정되는 자를 의미하고, 반드시 제3자에 대한 대외관계에서 그 사무에 관한 권한이 존재할 것을 요하지 않으며, 또 그 사무가 포괄적 위탁사무일 것을 요하는 것도 아니고, 사무처리의 근거, 즉 신임관계의 발생근거는 법령의 규정, 법률행위, 관습 또는 사무관리에 의하여도 발생할 수 있다(대판 2003. 2. 26, 2002 도 6834).

(2) 행위객체

임무에 관한 부정한 청탁과 재물·재산상의 이익이다.

(a) **임무에 관한 부정한 청탁**   여기서 임무에 관하여라 함은 위임받은 본래의 사무뿐만 아니라 그와 밀접한 관계가 있는 범위 안의 사무를 포함한다(대판 1982. 2. 9, 80 도 2130). 예컨대 사립중고교장이 교복판매점을 지정하는 행위 등은 본래의 교육사업에 관한 임무는 아니지만 사무와 관련된 임무로 볼 수 있다.

부정한 청탁이란 신임관계에 있는 사무처리에 관하여 신의성실의 원칙에 반하는 행위를 해 줄 것을 의뢰하는 것을 말한다(대판 1996. 3. 8, 96 도 2930). 반드시 배임이 되는 내용을 위법·부당하게 청탁하는 것을 요하지 않는다. 다만 사무처리임무와 관련하여 신의성실의 원칙에 반하는 정도의 청탁이면 부정한 청탁이 된다. 청탁의 내용은 작위이거나 부작위이거나 불문한다.

‖ **판례** ‖   ① 취재기자를 겸하고 있는 신문사 지국장이 무허가 벌채사건의 기사송고를 하지 말아 달라는 청탁을 받은 경우(대판 1970. 9. 17, 70 도 1355), ② 보험사 지부장이 피보험자의 사인에 대하여 보험사에서 의심을 가지고 내사를 하고 있는데도 보험금을 빨리 지급해 달라는 부탁을 받은 경우(대판 1978. 11. 1, 78 도 2081), ③ 종중회관을 매수하는 사무를 처리하는 자에게 그 매매대금을 증액하여 주고 대금지급기일 이전에 대금을 지급해 줄 것에 대한 요청을 받은 경우(대판 1980. 10. 14, 79 도 190), ④ 대출금의 회수불능이 예상되는 회사로부터 은행장이 거액의 불량대출을 해 줄 것을 청탁받는 경우(대판 1983. 3. 8, 82 도 2873), ⑤ 종합병원 의사들이 의료품 수입업자로부터 특정약을 모든 질병에 잘 듣는 약이라고 원외처방하여 달라는 청탁을 받은 경우(대판 1991. 6. 11, 91 도 413), ⑥ 대학교부총장이 의과대학 부속병원의 부대시설 운영권을 인수하는 데 우선적으로 추천해 달라는 청탁을 받은 경우(대판 1991. 12. 10, 91 도 2543), ⑦ 건축회사 협상대표로부터 아파트 입주대표자가 보상금을 대폭 감액하여 조속히 합의하여 달라는 부탁을 받은 경우(대판 1993. 3. 26, 92 도 2033), ⑧ 대학교수가 특정출판사의 교재를 채택하여 달라는 청탁을 받은 경우(대판 1996. 10. 11, 95 도 2090), ⑨ 국회의원이 중앙당 당기위원의 수석부위원장에게 지구당 공천비리를 조사하지 말라고 한 경우(대판 1998. 6. 9, 96 도 837) 등은 모두 부정한 청탁에 해당한다.

   (b) **재물 또는 재산상의 이익**   이에 관한 설명은 절도죄 또는 사기죄에서 살펴본 것과 같다.

   (3) 행   위
   구성요건행위는 임무에 관하여 부정한 청탁을 받고 재물 또는 재산적 이익을 취득하는 것이다. 여기에서 '받고'는 명시적·묵시적인 찬동·승낙의 의사표시를 말한다. '취득'은 부정한 청탁과 관련하여 재물 또는 재산상의 이익을 현실적으로 수령하는 것을 말한다. 부정한 청탁을 받았다고 하더라도 그 청탁과 관계없이 금품을 받은 경우에는 배임수재죄가 성립하지 않는다(대판 1982. 7. 13, 82 도 874). 부정한 청탁을 받은 행위는 원인적 행위양태이고 재물 또는 재산적 이익의 취득은 결과적 행위양태이다. 재물 또는 재산상 이익은 행위자 자신뿐만 아니라 제 3 자가 취득한 경우에도 성립된다.

   ‖ **판례** ‖   배임수재죄는 임무에 관하여 부정한 청탁을 받고 재물을 수수함으로써 성립하고 반드시 수재 당시에도 그와 관련된 임무를 현실적으로 담당하고 있음을 그 요건으로 하는 것은 아니므로, 타인의 사무를 처리하는 자가 그 임무에 관하여 부정한 청탁을 받은 이상 그 후 사직으로 인하여 그 직무를 담당하지 아니하게 된 상태에서 재물을 수

수하게 되었다 하더라도, 그 재물 등의 수수가 부정한 청탁과 관련하여 이루어진 것이라
면 배임수재죄가 성립한다(대판 1997. 10. 24, 97 도 2042).

(4) 결   과

행위주체가 타인의 사무를 처리하는 자이고 그 사무처리와 관련하여 부정한
청탁을 받는 점에서 직무의 청렴성을 구체화하는 거래, 즉 사무처리의 공정성을
해할 구체적인 위험만 있으면 결과가 발생한다.

또한 배임죄가 본인에게 손해를 가함으로써 성립하는 범죄인 데 비해, 배임
수재죄는 이것을 요건으로 하지 않고 재물 또는 재산상의 이익의 취득이 있으면
성립한다. 따라서 본인에게 재산적 손해가 발생하였는가의 여부는 이 죄의 성립
에 아무 영향이 없다(통설 · 대판 1983. 12. 13, 82 도 735).

본죄의 구성요건적 결과에서 거래의 공정성위해는 구체적 위험범 정도의 보
호라고 할 수 있다. 다만, 불건전한 부당이득은 현실적인 취득이 있을 것을 요하
므로 전체적으로는 침해범으로서의 보호라고 해야 한다.

(5) 미수 · 기수

(a) **미   수**   실행의 착수시기는 임무에 관하여 부정한 청탁을 받아들인
때이다. 미수범은 처벌한다($^{제359}_{조}$). 배임수재죄는 취득과 공여행위로 기수에 이른
다는 점을 고려할 때 금품 이익의 요구 · 약속이 바로 취득의 미수에 해당한다(다
수설).

금융기관의 임직원의 경우에는 부정한 청탁을 받지 않은 경우에도 배임수재죄
가 성립하며 부정한 청탁을 받고 배임수재한 경우에는 가중처벌된다. 또한 재물 또
는 재산상 이익을 요구 · 약속한 것만으로도 배임수재죄의 기수이다($^{특정경제범죄가중}_{처벌법 제 5 조}$).

(b) **기   수**   기수시기는 부정한 청탁을 받고 재물 또는 재산상의 이익을
자신 또는 제 3 자가 취득한 때이다. 재물 또는 재산상의 이익의 취득이 있으면 기
수에 이르고, 반드시 배임행위에 나갈 것까지는 요하지 않는다(통설 · 대판 1987.
11. 24, 87 도 1560).

4. 주관적 구성요건요소

구성요건고의와 위법이득의 의사가 있어야 한다. 배임수재죄는 탈취죄가 아
니라 이득죄의 일종이기 때문에 위법이득의 의사는 자기를 위한 의사 외에 제 3
자로 하여금 취득케 할 의사라도 상관없다. 예컨대 사립대 총장이 부정입학청탁

과 관련하여 개인이 착복하기 위한 의도가 아니라 오로지 빈약한 학교재정을 충당하기 위한 의도였거나, 일단 영득의 의사로 받았으면 사후에 되돌려 주지 않을 수 없는 사정변경이 생겨 반환했더라도 이 죄 성립에 다른 영향을 끼치지 않는다.

5. 몰수 · 추징

범인 또는 정을 아는 제 3 자가 취득한 재물은 몰수하며(필요적 몰수), 그 재물을 몰수할 수 없거나 재산상의 이익을 취득한 때에는 가액을 추징한다($^{제357조}_{3항}$). 배임수재자가 해당 금액을 공여자에게 반환했더라도 추징해야 한다(대판 1983. 8. 23, 83 도 406).

6. 타죄와의 관계

(1) 배임죄와의 관계

배임수재죄는 부정한 청탁과 관련하여 재물 또는 재산상의 이익을 취득했을 때 성립하는 범죄이므로 취득 후 현실적으로 배신행위가 있어야 하는 것은 아니다. 배임죄는 의무범적 진정신분범, 배임수재죄는 결과관련 신분범이라고 하는 것은 바로 이 점 때문이다. 만일 재산을 취득한 후 배신행위가 있었다면 배임수재죄와 배임죄의 실체적 경합이 된다(다수설).

(2) 배임증재죄와의 관계

배임수재죄와 배임증재죄는 필요적 공범관계에 있다(다수설). 그러나 증재자가 금품공여의 의사표시를 했더라도 사무처리자가 부정한 청탁을 받아들이지 않거나 금품을 받지 않았다면 배임수재죄는 성립할 수 없고 공여자에게 배임증재죄(미수)만 성립할 뿐이다. 그러나 필요적 공범관계에 있다고 하여 양자가 반드시 같이 처벌을 받아야 한다는 뜻은 아니다. 판례는 수재자에 대하여는 부정한 청탁이 되어도 증재자에 있어서는 정당한 업무에 속하는 청탁이 되는 경우에는 배임수재죄만이 성립한다고 하였다(대판 1991. 1. 15, 90 도 2257).

7. 형 벌

5년 이하의 징역 또는 1 천만원 이하의 벌금에 처한다($^{제357조}_{1항}$). 유기징역에 처할 때에는 10년 이하의 자격정지를 병과할 수 있다($_조^{제358}$).

금융기관의 임·직원의 배임수재에서 금품 기타 이익의 가액이 1천만원 이상 5천만원 미만인 때에는 5년 이상, 5천만원 이상인 때에는 무기 또는 10년 이상의 징역형으로 가중처벌된다($_{벌법 \; 제 5 조 \; 4항}^{특정경제범죄가중처}$).

V. 배임증재죄

배임증재죄는 타인의 사무를 처리하는 자에게 임무에 관해 부정한 청탁을 하고 그자 또는 제 3 자에게 재물 또는 재산상의 이익을 공여함으로써 성립하는 범죄이다($_{2항}^{제357조}$). 비신분범이다. 증뢰죄($_조^{제133}$)에 상응하는 규정이다. 배임증재죄는 배임수재죄와는 필요적 공범관계에 있으나 구체적인 상황에서는 공여가 일방적으로 행하여져서 이 죄만이 문제될 때도 있다.

배임증재죄도 부정한 청탁을 할 것을 요건으로 한다. 또한 공여는 상대방의 취득 여부는 불문하고 반드시 현실적으로 이루어져야 하며, 이 때 기수가 된다. 공여의 의사표시나 약속만으로는 미수에 불과하다. 그러나 금융기관 임·직원에 대한 배임증재죄에서는 부정한 청탁이 요건이 아니며 금품 기타 이익을 약속하거나 공여할 의사표시만 한 경우에도 기수이다($_{처벌법 \; 제 6 조}^{특정경제범죄가중}$).

2년 이하의 징역 또는 5백만원 이하의 벌금에 처한다($_{2항}^{제357조}$). 유기징역에 처할 때에는 10년 이하의 자격정지를 병과할 수 있다($_조^{제358}$). 배임수재죄와 달리 배임증재죄는 필요적 몰수·추징규정($_{3항}^{제357조}$)이 적용되지 않고 단지 형법 제48조 1항·2항에 의한 임의적 몰수·추징만이 문제될 수 있다.

제 4 절 장물에 관한 죄

I. 총 설

1. 의의 및 보호법익

장물에 관한 죄는 장물을 취득·양도·운반·보관하거나 이를 알선함으로써 성립하는 범죄이다. 장물이란 위법한 재산범죄를 통해 취득한 재물을 말한다. 여기에서 문제되는 위법한 재산범죄를 장물범과 비교하여 흔히 본범이라 부른다.

보호법익은 피해자의 **재산권**이다(다수설).

보호받는 정도는 장물알선죄는 추상적 위험범, 그 밖의 장물범죄는 침해범으로 보는 것이 옳다.

2. 성   격

장물에 관한 죄는 재산죄 가운데에서도 재물만을 객체로 한다는 점에서 재물죄의 일종이요, 비록 간접적인 영득행위이긴 하지만 위법영득(취득의 경우) 내지 위법이득(양도·운반·보관·알선의 경우)의 의사를 필요로 한다는 점에서 영득죄의 일종이다.

장물죄는 독립된 재산범죄이긴 하지만 본범인 재산범죄를 전제로 하여 위법영득된 재물에 사후적으로 관여함으로써 본범을 조장하는 일면을 갖고 있다. 장물죄의 이같은 성격을 **사후종범성** 또는 **본범조장성**이라고도 부른다. 더 나아가 장물죄는 본범에 의해 저질러진 위법점유상태를 은폐시키는 보호창구역할을 함으로써 본범을 비호하는 일면도 갖고 있다. 이같은 성격을 **본범비호성**이라고 부른다.

3. 본   질

(1) 학   설

(a) **추구권설**   본범이 영득한 위법한 점유에 대해 피해자의 사법상의 반환청구권을 불능·곤란케 함이 장물죄의 본질이라는 견해이다.[32] 피해자의 사법상의 반환청구권을 전제로 하므로 그러한 추구권이 인정되지 않거나 상실되는 경우에는 장물성도 상실된다. 따라서 피해자에게 반환청구권이 인정되지 않는 ① 불법원인급여물의 경우($\frac{민법}{제746조}$), ② 재물에 대한 피해자의 권리가 시효소멸에 걸린 경우, ③ 피해자가 취소·해지할 수 없는 경우($\frac{민법\ 146조,\ 상}{법\ 제651조\ 등}$), ④ 대체장물, 본범이 소유권을 취득하거나 제 3 자가 선의취득한 경우 등에는 장물죄가 성립하지 않는다. ⑤ 반면 추구권설은 점유의 불법성만을 문제삼기 때문에 논리적 일관성을 따른다면 본범이 반드시 재산범죄에 한정될 필요는 없게 된다. 따라서 공무상 비밀표시무효죄($\frac{제140}{조}$), 공무상 보관물무효죄($\frac{제142}{조}$), 기타 공공의 이익에 대한 죄에 의하여 불법한 점유를 취득한 때에도 장물성을 인정하게 된다. ⑥ 그 밖에 장물에 대

---

32) 김종원 248면; 손동권 483면; 정영석 394면; 정영일 510면; 황산덕 332면. 그리고 종전 판례의 입장이다(대판 1975. 12. 9, 74 도 2804).

하여 절도죄·강도죄·사기죄·공갈죄 등을 범한 경우에 그 재산범죄 외에 장물죄가 성립하는가에 대해서는 긍정하는 입장에 서게 된다. 이 경우도 역시 피해자의 추구권의 행사가 곤란·불가능하게 되기 때문이다.

(b) **위법재산상태유지설**　본범이 영득한 재물을 취득·이전함으로써 본범에 의해 조성된 위법한 재산상태를 본범 또는 점유자와의 합의하에 유지·존속케 함이 장물죄의 본질이라는 견해이다.[33] 이 입장은 위법하게 창출된 재산상태의 유지에 주안점을 두므로 본범을 반드시 재산범죄에 한정하지 않으며, 장물죄의 성립에 본범 내지 점유자와의 합의를 필요로 한다는 점을 특징으로 한다. 따라서 ① 추구권이 없는 불법원인급여물에 대해서도 장물죄가 성립하고, ② 본범이 뇌물죄·도박죄·통화위조죄·문서위조죄 등인 경우에도 취득한 재물에 대해 장물죄의 성립이 가능하게 된다. ③ 반면 장물에 대하여 절도죄·강도죄·사기죄·공갈죄 등을 범한 경우에 앞의 추구권설과는 달리 재산범죄 외에 장물죄는 성립하지 않게 된다. 본범 내지 재물의 점유자와의 합의가 없기 때문이다.

(c) **공범설**(이익관여설·착취설)　본범이 취득한 범죄적 이익에 참여·가담하는 데 장물죄의 본질이 있다는 견해이다.[34] 따라서 장물죄가 성립하기 위해서는 주관적 이득의 의사가 필요하게 된다. 정상적인 거래관념으로는 승인할 수 없는 재산상태의 착취 또는 이익추구에 관여한다는 점에서 **이익관여설** 또는 **착취설**이라고도 부른다. 공범설에 따르면 피해자와의 관련성이 인정되는 한 불법원인급여물, 장물을 처분하여 취득한 대체장물, 본범이 소유권을 취득한 재물 등에 대해서도 널리 장물죄의 성립을 인정하게 된다. 위법하게 창출된 범죄적 이익에의 관여 내지 배분이 있기 때문이다. 그러나 공범설은 대체장물까지 장물개념에 포함시키므로 유추적용금지원칙에 반할 위험이 있다.

(d) **결 합 설**　결합설은 피해자의 반환청구권의 행사를 불능·곤란케 함과 동시에 위법한 재산상태를 유지하는 양자에 장물죄의 본질이 있다는 견해이다(다수설[35]·대판 1987. 10. 13, 87 도 1633).

---

33) 김성돈 438면; 김성천·김형준 535면; 이정원 462면; 심재우, 「장물죄의 정범성」, 고시계 1979. 12, 50면. 독일의 통설·판례의 입장이다. 임웅 교수는 유지설을 취하면서 본범을 재산범죄에 한정하는 태도를 취한다(형법각론 496면).

34) 이수성, 「장물죄」, 고시연구, 1975. 8, 51면.

35) 강구진 392면; 권오걸 662면; 박상기 424면; 배종대 580면; 백형구 232면; 서일교 193면; 유기천(상) 310면; 이영란 436면; 이재상 446면; 이형국 527면; 정성근·박광민 492면; 정영일 320면; 진계호 440면.

(2) 결론(결합설)

장물죄는 위법재산상태를 유지함과 더불어 피해자의 추구권을 곤란하게 함으로써 재산상의 손해를 심화시키는 측면을 공유하고 있다. 그리고 장물죄의 행위양태 중 취득, 운반, 보관, 알선은 위법재산상태유지의 양태인 반면, 양도는 추구권장애의 양태에 속한다. 이런 점을 고려할 때 우리 형법상 장물의 이해는 **위법재산상태유지설**을 근간으로 하고 이에 **추구권설**을 접목시키는 방법으로 행해져야 한다. 판례(대판 1987. 10. 13, 87 도 1633)도 종전과 달리 추구권설과 유지설의 조화를 꾀하고 있다.

‖**판례**‖ 장물인 정을 모르고 보관하던 중 장물인 정을 알게 되었으면서도 계속 보관함으로써 피해자의 정당한 반환청구권 행사를 어렵게 하고 위법한 재산상태를 유지시키는 때에는 장물보관죄가 성립한다(대판 1987. 10. 13, 87 도 1633).

4. 체 계

형법은 장물을 취득·양도·운반·보관하는 행위($\frac{제362조}{1항}$)와 이러한 행위를 알선하는 행위($\frac{제362조}{2항}$)를 장물죄로 규정하고, 이에 상습범을 가중처벌하면서($\frac{제363조}{1항}$), 이에 대해서는 자격정지나 벌금형을 병과할 수 있도록 하였다($\frac{제363조}{2항}$). 또한 단순한 과실장물죄의 규정을 두지는 않았지만 업무상 과실·중과실장물죄($\frac{제364}{조}$)를 처벌하는 규정이 있다. 친족간의 범행에 대해서는 일반재산죄와 다른 특별규정을 두었으나($\frac{제365}{조}$), 동력규정의 준용에 관한 언급이 없으므로 이 점에 관하여는 해석상 논란이 있다.

Ⅱ. 장물취득·양도·운반·보관·알선죄

1. 의의 및 성격

장물취득·양도·운반·보관·알선죄는 장물을 취득·양도·운반·보관하거나 그러한 행위를 알선함으로써 성립하는 범죄이다($\frac{제362}{조}$).

장물의 취득·양도·운반·보관행위에 의한 장물죄는 침해범·결과범인 데 반해, 알선행위에 의한 장물죄는 거동범·위험범(추상적 위험범)이라고 봐야 할 것이다. 범죄학적으로 이욕범일 뿐만 아니라 직업범·영리범의 특성을 지닌다.

2. 객관적 구성요건요소

(1) 행위주체

본범의 정범자 및 공동정범자 이외의 모든 자가 장물아비가 될 수 있다. 본범의 정범자 및 공동정범자가 이 죄의 주체가 될 수 없는 것은 본범이 자기의 범죄에 의해 영득한 재물을 처분하는 행위는 보통 재산범죄에 의해 불법의 내용이 이미 전부 평가된 불가벌적 사후행위이기 때문이다. 그러나 본범의 정범이 아닌 교사자·방조자는 장물죄의 주체가 될 수 있다. 이 경우 본범에 대한 공범과 장물죄 사이에는 실체적 경합범이 된다.

(2) 행위객체

행위객체는 장물이다.

(a) 장물의 요건

(가) **재 물 성**   장물은 반드시 재물이어야 한다. 재산상의 이익이나 권리 또는 정보는 장물이 될 수 없다(대판 1971. 2. 23, 70 도 2589: 전화가입권은 장물이 아니다). 그러나 권리가 화체된 문서, 예컨대 유가증권·어음·수표·화물상환증·정기승차권 등은 재물이므로 장물이 될 수 있다. 이런 의미에서 이른바 **가치장물**은 장물이 아니다. 재물인 이상 동산·부동산을 묻지 않고 반드시 경제적 가치를 지닐 필요도 없다. 다만 부동산은 장소이전이 불가능하므로 장물죄의 행위양태 중 운반죄의 행위객체로서는 적절치 않다.

관리할 수 있는 동력도 장물이 될 수 있는가? 장물죄에 관하여는 제346조의 규정을 준용한다는 명문규정이 없다. 그러나 관리할 수 있는 동력도 재물임에 틀림없으므로 준용한다는 명문의 규정이 없더라도 형법 제346조의 간주규정에 대한 체계적인 해석의 원리상 장물이라고 보는 것이 타당하다(다수설).

(나) **본범의 성질**   장물은 타인의 재산범죄에 의하여 영득한 재물이므로, 본범은 재산범죄여야 한다(통설·판례).

　 i) **재산범죄**   본범으로 되는 재산범죄는 순수이득범죄인 단순배임죄와 비영득범죄인 손괴죄를 제외한 형법상의 모든 재산범죄(절도죄·강도죄·사기죄·공갈죄·횡령죄) 및 이와 동일시할 수 있는 특별법상의 재산죄($\binom{\text{산림자원의조성및관리}}{\text{에관한법률 제73조}}$)를 포함한다.

구체적인 경우는 다음과 같다:

① 단순배임죄($\binom{\text{제355조}}{\text{2항}}$)는 순수한 이득죄이므로 장물죄의 본범이 될 수 없지만

(대판 1983. 11. 8, 82 도 2119), 배임수증죄($\frac{\text{제357}}{\text{조}}$)에서 그 행위객체가 재물인 때에는 장물죄의 본범이 될 수 있다.

② 장물죄도 재산죄이므로 장물죄의 본범이 될 수 있다(통설). 이를테면 장물죄를 구성하는 행위양태를 통해 수수한 재물은 장물이 된다. 이를 연쇄장물(Kettenhehlerei)이라고 한다.

③ 권리행사방해죄($\frac{\text{제323}}{\text{조}}$), 점유강취 · 준점유강취죄($\frac{\text{제325}}{\text{조}}$), 강제집행면탈죄($\frac{\text{제327}}{\text{조}}$) 도 재산죄의 일종이다. 그렇다면 이들 재산죄도 장물죄의 본범이 될 수 있는가? 이들이 비록 엄밀한 의미에서 영득죄는 아니지만 재산죄의 일종인 한, 장물죄의 본범에서 배제해야 할 이유가 없다. 따라서 타인의 점유에 속하는 자기의 물건을 취거한 자로부터 그 물건을 인수한 자에게도 장물취득죄가 성립한다.

④ 컴퓨터등사용사기죄가 장물죄의 본범이 될 수 있는가? 이 죄에 규정된 재산상의 이익이 재물을 포괄하는 개념이고 타인의 신용카드를 이용한 현금자동지급기에서의 현금인출이 컴퓨터등사용사기죄에 해당하는 것으로 보는 본서의 입장에서는 이 경우 현금은 재산범죄에 의해 취득한 재물로서 장물이 된다. 앞의 사례를 일관되게 절도죄로 보는 판례의 입장을 따르더라도 마찬가지이다.

반면 권한 없이 인터넷뱅킹을 이용해 타인의 예금계좌에서 자신의 예금계좌로 돈을 이체한 경우와 같이 행위자가 예금채권(재산상의 이익)을 취득한 다음 자기의 현금카드를 사용하여 현금자동지급기에서 현금을 인출한 경우에는 현금카드 사용권한 있는 자의 정당한 사용에 의한 것으로서 현금자동지급기 관리자의 의사에 반하거나 기망행위 및 그에 따른 처분행위도 없었으므로 별도로 절도죄나 사기죄의 구성요건에 해당하지 않는다 할 것이고, 그 결과 인출된 현금은 재산범죄에 의하여 취득한 재물이 아니므로 장물이 될 수 없다(대판 2004. 4. 16, 2004 도 353).

《참고》 수뢰죄에 의해 수수한 뇌물, 범죄에 의해 작출한 위조문서 · 위조통화, 복제한 CD · 비디오, 탈세에 의해 획득한 재물, 범죄의 수단으로 사용된 흉기, 사체 등 영득죄($\frac{\text{제161}}{\text{조}}$)에 의해 영득한 사체 · 관내장치물, 수산업법에 위반하여 포획한 어획물, 광업법에 위반하여 채굴한 광물 등은 장물이 아니다. 단, 산림절도의 대상인 벌채목재, 절도죄의 대상이 된 어획물 · 광물 따위는 장물이다.

ii) 영득한 재물   장물은 재산범죄에 의하여 영득한 재물이어야 한다. 그러므로 재산범죄에 의해 작성된 물건, 재산범죄의 수단으로 사용된 재물은 장물이 될 수 없다. 예컨대 절취한 화판과 물감을 가지고 그려낸 유화, 배임죄의 수단

으로 제공된 재물에 불과한 이중매매 또는 양도담보(대판 1983. 11. 8, 82 도 2119)
의 목적물인 부동산은 장물이 될 수 없다.

본범이 재산죄에 의해 영득한 재물은 반드시 타인의 재물일 필요는 없다. 타
인점유의 자기물건을 절취한 본범으로부터 정을 알면서 증여받은 경우에도 장물
취득죄는 성립한다.

(다) 본범의 실현정도

i) 본범의 실현단계   장물죄가 성립하자면 본범은 적어도 구성요건에
해당하고 위법한 행위여야 한다(통설·판례). 대부분의 재산범은 고의범이지만 업
무상 과실·중과실장물죄가 본범인 때에는 과실이 있어야 한다.

본범의 행위가 유책할 것을 요하지는 않는다. 따라서 본범이 책임무능력자이
거나 회피할 수 없는 금지착오에 빠진 경우에도 장물죄는 성립한다.

본범이 처벌조건이나 소추조건과 결부되어 있더라도 장물죄 성립에 지장이
없다(통설). 따라서 본범의 행위가 친고죄인데 고소가 없거나 공소시효가 완성되
어 소추할 수 없어도 괜찮고, 친족상도례의 적용으로 형이 면제되더라도 상관없
다. 본범이 우리나라 재판권의 적용을 받지 않는 외교관이거나 외국인의 국외범
인 때에도 장물죄 성립에 지장 없다.

ii) 본범의 시간적 실현단계

① 일반적인 경우   본범의 행위는 원칙적으로 적어도 기수에 도달해 있으
면 충분하다(통설). 본범의 행위가 기수에 이르기 전에 개입하면 독립된 장물죄가
아니라 본범의 공범이 성립할 뿐이다. 다만 예외적으로 본범의 행위가 미수에 그
쳤을지라도 장물행위가 성립되는 경우가 있다. 예컨대 강도살인죄와 같은 결합범
에서 재산죄 부분만 기수이면 강도살인 전체는 미수이더라도 장물죄가 성립되는
데 지장이 없다. 어떠한 경우에도 본범의 행위가 완수에 이를 것까지는 필요없다.

② 본범이 횡령행위인 경우   본범이 횡령행위이고, 정을 아는 제 3 자가 본
범의 불법처분하는 재물을 매수한 경우에 제 3 자의 매수행위가 횡령죄의 공범인
가 아니면 장물취득죄의 정범인가가 특히 문제된다.

횡령행위의 기수가 제 3 자의 매수행위에 시간적으로 선행하는 경우에는 장
물취득죄가 되는 데 어려움이 없다. 다만 횡령에 의한 재물의 영득과 제 3 자의 매
수에 의한 취득이 시간적으로 중복되는 경우에 장물취득죄설(대판 2004. 12. 9,
2004 도 5904), 횡령죄의 방조범과 장물취득죄의 경합범설, 횡령죄의 방조범설 등
으로 견해가 나뉜다. 횡령죄의 방조범만이 성립한다는 견해는 매수인의 재물취득

으로 비로소 본범의 재물취득이 종결되기 때문에 장물죄는 성립할 수 없다고 한다.

원칙적으로 **장물취득죄설**이 타당하다. 매도가 실현된 때 횡령죄는 기수이고 동시에 장물이 되므로 이를 제3자가 매수하면 장물취득이 되기 때문이다. 다만 악의의 매수자가 본범의 횡령사실을 단순히 아는 정도가 아니고, 횡령행위에 적극적으로 가담한 사실이 인정된다면 횡령죄의 공범이 경합범으로 함께 성립할 수 있다.

㈑ 위법재산상태의 유지

i) **일반적인 경우** 재산범죄에 의해 영득한 재물이 모두 장물이 되는 것은 아니다. 본범에 의해 형성된 위법한 재산상태가 유지되는 한에서만 장물이 될 수 있다. 따라서 본범 또는 제3자가 그 장물에 대하여 소유권을 취득한 때에는 장물성을 상실한다.

따라서 ① 본범에 대하여 피해자의 승낙이 있거나 본범이 이를 상속받은 경우, ② 민법상 제3자가 선의취득한 재물인 경우(단, 도품 · 유실물일 때에는 도난 또는 유실한 날로부터 2년간은 장물성을 잃지 않음), ③ 가공에 의해 소유권이 가공자에게 귀속한 때(단, 다소 가공한 사실이 있어도 재물의 동일성이 유지되어 가공자의 소유로 귀속되지 않을 경우에는 장물성을 잃지 않음), ④ 부합 · 혼화 또는 시효에 의해 소유권을 포기하거나 상실한 경우, ⑤ 피해자가 소유권을 포기하거나 취소기간을 도과하여 취소할 수 없는 상태의 재물은 장물이라고 할 수 없다. 관세법상의 장물은 밀수본범에 대한 공소시효가 완성되면 장물성을 상실한다(대판 1980. 3. 25, 80 도 86).

ii) **특히 문제되는 경우**

① **민법상 취소할 수 있는 경우** 사기 · 공갈 · 착오 · 강박에 의해 취득한 재물에 대해서는 피해자가 취소할 수 있다(민법 제109조, 제110조). 취소할 수 있는 재물의 점유는 비록 취소 전이라 하더라도 위법한 재산상태에 속하므로 장물이 된다(유지설의 결론). 추구권설에 집착하면 취소되기 전까지는 추구권이 존재하지 않으므로 장물성이 부인된다고 볼 수도 있다. 장물의 형법적 이해를 위해서 추구권설에 포로가 될 필요가 없다는 관점에서 볼 때 취소 전의 재물도 장물이라고 하는 것이 합목적적이다.

② **불법원인급여의 경우** 재산범죄(사기 · 공갈 · 횡령 등)로 불법원인급여물을 취득했을 경우 행위자가 취득한 불법원인급여물이 장물이 될 수 있는가? 추구권설의 입장에서는 원칙적으로 장물성을 부인한다. 그러나 사안에 따라 피해자에

게 민법상 반환청구권이 인정될 수 있는 경우($_{제746조\ 단서}^{민법}$)에는 장물성이 인정될 여지도 있다. 반면 유지설은 반환청구권의 유무와는 관계없이 위법한 재산상태에 있는 재물로 보아 장물성을 인정한다. 불법원인급여물의 경우 사기죄・공갈죄・횡령죄가 성립할 수 있다는 연장선상에서 재산범죄로 취득한 불법원인급여물에 대해 장물성을 인정하는 견해도 있다.[36] 생각건대 장물죄의 본질에 관한 결합설의 입장을 견지한다면 재산죄로 취득한 불법원인급여물의 장물성을 인정하지 못할 바는 없다. 그러나 이 문제는 장물죄의 본질에 대한 관점뿐만 아니라 불법원인급여물에 대한 재산죄의 성부 여부를 함께 고려하여 결론을 내려야 한다. 장물죄가 성립하려면 적어도 기수에 이른 위법한 본범의 성립을 전제로 하기 때문이다. 따라서 불법원인급여물에 대한 사기죄・공갈죄 및 횡령죄의 기수성립을 부인하는 본서의 입장에서는 이것들을 본범으로 하는 장물죄의 성립도 불가능한 것으로 본다.

(c) 장물의 동일성

i) 장물은 원칙적으로 재산범죄에 의하여 영득한 물건 그 자체를 말하고, 그 장물의 처분대가는 장물성을 상실한다(대판 1972. 6. 13, 72 도 971). 다만 영득한 재물의 형태가 다소 변한 경우에도 일반 거래관념상 동일성을 잃지 않는 범위 안에서는 장물성을 잃지 않는다. 원형을 어느 정도 변형하였더라도 동일성을 잃지 않는 한 여전히 장물이다. 따라서 장물인 귀중품을 금괴로 변형한 경우, 도벌한 목재를 제재・반출한 경우, 자동차의 부속품을 빼내어 다른 자동차에 끼운 경우에도 장물성을 잃지 않는다.

ii) 절취한 문서 또는 테이프를 복사한 복사물은 물질적인 동일성을 인정할 수 없으므로 장물이라 할 수 없다. 비슷한 경우로 장물을 전당잡힌 전당표는 장물 자체가 아님은 물론, 장물과 동일성이 있는 변형물도 아니므로 장물이 아니다(대판 1973. 3. 13, 73 도 58).

iii) 장물을 처분하여 얻은 매각대금, 장물의 교환물, 장물인 금전으로 산 물건에 대해서 공범설은 장물성을 인정하나 유지설과 추구권설은 장물성을 부인한다. 장물의 대가물은 재산범죄에 의하여 취득한 재물 자체가 아니므로 장물이 될 수 없다. 이른바 대체장물(Ersatzhehlerei)은 장물이 아니다.

iv) 장물인 통화를 다른 통화와 환전하거나 1만원권 지폐를 1천원권 지폐로

---

36) 이재상 450면; 정성근・박광민 500면; 진계호 445면.

교환한 경우에 장물성을 인정할 수 있는가? ① **긍정설**[37])과 판례(대판 2004. 4. 16, 2004 도 353)는 환전된 통화도 장물이라 한다. 환전은 법률상 통화로서의 변경이라 할 수 없고, 금전은 널리 대체성을 갖기 때문에 물체 자체보다 액면금액에 중요성이 있고, 금전을 교환한 때도 가치적으로 동일성을 유지한다는 점을 이유로 든다. ② 이에 반해 **부정설**[38])은 환전이나 교환된 돈의 장물성을 부인한다. 가치는 물건이 아니므로 가치의 동일성을 물건의 동일성으로 취급하면 유추적용금지에 저촉되고, 이익관여설이나 유지설에 의하지 않는 한 장물의 범위를 확대하는 것은 옳지 않다는 점 때문이다.

　　생각건대 액면가치의 동일성만 가지고 장물을 인정하는 것은 행위자에게 불리한 유추적용이다. 그러므로 장물인 금전으로부터 환전 또는 교환한 금전에 대해서는 장물성을 인정할 수 없다. 현금과 동일시되는 자기앞수표 또는 가계수표를 현금과 교환하거나 절취한 돈을 은행에 예금했다가 다시 찾은 경우에도 장물성을 부인하는 것이 옳다.

‖ **판례** ‖   장물인 현금 또는 수표를 금융기관에 예금의 형태로 보관하였다가 이를 반환받기 위하여 동일한 액수의 현금 또는 수표를 인출한 경우에 예금계약의 성질상 그 인출된 현금 또는 수표는 당초의 현금 또는 수표와 물리적인 동일성은 상실되었지만 액수에 의하여 표시되는 금전적 가치에는 아무런 변동이 없으므로, 장물로서의 성질은 그대로 유지된다(대판 2004. 4. 16, 2004 도 353).

(3) 행위양태

　　취득 · 양도 · 운반 · 보관 및 이러한 행위에 대한 알선이다.

　　(a) **취　　득**　　취득이란 장물에 대한 점유를 이전함으로써 사실상의 처분권을 획득하는 것을 말한다. 취득은 점유이전에 의한 현실적인 취득이어야 한다. 또한 이전의 대상인 점유는 직접점유이든 간접점유이든 불문한다.

　　취득이 되려면 점유이전 외에 장물에 대한 사실상의 처분권이 넘어가야 한다. 이 점에서 취득은 운반 또는 보관과 구별된다.

　　보기　 양도담보의 담보물로서 교부받거나 소비대차로 인도받은 때 또는 심지어 손괴의 위임을 받아서 수령한 때에도 사실상의 처분권을 획득하므로 여기에서 말하는

---

37) 권오걸 667면; 김성돈 440면; 김성천 · 김형준 540면; 서일교 196면; 손동권 488면; 유기천 (상) 314면; 이재상 452면; 정성근 · 박광민 501면; 정영석 397면; 정영일 323면; 진계호 446면.

38) 박상기 426면; 배종대 584면; 백형구 235면; 오영근 544면; 이영란 442면; 이정원 469면; 이형국 532면; 임웅 502면. 독일의 통설의 입장이다.

취득이 되지만, 사용대차·임대차·보관·임치를 위해 인도받은 때에는 취득이 되지 않는다.

취득은 유상이든 무상이든 상관없다. 또한 취득은 본범으로부터 직접 취득할 필요는 없고 제3자를 통해 전매방식으로 취득하더라도 무방하다. 반드시 자기를 위해 취득하는 것에 한하지 않고 제3자를 위한 취득도 여기에 포함된다.

장물취득죄는 즉시범이다. 현실적인 취득이 있는 즉시 기수에 이른다. 계약합의만으로는 아직 실행의 착수단계에 불과하다. 또한 점유이전중이더라도 현실적인 인도 이전이면 미수단계에 불과하지만, 이 죄의 미수는 처벌하지 않기 때문에 형법상 문제가 되지 않는다.

늦어도 취득시에 장물이란 점에 대한 고의가 있어야 한다. 매매계약을 체결할 때에는 장물인 줄 몰랐다가 인도받을 때 그 사실을 알았다면 장물취득죄가 성립한다(대판 1960. 2. 17, 4292 형상 496). 그러나 취득 후에 비로소 장물이라는 사실을 알았다면 취득죄는 성립하지 않는다.

장물취득은 적어도 본범이 기수에 달한 후라야 성립할 수 있다. 따라서 절도현장에서 탈취중인 재물의 일부를 무상으로 얻은 경우에 절도죄의 공범은 성립할수 있으나 장물취득은 되지 않는다.

(b) **양   도**　　처음에는 장물인 사실을 알지 못하고 취득하였다가 그 사실을 알면서도 제3자에게 유상 또는 무상으로 수여하는 행위이다(통설). 단순한 양도계약만으로는 불충분하고 장물에 대한 현실적인 점유이전이 있어야 양도가 성립한다는 점은 취득의 경우와 같다.

양도는 유상이든 무상이든 가리지 않는다. 양도자가 장물을 취득하게 된 경위도 불문한다. 본범으로부터 직접적·간접적인 점유이전을 통해 장물을 취득했건, 아니면 유실물습득의 방법으로 취득했건 가리지 않는다. 행위자가 입수하게 된 물건이 장물인 점을 알고 제3자에게 넘겨주기만 하면 양도행위는 성립하기 때문이다.

현실적인 수여·교부가 있을 때 양도가 성립한다. 단순한 양도의 의사표시나 계약만으로는 양도가 성립하지 않음은 장물취득과 같다. 이 경우에 양도의 상대방, 즉 양수인이 장물인 사실을 알고 있는지의 여부는 중요하지 않다. 만약 양수인이 장물인 사실을 알고도 양수했다면 양수인은 별도로 장물취득죄가 성립한다.

장물임을 알고 취득한 자가 이를 제3자에게 양도한 때에는 취득죄 이외에 다시 양도죄도 성립한다는 견해도 있으나 장물취득죄만 성립한다고 해야 할 것이다(통설). 왜냐하면 취득죄가 성립할 때에는 그 장물에 대한 사실상의 처분권 속에 양도행위까지 포함된 것으로 평가할 수 있으므로 양도행위는 불가벌적 사후행위(법조경합 흡수관계)가 되기 때문이다.

　　(c) **운　반**　　장물의 소재를 장소적으로 이전하는 사실상의 행위를 말한다. 운반은 실제 본범 또는 장물취득자의 범죄를 돕는 방조행위에 해당하기 때문에 적어도 본범 또는 장물취득자의 양해 또는 추정적인 승낙하에서 행해진 것이라야 한다.

　　본범 또는 장물취득자 몰래 또는 그들의 의사에 반하여 운반한 경우는 절도 등 다른 범죄에 해당하는 것은 별론으로 하고 장물운반죄에는 해당하지 않는다. 피해자의 위탁을 받거나 피해자에게 회수해 주기 위해 장물을 피해자에게 옮긴 때에도 목적론적 견지에서 이 죄를 구성하지 않는다고 해야 한다.

　　운반은 유상이든 무상이든 가리지 않는다. 운반의 수단 · 방법에는 제한이 없다. 반드시 장물을 실은 화물차에 동승할 필요는 없고 택시를 타고 화물차와 동행한 경우, 정을 모르는 제 3 자로 하여금 운반케 하는 간접정범 형태의 운반도 상관없다.

　　장물운반죄는 계속범적 성격을 지닌다. 따라서 운반의 시작과 더불어 운반행위는 일단 기수가 되고 운반이 끝날 때까지 법익침해상태는 계속된다. 운송도중에 경찰의 불심검문을 받고 목적지까지 이르지 못한 경우도 이 죄의 미수가 아니라 기수가 된다. 장물인 줄 모르고 운반하던 중 장물인 사실을 알고도 계속 운반했으면, 장물인 줄 안 이후의 운반행위만이 운반죄를 구성한다.

　　장물을 취득한 자나 본범 또는 이들의 공동정범 합동범이 스스로 장물을 운반하는 것은 선행범죄에 의해 취득한 재물의 사후처분에 불과하므로 별도로 운반죄를 구성하지는 않는다(대판 1986. 9. 9, 86 도 1273). 그러나 제 3 자가 본범 또는 장물취득자와 공동하여 장물을 운반하면 제 3 자에 대하여는 장물운반죄가 성립한다. 절도범으로부터 절취한 차량의 운전을 부탁받고 운전해 준 경우에 운반죄가 성립한다(대판 1999. 3. 26, 98 도 3030).

　　(d) **보　관**　　위탁을 받고 장물을 자기의 점유하에 두거나 은닉하는 사실상의 행위를 말한다. 현실적인 점유이전에 의한 장물의 수취 · 보관이 필요한 것은 다른 행위양태와 같다. 다만 장물에 대한 사실상의 처분권이 없다는 점에서 취득과 구별된다. 보관의 위탁자가 반드시 본범일 필요는 없고, 장물취득자 또는 양도자 · 운반자도 보관을 위탁할 수 있다.

보관은 유상·무상을 가리지 않는다. 또한 보관의 방법도 제한이 없다. 직무에 따라 보관하건 임대차·사용대차·임치를 위해 받았건 질물 또는 임금의 담보로 받았건 상관없다(다수설). 다만 타인의 죄증을 인멸하기 위해 장물을 은닉한 때에는 장물보관죄와 증거인멸죄의 관념적 경합이 된다.

장물인 사실을 알고 보관을 현실적으로 개시한 때 보관행위는 일단 기수가 된다. 장물보관죄도 계속범적 성격을 지니기 때문에 일단 보관을 개시하면 기수가 되고 보관이 끝날 때까지 법익침해상태는 계속된다.

장물인 줄 모르고 보관했다가 사후에 장물인 줄 알고도 계속 보관하면 사실을 안 때부터 보관죄가 된다(대판 1987. 10. 13, 87 도 1633). 그러나 애당초 장물인 줄 모르고 보관했다가 질권의 효력이 발생하여 점유할 권한이 생긴 후 비로소 장물인 사실을 알았고 그럼에도 계속 보관했더라도 보관죄는 성립하지 않는다(대판 1986. 1. 21, 85 도 2472). 이 경우는 본범의 비호를 위한 것이 아니라 채권확보를 위한 보관이기 때문이다.

《참고》 장물을 위탁받아 보관하던 자가 이를 횡령한 때에 장물보관죄 외에 횡령죄가 성립할 것인가? 장물죄에 의해 피해자의 소유권은 이미 침해되었으므로 횡령죄는 불가벌적 사후행위로서 별도 처벌대상이 되지 않는다고 보는 것이 통설·판례(대판 1976. 11. 26, 76 도 3067)의 태도이다.

(e) 알　선　　장물의 취득·양도·운반·보관 등의 행위를 매개하거나 주선하는 것을 말한다. 매개·주선의 대상은 매매·교환·입찰 등과 같은 법률상의 처분은 물론 운반·보관 등과 같은 사실상의 처분도 포함된다. 어느 경우이든 본범 또는 장물취득자와의 합의 아래, 적어도 그들의 추정적 승낙하에서 행하여진 알선만이 알선행위에 해당한다. 알선행위자 자신의 이익만을 고려한 일방적인 알선은 알선행위가 되지 않는다.

알선행위 자체는 유상·무상을 가리지 않는다. 또한 매매 등과 같은 법률행위를 주선하는 경우에 자기의 이름으로 하든 본범의 이름이나 대리인 등 제 3 자의 이름으로 하든 상관없다. 직접 매수인과 교섭하건 타인을 개입시켜 간접적으로 교섭하건 괜찮다. 이른바 연쇄알선도 알선행위가 된다.

매매 등을 주선한 사실만 있으면 그 주선한 매매계약이 성립하지 않아도 알선행위가 기수로 되는가?

매매계약이 성립하지 않아도 사실상의 알선행위만으로 기수가 성립한다고 보는 것이 옳다. 취득·양도 등은 장물알선죄의 목적에 불과하고 목적의 성취 여부는 알선죄의 성립에 영향을 미치지 않기 때문이다.

(4) 결　　과

(a) **구성요건결과**　　행위양태 중 장물의 취득·양도·운반·보관은 침해범·결과범의 일종이기 때문에 구성요건결과를 필요로 한다. 따라서 이들 구성요건행위로 말미암아 위법재산상태의 유지 내지 피해자의 **추구권행사의 곤란**이라는 결과가 발생해야 한다. 이에 반해 장물알선행위는 추상적 위험범이기 때문에 이와 같은 구성요건결과의 발생을 필요로 하지 않고 단지 일반적인 위험성만 있으면 된다. 구성요건결과를 필요로 하는 행위양태에서는 이들 행위와 구성요건결과 사이에 인과관계 및 객관적 귀속관계가 있어야 한다.

(b) **기수·미수**　　실행의 착수시기는 장물의 고의로써 선택관계에 있는 구성요건행위 중 어느 하나의 행위를 개시한 때이다. 이들 구성요건행위 중 침해범적 행위양태에서는 현실적인 점유이전으로 구성요건결과가 발생한 때 기수가 된다. 실행에 착수했으나 구성요건결과가 발생하지 않은 경우 또는 결과의 객관적 귀속이 인정될 수 없는 경우에는 장물죄의 미수에 해당하지만, 미수범처벌규정이 없으므로 불가벌이다.

3. 주관적 구성요건요소

(1) 구성요건고의

장물죄의 고의에는 행위자에게 장물이라는 사실과 구성요건행위 및 결과에 대한 인식과 의사가 있어야 한다. 미필적 고의로도 충분하다(대판 1995. 1. 20, 94도 1968).

다만 장물운반과 장물알선행위는 적어도 본범 또는 장물취득자의 양해 내지 추정적 승낙하에서 그들의 이익을 위한 행위여야 한다. 그들이 모종의 재산범죄를 저지른 자 내지 일응 장물을 취득한 자라는 점에 대해서는 미필적 인식으로 족하다.

(2) 영득 내지 이득의 의사

장물죄도 영득 내지 이득의 의사를 필요로 하는 영득죄의 일종인가에 관해 우리나라의 다수설은 이를 부정하는 태도를 취하고 있다.

그러나 장물죄도 고의 외에 초과주관적 불법요소를 필요로 하는 영득죄의 하나로 보아야 한다. 간접적이긴 하지만 여기에서도 영득행위 또는 이득행위가 문제되기 때문이다. 행위양태의 특성을 고려하여 장물취득의 경우에는 영득의사를, 장물양도·운반·보관·알선의 경우에는 이득의사를 필요로 한다.

《참고》 장물죄에 있어서 영득의사와 이득의사는 다른 영득죄·이득죄에서의 위법영득의사 및 위법이득의사와 몇 가지 점에서 내용상 차이가 난다.

　우선 영득의사의 경우, ① 제 3 자를 위한 영득도 일반적으로 가능하다. ② 탈취죄와는 달리 위법재산상태의 유지라는 결과에 지향된 의사이다. 소유자를 배제하는 소극적 영득요소는 필요없고 장물에 대해 소유권에 유사한 사실상의 처분권을 행사하려는 적극적 영득요소만 있으면 된다. 소유권자의 배제는 이미 본범에 의해 실현되었기 때문이다. ③ 영득행위의 위법성은 필요하지 않다. 적법한 매매계약이나 증여를 통한 취득에 대해서도 영득의사를 인정할 수 있기 때문이다. 비록 정상적인 값을 주고 취득한 때에도 장물인 정을 알고 영득의 의사로 취득한 이상 취득죄가 성립한다.

　이득의사의 경우에도, 재산상 이익의 취득은 반드시 위법할 필요가 없다. 비록 적법한 방법으로 정상적인 이익을 취득하고자 했더라도 장물과 관련된 이익인 한, 이득의사는 존재한다.

만약 영득죄의 성격을 전혀 부인하면 장물죄의 성립범위를 부당하게 확대시킬 위험이 있다. 예컨대 일시적인 사용보관이나 탈취적 운반 또는 기망적 알선행위에는 이득의 의사가 없기 때문에 장물보관·운반·알선죄를 인정할 수 없다. 만약 이득의사가 필요없다고 본다면 이 때 장물에 대한 고의는 있으므로 장물보관·운반·알선죄가 성립한다는 부당한 결론에 이르게 될 것이다.

4. 죄수 및 타죄와의 관계

(1) 죄　수

장물인 정을 알면서 보관하던 중 이를 취득하면 취득죄만 성립한다. 보관죄는 법조경합 보충관계로서 불가벌적 사전행위가 되기 때문이다. 장물을 운반한 후 계속하여 이를 보관하면 보관죄만 성립한다. 운반죄는 법조경합 흡수관계로서 불가벌적 사전행위가 되기 때문이다. 장물을 취득한 자가 이를 운반하거나 제 3 자에게 양도한 경우도 마찬가지이다.

장물을 알선하기 위해 운반·보관한 후 다시 알선한 경우에는 알선죄만 성립한다. 운반·보관은 알선의 목적달성을 위한 불가벌적 사전행위에 불과하기 때문이다. 따라서 법조경합 보충관계의 일례로 보아야 할 것이다.

(2) 타죄와의 관계

(a) **본범과의 관계**

(가) 공동정범의 경우   재산범죄의 공동정범자 상호간에는 서로 다른 공동정범의 장물을 취득·양도·운반·보관 또는 알선했더라도 모두 자기의 범죄행위에 관여하는 셈이므로 장물죄가 별도로 성립하지 않는다.

(나) 공범의 경우   본범의 재산범죄에 교사·방조한 자가 본범이 영득한 장물을 취득·양도·운반·보관·알선한 경우에는 본범의 공범과 장물죄의 실체적 경합범이 된다(통설).

(b) **본범 이외의 타죄와의 관계**

(가) 절도·강도·사기·공갈죄와의 관계   장물인 정을 알고 본범 또는 장물점유자로부터 이를 절취·강취·편취·갈취한 탈취범의 경우는 본범 등 상대방의 의사에 반한 것이 명백하므로 장물죄는 성립하지 않고 각 재산죄만 성립할 뿐이다(통설, 위법상태의 유지에 상대방과의 합의를 요구하는 유지설의 입장). 그러나 이 경우도 추구권설의 입장에서는 장물죄의 성립이 인정된다.

(나) 장물알선과 사기죄의 관계   장물을 알선하여 정을 모르는 매수인으로부터 대금을 사취한 경우, 장물알선죄와 사기죄의 보호법익은 같은 것이 아니고 장물알선이 기수로 된 후 매수인으로부터 금품을 사취함으로써 새로운 법익을 침해했고 사기죄의 형이 장물죄보다 중하므로 양자 사이에 경합범이 된다고 봐야 할 것이다(대판 1999. 3. 26, 98 도 3030).

(다) 횡령죄와의 관계   장물인 정을 알고 보관을 맡아 관리하던 중 이를 처분하여도 처분행위는 불가벌적 사후행위가 되어 장물보관죄 외에 횡령죄가 성립하지 않는다고 보는 것이 옳다. 판례(대판 1976. 11. 26, 76 도 3076) 및 다수설도 같은 입장이다.

(c) **본범 이외의 비재산죄와의 관계**

(가) 증거인멸죄와의 관계   타인의 죄증을 인멸하기 위해 장물을 은닉한 경우에는 증거인멸죄와 장물보관죄의 관념적 경합이 된다.

(나) 수뢰죄와의 관계   장물인 정을 알면서 이를 뇌물로 받은 때에는 수뢰죄와 장물취득죄의 관념적 경합이 된다.

5. 친족간의 특례

(1) 장물범과 본범의 피해자

장물죄를 범한 자와 본범의 피해자 사이에 직계혈족·배우자·동거친족·동거가족 또는 그 배우자인 신분관계가 있을 때에는 형을 면제하고, 그 이외의 친족인 신분관계가 있을 때에는 고소가 있어야 공소를 제기할 수 있다($\binom{제365조 1항, 제}{328조 1항·2항}$). 이러한 입법조치는 장물죄가 재산범죄의 일종임을 고려한 것이다.

(2) 장물범과 본범

장물죄를 범한 자와 본범 사이에 직계혈족·배우자·동거친족·동거가족 또는 그 배우자인 신분관계가 있는 때에는 형을 감경 또는 면제한다($\binom{제365조 2항,}{제328조 1항}$). 단, 신분관계가 없는 공범에 대해서는 예외로 한다($\binom{제365조}{2항 단서}$). 이러한 입법조치는 장물죄가 범인비호적 성격을 갖고 있음을 고려한 것이다.

6. 형   벌

7년 이하의 징역 또는 1천 5백만원 이하의 벌금에 처한다($\binom{제362}{조}$).

Ⅲ. 상습장물취득·양도·운반·보관·알선죄

상습장물취득·양도·운반·보관·알선죄는 상습으로 장물을 취득·양도·운반·보관 또는 알선함으로써 성립하는 범죄이다($\binom{제363조}{1항}$). 장물죄의 본범조장적 성격을 고려하여 상습으로 장물죄를 범한 자에게 책임 및 형을 가중하는 책임가중적 구성요건이다. 이른바 상습범이다.

대법원은 상습장물죄를 포괄일죄로 보고 있다. 따라서 장물취득죄도 상습장물알선죄와 포괄일죄가 된다(대판 1975. 1. 14, 73 도 1848).

친족간의 특례가 적용된다($\binom{제365}{조}$). 1년 이상 10년 이하의 징역에 처한다($\binom{제363조}{1항}$). 장물에 관한 죄 중 이 죄만이 10년 이하의 자격정지 또는 1천 5백만원 이하의 벌금을 병과할 수 있다($\binom{제363조}{2항}$).

Ⅳ. 업무상 과실 · 중과실장물죄

1. 의의 및 성격

업무상 과실 · 중과실장물죄는 업무상 과실 또는 중대한 과실로 인하여 장물을 취득 · 양도 · 운반 · 보관하거나 이들 행위를 알선함으로써 성립하는 범죄이다(제364조). 외국의 입법례에서도 찾아보기 힘든 재산죄 중 유일한 과실범처벌규정이다. 형법은 장물죄에 관해 과실범처벌규정을 두고 있지만, 보통과실 아닌 업무상 과실과 경과실 아닌 중과실만을 처벌대상으로 삼는 것이 특이하다.

2. 구성요건요소

(1) 일반적인 고찰

업무의 의미와 업무상 과실 · 중과실의 의미에 관하여는 업무상 과실치사상죄 · 중과실치사상죄에서 설명한 것과 같다.

(2) 업무상 주의의무의 내용

판례에 나타난 업무상 주의의무의 내용을 살펴보면 다음과 같다.

(a) **고물상의 경우**   고물상의 경우 물건의 출처와 매도인의 신분확인을 위해 주민등록증의 제시를 받고 고물대장과 매도장부에 매입 · 매도경위를 자세히 기록하고 가격이 부당하지 않은 한, 업무상 주의의무위반이 안 된다(대판 1991. 11. 26, 91 도 2332).

(b) **전당포의 경우**   전당포영업자가 다이아 반지를 전당잡으면서 상대방으로부터 15년 전 혼인시 시집에서 사 준 것이고 그 사이 물품보증서는 분실했다는 대답을 들었으면, 그 이상 전당물의 출처 소지경위에 관한 진위까지 확인하여야 할 업무상 주의의무는 없다(대판 1978. 9. 26, 78 도 1902).

(c) **금은방의 경우**   금은방 주인이 매도자의 신원확인절차를 거쳤다고 하여도 장물인지의 여부를 의심할 만한 특별한 사정이 있거나, 매수물품의 성질과 종류 및 매도자의 신원 등에 좀 더 세심한 주의를 기울였다면 그 물건이 장물임을 알 수 있었음에도 불구하고 이를 게을리하여 장물인 정을 모르고 매수한 경우에는 업무상 과실장물취득죄가 성립하고 그 물건이 장물인지의 여부를 의심할 만한 특별한 사정이 있는지 여부나 그 물건이 장물임을 알 수 있었는지 여부는 매도자의 인적사항과 신분, 물건의 성질과 종류 및 가격, 매도자와 그 물건의 객관

적 관련성, 매도자의 언동 등 일체의 사정을 참작하여 판단한다(대판 2003. 4. 25, 2003 도 348).

(3) 중 과 실

일반인에게 중과실이 있었느냐의 여부는 구체적인 경우에 사회통념을 고려하여 결정해야 한다는 것이 판례의 태도이다(대판 1980. 10. 14, 79 도 305). 이러한 중과실은 인식 있는 과실일 수도 있고 인식 없는 과실일 수도 있다. 업무종사자의 중과실은 업무상 과실에 포섭된다.

> 보기 중과실의 예로는 낯선 행인이 갖고 온 국보급 고서화를 출처 · 취득경위 · 매도인의 신원 · 주소 · 주민등록번호 등을 자세히 확인하지 않은 채 곤궁에 처해 가보를 팔려고 한다는 그럴 듯한 말을 경신하고 실거래가격보다 훨씬 싼 값에 구입하는 경우를 들 수 있다.

3. 형   벌

1 년 이하의 금고 또는 5 백만원 이하의 벌금에 처한다. 친족간의 특례가 적용된다($\frac{제365}{조}$).

제 5 절   권리행사를 방해하는 죄

I. 총   설

1. 의의 및 체계

권리행사를 방해하는 죄란 타인의 점유 또는 권리의 목적이 된 자기의 물건 또는 전자기록 등 특수매체기록에 대한 타인의 권리행사를 방해하거나 강제집행을 면할 목적으로 채권자를 해하는 것을 내용으로 하는 범죄이다. 재산죄의 일종이다.

권리행사를 방해하는 죄에는 세 가지 기본적 구성요건이 규정되어 있다. 즉 권리행사방해죄($\frac{제323}{조}$), 점유강취죄 · 준점유강취죄($\frac{제325}{조}$)와 강제집행면탈죄($\frac{제327}{조}$)가 그것이다. 점유강취죄에 대하여는 결과적 가중범으로 중권리행사방해죄($\frac{제326}{조}$)가 있다. 또한 권리행사방해죄에 대하여는 친족상도례가 적용되고($\frac{제328}{조}$), 점유강취죄 · 준점유강취죄에 대해서만 미수범처벌규정($\frac{제325조}{3항}$)이 있다.

2. 보호법익

보호법익은 소유권이 아닌 **재산권, 특히 제한물권과 채권**이다(다수설). 구체적으로 권리행사방해죄($\frac{제323}{조}$)의 보호법익은 용익물권·담보물권 혹은 채권(임대차·사용대차)이다. 이에 비해 점유강취죄($\frac{제325}{조}$)의 보호법익은 자유권과 제한물권이다. 또한 강제집행면탈죄($\frac{제327}{조}$)의 보호법익은 채권자의 재산권, 특히 채권자가 재산적 청구권이나 신분적 재산청구권의 실현을 통해 얻는 만족이다. 보호정도는 권리행사방해죄와 강제집행면탈죄는 위험범으로서의 보호이고, 점유강취죄는 침해범으로서의 보호이다(통설).

Ⅱ. 권리행사방해죄

1. 의의 및 성격

권리행사방해죄는 타인의 점유 또는 권리의 목적이 된 자기의 물건 또는 전자기록 등 특수매체기록을 취거·은닉 또는 손괴함으로써 성립하는 범죄이다($\frac{제323}{조}$). 자기의 재물을 취거·은닉·손괴하는 범죄인 점에서 타인의 재물을 절취·손괴·은닉하는 절취죄·손괴죄와 구별된다.

권리행사방해죄는 추상적 위험범·즉시범·상태범·거동범의 성격을 지닐 뿐만 아니라 진정신분범의 일종이기도 하다. 다만 법익위태화를 방지하려는 결과관련 신분범이기 때문에, 신분 없는 자를 이용한 간접정범의 형태 그리고 신분 없는 자와 함께 저지르는 공동정범의 형태는 물론 부진정부작위범의 형태로도 성립할 수 있다.

2. 객관적 구성요건요소

(1) 행위주체

자기의 재물을 타인의 제한물권 또는 채권의 목적물로 제공한 사람이 주체가 될 수 있다는 점에서 일종의 **진정신분범**이라고 해야 한다. 다만 결과의 저지가 이 법조항의 주목적이 되어 있어 비신분자라도 공동정범으로 처벌될 수 있다는 의미에서 특히 **결과관련신분범**으로 봐야 할 것이다.

‖ **판례 1** ‖ 이 사건 선박이 공소외 회사명의로 소유권등기가 경료된 것이라면 위 선박

은 피고인의 소유라 할 수 없고 피고인이 위 회사의 과점주주라거나 부사장이라 하여도 피고인의 소유라 할 수 없는 것이므로, 피고인이 타인의 점유중인 위 선박을 취거하였다 하여도 이는 권리행사방해죄를 구성하지 아니한다(대판 1984. 6. 26, 83 도 2413).

‖**판례 2**‖ 피고인이 택시를 회사에 지입하여 운행하였다고 하더라도, 피고인이 회사와 사이에 위 택시의 소유권을 피고인이 보유하기로 약정하였다는 등의 특별한 사정이 없는 한, 위 택시는 그 등록명의자인 회사의 소유이고 피고인의 소유는 아니라고 할 것이므로 회사의 요구로 위 택시를 회사 차고지에 입고하였다가 회사의 승낙을 받지 않고 이를 가져간 피고인의 행위는 권리행사방해죄에 해당하지 않는다(대판 2003. 5. 30, 2000 도 5767).

(2) 행위객체

타인의 점유 또는 권리의 목적이 된 자기의 물건 또는 전자기록 등 특수매체기록이다.

(a) **타　　인**　여기에서 타인은 행위자 이외의 자로서 자연인, 법인, 법인격 없는 단체를 모두 포함한다.

공무소의 명령으로 타인이 관리하는 자기의 물건도 타인의 점유에 속하지만 이에 대해서는 공무상 보관물무효죄($^{제142}_{조}$)가 적용되어 본죄의 객체에서 제외된다.

(b) **점　　유**　점유란 물건에 대한 사실상의 지배로서 현실적인 소지를 뜻한다. 민법상의 간접점유($^{제194}_{조}$)는 당연히 제외된다.

점유는 원칙적으로 적법한 권원에 기초한 점유여야 한다(통설·대판 1994. 11. 11, 94 도 343). 점유의 기초되는 권원으로는 질권·유치권·용익권 등의 물권은 물론 임대차·사용대차 등의 채권도 포함된다. 다만 적법한 권원에 기인한 것인지는 항상 명백한 것도 아니고 또 가변적인 것이기 때문에 처음부터 명백히 적법한 권원에 기인한 것은 물론 적어도 평온한 점유 내지 이유 있는 점유가 있으면 이 죄에 의해 보호되어야 할 점유라고 해야 한다. 따라서 일단 적법한 권원에 기하여 점유를 개시하였으나 사후에 점유 권원을 상실한 경우의 점유, 점유 권원의 존부가 외관상 명백하지 아니하여 법정절차를 통하여 권원의 존부가 밝혀질 때까지의 점유, 권원에 기하여 점유를 개시한 것은 아니나 동시이행항변권 등으로 대항할 수 있는 점유 등과 같이(대판 1995. 5. 26, 95 도 607; 2003. 11. 28, 2003 도 4257 등 참조) 법정절차를 통한 분쟁 해결시까지 잠정적으로 보호할 가치 있는 점유는 모두 이 죄의 보호를 받는다. 적법한 권원에 기인하지 않은 점유, 즉 본권을 갖지 않는 절도범인의 점유는 여기에서 말하는 점유에 해당하지 않는다(대판

1994. 11. 11, 94 도 343).

　　(c) **권리의 목적**　　권리의 목적이 된 것이란 자기의 소유권이 타인의 제한물권 또는 채권의 목적이 된 것을 말한다. 채권의 목적이 되어 있는 물건인 한, 반드시 점유를 수반하는 것임을 요하지 않고 타인이 점유하지 않고 자기가 점유하는 경우도 포함한다(대판 1991. 4. 26, 90 도 1958). 따라서 정지조건부 대물변제의 예약권이 있는 물건(대판 1968. 6. 18, 68 도 616)이나 가압류된 물건(대판 1960. 9. 14, 4292 형상 537)도 이 죄의 객체가 된다. 그러나 목적물에 대한 점유를 수반하지 않는 순수한 채권채무관계는 여기에서 말하는 권리에 해당하지 않는다(대판 1971. 6. 29, 71 도 926).

　　(d) **자기의 물건**　　자기의 물건이란 자기소유의 재물을 말한다. 자기와 타인이 공동점유하는 자기소유물은 타인이 점유하는 자기의 물건으로서 이 죄의 객체가 된다(대판 1992. 1. 21, 91 도 1170). 그러나 자기와 타인의 공동소유물은 타인의 물건이므로 이 죄의 객체에서 배제된다(대판 1984. 6. 26, 83 도 2413).

‖ **판례 1** ‖　주식회사의 대표이사가 대표이사의 지위에 기하여 직무집행행위로서 타인이 점유하는 위 회사의 물건을 취거한 경우에는, 위 행위는 위 회사의 대표기관으로서의 행위라고 평가되므로, 위 회사의 물건도 권리행사방해죄에 있어서의 "자기의 물건"이라고 보아야 할 것이다(대판 1992. 1. 21, 91 도 1170).

‖ **판례 2** ‖　피고인이 피해자에게 담보로 제공한 차량이 그 자동차등록원부에 타인 명의로 등록되어 있는 이상 그 차량은 피고인의 소유가 아니므로, 피고인이 피해자의 승낙 없이 미리 소지하고 있던 위 차량의 보조키를 이용하여 이를 운전하여 간 행위는 권리행사방해죄를 구성하지 않는다(대판 2005. 11. 10, 2005 도 6604).

‖ **판례 3** ‖　부동산실권리자명의등기에관한법률 제 8 조는 배우자 명의로 부동산에 관한 물권을 등기한 경우에 조세포탈, 강제집행의 면탈 또는 법령상 제한의 회피를 목적으로 하지 아니한 때에는 제 4 조 내지 제 7 조 및 제12조 제 1 항, 제 2 항의 규정을 적용하지 아니한다고 규정하고 있는바, 만일 명의신탁자가 그러한 목적으로 명의신탁을 함으로써 명의신탁이 무효로 되는 경우에는 말할 것도 없고, 그러한 목적이 없어서 유효한 명의신탁이 되는 경우에도 제 3 자인 부동산의 임차인에 대한 관계에서는 명의신탁자는 소유자가 될 수 없으므로, 어느 모로 보나 신탁한 부동산이 권리행사방해죄에서 말하는 '자기의 물건'이라 할 수 없다. 피고인이 이른바 중간생략등기형 명의신탁 또는 계약명의신탁의 방식으로 자신의 처에게 등기명의를 신탁하여 놓은 점포에 자물쇠를 채워 점포의 임차인을 출입하지 못하게 한 경우, 그 점포가 권리행사방해죄의 객체인 자기의 물건에 해당하지 않는다(대판 2005. 9. 9, 2005 도 626).

여기에서 **물건**은 재산죄에서 말하는 재물과 개념·내용면에서 같다(통설). 동산에 한하지 않고 부동산도 포함한다. 행위의 양태에 따라 취거·은닉인 경우는 동산만이 문제된다는 견해도 있으나, 저당부동산의 처분도 취거에 해당하므로 반드시 취거가 동산에만 국한한다고 할 수 없다. 다만 은닉의 경우는 행위의 성질상 동산만이 문제된다고 해야 할 것이다.

동력규정($^{제346}_{조}$)이 준용되지 않기 때문에 관리할 수 있는 동력은 이 죄의 물건에 해당하지 않는다.

(e) **전자기록 등 특수매체기록**   전자기록은 전기적 기록과 자기적 기록을 모두 포함하며 특수매체기록의 예시에 불과하다. 특수매체기록에는 전자기록 이외에 광기술이나 레이저기술을 이용한 기록도 포함된다. 그러나 마이크로 필름기록은 단순한 문자의 축소 및 기계적 확대에 의한 재생에 불과하므로 여기에 포함시킬 것이 아니라 물건의 일종으로 취급해야 한다. 전자기록은 그것이 기록된 디스크 자체와는 구별되므로 디스크 자체는 물건의 일종으로 보아야 한다.

(3) 행   위

구성요건행위는 취거·은닉 또는 손괴이다.

(a) **취   거**   취거란 점유자의 의사에 반하여 목적물을 그의 지배로부터 자기 또는 제 3 자의 지배로 옮기는 것을 말한다. 따라서 점유자의 의사에 기하거나 또는 그의 하자 있는 의사에 기하여 점유가 이전된 경우에는 취거에 해당하지 않는다(대판 1988. 2. 23, 87 도 1952). 취거는 절도죄의 절취에 상응한다. 다만 타인의 재물절취는 위법영득의 의사를 필요로 하지만, 자기의 물건에 대한 취거는 위법영득의사를 필요로 하지 않는 점에 차이가 있을 뿐이다.

저당부동산을 처분하는 것은 취거에 해당하지만, 타인에게 채무의 담보에 제공키로 합의한 단계에서는 자기소유토지를 제 3 자에게 매도하고 이전등기하였더라도 아직 타인의 권리의 목적이 된 것은 아니므로 취거가 되지 않는다(대판 1972. 6. 27, 71 도 1072).

(b) **은   닉**   은닉이란 물건의 소재를 발견하기 불가능하게 하거나 심히 곤란한 상태에 두는 것을 말한다.

(c) **손   괴**   손괴는 물건의 전부 또는 일부를 물리적으로 훼손하는 것은 물론 기타의 방법으로 그 효용을 해하는 것도 포괄하는 개념이다.

(4) 결과의 요부

(a) **행위의 일반적인 위험성**   이 죄는 추상적 위험범·거동범의 성격을 지
니기 때문에 구성요건결과의 발생을 필요로 하지 않는다. 행위로 말미암아 행위
객체나 법익에 대한 침해의 일반적 위험성만 있으면 가벌성이 인정된다.

‖ **판례** ‖   공장근저당권이 설정된 선반기계를 이중담보로 제공하기 위해서 다른 장소
로 옮긴 행위는 공장저당권의 행사를 방해할 우려가 있는 행위로서 권리행사방해죄에
해당한다(대판 1994. 9. 27, 94 도 1439).

(b) **기수·미수**   추상적 위험범이므로 취거·은닉·손괴행위가 권리행사
를 방해할 일반적인 위험상태에 이르면 기수가 된다.

3. 주관적 구성요건요소

고의는 타인의 점유 또는 권리의 목적이 된 자기의 물건 또는 전자기록 등
특수매체기록이라는 점과 자기는 이 물건 내지 특수매체기록에 대한 담보설정자
또는 채무자의 위치에 있는 자라는 점에 대한 인식, 그리고 이 물건 또는 특수매
체기록에 대한 취거·은닉 또는 손괴에 대한 인식과 의사가 있어야 한다. 미필적
고의로도 충분하다. 영득죄가 아니므로 구성요건고의 외에 별도로 위법영득의 의
사 같은 것은 필요없다.

4. 구성요건해당성

소유권 침해범죄가 아니므로 사소한 권리행사방해는 구성요건해당성이 없다.
구성요건행위는 점유자·권리자 등의 의사에 반한 경우에만 구성요건에 해당하
므로 피해자의 동의가 있으면 구성요건해당성이 배제된다.

5. 객관적 처벌조건

구성요건행위가 객관적 주관적 구성요건을 충족시켰더라도 객관적으로 「타
인의 권리행사를 방해」하는 결과가 발생해야 비로소 처벌할 수 있다. 이 죄는 추
상적 위험범·거동범의 성격을 갖고 있으므로 타인의 권리행사의 방해라는 결과
가 발생할 것을 필요로 하지 않는다. 이 죄의 불법유형은 취거·은닉·손괴행위
로써 충족된다. 그 밖에 타인의 권리행사방해나 그 위험을 요하지 않기 때문이다.
그럼에도 불구하고 법문이 이 요건을 명시한 것은 객관적 처벌조건을 부가한 것

으로 이해된다.

6. 형 벌

5년 이하의 징역 또는 7백만원 이하의 벌금에 처한다($^{제323}_{조}$). 친족상도례가 적용된다($^{제328}_{조}$). 친족간의 정의를 생각해서 친족 내부의 범죄에 국가가 간섭하는 것을 억제하고자 함 때문이다.

Ⅲ. 점유강취죄 · 준점유강취죄

1. 의의 및 성격

점유강취죄란 폭행 또는 협박으로 타인의 점유에 속한 자기의 물건을 강취함으로써 성립하는 범죄를($^{제325조}_{1항}$), 그리고 준점유강취죄란 타인의 점유에 속하는 자기의 물건을 취거함에 당하여 탈환을 항거하거나 체포를 면탈하거나 죄적을 인멸할 목적으로 폭행 · 협박함으로써 성립하는 범죄를 말한다($^{제325조}_{2항}$).

보호법익은 타인의 자유권 및 제한물권이며 그 보호의 정도는 침해범으로서의 보호이다. 재산죄와 강요죄의 결합범 형식이다. 이 죄는 강도죄 · 준강도죄에 견줄 만한 것으로서 자기의 소유물에 대한 강도죄 · 준강도죄라 할 수 있다(강도 · 준강도취재죄). 그 밖에도 즉시범, 결과범의 성격을 지닐 뿐만 아니라 공격범, 지배범의 일종이기도 하다. 따라서 간접정범의 형태는 물론 부진정부작위범의 형태로도 성립가능하다.

2. 구성요건요소

(1) 점유강취죄

행위객체는 타인이 점유하는 자기소유의 물건에 한한다. 행위양태는 폭행 · 협박 · 강취이다. 내용은 강도죄의 그것과 같다. 따라서 폭행 · 협박은 상대방의 의사를 억압할 정도에 이를 것을 요한다. 이러한 행위로 인해 의사결정의 자유 및 재산권에 대한 침해결과가 발생했을 때 기수가 된다.

공무소의 명에 의해 타인이 관리하는 자기의 물건을 폭행 또는 협박으로 강취한 경우에도 점유강취죄가 성립한다. 형법 제142조는 폭행 · 협박을 수단으로 한 경우를 포함하고 있지 않기 때문이다.

주관적 구성요건으로 구성요건고의를 필요로 한다. 그러나 영득죄가 아니기 때문에 고의 외에 별도로 위법영득의 의사가 있어야 하는 것은 아니다.

점유강취죄를 범하여 사람에게 사상의 결과를 발생시킨 때에는 점유강취죄 외에 폭행치상죄 내지 폭행치사죄가 따로 성립하게 된다. 입법론적으로 **점유강취 등 치사상죄**를 따로 마련해 두는 것이 좋겠다.

미수범은 처벌한다($^{제325조}_{3항}$). 강도미수범의 처벌과 균형을 이루기 위해서도 미수범처벌규정은 당연한 것이다. 그 밖의 구성요건요소에 관한 상세한 설명은 강요죄와 권리행사방해죄를 참조하기 바란다.

(2) 준점유강취죄

준강도죄에 비견할 수 있는 범죄로서 자기 물건에 대한 준강도죄라 할 수 있다. 따라서 폭행·협박은 준강도의 그것과 마찬가지로 상대방의 반항을 억압할 만한 정도의 것이라야 한다. 다만 폭행·협박은 취거함에 당하여 가하여져야 한다. 따라서 취거현장이나 추적당하는 중에 가하여진 것이면 충분하다. 그러나 폭행·협박을 받은 자와 점유자가 일치할 필요는 없다.

일반적 주관적 구성요건으로 구성요건고의를 필요로 한다. 그 밖에도 특별한 주관적 구성요건으로 탈환항거·체포면탈·죄적인멸의 목적이 있어야 한다. 목적범이다.

그러나 목적의 성취 여부는 이 죄의 성립에 영향 없다. 그 밖의 구성요건표지에 관하여는 권리행사방해죄와 준강도죄에서 설명한 것과 같다.

미수범은 처벌한다($^{제325조}_{3항}$). 기수 또는 미수는 준강도와 마찬가지로 취거의 성공 여부에 따라 구별하는 것이 옳다.

Ⅳ. 중권리행사방해죄

중권리행사방해죄는 점유강취죄·준점유강취죄($^{제325}_조$)를 범하여 타인의 생명에 대한 위험을 발생케 함으로써 성립하는 범죄이다($^{제326}_조$). 구체적 위험범이다.

본죄는 점유강취죄·준점유강취죄에 대한 가중적 구성요건이다. 즉 사람의 생명에 대한 위험을 발생하였다는 중한 결과가 생김에 따라 그 결과에 의해 불법 및 책임이 가중되는 결과적 가중범이다. 여기에는 고의에 의한 기본행위와 과실에 의한 중한 위험의 발생이 결합하는 **진정결과적 가중범**의 형태는 물론, 고의에 의한 기본행위와 역시 고의에 의한 중한 위험발생이 결합하는 **부진정결과적 가중**

범의 형태도 포함한다.

그럼에도 불구하고 중권리행사방해죄는 사람의 생명에 대한 위험을 발생한 경우만을 규정하고 있다. 점유강취·준점유강취행위의 결과 사람을 현실적으로 사상에 이르게 한 경우에 관하여는 규정이 없으므로 해석상 부득이 폭행치사상죄와 점유강취·준점유강취죄의 실체적 경합을 인정할 수밖에 없다. 그러나 입법론적으로는 점유강취등치사상죄를 두는 것이 합리적이라고 생각한다.

사람의 생명에 대한 위험 및 그 밖의 구성요건요소에 관하여는 점유강취죄·준점유강취죄와 중상해죄의 설명을 참조하기 바란다.

V. 강제집행면탈죄

1. 의의 및 성격

강제집행면탈죄는 강제집행을 면할 목적으로 재산을 은닉·손괴·허위양도 또는 허위의 채무를 부담하여 채권자를 해함으로써 성립하는 범죄이다($\frac{제327}{조}$).

보호법익은 국가의 강제집행권이 발동될 단계에 있는 채권자의 재산권이고 보호정도는 추상적 위험범이다. 그 밖에도 즉시범·상태범의 성격을 지닐 뿐만 아니라 목적범·진정신분범의 일종이기도 하다. 다만 채권자 만족의 위태화를 방지하려는 결과관련신분범이기 때문에 신분 없는 자를 이용한 간접정범의 형태, 그리고 신분 없는 자와 함께 저지르는 공동정범의 형태는 물론 부진정부작위범의 형태로도 성립할 수 있다.

2. 객관적 구성요건요소

(1) 행위주체

채권자로부터 강제집행을 받을 단계에 직면한 채무자이다. 강제집행권을 발동할 단계에 있는 채권자에 대해 채무자는 신분적 지위에 서며, 이러한 채무자라는 신분을 갖지 않은 제3자에게는 성립이 없다는 점에서 진정신분범의 일종이라고 해야 한다.

반면 우리나라의 다수설[39]은 이 죄의 주체를 채무자에 국한시키지 않고 제

---

39) 권오걸 718면; 김성돈 474면; 김종원 273면; 배종대 617면; 백형구 274-275면; 손동권 522면; 오영근 584면; 이재상 483면; 이형국 565면; 정성근·박광민 538면; 정영석 317면; 정영일 346면; 진계호 479면; 황산덕 265면.

3자도 포함시키고 있으나 이같은 주장에는 찬동할 수 없다.[40] 제3자에게까지 금지를 확대적용한다면 결과적으로 채권일반에 대한 보호가 되어 채권자보호에는 좋지만 법치국가형법의 보충성의 요구에 반하기 때문이다. 따라서 강제집행을 통한 채권실현을 방해하지 말아야 할 형법상의 책임은 채무자 및 채무자와 동일시할 수 있는 법정대리인 · 대리인 등에만 지우는 것이 합목적적이다. 제3자에게는 공법책임을 지우는 것으로 족하다(대판 1983. 5. 10, 82 도 1987).

이 죄는 자수범이 아니므로 신분 없는 자를 이용한 간접정범도 가능하다. 채무자의 법정대리인, 채무자의 대리인 재산관리인도 채무자와 같은 지위에 서 있으므로 이 죄의 주체가 될 수 있다. 그 밖에도 법인 또는 법인격 없는 단체도 채무자의 지위에 서는 한 이 죄의 주체가 될 수 있고, 법인을 위해 일하는 법인의 기관도 역시 이 죄의 주체가 될 수 있다.

(2) 행위객체

행위자의 재산이다. 법문은 단지 재산이라고만 규정하고 있으나, 이 죄가 채무자에 대해 채권자의 채권만족을 위해하지 않도록 하는 데 근본취지가 있으므로 채무자인 행위자 자신의 재산이라고 해석하는 것이 합리적이다. 행위자가 자기의 부동산을 타인에게 계약명의신탁한 경우 명의신탁자는 부동산 매도인이 선의 또는 악의 어떤 경우이든 당해 부동산에 대한 소유권을 취득하지 못해 그 부동산은 본죄의 객체가 될 수 없다. 따라서 명의신탁자가 강제집행을 피하기 위하여 계약명의신탁된 부동산을 제3자에게 허위양도 하더라도 본죄는 성립하지 않는다(대판 2009. 5. 14, 2007 도 2168).

재산이란 재물뿐만 아니라 권리도 포함한다. 재물인 한 동산 · 부동산을 가리지 않고, 권리에는 기대권 · 신분법적 재산권도 포함된다. 그 밖에 재산적 가치가 있어 민사소송법에 의한 강제집행 또는 보전처분이 가능한 특허 내지 실용신안 등을 받을 수 있는 권리(산업재산권)도 포함된다(대판 2001. 11. 27, 2001 도 4759).

다만 성질상 민사소송법상 강제집행의 대상이 될 수 없는 것은 행위객체에서 제외된다. 왜냐하면 이 경우에 형식적인 강제집행권은 위태하게 되었지만 보호법익인 채권자의 재산권 및 채권자의 채권만족에는 영향을 끼치지 않기 때문이다. 예컨대 '보전처분 단계에서 가압류채권자의 지위' 자체는 원칙적으로 민사집행법상 강제집행 또는 보전처분의 대상이 될 수 없어 본죄의 행위객체에 해당하지 않는다. 따라서 가압류채권자의 지위에 있는 채무자가 가압류집행해제를 신청하여

---

40) 부정설의 입장이다. 김성천 · 김형준 577면; 박상기 445면; 이정원 494면; 임웅 536면.

그 지위를 상실하더라도 본죄는 성립하지 않는다(대판 2008. 9. 11, 2006 도 8721).

(3) 행   위

은닉 · 손괴 · 허위양도 · 허위의 채무부담 네 가지이다.

(a) **구체적인 행위양태**

(가) 은   닉   은닉이란 강제집행을 실시하려는 자에 대하여 재산의 발견을 불가능하게 하거나 곤란하게 만드는 것을 말한다. 재산의 소재를 불명하게 하는 경우뿐만 아니라 재산의 소유관계를 불명하게 하는 경우도 포함한다(대판 2003. 10. 9, 2003 도 3387). 따라서 강제집행을 면할 목적으로 선순위의 가등기권자 앞으로 소유권이전의 본등기를 한 경우(대판 1983. 5. 10, 82 도 1987), 그리고 회사의 어음채권자들의 가압류 등을 피하기 위하여 회사의 예금계좌에 입금된 회사 자금을 인출하여 제 3 자 명의의 다른 계좌로 송금한 경우(대판 2005. 10. 13, 2005 도 4522)도 은닉이 된다.

‖ **판례** ‖ 강제집행면탈죄에서 재산의 은닉이라 함은 재산의 소유관계를 불명케 하는 행위도 포함하는 것이므로, 채권자에 의하여 압류된 채무자 소유의 유체동산을 채무자의 母 소유인 것으로 사칭하면서 母명의로 제 3 자이의의 소를 제기하고, 집행정지결정을 받아 그 집행을 저지하였다면 이는 재산을 은닉한 경우에 해당한다(대판 1992. 12. 8, 92 도 1653).

(나) 손   괴   손괴란 재물의 물질적 훼손뿐만 아니라 그 가치를 감소케 하는 일체의 행위를 의미한다.

(다) 허위양도   실제로 재산의 양도가 없었음에도 불구하고 양도한 것처럼 가장하여 재산소유권자의 명의를 변경하는 것을 말한다(대판 1986. 8. 19, 86 도 1191). 넓은 의미에서 허위양도도 은닉의 일종이지만 우리 형법은 가장매매 등 위장소유권이전을 별도로 규정해 놓은 것이다. 강제집행을 면탈할 목적이 있었더라도 진의에 의하여 재산을 양도한 경우에는 본죄가 성립하지 않는다(대판 2007. 11. 30, 2006 도 7329).

‖ **판례** ‖ ① 가옥대장상의 소유자명의를 허위변경한 경우(대판 1968. 7. 31, 68 도 677), ② 임차권명의를 제 3 자에게 허위로 이전한 경우(대판 1971. 4. 20, 71 도 319), ③ 허위채권을 담보로 부동산소유권이전등기를 경료한 경우(대판 1982. 12. 14, 80 도 2403)가 허위양도의 예이다.

(라) **허위의 채무부담**   허위의 채무부담이란 채무가 없는데도 제 3 자에게 채무를 부담하는 것처럼 가장하는 행위를 말한다. 그러나 진실한 채무를 부담한 때

에는 이 죄가 성립하지 않는다. 타인에게 가등기를 경료한 것은 허위의 채무를 부담한 것이 아니다(대판 1987. 8. 18, 87 도 1260).

‖ 판례 ‖ 피고인이 장래에 발생할 특정의 조건부채권을 담보하기 위한 방편으로 부동산에 대하여 근저당권을 설정한 것이라면, 특별한 사정이 없는 한 이는 장래 발생할 진실한 채무를 담보하기 위한 것으로서, 강제집행면탈죄 소정의 '허위의 채무를 부담'하는 경우에 해당한다고 할 수 없다(대판 1996. 10. 25, 96 도 1531).

(b) **객관적 행위상황**   이 죄가 성립하기 위하여는 강제집행을 받을 객관적 상태가 존재해야 한다(대판 1996. 1. 26, 95 도 2526). 여기에서 **강제집행을 받을 객관적 상태**란 기술되지 아니한 구성요건표지인 셈이다. 따라서 실질적으로 강제집행을 받을 위험 있는 객관적 상태에 있지 않은 경우에는 비록 채무자가 은닉·손괴·허위양도·허위의 채무부담에 의해 자신의 재산을 처분함으로써 채권자의 채권만족에 어느 정도의 위험을 가했다 하더라도 아직은 이 죄의 구성요건을 충족시킬 수 없다.

강제집행을 받을 위험 있는 객관적 상태라 함은 현실적으로 민사소송에 의한 강제집행 또는 가압류·가처분의 집행을 당할 구체적 우려가 있는 상태(대판 1986. 10. 28, 86 도 1553), 채권자가 본안 또는 보전소송을 제기하거나 제기할 태세를 보인 상태 등을 말한다(대판 1996. 1. 26, 95 도 2526).

민사소송에 의한 강제집행이라면 금전채권에 관한 강제집행이건 소유권이전등기에 관한 강제집행이건 불문하고, 신분적 재산권인 부양료청구권의 실현을 위한 강제집행이라도 좋다. 채권이 아닌 형사재판(벌금·몰수·추징)이나 행정처분(과태료·과징금 부과처분)의 집행을 확보하기 위한 강제집행의 면탈은 성립할 수 없다(다수설).

(4) **결과의 요부**

(a) **행위의 일반적인 위험성**   이 죄는 추상적 위험범·거동범의 성격을 지니기 때문에 결과발생을 필요로 하지 않는다. 구성요건행위로 말미암아 행위객체나 법익에 대한 침해의 일반적 위험성만 있으면 가벌성이 인정된다(다수설·판례[41]). 그러므로 여기에서 결과의 발생은 구성요건표지가 아니다. 구성요건행위가 경험법칙상 위험을 야기할 수 있는 일반적인 경향을 갖고 있으면 충분하다.

(b) **기수·미수**   은닉·손괴·허위양도·허위의 채무부담행위가 채권자를

---

41) 대판 1998. 9. 8, 98 도 1949; 1996. 1. 26, 95 도 2526; 1989. 5. 23, 88 도 343. 반면 구체적 위험범설에 따른 판례는 대판 1999. 2. 12, 98 도 2474.

해할 일반적인 위험상태에 이르면 기수가 된다.

3. 주관적 구성요건요소

(1) 구성요건고의

고의는 행위자 자신이 채무자 또는 채무자와 동일시할 수 있는 위치에 선 대리인·법정대리인이라는 사실에 대한 인식과 자신의 재산을 은닉·손괴·허위양도·허위로 채무를 부담한다는 사실에 대한 인식과 의사가 필요하다. 목적범과 연결된 고의이기 때문에 적어도 직접고의여야 한다. 미필적 고의 정도로는 불충분하다. 채권자를 해한다는 점은 객관적 처벌조건이므로 구성요건고의의 인식대상이 아니다.

(2) 강제집행을 면할 목적

특별한 초과주관적 불법요소로서 강제집행을 면할 목적이 있어야 한다. 이점에서 목적범이다. 목적의 달성 여부는 이 죄 성립에 영향을 미치지 않는다.

4. 객관적 처벌조건

구성요건행위가 객관적·주관적 구성요건을 충족시켰더라도 객관적으로 「채권자를 해하는 결과」가 발생해야 처벌할 수 있다. 이 죄는 추상적 위험범·거동범의 성격을 갖고 있으므로 채권자를 해하는 결과가 발생할 것을 필요로 하지 않는다. 이 죄의 불법유형은 은닉·손괴·허위양도·허위의 채무부담으로써 충족되며, 그밖에 채권자를 해하거나 해할 위험을 요하지 않기 때문이다. 따라서 「채권자를 해한다」는 표시는 행위양태가 아니라 객관적 처벌조건을 규정한 것으로 해석해야 한다.

5. 공범관계

강제집행을 면할 목적으로 재산을 허위양도하거나 허위의 채무를 부담하려는 자로부터 사정을 알면서 재산의 허위양도를 받은 자 또는 허위의 채권자가 된 자는 이 죄의 공범 또는 공동정범이 될 수 있다.

6. 형   벌

3년 이하의 징역 또는 1천만원 이하의 벌금에 처한다(제327조).

제 4 편　사회적 법익을 보호하는 죄형법규

제 I 장 공공의 평안을 보호하는 죄형법규

제 1 절 공안을 해하는 죄

I. 총   설

1. 의의 및 체계

공안을 해하는 죄는 사회공동체의 안전과 평온을 해치는 범죄이다. 여기에는 범죄단체조직죄($\frac{제114}{조}$), 소요죄($\frac{제115}{조}$), 다중불해산죄($\frac{제116}{조}$), 전시공수계약불이행죄($\frac{제117}{조}$) 및 공무원사칭죄($\frac{제118}{조}$) 등의 죄형법규가 있다.

《참고》 전시공수계약불이행죄와 공무원자격사칭죄를 공안을 해하는 죄의 장에 규정한 것은 체계상 타당하지 않다. 특히 전시공수계약불이행죄는 나치 치하에 제정된 독일형법 제29조 a에서 유래한 것으로서 군국주의적 색채가 강하다. 단순한 채무불이행을 형법의 규율대상으로 삼아야 할 필요성이 없다.

2. 보호법익

공안을 해하는 죄의 보호법익은 사회공동체의 안전과 평온이다. 구체적으로 범죄단체조직죄는 범죄행위방지를 통한 사회의 안전을, 소요죄는 폭행·협박·손괴행위를 직접적인 행위양태로 삼는다는 점에서 공공의 안전을, 다중불해산죄는 소요죄와 비교할 때 아직 전단계구성요건(Vortatbestand)으로서의 성격을 갖는다는 점에서 공공의 평온을 보호법익으로 삼는다고 말할 수 있다.

II. 범죄단체조직죄

1. 의의 및 성격

범죄단체조직죄는 사형, 무기 또는 장기 4년 이상의 징역에 해당하는 범죄를 목적으로 하는 단체 또는 집단을 조직하거나, 이에 가입하거나 그 구성원으로 활동함으로써 성립하는 범죄이다. 이러한 범죄단체나 집단을 조직, 가입, 활동한 자는 목적한 죄에 정한 형으로 처단하되, 형을 감경할 수 있다($^{제114조}_{1항}$).

본조는 이른바 **조직범죄의 통제**를 위한 것이다. 조직범죄는 구성원개인의 범죄억지요소를 이완시키고 단체의 조직활동·조직적 비호를 배경으로 범죄의 계획·실행을 용이하게 하는 특성이 있다. 그래서 개인의 누적적·상습적 범행보다도 사회적 위험성이 크다. 다만 목적한 범죄를 기준으로 처벌하게 하였기 때문에 목적한 범죄의 관점에서 볼 때 실행행위의 예비나 음모에 불과한 것을 실행행위의 기수와 동일하게 처벌하는 결과가 된다. 그래서 법치국가형법의 보충성원칙에 반한다는 비판을 면할 수 없다.

보호법익은 범죄억지를 통한 사회의 안전이다. 이 죄는 거동범·추상적 위험범으로 보아야 한다. 따라서 공공의 안전에 대한 위험의 발생은 구성요건표지가 아니다. 단지 당해 행위가 경험칙상 위험을 야기할 수 있는 일반적인 경향을 갖고 있으면 족하다.

2. 객관적 구성요건요소

(1) 행위주체

범죄단체조직죄는 다수의 행위자가 같은 목표를 향하여 같은 방향에서 공동작용하는 것을 전제한 구성요건이다. 이 점에서 집합범의 성격을 지닌 필요적 공범이다. 그러나 행위주체는 특정다수인 자체가 아니라, 다수인 중의 각자이다.

(2) 행 위

구성요건행위는 사형, 무기 또는 장기 4년 이상의 징역에 해당하는 범죄를 목적으로 하는 단체나 집단을 조직하거나 이에 가입하거나 그 구성원으로 활동하는 것이다. 여기에서 목적으로 삼는 범죄는 형법전에 규정된 범죄뿐만 아니라 특별법에 규정된 범죄도 포함한다. 다만 범죄목적단체의 조직·가입·활동이 이 죄의 규율대상이므로, 특정단체의 조직 및 가입 자체를 범죄시하는 집합범(예컨대 국가보안법상의 반국가단체구성·가입죄)이나 경범죄처벌법의 적용대상에 불과한 경범죄는 제외해야 한다.

단체란 공동목적을 가진 특정다수인의 계속적인 결합체를 말한다. 이 죄는 범죄를 공동목적으로 삼는 단체만을 문제삼으므로 단순한 불법단체나 비합법단체는 여기에 해당하지 않는다. 범죄를 공동목적으로 하는 단체가 되기 위해서는 최소한 통솔체제를 갖춘 **조직성**과 어느 정도 **시간적 계속성**을 함께 갖고 있어야 한다(통설). 일시적인 조직체는 비록 조직성을 갖고 있어도 단체가 아니다. 조직 없는 다중의 집합체는 비록 약간의 계속성을 갖고 있어도 단체가 아니다.

‖ **판례** ‖ 범죄를 목적으로 하는 단체라 함은 특정다수인이 일정한 범죄를 수행한다는 공동목적 아래 이루어진 계속적인 결합체로서 그 단체를 주도하는 최소한의 통솔체제를 갖추고 있음을 요한다(대판 1985. 10. 8, 85 도 1515). 소매치기를 공모하고 실행행위를 분담하기로 약정한 경우(대판 1981. 11. 24, 81 도 2608), 4명이 도박개장을 공모한 경우(대판 1977. 12. 27, 77 도 3463)는 이 죄의 단체라 할 수 없다.

조직 · 가입 · 활동은 이 죄의 고유한 행위양태이다. 여기에서 **조직**은 특정다수인이 의사의 연락하에 단체를 결성하는 것을 말하고, **가입**은 이미 조직된 단체의 취지에 동조하여 구성원으로 참가하는 것을 말한다. 조직 · 가입의 방법이나 형식에는 아무런 제한이 없다. 구두 · 문서에 의하거나 권유에 의해 가입해도 좋고, 자진하여 조직 · 가입해도 무방하다. **활동**은 단체 또는 집단의 구성원으로서 조직의 통상적인 활동에 참가하는 것을 의미한다. 반드시 단체의 범죄목적을 달성하기 위한 행위이거나 직접 관련된 행위가 아니라도 상관없다.

범죄를 목적으로 하는 단체의 조직이나 이에 가입하는 행위의 개시로써 **실행의 착수**가 된다. 이 죄는 추상적 위험범 · 단순거동범이다. 때문에 범죄단체를 조직하거나 이에 가입함으로써 기수가 되며, 그 후 목적한 범죄를 실행했느냐의 여부는 이 죄 성립에 영향이 없다(대판 1975. 9. 23, 75 도 2321).

이 죄는 **계속범**이다. 따라서 위법상태는 행위자가 활동하는 시점, 즉 단체의 해산이나 단체로부터의 탈퇴시까지 계속된다. 반면 판례(대판 1992. 2. 25, 91 도 3192)는 이 죄를 즉시범으로 보아 범죄단체를 조직함과 동시에 공소시효가 진행된다고 하나 타당하지 않다. 왜냐하면 즉시범으로 보는 한, 범죄단체조직원으로 계속 활동하는 자임에도 공소시효가 완성되었다는 이유로 처벌할 수 없는 문제점이 있었기 때문이다.

그러나 이제 기존의 행위태양인 조직, 가입 외에 새로운 행위로서 활동이 추가됨으로 인해 범죄단체조직원으로 활동하는 한 위법상태가 계속되어 공소시효가 진행되지 않는다고 해석해야 하고 이를 통해 본죄의 계속범으로서의 성격이 확실해졌다고 말할 수 있다.

3. 주관적 구성요건요소

이 죄가 성립하려면 범죄단체의 조직이나 가입·활동의 고의가 있어야 한다. 또한 목적범이므로 범죄를 범할 목적($\frac{제114}{조}$)도 있어야 한다.

4. 특별법과의 관계 및 죄수

㈎ 폭력행위등처벌에관한법률은 동법에 규정된 범죄를 목적으로 하는 단체를 구성하거나 이에 가입한 자를 처벌하는 특별규정을 두고 있다($\frac{동법}{제4조}$).

㈏ 특정범죄가중처벌등에관한법률 제5조의 8은 타인의 재물을 절취할 목적으로 단체 또는 집단을 구성한 자를 가중처벌하고 있다.

㈐ 반국가단체를 구성하거나 이에 가입하거나, 타인에게 반국가단체가입을 권유한 경우에는 국가보안법이 우선 적용된다($\frac{동법 제3조}{1항·2항}$).

㈑ 범죄단체조직죄는 이미 수개의 계속·반복되는 행위를 구성요건행위양태로 삼고 있기 때문에 외견상 수개의 반복된 조직·가입활동행위는 1개의 구성요건을 충족시킬 뿐이다. 따라서 1개의 범죄단체를 조직한 뒤 이 조직을 수차례 변경하여 하나의 거대한 조직으로 만든 경우에도 1개의 범죄단체조직죄가 성립할 뿐이다.

Ⅲ. 소 요 죄

1. 의의 및 성격

소요죄는 다중이 집합하여 폭행·협박 또는 손괴행위를 함으로써 성립하는 범죄이다. 1년 이상 10년 이하의 징역이나 금고 또는 1천 5백만원 이하의 벌금에 처한다($\frac{제115}{조}$). 특수폭행죄($\frac{제261}{조}$)·특수협박죄($\frac{제284}{조}$)·특수손괴죄($\frac{제369조}{1항}$)와의 관계상 다중·폭행·협박·손괴 등이 공공의 평온과 안전을 해할 정도의 규모인지의 여부가 이 죄 성립의 한계가 된다.

추상적 위험범이다. 계속범·지배범·집합범 성격도 갖는다. 개인적 법익과 사회적 법익이 결합된 결합범이기도 하다.

2. 객관적 구성요건요소

(1) 행위주체

이 죄의 주체를 집합한 다중 자체로 보는 견해도 있다. 그러나 조직적 구성체나 단체도 아닌 다수인의 일시적 집합을 행위주체로 보는 것은 부당하다. 구성요건의 문언도 '～한 자'를 주체로 하고 있다. 다중의 집합은 바로 이러한 자의 행위방식을 기술한 데 불과하다. 따라서 이 죄의 주체는 **군집한 다중의 각 구성원 개인**이라고 보는 것이 옳다(다수설).

(2) 행   위

(a) **행위양태**   행위양태인 **폭행·협박·손괴**는 한 지방의 평온·안전을 해할 정도의 위험성 있는 행위여야 한다. 여기서 **폭행**은 형법상 최광의의 것으로서 사람 또는 물건에 대한 모든 종류의 유형력행사를 의미한다. **협박**도 형법상 광의의 것으로서 일반적으로 타인에게 공포심이 생길 수 있는 모든 해악의 고지를 말한다. 손괴는 유형력의 행사를 통해 재물의 효용을 해치는 일체의 행위를 의미한다.

본죄에서의 폭행·협박·손괴는 적어도 사람 또는 물건에 대한 적극적인 공격행위여야 한다. 따라서 소극적인 불복종이나 단순한 연좌농성 또는 바리케이트 설치 정도로는 이 죄의 행위양태에 해당하지 않는다.

군집한 다중에 속한 모든 참가자가 모두 적극적인 공격행위를 해야 할 필요는 없다. 그 중 일부만이 적극적인 공격행위를 하고, 나머지 다수는 의식적으로 이에 동조하여 가담하는 정도에 그쳤더라도 이 죄는 충분히 성립한다. 폭행·협박·손괴행위가 반드시 현실적인 침해결과를 야기해야 하는 것은 아니다. 공공의 평온과 안전을 해할 위험의 적성 있는 행위이면, 비록 현실적인 침해결과를 야기하지 않았더라도 행위종료가 있는 한 이 죄 성립에 지장 없다.

이 죄의 폭행·협박·손괴행위가 한 지방의 평온·안전을 해할 정도인지의 여부에 대한 구체적 판단은 외형상으로 판단할 것이 아니라, 이 죄의 본질·보호법익 등을 고려하여 규범적으로 평가할 수밖에 없다.

(b) **행위방법**

(가) 다중의 일원으로서 폭력행위에 가담하는 행위방식   이 죄의 행위는 다중의 위세에 가세한 폭력(다중의 합동력에 의한 폭력)이어야 한다. 다중의 결집된 위세

의 표현이라고 할 수 없는 구성원 개인의 폭력행위는 소요죄가 아니라 개인적 법
익을 침해하는 폭력행위등처벌에관한법률위반죄나 특수폭행·특수협박·특수손
괴죄 등에 해당할 뿐이다.

　집합한 폭력적 다중에는 속하였으나 폭행·협박·손괴 등의 폭력행위에는 가담
하지 않은 자를 어떻게 취급할 것인가? 일부만이 폭행 등을 하였더라도 모두에게
본죄가 성립한다고 보는 것이 다수설의 견해이다. 그러나 이 문제는 세분하여 고
찰하는 것이 옳다. ① 다중이 공동정범·공범형태를 취할 때에는 공동정범·공범
의 일반원리에 따라 폭력적인 다중에 속하여 폭력현장에 있는 것만으로 이 죄의
성립을 인정해도 좋다. ② 그러나 다중이 일시적인 군중에 불과하여 구성원간에
상호작용·상호영향을 주고받을 수 없는 사정에서라면 단순히 폭력적 다중에 속
한 사실만으로 이 죄의 성립을 인정하기 어렵다.

　(나) 다　　중　　한 지방의 평온을 해할 정도의 다수인 집합이다. 이 죄에서
다중은 공동목적을 가지고 모인 것이건, 조직적 구성체나 단체를 이룬 것이건 다
수인의 집합이면 충분하다.

> 《참고》 특수폭행·특수협박·특수손괴죄에서 다중은 단체를 이루지 못한 다수인
> 의 집합을 말하고 다중의 수도 집단적 위력을 보일 수 있는 정도의 다수이면 충분
> 하다. 그러나 소요죄는 단체 또는 다중의 위력을 배경으로 한 특수폭행·특수협박·
> 특수손괴죄의 보충규정이 아니라 법정형이 더 높은 독립된 범죄이다. 따라서 이 죄
> 의 다중 속에는 단체가 포함되는 것으로 해석해야 한다. 그렇게 해야만 더 조직적인
> 단체의 소요행위를 엉성한 다중의 소요행위보다 우대하는 불합리한 결과를 피할 수
> 있기 때문이다.

　구체적으로 어느 정도의 다수인이 다중인가에 관하여는 이 죄의 본질과 보호
법익 등을 고려하여 규범적으로 평가하려는 규범적 평가기준설이 통설이며 또한
타당하다. 폭력·난동자들이 한 지방의 평온과 안전을 해할 수 있는 정도로 집결
했는지의 여부가 기준이므로(통설), 인원수뿐만 아니라 집단구성원의 성질(남녀
노소·조직적 훈련 유무), 집단의 목적·시간적 상황(주야간)·장소, 흉기소지 여
부, 폭행·협박·손괴의 정도 등을 함께 고려할 수 있는 장점이 있기 때문이다.

　(다) 집　　합　　다수인이 일정한 장소에 모여 집단을 이루는 것을 말한다. 일
정한 장소적 결합을 본질로 한다. 내란죄에서와 같이 조직적일 필요는 없고, 반드
시 주모자가 있어야 하는 것도 아니다. 집합의 목적·동기, 공동목적의 유무도 묻
지 않는다. 또한 처음부터 폭행·협박·손괴를 할 목적으로 집합할 필요가 없고,

사전에 모의나 계획이 있을 필요도 없다. 처음에는 평온·합법적으로 집합한 군중이 도중에 합동력을 배경으로 폭행·협박·손괴 등의 행위로 나오게 된 경우도 소요행위가 된다.

(c) **실행의 착수 및 기수시기**　다중의 합동력을 업고 폭행·협박·손괴행위를 개시한 때 실행의 착수가 있다. 다중의 집결이 완료했더라도 폭력·난동에 이르기 전에는 아직 실행에 착수한 것이 아니다. 폭행·협박·손괴행위는 성질상 공공의 평온·안전을 위협할 수 있는 정도의 것이어야 한다. 이러한 정도의 소요행위가 종료하면 이로써 한 지방의 평온·안전에 대한 위험성은 유발된 것이므로 소요행위의 종료로써 기수에 이른다. 현실적으로 공공의 평온·안전에 대한 위험이 발생해야 하는 것은 아니다. 본죄는 추상적 위험범이기 때문이다.

3. 주관적 구성요건요소

소요의 구성요건고의란 다중의 합동력을 업고 폭행·협박 또는 손괴한다는 인식 및 의사를 말한다. 다만 집단범죄로서의 성격상 구체적인 개개의 폭행·협박·손괴에 대한 세부적인 인식을 필요로 하지 않는다. 반드시 행위자들 사이에 미리 의사의 연락이 있어야 하는 것도 아니다.

4. 공범규정의 적용

이 죄는 집합범이다. 이미 다중의 집합을 전제하고 있기 때문에 집합한 다중의 내부참가자 사이에는 임의적 공범을 전제한 총칙상의 공범규정을 적용할 여지가 없다(통설). 다중이 집합하여 소요행위를 한 때에는 개인적인 가담의 정도를 묻지 않고 모두 정범으로 다루어야 한다.

집단 밖에서 관여한 자에게 총칙상의 공범규정이 적용될 수 있는가? 집단범죄라 할지라도 집단 안에서 소요행위에 참여한 자만 필요적 공범이므로, 단순히 모의에 참가한 자, 타인을 권유하여 집단에 참가하게 한 자, 자금이나 정보를 제공하여 소요행위를 도운 자에게는 총칙상의 공범규정을 적용할 수 있다. 다만 그 적용범위와 관련하여 공동정범규정을 제외한 교사와 방조규정만 적용된다는 견해(다수설)와 공동정범규정까지 적용된다는 견해[1]로 나뉜다. 전설은 필요적 공범의 성질상 집단 밖의 공동정범은 생각할 수 없다는 것을 이유로 든다.

생각건대 집단 밖의 사람이 필요적 공범에 대한 교사·방조범이 될 수 있음

---

1) 이형국(공저) 448면; 정영석 111면; 황산덕 36면.

은 물론이지만, 공동정범도 제한적으로 성립할 수 있다고 해야 한다. 즉 집단 밖에 있으면서 직접 소요행위에 참가하지 않았지만 집단 안의 일부군중과 연계하여 상황판단, 진행방향설정 및 지시 등 본질적인 기능담당을 통해 **범죄를 공동지배한** 사람은 기능적 행위지배의 관점에서 공동정범으로 평가할 수 있을 것이다. 만약 부정설에 서게 되면 이들은 교사범으로 보게 된다.

5. 타죄와의 관계

㈎ 내란죄와의 관계   내란죄는 국헌문란 등의 목적을 가지고 한 지방의 평온을 해할 정도의 폭행·협박을 한 때 성립하고, 이같은 목적 없이 한 지방의 평온을 해할 정도의 폭행·협박을 한 때에는 소요죄가 성립한다. 소요죄에 해당하는 행위가 동시에 내란죄에도 해당하는 경우 법조경합 흡수관계가 된다.

㈏ 기타 죄와의 관계   소요죄보다 법정형이 무거운 살인죄·방화죄는 소요죄와 관념적 경합이 된다(통설). 소요죄보다 형이 가벼운 공무집행방해죄·건조물손괴죄·주거침입죄 등은 법조경합 흡수관계가 된다(다수설). 집단범죄의 특성으로 보아 소요행위에는 주거침입·공무집행방해·건조물손괴·공갈 등이 충분히 예상되기 때문이다.

Ⅳ. 다중불해산죄

1. 의의 및 성격

다중불해산죄는 폭행·협박 또는 손괴의 행위를 할 목적으로 다중이 집합하여 그를 단속할 권한 있는 공무원으로부터 3회 이상의 해산명령을 받고도 해산하지 않음으로써 성립하는 범죄이다. 2년 이하의 징역이나 금고 또는 3백만원 이하의 벌금에 처한다($\frac{제116}{조}$).

이 죄는 소요죄의 예비단계를 독립된 별개의 범죄로 구성요건화해 놓은 것이다. 다중이 집합하여 폭행·협박·손괴할 의사는 있지만 아직 실행의 착수에 이르기 전까지 다중불해산죄가 성립하고, 실행의 착수 후부터 소요죄가 성립한다.

보호법익은 공공의 평온이고, 보호의 정도는 추상적 위험범으로서의 보호이다. 진정부작위범·목적범·계속범·거동범의 성격을 지닌다.

2. 객관적 구성요건요소

⑴ 행위주체와 행위객체

주체는 폭행·협박 또는 손괴행위를 할 목적으로 집합한 다중의 구성원 각자이다. 본죄는 단순도주죄($\frac{제145}{조}$)·퇴거불응죄($\frac{제319조}{와\ 2항}$)와 함께 행위객체 없는 범죄의 하나로 볼 수 있다.

⑵ 행   위

⒜ **행위양태**   구성요건행위는 단속할 권한 있는 공무원으로부터 3회 이상 해산명령을 받고도 이에 불응하여 해산하지 않는 것이다(진정부작위범).

단속할 권한 있는 공무원이란 해산명령권한을 가진 공무원을 말한다. 일반적으로 다중이 집합한 장소를 관할하는 경찰관이 이에 해당한다. 해산명령권한은 형법 이외의 법령에 근거를 둔 것이라야 한다. 예컨대 경찰관직무집행법 제 6 조에 정한 범죄예방을 위한 제지 등이 본조의 해산명령을 근거지우는 법령이라고 할 수 있다.

해산명령은 권한 있는 공무원의 적법한 명령이면 된다. 방식은 어떠하든지 상관없다. 적어도 해산명령이 내려진 것을 인식할 수 있도록 집합한 다중에게 고지되어야 한다. 해산명령은 최소한 3회 이상이어야 한다. 각 회마다 해산에 필요한 시간적 간격이 있어야 한다. 시간적 간격 없이 계속하여 해산명령을 연발한 경우는 1회의 해산명령에 지나지 않는다(통설).

불해산이란 해산명령에 불응하여 다중이 분산하지 않는 것이다. 다중의 일부만 해산하고 다중의 대부분이 해산하지 않은 때에도 불해산이다. 이 경우 해산한 일부에 대해서는 다중불해산죄가 성립하지 않는다. 다중이 집합한 채 퇴거하거나 장소를 이동하는 것, 또는 범죄가 성립한 후에 체포를 면하기 위하여 분산·도주하는 것은 해산이 아니다.

⒝ **실행의 착수 및 기수시기**   실행의 착수시기는 행위자가 이상의 고의와 목적을 가지고 최소한 3회의 해산명령을 받고도 이에 불응하는 시점이다. 행위자가 공무원의 3회 이상에 걸친 해산명령 중 최후통첩에 해당하는 해산명령을 받고도 이에 불응하여 해산하지 아니한 때 기수가 된다. 목적의 달성 여부는 이 죄의 기수시기와 상관이 없다. 이 죄는 진정부작위범으로서 추상적 위험범·거동범의 성격을 지니므로 해산하지 않는 부작위 그 자체로서 기수가 되고 별도의 위험발

생을 필요로 하지 않는다.

3. 주관적 구성요건요소

구성요건고의는 단속권한 있는 공무원의 3회 이상에 걸친 해산명령이 존재한다는 사실과 다중이 집합하여 이 해산명령에 불응한다는 사실에 대한 인식과 의사이다. 목적범이므로 특별한 주관적 불법요소로서 폭행·협박 또는 손괴의 행위를 할 목적도 있어야 한다. 하지만 반드시 목적이 성취되어야 하는 것은 아니다. 목적은 다중이 집합할 당초부터 있어야 할 필요는 없으나 최소한 해산명령 직전까지는 있어야 한다.

4. 죄수 및 타죄와의 관계

(개) 다중불해산죄는 계속범이므로 행위의 위법상태는 해산에 이를 때까지 계속된다. 따라서 집합한 다중이 장소를 이동하며 불해산했더라도 단순일죄가 될 뿐이다.

(내) 집합한 다중이 해산명령에 응하지 않고 폭행·협박 또는 손괴행위에까지 나아간 경우에는 소요죄가 성립하고 다중불해산죄는 소요죄에 흡수된다(법조경합 흡수관계). 다중불해산죄는 소요죄의 예비단계라고 할 수 있기 때문이다.

V. 전시공수계약불이행죄

전시공수계약불이행죄는 전쟁·천재 기타 사변과 같은 행위상황에서 국가 또는 공공단체와 체결한 식량 기타 생활필수품의 공급계약을 정당한 이유 없이 이행하지 않거나 이러한 계약이행을 방해함으로써 성립하는 범죄이다. 3년 이하의 징역 또는 5백만원 이하의 벌금에 처한다($^{제117}_{조}$).

본조는 국가비상사태하에서 사회적 곤궁상태를 악용하는 모리행위를 방지하고 식량 등 생활필수품의 원활한 공급을 도모하여 국민생활의 안정을 기하려는 데 취지가 있다. 공안을 해하는 죄의 장에 위치해 있지만, 국가 또는 공공단체의 기능을 보호법익으로 삼는다.

이 죄의 주체는 국가 또는 공공단체와 식량 기타 생필품 공급계약을 체결한 자 또는 이 계약이행을 방해한 자이다. 전자의 주체는 전시공수계약의무를 부담한 자만을 지칭하므로, 의무범적 진정신분범이다.

행위양태는 계약불이행 또는 계약이행의 방해이다. 이 죄는 거동범·즉시범이 므로 계약불이행 또는 계약이행의 방해행위가 있으면 결과발생 유무와 관계없이 즉시 기수 및 완수에 이른다. 이 죄의 행위는 전쟁·천재 기타 사변 등의 국가비 상시라는 행위상황을 필요로 한다.

공수계약불이행은 정당한 이유가 없는 경우, 즉 공급계약을 이행할 수 있는 지위·능력·사정하에 있었음에도 행위자가 계약상의 의무를 이행하지 않은 경 우에만 처벌된다. 인플레이션이나 물가상승으로 계약 당시와 사정이 많이 변경된 경우도 계약을 이행할 수 없는 정당한 이유가 될 수 있다.

계약불이행에 정당한 이유가 있는 때란 행위자에게 계약이행을 기대할 수 없 는 경우를 의미하며 따라서 "정당한 이유 없이"는 책임을 제한하는 표지의 성격 을 갖는다.[2]

VI. 공무원자격사칭죄

1. 의의 및 성격

공무원자격사칭죄는 공무원의 자격을 사칭하여 그 직권을 행사함으로써 성립 하는 범죄이다. 3년 이하의 징역 또는 7백만원 이하의 벌금에 처한다($^{제118}_{조}$).

이 죄는 공안을 해하는 죄들과 성격을 달리하며 오히려 공무방해의 성격을 띤다. 따라서 보호법익은 공공의 평온과 안전이 아니라, 공직에 의해 수행되는 국 가기능의 진정성에 대한 일반인의 신뢰이다. 이러한 신뢰성이 깨지면 국가의 권위 가 실추하기 때문에, 본죄는 공직수행의 진정성에 대한 일반인의 신뢰를 보호하 려는 것이다. 보호정도는 추상적 위험범으로서의 보호이다. 즉시범·거동범·지 배범이다.

2. 객관적 구성요건요소

행위주체는 자연인인 타인이다. 자격사칭에는 공무원의 자격을 가진 자가 자 기의 자격과 무관한 다른 공무원의 자격을 사칭하는 경우도 포함하므로 이 한에 서 공무원의 신분을 가진 자도 주체가 될 수 있다. 여기에서 공무원은 직권을 행 사할 수 있는 공무원인 한, 임시직원이라도 상관없다(대판 1973. 5. 22, 73 도 884). 구성요건적 행위양태는 공무원의 자격사칭과 사칭한 공무원의 직권을 행사하

---

2) 김일수, 한국형법 Ⅳ, 37면.

는 것이다. 공무원의 자격사칭이란 자격 없는 자가 공무원의 자격을 가진 것처럼 오신하게 하는 일체의 행위를 말한다. 공무원의 직권행사란 사칭한 해당 공무원만이 행할 수 있는 고유권한사항을 권한 없이 함부로 행사하는 것을 말한다.

직권행사 없이 단순한 사칭에 그쳤을 경우에는 경범죄처벌법법상의 처벌대상이 될 뿐이다($_{제3조}{}^{통법}{}_{7호}$). 공무원의 자격을 사칭하고 직권행사가 있었다고 하더라도 그 직권이 사칭한 당해 공무원의 고유권한사항이 아닐 때에는 이 죄가 성립되지 않는다.

‖ **판례** ‖　피고인들이 위임받은 채권을 용이하게 추심하는 방편으로 합동수사반원임을 사칭하고 협박한 경우(대판 1981. 9. 8, 81 도 1955), 청와대민원비서관임을 사칭하고 시외전화노선 고장을 수리하라고 한 경우(대판 1972. 12. 26, 72 도 2552) 등은 공무원자격사칭죄를 구성하지 않는다.

3. 주관적 구성요건요소

고의는 공무원의 자격사칭과 그 직권행사에 대한 인식과 의사이다. 행위자는 자신이 취한 행위에는 공직이 전제되어 있다는 점과 자신에게 그와 같은 행위를 할 권한이 없음에도 사칭한 공무원의 직권을 행사한다는 점을 인식해야 한다(대판 1973. 12. 24, 73 도 1945).

제 2 절　폭발물에 관한 죄

Ⅰ. 보호법익과 보호정도

폭발물에 관한 죄는 폭발물을 사용하여 사람의 생명·신체 또는 재산을 해하거나 공안을 문란케 함으로써 성립하는 범죄이다.

폭발물에 관한 죄는 사회의 안전과 질서를 해하는 공공위험죄로서 사회의 평온과 평안을 공통된 보호법익으로 삼고 있다. 다만 특별히 사람의 생명·신체 또는 재산에 대한 위해를 표지로 삼는 죄형법규에서는 사람의 생명·신체 또는 재산의 안전도 보호법익이라고 해야 한다.

보호받는 정도에 대해서는 형법 제119조 1항의 「사람의 생명·신체 또는 재산을 해」한다는 문언을 타인의 생명·신체 또는 재산에 대한 구체적인 위험결과로 이해할 수 있으므로 구체적 위험범에 속한다(통설).

Ⅱ. 폭발물사용죄 · 전시폭발물사용죄

1. 의의 및 성격

폭발물사용죄는 폭발물을 사용하여 타인의 생명 · 신체 또는 재산을 해하거나 공안을 문란하게 함으로써 성립하는 범죄이다. 사형 · 무기 또는 7년 이상의 징역에 처한다($^{제119조}_{1항}$). 보호법익은 사람의 생명 · 신체의 안전과 사회의 평온이다. 이 죄는 구체적 위험범 · 결합범 · 즉시범 · 계속범의 성격을 띤다.

전시폭발물사용죄는 전쟁 · 천재 기타 사변중에 폭발물사용죄를 범함으로써 성립하는 범죄이다. 사형 또는 무기징역에 처한다($^{제119조}_{2항}$). 특수한 행위상황으로 인해 행위반가치가 높아져 폭발물사용죄보다 불법이 가중된 구성요건이다.

2. 객관적 구성요건요소

(1) 폭발물의 사용

기본적인 구성요건행위는 폭발물사용이다. 폭발물이란 점화 등 일정한 자극을 가하면 화학적 성분이나 응집상태의 갑작스러운 변화로 다량의 가스와 열량이 발생하고 용적이 급격히 팽창하여 폭명 · 화염 및 파괴작용을 일으키는 물체(다이너마이트, 지뢰, 폭탄, 화약, 니트로글리세린, 아세틸렌가스, TNT 등)를 말한다. 파괴력이 사람의 생명 · 신체 · 재산을 대량으로 해하거나 공안을 문란케 할 정도의 것이라야 한다(법적 · 규범적 폭발물개념). 따라서 소총의 실탄발사나 오락용 폭죽 등은 폭발물이 되지 않는다. 화염병 역시 본조의 폭발물이라고 할 수 없고(대판 1968. 3. 5, 66 도 1056) 특별법의 적용을 받는다($^{화염병사용등의처벌}_{에관한법률 제3조}$).

핵에너지원도 폭발물의 일종인가에 대해서는 부정설이 다수설이다. 핵에너지는 핵분열과 핵융합에 의해 발생하는 것이므로 핵에너지의 폭발은 본죄에 해당하지 않고 제172조의 2의 적용을 받는 것으로 보는 것이 옳다. 그러나 핵탄두를 장착한 핵무기는 당연히 본죄의 폭발물에 해당하는 것으로 보아야 한다.

폭발물의 사용은 폭발물을 그 용법에 따라 폭발시키거나 폭발할 수 있는 상태에 두는 것을 말한다. 실제 폭발물사용행위란 폭발물을 수단으로 하여 폭발효과를 야기하는 행위이므로, 폭발물은 사용행위의 객체라기보다 수단으로 보아야 한다.

(2) 위해행위 · 공안문란행위

구성요건결과와 직접 관련된 구성요건행위는 위해행위와 공안문란행위이다. 공안이란 한 지방의 법질서의 평온을 의미한다. 따라서 공안의 문란이란 폭발물을 사용하여 공공의 안전과 평온을 교란시키는 것으로, 한 지방의 법질서를 교란할 정도여야 한다. 사람의 생명 · 신체 · 재산에 대한 위해행위는 공안문란의 예시라는 데 견해가 일치한다.

(3) 미수 · 기수

폭발물을 폭발시키거나 폭발가능한 상태에 두는 때 실행의 착수가 있고, 폭발물의 사용으로 생명 · 신체 또는 재산에 대한 구체적인 위험결과나 공안에 대한 구체적인 위험결과가 발생했을 때 기수가 된다. 실행의 착수가 있었지만 폭발물이 폭발하지 않았거나, 생명 · 신체 · 재산 · 공안에 대한 구체적인 위험결과가 발생하지 않은 때에는 미수범이 성립한다. 본죄의 미수범은 처벌한다($^{제119조}_{3항}$).

3. 주관적 구성요건요소

고의성립에는 폭발물사용 및 생명 · 신체 · 재산에 대한 위해 또는 공안의 문란에 관하여 인식과 의사가 있어야 한다. 구체적 위험범이므로 생명 · 신체 또는 재산에 대하여 구체적인 위험결과의 발생이나 공안문란의 구체적인 위험결과의 발생에 대한 고의도 필요하다(대판 1969. 7. 8, 69 도 832).

4. 타죄와의 관계

(가) 폭발물사용으로 사망 · 상해 · 손괴의 결과가 발생한 경우에 살인죄 · 상해죄 · 손괴죄와 본죄는 상상적 경합관계가 되고, 폭발물사용으로 화재가 발생한 경우에는 고의의 유무에 따라 방화죄 또는 실화죄와 상상적 경합관계에 서게 된다.

(나) 폭발물사용죄에는 과실범 처벌규정이 없다. 따라서 과실로 인한 경우에는 제173조의 2(과실폭발성물건파열등죄)에 따라 처벌해야 한다.

(다) 반국가단체의 구성원 또는 그 지령을 받은 자가 목적수행을 위한 행위중 폭발물을 사용하면 국가보안법($^{제4조1}_{항3호}$)이 우선 적용된다.

Ⅲ. 폭발물사용예비・음모・선동죄

1. 폭발물사용예비・음모죄

폭발물사용예비・음모죄는 폭발물사용죄와 전시폭발물사용죄를 범할 목적으로 예비・음모함으로써 성립하는 범죄이다. 2년 이상의 유기징역에 처한다. 단 목적한 죄의 실행에 이르기 전에 자수한 때에는 형을 감경 또는 면제한다($\binom{제120조}{1항}$).

폭발물사용예비란 폭발물사용죄의 실행을 위한 준비행위로서 아직 실행의 착수에 이르지 않은 일체의 행위를 말한다. 물적 준비는 물론 폭파작업을 위한 정신적 준비도 그것이 외부적 행위로 나타나 확인될 수 있으면 충분하다. 다만 폭발물사용죄의 실현을 전제로 그 실행에 실질적으로 이바지하는 준비행위만이 예비행위로 평가될 수 있다. 예비행위의 실질적 위험성은 이 한에서만 확정할 수 있기 때문이다. **폭발물사용음모**란 두 사람 이상 사이의 폭발물사용죄를 실현하기 위한 모의, 즉 공동의사의 형성을 말한다. 음모는 주로 범죄실행에 대한 의사연락이지만 범죄의 준비행위라는 점에서 넓은 의미의 예비에 속한다.

2. 폭발물사용선동죄

폭발물사용선동죄는 폭발물사용죄와 전시폭발물사용죄를 범하도록 선동함으로써 성립하는 범죄이다. 폭발물사용예비・음모죄의 형과 같다($\binom{제120조}{2항}$). 기본범죄인 폭발물사용죄의 범행을 유도하거나 자극・조장하는 일련의 행위이다.

행위양태는 선동이다. 선동의 대상은 폭발물사용죄와 전시폭발물사용죄의 실행이다. 여기에서 **선동**은 타인의 정당한 판단력을 잃게 하여 범죄실행을 유도하거나 이미 결의한 자의 결의를 조장・자극하는 것을 말한다. 상대방의 범행결의를 유도・조장・자극하기만 하면 되고, 이에 따라 상대방이 범행결의를 하였거나 그것을 용이하게 할 만큼 영향을 미쳤을 것까지는 필요로 하지 않는다. 만약 선동이 교사・방조에까지 구체적으로 발전하면 폭발물사용죄의 교사・방조범이 성립하고 이 죄는 문제되지 않는다. 선동의 방법은 구두・문서・도화 기타 행동으로도 가능하다.

이 죄에서 선동은 기본범죄의 실행을 대상으로 하는 것이므로 선동의 고의뿐만 아니라, 기본범죄인 폭발물사용죄・전시폭발물사용죄에 대한 고의도 필요로 한다. 다만, 폭발물사용예비・음모죄와 달리 목적범이 아니므로 폭발물사용죄를 범할 목적은 필요하지 않다.

Ⅳ. 전시폭발물제조·수입·수출·수수·소지죄

전시폭발물제조·수입·수출·수수·소지죄는 전시 또는 사변에 정당한 이유 없이 폭발물을 제조·수입·수출·수수 또는 소지함으로써 성립하는 범죄이다. 10년 이하의 징역에 처한다(제121조). 원래 폭발물사용죄의 예비행위에 해당하는 것이지만, 폭발물사용죄를 범할 목적이 없다는 점에서 구별되고 행위반가치도 낮다. 다만 전시 또는 사변이라는 특별한 행위상황 때문에 이를 독립된 구성요건으로 규정한 것이다. 따라서 이에 대한 공범의 성립도 가능하다.

"정당한 이유 없이"란 법률의 규정에 의하지 아니하거나 국가기관의 허가 없이라는 의미이다. 위법성제한의 의미가 함축된 용어이다.

Ⅴ. 폭발성물건파열죄

1. 의의 및 성격

폭발성물건파열죄는 보일러, 고압가스 기타 폭발성 있는 물건을 파열시켜 타인의 생명·신체 또는 재산에 대하여 위험을 발생시킴으로써 성립하는 범죄이다. 1년 이상의 유기징역에 처한다(제172조 1항). 미수범은 처벌하며(제174조), 예비·음모도 처벌하나 자수는 필요적 감면사유이다(제175조).

이 죄는 공안을 해하는 공공위험범의 일종이다. 우리 형법은 폭발성 있는 물건의 파괴력이 화력에 의한 파괴력에 준한다는 이유로 방화죄의 일종으로 취급하고 있다.

보호법익은 공공의 안전과 개인의 생명·신체 및 개인과 공공의 재산이다. 보호의 정도는 구체적 위험범으로서의 보호이다.

2. 객관적 구성요건요소

(1) 행위객체

파열행위의 객체는 보일러, 고압가스, 기타 폭발성 있는 물건이다. 보일러는 밀폐된 강판제의 용기 안에서 물을 끓여 높은 온도·높은 압력의 증기를 발생시키는 장치이다. 고압가스는 압축 또는 액화된 고압하에 있는 기체를 말한다(고압가스안전관리법 시행령 제2조). 폭발성 있는 물건이란 급격하게 파열하여 사람의 생명·신체·재산·물건 등을 파괴하는 성질을 가진 물질을 말한다. 석유탱크, 그 밖에 인화성 내지 폭발성 있는 화학물질류 등을 들 수 있다. 그러나 총포는 그 자체의 폭발에 의해 파괴력을 갖는 것이 아니므로 여기서 말하는 폭발성 있는 물건의 개념에 들지 않는다. 이들 물건에 대한 소유관계는 자기소유이든 타인소유이든 가리지 않는다.

(2) 행　위

구성요건행위는 파열이다. 파열이란 물체의 급속한 팽창력을 이용하여 폭발에 이르게 하는 것을 말한다. 이 때 행위객체에 손상을 입힐 만한 격렬한 팽창력·화력·폭음에 의한 파괴력 등이 나타난다.

(3) 결　과

구성요건결과는 사람의 생명·신체 또는 재산에 대한 위험을 말한다. 그 밖에 구체적인 공공의 위험까지 발생해야 할 필요는 없다.

(4) 실행의 착수 및 기수시기

실행의 착수시기는 폭발성물건파열의 고의를 가지고 폭발성 있는 물건을 파열시키는 행위를 직접 개시한 때이다. 실행에 착수했으나 파열행위를 종료하지 못했거나(미종료미수), 파열행위는 종료했지만 사람의 생명·신체·재산에 대한 구체적인 위험에까지 이르지 못한 경우(종료미수)에는 미수가 된다($^{제174}_{조}$). 그 밖에도 파열행위와 결과발생 사이에 인과관계 및 객관적 귀속관계가 존재하지 않은 경우에도 미수가 된다. 이 죄는 구체적 위험범이므로 행위객체에 대한 파열을 넘어 구체적인 사람의 생명·신체·재산에 대한 위험까지 발생한 때에 한해 기수가 된다.

3. 주관적 구성요건요소

이 죄의 성립에는 폭발성 있는 물건을 파열하여 사람의 생명·신체·재산에 대한 위험을 발생시킨다는 점에 대한 고의가 있어야 한다. 미필적 고의로도 충분하다.

VI. 폭발성물건파열치사상죄

폭발성물건파열죄를 범하여 사람을 상해에 이르게 한 때에는 무기 또는 3년 이상의 징역에 처하고, 사망에 이르게 한 때에는 무기 또는 5년 이상의 징역에 처한다($_{2항}^{제172조}$). **폭발성물건파열치사상죄**는 폭발성물건파열죄의 결과적 가중범이다. 치상죄는 부진정결과적 가중범이고, 치사죄는 진정결과적 가중범이다.

Ⅶ. 가스 · 전기등방류죄

1. 가스 · 전기등방류죄

(1) 의   의

가스 · 전기등방류죄는 가스 · 전기 · 증기 또는 방사선이나 방사성물질을 방출 · 유출 또는 살포시켜 타인의 생명 · 신체 또는 재산에 대한 위험을 발생시킴으로써 성립하는 범죄이다. 1년 이상 10년 이하의 징역에 처한다($_{2\ 제 1 항}^{제172조의}$). 미수범은 처벌한다($_{조}^{제174}$). 예비 · 음모도 처벌하며, 단 자수한 때에는 형을 감면한다($_{조}^{제175}$).

(2) 구성요건요소

행위객체는 가스 · 전기 · 증기 또는 방사선이나 방사성물질이다. 방사선이란 전자파 또는 입자선 중 직접 또는 간접으로 공기를 전리하는 능력을 가진 것을 말한다($_{제 2 조 7 호}^{원자력안전법}$). **방사성물질**이란 핵연료물질, 사용 후 핵연료, 방사성동위원소 및 원자핵분열생성물을 말한다($_{제 2 조 5 호}^{동법}$).

구성요건행위는 방출 · 유출 또는 살포하는 것이다. **방출**이란 전기 또는 방사선 등 이온화물질을 외부로 노출시키는 것을 말하고, **유출**이란 가스 · 증기 등 기체를 밀폐된 용기 밖으로 새어나가게 하는 것을 말한다. **살포**는 분말상태나 미립자상태의 방사성물질을 흩어뿌리는 것은 물론, 방사성물질을 방치하여 분말 또는 미립자가 자연히 날아 흩어지도록 내버려두는 것을 말한다.

이 죄는 **구체적 위험범**이므로 행위로 인하여 구성요건결과가 발생해야 한다. 구성요건결과는 사람의 생명 · 신체 또는 재산에 대한 위험을 말한다. 구체적인 공공의 위험까지 발생해야 할 필요는 없다.

실행의 착수시기는 가스 · 전기 등을 방류한다는 고의를 가지고 방출 등의 행위를 직접 개시한 때이다. 실행에 착수했으나 타인의 생명 · 신체 · 재산에 대한 위험이 발생하지 않았을 때에는 미수이다($_{조}^{제174}$). 그러한 위험이 발생한 때에 기수가 된다.

이 죄는 가스 · 전기 등을 방류하여 타인의 생명 · 신체 · 재산에 대한 위험을 발생시킨다는 점에 대한 고의가 있어야 한다. 미필적 고의라도 좋다.

2. 가스·전기등방류치사상죄

가스·전기등방류치사상죄는 가스·전기 등 방류죄를 범하여 타인을 상해 또는 사망에 이르게 함으로써 성립하는 범죄이다. 상해의 결과를 낳은 경우에는 무기 또는 3년 이상의 징역, 사망의 결과를 낳은 경우에는 무기 또는 5년 이상의 징역에 처한다($\substack{제172조의\\2\ 제2항}$).

가스·전기 등 방류죄의 결과적 가중범이다. 치상죄는 부진정결과적 가중범이고, 치사죄는 진정결과적 가중범이다.

VIII. 가스·전기등공급방해죄

1. 가스·전기등공급방해죄

(1) 의   의

가스·전기등공급방해죄는 가스·전기 또는 증기의 공작물을 손괴 또는 제거하거나 기타 방법으로 가스·전기 또는 증기의 공급이나 사용을 방해함으로써 성립하는 범죄이다. 1년 이상 10년 이하의 징역에 처한다($\substack{제173조\\1항}$). 가스 등의 공작물을 손괴·제거하여 그 사용을 방해함으로써 공공의 위험을 발생하게 하거나 행위 자체가 공공의 위험이 되는 공공위험범이다. 보호법익은 공공의 안전과 개인 및 공용재산이다.

(2) 구성요건요소

구성요건적 기본행위는 가스, 전기 또는 증기의 공급이나 사용을 방해하는 행위이다. 방해행위에 이르는 행위수단이 공작물손괴 또는 제거 및 기타 방법이다. 손괴는 물질적 훼손이고, 제거는 목적물을 폐기하여 없애버리는 것을 말한다. 손괴 또는 제거 등 행위수단의 객체는 가스·전기 또는 증기의 공작물이고, 방해행위의 객체는 가스·전기·증기의 공급이나 사용이다. 이 죄는 구체적 위험범이므로 구성요건결과인 공공의 위험이 발생했을 때 기수가 된다. 미수범은 처벌한다($\substack{제174\\조}$).

2. 공공용 가스 · 전기등공급방해죄

공공용 가스 · 전기등공급방해죄는 공공용의 가스 · 전기 또는 증기의 공작물을 손괴 또는 제거하거나 기타 방법으로 가스 · 전기 또는 증기의 공급이나 사용을 방해함으로써 성립하는 범죄이다. 1년 이상 10년 이하의 징역에 처한다($\frac{제173조}{2항}$).

행위객체가 공공용에 쓰이는 가스 · 전기 또는 증기의 공작물인 점에서 1항의 죄와 차이가 난다. 이 죄는 추상적 위험범 · 거동범이므로 공공의 위험발생과 같은 결과야기를 필요로 하지 않고, 행위가 종료하면 기수가 된다. 미수범은 처벌되나($\frac{제174}{조}$) 추상적 위험범 · 거동범의 성격상 미수범의 성립은 생각하기 어렵다.

3. 가스 · 전기등공급방해치사상죄

가스 · 전기등공급방해치사상죄는 1항과 2항의 죄를 범하여 사상의 결과가 발생한 때 성립하는 결과적 가중범이다. 사람을 상해에 이르게 한 때에는 2년 이상의 유기징역에 처하고, 사망에 이르게 한 때에는 무기 또는 3년 이상의 징역에 처한다($\frac{제173조}{3항}$).

가스 · 전기등공급방해치상죄를 상해죄보다 무겁게 처벌하는 현행 형법의 해석상, 치상으로 인한 결과적 가중범은 상해결과에 대한 고의가 있는 경우도 상정한 것이라고 판단되므로, 치상죄는 부진정결과적 가중범이다. 반면에 치사죄는 진정결과적 가중범이다.

Ⅸ. 과실폭발성물건파열등죄

과실로 폭발성물건파열죄($\frac{제172조}{1항}$), 가스 · 전기등방류죄($\frac{제172조의}{2 \, 제1항}$), 가스 · 전기등공급방해죄($\frac{제173조}{1항}$), 공공용의 가스 · 전기등공급방해죄($\frac{제173조}{2항}$)를 범한 자는 5년 이하의 금고 또는 1천 5백만원 이하의 벌금에 처한다($\frac{제173조의}{2 \, 제1항}$).

업무상 과실 또는 중대한 과실로 앞에 열거한 죄를 범한 자는 7년 이하의 금고 또는 2천만원 이하의 벌금에 처한다($\frac{제173조의}{2 \, 제2항}$).

Ⅹ. 폭발성물건파열등예비 · 음모죄

폭발성물건파열등예비 · 음모죄는 폭발성물건파열죄($\frac{제172조}{1항}$), 가스 · 전기등방류죄($\substack{제172조의\\2 제1항}$), 가스·전기등공급방해죄($\substack{제173조\\1항}$), 가스·전기공급방해치사상죄($\substack{제173조\\2항}$)를 범할 목적으로 예비·음모함으로써 성립하는 범죄이다. 5년 이하의 징역에 처한다. 단, 그 목적한 죄의 실행에 이르기 전에 자수한 때에는 형을 감경 또는 면제한다($\substack{제175\\조}$). 폭발성물건파열죄 등의 실행의 착수가 있기 이전 일정한 범위의 사전준비행위를 규율대상으로 삼는 독립한 범죄구성요건이다.

제 3 절   방화와 실화의 죄

Ⅰ. 총   설

1. 의의 및 체계

방화와 실화의 죄는 고의로 불을 놓거나 과실로 화재를 일으켜, 사람이 주거로 사용하거나 사람이 현존하는 건조물·공용건조물·일반건조물 또는 일반물건을 불태워 버리는 범죄이다. 전형적인 공공위험죄이다.

일반건조물 등의 방화죄($\substack{제166조\\1항}$), 일반물건의 방화죄($\substack{제167조\\1항}$) 및 실화죄($\substack{제170\\조}$)를 객체에 따라 각각 독립된 세 종류의 기본적 구성요건으로 보는 것이 합리적이다. 일반건조물 등의 방화죄에 대해 현주건조물 등의 방화죄($\substack{제164조\\1항}$)와 공용건조물 등의 방화죄($\substack{제165\\조}$)는 불법가중적 구성요건이 되고, 자기소유의 일반건조물 등의 방화죄($\substack{제166조\\2항}$)는 불법감경적 구성요건이 된다. 일반물건의 방화죄에 대해 자기소유의 일반물건방화죄($\substack{제167조\\2항}$)는 불법감경적 구성요건이다. 실화죄($\substack{제170\\조}$)는 방화죄의 과실범의 기본적 구성요건이고, 이에 대해 업무상 실화·중실화죄($\substack{제171\\조}$)는 불법 및 책임이 가중된 구성요건이다. 그 밖에도 연소죄($\substack{제168\\조}$)는 자기소유의 일반건조물등방화죄 또는 자기소유의 일반물건방화죄의 결과적 가중범의 형태이고, 진화방해죄($\substack{제169\\조}$)는 일종의 준방화죄로서 독자적 범죄가 된다.

방화죄 중 현주건조물등방화죄·공용건조물등방화죄·일반건조물등방화죄의 미수범($\substack{제174\\조}$) 및 예비·음모죄($\substack{제175\\조}$)를 처벌하며, 타인의 권리대상이 된 자기물건은 타인의 물건으로 간주한다($\substack{제176\\조}$).

2. 보호법익

보호법익이 공공의 안전이라는 점에 관하여는 의문의 여지가 없다. 다만 재산을 방화죄의 보호법익으로 볼 수 있는지에 관해서는 견해가 대립되고 있다.

(1) 공공위험죄설

방화죄는 재산죄와 관련이 없는 순수한 공공위험죄이며 공공의 안전이라는 사회적 법익을 보호법익으로 할 뿐이라고 한다. 재산죄 중 특히 손괴죄와의 관련성을 부인한다. 그 이유로는 자기의 소유물에 대한 방화도 처벌받을 뿐만 아니라, 방화죄의 기수시기와 손괴죄의 기수시기가 일치할 수 없다는 것을 든다.[3]

(2) 이중성격설

방화죄가 공공의 안전이라는 사회전체의 이익을 보호하지만 부차적으로 개인의 소유권도 보호하므로, 공공위험죄와 재산죄의 성격을 모두 가진 범죄라고 보는 견해이다. 이러한 공공위험죄·재산죄설이 우리나라의 다수설[4]과 판례(대판 1983. 1. 18, 82 도 2341)의 입장이다.

(3) 결   론

공공의 안전을 통일된 상위의 보호법익으로 보고, 개별적인 구성요건에 따라 보호법익을 불특정 또는 다수인의 생명·건강·재산 등으로 구체화하는 것이 옳다. 현주건조물등방화죄의 보호법익은 불특정 또는 다수인의 생명·신체의 완전성·재산이고, 공용건조물등방화죄의 보호법익은 공익적 재산가치가 높은 공공의 재산이며, 일반건조물등방화죄의 보호법익은 불특정 또는 다수인의 재산이고, 일반물건방화죄의 보호법익도 불특정 또는 다수인의 재산이다.

Ⅱ. 현주건조물등방화죄

A. 주택등방화죄

1. 의의 및 성격

주택등방화죄는 불을 놓아 사람이 주거로 사용하거나 사람이 현존하는 건조

---

3) 김성천·김형준 605면 이하; 이재상 509면.
4) 권오걸 747면; 김성돈 479면; 박상기 469면; 배종대 640면; 백형구 411면; 서일교 285면; 손동권 544면; 오영근 616면; 유기천(하) 19면; 이영란 514면; 이정원 510면; 임웅 568면; 정성근·박광민 567면; 정영석 112면; 정영일 368면; 진계호 652면; 황산덕 103면.

물·자동차 등을 소훼함으로써 성립하는 범죄이다. 무기 또는 3년 이상의 징역에 처한다(제164조 1항).

이 죄는 방화를 통해 공중의 생명·신체·재산에 대한 위험성을 유발하는 공공위험죄이다. 보호의 정도는 추상적 위험범이므로 구체적인 위험결과를 야기할 필요는 없고, 행위의 일반적인 위험성만 있으면 된다. 즉시범·거동범·공격범·지배범의 일종이기도 하다. 미수범은 처벌한다(제174조).

2. 객관적 구성요건요소

(1) 행위객체

사람이 주거로 사용하거나 사람이 현존하는 건조물·기차·전차·자동차·선박·항공기 또는 광갱이다.

(a) **사람이 주거로 사용**   사람이란 범인 이외의 모든 자연인을 말한다. 범인이 혼자 살고 있는 집에 방화한 때는 이 죄에 해당하지 않고 일반건조물방화죄(제166조)에 해당하지만, 자기의 아내와 함께 살고 있는 집에 방화한 때에는 이 죄가 성립한다(통설). 주택의 소유권이 누구에게 있는가는 문제되지 않는다. 비록 범인자신의 소유주택이라도 자기가족들과 함께 살고 있는 한, 이 죄의 객체가 된다.

주거란 사람이 거처하는 데 중심되는 장소를 말한다. 주거침입죄의 주거는 관리하는 건조물, 점유하는 방실과 따로 구분된 것이기 때문에 사람의 기와침식에 사용하는 주택건조물 기타 장소에 국한된다. 이에 비해 여기에서 주거는 일상생활을 영위하는 장소이거나 반드시 기와침식에 사용하는 장소일 필요는 없고, 주로 기거·취침에 사용하는 장소이면 족하다(다수설).

사용이란 사실상 주거로 이용하고 있는 상태를 말한다. 범행 당시 주거로 이용한 사실이 있기만 하면 주거목적물의 범위나 용도, 목적 등은 중요하지 않다. 주거로 사용은 계속성을 필요로 하지 않는다. 건물의 일부만 주거로 이용하고 있어도 건물 전부를 주거로 사용한다고 볼 수 있다. 따라서 사람이 거주하는 가옥의 일부로 되어 있는 우사에 대한 방화는 현주건조물방화죄에 해당한다(대판 1967. 8. 29, 67 도 925).

보기   ① 일정계절이나 주말에만 사용하는 별장, 밤에만 사용하는 학교나 공장의 숙직실, 일시취침에 사용하는 술집의 객실, 일시 머물다 가는 산장·콘도미니엄 등도 주거로 사용하는 장소가 된다. ② 학교건물의 방 하나를 숙직실로 사용하는 때에도 교사 전체가 주거로 사용하는 건조물이다.

거주자를 모두 살해하고 방화한 경우 이 죄가 성립한다는 견해가 있다.[5] 양자가 시간적·내용적 연관성이 있으므로 살해행위에 착수할 때 사람이 현존하면 충분하기 때문이라고 한다. 그러나 거주자가 모두 살해된 경우는 더 이상 주거에 사용된다고 할 수 없으므로 일반건조물등방화죄(^{제166조})가 성립한다고 보아야 한다.[6]

(b) **사람이 현존** 방화시 범인 이외의 자가 주거로 사용하지 않는 건조물 등의 내부에 체류하고 있음을 의미한다. 체류는 일시적이어도 좋다. 체류에 반드시 적합한 영역이 아니더라도 사실상 체류에 제공될 수 있는 영역이면 된다. 체류는 사실상의 의미이기 때문에 반드시 적법한 체류일 필요는 없다. 건조물 일부에 사람이 있으면 전체가 사람이 현존하는 건조물이 된다. 주거로 사용하지 않는 빈집이나 폐가에 범행시 사람이 있었으면 주거로 사용하는 건조물이 아니라 현존건조물이라고 해야 한다.

(c) **건 조 물** 토지에 정착하고 벽·기둥으로 지탱되어 있어 사람이 내부에 출입할 수 있는 구조를 가진 가옥, 그 밖에 이와 유사한 공작물이 건조물이다. 반드시 사람의 주거용이어야 하는 것은 아니다. 사람이 현존할 수 있는 것이면 족하지만, 어느 정도 지속성을 가지고 토지에 정착한 것이어야 한다.

보기 ① 지하토굴·벙커, 방갈로, 천막집, 임시지휘초소, 건축·토목공사사무실의 가건물은 건조물에 해당하지만, 레저용 텐트는 일반물건($^{제167조}_{2항}$)으로 보아야 한다. ② 사람이 출입할 수 있는 규모의 동물사육용 우리, 쓰레기를 모아두는 헛간, 공중전화박스와 같은 영역은 본래 사람이 체류를 위해 현존할 만한 장소는 아니므로 일반건조물($^{제166조}_{1항}$)로 취급해야 한다. ③ 학교, 관공서, 공회당 등은 공용 또는 공익건조물이지만, 사람이 주거로 일부 사용하거나 사람이 현존하는 것일 때에는 이 죄의 건조물로 보아야 한다.

(d) **기차·전차·자동차·선박·항공기** 주거로 사용하거나 사람이 현존하는 때에 한하여 이 죄의 객체가 된다. 주거용도 아니고 사람이 현존하지도 않는 모든 기차·전차·자동차·선박·항공기는 일반기차·전차·자동차·선박·항공기($^{제166조}_{1항}$)로 보아야 한다.

침대차를 부착한 열차일 경우, 침대차 부분은 주거용 기차·전차이며, 그 밖

---

5) 권오걸 750면; 김성돈 500면; 배종대 643면; 손동권 548면; 오영근 619면; 유기천(하) 29 면; 정성근·박광민 571면; 진계호 654면.
6) 같은 견해 백형구 415면; 이정원 515면; 이재상 516면.

의 부분은 사람이 현존하는 기차·전차라고 해야 할 것이다. 개인승용차, 개인소형선박, 개인용 경비행기라도 운전자와 한두 사람의 승객이 현존한 때에는 비록 체류용장소는 아니더라도 이 죄의 객체로 보아야 한다.

(e) **광 갱** 광물을 채취하기 위한 지하시설물을 말한다. 주거용 또는 사람이 현존하는 경우에 한하여 이 죄의 객체가 된다. 그 밖의 상태에 놓인 광갱은 역시 일반광갱($^{제166}_{조}$)에 지나지 않는다.

(2) **행 위**

불을 놓아(방화하여) 위에 열거한 대상물을 소훼하는 것이다.

(a) **방 화** 목적물을 소훼하기 위해 일부러 불을 놓는 일체의 행위를 의미한다. 수단·방법에는 아무 제한이 없다. 목적물에 직접 불을 놓거나 아니면 매개물을 이용해 불을 놓거나 상관없다. 이 죄의 제 1 행위는 방화이므로 불을 놓는 행위를 기준으로 실행의 착수시기를 정해야 한다. 일반적으로 목적물 또는 매개물에 발화 또는 점화할 때 **실행의 착수**는 인정된다(다수설·대판 2002. 3. 26, 2001 도 6641). 다만 실행의 착수시기에 관한 개별적 객관설에 따를 때 반드시 발화 또는 점화를 요하는 것은 아니며 그 이전시점에서도 실행의 착수가 인정될 수 있다. 즉 행위자의 전체적인 방화계획에 비추어 방화의사의 분명한 표명이라고 할 수 있는 행위가 보호법익에 대한 직접적인 위험에 이르면 족하다. 예컨대 인화물질이 있는 곳에 시한폭발물을 장치하는 경우에도 이미 실행의 착수는 인정된다.

‖ **판례** ‖ 매개물을 통한 점화에 의하여 건조물을 소훼함을 내용으로 하는 형태의 방화죄의 경우에, 범인이 그 매개물에 불을 켜서 붙였거나 또는 범인의 행위로 인하여 매개물에 불이 붙게 됨으로써 연소작용이 계속될 수 있는 상태에 이르렀다면, 그것이 곧바로 진화되는 등의 사정으로 인하여 목적물인 건조물 자체에는 불이 옮겨 붙지 못하였다고 하더라도, 방화죄의 실행의 착수가 있었다고 보아야 할 것이고 (대판 2002. 3. 26, 2001 도 6641)

보증인적 소화의무 있는 자가 작위의무를 위반하면 부작위에 의한 방화가 된다(통설). 그러나 단순한 소화협력의무의 위반($^{경범죄처벌법}_{제3조 29호}$) 또는 진화방해 정도는 일반적인 법적 의무의 위반일 뿐 특별한 보증인의무의 위반이 아니므로 부작위에 의한 방화라 할 수 없다.

(b) **소 훼** 화력에 의한 건조물 또는 물건의 손괴를 의미한다. 소훼는 방화죄의 구성요건결과가 아니라 이 죄의 제 2 행위이다. 구성요건결과는 건조물

또는 물건의 이용가치의 감소이다.

(c) **방화죄의 기수시기**   어느 정도의 손괴를 창출했을 때 소훼가 종료되어 방화죄의 기수가 성립한다고 볼 것인가?

(가) **독립연소설**   불이 방화의 매개물을 떠나서 목적물에 옮겨 붙어 독립하여 연소를 계속할 수 있는 상태에 이르렀을 때 소훼가 있고 방화죄는 기수가 된다는 견해이다.[7] 판례(대판 2007. 3. 16, 2006 도 9164)의 입장이다. 방화죄의 본질이 공공위험죄이므로, 기수시기도 행위가 공공의 위험을 야기한 때를 기준으로 삼아야 한다는 것이다. 독립연소설에 의할 때에도 목적물 자체에 불이 붙을 것을 요한다. 따라서 건물의 지붕, 천정, 벽, 마루, 문기둥 또는 창틀에 불이 붙은 때에는 독립연소로서 기수가 된다. 하지만, 가구·서가·카페트 등에 불이 붙은 경우에는 건물에 접착되어 있는 경우라도 독립연소의 단계에 이르렀다고 볼 수 없다.

(나) **효용상실설**   화력에 의하여 목적물의 중요부분이 소실되어 효용을 상실한 때 소훼가있고 방화죄는 기수에 이른다는 견해이다.[8] 목조건물이 대부분인 우리 실정에서 독립연소설에 따르면 기수의 성립범위가 지나치게 확대된다는 점, 공공위험죄인 일수죄(제177조)와 폭발물파열죄(제172조)도 침해 또는 손괴에 이르렀을 때 기수가 되므로 방화죄의 소훼도 이와 동일하게 이해해야 한다는 점, 우리 형법상 방화죄는 독일형법과 달리 불을 놓는 것 이외에 소훼를 더 요구하고 있다는 점을 고려할 때 소훼를 효용상실의 의미로 이해해야 한다는 것이다. 하지만 방화죄의 재산죄적 성격을 강조한 나머지 재산죄적 침해범인 손괴죄보다도 더 높은 중요부분의 효용상실을 요구함으로써 공공위험죄적 성격을 무시했다는 비판을 면하기 어렵다.

(다) **중요부분연소개시설**   목적물의 중요부분에 연소가 개시된 때 소훼가 있고 기수로 된다는 견해이다.[9] 이 견해는 독립연소설을 기초로 하면서 독립연소설에 의할 때 기수의 시기가 너무 앞당겨지는 것을 피하기 위해 목적물의 중요부분에 대한 연소시기까지로 늦추어 수정한 것이다. 여기에서는 목적물의 중요부분에 연소가 개시되면 비록 효용상실이 없더라도 공공의 위험을 인정할 만한 소훼가 있다고 본다. 소훼행위와 공공의 위험발생을 일치시킨다는 점에서 타당하지만, 목적물의 중요부분에 대한 연소개시와 공공의 위험발생을 연결시키는 점은 전적

---

[7] 권오걸 754면; 김성천·김형준 610면; 박상기 472면; 손동권 551면; 이재상 518면; 이정원 519면.
[8] 백형구 413면, 416면; 서일교 190면; 유기천(하) 25면; 정영석 121면.
[9] 이형국(공저) 461면; 정영일 371면; 황산덕 108면.

으로 타당하다고 보기 어렵다.

(라) **일부손괴설**   손괴죄에서 말하는 손괴의 정도, 즉 목적물의 일부손괴가 있을 때 소훼가 있고 기수가 된다는 견해이다.[10] 효용상실설을 기초로 하면서, 효용상실을 요하지 않고 일부분의 손괴만 있으면 충분하다고 보는 절충설이다. 하지만 방화죄의 재산죄적 성격을 중시하여 방화죄를 손괴죄와 같이 취급한 것은 공공위험죄적 성격에 반한다는 난점에 직면한다.

(마) **결론(이분설)**   방화죄에서 공공의 위험을 초래할 만한 전형적인 특성을 지닌 행위양태로서 소훼가 있는지의 여부는 **추상적 위험범** 내지 **구체적 위험범** 유형에 따라 달리 평가해야 할 것이다. 즉 추상적 위험범인 방화죄에서 소훼행위는 독립연소만으로 충분하며(**독립연소설**), 구체적 위험범인 방화죄에서 소훼행위는 독립연소만으로는 부족하고 중요부분에 대한 연소가 개시된 때 구체적인 공공의 위험이 발생한다(**중요부분연소개시설**).[11]

(3) **결   과**

이 죄는 추상적 위험범이므로 방화행위와 소훼행위의 종료만으로 기수가 되며 소훼의 결과발생, 즉 목적물의 소실이나 공공의 위험발생 따위를 필요로 하지 않는다. 실행의 착수시기는 불을 놓는 행위를 한 때이다. 실행에 착수했으나 방화행위를 종료하지 못했거나, 방화행위를 종료했으나 소훼행위에까지 이르지 못한 경우(미종료미수)에는 추상적 위험범이지만 미수로 처벌한다($_{\text{조}}^{\text{제174}}$).

3. 주관적 구성요건요소

이 죄가 성립하기 위해서는 방화하여 목적물을 소훼한다는 점에 대한 고의가 있어야 한다. 또한 주거로 사용하거나 사람이 현존하는 목적물이라는 점도 고의의 인식대상이다.

방화의 목적물이 주거로 사용되지 않거나 사람이 현존하지 않는 것으로 오인한 때에는 특별히 중한 죄가 되는 사실을 인식하지 못한 구성요건착오로서 제15조 1항에 따라 일반건조물방화죄의 고의기수로만 책임을 진다. 건조물의 일부를 주거로 사용하는 경우에 주거로 사용하지 않는 다른 부분만을 소훼할 의사로 방화한 경우에도 건조물 전부에 대한 현주건조물방화죄의 고의가 성립한다.

---

10) 김성돈 502면; 오영근 621면; 이영란 520면; 임웅 573면; 정성근·박광민 576면.
11) 배종대 646면; 진계호 657면.

4. 피해자의 승낙

주거자·현존자의 승낙이 있으면 원칙적으로 본죄가 아니라 일반건조물 등의 방화죄($\frac{제166}{조}$)와 동일시해야 한다.[12] 그리고 소유자의 승낙이 있는 경우에는 자기소유물의 방화에 대한 경우($\frac{제166조 2항}{제167조 2항}$·)와 동일시된다. 방화죄는 공공위험죄인 동시에 재산죄의 성격도 가지고 있기 때문이다. 단 피해자의 승낙이 있더라도 승낙자가 주거 내에 현존하면 의연히 현주건조물이 되어 비현주건조물에 대한 방화로 취급하기 어렵다고 해야 한다.[13]

5. 죄수 및 타죄와의 관계

㈎ 공공위험죄의 죄수는 행위객체의 수가 아니라, 공공의 안전이라는 **통일된 상위의 보호법익**을 기준으로 한다. 따라서 1개의 방화행위로 수개의 현주건조물을 소훼한 때에도 1개의 현주건조물방화죄가 성립한다. 같은 구역 내에 있는 수개의 건조물을 동일한 기회에 차례로 방화한 때에도 1개의 방화죄만 성립한다.

㈏ 1개의 방화행위로 적용법조를 달리하는 건조물과 물건을 소훼한 때에는 가장 중한 적용법조에 해당하는 포괄일죄가 된다.

㈐ 건조물 안에 현존하는 사람을 쫓아내기 위해 건조물 일부에 불을 놓았다면 현주건조물방화죄가 성립하지만, 현주하는 사람을 살해할 미필적 고의라도 있는 한 살인죄와 현주건조물방화치사죄의 상상적 경합이 된다. 이 경우 현존하던 사람이 피했다면 살인미수와 현주건조물방화죄의 상상적 경합이 된다.

㈑ 방화가 소훼를 넘어 손괴에까지 이른 경우 손괴는 방화의 불가벌적 수반행위로서 법조경합 흡수관계가 되므로 방화죄만 성립한다.

㈒ 건조물 안에서 살인한 후 죄적을 감출 의사로 방화한 경우에는 살인죄 및 사체손괴죄와 일반건조물방화죄($\frac{제166조}{1항}$)의 실체적 경합이 된다.

㈓ 화재보험금의 편취를 위해 방화한 경우에는 보험금청구 전에는 사기죄의 실행의 착수가 인정되지 않으므로 방화죄만 성립한다. 그러나 보험금을 청구하였다면 사기죄와 방화죄의 실체적 경합으로 보아야 한다.

---

12) 서일교 291면; 유기천(하) 19면; 정성근·박광민 577면; 정영석 125면; 진계호 651면.
13) 이형국(공저) 461면.

B. 방화치사상죄

1. 의   의

방화치사상죄는 현주건조물등방화죄를 범하여 사람을 사상에 이르게 함으로써 성립하는 범죄이다. 상해에 이르게 한 때에는 무기 또는 5년 이상의 징역에 처하고, 사망에 이르게 한 때에는 사형, 무기 또는 7년 이상의 징역에 처한다(제164조 2항).

이 죄는 결과적 가중범이다. 그리고 형의 균형상 현주건조물방화치사상죄(제164조 2항)는 고의와 과실의 결합형식(진정결과적 가중범) 외에 고의와 고의의 결합형식(부진정결과적 가중범)까지 포함하는 것으로 보아야 한다(다수설·대판 1996. 4. 26, 96 도 485; 1983. 1. 18, 82 도 2341). 현주건조물방화죄와 상해죄 또는 현주건조물방화죄와 살인죄의 상상적 경합보다 이 죄의 형이 가중되어 있기 때문이다.

2. 구성요건요소

주체는 현주건조물등방화죄를 범한 자 또는 그 미수범이다. 행위객체와 행위양태는 주택등방화죄와 같다.

행위결과는 사람의 사상이다. 여기에서 사람이란 행위자 및 행위자와 공범관계에 있는 자 이외의 사람이므로 방화의 공동정범 또는 공범이 사상된 경우 이 죄에 해당하지 않는다. 사상의 결과는 방화행위로 인해 사람이 소사한 경우뿐만 아니라 연기나 가스에 의해 질식하여 죽거나, 넘어지는 건조물 등에 의해 압사한 경우, 불을 피하여 뛰어내리다 발생한 경우, 불에 대한 직접적인 쇼크로 일어난 때에도 객관적 귀속이 가능하다.

‖ **판례** ‖ 현주건조물방화치사상죄는 현주건조물방화죄에 대한 일종의 가중처벌규정으로서 사형·무기 또는 7년 이상의 징역이라는 무거운 법정형을 정하고 있는 취지에 비추어 보면 사상에 대하여 과실의 경우뿐 아니라 고의가 있는 경우도 포함된다. 만약 가옥에 불을 놓아 그 속에 현존하던 사람을 소사케 한 경우에는 현주건조물방화죄와 살인죄의 상상적 경합범으로 의율할 것이 아니라 현주건조물방화치사죄로 처단하여야 한다. 그러나 현주건조물에 방화하여 기수에 이른 후 동 건조물로부터 탈출하려는 피해자들을 가로막아 소사케 한 경우에는 현주건조물방화죄와 살인죄의 경합범으로 처단되어야 한다(대판 1983. 1. 18, 82 도 2341).

3. 결과적 가중범의 법리

판례는 방화치사죄를 일관되게 부진정결과적 가중범으로 본다(대판 1996. 4.

26, 94 도 485; 1983. 1. 18, 83 도 2341). 이 점에서 학설과 일치한다. 그런데 여기서 살인의 고의가 방화치사죄에 흡수되어 별도로 살인죄가 되지 않는지 아니면 살인죄가 성립하고 방화치사죄와 상상적 경합인지가 문제된다. 판례는 사람을 살해할 목적으로 현주건조물에 방화하여 사망에 이르게 한 경우에는 현주건조물방화치사죄로만 의율할 것이라고 하고, 다만 존속을 살해할 고의로써 방화하여 존속을 살해한 경우 존속살해죄와 현주건조물방화치사죄의 상상적 경합범 관계로 의율할 것이라고 했다(대판 1996. 4. 26, 96 도 485).

　판례의 태도는 일견 이해할 만하다. 현주건조물방화치사죄의 형이 살인죄의 형보다 높기 때문에 살인의 고의가 있는 경우까지 포함하는 결과적 가중범으로 보고 살인죄는 별도로 문제되지 않지만, 중한 결과에 대한 고의범(존속살해죄)이 결과적 가중범(현주건조물방화치사죄)보다 법정형이 높을 경우에는(개정전 형법상 존속살해죄가 현주건조물방화치사죄보다 법정형이 높았다) 존속살해죄와의 상상적 경합을 인정하고 있다. 판례의 태도를 따르면 강도살인죄(제338조)와 현주건조물방화치사죄 사이에도 상상적 경합이 성립한다. 결국 판례는 결과적 가중범의 법정형과 중한 결과에 대한 고의범의 법정형을 비교하여 결과적 가중범의 형이 높을 경우에는 중한 결과에 대한 고의가 있는 경우도 포함하므로 중한 결과에 대한 고의범은 문제되지 않지만, 중한 결과에 대한 고의범의 법정형이 높을 경우에는 고의범과의 상상적 경합을 인정하는 일관된 태도를 견지하고 있다.

　그러나 판례는 결과적 가중범의 법리가 아니라 양형상의 고려를 앞세웠다. 때문에 방화치사의 경우 보통살인죄는 흡수되지만, 존속살해죄와는 상상적 경합이 된다는 것은 논리적 일관성이 없다. 방화치사죄의 불법에 살인의 고의범이 포함되는 것은 아니므로 별도의 고의범이 성립한다는 사실을 명확히 하기 위해서라도 살인죄와 현주건조물방화치사죄의 상상적 경합을 인정해야 한다.[14]

　결과적 가중범은 원칙적으로 기본행위에 대한 고의와 중한 결과에 대한 과실의 결합형식이다. 중한 결과에 대한 고의가 있는 경우는 고의범이 문제되지 결과적 가중범이 문제되지 않는다. 하지만 결과적 가중범의 법정형이 고의범보다 높을 경우 부진정결과적 가중범을 인정하지 않으면 중한 결과에 대해 고의가 있는 경우를 과실이 있는 경우보다 가볍게 처벌하게 되는 불균형이 발생한다. 이러한 문제점을 해결하기 위해서 중한 결과에 대해 과실뿐만 아니라 고의가 있는 경우에도 결과적 가중범의 성립을 인정할 필요가 있고 바로 이것이 부진정결과적 가중범이다. 따라서 부진정결과적 가중범을 진정결과적 가중범과 명확히 구별하여 평

---

14) 김성돈 505면; 손동권 554면; 이영란 523면; 이재상 519면; 임웅 577면; 정영일 372면.

가하려면 부진정결과적 가중범에 한해 중한 결과에 대한 고의범과의 상상적 경합을 인정하는 것이 옳다.

4. 공동정범

이 죄의 공동정범과 관련하여 판례는 과실범의 공동정범을 인정하는 입장에서 결과적 가중범의 공동정범도 인정한다. 그러나 진정결과적 가중범의 경우 중한 결과발생에 대해서 각자에게 과실이 있는 경우, 각자 과실의 동시범이 될 뿐이다. 이에 비해 부진정결과적 가중범의 경우는 중한 결과발생에 대해 공동의 실행의사가 있었을 때에는 공동정범을 인정해도 책임원칙에 반하지 않는다.

‖**판례**‖   30여 명의 공범들이 화염병 등 소지 공격조와 쇠파이프 소지 방어조로 나누어 건물을 집단방화하기로 공모하고 이에 따라 공격조가 건물로 침입하여 화염병 수십 개를 1층 내부로 던져 불을 붙여 소훼케 하는 도중에 공격조의 일인이 위 건조물 내의 피해자를 향하여 불이 붙은 화염병을 던진 경우, 피해자를 향하여 불붙은 화염병을 던진 행위는 비록 그것이 피해자의 진화행위를 저지하기 위한 것이었다고 하더라도 공격조에게 부여된 임무수행을 위하여 이루어진 일련의 방화행위 중의 일부라고 보아야 할 것이다. 따라서 피해자의 화상은 방화행위로 인하여 입은 것이라 할 것이므로 피고인을 비롯하여 당초 공모에 참여한 집단원 모두는 위 상해 결과에 대하여 현주건조물방화치상의 죄책을 면할 수 없다. 현주건조물방화치상죄와 같은 이른바 부진정결과적 가중범은 예견가능한 결과를 예견하지 못한 경우뿐만 아니라 그 결과를 예견하거나 고의가 있는 경우까지도 포함하는 것이므로 사람이 현존하는 건조물을 방화하는 집단행위의 과정에서 일부 집단원이 고의행위로 살상을 가한 경우에도 다른 집단원에게 그 사상의 결과가 예견가능한 것이었다면 다른 집단원도 그 결과에 대하여 현주건조물방화치사상의 책임을 면할 수 없는 것인바, 피고인을 비롯한 집단원들이 공모시 쇠파이프를 소지한 방어조를 운용하기로 한 점에 비추어 보면 건물을 방화하는 집단행위의 과정에서 상해의 결과가 발생하는 것도 예견할 수 있었다고 보이므로 현주건조물방화치상죄로 의율할 수 있다 (대판 1996. 4. 12, 96 도 215).

Ⅲ. 공용건조물등방화죄

공용건조물등방화죄는 불을 놓아 공용 또는 공익에 공하는 건조물·기차·전차·자동차·선박·항공기 또는 광갱을 소훼함으로써 성립하는 범죄이다. 무기 또는 3년 이상의 징역에 처한다($\frac{제165}{조}$). 추상적 위험범·즉시범·거동범·공격범·지배범의 일종이다.

행위객체와 행위양태 등은 현주건조물 등의 방화죄와 같다. 다만 이들 행위객체가 사람이 주거로 사용하거나 사람이 현존하는 사정에 있지 않고 그 용도상 공용 또는 공익에 공한다는 점에 차이가 있을 뿐이다. 공용에 공한다는 것은 국가 또는 공공단체에서 사용한다는 의미이고, 공익에 공한다는 것은 일반공중의 이익을 위해 사용한다는 의미이다.

만약 공용·공익에 공하는 건조물일지라도, 사람이 주거로 사용하거나 사람이 현존하는 사정하에서 방화의 객체가 될 때에는 본죄가 아니라 현주건조물 등의 방화죄로 다루어야 한다.

미수범은 처벌한다($^{제174}_{조}$). 실행의 착수시기는 불을 놓는 행위를 한 때이므로, 실행에 착수했으나 방화행위를 종료하지 못했거나 방화행위를 종료했지만 소훼행위에까지 이르지 못한 경우에 미수가 된다.

Ⅳ. 일반건조물등방화죄

일반건조물등방화죄는 불을 놓아 현주건조물등방화죄($^{제164조}_{1항}$)와 공용건조물등방화죄($^{제165}_{조}$)에 해당하지 않는 일반건조물·기차·전차·자동차·항공기·선박·광갱을 소훼함으로써 성립하는 범죄이다. 범인 자신의 소유에 속하지 않는 일반건조물방화죄를 **보통일반건조물방화죄**라 하고, 2년 이상의 유기징역에 처한다($^{제166조}_{1항}$). 그리고 범인 자신의 소유에 속하는 일반건조물방화죄를 **자기소유일반건조물방화죄**라 하고, 7년 이하의 징역 또는 1천만원 이하의 벌금에 처한다($^{제166조}_{2항}$).

보통일반건조물방화죄는 추상적 위험범, 자기소유일반건조물방화죄는 구체적 위험범이다.

보통일반건조물방화죄의 행위객체는 주거용이나 사람이 현존하는 상태의 것이거나 공용·공익에 공하는 것 이외의 것 일반을 포괄한다. 자기소유일반건조물방화죄의 행위객체는 행위자 또는 공범자의 소유에 속하는 일반건조물이다. 비록 자기소유에 속하는 건조물 등이라도 압류 기타 강제처분을 받거나 타인의 권리 또는 보험의 목적물이 된 때에는 타인의 물건으로 간주한다($^{제176}_{조}$).

보통일반건조물방화죄의 미수범은 처벌하지만($^{제174}_{조}$), 자기소유일반건조물방화죄의 미수범은 벌하지 않는다.

V. 일반물건방화죄

일반물건방화죄는 불을 놓아 제164조 내지 제166조에 기재한 이외의 물건을 소훼하여 공공의 위험을 발생케 함으로써 성립하는 범죄이다. 타인의 소유에 속하는 일반물건방화죄를 **보통일반물건방화죄**라 하고, 1년 이상 10년 이하의 징역에 처한다($^{제167조}_{1항}$). 그리고 행위자 및 공범자의 소유에 속하는 일반물건방화죄를 **자기소유일반물건방화죄**라 하고, 3년 이하의 징역 또는 7백만원 이하의 벌금에 처한다($^{제167조}_{2항}$). '무주물'을 소훼하여 공공의 위험을 발생하게 한 경우에는 '무주물'을 '자기 소유의 물건'에 준하는 것으로 보아 제167조 2항을 적용하여 처벌한다 (대판 2009. 10. 15, 2009 도 7421).

이 죄는 앞서 본 각종 건조물등방화죄에 해당하지 않는 모든 대상물에 대한 방화를 규율대상으로 삼고 있다는 점에서 방화죄의 포괄구성요건으로 보아야 한다. 따라서 다른 방화죄구성요건에 대하여 **보충적 규정**이다. 이 죄는 구체적 위험범이다.

VI. 연 소 죄

연소죄는 자기소유건조물 또는 자기소유일반물건에 대한 방화가 예상을 넘어 확대되어 현주·공용 또는 타인소유건조물에 옮겨 붙은 경우에 성립하는 범죄이다. 1년 이상 10년 이하의 징역에 처한다($^{제168조}_{1항}$). 자기소유일반물건에 대한 방화가 타인소유일반물건에 옮겨 붙은 경우에는 5년 이하의 징역에 처한다($^{제168조}_{2항}$). 이 죄는 자기소유건조물방화죄 또는 자기소유일반물건방화죄의 결과적 가중범이다.

연소란 행위자가 자기소유건조물 또는 자기소유일반물건에 방화한 불길이 행위자의 예상을 뛰어넘어 예견치 못했던 타인소유건조물, 현주건조물, 공용·공익건조물이나 타인소유일반물건에 옮겨 붙어 이를 소훼하는 것을 의미한다. 다수설은 기본범죄인 자기소유일반건조물방화죄나 자기소유일반물건방화죄는 방화객체가 소훼되고 공공의 위험이 발생한 기수범임을 요한다고 한다. 그러나 중한 결과인 연소의 발생에 필연적으로 기본범죄의 구성요건결과인 공공의 위험까지 발생해야 한다고 요구하기는 어렵다. 적어도 연소가 기본범죄의 소훼행위와 직접적인 연관성을 갖고 있는 한, 이 죄 성립을 인정해야 한다.

Ⅶ. 방화예비 · 음모죄

방화예비 · 음모죄는 주택등방화죄(제164조 1항), 공용건조물등방화죄(제165조), 타인소유 일반건조물등방화죄(제166조 1항)를 범할 목적으로 예비 · 음모함으로써 성립하는 범죄 이다. 5년 이하의 징역에 처한다. 단, 목적한 죄의 실행에 이르기 전에 자수한 때 에는 형을 감경 또는 면제한다(제175조).

이 죄는 방화죄의 수정된 구성요건이 아니라, 방화죄의 실행의 착수가 있기 이전 일정한 범위의 사전준비행위를 규율대상으로 삼는 독립한 범죄구성요건이다.

Ⅷ. 진화방해죄

1. 의의 및 성격

진화방해죄는 화재시에 진화용의 시설 또는 물건을 은닉 또는 손괴하거나 기 타의 방법으로 진화를 방해함으로써 성립하는 범죄이다. 10년 이하의 징역에 처 한다(제169조).

진화방해가 방화행위의 위험성증대와 밀접한 연관성이 있으므로 준방화죄로 보아야 한다(통설). 추상적 위험범 · 즉시범 · 거동범 · 공격범 · 지배범의 일종이다.

2. 구성요건요소

(1) 행위상황과 행위객체

이 죄는 화재시라는 특별한 행위상황을 전제로 하여 성립한다. 화재란 공 공의 위험이 발생할 정도의 연소상태가 있는 것을 말한다. 이미 화재가 발생한 경 우는 물론 화재가 발생하고 있는 경우를 포함한다. 화재의 원인도 불문한다.

행위객체는 진화용의 시설 또는 물건, 즉 원래 소화작업에 쓰이도록 제작된 기구이다. 원래 소방용으로 제작된 화재경보장치 · 소화전 · 소화용 저수시설 · 소 화기 · 소방차 · 소방용 호스 등의 시설과 기구에 한하며, 일반통신시설이나 수도 물과 같이 일시 소방을 위해 사용하는 데 불과한 기구는 포함되지 않는다(다수 설). 진화용 시설 · 물건이 범인 자신의 소유이건 타인의 소유이건 묻지 않는다.

(2) 행   위

(a) **행위양태**   행위양태는 진화용 시설물을 은닉, 손괴, 기타의 방법으로

진화를 방해하는 것이다. 여기서 진화용 시설물에 대한 은닉, 손괴, 기타 방법은 선택적으로 기술된 행위방법이다. 구성요건적 기본행위인 **진화방해**란 이와 같은 행위수단으로 진화를 불가능하게 하거나 현저히 곤란하게 하는 경우를 의미한다.

은닉이란 진화용 시설이나 물건의 소재를 불분명하게 하여 발견을 곤란 또는 불가능하게 하는 일체의 행위를 의미한다.

손괴란 진화용 시설이나 물건의 전부 또는 일부에 직접 유형력을 행사하여 물리적으로 훼손하거나 본래의 효용을 감소시키는 일체의 행위를 의미한다. 시설 또는 물건 자체를 완전히 소멸시키지 않더라도 본래의 용도에 따른 이용가능성, 즉 제때에 진화작업을 펴는 데 방해가 되었으면 손괴에 해당한다.

은닉 · 손괴는 진화방해의 행위수단으로서 진화를 방해할 수 있는 정도이어야 한다는 점에서 재물손괴죄($^{제366}_{조}$)의 은닉 · 손괴행위와 양적으로 구별된다.

기타 방법으로 인한 진화방해란 손괴 · 은닉 이외의 방법으로 진화작업을 방해하는 일체의 행위를 의미한다.

<u>보기</u> 소방차의 바퀴에서 바람을 빼버리는 것은 손괴행위로 인한 진화방해가 된다. 소방진입로 앞에 차를 세워놓아 진입로를 가로막음으로써 진화작업을 지연시킨 경우는 기타 방법으로 인한 진화방해에 해당한다. 소방관을 폭행 · 협박하여 진화작업을 못하게 위협한 경우에는 기타 방법에 의한 진화방해죄와 공무집행방해죄($^{제136}_{조}$) 및 소방기본법위반죄($^{제50}_{조}$)의 관념적 경합이 된다.

(b) **부작위에 의한 진화방해** 부작위에 의한 진화방해도 가능하다(통설). 소방관 · 경찰관과 같이 법률상 진화의무 있는 자가 화재발생보고를 하지 아니하여 진화를 방해하거나 화재현장에서 타인의 진화시설 은닉 · 파괴를 저지하지 않고 방치하는 경우 또는 소방도로를 점거한 자신의 차량을 의도적으로 치우지 않음으로써 진화를 방해하는 경우를 예로 들 수 있다. 그러나 우연히 화재현장을 발견한 자가 소방경찰관서에 고지를 하지 않았거나 화재현장에서 진화협력요구를 받고 이에 응하지 않은 것만으로는 부작위에 의한 진화방해가 되지 않는다. 작위의무가 없기 때문이다.

(3) **결   과**

이 죄는 추상적 위험범이므로, 진화를 방해할 만한 은닉 · 손괴 기타 방법에 의한 진화방해행위가 있으면 기수가 되고, 화재가 확대되어 공공의 위험을 발생케 하는 등 현실적으로 진화방해의 결과가 발생할 것을 요하지 않는다.

Ⅸ. 실 화 죄

　　실화죄는 과실로 현주건조물등방화죄($^{제164}_{조}$), 공용건조물방화죄($^{제165}_{조}$) 또는 타인의 소유에 속하는 일반건조물방화죄($^{제166}_{조}$)의 물건을 소훼하거나($^{제170조}_{1항}$), 자기소유에 속하는 일반건조물방화죄($^{제166}_{조}$) 또는 일반물건방화죄($^{제167}_{조}$)의 물건을 소훼하여 공공의 위험을 발생하게 한 때 성립하는 범죄이다($^{제170조}_{2항}$). 다같이 1 천 5 백만원 이하의 벌금에 처한다. 과실손괴죄의 처벌은 없으나 실화죄를 처벌하는 것은 화력이 가지고 있는 통제곤란의 위험성 때문이다.

　　주의할 점은 제167조에 기재한 일반물건에 대한 실화는 자기소유이건 타인소유이건 불문한다는 점이다(대판 1994. 12. 20, 94 모 32 전원합의체 결정의 다수의견). 만약 자기소유의 일반물건에 국한할 경우, 타인소유의 일반물건에 대한 실화를 처벌할 규정이 없어, 체계상 결함이 생기기 때문이다.

‖ 판례 ‖　　제170조 1항과 2항의 관계로 보아서도 제166조에 기재한 물건 (일반건조물 등) 중 타인의 소유에 속하는 것에 관하여는 1항에서 규정하고 있기 때문에 2항에서는 그 중 자기의 소유에 속하는 것에 관하여 규정하고, 제167조에 기재한 물건에 관하여는 소유의 귀속을 불문하고 그 대상으로 삼아 규정하고 있는 것이라고 봄이 관련 조문을 전체적·종합적으로 해석하는 방법일 것이다. 이렇게 해석한다고 하더라도 그것이 법규정의 가능한 의미를 벗어나 법형성이나 법창조행위에 이른 것이라고는 할 수 없어 죄형법정주의의 원칙상 금지되는 유추해석이나 확장해석에 해당한다고 볼 수는 없을 것이다 (대판 1994. 12. 20, 94 모 32 다수의견).

　　제170조 1항은 과실 추상적 위험범, 2항은 과실 구체적 위험범이다. 보증인적 지위에 있는 자의 부작위에 의한 실화가 가능함은 물론이다(과실에 의한 부작위).

Ⅹ. 업무상 실화·중실화죄

　　업무상 실화·중실화죄는 업무상 과실 또는 중대한 과실로 인하여 실화죄를 범함으로써 성립하는 범죄이다. 3년 이하의 금고 또는 2천만원 이하의 벌금에 처한다($^{제171}_{조}$). 업무상 실화죄는 업무자라는 신분관계로 인해 단순실화죄에 비해 불법과 책임이 가중된 구성요건이다. 중실화죄는 본질적으로 증대된 과실로 인해 단순실화죄에 비해 불법 및 책임이 가중된 구성요건이다.

업무상 실화죄에서 업무는 성질상 화재의 위험이 항상 수반되는 업무를 말한다. 주유소·가스관련업소 등 일반적인 화재위험이 따르는 업무뿐만 아니라, 일반건물이나 공중이 출입하는 장소에서의 화재방지를 내용으로 하는 업무(화재경비)도 포함된다. 여기의 업무에는 실화의 원인이 된 화기를 직접 취급하는 것에 그치지 않고 실화의 발견·방지 등의 의무가 지워진 경우를 포함한다(대판 1983. 5. 10, 82 도 2279).

중실화죄에서 **중대한 과실**이란 행위자가 조금만 주의를 기울였더라도 주의의무를 위반하지 않을 수 있었던 사정하에서 특별히 경솔·무모한 태도로 말미암아 이를 위반한 경우를 의미한다.

‖ **판례** ‖ 피고인이 성냥불로 담배를 붙인 다음 그 성냥불이 꺼진 것을 확인하지 아니한 채 휴지가 들어 있는 플라스틱 휴지통에 던진 것을 중대한 과실이 있는 경우에 해당한다(대판 1993. 7. 27, 93 도 135).

제 4 절 일수와 수리에 관한 죄

Ⅰ. 총   설

1. 의의 및 체계

일수와 수리에 관한 죄는 일수에 관한 죄와 수리방해죄로 구성되어 있다. 일수의 죄는 고의 또는 과실로 물난리를 일으켜 공공의 안전을 해하는 공공위험죄이다.

수리방해죄($\frac{제184}{조}$)는 수리를 방해함으로써 성립하는 범죄이다. 수리방해죄는 수리권의 침해를 내용으로 하기 때문에 공공위험죄는 아니다.

일수죄의 기본적 구성요건은 일반건조물등일수죄($\frac{제179조}{1항}$)이다. 불법가중적 구성요건으로는 현주건조물등일수죄($\frac{제177조}{1항}$)와 공용건조물등일수죄($\frac{제178}{조}$)가 있고, 불법감경적 구성요건으로는 자기소유일반건조물등일수죄($\frac{제179조}{2항}$)가 있다. 현주건조물등일수치사상죄($\frac{제177조}{2항}$)는 현주건조물등일수죄($\frac{제177조}{1항}$)의 결과적 가중범이다. 그 밖에도 진화방해죄에 상응하는 방수방해죄($\frac{제180}{조}$)와 과실일수죄($\frac{제181}{조}$)가 있다. 미수($\frac{제182}{조}$) 및 예비·음모($\frac{제183}{조}$)를 처벌한다.

2. 보호법익과 보호정도

일수죄의 기본적인 보호법익은 공공의 위험이다. 구체적으로 현주건조물등일
수죄($\frac{\text{제177조}}{\text{1항}}$)의 보호법익은 불특정 다수인의 생명·신체의 완전성과 재산이고, 공
용건조물등일수죄($\frac{\text{제178}}{\text{조}}$)의 보호법익은 공익적 재산가치가 높은 공공의 재산이고,
일반건조물등일수죄($\frac{\text{제179조}}{\text{1항}}$)의 보호법익은 불특정 또는 다수인의 재산이다.

이에 비해 수리방해죄의 보호법익은 **불특정·다수인의 수리권**이다.

자기소유일반건조물일수죄($\frac{\text{제179조}}{\text{2항}}$)와 과실일수죄($\frac{\text{제181}}{\text{조}}$)는 구체적 위험범이지만,
그 밖의 일수죄는 모두 추상적 위험범이다.

Ⅱ. 현주건조물등일수죄

1. 주택등일수죄

주택등일수죄는 물을 넘겨 사람이 주거로 사용하거나 사람이 현존하는 건조
물, 자동차 등을 물에 잠기게 함으로써 성립하는 범죄이다. 무기 또는 3년 이상의
징역에 처한다($\frac{\text{제177조}}{\text{1항}}$). 주택등방화죄($\frac{\text{제164조}}{\text{1항}}$)에 상응하는 규정이므로, 성격·행위객
체 등은 방화죄에서 설명한 것과 같다.

구성요건행위는 물을 넘겨(일수하여) 법문에 열거한 대상물을 침해하는 것이
다. 「물을 넘겨」, 즉 일수란 수계 안에 통제되어 있던 물의 자연력을 인위적으로
기존의 수문 밖으로 방출시켜 통제할 수 없는 범람상태에 이르게 하는 것을 의미
한다. 물을 넘기는 수단과 방법에는 제한이 없다.

침해란 수력에 의한 건조물 또는 물건의 손괴를 의미한다. 여기서 손괴는 효
용의 상실 또는 감소를 뜻하고 반드시 영구적이어야 하는 것은 아니다. 따라서 침
수상태의 야기로도 침해는 성립한다. 침해는 일수죄의 구성요건결과가 아니라 이
죄의 제 2 행위로 보아야 한다. **행위결과**는 이용가치의 감소이다.

이 죄는 추상적 위험범이므로 구성요건결과를 필요로 하지 않고 행위의 일반
적인 위험성만 있으면 된다. 어느 정도의 손괴를 창출했을 때 침해가 종료되어 기수
에 이르렀다고 볼 것인가? 침해개념과 일수죄의 기수시기는 공공위험죄로서 일수
죄가 갖는 특성에 비추어 결정해야 한다. 추상적 위험범인 방화죄에서 소훼행위
의 기수에 대해 독립연소설을 취했던 것과 마찬가지로, 본죄도 목적물의 전부 또
는 일부에 대한 효용상실 또는 감소만 있으면 침해는 기수에 이른다고 보아야 한

다. 구체적 위험범인 일수죄의 경우에는 일부효용감소만으로는 부족하고 중요부분에 대한 효용상실이 있을 때 침해행위가 기수에 이른다(이분설의 입장).

실행의 착수시기는 물을 넘기는 행위를 한 때이다. 실행에 착수했으나 일수행위를 종료하지 못했거나 일수행위를 종료했어도 침해행위에까지 이르지 못한 경우에는 미수로 처벌한다($^{제182}_{조}$).

2. 일수치사상죄

일수치사상죄는 현주건조물등일수죄를 범하여 사람을 사상에 이르게 함으로써 성립하는 범죄이다. 상해에 이르게 한 때에는 무기 또는 5년 이상의 징역에, 사망에 이르게 한 때에는 무기 또는 7년 이상의 징역에 처한다($^{제177조}_{2항}$). 현주건조물등일수죄의 결과적 가중범이다.

일수치상죄는 진정 및 부진정결과적 가중범이고, 일수치사죄는 진정결과적 가중범이다.

Ⅲ. 공용건조물등일수죄

공용건조물등일수죄는 물을 넘겨 공용 또는 공익에 공하는 건조물, 기차, 전차, 자동차, 선박, 항공기 또는 광갱을 침해함으로써 성립하는 범죄이다. 무기 또는 2년 이상의 징역에 처한다($^{제178}_{조}$). 미수범은 처벌한다($^{제182}_{조}$).

공용·공익에 공하는 건조물일지라도 사람이 주거로 사용하거나 사람이 현존하는 사정하에서 일수의 객체가 된 때에는 이 죄가 아니라 현주건조물등일수죄가 된다. 본죄는 공용건조물등방화죄($^{제165}_{조}$)에 상응하므로 행위객체에 관하여는 공용건조물등방화죄에서 설명한 것과 같고, 행위에 관하여는 현주건조물등일수죄에서 설명한 것과 같다.

Ⅳ. 일반건조물등일수죄

일반건조물등일수죄는 물을 넘겨 현주건조물 또는 공용건조물 등 이외의 건조물·기차·전차·자동차·선박·항공기·광갱 기타 타인의 재산을 침해함으로써 성립하는 범죄이다. 1년 이상 10년 이하의 징역에 처한다($^{제179조}_{1항}$). 그리고 자기의 소유인 일반건조물 등을 침해하여 공공의 위험을 발생하게 하는 자기소유일반건조물등일수죄는 3년 이하의 징역 또는 7백만원 이하의 벌금에 처한다($\frac{제179조}{2항}$).

보통일반건조물등일수죄는 추상적 위험범이고, 자기소유일반건조물등일수죄는 구체적 위험범이다. 일반건조물등방화죄($\frac{제166}{조}$)에 상응하는 범죄이므로, 구성요건요소는 일반건조물등방화죄에서 설명한 것과 같다. 보통일반건조물등일수죄의 미수범은 처벌한다($\frac{제182}{조}$).

V. 방수방해죄

방수방해죄는 수재시에 방수용의 시설 또는 물건을 손괴 또는 은닉하거나 기타 방법으로 방수를 방해함으로써 성립하는 범죄이다. 10년 이하의 징역에 처한다($\frac{제180}{조}$). 진화방해죄($\frac{제169}{조}$)에 상응하는 규정으로서, 방수방해가 일수행위의 위험성 증대와 밀접한 연관성이 있기 때문에 일수에 관한 죄의 장에 규정된 것이다. 준일수죄로서 추상적 위험범의 일종이다.

이 죄는 수재시라는 행위상황을 전제로 하여 성립하는 범죄이다. 수재가 이미 발생한 때뿐만 아니라 수재발생의 위험이 있는 상태를 포함한다(다수설).

행위객체는 방수용의 시설 또는 물건이다. 방수용이란 수재를 방지하기 위한 목적활동과 관련되는 용도를 말한다. 이미 일어난 수재를 감소시키기 위해 투입된 시설물도 포함한다. 소유권이 누구에게 있느냐는 불문한다.

행위양태는 방수용시설물을 손괴, 은닉, 기타의 방법으로 방수를 방해하는 것이다. 여기서 손괴·은닉 기타의 방법은 구성요건적 행위방법이고, 구성요건적 기본행위는 방수방해이다. 방수방해란 이같은 행위수단으로 방수를 불가능하게 하거나 현저히 곤란하게 하는 경우를 의미한다. 부작위에 의한 방수방해도 가능하지만, 단순히 공무원의 방수활동협력요구에 응하지 않는 협력의무위반의 경우는 경범죄처벌법위반이 될 뿐이다($_{제3조}{^{동법}}{29호}$). 손괴 및 은닉은 진화방해죄에서 설명한 것과 같다. 기타의 방법으로 방수를 방해하는 행위는 손괴·은닉 이외의 방법으로 방수를 방해하는 일체의 행위를 말한다.

이 죄는 추상적 위험범이므로 손괴·은닉 기타 방법에 의한 방수방해만 있으면 족하고, 현실로 방수방해의 구성요건결과, 즉 공공의 위험이 발생할 필요는 없다. 손괴·은닉 기타 방법의 방수방해행위만 종료하면 기수가 된다.

Ⅵ. 과실일수죄

과실일수죄는 과실로 현주건조물등일수죄($\substack{제177조 \\ 1항}$) 또는 공용건조물등일수죄($\substack{제178 \\ 조}$)에 기재된 물건을 침해하거나, 일반건조물등일수죄($\substack{제179 \\ 조}$)에 기재된 물건을 침해하여 공공의 위험을 발생케 함으로써 성립하는 범죄이다. 1천만원 이하의 벌금에 처한다($\substack{제181 \\ 조}$).

형법상 과실손괴죄는 처벌되지 않지만, 물의 파괴력과 위험이 크다는 점을 고려하여 실화죄($\substack{제170 \\ 조}$)와 마찬가지로, 일수죄에 대해서도 행위의 위험성이 인정되거나 또는 공공의 위험이 발생한 경우에 과실범으로 규율한다. 과실현주건조물등·공용건조물등일수죄는 추상적 위험범, 과실일반건조물등일수죄는 구체적 위험범이다.

Ⅶ. 일수예비 · 음모죄

일수예비 · 음모죄는 현주건조물등일수죄($\substack{제177조 \\ 1항}$), 공용건조물등일수죄($\substack{제178 \\ 조}$), 보통일반건조물등일수죄($\substack{제179조 \\ 1항}$)를 범할 목적으로 예비 또는 음모함으로써 성립하는 범죄이다. 3년 이하의 징역에 처한다($\substack{제183 \\ 조}$). 수력의 파괴력으로 인한 일수와 침해의 공공위험성이 크기 때문에 특히 예비 또는 음모까지도 처벌하는 것이다.

Ⅷ. 수리방해죄

수리방해죄는 제방을 무너뜨리거나 수문을 파괴하거나 기타 방법으로 수리를 방해함으로써 성립하는 범죄이다. 5년 이하의 징역이나 7백만원 이하의 벌금에 처한다($\substack{제184 \\ 조}$). 보호법익은 타인의 현존하는 수리권이며, 보호정도는 추상적 위험범으로서의 보호이다.

행위객체는 제방 또는 수문이다. 제방이란 담수된 물의 일출이나 유출을 막기 위해 축조된 토목건축물을 의미한다. 수문은 저수지 댐 등에 저장된 물의 유입·유출량을 조절하기 위해 설치된 시설물을 의미한다.

행위양태는 i) 제방의 결궤, ii) 수문의 파괴, iii) 기타 방법에 의한 수리방해이다. 제방결궤, 수문파괴 및 기타 방법은 이 죄의 구성요건적 행위수단이고, 수리방해가 이 죄의 구성요건적 기본행위이다. 수리방해란 이러한 행위수단으로써 수리를 불가능하게 하거나 현저히 곤란하게 하는 경우를 말한다. 여기서 수리란 관개용·목축용·발전이나 수차 등의 동력용·상수도의 원천용 등 널리 물이라는 천연자원을 사람의 생활에 유익하게 사용하는 것을 가리킨다(대판 2001. 6. 26, 2001 도 404).

결궤란 제방을 헐거나 무너뜨려 고여 있던 다량의 물을 일시에 유출시키는 행위를 말한다. 파괴란 수문의 담수량 조절기능을 상실·감소시키는 일체의 손괴행위를 말한다. 수리를 방해하는 방법으로 사용되는 것이므로 어디까지나 수리를 방해할 수 있는 정도의 결궤 내지 파괴여야 한다. 기타 방법에 의한 수리방해는 수로를 폐쇄·변경하거나 저수를 함부로 유출시키는 등 수리권행사를 방해하는 모든 행위를 의미한다. 판례는 원천 내지 자원으로서의 물의 이용이 아니라, 하수나 폐수 등 이용이 끝난 물을 배수로를 통하여 내려보내는 것은 형법 제184조 소정의 수리에 해당한다고 할 수 없다는 전제하에, 농촌주택에서 배출되는 생활하수의 배수관(소형 PVC관)을 토사로 막아 하수가 내려가지 못하게 한 경우 수리방해죄에 해당하지 아니한다고 한다(대판 2001. 6. 26, 2001 도 404).

이 죄는 추상적 위험범이므로 제방의 결궤·수문의 파괴 또는 기타 방법으로 수리방해를 종료함으로써 기수에 이른다. 그로 인하여 반드시 수리방해의 구성요건결과, 즉 공공의 위험을 현실로 야기시켜야 하는 것은 아니다.

제5절   교통방해의 죄

I. 총   설

1. 의   의

교통방해의 죄는 각종 교통로·교통수단 등 교통설비를 손괴·불통하게 하거나 그 밖의 방법으로 교통을 방해함으로써 성립하는 범죄를 말한다. 교통의 안전과 원활한 소통은 현대사회에서 시민생활의 필요불가결한 생존조건인 동시에 국가경제와 산업발전의 토대이다. 그러나 교통수단의 증가와 함께 생명·신체 또는 재산의 위험을 야기시켰고, 특히 교통수단의 대형화·고속화 추세는 대형사고와 희생자의 급증이라는 위험을 증대시켰다.

우리 형법도 이같은 위험에 직면하여 교통방해죄를 공공위험죄의 하나로 규정했다.

2. 보호법익

판례는 공공 또는 공중의 교통안전을 보호법익으로 본다(대판 1995. 9. 15, 95
도 1475). 그러나 이 죄가 방화죄나 일수죄와 함께 공공위험죄의 일종인 점을 감
안할 때, 공중의 교통안전과 공중의 생명·신체·재산의 안전 등 이중의 보호법익
을 갖고 있다고 해야 할 것이다. 보호정도는 추상적 위험범으로서의 보호이다.

3. 체   계

교통방해죄의 기본적 구성요건은 일반교통방해죄($_조^{제185}$)이다. 기차·선박등교
통방해죄($_조^{제186}$), 기차등전복죄($_조^{제187}$)는 불법가중적 구성요건이다. 결과적 가중범의
형태로 교통방해치사상죄($_조^{제188}$)가 있다. 교통방해죄의 미수범($_조^{제190}$)과 과실범($_조^{제189}$)
은 처벌되며, 제186조와 제187조의 예비·음모($_조^{제191}$)도 처벌된다.

II. 일반교통방해죄

1. 의의 및 성격

일반교통방해죄는 육로·수로 또는 교량을 손괴, 불통하게 하거나 기타의 방
법으로 교통을 방해함으로써 성립하는 범죄이다. 10년 이하의 징역 또는 1천 5백
만원 이하의 벌금에 처한다($_조^{제185}$). 이 죄는 추상적 위험범·결합범·즉시범·거동
범·공격범·지배범의 일종이다. 미수범은 처벌한다($_조^{제190}$).

2. 구성요건요소

(1) 행위객체

육로·수로 또는 교량이다. 육로란 공중의 통행에 공용되는 육상의 도로를
의미한다. 반드시 도로교통법의 적용을 받는 도로가 아니더라도, 사실상 공중이
나 차량이 자유롭게 통행할 수 있는 공공성을 지닌 육상의 도로이면 충분하다(대
판 1988. 5. 10, 88 도 262). 일반공중의 통행에 공용되는 도로인 이상 관리자나 소
유자가 누구인지는 묻지 않으며, 통행이용관계나 통행인이 많고 적음이나 노면의
넓고 좁음 따위는 가리지 않는다(대판 2005. 10. 28, 2004 도 7545; 1994. 11. 4, 94 도

2112). 육로에는 터널도 포함되지만 철도는 제186조와의 관계상 제외된다.

‖ 판례 ‖ 사실상 공중의 왕래에 공용되고 있는 도로이면 사유토지에 무단출입하여 불법통행하였거나 소수인의 통행에 불과했더라도 육로에 해당한다(대판 1979. 9. 11, 79 도 1761). 그러나 공터로 있는 땅을 인근주민들이 일시 도로에 이르는 지름길로 사용하였다는 것만으로는 아직 육로라 할 수 없다(대판 1984. 11. 13, 84 도 2192).

수로란 선박의 항해에 사용되는 하천·해협·호수·항만·항구 등을 말한다. 공해상의 해로도 폭력으로 통행을 차단하는 등의 방법에 의한 교통방해의 대상이 될 수 있으므로 이에 포함된다(통설).

교량이란 하천·호소·계곡 등에 가설된 교통시설물로서 공중의 통행에 사용되는 다리를 의미한다. 육교·잔교(구름다리)도 포함되지만(통설), 궤도의 일부인 철교는 제외된다(다수설).

(2) 행 위

행위양태는 손괴·불통하게 하거나 기타 방법으로 교통을 방해하는 것이다. 여기에서 손괴·불통 기타 방법은 구성요건적 행위수단이고, 교통방해가 구성요건적 기본행위이다. 교통방해란 교통을 불가능하게 하는 것뿐만 아니라 현저히 곤란하게(대판 1994. 11. 4, 94 도 2112) 하는 일체의 행위를 말한다(통설).

손괴란 교통시설물의 전부 또는 일부에 직접 유형력을 행사하여 물리적으로 훼손하거나 본래의 효용을 감소시키는 일체의 행위이다. 불통이란 장애물 등을 설치하여 통행을 방해하는 일체의 행위를 의미한다. 예컨대 교통로에 육중한 화물트럭이나 기중기를 세워 놓아 일반인의 통행을 차단한 경우가 불통에 의한 교통방해가 된다.

기타 방법에 의한 교통방해는 각종 행위수단 중 포괄적인 규범적 표지이므로 손괴·불통은 기타 방법의 한 예시에 지나지 않는다. 교통방해가 초래될 수 있는 방법이면 무엇이든지 족하다. 예컨대 권한 없는 자가 허위의 표지를 세우거나 폭력을 행사하여 교통을 방해한 경우에 이 죄가 성립한다. 손괴·불통 또는 기타 방법은 교통방해의 행위수단이므로 교통을 방해할 수 있는 정도의 것이어야 한다. 도로의 대부분을 점유하고 행진함으로써 차량의 소통이 상당히 더디어진 정도로는 본죄가 성립하지 않는다(대판 1992. 8. 18, 91 도 2771).

이 죄는 추상적 위험범이므로 손괴·불통 기타 방법에 의한 교통방해행위로 말미암아 결과인 공공의 위험발생까지 야기할 필요는 없다(통설·판례).

Ⅲ. 기차 · 선박등교통방해죄

기차 · 선박등교통방해죄는 궤도 · 등대 또는 표지를 손괴하거나 그 밖의 방법으로 기차 · 전차 · 자동차 · 선박 또는 항공기의 교통을 방해함으로써 성립하는 범죄이다. 1년 이상의 유기징역에 처한다($^{제186}_{조}$). 미수범은 처벌한다($^{제190}_{조}$).

행위객체는 궤도 · 등대 또는 표지이다. 궤도란 일반교통에 제공하기 위해 지상에 부설한 철궤 또는 궤도줄(궤조, 레일)을 말한다($^{궤도운송법}_{제2조}$). 등대란 선박의 안전운항을 위하여 불빛에 따라 판단하도록 시설한 등화를 의미한다. 표지란 교통의 신호관계나 안전교통을 위해 설치 · 제작된 교통시설물을 의미한다.

행위양태는 손괴하거나 기타 방법으로 기차 · 전차 · 자동차 · 선박 또는 항공기의 교통을 방해하는 것이다. 여기서 손괴나 기타 방법은 선택적으로 규정된 구성요건적 행위수단이고, 기차 · 전차 등의 교통방해가 구성요건적 기본행위이다.

손괴는 일반교통방해죄의 손괴처럼 교통시설물의 전부 또는 일부에 직접 유형력을 행사하여 물리적으로 훼손하거나 본래의 효용을 감소시키는 일체의 행위이다.

기타 방법에 의한 교통방해란 손괴 이외의 방법으로 교통수단의 통행을 방해할 수 있는 일체의 행위를 말한다. 손괴 기타 방법은 결국 교통방해의 수단이므로 적어도 교통을 사실상 방해할 수 있는 정도의 것이어야 한다. 예컨대 궤도상에 장애물을 놓아 두는 행위, 등대의 등화를 소화하는 행위, 신호표지를 옮기는 행위 등은 기타 방법에 의한 교통방해가 된다.

교통방해를 입는 교통수단에는 기차, 전차, 자동차, 선박, 항공기 외에도 디젤엔진, 케이블카, 모노레일, 트롤리버스와 같은 전차 · 자동차의 대용교통수단도 여기에 포함된다(통설).

이 죄는 추상적 위험범이므로 교통을 방해하는 행위의 종료로서 기수가 된다. 반드시 교통방해의 침해나 공공의 위험이 발생해야 할 필요는 없다.

Ⅳ. 기차등전복죄

1. 의   의

기차등전복죄는 사람이 현존하는 기차 · 전차 · 자동차 · 선박 · 항공기를 전복 · 매몰 · 추락 또는 파괴함으로써 성립하는 범죄이다. 무기 또는 3년 이상의 징역에 처한다($\substack{제187 \\ 조}$). 미수범은 처벌한다($\substack{제190 \\ 조}$).

사람이 현존한다는 사실만으로도 위에 열거한 교통수단에 대한 공격은 교통
안전과 공공의 위험을 해하는 정도가 현저히 증가한다. 그래서 일반교통방해죄나
기차선박등교통방해죄에 비해 형을 가중하였다.

2. 구성요건요소

행위객체는 사람이 현존하는 기차 · 전차 · 자동차 · 선박 또는 항공기이다. 사
람의 **현존**이란 행위 당시 범인 또는 공범자 이외의 자가 기차 · 전차 등의 내부에
들어와 있는 것을 말한다. 기관차에 기관사만 타고 있는 경우라든가 열차의 한 량
에만 한 사람이 타고 있어도 전체를 사람이 현존하는 기차 또는 전차라고 할 수
있다. 사람이 현존하는 시기는 결과발생시가 아니라 실행행위를 개시할 때이면
족하다(통설).

행위양태는 전복 · 매몰 · 추락 · 파괴이다. **전복**이란 앞에 열거한 교통수단을
뒤집어 엎거나 넘어뜨리는 것을 말한다. 단순히 탈선시킨 것만으로는 아직 전복
이라 할 수 없다. 여러 차량으로 연결된 열차의 경우 어느 한 차량만 넘어뜨려도
여기에 해당한다.

매몰이란 (보이지 않도록) 교통수단을 흙 등으로 묻거나 침몰 등 물 속에 잠
기도록 하는 일체의 행위를 말한다.

추락이란 자동차나 항공기를 높은 곳에서 아래로 떨어뜨리는 것을 말한다.
추락으로 인해 반드시 파괴되어야 하는 것은 아니다. 파괴란 교통기관으로서 기
능의 전부 또는 일부를 불가능하게 할 정도로 중요부분을 훼손하는 것을 의미한
다. 따라서 유리창을 깨뜨리거나 동체의 도료를 벗기거나 철판이 일부 찌그러진
정도의 경미한 손괴는 파괴라고 할 수 없다.

이 죄는 추상적 위험범이므로 전복 · 매몰 · 추락 · 파괴 등의 행위만 종료하
면 기수에 이르고 반드시 그로 인해 공공의 교통안전이나 공공의 위험이 발생해
야 하는 것은 아니다.

본죄의 구성요건고의가 성립하기 위해서는 행위시에 사람이 현존하는 기차·
전차 · 자동차 · 선박 등의 행위객체를 전복, 매몰, 추락 또는 파괴한다는 점에 대
한 인식과 의사가 있어야 한다.

V. 교통방해치사상죄

교통방해치사상죄는 일반교통방해죄($^{제185}_{조}$), 기차·선박등교통방해죄($^{제186}_{조}$) 또는 기차등전복죄($^{제187}_{조}$)를 범하여 사람을 사상에 이르게 함으로써 성립하는 범죄이다. 상해에 이르게 한 때에는 무기 또는 3년 이상의 징역에, 사망에 이르게 한 때에는 무기 또는 5년 이상의 징역에 처한다($^{제188}_{조}$).

교통방해치사죄는 진정결과적 가중범이고, 교통방해치상죄는 **부진정결과적 가중범**이다(통설). 따라서 살인의 고의로 교통방해를 저질러 사람까지 살해한 경우에는 살인죄와 일반교통방해죄의 관념적 경합이 되고, 상해의 고의로 교통방해를 저질러 상해한 경우에는 교통방해치상죄와 상해죄의 관념적 경합이 된다.

VI. 과실교통방해죄

과실교통방해죄는 과실로 일반교통방해죄($^{제185}_{조}$), 기차·선박등교통방해죄($^{제186}_{조}$) 및 기차등전복죄($^{제187}_{조}$)를 범함으로써 성립하는 범죄이다. 1천만원 이하의 벌금에 처한다($^{제189조}_{1항}$).

교통방해는 행위자의 부주의와 주의의무위반에 기하여 빈발하게 일어나는 경향이 있고 피해정도도 막대하므로, 형법은 교통방해의 죄에 대해 과실범 처벌규정을 둔 것이다.

VII. 업무상 과실·중과실교통방해죄

업무상 과실·중과실교통방해죄는 업무상 과실 또는 중과실로 인하여 교통을 방해한 때에 성립하는 범죄이다. 3년 이하의 금고 또는 2천만원 이하의 벌금에 처한다($^{제189조}_{2항}$). 업무 및 중과실에 관하여는 실화죄에서 설명한 것과 같다. 여기에서 업무는 주로 직접 또는 간접으로 기차·전차 등 교통에 참여하거나 종사하는 자의 업무를 말한다.

‖**판례**‖ ① 업무상 과실교통방해죄에서 말하는 '업무상 과실'의 주체는 기차, 전차, 자동차, 선박, 항공기나 기타 일반의 '교통왕래에 관여하는 사무'에 직접·간접으로 종사하는 자이어야 할 것인바, 성수대교는 차량 등의 통행을 주된 목적으로 하여 건설된

교량이므로, 그 건설 당시 제작, 시공을 담당한 자도 '교통왕래에 관여하는 사무'에 간접적으로 관련 있는 자에 해당한다. ② 업무상 과실로 인하여 교량을 손괴하여 자동차의 교통을 방해하고 그 결과 자동차를 추락시킨 경우에는 업무상 과실일반교통방해죄와 업무상 과실자동차추락죄의 상상적 경합이 된다(대판 1997. 11. 28, 97 도 1740).

Ⅷ. 교통방해예비 · 음모죄

교통방해예비 · 음모죄는 기차 · 선박등교통방해죄($^{제186}_{조}$) 또는 기차등전복죄($^{제187}_{조}$)를 범할 목적으로 예비 또는 음모함으로써 성립하는 범죄이다. 3년 이하의 징역에 처한다($^{제191}_{조}$).

제 2 장 공중위생을 보호하는 죄형법규

제 1 절 음용수에 관한 죄

Ⅰ. 의의 및 체계

음용수에 관한 죄는 음용에 이용될 정수 또는 수원에 오물·독물 기타 건강을 해할 물건을 넣거나, 수도 및 그 밖의 시설물을 손괴하거나 불통시켜 공중의 음용수이용과 안전을 위태롭게 함으로써 성립하는 범죄이다. 음용수에 관한 죄의 보호법익은 **공중보건**이다(통설).

기본적 구성요건은 일반음용수사용방해죄($^{제192조}_{1항}$)이다. 이에 대한 불법가중적 구성요건으로는 일반음용수독물등혼입죄($^{제192조}_{2항}$), 수도음용수사용방해죄($^{제193조}_{1항}$) 및 수도음용수독물등혼입죄($^{제193조}_{2항}$)가 있다. 수도음용수사용방해죄는 일반음용수사용방해죄에 대해 불법가중적 구성요건이지만, 수도음용수독물등혼입죄($^{제193조}_{2항}$)에 대해서는 역시 기본적 구성요건과 같은 위치에 선다.

음용수혼독치사상죄($^{제194}_{조}$)는 일반음용수 및 수도음용수사용방해죄의 결과적 가중범이고, 수도불통죄($^{제195}_{조}$)는 독립된 행위양태에 의한 독자적 범죄이다. 일반음용수 및 수도음용수독물등혼입죄와 수도불통죄의 미수범 및 예비·음모는 처벌한다.

Ⅱ. 일반음용수사용방해죄

1. 의의 및 성격

일반음용수사용방해죄는 사람의 일상음용에 공하는 정수에 오물을 섞어, 마시지 못하게 함으로써 성립하는 범죄이다. 1년 이하의 징역 또는 5백만원 이하의 벌금에 처한다($^{제192조}_{1항}$). 음용수에 관한 죄의 기본적 구성요건이다.

이 죄는 공공위험죄의 하나로서 보호정도는 추상적 위험범이다. 즉시범·거동범·공격범·지배범이기도 하다.

2. 객관적 구성요건요소

(1) 행위객체

일상음용에 공하는 정수이다.

'일상음용에 공하는'이란 불특정 또는 다수인이 계속·반복하여 음용에 사용하는 것을 말한다. 여기에서 불특정 또는 다수는 특정할 수 있는 소수 이외의 모든 사람을 널리 지칭한다고 해야 한다. 가족 단위의 음용도 다수인의 음용에 해당한다(다수설). 따라서 샘에서 길러 내어 가정의 음료저장기에 담아 둔 상태, 사무실이나 공중이 드나드는 장소에 비치된 음료저장기에 담긴 물도 본죄의 행위객체가 된다. 음용에 사용되는 물이어야 하므로 관개용수나 공업용수 또는 목축용·세탁 용·목욕용에만 사용되는 물은 제외된다. 그러나 주로 음용에 사용되는 물이면 경우에 따라 공업용이나 그 밖의 용도에 이용되어도 상관없다. 다만 일상적으로 계속·반복하여 음용에 사용하는 물이어야 하므로 깊은 산 속 옹달샘이나 계곡의 흐르는 물과 같이 불특정·다수인에 의해 일시적으로 이용될 수 있는 정도의 물은 여기에 포함되지 않는다(다수설).

정수란 보통사람의 음용에 적합한 정도의 청결한 물을 말하고, 화학적인 순수성이나 수질적합합격판정 여부 따위는 그 기준이 아니다. 자연수인가 인공수인가, 유수인가 저수인가는 불문한다(통설). 정수의 소유자나 관리자가 누구인가도 문제삼지 않는다.

(2) 행   위

행위는 오물을 혼입하여 음용하지 못하게 하는 것이다. 오물이란 정수를 더럽혀 음용에 지장을 줄 수 있는 이물질로서 「독물 기타 건강을 해할 물건」($\frac{제192조}{2항}$)이외의 것을 말한다. 음용수의 정수도를 떨어뜨릴 수 있는 사람 또는 동물의 배설물, 쓰레기 등 각종 폐기물, 비누세숫물, 흙탕물 등이 그 예이다.

혼입이란 정수에 이물질을 섞는 것이다. 이물질을 외부에서 투입하는 경우가 통례이나, 이미 침전된 이물질을 휘저어 혼탁하게 한 경우도 혼입에 해당한다.

음용하지 못하게 한다는 것은 사용방해행위를 의미하는 것이 아니라, 이물질의 혼입을 통해 음용수로서 사용할 수 없는 상태에 이르게 하는 것을 의미한다. 그 정도에 이르렀는가의 여부는 일반인의 식수관행이나 음용수에 관한 평균인의 인식을 기준으로 삼아야 한다(통설). 음용할 수 없게 된 까닭은 물리·화학적 이유이건, 감정적·심리적 이유이건 불문한다. 예컨대 약수물에 음용음료를 풀거나 소변을 보아 일반인이 불쾌감 때문에 마시는 데 지장을 받게 되면 본죄가 성립한다. 그러나 기생충이 있는 우물물에 냄새나는 소독약을 풀어 마시기 곤란하게 한 것만으로는 음용방해정도에 이르렀다고 할 수 없다. 오물을 혼입하였으나 음용할 수 없는 정도에 이르지 않은 때에는 경범죄처벌법위반($\frac{\text{제3조}}{\text{1항 10호}}$)에 해당한다.

(3) 결   과

이 죄는 추상적 위험범·거동범이기 때문에 구성요건결과의 발생을 필요로 하지 않는다. 행위로 말미암아 행위객체나 법익에 대한 일반적인 위험성만 있으면 가벌성이 인정된다. 그러므로 종료미수는 예외 없이 처벌대상에 포함된다. 이 죄는 오물혼입행위의 종료로써 기수에 이르기 때문이다. 미종료미수는 벌하지 않는다.

3. 주관적 구성요건요소

이 죄의 고의는 일상음용에 공하는 정수라는 점과 거기에 오물을 투입한다는 점에 대한 인식과 의사이다. 미필적 고의로도 충분하다. 음용하지 못하게 한 상태에 대한 인식은 요하지 않는다.

Ⅲ. 일반음용수독물등혼입죄

일반음용수독물등혼입죄는 일상음용에 공하는 정수에 독물 기타 건강에 유해한 물질을 혼입함으로써 성립하는 범죄이다. 10년 이하의 징역에 처한다($\frac{\text{제192조}}{\text{2항}}$). 일반음용수사용방해죄의 행위수단인 오물에 비해 위험성이 높은 독물 등 건강유해물질을 행위수단으로 삼기 때문에 불법이 가중된 구성요건이다. 추상적 위험범·즉시범·거동범·공격범·지배범이다.

독물이란 소량만 흡수해도 인체에 해로운 물질을 말한다. 양잿물·비소·황린·청산가리 등이 이에 해당한다. 기타 건강을 해하는 물건이란 사람의 건강에 장애를 줄 만한 유해물질을 말한다. 방사능·석유화학·산업폐기물질이나 수인성전염병균과 같은 미생물도 포함된다. 건강에 유해한가의 여부는 유해물질의 성질에 따라 판단해야 하며 분량의 다소는 불문한다.

미수범은 처벌한다($^{제196}_{조}$). 이 죄는 추상적 위험범이므로 종료미수는 기수범으로 처벌된다. 따라서 미수범의 처벌은 미종료미수에 국한된다.

Ⅳ. 수도음용수사용방해죄

1. 의의 및 성격

수도음용수사용방해죄는 수도를 통해 공중의 음용에 공하는 정수 또는 수원에 오물을 혼입하여 음용을 방해함으로써 성립하는 범죄이다. 1년 이상 10년 이하의 징역에 처한다($^{제193조}_{1항}$). 행위의 객체가 수도물 또는 수원이라는 점 때문에 일반음용수사용방해죄에 비해 불법이 가중된 구성요건이다. 수도물 또는 수원은 오늘날 음용수체계의 근간이고, 공급범위가 넓어 공중의 건강에 미칠 위험성이 높다는 점을 고려한 규정이다.

일반음용수사용방해죄에 대해서는 불법가중적 구성요건이고, 수도음용수독물등혼입죄($^{제193조}_{2항}$)에 대해서는 다시 기본적 구성요건이 된다. 추상적 위험범·즉시범·거동범·공격범·지배범이다.

2. 구성요건요소

(1) 행위객체

행위객체는 수도에 의하여 공중의 음용에 공하는 정수 또는 그 수원이다.

(a) **수 도**   수도란 음용정수를 공급하기 위한 인공적 설비를 말한다. 공·사설을 불문하며, 구조의 대소와 형식 여하도 가리지 않으며 수도인 이상 반드시 적법절차를 밟아 가설되었거나 법령·관습에 의하여 수도로 용인되어 있어야 할 필요도 없다(대판 1957. 2. 1, 4289 형상 317).

반드시 설비 모두가 인공적이어야 하는 것은 아니다. 일부구간에 천연수로를 이용하고 나머지 구간에 인공설비를 가미하였더라도 전체로서 정수공급의 인공설비라 할 수 있는 한, 수도에 해당한다. 그러나 전적으로 자연유수를 공급하는 것이라면 비록 목관·죽관 또는 비닐호스 등으로 연결되었더라도 여기에서 말하는 수도가 아니고 일반음용수의 예가 된다.

(b) **공중의 음용에 공하는 정수**   인공설비를 통해 불특정 또는 다수인에게 현재 공급중인 음용수를 말한다. 여기에서 공중이란 불특정 또는 다수인을 의미

하지만 「어느 정도의 다수」가 아니라 「상당한 다수」임을 요한다(통설). 따라서 한 가족만을 위한 전용수도는 본죄의 행위객체에 해당하지 않는다.

(c) 수　원　수원이란 수도에 유입되기 이전 일정한 상태에 있는 물을 말한다. 저수지 또는 정수장의 물뿐만 아니라 취수장으로부터 저수지 또는 정수장에 이르는 수로의 물도 수원에 해당한다(통설). 그러나 취수장에 이르는 물은 이 죄의 객체에서 제외된다. 수질보전이라는 환경법적 측면에서 보호되는 상수원보호구역의 물도 이 죄의 객체가 될 수 없다.

(2) 행　위

오물을 혼입하여 음용하지 못하게 하는 것이다. 일반음용수사용방해죄에서 설명한 것과 같다.

V. 수도음용수독물등혼입죄

수도음용수독물등혼입죄는 수도를 통해 공중의 음용에 공하는 정수 또는 수원에 독물 기타 건강을 해할 물건을 혼입함으로써 성립하는 범죄이다. 2년 이상의 유기징역에 처한다($\frac{제193조}{2항}$). 미수범은 처벌한다($\frac{제196}{조}$). 일반음용수사용방해죄에 대해서는 행위객체의 중대성과 행위수단의 위험성 때문에, 일반음용수독물등혼입죄에 대해서는 행위객체의 중대성 때문에 불법이 가중된 구성요건이다. 이 죄 역시 추상적 위험범・즉시범・거동범・공격범・지배범이다.

행위객체는 「수도에 의하여 공중의 음용에 공하는 정수 또는 그 수원」이고, 행위는 「독물 기타 건강을 해할 물건을 혼입」하는 것이다. 행위객체에 관하여는 수도음용수사용방해죄($\frac{제193조}{1항}$)의 설명과, 행위에 관하여는 일반음용수독물등혼입죄($\frac{제192조}{2항}$)의 설명과 같다.

VI. 음용수혼독치사상죄

음용수혼독치사상죄는 일반음용수독물등혼입죄($\frac{제192조}{2항}$)와 수도음용수독물등혼입죄($\frac{제193조}{2항}$)를 범하여 사상의 결과가 발생한 때 성립하는 결과적 가중범이다. 상해에 이르게 한 때는 무기 또는 3년 이상의 징역, 사망에 이르게 한 때는 무기 또는 5년 이상의 징역에 처한다($\frac{제194}{조}$).

사망의 결과가 발생한 때에는 **진정결과적 가중범**, 상해의 결과가 발생한 때에는 **부진정결과적 가중범**이다.

부진정결과적 가중범인 치상죄의 경우, 상해결과에 대해 고의가 있든 과실이 있든 이 죄 성립에 지장 없다. 만약 상해결과에 고의가 있는 경우에는 이 죄와 상해죄의 관념적 경합이 된다. 그러나 **진정결과적 가중범인 치사죄의 경우**, 사망결과에 대한 과실을 필요로 한다. 만약 살인의 고의로써 일반음용수에 독물을 혼입한 경우는 살인죄와 일반음용수독물등혼입죄의 관념적 경합이 된다.

기본범죄가 미수에 그친 때에도 본죄는 성립한다는 것이 다수설이다. 그러나 본죄의 경우는 기본범죄인 일반음용수독물등혼입죄($\frac{제192조}{2항}$)와 수도음용수독물등혼입죄($\frac{제193조}{2항}$)가 미수에 그친 상황에서 음용을 통해 중한 치사상의 결과가 발생하는 것은 실질적으로 불가능하다. 따라서 기본범죄가 기수에 이르고 중한 결과가 발생한 경우라야 본죄가 성립한다고 보는 것이 옳다.[1]

Ⅶ. 수도불통죄

수도불통죄는 공중의 음용수를 공급하는 수도 및 그 밖의 시설을 손괴하거나 그 밖의 방법으로 불통하게 함으로써 성립하는 범죄이다. 1년 이상 10년 이하의 징역에 처한다($\frac{제195}{조}$). 일반음용수사용방해죄의 불법가중적 구성요건으로 보는 것이 우리나라의 다수설이다. 그러나 일반음용수사용방해죄나 수도음용수사용방해죄와는 독립된 제 3 의 독자적 범죄로 보아야 한다.

이 죄 역시 추상적 위험범·즉시범·거동범·공격범·지배범이다.

행위객체는 공중의 음용수를 공급하는 수도 기타 시설이다.

반드시 적법한 절차를 밟은 수도임을 요하지 않는다는 점은 수도음용수사용방해죄와 같다. 다만 불법이용자들을 위한 사설특수가압수도시설은 이 죄의 행위객체가 아니다(대판 1971. 1. 26, 70 도 2654). 기타 시설이란 공중의 음용수를 공급하는 수도 이외의 시설을 말한다.

행위양태는 손괴 기타 방법으로 불통하게 하는 것이다. 여기에서 손괴 기타 방법은 행위방법이고, 불통하게 하는 것이 구성요건행위이다. 공급이 불가능할 정도에 이르지 않은 때에는 경범죄처벌법 또는 수도법의 적용을 받을 수 있다.

이 죄는 추상적 위험범·거동범이기 때문에 불통하게 하는 행위의 종료로써

---

1) 백형구 473면; 오영근 768면.

기수가 되고, 공공의 위험과 같은 결과의 발생은 필요로 하지 않는다. 미수범은 처벌한다($\binom{제196}{조}$). 종료미수는 추상적 위험범의 일반적 성격상 기수로 처벌되고, 미종료미수만이 이 죄의 미수에 해당한다.

Ⅷ. 음용수독물등혼입 · 수도불통예비 · 음모죄

음용수독물등혼입 · 수도불통예비 · 음모죄는 일반음용수 및 수도음용수독물등 혼입죄나 수도불통죄를 범할 목적으로 예비 또는 음모함으로써 성립하는 범죄이다. 2년 이하의 징역에 처한다($\binom{제197}{조}$). 공중보건에 미칠 위험성이 크기 때문에 특히 이들 범죄에 대해 예비 · 음모까지 처벌대상으로 삼은 것이다.

제 2 절 아편 등 마약에 관한 죄

Ⅰ. 총   설

1. 의의 및 보호법익

아편에 관한 죄는 아편을 흡식하거나 아편 또는 아편흡식기구를 제조 · 수입 · 판매 또는 소지함으로써 성립하는 범죄이다.

아편 등 마약에 관한 죄는 **공중보건** 내지 **국민건강**을 보호법익으로 삼으며, 보호의 정도는 추상적 위험범이다(통설).

2. 체   계

아편의 소지행위에 관해서는 제205조의 단순소지죄가 기본적 구성요건, 제198조와 제199조의 판매목적소지죄가 불법가중적 구성요건이 된다. 더 나아가 수입행위에 관하여는 제198조와 제199조의 수입죄가 기본적 구성요건, 제200조의 세관공무원수입 · 수입허용죄가 불법가중적 구성요건이 된다. 그 밖에 제198조와 제199조의 제조 · 판매죄와 제201조의 아편흡식등죄와 동 장소제공죄는 독자적인 불법유형으로 각각 독립된 범죄를 구성한다. 그리고 이들 범죄의 책임가중적 구성요건으로 상습범($\binom{제203}{조}$)이 있다.

본장의 죄에는 미수범처벌($^{제202}_{조}$), 자격정지 또는 벌금의 병과($^{제204}_{조}$)와 몰수 및 추징($^{제206}_{조}$) 규정이 있다.

《참고》 아편에 관한 죄는 형법의 규정 외에 특별법의 우선 적용을 받는다. 특별법으로는 종래 마약법·대마관리법·향정신성의약품관리법이 있었지만, 이들 3개 법률은 「마약류관리에관한법률」(2000. 1. 12, 법률 제6146호)로 통합되어 2000년 7월부터 시행되고 있다. 이 법률에 따르면 특히 미성년자에게 마약을 판매하거나 투약한 경우 최고 사형까지 과할 수 있도록 형량이 대폭 강화되었다. 그 밖에도 마약사범에 대해서는 특정범죄가중처벌등에관한법률이 적용된다.

마약류관리법이 일반법인 형법의 특별법이라는 것이 통설 및 판례의 입장이다. 형법의 아편에 관한 죄는 마약 가운데서 아편·몰핀 또는 그 화합물만을 행위객체로 삼는 데 반해, 마약류관리법은 그러한 제한이 없고 또 마약류관리법의 법정형이 형법보다 무겁다는 점에서 차이가 난다. 결국 특별법 우선적용원칙 때문에 오늘날 본장의 죄가 적용되는 경우는 드물다.

그 밖에 최근 국제화·광역화·조직화 되고 있는 마약범죄에 적극적으로 대처하고 마약사범의 효율적 진압을 위한 국제공조의 기틀이 되고 있는 '마약 및 향정신성물질의 불법거래방지에 관한 국제연합협약'(1988. 12. 20)을 시행하기 위해 「마약류불법거래방지에관한특례법」(1995. 12. 6, 법률 제5011호)이 제정되었다. 동법은 영리목적의 마약류범죄를 가중처벌하고, 마약류범죄행위로 취득한 불법수익 등을 철저히 추적·환수하기 위한 제도적 장치와 외국의 몰수·추징재판의 집행을 위한 국제공조절차 등을 마련하고 있다. 한편 특정범죄가중처벌법 제11조는 마약·향정신성의약품의 수출입·제조·소지·소유·재배·사용 등의 죄를 가액에 따라 가중처벌하고 있다.

Ⅱ. 아편 등의 제조등죄

1. 의의 및 성격

아편 등의 제조등죄는 아편·몰핀 또는 그 화합물을 제조·수입 또는 판매하거나 판매할 목적으로 소지함으로써 성립하는 범죄이다. 10년 이하의 징역에 처한다($^{제198}_{조}$). 미수범은 처벌한다($^{제202}_{조}$). 유기징역에 처할 때는 10년 이하의 자격정지 또는 2천만원 이하의 벌금을 병과할 수 있다($^{제204}_{조}$). 이 죄에 제공한 아편·몰핀이나 그 화합물 또는 아편흡식기구는 몰수하고, 몰수하기 불능한 때는 그 가액을 추징한다($^{제206}_{조}$).

공중보건의 관점에서 볼 때 아편의 제조·수입·판매 등은 자손행위의 성격을 지닌 아편흡식이나 몰핀주사행위보다 공공에 미치는 위험성이 더 크다고 할 수 있다. 따라서 아편 등의 제조·수입·판매 등의 행위는 불법유형적으로 아편의 단순소지, 아편흡식이나 흡식장소제공행위보다 중한 범죄유형으로 간주되고 있다.

이 죄는 추상적 위험범·즉시범·거동범·이욕범·지배범이다. 판매목적 아편등소지죄는 목적범이다.

2. 객관적 구성요건요소

(1) 행위객체

행위객체는 아편·몰핀 또는 그 화합물이다. 아편은 앵속의 액즙이 응결된 것과 이에 가공한 것 중 의약품 이외의 것을 말한다(마약류관리에관한법률 제2조 2호 나). 아편은 앵속·코카엽과 함께 마약을 구성하는 기본적인 3대 요소이다.

몰핀은 앵속·아편 및 코카엽에서 추출되는 '알카로이드' 계통의 합성물을 말한다(마약류관리에관한법률 제2조 2호 라 및 동시행령 제2조 별표 1 제16호 참조). 그 화합물이란 아편·몰핀 외의 모든 화학적 합성물인 마약류를 포괄하는 말이다.

최근 사회적으로 크게 문제되는 환각제(LSD)·메스암페타민(필로폰) 등과 칸나비스(대마초)·마리화나(Marijuana)·하시시 등은 마약류관리에관한법률의 규제대상이므로 포괄적인 행위객체인 '그 화합물' 속에 포함되지 않는다.

(2) 행위양태

행위양태는 제조·수입·판매 또는 판매목적의 소지이다.

제조란 아편·모르핀 기타화합물을 추출, 조제, 합성 및 그 밖의 방법으로 만드는 것을 말한다. 가장 원시적인 방법으로 하는 생아편의 추출은 물론, 화학적 공정에 의한 생산도 제조에 해당한다.

수입이란 국외로부터 국내에 반입하는 행위를 말한다. 반드시 적법한 수입행위만 지칭하는 것이 아니고 사실상의 수입행위면 여기에 해당한다. 육로를 통한 수입인 경우에는 국경선을 넘을 때, 해로를 통한 수입인 경우에는 육지에 양륙된 때, 그리고 항공기를 이용한 수입인 경우에는 항공기에서 지상으로 운반된 때 기수가 된다(통설).

판매란 값을 받고 파는 행위를 말한다. 일회적 행위이든 계속·반복적 행위이든 상관 없으며, 특정·소수인을 상대로 팔든, 불특정·다수인을 상대로 팔든 가리지 않는다. 대가를 받는 유상행위여야 하지만 수익의 유무는 상관없다.

소지란 목적물을 자기의 사실상의 지배하에 두는 것을 말한다. 이 점에서 소지는 점유보다 넓은 개념이다. 다만 여기에서의 소지는 판매할 목적을 필요로 하며, 판매할 목적이 없는 경우에는 단순아편소지죄($\frac{\text{제}205}{\text{조}}$)를 구성할 뿐이다. 판매목적의 소지인 한 반드시 몸에 지닐 필요는 없고 저장·은닉·진열 등 어떤 형태의 소지라도 좋다. 소지의 원인도 묻지 않는다. 타인을 위하여 소지하건, 불법으로 탈취하여 소지하건 상관없다.

3. 주관적 구성요건요소

이 죄의 고의성립에는 행위객체 및 행위양태에 대한 인식 및 의사가 있어야 한다. 이 죄는 추상적 위험범·거동범이므로 구체적인 위험결과를 야기할 필요는 없고 행위의 일반적인 위험성만 있으면 된다. 위험결과, 즉 공중보건에 대한 위험발생은 고의의 인식대상이 아니다.

후단의 아편등소지죄는 목적범이므로 특별한 주관적 불법요소(초과주관적 불법요소)로 판매의 목적이 있어야 한다. 소지행위시 행위자에게 판매목적이 있었으면 충분하고 반드시 목적이 성취되어야 하는 것은 아니다. 또 이 목적 외에 다른 동기가 있더라도 이 죄의 성립에 지장없다.

4. 죄   수

제조·수입·판매 등이 계속하여 순차적으로 행하여진 때에는 포괄일죄가 된다. 그러나 아편을 절취하여 판매할 목적으로 소지한 때에는 절도죄와 판매목적소지죄의 실체적 경합이 된다.

Ⅲ. 아편흡식기의 제조등죄

아편흡식기의 제조등죄는 아편을 흡식하는 기구를 제조·수입·판매하거나 판매할 목적으로 소지함으로써 성립하는 범죄이다. 5년 이하의 징역에 처한다($\frac{\text{제}199}{\text{조}}$). 이 죄는 아편등제조등죄($\frac{\text{제}198}{\text{조}}$)와 행위양태는 동일하지만 행위객체가 아편흡식기구라는 점이 다르다. 공중보건의 관점에서 볼 때 아편흡식기구의 제조등죄는 아편 자체의 제조등죄에 비해 위험성이 덜 하다. 따라서 아편등제조등죄에 비해 법정형이 가볍다.

이 죄 역시 추상적 위험범·즉시범·거동범·이욕범·지배범이다. 판매목적

아편흡식기 소지죄는 목적범이다.

행위객체는 아편을 흡식하는 기구이다. 아편흡식기구란 아편의 흡식에 사용하기 위하여 특별히 제조한 기구를 말한다. 아편연의 흡식을 위한 기구뿐만 아니라 생아편을 흡식할 수 있는 기구도 여기에 해당한다. 비록 아편흡식에 사용되더라도 이를 위해 특별히 제조된 것이 아닐 때에는 여기에 포함되지 않는다. 따라서 아편을 주사하기 위한 주사기는 아편흡식기구가 아니다.

구성요건행위는 제조·수입·판매 또는 판매목적의 소지이다.

미수범은 처벌한다($^{제202}_{조}$). 그러나 이 죄가 추상적 위험범·거동범의 일종이기 때문에 종료미수는 기수로 처벌되고, 미종료미수만이 미수처벌대상이 될 수 있음은 다른 추상적 위험범에서 본 것과 같다.

그 밖에 **자격정지 또는 벌금의 병과**, **아편흡식기구의 몰수 내지 추징**은 아편등제조등죄에서 언급한 것과 같다($^{제204조,}_{제206조'}$).

Ⅳ. 세관공무원의 아편등수입·수입허용죄

1. 의의 및 성격

세관공무원의 아편등수입·수입허용죄는 세관공무원이 아편 등을 수입하거나 수입을 허용함으로써 성립하는 범죄이다($^{제200}_{조}$). 이 죄는 아편 등의 수입죄($^{제198}_{조}$)와 아편흡식기의 수입죄($^{제199}_{조}$)의 불법가중적 구성요건이다. 신분자인 세관공무원의 수입행위로 말미암아 공중의 보건과 직무집행의 공정성이라는 이중의 보호법익이 위태롭게 되었기 때문이다.

이 죄는 일반인의 수입죄($^{제198조,}_{제199조'}$)에 대하여 세관공무원이라는 신분 때문에 형이 가중된 부진정신분범이다(다수설).

이 죄 역시 추상적 위험범·결합범·즉시범·거동범·이욕범·지배범이다.

2. 객관적 구성요건요소

(1) 행위주체

세관공무원이다. 세관공무원이란 세관에서 수입사무를 취급하는 공무원을 말한다. 따라서 세관에 근무하지만 수입사무에 종사하지 않는 공무원은 이 죄의 주체가 될 수 없다.

(2) 행   위

아편·몰핀이나 그 화합물 또는 아편흡식기구를 수입하거나 수입을 허용하는 것이다. 여기에서 수입을 허용한다는 것은 적법한 통관절차를 거쳐 수입이 되도록 허락하는 것을 말한다. 작위이건 부작위이건, 명시적이건 묵시적이건 가리지 않는다.

수입허용의 기수시기는 수입행위 자체가 기수에 이른 때라고 보아야 한다. 수입허용이 수입에 가담하는 공범행위와 성질이 같기 때문이다.

3. 주관적 구성요건요소

자신의 신분, 행위객체, 행위에 대한 인식 및 의사가 있을 때 구성요건고의가 성립한다. 미필적 고의이면 충분하다. 자신의 신분에 대한 착오는 형법 제15조 1항에 따라 이 죄가 아니라 일반수입죄($^{제198조,}_{제199조}$)의 기수범으로 처리된다.

4. 공범규정의 적용 여부

수입죄의 경우에는 제33조 규정이 적용된다. 따라서 신분자와 비신분자가 같이 수입한 때에는 신분자에게는 이 죄, 비신분자에게는 일반수입죄($^{제198조,}_{제199조}$)가 적용된다($^{제33조}_{단서}$).

수입허용죄는 수입죄의 공범을 독립 별개의 죄로 규정한 것이므로 공범에 관한 규정이 적용될 여지가 없다. 따라서 세관공무원의 허락을 받아 수입한 자는 수입죄($^{제198}_{조}$)로 처벌될 뿐 별도로 수입허용죄의 공범이 되지는 않는다(통설).

5. 처   벌

1년 이상의 유기징역에 처한다. 미수범은 처벌한다($^{제202}_{조}$). 단, 10년 이하의 자격정지 또는 2천만원 이하의 벌금을 병과할 수 있다($^{제204}_{조}$). 아편·몰핀이나 그 화합물 또는 아편흡식기구는 몰수한다. 몰수하기 불가능한 때에는 그 가액을 추징한다($^{제206}_{조}$).

V. 아편흡식 · 동장소제공죄

1. 아편흡식등죄

아편흡식등죄는 아편을 흡식하거나 몰핀을 주사함으로써 성립하는 범죄이다. 5년 이하의 징역에 처한다($\frac{제201조}{1항}$).

이 죄는 추상적 위험범 · 즉시범 · 거동범의 성격을 띨 뿐만 아니라 지배범의 일종이다. 곤궁범의 형태를 띨 수 있지만 향락적 퇴폐사범일 수도 있다. 범죄학적으로 자손행위의 성격을 띨 뿐만 아니라 피해자 없는 범죄로서의 특징을 갖고 있다. 그러나 공중보건에 미치는 악영향이 크기 때문에 엄격히 금지하고 있다.

이 죄의 객관적 구성요건 중 특유한 것은 흡식 또는 주사라는 **구성요건행위**이다. 흡식이란 아편을 호흡기 또는 소화기에 의해 소비하는 것을 말하고, 주사란 주사기에 의하여 신체혈관 속으로 주입하는 것을 말한다. 흡식 또는 주사의 목적은 묻지 않는다. 심지어 약용으로 흡식 · 주사한 때에도 의사의 적법한 처방에 의한 것이 아닌 이상, 이 죄가 성립한다(통설).

흡식 또는 주사를 위하여 일시 소지한 때에는 이 죄와 단순소지죄는 법조경합 보충관계에 놓이게 되고, 소지행위는 불가벌적 사전행위로서 이 죄에 흡수된다. 그러나 아편 · 몰핀 또는 아편흡식기구를 소지하고 있던 자가 후에 흡식 또는 주사한 때에는 본죄와 단순소지죄는 실체적 경합이 된다(통설). 판매할 목적으로 아편을 소지하다가 자신이 흡식 · 주사한 경우에도 본죄는 판매목적아편소지죄($^{제198}_{조}$)와 실체적 경합이 된다(통설).

미수범은 처벌한다($^{제202}_{조}$). 10년 이하의 자격정지 또는 2천만원 이하의 벌금을 병과할 수 있다($^{제204}_{조}$). 이 죄의 행위객체는 몰수하고, 몰수불능일 때는 추징한다($^{제206}_{조}$).

2. 아편흡식등장소제공죄

아편흡식등장소제공죄는 아편흡식 또는 몰핀주사의 장소를 제공하여 이익을 취득함으로써 성립하는 범죄이다($\frac{제201조}{2항}$). 이 죄는 아편흡식등죄의 방조에 불과한 행위이지만, 이익취득의 수단으로 행하여짐으로써 공중보건에 미치는 위험이 크기 때문에 독립한 형태의 범죄로 규정한 것이다.

이 죄는 추상적 위험범 · 즉시범 · 결합범 · 지배범 · 상태범이다. 또한 일종의 이욕범 · 기생범으로서의 성격도 갖는다.

이 죄의 구성요건요소 중 특이한 것은 **행위양태**로서 장소의 제공과 이익의 취득이다. 장소의 제공이란 아편흡식이나 몰핀주사를 위한 장소를 마련해 주는 것을 말한다. 반드시 아편이나 몰핀을 조달·공급해 주어야 하는 것은 아니다. 이익의 **취득**이란 장소제공의 대가를 얻는 것을 말한다. 장소의 제공과 관련된 것이면 적극적 이익이든 소극적 이익이든 불문하고, 반드시 재산상의 이익에 한하지도 않는다(대판 1960. 4. 6, 4292 형상 844).

현실적인 이익취득이 있을 때 기수가 된다. 본죄는 결과발생을 요하는 결과범이기 때문이다. 장소제공과 현실적인 이익취득 사이에 인과관계 및 객관적 귀속관계가 있어야 함은 물론이다. 이익취득의 목적 없이 장소만을 제공한 경우에는 본죄에 해당하지 않고 아편흡식죄의 방조에 해당한다. 그러나 마약류관리에 관한법률 제 3 조 11호 및 제60조 1 항 1 호에서는 이익의 취득을 조건으로 하지 않고 장소제공행위를 처벌한다. 이익의 취득을 조건으로 하지 않는 것이 공공위험범죄의 성격에 맞는 것임은 물론이다. 처벌은 앞서 본 아편등흡식죄와 같다($\binom{제201조\ 2항,\ 제202조,}{제204조,\ 제206조}$).

Ⅵ. 상습아편흡식·아편제조·수입·판매죄

상습아편흡식·아편제조·수입·판매죄는 상습으로 아편등제조·수입·판매·판매목적소지죄($\frac{제198}{조}$), 아편흡식기·제조·수입·판매·판매목적소지죄($\frac{제199}{조}$), 세관공무원의 아편등수입·수입허용죄($\frac{제200}{조}$), 아편흡식등 동 장소제공죄($\frac{제201}{조}$) 및 동 미수죄($\frac{제202}{조}$)를 범할 때에 성립하는 범죄이다. 각 조에 정한 형의 2분의 1까지 가중한다($\frac{제203}{조}$). 10년 이하의 자격정지 또는 2천만원 이하의 벌금을 병과할 수 있다($\frac{제204}{조}$). 이 죄의 행위객체는 몰수하고, 몰수가 불가능할 때에는 그 가액을 추징한다($\frac{제206}{조}$).

마약류관리에관한법률은 영리목적 또는 상습으로 위에 열거한 행위를 한 자를 사형·무기 또는 10년 이상의 징역에 처하도록 하고 있다($_{제58조\ 2항}^{동법}$).

Ⅶ. 아편등소지죄

아편등소지죄는 아편·몰핀이나 그 화합물 또는 아편흡식기구를 소지함으로써 성립하는 범죄이다($^{제205}_{조}$).

이 죄는 추상적 위험범 · 즉시범 · 거동범 · 지배범이다.

이 죄에서 특유한 것은 소지이다. 여기에서 소지는 판매목적 이외의 단순소지만을 말한다. 단순소지자가 그 소지하던 아편 등을 흡식한 때에는 이 죄와 아편흡식등죄가 실체적 경합관계에 선다. 그러나 흡식할 목적으로 소지하고 있다가 이를 흡식한 때에는 소지행위가 흡식행위에 대해 일종의 예비행위와 같은 관계에 놓인다고 할 수 있으므로 양자 사이는 법조경합 보충관계가 되고 이 죄는 불가벌적 사전행위로서 흡식죄에 대해 독자적인 의의를 잃어 버린다.

1년 이하의 징역 또는 5백만원 이하의 벌금에 처한다($^{제205}_{조}$). 몰수 및 추징도 적용된다($^{제206}_{조}$). 마약류관리에관한법률은 마약취급자가 아닌 자가 마약을 소지한 때에 1년 이상의 유기징역에 처한다($^{동법 제59조}_{1항 1호}$).

제 3 장 사회윤리적 기본질서를 보호하는 죄형법규

제 1 절 성풍속에 관한 죄

I. 총 설

1. 의 의

성풍속에 관한 죄는 당대의 지배적 성도덕이나 성풍속에 따른 생활의 한계를 유지하기 위한 죄형법규를 말한다. 성의 자유화 추세에도 불구하고 성생활과 관련된 성풍속을 형법이 보호하고자 하는 것은 무슨 까닭일까? 개인의 성관념이 타인의 성적 일탈행위로 침해받거나 성·결혼·가정제도를 포함한 공동체의 기본적 윤리질서가 무너질 위험을 막기 위함이다.

2. 성격과 체계

우리 형법은 많은 외국의 입법례에 아직도 남아 있는 근친상간, 중혼, 계간(동성애)에 관한 처벌규정을 두고 있지 않으나(다만 군형법 제92조의 6에 동성애 처벌규정을 두고 있음), 성풍속에 관한 죄의 장에서 음행매개죄($^{제242}_{조}$)와 음란물죄($^{제243}_{조, 제}_{244조}$) 및 공연음란죄($^{제245}_{조}$)를 두고 있다. 음행매개죄는 성풍속 및 개인의 성적 자유에 대한 죄의 성격을 갖는다. 이에 반해 음란물죄와 공연음란죄는 건전한 성풍속이라는 보편적 법익에 대한 죄로 보아야 한다. 사생활영역에 대한 국가형벌권의 과도한 침해라는 이유로 논란이 많았던 간통죄는 헌법재판소의 위헌결정(헌재 2015. 2. 26, 2009 헌바 17 등)으로 폐지되었다.

3. 보호법익과 보호정도

성풍속에 관한 죄의 보호법익은 넓게 잡아 성풍속 내지 사회의 기본적 성윤리라고 할 수 있다. 구체적으로 살펴보면 다음과 같다.

(1) 음행매개죄

우리 형법상 이 죄를 성풍속에 관한 죄에 둔 입법취지에 비추어 주된 보호법익은 선량한 성풍속이고, 피음행매개자의 성적 자유는 부차적 보호법익으로 보는 것이 타당하다(통설). 보호정도는 침해범으로서의 보호이다.

(2) 음란물죄 · 공연음란죄

사회의 선량한 성풍속 내지 사회의 기본적 성윤리가 보호법익이다(통설 · 대판 1995. 6. 12, 94 도 2413). 음란물죄의 보호정도는 추상적 위험범으로서의 보호이다. 공연음란죄는 선량한 성풍속 외에 개인의 수치심이라는 개인적 법익도 포괄하고 있다. 보호정도는 추상적 위험범으로서의 보호이다(통설).

II. 음행매개죄

1. 의의 및 성격

음행매개죄는 영리의 목적으로 미성년 또는 음행의 상습 없는 부녀를 매개하여 간음하게 함으로써 성립하는 범죄이다. 3년 이하의 징역 또는 1천 5백만원 이하의 벌금에 처한다(제242조).

영리목적으로 미성년 또는 음행의 상습 없는 부녀를 타인에게 매개하여 간음하게 한다는 점에서 목적범 · 영리범 · 풍속범의 성격을 지닌다. 사회일반의 선량한 성풍속을 주된 보호법익으로 삼고, 미성년자의 원만한 성적 성숙과 음행의 상습 없는 부녀의 성적 자유를 부차적 보호법익으로 삼는 점에서 결합범의 성격을 지닌다. 음행을 매개하여 간음하게 한다는 점에서 결과범 · 침해범의 성격을 지닌다.

2. 객관적 구성요건요소

(1) 행위주체

주체에는 제한이 없다. 부모나 남편 또는 업무 · 고용 · 기타 관계로 보호 · 감독자의 지위에 있는 자도 주체가 될 수 있다. 보호감독자의 지위를 이용하여 윤락행위를 시키면 더 중한 형으로 처벌받는다(성매매알선등행위의처벌에관한법률 제18조 1항 3호, 아동 · 청소년의성보호에관한법률 제14조 1항 3호). 간음행위를 한 부녀와 그 상대방은 행위객체에 불과하다. 매개자와 간음자는 필요적 공범이지만 매개자만을 처벌대상으로 삼기 때문에 간음자에게 공범규정은 적용되지 않는다.

(2) 행위객체

미성년 또는 음행의 상습 없는 부녀이다.

(a) **미성년의 부녀**   미성년의 부녀란 13세 이상 20세 미만의 부녀를 말한다(다수설). 13세 미만의 부녀에 대해서는 의제강간($^{제305}_{조}$)이 성립되기 때문이다. 혼인한 사람은 20세 미만자라도 성년으로 보게 되므로($^{민법 제826}_{조의 2}$), 미성년자에 포함되지 않는다. 미성년 부녀라면 음행의 상습 여부 및 동의 여부는 불문한다(통설).

미성년자라도 i) 영업으로 19세 미만인 청소년을 성을 사는 행위의 상대방이 되도록 유인·권유한 때에는 아동·청소년의성보호에관한법률($^{제12조}_{2항 1호}$)에 해당하고, ii) 18세 미만인 아동에게 음행을 시키거나 음행을 매개한 때에는 아동복지법($^{제71조}_{1항 1호}$)에 해당한다.

(b) **음행의 상습 없는 부녀**   음행의 상습 없는 부녀란 성매매행위를 하는 매춘부 이외의 부녀를 말한다. 음행의 상습 있는 부녀에 대한 음행매개는 성매매알선등행위의처벌에관한법률이 적용된다($^{동법}_{제21조}$). 성매매란 불특정인을 상대로 금품 기타 재산상의 이익을 받거나 받을 것을 약속하고 성행위를 하는 것을 말한다. 반드시 미혼녀나 가정주부에 한하지 않으며, 과거 매춘경험이 있는 부녀라도 현재 특정인을 상대로 성생활을 영위하고 있거나 특정 남자와 사적 관계에 있는 첩도 음행의 상습 없는 부녀에 속한다(통설).

(3) 행   위

부녀를 매개하여 간음케 하는 것이다.

(a) **매   개**   매개란 부녀를 간음에 이르도록 알선하는 일체의 행위를 말한다. 간음을 교사·방조한 행위가 포함됨은 물론이지만, 반드시 총칙상의 교사행위일 필요는 없으므로 부녀에게 간음의사가 있었는가는 문제되지 않는다(통설). 매개는 행위객체의 자의적 행동을 전제로 하므로 위계나 위력은 이에 포함되지 않는다. 위계나 폭행·협박이 수반된 매개행위는 경우에 따라 강간죄($^{제297}_{조}$)나 미성년자에 대한 간음죄($^{제302}_{조}$)의 공범이 될 수 있다. 직접 간음을 알선하지 않고 일반적 미팅을 주선하거나 댄스파티를 개최한 것만으로는 매개행위가 아니다(통설).

(b) **간음케 함**   간음이란 부녀자와 불특정한 남자 사이의 성교행위를 말한다. 매춘행위에 국한하지 않으며, 타인의 첩이 되도록 매개하는 것도 포함된다. 단순한 추행이나 동성애는 해당하지 않는다.

⑷ 결　　과

침해범·결과범이므로 구성요건결과인 현실적 간음을 요한다. 행위자의 매개, 알선, 간음의 기회·장소 등 편의제공으로 구성요건행위는 충족되지만, 이로 인해 현실적 간음이 있을 때 기수에 이른다. 간음을 매개했으나 부녀와 그 상대방이 이에 응하지 않거나 간음을 결의시켰지만 실행에 이르지 못한 때에는 미수범이 되어 처벌받지 않는다(통설).

3. 주관적 구성요건요소

구성요건고의가 성립하자면 행위자가 미성년 또는 음행의 상습 없는 부녀임을 인식하고 이를 매개하여 간음케 한다는 점에 대한 인식과 의사가 있어야 한다.

구성요건고의 외에 영리목적이 필요하다. 영리목적이란 재산적 이익을 취득할 목적을 말한다. 일시적 이익이건 영구적 이익이건 불문하며, 목적달성 여부도 문제되지 않는다. 제 3 자로 하여금 취득케 할 목적이라도 상관없다.

Ⅲ. 음란물죄와 공연음란죄

A. 음화등반포·판매·임대·공연전시·상영죄

1. 의　　의

음화등반포·판매·임대·공연전시·상영죄는 음란한 문서·도화·필름 기타 물건을 반포·판매 또는 임대하거나 공연히 전시 또는 상영함으로써 성립하는 범죄이다. 1년 이하의 징역 또는 5백만원 이하의 벌금에 처한다(제243조). 이 죄와 음화등제조·소지·수입·수출죄(제244조)를 묶어 **음란물죄**라고 부른다.

성의 자유화·문화화 추세에도 불구하고 인간의 성적 품위가 정면으로 부정된 적은 없었다. 선량한 성풍속 및 인간의 성적 품위는 존중되어야 한다. 다만 음란개념은 상대적이어서 시대적 문화적 배경에 따라 내용이 달라질 수 있다. 때문에 한계규정은 현실적 성관념의 변화까지 고려해서 신중히 판단해야 한다. 따라서 음란물의 형법적 규제는 사회적 유해성이 인정될 만한 이른바 악성음란물(hard pornography)·영리목적의 음란물에 국한하고, 보호대상도 20세 미만의 청소년과 스스로 그와 같은 음란물을 보지 않고자 하는 성인으로 제한하는 것이 바람직하다.

2. 성 격

보호법익은 **선량한 성풍속**이며, 보호정도는 추상적 위험범으로서의 보호이다. 거동범의 성격을 띤다. 그러나 공연전시·상영의 행위양태는 계속범, 그 밖의 반포 등 행위양태는 즉시범 내지 상태범의 성격을 띤다. 또한 지배범이며, 필요적 공범 중 행위자만 처벌하는 대향범의 일종이다. 범죄학적으로는 이욕범·풍속사범이지만 영업범이라 단정짓기는 어렵다.

3. 객관적 구성요건요소

(1) 행위객체

음란한 문서·도화·필름 기타 물건이다. 이를 통틀어 음란물이라 한다. 여기서 문제는 음란개념이다. 음란은 규범적 구성요건표지이므로 당대의 지배적인 성관념에 따라 법적으로 판단해야지, 가설적 표준의 성관념이나 상상적인 성개념에 따라 판단해서는 안 된다.

(a) 음 란 성

(가) 의   의   음란이란 성관계에서 정상적인 보통사람들의 성적 수치심과 윤리감정을 심하게 침해하기에 객관적으로 적합한 것을 말한다. 예컨대 노골적이고 조잡한 비현실적인 성묘사, 성도착의 표현, 수간과 같은 비자연적 성유희의 표현 등이 그것이다. 음란물은 포르노적 표현물과 같은 의미이며, 음란개념에서는 정상적 평균인의 성적 수치심과 윤리감정을 현저히 침해할 만한 객관적 행위경향이 중요하다.

우리나라의 다수설 및 판례(대판 1997.8.22, 97 도 937; 1987.12.22, 87 도 2331)는 일본판례(일본최고재판소판결 소화 27.4.1; 32.3.13)의 영향을 받아 음란을 「그 내용이 성욕을 흥분 또는 자극시키고 보통인의 정상적인 성적 수치심을 해하고 선량한 성적 도덕관념에 반하는 것」이라고 정의한다.

‖**판례**‖ 구 전기통신기본법 제48조의 2에서 규정하고 있는 '음란'이라 함은, 일반 보통인의 성욕을 자극하여 성적 흥분을 유발하고 정상적인 성적 수치심을 해하여 성적 도의 관념에 반하는 것을 말하고, 표현물의 음란 여부를 판단함에 있어서는 당해 표현물의 성에 관한 노골적이고 상세한 묘사·서술의 정도와 그 수법, 묘사·서술이 그 표현물 전체에서 차지하는 비중, 거기에 표현된 사상 등과 묘사·서술의 관련성, 표현물의 구성이나 전개 또는 예술성·사상성 등에 의한 성적 자극의 완화 정도, 이들의 관점으로부터

당해 표현물을 전체로서 보았을 때 주로 그 표현물을 보는 사람들의 호색적 흥미를 돋우느냐의 여부 등 여러 점을 고려하여야 하며, 표현물 제작자의 주관적 의도가 아니라 그 사회의 평균인의 입장에서 그 시대의 건전한 사회 통념에 따라 객관적이고 규범적으로 평가하여야 한다(대판 2005. 7. 22, 2003 도 2911).

(나) 판단기준   음란성에 관해 우리 판례와 학설에 나타난 기준들은 대략 다음 다섯 가지로 요약할 수 있다.

(i) 사회통념에 따라 객관적으로 판단해야 한다   음란성개념은 작성자의 주관적 의도 · 목적이 아니라 사회통념에 따라 객관적으로 판단해야 한다(통설 · 대판 1970. 10. 30, 70 도 1879; 1991. 9. 10, 91 도 1550; 2003. 5. 16, 2003 도 988).

(ii) 평균인(보통인) 표준주의에 입각해야 한다   보통인은 정상적 성관념을 지닌 일반성인을 의미한다. 따라서 성도덕적으로 타락하여 수치심이 마비된 자나 수치감정이 지나치게 예민한 자처럼 극단적 성관념을 지닌 사람들을 기준으로 해서는 안 된다.

(iii) 작품 전체를 평가하는 전체적 고찰방법에 따라야 한다   문서 · 도화 · 필름 등의 일부만을 떼어서 판단하지 말고 전체적 관련성 속에서 판단해야 한다는 의미이다. 즉 대상물의 표현내용 · 방법이 독자나 관람자들에게 준 전체적 인상이 가장 중요하며, 기타 출판 · 전시 · 상영의 장소 · 형태 · 독자나 관중의 부류와 같은 부수사정도 종합적으로 고려대상으로 삼아야 한다. 따라서 지엽적 음란성보다는 전체적 예술성을 먼저 고려해야 한다.

(iv) 법적 판단이어야 한다   음란성 유무에 관한 판단은 사실판단이 아니라 법적 가치판단이다. 음란성표지는 규범적 구성요건요소로서 정신적으로 이해할 수 있는 가치 · 의미개념이다. 따라서 그 적용 및 판단에는 원칙적으로 법적 · 윤리적 평가를 필요로 한다. 그러므로 문학 · 예술작품과 음란물의 한계도 법률의 보호목적, 사회의 지배적 가치관, 행위의 당벌성에 대한 일반적 통찰, 성적 품위에 관한 일반적 이해의 한계 등을 고려하여 판단해야 한다.

(v) 전문가적 의견을 존중해야 한다   어떤 문서가 음란문서인지 순수한 예술작품인지, 아니면 일부 외설적 내용을 지닌 예술작품인지를 판단하자면 평균인 기준만으로는 만족스러운 해결이 어렵다. 따라서 비록 문학적으로 특별한 소양을 갖추지 않았지만 예술적 감수성과 이해력을 지닌 전문가의 판단 · 감정도 중시해야 한다.

(b) 학술서 · 예술작품과 음란성

(가) **학술서 · 예술작품** 학술서나 예술작품은 남녀의 성 또는 성행태를 주제로 삼는 경우가 많아 종종 학술적 가치와 예술성 및 음란성 사이의 한계가 문제될 수 있다.

양립설은 학문성 · 예술성과 음란성은 차원을 달리하는 관념이므로 학술연구서나 예술작품이라고 해서 음란성이 당연히 부정되는 것은 아니라고 한다.[1] 판례도 명화집에 실려 있는 나체화가 사정에 따라서는 음란성을 가질 수 있고(대판 1970. 10. 30, 70 도 1879) 미술교사가 자신의 인터넷 홈페이지에 게시한 미술작품, 사진 및 동영상의 일부에 대하여도 음란성을 인정하고 있다(대판 2005. 7. 22, 2003 도 2911). 이에 반해 배제설은 학문과 예술은 기존관념을 깨뜨리고 반전해 나가는 데 본질이 있으므로, 성에 대한 정확한 이해를 가능하게 하는 과학적 저서나 교육서 · 고도의 예술성이 인정되는 예술작품의 음란성은 부정해야 한다는 입장이다.[2]

생각건대 학문과 예술의 자유는 최대한 보장되어야 하지만, 무제한적 자유는 아니다. 대상물의 객관적 속성에 대한 판단에 따를 때 다른 사람의 성적 수치심을 현저히 해하거나 인간의 성적 품위를 저하시키는 내용을 담고 있는 것은 사회질서를 해하는 것으로 학문과 예술의 자유의 보장한계 밖에 놓이지 않을 수 없다.[3]

(나) **상대적 음란성이론** 상대적 음란성이론은 부수적 사정, 즉 작가나 출판자의 의도, 광고 · 선전 · 판매의 방법, 독자 · 관람자의 부류 등에 따라 음란성에 대한 평가가 달라진다는 이론이다(빈딩, 프랑크 등에 의해 주장된 이론이다).[4] 예컨대 성교에 관한 논문이 학술지에 실리면 음란성이 부정되지만 일간신문에 게재되면 음란성이 인정될 수 있고,[5] 미술작품이라도 복제되어 일반에게 반포된 때에는 음란도화로 처벌할 수 있다는 것이다.[6] 스위스, 일본 및 우리나라 판례[7]도 종전 상대적 음란개념에 입각한 것이 많았다.

그러나 동일한 작품이 그 전체적 내용은 도외시된 채 공개대상의 범위에 따라 음란성 여부가 달리 결정된다면 자칫 음란성 판단이 자의적으로 흐를 위험이

---

1) 김성천 · 김형준 749면; 김종원(공저) 556면; 백형구 559면; 손동권 697면; 이정원 647면; 정성근 · 박광민 746면; 정영일 482면; 진계호 500면.
2) 김성돈 642면; 박상기 582면; 배종대 765면; 이재상 646면; 임웅 753면.
3) 오영근 806면.
4) 우리나라에서 상대적 음란개념을 긍정하는 입장은 서일교 210면; 손동권 697면; 유기천(하) 96면; 이정원 647면; 정영석 200면.
5) RGSt 27, 114.
6) RGSt 37, 315.
7) 예컨대 대판 1970. 10. 30, 70 도 1879.

있다. 음란성 여부는 대상물의 전체적 내용을 고려하여 그 대상물 자체에 부착된 객관적 성격·인상에 따라 평가해야 한다. 이 점에서 상대적 음란성이론을 따를 필요는 없다(다수설).

㈐ **형법적 음란물**　음란성 정도가 낮은 외설물은 형법적 음란물의 대상이 되지 않는다. 이를테면 만화나 주간지, 스포츠신문에 실린 글 중에서 외설적 표현이 있더라도 그것만으로 형법적 음란물이라고 단정하기는 어렵다.

예술적 음란물은 아직 예술의 자유보장한계 안에 있으므로 형법적 음란물에서 제외해야 한다. 예술적 음란물에서 음란성은 보통 작품전체를 위해 어떤 메시지를 담는 부분으로 쓰인다. 예술적 상상력에 의해 음란성은 여기서 예술적 미로 승화되어 있다. 이에 반해 감성적 쾌락이나 지적 쾌락이 아니라 말초신경을 자극하는 관능적 쾌락만을 주로 추구할 때, 그것은 참다운 예술·문학일 수 없다. 예술 문학에서 추구하는 쾌락은 정신적 대결이나 미적·지적 쾌락이기 때문이다.

‖**판례**‖　소설 즐거운 사라는 작가가 주장하는 성 논의의 해방과 인간의 자아확립이라는 전체적인 주제를 고려한다고 하더라도 음란한 문서에 해당한다(대판 1995. 6. 16, 94 도 2413). 또한 공연윤리위원회의 심의를 마친 영화작품이라 하더라도 이것을 영화관에서 상영하는 것이 아니고 관람객을 유치하기 위하여 영화장면의 일부를 포스터나 스틸사진 등으로 제작하였고, 제작된 포스터 등 도화가 그 영화의 예술적 측면이 아닌 선정적 측면을 특히 강조하여 그 표현이 과도하게 성욕을 자극시키고 일반인의 정상적인 성적 정서를 해치는 것이어서 건전한 성풍속이나 성도덕관념에 반하는 것이라면 음화에 해당한다(대판 1990. 10. 16, 90 도 1485).

「반노」사건에서 대법원도 예술작품의 음란성이 단순음란물의 음란성과 다르다는 전제에서 출발한다(대판 1975. 12. 9, 74 도 976). 예술작품으로 인정되는 음란물은 음란하지 않아서 정당화되는 것이 아니라, 그 음란성이 단순한 상업적 음란과 다른 차원에 있기 때문에 형법적으로 문제삼을 수 없다는 것이다.

반면 **단순음란물**은 에로틱한 부분이 과장되어 단순한 흥미를 이끌어내는 데 치중한 것을 말한다. 문학적 에로티시즘은 전체의 스토리를 방해하지 않고 오히려 전체를 묶어 주는 역할을 하지만, 상업적 단순음란물은 에로티시즘이 아예 스토리를 이끌어간다. 따라서 단순음란물은 형법적 음란물에 속한다.

이렇게 볼 때 **형법적 음란물**은 그 전체적 맥락에서 정신적·미적 의미관련성 없이 성을 일반인의 지배적 윤리의식에 현저히 반하여 노골적·원초적으로 묘사할 뿐만 아니라 공개되어 선량한 성풍속을 위태롭게 하는 음란물만을 지칭한다.

(c) **문서 · 도화 · 필름 · 기타 물건**   문서 · 도화 · 필름은 기타 물건의 예시로서 비밀침해죄($^{제316}_{조}$)와 문서위조죄($^{제225조}_{이하}$)의 그것과 같다. 필름은 개정형법이 도화와 구별하여 별도로 규정한 것이다. 따라서 포괄개념인 음란한 물건은 문서 · 도화 · 필름 외의 음란물 모두를 포함한다. 예컨대 음란한 성적 행위를 표현한 미술 · 조각품 · 사진 · 녹음테이프 · 비디오테이프 등을 포함한다.

《참고》 컴퓨터프로그램파일을 본죄의 음란물건으로 볼 것인가? 부정하는 것이 옳다. 컴퓨터프로그램 파일, 전자적 부호, 음성정보 등과 같이 유체적인 속성을 지니지 않는 것은 문서 · 도화 · 필름 · 기타 물건 중 어느 하나의 개념 안에 포섭되기 어렵다고 보아야 하기 때문이다. 즉 인터넷상의 그림을 형법상 '도화'로, 글자를 형법상의 '문서'로 볼 수 없다는 것이다. 이러한 이유로 사이버공간에서의 음란물 유통에 대해서는 형법상의 음란죄 규정이 적용되기 어렵고,[8] 특별법인 정보통신망이용촉진및정보보호등에관한법률($^{제74조 제}_{1항 2호}$), 성폭력범죄의처벌등에관한특례법($^{제13}_{조}$) 등의 규정이 적용될 수밖에 없다.

대법원도 컴퓨터프로그램파일에 대해 형법상 음란물건으로서의 객체성을 인정하지 않는다.

‖ **판례** ‖ 형법 제243조는 음란한 문서, 도화, 필름 기타 물건을 반포, 판매 또는 임대하거나 공연히 전시 또는 상영한 자에 대한 처벌 규정으로서 컴퓨터 프로그램파일은 위 규정에서 규정하고 있는 문서, 도화, 필름 기타 물건에 해당한다고 할 수 없으므로, 음란한 영상화면을 수록한 컴퓨터 프로그램파일을 컴퓨터 통신망을 통하여 전송하는 방법으로 판매한 행위에 대하여 전기통신기본법 제48조의 2의 규정을 적용할 수 있음은 별론으로 하고, 형법 제243조의 규정을 적용할 수 없다(대판 1999. 2. 24, 98 도 3140).

(2) **행 위**

반포 · 판매 · 임대 · 공연전시 또는 상영이다. 음란물제조 · 소지 · 수입 · 수출죄의 각 행위양태가 판매 · 임대 · 공연전시 또는 상영의 준비행위에 상당한 것이라면, 반포는 그 지원행위에 해당한다.

(a) **반 포**   반포란 불특정 또는 다수인에게 무상으로 교부하는 행위를 말한다. 불특정 또는 다수인에게 교부될 것을 예견하고 특정인에게 교부한 때에도 반포에 해당한다. 그러나 반포는 적어도 현실로 교부한 때 기수에 이른다. 따

---

8) 같은 견해 김영환, 「청소년 유해매체관리, 규제를 위한 법적 장치 연구」, 형사정책연구, 제 8 권 1호(통권 제29호, 1997 · 봄호), 64면 이하; 박희영, 「사이버음란물에 대한 형법적 대응방안」, 부산대학교 법학연구, 제41권 1호(통권 49호), 262면; 서보학, 「인터넷상의 정보유포와 형사책임」, 형사정책연구, 제12권 3호(통권 제47호, 2001 · 가을호), 12면 이하; 손동권 698면; 오영근 807면; 임 웅 754면.

라서 우송만으로는 부족하며 현실로 인도되어야 한다. 단순한 광고는 반포행위에 해당하지 않는다.

(b) **판 매** 판매란 유상으로 양도하는 행위를 말한다. 일회적 행위이든 계속·반복적 행위이든 상관없으며, 특정소수인을 상대로 팔건 불특정소수인을 상대로 팔건 가리지 않는다. 대가를 받은 유상행위여야 하지만 수익 유무와는 무관하다(아편판매죄와 동일).

상습범·영업범이 아니라 추상적 위험범·거동범의 일종이기 때문에 계속·반복의 의사가 있어야 하는 것도 아니다. 매매계약만으로는 부족하고 현실로 인도한 때 기수에 이른다.

(c) **임 대** 임대란 유상으로 대여하는 행위를 말한다. 반드시 영업적이어야 하는 것은 아니다. 따라서 일회의 임대로도 이 죄는 성립하며, 계속·반복의 의사는 필요없다.

(d) **공연전시** 공연전시란 불특정 또는 다수인이 직접 관람할 수 있는 상태에 두는 것을 말한다. 다수인인 한, 특정·불특정은 가리지 않는다. 동시에 다수인에게 보여야 하는 것은 아니므로 순차로 열람하여도 좋다.

(e) **공연상영** 상영이란 필름 등 영상자료를 화면에 비추어 보이는 것을 말한다. 영사기, 환등기, 투사기 또는 VTR 등 무엇을 이용하건 상관없다. 그러나 실물전시는 상영이 아니다. 상영도 공연성이 요구되므로, 단지 친구 두 사람이 보는 앞에서 도색영화를 상영한 것은 여기에서의 상영에 해당하지 않는다(대판 1973. 8. 21, 73 도 409).

4. 주관적 구성요건요소

구성요건고의는 음란한 문서·도화·필름 기타 물건에 대한 인식과 그것을 반포·판매·임대·공연전시 또는 상영한다는 점에 대한 인식 및 의사이다. '공연히'는 행위상황이므로 이에 대한 인식도 있어야 한다. 그러나 음란성 및 공연성은 규범적 구성요건표지이므로 그에 대한 인식은 정신적 이해를 뜻한다.

5. 공범 및 죄수

반포·판매·임대에는 교부·양도의 상대방이 있어야 하나 본죄는 상대방을 처벌하지 않는 필요적 공범(대향범)의 일종이기 때문에, 상대방이 비록 교사·방조범에 해당한다 할지라도 처벌되지 않는다(통설).

음란문서를 제작한 자와 출판한 자는 이 죄의 공동정범이 될 수 있다. 동일한 의사로 수회 반복하여 행한 때에는 포괄일죄가 된다.

B. 음화등제조 · 소지 · 수입 · 수출죄

음화등제조 · 소지 · 수입 · 수출죄는 반포 · 판매 · 임대 · 공연전시 또는 상영할 목적으로 음란한 물건을 제조 · 소지 · 수입 또는 수출함으로써 성립하는 범죄이다. 1년 이하의 징역 또는 5백만원 이하의 벌금에 처한다($^{제244}_{조}$).

이 죄는 음화등반포 · 판매 · 임대 · 공연전시 · 상영죄의 예비단계를 독립된 범죄로 규정한 것으로, 일반예비죄와 같이 목적범으로 규정되어 있으므로 목적범의 일반원칙을 그대로 적용해도 좋다. 그 밖에도 추상적 위험범 · 즉시범 · 거동범 · 이욕범 · 지배범이다.

행위객체는 음란한 물건이다. 여기서 **음란한 물건**은 음란문서 · 도화 · 필름까지 포함하여 음란물 일반을 가리키는 넓은 개념이다. 섹스숍에서 판매하는 각종 성기모조품 · 음란서적 · 음란비디오 · 음란카세트테이프 등이 여기에 속한다. 판례는 성기확대기는 음란물건에 해당하지 않으나(대판 1978. 11. 14, 78 도 2327), 남성용 자위기구인 모조여성기는 음란한 물건에 해당한다고 판시하였다(대판 2003. 5. 16, 2003 도 988).

구성요건행위는 제조 · 소지 · 수입 또는 수출이다. 제조는 음란물을 만드는 것이다. 새로운 아이디어에 의해 창작하건 복제하건 가리지 않는다. 소지는 자기의 사실상의 지배하에 두는 것이다. 반드시 휴대해야 할 필요는 없다. 수입은 국외에서 국내로 반입하는 것이다. 육로를 통한 수입은 국경선을 넘은 때 기수가 되며, 해로의 경우에는 양륙한 때 기수가 된다. 항공기운반의 경우 기내에서 지상으로 운반된 때 기수이다(아편수입죄와 같음). **수출**은 국내에서 국외로 반출하는 것이다.

이 죄는 목적범이므로 구성요건고의(일반적 주관적 불법요소) 이외에 반포 · 판매 · 임대 · 공연전시 상영에 제공할 목적(특별한 주관적 불법요소)이 있어야 한다. 고의가 성립하자면 음란물임을 인식하고, 그것을 제조 · 소지 · 수입 또는 수출한다는 점에 대한 인식과 의사가 있어야 한다.

C. 공연음란죄

1. 의 의

공연음란죄는 공연히 음란한 행위를 함으로써 성립하는 범죄이다. 1년 이하의 징역 또는 5백만원 이하의 벌금, 구류 또는 과료에 처한다($^{제245}_{조}$). 음란물죄가 물건을 통제하려는 것임에 반해, 이 죄는 음란행위 자체를 통제하려는 것이다. 공연음란죄에 관한 형법상의 문언은 포괄적이고 불명확하여 죄형법정원칙에 비추어 문제가 있다.

《참고》 오스트리아 형법상 공연음란죄($^{제218}_{조}$)는 「공연하게 그리고 그 행동을 직접 목도할 때 의당 분노를 일으키기에 적합한 상황하에서 음란한 행위를 한 자」라고 규정하고 있고, 독일형법은 치부노출죄를 별도 규정한 뒤($^{제183}_{조}$), 공분을 야기한 죄($^{제183}_{조\ a}$)에서 「공연히 성행위를 하여 의도적 또는 의식적으로 분노의 염을 일으킨 자」라고 규정하여 공연음란죄의 의미를 분명히 하고 있다.

2. 성 격

이 죄는 선량한 성풍속이라는 사회적 법익을 보호하며, 보호정도는 추상적 위험범으로서의 보호이다(통설). 그 밖에도 거동범·경향범·지배범이다.

3. 객관적 구성요건요소

구성요건행위는 공연히 음란한 행위를 하는 것이다.

(a) **공 연 성** 여기서 「공연히」란 불특정 또는 다수인이 직접 인식할 수 있는 상태를 말한다. 다수인이면 족하고, 특정·불특정은 가리지 않는다. 폐쇄된 공간에서 절친한 수인 사이에서 벌어진 음란행위는 여기에 해당하지 않는다.

공연성은 규범적 구성요건표지이다. 다수인이 현존하거나 왕래하는 장소(도로·공원·학교운동장·백화점·음식점·열차객실·해수욕장 근처의 해변 등)라면 극소수가 보거나 또는 현실적으로 통행인이 없었더라도 공연성이 인정된다. 다수인이 현실로 인식했음을 요하지 않기 때문이다(통설). 술집·연극무대[9]뿐만 아니라 옥내라도 외부에서 쉽게 볼 수 있도록 개방된 곳이면 공연성이 인정된다(통설). 그러나 길거리에서 음란행위를 했더라도 남몰래 숨어서 또는 사람의 왕래가

---

9) 판례는 연극 미란다사건에서 연극공연행위의 음란성과 본죄의 성립을 인정한 바 있다(대판 1996. 6. 11, 96 도 980).

드문 한적한 오솔길에서 행한 경우는 공연성이 없다.

(b) **음란행위**   음란행위란 성욕을 노골적으로 자극·흥분시키는 것으로, 보는 사람의 성적 수치심과 선량한 성풍속을 해하는 행위를 말한다.

입법론적으로는 우리 사회의 개방화된 성문화를 반영하여 독일형법이나 오스트리아 형법과 같이 **음란행위를** 선량한 성풍속에 관한 사회의 지배적 윤리의식을 해치는 공개적 성행위에 국한하는 것이 **합리적으로** 보인다. 따라서 성행위 아닌 단순한 치부노출행위나 스트립쇼 등 단순히 나체를 보여주는 것은 음란행위가 되지 않고, 경우에 따라 경범죄처벌법의 규율대상이 될 뿐이다(동법 제3조 1항 33호 과다노출).

성행위인 한, 반드시 남녀간의 성행위뿐 아니라 동성간 또는 남성이나 여성 단독의 자위적 성행위도 포함된다. 부부간의 성행위라도 공연성을 띨 때에는 음란행위에 해당한다. 무대에서 사람이 벗은 몸을 보여주는 스트립쇼가 성행위 자세를 묘사하는 정도에 이를 때에는 본죄의 음란행위가 될 수 있다(다수설).

반면 판례는 공연음란이 되기 위해 반드시 성행위를 묘사하거나 성적인 의도를 표출할 것을 요하지 않는다는 입장에서, 고속도로에서 승용차를 손괴하거나 타인에게 상해를 가하는 등의 행패를 부리던 자가 이를 제지하려는 경찰관에 대항하여 공중 앞에서 알몸이 되어 성기를 노출한 경우(대판 2000. 12. 22, 2000 도 4372) 및 공중 앞에서 누드모델들이 음부 및 유방을 노출한 상태에서 퍼포먼스 형식을 빌어 요구르트 제품의 홍보를 한 경우(대판 2006. 1. 13, 2005 도 1264)에 공연음란행위가 있는 것으로 보았다.

4. 주관적 구성요건요소

이 죄의 고의는 공연히 음란행위를 한다는 점에 대한 인식과 의사이다. 미필적 고의로도 족하다. 공연성에 대한 착오는 구성요건착오가 되어 고의를 조각한다.

이 죄는 **풍속범적 경향범**이므로 행위의 성질상 외부적으로 건전한 성풍속을 해하거나 타인의 성적 수치심을 해함은 물론, 내면상 육욕적인 욕구충족의 경향(음란한 경향)에서 행해져야 한다. 그러므로 사진·서양화의 나체모델로 알몸을 보이거나 영화·연극에 출연한 배우의 러브신연기는 강화된 내적 경향이 없는 행위이므로 음란행위에 해당하지 않는다. 반면 다수의견은 공연히 음란한 행위를 한다는 인식과 의사로 충분하고 이러한 고의를 넘어가는 특별한 내적 경향은 필요치 않다는 입장이다.

판례도 본죄가 성립하기 위해서는 행위의 음란성에 대한 의미의 인식만 있으

면 족하고 주관적으로 성욕의 흥분 또는 만족 등의 성적인 목적이 있어야 하는
것은 아니라고 하면서, 경찰관에 대항하기 위한 알몸시위에 대해 본죄의 성립을
인정한 바 있다(대판 2000. 12. 22, 2000 도 4372). 그러나 이 사안에서는 행위자의
강화된 내적 경향을 인정할 수 없으므로 경범죄처벌법($\frac{제3조}{1항 33호}$) 위반으로 다스리면
족하다고 본다.

5. 공범·죄수 및 타죄와의 관계

(1) 공범 및 죄수

음란행위의 공연이 있을 것을 알면서 극장이나 무대를 제공한 자는 이 죄의
방조범이 된다. 죄수는 매 음란행위를 기준으로 판단한다. 그러나 1회의 출연 중
여러 번 음란행위를 했더라도 포괄일죄로 된다. 각각 다른 다수의 관객 앞에서 7
회의 음란행위를 하였으면 7회의 독립한 공연음란죄가 성립한다.

(2) 타죄와의 관계

강제추행죄를 공연히 범한 때에는 강제추행죄와 이 죄의 관념적 경합이 된다
(다수설). 같은 취지에서 강간죄·준강간죄·준강제추행죄와 이 죄 사이에도 관
념적 경합이 된다. 경범죄처벌법상의 치부노출행위($\frac{동법제3조}{1항 33호}$), 성폭력범죄의처벌등
에관한특례법 제11조(공중밀집장소에서의 추행)와 이 죄 사이에도 관념적 경합이
문제될 수 있다.

제 2 절 도박과 복표에 관한 죄

Ⅰ. 총   설

1. 의   의

도박과 복표에 관한 죄는 도박하거나 도박을 개장하거나 복표를 발매·중
개·취득함으로써 성립하는 범죄이다. 도박이 성립하려면 당사자가 예견불가능
하고 지배불가능한 우연한 사정에 의해 승패를 결정하고 재물의 득실을 다투어
야 한다.

도박을 형법이 통제해야 되는 까닭은 그것의 **중독성**과 그로 인한 **사회유해적**
파급효과에 있다. 도박은 마약처럼 한번 빠지면 헤어나기 어려운 속성을 갖고 있

다. 또한 폭행·협박·살인·강도 등 다른 범죄를 유발시키는 원인이 된다. 이에 형법은 오락 정도를 벗어난 도박이나 불법적 복표행위를 통제대상으로 삼는다.

2. 체계 및 입법론

도박에 관한 죄의 기본구성요건은 단순도박죄($\frac{제246조}{1항}$)이며, 상습도박죄($\frac{제246조}{2항}$)는 상습성 때문에 책임이 가중된 구성요건이다. 도박개장죄($\frac{제247}{조}$)는 영리목적 때문에 불법이 가중된 구성요건이라는 견해가 지배적이지만, 단순도박죄와 도박개장죄는 행위양태를 달리하는 별개의 범죄로 보아야 한다. 복표에 관한 죄는 복표발매죄($\frac{제248조}{1항}$)를 기본구성요건으로 하며, 복표발매중개죄($\frac{제248조}{2항}$)와 복표취득죄($\frac{제248조}{3항}$)는 불법감경적 구성요건이다.

입법론적으로는 도박과 복표에 관한 각종 행위가 성행·공인되고 있는 실정에 비추어 공서양속에 반하는 도박행위(사기도박·영업적 도박·상습도박)만을 존치하고 단순도박죄는 비범죄화하자는 목소리가 높다.[10]

복표에 관한 죄는 이미 우리 사회에서 그 의미를 상실했다고 말할 수 있다(통설). 더욱이 특별법으로 「사행행위등규제및처벌특례법」이 무질서한 복표발행이나 경품추첨권판매 등을 규제하고 있어 형법상 복표에 관한 규정은 삭제해도 좋을 것이다.

3. 본질 및 보호법익

도박과 복표에 관한 죄의 본질은 국민일반의 근면관념과 공서양속 등 사회적 법익에 대한 죄이다. 통설은 「건전한 기업활동의 기초가 되는 국민의 근로관념과 공공의 미풍양속 내지 사회의 경제도덕」이라고 하나 본질에 차이가 없다. 판례는 「경제에 관한 건전한 도덕법칙」을 보호법익으로 본다(대판 1983. 3. 22, 82 도 2151; 1984. 7. 10, 84 도 1043). 따라서 보호법익은 **국민일반의 근로관념과 경제윤리**에 입각한 공서양속이며, 보호정도는 추상적 위험범으로서의 보호이다.

---

10) 김기춘, 형법개정시론, 546면; 배종대 771면; 서일교 215면; 손동권 703면; 오영근 814면; 이재상, 652면; 임웅 762면; 정성근·박광민 753면; 진계호 507면.

II. 도 박 죄

A. 단순도박죄

1. 의의 및 성격

단순도박죄는 도박함으로써 성립하는 범죄이다. 5백만원 이하의 벌금 또는 과료에 처한다(제246조 1항). 근로 없이 도박을 일삼는 무분별한 도박근성을 억제하고, 도박을 통한 재산착취와 공공윤리 및 경제윤리의 침해를 제지하려는 데 그 취지가 있다.

이 죄는 도박죄의 기본구성요건으로 추상적 위험범·즉시범·거동범·지배범이다. 범죄학적으로는 이욕범·지능범의 성격을 띤다.

2. 객관적 구성요건요소

(1) 행위주체

주체에는 제한이 없다. 도박의 성질상 2인 이상의 참여를 요하는 필요적 공범이며, 참여자 모두에게 같은 처벌이 가해지는 대향범의 일종이다.

(2) 행위객체

행위객체는 재물 또는 재산상의 이익이다. 금전은 물론 부동산·동산·채권·유가증권·무체재산권도 포함한다. 도박죄는 재물 또는 재산상 이익을 걸고 도박을 할 때 성립한다. 여기서 재물 또는 재산상 이익을 건다는 것은 그것을 승자에게 제공하기로 약속하는 것을 말한다. 재물이나 재산상 이익의 액수는 미리 확정하지 않고 승패 결정 후에 정해도 무방하다. 외상도박·빚도박도 가능하다. 또한 최근 인터넷에 개장된 도박장에서 전자화폐를 이용하거나 신용카드를 이용하여 벌이는 도박도 여기의 도박에 해당한다.

(3) 행   위

(a) 의   의   구성요건행위는 도박이다. **도박**이란 당사자가 서로 재물을 걸고, 주로 우연한 사정에 의존한 승부로 재물의 득실을 결정하는 행위를 말한다. 방법·양태에는 제한이 없다. 컴퓨터의 난수발생프로그램을 사용하는 것도 가능하다. 여기서 중요한 개념은 우연성이다. 승패가 행위자의 기술·능력·지식·숙련도 등에 전적으로 의존해서는 안 되고, 주로 우연한 사정에 좌우되어야 하기 때문이다. 이와 관련하여 다음의 세 가지가 특히 문제된다.

(b) **우 연 성**   재물의 득실은 주로 우연에 의해 결정되어야 한다. 여기서 우연이란 당사자가 확실히 인식·예견하거나 영향을 미칠 수 없는 사정을 말한다. 따라서 우연은 당사자에게 주관적으로 불확실하고 절대적으로 지배할 수 없는 것일 필요는 없다(통설).

(c) **편면적 도박**   우연성이 당사자 중 일부에게만 있고, 나머지 상대방은 기망행위에 의해 우연성을 자유로이 지배할 수 있는 경우를 편면적 도박이라 한다. 사기도박이 그 대표적 예지만, 일방이 월등한 지능과 기술을 갖고 있거나 막강한 권좌에 있기 때문에(전 중앙정보부장 김형욱의 내기 골프) 상대방을 자유자재로 조정할 수 있는 사정에서의 도박, 거액의 돈을 공무원에게 뇌물로 전달하기 위해 그 돈을 도금으로 걸고 일방적으로 져주는 방식의 도박(건설회사 현장사무소장이 현장감독공무원에게 고스톱형식을 빌려 매번 수백만원씩 잃어 줌으로 부실시공을 눈감아 주도록 한 경우)도 편면적 도박이라 할 수 있다.

이 경우 사기도박자에게 사기죄가 성립한다는 것에는 견해가 일치하나, 상대방의 도박죄 성부에 관해서는 부정설(다수설·대판 1960. 11. 16, 4293 형상 743)이 우세하다. 그러나 긍정설이 타당하다. 도박이 당사자 쌍방에게 같은 정도의 우연성이 있어야 할 필요는 없기 때문이다.

(d) **경기의 도박성**   경기란 우연이 아니라 당사자의 신체적·정신적 능력이나 훈련경험의 축적에 의한 기능·기량·숙련도에 따라 그 승패가 결정되는 게임을 말한다. 볼링·당구·테니스·야구·골프·씨름·권투 등 운동경기뿐 아니라 장기·화투·마작·바둑 등도 포함한다.

경기에 의한 도박을 인정할 것인가? 다수설은 도박에 해당한다고 한다.[11] 부정설은 우연성에 의존한 승패결정만 도박이고 당사자의 기능·기량에 의한 경우는 도박이 아니라고 한다.[12] 긍정설이 타당하다. 당사자의 경기력이 승패에 영향을 미칠 수 있지만, 우연의 지배에서 완전히 벗어난 것은 아니기 때문이다.

(e) **기수시기**   추상적 위험범·거동범이므로 도박행위의 실행의 착수가 있으면 즉시 기수가 된다. 예컨대 화투도박에서 화투장이 배부되기 시작하면 기수에 이른다. 단순히 선을 정하기 위한 배부인 때라도 마찬가지이다. 따라서 승패가 결정되거나 현실적으로 재물·재산상 이익의 득실이 있을 필요가 없다.

---

11) 박상기 588면; 백형구 564면; 오영근 816면; 이정원 686면; 임웅 764면; 정성근·박광민 756면; 진계호 509면.
12) 배종대 772면; 이재상 654면; 정영일 488면.

3. 주관적 구성요건요소

구성요건고의는 재물로 도박한다는 점에 대한 인식과 의사이다. 목적범이나 경향범이 아니므로 고의 외에 영리목적 따위는 필요없다.

4. 구성요건해당성

(1) 문제의 제기

도박행위가 일시오락 정도를 초과하지 않을 때는 이 죄가 성립하지 않는다 ($\binom{\text{제246조}}{\text{1항 단서}}$). 다수설과 판례(대판 1985. 11. 12, 85 도 2096)는 단서조항을 도박죄의 위법성조각사유로 보고 있다. 그러나 일시오락 정도는 갈등하는 두 법익 사이의 교량을 전제하여 사회조절기능을 지닌 정당화사유가 아니라, 사회적 상당성 내지 규범의 보호목적에 비추어 행위반가치를 배제하고 도박행위의 성립범위를 제한하는 구성요건해당성배제사유로 보는 것이 옳다.

(2) 일시오락의 정도

도박행위가 재물의 득실보다 승패의 결정에 주된 흥미를 두고 있을 때 오락성을 띠고, 거는 재물도 단지 흥을 돋구기 위한 방편에 지나지 않을 때 일시성을 띤다. 예컨대 초상집에서 밤을 새우며 하는 문상객들의 노름은 일시오락의 전형적 실례이다.

문제는 일시오락의 정도인데, 일률적으로 판단할 것이 아니라 도박의 시간과 장소, 도박에 건 재물의 가액, 도박가담자들의 사회적 지위나 재산정도, 도박으로 얻은 재물의 용도, 도박의 동기와 도박 자체의 흥미성 등 여러 사정을 참작하여 판단해야 한다(다수설). 판례도 같은 입장이다(대판 1990. 2. 9, 89 도 1992).

(3) 금전도박의 오락성

금전을 건 도박인 때에도 그것이 승패결정의 흥미를 북돋우기 위한 방법에 지나지 않을 경우에는 일시오락으로 보는 것이 옳다(다수설). 판례도 음식이나 술값내기로 돈을 걸고 화투를 친 경우에 일시오락에 해당한다고 보고 있다(대판 1966. 12. 27, 66 도 1510; 1984. 4. 10, 84 도 194).

5. 위법성조각사유

공익목적을 위하여 도박이 법적으로 허용된 경우(경륜·경마)는 법령에 의한 행위로 위법성이 조각된다.

6. 죄수 및 타죄와의 관계

같은 일시·장소에서 같은 도박을 계속한 때에는 도박참가자들의 변동이 있어도 1개의 도박죄만이 성립한다. 도박개장자가 스스로 도박에 가담한 때에는 단순도박죄와 도박개장죄의 경합범이 성립한다(다수설). 도박개장죄는 별개의 독립된 범죄(delic-tum sui generis)라는 관점에서 각각의 성립을 인정함이 옳다.

B. 상습도박죄

1. 의의 및 성격

상습도박죄는 상습으로 도박함으로 성립하는 범죄이다. 3년 이하의 징역 또는 2천만원 이하의 벌금에 처한다. 징역형을 과할 경우 5백만원 이하의 벌금을 병과할 수 있다(제246조 2항, 제249조). 이미 도박에 빠져 헤어나오기 힘든 상태에 있는 자를 특별히 중하게 처벌함으로 도박을 일삼는 일을 예방하려는 것이 그 취지이다. 이 죄는 상습성 때문에 책임과 형이 가중되는 구성요건이며, 부진정신분범의 일종이다.

2. 구성요건요소

이 죄에서 특유한 구성요건표지는 책임가중표지인 상습성이다.

(1) 상습성의 의의

상습이란 도박행위를 반복하여 행하는 행위자의 **습벽**을 말한다. 따라서 상습성은 행위의 성질이 아니라 도박이 몸에 배인 행위자의 특성을 지칭한다(대판 1994. 3. 8, 93 도 3608). 반드시 같은 종류·같은 수법의 도박습벽이 아니라도 좋다. 습벽이 있는 한, 횟수·기간의 장단·영업성 유무는 묻지 않는다.

(2) 상습성의 판단기준

상습성의 판단기준은 도박의 전과나 도박의 반복, 시간적 간격 등 여러 가지 사정을 종합적으로 고려해야 한다. 전과가 상습성판단의 절대적 기준은 아니므로, 전과가 없는 때에도 단시일 내에 수차에 걸쳐 도박을 하고 가산을 탕진하는 지경에 이르렀다면 상습성을 인정할 수 있다(대판 1983. 10. 25, 83 도 2448). 반대로 1주일에 수십 회의 도박을 했어도 그 이후에는 도박행위에 일체 가담하지 않앞다면 상습성은 부정된다(대판 1985. 9. 24, 85 도 1272). 반드시 직업적 도박꾼임을 요하지 않는다.

(3) 누범과의 관계

누범은 범행의 횟수에 의해 결정되는 형법상의 개념인 데 비해, 상습성은 행위자의 습벽을 기초로 한 범죄학적 개념이다. 상습도박자가 누범에 해당하는 경우에는 가중사유가 경합한다. 이 때 상습범가중 외에 다시 누범가중을 할 것인지에 관해서는 누범가중을 할 수 없다는 견해도 있지만, 양자 사이에 형벌가중의 근거가 다르므로 다시 누범가중을 할 수 있다는 입장이 타당하다(다수설).

C. 도박개장죄

1. 의의 및 성격

도박개장죄는 영리목적으로 도박하는 장소나 공간을 개설함으로써 성립하는 범죄이다. 5년 이하의 징역 또는 2천만원 이하의 벌금에 처한다. 도박행위는 보통 도박장을 중심으로 행해지므로 이 죄는 도박에 관한 죄의 중심에 위치한다고 할 수 있다. 따라서 도박죄를 처벌하지 않는 입법례에서도 대부분 이 죄만은 처벌하고 있다.

이 죄를 단순도박죄의 불법가중적 구성요건으로 보는 것이 지배적이나, 단순도박죄와 다른 행위양태 불법유형을 지닌 **독자적 범죄**로 파악하는 것이 옳다. 목적범·추상적 위험범·계속범·지배범의 일종이다. 도박죄와는 달리 필요적 공범은 아니다.

2. 구성요건요소

(1) 도박개장

구성요건행위는 도박하는 장소나 공간을 개설하는 것이다. '도박하는 장소를 개설한다'는 것은 스스로 도박의 주재자가 되어 그 지배하에 도박의 장소를 여는 것을 말한다. 슬롯머신(빠찡꼬)업소나 도박용 전자오락실처럼 일정한 설비를 갖춘 경우는 물론, 그와 같은 설비가 없어도 도박판을 벌일 수 있는 장소를 제공하는 것이 여기에 해당한다. '도박하는 공간을 개설한다'는 것은 스스로 도박의 주재자가 되어 도박판을 짜는 것을 의미한다. 도박의 일시·장소·조건을 포함한 도박계획을 수립하여 일반인들에게 도박을 청하거나 도박참여의 기회를 제공하

는 것이 여기에 해당한다. 도박공간의 개설은 가상공간에 하더라도 무방하다. 즉
인터넷에 전자도박장을 개설하는 것도 이에 포함된다. 판례도 역시 인터넷에서
고스톱대회를 개최한 것이 도박장개장에 해당하는 것으로 보았다(대판 2002.4.21,
2001 도 5802). 상설개설, 임시개설 여부는 문제되지 않는다. 도박의 주재자의 위
치가 아니라 단지 도박할 장소를 제공하거나 기술적인 도움을 제공하였을 뿐인
때에는 본죄가 성립하지 않고 도박죄의 방조범이 성립한다.

(2) 기수시기

실행의 착수가 있으면 범죄가 성립하며, 미수와 기수의 구별은 별 의미가 없
다. 따라서 영리목적으로 도박을 개장하면 이 죄가 성립한다. 현실로 도박이 행해
졌음은 묻지 않으며, 심지어 도박의 일시 조건을 포함한 도박계획을 수립하고 도
박꾼들을 모으려고 특정인을 청하였다가 거절당한 경우에도 성립한다.

(3) 고의와 영리목적

구성요건고의 외에 영리목적이 있어야 한다. 영리목적이란 도박장소·공간을
찾는 도박꾼들로부터 구전·수수료·입장료 등의 명목으로, 도박개장의 대가로
불법한 재산상의 이익을 얻으려는 의사를 말한다. 반드시 개장의 직접적 대가가
아니라 도박개장을 통해 간접적으로 얻게 될 이익을 위한 경우라도 영리목적은
인정된다. 예컨대 룸살롱을 경영하는 자가 입장료나 수수료 대신 고가의 주류와
안주를 소비시킬 목적으로 그 중 일실을 도박장소로 제공한 경우가 그러하다. 영
리목적이 있으면 현실로 이득을 얻었는지는 문제되지 않는다.

Ⅲ. 복표발매·발매중개·취득죄

1. 의 의

복표발매·발매중개·취득죄는 법령에 의하지 아니한 복표를 발매·발매중개·
취득함으로써 성립하는 범죄이다. 복표발매죄는 3년 이하의 징역 또는 2천만원
이하의 벌금에 처한다. 징역형을 과할 경우 5백만원 이하의 벌금을 병과할 수 있
다(제248조 1항, 제249조). 복표발매중개죄는 1년 이하의 징역 또는 5백만원 이하의 벌금, 복
표취득죄는 5백만원 이하의 벌금 또는 과료에 처한다(제248조 2항·3항). 우연에 의한 승패
결정이라는 점에서 복표제도도 넓은 의미의 도박이지만 형법이 별도로 규정하고
있다. 그러나 오늘날 복표발행에는 특별법인 「사행행위등규제및처벌특례법」이 적

용되므로 형법상의 이 죄가 적용되는 예는 거의 없다.

2. 구성요건요소

행위객체는 법령에 의하지 아니한 복표이다.

(1) 복　표

복표란 발매자가 미리 특정한 표찰을 발매하여 다수로부터 금품을 모은 다음, 추첨 등의 방법으로 당첨자를 결정하고, 당첨자에게 약정된 재산상의 이익을 제공하고 다른 참가자에게는 손실을 주는 제도를 말한다(사행행위등규제및처
벌특례법 제2조). 상품구매에 첨부하는 경품권이나 사은권 등도 추첨으로 당첨자를 결정하지만, 거래에 부가하는 특수한 이익의 급여 내지 가격파괴의 일종이므로 복표가 아니다.

(2) 법령에 의하지 않은 복표

복표는 법령에 의하지 아니한 것임을 요한다. 이 문언의 법적 성격에 관해 다수설은 위법성조각사유라고 본다. 그러나 이 문언은 객관적 구성요건표지로서 구성요건해당성배제사유를 규정한 것이고, 법령에 의해 발행된 복표는 본죄의 금지대상이 되지 않는다고 해야 한다.

(3) 발매 · 발매중개 · 취득

행위는 발매 · 발매중개와 취득이다. 발매란 구매자들에게 복표를 유상으로 파는 것을 말한다. 발매중개란 발매자와 구매자들의 중간에서 매매를 알선하는 일체의 행위를 말한다. 직·간접 여부는 묻지 않으며 보수 유무도 불문한다. 취득은 발매된 복표의 점유나 소유권을 획득하는 일체의 행위를 말한다. 유상 · 무상을 가리지 않는다.

제 3 절　신앙과 사체에 관한 죄

I. 총　설

1. 의　의

신앙에 관한 죄(제12
장)에는 장례식등방해죄(제158
조)와 사체등오욕죄(제159
조), 분묘발굴죄(제160
조), 사체등영득죄(제161
조) 및 변사체검시방해죄(제163
조)가 있다. 이 중 변사체검시방해죄는 경찰목적 또는 범죄수사의 목적에 의한 행정적 죄형법규로 신앙과 사체에 관한 죄와는 거리가 멀다. 신앙에 관한 죄는 장례식등방해죄($\frac{제158}{조}$)뿐이고 사체에 관한 죄가 주류를 이루고 있다.

2. 체   계

좁은 의미의 신앙에 관한 죄와 사체에 관한 죄로 크게 나누어 볼 수 있다. 전자는 다시 종교적 신앙에 관한 죄와 민간신앙에 관한 죄로 나눌 수 있다. 종교적 신앙에 관한 죄는 이른바 종교범죄에 상응하는 것으로, 종교적 제사·예배·설교방해죄($\frac{제158}{조}$)가 이에 속한다. 민간신앙에 관한 죄는 사람의 넋(혼백)이 사후까지 지속된다고 믿고 사자를 생존시보다 더 엄숙히 기리면서 장사지내는 민간전래의 습속을 침해하는 범죄로, 장례식 및 비종교적 제사방해죄($\frac{제158}{조}$)가 이에 속한다. 사체에 관한 죄로는 사체 등의 오욕죄($\frac{제159}{조}$)·분묘의 발굴죄($\frac{제160}{조}$)·사체 등의 영득죄($\frac{제161조}{1항}$) 및 분묘발굴사체 등의 영득죄($\frac{제161조}{2항}$)가 있다. 그 중 분묘발굴죄와 사체등의 영득 및 분묘발굴사체 등의 영득죄에 대해서는 미수범처벌규정($\frac{제162}{조}$)을 두고 있다.

3. 보호법익

장례식 등의 방해죄에서 종교적 신앙에 대한 방해죄는 **종교적 행사의 자유와 종교적 평온**을, 민간신앙에 대한 방해죄는 **풍속행사의 자유와 사회적 평온**을 각각 보호법익으로 한다. 그리고 사체에 대한 죄는 사자와 분묘에 대한 일반적 경외심과 사자인격권을 보호법익으로 삼는다.

보호정도로는 장례식등방해죄와 사체등오욕죄는 추상적 위험범·거동범, 분묘발굴죄와 사체등영득죄는 침해범, 변사체검시방해죄는 형식범·거동범이다.

Ⅱ. 장례식·제사·예배·설교방해죄

1. 의의 및 성격

장례식·제사·예배·설교방해죄는 장례식·제사·예배 또는 설교를 방해함으로 성립한다. 3년 이하의 징역 또는 5백만원 이하의 벌금에 처한다($\frac{제158}{조}$). 신앙이나 종교 자체가 아니라 신앙·종교행사의 자유와 평온을 보호하려는 데 그 취지가 있다.

추상적 위험범·결합범·즉시범·지배범의 일종이다. 범죄학상 격정범· 확신범의 성격을 띤다.

2. 객관적 구성요건요소

(1) 행위객체

행위객체는 장례식·제사·예배 또는 설교이다. 교회·사찰 내에서 종교단체의 회합이라도 정치적·학술적 강연을 위한 집회나 바자회 또는 결혼피로연은 이에 속하지 않고, 경우에 따라 업무방해죄나 경범죄처벌법($^{제3조}_{1항\ 13호}$) 위반이 문제될 수 있다.

(a) **장 례 식**   장례식이란 사자를 장사지내는 의식을 말한다. 의식형태로 이루어지는 사자와의 모든 영결·고별행사가 이에 해당한다. 반드시 종교적 의식일 필요는 없고 비종교적인 민간전래의 습속이라도 상관없다.

사체가 장례식장에 현재할 필요는 없다. 참석자의 수도 문제되지 않는다. 사자에 대한 것임을 요하므로 사태(死胎)나 죽은 동물을 매장하는 것은 일정한 의식을 거치더라도 장례식이 아니다.

(b) **제   사**   제사는 신령에게 음식을 바쳐 정성을 표시하는 의식을 말한다. 종교적 의식이건 전통문화적·민간신앙적 의식이건 가리지 않는다. 예컨대 석전대제는 종교적 의식이지만, 율곡제·단종제·춘향제·선농제·단오제 등에서 제사의식은 문화행사로서의 의식이고, 종묘대제나 문중의 절제사, 마을의 서낭당제 등은 민간신앙적 의식이다. 그러나 국경일기념식이나 성년식 등은 여기에서 말하는 제사에 들지 않는다. 또한 여기에서 제사는 공적 제사이든 사적 제사이든 가리지 않는다.

(c) **예   배**   예배란 종교단체의 규례와 형식에 따라 2인 이상이 모여 함께 신에게 기도하고 그의 영광을 찬미하며 존경심과 정성을 바치는 의식을 말한다. 종교단체는 제한이 없으므로 종교의 자유를 누릴 수 없는 사교집단이 아닌 한, 여기에 포함된다. 기독교·불교 등 종교집단의 교회나 사찰에서 드리는 예배· 예불이 그 대표적 예이다. 예배장소는 문제되지 않으므로 야외예배나 일반건물 등에서 거행되는 예배도 보호객체가 된다. 종교단체인지 사교단체인지는 신학적·종교학적 검증을 거쳐야 할 문제이다.

예배인지 여부는 예배행위가 종교단체의 규칙과 관례(교회법·정관·기타 자치규정)에 따라 행해졌는지를 기준으로 판단해야 한다. 2인 이상의 참여자를 필요로 하므로 개인이 혼자 드리는 기도는 예배가 아니다. 결혼식·영결식이더라도 결혼예배·영결예배의 규례에 따라 진행되는 한, 예배에 속한다.

　　(d) **설　　교**　　설교란 종교상의 교의를 가르치는 것을 말한다. 예배형식을 떠나서 하는 성경강해는 예배는 아니지만 설교에는 해당한다. 그러나 종교행정·종교정치·종교학술에 관한 연설이나 강연은 설교라 할 수 없다. 전도행위도 설교에 포함되지 않는다.

　　(2) **행　　위**

　　구성요건행위는 방해이다. 방해란 장례식·제사·예배 또는 설교의 평온한 수행에 지장을 주어 정상적 진행을 곤란하게 하는 일체의 행위를 말한다. 방해의 수단·방법은 불문한다. 폭행·협박을 하건 소음·혼란을 야기하건 외부적 공격이건 내부적 소란이건 불문한다. 따라서 장례식 집행을 위해 파놓은 묘혈을 메우거나 묘구덩이를 파지 못하게 방해하여 매장시각을 지연시킨 경우, 목사·승려를 감금하여 장례식 진행을 방해한 경우도 이 죄에 해당한다(통설). 결국 한 사람이나 일부 참석자에 대한 행패라 하더라도 예배·장례식·제사·설교 등이 전체적으로 방해될 위험이 있으면 이 죄에 해당한다.

　　방해행위는 의식이 진행중일 때뿐만 아니라 그 집행과 시간상 불가분적 관계에 있는 준비단계에서 행해져도 좋다(다수설·대판 1982. 2. 23, 81 도 2691). 본죄는 추상적 위험범이므로 방해행위가 있음으로써 기수가 되고, 현실적으로 의식이 방해되었다는 결과의 발생을 요하지 않는다. 다만 방해행위가 있었더라도 객관적으로 장례식 등의 절차와 평온을 저해할 위험이 초래되었다고 보기 어려운 경우에는 본죄가 성립하지 않는다(대판 2013. 2. 14, 2010 도 13450).

　　3. **주관적 구성요건요소**

　　고의는 객관적 구성요건에 대한 인식과 의사이다. 미필적 고의로도 족하며 그 밖의 동기·목적 등은 문제삼지 않는다.

Ⅲ. 사체에 관한 죄

　　1. **사체등오욕죄**

　　(1) 의의 및 성격

　　사체등오욕죄는 사체·유골 또는 유발을 오욕함으로써 성립하는 범죄로, 사체 등의 손괴죄($\frac{제161조}{1항}$)에 대한 기본구성요건이다. 2년 이하의 징역 또는 5백만원 이하의 벌금에 처한다($\frac{제159}{조}$). 보호법익은 사자에 대한 사회일반의 존경·경외의 감정(다수설) 외에 사자의 인격권도 보호법익으로 보아야 한다. 보호정도는 추상적 위험범이다. 거동범·결합범·즉시범·지배범이다.

(2) 구성요건요소

(a) **행위객체**   행위객체는 사체·유골 또는 유발이다.

㈎ 사   체   사체란 죽은 사람의 시신을 말한다. 언제 사체가 되느냐는 사람의 종기에 따라 결정된다.

사태도 사체에 포함되는가? 인체의 형태를 갖춘 사태는 사체에 속한다(통설). 따라서 초기낙태시기에 해당하는 미숙한 사태는 사체로 볼 수 없으나, 조산한 신생아에 상응한 형태를 갖춘 사태는 사체로 보아야 한다.

㈏ 유   골   유골이란 화장 기타의 방법으로 백골이 된 사체의 일부를 말하며, 사자를 제사·기념하기 위한 보존대상에 한한다. 사체를 화장하고 풍습에 따라 버린 재는 정당하게 처분한 것이므로 이 죄의 객체가 아니며, 생전에 사자 본인이나 유족들의 동의에 의해 학술상 표본으로 된 유골도 사자에 대한 경외심이나 인격권을 침해하는 것이 아니므로 역시 이 죄의 객체가 아니다(다수설).

㈐ 유   발   유발은 사자를 제사·기념하기 위하여 보존한 모발을 말한다. 혼백의 상징물로 전통적 제례풍습에서는 사자의 모발을 잘라 위패와 함께 모시는 습속이 있었는데, 이 경우 그 모발은 이 죄의 객체가 된다. 유골과 마찬가지로 학술상 표본으로 된 유발 역시 이 죄의 객체가 아니다.

(b) **행   위**   구성요건행위는 오욕이다. 여기서 오욕이란 폭행 기타 유형력의 행사로 모욕적 의사를 표현하는 것을 말한다. 예컨대 시간하거나 시체에 침을 뱉거나 방뇨하는 등의 행위가 여기에 해당한다. 이 죄는 제161조의 사체 등 손괴·유기·은닉·영득죄와 별개로 규정된 기본적 구성요건이므로, 오욕행위도 손괴 등에 이르지 않는 정도의 유형력행사에 국한시켜야 할 것이다. 그러나 말로 한 모욕은 이 죄의 오욕에 해당하지 않는다(통설).

2. 분묘발굴죄

(1) 의의 및 성격

분묘발굴죄는 분묘를 발굴함으로 성립하는 범죄로, 분묘발굴사체등영득죄

($^{제161조}_{2항}$)에 대한 기본구성요건이다. 5년 이하의 징역에 처한다($^{제160}_{조}$). 미수범은 처벌한다($^{제162}_{조}$). 보호법익은 사자와 분묘에 대한 일반의 경외심이다. 이 죄는 침해범·즉시범·지배범이다.

(2) 구성요건요소

(a) **행위객체**   행위객체는 분묘이다. **분묘**란 사람의 사체·유골·유발을 매장하여 사자를 제사 또는 기념하는 장소를 말한다. 보통은 봉분을 쌓아 토장을 하고 묘패를 설치하지만, 봉분 없는 평토장이나 묘패 없는 분묘라도 상관없다. 중요한 것은 사체·유골·유발 등이 매장되어 있느냐이다. 봉분과 묘패를 갖추었더라도 사체 등이 없는 가묘는 이 죄의 객체가 아니다.

사태 매장장소도 태아가 인체의 형태를 갖춘 때에는 여기에 포함된다(다수설). 적법하게 매장된 분묘임을 요하지 않으며 암매장된 분묘, 가매장된 분묘라도 무방하다. 분묘에 대한 소유권자·관리자가 누구인가는 중요하지 않다. 따라서 자신의 선친묘를 발굴한 때에도 이 죄에 해당한다. 사체나 유골이 완전히 썩어 한줌 흙으로 되었거나 사자가 누구인지 불분명하더라도 분묘로 남아서 현재도 후손의 제사대상이 되고 있다면 역시 이 죄의 객체이다. 그러나 고분은 이 죄의 분묘에 해당하지 않는다.

(b) **행   위**   구성요건행위는 발굴이다. **발굴**이란 복토의 전부 또는 일부를 제거하거나 묘석 등을 파괴하여 분묘를 손괴하는 것을 말한다(통설). 이 죄는 침해범이므로 실행에 착수하여 현실적 결과발생에 이르러야 한다.

기수시기에 관하여는 ① 분묘 내의 관이나 사체 유골 등을 외부에서 인식할 수 있는 상태에 두었을 때라고 하는 외부인지설(통설), ② 관이나 사체를 반드시 외부에서 인식할 수 있는 상태로 현출할 필요는 없고 복토를 제거한 상태에 이르렀을 때라고 하는 복토제거설(대판 1962. 3. 29, 4294 형상 539)이 대립하고 있다. 이 죄는 침해범·결과범의 일종이며 미수범 처벌규정을 둔 취지에 비추어 외부인지설이 타당하다.

(3) 위 법 성

법에 근거한 발굴은 위법성이 조각된다. 형소법상 검증($^{제140}_{조}$)이나 감정($^{제173}_{조}$)을 위한 발굴이 그것이다. 분묘의 이장·개장을 위해 관리자의 동의를 얻은 발굴은 애당초 구성요건해당성이 배제된다(대판 1995. 2. 10, 94 도 1190). 토지구획사업시행자로부터 분묘의 개장명령을 받았더라도 분묘주의 허락 없이 한 분묘발굴행위는 정당화될 수 없다(대판 1978. 5. 9, 77 도 3588).

3. 사체등손괴 · 유기 · 은닉 · 영득죄

(1) 의의 및 성격

사체등손괴 · 유기 · 은닉 · 영득죄는 사체 · 유골 · 유발 또는 관내에 장치한 물건을 손괴 · 유기 · 은닉 또는 영득함으로 성립하는 범죄이다. 7년 이하의 징역에 처한다(제161조 1항). 미수범은 처벌한다(제162조). 이 죄는 사체오욕죄(제159조)의 불법가중적 구성요건이다. 보호법익은 사자에 대한 일반인의 경외심과 사자의 인격권이며, 보호정도는 침해범이다.

(2) 구성요건요소

(a) **행위주체**　　주체에는 제한이 없다. 사자의 후손이나 이 죄의 행위객체에 대한 처분권을 가진 자도 주체가 될 수 있다.

(b) **행위객체**

(가) **일 반 론**　　행위객체는 사체 · 유골 · 유발 또는 관내에 장치한 물건이다. 사체 · 유골 · 유발의 개념은 사체등오욕죄의 그것과 같다. 관내에 장치한 물건이란 기념을 위하여 또는 유언에 따라 사체와 함께 관내에 둔 모든 부장품을 말한다. 예컨대 사체의 착의나 사자가 생전에 애호하던 장신구 · 귀금속 · 골동품 또는 지방의 풍속에 따라 관 속에 함께 넣어 둔 돈 등이 여기에 해당한다.

(나) **재물성 여부**　　이 죄의 객체에 대하여 재산죄가 성립할 수 있는가에 관한 우리나라 판례는 아직 없다. 사체라 할지라도 해부용 학술연구의 대상으로 병원에 기증된 것은 이미 유해로서의 성질을 잃고 단지 의학실험의 대상에 지나지 않으므로 재물성을 취득한다(통설). 그 밖의 경우 사체 · 유골 · 유발 등은 재물이 아니지만 관내에 장치한 물건은 재산죄의 객체가 될 수 있다(다수설). 따라서 관내에 장치한 물건을 영득 · 손괴하였을 경우에는 본죄와 재산죄의 상상적 경합이 성립한다.

(c) **행　　위**　　구성요건행위는 손괴 · 유기 · 은닉 또는 영득이다.

(가) **손　　괴**　　손괴란 사자에 대한 일반인의 경외심을 해할 정도의 물리적 훼손 또는 파괴를 말한다. 사체오욕죄의 오욕의 정도보다 심한 행위양태이며, 물건 또는 문서의 효용성 관점에 입각한 재물손괴죄의 손괴와도 반드시 일치하지는 않는다. 사체의 수족절단, 유골의 일부분리, 장기일부의 적출 등은 손괴의 전형적

예이다. 사체냉동실의 전원을 차단하여 사체의 부패정도를 심하게 한 경우에도 손괴에 해당한다.

(나) 유   기   유기란 매장에 관한 사회풍습상의 일반관행에 비추어 매장으로 인정할 수 없는 방법으로 사체·유골·유발 등을 함부로 방기하는 것을 말한다. 유기행위는 사체수습의무 있는 자의 부작위로도 가능하다(다수설). 타인을 살해하고 사체를 현장에 방치한 경우만으로는 유기에 해당하지 않지만, 직계비속이 존속을 살해하거나 직계존속이 영아를 살해하고 사체를 그대로 방치한 경우는 사체유기죄가 성립한다(대판 1961. 1. 18, 4293 형상 859).

‖ **판례** ‖   살해 후 사체를 현장에 방치해 둔 것만으로는 이 죄가 성립하지 않으나(대판 1948. 6. 8, 4281 형상 48), 범행은폐나 증거인멸의 목적으로 사체를 다른 장소에 옮겨 유기하거나(대판 1997. 7. 25, 97 도 1142; 1984. 11. 27, 84 도 2263), 사체를 늪지에 던져 매몰시킨 때에는(대판 1968. 7. 2, 68 도 697) 이 죄가 성립한다.

(다) 은   닉   은닉이란 사체·유골 등의 발견을 불가능 또는 심히 곤란케 하는 일체의 행위를 말한다. 예컨대 살인의 죄적을 없애기 위해 사체를 흙 속에 매몰한 경우, 살해한 피해자의 시체를 집마루 밑에 숨겨둔 경우, 사체에 돌을 매달아 바다나 호수 밑바닥에 가라앉게 한 경우 등은 모두 은닉에 해당한다. 살해 후 사체를 방치하고 도주한 것만으로는 은닉이 되지 않는다(대판 1986. 6. 24, 86 도 891).

‖ **판례** ‖   살인행위의 죄적을 감추기 위해 미리 인적이 드문 장소를 물색한 다음 피해자를 유인하거나 실신한 피해자를 끌고 가서 그곳에서 살해하고 사체를 그대로 둔채 방치한 경우 결과적으로 사체의 발견이 현저하게 곤란을 받게 되는 사정이 있다 하더라도 별도로 사체은닉죄가 성립되지 아니한다(대판 1986. 6. 24, 86 도 891).

(라) 영   득   영득이란 사체·유골 등에 대한 점유를 불법하게 또는 적어도 유족들의 동의없이 취득하는 것을 말한다. 점유취득의 방법은 불문한다. 절취·편취에 의한 취득, 사체영득자로부터의 재취득도 이에 해당한다.

4. 분묘발굴사체등손괴·영득죄

분묘발굴사체등손괴·영득죄는 분묘를 발굴하여 사체·유골·유발 또는 관내에 장치한 물건을 손괴·유기·은닉 또는 영득함으로 성립하는 범죄이다. 10년 이하의 징역에 처한다(제161조 2항). 미수범은 처벌한다(제162조). 분묘발굴죄와 사체등영득죄의 결합범이며, 분묘발굴죄 내지 사체등영득죄의 불법가중적 구성요건이다. 따라서 분묘발굴죄가 성립하지 않거나 타인이 발굴한 분묘에서 손괴 등을 하는 경우에는 본죄가 성립하지 않는다. 분묘를 발굴하여 사체를 영득한 자로부터 사체를 매수한 경우도 사체등영득죄가 될 뿐이다.

IV. 변사체검시방해죄

1. 의의 및 성격

변사체검시방해죄는 변사자의 사체 또는 변사의 의심 있는 사체를 은닉 또는 변경하거나 기타 방법으로 검시를 방해함으로 성립한다. 7백만원 이하의 벌금에 처한다($^{제163}_{조}$). 범죄수사목적 달성을 위해 규정한 **행정형벌법규**로서 신앙 및 사체에 관한 죄와는 성격을 달리한다. 이에 대한 특별법상 규정으로는 정당한 이유 없이 변사체나 사태가 있는 현장의 변경을 금지한 경범죄처벌법($^{제3조}_{1항 5호}$)이 있다. 검시방해를 기본적 구성요건행위로 사체은닉, 변경 등을 행위방법으로 보면 이 죄는 추상적 위험범·거동범, 즉시범, 공격범, 지배범의 성격을 띤다.

2. 구성요건요소

(1) 행위객체

행위객체는 변사자의 사체 또는 변사의 의심 있는 사체이다. 변사자란 자연사 또는 보통의 병사가 아닌 사체를 말한다. 사인이 불분명한 경우뿐만 아니라 범죄로 인함이 명백한 경우도 변사자에 해당한다는 견해도 있으나, 사인이 분명한 사체는 변사자로 볼 필요가 없다(다수설·대판 2003. 6. 27, 2003 도 1331). 범죄행위로 인한 사망이 명백한 사체의 경우에는 검시가 아닌 검증($^{형소법}_{제215조}$)의 대상이 되기 때문이다. 범죄로 인한 사망의 의심 있는 사체는 변사의 의심 있는 사체로 보아 본죄의 행위객체에 해당된다.

‖ **판례** ‖ 형법 제163조의 변사자라 함은 부자연한 사망으로서 그 사인이 분명하지 않은 자를 의미하고 그 사인이 명백한 경우는 변사자라 할 수 없으므로, 범죄로 인하여 사망한 것이 명백한 자의 사체는 같은 법조 소정의 변사체검시방해죄의 객체가 될 수 없다(대판 2003. 6. 27, 2003 도 1331).

변사태도 그것이 인체의 형태를 구비하고 있는 한 변사자에 포함시켜야 한다. 사태와 신생아의 사체를 명백히 구분할 수 없는 경우도 있고, 고의나 과실로 인한 사상죄·낙태죄의 혐의와 관련될 수 있어 검시 필요성이 인정되기 때문이다.

(2) 행　　위

구성요건적 기본행위는 검시방해이고, 변사 또는 변사의 의심 있는 사체에 대한 은닉, 변경 또는 기타 방법은 선택적으로 기술된 행위방법이다. 은닉이란 변사체의 소재를 불분명하게 하여 발견을 곤란·불가능하게 하는 일체의 행위를 말한다. 주로 사체매장이 이에 해당할 것이다. 변경이란 사체의 원상을 바꾸는 행위로서 사체내부의 변화이건 외부의 변화이건 모두 포함한다. 손괴도 변경의 일종으로 보아야 한다. 기타 방법이란 은닉·변경 이외의 방법으로 검시활동을 방해하는 일체의 행위를 말한다. 화장과 같이 소멸시켜 버리는 경우는 물론 검시관을 폭행·협박하여 검시작업을 위협하는 경우도 그것이 성질상 공무원의 직무집행을 방해할 수 있는 정도에 이르지 않는 한 여기에 포함된다. 변사체가 있는 방문을 걸어 잠그고 열어주지 않는 등의 소극적 형태도 기타 방법에 의한 검시활동 방해가 된다.

검시방해란 위에 열거한 행위방법으로 검시를 불가능하게 하거나 현저히 곤란하게 하는 경우를 말한다. 여기에서 검시(Leichenschau)란 범죄행위로 사망한 것인지를 판단하기 위해 수사기관이 변사체의 상황을 조사하는 것을 말한다.

이 죄는 추상적 위험범·거동범의 일종이기 때문에 구성요건결과를 필요로 하지 않는다. 따라서 은닉·변경 기타 방법에 의한 검시방해로 검시작업의 불능·지연·곤란과 같은 현실적 장애가 발생해야 할 필요는 없다.

(3) 구성요건고의

고의는 변사체 또는 변사의 의심 있는 사체라는 사실과 이를 은닉·변경하거나 기타 방법으로 검시를 방해한다는 점에 대한 인식과 의사이다. 법률상 검시대상이라는 점은 고의의 인식대상이 아니며, 만일 이 점에 착오가 있다면 금지착오가 될 뿐이다.

3. 타죄와의 관계

(1) 사체유기·은닉죄(제161조)와의 관계

변사체라는 인식하에서라도 검시방해의 의사 없이 단지 예견되는 상황의 어려움을 피하기 위해 그 사체를 매장할 경우에는 단지 사체유기·은닉죄만 성립하고, 검시방해의 의사까지 있었을 때에는 양자의 상상적 경합이 된다고 해야 할 것이다.

(2) 공무집행방해죄와의 관계

검시관이 직무집행을 할 수 없을 정도의 폭행·협박을 한 경우에는 양 죄의 상상적 경합이 되며 결국 무거운 공무집행죄로 처벌받게 된다.

제 4 장 공공의 신용을 보호하는 죄형법규

제 1 절 통화에 관한 죄

I. 총   설

1. 의   의

통화에 관한 죄는 행사할 목적으로 통화를 위조·변조하거나 위조·변조한 통화를 행사·수입·수출·취득하거나 통화유사물을 제조함으로써 성립하는 범죄이다.

2. 체   계

형법은 통화위조·변조 및 행사죄($\frac{제207}{조}$)를 기본적 구성요건으로 삼고 여기에 독립적 구성요건으로 위조통화취득죄($\frac{제208}{조}$), 위조통화취득후지정행사죄($\frac{제210}{조}$), 통화유사물의 제조등죄($\frac{제211}{조}$)를 각각 규정하고 있다.

통화위조·변조죄($\frac{제207}{조}$)는 다시 내국통화($\frac{1}{항}$)·내국유통 외국통화($\frac{2}{항}$) 및 외국통용 외국통화($\frac{3}{항}$)를 구별하여, 내국통화위조등죄를 중한 죄로 다루고 있다. 그 밖에도 위조통화취득후지정행사죄($\frac{제210}{조}$)를 제외한 모든 죄의 미수범($\frac{제212}{조}$)과 통화위조·변조죄($\frac{제207조 1항}{내지 3항}$)의 예비·음모($\frac{제213}{조}$)도 처벌한다. 외국인의 국외범도 처벌하고($\frac{제5조}{4호}$), 장소적 적용범위에 관해서는 세계주의를 채택하고 있다.

《참고》 내국통화의 위조를 외국통화의 위조에 비해 무겁게 처벌하는 우리 형법의 태도는 외국 입법례와 비교해 볼 때 특이한 것이다. 그러나 적어도 국제거래에서 통용되는 통화인 한, 내·외국통화의 위조등죄를 불법과 책임의 정도에 따라 구별해야 할 합리적 근거가 없고 형벌에서 차별해야 할 이유도 없다.

3. 보호법익과 보호정도

통화에 관한 죄의 보호법익은 **통화의 거래상의 신용과 안전**(통화의 공신력)이다(통설). 우리 형법은 내국통화뿐 아니라 외국통화위·변조까지 처벌하고 있기 때문에 화폐주권을 보호법익으로 삼을 수는 없다.

보호의 정도는 추상적 위험범으로서의 보호도 있지만(통화위조 및 위조통화수입·수출죄, 통화유사물의 제조등죄), 단순한 결과범인 것도 있다(위조통화행사죄, 위조통화의 취득죄, 위조통화취득후지정행사죄).

Ⅱ. 통화위조·변조죄와 위조·변조통화행사등죄

A. 내국통화위조·변조죄

1. 의의 및 성격

내국통화위조·변조죄는 행사할 목적으로 통용하는 대한민국의 화폐·지폐 또는 은행권을 위조하거나 변조함으로써 성립하는 범죄이다. 무기 또는 2년 이상의 징역에 처한다($^{제207조}_{1항}$). 특가법은 이 죄를 사형, 무기 또는 5년 이상의 징역까지 가중처벌한다($^{통법}_{제10조}$). 유기징역에 처할 때는 10년 이하의 자격정지 또는 2천만원 이하의 벌금을 병과할 수 있다($^{제209}_{조}$).

이 죄는 목적범이다. 또한 추상적 위험범·즉시범·거동범·지배범이기도 하다. 범죄학적으로는 경제범죄의 한 유형으로 볼 수 있다.

2. 객관적 구성요건요소

(1) 행위객체

통용하는 대한민국의 통화이다(통설). 그러나 엄밀히 말해서 변조죄에서만 진정한 통화가 행위객체이며, 위조죄에서는 행위객체가 아니라 행위의 모형이 될 뿐이다.

(a) **통 화** 통화란 금액이 표시된 지급수단으로서 국가 또는 발행권자에 의해 강제통용력이 인정된 교환의 매개물을 말한다. 통화란 「통용하는 화폐·지폐 및 은행권」의 통칭이다. 전자화폐는 국가 또는 발행권자가 아닌 신용카드업자가 발행한 것이므로 통화의 일종으로 볼 수 없다.

통화인지의 여부를 판단하는 기준은 액면가격표시와 강제통용력 두 가지이다.

강제통용력이 있는 이상, 발행 또는 주조가 정지되어 있는 것도 통화라 할 수 있다. 그러나 통화개혁으로 통용기간이 경과하여 교환기간중에 있는 구화는 강제통용력이 없으므로 통화가 아니라고 해야 한다(통설).

(b) **통화의 종류**　형법은 통화의 종류로 화폐·지폐·은행권을 열거하고 있다.

(가) 화폐(Metallgeld)　화폐란 금속화폐인 경화를 말한다(통설). 재료에 따라 금화·은화·백동화·청동화·니켈화 등의 주화가 있으나, 우리나라에는 주화로서 합금된 동전이 있을 뿐이다. 금속화폐는 명목가치에 가까운 실질가치를 갖는 태환인 것이 보통이지만, 이것이 필수적인 요건은 아니다.

(나) 지폐(Papiergeld)　지폐란 정부 기타 발행권자에 의해 발행되는 법정화폐를 말한다. 재료가 종이라는 데서 이와 같은 이름을 얻었지만, 법률에 의해 화폐에 대용하도록 법으로 특정된 증권이라는 점에서 수표 등 다른 유가증권과 구별된다. 지폐에는 태환성이 없다.

(다) 은행권(Banknoten)　은행권이란 정부의 인허를 받은 특정한 은행이 발행한 화폐대용의 증권을 말한다. 넓은 의미에서 지폐의 일종이다.

(라) 한국은행의 현금통화　우리나라에서는 중앙은행인 한국은행만이 발권은행이며 한국은행에서 발행하는 통화는 지폐인 은행권과 주화인 동전이 있다. 따라서 본죄의 행위객체를 화폐·지폐·은행권으로 세분한 것은 현실과 맞지 않는다. 오히려 대한민국의 통화라고 통칭하는 것이 좋다.

(c) **통　용**　통용이란 법률에 의해 강제통용력이 인정된 것을 말한다. 통화란 항상 강제통용력을 지닌 화폐·지폐·은행권을 말하므로 「통용하는 화폐·지폐·은행권」은 통화와 같은 말이다. 강제통용력 없이 국내에서 사실상 유통되는 고화·폐화 등은 통화가 아니다. 수집의 대상이 되는 기념주화가 통화인지의 여부는 강제통용력의 인정 여부에 따라 판단해야 할 것이다. 한국조폐공사법 제11조 1항에 의해 기념주화·기념은행권은 판매목적을 위해 제작되고 강제통용력은 없다고 해석되므로 통화가 아니라고 봄이 타당하다.[1]

(2) **행　위**

위조 또는 변조이다.

(a) **위　조**

(가) 의　의　위조란 통화를 발행할 권한이 없는 자가 통화의 외관을 지닌

---

1) 임웅 615면.

물건을 제작하는 것을 말한다. 통화의 발행권은 정부나 법률로 정해진 발행권자에게 제한되어 있으므로, 권한 없이 진화로 오인할 만한 위화를 제작하는 것이 위조이다. 행위자 자신을 위한 위조이든 타인을 위한 위조이든 상관없다.

(나) 위조의 방법　위조의 방법에는 제한이 없다. 고화·폐화를 이용하든, 필서·사진·인쇄·전자복사의 방법으로 통화의 외관을 지닌 위화를 제작하든 상관없다. 지폐의 전자복사도 지폐위조로 보지 않을 수 없는 점은 지폐가 갖고 있는 높은 통용성과 신용성 때문이다. 진화를 재료로 삼아 진화의 외관을 가진 다른 물건을 제작했어도 진화와 동일성이 없을 때에는 위조에 해당한다(통설).

(다) 진화의 존부　위조가 성립하려면 위조의 대상인 진화가 실제로 현존해야 하는가? 진화가 현존하지 않더라도 일반인이 진화로 오신할 수 있는 것이면 족하다(다수설). 현존하지 않는 돈에 대한 위조를 상상하기 곤란하지만, 신종통화 발행의 초기에는 위화가 진화로 통용될 위험도 있음을 감안할 때 다수설이 타당하다.

(라) 위화의 가치　경화위조의 경우 위화의 교환가치가 진화보다 낮은 것이 보통이다. 설령 위화가 진화보다 실질적인 가치가 높다고 하더라도 위조임에는 변함이 없다. 이 죄에서 중요한 것은 실질적인 가치가 아니라 통화에 대한 공신력이기 때문이다.

(마) 위조의 정도　일반인이 진화로 오인할 수 있는 외관을 갖고 있으면 충분하다(대판 1986. 3. 25, 86 도 255). 반드시 진화와의 식별이 불가능할 정도로 정교하게 제작되어야 하는 것은 아니다. 진화와 혼동할 수 있는 정도이면 지질, 크기, 문자, 지문, 색채, 인장 또는 기호가 통화와 유사하지 않아도 좋다(통설).

‖ 판례 ‖　10원짜리 동전의 표면에 백색의 약칠을 하여 100원짜리 동전과 색깔이 같도록 변경한 경우(대판 1979. 8. 28, 79 도 639), 1만원권 지폐의 앞뒷면을 전자복사하여 크기와 모양은 진화와 유사하지만 복사상태가 조잡하고 흑백으로만 복사되어 객관적으로 이를 진화로 오인할 염려가 전혀 없는 경우는 아직 위조가 아니다(대판 1986. 3. 25, 86 도 255).

위조의 정도에 이르지 않은 경우에는 모조로 보아 통화유사물제조등죄(제211조)에 해당한다는 견해[2]가 지배적이나, 이 죄에 해당하기 위해서는 초과주관적 불법요소인 판매의 목적이 있어야 하기 때문에 사실상 성립이 불가능하다.[3]

---

2) 배종대 673면; 백형구 488면; 서일교 233면; 임웅 616면; 정성근·박광민 678면; 진계호 549면.
3) 같은 견해 이정원 541면 주10 참조.

(b) 변　　조

㈎ 의　　의　　변조란 진정한 통화에 가공하여 그 가치를 변경시키는 것을 말한다. 예컨대 만원짜리 지폐 한 장을 앞뒷면으로 분리하여 한 면만 가진 두 장의 1만원권으로 만들어내는 것과 같다. 통화변조는 진화에 가공하여 진화의 외관이나 동일성이 상실되지 않을 정도로 변경을 가한다는 데, 위조와 다른 특색이 있다(통설). 만약 진화를 사용하여 전혀 다른 외관을 가진 위화를 제작하였다면(백원짜리 동전 두 개를 용해하여 오백원짜리 동전 하나를 만든 경우) 변조가 아니라 위조에 해당한다. 위조와 마찬가지로 변조에서도 행위자 자신을 위한 것이든, 타인을 위한 것이든 가리지 않는다.

㈏ 변조의 방법　　변조의 방법에는 두 가지가 있다. 첫째 통화의 모양과 문자를 고쳐 가액을 변경하는 경우, 둘째 가액을 변경하지 않고 진화의 주변이나 일부를 손괴하여 그 실가를 삭감하거나(금화의 주변 또는 중간을 뚫어 감량하는 경우) 불완전한 화폐를 만드는 경우(1만원권의 앞뒷면을 분리하여 두 장의 1만원권을 만든 경우)를 들 수 있다.

㈐ 변조의 정도　　위조와 마찬가지로 일반인으로 하여금 진화라고 오인케 할 정도이면 족하다.

‖ 판례 ‖　일본국의 자동판매기 등에 투입하여 일본국의 500¥짜리 주화처럼 사용하기 위하여 한국은행발행 500원짜리 주화의 표면 일부를 깎아내어 손상을 가한 경우, 통화변조에 해당하는지 여부(소극): 피고인들이 한국은행발행 500원짜리 주화의 표면 일부를 깎아내어 손상을 가하였지만 그 크기와 모양 및 대부분의 문양이 그대로 남아 있어, 이로써 기존의 500원짜리 주화의 명목가치나 실질가치가 변경되었다거나, 객관적으로 보아 일반인으로 하여금 일본국의 500¥짜리 주화로 오신케 할 정도의 새로운 화폐를 만들어 낸 것이라고 볼 수 없고, 일본국의 자동판매기 등이 위와 같이 가공된 주화를 일본국의 500¥짜리 주화로 오인한다는 사정만을 들어 그 명목가치가 일본국의 500¥으로 변경되었다거나 일반인으로 하여금 일본국의 500¥짜리 주화로 오신케 할 정도에 이르렀다고 볼 수도 없다(대판 2002. 1. 11, 2000 도 3950).

3. 주관적 구성요건요소

(1) 구성요건고의

구성요건고의는 대한민국의 통화를 위조 또는 변조한다는 점에 대한 인식과 의사이다.

(2) 초과주관적 불법요소

행사의 목적이 있어야 한다. **행사할 목적**이란 위조·변조한 통화를 진화로 유통케 하겠다는 목표지향적 의사를 말한다. 자기 스스로 유통케 할 경우뿐만 아니라 타인으로 하여금 유통케 할 목적인 때에도 행사할 목적이 된다. 유통케 할 목적이므로 학교의 수업용 교재로, 진열용의 표본으로, 단지 신용을 돋보이게 하는 과시용으로 사용할 의도인 때 또는 유통케 할 의사가 아니라 단지 자신의 제조기술을 시험해 볼 의향으로 시험삼아 통화를 위조·변조한 때에는 행사의 목적을 인정할 수 없다.

타인을 위한 위조·변조에서는 행위자가 그 타인의 행사 의도를 알고 있는 것만으로 충분하다.

4. 미수·기수

미수범은 처벌한다($^{제212}_{조}$). 이 죄는 추상적 위험범이므로 종료미수는 기수로 취급되고 미종료미수만이 가능하다. 행위자가 위조·변조를 했으나 일반인으로 하여금 진화로 오인케 할 정도에 이르지 못했을 때에는 실행수단의 착오로 인한 불능미수라고 해야 할 것이다. 행위의 위험성만 나타나면 기수가 되고, 그 밖에 위험결과 등 구성요건결과의 발생은 필요로 하지 않는다.

5. 죄   수

여러 종류의 통화를 각각 다른 기회에 위조한 때에는 각각의 종류에 대해서 통화위조죄가 성립한다. 그러나 한 기회에 인쇄기로 수개의 통화를 위조한 때에는 1개의 통화위조죄가 성립한다. 같은 기회에 위조하고 변조한 때에도 1개의 위조죄가 될 뿐이다.

B. 내국유통외국통화위조·변조죄

내국유통외국통화위조·변조죄는 행사할 목적으로 내국에서 유통하는 외국의 화폐·지폐 또는 은행권을 위조 또는 변조함으로써 성립하는 범죄이다. 1년 이상의 유기징역에 처한다($^{제207조}_{2항}$). 특가법에 의한 가중처벌($^{동법}_{제10조}$), 미수처벌($^{제212}_{조}$), 자격정지 또는 벌금의 병과($^{제209}_{조}$) 등은 앞서 본 내국통화위조등죄와 같다.

구성요건요소 중 특별히 언급해야 할 부분은 **행위객체**이다. 즉 내국에서 유통하는 외국의 통화이다. 내국이란 대한민국 영역 내를 뜻한다(헌법 제3조).

유통이란 사실상 거래 대가의 지급수단으로 사용된다는 의미이다(대판 2003. 1. 10, 2002 도 3340). 이에 관하여 법률상 유통이라는 견해도 있으나, 형법은 유통과 구별하여 강제통용력이 부여된 경우를 통용이라고 규정하고 있기 때문에(제207조 1항) 사실상 유통이라고 해야 한다(다수설). 사실상 유통되면 국내에서 법적으로 그 사용이 금지되어 있더라도 상관없다. 유통의 범위는 반드시 대한민국 영역 전체가 아니고 일부지역이라도 족하다. 따라서 국내에 거주하는 미군 및 그 군속 사이에서만 유통되는 미군군표도 이 죄의 행위객체에 포함된다.

외국통화는 내국에서 유통하는 외국통화를 말한다. 본국이나 국내에서 강제통용력을 가질 필요는 없다. 즉 강제통용력 없는 외국의 기념주화도 국내에서 유통되는 한, 이 죄의 행위객체가 된다. 여기에서 외국은 국제법상 승인된 국가가 아니라도 좋고, 우리나라와 국교가 수립되어 있어야 하는 것도 아니다. 따라서 북한화폐도 우리나라에서 유통되는 한, 이 죄의 행위객체가 된다.

‖ **판례** ‖   이 사건 스위스 화폐의 진폐(신권과 교환이 가능한 구권 화폐)가 국내은행에서 환전할 수 있다 하더라도 이는 지급수단이 아니라 은행이 매도가격과 매수가격의 차액 상당의 이득을 얻기 위하여 하는 외국환매매거래의 대상으로서 상품과 유사한 것에 불과하다 할 것이므로 이를 가리켜 국내에서 유통되고 있다고 보기는 어렵고, 이태원 등 관광지에서 지급수단으로 사용된다고 하더라도 이는 관광객과 상인 사이에 상인이 정한 일정한 환율로 계산하여 사용될 뿐 아니라 다시 타인에게 이전됨이 없이 은행에서 환전되는 것으로서 이러한 경우 역시 상인은 이 사건 스위스 화폐를 은행에서의 매수환율보다 낮은 가격에 매수하여 은행에 매도함에 따른 차익을 목적으로 이를 취득한 것으로서 지급수단이라기보다는 은행에서 환전하는 경우와 마찬가지로 외국환거래의 대상으로 봄이 상당하여, 이 사건 스위스 화폐의 진폐는 내국에서 '유통하는' 화폐라고 볼 수 없다 (대판 2003. 1. 10, 2002 도 3340).

C. 외국통용외국통화위조 · 변조죄

외국통용외국통화위조 · 변조죄는 행사할 목적으로 외국에서 통용하는 외국의 화폐 · 지폐 또는 은행권을 위조 또는 변조함으로써 성립하는 범죄이다. 10년 이하의 징역에 처한다(제207조 3항). 특가법에 의한 가중처벌(동법 제10조), 미수처벌(제212조), 자격정지 또는 벌금의 병과(제209조) 등은 앞서 본 다른 통화위조등죄와 같다.

여기서 행위객체는 외국에서 통용하는 외국통화이기 때문에 외국에서 강제통용력을 가지고 있어야 한다. 만약 외국통화가 그 본국에서 강제통용력을 상실했으면 이 죄의 객체가 될 수 없다. 이 경우는 내국유통외국통화위조·변조죄 ($\frac{제207조}{2항}$)에 해당할 수 있다. 강제통용력의 외관만을 가지고 있는 경우에도 역시 본죄가 성립하지 않는다(대판 2004. 5. 14, 2003 도 3487).

D. 위조·변조통화행사등죄

1. 의의 및 성격

위조·변조통화행사등죄는 위조 또는 변조한 내·외국통화를 행사하거나 행사할 목적으로 수입 또는 수출함으로써 성립하는 범죄이다. 위조 또는 변조죄에 정한 형에 처한다($\frac{제207조}{4항}$). 특가법에 의한 가중처벌($\frac{동법}{제10조}$), 미수처벌($\frac{제212}{조}$), 자격정지 또는 벌금의 병과($\frac{제209}{조}$) 등은 다른 통화위조등죄와 같다.

위조·변조한 내·외국통화의 행사죄와 행사할 목적으로 그것을 수입·수출한 죄, 두 가지 죄의 결합이다. 두 죄는 다같이 위조·변조로 인해 예비된 통화의 공신력에 대한 위험을 구체적인 실현으로 옮긴다는 점에서 같다.

행사죄는 즉시범·결과범·지배범의 성격을 띠고, 행사목적의 수입·수출죄는 추상적 위험범·거동범의 성격을 띤다.

2. 객관적 구성요건요소

(1) 행위객체

행위객체는 위조 또는 변조한 내·외국의 통화이다(통설). 이것을 한마디로 위화라고도 부른다.

위조·변조한 내·외국의 통화는 재산죄의 객체인 재물의 범주에 들어간다. 위화에 대한 국가의 소유권이 인정될 수 있고, 행사의 목적이 아닌 한 사인간의 위화 소유·소지도 가능하기 때문이다. 따라서 절도죄·횡령죄·사기죄 등의 객체도 될 수 있다.

(2) 행 위

행사·수입 또는 수출이다.

(a) 행 사 행사란 위조 또는 변조한 통화를 진정한 통화처럼 거래·유통에 제공하는 것을 말한다. 예컨대 물품구입대금으로 지급하거나 보증금·채무변제에 제공하거나 다른 진화와 교환하는 것, 화폐수집상에게 진화인 양 판매하는 것, 심지어 공중이 왕래하는 장소에 살포하는 것도 행사에 해당한다.

유상·무상을 불문한다. 진화인 양 증여·기부하는 것도 행사이다(대판 1979.7.10, 79 도 840). 사용방법이 위법이라도 무방하며, 도금이나 사기취재의 수단으로 위화를 사용해도 행사가 된다. 유통시 상대방에게 적극적으로 진화라고 주장해야 하는 것은 아니고, 진화인 양 사용하면 충분하다. 따라서 공중전화기나 자동판매기에 투입하는 것도 행사에 해당한다(통설).

행사에 이르자면 실제 위화를 유통에 제공해야 하므로 단순히 진열장에 비치해 두거나 자기의 신용을 과시하기 위해 위화를 단순히 보이거나 열람시키는 것만으로는 행사가 되지 않는다(통설). 또 통화로서 유통시키는 이외의 용도로 교부하는 것도 행사가 아니다. 따라서 위조통화를 명가 이하의 상품으로 매매하는 것은 진화로 유통시킨 것이 아니므로 행사가 아니다. 그러나 화폐상에게 위화를 진화로 속여 파는 것은 행사에 해당한다.

(b) **수입·수출** 수입이란 외국에서 국내로 위조·변조된 내·외국통화를 반입하는 것을 말하고, **수출**은 국내에서 국외로 반출하는 것을 말한다. 수입은 양륙시를, 수출은 이륙시를 기준으로 기수시기를 정해야 한다(통설).

(3) **구성요건결과**

행사죄는 결과범의 일종이기 때문에 구성요건결과를 필요로 한다. 행사의 결과는 위조·변조된 통화의 점유·처분권이 행위자의 수중에서 사실상 벗어나 타인에게 이전·교부되었을 때 야기된다. 행사와 점유의 사실상의 이전 사이에는 인과관계 및 객관적 귀속관계가 있어야 한다.

3. 주관적 구성요건요소

구성요건고의는 위조 또는 변조한 내·외국의 통화를 행사한다는 점에 대한 인식과 의사이다. 미필적 고의 정도로도 족하다. 그리고 후단의 수입·수출죄는 목적범이므로 구성요건고의 외에 행사의 목적이 있어야 한다.

4. 미수·기수

미수범은 처벌한다(제212조). 행사죄는 결과범이므로 구성요건결과의 야기로 기수에 이르고, 행사의 실행에 착수했으나 점유의 사실상 이전이라는 구성요건결과가 발생하지 않았을 때 미수가 된다. 행사죄의 실행의 착수시기는 위조·변조된 통화를 유통에 공급·제공하기 시작한 때이다. 그러나 후단의 수입·수출죄는 추상적 위험범·거동범의 일종이므로 종료미수는 기수의 범주에 속하고, 미종료미수만이 미수처벌의 대상이 된다.

5. 죄수 및 타죄와의 관계

(1) 죄 수

수개의 위화를 일괄행사한 때에는 1개의 행사죄만 성립한다. 수개의 위화를 일괄하여 수입 또는 수출한 때에도 1개의 수입·수출죄만 성립한다.

(2) 타죄와의 관계

(a) **통화위조등죄와의 관계** 위조 또는 변조한 통화를 행사하는 경우 통화위조·변조죄와 행사죄 및 위조통화수입·수출죄와 행사죄 사이에 실체적 경합관계가 성립한다고 한다는 것이 다수설이다. 양 죄는 서로 독립된 별개의 범죄이기 때문이라는 것이다.

그러나 구체적인 사정에 따라 세분하여 살펴보아야 할 것이다. 즉 행사행위가 행위자의 위조행위시 애당초 의도했던 범행계획에 상응한 것이면 법조경합 흡수관계가 되고, 행사행위는 불가벌적 사후행위가 된다. 이에 반해 뒤의 행사행위가 선행하는 위조행위에 상응하지 않고 새로운 종류의 결단에 의해 이루어졌다면 행사행위와 위조행위는 별개의 독립된 범죄가 되고, 양자의 관계는 실체적 경합이 된다.

(b) **사기죄와의 관계** 통화위조·변조죄와 사기죄는 실체적 경합관계에 놓인다. 위조·변조통화행사죄와 사기죄와 관계에 대해서는 판례(대판 1979. 7. 10, 79 도 840)는 실체적 경합으로 보고 있으나, 행사가 기망의 수단으로 행하여진 경우에 한하여 관념적 경합관계에 놓이는 것으로 보는 것이 옳다(다수설). 양죄는 보호법익이 다르고, 이 경우 행사행위와 기망행위는 1개의 행위가 서로 다른 2개의 죄에 해당하기 때문이다. 위조·변조통화의 증여나 자동판매기에의 투입처럼 전혀 기망행위를 포함하지 않는 위화의 행사에 대해서는 행사죄 하나만이 문제될 뿐이다. 후자의 경우 행사죄와 편의시설부정이용죄($^{제348조}_{의2}$)의 관념적 경합이 될 수 있음은 물론이다.

Ⅲ. 위조·변조통화취득죄

1. 의의 및 성격

위조·변조통화취득죄는 행사할 목적으로 위조 변조한 내·외국의 통화를 취득함으로써 성립하는 범죄이다. 5년 이하의 징역 또는 1천 5백만원 이하의 벌금에 처한다(제208조). 유기징역에 처할 때는 10년 이하의 자격정지 또는 2천만원 이하의 벌금을 병과할 수 있다(제209조). 미수범은 처벌한다(제212조).

이 죄는 결과범·즉시범·목적범·지배범이다.

2. 객관적 구성요건요소

(1) 행위객체

위조·변조한 내·외국의 통화이다.

(2) 행   위

행위는 취득이다. 취득이란 위조·변조한 내·외국의 통화에 대하여 자기의 점유나 독자적인 처분권을 획득하는 일체의 행위를 말한다.

유상·무상을 가리지 않는다. 매수·교환·증여에 의해 취득한 경우는 물론, 선물이나 사례비조로 취득한 경우라도 좋다. 취득방법·원인 여하도 묻지 않는다. 절취·편취·공갈·도박·횡령 등 범죄적 방법으로 취득한 경우는 물론, 위화를 발견하여 습득한 경우라도 좋다.

(3) 결   과

이 죄는 결과범의 일종이므로 구성요건결과를 필요로 한다. 취득의 결과는 점유가 행위자의 수중으로 이전한 때 또는 독자적인 처분권이 행위자에게 확보된 때 야기된다. 따라서 구성요건결과는 점유의 이전 또는 독자적인 처분권의 확보이다. 취득과 점유이전 또는 처분권의 확보 사이에는 인과관계 및 객관적 귀속관계가 있어야 한다.

3. 주관적 구성요건요소

(1) 구성요건고의

구성요건고의는 위조·변조한 내·외국의 통화를 취득한다는 점에 대한 인식과 의사이다. 위화의 부진정성에 대해서는 미필적 고의만 있어도 충분하다.

행위자가 만약 취득한 통화가 위조·변조된 사실을 몰랐거나 위화로서의 외관을 갖고 있지 않은 것으로 착오한 경우에는 구성요건착오로서 고의가 배제되고, 과실범처벌규정이 없으므로 불가벌이다.

(2) 초과주관적 불법요소

행사할 목적이 있어야 한다. 여기에서 행사할 목적이란 위화를 금전거래유통에 제공하고자 하는 목표지향적 의사를 말한다. 따라서 타인을 위한 단순한 보관의사, 수령의사, 운송의사일 때에는 행사할 목적이 결여된다. 행사할 목적은 늦어도 취득시에 있어야 한다.

4. 미수 · 기수

미수범은 처벌한다($\frac{제212}{조}$). 실행의 착수시기는 행사의 목적으로 위화를 취득하기 위한 행위를 직접적으로 개시한 때이다. 예컨대 공급가능한 위화를 중간상에게 주문하거나 즉시 입수할 수 있다는 예견으로 중간상과 인수협상에 임했을 때도 실행의 착수가 있다. 점유의 이전이나 독자적인 처분권의 확보가 있을 때 기수에 이른다.

5. 죄수 및 타죄와의 관계

(1) 죄   수

동일한 기회에 수개의 위화를 취득하면 전체로서 1개의 취득죄가 성립한다.

(2) 타죄와의 관계

(a) 위조통화임을 알면서 취득한 후 이를 행사할 경우, 양자 사이에 실체적 경합관계가 된다는 견해가 다수설이지만, 행사행위가 행위자의 취득행위시 애당초 의도했던 범행계획에 상응한 것인 한, 법조경합 보충관계로 보아 행사만 처벌대상이 되고 취득행위는 불가벌적 사전행위라고 보아야 한다. 반면 행사행위가 선행하는 취득행위에 상응하지 않고 새로운 종류의 결단에 의해 이루어졌다면 취득행위와 행사행위는 별개의 독립된 범죄가 되고, 양자의 관계는 실체적 경합이다.

(b) 위조통화임을 알면서 절취·횡령·편취한 경우에 금제품은 재산죄의 객체가 될 수 없다는 이유로 취득죄만 성립한다는 견해도 있으나 그러나 위조·변조한 통화도 재물죄의 객체가 될 수 있기 때문에 위화취득죄와 재산죄의 관념적 경합을 인정해야 할 것이다.

Ⅳ. 위조통화취득후지정행사죄

1. 의의 및 성격

위조통화취득후지정행사죄는 위조·변조한 내·외국의 통화를 취득한 후 그 정을 알고 행사함으로써 성립하는 범죄이다. 2년 이하의 징역 또는 5백만원 이하의 벌금에 처한다(제210조). 이 죄는 일반위조통화행사죄(제207조4항)의 책임감경적 구성요건이다. 행위자의 심정적 기대가능성을 고려하여 감경한 것이기 때문이다. 그 밖에도 이 죄는 결과범·즉시범·이욕범·지능범·지배범이다.

2. 객관적 구성요건요소

행위객체는 위조·변조한 내·외국의 통화이다. 구성요건행위는 정을 모르고 위화를 취득한 뒤 그 정을 알면서 행사하는 것이다.

행사란 위조통화행사죄의 그것과 같이 진정한 통화로 사실상 유통하게 하는 것을 말한다. 유상·무상, 적법·위법을 가리지 않는다. 구성요건결과로서 점유의 사실상의 이전이 필요함은 위조통화행사죄에서와 같다.

3. 주관적 구성요건요소

구성요건고의는 위조·변조한 내·외국의 통화라는 사실과 그것을 행사한다는 점에 대한 인식과 의사이다. 최고도의 인식을 내용으로 하는 지정고의이다. 따라서 객관적 구성요건표지, 특히 위화인 점에 대한 확실한 인식 내지 충분한 인식을 필요로 한다. 위화일지도 모른다는 생각만으로는 고의가 성립하지 않는다.

4. 특별한 책임표지

이 죄가 성립하기 위해서는 위조·변조한 통화를 취득한 후라는 상황이 존재해야 한다. 이것 없이 위조·변조한 통화를 행사하면 중한 위조통화행사죄(제207조4항)가 된다. 여기에서 위화취득 후의 상황은 종래 막연히 구성요건행위의 하나로 해석하여 왔다. 그러나 이 표지는 객관적인 특별한 책임표지이다.

여기서 취득은 위화라는 사정을 모르고 자기의 점유하에 두거나 독자적 처분권을 확보하는 것을 말한다.

이 때 취득은 **적법한 취득에 한하는가?** 이를 부정하는 것이 다수설이지만, 적법한 취득에 한해야 한다.[4] 여기서 취득은 위조통화행사죄에 비해 책임을 감경시키는 행위상황이다. 정을 모르고 적법하게 취득한 행위자가 행사를 통해 자신의 손해를 타인에게 전가시키려는 유혹에 빠졌을 때에만 책임감경적 심정가치를 인정할 수 있기 때문이다. 따라서 위화인 줄 모르고 절취·편취·갈취한 자가 후에 위화임을 알고 행사함으로써 이득을 보려고 한 동기는 책임감경적 심정가치라고 할 수 없으므로 위조통화행사죄로 다스려야 한다.

5. 타죄와의 관계

지정행사로 인하여 재물을 편취한 경우에는 이 죄와 사기죄가 동시에 성립하고 양자는 관념적 경합이 된다(다수설).

V. 통화유사물의 제조등죄

1. 통화유사물제조등죄

통화유사물제조등죄는 판매할 목적으로 내국 또는 외국에서 통용하거나 유통하는 통화유사물을 제조·수입 또는 수출함으로써 성립하는 범죄이다. 3년 이하의 징역 또는 7백만원 이하의 벌금에 처한다($^{제211조}_{1항}$). 미수범은 처벌한다($^{제212}_{조}$).

이 죄는 추상적 위험범·즉시범·거동범·지배범이다.

행위객체는 내국 또는 외국에서 통용하거나 유통하는 화폐·지폐 또는 은행권에 유사한 물건이다. 이를 일괄하여 통화유사물이라고 한다. **통화유사물**이란 통화와 유사한 외관을 갖추었으나 위조 또는 변조의 정도에는 이르지 못한 통화모조품을 말한다. 즉 일반인이 진화로 오인할 정도가 아닌 모조품을 지칭하는 것이다. 위화와 통화유사물 사이의 경계는 상대적이며, 일반인이 진화로 오인할 정도의 유사성이 있느냐가 판단기준이 된다.

행위는 제조·수입·수출이다. 수입·수출은 위조·변조통화등행사죄($^{제207조}_{4항}$)에서 설명한 것과 같다. 여기에서 특이한 것은 제조이다. 제조란 통화발행권이 없는 자가 위조의 정도에 이르지 않은 통화유사물을 만드는 행위를 말한다.

이 죄는 추상적 위험범·거동범이므로 행위의 일반적인 위험성만 있으면 가벌성이 인정되고, 현실적인 위험결과발생 등 그 밖의 다른 구성요건결과를 필요로 하지 않는다.

---

4) 정영석 150면.

구성요건고의는 통화유사물을 제조·수입·수출한다는 점에 대한 인식과 의사이다. 초과주관적 불법요소로서 판매할 목적이 있어야 한다.

2. 통화유사물판매죄

통화유사물판매죄는 내국 또는 외국에서 통용하거나 유통하는 통화유사물을 판매함으로써 성립하는 범죄이다. 3년 이하의 징역 또는 7백만원 이하의 벌금에 처한다($\frac{제211조}{2항}$). 미수범은 처벌한다($\frac{제212}{조}$).

객관적 구성요건요소 중 특유한 것은 **판매행위**이다. 여기에서 판매란 대가를 받고 파는 것을 말한다. 아편등판매죄($\frac{제198}{조}$)에서 설명한 것과 같다.

특정 소수를 상대로 팔든, 1인을 상대로 팔든 판매행위가 되는 데 지장이 없다. 판매는 유상행위이어야 하지만 수익의 유무와는 직접 상관없다.

이 죄는 결과범의 일종이므로 **구성요건결과**를 필요로 한다. 판매행위로 통화유사물에 대한 점유가 사실상 타인에게 이전되었을 때 결과가 발생한다.

구성요건고의로 통화유사물을 판매한다는 점에 대한 인식과 의사가 있어야 한다. 미필적 고의로도 충분하다.

VI. 통화위조·변조 예비·음모죄

1. 의의 및 성격

통화위조·변조 예비·음모죄는 내국통화위조·변조죄($\frac{제207조}{1항}$), 내국유통외국통화위조·변조죄($\frac{동조}{2항}$) 또는 외국통용외국통화위조·변조죄($\frac{동조}{3항}$)를 범할 목적으로 예비·음모함으로써 성립하는 범죄이다. 5년 이하의 징역에 처한다($\frac{제213}{조}$).

통화위조·변조죄가 갖는 사회경제적 위험성이 높기 때문에 특별히 예비·음모단계까지 가벌성을 확장한 것이다. 이 죄는 통화위조·변조죄의 수정된 구성요건이 아니라 통화위조·변조죄의 실행의 착수 이전 일정한 단계의 사전준비행위를 통제대상으로 삼는 독립된 구성요건이다.

이 죄는 추상적 위험범·거동범·계속범이다.

2. 구성요건요소

예비란 실행의 착수 이전 단계에 속하는 일체의 본범 준비행위를 말한다. 예컨대 통화위조·변조에 적합한 인쇄용조판, 음화지, 인화지, 지폐와 동일한 지질을 가진 종이 등의 제작을 들 수 있다.

‖**판례**‖　행사할 목적으로 미리 준비한 물건들과 옵셋인쇄기를 사용하여 한국은행권 100원권을 사진찍어 그 필름원판 7매와 이를 확대하여 현상한 인화지 7매를 만들었음에 그쳤다면 통화위조죄의 예비단계에 불과하다(대판 1966. 12. 6, 66 도 1317).

음모란 2인 이상이 본범을 실현하기 위해 모의하는 것을 말한다.

예비·음모가 독립된 구성요건이므로 주관적 구성요건요소로 통화위조·변조 예비·음모 자체에 대한 고의와 통화위조·변조의 목적이 있어야 한다. 이 죄에서도 균형상 행사의 목적을 전제로 한다. 그러나 행사의 목적만이 이 죄의 초과주관적 불법요소가 아니라, 본범인 통화위조·변조죄를 범할 목적과 함께 2중의 초과주관적 불법요소가 된다고 해야 한다.

객관적 구성요건요소로서 외부적인 준비행위인 통화위조·변조 예비·음모 행위의 존재, 통화위조·변조의 실행의 착수 이전일 것 따위가 필요하다. 예비·음모행위는 본범 실행의 착수에 들어가면 예비죄는 별도로 문제가 되지 않는다. 법조경합 흡수관계에 놓이기 때문이다.

3. 통화위조·변조 예비·음모의 중지

형법은 중지미수에 필요적 감면을 인정하면서, 예비·음모에 관해서는 이 죄를 포함한 몇 개의 경우에 한해 자수가 있을 때 필요적 감면을 인정할 뿐, 예비의 중지에 관한 특별한 법률상 감면조치를 명시하지 않고 있다. 이 죄에서는 예비의 중지가 자수와 연결된 때 필요적 감면의 대상이 된다(제213조 단서).

제 2 절　유가증권·우표와 인지에 관한 죄

Ⅰ. 총　설

1. 의　의

유가증권에 관한 죄는 행사할 목적으로 유가증권을 위조·변조 또는 허위작성하거나 위조·변조·허위작성한 유가증권을 행사·수입·수출함으로써 성립하는 범죄이다. 우리 형법은 우표와 인지를 위조·변조하거나 위조·변조한 우표·인지를 행사하는 행위를 처벌하는 규정도 같은 장에 두고 있다. 우표와 인지도 기능면에서 유가증권과 유사성이 있기 때문이다.

유가증권은 본래 권리의무에 관한 문서의 일종이므로 문서위조죄의 **특수형태**에 속한다. 한편 경제거래의 중요한 교환 및 지급수단으로서 사용되기 때문에 유통성이 높아 통화와 유사한 성격을 갖는다. 그러므로 통화위조죄에 준하는 범죄로 취급해도 좋다.

2. 보호법익과 보호정도

각종 위조죄에 공통된 일반적인 보호법익은 공공의 신용이지만 유가증권 등 본장의 죄의 구체적인 보호법익은 유가증권의 법적 거래안전과 기능이다. 통설은 보호법익을 유가증권의 거래상의 신용과 안전(즉 유가증권의 공신력), 보호정도는 추상적 위험범으로 본다. 그러나 대부분 추상적 위험범으로서의 보호이지만(유가증권위조등죄, 자격모용에 의한 유가증권작성죄, 허위유가증권작성등죄, 유가증권 등의 행사 및 행사목적 수입·수출죄, 인지와 우표위조죄, 소인말소죄, 인지·우표유사물제조등죄), 단순한 결과범인 것도 있다(위조인지와 우표등취득죄, 인지·우표유사물판매죄).

3. 체 계

형법은 유가증권에 관한 죄를 ① 유가증권위조등죄($^{제214조,}_{제215조}$), ② 허위유가증권작성등죄($^{제216}_{조}$), ③ 허위유가증권등의 행사죄($^{제217}_{조}$), ④ 인지와 우표에 관한 죄($^{제218}_{조}$)($^{제219조, 제221}_{조, 제222조}$)의 네 가지 유형으로 나누어 규정한다. 유가증권위조등죄는 다시 기본적 증권행위에 관한 유가증권위조·변조죄($^{제214조}_{1항}$)와 부수적 증권행위에 관한 기재사항의 위조·변조죄($^{제214조}_{2항}$) 및 자격모용유가증권작성죄($^{제215}_{조}$)로 분류된다. 인지와 우표에 관한 죄는 인지우표의 위조·변조죄($^{제218조}_{1항}$)와 동 행사죄($^{제218조}_{2항}$), 위조·변조인지·우표취득죄($^{제219}_{조}$)로 분류된다. 제214조 내지 제219조의 경우에는 10년 이하의 자격정지 또는 2천만원 이하의 벌금을 병과할 수 있고($^{제220}_{조}$), 미수범($^{제223}_{조}$)은 처벌된다. 유가증권위조등죄($^{제214}_{조}$), 자격모용유가증권작성죄($^{제215}_{조}$)와 인지·우표위조등죄($^{제218조}_{1항}$)의 예비·음모($^{제224}_{조}$)에 대한 처벌규정도 두고 있다.

국제거래와 교류가 활발해지면서 유가증권도 화폐처럼 유통기능과 지급기능면에서 국제화하였다. 따라서 위조·변조행위에 대한 국제적인 단속이 필요한 실정이다. 우리 형법은 외국의 유가증권도 우리나라의 그것과 같게 보호함($^{제214조}_{1항}$)과 동시에 외국인의 국외범에 대해서도 형법을 적용함으로써($^{제5조}_{5호}$), 장소적 적용범위에 관해서 세계주의를 채택하고 있다.

《참고》 유가증권에 관한 죄의 특별형법으로 부정수표단속법이 있다. 이 특별법은 유가증권의 일종인 수표의 위조·변조에 대해 무거운 형을 과하는 특별규정을 두고 있다($^{동법}_{제5조}$). 따라서 수표를 위조·변조하거나 그 밖에 부정수표를 발행한 자에 대해서는 형법이 적용될 여지가 없다.

Ⅱ. 유가증권위조등죄

A. 유가증권의 위조·변조죄

1. 의의 및 성격

유가증권의 위조·변조죄는 행사할 목적으로 우리나라 또는 다른 나라의 공채증서나 그 밖의 유가증권을 위조 또는 변조함으로써 성립하는 범죄이다. 10년 이하의 징역에 처한다($^{제214조}_{1항}$). 10년 이하의 자격정지 또는 2천만원 이하의 벌금을 병과할 수 있다($^{제220}_{조}$).

이 죄는 목적범·추상적 위험범·즉시범·거동범·지배범이다.

2. 객관적 구성요건요소

(1) 행위객체

대한민국 또는 외국의 공채증서나 그 밖의 유가증권이다.

(a) **공채증서**   공채증서란 국가 또는 지방자치단체에서 발행하는 국공채 또는 지방채의 증권을 말한다. 공채증서도 유가증권의 일종으로서 그 예시에 불과하다. 그 성질과 내용은 유가증권에 준하여 이해하면 된다.

(b) **유가증권**

㈎ 의   의   유가증권(Wertpapier)이란 사법상의 재산권을 표창하는 증권으로서, 증권상에 기재한 권리의 행사나 처분에 반드시 증권의 점유를 필요로 하는 것을 말한다(통설·대판 2001. 8. 24, 2001 도 2832). 이것을 분설하면 다음과 같다.

(ⅰ) 사법상의 재산권, 즉 사권이 표창되어 있는 증권   사권인 한 물권·채권·

사원권 등을 가리지 않는다. 공법적인 지위나 권한을 표창하는 증권, 예컨대 국적 증서·노인우대증·여권·영업허가장·공물에 대한 특별이용권을 표창하는 증서·임명장 따위는 유가증권이 아니다. 단, 우편수표는 발행인과 수취인 사이에 사법적 권리관계가 형성되므로, 또한 공채는 발행인과 소지인 사이의 채권채무관계를 내용으로 하므로 유가증권의 일종이라 해야 한다. 유가증권은 권리를 문서화한 증권이어야 하므로 별도로 증권을 작성하지 않고, 증권 자체가 특정한 금전적 가치를 가지는 **가치증권**은 유가증권이 아니다.

사권을 표창한다는 것은 권리를 증권화하는 것이다. 권리와 증권의 특별한 결합을 권리가 증권에 화체되었다고 한다. 이 점에서 문서에 속하는 증거증권·면책증권과 구별된다. **증거증권**은 법률관계의 존부나 내용을 증명하는 증거자료의 하나일 뿐이다. 이는 사권을 표창하지 않으며 권리행사에 증권을 필요로 하지도 않는다. 차용증서, 영수증, 인보험증권 등이 증거증권의 예이다. **면책증권**(자격증권)은 채무자가 증권소지인에게 채무이행을 하면 악의·중과실이 없는 한 면책되는 증권이다. 오로지 채무자의 변제정리를 목적으로 작성된 것이고, 사권을 표창하는 증권은 아니다. 신발표, 물품보관증, 짐표(철도수화물상환증), 예금통장, 정기예탁금증서 등은 면책증권일 뿐 유가증권은 아니다.

(ii) **증권의 점유(소지)**   권리의 행사나 처분에 증권의 점유를 요한다(대판 1972. 12. 26, 72 도 1688).

(iii) **유통성은 유가증권의 요건이 아니다**   유통성의 유무는 형법상 유가증권의 요건이 아니다(통설·대판 2001. 8. 24, 2001 도 2832). 따라서 유통성이 전혀 없거나 아주 약한 각종 복권이나 승차·승선권, 경마·경륜투표권도 유가증권에 해당한다.

(iv) **유가증권의 형식이 민·상법상 유효한 것일 필요는 없다**   형법은 사회에서 유가증권이 갖는 공신력을 보호하는 데 주안점을 두고 있으므로, 일반인이 일응 유효한 유가증권이라고 오신할 만한 외관을 구비한 것이라면 비록 유가증권으로서의 요건에 흠결이 있어 무효인 것이라도 본죄의 객체가 될 수 있다(통설·판례). 따라서 발행일자가 기재되지 않은 수표(대판 1973. 6. 12, 72 도 1796), 대표이사의 날인이 없는 주권(대판 1974. 12. 14, 74 도 294)과 같이 필요적 기재사항이나 요건을 빠뜨려 상법상 무효인 위조유가증권도 다른 기재요건을 구비하여 일반인이 유가증권으로 오신할 만한 외관을 지녔으면 본죄의 유가증권에 해당한다.

‖**판례**‖ 발행인의 날인이 없는 위조가계수표와 위조약속어음은 일반인이 진정하고 유효한 수표나 약속어음으로 오신할 정도의 형식과 외관을 갖춘 것이라고 보기 어려우므로 유가증권으로 볼 수 없다(대판 1992. 6. 23, 92 도 976; 1985. 9. 10, 85 도 1501).

(나) **유가증권의 종류**   형법상으로는 형식을 기준으로 하여 **법률상의 유가증권**과 사실상의 유가증권으로 보통 나누어 살핀다. 전자는 어음·수표·주권·공채권·화물상환증·창고증권·선하증권·매입증권과 같이 법률상 일정한 형식을 필요로 하는 유가증권을 말하고, 후자는 할부구매전표(대판 1995. 3. 14, 95 도 20), 공중전화카드(대판 1998. 2. 27, 97 도 2483), 승차권·복권·경마 및 경륜투표권·상품권·경품권·극장 및 영화관 입장권·관람권과 같이 법률상의 형식을 요구하지 않는 유가증권을 말한다.

증권이 기명식·무기명식 또는 지시식인가, 내국 또는 외국에서 발행 유통되는 것인가는 이 죄의 객체에서 문제삼지 않는다.

그 밖에 문제되는 증권에 대해 살펴본다.

① 보험증권 중에서 인보험증권은 유가증권이 아니고 증거증권에 불과하지만 물건보험증권(선하증권, 창고증권 등)은 유가증권이다.

② 보통의 예금증서와 통장은 면책증권에 불과하지만, 양도성예금증서(CD)는 은행이 지급을 약속한 증서로서 약속어음과 비슷하므로 유가증권의 일종으로 볼 수 있다.

③ **신용카드도 유가증권인가?** 사법학자들은 회원자격을 증명하는 증거증권에 불과하다고 본다. 다수설과 판례는 신용카드의 유가증권성을 부인한다(대판 1999. 7. 9, 99 도 857). 신용카드는 그 제시를 통하여 신용카드회원이라는 사실을 증명하거나 현금자동지급기 등에 주입하여 신용카드업자로부터 현금서비스를 받을 수 있는 증표로서의 가치를 가짐에 불과하기 때문에, 회원자격을 증명하는 신용카드가 권리를 표창한다고 하는 것은 무리한 확장해석이다. 신용카드위조의 경우 유가증권위조보다 더 가벼운 사문서위조로 보면 충분하다. 그러나 신용카드위조·변조에 대해서는 여신전문금융업법이 우선 적용된다(동법 제70조 1항 1호).

‖**판례**‖ 신용카드업자가 발행한 신용카드는 이를 소지함으로써 신용구매가 가능하고 금융의 편의를 받을 수 있다는 점에서 경제적 가치가 있다 하더라도, 그 자체에 경제적 가치가 화체되어 있거나 특정의 재산권을 표창하는 유가증권이라고 볼 수 없고, 단지 신용카드회원이 그 제시를 통하여 신용카드회원이라는 사실을 증명하거나 현금자동지급기 등에 주입하는 등의 방법으로 신용카드업자로부터 서비스를 받을 수 있는 증표로서의

가치를 갖는 것이어서, … (대판 1999. 7. 9, 99 도 857).

㈐ **유가증권의 발행자**   유가증권의 발행자는 사인(법인 또는 자연인)인가, 우리나라 또는 외국의 국가인가 아니면 공공단체인가를 묻지 않는다.

유가증권의 명의인은 실재하는 인물이어야 하는가? 통설과 판례(대판 1971. 7. 27, 71 도 905)는 허무인명의라도 외형상 일반인으로 하여금 진정하게 작성된 유가증권이라고 오신시키기에 충분한 것이면 이 죄가 성립한다는 태도이다. 명의인이 있더라도 반드시 특정되어 있을 필요가 없고, 유가증권에 사용한 명칭이 본명이 아니라 별명 기타 거래상 본인으로 인식할 수 있는 칭호이면 족하므로(대판 1996. 5. 10, 96 도 527), 허무인명의의 유가증권도 이 죄의 객체가 된다.

(2) **행   위**

위조 또는 변조이다. 여기에서 위조·변조는 기본적 증권행위에 대한 것이므로 배서·인수 등 부수적 증권행위의 기재사항을 위조·변조하는 제214조 2항의 위조·변조와 구별해야 한다.

⒜ **위   조**   위조란 작성권한 없는 자가 타인명의의 유가증권을 작성하는 것을 말한다. 문서위조죄의 유형위조에 해당한다. 따라서 타인명의를 사칭하거나 모용하여 본인명의의 증권을 발행하는 것이 전형적이 사례이다. 대리인·대표권자가 대리권·대표권의 범위를 명백히 초월하여 또는 권한범위 밖의 사항에 관하여 본인명의의 유가증권을 작성하는 경우 자격모용유가증권작성죄($^{제215}_{조}$)가 성립한다는 것이 다수설[5]이나 본죄의 위조에 해당한다고 해야 한다.[6] 유가증권에 대리·대표권자가 본인(타인)의 대리·대표권자라고 표시한 경우에 작성명의인은 대리인·대표자가 아니라 법적 효과가 귀속되는 본인이기 때문이다. 따라서 일상의 경비지출을 위한 수표발행권이 있는 경리직원이 자신의 승용차 구입을 위해 회사대표자명의의 수표를 작성하면 본죄의 위조가 된다.

대리권·대표권의 범위 내에서 위임의 취지에 반한 경우 또는 단지 그 권한을 남용하는 경우는 위조가 아니다. 대리권이나 대표권의 범위 내에서는 배임죄만이 문제되고, 단지 권한을 남용하여 본인 또는 회사명의의 유가증권을 발행한 때에는 허위유가증권작성죄($^{제216}_{조}$)가 성립한다. 만약 대리권·대표권 없는 자가 그 같은 자격을 모용하여 유가증권을 작성하였으면 자격모용에 의한 유가증권작성죄

---

5) 권오걸 811면; 김성천·김형준 655면; 박상기 510면; 배종대 633면; 백형구 505면; 손동권 615면; 오영근 711면; 이재상 562면; 이정원 559면; 임웅 631면; 정영일 416면.
6) 김성돈 564면; 유기천(하) 216면; 정성근·박광민 695면; 진계호 562면; 황산덕 128면.

$\binom{\text{제}215}{\text{조}}$가 된다.

위조의 수단·방법에는 제한이 없다. 간접정범에 의한 위조도 가능하다.

‖**판례**‖   ① 찢어진 타인의 약속어음을 조합하거나(대판 1976. 1. 27, 74 도 3442), ② 약속어음의 액면란에 보충권의 범위를 초월한 금액을 기입하거나(대판 1972. 6. 13, 72 도 897), ③ 타인이 위조한 백지약속어음을 완성한 경우(대판 1982. 6. 2, 82 도 677) 등은 유가증권 위조에 해당한다.

위조의 정도는 일반인이 진정한 유가증권이라고 오신케 할 정도의 외관을 갖추어야 한다. 따라서 발행인의 날인이 없는 위조약속어음을 만드는 행위는 일반인이 진정한 유가증권이라고 오신할 만한 외관을 구비하지 못했으므로 완전한 위조행위라고 할 수 없다(대판 1992. 6. 23, 92 도 976).

(b) **변 조**   변조란 진정하게 성립한 타인명의의 유가증권의 내용에 권한 없이 증권의 동일성을 해하지 않는 범위에서 변경을 가하는 것을 말한다. 따라서 이미 타인에 의해 위조 또는 변조된 유가증권의 기재사항을 권한 없이 변경하더라도 변조죄는 성립하지 않는다(대판 2006. 1. 26, 2005 도 4764; 2012. 9. 27, 2010 도 15206).

비록 진실에 합치되도록 변경하였더라도 권한 없이 변경한 경우는 변조에 해당하고, 또 정을 모르는 제 3 자를 통하여 간접정범형식으로도 변조는 가능하다(대판 1984. 11. 27, 84 도 1862). 그러나 유가증권용지에 필요사항을 임의로 기재하여 새로운 유가증권을 만들거나 폐기 또는 유효기간이 경과한 유가증권에 가공하여 다시 유효한 유가증권으로 작성한 것은 동일성을 상실하므로 변조가 아니라 위조이다(통설).

변조는 타인명의의 유가증권의 내용을 권한 없이 변경하는 것이므로 타인에게 속한 자기명의의 유가증권에 대한 변조는 불가능하다(대판 1978. 11. 14, 78 도 1904). 이 경우는 허위유가증권작성죄나 문서손괴죄가 될 수 있을 뿐이다. 그러나 자기명의의 유가증권도 타인이 배서한 후에 배서에 관한 문언을 변경하면 비록 이 죄의 변조는 아니더라도 제214조 2항(기재사항변조죄)의 변조에 해당한다.

3. 주관적 구성요건요소

구성요건고의는 유가증권을 위조 또는 변조한다는 점에 대한 인식과 의사이다. 특별한 주관적 불법요소는 위조·변조한 유가증권을 '**행사할 목적**', 즉 진정한 유가증권으로 사용할 목적을 말한다. 다만 여기서 '행사할 목적'이란 유가증권을 본래의 용법대로 사용할 목적이 아니라도 좋고, 반드시 유통시킬 목적이어야 하는 것도 아니다(통설). 유통성을 본질적 내용으로 삼지는 않기 때문이다.

4. 미수·기수

미수범은 처벌한다($^{제223}_{조}$). 이 죄는 추상적 위험범이므로 종료미수는 기수로 취급되고, 미종료미수만이 가능하다. 행위자가 위조를 했으나 일반인으로 하여금 진정한 유가증권으로 오신케 할 정도에 이르지 못할 만큼 졸렬한 작품을 만들었을 때는 실행수단의 착오로 인한 불능미수라고 해야 한다. 거동범적 성격을 띠고 있으므로 행위의 위험성만 나타나면 기수가 되고, 그 밖에 위험결과 등 구성요건 결과의 발생은 필요로 하지 않는다.

5. 죄수 및 타죄와의 관계

(1) 죄수는 위조된 유가증권의 수를 기준으로 결정한다(대판 1981. 6. 9, 81 도 1039). 약속어음 2매를 위조한 경우는 포괄일죄가 아니라 실체적 경합이다(대판 1983. 4. 12, 82 도 2938). 그러나 1통의 유가증권에 수개의 위조 또는 변조가 있을 때에는 포괄일죄가 성립한다. 반면, 동일한 일시·장소에서 수통의 유가증권을 위조한 때에는 수죄가 성립하며, 그 사이는 관념적 경합관계가 된다.

(2) 1통의 유가증권에 관하여 기본적 증권행위와 부수적 증권행위에 대한 위조·변조가 있는 때에는 후자가 전자에 흡수되어 유가증권위조·변조죄만 성립한다.

(3) 유가증권을 위조할 때 인장도 위조하여 사용하였다면 인장위조·행사죄는 유가증권위조죄에 흡수된다.

(4) 이 죄와 위조유가증권행사죄는 행사행위가 행위자의 위조행위시 애당초 의도했던 범행계획에 따른 행사인한 법조경합 흡수관계이고(위조죄만 성립), 행사행위가 위조행위시 행사목적과 다른 새로운 종류의 행사이거나 새로운 결단에 의한 것이었다면 양자는 별개의 독립된 범죄로서 실체적 경합이 된다.

6. 특별법과의 관계

수표를 위조 또는 변조한 때에는 특별법인 부정수표단속법($^{제5}_{조}$)이 우선 적용되므로 이 죄는 적용될 여지가 없다. 그러나 수표라도 기재사항의 위조 · 변조($\frac{\text{제214조}}{\text{2항}}$)
는 부정수표단속법이 아니라 형법 제214조 2항이 적용된다.

B. 기재사항의 위조 · 변조죄

기재사항의 위조 · 변조죄는 유가증권의 권리의무에 관한 기재사항을 위조 또
는 변조함으로써 성립하는 범죄이다($\frac{\text{제214조}}{\text{2항}}$). 이 죄의 성격은 유가증권위조 · 변조죄
와 같다. 법정형, 미수처벌, 자격정지 또는 벌금병과도 같다.

행위객체는 유가증권 자체가 아니라 유가증권의 권리의무에 관한 기재이다.
즉 배서 · 인수 · 보증과 같은 부수적 증권행위의 기재사항을 말한다.

위조는 기본적 증권행위가 진정하게 성립한 후에 부수적 증권행위에 대하여
작성명의를 모용하는 것이다. 예컨대 자기가 발행한 약속어음에 대하여 배서를
위조하거나 진정하게 작성한 어음에 타인명의를 모용하여 배서한 경우(대판
1984. 2. 28, 83 도 3284) 등과 같다.

변조는 진정하게 성립한 유가증권에 대해 부수적 증권행위에 속하는 기재사
항의 내용을 변경하는 것이다. 이를테면 진정하게 성립한 유가증권에 기재된 타
인의 배서부분에서 타인명의부분이나 배서일자 · 수취일자 등을 변경하는 것을
말한다. 자기명의의 유가증권에 타인이 배서한 후 그 증권의 기재사항 중 발행일
자나 지급일자 등을 변경하는 것도 변조에 해당한다.

C. 자격모용에 의한 유가증권작성등죄

자격모용에 의한 유가증권작성죄는 행사할 목적으로 타인의 자격을 사칭하여
유가증권을 작성하거나 유가증권의 권리 또는 의무에 관한 사항을 기재함으로써
성립하는 범죄이다($\frac{\text{제215}}{\text{조}}$). 성질상 유가증권위조의 한 행위양태에 속하므로 유가증
권위조와 법정형도 같고 미수처벌 및 자격정지 또는 벌금의 병과도 같다. 다만 행
위양태의 특수성을 고려하여 별개의 규정을 두었을 뿐이다. 따라서 본죄의 성격
은 앞에서 본 유가증권위조 · 변조죄에서 설명한 것과 같다.

구성요건요소 중 특이한 것은 행위양태이다. 즉 타인의 자격을 모용하여 유
가증권을 작성하거나 유가증권의 권리의무에 관한 사항을 기재하는 것이다.

타인의 자격모용이란 대리 또는 대표자격 없는 자가 타인의 대리인 또는 대표
인 양 자격을 사칭하는 것을 말한다. 처음부터 자격이 없는 자뿐만 아니라 이미

갖고 있던 자격을 상실한 자도 포함한다. 따라서 직무집행정지가처분을 받은 대표이사가 그 권한 밖인 유가증권을 작성하거나(대판 1987. 8. 18, 87 도 145), 대표이사가 타인으로 변경되었는데도 전임대표이사가 명판을 이용하여 회사의 약속어음을 발행한 때(대판 1991. 2. 26, 90 도 577)에 이 죄가 성립한다. 그러나 대표이사가 은행과 당좌거래약정이 되어 있는 전임대표자명의로 수표를 발행하거나(대판 1975. 9. 23, 74 도 1684), 거래상 자기를 표시하는 명칭으로 사용해 온 망부명의로 어음을 발행한 경우(대판 1982. 9. 28, 82 도 296)는 이 죄에 해당하지 않는다.

유가증권의 작성은 유가증권의 발행과 같은 기본적 증권행위를 함을 뜻하며, 권리·의무에 관한 사항의 기재는 배서·인수·보증과 같은 부수적 증권행위를 함을 말한다.

피해자의 승낙하에 자격모용에 의한 유가증권작성행위를 하더라도 구성요건해당성을 배제하지 않는다. 대표이사 자격상실 후, 후임대표이사의 승낙을 얻어 잠정적으로 전임대표이사인 행위자의 명판을 사용하여 약속어음을 발행한 경우도 이 죄에 해당한다(대판 1991. 2. 26, 90 도 577).

Ⅲ. 허위유가증권작성등죄

허위유가증권작성죄는 행사할 목적으로 허위의 유가증권을 작성하거나 유가증권에 허위의 사항을 기재함으로써 성립하는 범죄이다. 7년 이하의 징역 또는 3천만원 이하의 벌금에 처한다($^{제216}_{조}$). 미수범은 처벌한다($^{제223}_{조}$). 징역에 처할 경우에는 10년 이하의 자격정지 또는 2천만원 이하의 벌금을 병과할 수 있다($^{제220}_{조}$). 문서에 관한 죄의 무형위조에 상응하는 것이다. 따라서 작성권한 있는 자가 작성명의를 모용하지 않고 단지 유가증권의 내용에 허위의 내용을 가하는 것이다.

허위의 유가증권작성은 작성권한 있는 자가 타인의 작성명의를 모용함이 없이 유가증권의 발행과 같은 기본적 증권행위에서 허위내용을 기재하는 것을 말한다. 그 밖에 대리권자·대표권자가 그 권한을 남용하여 본인 또는 회사명의로 유가증권을 발행한 때에도 이 죄에 해당한다.

허위의 사항기재는 기재권한 있는 자가 진정하게 성립된 기존의 유가증권에 기본적 증권행위 또는 부수적 증권행위(배서·인수·보증 등)를 할 때, 진실에 반하는 사항을 기재하는 것을 말한다. 그러나 약속어음상의 권리에 아무 영향을 미치지 않는 사항(예: 배서인의 주소)은 허위로 기재하였더라도 이 죄에 해당하지 않는다(대판 1986. 6. 24, 84 도 547).

∥**판례**∥ ㈎ 허위유가증권작성죄의 성립을 인정한 판례: ① 지급은행과 당좌거래 사실이 없거나 거래정지를 당하였음에도 불구하고 수표를 발행한 경우(대판 1956. 6. 26, 4289 형상 128), ② 실재하지 않는 회사명의의 약속어음을 발행한 경우(대판 1970. 12. 29, 70 도 2389), ③ 발행일자를 소급하여 주권을 발행한 경우(대판 1974. 1. 15, 73 도 2041), ④ 발행인명의 밑에 진실에 반하는 피고인의 인장을 날인하여 약속어음을 발행한 경우 (대판 1975. 6. 10, 74 도 2594), ⑤ 화물을 인수하거나 확인하지도 않고 또한 선적할 선편 조차 예약하거나 확보하지 않은 상태에서 수출면장만 확인한 채 실제로 선적한 일이 없 는 화물을 선적했다는 내용의 선하증권을 발행·교부한 경우(대판 1995. 9. 29, 95 도 803).

㈏ 허위유가증권작성죄의 성립을 인정하지 않은 판례: ① 당좌거래은행에 잔고 가 없음을 알면서 수표를 발행한 경우(대판 1960. 11. 30, 4293 형상 78), ② 원인행위가 존 재하지 않는 경우에 약속어음을 발행한 경우(대판 1977. 5. 24, 76 도 4132), ③ 주권발행 전에 주식을 양도받은 자에게 주식을 발행한 경우(대판 1982. 6. 22, 81 도 1935).

허위의 정도는 증권상 표시된 문언의 기재와 증권상 권리관계가 불일치하는 정도이면 족하다. 허위작성·허위기재의 수단·방법은 가리지 않는다. 작성권자 를 기망하여 허위내용의 유가증권을 작성·교부케 한 경우처럼 간접정범의 형태 로도 가능하다.

Ⅳ. 위조등유가증권행사등죄

1. 의의 및 성격

위조등유가증권행사등죄는 위조·변조·작성 또는 허위기재한 유가증권을 행 사하거나 행사할 목적으로 수입 또는 수출함으로써 성립하는 범죄이다. 10년 이 하의 징역에 처한다($^{제217}_조$). 10년 이하의 자격정지 또는 2천만원 이하의 벌금을 병 과할 수 있다($^{제220}_조$). 미수범은 처벌한다($^{제223}_조$).

이 죄는 그 성격상 위조등통화행사등죄($^{제207조}_{4항}$)에 상응하는 것이다. 그러나 통 화와는 달리, 유가증권은 유통성을 본질적 요소로 삼고 있지 않다. 위조통화행사 죄는 결과범의 성격을 띠지만, 위조유가증권행사죄는 추상적 위험범·거동범의 성격을 띤다. 범죄학적 특성으로는 이욕범·지능범적 성격이 강하고, 경제범죄의 범주에 넣어야 할 만큼 사회경제질서에 미치는 영향이 크다.

2. 객관적 구성요건요소

(1) 행위객체

행위객체는 위조·변조한 유가증권, 자격모용에 의해 작성·기재한 유가증권 또는 허위작성·기재한 유가증권이다.

판례는 본죄의 유가증권은 위조·변조 또는 허위작성·기재된 유가증권의 원본만을 의미하며 기계적으로 복사한 사본은 해당하지 않는다고 한다(대판 2007. 2. 8, 2006 도 8480). 그러나 복사문서의 문서성을 인정한 판례(대판 1989. 9. 12, 87 도 506)와 개정형법 제237조의 2 규정을 고려할 때 행사죄에서 복사유가증권의 유가증권성을 부인한 판례의 입장은 타당하다고 할 수 없다.

(2) 행   위

행사·수입 또는 수출이다.

(a) 행   사   행사란 위조·변조·작성 또는 허위기재한 유가증권을 진정하게 작성된 진실한 내용의 유가증권인 양 그 용법에 따라 사용하는 것을 말한다. 여기서 행사는 반드시 유통시킬 것을 필수적 요건으로 하지 않는다는 점에서 위조통화행사죄의 행사보다는 범위가 넓고, 위조문서행사죄의 행사와 범위가 같다. 유가증권도 원칙적으로는 문서의 일종이고, 유통성은 요건이 아니기 때문이다.

위조·변조유가증권을 진정·진실한 증권인 양 오인할 수 있는 상태에 비치하여 두거나 단순히 타인의 열람에 제공함으로써 행사죄는 성립한다. 유가증권을 할인하기 위하여 제시하는 경우뿐만 아니라 신용을 얻기 위해 이른바「보이는 어음」으로 타인 또는 친족에게 보여주는 것도 행사에 해당한다(다수설). 심지어 증거자료로서 진정한 어음이라고 법원에 제출하거나 위조유가증권임을 알고 또 행사할 의사가 분명한 자에게 교부하는 것(대판 1995. 9. 29, 95 도 803; 1983. 6. 14, 81 도 2492)도 행사가 된다. 이상의 비치·열람제공·제시·제출·교부 외에 송부·우송도 행사의 한 방법이다.

추상적 위험범·거동범이므로 타인이 진정한 유가증권으로 인식·열람할 수 있는 상태에 둠으로써 행위는 종료하고 기수에 이른다. 유가증권의 유통질서를 해할 우려가 있음으로써 충분하기 때문이다(대판 1983. 6. 14, 81 도 2492).

(b) 수입·수출   위조통화수입·수출죄의 그것과 같다.

3. 주관적 구성요건요소

행사죄의 경우 구성요건고의가 필요하고, 수입·수출죄의 경우는 구성요건고의 외에 행사의 목적이 있어야 한다.

4. 공동정범

위조유가증권인 정을 알고 그것을 행사할 의사가 분명한 자에게 교부하고, 이를 교부받은 자가 행사한 때에는 교부자도 행사죄의 공동정범이 된다(대판 1995. 9. 29, 95 도 803; 1970. 2. 10, 69 도 2070). 그러나 위조의 공모자간에만 위조유가증권의 이전이 있었을 경우에는 아직 행사죄를 구성하지 않는다(대판 2007. 1. 11, 2006 도 7120; 2010. 12. 9, 2010 도 12553).

5. 죄수 및 타죄와의 관계

(1) 죄   수

유가증권은 통화보다 문서성이 더 강하므로 유가증권 1통마다 1죄가 성립한다. 따라서 수통의 위조유가증권을 일괄하여 행사한 경우 또는 수입 수출한 경우는 수죄로서 관념적 경합관계에 선다. 그러나 1통의 위조어음을 할인하기 위해 여러 사람에게 제시·열람케 한 때에는 포괄일죄가 된다. 정을 모르는 중개인에게 위조어음을 교부하고 그 중개인을 통해 간접정범의 형태로 다시 할인자에게 제시한 경우, 중개인에 대한 행사와 중개인을 통한 할인자에 대한 행사를 포괄하여 1죄로 보아야 한다.

(2) 타죄와의 관계

(a) **유가증권위조등죄와의 관계**   유가증권을 위조·변조·작성 또는 허위기재한 후 이를 행사한 경우 위조행위시 행위자가 애당초 행사행위를 의도했고 이것이 전체 범행계획의 일환으로 행하여졌다면 법조경합 흡수관계가 되고, 행사행위는 불가벌적 사후행위에 해당한다. 이에 반해 뒤의 행사행위가 선행하는 위조행위의 범행계획의 일환이 아니라 새로운 종류의 결단에 의해 이루어진 것이라면 양죄는 독립된 별개의 범죄이고, 실체적 경합이 된다.

(b) **사기죄와의 관계**   위조유가증권을 행사하여 재물을 편취한 경우 위조유가증권행사죄와 사기죄의 관념적 경합으로 보아야 한다(다수설). 양죄는 보호

법익이 다르고 행사행위와 기망행위는 1개의 행위가 서로 다른 2개의 죄에 해당하는 경우이기 때문이다.

V. 인지·우표에 관한 죄

1. 인지·우표의 위조·변조죄

인지·우표의 위조·변조죄는 행사할 목적으로 대한민국 또는 외국의 인지, 우표 기타 우편요금을 표시하는 증표를 위조하거나 변조함으로써 성립하는 범죄이다. 10년 이하의 징역에 처한다($^{제218조}_{1항}$). 10년 이하의 자격정지 또는 2천만원 이하의 벌금을 병과할 수 있다($^{제220}_{조}$). 미수범은 처벌한다($^{제223}_{조}$).

이 죄는 추상적 위험범·목적범·거동범·즉시범·지배범이다.

구성요건요소 중 행위객체(인지·우표 기타 우편요금을 표시하는 증표)만 제외하면 유가증권위조등죄($^{제214조}_{1항}$)의 해당부분과 같다.

인지란 인지법이나 인세법이 정한 바에 따라 일정한 수수료 또는 인지세를 납부하는 방법으로 첨부·사용하게 하려고 정부 기타 발행권자가 일정한 금액을 권면에 표시하여 발행한 증표를 말한다($^{수입인지에 관한}_{법률 제2조 1항}$).

우표란 정부 기타 발행권자가 일반인에게 우편요금의 납부용으로 첨부·사용하게 하려고 일정한 금액을 권면에 표시하여 발행한 증표를 말한다. 일반우표 외에 기념우표도 포함하며, 종류·규격·모양은 불문한다. 위조·변조의 대상인 우표에는 애당초 인쇄된 우편엽서도 포함된다.

우편요금을 표시하는 증표란 우편법 제20조에 의해 우편요금의 납부방법으로 사용한 증표를 말한다. 우표를 대체하는 「요금별납」표지와 우편요금이 함께 표시되는 소인 등이 이에 해당한다. 이러한 증표의 사용이 최근 우표의 기능을 대신하는 추세에 비추어 형법은 우표 외에 이것을 추가하였다.

2. 위조·변조인지·우표행사등죄

위조·변조인지·우표행사등죄는 위조 또는 변조한 대한민국 또는 외국의 인지, 우표 기타 우편요금을 표시하는 증표를 행사하거나 행사할 목적으로 수입 또는 수출함으로써 성립하는 범죄이다($^{제218조}_{2항}$). 법정형, 자격정지 및 벌금의 병과 및 미수처벌은 인지 등 위조·변조와 같다.

위조·변조유가증권행사등죄($^{제217조}_{4항}$)에 대응하는 것으로서 성격도 대체로 같다. 수입 · 수출죄는 목적범이다.

여기에서 행사는 위조 또는 변조한 대한민국 또는 외국의 인지, 우표 기타 우편요금을 표시하는 증표를 진정한 것으로 사용하는 것이다. 그러나 반드시 인지나 우표의 본래 용도에 맞춰 사용하는 것에 국한하지 않고 우표수집의 대상으로 매매하는 경우도 포함한다(대판 1989. 4. 11 88 도 1105).

3. 위조 · 변조인지 · 우표취득죄

위조 · 변조인지 · 우표취득죄는 행사할 목적으로 위조 또는 변조한 대한민국 또는 외국의 인지, 우표 기타 우편요금을 표시하는 증표를 취득하는 것을 내용으로 하는 범죄이다. 3년 이하의 징역 또는 1천만원 이하의 벌금에 처한다($^{제219}_{조}$). 병과형, 미수처벌은 인지등위조 · 변조죄와 같다. 위조 · 변조통화취득죄($^{제208}_{조}$)에 대응하는 범죄라고 할 수 있다. 즉시범 · 결과범 · 목적범 · 지배범이다.

위조 또는 변조한 인지, 우표 기타 우편요금을 표시하는 증표라는 정을 알고 취득하여야 한다.

4. 인지 · 우표의 소인말소죄

인지 · 우표의 소인말소죄는 행사할 목적으로 대한민국 또는 외국의 인지, 우표 기타 우편요금을 표시하는 증표의 소인 기타 사용의 표지를 말소함으로써 성립하는 범죄이다. 1년 이하의 징역 또는 3백만원 이하의 벌금에 처한다($^{제221}_{조}$).

행위는 인지 또는 우표 기타 우편요금을 표시하는 증표의 소인 기타 사용의 표지를 말소하는 것이다. 말소는 인지 · 우표에 진정하게 찍혀 있는 소인이나 우편요금표시증표가 사용된 흔적을 소멸시켜서 그 인지 또는 우표나 우편요금표시증표를 다시 새것처럼 활용할 수 있게 하는 일체의 행위를 말한다. 어느 의미에서 변조의 특수형태라고 할 수 있다. 그 수단 · 방법은 묻지 않는다.

고의 외에 행사의 목적이 있어야 한다.

5. 인지 · 우표 유사물제조등죄

인지 · 우표 유사물제조등죄는 판매할 목적으로 대한민국 또는 외국의 공채증서 · 인지 또는 우표 기타 우편요금을 표시하는 증표와 유사한 물건을 제조 · 수입 또는 수출하거나 판매함으로써 성립하는 범죄이다. 2년 이하의 징역 또는 5백만원 이하의 벌금에 처한다($\substack{\text{제222조} \\ \text{1항·2항}}$). 미수범은 처벌한다($\substack{\text{제223} \\ \text{조}}$).

통화유사물의 제조등죄($\substack{\text{제211} \\ \text{조}}$)에 상응하는 범죄라고 할 수 있다. 따라서 본조 1항의 판매목적제조등죄는 추상적 위험범, 본조 2항의 판매죄는 결과범의 성격을 지닌다.

행위객체는 공채증서·인지·우표 및 우편요금을 표시하는 증표와 유사한 물건이다. 이러한 종류의 유사물이란 일반인으로 하여금 진정한 공채증서·인지·우표 또는 우편요금표시증표라고 오신케 할 정도의 외관을 구비하지 못한 모조품을 말한다. 행위는 제조·수입 또는 수출하거나 판매하는 것이다. 수익의 유무는 묻지 않는다.

Ⅵ. 예비·음모죄

예비·음모죄는 유가증권위조·변조죄($\substack{\text{제214조} \\ \text{1항}}$), 기재사항위조·변조죄($\substack{\text{제214조} \\ \text{2항}}$) 및 자격모용에 의한 유가증권작성죄($\substack{\text{제215} \\ \text{조}}$) 그리고 인지·우표위조·변조죄($\substack{\text{제218조} \\ \text{1항}}$)를 범할 목적으로 예비 또는 음모함으로써 성립하는 범죄이다. 2년 이하의 징역에 처한다($\substack{\text{제224} \\ \text{조}}$). 유가증권에 관한 죄 중 유형위조에 대해서만 예비·음모를 벌하고 있다. 통화에 관한 죄의 경우와 달리 자수에 관한 특별규정이 없다. 그러나 일반유추에 의해 통화에 관한 죄의 예비·음모에서 자수감면($\substack{\text{제213조} \\ \text{단서}}$)을 유추적용해야 할 것이다.

제 3 절 문서에 관한 죄

Ⅰ. 총 설

1. 의 의

문서에 관한 죄는 행사할 목적으로 문서를 위조·변조·허위작성·변작 또는 부실기재하거나, 위조·변조·허위작성된 문서를 행사하거나, 문서를 부정행사하는 것, 또는 전자기록을 위작·변작하는 것을 내용으로 하는 범죄이다.

형법은 공공의 신용을 보호하기 위해 통화에 관한 죄, 유가증권·인지와 우표에 관한 죄, 문서에 관한 죄의 순서로 규정하고 있으나 문서에 관한 죄는 모든 위조죄의 기본적 구성요건에 해당한다. 문서는 의사를 표시하는 가장 확실한 증거방법으로 통용되기 때문에 시민생활의 법적 거래에서 문서성립의 진정성과 내용의 진실성을 확보하는 일은 사회생활의 신뢰와 안정에 필요불가결한 전제가 된다. 그러나 모든 문서를 형법적 보호대상으로 삼는 것이 아니라 법적·경제적 측면에서 특히 권리·의무나 사실증명관련 사문서와 직무관련 공문서에 한하여 규율대상으로 삼는다.

2. 체 계

문서에 관한 죄는 ① 문서위조·변조죄, ② 허위문서작성죄, ③ 위조등문서행사죄, ④ 문서부정행사죄, ⑤ 전자기록위작·변작죄의 다섯 가지 유형으로 구별할 수 있다.

문서위조·변조죄에서 기본적 구성요건은 사문서위조·변조죄($^{제231}_{조}$)이고, 공문서위조·변조죄($^{제225}_{조}$)는 불법이 가중된 구성요건이다. 이에 비해 자격모용에 의한 사문서작성죄($^{제232}_{조}$)와 공문서작성죄($^{제226}_{조}$)는 문서위조죄의 특수한 행위양태를 규정한 것으로서 각 문서위조죄와 법정형이 같다. 다만 사문서위조·변조죄($^{제231}_{조}$)와 자격모용에 의한 사문서작성죄($^{제232}_{조}$)가 기본적 구성요건, 공문서위조·변조죄($^{제225}_{조}$)와 자격모용에 의한 공문서작성죄($^{제226}_{조}$)가 각각 그에 대한 불법가중적 구성요건일 뿐이다.

허위문서작성죄는 허위진단서등작성죄($^{제233}_{조}$)를 기본적 구성요건으로 하고, 허위공문서작성죄($^{제227}_{조}$)는 이에 대한 불법가중적 구성요건이며, 공정증서원본등부실기재죄($^{제228}_{조}$)도 간접정범의 형태에 의한 허위공문서작성죄로서 역시 불법가중적 구성요건의 일종이다.

위조등문서행사죄는 위조등사문서행사죄($^{제234}_{조}$)를 기본적 구성요건으로, 위조등공문서행사죄($^{제229}_{조}$)를 불법가중적 구성요건으로 하고, 문서부정행사죄는 사문서부정행사죄($^{제236}_{조}$)를 기본적 구성요건으로, 공문서부정행사죄($^{제230}_{조}$)를 불법가중적 구성요건으로 한다. 또한 전자기록위작·변작죄는 사전자기록위작·변작죄($^{제232조}_{의2}$)를 기본적 구성요건으로, 공전자기록위작 변작죄($^{제227조}_{의2}$)를 불법가중적 구성요건으로 한다. 그리고 사문서부정행사죄($^{제236}_{조}$)의 경우를 제외한 모든 문서에 관한 죄의 미수는 처벌한다.

3. 보호법익 및 보호정도

각종 위조죄에 공통되는 일반적인 보호법익은 행위객체에 대한 공공의 신용이지만, 문서에 관한 죄의 보호법익은 구체적으로 **문서를 통한 법적 거래**(문서의 증명력)의 안전과 신용이다(통설). 판례는 문서에 대한 공공의 신용이라고 본다(대판 1993. 7. 27, 93 도 1435).

보호받는 정도는 **추상적 위험범**으로서의 보호이다. 따라서 구체적인 위험이나 결과가 발생할 필요는 없고, 법적 거래에서 문서가 갖는 증거기능에 일반적인 위험만 있으면 기수가 된다.

4. 문서위조죄의 본질

문서위조죄는 허위로 문서를 위조하는 행위를 처벌함으로써 문서를 통한 법적 거래(문서의 증명력)의 안전과 신용을 보호한다. 여기에서 ① 허위의 내용을 둘러싼 형식주의와 실질주의의 대립과 ② 위조의 내용을 둘러싼 유형위조와 무형위조의 대립이 문제된다. 물론 이 두 가지 문제는 전체와 부분이라는 점에서는 구별되지만 형식주의는 유형위조와, 실질주의는 무형위조와 표리관계에 있다.

(1) 용어의 정리

문서가 성립하자면 ① 의사표시의 주체, ② 의사표시의 정신적 내용, ③ 의사표시를 표창하는 화체물이 있어야 한다. 여기에서 의사표시의 귀속주체를 문서의 명의인 또는 작성명의인, 명목상 작성자라 하고, 의사표시의 내용을 현실적으로 화체시키는 자를 문서의 **작성자** 또는 실제작성자라 한다. 통상적으로는 문서의 명의인과 작성자가 일치한다. 이 경우 '작성명의가 진실하다'고 한다. 이에 반해 작성자와 명의인이 일치하지 않는 경우를 '작성명의가 허위'라고 부른다. 작성자가 명의인의 이름을 도용·모용하는 경우는 물론, 작성자가 명의인의 대리인·대표자 또는 수임인이더라도 양자가 현실적으로 일치하지 않는 경우이다.

이것을 기준으로 다음과 같이 문서를 나눈다.

(a) **진정문서 · 부진정문서 · 허위문서**   진정문서란 문서명의인과 문서작성자가 일치하는 문서를 말한다. 진정문서는 문서의 작성 자체에 허위를 찾을 수 없는 문서이다. 부진정문서란 문서명의인과 문서작성자가 일치하지 않는 문서를 말한다. 부진정문서는 작성명의 자체에 허위성이 있는 문서이다(위조문서). 부진정

문서가 형법적으로 문제되는 경우는 문서작성자가 명의인의 양해 없이 또는 작성권한 없이 타인명의를 모용하여 문서를 작성한 때이다. 허위문서란 작성명의에는 허위성이 없으나 작성된 문서의 내용이 허위인 문서를 말한다. 즉, 문서의 성립은 진정하지만 문서의 내용은 진실하지 않은 문서이다.

(b) **유형위조·무형위조** 유형위조란 문서작성명의의 진정성 또는 진본성을 파괴하는 행위 일체를 말한다. 여기에는 문서작성 권한 없는 자가 거짓으로 타인명의의 문서를 작성하는 경우뿐만 아니라 작성자의 필체 또는 서명을 변조하는 경우도 포함된다(형식위조). 통설은 유형위조를 주로 문서의 작성명의의 위조로 이해하고 있다. 무형위조란 작성명의에는 허위가 없으나, 문서내용의 진실성을 파괴하는 행위 일체를 말한다. 즉, 문서에 기재된 명의가 진실이냐 허위이냐를 따지는 것이 아니라 문서에 기재된 사실 또는 의사표시의 정신적인 내용이 진실이냐 허위이냐를 따져 그 내용이 허위일 때 문서위조로 본다(내용위조). 여기에는 진정한 명의자의 서명·날인 있는 백지를 이용하여, 허위사실을 기재한 허위문서를 작성하는 이른바 백지위조는 물론, 일정한 사실 또는 사항을 기재해야 할 작성명의인이 그것을 누락시키는 부작위로 나아가 허위사실의 문서를 작성하는 정신적 위조도 가능하다.

우리 형법은 유형위조를 문서의 위조, 무형위조를 문서의 작성이라고 하여 용어상 구별하고 있다.

(2) 형식주의와 실질주의

(a) **형식주의** 형식주의란 문서위조죄의 보호대상을 문서성립의 진정으로 보고, 문서작성명의에 허위가 있을 때 처벌하는 입법형식을 말한다. 여기에서는 문서성립이 진정하지 않으면 내용이 진실하더라도 문서위조죄로 처벌하고, 반면 성립의 진정이 인정되면 내용의 진실 여부를 따질 것 없이 문서위조죄의 성립을 부인한다. 한마디로 부진정문서만을 문서위조죄로 인정하는 입법형식이다.

형식주의에 따르면 문서위조죄의 성립 여부를 명확히 결정할 수 있고, 작성명의의 부진정이 있는 경우 이미 문서에 대한 공공의 신용을 해할 위험이 있다고 볼 수 있는 점에서 추상적 위험범인 본죄의 성격에 합치하는 장점이 있다.

(b) **실질주의** 실질주의란 문서위조죄의 보호대상을 문서내용의 진실로 보고 문서내용을 허위로 작성하는 행위를 했을 때 처벌하는 입법형식을 말한다. 여기에서는 문서에 표시된 내용이 객관적 사실과 합치하면 작성명의에 허위가 있더

라도 처벌하지 않는 데 반해, 내용이 허위인 문서는 작성명의의 진정 여부를 가릴 것 없이 문서위조죄의 성립을 인정한다. 한마디로 허위문서만을 문서위조죄로 인정하는 입법형식이다.

실질주의는 문서에 표시된 내용이 진실과 합치되는 경우에는 작성명의에 허위가 있어도 사실의 진상을 왜곡하거나 사회적 실해가 발생하지 않는다는 점을 논거로 삼는다. 그러나 문서위조죄를 오로지 내용의 진실 여부에만 의존시키면 행위자가 진실하다고 믿고 작성한 경우에는 고의를 인정할 수 없어 문서위조죄의 성립이 불안정해지는 점 및 권한 없이 작성한 부진정문서에 대한 책임은 자격을 모용당한 자가 부담하게 되므로 피모용자가 뜻밖에 손해를 볼 수 있는 점 등의 결함이 있다.

(c) **평   가**   양 입장의 본질적인 차이는 **사문서위조죄를 어떻게 이해하느냐에 있다.** 실제적인 입법에서 양 입장은 서로 대립하는 택일관계가 되어서는 안 되고 또 될 수도 없다. 문서작성명의의 진실과 내용의 진실은 모두 문서의 증명력과 신용성을 높여 주는 구성요소이기 때문이다. 따라서 **형식주의를 기본으로 하면서도 실질주의를 가미하는 입법형식의 채택이 불가피하다.**

우리 형법은 작성명의에 허위가 있는 유형위조는 공문서·사문서를 가리지 않고 모두 문서위조죄로 처벌한다. 그러나 무형위조는 일정한 공문서에 대해서만 문서위조죄로 다루고, 사문서의 무형위조는 원칙적으로 문서위조죄의 보호대상에서 제외한다. 다만 문서내용의 진실성을 특히 보호해야 할 필요가 있는 경우에 한해 예외적으로 사문서의 무형위조를 처벌한다(제233조 허위진단서등작성죄).

이런 의미에서 우리 형법은 형식주의 내지 유형위조를 원칙으로 하고 실질주의 내지 무형위조를 예외로 인정한다(통설).

Ⅱ. 문서의 개념

1. 정   의

문서란 문자 또는 이에 대신할 부호에 의해 사상 또는 관념을 표시한 물체로서, 법적으로 중요한 사실을 증명하기 위한 것이거나 증명할 수 있는 것이어야 함은 물론, 작성명의인을 인식시켜 줄 수 있는 것을 말한다. 문서개념은 ① 문자 또는 부호에 의한 의사표시일 것(유지기능), ② 법적으로 중요한 사실을 증명하기 위한 것이거나 증명할 수 있을 것(증명기능), ③ 작성명의인을 인식시켜 줄 수 있을 것

(보증기능)이라는 세 요소를 갖는다.

2. 유지기능

문자 또는 이에 대신할 부호에 의한 의사표시라는 점은 형법상 문서개념의 중심표지이다. 문자화된 의사표시는 지속성을 지닌다. 문서의 이같은 기능을 유지기능(계속기능·영속기능)이라 부른다. 문서가 유지기능을 수행하자면 다음과 같은 요건을 필요로 한다.

(1) 의사표시

(a) **내 용** 문서는 사람의 사상·관념·의사내용을 표시하는 것이다. 여기에서 의사표시는 민법상의 의사표시처럼 표시의사가 반드시 있어야 하는 것은 아니다. 민법상 무효·취소사유가 있는 의사표시라도 일정한 형식·요건을 갖춘 것인 한 문서이다.

비록 종이 위에 쓰여져 있지 않더라도 직접 의사표시내용을 담은 것도 문서이다. 예컨대 상품에 찍힌 제조일자·유통기한·가격표시 등도 문서에 해당한다. 그러나 물건의 형상이나 그 현존 자체가 증명의 대상인 검증의 목적물이나 표지가 되는 지문·족적·혈흔 따위는 문서가 아니다. 마찬가지로 증거표시물에 불과할 뿐 작성자의 의사표시와 상관없는 신발표, 옷표, 물품예치표, 도착번호표, 제조상품의 일련번호, 상품포장에 찍힌 회사표시, 사육가축의 등허리에 찍힌 화인, 명찰, 문패 따위도 문서라고 할 수 없다.

텔레타이프나 전자적 기계의 작동에 의해 자동적으로 외부상황이 기록된 기계적 기록도 문서가 아니다. 예컨대 자동차의 주행기록, 환경오염전광판, 택시요금·전기요금·수도요금·전화통화료·기록미터기 등이 이에 속한다.

(b) **표시의 방법**

(가) **일 반 론** 생각 또는 의사의 표시방법은 반드시 문자에 한하지 않고 다른 부호에 의하는 경우라도 무방하다. **문자**는 어느 나라 문자를 사용했더라도 상관없다. 숫자도 문자의 일종이다. 과거에 사용했던 죽은 문자(예: 페니키아문자)를 사용한 경우도 읽을 수 있는 것인 한, 문서가 된다. **부호**는 문자에 대신할 수 있는 가독적 형상을 말한다. 가독적 부호면 족하고 반드시 발음적 부호일 필요는 없다. 예컨대 수학·논리학·통계학의 상징물, 전신부호, 속기용부호, 맹인의 점자 등이 이에 속한다.

(나) 생략문서의 문서성   문서는 반드시 법률상의 형식이 완비되어 있을 필요는 없다. 생략문서라도 일정한 생각 또는 의사를 해득할 수 있을 정도로 표시하고 있으면 문서가 된다. 따라서 백지위임장, 입장권, 수하물인환증, 우편물수령시각증명서, 은행의 지급전표나 출금표, 등기필증, 전세계약서의 확정일자인 등은 문서이다.

‖ **판례** ‖ 이른바 생략문서도 그것이 사람 등의 동일성을 나타내는 데에 그치지 않고 그 이외의 사항도 증명·표시하는 한 인장이나 기호가 아니라 문서로서 취급하여야 한다(대판 1995. 9. 5, 95 도 1269).

우편물에 찍힌 우체국의 일부인(소인)이나 신용장에 날인된 은행의 접수일부인은 인장인가 생략문서인가은 다수설은 인장은 인격의 동일성을 증명하는 것이므로 인격의 동일성 이외의 다른 사항까지 증명할 수 있을 때에는 문서로 본다. 판례도 은행의 접수일부인(대판 1970. 10. 30, 70 도 1879)과 구청세무계장명의의 소인(대판 1995. 9. 5, 95 도 1269)을 인장이나 기호가 아니라 생략문서의 일종으로 본다. 생각건대 비록 인장형식을 취하고 있지만, 문서수발의 시행일자를 확정하는 의사표시를 담고 있는 점에 비추어 생략문서의 일종으로 보는 것이 옳다.

서명 또는 낙관 등도 생략문서의 일종으로서 예술가가 자기의 작품이라는 의사를 표현한 것이므로 문서라고 해석하는 견해가 있다.[7] 그러나 문장이 생략된 상태에서 표시된 서명·낙관은 인장의 일종으로서 인장에 관한 죄의 객체로 보는 것이 옳다(다수설).

(다) 사본·등본·초본·복본의 문서성   문서는 명의인의 의사를 표시한 물체 그 자체, 즉 원본(Originale)임을 요한다. 따라서 사본·등본·초본은 사본·등본·초본이라는 취지의 인증문이 없는 한, 문서라고 할 수 없다(통설).

복본은 명의인이 일정한 증명을 위하여 처음부터 수통의 문서로 작성한 것이기 때문에, 그것이 법적 거래에서 의사표시 자체로서의 기능을 갖는 한, 문서의 일종으로 보아야 한다. 그러나 법적 거래에서 애당초 원본의 복제라고 할 수 없는 복본, 예컨대 신문에 기재된 단순한 결혼광고, 사죄광고, 양심선언, 입장표명 등은 독자적인 문서라고 할 수 없다. 신문사 광고국에 제출된 광고문 자체는 문서이지만 신문에 기재된 광고문은 이미 의사표시의 원본성을 상실했기 때문이다.

(라) 사진복사본의 문서성   입법론적 해결에 의해 이제 전자복사나 모사전송

---

7) 김성천·김형준 673면; 이재상 575면; 이정원 572면.

(팩스)에 의한 문서나 도화의 사본도 문서성이 인정된다($\frac{\text{제}237조}{\text{의}2}$).

　　대법원판례도 전원합의체판결로 복사문서의 문서성을 인정한 이후 일관되게 이 입장을 견지했다(대판 1989. 9. 12, 87 도 506 전원합의체; 1996. 5. 14, 96 도 785). 현재 판례는 사본을 다시 복사한 재사본도 문서에 해당한다고 한다(대판 2000. 9. 5, 2000 도 2855).

　　㈐ **특수매체기록의 문서성**　　필름·비디오테이프·환등기필름·컴퓨터 입력자료와 같이 시각영상을 통해 스크린에 상영되는 의사표시는 문서가 아니다. 따라서 컴퓨터 스캔 작업을 통하여 컴퓨터 모니터 화면에 나타나는 이미지도 프로그램을 실행할 경우에만 화면에 나타나고 계속적으로 화면에 고정된 의사표시가 아니므로 문서에 해당되지 않는다(대판 2008. 4. 10, 2008 도 1013). 단지 청각으로만 인식할 수 있는 테이프·레코드 등에 수록된 의사표시도 문서가 아니다.

　　(c) **표시의 정도**　　의사표시는 객관적·일반적으로 이해할 수 있는 정도일 때 문서로서의 적격을 갖는다. 본인 또는 특정한 당사자만 해득할 수 있는 암호를 사용한 물체는 문서라고 할 수 없다(통설).

　　의사표시는 구체적·확정적이어야 한다. 초안·초고는 구체적·확정적 의사표시라고 할 수 있는 정도에 이르지 않은 한, 문서로 볼 수 없다.

　　(2) **문서의 지속성**

　　문서는 정신적인 의사내용을 물체에 화체시켜 그 물체가 지속하는 한, 의사표시도 지속성을 지니게 하는 기능을 갖는다. 지속성이 없으면 문서는 법적 거래에서 증명기능과 보증기능도 제대로 할 수 없을 것이다. 지속성이 인정되는 이상, 연필로 수기하여 기재한 문서라도 좋다. 염료를 사용하여 옷감이나 가죽에 글씨를 염색하거나 실을 사용하여 자수를 놓거나 플라스틱판 등에 각인하거나 돌 나무판에 새기거나 약품을 사용하여 목재 등을 태워 문자를 각인한 것도 문서가 된다.

　　의사가 표시된 물체는 반드시 종이에 한하지 않는다. 포·피혁·목석·금속·플라스틱·도자기는 물론 심지어 살아있는 동식물의 표피라도 상관없다.

　　3. **증명기능**

　　문서에 기재된 의사표시는 법적으로 중요한 사실을 증명하기 위한 것(증명의사 또는 증명목적)이거나 객관적으로 증명하기에 유용한 것(증명능력 또는 적합성)이어야 한다. 이것을 문서의 증명기능이라 부른다.

문서의 증명기능은 사문서뿐만 아니라 공문서에서도 개념요소가 된다.

(1) 법적으로 중요한 사실

하나의 사실은 단독으로 또는 다른 사실과 결합하여 권리 또는 법률관계의 발생·존속·변경·소멸·확정에 영향을 미칠 때 비로소 법적으로 중요한 사실이 된다. 법적으로 중요한 사실인 한, 공법관계인가 사법관계인가를 가리지 않는다. 이러한 문서의 예로는 각종 계약서, 각종 신청·청구서, 각종 계산서, 각종 증명서·영수증 외에 각종 회의록·결의록, 업무일지, 고소·고발장, 인사장·유언장 및 이력서·추천서·의뢰서·안내서 따위를 들 수 있다.

반면, 단지 사상을 표현하는 데 지나지 않는 소설·시가와 같은 단순한 예술작품이나 개인의 일기장·연애편지·축하 및 위로편지·일상적인 개인의 편지·단순한 메모나 비망록 등은 법적으로 중요한 사실을 내포하는 의사표시라고 할 수 없으므로 문서가 아니다.

《참고》 법적으로 중요한 사실이냐 중요하지 않은 사실이냐는 객관적인 사정을 종합하여 세분해서 판단해야 한다. 이를테면 개인의 편지라 하더라도 일상적인 내용의 편지이면 법적 중요성이 없지만, 증여나 지급일자변경의 의사표시를 내용으로 하는 편지이면 법적으로 중요한 사실을 담은 문서인 것이다.

(2) 증명의사(증명목적)

문서는 법적으로 중요한 사실을 증명하기 위해 작성한 것이어야 한다. 증명의사 없이 만들어진 문서는 나중에 증명에 유용한 자료로 사용될 수 있을 때 비로소 증명의사가 현존하며, 형법상 문서로서의 성격을 획득한다.

《참고》 일반적으로 증명의사의 발생시기와 관련하여 목적문서와 우연문서를 구분한다. 목적문서는 처음부터 증명의사를 가지고 작성한 문서(모욕·명예훼손이 기재된 범죄문서도 여기에 포함됨)이고, 우연문서는 사후에 증명의사가 발생한 문서(예: 개인의 편지가 어떤 범죄사실을 입증하기 위해 압수되거나 법원에 제출된 경우)이다(통설).

(3) 증명능력(증명적합성)

화체된 의사표시는 법적으로 중요한 사실을 증명하는 데 쓸모가 있는 것이어야 한다. 여기에서 증명능력이란 증명의 유용성(Beweistauglichkeit)을 의미한다. 즉 화체된 의사표시가 그 자체 또는 다른 사실과 결합하여 법적으로 중요한 사실의 증명에 어느 정도 기여할 수 있어야 한다는 의미이다. 과거의 유물에 불과한 문서(예: 조선왕조실록)로서 현재의 법률관계증명에 적합한 것이 아닌 것은 증명의 유용성이 인정되지 않는다.

4. 보증기능

문서가 성립하려면 의사표시의 주체인 명의인을 명시하거나 인식할 수 있도록 해야 한다. 명의인 없는 문서는 문서로 성립할 수 없다. 문서는 명의인을 표시된 의사내용의 담보자·보증인으로 인식시켜 주는 기능을 갖고 있다. 문서는 진실한 명의인이 누구이냐에 따라 증거가치에 차이가 있다. 문서는 의사표시뿐만 아니라 명의인의 인적 담보를 유지시키는 기능도 하고 있다. 이것을 문서의 보증기능 또는 보장기능이라 부른다.

⑴ (작성)명의인

(작성)명의인에 대해서는 하등의 제한이 없다. 자연인뿐만 아니라 법인·법인격 없는 단체·관청·회사라도 가능하다(통설).

(작성)명의인은 **특정되어야 한다**(통설). (작성)명의인이 불특정한 문서는 보호할 실익이 없기 때문이다. 그러나 반드시 엄격한 특정을 요구하는 것은 아니다. 특정된 명의인이 있다고 오신시킬 정도의 문서(가명·허무인명의의 문서)이거나, 문서의 종류·형식·내용 등 여러 가지 사정을 기초로 작성명의인을 인식할 수 있는 문서이면 충분하기 때문이다(대판 1992. 5. 26, 92 도 353). 또한 (작성)명의인을 인식할 수 있는 정도이면 충분하기 때문에, 반드시 (작성)명의인의 서명·날인이 있어야 하는 것도 아니다(대판 1989. 8. 8, 88 도 2209).

⑵ (작성)명의인의 확정

(작성)명의인의 확정은 실무적으로 형법상 문서와 문서 아닌 것의 경계를 긋는 의미 외에 문서의 진정성에 대한 판단과 위조문제 해결에 준거점을 제공한다. 문서 (작성)명의인의 확정은 단순한 외관만으로도 충분하다. 따라서 명의인이 표시된 문서라면 그 명의인이 현존하는 인물인지, 진짜 인물인지는 우선 문제삼지 않는다.

(작성)명의인은 객관적인 기준에 따라 문서상으로 인식할 수 있어야 한다. 대표적인 방법이 서명·날인이다. 그러나 익명으로 시험답안지를 작성해야 할 경우, 시험규정에 따라 이름 대신 특정한 번호를 가지고 작성했더라도 작성자의 인식은 가능하므로 문서가 된다. 대리·대표자격을 가지고 문서를 작성하는 경우, 문서에 대리자·대표자인 외관이 나타나 있으면 족하다. 이 경우 문서에 단지 회

사의 도장만 찍혀 있고 대표자의 서명이 없더라도 문서의 성격이 부인되는 것은
아니다.

당사자 사이에서 통할 수 있는 한, '사랑하는 아내가', '에미로부터', '아들 올
림'이라고만 썼더라도 (작성)명의인의 인식가능성은 충분하다. 그러나 예컨대 '한
서울시민으로부터', '한 예비역 장교가' 또는 '김씨문중'과 같은 표시만 있는 경우
는 익명의 사상표현에 불과하므로 문서가 될 수 없다.

(3) 사자 · 허무인명의의 문건

작성명의인의 실재를 요하지 않는다(통설). 따라서 사자 · 허무인명의 문서
라도 일반인에게 진정한 문서로 오신케 할 염려가 있을 때에는 문서에 해당한다.

판례는 종래 공·사문서를 구별하여 공문서에는 명의인의 실재를 요하지 않지
만(대판 1968. 9. 17, 68 도 981) 사문서에는 실재를 요하기 때문에 사자명의문서 또
는 허문인명의문서에 대한 사문서위조죄를 인정하지 않았으나(대판 1997. 7. 25, 97
도 605; 1977. 2. 22, 72 도 2265), 최근 공·사문서의 구별 없이 명의인의 실재를 요
하지 않는 것으로 견해를 변경하였다. 이에 따라 해산등기를 마쳐 그 법인격이 소
멸한 법인 명의의 사문서를 위조한 행위에 대해 사문서위조죄를 인정하였다(대판
2005. 3. 25, 2003 도 4943).

문서의 보증기능에서 공문서와 사문서를 구별해야 할 이유가 없고 문서위조
죄는 추상적 위험범이므로 통설과 변경된 판례가 옳다.

(4) 대리문서 · 위임문서의 경우

문서에 대리 · 수권을 표시하면서 서명은 본인 · 위임인명의로 할 수 있고, 대
리인 · 수임인명의로도 할 수 있다. 법적으로 두 가지 모두 가능하다.

행위자가 허위로 대리인 · 수임인인 양 가장하여 작성한 문서도 문서인가? 이
경우는 일종의 위장된 익명의 문건에 해당하지만, 일반인에게 진정한 문서로 오
신케 할 우려가 있으므로 부진정문서의 일종으로 보아야 한다. 내용적으로는 유
형위조의 일종이지만 형법은 자격모용에 의한 문서작성($\frac{제226조·}{제232조}$)이란 별도의 규정
을 두고 있다.

Ⅲ. 문서위조·변조죄

A. 사문서위조·변조죄

1. 의의 및 성격

사문서위조·변조죄는 행사할 목적으로 권리·의무 또는 사실증명에 관한 타인의 문서 또는 도화를 위조 또는 변조함으로써 성립하는 범죄이다. 5년 이하의 징역 또는 1천만원 이하의 벌금에 처한다($^{제231}_{조}$). 미수범은 처벌한다($^{제235}_{조}$). 문서에 관한 죄 중 가장 기본되는 범죄이다.

이 죄는 흔히 재산범죄 등 다른 범죄의 준비행위 또는 수단으로 범해진다. 목적범이고 추상적 위험범·즉시범·거동범·지배범이다.

2. 객관적 구성요건요소

(1) 행위객체

권리·의무 또는 사실증명에 관한 타인의 문서 또는 도화이다. 권리·의무 또는 사실증명에 관한 문서란 법적으로 중요한 사실에 관한 문서이다. 그것은 문서개념일반에 공통적으로 내재하는 고유한 속성이다.

권리·의무에 관한 문서와 사실증명에 관한 문서를 세분하여 전자를 처분문서, 후자를 증명문서로 분류하기도 한다. 사문서가 행위객체라고 하지만(통설), 엄밀히 말해서 변조죄에서만 진정사문서가 행위객체이다. 위조죄에서는 위조사문서가 범죄행위의 결과로 창출된 행위자의 작품일 뿐이고, 행사죄에서 부진정사문서는 행위수단에 불과하다.

(a) **타인의 사문서·사도화** 타인이란 사문서·사도화의 소유자·소지인을 말하는 것이 아니라 (작성)명의인을 지칭한다. 원칙적으로 공무소 또는 공무원이 아닌 사인을 의미하지만, 예외적으로 공무소·공무원이 작성한 문서라도 사문서의 성격을 띨 때는 공무소·공무원도 타인의 범주에 들어간다. 예컨대 공무원이 직무집행과 관계없이 개인적인 동기·사생활의 영역에서 작성한 문서(예: 공무원 개인의 사직서·신원보증서)는 사문서이므로, 그 한에서 이 문서의 작성인은 사인이다.

타인은 범인과 공범자(공동정범·교사범·방조범) 이외의 자를 말한다. 반드시 실존인물일 것을 요하지 않는다.

이상의 요건을 갖추고 있는 한, 타인은 자연인·법인·법인격 없는 단체 등을 가리지 않는다(대판 1975. 2. 10, 73 도 2296). 법인 아닌 상사, 사회단체, 교회, 종친회 등의 명의로 된 것도 타인의 문서에 해당한다. 외국인 또는 외국단체가 작성한 문서는 물론, 외국의 공문서도 우리 형법상으로는 사문서에 속하므로 외국의 공무소·공무원은 이 죄의 타인에 해당한다.

(b) 권리·의무 또는 사실증명에 관한 문서·도화

(가) 권리·의무에 관한 문서 주로 권리·의무 또는 법률관계의 발생·존속·변경·소멸 등과 관련한 의사표시를 내용으로 하는 문서를 말한다. 사실증명에 관한 문서도 권리·의무와 직접·간접으로 연관된 문서이기 때문에 본조의 문언상의 구별에도 불구하고 양자는 개념상 중복되며, 그 구별은 언제나 상대적이다. 판례도 양자의 구분은 문서의 표제나 명칭만으로 이를 판단하여서는 안 되고, 문서의 형식과 외관은 물론, 문서의 종류·내용·일반거래에 있어서 그 문서가 갖는 기능 등 제반사정을 종합적으로 참작하여 판단해야 한다(대판 1996. 2. 9, 94 도 1858)고 한다.

의사표시의 내용이 주로 권리·의무나 법률관계에 연관된 것인 한, 사법상의 것이든 공법상의 것이든 가리지 않는다. 예컨대 재산관계에 관한 각종 계약서·청구서·위임장, 혼인·출생·입양 등 신분관계에 관한 각종 신고서, 행정관청에 대한 여권발급·주민등록증발급·인감증명서교부 등의 신청서나 진정서, 민·형사소송과 관련한 각종 고소·고발장, 소장·변론재개신청서, 등기신청서 따위를 들 수 있다. 그 밖에 은행출금전표, 각종 예금통장, 보험증서, 예금청구서, 각종 결의서, 전보의뢰서 등도 여기에 속한다.

(나) 사실증명에 관한 문서 권리·의무에 관한 문서 이외의 것으로서 법적으로 중요한 사실을 증명하는 문서이다. 여기에서 주로 사실증명에 관한 문서라 함은 ① 법률관계의 발생·존속·변경·소멸의 전후과정을 증명하는 것이 주된 취지인 문서, ② 직접적인 것은 아니나 법률관계에 간접적으로 연관된 의사표시 내지 권리·의무의 변동에 사실상 영향을 줄 수 있는 의사표시를 내용으로 하는 문서를 의미한다.

주로 사실증명을 목적으로 삼는 문서인 한, 처음부터 그러한 목적으로 작성되었느냐(목적문서), 사후에 그러한 목적으로 사용되었느냐(우연문서)는 가리지 않는다. 예컨대 인사사령장·신분증 등의 증서, 각종 영수증, 회사의 상업장부, 주식회사의 각종 회의록·보고서, 사립학교에서 발행한 각종 증명서 등을 들 수 있다. 법률관계에 단지 간접적으로만 연관된 사실 내지 법률관계에 사실상 변동을 줄 수 있는 사실을 내용으로 하는 문서로는 추천장, 인사장, 안내장, 이력서, 광고의뢰서, 기부금찬조자의 방명록 등을 들 수 있다.

《참고》 복합문서: 사문서가 다른 사문서와 결합된 이른바 복합문서에서 일부는 권리·의무에 관한 문서이고, 다른 일부는 사실증명에 관한 문서라면, 각각의 주된 성격에 따라 양자를 구별할 수 있다. 이를테면 차용증서에 제3자가 입회인으로서 서명날인한 경우, 제3자의 확인부분은 사실증명에 관한 문서로서의 성격을 갖는다. 공문서와 사문서가 결합되어 있는 경우, 이를테면 사인의 사실확인서에 공증인이 인증을 해 준 경우, 인증서는 공문서의 성격을 띠지만 사인의 사실확인부분은 역시 사실증명에 관한 문서로서의 성격을 잃지 않는다.

(다) 도 화   도화란 문자 이외의 상징적 부호에 의해 기재자의 관념 내지 의사를 화체해 놓은 물체를 말한다. 지적도, 설계도, 상해부위를 명시해 놓은 인체도가 여기에 속한다. 사람의 의사표시를 내용으로 하지 않는 단순한 미술작품이나 X선필름 따위는 도화가 아니다. 도화는 문자 아닌 부호를 의사표시의 수단으로 삼는다는 점에서 문서와 구별될 뿐, 그 밖의 기능면에서는 문서와 같다. 그러므로 사도화도 역시 권리·의무 또는 사실증명에 관한 타인의 도화여야 한다.

(2) 행 위
위조 또는 변조이다.

(a) 위 조

(가) 위조란 작성권한 없이 타인명의를 모용하여 문서를 작성하는 것이다(대판 1998.2.24, 97 도 183). 즉, 부진정문서를 작성하는 유형위조를 뜻한다. 그 요건과 내용을 분석하면 다음과 같다.

(ⅰ) 작성권한 없는 자   위조가 성립하자면 먼저 작성권한 없는 자가 타인명의의 문서를 함부로 작성할 것을 필요로 한다. 작성권한의 유무는 법규·계약·거래관행·당사자의 의사 등을 고려하여 구체적 개별적으로 판단해야 한다.

‖판례‖ 부동산매매계약서와 같이 문서에 2인 이상의 작성명의인이 있는 때 또는 연명으로 된 문서인 때에는 각 명의자에 대해 문서가 성립하므로, 명의자 중 1인이 타명의자와 합의 없이 행사목적으로 타인명의를 지우고 제3자의 이름을 기재해도 문서위조에 해당한다(대판 1977.7.12, 77 도 1736).

 i) 명의인의 유효한 양해 작성자가 명의인의 유효한 양해를 얻은 경우에는 구성요건해당성이 배제된다(대판 1998. 2. 24, 97 도 183). 양해는 명시적이건 묵시적이건 상관없으나 사전에 있어야 한다. 사후양해는 양해가 아니므로 위조성립에 영향을 미치지 않는다(대판 1970. 11. 24, 70 도 1981).

 ii) 포괄적인 위임 작성자가 명의인으로부터 포괄적인 위임을 받고 위임의 본지에 따라 사문서를 작성한 경우에는 위조가 아니다. 포괄적인 권한을 위임받은 자가 권한의 범위 내에서 본인(위임자)명의로 허위내용의 문서를 작성한 경우에도 역시 위조가 아니다(대판 1986. 8. 19, 86 도 544; 1984. 7. 10, 84 도 1146). 이 경우는 사문서의 무형위조에 해당하지만, 사문서의 무형위조는 허위진단서등작성죄($^{제233}_{조}$)를 제외하고는 처벌대상이 아니다.

‖ **판례** ‖ ① 채무자의 빚을 대신 갚아 주는 조건으로 가등기담보권을 양수한 자가 양도인 명의의 가등기말소신청서를 작성하거나(대판 1984. 2. 14, 83 도 2650), ② 대금수령을 위임받아 예금청구서를 작성한 경우(대판 1984. 3. 27, 84 도 115), ③ 권한을 위임하고 인장을 맡긴 이사의 이름으로 이사회회의록을 작성한 경우(대판 1985. 10. 22, 85 도 1732), ④ 연대보증인이 될 것을 허락하였으나 차용금증서에 직접 차주로 기재한 경우(대판 1984. 10. 10, 84 도 1566)에는 위조가 아니다.

 iii) 위임의 범위를 초월한 경우 이 경우는 위조죄가 성립한다. 예컨대 문서작성권한을 위임받지 아니한 문서기안자가 작성권한자의 결재 없이 권한을 초월하여 문서를 작성한 경우(대판 1997. 2. 14, 96 도 2234), 위탁의 본지에 반하여 선순위자를 후순위자로 한 저당권설정에 관한 문서를 작성한 경우(대판 1982. 11. 9, 81 도 2501), 또는 백지위임장의 취지에 반하여 임의로 보충문서를 작성한 이른바 백지위조의 경우(대판 1984. 6. 12, 83 도 2408)에는 위조라고 해야 한다.

‖ **판례** ‖ 피고인이 회사를 인수하면서 회사 대표이사의 명의를 계속 사용하기로 승낙을 받았다고 하더라도, 사기범행을 목적으로 실제로는 위 회사에 근무한 바 없는 제 3 자의 재직증명서 및 근로소득원천징수영수증 등 허위의 문서를 작성한 행위는 위임된 권한의 범위를 벗어나는 것으로서 사문서위조죄를 구성한다(대판 2005. 10. 28, 2005 도 6088).

 iv) 대리권 · 대표권의 문제

 ① 무권대리의 경우 대리권 또는 대표권이 없는 자가 함부로 타인을 대리 또는 대표하여 타인(본인)명의의 문서를 작성한 경우, 자격모용에 의한 문서작성죄에 해당한다는 견해가 다수설이나 사문서위조죄가 성립하는 것으로 보아야 한

다. 이 경우 불법평가의 중점은 자격사칭이 아니라 법적 효과가 귀속되는 본인명의의 모용에 두어야 하기 때문이다.

② **월권대리의 경우**　대리권·대표권의 권한범위를 명백히 초월하거나 또는 권한범위 밖의 사항에 관해 타인(본인)명의의 문서를 작성한 경우에도 자격모용에 의한 문서작성죄가 된다는 견해가 다수설이나, 이 경우도 역시 문서위조가 된다고 해야 한다. 문서에 대리·대표권자가 본인(타인)의 대리·대표권자라고 표시한 경우에도 작성명의인은 대리인·대표자가 아니라 법적 효과가 귀속되는 본인이기 때문이다. 자격사칭을 넘어 명의까지 모용된 경우에는 위조죄의 성립을 긍정하는 것이 옳다.

③ **대리권·대표권 소멸 후의 문서작성행위**　내부적으로는 이미 수권이 소멸했으나 외부적으로 아직 수권이 존속하고 있음을 기화로 함부로 본인의 대리권자 또는 대표권자로서 문서를 작성한 경우이다(대리권 소멸후의 표현대리). 대리권·대표권 소멸 후의 문서작성행위는 작성권한 없는 자가 자격을 모용한 경우에 해당한다(자격모용에 의한 문서작성죄). 물론 이 경우도 자기명의의 문서작성에 한하며, 타인(본인)명의로 문서가 작성되었을 경우에는 역시 문서위조죄로 보아야 한다.

④ **권한남용의 경우**　대리권자 또는 대표권자가 그 권한의 범위 내에서 권한을 남용하여 본인명의의 문서를 작성한 경우에는 위조죄가 성립하지 않는다(통설·대판 2007. 10. 11, 2007 도 5838). 대리권자 또는 대표권자가 권한을 남용하여 위임의 본지에 반해 문서를 작성함으로써 본인에게 손해를 끼쳤을 때에는 배임죄가 성립하고, 문서의 성격에 따라 허위공문서작성죄가 문제될 수 있을 뿐이다.

‖ **판례** ‖　원래 주식회사의 지배인은 회사의 영업에 관하여 재판상 또는 재판 외의 모든 행위를 할 권한이 있으므로, 지배인이 직접 주식회사 명의 문서를 작성하는 행위는 위조나 자격모용사문서작성에 해당하지 않는 것이 원칙이고, 이는 그 문서의 내용이 진실에 반하는 허위이거나 권한을 남용하여 자기 또는 제3자의 이익을 도모할 목적으로 작성된 경우에도 마찬가지이다(주식회사의 지배인이 자신을 그 회사의 대표이사로 표시하여 연대보증채무를 부담하는 취지의 회사 명의의 차용증을 작성·교부한 경우, 그 문서에 일부 허위 내용이 포함되거나 위 연대보증행위가 회사의 이익에 반하는 것이더라도 사문서위조 및 위조사문서행사에 해당하지 않는다고 한 사례, 대판 2010. 5. 13, 2010도1040).

(ii) **타인명의의 모용**　위조가 성립하려면 타인명의의 모용이 필요하다. 타인명의의 모용이란 명의인을 사칭하여 마치 명의인이 작성한 문서와 같은 외관을

표출하는 것을 말한다. 일명 **명의인의 동일성사칭**이라고도 한다.

명의인은 반드시 실존인물임을 요하지 않는다. 따라서 사자나 허무인명의를 모용하는 것도 위조가 될 수 있다(통설). 명의인은 자연인뿐만 아니라 법인·법인격 없는 단체도 가능하다.

타인명의의 모용은 타인의 성명을 기재하는 방법으로 행해지는 것이 보통이다. 명의가 생략되었더라도 의사표시의 내용·형식·부수사정 등을 종합하여 특정인의 명의를 사칭한 것으로 판단할 수 있으면 족하다.

(작성)명의를 모용할 것을 요하므로, 문서의 내용 속에 (작성)명의 이외의 사항에 관해 타인의 이름을 함부로 모용했더라도 허위공문서작성죄가 될 수 있음은 별론으로 하고 사문서위조는 되지 않는다(대판 1986. 9. 23, 86 도 1300).

‖**판례**‖ 작성명의자의 승낙이나 위임이 없이 그 명의를 모용하여 토지사용에 관한 책임각서 등을 작성하면서 작성명의자의 서명이나 날인을 하지 않고 다만 피고인이 자신의 이름으로 보증인란에 서명·날인한 경우에 사문서위조죄가 성립되기 어렵다(대판 1997. 12. 26, 95 도 2221).

(iii) **문서의 작성**   위조개념에 마지막으로 필요한 요소가 문서의 작성이다. 여기에서 문서의 작성이란 작성자가 명의인의 의사에 반하여 문서를 현실적으로 창출하는 것을 말한다. 그러므로 위조문서는 위조행위의 구성요건결과가 아니라, 문서작성의 제조물이다.

i) **문서작성의 방법**   문서작성의 방법에는 제한이 없다. 새로운 문서의 창출, 기존문서의 이용, 간접정범방식의 문서작성 등 세 가지 유형을 생각할 수 있다.

ⓐ **새로운 문서의 창출**:   문서작성의 기본형태이다. 전자복사에 의해 새로운 문서를 창출하는 것도 가능하다. 문제되는 경우는 위조한 원본을 전자복사기로 복사하는 경우이다. 위조된 문서를 전자복사하는 것은 새로운 문서의 창출이나 기존문서를 이용한 가공·변개도 아니고, 단순한 재현에 불과하다. 이 경우는 원본위조 자체를 문서위조행위로, 사진복사를 형법적으로 중요하지 않은 불가벌적 사후행위로 보아야 하고, 사진복사본을 제출·사용했을 때는 위조문서복사본(문서성 있음)의 행사로서 행사죄가 된다고 해야 할 것이다.

반면 만일 사진복사과정에 조작을 가하여 원본과 다른 복사본을 만든 경우는 그 복사본 자체가 위조문서이므로 복사본의 제조과정인 전자·사진복사행위 자체를 새로운 문서의 작성이라고 해야 한다.

‖**판례**‖ 형법 제237조의 2에 따라 전자복사기, 모사전송기 기타 이와 유사한 기기를 사용하여 복사한 문서의 사본도 문서원본과 동일한 의미를 가지는 문서로서 이를 다시 복사한 문서의 재사본도 문서위조죄 및 동 행사죄의 객체인 문서에 해당한다 할 것이고, 진정한 문서의 사본을 전자복사기를 이용하여 복사하면서 일부 조작을 가하여 그 사본 내용과 전혀 다르게 만드는 행위는 공공의 신용을 해할 우려가 있는 별개의 문서사본을 창출하는 행위로서 문서위조행위에 해당한다(타인의 주민등록증사본의 사진란에 피고인의 사진을 붙여 복사하여 행사한 행위가 공문서위조죄 및 동행사죄에 해당한다고 한 사례)(대판 2000. 9. 5, 2000 도 2855)

ⓑ 기존문서의 이용: 다시 세 가지 경우로 세분해 볼 수 있다. ① 기존의 미완성문서에 가공하여 그 문서를 완성시키는 경우, 예컨대 위임의 취지에 반하여 백지를 보충하는 이른바 백지위조의 경우(대판 1984. 6. 12, 83 도 2408), ② 기존의 진정문서에 동일성을 해할 정도로 그 중요부분을 변경하는 경우, 예컨대 타인의 주민등록증 사진을 떼어내고 범인 자신의 사진을 붙인 경우(대판 1991. 9. 10, 91 도 1610), ③ 일단 무효로 돌아간 문서에 가공하여 새로운 증명력을 가진 독립·별개의 문서를 작출한 경우, 예컨대 유효기간이 경과한 문서의 발행일자를 정정하여 새로운 문서를 만든 경우(대판 1980. 11. 11, 80 도 2126)를 들 수 있다.

ⓒ 간접정범방식의 문서작성: 작성자가 자필로 서명할 필요가 없고, 명의인을 속여 간접정범의 방식으로 문서를 작성할 수도 있다. 예컨대 명의인을 속여 명의인으로 하여금 진의에 반하여 문서에 서명·날인케 하는 경우, 명의인이 내용을 오신하고 있음을 이용하여 그의 의사와 다른 내용의 문서를 작성하게 한 경우(대판 1970. 9. 29, 70 도 1759) 등을 들 수 있다.

ii) 문서작성의 정도 작성과정은 형식과 내용면에서 완전할 것을 요하지 않는다. 그러므로 반드시 작성명의자의 서명이나 날인이 있어야 하는 것은 아니다. 일반인 또는 특정수령인이 예상된 문서에서는 적어도 수령인에게 진정한 문서라는 인상을 줄 수 있을 만큼 문서로서의 형식과 외관을 갖추었으면 충분하다(대판 1988. 3. 22, 88 도 3).

‖**판례 1**‖ 사문서위조죄는 명의자가 작성한 진정한 사문서로 볼 수 있는 정도의 형식과 외관을 갖추어 일반인이 진정한 명의자의 사문서로 오인하기에 충분하면 성립한다. 일반인이 진정한 명의자의 사문서로 오인하기에 충분한 정도인지의 여부는 문서의 형식

과 외관은 물론 문서의 종류, 내용, 일반거래에 있어서 문서가 가지는 기능 등 여러 가지 사정을 종합적으로 참작하여 판단하여야 한다(대판 1997. 12. 26, 95 도 2221; 1988. 3. 22, 88 도 3).

‖**판례 2**‖ 외국에서 발행되어 유효기간이 경과한 국제운전면허증에 첨부된 사진을 바꾸어 붙인 경우 비록 국제운전면허증이 유효기간을 경과하여 본래의 용법에 따라 사용할 수는 없게 되었다고 하더라도, 이를 행사하는 경우 상대방이 유효기간을 쉽게 알 수 없도록 되어 있거나 면허증 자체가 진정하게 작성된 것으로서 피고인이 명의자로부터 국제운전면허를 받은 것으로 오신하기에 충분한 정도의 형식과 외관을 갖추고 있다면 사문서위조죄에 해당한다(대판 1998. 4. 10, 98 도 164).

(나) **미수·기수** 위조행위에서 동작부분은 문서작성이므로 실행의 착수시기·기수시기도 문서작성을 기준으로 판단해야 한다. 자료의 단순한 준비·예행연습정도는 아직 예비단계에 불과하다. 실행의 착수시기는 적어도 의사의 내용이 확정적으로 표시된 때라고 보아야 한다. 기수시기는 행위자가 주관적으로 속일 수 있을 만하다고 생각한 가짜문서가 작출된 때이다. 인쇄의 방법으로 가짜문서를 제작하는 경우에는 완성본이 제작된 때 기수가 되며, 위조본을 완성하기 위해 시험삼아 이것저것 인쇄해 본 경우에는 비록 인쇄물이 나왔다 하더라도 아직 기수에 이른 것은 아니다. 일반인이 진정한 문서라고 오신할 정도에 이르러야 하기 때문이다. 위조문서가 행사되거나 그로 인해 명의인에게 구체적인 손해가 발생할 것을 요하는 것은 아니다(대판 1967. 3. 28, 67 도 253).

(b) **변   조**

(가) **변조**란 진정하게 성립한 타인명의의 문서내용에 정당한 권한 없이 동일성을 해하지 않는 범위에서 변경을 가하는 것을 말한다. 즉, 이미 성립한 타인명의의 진정문서의 비본질적 부분을 변개하여 새로운 증명력을 가진 문서를 작출하는 것이다. 이를 분설하면 다음과 같다.

(i) **타인명의의 진정문서** 변조의 대상이 되는 문서는 이미 진정하게 성립한 타인명의의 문서이다. 위조는 새로운 문서의 창출 내지 기존문서를 이용하여 새로운 증명력을 가진 독자적인 문서로 새롭게 작출하는 것이지만, 변조는 이미 완성된 타인명의의 진정문서에 대해서만 가능하다. 따라서 미완성된 서면에 가필하여 문서를 완성시킨 경우, 또는 백지위임장의 취지에 반하여 백지보충을 한 경우에는 위조가 될 수 있을 뿐, 변조가 되지는 않는다.

진정문서를 공격객체로 삼으므로, 부진정문서나 허위문서 및 위조문서는 변조의 대상이 될 수 없다(다수설·대판 1986. 11. 11, 86 도 1984). 다만 부진정문서나 위조문서를 소재로 삼고 다른 작성명의를 가진 새로운 문서를 작성했을 때에는 위조가 될 수 있다.

변조의 대상이 되는 문서의 내용은 반드시 적법·유효한 것이어야 할 필요는 없다. 내용이 무효인 경우에도 변조의 대상이 될 수 있다. 그러나 의사표시의 내용이 아닌 자구수정이나 의사표시내용에 영향을 미치지 않는 사실을 기재한 것만으로는 변조가 되지 않는다(대판 1981. 10. 27, 81 도 2055).

타인명의의 문서일 것을 요하므로 타인에게 속한 자기명의의 문서에 대한 변조는 경우에 따라 문서손괴죄가 될 수 있을 뿐, 변조는 아니다(통설·대판 1987. 4. 14, 87 도 177).

(ii) **권한 없는 자**   기존의 진정문서의 내용을 정당한 권한 없이 변경하는 것이다. 문서작성의 권한 없는 자의 행위라는 점에서 위조와 공통된다. 권한 있는 자라도 위임의 범위를 넘어서 함부로 변경한 경우에는 변조가 된다(대판 1983. 3. 22, 82 도 2300).

(iii) **문서의 변작**   변조개념에 결정적으로 중요한 요소가 문서의 변작이다. 변작은 진정문서의 동일성을 해하지 않을 정도의 변경을 말한다. 또한 적어도 문서의 증명력에 대한 안전과 신용성을 해할 정도의 변경을 말한다.

i) **동일성을 해하지 않을 정도의 변경**   변조는 기존문서의 동일성을 해하지 않을 정도로 변경을 가하여, 일종의 부진정문서를 작성하는 것이다. 동일성을 해하지 않을 정도가 위조와 변조를 가르는 기준이 된다. 여기에서 **동일성을 해하지 않을 정도의 변경**이란 비본질적 부분의 변경, 중요하지 않은 부분의 변경을 의미한다. 만약 문서의 본질적 부분(명의인 표시)이나 중요부분(의사표시의 핵심부분)에 변경을 가하여 새로운 증명력을 가지는 별개의 문서를 작성한 경우에는, 비록 기존의 진정문서를 공격대상으로 삼았더라도 변조가 아니라 위조에 해당한다(대판 1991. 9. 10, 91 도 1610). 예컨대 추천장에 기재된 피추천인의 성명을 다른 사람으로 바꾸어 기재하거나, 효력을 상실한 문서의 작성일자를 변경하여 새로운 효력을 가진 문서로 만든 경우에는 위조가 된다.

‖ **판례 1** ‖   동일성을 해하지 않을 정도의 변경사례로는 ① 인감증명서의 사용용도란의 기재를 변경한 경우(대판 1985. 9. 24, 85 도 1490)(공문서변조), ② 문서에 첨부된 도면를 떼어내고 새로 작성한 도면을 철한 경우(대판 1982. 12. 14, 81 도 81), ③ 결재된 원안 문서에 새로운 사항을 첨가하여 기재한 경우(대판 1970. 12. 29, 70 도 116), ④ 적법절차

를 거치지 않고 결재된 원문서에 임의로 누락사실을 추가기재한 경우(대판 1995. 3. 4, 94
도 1112)를 들 수 있다.

‖**판례 2** ‖   피고인이 민사소송에서 어음을 그 계쟁 부동산을 담보물로 한 은행융자자
금채무의 상환을 위하여 교부받은 것이라는 주장 사실을 입증하는 데 사용할 목적으로
당시 보관중이던 영수증 위의 "할부금"이라는 기재부분 옆에다 그 작성 명의인인 망인
의 승낙 없이 임의로 그 계쟁 부동산을 지칭하는 표시로서 "733 19번지"라고 써 넣은
것이라면, 그 변경 내용이 비록 객관적인 진실에 합치하는 것이라 하더라도 이는 그 영
수증에 새로운 증명력을 가져오게 한 것임이 분명하므로 사문서변조죄의 구성요건을 충
족한다고 보아야 한다(대판 1995. 2. 24, 94 도 2092).

　　　　ii) **안전과 신용을 해할 정도의 변경**　　변조는 적어도 문서의 증명력에 대
한 안전과 신용성을 해할 위험이 있을 정도의 변경이라야 한다. 이 기준으로는 처
벌필요성 없는 부진정문서 관련행위와 경계를 긋는다.

　　　　iii) **변조의 방법**　　변조의 방법에는 제한이 없다. 동일성을 해하지 않는
범위에서 기존문서의 문자나 부호를 일부 삭제하고 다른 문자나 부호를 기입하거
나, 의미가 달라지도록 일부 내용을 단순히 삭제하는 것도 손괴가 아니라 변조가
된다. 심지어 명의인의 양해 없이 명의인에게 유리하게 변경하거나(대판 1985. 1.
22, 84 도 2422) 법규에 어긋난 기재내용을 법규에 맞도록 임의변경한 경우(대판
1970. 9. 22, 70 도 1509)도 변조가 된다. 사문서위조 · 변조죄의 보호법익은 공공의
신용과 관련된 것이므로 개인이 이해관계에 따라 임의로 처분할 수 있는 것은 아
니기 때문이다.

　　(나) **기수시기**　　문서의 동일성을 해하지 않을 정도의 변경을 가해 일반인이
종전의 기존문서와 다른 증명력을 가진 문서로 오신할 수 있는 상태에 이른 때
기수가 된다(대판 1970. 7. 17, 70 도 1096). 행위의 위험성은 이 단계에서 이미 실
현되었다고 보기 때문이다.

3. 주관적 구성요건요소

(1) 구성요건고의

　　구성요건고의는 권리 · 의무나 사실증명에 관한 문서를 위조 또는 변조한다
는 점에 대한 인식과 의사이다. 문서개념은 규범적 구성요건표지이므로 그에 대
한 인식은 정신적인 이해이다. 이해의 정도는 보통사람의 평가와 평행한 평가정
도이다.

(2) 특별한 주관적 불법요소

행사할 목적이 있어야 한다. 여기서 **행사할 목적**이란 거래일반인에게 착오를 일으켜 위조 또는 변조한 문서를 진정문서처럼 사용할 목적을 말한다. 타인의 재산 또는 권리에 손해를 끼칠 목적이나 자기 또는 타인의 이익을 추구할 목적 같은 것은 필요없다. 행사할 목적은 확정적·직접적 인식을 기초로 한 목표지향적 의사여야 한다. 이 죄는 별도의 행사로 나아가지 않고 단지 행사의 목적만 가지고 위조·변조를 하면 충분하며, 그 목적은 강한 정도의 의식형태이어야 하기 때문이다.

스스로 행사할 목적이 아니고 타인으로 하여금 사용케 할 목적이어도 좋다. 이 경우 행위자가 타인의 행사의도를 알고 있는 것만으로 충분하다. 행사할 목적은 행위 당시에 존재해야 하지만, 후에 실제로 목적이 실현되었느냐는 범죄성립에 지장없다.

4. 구성요건해당성

타인명의의 문서위조·변조이므로, 명의자가 직접적인 피해자이다. 따라서 명의자의 양해가 있을 때, 또는 문서수정의 권한을 위임받아 정당하게 가필·정정한 경우에는 위조·변조행위가 성립하지 않고 구성요건해당성이 배제된다. 반면 사후동의는 본죄의 성립에 영향이 없다(대판 2007. 6. 28, 2007 도 2714).

그 밖에도 사소한 자구수정은 사회적 상당성이 인정되는 범위 내에서 역시 구성요건해당성이 배제된다. 이것을 사회상규에 의한 위법성조각으로 보든, 아니면 규범의 보호목적 안에서 일반적·객관적 귀속을 부인하든 결과는 같다.

‖**판례**‖ 사문서의 위·변조죄는 작성권한 없는 자가 타인 명의를 모용하여 문서를 작성하는 것을 말하는 것이므로 사문서를 작성·수정함에 있어 그 명의자의 명시적이거나 묵시적인 승낙이 있었다면 사문서의 위·변조죄에 해당하지 않고, 한편 행위 당시 명의자의 현실적인 승낙은 없었지만 행위 당시의 모든 객관적 사정을 종합하여 명의자가 행위 당시 그 사실을 알았다면 당연히 승낙했을 것이라고 추정되는 경우 역시 사문서의 위·변조죄가 성립하지 않는다(대판 2003. 5. 30, 2002 도 235).

5. 죄수 및 타죄와의 관계

(1) 죄   수

문서에 관한 죄의 죄수를 결정하는 기준에 관하여 판례는 문서에 기재된 명의인의 수를 표준으로 해야 한다는 입장이다(대판 1987. 7. 21, 87 도 564).

생각건대 죄수결정은 **행위와 문서의 수를 기준으로** 하면서 **행위ㆍ법익ㆍ범죄의 사ㆍ구성요건의 충족횟수** 등을 함께 고려해야 할 것이다. 구체적으로 하나의 행위로 수인명의의 1개 사문서를 변조한 경우는 단순일죄, 1개 사문서에 수개의 변조가 있는 경우와 1개 사문서에 위조와 변조를 함께 행한 경우는 포괄일죄, 1개 문서에 공문서위조와 사문서위조가 함께 있는 경우는 법조경합 특별관계가 된다.

‖ **판례** ‖   2인 이상의 연명으로 된 문서를 위조한 때에는 작성명의인의 수대로 수개의 문서위조죄가 성립하고 이들은 관념적 경합이 된다(대판 1987. 7. 21, 87 도 564; 1956. 3. 2, 4288 형상 343).

(2) **타죄와의 관계**

(a) **위조ㆍ변조사문서행사죄와의 관계**   사문서위조ㆍ변조죄와 위조사문서행사죄의 관계에 관하여 양죄의 경합범이라는 견해가 다수설과 판례(대판 1991. 9. 10, 91 도 1722)의 입장이다. 그러나 이 문제는 세분하여 고찰할 필요가 있다. 행사가 행위자의 위조행위시 애당초 의도했던 범행계획대로의 행사이면 법조경합 흡수관계로서 위조죄만 성립한다. 행사행위가 위조행위시의 행사목적과 다른 새로운 종류의 행사 또는 새로운 결단에 의해 취해진 것이라면 양자는 별개의 독립된 범죄로서 실체적 경합이 된다(통화위조ㆍ유가증권위조의 경우와 동일).

(b) **사기죄와의 관계**   명의인에게 문서의 내용을 오신시켜 간접정범의 방식으로 문서를 작성케 한 경우에는 사문서위조죄가 성립한다. 이 경우는 명의인이 문서에 무슨 내용이 담겨 있는지를 알지 못하는 경우이다. 예컨대 문맹자나 맹인에게 문서의 내용을 오신시키고 서명을 받거나, 정상인이라도 연대보증채무를 부담하는 내용의 문서임을 모르는 자에게 그 내용을 고지하지 않고 서명을 받는 것과 같다. 반면 문서의 작성자체에 오해나 착오가 없었으나 문서에 표시된 법률관계 내지 생활사실에 대해 명의인을 기망하여 문서를 작성케 한 경우에는 사기죄가 된다. 이 경우는 명의인이 문서에 담겨 있는 내용이 무엇인지는 알고 있으나 구체적으로 그것이 사실과 다르다는 것을 알지 못하는 경우이다. 예컨대 냉동창고에 보관중인 쇠고기에 대한 매매계약을 체결하면서 실제로는 수입육인 고기를 한우로 속여 매매계약서에 서명ㆍ날인을 받는 경우이다.

사문서를 위조한 다음 이를 제 3 자에게 행사하여 금원을 사취한 경우 판례는 사기죄와의 실체적 경합을 인정한다(대판 1991. 9. 10, 91 도 1722). 그러나 행사행

위는 본래 기망행위의 한 내용을 구성하므로 행사죄와 사기죄의 관념적 경합으로
보아야 한다.

‖**판례**‖ 예금통장을 강취하고 예금자 명의의 예금청구서를 위조한 다음 이를 은행원
에게 제출 행사하여 예금인출금 명목의 금원을 교부받았다면 강도, 사문서위조, 동행사,
사기죄가 성립하고 이들은 실체적 경합관계에 있다(대판 1991. 9. 10, 91 도 1722).

(c) **손괴죄와의 관계**   자기명의의 문서에 대해서는 이 죄가 성립할 수 없으
므로 타인이 소유·소지하고 있는 자기명의의 문서의 내용을 임의로 변경한 경우
에는 문서손괴죄만 성립한다(통설).

(d) **무고죄와의 관계**   타인명의의 문서(위조문서)를 만들어 수사기관에 제
출하여 타인을 무고한 경우, 문서위조죄와 무고죄는 실체적 경합이며, 위조문서
행사죄와 무고죄는 관념적 경합으로 보아야 한다.

(e) **인장위조죄와의 관계**   위조사문서에 다시 위조인장을 사용한 경우 인
장위조 및 동행사죄는 사문서위조죄에 흡수된다(법조경합 흡수관계). 이 경우 인
장위조 및 동 행사죄는 불가벌적 수반행위로서 문서위조죄에 수반하는 유형적 행
태인 만큼, 불법이나 책임내용도 주된 문서위조죄에 비해 경미하기 때문에 처벌
이 별도로 고려되지 않기 때문이다.

(f) **신용카드부정사용죄와의 관계**   신용카드부정사용죄($^{여신전문금융업}_{법 제70조 1항}$)의 구성
요건행위인 신용카드사용은 대금결제를 위해 가맹점에 신용카드를 제시하고 매
출표에 서명하여 이를 교부하는 일련의 행위를 가리킨다. 이 경우 매출표에 서
명·교부하는 행위가 별도로 사문서위조 및 동 행사죄의 구성요건을 충족한다고
하여도, 사문서위조 및 동 행사죄는 신용카드부정사용죄에 흡수되어(불가벌적 수
반행위) 신용카드부정사용죄 1 죄만 성립한다(대판 1992. 6. 9, 92 도 77).

6. 몰   수

위조문서 및 허위문서는 형법상 몰수의 대상이다($^{제48조}_{1항}$). 그러나 위조문서라
할지라도 선의의 제 3 자를 보호하기 위하여 효력을 인정해야 할 필요가 있을 때
는 몰수할 수 없다. 또한 문서의 일부만 위조·변조된 때에도 전부를 몰수할 수
없다. 문서 또는 도화의 일부가 몰수대상인 때에는 그 부분만 폐기하면 되기 때문
이다($^{제48조}_{3항}$). 문서의 주된 부분이 위조·변조된 경우에 진정부분이 위조부분에 대
하여 독립적인 효력을 갖지 못할 때에는 전부를 몰수할 수 있다.

B. 자격모용에 의한 사문서작성죄

자격모용에 의한 사문서작성죄는 행사할 목적으로 타인의 자격을 모용하여 사문서 또는 사도화를 작성함으로써 성립하는 범죄이다. 5년 이하의 징역 또는 1천만원 이하의 벌금에 처한다($^{제232}_조$). 미수범은 처벌한다($^{제235}_조$).

이 죄는 대리권 또는 대표권 없는 자가 타인의 대리자격 또는 대표자격이 있는 것처럼 가장하여 문서 또는 도화를 작성하는 경우를 규율하기 위한 것이다. 이를테면 을이 대리인이 아니면서 갑의 대리인 을이라고 명시하여 문서를 작성하는 경우이다. 타인의 자격을 모용하여 자기명의의 문서를 작성한다는 점에 특징이 있다. 타인의 자격뿐만 아니라 명의까지 모용한 경우 이 죄가 아니라 사문서위조죄가 성립한다. 문서의 작성명의인의 자격이 진정하지 않기 때문에 사문서위조죄와 마찬가지로 유형위조에 속한다.

구성요건요소는 앞서 본 사문서위조·변조죄의 그것과 흡사하다. 그 중 특이한 것은 행위양태이다. 즉 타인의 자격을 모용하여 사문서 또는 사도화를 작성하는 것이다.

타인의 **자격모용**이란 대리권 또는 대표권 없는 자가 대리 또는 대표자격을 사칭하여 문서 또는 도화를 작성하는 것을 말한다. 다수설은 무권대리($^{민법}_{제130조}$)는 물론, 권한을 넘는 표현대리 내지 월권대리($^{민법}_{제126조}$), 그리고 대리권·대표권 소멸 이후의 표현대리($^{민법}_{제129조}$)에 의한 문서작성에 있어서 명의모용 여부를 가리지 않고 전부 자격모용에 의한 사문서작성죄를 인정하고 있으나 타당하지 않다. 본죄는 사문서위조죄의 보충적 규정으로서 자격만을 사칭한 경우에 한하고 명의까지 모용된 경우에는 위조죄가 성립하는 것으로 보아야 한다.[8] 대리권 남용의 경우는 허위공문서작성죄가 성립하지 않는 한, 처벌하지 않는다(대판 1983. 4. 12, 83 도 332). 무형위조의 일종이기 때문이다(통설).

자격모용에 의한 **문서작성**은 작성자가 본인(명의인)의 의사에 반하여 문서를 현실적으로 창출하는 것이다. 새로운 문서의 창출은 물론 기존문서를 이용하더라도 상관없다. 간접정범의 형식으로도 작성이 가능하다.

‖ **판례** ‖   양식계의 계장이나 그 직무를 대행하는 자가 아닌 자가 양식계의 계장 명의의 내수면사용동의신청서 하단의 계장란에 자신의 이름을 쓰게 하고 그 옆에 자신의 도장을 날인하여 사실증명에 관한 문서인 내수면사용동의신청서 1매를 작성하고 이를 행

---

8) 이정원 590면.

사하였다면 자격모용에 의한 사문서작성 및 동행사죄에 해당한다(대판 1991. 10. 8, 91 도 1703).

C. 사전자기록위작 · 변작죄

1. 의의 및 성격

사전자기록위작 · 변작죄는 사무처리를 그르치게 할 목적으로 권리 · 의무 또는 사실증명에 관한 타인의 전자기록 등 특수매체기록을 위작 또는 변작함으로써 성립하는 범죄이다. 5년 이하의 징역 또는 1천만원 이하의 벌금에 처한다(제232조의 2). 공전자기록의 위작 · 변작죄(제227조의 2)와 더불어 이른바 컴퓨터조작범죄의 일종으로 개정형법이 신설한 것이다.

전자기록 등 특수매체기록은 문자 또는 부호에 의해 의사를 표시하는 물체가 아니므로 시각적으로 지각할 수 없고 명의인이 없거나 불분명할 때가 많아 전통적인 문서개념으로 보면 문서라 하기 어렵지만, 현대의 정보화사회에서 문서와 같은 중요한 기능을 담당하고 보호의 필요성이 높아졌기 때문에 본조를 신설하였다.

보호법익은 전자기록 등 특수매체기록 내용의 진정성에 대한 공공의 신뢰이다. 보호받는 정도는 추상적 위험범으로서의 보호이다. 또한 목적범이다.

2. 객관적 구성요건요소

(1) 행위객체

행위객체는 권리 · 의무 또는 사실증명에 관한 타인의 전자기록 등 특수매체기록이다. 권리 · 의무 또는 사실증명에 관하여는 사문서위조 · 변조죄에서 설명한 것과 같다. 사문서위조죄에서 타인이란 사문서의 소유자 · 소지인을 말하지 않고 (작성)명의인을 지칭하지만, 이 죄에서는 행위객체의 속성상 (작성)명의인이 없거나 상품화하여 불분명한 경우가 많으므로 널리 소유자 · 소지인을 포함한다고 해야 할 것이다.

전자기록이란 일정한 매체에 전기적 · 자기적 방식으로 저장한 기록을 말한다. 일정한 매체란 집적회로, 자기디스크, 자기테이프 등을 말한다. 전자기록 아닌 음반(LP)이나 CD 등에 기록된 음성신호는 여기에 해당하지 않는다. 전자기록 외의 특수매체기록은 광기술이나 레이저기술을 이용한 광디스크 등을 말한다.

기록은 전자적 방식에 의해 표현된 의사내용이다. 그러므로 기록된 디스크 물건 자체와 구별해야 한다. 물건 자체를 유형적으로 파손하는 것은 재물손괴죄가 될 뿐이다. 기록은 또한 데이터 또는 매체 자체를 의미하는 것은 아니므로 통신중의 데이터나 처리중의 데이터는 여기에 포함되지 않는다. 정보통신망에 의해 통신 또는 처리중의 데이터 보호는 정보통신망이용촉진및정보보호등에관한법률 제49조 및 제71조가 규정하고 있다. 기록은 계속성을 지녀야 하므로 모니터에 화상형태로만 존재하는 데이터는 기록이라 할 수 없다. 그리고 마이크로필름기록은 단순한 문자의 축소 내지 기계적 확대에 의한 재생에 불과하므로 일반문서의 일종으로 보아야 한다.

(2) 행 위

(a) **행위양태**   행위는 위작 또는 변작이다. 위작이란 권한 없이 기록을 만들거나 권한 있는 자가 허위의 기록을 만들어내어 저장·기억시키는 행위를 말하고, **변작**이란 권한 없이 기존의 기록을 부분적으로 고치거나 말소하여 새로운 기록을 현출시키는 행위를 말한다. 방법에는 제한이 없다. 하지만 문서의 동일성을 해한 경우는 위작에 해당한다.

문서위조·변조죄의 행위양태와 달리, 위작·변작이라고 한 것은 전자기록이 문서와 달라 가시성·가독성이 없고 작출과정도 문서작성과 다르기 때문이다.

(b) **미수·기수**   미수범은 처벌한다($^{제235}_{조}$). 이 죄는 추상적 위험범이므로 종료미수는 기수로 취급되고, 미종료미수만 미수로 된다. 기수는 기록에 대한 위작·변작을 종료한 때이다. 위조·변조와는 달리 일반인이 진정한 것으로 오신할 정도에 이른 때가 아니라, 행위자가 주관적으로 허위기록을 작출하거나 기존의 기록과 다른 내용을 지닌 기록으로 변경을 가한 때이다.

3. 주관적 구성요건요소

(1) 구성요건고의

구성요건고의는 권리·의무 또는 사실증명에 관한 타인의 전자기록 등 특수매체기록을 위작 또는 변작하는 데 대한 인식과 의사이다.

(2) 특별한 주관적 불법요소

이 죄는 사무처리를 그르치게 할 목적을 필요로 한다. 사무처리를 그르치게 **할 목적**이란 부정작출한 전자기록 등 특수매체기록을 사무처리전산시스템에 사용함으로써 정상적인 사무처리 이외의 하자 있는 일처리를 하게 할 목적을 말한다.

데이터를 기존의 방식과 다른 방식으로 저장하기 위해 기존데이터에 수정·변경을 가한 경우, 기존의 데이터처리방식 보다 능률적인 사무처리를 위해 데이터를 이전시키거나 변형을 가한 경우는 사무처리를 그르치게 할 목적이 없으므로 이 죄에 해당하지 않는다.

4. 특수매체기록손괴죄와의 관계

타인의 사전자기록을 위작·변작한 경우에 특수매체기록 손괴행위도 수반되지만, 이 죄에 흡수되어(법조경합 흡수관계) 이 죄만이 성립한다.

D. 공문서위조·변조죄

1. 의의 및 성격

공문서위조·변조죄는 행사할 목적으로 공무원 또는 공무소의 문서 또는 도화를 위조 또는 변조함으로써 성립하는 범죄이다. 10년 이하의 징역에 처한다($\frac{제225}{조}$). 미수범은 처벌하며($\frac{제235}{조}$), 10년 이하의 자격정지를 병과할 수 있다($\frac{제237}{조}$).

사문서위조·변조죄에 비하여 객체가 공문서이기 때문에 불법이 가중된 구성요건이다. 공문서는 사문서에 비해 신용성과 증명력이 높고, 적용범위도 일반인에게 널리 미친다. 그로 인한 피해규모도 커질 위험이 있기 때문에 안전성을 확보하는 차원에서 가중적 구성요건으로 한 것이다. 그 밖에는 사문서위조 변조죄와 성격이 같다.

2. 구성요건요소

행위객체를 제외하면 사문서위조·변조죄에서 설명한 것과 같다. 행위주체에 관해서도 약간의 설명이 필요하다.

(1) 행위주체

주체에는 제한이 없다. 신분범이 아니기 때문이다. 공무원이라도 그의 작성권한에 속하지 않는 공문서를 임의로 작성하거나 자신의 직무집행과 관계없이 공무소 또는 다른 공무원명의의 문서를 작성하면 이 죄가 성립한다. 그 밖에도 공무원의 문서작성보조자(대판 1996. 4. 23, 96 도 424) 또는 보충기재할 권한만 위임받은 공무원(대판 1984. 9. 11, 84 도 368)이 작성권한자의 결재 없이 함부로 허위내용의 공문서를 작성한 경우에는 허위공문서작성죄가 아니라 이 죄가 성립한다.

(2) 행위객체

　공무원 또는 공무소가 그의 명의로 작성하는 공문서 또는 공도화이다(통설). 그러나 엄밀히 말해서 변조죄에서만 진정공문서 등이 행위객체이다. 위조죄에서는 위조공문서가 범죄행위의 결과로 창출된 행위자의 작품일 뿐, 공격객체와 같은 의미의 행위객체는 아니다.

　(a) 공 문 서

　(개) 의　　의　　공문서란 공무원 또는 공무소가 자신의 명의로 직무상 작성한 문서를 말한다. 여기에서 작성명의인이 공무원 또는 공무소라는 점이 형법상 공문서개념의 특색이다. 직무상 작성한 문서란 직무권한 내에서 직무와 관련하여 작성한 목적문서를 말한다.

　그 밖에도 공문서는 예외 없이 목적문서이기 때문에 우연문서는 있을 수 없다는 점, 모든 사람에 대해서 보편성을 지니는 특별한 증명력을 갖는다는 점 등을 본질적인 요소로 한다.

　(나) 작성명의인　　공무원 또는 공무소이다.

　(i) 공 무 원　　공법상의 공무원은 국가 또는 공공단체의 공무담당자(광의) 또는 국가·지방자치단체와 공법상 근무관계에 있는 모든 자(협의)를 말한다.

　이중 직무의 성격상 기능과 활동면에서 공직을 수행하는 지위에 있는 공무담당자만을 형법상 공문서의 주체인 공무원으로 파악하는 것이 옳다. 따라서 특수경력직 공무원 가운데 노무의 내용이 단순한 기계적·육체적인 것에 한정된 고용직 공무원(청소부·인부·사환 등)만 제외하고 광의의 공무원개념을 공문서 작성의 주체인 공무원으로 해석하는 것이 좋을 것이다.

　이렇게 보면 형법상 공문서의 주체인 공무원은 **공법상 광의의 공무원개념과 협의의 공무원개념의 중간**에 위치한 비교적 폭넓은 것이다. 구체적으로는 대통령, 국회의원, 지방의회의원과 국가공무원법·지방공무원법상의 국가공무원 및 지방공무원, 그리고 특별법상의 준공무원(공사·국책은행의 임원 및 별정우체국장 등)을 꼽을 수 있다.

　(ii) 공 무 소　　공무소란 공무원이 직무를 수행하는 곳을 말한다. 그러나 유형의 장소나 건조물과 같은 물적 시설을 말하는 것이 아니라, 국가 또는 공공단체의 의사를 결정하는 권한을 가진 제도로서의 기관을 말한다.

　다만 공문서의 작성주체인 공무소는 그 곳에서 일하는 모든 기관구성원이 아니라, 특별히 관청의 의사표시에 관한 문서작성권을 가진 자, 이를테면 기관의 장, 의장 또는 서기 등에 국한한다. 공문서 작성명의인으로서 공무소와 공무원은 공문서의 형식으로도 대개 구별할 수 있다.

보기 국립대학교 졸업생을 예로 들자면 국립대 총장 명의의 졸업증서는 공무원이 작성한 공문서인 반면, 교육부장관 명의의 학위등록증은 공무소가 작성한 공문서에 해당한다. 또한 법무부장관 명의의 변호사등록증이나 부천시장 명의의 쓰레기봉투 는 공무소가 작성한 공문서이다. 그 밖에도 등기권리증에 표시된 등기필과 그 위에 적힌 등기소의 커다란 직인은 공무소가 작성한 공문서이지만, 등기소에서 뗀 등기 부등본은 등기소의 직무담당자인 공무원이 작성한 공문서이다.

(iii) **공무원·공무소 이외의 공문서작성명의인**　형법은 공무원·공무소만을 공문서작성명의인으로 지칭하고 있으나 반드시 이에 국한하지 않는다. 공증인· 집행관·공증인가법무법인 내지 합동법률사무소 및 각종 중재위원 등도 특별법 상 인정된 공문서 작성 주체이기 때문이다.

‖ **판례** ‖ 간이절차에 의한 민사분쟁사건처리특례법에 의하여 공증인가 합동법률사무 소가 작성한 사서증서에 관한 인증서는 공문서이다(대판 1992. 10. 13, 92 도 1064; 1977. 8. 23, 74 도 2715). 그러나 지방세의 수납업무를 일부 관장하는 시중은행의 직원이나 은 행이 공무원 또는 공무소가 되는 것이 아니고 세금수납영수증도 공문서에 해당하지 않 는다(대판 1996. 3. 26, 95 도 3073).

(iv) **그 밖의 문제**　작성명의인은 실재함을 요하지 않는다. 일반인이 공무소 또는 공무원, 공증인 등이 작성한 것으로 믿을 만한 형식 외관을 갖추었으면 사 자·허무인명의라도 상관없다. 공무소 또는 공무원이 작성한 문서이면, 공무소가 폐지되거나 공무원의 지위를 상실한 이후에도 공문서로서의 성질을 잃지 않는다.

외국의 공무소 또는 공무원이 작성한 문서는 원칙적으로 본죄의 공문서에 해 당하지 않는다(통설). 예컨대 홍콩에서 발행된 국제운전면허증은 사문서이다(대 판 1998. 4. 10, 98 도 164). 그러나 국제협약·조약에 의해 국내에서도 동일한 효력 을 갖는 외국의 공문서는 이 죄의 객체가 된다.[9] 예컨대 미국에서 발급받은 국제 운전면허증은 우리나라에서 발급한 운전면허증과 같이 공문서의 일종으로 취급 해야 한다.

공문서는 공무원·공무소명의이면 족하고, 반드시 공무소·공무원이 소유· 보관해야 할 필요는 없다. 공무소·공무원이 소유·보관하는 문서는 공용서류등

9) 박상기 533면; 진계호 594면.

무효죄($\frac{\text{제141}}{\text{조}}$)의 객체가 될 뿐이다.

(다) **직무상 작성한 문서**   직무상 작성한 문서란 직무권한 내에서 직무와 관련하여 작성한 문서를 말한다. 반드시 법령상 근거가 있음을 요하지 않으며 명령·규칙 또는 내규·관행에 의한 것도 포함한다(대판 1995. 4. 14, 94 도 3401). 여기에서 '직무권한 내'란 주로 공무원 또는 공무소의 권한에 속하는 사항적 한계를 의미한다. 직무권한 내에서 작성된 것이면, 관공서 외부에 대한 것이든 내부의 자에 대한 것이든 묻지 않는다. 이를테면 소속 공무원에 대한 징계결정문·명령·훈시·보고서 등은 단지 내부의 자에 대한 권한행사이지만 공문서임에 틀림없다.

직무와 관련하여 작성한 문서란 국가사무 또는 공공단체사무와 같은 공적 사무와 관련하여 작성한 문서임을 말한다. 반드시 공무여야 하므로, 공무원이나 공무소가 순전히 개인적인 사무나 사적 이해관계에서 작성한 것은 공문서가 아니다. 예를 들면 공무원 개인명의의 매매계약서(대판 1984. 3. 27, 83 도 2892)나 공무원이 개인적으로 작성한 진정서·의견서·사직서 등은 공문서가 아니고 사문서이다.

(라) **특히 문제되는 경우**   종래 우리 형법의 해석에서 공문서와 사문서의 구별을 오직 명의인만을 기준삼는 단일설이 지배적이었다. 그러나 문서의 기능과 보호법익에 비추어 실질적으로 사문서와 구별되는 높은 증거력을 가진 공문서만을 공문서로 보고, 나머지는 비록 공무원명의의 문서라도 문서죄의 기본형태인 사문서범주로 환원시키는 것이 목적론적으로 합당하다. 특히 다음과 같은 경우들은 목적론적 환원에 의해 공문서개념에서 제외해야 할 것이다.

(i) **사경제적 사무관련문서**   본조의 공문서는 공법관계에서 작성된 것인가 또는 사법관계에서 작성된 것인가를 불문한다는 견해가 다수설이다. 그러나 단지 사법상의 보조작용(예: 관공서가 필요로 하는 사무용품구입)이나 행정의 영리경제적 활동(예: 행정기관이 직접 또는 공사·주식회사 등의 형태로 벌이는 기업활동)에서는, 국가 또는 공공단체가 국가적 권위를 입지 않고 사인과 대등한 입장에서 사법적 거래에 참여하는 것이므로, 거기에서 작성되는 문서를 공문서로 지칭하여 격상된 보호를 해야 할 내용적인 정당성이 없다. 예를 들면 국유지불하계약서, 전기·수도·가스료청구서 및 영수증, TV시청료영수증, 의료보험청구서 및 영수증 등 사법상의 사무관련문서, 우편·철도·전매사업관련문서, 국가 또는 공공단체가 민사계약의 당사자로 작성한 문서 따위가 여기에 속한다. 각 지방자치단체가 발

행하는 종량제쓰레기봉투도 사경제적 업무관련문서이므로 사문서라 해야 한다.

(ii) **국·공립학교·대학의 각종 증명서를 위조한 경우**　국·공립대학이나 각급 국·공립학교에서 학생들에게 발급하는 각종 통지표·학생증·성적증명서·졸업증명서 또는 학위수여증과 같은 각종 증명서 작성·교부행위는 이른바 준법률행위적 행정행위의 하나인 공증에 해당한다. 이들 증명서는 공무원·공무소가 직무권한 내에서 공무로 발행한 문서이므로 일응 공문서처럼 보인다. 그러나 국·공립교육시설에서 학생들에게 발급하는 각종 증명서는 교육법에 따라 사립대학이 수여하는 학위증명서나 각급 사립학교가 학생들에게 발급하는 동류의 각종 증명서와 내용면에서 실질적인 차이가 없다. 그럼에도 불구하고 국공립대학의 학위증 위조를 공문서위조라고 하고 사립대학의 경우를 사문서위조라 하여, 전자를 형법적으로 특별히 보호해야 한다면 평등의 원칙에도 반한다. 내용면에서 실질적으로 같은 것을 형식상의 이유로만 달리 취급한다면 구시대적인 개념법학적 사고라고 할 수밖에 없다.

(iii) **국·공립병원의 각종 증명서를 위조한 경우**　국·공립병원에 종사하는 의사명의의 사망진단서위조를 공문서위조로 취급해야 할 것인가? 사설병원에 종사하는 의사명의의 사망진단서를 위조했다면 두말할 것도 없이 사문서위조이다. 국·공립병원의 의사와 사설병원의 의사가 의사라는 전문직에서 작성한 상해진단서를 형법상 문서개념에서 달리 취급해야 할 합리적인 근거를 찾기 어렵다.

‖ **판례** ‖ 피고인이 국립경찰병원장 명의의 진단서에 직인과 계인을 날인하고 환자의 성명과 병명 및 향후치료소견을 기재하였다면 비록 진단서 발행번호나 의사의 서명·날인이 없더라도 이는 공문서로서 형식과 외관을 구비하였으므로 공문서위조죄가 성립한다(대판 1987. 9. 22, 87 도 1443).

(b) **공 도 화**　공무원 또는 공무소가 그 명의로 직무권한 내에서 공무와 관련하여 작성한 도화이다. 적어도 법률상 중요한 사실과 관련한 공도화이어야 한다. 그 의의와 내용 및 제한은 공문서에 준한다. 공도화의 예로는 공무소가 발행한 지적도·표준지도를 들 수 있다.

(3) **행 위**

위조 또는 변조이다. 구체적인 내용은 사문서 위조·변조죄와 동일하다.

‖ **판례 1** ‖ 행사할 목적으로 타인의 주민등록증에 붙어 있는 사진을 떼어내고 그 자리에 자신의 사진을 붙이는 행위는 새로운 증명력을 가지는 별개의 공문서를 작성한 경우

이므로 공문서위조죄에 해당한다(대판 1991. 9. 10, 91 도 1610).

‖**판례 2**‖   ① 재산세 과세대장의 작성권한이 있던 자가 인사이동되어 그 권한이 없어진 후 그 기재내용을 변경한 경우(대판 1996. 11. 22, 96 도 1862), ② 공문서 기안담당자가 적법한 절차를 거침이 없이 임의로 결재된 원문서에 누락사실을 추가기재한 경우(대판 1995. 3. 24, 94 도 1112), ③ 권한 없이 인감증명서의 사용용도의 기재내용을 고쳐 쓴 경우(대판 1985. 9. 24, 85 도 1490)는 공문서변조죄에 해당한다.

그러나 자신의 주민등록증 비닐커버 위에 검은색 볼펜을 사용하여 주민등록번호 전부를 덧기재하고 투명 테이프를 붙이는 방법으로 주민등록번호 중 출생연도를 나타내는 "71"을 "70"으로 고친 경우는 그 변조방법이 조잡하여 공문서에 대한 공공의 위험을 초래할 정도에 이르지 못하였으므로 공문서변조에 해당하지 않는다(대판 1997. 3. 28, 97 도 30).

3. 사문서위조 · 변조와의 관계

(1) 공·사병존문서

1개의 문서에 공문서와 사문서가 병존하는 경우가 있다. 등기공무원이 근저당권설정등기를 하고 설정계약서에 등기필의 기입을 하고 공인을 날인한 경우와 같다. 이 경우 원칙적으로 각 문서부분은 독자성을 잃지 않는다. 따라서 설정계약서부분은 사문서, 등기필인증부분은 공문서의 성격을 지닌다.

‖**판례 1**‖   공립학교 교사가 작성하는 교원의 인적사항과 전출희망사항 등을 기재하는 부분과 학교장이 작성하는 학교장의견란 등으로 구성되어 있는 교원실태조사카드는 학교장의 작성 명의 부분은 공문서라고 할 수 있으나, 작성자가 교사 명의로 된 부분은 개인적으로 전출을 희망하는 의사표시를 한 것에 지나지 아니하여 공문서라고 할 수는 없을 것이므로 카드의 교사명의 부분을 명의자의 의사에 반하여 작성하였다고 하여도 공문서를 위조한 것이라고 할 수 없다(대판 1991. 9. 24, 91 도 1733).

‖**판례 2**‖   공증인이 공증인법 제57조 제1항의 규정에 의하여 사서증서에 대하여 하는 인증은 당해 사서증서에 나타난 서명 또는 날인이 작성명의인에 의하여 정당하게 성립하였음을 인증하는 것일 뿐 그 사서증서의 기재 내용을 인증하는 것은 아니다. 그렇다면, 사서증서 인증서 중 인증기재부분은 공문서에 해당한다고 하겠으나, 위와 같은 내용의 인증이 있었다고 하여 사서증서의 기재 내용이 공문서인 인증기재 부분의 내용을 구성하는 것은 아니라고 할 것이므로, 사서증서의 기재 내용을 일부 변조한 행위는 공문서변조죄가 아니라 사문서변조죄에 해당한다고 보아야 할 것이다(대판 2005. 3. 24, 2003 도 2144).

단 공증문서의 경우 공증이 사문서(계약서)의 문안 전부를 포괄하는 것일 때는 그 사문서는 공증과 더불어 공문서의 구성부분으로 변한다고 보아야 할 것이다.

(2) 공문서위조와 사문서위조의 관계

1개의 문서에 공·사문서가 병존하는 경우, 하나의 행위로써 공문서부분과 사문서부분을 동시에 위조한 경우 양자의 관계는 어떠한가? 예컨대 확정일자 있는 사문서에 대해 확정일자의 부분을 소급시키면서 동시에 차용증서의 작성자를 무자력한 아내명의에서 자력 있는 남편명의로 위조한 경우와 같다. 생각건대 사문서위조죄는 기본적 구성요건, 공문서위조죄가 이에 대한 불법 가중적 구성요건이므로 양자는 일반법과 특별법의 관계라고 할 수 있다. 이 경우는 법조경합 특별관계가 되어 중한 범죄인 공문서위조죄만 성립한다.

4. 몰 수

위조문서는 형법 제48조 1항 2호에 의해 몰수할 수 있다. 일부만이 몰수의 대상인 때에는 그 부분만 폐기할 수 있다. 그 밖의 점은 사문서위조·변조죄와 같다.

E. 자격모용에 의한 공문서작성죄

자격모용에 의한 공문서작성죄는 행사할 목적으로 공무원 또는 공무소의 자격을 모용하여 문서 또는 도화를 작성함으로써 성립하는 범죄이다. 10년 이하의 징역에 처한다($\frac{제226}{조}$). 미수범처벌($\frac{제235}{조}$) 및 자격정지의 병과($\frac{제237}{조}$)는 공문서위조·변조죄와 같다. 이를테면 관명을 사칭한 공문서 위조인 셈이다. 공무원의 '자격'을 모용하는 점에서 공무원인 타인의 '이름(명의)'을 모용하는 공문서위조죄와 차이가 난다. 자격모용에 의한 사문서작성죄에 대해 불법이 가중된 구성요건이다. 그 밖에는 공문서위조죄와 성격을 같이한다.

여기에서 자격을 모용하여 문서를 작성한다는 것은 특정공무원 또는 공무소의 자격·지위만을 함부로 사칭하여, 마치 직무상 작성한 공문서·공도화인 듯한 외관을 지닌 문서·도화를 창출하는 행위를 말한다. 일종의 유형위조인 셈이다. 문서내용의 진실 여부는 이 죄의 성립과 아무 상관없다. 만약 공무원의 자격뿐만 아니라 타인인 공무원의 명의까지 모용했다면 바로 공문서위조죄가 된다(통설).

보기 어느 법과대학생 갑이 스스로 어느 경찰서를 관할하는 지방검찰청 검사 갑이라는 자격·지위를 사칭하여 경찰서 유치장에 감금되어 있는 친구에 대한 석방지휘서를 작성한 경우는 자격모용에 의한 공문서작성죄에 해당한다.

‖**판례**‖ 갑 구청장이 을 구청장으로 전보된 후 갑 구청장의 권한에 속하는 건축허가
에 관한 기안용지의 결재란에 서명을 한 것은 자격모용에 의한 공문서작성죄를 구성한
다(대판 1993. 4. 27, 92 도 2688).

F. 공전자기록위작 · 변작죄

공전자기록위작 · 변작죄는 사무처리를 그르치게 할 목적으로 공무원 또는 공
무소의 전자기록 등 특수매체기록을 위작 또는 변작함으로써 성립하는 범죄이다.
10년 이하의 징역에 처한다($^{제227조}_{의 2}$). 미수처벌($^{제235}_{조}$) 및 자격정지의 병과($^{제237}_{조}$)는 다
른 공문서범죄와 같다.

행위객체가 공무원 또는 공무소명의로 직무상 작출된 전자기록 등 특수매체
기록이라는 점에서 작성명의인 외에도 널리 소지자 · 소지인을 포함하는 사전자
기록위작 · 변작죄와 구별된다. 그 밖에는 입법취지 내용 모두 앞서 본 사전자기
록위작 · 변작죄($^{제232조}_{의 2}$)와 같다. 사전자기록위작 · 변작죄에 대한 불법가중적 구성
요건의 성격을 지닌다.

‖**판례**‖ 시스템을 설치 · 운영하는 주체와의 관계에서 전자기록의 생성에 관여할 권
한이 없는 사람이 전자기록을 작출하거나 전자기록의 생성에 필요한 단위 정보의 입력
을 하는 경우는 물론, 시스템의 설치 · 운영 주체로부터 각자의 직무 범위에서 개개의 단
위정보의 입력 권한을 부여받은 사람이 그 권한을 남용하여 허위의 정보를 입력함으로
써 시스템 설치 · 운영 주체의 의사에 반하는 전자기록을 생성하는 경우도 형법 제227조
의 2에서 말하는 전자기록의 '위작'에 포함된다(경찰관이 고소사건을 처리하지 아니하였음
에도 경찰범죄정보시스템에 그 사건을 검찰에 송치한 것으로 허위사실을 입력한 행위가 공전자
기록위작죄에서 말하는 위작에 해당한다고 한 사례)(대판 2005. 6. 9. 선고 2004 도 6132).

Ⅳ. 허위문서작성죄

A. 허위진단서등작성죄

1. 의의 및 성격

허위진단서등작성죄는 의사 · 한의사 · 치과의사 또는 조산사가 진단서 · 검안
서 또는 생사에 관한 증명서를 허위로 작성함으로써 성립하는 범죄이다. 3년 이
하의 징역이나 금고, 7년 이하의 자격정지 또는 3천만원 이하의 벌금에 처한다
($^{제233}_{조}$). 미수범은 처벌한다($^{제235}_{조}$).

의사 · 한의사 · 치과의사 · 조산사가 작성하는 각종 진단서 · 검안서 · 출생증

명서·사망확인서 등은 사문서이다. 이들 사문서는 다른 사문서에 비해 높은 증
명력을 갖고 있기 때문에 내용의 진실성을 담보하기 위한 특별한 보호가 필요하
다. 그래서 형법은 원칙적으로 사문서의 무형위조를 처벌하지 않으면서, 이 죄에
한하여 예외적으로 처벌하도록 했다.

이 죄는 진정신분범·행위자관련신분범·의무범의 성격을 지닌다. 또한 추
상적 위험범·즉시범·거동범의 성격을 띠지만, 목적범은 아니다.

2. 객관적 구성요건요소

(1) 행위주체

주체는 의사·한의사·치과의사·조산사에 한정된다. 진정신분범의 일종이
다. 형법이 공공의 신뢰성이 높게 기대되는 행위자들의 직무관련성을 특별히 고
려하여 그러한 특정신분을 가진 자만 이 죄의 정범으로 한정하고 있는 점에서 행
위자관련신분범의 일종이다. 또한 형법 이전의 특별의무를 지닌 자들만이 범할
수 있는 죄라는 점에서 의무범의 일종이다.

그리고 본죄는 신분자가 비신분자를 이용하여 간접정범의 방식(예컨대 의사
가 정을 모르는 간호사를 이용)으로 범할 수 있기 때문에 자수범은 아니다.[10] 또한
본죄는 행위자관련신분범 및 의무범의 성격을 갖고 있기 때문에 비신분자가 신분
자를 이용하여 간접정범이 될 수도 없다. 비신분자는 교사·방조범으로서만 참여
가 가능하다.

국립의료원에 근무하는 공무원인 의사가 공무원의 자격에서 진단서·검안서
등에 허위내용을 기재한 때에는 이 죄와 허위공문서작성죄($\frac{제227}{조}$)가 각각 성립하고
관념적 경합이 되어 중한 허위공문서작성죄로 처단해야 한다는 견해가 다수설과
판례(대판 1955. 7. 15, 4288 형상 74)의 입장이다. 그러나 이 경우 작성자는 비록
공무원이지만 그가 작성한 진단서·검안서 등은 사문서와 차이가 없으므로 목적
론적 환원을 통해 사문서의 일종으로 보아야 할 것이다.

의사 아닌 자가 마치 의사인 양 의사의 자격과 칭호를 사칭하여 자기 이름으
로 허위진단서 등을 작성한 때에는 단지 자격모용에 의한 사문서작성죄($\frac{제232}{조}$)가
성립할 뿐이다. 반면 의사 아닌 자가 타인인 의사의 명의를 모용하여 허위의 진단
서 등을 작성한 때에는 바로 사문서위조죄($\frac{제231}{조}$)가 된다.

---

10) 오영근 768면; 이정원 596면.

(2) 행위객체

진단서·검안서 또는 생사에 관한 증명서이다.

(a) **진 단 서**   의사 등이 진찰·진료결과를 종합하여 사람의 건강상태를 증명하기 위해 작성한 문서이다. 문서의 명칭은 묻지 않는다. 보통은 상해진단서, 건강진단서 등의 명칭을 쓰지만 소견서로 표시한 것(대판 1990. 3. 27, 89 도 2083)도 여기에 해당한다.

(b) **검 안 서**   의사가 사체에 대해서 사인·사망시각·사망장소 등을 의학적으로 확인한 결과를 기재한 문서이다. 사체부검의 결과와 추정되는 사인을 기재한 것을 특히 사체검안서라고 한다.

검안서는 사망 후 최초로 사체를 검안한 의사가 작성한 것에 한하고, 생전부터 계속적인 진료를 해왔던 의사가 환자의 사망 후 작성한 것은 일종의 사망진단서로서 생사에 관한 증명서로 보아야 할 것이다.

(c) **생사에 관한 증명서**   사람의 출생 또는 사망에 관한 사실이나 사망의 원인을 증명하는 진단서의 일종을 말한다. 출생증명서·사망확인서·사망진단서 등 명칭은 어떠하든 상관없다.

(3) 행   위

문서를 허위로 작성하는 것이다.

(a) **허위작성**   작성권한 있는 자가 허위내용을 기재하여 허위문서를 작성하는 것을 말한다(무형위조에 해당).

허위문서의 작성은 허위내용을 기재하여 새로운 문서를 창출하는 경우가 대부분이지만 기존의 허위문서를 이용하거나, 의사가 정을 모르는 간호사를 이용하여 간접정범의 형식으로 작성하는 것도 가능하다.

허위의 진단서·검안서 또는 생사에 관한 증명서를 작성하여 가짜 완성본을 작출한 때 기수가 되고, 그 후 이를 일정한 용도에 제출·사용하였느냐의 여부는 기수에 영향을 미치지 않는다.

(b) **허위의 내용**   허위의 내용은 사실에 관한 것이건 판단에 관한 것이건 묻지 않는다. 의사가 10일의 치료를 요하는 상해에 대해 환자의 요구에 따라 10주의 가료를 요하는 상해라고 하거나, 단순한 피하출혈(타박상)을 골절상이라고 하는 경우 등이다. 진료한 사실이 없음에도 진단서를 작성하는 경우도 허위진단서가 된다.

내용이 허위라는 점에 대해서 작성자의 주관적 인식이 필요함은 두말할 것도 없지만, 실질상 객관적 진실에 반할 때 허위라는 평가를 받게 된다(대판 1990. 3. 27, 89 도 2083). 작성자가 허위라고 생각하고 기재하였으나 진단서 등에 기재한 내용이 실질적으로 진실에 부합하는 경우에는 구성요건해당성을 부인하는 것이 다수설이다. 그러나 본죄의 미수범은 처벌되므로(제235조) 불능미수가 성립할 가능성을 배제할 수 없다. 이 점에서 이 죄의 허위도 위증죄와 마찬가지로 객관적 진실에 반하는 내용인가를 기준으로 삼아야 한다.

3. 주관적 구성요건요소

구성요건고의는 행위자가 자기의 신분과 진단서·검안서 또는 생사에 관한 증명서를 허위로 작성한다는 사실에 대한 인식과 의사이다. 허위는 규범적 구성요건요소이므로 그에 대한 인식은 정신적인 이해이며, 이해의 정도는 보통 사람의 평가와 같은 수준의 평가이면 된다. 허위공문서작성죄와는 달리 행사의 목적은 요하지 않는다.

의사가 진찰을 소홀히 하거나 오진하여 진실에 반한 기재를 한 때에는, 작성자에게 애당초 고의가 없었기 때문에 이 죄가 성립하지 않는다.

‖**판례**‖ ① 자상을 한 후 의사를 적극적으로 기망하여 상해진단서를 작성케 한 경우 그 의사에게는 허위진단서를 발행한다는 범의가 없었다고 보는 것이 상당하다(대판 1975. 1. 14, 74 도 2498). ② 허위진단서작성죄는 의사가 사실에 관한 인식이나 판단의 결과를 표현함에 있어서 자기의 인식판단이 진단서에 기재된 내용과 불일치하는 것임을 인식하고서도 일부러 진실 아닌 기재를 하는 것을 말하는 것이므로 의사가 진찰을 소홀히한다거나 착오를 일으켜 오진한 결과로 객관적으로 진실에 반한 진단서를 작성한 경우는 허위진단서작성에 관한 인식이 있다고 할 수 없으니 허위진단서작성죄는 성립되지 않는다(대판 1978. 12. 13, 78 도 2343).

4. 몰 수

이 죄에 의해 작성된 진단서·검안서·생사증명서도 임의적 몰수대상이다.

B. 허위공문서작성죄

1. 의의 및 성격

허위공문서작성죄는 공무원이 행사할 목적으로 직무에 관하여 문서 또는 도화를 허위로 작성하거나 변개함으로써 성립하는 범죄이다. 7년 이하의 징역 또는

2천만원 이하의 벌금에 처한다($\frac{제227}{조}$). 미수범처벌($\frac{제235}{조}$) 및 자격정지의 병과($\frac{제237}{조}$)는 공문서위조등죄와 같다. 그러나 이 죄는 직무상 공문서를 작성할 권한 있는 공무원이 자기명의로 진정한 공문서를 작성하면서, 내용이 진실과 부합하지 않는 허위공문서를 작성하는 것이다. 공문서의 무형위조이다. 보편적 보호법익은 공문서의 거래에 대한 안전과 신용성이지만, 구체적으로는 공문서내용의 진실성이다.

진정신분범·행위자관련신분범·의무범인 점은 허위진단서등작성죄와 같지만, 목적범인 점은 그와 구별될 이 죄의 특성이다. 또한 추상적 위험범·즉시범·거동범의 성격을 띠는 점은 다른 위조죄 및 작성죄에서와 같다.

2. 객관적 구성요건요소

(1) 행위주체

주체는 직무에 관하여 문서 또는 도화를 작성할 권한이 있는 공무원이다. 진정신분범의 일종이다(대판 1984. 3. 13, 83 도 3152). 또한 비신분자의 정범성이 일체 배제되는 행위자관련신분범이다. 따라서 비신분자는 이 죄의 공동정범이나 간접정범이 될 수 없고, 단지 교사·방조범만이 가능하다.

앞의 허위진단서등작성죄와 마찬가지로 본죄는 자수범이 아니다.

공무원이라 할지라도 문서의 작성권한 없는 자는 이 죄의 주체가 될 수 없다. 작성권한은 대개 법령으로 정해지지만, 내규·업무관행 등에 의하더라도 상관없다.

‖ 판례 ‖   사법경찰관리의 권한이 없는 행정서기보가 피의자신문조서를 작성한 경우(대판 1974. 1. 29, 73 도 1854), 동사무소 임시직원이 소재증명서를 작성한 경우(대판 1976. 10. 26, 76 도 1682)에는 이 죄가 성립할 수 없다.

작성권한 있는 공무원과 문서의 명의인은 반드시 일치하는 것은 아니므로, 명의인이 아니라도 전결권을 위임받은 자는 이 죄의 주체가 된다(대판 1977. 1. 11, 76 도 3884). 그러나 문서의 보충기재권한만 위임받은 공무원 또는 업무보조자인 공무원이 작성권자의 직인을 사용하여 허위의 공문서를 작성한 경우에는 이 죄가 아니라 공문서위조죄에 해당한다(대판 1996. 4. 23, 96 도 424; 1984. 9. 11, 84 도 368). 예컨대 사법연수원장명의의 성적증명서를 학적기록과 달리 허위로 작성하여 교부한 학적담당직원은 공문서위조죄의 주체가 된다.

‖ 판례 ‖   공문서 작성권자로부터 일정한 요건이 구비되었는지 여부를 심사하여 그 요

건이 구비되었음이 확인될 경우에 한하여 작성권자의 직인을 사용하여 작성권자 명의의
공문서를 작성하라는 포괄적인 권한을 수여받은 업무보조자인 공무원이, 그 위임의 취
지에 반하여 공문서 용지에 허위내용을 기재하고 그 위에 보관하고 있던 작성권자의 직
인을 날인하였다면, 그 업무보조자인 공무원에게 공문서위조죄가 성립할 것이고, 그에게
위와 같은 행위를 하도록 지시한 중간결재자인 공무원도 공문서위조죄의 공범으로서 책
임을 면할 수 없다(대판 1996. 4. 23, 96 도 424).

(2) 행위객체

공문서 또는 공도화이다(통설).

공문서 · 공도화란 공무원 또는 공무소가 직무상 작성한 문서 · 도화를 말한
다. 직무권한의 범위 내에서 작성한 문서 · 도화여야 한다. 직무권한의 범위는 사
물관할의 범위를 의미하는 것이고, 그 범위는 법령 · 내규 또는 관례에 따라 정해
진다.

공문서 · 공도화는 진실에 반하는 내용을 가진 허위문서로 작출되어야 한다.
작성권한 있는 공무원이 공정증서원본에 일부러 허위내용을 삽입 · 기재한 경우
에는 공정증서원본부실기재죄($^{제228조}_{1항}$)가 아니라 이 죄에 해당한다.

(3) 행   위

허위공문서 공도화를 허위로 작성 또는 변개하는 것이다.

(a) **허위작성**

(가) 허위작성이란 작성권한의 범위 내에서 문서를 창출하면서 진실에 반하여
허위내용을 기재하는 것을 말한다. 작성은 작성권한 있는 자가 작성권한의 범위
내에서 하여야 한다. 대리권 또는 대표권을 가진 자가 본인명의로 허위문서를 작
성한 때에도 이 죄가 성립한다.

허위란 문서의 의사표시내용이 객관적 진실에 반하는 것을 의미한다. 허위의
내용은 사실에 관한 것이건 가치판단이나 의견에 관한 것이건 불문한다. 기재내
용이 법규에 위반하여 무효인 경우에도 내용이 진실에 합치하는 한, 허위가 아니
다(대판 1996. 5. 14, 96 도 554). 그러나 기재내용이 객관적 진실과 일치하더라도
검사나 조사를 하지 않고도 검사 · 조사를 한 것인 양 검사서 또는 조사서를 작성
하였다면 이 죄에 해당한다.

‖ **판례** ‖ ① 인감증명서 발급업무를 담당하는 공무원이 발급을 신청한 본인이 직접 출
두한 바 없음에도 불구하고 본인이 직접 신청하여 발급받은 것처럼 인감증명서에 기재
한 경우(대판 1997. 7. 11, 97 도 1082; 1992. 10. 13, 92 도 2060), ② 준공검사관이 준공검사

시에 매몰된 부분의 공사가 완성되지 아니하였다는 것을 알면서도 준공검사조서를 작성한 경우(대판 1995. 6. 13, 95 도 491), ③ 가옥대장에 무허가건물을 허가받은 건물로 기재한 경우(대판 1983. 12. 13, 83 도 1458), ④ 원본과 대조하지도 않고 원본대조필이라고 날인한 경우(대판 1981. 9. 22, 80 도 3180), ⑤ 가옥대장의 기재내용과 다른 내용을 기재한 가옥증명서를 발행한 경우(대판 1973. 10. 23, 73 도 395), ⑥ 농지취득자격증명의 신청인에게 농업경영능력이나 영농의사가 없음을 알거나 이를 제대로 알지 못하면서도 농지취득자격증명통보서를 작성한 경우(대판 2007. 1. 25, 2006 도 3996)에는 허위공문서작성죄가 성립한다.

(나) **작성방법** 아무런 제한이 없다. 작위는 물론 부작위에 의한 허위문서작성도 가능하다. 예컨대 검사가 피의자의 알리바이를 성립시킬 만한 유리한 진술부분을 일부러 피의자신문조서에 기재하지 않은 경우, 출납부에 고의로 수입사항을 누락시키는 경우 등이다.

‖ **판례** ‖ 부동산등기법상 소유권이전등기와 근저당권설정등기의 신청이 동시에 이루어지고 그와 함께 등본의 교부·신청이 있는 경우에, 등기공무원이 소유권이전등기만 기입하고 근저당권설정등기는 기입하지 아니한 채 등기부등본을 발급하였다면 비록 그 등기부등본의 기재가 등기부의 기재와 일치한다 하더라도, 그 등기부등본은 이미 접수된 신청서에 따라 기입하여야 할 사항 중 일부를 고의로 누락한 채 작성되어 내용이 진실하지 아니한 것으로서 허위공문서작성죄에 해당한다(대판 1996. 10. 15, 96 도 1669).

(다) **신고에 의한 허위문서작성** 공문서 중에는 신고의무자 또는 그 대리인의 신고에 의해 내용이 기재되는 것이 있다. 허위의 신고에 따라 문서를 기재한 경우, 작성권자인 공무원의 형사책임은 사례에 따라 달리 평가해야 한다.

(i) **작성권자가 실질적 심사권을 가진 경우** 신고내용에 대해 실질적 심사권이 있는 경우로는 가옥대장·토지대장에 신고사항을 기재하는 경우 등이다. 공무원이 신고내용의 허위를 알면서 그대로 기재하였다면 이 죄가 성립한다.

(ii) **작성권자가 형식적 심사권만 가진 경우** 공무원에게 형식적 심사권만 인정된 공문서의 대표적인 예가 각종 등기부·호적부이다. 이 경우 허위신고인 정을 알면서 그대로 기재하였다면 이 죄가 성립할 것인가? 다수설은 신고의 내용이 허위일 경우 공무원은 접수나 기재를 거부할 수 있고, 알면서도 허위내용을 기재를 하는 것은 결국 공문서에 대한 공공의 신용을 침해하는 것이라고 하여 긍정설의 입장이다. 긍정설이 타당하다. 등기는 국가가 사권을 위하여 행하는 공증행위이고, 등기에 공신력이 인정되든 않든 등기와 실질관계가 부합하도록 노력해야

하는 것은 등기공무원의 당연한 직무이기 때문이다. 판례는 종전 호적공무원이 신고사항이 허위임을 알면서 고의로 신고인의 뜻에 따라 호적부에 허위기재를 한 경우에 이 죄의 성립을 인정하였으나(대판 1977. 12. 27, 77 도 2155), 최근에는 건축담당공무원이 건축허가신청서를 접수·처리함에 있어 건축법상의 요건을 갖추지 못하고 설계된 사실을 알면서도 군수의 결재를 받아 건축허가서를 작성한 경우 허위공문서작성죄의 성립을 부인하였다(대판 2000. 6. 27, 2000 도 1858).

(라) 수사·공판기록과 허위진술   수사기록·공판기록의 작성에서 진술자가 허위의 진술을 한 것을 알면서도 검찰서기 또는 법원서기가 그대로 기재한 것은 적법한 조서작성일 뿐, 이 죄에 해당하지 않는다.

(b) **변   개**   변개란 작성권한 있는 공무원이 일단 진정하게 성립한 기존 문서의 내용을 허위로 고치는 것을 말한다. 가필·정정 등 그 방법에는 제한이 없으나, 적어도 이로써 문서의 내용이 허위로 바뀌어야 한다.

변개는 작성과 구별해야 한다. 양자 모두 작성권한 있는 자의 행위이지만 변개는 기존의 진정공문서에다 동일성을 해하지 않는 범위 안에서 허위내용으로 변경을 가하는 것이고, 작성은 처음부터 허위내용을 가진 공문서를 창출하는 것이다.

변개는 진정문서를 공격객체로 삼으므로, 부진정공문서나 허위공문서 및 위조·변조된 공문서는 대상이 될 수 없다. 이미 변개된 공문서도 이 죄의 객체가 될 수 없다.

(c) **기수시기**   작성행위의 경우 작성권한 있는 공무원이 허위내용을 기재한 때, 그리고 변개행위의 경우 기존의 진정문서의 내용을 허위로 변경한 때 각각 기수가 된다. 외관상 문서로서의 형식과 요건을 갖추고 있는 이상, 명의인의 날인은 중요하지 않다(대판 1973. 9. 29, 73 도 1765).

이 죄는 추상적 위험범·거동범의 일종이므로 행위의 종료로서 기수에 이르고, 그 밖에 문서에 대한 공신력의 위태화나 특정인에 대한 실해의 발생 또는 발생위험을 필요로 하지 않는다.

3. 주관적 구성요건요소

구성요건고의는 행위자 자신이 공무원이라는 점, 직무에 관하여 문서 또는 도화를 허위로 작성 또는 변개한다는 점에 대한 인식과 의사이다. 적어도 허위라는 점에 관해서는 확실한 인식을 필요로 하며, 인식정도는 지정고의 정도라고 해야 한다. 나머지 표지에 관해서는 미필적 고의라도 족하다.

‖**판례**‖ 허위사실임을 인식한 이상, 상사나 상급관청의 양해 또는 지시가 있었다고 해서 고의가 배제되지는 않는다(대판 1971.11.9, 71 도 177). 다만, 단순한 오기나 부주의로 기재를 누락했거나(대판 1982.12.28, 82 도 1617) 선례(대판 1975.11.25, 75 도 2045) · 업무상의 관행(대판 1982.7.27, 82 도 1026)에 따라 기재한 경우, 오기가 보통 생길 수 있는 사소한 정도에 그친 경우(대판 1985.5.28, 85 도 327)에는 허위작성의 고의가 부정된다.

그 밖에 특별한 주관적 불법요소로서 행사할 목적이 있어야 한다.

4. 간접정범의 문제

(1) 작성권자가 타인을 이용한 경우

작성권한 있는 공무원이 권한 없는 자를 이용하거나 작성권한 있는 다른 공무원을 이용하여 간접정범 형식으로 이 죄를 범할 수 있다. 이 점은 간접정범이론 및 진정신분범 · 의무범이론에서 별 문제될 것이 없다.

(2) 일반사인이 작성권자를 이용한 경우

비신분자인 일반사인이 공문서작성권자인 공무원을 이용하여 간접정범의 형식으로 이 죄를 범할 수 없다는 데 학설이 일치한다. 이론적으로 진정신분범 · 의무범의 일종인 이 죄에서 일반사인은 정범적격이 없고, 간접정범은 정범의 일종이므로 간접정범이 성립할 수 없다고 해야 할 것이다.

판례도 일괄되게 일반사인은 이 죄의 간접정범이 될 수 없다는 입장이다(대판 1962.1.31, 4294 형상595; 1970.7.28, 70 도 1044; 1976.8.24, 76 도 151).

그러나 대법원은 최근에 공문서기안담당공무원이 이 죄의 간접정범일 때 그와 공모한 사인은 간접정범의 공범(엄밀하게 말하면 공동정범), 즉 공동간접정범이 된다고 판시하여(대판 1992.1.17, 91 도 2837) 다시 가벌성을 넓게 인정하기 시작했다.

‖**판례**‖ 공문서의 작성권한이 있는 공무원의 직무를 보좌하는 자가 그 직위를 이용하여 행사할 목적으로 허위의 내용이 기재된 문서 초안을 그 정을 모르는 상사에게 제출하여 결재하도록 하는 등의 방법으로 작성권한이 있는 공무원으로 하여금 허위의 공문서를 작성하게 한 경우에는 간접정범이 성립되고 이와 공모한 자 역시 그 간접정범의 공범으로서의 죄책을 면할 수 없는 것이고, 여기서 말하는 공범은 반드시 공무원의 신분이 있는 자로 한정되는 것은 아니라고 할 것이다(대판 1992.1.17, 91 도 2837).

(3) 공문서작성보조자가 작성권자를 이용한 경우

공문서를 자기명의로 작성할 권한은 없지만 기안을 담당하는 보조공무원이 허위공문서를 기안·작성하여 정을 모르는 상사의 결재를 받아 공문서를 완성한 경우 허위공문서작성죄의 간접정범이 성립하는가? 다수설과 판례(대판 1996. 10. 11, 95 도 1706)는 이를 긍정한다.

‖**판례**‖ ① 경찰서 보안과장이 피고인 갑의 음주운전을 눈감아주기 위하여 그에 대한 음주운전자 적발보고서를 찢어버리고, 부하로 하여금 일련번호가 동일한 가짜 음주운전 적발보고서에 을에 대한 음주운전 사실을 기재케 하여 그 정을 모르는 담당 경찰관으로 하여금 주취운전자 음주측정처리부에 을에 대한 음주운전 사실을 기재하도록 한 경우 을이 음주운전으로 인하여 처벌을 받았는지 여부와는 관계없이 허위공문서작성죄의 간접정범으로서의 죄책을 면할 수 없다(대판 1996. 10. 11, 95 도 1706). ② 보조공무원이 허위공문서를 기안하여 그 정을 모르는 작성권자의 결재를 받아 공문서를 작성한 때에는 허위공문서작성죄의 간접정범이 되고, 이러한 결재를 거치지 아니하고 허위내용의 공문서를 완성한 때에는 공문서위조죄가 성립한다(대판 1981. 7. 28, 81 도 898).

긍정설의 주된 논거는 기안을 담당하는 보조공무원도 사실상 또는 실질적으로 작성권한을 갖고 있으나 문서작성명의인은 아니므로 직접정범은 될 수 없고 간접정범만 가능하다는 것이다(사실상 또는 실질적 작성권한설).[11] 그러나 행정기관 중 보조·보좌기관은 스스로 의사를 결정·표시할 권한은 없고 관청의 의사결정 표시에 보조임무만 담당하는 기관이기 때문에, 그를 관청명의의 문서에 대한 실질적인 작성권자라고 하는 것은 공법체계를 무시한 자의적인 해석이다.

부정설은 이 죄의 주체는 작성권한 있는 공무원에 엄격히 제한되는 진정신분범이고, 진정신분범에서 신분 없는 자가 신분 있는 자를 이용한 간접정범은 성립할 수 없으므로 기안담당공무원이 작성명의자인 공무원을 이용한 간접정범은 부인해야 한다는 입장이다.[12]

생각건대 부정설이 타당하다. 기안담당공무원이 작성권자의 부지를 이용하거나 기망하여 허위공문서를 작성한 경우 이 죄의 간접정범은 성립하지 않는다. 이 죄는 의무범 및 행위자관련신분범의 성격을 갖고 있기 때문에, 작성권한 있는 공무원 이외의 모든 사람은 비록 그 공무원을 보조·보좌하는 공무원이건 순수한 사인이건 정범적격이 결여된 국외자이므로 간접정범이 될 수 없기 때문이다.

11) 김성천·김형준 691면; 배종대 718면; 손동권 642면; 정성근·박광민 657면; 황산덕 143면.
12) 권오걸 874면; 김성돈 611면; 박상기 540면; 오영근 758면; 이재상 599면; 이정원 601면; 임웅 683면.

그렇다면 공문서작성에서 보조공무원의 상관에 대한 속임수에 대해 전적으로 무방비상태인가? 그렇지 않다. 기안자는 경우에 따라 위계에 의한 공무집행방해죄나 직무유기죄 또는 이 죄의 교사범 또는 방조범으로 처벌될 수 있다. 판례는 중간결재자인 공무원이 최종결재자를 기망하여 허위공문서에 대한 결재를 받아낸 사안에서 위계에 의한 공무집행방해죄의 성립을 긍정한 예가 있다(대판 1997. 2. 28, 96 도 2825).

C. 공정증서원본등부실기재죄

1. 의의 및 성격

공정증서원본등부실기재죄는 공무원에 대하여 허위신고를 하여 공정증서원본 또는 이에 준하는 신빙력 있는 공문서 또는 이와 동일한 전자기록 등 특수매체기록에 부실의 사실을 기재 또는 기록케 함으로써 성립하는 범죄이다(제228조 1항·2항).

이 죄의 성격에 관해 ① 허위공문서작성죄의 간접정범 중 특수한 경우를 독립범죄로 규정한 것이라는 견해와 ② 공무원을 이용한 간접적인 허위공문서작성죄(간접적 무형위조)라는 견해가 있다. 이 죄는 사인에게 제한된 범위 내에서 허위공문서작성죄의 간접정범의 문호를 열어 놓은 특별규정의 성격을 갖는 한편, 간접적인 무형위조를 직접적인 무형위조보다 형법상 가볍게 취급한다는 일면도 동시에 갖고 있다.

그 밖의 성격에 관하여는 비신분범·비목적범이라는 점만 제외하면 허위공문서작성죄와 같다.

2. 객관적 구성요건요소

(1) 행위주체

제한이 없다. 일반공무원도 주체가 될 수 있다. 그러나 작성권한 있는 공무원이 정을 알면서 부실의 사실을 기재한 때에는 허위공문서작성죄가 성립하고, 허위신고를 한 자는 교사범으로 처벌받는다.

(2) 행위객체

공정증서원본 또는 이와 동일한 전자기록 등 특수매체기록, 면허증, 허가증, 등록증 또는 여권이다.

(a) **공정증서원본**   이 죄에서 공정증서원본이란 공무원이 직무상 작성한 공

문서로서 권리의무에 관한 어떤 사실을 증명하는 효력을 갖는 것을 말한다(다수설 · 대판 1988. 5. 24, 87 도 2696).

여기에서 말하는 권리의무는 공법상의 것이든 사법상의 것이든 가리지 않는다. 사법상의 권리의무인 이상 재산상의 것이든 신분상의 것이든 묻지 않는다. 예컨대 부동산등기부 · 상업등기부 · 선박등기부 · 가족관계등록부 또는 화해조서 · 합동법률사무소 명의로 작성된 공정증서(대판 1992. 10. 13, 92 도 1064) 등이 공정증서원본에 해당한다. 그러나 공증인이 인증한 사서증서(대판 1984. 10. 23, 84 도 1217)는 사실을 증명하는 것에 불과하여 공정증서라 할 수 없다.

공정증서원본은 권리의무에 관한 사실을 증명하기 위한 목적으로 작성된 것만을 의미한다. 따라서 주민등록부 · 인감대장 · 토지대장(대판 1988. 5. 24, 87 도 2696) · 가옥대장 · 임야대장 · 선박원부($_{제8조 2항}^{선박법}$) · 선거인명부 등은 사실증명에 관한 공문서이지 공정증서원본에는 속하지 않는다. 증명을 직접적인 목적으로 하는 공문서가 아닌 법원의 판결원본이나 지급명령원본도 일종의 공정증서이지만 주로 처분문서의 성격을 갖기 때문에 이 죄의 객체라 할 수 없다. 그러나 화해조서는 재판서와 같은 처분문서이지만 증명문서(보고문서)의 성격도 강하기 때문에 공정증서원본의 일종으로 보아야 한다(통설).

공정증서원본은 허위신고에 의해 부실한 사실이 그대로 기재될 수 있는 성질을 가진 공문서여야 한다. 따라서 수사기관의 각종 진술조서, 감정인의 감정서, 소송상의 각종 조서 등은 이 죄의 객체라 할 수 없다.

끝으로 공정증서는 원본만이 이 죄의 객체가 된다. 공정증서의 정본[13] · 등본 · 초본 · 사본 등은 여기에 해당하지 않는다(통설). 여기에서 원본이란 공정증서 자체를 말한다. 원본을 전자복사한 복사본도 참된 원본이 아니므로 이 죄의 행위객체에서 당연히 제외시켜야 한다.

(b) **공정증서원본과 동일한 전자기록 등 특수매체기록**   전자적 기록 또는 광기술을 이용한 특수매체기록으로서 공정증서원본과 동일한 효력과 기능을 갖는 것을 말한다. 예컨대 전산자료화한 부동산등기파일, 자동차등록파일, 가족관계등록파일, 특허원부 등이 이에 해당한다.

---

13) 대판 2002. 3. 26, 2001 도 6503:「형법 제229조, 제228조 제 1 항의 규정과 형벌법규는 문언에 따라 엄격하게 해석하여야 하고 피고인에게 불리한 방향으로 지나치게 확장해석하거나 유추해석하여서는 아니되는 원칙에 비추어 볼 때, 위 각 조항에서 규정한 '공정증서원본'에는 공정증서의 정본이 포함된다고 볼 수 없으므로 불실의 사실이 기재된 공정증서의 정본을 그 정을 모르는 법원 직원에게 교부한 행위는 형법 제229조의 불실기재공정증서원본행사죄에 해당하지 아니한다.」

(c) **면 허 증** 면허증이란 특정한 기능을 가진 특정인에게 그 기능에 상응한 권능을 부여하기 위해 공무원 또는 공무소가 작성하는 증서를 말한다. 예를 들면 의사면허증·약사면허증·자동차운전면허증·수렵면허증·침구사자격증(대판 1976.7.27, 76 도 1709) 등이 여기에 속한다. 그러나 단순히 일정한 자격을 표시함에 불과한 각종 시험합격증서나 교사자격증은 면허증에 포함되지 않는다.

(d) **허 가 증** 허가증이란 공무소가 특정한 사람에게 특정한 영업 또는 업무를 허가하였다는 사실을 기재한 공문서를 말한다. 보통 이를 교부받은 자는 업소에 그것을 비치하거나 휴대하도록 되어 있다. 예를 들면 서점·음식점·이발소·미용실 등의 각종 영업허가증, 자동차·선박 등의 영업허가증이 여기에 해당한다.

(e) **등록증** 등록증이란 일정한 지위나 자격을 취득한 자에게 그 활동에 상응한 권능을 부여하기 위해 공무원 또는 공무소가 작성하는 증서를 말한다(대판 2005.7.15, 2003 도 6934). 예컨대 변호사, 공인중개사, 공인회계사, 법무사, 전문의, 무역사, 통관사, 세무사, 기술사, 변리사, 감정평가사 등의 등록증은 사회적·법적 지위나 자격에 기초한 것이고, 주민등록증은 자연적·법적 지위나 자격에 기초한 것이다. 반면 사업자등록증은 단순한 사업사실의 등록을 증명하는 증서에 불과하고 사업을 할 수 있는 자격이나 요건을 갖추었음을 인정하는 증서가 아니기 때문에 본죄의 등록증에 해당하지 않는다.

(f) **여   권** 여권이란 공무소가 여행자를 위해 발행한 여행허가증을 말한다. 만약 여권허가신청서에 허위사실을 기재하여 여권을 발급받으면, 이 죄와 여권법위반죄의 관념적 경합이 된다(대판 1974.4.9, 73 도 2334).

(3) **행   위**

구성요건행위는 공무원에 대하여 허위신고를 하여 부실한 사실을 기재 또는 기록하게 하는 것이다. 이 죄는 허위공문서작성죄의 간접정범형식이므로, 공무원에 대한 허위신고는 간접정범인 행위자의 이용행위, 부실기재는 도구인 공무원의 실행행위에 해당한다.

(a) **공 무 원** 여기에서 공무원이란 원칙적으로 공정증서원본·면허증·허가증·등록증·여권·전자기록 등에 신고사항을 기재 또는 기록할 권한을 가진 자, 즉 도구로 이용될 공무원을 말한다. 그러나 신고를 단지 접수만 하는 민원창구의 접수계원에게 허위신고서를 접수시킨 경우에도 공무원에 대한 허위신고가 있다고 보아야 한다.

또한 공무원은 기재사실이 부실인 정을 알지 못한 자라야 한다. 만약 공무원

이 정을 알면서도 기재한 때에는 그에게 허위공문서작성죄가 성립하고 허위신고
자는 공범이 될 것이다(통설). 공무원이 우연히 허위신고임을 알고 했더라도 마찬
가지이다.

(b) **허위신고**   허위신고란 일정한 사실의 존부에 관하여 진실에 반하는 내
용의 신고를 말한다.

‖**판례**‖   ① 소유권이전의 의사 없이 매도한 것처럼 등기신청을 한 경우(대판 1960. 9.
14, 4293 형상 348), ② 사자명의로 소유권보존등기를 신청한 경우(대판 1969. 1. 28, 68 도
1596), ③ 주금을 가장납입하고 마치 주식인수인이 납입을 완료한 것처럼 신고한 경우
(대판 1987. 11. 10, 87 도 2072), ④ 허위내용의 주식세입금보관증서를 첨부하여 주식발행
총수에 관한 변경등기를 신청한 경우(대판 1982. 2. 23, 80 도 2303), ⑤ 국내취업 또는 해
외이주의 목적으로 위장결혼의 혼인신고를 한 경우(대판 1996. 11. 22, 96 도 2049; 1985.
9. 10, 85 도 1481), ⑥ 진실한 주금납입으로 회사의 자금을 확보할 의사 없이 형식상 또
는 일시적으로 주금을 납입하고 은행에 예치하여 주금납입증명서를 교부받아 설립등기
나 증자등기의 절차를 마친 다음 바로 납입금을 인출한 경우(대판 1997. 2. 14, 96 도
2904), ⑦ 타인의 부동산을 자기 또는 제 3 자의 소유라고 허위의 사실을 신고하여 소유
권이전등기를 경료한 후 나아가 그 부동산에 관하여 자기 또는 당해 제 3 자 명의로 채권
자와의 사이에 근저당권설정등기를 경료한 경우(대판 1997. 7. 25, 97 도 605) 등은 허위신
고에 해당한다.

신고의 방법에는 제한이 없다. 행위자 스스로 하든 대리인을 통하여 하든 또
는 구두로 하든 서면으로 하든, 자기명의로 하든 타인명의로 하든 진실과 합치하
지 않는 한 상관없다.

신고 또는 기재사항이 반드시 불법한 것일 필요도 없다. 예컨대 법원을 기망
하여 확정판결을 받아 내용이 허위임을 알면서 등기신청을 한 경우(대판 1996. 5.
31, 95 도 1967), 화해조서의 내용이 허위임을 알면서도 등기신청을 한 경우(대판
1981. 2. 24, 80 도 1584)도 허위신고에 해당한다.

(c) **부실한 사실의 기재 또는 기록**   부실한 사실의 기재 또는 기록이란 권
리의무관계에 중요한 의미를 갖는 사항에서 객관적 진실에 반하는 사실을 기재
또는 기록하게 하는 것을 말한다. 예컨대 채무를 가장하여 허위의 근저당설정등
기를 한 경우(대판 1969. 11. 11, 69 도 1804), 가족관계등록부에 생년월일을 허위로
신고하여 기재케 하거나, 짝사랑하는 여인과 마치 결혼한 것처럼 혼인신고를 하
여 가족관계등록부에 등재케 한 경우, 공동대표이사로 법인등기하기로 절차를 위
임받아 단독대표이사로 법인등기한 경우(대판 1994. 7. 29, 93 도 1091), 매수인이

매도인과 사이에 부동산의 소유권이전에 관한 물권적 합의가 없는 상태에서 법무사를 기망하여 매수인 명의의 소유권이전등기를 신청하게 한 경우(대판 2006. 3. 10, 2005 도 9402), 부동산에 관한 종중 명의의 등기에 있어서 종중대표자를 허위로 등재한 경우(대판 2006. 1. 13, 2005 도 4790)에 부실기재가 된다.

비록 기재 · 기록절차나 기재 · 기록내용에 약간의 하자가 있더라도 기재 · 기록내용의 중요부분이 당사자의 의사에 합치하거나, 권리관계의 실체와 일치하여 전체적으로 기재 · 기록된 사실이 진실과 부합할 때에는 부실기재 기록이라 할 수 없다.[14)]

‖ **판례** ‖   부실사실의 기재 · 기록에 해당하지 않는 경우: ① 해외이주의 목적으로 일시 이혼하기로 합의하고 이혼신고를 한 경우(대판 1976. 9. 14, 76 도 107), ② 의제자백으로 승소판결을 받아 소유권이전등기를 하였지만 실체적 권리관계에 부합하는 경우(대판 1987. 3. 10, 86 도 864), ③ 사망자를 상대로 승소판결을 받아 소유권이전등기를 한 절차상의 흠이 있어도 기재내용이 실체적 법률관계와 일치하는 경우(대판 1982. 1. 12, 81 도 1702), ④ 공동상속인 중 1인이 다른 공동상속인들과의 합의 없이 법정상속분에 따른 공동상속등기를 마쳤더라도 실체적 권리관계에 부합하는 경우(대판 1995. 11. 7, 95 도 898), ⑤ 협의상 이혼의 의사표시가 기망에 의하여 이루어진 것일지라도 취소되기까지는 유효하므로 이에 따른 이혼신고한 경우(대판 1997. 1. 24, 95 도 448), ⑥ 소유권이전등기가 절차상 하자가 있거나 등기원인이 실제와 다르다 하더라도 그 등기가 실체적 권리관계에 부합하게 하기 위한 것이거나 실체적 권리관계에 부합하는 유효한 등기인 경우(대판 1998. 4. 14, 98 도 16), ⑦ 부동산등기부에 권리의무관계에 대해 중요한 의미를 갖지 않는 부동산가액을 실제와 다르게 신고하여 기록하게 하는 경우(대판 2013. 4. 10, 2012 도 12363)에는 본죄가 성립하지 않는다.

이른바 **통정허위표시**에 의한 경우에도 합의에 기초한 의사표시 자체는 진실한 것이므로 허위신고라 할 수 없다. 따라서 당사자의 합의하에 가장매매계약을 체결하고 매매를 원인으로 소유권이전등기를 하거나 가등기를 한 경우는 이 죄가 성립하지 않는다(대판 1991. 9. 24, 91 도 1164). 그러나 같은 해외이주의 목적이긴 하지만 가장결혼을 하고 혼인신고를 한 때에는 당사자간에 부부관계를 맺으려는 실질적 혼인의 합의가 없으므로 부실기재에 해당한다(대판 1996. 11. 22, 96 도 2049).

중간생략등기도 부실기재에 해당하는가? 부정설이 다수설과 판례(대판 1993.

---

14) 대판 2000. 3. 24, 98 도 105: 「부동산에 관하여 경료된 소유권이전등기나 보존등기가 절차상 하자가 있거나 등기원인이 실제와 다르다 하더라도 그 등기가 실체적 권리관계에 부합하는 유효한 등기인 경우에는 공정증서원본부실기재, 동행사죄의 구성요건 해당성이 없게 되고, ...」

1. 26, 92 다 39112)의 입장이다. 현재 중간생략등기가 비록 부동산등기특별조치법 $\binom{\text{제2조 2항 및 3}}{\text{항, 제8조 1호}}$에 의해 금지되어 있다 할지라도 등기부의 기재내용이 당사자의 의사 또는 실체적 법률관계와 일치하는 한 특별법위반죄의 성립은 별론으로 하고 형법상 공정증서원본부실기재죄의 성립은 부정하는 것이 옳다.

(4) 인과관계

공무원에 대한 허위신고와 부실기재 기록 사이에는 인과관계가 있어야 한다. 따라서 애당초 허위신고과정을 거칠 필요가 없는 경우, 예컨대 법원의 촉탁으로 등기부에 부실기재가 이루어진 경우에는 비록 내용이 진실과 부합하지 않더라도 이 죄가 성립하지 않는다(대판 1983. 12. 27, 83 도 2442).

(5) 실행의 착수·미수·기수시기

실행의 착수시기는 공무원에게 허위신고를 한 때이다. 허위신고를 작성권한 있는 공무원에게 한 경우는 물론, 접수창구가 따로 있을 때 접수공무원에게 제출한 때에도 실행의 착수가 있다.

기수시기는 작성권한 있는 공무원이 현실적으로 공정증서원본에 부실기재를 한 때이다. 또한 부실기재가 있으면 이로써 기수가 되고, 그로 인해 실해가 발생할 것까지는 필요없다.

허위신고를 하였으나 아예 기재 기록되지 않은 경우, 허위신고를 했으나 기재·기록공무원의 착오로 진실한 사실과 부합하는 기재·기록이 있은 경우는 미수가 된다. 그러나 부실기재·기록을 마친 후, 이해관계인의 추인이 있거나 기재·기록내용이 객관적 권리관계와 일치하게 되었더라도 이 죄의 성립에는 영향을 미치지 않는다(대판 1998. 4. 14, 98 도 16).

3. 주관적 구성요건요소

고의성립에는 신고사실이 허위라는 점, 이를 공무원에게 신고한다는 점, 공무원으로 하여금 부실기재·기록을 하게 한다는 점 등에 관하여 인식과 의사가 있어야 한다. 객관적으로 부실한 사실을 기재·기록하게 했거나 이를 신고했더라도, 행위자가 착오로 허위인 줄 인식하지 못했으면 구성요건착오가 되어 고의성립이 배제된다. 여기에서 허위에 대한 인식정도는 확실한 인식(지정고의)이어야 하며, 그 밖의 점에 대해서는 미필적 고의라도 족하다. 고의 외에 행사할 목적과 같은 특별한 주관적 불법요소는 필요없다.

‖ **판례** ‖   ① 자신의 부친이 적법하게 취득한 토지인 것으로 알고 실체관계에 부합하게 하기 위하여 소유권보존등기를 경료한 경우(대판 1996. 4. 26, 95 도 2468), ② 사망한 남편과 이름이 같은 타인의 소유부동산에 관하여 피고인 앞으로 상속을 원인으로 한 소유권이전등기를 경료한 경우(대판 1995. 4. 28, 94 도 2679), ③ 정관에 정한 절차에 따라 임시주주총회를 개최하여 당시 임기가 만료되지 아니한 대표이사의 해임을 결의하고, 등기부상 퇴직사유를 임기만료로 인한 퇴임으로 변경등기한 경우에 부실기재의 고의가 없다(대판 1994. 11. 4, 93 도 1033).

4. 죄수 및 타죄와의 관계

㈎ 등기부에 부실한 사실을 기재하게 하고, 그 부실기재한 등기부를 등기소에 비치하게 한 경우에는 공정증서원본부실기재죄와 동행사죄의 경합범이다.

㈏ 사문서를 위조하여 공정증서원본에 부실기재한 경우에는 이 죄 외에 사문서위조 · 동행사죄가 성립하고 이들 범죄는 실체적 경합이 된다(대판 1994. 7. 29, 93 도 1091).

㈐ 법원을 기망하여 승소판결을 받은 뒤 확정판결을 가지고 소유권이전등기를 마친 때에는 소송사기로 인한 사기죄 외에 이 죄 및 동 행사죄가 성립하고, 이들은 실체적 경합범이 된다(대판 1996. 5. 31, 95 도 1967).

V. 위조등문서행사죄

A. 위조 · 변조 · 작성등사문서행사죄

1. 의의 및 성격

위조 · 변조 · 작성등사문서행사죄는 위조 · 변조된 사문서, 자격모용에 의해 작성된 사문서, 또는 의사 등에 의하여 작성된 허위진단서, 그리고 위작 · 변작된 사전자기록 등을 행사함으로써 성립하는 범죄이다. 각 죄에 정한 형에 처한다(제234조). 미수범은 처벌한다(제235조).

위조등유가증권행사죄(제217조)에 상응한 것이다. 따라서 추상적 위험범 · 즉시범 · 거동범 · 지배범의 성격을 띤다. 범죄학적 특성도 이욕범 · 지능범적 성격이 강하고, 경제범죄의 범주에 넣어야 할 만큼 사회경제질서에 미치는 영향이 크다.

2. 객관적 구성요건요소

(1) 행위주체

주체에는 제한이 없다. 반드시 행사할 목적으로 사문서 등을 위조·변조·작성 또는 위작·변작한 범인이 아니라도 좋다.

(2) 행위객체

위조·변조 또는 자격모용에 의하여 작성한 사문서와 허위진단서 및 검안서 또는 생사에 관한 증명서, 그리고 위작·변작된 사전자기록 등 특수매체기록이다. 이것은 엄밀한 의미에서 행위객체라기보다 행위수단에 해당한다.

(3) 행　　위

구성요건행위는 행사이다.

(a) **행사의 의미**　문서의 행사란 위조·변조 또는 자격모용에 의하여 작성된 사문서를 진정하게 작성된 진실한 내용의 문서인 양 사용하는 것을 말한다(대판 1986. 2. 25, 85 도 2798). 특수매체기록의 행사는 위작·변작된 기록을 정보처리할 수 있는 상태에 두는 것을 말한다. 사문서의 행사는 법적 거래에서 가짜사문서의 기능적 이용을 의미한다. 기능적 이용이란 법적 거래에서 권리의무·법률관계 또는 사실의 증명을 위해 이 가짜문서를 상대방이 진짜문서로 오인할 수 있는 상태에 두거나 제시·교부·제출·송부·우송하는 일체의 행위양태를 포괄한다.

(b) **행사의 방법**　진정 또는 진실한 문서로 상대방이 오해할 수 있는 상태에 두는 것인 한, 어떤 방법도 가능하다. 적어도 문서거래의 상대방이 인식할 수 있는 상태에 두어야 한다. 위조된 차량통행증을 승용차에 붙이고 건물주차장으로 들어가는 행위도 행사가 된다. 그러나 상대방에게 기회가 되면 제공하기 위해 자신이 소지하거나(대판 1956. 11. 2, 4289 형상 240), 승용차에 싣고 다닌 경우 또는 사자·사환에게 교부한 것만으로는 아직 행사라 할 수 없다.

상대방이 문서의 내용을 인식할 수 있는 상태에 있으면 행사가 되고, 반드시 그 내용을 알았거나 실해가 발생할 위험 등은 필요치 않다. 따라서 문맹자·맹인에게 교부하더라도 행사가 된다. 또 행사는 행위자 자신의 행위로 할 수 있을 뿐만 아니라 위조된 문서임을 알지 못하는 타인을 이용하는 간접정범형태로도 가능하다(대판 1988. 1. 19, 87 도 1217).

‖**판례 1**‖　위조된 매매계약서를 변호사에게 교부하여 정을 모르는 변호사가 진정한 문서인 줄 알고 복사본을 만들어 원본과 동일한 문서임을 인증한 다음 소상에 첨부하여

법원에 제출한 경우 위조문서행사죄가 성립한다 (대판 1988. 1. 19, 87 도 1217).

‖ **판례 2** ‖   간접정범을 통한 위조문서행사범행에 있어 도구로 이용된 자라고 하더라고 문서가 위조된 것임을 알지 못하는 자에게 행사한 경우에는 위조문서행사죄가 성립한다. … 공소외 1 또는 공소외 2는 피고인으로부터 이메일로 송부받은 컴퓨터 이미지 파일을 프린터로 출력할 당시 그 이미지 파일이 위조된 것임을 알지 못하였던 사실을 알수 있으므로, 피고인의 위와 같은 행위는 형법 제229조의 위조·변조공문서행사죄를 구성한다 (대판 2012. 2. 23, 2011 도 14441).

(c) **행사의 상대방**   행사의 상대방은 위조문서·허위문서인 정을 알지 못하는 문서거래의 상대방이다. 행사의 상대방은 행위자와 친분이 있는 자이거나 특정인일 필요는 없다. 우연히 문서제시를 요구한 교통경찰 공무원이라도 상관없고, 심지어는 일반인에 대해서도 행사가 가능하다 (위조된 통행증을 자동차 유리창에 붙이고 운행하는 경우). 다만 정을 알고 있는 중개인이나 사자에게 교부하는 것, 공범자에게 교부하는 것 등은 아직 행사가 아니다 (대판 1986. 2. 25, 85 도 2798).

(d) **필사본·복사본의 사용**   행사는 위조문서·허위문서의 원본을 직접 사용하는 것이 원칙이다 (통설). 따라서 사본의 사용은 행사가 되지 않는다 (대판 1981. 12. 22, 81 도 2715). 그러나 사진복사·전자복사한 복사본을 사용한 것은 행사가 된다. (대판 1994. 9. 30, 94 도 1787; 1989. 9. 12, 87 도 506 전원합의체판결). 개정형법은 이것을 명문화했다 (제237조의 2).

(e) **미수·기수**   행사는 제시·교부·비치 등에 의해 상대방이 그 내용을 인식할 수 있는 상태에 둠으로써 기수가 된다. 상대방이 실제로 그것을 요해(了解)할 필요는 없다. 상대방이 요해하기 전이라도 일단 인식할 수 있는 상태에서 범인이 문서를 회수했더라도 미수가 아니라 기수가 된다. 비치에 의한 행사는 열람이 가능한 일정장소에 비치함으로써 기수가 되며, 반드시 공개장소여야 할 필요는 없다. 위조문서를 우편발송하는 경우 실행의 착수시기는 우체국에 탁송위탁한 때이고 기수시기는 도달한 때이다.

3. 주관적 구성요건요소

고의는 위조·변조·자격모용에 의해 작성된 사문서·사도화, 허위로 작성된 진단서 또는 위작·변작된 사전자기록 등에 대한 인식과 이를 행사한다는 점에 대한 의사이다. 행사의 동기 여하는 묻지 않는다.

B. 위조 · 변조 · 작성 · 부실기재등공문서행사죄

위조 · 변조 · 작성 · 부실기재등공문서행사죄는 위조 · 변조된 공문서 · 공도화, 자격모용에 의해 작성된 공문서, 허위로 작성된 공문서, 부실기재된 공정증서원본 또는 위작 · 변작된 공전자기록 등을 행사함으로써 성립하는 범죄이다. 각 죄에 정한 형에 처한다($\frac{\text{제}229}{\text{조}}$). 미수처벌($\frac{\text{제}235}{\text{조}}$) 및 자격정지의 병과($\frac{\text{제}237}{\text{조}}$)가 있다. 위조등사문서행사죄에 대응하는 것으로서, 객체가 문서거래에서 특별한 증명기능을 갖는 공문서라는 점에서 불법이 가중된 구성요건이다.

주체에는 제한이 없으므로 공무원 · 일반사인 모두 가능하다. 객체 및 행사에 관하여는 이미 앞에서 설명한 바와 같다.

Ⅵ. 문서부정행사죄

1. 사문서등부정행사죄

사문서등부정행사죄는 권리 · 의무 또는 사실증명에 관한 타인의 문서 또는 도화를 부정행사함으로써 성립하는 범죄이다. 1년 이하의 징역이나 금고 또는 3백만원 이하의 벌금에 처한다($\frac{\text{제}236}{\text{조}}$). 문서부정행사죄의 기본적 구성요건이고 공문서부정행사죄는 불법가중적 구성요건에 해당한다.

여기에서 **부정행사**란 진정하게 성립한 내용진실의 사문서를 사용할 권한 없는 자가 문서명의인으로 가장행세하여 사용하는 경우를 말한다. 예컨대 타인의 학생증이나 신분증을 도서관 출입용으로 사용하는 경우와 같다.

사용할 권한이 있는 자가 본래의 사용목적 이외 다른 사실을 직접 증명하는데 사문서를 사용한 경우에도 본죄가 성립할 것인가? 판례는 사용할 권한이 있더라도 문서를 본래의 작성목적과 전혀 다른 사실을 직접 증명하는 용도에 사용하는 경우를 부정행사로 취급하고 있다(대판 1985. 5. 28, 84 도 2999).

‖ **판례** ‖ 사문서부정행사죄에 있어서의 부정사용이란 사문서를 사용할 권원없는 자가 그 문서명의자로 가장행세하여 이를 사용하거나 또는 사용할 권원이 있다 하더라도 문서를 본래의 작성 목적 이외의 다른 사실을 직접 증명하는 용도에 이를 사용하는 것을 말하는 것이므로, 현금보관증이 자기 수중에 있다는 사실 자체를 증명키 위하여 증거로서 법원에 제출하는 행위는 사문서의 부정행사에 해당되지 아니한다(대판 1985. 5. 28, 84 도 2999).

생각건대 문서에 객관적으로 나타난 목적이나 용도가 있을 때라도, 그것을 **사용할 권한이 있는 자**라면 본래의 작성목적 이상의 또는 이외의 다른 사실을 직

접 증명하는 데 사용하더라도 부정행사로 볼 것은 아니다. 문서는 원래 작성자의
의도대로나 본래의 작성목적대로만 사용해야 하는 것은 아니기 때문이다. 이 경
우는 거래당사자간의 법률행위의 자유 및 그로 인한 민사상의 책임에 맡기는 것
이 보충성의 원칙에 비추어 합당하다.

부정행사의 불법은 행위자 스스로 하건 제3자를 이용하여 간접정범형식으
로 하건 상관없다.

2. 공문서등부정행사죄

공문서등부정행사죄는 공무원 또는 공무소의 문서 또는 도화를 부정행사함으
로써 성립하는 범죄이다. 2년 이하의 징역이나 금고 또는 5백만원 이하의 벌금에
처한다($^{제230}_{조}$). 미수범은 처벌한다($^{제235}_{조}$). 사문서부정행사죄에 비해 불법이 가중된
가중적 구성요건이다.

주체는 제한이 없어 공무원 또는 일반사인 모두 주체가 될 수 있다. **객체**는
이미 진정하게 성립한 내용진실의 공문서 또는 공도화이다. 따라서 위조 또는 변
조된 공문서나 허위작성 또는 변작된 공문서 등을 행사한 때에는 위조등공문서행
사죄($^{제229}_{조}$)에 해당한다.

부정행사란 진정하게 성립한 내용진실의 공문서를 사용할 권한 없는 자가 마
치 사용할 권한 있는 자인 양 가장하여 사용하는 것을 말한다. 예컨대 타인의 여
권·주민등록증·운전면허증을 필요한 용도에서 마치 자기의 것인 양 제시하여
사용하는 경우와 같다.

‖ **판례** ‖ 자동차를 임차하려는 피고인들이 자동차대여업체 담당직원으로부터 운전면
허증의 제시요구를 받자 타인의 운전면허증을 소지하고 있음을 기화로 자동차대여업체
직원에게 이를 제시한 행위는 단순히 신분확인을 위한 것이라고는 할 수 없고, 운전면허
증을 사용권한이 없는 자가 사용권한이 있는 것처럼 가장하여 부정한 목적으로 사용한
것이므로 공문서부정행사죄에 해당한다(대판 1998. 8. 21, 98 도 1701).

단, 부정행사에서 사용은 **본래의 사용용도에 따른 공문서의 사용**만을 지칭한다
(대판 2003. 2. 26, 2002 도 4935). 종래 판례는 타인의 운전면허증을 자신의 신분확
인을 위해 주민등록증 대신으로 제시한 경우는 운전면허증의 본래 사용용도에 따
른 행사라고 할 수 없어 부정행사에 해당하지 않는다고 하였다(대판 1996. 10. 11,
96 도 1733). 그러나 오늘날 운전면허증이 주민등록증 대용으로 신분확인을 위해
이용되는 현실을 감안하여 대법원은 전원합의체 판결(대판 2001. 4. 19, 2000 도
1985)을 통해 종전의 태도를 변경, 위와 같은 경우 본죄의 성립을 인정하고 있다.

∥판례 1∥ 피고인이 기왕에 습득한 타인의 주민등록증을 피고인 가족의 것이라고 제시하면서 그 주민등록증상의 명의 또는 가명으로 이동전화 가입신청을 한 경우, 타인의 주민등록증을 본래의 사용용도인 신분확인용으로 사용한 것이라고 볼 수 없어 공문서부정행사죄가 성립하지 않는다(대판 2003. 2. 26, 2002 도 4935).

∥판례 2∥ 우리 사회에서 운전면허증을 발급받을 수 있는 연령의 사람들 중 절반 이상이 운전면허증을 가지고 있고, 특히 경제활동에 종사하는 사람들의 경우에는 그 비율이 훨씬 더 이를 앞지르고 있으며, 금융기관과의 거래에 있어서도 운전면허증에 의한 실명확인이 인정되고 있는 등 현실적으로 운전면허증은 주민등록증과 대등한 신분증명서로 널리 사용되고 있다. 따라서, 제 3 자로부터 신분확인을 위하여 신분증명서의 제시를 요구받고 다른 사람의 운전면허증을 제시한 행위는 그 사용목적에 따른 행사로서 공문서부정행사죄에 해당한다고 보는 것이 옳다(대판 2001. 4. 19, 2000 도 1985).

사용할 권한 있는 자가 공문서를 본래의 용도에서 벗어나 사용하거나 본래의 사용목적과 전혀 다른 사실을 직접 증명하기 위해 사용하는 경우도 부정행사가 된다는 견해가 있으나(대판 1981. 12. 8, 81 도 1130), 무리한 해석이라고 생각한다. 사용할 권한 있는 자가 본래의 용도를 벗어나서 사용하는 경우는 부정행사가 아니다. 사용할 권한 없는 자가 본래의 용도 이외에 사용해도 죄가 안되는데, 사용권자가 그 용도를 벗어나면 왜 굳이 죄책을 져야 하는지 의문이다. 의심스러울 때는 피고인의 자유에 유리하게 축소해석하는 것이 옳다. 부정설이 다수설이고 타당하다.

제 4 절 인장에 관한 죄

Ⅰ. 총   설

1. 의   의

인장에 관한 죄는 행사할 목적으로 인장·서명·기명 또는 기호를 위조 또는 부정사용하거나 위조 또는 부정사용한 인장·서명 등을 행사함으로써 성립하는 범죄이다.

2. 본질 및 보호법익

인장에 관한 죄는 문서 및 유가증권에 관한 죄와 밀접한 관련을 맺고 있다. 인형(印形)(印顆)이나 서명용 고무인을 위조하는 행위는 대개 문서 또는 유가증권위조의 예비단계에 속하고, 이에서 한 걸음 더 나아가 인영(印影)이나 서명 자

체를 위조하는 행위는 문서 또는 유가증권위조의 수단으로 행해지므로, 백지의
하단부에 타인의 인장의 인영이나 서명을 작출하는 행위는 문서위조죄와의 관련
하에서는 적어도 문서위조죄의 미수 내지 일부행위에 해당한다. 이처럼 문서위조
죄가 성립할 때 인장에 관한 죄는 여기에 흡수되어 별도의 의미를 지니지 않는다.

인장에 관한 죄는 ① 인장·서명 등의 위조자와 문서·유가증권의 위조자가
서로 다른 경우, ② 인장·서명 등을 사용한 문서의 위조가 범죄로 되지 않는 경
우, ③ 인장·서명 등이 문서와 관계없이 독자적인 의미를 지니는 경우에 한하여
독립하여 성립할 수 있다.

인장에 관한 죄의 보호법익은 인장·서명 등의 진정성에 대한 공공의 신뢰이
다(통설). 인장 등의 성립의 진정성에 중점이 놓여 있을 뿐, 내용의 진실성은 묻
지 않는다. 이 점에서 통화에 관한 죄와 같고 유가증권·문서에 관한 죄와 다르
다. 보호받는 정도는 추상적 위험범으로서의 보호이다.

3. 체   계

인장에 관한 죄는 인장·서명 등의 성립의 진정성만을 보호하므로, 위조·부
정사용과 행사 두 가지에 국한하고 변조는 규율대상으로 삼지 않는다.

여기에서 사인의 것인가 공무원·공무소의 것인가에 따라 불법 및 형에 차등
을 둔다. 즉, 사인등위조죄($^{제239조}_{1항}$)와 위조등사인행사죄($^{제239조}_{2항}$)를 기본적 구성요건
으로 하고, 공인등위조죄($^{제238조}_{1항}$)와 위조등공인행사죄($^{제238조}_{2항}$)를 불법이 가중된 구성
요건으로 하고 있다.

공·사인위조죄 모두 행사할 목적을 필요로 하는 목적범이고, 미수범은 처벌
한다($^{제240}_{조}$). 그러나 공인등위조죄와 위조등공인행사죄에 대해서는 자격정지의 형
을 병과할 수 있고($^{제238조}_{3항}$), 외국인의 국외범도 처벌한다($^{제5조}_{7호}$).

Ⅱ. 사인등위조·부정사용·행사죄

A. 사인등위조·부정사용죄

1. 의의 및 성격

사인등위조·부정사용죄는 행사할 목적으로 타인의 인장·서명·기명·기호
를 위조 또는 부정사용함으로써 성립하는 범죄이다. 3년 이하의 징역에 처한다

$\left(\substack{\text{제}239조\\\text{1항}}\right)$. 미수범은 처벌한다$\left(\substack{\text{제}240\\\text{조}}\right)$.

인장위조죄의 기본적 구성요건이다. 목적범·추상적 위험범·즉시범·거동범·지배범이다. 범죄학적으로는 경제범죄의 한 유형으로 볼 수 있다.

2. 객관적 구성요건요소

(1) 행위객체

타인의 인장·서명·기명 또는 기호이다(통설).

타인은 실재인물이어야 하는가? 판례는 사자명의의 사문서위조·동행사죄를 부인하는 입장에서 사자명의의 인장위조·동행사죄를 부인한다(대판 1984.2.28, 82 도 2064). 그러나 사자·허무인명의의 사문서도 사문서위조의 객체가 된다는 입장에서 보면, 사인위조·동행사죄에서도 인장의 명의인은 실존인물이 아니라도 좋다(통설). 일반인으로 하여금 진정한 인장으로 오신케 할 수 있는 정도의 것이면 인장의 진정성에 대한 공공의 신뢰가 깨질 위험이 있기 때문이다.

(a) **인 장** 인장이란 특정인의 인격과 동일성을 증명하기 위하여 사용하는 일정한 상징을 말한다. 상징형태로는 일반적으로 성명을 사용하고 있으나 반드시 이에 국한할 필요가 없다. 특정인격의 동일성을 증명하는 것인 한, 별명·약칭을 사용해도 무방하다. 또한 반드시 문자로 표시할 필요가 없으며 지장·무인·도형·수결·화압도 인장에 해당한다.

(가) 인장개념의 범위 인장이라 함은 인영과 구별되는 인형(인과)을 의미한다. 여기에서 인영이란 일정한 사항을 증명하기 위하여 물체상(인형)에 현출시킨 문자 기타 부호의 영적을 말하며, 인형(인과)이란 인영을 현출시키기 위하여 목재·석재·금속재 기타 재료를 사용하여 인영을 조각·주조 기타 방법으로 조제해 놓은 물건을 말한다. 일상적인 의미로 인장(도장)은 인과(인형)를 말하지만, 여기서는 인영과 인과를 포함한다(통설). 형법이 인장의 부정사용$\left(\substack{\text{제}239조1항,이때\\\text{는 인과를 의미}}\right)$과 부정사용한 인장의 행사$\left(\substack{\text{제}239조2항,이때\\\text{는 인영을 의미}}\right)$를 구분하고 있을 뿐만 아니라, 인과의 위조만으로도 인영의 진정성에 대한 공의의 신용을 해할 위험이 있기 때문이다.

(나) 인장과 생략문서의 구별 생략문서라도 일정한 생각 또는 의사를 해득할 수 있을 정도로 표시하고 있으면 문서가 된다.

우편물에 찍힌 우체국의 일부인(소인)이나 신용장에 날인된 은행의 접수일부인은 인장인가 생략문서인가? 인장은 인격의 동일성을 증명하는 것이므로 인격의 동일성 이외의 다른 사항까지 증명할 수 있을 때에는 문서라는 견해가 다수설이다. 판례는 은행의 접수일부인(대판 1970. 10. 30, 70 도 1879)과 구청세무계장명의의 소인(대판 1995. 9. 5, 95 도 1269)을 인장이나 기호가 아니라 생략문서의 일종으로 본다. 생각건대 비록 인장형식을 취하고 있지만, 문서수발의 시행일자를 확정하는 의사표시를 담고 있는 점에 비추어 생략문서의 일종으로 보는 것이 옳다.

서화에 표시된 예술가의 낙관·아호·서명 등을 자기의 작품이라는 예술가의 의사를 표시한 생략문서로 보는 견해[15]도 있으나, 다수설은 인장 또는 서명으로 본다. 우리 형법은 인장과 서명을 인장위조죄의 객체로 명시하고 있고, 예술작품에 표시된 낙관·서명은 예술가의 인격의 동일성을 표시하는 데 본질적인 기능이 있다고 할 것이므로 인장위조죄의 객체로 보는 것이 옳다.

(b) **서   명**   서명이란 특정인이 문서로써 표시한 자기의 성명 기타 호칭을 말한다. 성명을 표기하는 것이 보통이지만, 단지 성씨 또는 이름만을 표기하거나 아호·애칭을 사용해도 좋고, 거래상 사용하는 상호·옥호 따위를 표시하더라도 특정인을 지칭한 것이면 모두 서명에 해당한다.

형법은 서명과 기명을 구별하여 규정하고 있으므로 여기에서의 서명은 자서 (자필서명)여야 한다. 자서를 조각한 고무인이나 목인을 사용해도 괜찮다.

(c) **기   명**   기명이란 특정인의 인격이나 주체를 표시한 문자로서 자서 이외의 것을 말한다. 인쇄 등의 부동문자나 대필에 의해 특정인의 성명 기타 호칭을 표시한 것이 여기의 기명에 해당한다.

(d) **기   호**   기호란 물건에 압날하여 그 동일성을 증명하는 문자 또는 부호라는 점에서 넓은 의미의 인장에 속한다. 기호와 좁은 의미의 인장을 구별하는 기준에 관하여, 증명하는 목적을 표준으로 하여 사람의 동일성을 증명하는 것은 인장이고, 그 밖의 사항을 증명하는 것은 기호라고 보아야 한다(다수설). 검인·장서인·일부인 등이 그 예이다.

기호는 물체상에 현출된 영적과 그 영적을 현출시킨 물체를 다 포함하는 개념이다.

(2) **행   위**

위조 또는 부정사용이다. 위조란 권한 없이 타인의 인장·서명·기명 또는 기호를 제작하거나 물체상에 현출 내지 기재하는 것을 말한다.

위조의 정도는 일반인으로 하여금 특정인의 진정한 인장·서명·기명·기호

---

15) 김성천·김형준 673면; 이재상 617면; 이정원 620면.

로 오신케 할 정도이면 족하다(문서위조의 경우와 동일). 또한 위조의 방법에도 제한이 없다. 타인의 인과를 제조하거나 묘사에 의한 인영·영적의 작출은 물론, 기존의 진정한 인영을 소재로 새로운 인영을 현출시키는 것(전자복사의 방법으로)도 위조가 된다. 서명의 위조에는 펜이나 필묵 또는 연필을 사용하거나 카본지를 사용하여 기재하거나 가리지 않는다. 다만 여기의 위조는 유형위조만을 의미하므로, 무형위조나 위조 아닌 변조는 포함되지 않는다. 피고인이 음주운전 등으로 경찰서에서 조사를 받으면서 제3자로 행세하여 피의자신문조서의 진술자란에 제3자의 서명을 기재한 경우 사서명위조죄가 성립한다(대판 2005. 12. 23, 2005 도 4478).

부정사용이란 진정한 인장·서명 등을 권한 없이 사용하거나 권한 있는 자가 권한을 남용하여 부당하게 사용하는 것을 말한다(대판 1997. 7. 8, 96 도 3319).

＊ 주의: 공·사문서의 부정행사죄에서는 진정한 문서를 사용할 권한 없는 자가 사용권한 있는 자처럼 가장하여 부정하게 사용하는 경우만을 의미했으나, 인장부정사용죄에서는 권한 있는 자라도 정당한 용도를 넘어 부당하게 사용하는 경우에까지 미친다. 그것은 인장위조·부정사용죄에서 위조와 부정사용이 선택적 행위양태로서 같은 비중을 지니고 있기 때문이다.

부정사용하였으면 일반인이 열람할 수 있는 상태에 있지 않아도 좋고, 타인이 현실로 열람하였거나 타인에게 손해가 발생하였거나 발생할 위험은 없어도 좋다. 반드시 용법에 따른 사용일 필요가 없으므로, 예컨대 타인의 영수증을 위조·행사할 목적으로 백지에 그의 인장을 무단 날인한 경우에도 문서위조죄에 흡수되기 전이라면 적어도 인장부정사용의 미수에는 해당한다.

3. 주관적 구성요건요소

고의는 타인의 인장·서명·기명·기호라는 점에 대한 인식과 위조·부정사용에 대한 의사이다. 목적범이므로 행사할 목적이 있어야 한다. 행사의 목적이란 명의인의 의사에 반하여 위조인장을 진정한 인장인 양 거래일반인에게 사용하려는 의사를 말한다. 행사할 목적에는 행위자 자신이 행사할 목적뿐만 아니라 제3자로 하여금 행사시킬 목적도 포함된다. 후자의 경우에는 행위자가 제3자의 행사목적을 알았다는 사실로써 행사의 목적을 인정할 수 있다.

4. 타죄와의 관계

㈎ 인장·서명의 위조 또는 부정사용이 유가증권·문서위조의 수단으로 행해진 때에는 유가증권위조죄 또는 문서위조죄에 흡수된다(법조경합 흡수관계). 유가증권·문서위조죄가 미수에 그친 때라도 마찬가지이다.

㈏ 인장·서명 등의 위조 또는 부정사용죄와 그 행사죄에 관하여는, 행사행위가 행위자의 위조행위시 애당초 의도했던 범행계획대로의 행사이면 법조경합 흡수관계로서 위조죄만 성립하고, 행사행위가 위조행위시의 행사목적과 다른 종류의 행사 또는 새로운 결단에 의해 취해진 경우에 한해 양죄는 경합범이 된다(통화위조·유가증권위조·문서위조의 경우와 동일).

B. 위조·부정사용사인등행사죄

위조·부정사용사인등행사죄는 위조 또는 부정사용한 타인의 인장·서명·기명 또는 기호를 행사함으로써 성립하는 범죄이다. 각 죄에 정한 형으로 처벌한다($\frac{제239조}{2항}$). 미수범은 처벌한다($\frac{제240}{조}$).

여기에서 행사란 위조 또는 부정사용한 인장·서명·기명 또는 기호를 진정한 것처럼 또는 권한 있는 자가 정당하게 사용한 것처럼 용법에 따라 사용하는 것을 말한다. 따라서 위조된 인장·서명·기명·기호를 타인이 열람할 수 있는 상태에 두거나 인과를 날인하여 일반인이 열람할 수 있는 상태에 둘 때 행사가 된다(대판 1984. 2. 28, 84 도 90). 열람할 수 있는 상태에 두면 족하고 타인이 현실로 열람하였거나 인식하였음을 요하지 않는다. 행사는 적어도 공범자 이외의 자에게 사용하는 경우라야 한다.

Ⅲ. 공인등위조·부정사용·행사죄

1. 공인등위조·부정사용죄

공인등위조·부정사용죄는 행사할 목적으로 공무원 또는 공무소의 인장·서명·기명·기호를 위조 또는 부정사용함으로써 성립하는 범죄이다. 5년 이하의 징역에 처한다($\frac{제238조}{1항}$). 미수처벌($\frac{제240}{조}$) 및 자격정지의 병과($\frac{제238조}{3항}$)가 있다. 행위의 객체가 공무원 또는 공무소의 인장·서명 등이기 때문에 사인위조죄에 비하여 불법이 가중된 가중적 구성요건이다. 그 밖의 성격은 사인위조죄와 같다.

사인위조죄에 비해 특별히 설명해야 할 것은 공인·공기호 등 행위객체이다. 즉 공무원이 공무상 사용하는 모든 인장·서명·기명·기호와 공무소가 그 사무와 관련하여 사용하는 인장·서명·기명·기호를 말한다. 공무소의 인장으로는 청인·서인·직인·계인 등이 있다. 이를테면 변호사시험합격증에 찍혀 있는 법무부장관의 관청인, 등기필증에 찍혀 있는 관할등기소의 서인 등이 그것이다.

공기호는 공무원 또는 공무소가 대상물의 동일성을 증명하기 위한 목적으로 사용하는 문자 또는 부호이다. 임산물·축산물 등 각종 산물에 표시하는 검인, 숫자 또는 부호로 표시된 도로교통표지판, 자동차·오토바이의 차량번호표(대판 1997. 7. 8, 96 도 3319), 택시미터기에 부착된 검정납봉의 봉인(대판 1983. 10. 25, 83 도 2078), 인지소인 등이 이에 속한다.

여기에서 공무원·공무소는 우리나라의 공무원·공무소를 의미하므로, 외국의 공무원·공무소는 사인으로 취급해야 한다.

2. 위조·부정사용공인등행사죄

위조·부정사용공인등행사죄는 위조 또는 부정사용한 공무원 또는 공무소의 인장·서명·기명 또는 기호를 행사함으로써 성립하는 범죄이다. 각 죄에 정한 형으로 처벌한다(제238조 2항). 미수처벌(제240조) 및 자격정지의 병과(제238조 3항)가 있다. 위조·부정사용사인등행사죄에 대한 불법가중적 구성요건이다.

여기의 행사도 위조·부정사용사인등행사죄의 그것과 같다. 따라서 공범자 이외의 자에게 진정한 것인 양 용법에 따라 사용하는 것이어야 한다.

‖ 판례 ‖ 부정사용한 공기호를 공범자 이외의 자에게 보이는 것도 행사에 해당한다(대판 1981. 12. 22, 80 도 1472).

제 5 장   국가의 일반권력기능을 보호하는 죄형법규

제 1 절   공무원의 직무에 관한 죄

I. 총   설

1. 의   의

일반적으로 공무원의 직무에 관한 죄를 **직무범죄**(Amtsdelikte)라 한다. 우리 형법상 직무범죄에는 세 가지 유형, 즉 ① **직무위배죄**[직무유기죄($\frac{제122}{조}$), 피의사실공표죄($\frac{제126}{조}$), 공무상 비밀누설죄($\frac{제127}{조}$)], ② **직권남용죄**[직권남용죄($\frac{제123}{조}$), 불법체포·감금죄($\frac{제124}{조}$), 폭행·가혹행위죄($\frac{제125}{조}$), 선거방해죄($\frac{제128}{조}$)], ③ **뇌물죄**[단순수뢰죄($\frac{제129조}{1항}$), 사전수뢰죄($\frac{제129조}{2항}$), 제 3 자 뇌물제공죄($\frac{제130}{조}$), 수뢰후부정처사죄($\frac{제131}{조\ 1항}$), 사후수뢰죄($\frac{제131조}{2항}$), 알선수뢰죄($\frac{제132}{조}$), 뇌물공여등죄($\frac{제133}{조}$)]가 있다. 공무원이 범죄주체인 신분범이라는 점에서 공통된다.

2. 보호법익과 보호정도

공무원의 직무에 관한 죄는 다양한 유형의 구성요건들로 결합되어 있어서 하나의 보호법익만 가지고 설명하기 어렵다. 방법론상 상위의 일반적 법익으로 국가의 일반권력기능을 상정하고, 하위의 구체적 법익은 범죄유형에 따라 개별적으로 고찰하는 것이 좋다. 직무위배죄는 공무수행의 질서와 이에 따른 국가이익, 직권남용죄는 행정과 형사사법의 공정성과 적법성, 뇌물죄는 국가기관 및 직무의 공정성과 직무행위의 순수성에 대한 공공의 신뢰를 보호법익으로 한다. 동시에 직무범죄는 개인적 법익도 고려하고 있음을 유의해야 한다.

보호정도는 대부분 추상적 위험범으로서의 보호이지만(피의사실공표·공무상비밀누설·각종 뇌물죄), 구체적 위험범(직무유기)과 침해범(직권남용, 불법체포·감금, 폭행·가혹행위, 선거방해)도 있다.

3. 본질과 유형

(1) 직무범죄의 본질

행위주체가 공무원이라는 점에서 일종의 신분범이지만, 위법성의 본질은 공무원신분에 있는 것이 아니라 공무원이 직무관계에서 부담하는 일정한 직분상의 의무위반에 있다. 이 점에서 직무범죄는 대부분 의무범죄이다. 따라서 직무범죄상 신분을 사실관계적 인적 요소 또는 직무관련적 인적 요소라 한다.

(2) 직무범죄의 종류

(a) **진정직무범죄와 부진정직무범죄**   진정직무범죄란 공무원만이 정범(공동정범·간정정범·단독정범)이 될 수 있는 범죄를 말한다. 여기서 공무원신분은 처벌근거를 제공하는 구성적 신분과 일치한다. **부진정직무범죄**는 공무원 아닌 자도 범할 수 있지만, 공무원이 행한 경우 형이 가중되는 범죄를 말한다. 가중근거는 공법상의 복무 내지 신뢰관계에 기초한 행위자의 의무위반과 국가권력을 범죄수단으로 이용한 직권남용에 있다. 후자의 예로는 불법체포·감금죄($\frac{제124}{조}$), 폭행·가혹행위죄($\frac{제125}{조}$), 간수자의 도주원조죄($\frac{제148}{조}$), 세관공무원의 아편등수입죄($\frac{제200}{조}$) 등을 들 수 있다.

양자 구별의 실익은 직무범죄에 공범으로 가담한 비공무원의 죄책을 정하는 데 있다. 즉 진정직무범죄에 가담한 비공무원은 형법 제33조 본문에도 불구하고 직무범죄의 공동정범을 제외한(목적론적 환원) 공범만 될 수 있지만, 부진정직무범죄에 가담한 경우에는 형법 제33조 단서에 따라 기본범죄가 성립할 뿐이다.

(b) **일반직무범죄와 특수직무범죄**   일반직무범죄란 모든 공무원이 범할 수 있는 직무범죄를 말하고, **특수직무범죄**란 구성요건이 전제하고 있는 특수한 지위에 있는 공무원만이 범할 수 있는 직무범죄를 말한다. 후자의 예로는 불법체포·감금죄($\frac{제124}{조}$), 폭행·가혹행위죄($\frac{제125}{조}$), 피의사실공표죄($\frac{제126}{조}$) 및 선거방해죄($\frac{제128}{조}$)가 있다. 특수직무범죄에서 정범표지인 특수한 지위는 처벌근거를 제공하는 구성적 신분이다.

4. 공무원의 개념과 범위

공법상 광의의 공무원개념은 국가나 공공단체의 공무담당자를, 협의의 공무원개념은 국가나 지방자치단체와 공법상 공무관계에 있는 모든 자를 말한다.

　　광의의 공무원개념에는 입법·사법·행정 각부 및 지방자치단체의 공무담당 자는 물론, 법령에 의해 공무원의 지위가 인정되는 공공조합·영조물법인·공법 상 법인의 임직원 및 심지어 계약에 의해 공무를 담당하는 자(국공립학교의 강사 등), 고용직·임시직 공무담당자, 수습직·연수직 공무담당자도 포함한다.

　　그러나 광의의 공무원 모두를 직무범죄의 주체인 공무원으로 볼 수는 없다. 직무의 성격을 고려하여 그 기능과 활동면에서 공법상의 공직을 수행하는 지위에 있는 공직담당자만을 직무범죄의 주체인 공무원으로 파악해야 한다.

　　i) 단순한 기계적·육체적 노무에 국한된 고용직공무원(청소부·공원·인 부·사환 등)은 직무범죄의 주체에서 제외하는 것이 좋다(다수설·대판 2002.11. 22, 2000 도 4593).

　　ii) 공행정주체의 국고작용이나 행정사법작용에 종사하는 공무원은 뇌물 죄의 주체는 될 수 있어도 직무위배죄·직권남용죄의 주체에서 제외하는 것이 좋다.

　　《참고》 우편배달부도 공무원에 속하는가? 우편업무의 공공성과 우편집배원의 직 무가 정신적·지능적 판단을 요하는 사무라는 점 및 우편법상 특수한 권한이 주어 져 있다는 점($_{제4조, 제5조}^{우편법}$)에서 우편배달부도 직무범죄의 주체인 공무원에 속한다 (다수설).

　　iii) 공법인의 직원이라 하여 일률적으로 공무원으로 취급해서는 안 된다. 개별적으로 검토하여 행정기관에 준하는 공법인의 직원은 공무원으로 보아야 한 다(다수설·대판 1969.9.23, 69 도 1214). 공법인의 직원 중 공무원으로 해야 할 자 가 법률로 정해져 있더라도 그것만으로 직무범죄의 주체인 공무원이라 단정할 수 없다. 직무가 공무로서의 성격을 갖고 있고, 또한 일정한 공법상의 직무의무가 주어 져 있어야 직무범죄의 주체로 파악할 수 있기 때문이다. 반면 공무원신분을 갖고 있더라도 단순한 사경제주체로서의 지위와 기능만 갖고 있을 때에는 직무범죄의 주체인 공무원으로 볼 수 없다.

　　결론적으로 직무범죄의 주체인 공무원은 법령에 의하여 국가나 지방자치단체 및 이에 준하는 공법인의 사무에 종사하는 자로서, 그 사무의 성격이 단순한 사경제 적 사무와 구별되는 공법적 성질을 가지며, 그 노무내용이 단순한 기계적·육체적인 것에 한정되어 있지 않은 자이다.

5. 특별가중규정

공무원이 직권을 남용하여 공무원의 직무에 관한 죄 이외의 죄를 범한 때에는 그 죄에 정한 형의 2분의 1까지 가중한다. 단, 공무원신분에 의하여 특별히 형이 규정된 때에는 예외로 한다($\frac{제135}{조}$).

Ⅱ. 직무위배죄

A. 직무유기죄

1. 의의와 성격

직무유기죄는 공무원이 정당한 이유 없이 직무수행을 거부하거나 직무를 유기함으로써 성립하는 범죄이다. 1년 이하의 징역이나 금고 또는 3년 이하의 자격정지에 처한다($\frac{제122}{조}$). 공무원은 국민의 봉사자로서 국가공무원법에 의한 성실의무($\frac{동법}{제56조}$) · 복종의무($\frac{동법}{제57조}$) · 직장이탈금지의무($\frac{동법}{제58조 1항}$) 등을 부담한다.

입법취지는 공무원의 직장이탈이나 복무질서교란을 방지하고 그 맡은 직무의 적법 · 성실한 집행을 보장하려는 데 있다. 판례는 「직무유기란 공무원이 추상적인 충근의무를 태만하는 일체의 경우를 이르는 것이 아니고, 국가의 기능을 저해하며 국민에게 피해를 야기시킬 가능성이 있는 경우를 말한다」고 판시하고 있다(대판 1997. 4. 22, 95 도 748; 1970. 9. 29, 70 도 1790). 이 죄의 보편적 보호법익은 국가의 일반권력기능이지만(통설), 구체적으로는 공무수행의 질서와 이에 따른 국가 · 국민의 이익이다. 보호정도는 구체적 위험범으로서의 보호이다.

결과범 · 진정신분범 · 진정직무범죄 · 의무범의 성격을 띤다. 간접정범이나 부진정부작위범의 형태로도 성립할 수 있지만, 의무 있는 자만이(의무 없는 국외자를 이용한) 간접정범이나 부진정부작위범이 될 수 있다.

이 죄의 행위 중 직무수행의 거부는 진정부작위범 · 즉시범의 성격을 띤다. 그러나 직무유기인 경우에는 유기행위의 기수로 일단 이 죄가 성립하지만, 유기가 존속하는 한, 이미 야기된 위법상태가 계속한다는 의미에서 계속범의 성격을 띤다(대판 1997. 8. 29, 97 도 675).

2. 객관적 구성요건요소

(1) 행위주체

공법상의 근무관계에서 공직을 수행하는 모든 공무원이다. 법령에 의하여 국가나 지방자치단체 및 이에 준하는 공법인의 사무에 종사하는 자로서 그 직무가 단순한 사경제적 사무와 구별되는 공법적 성질의 것이고 단순한 기계적·육체적 노무에 한정되지 않아야 한다. 특히 사법경찰관리 및 범죄수사의 직무종사공무원에 대해서는 특수직무유기죄($\binom{폭력행위등처벌에관한법률 \; 제9조 1항;}{특정범죄가중처벌등에관한법률 \; 제15조}$)로 규율하고 있다.

(2) 행위객체

공무원의 직무이다.

여기서 직무는, ① 대국민적 공공관계에서 적법한 직무여야 한다. 즉 직무내용은 법령에 근거가 있거나 일반적 업무규칙·예규·관행에 따른 것이어야 한다. ② 공무원이 그 지위에 따라 수행해야 할 공무원법상 고유한 직무여야 한다. 따라서 청렴의무, 복종의무, 직장이탈금지의무 등과 같이 공무원인 신분관계에서 부수적·파생적으로 발생하는 직무는 여기의 직무라 할 수 없다. 이러한 의무태만에 대해서는 징계처분($\binom{국가공무원법}{제78조}$)이 가능할 뿐이다. ③ 공무원이 맡은 바 직무를 제때에 수행하지 않으면 실효를 거둘 수 없는 구체적 사무여야 한다. 직무의 적시성 요청 때문이다. ④ 직무행위의 성질은 기속행위건 재량행위건 가리지 않는다.

(3) 행   위

정당한 이유 없는 직무에 대한 수행거부 또는 유기이다. 수행거부와 유기는 선택적 관계이지만, 성질상 수행거부는 유기의 한 예시로 보아야 한다.

(a) **직무수행거부**   수행거부란 직무를 능동적으로 이행해야 할 의무 있는 공무원이 정당한 이유 없이 그 근무의무에 위배하여 이를 이행하지 않는 것을 말한다. 여기서 근무의무는 법령이나 일반적 업무규칙·예규·관행에서 나오는 것이어야 하며, 형법적 불법에 이를 만큼 비난의 정도가 높은, 공공관계에 미치는 근무의무위반이어야 한다. 공공관계에 미치는 한, 국가에 대한 것이든 국민에 대한 것이든 불문한다.

수행거부는 부작위뿐만 아니라 작위로도 가능하다는 견해가 다수설이다. 예컨대 신고서류를 접수·처리해야 할 의무 있는 공무원이 도착한 서류를 우편으로 반송한 경우가 작위에 의한 직무수행거부에 해당한다고 한다. 그러나 수행거부는 행위의 성질상 진정부작위범으로 보는 것이 옳다.[1] 수행거부는 법령 · 예규 · 관행상 요구되는 능동적 직무이행요구에 불응하는 것이고, 소극적 부작위요구에 대한 불응(작위행태)은 수행거부보다 개념폭이 넓은 유기행위에 포함시킬 수 있기 때문이다.

(b) **직무유기**   유기란 정당한 이유 없이 구체적으로 이행의무가 과해진 직무를 방임상태에 두거나 직무행위를 포기하는 것을 말한다. 통설은 직무에 관한 의식적 방임 내지 포기를 직무유기로 파악한다.

유기는 적극적 작위일 수도 있고 소극적 부작위일 수도 있다(다수설). 판례(대판 1983. 3. 22, 82 도 3065)는 이를 부진정부작위범으로 보고 있으나 타당하지 않다. 작위의무의 존재 및 그에 대한 위반은 유기행위의 부작위성의 전제라기보다 이 죄가 직무범죄로서 갖는 의무범의 속성 때문이다.

직무의 의식적인 방임 · 포기를 요한다. 그러므로 공무원이 태만 · 착각 등으로 성실히 직무를 수행하지 못한 경우, 형식적으로 직무를 수행한 경우, 소홀히 직무를 수행한 경우는 직무유기에 해당하지 않는다(대판 1997. 8. 29, 97 도 675; 1994. 2. 8, 93 도 3568). 직무를 집행할 때 단지 필요한 법적 절차를 이행하지 않았거나 내용이 다소 부실한 때 또는 단순한 직무태만인 경우도 직무유기가 아니다.

‖ **판례** ‖   직무유기가 되지 않는다고 본 판례: ① 사법경찰관리가 경미한 범죄혐의사실을 조사하여 훈방한 경우(대판 1982. 6. 8, 82 도 117), ② 일직사관이 근무장소인 상황실 부근에서 잠을 잔 경우(대판 1984. 3. 27, 83 도 3260), ③ 교도소 보안과 출정계장과 감독교사가 호송교도관의 감독을 소홀히 하여 재소자 집단탈주사고가 발생한 경우(대판 1991. 6. 11, 91 도 96), ④ 세무공무원이 권한자에게 범칙사건 조사결과에 따른 통고처분이나 고발조치 등을 건의하지 않은 경우(대판 1997. 4. 11, 96 도 2753).

직무유기에 해당한다고 본 판례: ① 세관공무원이 밀수품의 양륙을 묵인한 경우(대판 1959. 2. 28, 4294 형상 105), ② 경찰관이 투표용지 유출사실을 상사에게 보고하지 않고 수사하지도 않은 경우(대판 1961. 2. 28, 4294 형상 35), ③ 차량번호판 교부담당직원이 운행정지처분을 받은 자동차에 대해 번호판을 재교부한 경우(대판 1972. 6. 27, 72 도 969), ④ 운행정지처분을 받은 자동차에 대해 과세자료처리 담당세무서원이 양도소득세 과세자료가 은닉된 것을 발견하고 방치한 경우(대판 1984. 4. 10, 84 도 1653), ⑤ 농지사무를 담당하고 있는 군직원이 농지불법전용 사실을 외면하고 아무런 조치를 취하지 아니한 경우(대판 1993. 12. 24, 92 도 3334).

(c) **정당한 이유 없이**   ‘정당한 이유 없이’란 법률의 규정에 의하지 아니하

---

[1] 권문택, 주각(상), 93면.

거나 일반적 업무규칙·예규·관행을 벗어나 자의적으로 위법·불공정하게 행위
했음을 의미한다. 전시폭발물제조죄($\frac{제121}{조}$)에서와 같이 이른바 **위법성제한의** 의미가
함축된 용어이다.

⑷ **구성요건결과**

구체적 위험범이므로 구성요건행위로 국가나 국민의 이익을 저하시킬 만한
구체적 위험이 야기되었을 때 기수가 된다. 또한 행위와 위험야기 사이에 인과관
계와 객관적 귀속관계가 있어야 한다.

3. 주관적 구성요건요소

⑴ **구성요건고의**

구성요건고의는 공무원으로서 직무의 수행을 거부하거나 직무를 유기한다는
점에 대한 인식과 의사이다. 직무집행과 관련하여 태만·분망·착각 기타 일신상
의 사유로 부당한 결과를 초래한 데 불과한 경우는 고의가 성립하지 않는다(대판
1994. 2. 8, 93 도 3568).

⑵ **구성요건착오**

행위자가 객관적 구성요건표지를 인식하지 못했거나 오해했을 때에는 구성
요건착오로 고의가 배제된다. 특히 공무원·직무수행거부·직무유기 등은 규범
적 구성요건표지이므로 보통사람의 수준에서의 의미이해 여부가 착오의 판단기
준이 된다. 예컨대 공무원신분과 관련하여 행위자는 적어도 해당사무의 주무자로
서 그 맡겨진 일을 처리하는 지위에 있다는 의식이 있는 한, 주체에 대한 고의성
립에 지장이 없다.

'정당한 이유 없이'라는 표지는 위법성표지이므로 내용인식과 의미평가를 잘
못했더라도 구성요건착오가 아니라 금지착오이다.

4. 타죄와의 관계

⑴ **뇌 물 죄**

직무유기죄는 뇌물죄와 수단·결과관계에 놓일 때가 많다. 공무원이 뇌물을
받은 대가로 직무수행을 거부하거나 직무를 유기하여 특정인에게는 이익을, 다른
특정인에게는 피해를 입힌 경우, 뇌물죄 외에 직무유기죄도 성립하여 양자는 경
합범이 된다.

(2) 허위공문서작성·동행사죄

직무수행과정에서 성실의무에 반하여 내용이 부실한 공문서를 작성했을 경우에 허위공문서작성·동행사죄가 성립함은 분명하지만, 별도로 직무유기죄의 성립을 인정하기는 어렵다(대판 1982. 12. 28, 82 도 2210). 직무유기에서는 절차부적법이나 내용부실이 아니라 직무의 수행·포기를 문제삼기 때문이다. 직무유기사실을 적극적으로 은폐할 목적으로 허위공문서를 작성한 경우에도 허위공문서 작성죄만 성립한다.

∥판례∥ ① 예비군 중대장이 예비군대원의 훈련불참사실을 알면서 훈련불참사실을 고의로 은폐할 목적으로 예비군대원이 훈련에 참석한 양 허위내용의 학급편성명부를 작성·행사한 경우(대판 1982. 12. 28, 82 도 2210), ② 공무원이 건축물의 착공·준공검사를 마치고 허가조건에 위배된 사실을 숨기기 위해 허위복명서를 작성한 경우(대판 1972. 5. 9, 72 도 722), ③ 세무공무원이 범칙사건을 수사하고 관계서류를 작성하면서 혐의사실을 고의로 은폐하기 위하여 허위내용의 전말서나 진술조서를 작성 행사한 경우(대판 1971. 8. 31, 71 도 1176)에는 공무원이 위법사실을 발견하고도 직무상 의무에 따른 적절한 조치를 취하지 아니하고 위법사실을 적극적으로 은폐할 목적으로 허위공문서를 작성·행사한 경우로 직무위배의 위법상태는 허위공문서 작성 당시부터 포함되는 것으로 허위공문서작성 및 동행사죄만이 성립한다.

(3) 위계에 의한 공무집행방해죄

공무원이 직무수행과정의 성실의무에 반하여 부하직원에게 허위공문서를 작성하게 하여 위계로써 상사의 공무집행을 방해한 경우, 직무위배의 위법상태는 공무집행방해행위 속에 포함되어 평가되므로 별도로 직무유기죄는 문제되지 않고 위계에 의한 공무집행방해죄만 성립한다.

∥판례∥ 출원인이 어업허가를 받을 수 없는 자라는 사실을 알면서도 그 직무상의 의무에 따른 적절한 조치를 취하지 않고 오히려 부하직원으로 하여금 어업허가 처리기안문을 작성하게 한 다음 스스로 중간결재를 하는 등 위계로써 농수산국장의 최종결재를 받은 경우 위계에 의한 공무집행방해죄만이 성립하고 직무유기죄는 따로 성립하지 아니한다(대판 1997. 2. 28, 96 도 2825).

(4) 범인도피죄

검사로부터 범인을 검거하라는 지시를 받고서도 직무상의 의무에 따른 적절한 조치를 취하지 아니하고 오히려 범인에게 전화로 도피하라고 권유하여 그를 도피케 한 경우에는 작위범인 범인도피죄(제151조) 외에 부작위범인 직무유기죄는 별도로 성립하지 않는다(대판 2017. 3. 15, 2015 도 1456). 직무위배의 위법상태는 범인도피행위의 위법평가 속에 포함되어 있기 때문이다.

(5) 증거인멸죄

사법경찰관이 압수·보관중인 증거물(오락기의 변조 기판)을 검찰에 송치하여 범죄혐의의 입증에 사용토록 하는 등의 적절한 조치를 취하는 대신 소유자인 업주에게 되돌려 주도록 조치를 취한 경우에도, 직무위배의 위법상태가 증거인멸행위 속에 포함되어 있는 것으로 보아야 할 것이므로 작위범인 증거인멸죄만이 성립하고 부작위범인 직무유기죄는 따로 성립하지 아니한다(대판 2006. 10. 19, 2005 도 3909 전원합의체판결).

(6) 건축법위반교사죄

직무상 불법건축물 단속의 의무 있는 자가 타인을 교사하여 불법건축을 하게 한 경우에는, 직무위배의 위법상태는 건축법위반교사행위에 내재하고 있으므로 법조경합 흡수관계가 되어, 건축법위반교사만 성립한다(대판 1980. 3. 25, 79 도 2831).

B. 피의사실공표죄

1. 의의 및 성격

피의사실공표죄는 검찰·경찰 기타 범죄수사에 관한 직무를 행하는 자 또는 이를 감독·보조하는 자가 그 직무와 관련하여 알게 된 피의사실을 공소제기 전에 공표함으로써 성립하는 범죄이다. 3년 이하의 징역 또는 5년 이하의 자격정지에 처한다($^{제126}_{조}$). 보호법익은 **국가의 범죄수사권과 피의자의 인권**(명예)이다(통설). 그 밖에 추상적 위험범·거동범·진정신분범·의무범·진정직무범죄의 성격을 지닌다.

2. 객관적 구성요건요소

(1) 행위주체

검찰·경찰 기타 범죄수사에 관한 직무를 행하는 자 또는 이를 감독·보조하는 자이다. 범죄를 인지하여 수사하는 검사는 범죄수사에 관한 직무를 행하는 자이고, 수사지휘를 받은 사법경찰관리나 검찰수사관 또는 검사의 조서작성에 참여한 검찰주사는 범죄수사를 보조하는 자이며, 수사검사가 속한 검찰청의 검사장 등은 이를 감독하는 자에 해당한다. 경찰에서 인지한 사건에서는 사법경찰관이 범죄수사에 관한 직무를 행하는 자이고, 사법경찰관리가 범죄수사를 보조하는 자이며, 경찰수사를 지휘하는 검사가 이를 감독하는 자의 지위에 서게 된다.

검찰이 청구한 영장을 심사하여 구속영장을 발부한 법관이 피의사실을 공표한 경우 그 법관도 검찰을 감독하는 자로서 이 죄의 주체일 수 있는가? 범죄수사권의 보호와 무죄추정을 받는 피의자의 인권보호 측면에서는 법관에 의한 구속영장 기재의 혐의사실공표도 통제대상이 되어야 할 필요가 있다는 점 및 이 죄의 주체에서 감독자의 지위는 신분상의 감독이 아니고 직무상의 감독을 의미하고, 구체적 사건에 관한 강제처분의 직무를 심사함으로 구속에 대한 사법적 통제를 가하는 법관의 영장심사 및 허가는 수사직무상의 감독으로 볼 수 있다는 점에서 이를 긍정해야 할 것이다.[2]

(2) 행위객체

직무를 행함에 당하여 알게 된 피의사실이다. 피의사실이란 수사기관이 혐의를 두고 있는 사실로서, 구체적으로는 고소장·고발장·범죄인지서·체포영장·구속영장 등에 기재된 범죄사실이 이에 해당한다. 직무를 행함에 당하여란 '직무와 관련하여'와 같은 개념으로, ⅰ) 직무행위 자체와 관련하여 알게 된 사실은 물론, ⅱ) 객관적으로 보아 직무행위의 외형을 갖추고 있는 행위와 관련하여 알게 된 사실도 포함된다. 그러나 직무와 전혀 관련없이 알게 된 사실은 포함되지 않으며, 직무수행중 알게 된 사실인 한 그 지득방법이나 경위 및 진위 여부는 가리지 않는다.

(3) 행 위

공판청구 전에 피의사실을 공표하는 것이다. 공표란 불특정 또는 다수인에게 내용을 알리는 것을 말한다(통설). 공공연히 알릴 것을 요하지 않으며, 어느 특정인(예컨대 신문기자 1인)에게 알린 경우라도 불특정 다수인이 알 수 있었을 때에는 공표에 해당한다(다수설). 따라서 피의자의 가족이나 변호인에게 피의사실을 알려 주는 것은 공표에 해당하지 않는다. 공표의 수단·방법에는 제한이 없다. 예컨대 신문기자의 기록열람을 묵인하는 경우는 부작위에 의한 공표에 해당한다.

추상적 위험범·거동범의 일종이므로 피의사실을 공표함으로 곧바로 기수가 된다(통설). 공표행위의 시간적 제한으로 공판청구(공소제기) 전일 것을 요한다. 공판청구 전이라는 표지는 구성요건적 행위상황을 기술하고 있다.

2) 권오걸 997면; 김성돈 701면; 박상기 631면; 백형구 659면; 오영근 890면; 임웅 835면; 정영일 537면; 진계호 711면.

3. 주관적 구성요건요소

구성요건고의는 범죄수사에 관한 특수직무담당자로서 직무수행중 알게 된 피의사실을 공소제기 전에 공표한다는 점에 대한 인식과 의사이다. 특히 피의사실은 직무수행중 지득한 것이어야 하므로 그 한에서 피의사실에 관하여는 확실한 인식정도의 지정고의·직접고의가 있어야 한다. 나머지 객관적 구성요건표지에 관하여는 미필적 고의로도 충분한다. 특수공무원신분, 피의사실, 공판청구전 등은 규범적 구성요건표지이므로, 보통사람 정도의 정신적 이해가 필요하다.

4. 위 법 성

개인적 법익 외에 국가적 법익도 문제되므로 피해자의 승낙은 이 죄 성립에 영향을 미치지 않는다. 수사활동상 상관 또는 동료에게 보고하거나 공개수사를 위해 일반에게 고지하는 것은 정당행위로 위법성이 조각된다.

C. 공무상 비밀누설죄

1. 의   의

공무상 비밀누설죄는 공무원 또는 공무원이었던 자가 법령에 의한 직무상 비밀을 누설함으로써 성립하는 범죄이다. 2년 이하의 징역이나 금고 또는 5년 이하의 자격정지에 처한다($^{제127}_{조}$). 공무원의 직무상 비밀에 대한 준수의무는 국가공무원법($^{동법}_{제60조}$)과 지방공무원법($^{동법}_{제52조}$)에도 명시되어 있어, 그 위반에 대해서는 징계처분으로 충분하지 않은가라는 의문이 제기된다. 형법적 불법은 징계법상의 의무위반보다 비난의 정도가 높아야 함은 물론, 불법에 대한 제재도 보충적이어야 한다. 일반적 위험만으로 처벌을 가능하게 한 우리 형법에서 입법론적으로 재고해야 할 대목이라고 생각한다.

2. 성   격

이 죄는 국가의 일반권력기능을 상위의 일반적 보호법익으로 하면서, **직무상 비밀유지와 그에 따른 국가적 이익**을 구체적 보호법익으로 삼는다. 판례는 비밀의 누설로 위협받는 국가의 기능을 보호법익으로 본다(대판 1996.5.10, 95도 780). 보호정도에 관해서는 추상적 위험범으로서의 보호이다.

그 밖에 즉시범·거동범·진정직무범죄·진정신분범·의무범·표시범의 일종이다. 이 죄는 의무범적 진정신분범이므로 의무 없는 자가 공동정범이나 간접정범은 될 수 없지만 공범의 성립은 가능하다.

3. 객관적 구성요건요소

(1) 행위주체

공무원 또는 공무원이었던 자이다. 직무상 비밀유지를 위해서는 공무원으로 재직중일 때뿐만 아니라 퇴직 후라도 누설금지가 필요하기 때문이다.

(2) 행위객체

법령에 의한 직무상 비밀이다.

(a) 비   밀   비밀이란 일반적으로 알려져 있지 않은 사실로서, 공개되지 않은 상태에 둠으로써 국가나 공공단체가 일정한 이익을 가지는 사항을 말한다. 예컨대 알려지지 않은 도시계획, 국토개발계획, 은밀한 감사계획, 수사중인 내용, 합의체법원의 합의와 평결내용 등을 들 수 있다.

여기서 비밀은 공무원법상의 징계대상인 비밀엄수의무위반의 비밀보다 불법결과의 정도가 높은 것이어야 한다. 따라서 비밀유지이익이 행정관청 내부에 그치는 정도로는 안 되고, 국가적 차원에서 공공의 이익에 영향을 줄 수 있는 중대한 것이어야 한다. 판례는 이것을 「실질적으로 보호할 가치가 있다고 인정할 수 있는 것이어야 한다」고 판시하고 있다(대판 1996. 5. 10, 95 도 780).

‖ 판례 ‖ 감사원 감사관이 기업의 비업무용 부동산 보유실태에 관한 실질감사귀청 보고서를 공개한 것은 그 당시 부동산투기가 심각한 사회문제로 대두되어 정부에서 토지공개념 도입 등의 대책을 강구하고 있었고, 기업의 비업무용 부동산 보유실태에 관하여 국민의 관심이 집중된 상황하에서 기업의 비업무용 부동산 보유실태가 공개되는 것이 국민 전체의 이익에 이바지한다 할 수 있을 뿐 국가의 기능을 위협한다고 할 수 없으므로 그 보고서의 내용은 공무상 비밀에 해당하지 않는다(대판 1996. 5. 10, 95 도 780).

(b) 직무상 비밀   직무상 비밀이란 이 죄의 주체가 직무수행중 알게 된 비밀을 말한다. 직무수행중 알게 된 비밀인 한, 누구의 직무와 관련된 것이건 묻지 않는다.

(c) 법령에 의한 직무상 비밀   직무상의 비밀은 법령에 의한 것이어야 한다. '법령에 의한 비밀'의 의미에 관해, 다수설은 법령에 의하여 특히 비밀로 할 것이 요구되는 사항에 한한다는 입장이다. 그러나 판례(대판 1996. 5. 10, 95 도

780; 1982. 6. 22, 80 도 2822)는 「법령에 의해 비밀로 규정되었거나 비밀로 명시된 사안에 국한하지 않고, 정치·군사·외교·경제·사회적 필요에 따라 비밀로 된 사항은 물론, 정부나 공무소 또는 국민에게 객관적·일반적 입장에서 외부에 알리지 않는 것이 상당한 이익이 되는 사항도 포함한다」는 입장이다. 국민의 알 권리라는 측면에서도 비밀의 폭은 필요한 최소한에 머물도록 해석하는 것이 목적론적으로 합당하므로 다수설이 타당하다.

(3) 행   위

누설이다. 누설이란 비밀사항을 아직 이를 모르는 제 3 자에게 고지하는 일체의 행위를 말한다. 어렴풋이는 알고 있어도 확실히 알지 못하는 자에 대한 고지도 이에 해당한다. 다만 이미 알고 있는 사람에게 알리는 것은 누설의 불능미수에 해당하여 처벌받지 않으므로 별 의미가 없다. 다수설은 이 경우 누설에 해당하지 않는다고 본다.

누설방법에는 제한이 없다. 작위는 물론, 서류열람을 묵인하는 등 부작위로도 가능하다. 어느 관청에 속한 비밀인지가 알려질 수 있을 정도로 구체적인 고지여야 하며, 막연한 고지는 누설이 아니다.

4. 주관적 구성요건요소

구성요건고의는 행위자가 공무원이라는 신분, 직무상 알게 된 비밀이라는 점, 법령에 의해 특히 비밀로 할 것이 정해져 있다는 점, 그 비밀을 누설한다는 점에 대한 인식과 의사이다. 특히 비밀 자체는 직무수행중 지득한 것이어야 하므로 그 한에서 확고한 인식정도의 지정고의·직접고의가 있어야 한다. 나머지 객관적 구성요건표지에 관하여는 미필적 고의로도 충분하다.

행위자가 특정한 비밀로 누설하려 했으나 객체를 혼동하여 다른 비밀을 누설하게 되었더라도(객체의 착오) 고의귀속에는 영향이 없다. 누설행위의 상대방에 대한 착오도 고의귀속에 지장을 주지 않는다.

신분범의 본질상 신분에 대한 착오는 환각범에 속하므로, 공무원 신분에 대한 착오는 범죄가 안 된다. 지득한 정보가 비밀사항이 아니라고 착오하고 누설한 경우 또는 법령에 의한 비밀사항지정에서 면제된 사실로 착오하고 발설한 경우에는 구성요건착오가 되어 고의가 배제된다.

5. 위 법 성

피해자의 승낙은 이 죄의 성립에 영향을 주지 않는다. 그 밖에 정당한 근거에 터잡아 비밀을 고지했을 때에는 위법성이 조각된다. 다른 특별법령(군사기밀보호법·부패방지및국민권익위원회의설치와운영에관한법률 등)에 의해 비밀의 고지가 허용되어 있는 경우 또는 정당방위·긴급피난과 같은 사유가 있을 때에는 비밀을 누설했더라도 위법성이 조각된다.

Ⅲ. 직권남용죄

A. 일반공무원직권남용죄

1. 의   의

일반공무원직권남용죄는 공무원이 직권을 남용하여 다른 사람에게 의무 없는 일을 하게 하거나 다른 사람의 권리행사를 방해함으로써 성립하는 범죄이다. 5년 이하의 징역, 10년 이하의 자격정지 또는 1천만원 이하의 벌금에 처한다($\frac{제123}{조}$). 공무원의 직권남용은 공무원의 성실의무, 친절·공정의무에 반할 뿐 아니라 부패와도 직결될 수 있는 소지가 많기 때문에 이를 방지하기 위하여 규정한 것이다.

보호법익에 관해 다수설은 국가기능의 공정한 행사로 본다. 그러나 다른 직무범죄와 같이 국가의 일반권력기능을 상위의 일반적 보호법익으로, **행정의 공정성과 적법성**을 구체적 보호법익으로 삼는 동시에 피해자 개인의 의사결정 및 의사활동의 자유도 보호법익으로 한다. 강요죄의 성격이 내포되어 있기 때문이다. 보호정도는 국가기능과 관련해서는 추상적 위험범으로서의 보호라고 할 수 있으나, 행위객체가 사람이고 피해자의 의사결정 및 의사활동의 자유에 대한 침해가 주된 불법내용이므로 전체적으로는 **침해범**으로 보아야 한다.

2. 성   격

이 죄에는 강요죄의 성격이 내포되어 있기는 하지만 직권남용과 강요죄의 폭행·협박은 각각 행위수단에서 차이가 있고, 보호법익과 죄질도 서로 다르다. 따라서 이 죄의 공무원신분은 강요죄에 대한 불법가중이나 책임가중적 신분이 아니라 불법구성적인 독자적 신분으로 보아야 할 것이다. 이 죄는 즉시범의 성격을 띠며, 진정직무범죄의 일종이다.

3. 객관적 구성요건요소

(1) 행위주체

공무원이다. 이 죄는 직권남용을 행위수단으로 삼아 타인의 권리행사를 방해
하는 것이므로, 명령·강제력을 수반하는 직무를 수행하는 공무원에 국한된다(통
설). 예컨대, 경찰·검찰·특별사법경찰관리의 직을 수행할 수 있는 공무원(마약
감시원·세관원·철도공안원·환경감시원·산림보호공무원·근로감독관·교도소장·
소년원장 등)을 들 수 있다. 강제력의 직접성 여부는 불문한다.

(2) 행위객체

타인, 즉 행위자와 공범자 외의 모든 사람이다. 친척이라도 상관없고 다른 공
무원도 타인이 될 수 있다. 다만 공무수행중인 다른 공무원에 대한 직권남용은 경
우에 따라 이 죄와 공무집행방해죄의 상상적 경합이 될 수 있다.

(3) 행   위

(a) **행위수단**   직권남용이다. 이 점에서 폭행·협박만을 행위수단으로 하
는 강요죄($^{제324}_{조}$)와 구별된다. **직권남용**이란 공식적으로 일반적 직무권한에 속한 사
항에 대해 그 본래의 취지와 달리 부당한 목적·방법으로 실질상 위법한 조치를
취하는 것을 말한다(대판 2004. 10. 15, 2004 도 2899).

외관상 공무원의 직무와 전혀 상관없는 사항, 당해 공무원의 일반적 직무권
한과 전혀 무관한 사항 또는 자기의 직권과 관계없는 권한을 남용한 경우는 아예
직권사항에 해당하지 않으므로 직권남용이 될 수 없다(통설).

> 사례 **직권남용이 되지 않는 경우:** 예컨대 집행관이 채무자를 체포하거나 세무공
> 무원이 미납세자를 감금하는 경우, 국정원직원이 공사대금을 지급하지 않는 건축주
> 를 협박하여 약속어음을 받아낸 경우 체포·감금·강요죄 등이 성립함은 별론으로
> 하고 본죄에는 해당하지 않는다. 그 밖에 마약감시원이 밀수녹용을 판매하는 한약
> 방에 들어가 밀수한 약재를 수색·압수하는 경우, 군수사관이 간통 당사자를 붙잡
> 아 간통사실을 자인하는 자술서를 쓰게 한 경우 등도 마찬가지이다.

직권남용은 작위나 부작위로도 가능하다. 일반적 직무권한의 범위 내라면 남
용의 양태가 법률행위인지 사실행위인지, 불법한지 부당한지 가리지 않는다. 따
라서 적법행위를 추진하면서 부당한 목적·방법으로 타인의 권리행사를 방해한

경우도 직권남용에 해당한다. 예컨대 시청직원이 공익사업자를 선정하면서 자기 친구에게 특혜를 줄 부당한 목적으로 다른 신청인에게 불필요하고 불리한 조건을 붙여 스스로 신청을 포기하도록 만든 경우도 직권남용에 해당한다.

(b) **행위양태**   법률상 의무 없는 일을 행하게 하거나 권리행사를 방해하는 것이다.

(가) 의무 없는 일의 강요   법령상의 근거 없이 또는 법령상의 근거가 있더라도 그 내용을 부당하게 변경하여 의무 없이 또는 의무에 적합하지 않게 어떤 일을 타인에게 강요하는 것을 말한다. 예컨대 불법으로 과다한 납세의무를 과하거나 필요 없는 조건을 부가하여 의무이행의 시기를 단축시키는 행위, 정기상납금, 추석떡값 또는 전별금 명목으로 관내업소에 일률적으로 일정한 금품을 내게 하는 것 등이 그것이다.

‖ **판례** ‖   직권남용죄에서 '의무'란 법률상 의무를 가리키고, 단순한 심리적 의무감 또는 도덕적 의무는 이에 해당하지 아니하므로 치안본부장이 국립과학수사연구소 법의학과장에게 고문치사자의 사망에 관하여 기자간담회에 참고할 메모를 작성하도록 요구한 것은 직권남용죄에 해당하지 않는다(대판 1991. 12. 27, 90 도 2800).

(나) 권리행사의 방해   법령상 인정된 정당한 권리를 행사하지 못하게 방해하는 것을 말한다. 예컨대 경찰관리가 부당하게 영업정지를 명하거나 인·허가의 권한 있는 공무원이 부당하게 이를 거부하여 권리발생을 방해한 경우를 들 수 있다. 검찰 고위 간부가 내사 담당 검사에게 내사를 중단하고 종결처리하도록 한 경우도 이에 해당한다(대판 2007. 6. 14, 2004 도 5561).

‖ **판례** ‖   대통령비서실 민정수석비서관이 농수산물도매시장 관리공사 대표이사에게 요구하여 위 시장 내의 주유소와 서비스동을 당초 예정된 공개입찰방식이 아닌 수의계약으로 대통령의 근친이 설립한 회사에 임대케 한 경우와 그가 노량진수산시장에 대한 임대료 강화문제와 관련하여 진행중이던 감사원의 주식회사 한국냉장에 대한 감사를 중단케 한 경우 직권남용죄에 해당한다(대판 1992. 3. 10, 92 도 116).

(c) **기수시기**   의무 없는 행위 또는 권리행사를 방해하는 행위가 있었다는 것만으로는 부족하고 피해자의 의무 없는 행위가 실행된 때 또는 권리행사방해의 결과가 발생한 때 기수가 된다(다수설·대판 1978. 10. 10, 75 도 2665). 침해범·결과범이므로 구성요건행위 외에 권리행사의 현실적 장애라는 결과의 발생을 필요로 한다. 다만 국가기능과 관련해서는 추상적 위험범의 보호이므로 현실적으로

국가기능의 공정성이 침해되어야 하는 것은 아니다.

4. 주관적 구성요건요소

구성요건고의는 행위자가 자신이 공무원이라는 점과 직권을 남용한다는 점, 타인으로 하여금 의무 없는 일을 하게 하거나 타인의 권리행사를 방해한다는 점 및 그로 인해 현실적인 권리행사방해의 결과가 발생할 수 있으리라는 점에 대한 인식과 의사이다. 미필적 고의로 충분하다. 행위객체의 착오는 고의귀속에 영향이 없다.

‖**판례**‖ 교도소에서 접견업무를 담당하던 교도관이 접견신청에 대하여 행형법 제18조 2항 소정의 "필요용무"가 있는 때에 해당하지 아니한다고 판단하여 접견신청을 거부한 경우 접견신청거부행위의 위법성에 대한 인식이 없었던 것에 불과한 것이 아니라 애당초 직권남용에 대한 고의가 결여되어 있다(대결 1993. 7. 26, 92 모 29).

5. 타죄와의 관계

직권남용죄와 강요죄($^{제324}_{조}$)를 독립별개의 범죄로 보는 한, 공무원이 폭행·협박적 방법만을 사용하여 타인의 권리행사를 방해한 때에는 강요죄만 성립하고, 제135조(공무원의 직무상범죄에 대한 형의 가중)가 추가적용된다고 할 수밖에 없다.

그러나 공무원이 직권을 남용하면서 동시에 폭행·협박으로 타인의 권리행사를 방해한 때 또는 직권남용의 일환으로 폭행·협박을 가한 때에는 직권남용죄와 강요죄의 상상적 경합이 된다.

경찰공무원이 직권을 남용하여 수사를 빙자하여 허위명령서를 발부하여 타인에게 의무 없는 일을 하게 한 경우 직권남용죄 외에 허위공문서작성죄가 성립하고 양 죄는 경합범이 된다.

‖**판례**‖ 순경이 상사의 명령이 없고 입건되지도 아니한 경우 범죄수사를 빙자하여 허위의 명령서를 발부하여 의무 없는 서류제출을 하게 한 경우는 허위공문서작성죄 및 직권남용죄에 해당한다(대판 1955. 10. 18, 4288 형상 266).

B. 특수공무원의 불법체포·감금죄

1. 의   의

본죄는 인신구속에 관한 직무를 행하는 특수공무원이 직권을 남용하여 사람을 위법·부당하게 체포·감금함으로써 성립하는 범죄이다. 7년 이하의 징역과

10년 이하의 자격정지에 처한다. 미수범은 처벌한다($\frac{제124}{조}$). 행위주체가 인신구속에 관한 직무를 담당하는 특수공무원인 까닭에 인신구속절차에서 행하기 쉬운 직권남용에 의한 인권침해를 방지하려는 데 그 취지가 있다.

　일반적 보호법익은 국가의 일반권력기능이지만, 구체적 보호법익은 형사사법의 공정성과 적법성 및 피해자의 신체적 자유이다. 보호정도는 행위객체가 국가기능이 아니라 사람(타인)인 점 및 행위양태가 체포·감금인 점을 고려할 때 침해범으로서의 보호라고 해야 할 것이다.

2. 성　격

　일반체포·감금죄($\frac{제276조}{1항}$)와 관련하여 이 죄의 성격에 관하여 견해가 갈린다. ① 일반체포·감금죄에 대해 책임이 가중되는 부진정신분범이라는 견해(다수설), ② 일반체포·감금죄와 보호법익을 달리하는 독립된 특수직무범죄라는 견해[3] 등이 그것이다. 차이점은 신분 없는 일반인이 신분 있는 자의 체포·감금행위에 가담했을 때, 전자의 견해에 의하면 제33조 단서가 적용되어 단순체포·감금죄의 공범이 성립하나, 후자의 견해에 따르면 제33조 본문에 의해 본죄의 공범이 성립한다는 데에 있다. 생각건대 본죄는 일반체포·감금죄에 대해 불법이 가중되는 부진정신분범·부진정직무범죄로 보는 것이 좋겠다. 그 밖에 침해범·계속범·결과범·공격범·지배범이다.

3. 객관적 구성요건요소

(1) 행위주체

　재판·검찰·경찰 기타 인신구속에 관한 직무를 행하는 자 또는 이를 보조하는 자이다. 재판·검찰·경찰의 직무를 행하는 자란 형사·검사·사법경찰관을 지칭하며, 기타 인신구속에 관한 직무를 행하는 자란 교도소장·구치소장·보호관찰소장·소년원장·산림보호공무원·선장 등 사법경찰관의직무를행할자와그직무범위에관한법률($\frac{제3조}{}$동법 이하)에 규정된 자를 말한다. 따라서 기타 특별사법경찰관도 이에 포함된다.

　이를 보조하는 자란 법원·검찰의 서기나 사법경찰리, 헌병하사와 같이 법률에 의하여 그 직무상 보조자의 지위에 있는 자를 말한다. 따라서 사실상 이를 보조하는 사인(예컨대 사인이 현행범을 체포한 경우)은 여기에 포함되지 않는다.

---

3) 권문택(공저) 687면; 손동권 748면; 이재상 716면; 정성근·박광민 794면.

판례는 집행관도 이 죄의 주체가 된다고 하지만(대판 1969. 6. 24, 68 도 1218), 집행관은 본래 인신구속업무와 상관없는 직무수행자이므로 주체로 볼 수 없다.

(2) 행위객체

행위자와 공범 외의 모든 사람이다. 공무원도 행위객체가 될 수 있다. 다만 공무수행중인 다른 공무원에 대한 체포·감금은 경우에 따라 이 죄와 공무집행방해죄의 상상적 경합이 될 수 있다. 본죄는 개인적 법익 외에 보편적 법익(형사사법의 공정성·적법성)도 보호하는 결합범이므로 피해자의 승낙은 이 죄 성립에 영향을 미치지 않는다.

(3) 행 위

(a) **행위수단**   직권남용이다. 이 점에 관하여는 일반공무원의 직권남용죄($\frac{제123}{조}$)에서 설명한 것과 대체로 같다. 직권남용이라는 행위수단을 동원하지 않고 직권과 전혀 관계없거나 직권범위를 벗어난 체포·감금은 일반체포·감금죄($\frac{제276}{조}$)를 구성할 뿐이다(다수설).

(b) **행위양태**   체포 또는 감금이다. 체포·감금의 의미에 관해서는 일반체포·감금죄의 그것과 같다.

‖ **판례** ‖   ① 경찰관이 적법절차에 의하지 않고 피해자를 경찰서보호실에 구금하는 경우(대판 1971. 3. 9, 70 모 2406), ② 구속영장 없이 피의자를 함부로 구속하거나 임의동행한 피의자를 조사 후 귀가시키지 않고 경찰서보호실에 유치한 경우(대결 1985. 7. 29, 85 모 16), ③ 설령 피해자가 경찰서 안에서 직장동료인 피의자들과 같이 식사도 하고 사무실 안팎을 내왕했더라도 피해자를 경찰서 밖으로 나가지 못하게 한 경우(대판 1997. 6. 13, 97 도 877; 1991. 12. 30, 91 모 5)에는 감금행위가 성립한다.

(c) **실행의 착수시기**   행위자가 체포·감금의 고의로 타인의 잠재적 신체활동의 자유를 침해하는 행위를 개시한 때이다. 피해자가 실제 자유박탈사실을 알고 있을 필요는 없다.

(4) 결 과

침해범·결과범이므로 체포·감금행위로 인해 구성요건결과, 즉 행위객체의 잠재적 신체활동의 자유에 대한 객관적 침해상태가 존재할 때 기수에 이른다. 또한 계속범이므로 성질상 어느 정도의 시간적 계속성을 요하지만, 반드시 일정한 시간적 계속이 있어야 기수가 되는 것은 아니다. 다만 일시적 체포·감금은 폭행죄 또는 이 죄의 미수에 불과하므로 이 정도를 넘어선 체포·감금이 있을 때 비로소 행위의 종료로 인한 기수가 되고, 체포·감금상태가 계속되는 동안은 범죄가 완료되지 않는다.

체포·감금행위가 종료되지 못한 때 또는 체포·감금행위와 구성요건결과 사이에 인과관계 및 객관적 귀속관계가 결여된 때에는 미수범으로 처벌된다($\frac{제124조}{2항}$).

4. 주관적 구성요건요소

인신구속에 관한 직무를 담당하는 특수신분을 가진 공무원이 직권을 남용하여 타인을 체포·감금한다는 데 대한 고의가 있어야 한다. 미필적 고의로도 충분하다.

형법 제13조, 제15조 1항은 일반체포·감금죄($\frac{제276조}{1항}$)와 불법가중적 구성요건인 본죄 사이에도 적용된다. 행위자가 자신의 특수신분지위에서 직권을 남용하여 체포·감금행위를 한다는 사실을 알지 못하고 행위했다면, 일반체포·감금죄($\frac{제276조}{1항}$)로 처벌할 수 있을 뿐이다.

5. 위 법 성

피해자의 승낙을 위법성조각사유로 보는 다수설적 입장에서, 피해자가 불법체포·감금행위를 승낙하거나 동의한 경우에 위법성이 조각되는가 하는 문제가 생긴다. 그러나 이 죄의 보호법익인 형사사법의 공정성과 적법성은 개인이 처분가능한 법익이 아니기 때문에 피해자의 승낙은 위법성을 조각하지 않는다.[4]

6. 특별법과의 관계

이 죄를 범하여 사람을 치상한 때에는 1년 이상의 유기징역, 치사한 때에는 무기 또는 3년 이상의 징역에 처한다($\frac{특가법}{제4조의 2}$).

C. 특수공무원의 폭행·가혹행위죄

1. 의   의

본죄는 인신구속에 관한 직무를 행하는 특수공무원이 그 직무를 행하는 기회에 직무와 관련하여 형사피의자 또는 다른 사람에 대하여 폭행이나 가혹행위를 함으로써 성립하는 범죄이다. 5년 이하의 징역과 10년 이하의 자격정지에 처한다($\frac{제125}{조}$). 인신구속은 형사피의자 등의 인권을 침해할 우려가 많으므로 인신구속에

---

4) 김성돈 708면; 박상기 637면; 오영근 899면; 임웅 844면.

서 적법절차를 보장하고 인권침해행위를 방지하려는 데 그 취지가 있다.

2. 성 격

이 죄는 국가의 일반권력기능을 상위의 일반적 보호법익으로, **형사사법의 공정성과 적법성 및 피해자의 신체의 건재성을 구체적 보호법익**으로 삼는다. 보호정도에 관하여 행위객체가 국가기능이 아니라 사람인 점 및 행위양태가 단순폭행죄($^{제260조}_{1항}$)의 폭행과 동일한 점을 고려할 때 침해범이라 해야 한다. 구성요건행위 자체만으로 구성요건을 충족시킬 수 있다는 점에서 형식범·거동범의 일종이다. 부진정직무범죄·부진정신분범으로 보아야 하지만, 의무범은 아니다. 즉시범·공격범·지배범에 속한다.

3. 객관적 구성요건요소

(1) 행위주체

재판·검찰·경찰, 그리고 인신구속에 관한 직무를 행하는 자 또는 이를 보조하는 자이다. 내용은 불법체포·감금죄($^{제124}_{조}$)의 그것과 같다. 경찰서에서 주로 회계사무를 담당하던 경찰관도 상사의 명령에 의해 일시 형사피의자를 신문하는 자리에 임했다면 이 죄의 주체가 된다(대판 1948.1.30, 4280 형상 151).

(2) 행위객체

형사피의자 또는 '그 밖의 사람'이다. 그 밖의 사람이란 형사피고인·증인·참고인 등 수사나 재판절차상 조사의 대상이 된 자 외에 부녀, 산림·해양·철도·환경·노동 등 행정경찰상 감독·보호를 받는 자 및 그 관계인도 포함한다. 교도소·소년원·소년분류심사원에 수용된 자도 행위객체가 된다.

(3) 행 위

(a) **행위상황** '직무를 행함에 당하여'라는 행위상황을 필요로 한다. **직무를 행함에 당하여란 직무를 행하는 기회에 또는 직무수행중 및 직무와 관련해서라는 의미**이다.

직접적 직무행위는 아니더라도 적어도 직무와 시간적·사항적·내적 관련이 있는 것이라면 여기서의 행위상황에 해당할 수 있다. 반면 단순히 직무수행의 기회와 시간적 관련성만 있을 뿐 직무수행과 객관적인 사항적·내적 관련성이 없는 폭행·가혹행위는 단순폭행죄 또는 중체포·감금죄와 제135조에 의한 가중처벌이 고려될 수 있을 뿐이다. 예컨대 경찰관이 근무시간에 자신의 채무자를 경찰서로 소환해 채무변제를 요구하며 폭행한 경우에는 본죄가 성립하지 않는다.

(b) **행위양태**   폭행 또는 가혹행위이다. **폭행**이란 사람의 신체에 대한 직접적·간접적 유형력의 행사를 말한다. 단순폭행죄의 폭행과 마찬가지로 협의의 폭행개념에 포함된다. **가혹행위**란 정신적·육체적 고통을 주는 일체의 행위를 말한다. 여기서 가혹행위는 반드시 타인의 생명·신체의 완전성을 위태롭게 할 정도가 아니라도 타인에게 정신적·육체적 고통을 줄 수 있는 행위이면 충분하다는 점에서 학대죄($^{제273조}_{1항}$)의 학대보다는 범위와 정도가 넓은 개념이고, 중체포·감금죄($^{제277조}_{1항}$)의 가혹행위와 같은 개념이다. 예컨대 여자 피의자의 옷을 벗겨 수치심을 주거나 추행을 하는 등의 유형적 방법은 물론, 음식을 주지 않거나 잠을 재우지 않는 등의 무형적 방법도 포함한다. 협박하여 자백을 강요하는 경우의 협박도 가혹행위의 일종이다.

4. 주관적 구성요건요소

구성요건고의는 행위자가 인신구속에 관한 직무를 담당하는 특수신분공무원이라는 점, 직무를 수행하는 상황하에서 형사피의자 또는 그 밖의 사람에게 폭행·가혹행위를 한다는 점에 대한 인식과 의사이다. 미필적 고의로도 충분하다. 단순폭행죄에 대해서는 이 죄가 불법가중적 부진정신분범이라고 해야 할 것이므로, 행위자가 자신의 특수신분지위에서 직무수행중 폭행·가혹행위를 한다는 사실을 몰랐다면 단순폭행죄($^{제260조}_{1항}$)로 처벌할 수 있을 뿐이다.

5. 타죄와의 관계

구금된 부녀를 간음한 때에는 피구금부녀간음죄($^{제303조}_{2항}$), 강간 또는 강제추행한 때에는 성범죄와는 죄질과 행위상황·행위양태를 달리하므로, 양자의 상상적 경합이 된다(다수설).

6. 특별법과의 관계

이 죄를 범하여 사람을 치상한 때에는 1년 이상의 유기징역, 치사한 때에는 무기 또는 3년 이상의 징역에 처한다($^{특가법}_{제4조의2}$). 군사법원의 법무관·검찰관 및 군수사기관의 수사요원의 가혹행위에 대해서는 군형법($^{제62}_{조}$)이 우선 적용된다.

D. 선거방해죄

1. 의   의

선거방해죄는 검찰·경찰 또는 군의 직에 있는 공무원이 법령에 의한 선거의 선거권자·피선거권자에게 협박을 가하거나 그 밖의 방법으로 선거의 자유를 방해함으로써 성립하는 범죄이다. 10년 이하의 징역과 5년 이상의 자격정지에 처한다($\frac{제128}{조}$).

2. 성   격

다수설은 선거의 자유를 보호법익으로 본다. 그러나 이 죄도 국가의 일반권력기능을 일반적 보호법익으로, 선거권·피선거권자의 정치적 의사결정의 자유를 직접적 보호법익으로, 선거의 자유와 공정을 간접적 보호법익으로 삼는다고 해야 할 것이다. 보호정도에 관하여는 방해행위가 지니는 행위양태의 특성을 고려할 때 침해범·결과범으로 이해하는 것이 옳다.

이 죄의 성격에 관하여 다수설은 직권남용죄($\frac{제123}{조}$)에 대한 특별규정으로 본다. 이 죄는 선거의 자유나 공정 등을 보호하려는 것이 아니라, 특정개인으로서의 선거권자·피선거권자의 자유에 중점을 두고 있으므로, 직권남용죄의 특별규정으로 이해하는 다수설이 옳다.

그 밖에 즉시범·진정신분범·진정직무범죄·의무범이다.

3. 객관적 구성요건요소

(1) 행위주체

검찰·경찰 또는 군의 직에 있는 특수공무원이다. 군의 직에 있는 공무원에는 군인 외에 군무원도 포함된다.

(2) 행위객체

법령에 의한 선거에서 선거인·입후보자 또는 입후보자가 되려는 자이다. 법령에 의한 선거란 주로 대통령·국회의원·지방자치단체의 의원 및 장의 선거처럼 어느 정도 헌법구성적 의미를 지닌 정치적 선거를 뜻한다. 따라서 사적 단체의 투표나 공공단체의 선거라도 법령에 의한 선거가 아니면 본죄의 보호대상이 아니다. 입후보자가 되려는 자란 정당의 공천을 받으려는 자 또는 입후보등록절차를 밟고 있는 자와 같이 입후보의 의사가 객관화된 사람이어야 한다.

(3) 행   위

(a) **행위수단**   협박 기타의 방법이다. 협박은 예시에 불과하고, 의미는 협박죄의 그것과 같다. 개인의 정치적 의사결정의 자유를 위협하는 것이면 된다. 기타의 **방법**으로는 폭력·납치·감금·해악을 수반한 회유·위계 등 선거의 자유를 방해할 수 있는 작위·부작위 등 일체의 수단을 말한다. 강요도 행위수단에 포함된다. 그러나 하자 있는 의사를 유발하기에 적합한 협박에 상응하는 수단이어야 하므로, 단순한 회유·매수는 행위수단이 될 수 없다.

반드시 불법한 방법일 필요는 없다. 적법한 방법이라도 참정권의 자유로운 행사를 방해하거나 참정권포기의 위협수단으로 활용된 때에는 이 죄의 행위수단에 해당한다. 예컨대 입후보자의 개인적 비리나 스캔들을 정식으로 형사입건하겠다는 압력을 넣어 후보를 사퇴케 한 경우를 들 수 있다.

(b) **행   위**   선거의 자유에 대한 방해이다. 방해는 행위객체의 참정권행사를 본질상 어렵게 하거나 지연시키는 일체의 원인행위를 말한다. 작위·부작위를 가리지 않는다.

(c) **실행의 착수시기**   행위자가 방해의 의사를 가지고 상대방에게 협박 등을 가하기 시작한 때이다. 행위자가 해악을 실현할 의사를 가졌는지는 중요하지 않다. 상대방이 실제로 공포심을 느껴야 실행의 착수가 있는 것도 아니다.

(4) 결   과

침해범·결과범이므로 방해행위로 인해 구성요건결과가 발생했을 때 기수에 이른다. 구성요건결과는 상대방이 협박 등에 의해 현실적으로 참정권행사를 방해받거나 참정권행사와 관련한 정치적 의사결정이 침해된 상태를 말한다. 반면 본죄를 추상적 위험범으로 보게 되면 선거의 자유를 방해할 위험이 있는 행위가 있으면, 현실적으로 선거의 자유가 침해될 필요없이 기수가 성립한다.

4. 주관적 구성요건요소

구성요건고의는 행위자가 특수신분자라는 점, 상대방이 법령에 의한 선거에서 선거인·입후보자·입후보자가 되려는 자라는 점, 협박 기타 방법을 행위수단으로 동원한다는 점 및 선거의 자유를 방해한다는 점에 대한 인식과 의사이다. 미필적 고의로도 충분하다.

5. 타죄 및 특별법과의 관계

이 죄는 일반공무원의 직권남용죄($^{제123}_{조}$)의 특별규정이므로, 양자 사이에 법조경합 특별관계가 성립한다.

검사 또는 경찰공무원의 선거자유방해죄에 대해서는 공직선거법 제237조 2항, 군인에 의한 선거자유방해죄에 대해서는 같은 법 제238조의 가중처벌규정이 우선 적용된다(1년 이상 10년 이하의 징역과 5년 이하의 자격정지).

Ⅳ. 뇌 물 죄

1. 의   의

뇌물죄(bribery)란 공무원 또는 중재인이 직무행위의 대가로 불법 · 부정한 사적 이익을 취하거나 공무원 또는 중재인의 직무행위에 대한 불법 · 부정한 보수의 지급을 내용으로 하는 죄형법규를 말한다. 형법상 뇌물죄는 뇌물을 받는 수뢰죄(Bestechlichkeit)와 뇌물을 주는 증뢰죄(Bestechung)로 구성된다.

수뢰죄는 공무원 또는 중재인이 직무에 관하여 뇌물을 수수 · 요구 또는 약속함으로써 성립하는 범죄이며, 증뢰죄는 공무원 또는 중재인에게 이를 공여하는 것을 내용으로 하는 범죄이다.

2. 체   계

뇌물죄는 수뢰죄와 증뢰죄(뇌물공여등죄)로 대별된다. 수뢰죄의 기본구성요건은 단순수뢰죄($^{제129조}_{1항}$)이다. 이에 대해 사전수뢰죄($^{제129조}_{2항}$)는 불법감경적 구성요건이다. 부정한 청탁을 받고 제 3 자에게 뇌물을 제공하도록 하는 제 3 자뇌물제공죄($^{제130}_{조}$)와 재직중 청탁을 받고 부정한 행위를 한 퇴직공무원 등의 사후수뢰죄($^{제131조}_{3항}$) 및 공무원이 그 지위를 이용하여 다른 공무원에게 알선하는 대가로 뇌물을 받는 알선수뢰죄($^{제132}_{조}$)는 독자적 범죄유형이다. 공무원 · 중재인이 뇌물을 받고 직무에 관하여 부정한 행위를 한 수뢰후부정처사죄($^{제131조}_{1항}$)와 부정처사후수뢰죄($^{제131조}_{2항}$)는 불법가중적 구성요건이다. 증뢰죄(뇌물공여등죄)에는 단순수뢰죄에 대응하는 단순증뢰죄($^{제133조}_{1항}$)와 제 3 자뇌물제공죄에 대비할 수 있는 제 3 자증뢰물전달죄($^{제133조}_{2항}$)가 각각 독립된 범죄형태를 이루고 있다.

3. 보호법익 및 보호정도

종합설의 입장을 따르고 있다.

뇌물죄는 국가의 일반권력기능을 상위의 일반적 보호법익으로 삼고, 국가기관(직무담당자) 및 그 직무 자체의 공정성과 직무행위의 불가매수성에 대한 공공의 신뢰를 구체적 보호법익으로 삼는다. 판례는 "뇌물죄는 직무집행의 공정과 이에 대한 사회의 신뢰 및 직무행위의 불가매수성을 그 보호법익으로 하고 있고…" (대판 2000. 1. 21, 99 도 4940; 1997. 12. 26, 97 도 2609)라고 하여 역시 비슷한 입장이다. 보호정도는 추상적 위험범으로서의 보호이다.

4. 수뢰죄와 증뢰죄의 관계

(1) 필요적 공범관계여부

수뢰죄와 증뢰죄가 필요적 공범인가에 대해서 견해가 대립한다.

(a) **필요적 공범설**   뇌물죄가 수뢰자와 증뢰자의 협동을 필요로 하므로 양죄는 1개 범죄의 양면에 지나지 않으며, 행위자의 신분·유무에 따라 형의 경중만을 구별하여 규정한 필요적 공범이라는 견해이다.[5]

(b) **독립범죄설**   양죄는 필요적 공범이 아니라 각각 독립된 별개의 범죄라는 견해이다.[6] 그 논거로 ① 수뢰죄는 신분범, 증뢰죄는 비신분범이고, 수뢰죄는 공무원에 의한 직무범죄, 증뢰죄는 공무원에 대한 일종의 공무집행방해죄(예: 스위스 형법 제288조)로 양자의 성질이 다르다는 점, ② 연혁적으로도 수뢰죄는 일찍부터 처벌했으나 증뢰죄는 최근에 이르러 처벌대상이 되었고, 증뢰죄를 처벌하는 경우에도 수뢰죄보다 가볍게 처벌하는 경향이 있다는 점을 든다.

(c) **이원설**(구분설·병합설)   뇌물죄의 행위양태를 사물논리적으로 분석하여 양자의 관계를 대향범으로서 필요적 공범관계에 있는 경우와 독립별개의 범죄인 경우로 나누어 보아야 한다는 견해이다(다수설). 그 논거로 ① 양죄의 보호객체가 동일하고, ② 형법이 증뢰죄를 수뢰죄와 다른 형으로 처벌하도록 한 것은

---

5) 대판 1971. 3. 9, 70 도 2536: 「뇌물수수죄는 필요적 공범으로서 형법총칙의 공범이 아니므로 …」
6) 대판 1987. 12. 22, 87 도 1699: 「뇌물증여죄가 성립되기 위하여서는 뇌물을 공여하는 행위와 상대방측에서 금전적으로 가치가 있는 그 물품 등을 받아들이는 행위(부작위포함)가 필요할 뿐이지 반드시 상대방측에서 뇌물수수죄가 성립되어야만 한다는 것을 뜻하는 것은 아니다.」(같은 취지 대판 1999. 2. 24, 98 도 1812).

처벌에서 특칙을 규정한 것이며, ③ 수수・공여・약속은 협동관계에서 성립하도
록 규정한 것임에 비해, 요구와 공여의 의사표시는 한쪽의 의사표시만으로도 성
립할 수 있도록 규정한 것이라는 점을 든다.

　　(d) **결　론**　　이원설이 타당하다. 뇌물죄 행위양태와 구조를 사물논리적으
로 잘 분석하고 있기 때문이다. 필요적 공범인지 독립범죄인지를 결정하는 기준은
다수인의 참여가 구성요건실현에 사물논리적으로 전제되어 있는지 여부이다.

　　뇌물죄의 행위양태 중 수수・공여・약속은 회합관계를 전제하고 있으므로
필요적 공범관계이고, 요구와 공여의 의사표시는 한쪽의 의사표시만으로도 성립
할 수 있으므로 독립범죄라고 해석해야 한다.

　　(2) 공범규정의 적용범위

　　(a) **필요적 공범인 경우**　　수뢰죄와 증뢰죄가 필요적 공범관계에 있으면 수
뢰자와 증뢰자 사이에 제33조 규정을 적용할 여지가 없다. 공무원신분이 있는 수
뢰자는 수뢰죄에, 공무원신분이 없는 증뢰자는 증뢰죄로 처벌하면 그뿐이다.

　　수뢰죄나 증뢰죄의 어느 한쪽에 타인이 공범으로 가담한 때 이를 어떻게 취급할
것인가? 증뢰죄의 경우에는 관여형태에 따라 공동정범・교사범・방조범이 된다
는 데 이견이 없다. 수뢰죄에 신분 없는 제 3 자가 가담한 경우에는 제33조 본문
이 적용되어 비신분자도 수뢰죄의 교사범・방조범은 물론 공동정범도 성립한다
는 견해가 다수설과 판례(대판 1992. 8. 14, 91 도 3191; 1970. 1. 27, 69 도 2225)의
태도이다. 그러나 수뢰죄는 행위자관련 진정신분범 내지 의무범이므로, 각 행위자
에게 특유한 신분상의 의무위반이 있어야 정범성을 취득할 수 있다. 따라서 의무
표지 없는 비신분자가 신분자의 의무위반을 차용하여 의무범의 공동정범이 될 수
는 없다.[7] 단지 교사・방조만이 가능할 뿐이다.

　　(b) **독립범죄인 경우**　　뇌물죄의 행위양태 중 수뢰죄인 공무원의 뇌물요구
죄에 공무원 아닌 자가 가담한 경우 제33조 본문을 그대로 적용하여 가담형태에
따라 요구죄의 공동정범・교사범・방조범이 된다는 견해가 지배적이다. 그러나
앞서 본 바와 같이 제33조 본문의 공동정범을 진정신분범 일반에 널리 적용할 것
이 아니라 결과관련 진정신분범에만 적용하도록 목적론적으로 제한할 필요가 있
다. 수뢰죄는 행위자관련 진정신분범 내지 의무범이기 때문에 비신분자의 가공은

---

　7) 행위자관련신분범(의무범) 및 결과관련신분범과 공동정범의 성립범위에 대한 문제점은 김일
　　수・서보학, 형법총론(제12판), 503면 참조.

좁은 의미의 공범에 불과할 뿐 공동정범이 될 수 없다.

그러나 증뢰죄인 뇌물공여의 의사표시에 가공한 공범자에 대해서는 제33조를 적용할 수 없고, 일반적인 공범규정에 따라 공동정범·교사범·방조범의 성립 여부를 검토해야 한다.

5. 뇌물의 개념

뇌물은 직무에 관한 불법한 보수 또는 부정한 이익을 말한다(통설). 구체적으로 말하자면 금전, 물품 기타 재산적 이익 등 사람의 수요·욕망을 충족시키기에 족한 유형·무형의 이익으로서 직무행위에 대한 대가로서의 불법한 보수 또는 부정·부당한 이익을 말한다.

(1) 객관적 직무관련성

(a) **직   무**   직무란 공무원 또는 중재인이 지위에 따라 담당하는 일체의 공무를 말한다. 뇌물죄에서 말하는 '직무'에는 법령에 정하여진 직무뿐만 아니라 그와 관련 있는 직무, 과거에 담당하였거나 장래에 담당할 직무 외에 사무분장에 따라 현실적으로 담당하지 않는 직무라도 법령상 일반적인 직무권한에 속하는 직무 등 공무원이 그 직위에 따라 공무로 담당할 일체의 직무를 포함한다(대판 2003. 6. 13, 2003 도 1060). 직무에 관해 반드시 독립된 결정권을 가져야 할 필요는 없고, 결정권자를 보좌하여 사실상 영향을 미칠 수 있는 직무이면 충분하다(대판 1998. 2. 27, 96 도 582; 1996. 11. 15, 95 도 1114).

직무행위의 정당성·적법성·유효성 여부는 중요하지 않다. 직무행위가 공무원의 재량행위에 속할 때 정당한 재량권행사와 관련하여 금품을 수령해도 뇌물죄가 성립한다(참조 대판 2006. 6. 15, 2004 도 3424).

직무행위는 작위일 수도, 부작위일 수도 있다. 예컨대 세관공무원이 밀수품의 반입을 묵인하거나 마약감시원이 마약밀매를 묵인하는 것, 수사기관이 일부러 범죄수사를 포기·중지하는 것 등은 부작위에 의한 직무행위이다.

(b) **직무에 관하여**   뇌물은 직무에 관한 대가나 직무에 관한 이익이다. 여기서 '**직무에 관하여**'란 널리 행위의 객관적 직무관련성을 포괄하는 것으로 ① 직무행위 그 자체, ② 엄밀한 의미에서 직무행위는 아니지만 '직무와 밀접한 관계가 있는 행위', ③ 객관적으로 보아 직무행위의 외형을 갖추고 있는 행위, 예컨대 직무행위와 관련하여 사실상 처리하고 있는 행위, 결정권자를 보좌하거나 영향을

줄 수 있는 행위 등을 포함한다. 그 기준은 직무집행의 공정을 해할 염려가 있는 지 여부이다(대판 1998. 3. 10, 97 도 3113).

　여기서 직무와 밀접한 관계있는 행위란 직무상의 지위를 이용하거나 그 직무 권한에 기한 세력을 기초로 직무의 공정성에 영향을 미칠 수 있는 행위를 말한다. 직무행위가 대체로 법령·지령·훈령·상사의 명령에 의해 결정되는 것이라면, 직무와 밀접한 관계있는 행위란 기존의 직무상의 지위를 이용하여 사실상 직무행 위와 같은 영향력을 행사할 수 있는 것이면 된다.

‖ **판례** ‖   수뢰죄가 성립하는 경우: ① 부하직원의 비행을 묵인하는 대가로 돈을 받 은 경우(대판 1968. 12. 24, 66 도 1575), ② 재무부 보험과장이 보험회사의 주식을 인수하 는 데 도움을 주고 돈을 받은 경우(대판 1984. 7. 24, 83 도 830), ③ 대통령경제수석비서 관이 시중은행장으로부터 은행이 추진중이던 업무 전반에 관하여 선처해 달라는 취지의 부탁을 받은 경우(대판 1994. 9. 9, 94 도 619), ④ 세무공무원이 회사에 대한 세무조사에 서 과다계상된 손금항목에 대한 조사를 하지 않고 이를 묵인한 경우(대판 1994. 12. 22, 94 도 2528), ⑤ 시의회 의장이 토지구획정리사업과 관련하여 토지소유자로부터 향응과 돈 을 받은 경우(대판 1996. 11. 15, 95 도 1114), ⑥ 국회의원이 일정한 의안에 관하여 다른 동료의원에게 작용하여 일정한 의정활동을 하도록 권유 설득한 경우(대판 1997. 12. 26, 97 도 2609), ⑦ 경찰관이 재건축조합 직무대행자에 대한 진정사건을 수사하면서 진정인 측에 의하여 재건축 설계업체로 선정되기를 희망하던 건축사무소 대표로부터 금원을 수수한 경우(대판 2007. 4. 27, 2005 도 4204)에는 직무관련성이 인정되어 수뢰죄가 성립 한다.

　수뢰죄가 성립하지 않는 경우: 교과서의 내용검토 및 개편수정은 발행자나 저작자의 책임에 속하므로 문교부 편수국 교육연구관이 업자로부터 검정교과서의 수정·개편을 의뢰받은 경우(대판 1979. 5. 22, 78 도 296)에는 공무원의 직무와 관련이 없으므로 수뢰죄 가 성립하지 않는다. ③ 서울대학교 의과대학 교수 겸 서울대학교병원 의사가 구치소로 왕진을 나가 진료하고 진단서를 작성해 주거나 법원의 사실조회에 대하여 회신을 해주 는 것은 의사로서의 진료업무이지 교육공무원인 서울대학교 의과대학 교수의 직무와 밀 접한 관련 있는 행위라고 할 수 없기 때문에 수뢰죄가 성립하지 않는다(대판 2006. 6. 15, 2005 도 1420).

　(c) **공무원의 전직과 뇌물죄**　공무원이 다른 직무로 전직한 후(여전히 공무 원이다) 전직 전의 직무에 관하여 뇌물을 받은 경우에도 뇌물죄가 성립한다(통 설). 과거의 직무행위라도 직무의 공정성에 대한 사회일반의 신뢰보호라는 관점 에서 차이가 없기 때문이다.

　(d) **증뢰죄의 경우**　증뢰죄에는 '직무에 관하여'란 문언이 없어 객관적 직

무관련성에 관한 의문이 생기지만, 뇌물을 행위객체로 한 이상 직무와의 객관적 관련성을 배제할 수 없다.

(2) 불법한 보수·부정한 이익

(a) **직무행위와 대가관계**   관계뇌물은 직무행위와 일종의 대가관계에 있어야 한다(다수설). 여기서 대가관계는 산술적 의미에서의 급부·반대급부나 시장원리에 입각한 가격관계가 아니라, 직무행위를 거래·흥정의 대상으로 삼는다는 의미이다. 우리 판례는 대가관계는 개개 직무행위에 대해 구체적·개별적으로 형성되지 않더라도 공무원의 직위·직무와 관련된 것이기만 하면 일반적·포괄적이라도 상관없다고 한다(소위 포괄적 뇌물개념).

‖ **판례** ‖   국회의원이 의정활동과 전체적·포괄적으로 대가관계가 있는 금원을 교부받았다면 금원수수가 어느 직무행위와 대가관계에 있는 것인지 특정할 수 없다고 하더라도 국회의원의 직무에 관련된 것으로 보아야 한다(대판 1997. 12. 26, 97 도 2609).

직무와 관계없이 또는 직무행위와 대가관계에 있지 않은 단순한 사적 행위에 대한 응분의 보수는 뇌물이 아니다. 예컨대 장관이 부하직원의 결혼식 주례에 대한 답례로 받은 선물, 공무원인 의사가 개인적 치료의 대가로 받은 사례 등을 들 수 있다. 단 부정청탁 및 금품등 수수의 금지에 관한 법률 위반은 문제될 수 있음에 유의해야 한다(동법 제8조).

(b) **이익의 불법·부정성**   뇌물은 직무행위에 대한 부정한 지급이나 직무행위로 인한 위법·부당한 사적 이익의 취득을 말한다.

불법한 보수나 부정한 이익이면 충분하고, 반드시 부도덕한 이익이거나 사리사욕적인 이익이어야 하는 것은 아니다. 그러므로 수뢰공무원이 자신이나 가족들의 소용에 쓰기 위해서가 아니라 자선적 동기에서 직무행위와 대가관계 있는 재산적 이익을 고아원·양로원·사회공공기관에 기부하도록 한 경우에도 뇌물이 될 수 있다(대판 1996. 6. 14, 96 도 865).

‖ **판례** ‖   공무원의 직무와 관련하여 금원을 수수하였다면 금품을 수수한 장소가 공개된 장소이고, 금품을 수수한 공무원이 이를 부하직원들을 위하여 소비하였을 뿐 자신의 사리를 취한 바 없더라도 뇌물성이 부인되지 않는다.

재량권을 가진 공무원이 재량행위와 관련하여 금품을 수령한 경우도 불법한 이익이다. 재량권을 가진 공무원이 금품수령의 대가로 재량권 밖의 결정을 해준 경우, 직무행위의 위법성 때문에 불법한 이익이 된다. 재량권 범위 안에서 정당한

결정을 내린 경우에도 직무행위 자체는 정당하나 공무원법상의 일반적인 청렴의
무(국가공무원법
제61조 1항)에 반하기 때문에 불법한 이익이 된다.

　(c) **사교적 의례와의 구별**　　추석이나 연말에 단지 사교적 의례로 하는 선물
은 원칙적으로 뇌물이 아니다. 직무행위에 대한 대가관계가 인정되지 않을 뿐만
아니라 불법·부정한 이익이라고도 할 수 없기 때문이다.

　단순한 사교적 의례로서의 선물과 뇌물의 구별기준에 관하여, 직무행위와 대가
관계가 인정되는 경우라도 사회의식상 관습적으로 승인되고 있는 경조부조금·
전별금·환송연이나 계절적인 문안인사 등을 위한 선물 정도를 초과하지 않는 것
은 뇌물이 아니라고 하는 것이 타당하다(뇌물성을 부인하는 입장). 대가의 정도가
사회적으로 용인될 수 있고 거래관행을 초과하지 않았다면 비록 주관적으로 대가
관계가 있더라도 뇌물로 볼 수 없기 때문이다.

　판례는 사교적 의례의 형식을 사용하고 있다 하여도 직무행위와 대가관계가
인정되는 경우(대판 1996. 6. 5, 96 도 865) 또는 관습상으로 승인되는 정도를 초과
한 다액의 금품이나 향응(대판 1979. 5. 22, 79 도 303)은 뇌물로 보았다.

∥**판례**∥　은행지점장이 제공받은 향응이 8만여원에 지나지 않더라도 증뢰자와의 관계,
향응을 제공받은 동기 및 경위, 향응 이외에도 수 차례 금품을 수수한 사정 등에 비추어
이를 단순한 사교적 의례의 범위에 속한다고 단정할 수 없다(대판 1996. 12. 6, 96 도 144).

　(d) **뇌물의 내용이 될 수 있는 이익**　　이익이란 사람의 수요·욕망을 충족
시킬 수 있는 일체의 가치 있는 생활이익을 말한다.

　이익이 직무행위에 영향을 미칠 만큼 수수자에게 충분히 가치 있는 것인 한,
반드시 금전적 가치를 지녀야 할 필요는 없다. 비재산적 이익 및 일체의 유형·
무형적 이익을 포함한다(대판 1995. 9. 5, 95 도 1269). 또한 인간의 수요·욕망을
만족시키는 이익인 한 주관적·객관적 이익을 가리지 않으며, 경제적 가치를 불
문한다. 따라서 성적 욕구의 충족도 이익에 해당한다(대판 2014. 1. 29, 2013 도
13937). 나아가 이 같은 이익은 일시적·불확실한 것이어도 좋고(예컨대 투기사업
에 관여할 수 있는 기회제공), 절대불가능한 것이 아닌 한 조건부라도 상관없다. 현
존하는 확정적 이익이 아니고 장차 기대할 수 있는 이익·장래 약속된 이익도 무
방하다.

∥**판례 1**∥　재개발주택조합의 조합장이 그 재직 중 고소하거나 고소당한 사건의 수사
를 담당한 경찰관에게 액수 미상의 프리미엄이 예상되는 그 조합아파트 1세대를 분양해

준 경우, 그 아파트가 당첨자의 분양권 포기로 조합에서 임의분양하기로 된 것으로서 예상되는 프리미엄의 금액이 불확실하였다고 하더라도, 조합, 즉 조합장이 선택한 수분양자가 되어 분양계약을 체결한 것 자체가 경제적인 이익이라고 볼 수 있으므로 뇌물공여죄에 해당한다(대판 2002. 11. 26, 2002 도 3539).

‖ **판례 2** ‖ 피고인이 그 소유의 갑 토지를 을 토지와 교환한 것과 관련하여 수뢰를 하였다는 공소사실에 대하여, 원심은 교환된 토지 간에 시가의 차이가 있다고 인정할 수 없다는 이유로 무죄를 선고하였으나, 갑 토지의 시가가 을 토지의 시가보다 비싸다고 하더라도 피고인으로서는 장기간 처분하지 못하던 토지를 처분하는 한편 매수를 희망하던 전원주택지로 향후 개발이 되면 가격이 많이 상승할 토지를 매수하게 되는 무형의 이익을 얻었다고 봄이 상당하다(대판 2001. 9. 18, 2000 도 5438).

그 밖에도 취직알선, 해외여행, 골프회원권, 복직, 승진, 은행대출편의, 투기적 사업에 참여할 기회를 얻는 것(대판 2002. 5. 10, 2000 도 2251) 등도 이익이 될 수 있다.

비재산적 이익의 범위에 명예욕·허영심의 만족도 제한 없이 포섭시킬 수 있는가? 학설 중에는 「뇌물의 목적성에 좇아 직무행위에 영향을 주는 것이라면 뇌물성을 인정함이 타당하다」는 견해[8])도 있다. 그러나 단순한 명예욕·허영심에 대한 만족을 뇌물로 인정하기는 어렵다(다수설). 따라서 혼인관계를 맺는 대가 또는 회갑기념논집을 봉정하는 대가로 직무행위를 했더라도 뇌물성을 인정하기는 어렵다. 다만 기분이 일을 좌우하기 쉬운 우리 정서로 볼 때 송덕비를 세워주는 대가로 직무결정을 내린다거나 개인을 미화하는 전기를 출판하여 주는 대가로 직무행위를 한 경우는 명예욕과 허영심을 충족시켜 주는 비재산적 이익으로서 뇌물이라 해도 좋을 것이다.

6. 뇌물의 몰수·추징

(1) 필요적 몰수·추징

뇌물 또는 뇌물에 사용할 금품은 몰수한다. 몰수하기 불가능한 때에는 그 가액을 추징한다(제134조). 뇌물죄에서 몰수와 추징이 필요적이라는 점에서 제48조에 대한 특칙이라고 할 수 있다. 특칙을 둔 취지는 뇌물죄의 행위자들에게 뇌물죄와 관련된 부정한 이익을 보유하지 못하게 함으로써, 공직을 이용하여 사익을 추구하는 일체의 부패행태를 차단하려는 데 있다.

---

8) 오영근 911면; 진계호 736면.

(2) 몰수·추징의 대상

몰수와 추징의 대상은 범인 또는 정을 아는 제3자가 받은 뇌물 또는 뇌물에 제공할 금품이다. 수수한 뇌물에 한하지 않고, 제공하였으나 수수하지 않은 뇌물과 제공을 약속한 뇌물도 포함한다. 뇌물의 요구만 있는 경우에는 공직자가 직무와 관련하여 일정 액수 내지 적어도 특정할 수 있을 정도의 금품을 요구했을 때에 한해서만 추징이 가능하다고 해석하는 것이 합리적이다.

추징의 전제인 몰수하기 불가능한 때란 대접받은 향응, 서비스 등 비재산적인 무형의 이익을 제공받은 경우뿐만 아니라 금품수수 후 소비, 멸실, 타물과의 혼동, 정을 모르는 선의의 제3자에게 소유권이전 등으로 인해 성질상 몰수가 불가능한 경우도 포함한다(통설). 다만 비재산적 이익을 향수한 경우에 추징이 가능하려면 적어도 금전적 가치로 평가할 수 있는 정도에 이르러야 한다.

(3) 몰수·추징의 상대방

누구에게서 뇌물을 몰수·추징해야 할 것인가에 관해 명시적 규정은 없다. 하지만, 필요적 몰수를 규정한 취지에 비추어 뇌물을 현재 보유하고 있는 자로부터 몰수·추징해야 한다. 뇌물이 수뢰자의 수중에 있으면 수뢰자로부터, 증뢰자의 수중에 있으면 증뢰자로부터 몰수하고, 뇌물 자체가 반환된 때에는 증뢰자로부터 몰수 또는 추징한다(통설·대판 1983.2.28, 83도2783).

다만 판례는 ① 수뢰자가 일단 수뢰한 뇌물을 소비하고 같은 액수의 금원을 증뢰자에게 반환한 경우(대판 1986.10.14, 86도1189), ② 뇌물로 받은 자기앞수표를 소비하고 그 금액을 반환한 경우(대판 1984.2.14, 83도2871), ③ 은행에 예치한 후에 같은 액수의 돈을 반환한 경우(대판 1996.10.25, 96도2022)에 수뢰자로부터 추징해야 한다고 판시하고 있다(통설).

(4) 몰수·추징의 방법

여러 사람이 공동하여 뇌물을 수수한 경우, 각자가 실제 분배받은 금품을 몰수하거나 그 가액을 추징해야 한다(대판 1993.10.12, 93도2056). 수수한 뇌물을 공동으로 소비했거나 분배액이 분명치 않을 때는 균분해서 추징해야 한다(통설·대판 1975.4.22, 73도1963). 뇌물의 전부 또는 일부를 몰수할 수 없는 때는 그 가액을 추징한다. 추징의 기준은 뇌물의 가액이지만, 향응과 같은 서비스의 경우에는 화대·촌지 등을 포함하여 실제 소비한 액수를 표준으로 삼아야 할 것이다.

⑸ 추징가액산정기준

뇌물의 추징가액을 산정하는 기준에 관하여는 몰수할 수 없게 된 사유가 발생한 때를 기준으로 해야 한다는 견해가 다수설이다. 다수설은 추징이 부정한 이익을 보유하지 못하게 하려는 몰수를 대신하는 제도라는 점을 이유로 든다. 그러나 몰수는 부가형이라는 점과 피고인의 이익도 고려해야 한다는 점에서 판결선고시를 기준으로 삼는 것이 옳다(대판 1991. 5. 28, 91 도 352).

⑹ 공무원범죄에 관한 몰수특례법

특정공무원범죄를 통하여 취득한 불법수익 등을 철저히 추적 환수하기 위해 1995년에 공무원범죄에관한몰수특례법을 제정 시행하고 있다. 이 법은 형법상의 몰수보다 그 대상을 확대하고, 몰수·추징을 피하기 위한 재산도피행위를 사전에 차단하기 위하여 기소전 또는 기소후 검사가 법원에 보전절차를 신청할 수 있는 제도를 두고 있다.

A. 단순수뢰죄

1. 의의 및 성격

단순수뢰죄는 공무원 또는 중재인이 일정한 직무행위를 하여 주는 대가로 뇌물을 수수·요구 또는 약속함으로써 성립하는 범죄이다. 5년 이하의 징역 또는 10년 이하의 자격정지에 처한다($제129조 \atop 1항$). 특가법에 의해 가중처벌($동법 \atop 제2조 1항$)되고 몰수·추징은 필요적이다($제134 \atop 조$). 공직활동을 미끼로 사리사욕을 채우거나 금품·향응 등을 제공받는 행위를 범죄로 규율함으로써 이들의 부패를 방지하고 공직윤리를 확립하려는 데 취지가 있다.

이 죄는 수뢰죄의 기본구성요건이다. 추상적 위험범·즉시범의 성격을 띠며 (대판 1986. 11. 25, 86 도 1951은 추징과 관련하여 결과적으로 수뢰죄를 상태범으로 취급하고 있지만 옳지 않다), 진정신분범·진정직무범죄·의무범의 성격을 지닌다. 간접정범이나 부진정부작위범의 형태로도 성립할 수 있지만, 의무있는 자만 간접정범 및 부진정부작위범에 있어서 정범적격을 갖는다.

2. 객관적 구성요건요소

⑴ 행위주체

공무원 또는 중재인이다.

(a) **공 무 원**　공무원이란 국가 또는 지방자치단체 및 이에 준한 공법인의 사무에 종사하는 자로서 그 직무내용이 단순한 기계적·육체적인 것에 한정되어 있지 않은 자를 말한다. 국가공무원법·지방공무원법상 일반직·특정직·기능직의 모든 공무원과 특수경력직 공무원은 물론, 다른 법령에 의해 공무원신분이 부여된 자 및 기한부로 채용된 공무원 또는 사경제주체로서 행정사법적 작용을 담당하는 공무원도 포함된다.

현재 공무원의 지위에 있는 자만이 주체가 될 수 있다. 앞으로 공무원이 될 자는 사전수뢰죄($^{제129조}_{2항}$)의 주체는 될 수 있으나, 이 죄의 주체는 될 수 없다. 또 공무원의 지위를 잃은 후에 뇌물을 수수한 자는 사후수뢰죄($^{제131조}_{3항}$)의 주체는 될 수 있어도, 이 죄의 주체는 될 수 없다. 그러나 전직한 공무원(여전히 공무원이다)이 전직 전의 직무에 관하여 뇌물을 수수·요구·약속하면 이 죄가 성립한다(통설). 공무원의 지위에 있는 자인 한, 반드시 직무수행중이 아닌 공무원이더라도 상관없고, 증뢰자의 의도에 맞는 일의 직권을 가진 자일 필요도 없다.

다른 한편 공무원으로 임용된 자가 추후 임용결격사유가 밝혀져 당초의 임용행위가 무효가 된 경우라도 그가 실제로 공무를 수행한 이상 공무수행의 공정성과 직무행위의 불가매수성에 대한 사회의 신뢰는 여전히 보호되어야 하기 때문에 그는 이 죄의 공무원에 해당하고 따라서 직무에 관하여 뇌물을 수수한 때에는 수뢰죄로 처벌된다(대판 2014. 3. 27, 2013 도 11357).

(b) **중 재 인**　중재인이란 법령에 의하여 중재의 직무를 담당하는 자 중 공무원이 아닌 자를 말한다. 사실상의 중재자 또는 사적 조정자 역할만을 하는 사람은 중재인이 아니다. 법령에 의한 중재인에는 중재법에 의한 중재인($^{동법}_{제12조}$), 노동조합및노동관계조정법에 의한 중재위원($^{동법}_{제64조}$)이 있다. 중재인도 현재 중재인의 지위에 있는 자만이 이 죄의 주체가 된다.

(2) 행위객체

행위객체는 뇌물이다.

(3) 행　위

(a) **수　수**　수수란 뇌물을 취득하는 것을 말한다. 뇌물에 대한 사실상의 처분권 획득 내지 사실상의 이익향수를 포함한다. 뇌물이 유형의 재산적 이익인 때에는 점유이전·점유취득으로 수수가 이루어지며, 무형의 비재산적 이익인 때에는 현실적으로 이익을 향유함으로 수수가 된다.

수수는 직무집행중 또는 직무집행 전·후에 있었는가를 묻지 않는다. 일부는 직무집행전, 나머지는 직무집행 후에 수수했더라도 상관없다. 동일인에게 순차로 요구·약속·수수한 때에는 포괄하여 수수죄만 성립한다(통설).

수수죄는 즉시범의 성격을 지니므로 취득·향유행위가 있는 즉시 기수에 이른다. 그러나 제공행위가 선행할 경우, 수뢰자가 현실로 그것을 받아들이지 않았더라도 제공을 명시적·묵시적으로 수락하는 의사표시를 했을 때 수수행위는 기수가 된다.

판례는 일찍부터 뇌물수수가 있다고 보기 위해서는 영득의사가 필요하다는 입장을 취해 왔고(대판 1979. 6. 12, 78 도 215; 1983. 3. 22, 83 도 113), 다수설도 이에 동조한다. 따라서 반환할 의사로 일시 받아둔 데 불과한 것은 수수라고 할 수 없지만, 일단 영득의사로 수수했으면 나중에 반환했더라도 수수죄가 성립한다고 한다. 그러나 뇌물수수에 영득의사가 필요하다는 주장은 직무범죄인 뇌물죄와 재산범죄인 영득죄를 혼동한 것이다. 만약 수수죄에 어떤 의사가 필요하다면, 그것은 영득의사가 아니라 부패의 목적·의도(corrupt purpose·intent)라고 해야 할 것이다.[9] 가령 반환할 의사를 가지고 일시 수령한 경우를 수수죄에서 배제하기 위한 논리라면, 수수죄의 특별한 주관적 불법요소인 주관적 직무관련성(부패성)을 부인함으로써 충분하기 때문에 굳이 영득의사를 요구할 필요가 없다.

(b) 요 구   요구란 뇌물을 취득할 의사로 상대방에게 뇌물제공의 의사표시, 제공의 약속 또는 현실적인 공여를 청구하는 것이다. 일방적 청구행위로써 성립하며 상대방의 응낙 또는 현실적인 공여 여부는 불문한다.

요구죄는 즉시범의 성격을 띠므로 청구가 있는 때, 즉 요구의 의사표시가 상대방에게 인지된 때 기수로 된다. 요구하고 수수한 때에는 포괄하여 1개의 수수죄만 성립한다.

(c) 약 속   약속이란 양 당사자 사이에 뇌물의 수수를 합의하는 것이다. 증뢰자의 뇌물공여 의사표시가 선행할 때 수뢰자가 이에 응낙함으로써 약속이 이루어질 수도 있다. 약속은 일종의 예비적 단계의 성격을 띠지만, 그것이 범죄적 인상을 띨 만큼 줄 자와 받을 자 사이에서 객관화되었다는 점에서 단순한 예비와 구별된다. 뇌물의 수수를 장래를 향해 기약하는 것이므로 뇌물이 약속 당시에 현존할 필요는 없다. 또한 그 가액이나 이익의 정도가 확정되어 있을 필요도 없다. 이익이 금전일 때에는 이행기가 확정되지 않아도 좋다.

---

9) Perkins/Boyce, Criminal Law, p. 535.

약속죄 역시 즉시범의 성격을 띠므로, 상대방의 뇌물공여 의사표시가 선행할 때에는 수뢰자가 그 청약을 명시적·묵시적으로 수락하는 의사표시를 했을 때 약속행위는 기수에 이른다. 약속이 이루어진 이상, 약속의 현실적 이행 여부는 이 죄 성립에 영향을 미치지 않는다.

3. 주관적 구성요건요소

(1) 구성요건고의

구성요건고의는 행위자 자신이 공무원 또는 중재인이라는 점, 직무에 관하여 상대방에게 뇌물을 수수·요구·약속한다는 점에 대한 인식과 의사이다. 특히 목적물이 뇌물이라는 점과 그것이 직무와 관련한 대가의 성격을 갖는다는 점에 대한 인식과 의사가 있어야 한다. 미필적 고의로 족하며, 뇌물을 받는 대가로 직무집행을 할 의사는 필요없다. 행위자가 약속했던 불법한 또는 정당한 직무행위의 집행을 마음 속으로 유보했더라도 고의성립에 지장없다.

‖ **판례** ‖ 자기도 모르는 사이에 돈뭉치를 놓고 간 것을 발견하고 연락하여 반환한 경우(대판 1978. 1. 31, 77 도 3755), 택시를 타고 떠나려는데 돈뭉치를 던져 놓고 가버린 경우(대판 1979. 7. 10, 79 도 1124)에는 수뢰죄의 고의가 없으나, 사례금조로 교부받은 자기 앞수표를 은행에 예치해 두었다가 2주일 후에 반환한 경우(대판 1984. 4. 10, 83 도 1499)에는 수뢰죄의 고의가 인정된다.

(2) 특별한 주관적 불법요소

(a) **문제제기** 구성요건고의 외에 특별한 주관적 불법요소인 목적·경향 등이 필요한가? 판례(대판 1979. 6. 12, 78 도 215; 1983. 3. 22, 83 도 113)는 수수죄에 한해 영득의사가 필요하다고 봄으로써 이 문제를 우회적으로 제기하고 있고, 다수설[10]도 이를 따르고 있다.

판례와 다수설이 수수죄에 영득의사가 필요하다고 한 주된 이유는 제공된 뇌물을 반환할 의사로 일시 받아둔 경우를 수수죄에서 배제하기 위해서이다. 그러나 뇌물수수죄는 재산영득죄와 본질 성격이 다르므로, 뇌물반환의 의사를 직무범죄의 성격에 비추어 평가해야지 영득의사와 연결시키는 것은 이론상 옳지 않다. 뇌물수수죄는 영득의사를 필요로 하는 범죄가 아니기 때문이다.[11]

(b) **직무관련성을 지닌 행위경향** 이 죄는 경향범이다. 따라서 초과주관적

---

10) 권오걸 1039면; 김성돈 719면; 배종대 840면; 백형구 643면; 손동권 765면; 오영근 918면; 이영란 789면; 이재상 728면; 임웅 863면; 진계호 738면.
11) 정성근·박광민 813면; 정영일 560면.

불법요소로서 일정한 행위경향, 즉 주관적 직무관련성향이 있어야 한다.

뇌물의 개념 자체가 이미 '직무에 관한 불법한 보수 또는 부정한 이익'이므로, 그냥 '뇌물을 수수 요구 또는 약속한 때'라고 하여도 객관적 직무관련성이 있어야 한다는 점에 의문이 없다. 그럼에도 특히 '직무에 관하여'라는 표지를 명시한 것은 부정한 이익 또는 불법한 보수와 관련한 객관적 직무관련성과 상관없이 **수뢰행위의 강화된 의사방향**, 즉 주관적 직무관련성을 강조하기 위한 것으로 이해해야 할 것이다. 수뢰죄가 특히 공무원의 부패행위의 전형임을 염두에 둔다면, 행위경향인 **주관적 직무관련성**이란 바로 **부패성**(corruption)을 말한다. 여기서 부패성이란 수뢰자가 직무수행의 기회를 불법적인 사리사익을 취하는 수단으로 이용하려는 행위경향 외에 다름아니다.

만약 행위자가 이러한 부패성향 없이 일시 뇌물을 보관한 경우이라면 수뢰죄가 성립할 수 없다. 후일 반환할 의사로 뇌물을 일단 받아둔 데 불과한 경우에는 영득의사가 없기 때문(대판 1992. 2. 28, 91 도 3364; 1979. 7. 10, 79 도 1314)이라기보다, 이러한 의미의 행위경향이 없기 때문에 뇌물수수죄가 성립하지 않는 것으로 보아야 한다. 상견례를 위한 모임에 불과한 선연(宴)에 참여한 경우에도 뇌물수수의 고의가 없기 때문(대판 1966. 12. 27, 66 도 1378)이 아니라 주관적 직무관련성향이 없기 때문이라고 보는 것이 좋을 것이다.

4. 정범 및 공범

간접정범이나 공동정범 형태로도 가능하다. 그러나 이 죄는 진정신분범적 의무범에 속하기 때문에 의무 있는 자만이 정범적격이 있다. 따라서 신분 없는 자는 신분 있는 자와 공동정범은 될 수 없고(다수설과 판례는 공동정범의 성립인정), 교사범·방조범만 될 수 있다. 이 한에서 제33조는 목적론적으로 제한된다. 수뢰자와 증뢰자 사이에도 필요적 공범관계가 있으므로 제33조는 적용되지 않는다.

5. 죄수 및 타죄와의 관계

(1) 죄   수

뇌물을 요구 또는 약속한 후 이를 수수한 때에는 포괄하여 1개의 수수죄가 성립한다. 같은 사람으로부터 같은 이유로 계속하여 수차례에 걸쳐 뇌물을 받은 경우에는 포괄일죄가 된다. 그러나 수개의 수뢰행위가 각각 다른 직무행위의 대가인 경우에는 경합범이 된다(대판 1998. 2. 10, 97 도 2836).

(2) 타죄와의 관계

(a) **공갈죄와의 관계** 공무원이 직무집행과 관련하여 상대방을 공갈하여 취재한 경우에는, ① 직무관련성의 여부에 따라 직무관련성이 있을 때에는 수뢰죄와 공갈죄의 상상적 경합이 되고, 직무관련성이 없을 경우에는 공갈죄만이 된다는 견해(소수설), ② 공무원의 직무집행의 의사 여부를 기준으로, 만약 직무집행의 의사 없이 이를 빙자하여 재물의 교부를 받은 경우에는 공갈죄만 성립하고 (대판 1994. 12. 22, 94 도 2528), 직무집행의 의사를 가지고 직무집행과 관련하여 취재한 때에는 수뢰죄와 공갈죄의 상상적 경합이 된다는 견해(다수설 · 대판 1969. 7. 22, 65 도 1166)가 나뉜다. 수뢰죄의 성립에는 반드시 직무집행의 의사가 필요치 않고 직무관련성만 있으며 족하기 때문에, 직무집행의 의사를 기준으로 수뢰죄의 성립 여부를 판단하는 다수설의 관점은 타당하지 않다.[12] 따라서 소수설이 타당하다.

수뢰죄와 공갈죄의 상상적 경합이 되는 경우 피공갈자에게 증뢰죄가 성립하는 지에 대해, 피공갈자는 의사의 임의성이 완전히 상실되지 않았을지라도 외포심에서 마지못하여 재산을 처분한 것이지 재물공여의 의사로 행한 것은 아니기 때문에, 별도로 증뢰죄를 문의할 필요는 없다.[13]

(b) **사기죄와의 관계** 공무원이 직무와 관련하여 뇌물을 수수한 것이 제공자에 대한 기망을 통해 이루어진 때에는 수뢰죄와 사기죄의 상상적 경합이 된다 (대판 1977. 6. 7, 77 도 1069).

(c) **배임죄의 관계** 수뢰 후 부정행위가 배임죄에 해당할 때에는 수뢰죄와 배임죄의 경합범이 된다.

(d) **특별법과의 관계** 수뢰액이 1억 원 이상인 때에는 무기 또는 10년 이상의 징역에 처하고, 5천만 원 이상 1억 원 미만인 때에는 7년 이상의 유기징역, 그리고 3천만 원 이상 5천만 원 미만인 경우에는 5년 이상의 유기징역에 처한다 $\left(\substack{\text{특가법제 2조 1항} \\ \text{1호 · 2호 · 3호}}\right)$. 정치인인 공무원(특히 국회의원)이 정치자금 명목으로 불법하게 뇌물을 받은 경우에는, 뇌물죄 외에 정치자금에 관한 법률 위반이 되고 양자는 상상적 경합이 된다.

---

12) 임웅 865면.
13) 오영근 932면; 임웅 866면.

B. 사전수뢰죄

1. 의의 및 성격

사전수뢰죄는 공무원 또는 중재인이 될 자가 그 담당할 직무에 관하여 청탁을 받고 뇌물을 수수·요구 또는 약속함으로써 성립하고, 그 후 공무원 또는 중재인이 된 때에 처벌하는 범죄이다. 3년 이하의 징역 또는 7년 이하의 자격정지에 처한다($\frac{제129조}{2항}$). 특가법에 의해 가중처벌($\frac{동법 제2조 1항}{1호·2호·3호}$)되고 몰수·추징은 필요적이다($\frac{제134}{조}$).

단순수뢰죄에 비해 예비적 단계의 범죄이긴 하지만, 취임 전의 비공직자라도 취임으로 개시될 직무에 관한 청탁을 받고 뇌물을 수수하는 경우 공무의 공정성에 대한 일반인의 신뢰를 해할 위험성이 높기 때문에 본조를 둔 것이다.

단순수뢰죄에 비해 특이한 점은 불법감경적 구성요건인 점 및 비의무범죄라는 점이다. 단순수뢰죄의 주체인 공무원 또는 중재인과 같은 신분을 현재 갖고 있는 것이 아니지만, 그것이 예정되어 있는 자라는 점에서 그에 준하는 진정신분범의 일종으로 이해해야 할 것이다.

2. 객관적 구성요건요소

(1) 행위주체

행위주체는 공무원 또는 중재인이 될 지위에 있는 자이다. 예비적 단계의 범죄이므로 그 한계를 정하지 않으면 가벌성이 무한히 확대될 위험성이 있다. 따라서 공직취임의 단순한 가능성만으로는 부족하고 최소한의 개연성을 갖춘 자만을 주체로 삼아야 한다.

반드시 공무원·중재인이 될 것이 확실하지는 않더라도 적어도 그것이 예정되어 있거나 일반적으로 기대될 수 있는 자라야 한다. 예컨대 공무원채용시험에 합격하여 발령을 대기하고 있는 자 또는 공선에 의해 당선확정된 자 등이다.

(2) 행위객체

행위객체는 직무행위와 대가관계에 있는 뇌물이다. 여기서 말하는 직무관련성은 부정한 이익 또는 불법한 보수와 관련한 객관적 직무관련성일 뿐, 행위자의 의사방향과 관련한 주관적 직무관련성(부패성향)을 의미하는 것은 아니다.

(3) 행   위

구성요건행위는 장차 담당할 직무에 관하여 청탁을 받고 뇌물을 수수·요구·

약속하는 것이다.

담당할 직무란 장차 공무원이나 중재인이 되었을 때 담당할 것으로 예정되어 있는 직무를 말한다.

청탁이란 일정한 직무행위를 해 줄 것을 의뢰하는 것을 말하며, 청탁을 받고란 그러한 의뢰에 응할 것을 수락하는 일체의 행위사정을 말한다. 다만 직무행위나 청탁 자체가 부정할 것을 요하지 않으며, 청탁과 승낙이 명시적일 필요도 없다. 청탁을 받은 직무행위는 특정될 필요는 없으나 어느 정도 구체적이어야 한다.

청탁을 받는 행위의 개시로 실행의 착수에 이른다. 즉 상대방의 청탁에 명시적 · 묵시적 수락의 의사표시를 함으로 실행의 착수가 된다. 즉시범이므로 기본적 구성요건행위인 수수 · 요구 · 약속행위의 종료로 기수에 이른다.

3. 주관적 구성요건요소

고의범 · 경향범이므로 구성요건고의 외에 초과주관적 불법요소인 특별한 행위경향(부패성)을 필요로 한다. 구성요건고의는 행위자 자신이 공무원 또는 중재인이 될 자라는 점, 담당할 직무에 관하여 청탁을 받고 응낙한다는 점 및 뇌물을 수수 · 요구 · 약속한다는 점에 대한 인식 및 의사이다.

4. 객관적 처벌조건

객관적 주관적 구성요건요소가 충족되더라도 객관적으로 이 죄의 주체가 실제 '공무원 또는 중재인이 된 때'에 한해 행위자를 처벌할 수 있다. 이 죄는 추상적 위험범 · 거동범 · 즉시범의 성격을 가지므로, 구성요건행위의 종료로써 기수가 된다. 그럼에도 법문이 '공무원 또는 중재인이 된 때'라는 요건을 명시한 것은 객관적 처벌조건을 부가한 것으로 보아야 한다(통설).

C. 제3자뇌물제공죄

1. 의의 및 성격

제3자뇌물제공죄는 공무원 또는 중재인이 직무에 관하여 부정한 청탁을 받고 제3자에게 뇌물을 공여하게 하거나 공여를 요구 · 약속함으로써 성립하는 범죄이다. 5년 이하의 징역 또는 10년 이하의 자격정지에 처한다($\left.\begin{smallmatrix}제130\\조\end{smallmatrix}\right.$). 특가법에 의해 가중처벌($\begin{smallmatrix}동법 제2조 1항\\1호 · 2호 · 3호\end{smallmatrix}$)되고 몰수 · 추징은 필요적이다($\left.\begin{smallmatrix}제134\\조\end{smallmatrix}\right.$).

뇌물로 거래되는 사익의 추구는 공무원이나 중재인을 넘어 가족 · 친지 · 그와 특별관계에 있는 집단에게도 미치므로, 제 3 자로 하여금 뇌물을 얻게 하는 행위를 처벌하지 않으면 공직자의 부패와 공직의 공정성에 대한 일반인의 신뢰 배반을 막기 어려울 것이기 때문이다.

이 죄의 성격에 관해, 다수설은 뇌물을 받는 자가 제 3 자라는 점에서 실질적으로 간접수뢰를 규정한 것이라고 이해한다(다수설).

여기서 간접수뢰라는 말은 간접정범성의 의미를 함축하는 것이 아니라, 범행수단이 간접적이라는 점 및 이 죄의 범행주체인 공무원·중재인과 제 3 자 사이에 모종의 이해관계가 얽혀 있음을 지칭하는 말 그 이상은 아니다. 따라서 이 죄는 단순수뢰죄와 달리 그 범행의 수단·객관적 범행방향이 제 3 자 쪽으로 향하고 있어, 행위자가 제 3 자에 대한 간접적 관심과 이해관계를 갖고 있는 범죄라는 의미에서 간접수뢰를 규정한 것이라고 보는 다수설이 무난하다. 다만 처자 기타 생활이익을 같이하는 가족은 여기의 제 3 자가 아니므로 공무원 또는 중재인이 이들에게 뇌물을 제공하게 한 경우는 단순수뢰죄가 성립한다는 점에는 이론이 없다.

2. 객관적 구성요건요소

구성요건행위는 부정한 청탁을 받고 제 3 자에게 뇌물을 공여하게 하거나 공여하도록 요구·약속하는 것이다.

부정한 청탁이란 의뢰한 직무집행 자체가 위법·부당한 경우 또는 의뢰한 직무집행 자체는 위법·부당하지 않지만 직무집행을 어떤 대가관계와 연결시켜 직무집행에 관한 대가의 교부를 내용으로 하는 경우를 의미한다. 명시적·묵시적 청탁 모두 가능하다. 단 묵시적 청탁이 인정되려면 청탁의 대상이 되는 직무집행의 내용과 제 3 자에게 제공되는 이익이 직무집행에 대한 대가라는 점에 대하여 공무원과 제공자 사이에 공통의 인식이나 양해가 있어야 한다(대판 2014. 9. 4, 2011 도 14482).

제 3 자란 행위자와 공동정범자 이외의 사람을 말하며, 처자 기타 생활관계를 같이 하는 동거가족도 제 3 자가 아니다(통설). 그러나 교사자나 방조자 또는 간접정범의 도구는 제 3 자가 될 수 있다. 개인은 물론, 법인이나 법인격 없는 단체도 포함된다. 회사·동창회·향우회·종단·문중·교회·정당·각종 사회단체 등에 기부금 명목으로 금품을 제공하게 해도 이 죄에 해당한다(참조 대판 2006. 6. 15, 2004 도 3424: 공정거래위원회 위원장인 피고인이 이동통신회사가 속한 그룹의 구조조정본부장으로부터 당해 이동통신회사의 기업결합심사에 대하여 선처를 부탁받으면서 특정 사찰에의 시주를 요청하여 시주금을 제공케 한 사안에서 본죄의 성립이 인정된 사례임). 제 3 자는 행위주체인 공무원·중재인과 직접적인 이해관계를 가져야 하는 것은 아니고 간접적인 이해관계나 사실상의 이해관계만 있어도 된다. 제 3 자가 그 정을 알았는지 여부는 묻지 않으며, 제 3 자가 뇌물수수를 거절했어도 이 죄는 성립한다. 제 3 자가 행위자의 주선에 의한 뇌물임을 알고 받은 경우에는 방조범에 해당하지만, 제 3 자의 필요적 방조행위를 처벌하는 별도의 규정을 두고 있지 않으므로 제 3 자를 처벌할 수는 없다.

이 죄의 실행행위는 직무에 관하여 부정한 청탁을 받고 제 3 자에게 뇌물을 공여하게 하거나 공여를 요구·약속하는 것이다. 따라서 부정한 청탁에 대해 명시적·묵시적 응낙을 한 때 실행의 착수가 있게 되며, 제 3 자에게 뇌물을 제공하게 하는 의사표시를 하거나 공여를 요구·약속하는 의사표시를 한 때 기수가 된다. 제 3 자의 수락의 의사표시나 뇌물수수행위는 이 죄 성립에 영향을 미치지 않는다.

D. 수뢰후부정처사죄

1. 의의 및 성격

수뢰후부정처사죄는 공무원 또는 중재인이 수뢰했을 뿐만 아니라 나아가 부정한 행위를 함으로써 성립하는 범죄이다. 1 년 이상의 유기징역에 처한다($\binom{\text{제131조}}{\text{1항}}$). 이 경우 10 년 이하의 자격정지를 병과할 수 있다($\binom{\text{제131조}}{\text{4항}}$). 몰수·추징은 필요적이다($\binom{\text{제134}}{\text{조}}$). 단순수뢰죄에 대한 불법가중적 구성요건이다. 추상적 위험범·거동범·즉시범의 성격을 띤다는 점은 다른 수뢰죄와 같다. 부정한 행위가 수뢰행위에 중첩되어 있지만 부정한 행위결과의 발생을 요하지는 않으며, 공공의 신뢰에 대한 구체적 위험의 발생을 필요로 하지도 않는다. 그 밖에 진정신분범·의무범·진정직무범죄로서의 성격을 지닌다.

2. 객관적 구성요건요소

행위주체는 공무원 또는 중재인이다. 그러나 사전수뢰죄($\binom{\text{제129조}}{\text{2항}}$)와의 관계상 공무원 또는 중재인이 될 자는 여기에 포함된다고 해석해야 할 것이다.

구성요건행위는 단순수뢰죄·사전수뢰죄·제 3 자뇌물제공죄를 범하여 부정한 행위를 하는 것이다. 수뢰행위와 부정행위 사이에는 인과관계가 있어야 한다. 따라서 뇌물을 수수·요구·약속한 후 부정한 행위를 하지 않거나 양자 사이에 인과관계가 없을 때는 전 2 조의 수뢰죄만 성립할 뿐 이 죄는 문제되지 않는다.

부정한 행위란 직무에 위배되는 일체의 행위를 말한다. 직무행위 자체는 물론, 그것과 객관적으로 관련있는 행위까지 포함한다(대판 2003. 6. 13, 2003 도 1060). 직무행위와 관련있는 것인 한, 행위양태는 불문한다. 다만 직무 외의 사적 행위는 여기에 해당하지 않는다. 부정한 행위이므로, 위법·부당한 행위를 비롯하여 직권남용행위 기타 직무위배행위도 포함된다. 위배는 법칙위반뿐만 아니라 재량권의 한계일탈·남용도 포함한다.

작위에 의한 부정행위로는 수사기록의 조서 일부를 파기·훼손하는 행위, 입찰업무에 종사하는 자가 최고가·최저가를 미리 응찰자에게 알려주는 행위, 세금을 감액·감면시켜 주는 행위 등을 들 수 있고, 부작위에 의한 부정행위로는 의원이 회의에 참석하지 않는 경우, 피의자의 요청에 따라 증거품의 압수를 포기하거나 경찰관이 범죄를 묵과하고 보고하지 않는 경우 등을 들 수 있다.

추상적 위험범·거동범 즉시범의 성격을 가지므로 부정한 행위 자체로 기수가 된다.

3. 주관적 구성요건요소

구성요건고의는 행위자가 자신이 공무원 또는 중재인이거나 공무원 또는 중재인이 될 자라는 점, 직무에 관하여 뇌물을 수수·요구·약속한다는 점과 그에 대한 대가로 직무에 위배하여 부정한 행위를 한다는 점 및 수뢰행위와 부정행위의 인과관계에 대한 인식과 의사이다. 미필적 고의라도 좋다.

4. 죄　　수

뇌물을 요구·약속한 후 직무위배행위를 하고, 다시 그 후에 뇌물을 수수한 경우에도 이 죄 1죄만 성립한다. 부정한 행위가 동시에 허위공문서작성죄·공문서위조나 동 행사죄, 횡령죄, 배임죄 등에 해당할 때는 수뢰후부정처사죄와 상상적 경합이 된다(대판 1983. 7. 26, 83 도 1378). 특가법 제 2 조에 이 죄가 포함되어 있지 않으나, 이 죄의 취지로 보아 이 죄도 특가법 제 2 조 1 항 소정의 수뢰죄에 포함된다고 해석해야 한다.

E. 부정처사후수뢰죄

부정처사후수뢰죄는 공무원·중재인이 그 직무상 부정한 행위를 한 후 뇌물을 수수·요구 또는 약속하거나 제 3 자에게 이를 공여하게 하거나 공여를 요구·

약속함으로써 성립하는 범죄이다. 형은 수뢰후부정처사죄와 같다($\frac{제131조}{2항}$). 자격정
지의 임의적 병과($\frac{제131조}{4항}$), 몰수・추징($\frac{제134}{조}$)도 동일하다.

현재 공무원・중재인의 지위에 있는 자가 먼저 부정한 행위를 한 후 뇌물을
수수하는 등의 수뢰행위를 한다는 점에서 수뢰후부정처사죄와 대칭되는 양태이다.

F. 사후수뢰죄

사후수뢰죄는 공무원 또는 중재인이었던 자가 그 재직중에 청탁을 받고 직무
상 부정한 행위를 한 후 퇴직하여 그 신분이 없는 상태에서 수뢰행위를 함으로써
성립하는 범죄이다. 5년 이하의 징역 또는 10년 이하의 자격정지에 처한다($\frac{제131조}{3항}$).
징역형을 과할 경우 10년 이하의 자격정지를 병과할 수 있다($\frac{제131조}{4항}$). 몰수・추징
도 필요적이다($\frac{제134}{조}$).

시간적 특성만을 고려할 때 사전수뢰죄($\frac{제129조}{2항}$)와 대칭되는 범죄양태라고 할
수 있다. 사전수뢰죄와 같이 비의무범적 진정신분범이다.

이 죄는 퇴직 후의 수뢰이기 때문에, 부정한 행위를 한 공무원이 전직 후(여
전히 공무원이다) 수뢰한 경우는 이 죄가 아니라 부정처사후수뢰죄($\frac{제131조}{2항}$)에 해당
한다(통설).

‖**판례**‖   공사의 입찰업무를 담당하고 있는 공무원이 비밀로 하여야 할 공사의 입찰예
정가격을 응찰자에게 미리 알려준 행위는 부정한 행위에 해당하고 전속시 전별금 명목
으로 금품을 수수한 경우 부정처사후수뢰죄($\frac{제131조}{제2항}$)에 해당된다(대판 1983. 4. 26, 82 도
2095).

G. 알선수뢰죄

1. 의의 및 성격

알선수뢰죄는 공무원이 그 지위를 이용하여 다른 공무원의 직무에 속한 사항
을 알선하고 그 대가로 뇌물을 수수・요구 또는 약속함으로써 성립하는 범죄이
다. 3년 이하의 징역 또는 7년 이하의 자격정지에 처한다($\frac{제132}{조}$). 특가법상 가중처
벌되고($\frac{동법 제2조 1항 1호 ・}{2호・3호 및 제3조}$), 몰수・추징도 필요적이다($\frac{제134}{조}$).

보호법익은 직무의 공정성과 직무행위의 불가매수성에 대한 일반의 신뢰이며,
보호정도는 추상적 위험범으로서의 보호이다. 불법유형은 자기지위를 이용한 공
무원의 알선행위에 있다.

2. 구성요건요소

(1) 행위주체

주체는 공무원에 한하며, 중재인은 제외된다. 공무원인 한, 지위고하는 불문하며, 다른 공무원에 대한 임면권이나 직접 압력을 가할 수 있는 특수한 지위에 있을 필요도 없다. 그러나 적어도 직무를 처리하는 공무원과 직무상 직접·간접으로 연관관계를 가지고 법률상 또는 사실상 영향을 미칠 수 있는 공무원이라야 한다(다수설·판례[14]). 이에 대해서는 개인적 친분관계를 동원한 알선이 많은 우리 사회현실의 특성상 반드시 공무원의 지위를 직무상의 관계에서 영향력 행사가 가능한 경우만으로 제한해서는 안 된다는 견해가 있다(소수설). 본죄는 '지위를 이용하여'라고 규정하고 있기 때문에 최소한 간접적이라도 직무상의 관계에서 사실상의 영향력이라도 행사할 수 있는 위치에 있지 않은 공무원을 본죄의 주체로 삼는 것은 곤란하다. 또한 그렇게 해석하지 않을 경우 단순한 사적 관계에서 행한 알선과의 구별이 곤란해지는 문제도 있다. 본죄의 주체에는 해당하지 않으나 소수설의 논지대로 공무원의 지위에 있는 자가 알선한 경우를 처벌할 필요성이 인정되는 경우에는 특정범죄가중처벌법 제3조의 적용이 고려될 수 있을 것이다.

《참고》 특가법 제3조의 알선수재죄는 주체를 공무원으로 한정하지 않고 또한 공무원이 본죄를 범하는 경우에도 지위를 이용한 경우에 한정하지 않는다. 따라서 공무원이 지위를 이용하지 않거나, 보통사람이 공무원의 직무사항을 알선하면서 금품 등을 수수·요구·약속한 경우(예: 김현철사건)에는 특가법의 규정이 적용된다. 그 밖에 변호사법 제111조도 특가법상의 알선수재죄와 비슷한 내용을 규정하고 있다. 이 규정 역시 행위의 주체를 공무원에 한정하지 않고 있고, 공무원의 경우 지위의 이용과 같은 제한도 없다. 만약 공무원이나 일반사인이 범한 알선수재행위가 형법 제132조, 특가법 제3조, 변호사법 제111조에 모두 해당될 경우에는 각각의 범죄는 상상적 경합관계에 놓이게 된다. 다만 판례는 변호사법위반의 죄가 성립하는 경우에는 형법상의 알선수뢰죄 내지 증뢰물전달죄는 성립할 여지가 없다는 입장을 취하고 있다(대판 1986.3.25, 85 도 436).

(2) 지위이용

공무원이 그 지위를 이용해야 한다. 여기서 지위를 이용한다 함은 모종의 영향력을 미칠 수 있는 공무원이 그 지위나 신분을 이용하여 다른 공무원이 취급하

---

14) 대판 1982. 6. 8, 82 도 403; 1984. 1. 31, 83 도 3015; 1988. 1. 19, 86 도 1138; 1993. 7. 13, 93 도 1056.

는 사무처리에 영향을 주는 것을 말한다. 그 영향은 직접적이건 간접적이건 법률적이건 사실적이건 불문한다.

지위이용의 범위에 관하여는 공무원의 기강확립과 직무의 공정성 유지를 위해서는 아무런 제한 없이 공무원의 지위이용을 넓게 인정하는 것이 옳다. 공무원이 단순히 사인의 입장에서 행한 때는 지위이용의 범위에 포함될 수 없다. 그 밖의 경우에는 지위이용이 직접적·간접적 영향력이건, 법률적·사실적 영향력이건, 일반적·구체적 영향력이건 가리지 않으므로, 특별한 제한 없이 넓게 인정하는 것이 좋다.

판례는「공무원이 그 지위를 이용한다 함은 다른 공무원이 취급하는 사무처리에 영향을 줄 수 있는 관계에 있으면 족하고, 반드시 상하관계, 협동관계, 감독관계 등의 특수한 지위에 있음을 요하지 아니한다」고 판시하고 있다(대판 1995. 1. 12, 94 도 2687). 이러한 판례의 입장은 타당하다.

‖ **판례** ‖   ① 노동부 고용대책과장이 연예인 국외공급사업에 관하여(대판 1989. 9. 12, 89 도 1297), ② 군교육청 관리과 서무계장은 국민학교 고용원 임용에 관하여(대판 1988. 1. 19, 86 도 1138), ③ 지역경제계장이 직전에 자신이 계장으로 있던 지적과 지정계 직원에게 토지거래계약허가를 받도록 알선하거나(대판 1990. 7. 27, 90 도 890), ④ 다른 세무서에서 징세계장으로 근무하는 전임 징세계장이 후임 징세계장의 직무에 관하여는(대판 1989. 12. 26, 89 도 2018) 공무원이 각각 지위를 이용한 경우에 해당한다.

지위이용이라는 행위표지는 강화된 내적 경향의 표시로 행위자의 부패성향을 나타낸다. 따라서 이 죄를 **경향범**으로 특징지우는 역할을 한다.

   (3) 알   선

알선이란 일정한 사항을 중개하여 양 당사자 사이에 교섭이 성립하도록 편의를 제공하는 일체의 서비스를 말한다. 예컨대 명함이나 소개장에「선처요망」등의 기재를 하여 교부하는 것도 알선에 해당한다. 청탁은 알선의 조건이 아니다. 청탁 유무와 관계 없이도 알선은 가능하기 때문이다. 알선에 의한 편의는 증뢰자를 위한 것이건 제3자를 위한 것이건 묻지 않으며, 또 알선행위가 행해진 시점도 가리지 않는다. 뇌물을 수수·요구 또는 약속할 당시 알선에 의하여 해결을 도모해야 할 현안이 존재할 필요도 없다. 따라서 구청공무원이 유흥주점의 업주에게 '유흥주점 영업과 관련하여 세금이나 영업허가 등에 관하여 문제가 생기면 다른 담당 공무원에게 부탁하여 도움을 주겠다'면서 그 대가로 1,000만 원을 요구하였다면 알선뇌물요구죄가 성립한다(대판 2009. 7. 23, 2009 도 3924). 장래의 알선행위에 대해 수뢰가 이루어진 경우, 그 후 실제로 알선행위가 이행되었는지 여부는 이죄 성립에 영향을 미치지 않는다.

알선은 자신의 지위를 이용해야 하고, 다른 공무원의 직무에 속한 사항에 관한 것이어야 한다. 따라서 친구·친족 기타 사사로운 개인의 지위에서 사적 관계를 이용하거나 직무와 전혀 관계없는 사항에 대해 교섭한 경우는 알선이 되지 않는다(다수설).

정당한 직무행위에 대한 알선도 이 죄에 해당하는가? 형법은 이 죄에서 직무행위의 성격에 관해 아무런 제한을 두고 있지 않으므로 긍정설이 타당하다(통설·대판 1992. 5. 8, 92 도 532). 알선행위와 수뢰행위 사이에는 인과관계가 있어야 한다.

(4) 주관적 구성요건요소

구성요건고의는 행위자가 자신이 공무원이라는 점, 다른 공무원의 직무에 속한 사항을 알선한다는 점 및 그에 대한 대가로 뇌물을 수수·요구 또는 약속한다는 점에 관한 인식과 의사이다.

지위를 이용한 범죄라는 특성상 특별한 주관적 불법요소로서 강화된 내적 경향이 필요하다. 즉 공무원이 직무관련적 부패성향을 가지고 알선행위로 나아갈 것을 요한다는 점에서 행위경향을 가진 **경향범**에 속한다.

3. 타죄와의 관계

알선의사 없이 알선할 것처럼 기망하여 뇌물을 수수하면 이 죄가 아니라 사기죄만 성립한다. 알선의사를 가지고서 다만 그 내용에 관해 상대방을 속여 재물을 교부받았다면 이 죄와 사기죄의 상상적 경합이 된다.

알선수뢰한 금원 중 일부를 증뢰한 경우에는 알선수뢰죄와 증뢰죄의 실체적 경합이 된다.

H. 뇌물공여죄(증뢰죄)·증뢰물전달죄

1. 의의 및 성격

공무원 또는 중재인에게 직무와 관련하여 뇌물을 공여하거나 공여의 의사표시를 하거나 또는 공여하기로 약속함으로써 성립하는 범죄($^{제133조}_{1항}$)를 **뇌물공여죄**

또는 **증뢰죄**라 하고, 이러한 증뢰죄에 쓸 목적으로 제3자에게 금품을 교부하거나 그 사정을 알면서 이를 교부받음으로써 성립하는 범죄($\substack{제133조\\2항}$)를 **(제3자)증뢰물전달죄**라 한다. 5년 이하의 징역 또는 2천만원 이하의 벌금에 처한다. 수뢰죄가 공무원·중재인의 직무범죄인 데 반해, 이 죄는 공무원·중재인의 수뢰행위를 교사·방조하는 공범적 성격을 갖는 행위를 별도의 독립된 범죄로 처벌하는 규정이다.

뇌물을 공여·약속하는 행위는 수뢰죄의 수수·약속과 필요적 공범관계에 놓이는 것이 원칙이지만, 공여의 의사표시는 그렇지 않다. 이 죄는 공무원 또는 중재인에게 직접 뇌물을 공여하거나 제3자를 통하여 공여하고자 하는 범죄로서 공직자의 직무를 부패시키는 직무관련범죄이긴 하지만, 공무원신분을 가진 신분범·의무범 또는 직무범죄는 아니다. 그 밖에는 수뢰죄의 성격과 유사하다.

2. 객관적 구성요건요소

(1) 행위주체

주체에는 제한이 없다. 공무원이라도 뇌물을 받는 입장에 있지 않고 다른 공무원에게 뇌물을 공여하는 입장에 있을 때에는 주체가 된다.

(2) 행위객체

단순증뢰죄의 행위객체는 뇌물이다. 이에 비해 제3자증뢰물전달죄의 행위객체는 뇌물이 아니라 금품이다.

(3) 행 위

단순증뢰죄의 구성요건행위는 뇌물의 약속, 공여, 공여의 의사표시(증뢰행위)이고, 제3자증뢰물전달죄의 구성요건행위는 금품을 교부하거나 그 정을 알면서 교부받는 것(증뢰물전달행위)이다.

(a) **증뢰행위** 증뢰행위는 뇌물에 대한 약속·공여·공여의 의사표시이다. 증뢰행위는 공무원 또는 중재인의 직무에 관하여 행해져야 한다. '직무에 관하여'라는 문언은 없으나 뇌물 자체가 객관적 직무관련성(직무행위에 대한 대가성)을 본질적 내용으로 한다는 점에서 명문규정의 유무를 묻지 않고 이를 긍정하는 것이 옳다(다수설). 판례도 긍정설의 입장이다(대판 1987.11.24, 87도 1463).

(ㄱ) 약 속 약속이란 뇌물제공과 수령에 관하여 증뢰자와 수뢰자 사이에 의사가 합치함을 말한다. 공무원의 요구를 승낙하는 경우와 자진하여 장차 뇌물

을 제공할 것을 제안하여 상대방의 승낙을 받아내는 경우를 포함한다. 약속한 뇌물의 종류·수량·액수 등을 공무원·중재인이 구체적으로 알고 있어야 하는 것은 아니다. 약속의 시기는 공무원·중재인의 직무행위 전후를 묻지 않는다.

(나) 공　여　공여란 공무원·중재인이 뇌물을 수수할 수 있도록 제공하는 것을 말한다. 상대방이 뇌물을 수수할 수 있는 상태에 두면 족하며, 현실적으로 취득할 것을 요하지 않는다. 따라서 공무원에게 제공할 취지로 처나 동거가족에게 주는 것도 공여가 된다(대판 1968. 10. 8, 68 도 1066). 공여자가 반드시 부정한 청탁을 전제하고 공여해야 하는 것은 아니다(대판 1969. 3. 18, 68 도 816). 객관적 직무관련성만 있으면 부정한 청탁 없이도 공여죄가 성립한다.

(다) 공여의 의사표시　공여의 의사표시란 상대방에게 뇌물을 제공하겠다는 일방적 의사표시를 말한다. 의사표시의 방법은 묻지 않는다. 구두·서면, 명시·묵시적 의사표시 어느 것이라도 좋다. 일반적인 의사표시이면 족하고 금액이나 뇌물의 수량 등을 구체적으로 명시하지 않아도 된다. 의사표시의 상대방은 공무원의 가족이라도 무방하다.

상대방이 인지할 수 있는 상태에 이르면 기수가 되고, 상대방이 그 의사표시에 대해 승낙을 하거나 의사표시 내용대로 뇌물을 수수할 수 있는 상태에 이르러야 할 필요는 없다.

(b) **증뢰물전달행위**　증뢰물전달행위는 증뢰행위에 제공할 목적으로 제 3 자에게 금품을 교부하거나 제 3 자가 그 정을 알면서 교부받는 것이다. 증뢰물전달행위는 증뢰행위에 제공할 목적을 수행하기 위한 행위 경향 하에서 행해져야 한다. 목적수행적 행위표지를 지닌 **경향범**이다.

제 3 자가 증뢰자로부터 금품을 교부받는 경우에, 수뢰할 사람에게 전달할 금품인 정을 알면서 일단 교부받음으로써 성립하고, 제 3 자가 그 받은 금품을 뒤에 수뢰예정자에게 전달했는지 또는 교부자에게 다시 반환했는지 여부는 이 죄 성립에 영향을 주지 않는다(대판 1997. 9. 5, 97 도 1572). 공무원·중재인이 제 3 자로부터 전달받은 금품을 곧바로 증뢰자에게 반환한 경우에도 이 죄는 성립한다(대판 1983. 6. 28, 82 도 3129).

3. 주관적 구성요건요소

단순증뢰죄의 구성요건고의는 공무원·중재인에게 뇌물을 약속·공여 또는 공여의 의사표시를 한다는 점에 대한 인식과 의사이다. 미필적 고의로도 족하다.

단순증뢰죄도 문언상 '직무에 관하여'라는 의사방향표지를 명시하지 않고 있지만, 단순수뢰죄와 마찬가지로 강화된 의사방향이 보호법익에 대한 특별한 위험성을 불러일으키는 **경향범**(부패성향)이라고 해야 한다.

증뢰물전달죄의 구성요건고의는 제 3 자에게 금품을 교부한다는 점 또는 그 정을 알면서 그 교부를 받는다는 점에 대한 인식과 의사이다. 금품이 증뢰행위에 제공된다는 사실에 대해서는 지정고의(직접고의)를 필요로 하고, 그 밖의 점에 관해서는 미필적 고의로도 충분하다.

증뢰물전달죄의 구성요건표지 속에 '전항의 행위에 공할 목적으로'라는 문언에서의 목적은 다른 뇌물죄와의 체계적 관련성을 고려할 때, 목적범의 '초과된 내적 경향'이 아니라 **경향범의 강화된 내적 경향**으로 보아야 한다.

4. 정범 및 공범

공모한 후 함께 금품의 교부나 향응의 제공을 한 경우 현실로 출연을 하지 않은 자도 증뢰죄의 공동정범이 된다. 수뢰자가 누구인지 몰랐어도 공모자들이 공동정범이라는 데 아무 지장이 없다(대판 1971. 3. 9, 70 도 2536). 증뢰액의 부족분을 알고 돈을 대여해 주는 것은 증뢰죄의 방조범이 된다.

5. 죄수 및 타죄와의 관계

수뢰죄가 성립하지 않는 경우에도 증뢰죄는 별도로 성립할 수 있다. 수뢰죄와 증뢰죄가 필요적 공범관계에 있다는 의미는 그 범죄의 성립에 행위의 공동을 필요로 한다는 것에 불과하고, 반드시 협력자 모두 범죄에 대한 책임을 져야 하는 것은 아니므로, 수뢰죄가 무죄인 경우에도 증뢰죄의 성립을 인정할 수 있기 때문이다.

‖ **판례** ‖ 뇌물공여죄와 뇌물수수죄가 필요적 공범관계에 있다함은 소론이 지적하는 바와 같으나 필요적 공범이라는 것은 법률상 범죄의 실행이 다수인의 협력을 필요로 하는 것을 가리키는 것으로서 이러한 범죄의 성립에는 행위의 공동을 필요로 하는 것에 불과하고 반드시 협력자 전부가 책임이 있음을 필요로 하는 것은 아니다. 다시 말하면 뇌물공여죄가 성립되기 위하여는 뇌물을 공여하는 행위와 상대방측에서 금전적으로 가치가 있는 그 물품 등을 받아들이는 행위(부작위 포함)가 필요할 뿐이지 반드시 상대방측에서 뇌물수수죄가 성립되어야만 한다는 것을 뜻하는 것은 아니다(대판 1987. 12. 22, 87 도 1699; 같은 견해 대판 2006. 2. 24, 2005 도 4737).

1개의 행위로 수인의 공무원에게 증뢰한 경우에는 공무원의 수에 따라 수개의 증뢰죄가 성립하고 이들은 상상적 경합이 된다(다수설).

약속 또는 공여의 의사표시를 한 후 뇌물을 실제 공여한 경우 공여죄에 흡수되어 일죄가 된다. 알선수뢰한 금원 중 일부를 증뢰한 경우 알선수뢰죄와 증뢰죄의 경합범이 된다(대판 1967. 1. 31, 66 도 1581).

공무원이 사기적 방법으로 뇌물을 공여하게 한 경우 사기죄와 수뢰죄의 상상적 경합이 됨은 말할 것도 없고, 기망당한 제공자도 경우에 따라서는 증뢰죄가 성립할 수 있다. 그러나 공무원이 직무에 관하여 공갈로 뇌물을 공여하게 한 경우 공갈죄와 수뢰죄의 상상적 경합이 된다. 이 경우 피공갈자에게 증뢰죄는 성립하기 어렵다(대판 1994. 2. 22, 94 도 2528).[15]

제 2 절   공무방해에 관한 죄

Ⅰ. 총   설

1. 의의, 보호법익과 보호정도

공무방해에 관한 죄는 국가 또는 공공기관이 행사하는 일반권력기능을 방해함으로써 성립하는 범죄이다.

공무방해에 관한 죄의 취지는 법의 적정한 집행에 대한 방해를 통제하여 국가기능으로서의 공무를 보호하려는 것이다.

공무방해에 관한 죄의 보호법익은 **국가의 일반권력기능**이다. 구체적으로 공무집행방해죄($^{제136}_{조}$)의 보호법익은 **공무 그 자체**이다(다수설). 법의 적정한 집행에 기초한 법질서의 권위를 확립하는 데 그 본질이 있으므로, 국가기능으로서의 공무 내지 공무의 적법한 수행이 보호법익이 된다. 보호정도는 원칙적으로 추상적 위험범으로서의 보호이다(다수설).

---

15) 대판 1994. 12. 22, 94 도 2528: 「공무원이 직무집행의 의사 없이 또는 직무처리와 대가적 관계없이 타인을 공갈하여 재물을 교부하게 한 경우에는 공갈죄만이 성립하고, 이러한 경우 재물을 교부하게 한 경우에는 공갈죄만이 성립하고, 이러한 경우 재물의 교부자가 공무원의 해악의 고지로 인하여 외포의 결과 금품을 제공한 것이라면 그는 공갈죄의 피해자가 될 것이고 재물공여죄는 성립될 수 없다고 하여야 할 것이다.」

2. 체   계

일반공무집행방해죄, 특별공무집행방해죄와 특수공무방해죄로 크게 구분할 수 있다. 일반공무집행방해죄에는 각각 독립된 구성요건으로서 협의의 공무집행방해죄($^{제136조}_{1항}$), 직무강요죄($^{제136조}_{2항}$), 위계에 의한 공무집행방해죄($^{제137}_{조}$)가 있다. **특별공무집행방해죄**에는 법정・국회회의장모욕죄($^{제138}_{조}$), 인권옹호직무방해죄($^{제139}_{조}$), 공무상비밀표시무효죄($^{제140}_{조}$), 부동산강제집행효용침해죄($^{제140조}_{의 2}$), 공용서류등무효및공용물파괴죄($^{제141}_{조}$), 공무상보관물무효죄($^{제142}_{조}$)가 있다. 그리고 **특수공무방해죄**는 특별공무집행방해죄에 대해 불법이 가중된 구성요건이다. 특수공무방해죄($^{제144조}_{1항}$)와 특수공무방해치사상죄($^{제144조}_{2항}$)가 있다. 제140조 내지 제142조의 미수범은 처벌한다($^{제143}_{조}$).

Ⅱ. 일반공무집행방해죄

A. 협의의 공무집행방해죄

1. 의의 및 성격

협의의 공무집행방해죄는 직무를 집행하는 공무원에 대하여 폭행 또는 협박함으로써 성립하는 범죄이다. 5년 이하의 징역 또는 1천만원 이하의 벌금에 처한다($^{제136조}_{1항}$).

이 죄의 취지는 국민에 봉사하는 국가의 일반권력기능의 원활한 작용을 최소한의 범위에서 보충적으로 보호하려는 것이다. 업무방해죄($^{제314}_{조}$)에서 업무는 행위객체이고, 여기서 공무는 보호법익이므로 공무는 원칙적으로 업무방해죄의 업무개념에 포함되지 않는다. 다만 폭행・협박정도에 이르지 않은 위력으로써 공무집행을 방해한 경우에는 본죄의 규율대상이 아니므로, 이 경우에 한해 공무도 업무방해죄의 업무에 포함시켜야 할 것이다. 단 판례는 공무는 업무방해죄의 업무에 포함되지 않는다는 입장이다(대판 2009. 11. 19, 2009 도 4166 전원합의체 판결).

추상적 위험범・즉시범・거동범・경향범・공격범・지배범이다.

2. 객관적 구성요건요소

(1) 행위주체와 행위객체

주체에는 제한이 없다. 다만 단체 또는 다중의 위력을 보일 만한 다수의 사람이 이 죄를 범한 때에는 특수공무방해죄가 된다.

　행위객체는 적법하게 직무를 집행하는 공무원이다.

　(a) **공 무 원**　　공무원직무범죄에서 설명한 것과 같다. 다만 특수경력직공무원 중 기계적·육체적 노무에 종사하는 고용직공무원은 원칙적으로 포함되지 않는다. 그러나 일용인부라 하더라도 공무집행공무원의 지휘하에 특별한 공무수행 중임을 상대방에게 표시한 경우에는 공무원에 해당되는 것으로 보아야 한다. 또한 법령에 의해 공무원으로 간주된 자나 공무원의 직무를 행할 자로 인정된 자도 구체적인 직무집행의 범위안에서 공무원에 해당된다.

　(b) **직무집행**　　공무원이 직무상 취급할 수 있는 사무처리를 말하지만, 해석상으로는 법령에 따라 국가의사를 실행하는 집행행위로 국한해야 한다. 직무란 공무원의 지휘·권한에 따라 처리되도록 법령에 의해 위임된 사무를 말한다. 구체적인 직권사항 내의 것이어야 하므로, 일반적인 직무의무는 여기에 포함되지 않는다. 다수설[16]은 우리 형법이 독일·프랑스의 형법과는 달리 직무집행의 범위를 권력작용에 제한하고 있지 않기 때문에, 반드시 강제적·권력적 성질의 사무에 국한되지 않는다고 한다. 그러나 국가 또는 공공기관이 사기업과 동일한 지위에서 행하는 사업(철도, 국공립학교, 국공립병원)에서 공무소 또는 공무원은 공권력주체가 아니라 사경제주체에 불과하므로 여기서 직무범위에서 제외해야 한다. 이 업무를 일반업무방해죄($\frac{제314}{조}$)의 업무보다 특별히 보호해야 할 이유가 없기 때문이다.

　집행이란 공무원이 그 직무에 속하는 사무를 처리하는 일체의 행위를 의미한다. 집행행위는 법령 등에 규정된 공무의 집행뿐만 아니라, 이와 직접적 연관성을 갖거나 필요불가결한 전제가 되는 사실적 행위도 포함한다. 예컨대 폭행의 목적으로 집합해 있는 다중을 해산시키기 위해 경찰관이 해산명령을 발하는 것은 물론, 단속을 위해 현장에 출동하는 행위도 집행행위에 포함된다.

　직무집행의 시간적 범위는 원칙적으로 직무를 개시하여 완료하기 전까지이지만, 직무행위의 성격을 고려하여 신축성 있게 파악할 필요가 있다. 특히 직무집행과 시간적·장소적으로 밀접한 관계에 있을 때에는 집행착수 이전의 준비행위나 완료 이후의 복귀행위도 직무집행에 포함된다.[17]

---

16) 권오걸 1059면; 김성돈 738면; 김성천·김형준 851면; 박상기 662면; 배종대 856면; 오영근 942면; 유기천(하) 331면; 이재상 742면; 이정원 743면; 임웅 882면; 정성근·박광민 834면; 정영석 60면; 정영일 580면; 진계호 759면.

17) 배종대 857면; 오영근 942면; 임웅 883면; 진계호 759면. 반면 직무집행의 종료 직후는 시간적 성립범위에 포함되지 않는다는 견해는 김성돈 738면; 손동권 782면; 이재상 743면; 이정원 744면; 정성근·박광민 835면; 정영일 580면.

그러나 단순히 직무집행이 예상되는 사정만 가지고는 아직 직무집행에 해당한다고 할 수 없다. 공무원의 출근(대판 1979. 7. 24, 79 도 1201), 출장지여행은 단순한 사실행위일 뿐, 직무집행행위가 아니다.

(c) 직무집행의 적법성

(개) **적법성의 요부** 공무집행방해죄가 성립하기 위해 공무원의 직무집행이 적법해야 하는가? 다수설과 판례(대판 2005. 10. 28, 2004 도 4731)는 위법한 직무집행에 대해서는 국민이 복종할 의무가 없고, 이에 대한 정당방위는 물론 저항권도 인정되는 점에 비추어 형법은 적법한 직무집행만을 보호한다고 본다. 자유민주적 법치국가이념에 비추어 당연한 요청이다. 결국, 공무집행도 개인의 권리와 자유를 부당하게 침해하지 않는 범위 안에서만 보호대상이 된다.

(내) **적법성의 체계적 지위** 이 죄에서 보호필요성 있는 직무집행은 적법한 직무집행뿐이라는 점에서, 적법성은 직무집행에 부착된 객관적 구성요건요소로 보아야 한다. 규범적 구성요건표지이며, 기술되지 아니한 구성요건표지이다. 따라서 위법한 공무집행을 방해한 경우에는 구성요건해당성이 부인된다(다수설).

(대) **적법성의 의미** 첫째, **형법적 적법성개념**에 따라 판단한다. 이 개념에 따르면 공무원의 직무집행이 비록 행정법적 · 소송법적으로 부적법하더라도, 중대하거나 명백하지 않은 위법, 단순부당한 정도에 그치거나, 단지 훈시규정 · 임의규정에 위반한 정도의 하자만 있을 때에는 형법적 보호를 인정해야 할 적법한 직무집행으로 평가한다(통설).

둘째, 적법성개념은 실체적 적법성이 아니라, **형식적 적법성**을 뜻한다. 즉 직무집행의 실질적 내용의 정당성 여부를 문제삼지 않고 직무집행시 불가결한 적법절차요건이나 본질적 형식을 갖추었는가를 문제삼는다.

(래) **적법성의 요건** (i) 직무행위가 당해 공무원의 추상적 직무권한에 속할 것, (ii) 당해 공무원의 구체적 권한에 속할 것, (iii) 직무행위의 유효요건인 법령이 정한 방식 · 절차를 갖출 것이 요구된다(통설 · 대판 1996. 12. 23, 96 도 2673; 1991. 5. 10, 91 도 453).

(i) **공무원의 추상적 일반적 · 직무권한에 속할 것** 공무원의 추상적 · 일반적 직무권한은 사물관할과 토지관할의 범위 안에서 사항적 · 장소적으로 정해져 있으므로, 이 범위를 넘은 행위는 직무집행이라 할 수 없다. 예컨대 경찰관이 조세를 징수하거나 사법상의 분쟁해결에 관여하는 경우, 철도공안원이 철도시설 이

외의 장소에서 수사를 하는 경우, 법관이 수사상의 강제처분을 집행하는 경우 등은 적법한 직무집행이 될 수 없다.

단순히 직무집행상의 편의를 위하여 마련한 공무원의 내부적 사무분담은 직무권한의 범위에 영향을 미치지 않는다. 따라서 내근순경이라 하더라도 외근순경의 직무를 집행할 수 있으며, 교통경찰관이 불심검문을 할 수 있고, 공안부검사가 특수부검사의 업무에 속한 사건을 수사해도 적법한 직무집행이 된다.

(ii) **당해 공무원의 구체적 권한에 속할 것**　구체적으로 직무를 담당·실행할 수 있는 법적 전제로서 명령·할당·지정·위임이 있어야 하는 경우에는 그와 같은 법적 전제를 구비해야만 적법한 직무집행이 될 수 있다. 예컨대 수명법관($\binom{형소법 제37조}{4항, 제136조}$), 수탁판사($\binom{형소법 제37조 4항, 제77조}{2항·3항, 제136조 2항}$), 수임판사($\binom{형소법 제201조, 제}{184조, 제221조의 2}$)가 명령·할당·지정·위임을 받지 않은 경우 적법한 직무집행이 될 수 없다.

(iii) **법령이 정한 방식·절차를 갖출 것**　직무행위의 형식적 적법요건으로서 법령상 일정요건·방식·절차가 규정되어 있는 경우, 특히 구속·압수·수색·검증·감정 등의 경우에는 형사소송법에 정해진 상세한 절차규정을 준수하지 않으면 적법한 직무집행이 되기 어렵다.

‖ **판례** ‖　① 경찰관이 현행범인을 체포하면서 범죄사실의 요지, 구속의 이유와 변호인을 선임할 수 있음을 말하고 변명할 기회를 주는 등의 적법절차를 준수하지 않은 경우(대판 2000. 7. 4, 99 도 4341), ② 사법경찰관이 피의자에 대한 구속영장을 소지하였다 하더라도 피의자를 체포하기 위한 적법한 절차를 밟지 아니한 채 실력으로 연행하려 한 경우(대판 1996. 12. 23, 96 도 2673), ③ 경찰관들이 현행범이나 준현행범도 아닌 피고인을 체포하려고 영장도 없이 피고인의 집에 강제로 들어가려고 한 경우(대판 1991. 12. 10, 91 도 2395), ④ 교통단속중인 경찰관이 범칙금납부통고서를 받기를 거부하는 사람에 대하여 즉결심판청구절차로 나아가지 않고 범칙금납부 통고처분을 강행할 목적으로 무리하게 운전면허증을 제시할 것을 요구한 경우(대판 2004. 7. 9, 2003 도 8336), ⑤ 경찰관들이 노래연습장에서의 주류 판매 여부를 확인하기 위하여 법관이 발부한 영장 없이 노래연습장을 검색한 경우(대판 2005. 10. 28, 2004 도 473), ⑥ 경찰관이 벌금형에 따르는 노역장유치의 집행을 위하여 형집행장을 소지하지 아니한 채(따라서 제시하지 아니한 채) 피고인을 체포·구인하려고 한 경우(대판 2010. 10. 14, 2010 도 8591) 등은 적법한 공무집행으로 볼 수 없다.

직무집행의 요건·방식과 절차에 하자가 있는 경우, 어느 정도를 넘으면 형법적 위법으로 판단할 것인가? 소송법적·행정법적 절차규정위반이 사소한 하자에 해당할 때, 예컨대 단순위법·단순부당행위에 해당할 때 또는 효력규정위반이 아닌 훈시규정·임의규정위반일 때에는 적법한 공무집행으로 보아야 할 것이다(통설). 그러나 중대하고 명백한 위법(무효사유), 중대하지만 명백하지 않은 위법, 또는 명백하지만 중대하지 않은 위법(취소사유 중 무효에 근접할 만큼 중한 사유)에 해당할 때에는 위법한 공무집행으로 보아야 한다.

‖ **판례** ‖   경찰이 승용차에 가족을 태우고 가던 술을 마시지 않은 운전자에게 음주 여부를 확인하려고 후렛쉬 봉에 두 차례 입김을 불게 했으나 잘 알 수 없어 동료경찰관에게 확인해 줄 것을 부탁하였고 그도 확인하려 했으나 역시 알 수 없어 보다 정확한 음주측정기로 검사받을 것을 요구한 경찰공무원의 행위는 합리적인 필요한 한도를 넘은 것이라고 할 수 없어 적법한 공무집행에 해당한다(대판 1992. 4. 28, 92 도 220).

(마) **적법성판단의 기준**   공무원의 직무집행이 적법성의 요건을 갖추었는지 여부는 법원이 법령해석을 통하여 객관적으로 판단해야 한다는 **객관설**(법관표준설)이 통설의 견해이다. 적법성의 요건은 형법적 보호가치가 있는 적법한 직무집행이냐의 여부를 법관이 전문가적 관점에서 공무집행이 갖는 공익적 측면과 그로 인해 희생되는 개인적 이익을 비교형량하여 객관적 입장에서 결정해야 하므로, 객관설이 타당하다. 따라서 객관적 관점에서 상관의 명령이 위법한 이상, 그에 따른 직무집행도 당연히 위법하다. 하지만 구속력 있는 경미한 위법명령에 복종한 경우에는 공무원의 복종의무에 비추어 적법한 직무집행이 된다고 보아야 한다.

(바) **적법성판단의 시기**   공무집행이 적법한지의 여부를 객관적으로 판단하는 시기는 공무집행행위 당시의 구체적인 상황에 기하여 객관적·합리적으로 판단해야 하며, 사후적으로, 즉 재판시를 기준으로 사후판단해서는 안 된다(대판 1991. 5. 10, 91 도 453).

(2) **행   위**

구성요건행위는 폭행 또는 협박이다. **폭행**은 직무집행공무원에 대한 직접적·간접적 유형력의 행사를 의미한다(광의의 폭행개념). 따라서 제 3 자나 물건에 대한 유형력의 행사라도 간접적으로 공무원에 대한 유형력의 행사가 되면 이 죄는 성립한다. **협박**은 직무집행공무원에게 공포심을 생기게 할 수 있는 모든 해악의 고지를 의미한다(광의의 협박개념). 따라서 제 3 자에 대한 협박이라도 공무원의 직무집행을 방해할 만한 것이면 충분하다.

여기서 폭행·협박은 직무집행공무원에 대한 적극적인 거동이어야 하며, 단순한 소극적인 행태나 불복종은 폭행·협박의 수단·방법에 해당하지 않는다. 예컨대 공무원에게 체포당하지 않으려고 손을 뿌리치고 도주하는 경우, 공무원 앞에서 단순히 문을 닫아버리거나, 이미 잠겨진 문을 열어주지 않는 경우는 본죄의 폭행·협박이 아니다.

‖ **판례** ‖ 차량을 일단 정차한 다음 경찰관의 운전면허증 제시요구에 불응하고 다시 출발하는 과정에서 경찰관이 잡고 있던 운전석쪽의 열린 유리창 윗부분을 놓지 않은 채 어느 정도 진행하다가 차량속도가 빨라지자 더 이상 따라가지 못하고 손을 놓은 경우 운전자의 행위는 공무집행방해죄의 폭행에 해당한다고 할 수 없다(대판 1996. 4. 26, 96 도 281).

폭행·협박은 성질상 공무원의 직무집행을 방해할 수 있는 정도라야 한다(다수설). 실제로는 방해효과를 기대할 수 없는 저항행위라도 성질상 방해의 적성을 갖는 한, 이 죄의 폭행·협박이 된다. 그러나 공무원이 개의치 않을 정도의 경미한 폭행·협박은 공무의 적정한 집행이 방해될 염려가 없으므로 이 죄를 구성하지 않는다(대판 2006. 1. 13, 2005 도 4799; 1976. 5. 11, 76 도 988).

이 죄는 추상적 위험범·거동범이므로 폭행·협박을 가함으로써 곧 기수가 되며, 공무원의 직무집행이 현실적으로 방해되었음을 요하지 않는다.

3. 주관적 구성요건요소

(1) 구성요건고의

구성요건고의는 상대방이 공무원이고 적법한 직무집행중이라는 사실 및 이에 대해서 폭행 또는 협박을 가한다는 사실에 대한 인식과 의사이다. '직무를 집행하는 공무원'은 규범적 구성요건표지이므로, 행위자가 공법적인 직무행위라는 법적 의미와 아울러 상대방이 공무원으로서 직무를 사실상 수행하고 있는 사정을 알았으면 고의성립에 지장없다.

구성요건고의에 직무집행을 '방해'할 '의사'가 필요한가? 이 죄의 구성요건고의는 적법하게 직무집행하는 공무원에 대하여 폭행·협박한다는 점에 대한 인식과 의사일 뿐, 공무 '방해'에 대한 인식과 의사를 포함하고 있는 것은 아니다(다수설).

(2) 착오의 문제

행위자가 착오로 공무원의 적법한 직무집행을 위법한 것으로 오인하고 폭행·협박을 가한 경우에, 적법성의 체계적 지위를 구성요건요소로 보는 설은 구성요건착오라 하고, 위법성조각사유설은 금지착오가 된다고 한다. 이 죄에서 적법성 표지는 위법성의 의미를 함축하고 있는 구성요건표지로 보아야 한다. 따라서 행위자가 구성요건적 행위사정과 관련하여 사실인식의 측면에 치우쳐 오인한 경우에는 구성요건착오가 되고, 행위사정의 위법·적법성의 의미평가의 측면에 치우쳐 오해한 경우에는 금지착오가 된다.

> 보기   구속영장집행에서 경찰관이 구속영장을 제시했음에도 불구하고 아직 구속영장제시가 없는 것으로 오인하여 이에 저항한 경우 등은 구성요건착오에 해당한다. 이에 반하여 행위자가 이러한 행위사정을 명확히 인식하고 있으면서도 자신은 진정한 채무를 부담하고 있지 않으므로 집행관의 압류를 실력으로 저지할 수 있다고 오해하여 그에게 폭행을 가한 경우 등은 금지착오에 해당한다.

(3) 특별한 주관적 불법요소

구성요건고의 외에, 초과주관적 불법요소로서 공무방해의 성향이 있어야 한다.

4. 죄수 및 타죄와의 관계

(가) 죄수결정은 보호법익이 공무 자체이므로 공무의 수를 기준으로 결정해야 한다. 그러나 판례는 공무원의 수에 따라 결정해야 한다는 입장이다(대판 1961. 9. 28, 4291 형상 415).

(나) 이 죄를 범하여 공무원을 살인 또는 상해한 경우에는 살인죄 또는 상해죄와 이 죄는 상상적 경합이 된다.

(다) 공무는 업무방해의 업무에 포함되지 않기 때문에 이 죄가 성립하는 경우에는 업무방해죄가 성립하지 않는다.

(라) 절도범인이 체포를 면탈할 목적으로 경찰관에게 폭행·협박을 가한 경우에는 준강도죄와 공무집행방해죄의 상상적 경합이 된다. 반면 강도범인이 체포를 면탈할 목적으로 경찰관에게 폭행을 가한 때에는 강도죄와 공무집행방해죄의 실체적 경합이 된다(대판 1992. 7. 28, 92 도 917). 그런데 강도범이 준강도 주체가 될 수 있다는 견해에 따르면, 먼저 준강도죄와 공무집행방해죄의 상상적 경합을 한 뒤, 강도죄와 준강도죄를 실체적 경합으로 취급하게 된다.

B. 직무·사직강요죄

1. 의의 및 성격

직무·사직강요죄는 공무원에 대하여 그 직무상의 행위를 강요·저지하거

나 그 직을 사퇴하게 할 목적으로 폭행·협박함으로써 성립하는 범죄이다. 협의
의 공무집행방해죄의 형과 같다($\frac{제136조}{2항}$). 협의의 공무집행방해죄가 공무원의 현재
의 직무집행을 보호대상으로 하는 데 비해, 이 죄는 공무원의 장래의 집무집행을
보호대상으로 한다. 협의의 공무집행방해죄는 경향범이고, 이 죄는 목적범이다.

　　보호법익은 **공무 그 자체**이며 그 반사적 효과로 공무원의 지위안전도 확보
된다.

　　이 죄를 강요죄($\frac{제324}{조}$)의 특별규정으로 보는 견해도 있지만, 양자는 보호법
익·보호정도·죄질을 달리하므로 별개의 범죄이며, 경우에 따라 상상적 경합이
될 수 있을 뿐이다. 추상적 위험범·즉시범·거동범·목적범·공격범·지배범
이다.

2. 객관적 구성요건요소

　행위주체에는 제한이 없다. **행위객체**는 공무원이다. 다만 협의의 공무집행방
해죄와는 달리 직무를 집행하는 공무원이어야 하는 것은 아니고, 단순히 공무원
이면 된다.

　행위양태는 폭행 또는 협박이다. 협의의 공무집행방해죄의 그것과 같다. 추상
적 위험범·거동범이므로, 행위자가 직무행위강요 또는 저지의 목적이나 그 직을
사퇴케 할 목적으로 공무원에 대해 폭행·협박함으로써 곧 기수가 된다.

3. 주관적 구성요건요소

⑴ 구성요건고의

　구성요건고의는 공무원에 대하여 폭행 또는 협박을 가한다는 점에 대한 인
식과 의사이다.

⑵ 직무집행의 강요·저지목적·사퇴케 할 목적

　본죄는 목적범이므로 특별한 주관적 불법요소로서 직무상의 행위를 강요 또
는 저지할 목적이나 그 직을 사퇴케 할 목적이 있어야 한다. 폭행·협박시 행위
자에게 직무강요·저지의 목적이나 그 직을 사퇴케 할 목적이 있었으면 성립한
다. 반드시 목적이 성취되어야 하는 것은 아니다.

　⒜ **직무상 행위의 범위**　　이 죄의 보호법익은 공무 그 자체이므로, 당해 공
무원의 직무권한에 속하는 사항이면 족하다. 따라서 당해 공무원이 직무에 관하
여 할 수 있는 모든 공적행위가 본죄의 보호대상이 된다. 직무권한에 속하는 사항

에 국한되므로, 만약 직무상 권한 없는 행위를 강요할 목적이었다면 단순폭행·협박죄나 강요죄가 문제될 뿐 이 죄는 성립하지 않는다.

　　(b) **직무행위의 적법성 요부**　　강요 또는 저지목적의 대상이 되는 직무행위는 반드시 적법한 것이어야 하는가? 직무상의 행위를 강요할 목적인 때에는 적법·여부를 묻지 않지만, 이를 저지하는 경우에는 적법한 직무상의 행위에 한한다는 견해가 다수설이고 또한 타당하다.

　　(c) **직무행위의 강요·저지**　　강요는 직무에 관계된 작위처분을 적극적으로 하게 하는 것을 의미한다. 저지는 공무원에게 법적 부작위처분을 하게 하거나 사실상 부작위 또는 무위에 머물게 하는 것을 의미한다. 예컨대 현장조사를 나오려는 공무원을 위협하여 아예 조사활동을 단념케 하려는 의도 등을 들 수 있다.

　　(d) **그 직을 사퇴하게 할 목적**　　이는 장래의 직무집행을 방해하기 위하여 아예 직무권한의 근거인 직을 사직케 하려는 목적을 말한다. 따라서 공무집행과 관계없이 단순한 개인적 사정에 의해 사직시키는 경우에는 사직케 할 목적에 포함되지 아니한다. 반드시 본직을 사퇴케 할 목적이 아니라도 상관없다. 이를테면 법관으로서 지방선거관리위원장의 직을 겸직하는 경우에 선거관리위원장과 같은 겸직 또는 임시직만을 사퇴케 할 목적이라도 이 죄 성립에 지장없다.

C. 위계에 의한 공무집행방해죄

1. 의의 및 성격

　　위계에 의한 공무집행방해죄는 위계로써 공무원의 직무집행을 방해하는 것을 내용으로 하는 범죄이다. 5년 이하의 징역 또는 1천만원 이하의 벌금에 처한다($^{제137}_{조}$). 공무집행방해의 수단이 폭행·협박이 아니라 위계라는 점, 행위대상도 현재 직무를 집행하고 있는 공무원만이 아니라 장래의 직무집행을 예상한 경우나 공무소까지도 포함한다는 점, 위계의 상대방은 공무원이 아닌 제 3 자도 가능하다는 점에서 협의의 공무집행방해죄와 구별된다. 추상적 위험범·즉시범·거동범·공격범·지배범이다.

2. 객관적 구성요건요소

(1) 행위객체

　　행위객체는 공무원의 직무집행이다. 현재의 직무집행은 물론 장래의 직무집행도 포함한다(통설). 또한 공무원의 직무집행이라고 하고 있지만, 반드시 공무원만이 아니라 공무소도 포함한다고 해석해야 한다.

(2) 행   위

위계로써 공무집행을 방해하는 것이다. 여기에서 기본적인 행위양태는 공무집행방해이고, 위계는 행위수단에 해당한다.

위계란 행위자의 행위목적을 이루기 위하여 상대방에게 오인·착각 또는 부지를 불러일으켜 이를 이용하는 것을 의미한다(대판 1997. 2. 28, 96 도 2825). 위계의 개념폭은 신용훼손죄($^{제313}_{조}$)·업무방해죄($^{제314}_{조}$)에서와 같다. 위계의 수단·방법은 가리지 않는다. 사람이 아닌 컴퓨터의 정보처리에 장애를 일으키게 하여 공무집행을 방해한 경우는 컴퓨터관련특수업무방해죄($^{제314조}_{2항}$)만 성립한다.

위계의 상대방으로서 직무를 담당하고 있는 공무원뿐만 아니라, 제 3 자를 기망하여 공무원의 직무집행을 방해해도 이 죄의 요건에 해당한다(통설).

재판·범죄조사나 관청의 인·허가처분과 관련하여 허위진술·허위기재·허위신고·허위자료제출 등이 있었다는 사실만으로 위계라 단정해서는 안 된다. 재판에서 실체적 진실발견은 법관의 고유임무이고, 수사에서 실체적 진실발견은 수사기관의 고유임무이다. 따라서 재판이나 수사절차에 참여하는 이해관계인에게 법적으로 진실만을 말하도록 의무가 부과된 것은 아니다(대판 1977. 2. 8, 76 도 3685). 다만 혈액을 바꿔치기하는 것처럼 적극적으로 허위의 증거를 조작하여 제출함으로써, 수사기관이 그 진위에 관하여 나름대로 충실한 수사를 하더라도 제출된 증거가 허위임을 알지 못하여 잘못된 결론에 이르게 된 정도라면 위계에 의한 공무집행방해가 성립된다(대판 2003. 7. 25, 2003 도 1609).

관청의 인·허가처분도 출원사유가 사실과 부합하지 않는 경우가 있음을 전제로 그 인·허가요건을 심사 결정하는 것이므로, 출원자에게 진실한 요건만 기재하고 진실한 자료만 제출하도록 법적으로 강제되어 있지 않은 한, 설령 허위자료를 제출한 것을 믿고 결정을 내렸더라도, 그것은 관청의 불충분한 심사에 기인한 것이지 출원자의 위계로 책임을 돌릴 것이 아니다(대판 1989. 3. 28, 88 도 898). 그러나 출원에 대한 심사업무를 담당하는 공무원이 출원인의 출원사유가 허위라는 사실을 알면서도 결재권자로 하여금 오인, 착각, 부지를 일으키게 하고 이를 이용하여 인·허가처분에 대한 결재를 받아낸 경우에는 위계로써 결재권자의 직무집행을 방해한 것에 해당한다(대판 1997. 2. 28, 96 도 2825).

‖ **판례 1** ‖   위계에 의한 공무집행방해가 인정된 사례: ① 입학고사문제를 사전에 입

수하여 미리 알고 응시한 경우(대판 1966. 4. 26, 66 도 30), ② 감독관의 눈을 피하여 답안쪽지를 전달한 경우(대판 1967. 5. 23, 67 도 650), ③ 자격시험응시자격을 증명하는 수료증명서를 허위로 작성·제출한 경우(대판 1982. 7. 27, 82 도 1301), ④ 학교입학원서 추천서란을 사실과 다르게 조작·허위기재하여 그 추천서성적이 학교입학전형자료가 되게 한 경우(대판 1983. 9. 27, 83 도 1864), ⑤ 운전면허시험에 대리응시하는 경우(대판 1986. 9. 9, 86 도 1245), ⑥ 개인택시 운송사업면허를 받은 지 5년이 경과하지 아니하여 원칙적으로 그 사업을 양도할 수 없음에도 마치 1년 이상의 치료를 요하는 질병으로 인하여 직접 운전할 수 없는 것처럼 가장하기 위해 허위의 진단서를 소명자료로 제출하여 행정관청으로부터 개인택시 운송사업의 양도·양수인가처분을 받은 경우(대판 2002. 9. 3, 2002 도 2064), ⑦ 음주운전을 하다가 교통사고를 야기한 후, 그 형사처벌을 면하기 위하여 타인의 혈액을 자신의 것처럼 교통사고 조사 경찰관에게 제출하여 감정하도록 한 경우(대판 2003. 7. 25, 2003 도 1609), ⑧ 변호사가 접견을 핑계로 수용자를 위하여 휴대전화와 증권거래용 단말기를 구치소 내로 몰래 반입하여 이용하게 한 경우(대판 2005. 8. 25, 2005 도 1731)는 위계에 의한 공무집행방해죄가 된다.

‖ **판례 2** ‖   위계에 의한 공무집행방해가 부인된 사례: ① 수사기관에 대하여 피의자 또는 참고인으로서 한 허위진술(대판 1977. 2. 8, 76 도 3685), ② 행정관청에 대한 허가출원사유에 허위신고를 한 경우(대판 1988. 5. 10, 87 도 2079), ③ 민사소송을 제기함에 있어 피고의 주소를 허위로 기재하여 법원공무원으로 하여금 변론기일소환장 등을 허위주소로 송달하게 한 경우(대판 1996. 10. 11, 96 도 312)는 이 죄에 해당하지 않는다.

기본적 행위양태인 **공무집행방해**는 공무원의 직무집행에 지장을 주거나 곤란하게 만드는 일체의 행위를 말한다. 추상적 위험범·거동범의 일종이므로, 목적적으로 수행된 방해행위 그 자체로서 성립하고 처벌의 대상이 된다. 방해행위는 목적적으로 수행된 목표지향적 행위일 뿐만 아니라 원칙적으로 사실상 직무집행을 곤란하게 만드는 적극적 거동이어야 한다. 따라서 단순한 소극적 저항이나 불복종은 방해행위에 해당하지 않는다.

3. 주관적 구성요건요소

구성요건고의는 위계를 수단으로 공무원의 직무집행을 '방해'한다는 점에 대한 인식과 의사를 포함한다. 이 죄는 특히 '방해'를 객관적 구성요건표지로 규정하고 있기 때문이다. 다른 일반공무집행방해죄와는 달리, 방해의 인식 외에 방해의사가 있어야 한다는 점이 고의의 특징이다(다수설·대판 1970. 1. 27, 69 도 2260).

4. 타죄와의 관계

㈎ 공무원이 직무수행과정의 성실의무에 반하여 부하직원에게 허위공문서를 작성하게 하여 위계로써 상사의 공무집행을 방해한 경우, 직무위배의 위법상태는 공무집행방해행위 속에 포함되어 평가되므로 별도로 직무유기죄는 문제되지 않고 위계에 대한 공무집행방해죄만 성립한다(대판 1997. 2. 28, 96 도 2825).

㈏ 사문서의 무형위조 그 자체는 처벌대상이 되지 않는다 하더라도 허위작성한 사문서를 진정한 문서처럼 행사하여 공무의 적정집행이라는 법익을 침해하면 위계에 의한 공무집행방해죄가 성립한다(대판 1982. 7. 27, 82 도 1301).

㈐ 피의자나 참고인이 아닌 자가 자발적이고 계획적으로 피의자를 가장하여 수사기관에 대하여 허위사실을 진술하였다 하여도 범인은닉죄($^{제151조}_{1항}$) 외에 별도로 위계에 의한 공무집행방해죄가 성립하지 않는다(대판 1977. 2. 8, 76 도 3685).

Ⅲ. 특별공무집행방해죄

A. 법정 · 국회회의장모욕죄

1. 의의 및 성격

법정 · 국회회의장모욕죄는 법원의 재판 또는 국회의 심의를 방해 · 위협할 목적으로 법정이나 국회회의장 또는 그 부근에서 모욕 · 소동함으로써 성립하는 범죄이다. 3년 이하의 징역 또는 7백만원 이하의 벌금에 처한다($^{제138}_조$). 공무중 특별히 법원의 재판기능과 국회의 심의기능을 보호하기 위한 죄형법규이다.

추상적 위험범 · 즉시범 · 거동범 · 목적범 · 표시범 · 지배범이다.

2. 객관적 구성요건요소

행위주체에는 제한이 없다. 피고인 · 증인 · 방청인 · 검사 · 변호인은 물론 당해 재판에 관여하지 않는 다른 법관, 국회의원도 본죄의 주체가 될 수 있다.

행위는 법정이나 국회회의장 또는 그 부근에서 모욕 또는 소동하는 것이다. 여기에서 구성요건적 행위양태는 모욕 또는 소동이다.

모욕이란 널리 경멸의 의사를 표시하는 것을 의미한다. 모욕의 상대방은 공무수행중인 법관 · 국회의원뿐만 아니라 당해 재판 · 심의에 참여한 증인 · 검사 ·

입회서기·변호인·피고인·방청인·참관인 등도 포함한다. 이 죄는 공무집행방
해죄의 특별형태이므로 법원의 재판이나 국회의 심의를 방해 또는 위협할 만한
정도의 적극적인 거동을 요하며, 소극적인 부작위나 단순한 지시에 대한 불복종
은 이 죄의 행위양태에는 해당하지 않는다. 또한 증인이 정당한 이유 없이 선서거
부나 증언거부를 한 경우도 단지 소송법상 정해진 그 거부에 대한 과태료제재의
대상(형소법제161조)이 될 뿐 이 죄의 모욕에는 해당하지 않는다(통설).

소동이란 법원의 재판 또는 국회의 심의를 방해할 정도의 평온교란이나 질서
파괴의 소란행동을 의미한다. 재판 또는 심의의 평온한 질서를 파괴하거나 혼란
시킬 정도의 소란행동이면, 한 사람이 했건 두 사람 이상이 했건 상관하지 않는
다. 소동의 수단·방법은 가리지 않는다.

법정이나 국회회의장 또는 그 부근으로 행위장소를 한정하고 있다. 법정·국
회회의장의 부근은 이 죄의 취지로 보아 법원의 재판이나 국회의 심의에 영향을
미칠 수 있는 정도의 장소라야 할 것이다. 예컨대 심리가 판사실에서 행해진 경우
법정부근으로 해석할 수 있으나, 법원정문·국회의사당 울타리를 벗어난 지역은
여기에 해당하지 않는다.

모욕·소동행위의 시기는 반드시 재판중 또는 심의중일 필요는 없고, 재판
또는 심의의 개시 직전과 직후는 물론 일시 휴식중이더라도 상관없다.

추상적 위험범·거동범이므로 모욕 또는 소동행위를 종료함으로써 기수가
되며, 이로 인하여 현실로 방해·위협의 결과가 발생해야 하거나 방해의 구체적
인 위험이 발생해야 할 필요는 없다.

3. 주관적 구성요건요소

구성요건고의는 법정이나 국회회의장 또는 그 부근에서 법원 또는 국회에 대
해 모욕 또는 소동한다는 사실에 대한 인식과 의사를 포함한다. 또한 **목적범**이므
로 특별한 주관적 불법요소로서 법원의 심판 또는 국회의 심의를 방해 또는 위협
할 목적이 있어야 한다. 재판 또는 심의를 방해 위협할 목적이란 국가의 사법기능
또는 입법기능을 방해 위협하여 적정한 국가기능을 해하겠다는 의사를 의미한다.

4. 타죄와의 관계

㈎ 법원 및 재판장은 법정 내에서 법정의 질서유지에 필요한 명령을 위배하
는 행위를 하거나 폭언·소란 등 행위로 법원의 심리를 방해 또는 재판의 위신을

현저히 훼손한 자에 대하여 직권으로 결정에 의하여 20일 이내의 감치 또는 100만원 이하의 과태료에 처하거나 이를 병과할 수 있다(법원조직법 제61조 1항). 법원조직법상의 제재규정과 이 죄의 취지는 다같이 법원의 재판심리활동의 기능보호이지만, 전자의 제재는 질서벌이고 이 죄는 형사벌인 점, 따라서 전자보다 이 죄는 불법의 질과 강도가 높은 일정한 행위양태에 국한된다는 점 등에 비추어 볼 때 양자는 성질상 독립된 별개의 제도라고 해야 한다(통설).

(나) 이 죄의 모욕행위가 동시에 법관·국회의원 개인이나 법원·국회의 구성원 전원에게 집합명칭적으로 모욕이 되는 경우 모욕죄는 이 죄에 흡수된다(법조경합 흡수관계).

(다) 하나의 폭행·협박행위가 이 죄와 일반공무집행방해죄의 조건을 모두 충족시키는 경우, 이 죄의 모욕·소동은 일반공무집행방해죄의 폭행·협박에 흡수되므로 일반공무집행방해죄에 대해 법조경합 흡수관계가 된다.

B. 인권옹호직무방해죄

인권옹호직무방해죄는 경찰의 직무를 행하는 자 또는 이를 보조하는 자가 인권옹호에 관한 검사의 직무집행을 방해하거나 그 명령을 준수하지 아니함으로써 성립하는 범죄이다. 5년 이하의 징역 또는 10년 이하의 자격정지에 처한다(제139조). 국가의 일반권력기능 중 검사의 인권옹호에 관한 직무집행기능을 특별히 보호하려는 데 이 죄의 취지가 있다. 추상적 위험범·즉시범·거동범·공격범·지배범이다.

이 죄의 행위주체는 사법경찰관리이다. 법문에서 경찰의 직무를 행하는 자란 사법경찰관을, 이를 보조하는 자란 사법경찰리를 의미한다. 이들은 다같이 검사의 지휘를 받아 수사의 직무를 담당하는 특수신분을 가진 공무원이다(진정신분범).

행위객체는 인권옹호에 관한 검사의 직무집행 또는 명령이다. 인권옹호에 관한 검사의 직무는 피의자·피고인 및 이해관계인의 신체·명예·재산의 자유와 권리를 침해할 소지 있는 범죄수사와 판결집행에 관한 일체의 사무를 말한다. 예컨대 각종 강제처분에 대한 검사의 집행지휘(형소법 제81조, 제115조, 제209조), 검사의 수사지휘(형소법 제196조), 체포·구속장소감찰(형소법 제198조의 2) 등을 들 수 있다. 검사의 직무집행과 명령은 인권옹호와 관련된 것이면 충분하고, 그 성질·형식에 관한 제한은 없다.

검사의 직무집행 또는 명령은 적법해야 하는가? 직무방해의 대상은 적법한 직무임을 전제로 하며, 상명하복관계에 있다고 해서 위법한 명령을 따르지 않는 경

우까지 이 죄로 다스리는 것은 타당하지 않기 때문에 적법해야 한다는 것이 다수
설이다. 특히 강제처분이나 수사지휘단계에서 검사명령의 위법성은 그 자체가 인
권침해적 성격을 갖기 때문에 이에 대한 불복종을 본죄로 다스리는 것은 허용되
지 않는다고 해야 할 것이다.

   구성요건행위는 직무집행방해 또는 명령불준수이다. 직무집행방해는 직무집
행에 지장을 주거나 곤란하게 만드는 일체의 행위를 말한다. 위계에 의한 공무집
행방해죄(제137 조)에서 본 방해와 의미가 같다. 다만 위계에 의한 공무집행방해죄는
그 행위수단이 위계인 경우에 한하는 데 반해, 이 죄의 방해에는 그러한 제한이
없다는 점이 다를 뿐이다. 명령불준수는 인권옹호에 관한 검사의 명령·지시에
복종하지 않는 것을 의미한다. 명령불복종은 전면적이건 부분적이건 상관없지만
(통설), 적어도 검사의 인권옹호직무의 본지에 어긋나지 않는 경미한 위반, 지엽
말단적인 것에 대한 불복종은 여기에 해당하지 않는다.

   이 죄는 추상적 위험범·거동범이므로 방해행위 또는 명령불준수만으로 기
수가 된다.

C. 공무상 봉인등표시무효죄

1. 의의 및 성격

   공무상 봉인등표시무효죄는 공무원이 그 직무에 관하여 실시한 봉인 또는 압
류 기타 강제처분의 표시를 손상 또는 은닉하거나 기타 방법으로 그 효용을 해함
으로써 성립하는 범죄이다. 5년 이하의 징역 또는 7백만원 이하의 벌금에 처한다
(제140조 1항).

   국가와 법질서의 권위를 힘입어 실시한 공무원의 특별한 법집행의 효력이 함
부로 훼손된다면 법의 적정한 집행에 기초한 법질서의 권위는 확립될 수 없을 것
이다. 따라서 특별한 공무집행의 효력표시를 함부로 훼손하는 행위를 통제함으로
써 법의 집행력을 확보하려는 데 이 죄의 취지가 있다.

   보호법익은 국가기능으로서의 공무이다(대판 1961. 4. 21, 4294 형상 41). 그 내
용은 봉인이나 압류·강제처분의 표시기능이다. 이 죄는 침해죄·즉시범·공격
범·지배범이다.

2. 객관적 구성요건요소

(1) 행위주체와 행위객체

주체에는 제한이 없다. 행위객체는 공무원이 그 직무에 관하여 실시한 봉인이나 압류 등 각종 강제처분의 표시이다. 그 직무에 관하여 실시한이란 직무상 실시한 것과 같은 의미이며, 그 내용은 공무집행방해죄에서 설명한 직무집행과 같다.

봉인이란 물건에 대한 임의적 처분금지의 의사표시로 그 물건의 외장에 장치해 놓는 공적 표시의 일종이다. 임의적 처분금지의 의사표시는 개봉·열람·내용물발취 등의 금지를 나타내는 의사표시를 말한다. 흔히 '봉인'이라는 인영을 사용하지만 반드시 이에 국한하지 않으며, 봉함 기타 이와 유사한 물적 설비를 사용해도 무방하다. 우편행낭이나 공문서봉투를 봉인하는 경우가 전형적인 봉인의 예이다.

압류 기타 강제처분의 표시는 압류 기타 강제처분을 명시하기 위하여 특별히 시행한 표시로서 봉인 이외의 것을 의미한다. 예컨대 입간판·고시문·고시판·표찰 등을 들 수 있다.

압류란 공무원이 직무상 보전해야 할 물건을 자기의 점유로 옮기는 강제처분의 일종이다(예컨대 민사집행법에 의한 유체동산의 압류·가압류·가처분, 국세징수법에 의한 압류). 압류라고 하기 위하여는 공무원이 그 목적물을 자기의 점유하에 옮기는 것이 필요하다.

기타 강제처분이란 압류 이외의 모든 강제처분으로서, 물건을 공무원의 점유하에 옮기지 않고 타인에게 일정한 작위 또는 부작위를 명하는 처분을 의미한다. 민사집행법에 의한 부동산의 압류, 금전채권의 압류 등이 여기에 속한다. 강제처분의 표시는 강제처분상태에 있음을 명시하는 표시이면 족하고, 그 형식은 크게 문제되지 않는다. 다만 강제처분은 사실상 실시된 것에 한하며, 단지 가압류·가처분 명령의 송달을 받은 상태만으로는 아직 강제처분의 표시가 있다고 할 수 없다(대판 1975. 5. 13, 73 도 2555).

봉인 또는 압류 등 강제처분의 표시는 먼저 그 기초되는 국가의 의사표시가 유효한 것임을 전제한다. 강제처분 자체가 중대하고 명백한 하자로 인해 무효인 때에는 봉인이나 압류 등 강제처분의 표시도 보호할 가치가 없어진다. 그러나 강제처분 자체가 유효인 한, 그 처분결정의 정당·부당성 여부는 묻지 않는다. 또한 봉인·압류, 그 밖의 강제처분의 표시는 적법해야 한다. 부적법한 봉인·압류·기타 강제처분의 표시는 보호받을 수 없다(통설). 이 죄의 입법취지도 적법한 공무집행을 보호하기 위한 것이며, 법치국가의 모든 권력작용은 적법절차에 따라 행해져야 하기 때문이다.

다만 공무원이 실시한 봉인 등의 표시에 **절차상 또는 실체상의 하자가 있다고** 하더라도 하자가 중대하고 명백하여 당연무효인 경우에 해당하지 않고, 객관적·일반적으로 공무원이 그 직무에 관하여 실시한 봉인 등으로 인정할 수 있는 상태에 있다면 적법한 절차에 의하여 취소되지 아니하는 한 공무상표시무효죄의 객체가 된다(통설·대판 2005. 6. 9, 2005 도 1085).

(2) 행 위

행위양태는 봉인·압류 기타 강제처분의 표시를 손상·은닉·기타 방법으로 그 효용을 해하는 것이다. 여기에서 손상·은닉은 기타 방법에 의한 효용침해의 예시에 불과하다. 효용침해는 부작위에 위해서도 가능하다.[18]

손상이란 표시물의 전부 또는 일부에 직접 유형력을 가하여 물리적으로 훼손·파괴하거나 그 본래의 효용을 감소시키는 일체의 행위를 의미한다. 따라서 표시물의 외장을 훼손하는 경우는 물론, 표시물 전부를 파괴하는 경우도 포함한다. 이러한 손상으로 인한 효용감소·소멸은 영구적일 필요는 없고 일시적이어도 좋다.

은닉이란 표시물의 소재를 불분명하게 하며, 발견을 곤란 또는 불가능하게 하는 일체의 행위를 의미한다. 은닉은 표시물을 원래 있던 장소에서 타처로 옮겨 발견이 곤란하게 하거나 숨겨 놓는 등 무형적 방법으로 물건의 소재를 불분명하게 할 뿐, 표시 자체의 상태에 유형적인 변화를 가하는 것은 아니라는 점에서 손상과 구별된다.

기타 방법으로 효용을 침해한다는 것은 손상·은닉 이외의 방법으로 표시의 효용을 해하는 일체의 행위를 의미한다. 따라서 표시 자체가 지니고 있는 효력과 기능을 사실상 감소시키거나 소멸시키는 모든 무효화조치가 여기에 속한다.

‖ **판례** ‖ ① 영업금지가처분에 대하여 고시내용과 저촉되는 판매업무를 계속한 경우(대판 1971. 3. 23, 70 도 2688), ② 점유이전금지가처분에 위반하여 점유를 단순히 이전하는 행위(대판 1980. 12. 23, 80 도 1963; 1992. 5. 26, 91 도 894), ③ 압류물을 보관장소에서 상당히 떨어진 다른 장소로 단순히 이전한 경우(대판 1986. 3. 25, 86 도 69)가 여기에 해당한다.

---

18) 대판 2005. 7. 22, 2005 도 3034: 「압류된 골프장시설을 보관하는 회사의 대표이사가 위 압류 시설의 사용 및 봉인의 훼손을 방지할 수 있는 적절한 조치 없이 골프장을 개장하게 하여 봉인이 훼손되게 한 경우, 부작위에 의한 공무상표시무효죄가 성립한다.」

강제처분의 내용에 저촉되는 행위를 하여 기타 방법으로 효용을 해할 수 있는 자는 강제처분의 대상이 된 채무자에 국한된다(통설). 예컨대 갑회사에 대한 건축공사중지가처분에 대하여 수급인인 을회사가 건축을 하거나(대판 1976. 7. 27, 74 도 1986), 남편을 채무자로 한 출입금지가처분을 무시하고 처가 출입금지된 밭에 들어가 작업을 한 때(대판 1979. 2. 13, 77 도 1445), 온천수 사용금지 가처분의 채무자가 아닌 제 3 자가 금지명령을 위반하여 온천수를 사용한 경우(대판 2007. 11. 16, 2007 도 5539)에는 이 죄가 성립하지 않는다.

(3) 결　과

이 죄는 침해범·결과범이기 때문에 손상·은닉·기타 방법으로 효용을 해하는 행위로 말미암아 표시의 완전성 내지 효용가치와 기능의 감소·소멸과 같은 현실적인 침해결과가 발생해야 한다. 이 죄의 구성요건결과는 효용가치의 감소이다. 미수범은 처벌한다($^{제143}_{조}$). 구성요건행위를 종료하고 그 결과로 표시의 효용가치의 현실적인 감소가 일어났을 때 기수가 성립한다.

3. 주관적 구성요건요소

구성요건고의는 공무원이 직무상 실시한 봉인 또는 압류 기타 강제처분의 표시라는 점에 대한 인식과 그 표시를 손상·은닉하거나 기타의 방법으로 그 효용을 해한다는 점 및 그로 인한 현실적인 침해결과야기에 대한 인식과 의사이다.

고의의 내용으로서 강제처분의 유효성과 적법성에 대한 인식도 필요한가에 관해 긍정설과 부정설(다수설)이 대립한다. 판례는 긍정설의 입장을 취한다(대판 1972. 11. 14, 72 도 1248). 양 견해의 차이는 강제처분의 유효성·적법성에 대한 착오가 있을 때 이를 긍정설은 구성요건착오, 부정설은 금지착오로 본다는 데에 있다. 생각건대 공무집행방해죄에서 제기된 직무집행의 적법성문제와 마찬가지로, 강제처분의 유효성과 적법성은 기술되지 아니한 구성요건표지라고 보아야 하며, 그렇다면 이에 대한 인식도 고의의 내용이 된다.

‖**판례**‖ 채권자가 채무자 소유의 동산을 가압류한 후 그 본안사건에 관한 합의가 성립되어 그 가압류 물건을 인수하기로 하고 담보취소까지된 경우에 있어서 가압류 취소절차를 거침이 없이 가압류 물건을 가져간 경우, 공무상표시 무효의 범의가 없다(대판 1972. 11. 14, 72 도 1248).

4. 타죄와의 관계

(가) 봉인·압류·기타 강제처분의 표시를 한 물건을 절취 또는 횡령한 때에는 절도죄 또는 횡령죄와 이 죄의 상상적 경합이 된다. 그러나 봉인 또는 강제처분의 표시를 파괴하여 물건을 절취한 때에는 절도죄와 이 죄의 실체적 경합이 된다(통설).

(나) 봉인·압류·기타 강제처분의 표시가 되어 있는 물건 자체를 손상한 경우에는 타인의 재물·문서를 손괴함과 동시에 강제처분 등 표시의 효용도 무효케한 것이므로 재물·문서손괴죄와 이 죄의 상상적 경합이 된다.

D. 공무상 비밀침해죄

공무상 비밀침해죄는 공무원이 직무에 관하여 봉함 기타 비밀장치한 문서 또는 도화를 개봉함으로써 성립하는 범죄이다. 공무상 봉인등표시무효죄의 형과 같다($\frac{\text{제}140\text{조}}{2\text{항}}$). 미수범은 처벌한다($\frac{\text{제}143}{\text{조}}$).

보호법익은 **직무상 비밀과 관련된 공무의 평온**이다. 이 점에서 개인의 비밀과 관련된 사생활의 평온을 보호법익으로 삼는 비밀침해죄($\frac{\text{제}316}{\text{조}}$)에 대해 불법이 가중된 구성요건이다. 비밀침해죄는 친고죄인 데 비해, 이 죄는 미수범($\frac{\text{제}143}{\text{조}}$)까지 처벌대상으로 삼는 이유가 여기에 있다. 추상적 위험범·즉시범·거동범·공격범·지배범이다.

행위객체는 공무원이 직무에 관하여 비밀로 한 봉함 기타 비밀장치한 문서 또는 도화이다. 반드시 대외비와 같은 비밀표시가 있어야 하는 것은 아니다. 직무상 비밀로 분류·취급되는 봉함이거나 그 밖의 문서·도화이면 된다.

공무원 직무에 관하여의 의미는 공무원의 직무범죄에서, 그 밖에 봉함·비밀장치·문서·도화·개봉 등의 의미는 비밀침해죄에서 설명한 것과 같다.

E. 기술적 수단이용 공무상 비밀침해죄

기술적 수단이용 공무상 비밀침해죄는 공무원이 그 직무에 관하여 봉함 기타 비밀장치한 문서, 도화 또는 전자기록 등 특수매체기록을 기술적 수단을 이용하여 그 내용을 알아냄으로써 성립하는 범죄이다. 법정형은 다른 공무상 비밀표시무효죄와 같이 5년 이하의 징역 또는 7백만원 이하의 벌금이다($\frac{\text{제}140\text{조}}{3\text{항}}$). 미수범은 처벌한다($\overset{제143}{조}$).

비밀침해죄에 기술적 수단을 이용한 내용탐지유형을 신설한 것($\overset{제316조}{2항}$)과 같은 맥락이다. 따라서 비밀침해죄의 설명을 참고하기 바란다. 추상적 위험범·거동범이다. 따라서 개봉행위 또는 기술적 수단을 이용하여 기록내용을 탐지하는 행위의 종료로 기수가 되고, 행위자가 그 내용을 요해했는가를 묻지 않는다.

F. 부동산강제집행효용침해죄

1. 의의 및 성격

부동산강제집행효용침해죄는 강제집행으로 명도 또는 인도된 부동산에 침입하거나 기타 방법으로 강제집행의 효용을 해함으로써 성립하는 범죄이다. 5년 이하의 징역 또는 7백만원 이하의 벌금에 처한다($\overset{제140조}{의 2}$). 미수범은 처벌한다($\overset{제143}{조}$).

강제집행으로 일단 채권자에게 명도 또는 인도된 부동산에 채무자가 다시 침입하거나 침탈한 경우에 채권자는 다시 명도소송을 해야 하는 문제가 생긴다. 이죄는 이처럼 강제집행으로 명도·인도된 부동산에 침입하여 이를 불법점유함으로써 권리자의 권리행사를 방해하고 강제집행의 효용을 침해하는 행위를 통제하기 위해 마련된 것이다.

2. 객관적 구성요건요소

(1) 행위객체

강제집행으로 명도 또는 인도된 부동산이다.

(a) **강제집행**   부동산에 대한 강제집행은 다음의 네 가지 경우가 있다.

첫째, 부동산의 인도·명도를 목적으로 하는 채권의 집행($\overset{민사집행법}{제258조}$)이다. 부동산인도청구의 집행은 동산인도청구의 집행과 더불어 비금전집행의 일종이며, 직접 부동산을 명도·인도함으로써 채권을 만족시키는 직접강제의 방법이다.

둘째, 부동산에 관한 인도청구권의 압류($\overset{민사집행법}{제244조}$)이다. 채권자는 채무자의 책임재산이 될 수 있는 부동산에 관하여 채무자가 제3채무자에 대해 갖고 있는 인도청구권을 압류하여 추심절차를 밟을 수 있다. 압류명령에는 제3채무자에 대하여 그 부동산을 부동산소재지 지방법원이 임명한 보관인에게 인도할 것을 명한다. 이 인도명령에 따라 제3채무자가 보관인에게 인도한 부동산도 이 죄의 행위객체인 '강제집행으로 인도된 부동산'으로 보아야 한다.

셋째, **부동산의 강제경매**($\frac{민사집행법}{제136조}$)이다. 부동산의 강제경매에서 법원은 대금을 완납한 후 6월 내에 매수인의 신청이 있는 때, 채무자·소유자 또는 압류효력발생 후 점유를 시작한 부동산점유자에 대하여 당해 부동산을 매수인에게 인도할 것을 명할 수 있다($\frac{민사집행법}{제136조 1항}$). 이 인도명령에 따라 채무자·소유자·부동산점유자 등이 매수인에게 인도한 부동산도 '강제집행으로 인도된 부동산'에 해당한다.

넷째, **담보권실행을 위한 부동산의 경매**($\frac{민사집행법}{제267조}$)이다. 부동산에 대한 담보권실행을 위한 경매절차에서 대금의 완납에 의해 매수인은 부동산을 취득하게 되고, 이에 관하여는 부동산의 강제경매절차규정이 준용되므로($\frac{민사집행법}{제268조}$), 이 경우 경락인에게 인도된 부동산도 '강제집행으로 인도된 부동산'에 해당한다.

(b) **명도 또는 인도된 부동산** 부동산이란 토지·건물 또는 그 일부(건물의 일부 또는 토지의 지상물)를 말한다. 강제집행에 의한 부동산의 점유이전방법은 명도(Räumung)와 인도(Herausgabe) 두 가지가 있다. 양자 모두 일정한 장소·공간의 지배를 채권자에게 주는 것을 목적으로 하는 것은 틀림없지만, 인도는 부동산의 점유만 이전하는 것을 말하고, 명도는 목적물에 임대차관계 등이 있어 채무자가 거주하고 또 동산 등을 점유하고 있을 때 거주하는 사람과 동산을 부동산으로부터 배제하고 완전한 지배를 채권자에게 넘겨주는 것을 말한다.

그리고 이 죄의 입법취지와 체제 및 내용·구조 등을 고려할 때 여기의 명도 또는 인도된 부동산에는 강제집행으로 퇴거집행된 부동산도 포함된다고 해석된다(대판 2003. 5. 13, 2001 도 3212).

(2) 행   위

강제집행으로 명도 또는 인도된 부동산에 침입하거나 기타 방법으로 강제집행의 효용을 해하는 것이다. 여기에서 기본적 구성요건행위는 강제집행의 효용을 해하는 행위이고, 침입 및 기타 방법은 수단적 행위이다.

(a) **침   입** 권리자의 의사 또는 추정적 의사에 반하여 외부로부터 당해 부동산 경계 안으로 들어가는 것을 말한다. 침입은 공공연히 행하여졌는가 은밀히 행하여졌는가, 폭력적으로 행하여졌는가의 여부를 불문한다. 단 침입행위 자체가 어느 정도 계속적 성격을 띠므로 일순간의 침입은 여기에서 말하는 침입행위라 할 수 없다.

(b) **기타 방법으로 인한 방해** 해당 부동산을 훼손하거나 출입구에 장애물을 설치하는 등, 강제집행의 효용을 해할 수 있는 수단·방법에 속하는 일체의

방해행위를 말한다.

  (c) **강제집행의 효용침해**   강제집행으로 명도 또는 인도받은 부동산을 권리자가 그 용도에 따라 사용·수익하거나 권리행사를 하는 데 지장을 초래하는 일체의 침해행위를 말한다. 다만 강제집행의 효용침해는 채무자 외에 제3자에 의해 행해질 수도 있으나(통설), 이때 제3자는 전 소유자 또는 그 가족이나 동거인, 고용인 등과 같이 그 부동산에 대하여 일정한 관련 있는 자로 제한하는 것이 옳다. 침입 또는 방해행위와 강제집행의 효용침해행위 사이에는 인과관계가 있어야 한다.

  (3) 결   과

  (a) **구성요건결과**   이 죄는 침해범·결과범의 일종이기 때문에 구성요건결과를 필요로 한다. 따라서 침입행위, 기타 방해행위 내지 강제집행효용-침해행위로 인해 국가의 공적 제도로서의 강제집행의 효력상실 내지 권리자의 권리실현이 지체되었을 때 이 죄의 구성요건결과는 야기되어 기수가 된다.

  (b) **미수·기수**   실행의 착수시기는 강제집행으로 명도·인도된 부동산에 침입 또는 그 밖의 방해행위를 개시한 때이다. 기수는 일련의 구성요건행위의 결과로 국가의 공적 제도인 강제집행의 효력이 상실되거나 권리자에게 권리실현지체의 효과가 발생했을 때이다. 실행에 착수했으나 이같은 구성요건결과가 발생하지 않았거나 구성요건행위와 그 결과 사이에 인과관계 및 객관적 귀속관계가 없을 때 미수가 된다. 미수범은 처벌한다($^{제143}_{조}$).

  3. 주관적 구성요건요소

  구성요건고의는 행위자가 강제집행으로 명도 또는 인도된 부동산이라는 사실, 이에 침입하거나 기타 방법으로 강제집행의 효용을 해한다는 점에 대한 인식과 의사를 포함한다. 미필적 고의로도 충분하다.

  4. 타죄와의 관계

  이 죄와 주거침입죄는 후자가 전자의 불가벌적 사전행위에 해당하므로 법조경합 보충관계로 보아야 한다. 이 죄와 재물손괴죄도 법조경합 보충관계가 된다.

G. 공용서류등무효죄

1. 의의 및 성격

공용서류등무효죄는 공무소에서 사용하는 서류 기타 물건 또는 전자기록 등 특수매체기록을 손상·은닉 기타 방법으로 효용을 해함으로써 성립하는 범죄이다. 7년 이하의 징역 또는 1천만원 이하의 벌금에 처한다($^{제141조}_{1항}$). 미수범은 처벌한다($^{제143}_{조}$).

이 죄는 성격상 손괴죄($^{제366}_{조}$)의 일종이다. 그러나 형법은 행위객체가 일반사인의 재물·문서 또는 특수매체기록이 아니라 공무소에서 사용하는 서류 기타 물건 또는 특수매체기록이라는 점에서 공무방해의 성격도 갖고 있다는 데 착안하여, 이 죄를 특별공무집행방해죄의 일종으로 규정한 것이다. 침해범·상태범·공격범·지배범이다.

2. 구성요건요소

(1) 행위객체

공무소에서 사용하는 서류 기타 물건 또는 전자기록 등 특수매체기록이다.

공무소란 공무원이 직무를 집행하는 곳을 말한다. 유형의 장소나 건조물과 같은 물적 시설을 말하는 것이 아니라 국가 또는 공공단체의 의사를 결정하는 권한을 가진 기관, 즉 제도로서의 관공서 기타 조직체를 말한다. 공무원의 자격이 인정된 자들이 공무를 수행하는 한도 내에서 공공조합·영조물법인·공법인도 공무소의 범주에 들어간다.

여기에서 **서류**는 엄밀한 의미의 문서개념보다는 넓은 뜻으로 사용된다. 문서인 한, 공문서·사문서인지, 작성자가 공무원인지 사인인지, 작성목적이 공무소를 위한 것인지 사인을 위한 것인지를 불문한다. 따라서 ① 접수부나 색인부에 기재하지 않아 아직 공문서로서의 효력이 없는 피의사건기록(대판 1971. 3. 30, 71 도 324), ② 정식절차를 밟아 접수되지 않은 문서(대판 1981. 8. 25, 81 도 1830), ③ 상사에게 보고하지도 않고 수사기록에도 아직 편철하지 않은 진술조서(대판 1982. 10. 12, 82 도 368), ④ 작성방법에 결함이 있는 문서, 위조문서·허위문서, 보존기간이 경과된 문서, 아직 작성중에 있는 미완성의 피의자신문조서(대판 1987. 4. 14, 86 도 2799)도 본죄의 객체가 된다.

‖ **판례** ‖   시가 본청 전입자 발탁을 위하여 구청공무원을 상대로 실시한 내부인사용 참고시험의 답안지는 공문서가 아니라 공용서류에 해당한다(부산고법 1991. 3. 6, 90 노 667).

기타 물건은 서류를 제외한 일체의 물건으로서 동산·부동산·도화 등이 여기에 해당한다. 공용물파괴죄($^{제141조}_{2항}$)에 규정된 건조물, 선박, 기차, 항공기 등도 처음부터 손괴 등의 의사로 효용침해행위가 개시되었을 경우에는 본죄가 적용되기 때문에 그러한 경우에 한해서 본죄의 행위 객체가 된다고 볼 수 있다.[19)]

전자기록 등 특수매체기록은 전기적 기록, 자기적 기록, 광기술이나 레이저기술을 이용한 기록을 포함한다. 손괴죄의 행위객체에 이것을 추가한 것과 상응한 조치이다.

(2) 행 위

행위양태는 손상·은닉 기타 방법으로 그 효용을 해하는 것이다.

손상이란 서류 기타 물건의 전부 또는 일부를 물리적으로 훼손·파괴하거나 특수매체기록의 전부 또는 일부를 내용적으로 훼손·파괴하여 그 효용을 감소·소멸시키는 일체의 행위를 의미한다. 물론 정당한 권한 없이 효용을 해할 것을 요하므로 권한 있는 공무원이 이를 파기한 경우는 손상이 아니다.

은닉이란 서류 기타 물건 또는 특수매체기록의 소재를 불분명하게 하여 그 발견을 곤란 또는 불가능하게 하는 일체의 행위를 의미한다. 기타 **방법**으로 인한 효용침해는 손상·은닉 이외의 방법으로 서류 기타 물건 또는 특수매체기록의 효용을 해하는 일체의 행위를 의미한다.

‖ **판례** ‖   농림과 공무원이 정당한 권한 없이 건설과에 제출된 계사건축허가 신청서에 첨부되어 보관중인 설계도면을 떼내고 전혀 별개의 방적연공장 설계도면을 첨부한 행위는 공용서류무효죄에 해당한다(대판 1982. 12. 14, 81 도 81).

미수범은 처벌한다($^{제143}_{조}$). 구성요건행위를 종료하고 그 결과, 서류 기타 물건 또는 특수매체기록의 효용가치가 현실적으로 감소했을 때 기수가 된다.

3. 타죄와의 관계

(가) 등기서류에 첨부되어 있는 인지를 떼내어 절취하면 절도죄와 이 죄의 관념적 경합이 되지만, 공용문서를 절취한 후 그 효용을 해하였다면 절도죄와 이 죄

---

19) 임웅 906면.

의 경합범이 된다.

(나) 공무소에서 사용하는 공문서의 서명날인을 말소한 다음 공문서를 위조한 때에는 공문서위조죄와 이 죄의 경합범이 된다.

H. 공용물파괴죄

공용물파괴죄는 공무소에서 사용하는 건조물, 선박, 기차 또는 항공기를 파괴함으로써 성립하는 범죄이다. 1년 이상 10년 이하의 징역에 처한다($^{제141조}_{2항}$). 미수범은 처벌한다($^{제143}_{조}$).

이 죄 역시 손괴죄의 일종이지만 공무방해의 측면에 초점을 맞추어 특별공무집행방해죄의 일종으로 취급하고, 법정형도 높게 규정하고 있다. 특히 건조물에 한하여 공익건조물파괴죄($^{제367}_{조}$)의 불법가중적 구성요건이며, 그 밖의 행위객체와 관련하여서는 공용서류등무효죄($^{제141조}_{1항}$)의 불법가중적 구성요건이다.

행위주체에는 제한이 없고, 소유자도 주체가 될 수 있다. 행위객체는 건조물·선박·기차·항공기로 한정되어 있다. 공용자동차도 객체에 포함된다고 하는 견해도 있으나 허용될 수 없는 확장해석이다. 이는 공용서류등무효죄($^{제141조}_{1항}$)로 규율하면 충분하다(다수설).

구성요건행위인 파괴는 물리적·물질적으로 훼손하여 본래의 효용을 해한다는 점에서는 손괴 또는 손상과 비슷하지만, 이들보다 훼손의 정도와 규모가 큰 경우를 의미한다(다수설). 파괴의 의사로 실행에 착수했으나 그 정도에 이르지 못한 경우에는 본죄의 미수가 되고, 처음부터 손괴 정도의 의사로 실행에 착수하여 파괴의 정도에 이르지 못한 경우에는 공용서류등무효죄($^{제141조}_{1항}$)가 성립한다.[20] 이 죄를 범하여 사람을 사상에 이르게 한 때에는 과실치사상죄와 이 죄의 경합범이 되고, 다만 소요행위시에 이 죄를 범하면 소요죄와 이 죄의 관념적 경합이 된다.

I. 공무상 보관물무효죄

공무상 보관물무효죄는 공무소로부터 보관명령을 받거나 공무소의 명령으로 타인이 관리하는 자기의 물건을 손상·은닉 기타의 방법으로 그 효용을 해함으로써 성립하는 범죄이다. 5년 이하의 징역 또는 7백만원 이하의 벌금에 처한다($^{제142}_{조}$).

형법은 이 죄의 공무방해 측면에 초점을 맞추어 특별공무집행방해죄의 일종으로 취급하고 있다. 그럼에도 불구하고 이 죄는 본질상 권리행사방해죄($^{제323}_{조}$)의

---

20) 임웅 906면.

성격을 띠고 있으므로, 권리행사방해죄의 불법가중적 구성요건으로 이해해야 할 것이다.

　　주체는 공무소로부터 보관명령을 받거나 공무소의 명령으로 타인이 관리하는 물건의 소유권자이다(진정신분범). **행위객체**는 공무소로부터 보관명령을 받거나 공무소의 명령으로 타인이 관리하고 있는 자기의 물건이다. 여기에서 공무소의 보관명령·관리명령이 이 죄를 공무집행방해죄로 특징짓는 요소가 된다. 따라서 공무소의 보관명령·관리명령은 공무집행의 성격을 띠어야 하며, 반드시 법령에 근거한 것이라야 한다.

　　공무소로부터 보관명령을 받는다는 것은 공무소의 위탁에 의하여 사실상·법률상의 지배를 할 수 있는 명령을 받은 경우를 의미한다. 따라서 가압류결정정본을 송달받은 것만으로는 이에 해당하지 않는다(대판 1983. 7. 12, 83 도 1405). 공무소의 명령으로 타인이 관리한다는 것은 공무소의 처분으로 공무소의 사실상의 지배로 옮겨진 물건을 제 3 자가 공무소의 명령을 받아 그의 사실상의 지배하에 두는 경우를 말한다.

　　여기에서 자기의 물건이란 권리행사방해죄($\substack{제323\\조}$)의 그것과 동일하며, 따라서 재산죄에서 말하는 재물과 그 개념·내용면에서 같다(통설).

　　구성요건행위는 손상·은닉 기타 방법으로 그 효용을 해하는 것이다. 이 죄는 침해범·결과범이므로, 손상·은닉 기타 방법에 의한 효용침해행위로 적어도 물건의 효용가치감소라는 현실적인 침해결과가 발생해야 한다.

　　미수범은 처벌한다($\substack{제143\\조}$).

Ⅳ. 특수공무방해죄

A. 특수공무방해죄

　　특수공무방해죄는 단체 또는 다중의 위력을 보이거나 위험한 물건을 휴대하여 공무집행방해죄($\substack{제136조\\1항}$), 직무·사직강요죄($\substack{제136조\\2항}$), 법정·국회회의장모욕죄($\substack{제138\\조}$), 공무상 비밀표시무효죄($\substack{제140\\조}$), 부동산강제집행효용침해죄($\substack{제140조\\의 2}$), 공용서류등무효죄($\substack{제141조\\1항}$), 공용물파괴죄($\substack{제141조\\2항}$), 공무상 보관물무효죄($\substack{제142\\조}$) 및 그 미수의 죄($\substack{제143\\조}$)를 범함으로써 성립하는 범죄이다. 각 조에 정한 형의 2분의 1까지 가중한다($\substack{제144조\\1항}$). 이들 범죄에 비하여 행위수단 및 방법의 위험성이 높기 때문에 부법 및 형이 가중된 불법가중적 구성요건이다.

B. 특수공무방해치사상죄

특수공무방해치사상죄는 특수공무방해죄를 범하여 공무원을 상해 또는 사망에 이르게 한 때 성립하는 범죄이다. 상해에 이르게 한 때에는 3년 이상의 유기징역에 처하고, 사망에 이르게 한 때에는 무기 또는 5년 이상의 징역에 처한다($\substack{제144조 \\ 2항}$). 앞의 특수공무방해죄의 결과적 가중범이다. 형의 균형상 특수공무방해치상죄는 고의와 과실의 결합형식인 진정결과적 가중범뿐만 아니라, 고의와 고의의 결합형식인 부진정결과적 가중범의 형식도 가능하다고 해야 할 것이다(다수설·대판 1995. 1. 20, 94 도 2842).

제 6 장   국가의 사법기능을 보호하는 죄형법규

제 1 절   도주 · 범인은닉 · 증거인멸의 죄

Ⅰ. 총   설

1. 의의, 보호법익과 보호정도

도주 · 범인은닉 · 증거인멸의 죄는 형사사법기능을 보호하기 위한 죄형법규이다.

도주 · 범인은닉 · 증거인멸의 죄는 **범죄비호죄**의 성격을 갖는다. 다만 도주와 범인은닉의 죄가 인적 비호만을 규율대상으로 삼는 데 비해, 증거인멸의 죄는 주로 물적 비호를 규율대상으로 삼는다.

도주 · 범인은닉 · 증거인멸의 죄의 일반적 보호법익은 널리 **국가의 형사사법기능**이다. 개별적으로는 도주죄의 구체적 보호법익은 국가의 체포 · 구금작용과 관련한 국가형벌권의 실현이다. 범인은닉죄의 구체적 보호법익은 국가의 범죄수사 · 형사재판 · 형벌 및 보안처분집행작용과 관련한 형법 그 자체의 실현이다. 증거인멸죄의 구체적 보호법익은 진실에 입각한 공정한 형사 · 징계재판과 관련한 국가의 심판기능이다.

보호정도에 관하여는 도주의 죄가 침해범, 범인은닉의 죄와 증거인멸의 죄는 추상적 위험범으로서의 보호라는 데 견해가 일치한다(통설).

2. 체   계

도주의 죄는 피구금자 스스로 도주하는 경우와 피구금자를 도주하게 하는 경우로 구분한다. 전자의 유형에는 단순도주죄($\frac{제145조}{1항}$)와 집합명령위반죄($\frac{제145조}{2항}$)가 있다. 단순도주죄에 대해 특수도주죄($\frac{제146}{조}$)는 불법가중적 구성요건이 된다. 단순도주죄보다 행위수단 · 방법으로 인해 행위반가치가 높기 때문이다. 후자의 유형에는 도주원조죄($\frac{제147}{조}$)와 간수자의 도주원조죄($\frac{제148}{조}$)가 있다. 도주원조죄에 대해 간수자의 도주원조죄는 신분있는 행위주체의 객관적인 의무위반성으로 인한 불법가중적 구성요건이 된다. 도주의 죄에 속한 모든 행위양태의 미수범은 처벌한다($^{제149}_{조}$). 도주원조죄와 간수자의 도주원조죄에 대한 예비·음모죄도 처벌한다($^{제150}_{조}$).

범인은닉죄($^{제151}_{조}$)는 도주죄의 범죄유형 중 피구금자를 도주케 하는 도주원조죄 및 간수자의 도주원조죄에 대해서 특별법에 대한 일반법의 성격을 지닌다.

증거인멸죄($^{제155}_{조}$)는 증거인멸등죄($^{제155조}_{1항}$)와 증인은닉등죄($^{제155조}_{2항}$)를 각각 독립된 기본적 구성요건으로 하고, 모해증거인멸등죄($^{제155조}_{3항}$)를 불법가중적 구성요건으로 한다.

범인은닉죄와 증거인멸죄는 친족간의 특례규정의 적용을 받는다($^{제151조\ 2항\ ·}_{제155조\ 4항}$).

II. 도주의 죄

A. 단순도주죄

1. 의의 및 성격

단순도주죄는 법률에 의하여 체포·구금된 자가 도주함으로써 성립하는 범죄이다. 1년 이하의 징역에 처한다($^{제145조}_{1항}$). 미수범은 처벌한다($^{제149}_{조}$).

도주원조죄($^{제147}_{조}$) 및 간수자의 도주원조죄($^{제148}_{조}$)가 성립하는 경우에, 이 죄는 그와 필요적 공범관계에 있다. 그러므로 피구금자를 교사·방조하여 도주시킨 경우에는 이 죄의 공범이 아니라 도주원조죄의 성립 여부만이 문제된다. 반면 피구금자가 타인을 교사·방조하여 이 죄에 가공토록 한 경우에도 이 죄 또는 도주원조죄의 공범이 아니라 단지 단순도주죄의 성립 여부만이 문제된다.

이 죄는 침해범·결과범·진정신분범·의무범의 성격을 지닌다. 행위양태와 관련하여서는 즉시범설, 상태범설 및 계속범설로 나뉜다. 상태범설은 기수 후 도주에 의한 위법상태는 존속하지만 불가벌적 사후행위라는 시각이다. 그러나 본죄를 상태범으로 취급해야 할 실익이 없으므로 즉시범으로 보는 것이 옳다 (대판 1991. 10. 11, 91 도 1656). 계속범설에 의하면 도주죄의 기수 이후 공범성립이 가능하고 공소시효는 도주자가 체포되어 도주행위가 종료된 시점부터 진행된다고 하나, 도주행위의 기수 성립 이후에는 범인은닉죄가 성립한다고 하는 것이 옳고, 또한 도주죄의 공소시효를 도주자의 체포시점부터 기산하게 되면 사실상 도주죄에 있어서 공소시효의 완성이란 불가능한 것이 되는 문제점이 있다.

2. 객관적 구성요건요소

(1) 행위주체와 행위객체

주체는 법률에 의하여 체포 또는 구금된 자이다. 체포 · 구금의 시기는 국가의 체포 · 구금권이 적법하게 집행된 때이다. 그리고 체포 · 구금상태가 사실상 존속하는 한 계속된다. 체포 · 구금의 종기는 체포 · 구금상태의 사실상 종료시이다.

법률에 의하여란 체포 · 구금의 권한이 법률에 근거하고, 법률이 정한 형식적 요건을 갖춘 적법한 절차에 따른 것임을 의미한다. 따라서 적법절차위반으로 체포 · 구금 자체가 불법이 되는 경우에는 설사 도주를 하더라도 본죄가 성립하지 않는다. 대법원도 사법경찰관에 의한 피의자 연행이 임의성을 상실하여 사실상 강제연행에 해당한다면 그에 뒤이은 긴급체포도 불법체포에 해당하기 때문에 불법체포 상태하에 놓여 있는 피의자가 도주하더라도 도주죄는 성립하지 않는다고 판시하였다(대판 2006. 7. 6, 2005 도 6810).

체포된 자란 국가기관에 의해 체포영장에 의해 체포되거나 긴급체포된 자($\substack{\text{형소} \\ \text{법} \\ \text{제200조의 2,} \\ \text{제200조의 3}}$) 또는 현행범으로 체포된 자($\substack{\text{형소법} \\ \text{제212조}}$)를 말한다. 사인에 의해 현행범으로 체포된 자는 이 죄가 공무집행방해죄의 성격도 갖고 있다는 점에 비추어 볼 때, 국가기관에 현실로 인도될 때까지는($\substack{\text{형소법} \\ \text{제213조 1항}}$) 이 죄의 주체가 아니다(다수설).

구인된 피고인 · 피의자($\substack{\text{형소법 제69조 내지 제71} \\ \text{조, 제201조, 제209조}}$)도 이 죄의 주체가 되는가? 체포와 구인이 다같이 구금 이전에 잠정적으로 인신의 자유를 박탈하는 강제처분이라는 점에 비추어 볼 때, 본조의 취지가 구인을 제외시키고 굳이 체포만을 구금에 대한 선택적 조치로 한정했다고 보기 어렵다. 따라서 구인된 피고인 · 피의자도 이 죄의 주체가 된다(다수설). 다만 구인된 증인($\substack{\text{형소법 제152조;} \\ \text{민소법 제283조}}$)은 구인된 피의자 · 피고인과 달리 국가형벌권실현의 직접적인 대상이 아니기 때문에 이 죄의 주체가 될 수 없다(통설).

구금된 자란 국가기관에 의하여 법률에 근거하여 적법하게 감금된 자를 의미한다. 법률에 의해 구금된 자인 한 미결구금자이건 수형자이건 불문한다. 벌금미납에 대한 환형처분으로 노역장에 유치된 자($\substack{\text{제69조} \\ \text{2항}}$)도 수형자에 속한다.

그 밖에 소년법($\substack{\text{제32조} \\ \text{이하}}$)에 의한 보호처분으로 소년원에 수용된 자 또는 소년분류심사원(구 소년감별소)에 수용된 자도 구금과 실질적 차이가 없으므로, 이 죄의 주체가 된다(다수설).

《참고》 아동복지법에 의하여 아동복지시설에 수용된 자, 경찰관직무집행법에 의하여 보호중에 있는 자, 감염병의 예방및관리에관한법률에 의하여 격리수용된 자 등은 국가형벌권실현의 일환으로 구금된 자가 아니므로 이 죄의 주체가 될 수 없다 (통설).

이 죄의 **주체**는 법률에 의하여 체포·구속중에 있는 미결구금자 또는 형집행을 받은 자에 한하므로 가석방중인 자, 보석중인 자, 형집행정지중인 자, 구속집행정지중인 자는 해당되지 않는다.

(2) 행   위

행위양태인 **도주**란 피체포·구금자가 체포·구금상태로부터 이탈하는 것을 말한다. 특수도주죄에 규정된 수단·방법을 제외하고는, 이탈의 수단·방법을 가리지 않는다. 일시적인 이탈로도 도주는 성립한다. 도주행태는 작위뿐 아니라 부작위에 의한 도주도 가능하다(다수설). 미결구금자는 재판결과 무죄가 되더라도 이 죄는 성립한다.

체포·구금작용에 대한 침해가 개시된 때 실행의 착수가 있게 된다. 예컨대 도주의 의사로 감방의 문을 열기 시작한 때 실행의 착수가 있다.

(3) 결   과

구성요건결과는 국가의 적법한 체포·구금권을 침해하여 국가형벌권의 실현을 무력화시키거나 현실적으로 방해하는 것이다. 대개는 체포자 또는 간수자의 실력적 지배로부터 벗어나는 데 성공했을 때 구성요건결과가 발생한다. 도주자가 체포자 또는 간수자의 실력적 지배에서 완전히 벗어났을 때 기수 및 완수가 된다 (통설·대판 1991. 10. 11, 91 도 1656).

3. 주관적 구성요건요소

구성요건고의는 행위자 자신이 법률에 의하여 적법하게 체포·구금된 자라는 점, 도주한다는 점, 도주행위로 인하여 국가의 적법한 체포·구금권행사를 침해한다는 점에 대한 인식과 의사이다.

B. 집합명령위반죄

집합명령위반죄는 법률에 의하여 구금된 자가 천재·사변 기타 법령에 의해 잠시 해금된 상태에서 정당한 이유 없이 그 집합명령에 위반함으로써 성립하는 범죄이다. 단순도주죄의 형과 같이 처벌한다(제145조 2항). 단순도주죄에 대해 진정부작위범의 양태라는 점에 차이가 있을 뿐 불법의 질은 동일하다. 침해범·계속범·부진정거동범·신분범·의무범이다.

행위주체는 **법률에 의해 구금된 자**이다. 법률에 의해 체포된 자는 이 죄의 주체에서 제외된다는 점에서 도주죄의 주체보다는 범위가 좁다. 행위양태는 **집합명령에 대한 위반**이다. 집합명령은 원칙적으로 다수인에게 일정한 장소에 집결하라는 행위명령을 의미한다. 일단 집합명령을 받은 자는 즉시 명령에 따라야 한다. 그러나 진정부작위범의 속성상 집합명령을 받은 자가 그 명령에 응할 수 있는 객관적·주관적 사정과 형편에 처해 있어야 한다.

천재·사변 기타 법령에 의하여 잠시 해금된 경우라는 **행위상황**을 필요로 한다. 다수설과 판례(대판 1954. 7. 3, 4287 형상 45)는 '천재, 사변 기타 법령에 의하여'는 천재·사변 또는 이에 준하는 상태에서 법령에 의하여라고 해석되므로, 천재·사변 또는 이에 준하는 상태라는 세 가지 요건에 각각 법령에 의하여라는 제한을 덧붙여 그 적용범위를 제한해야 한다는 입장이다. 따라서 교도소장의 일시 귀휴허가를 받은 수용자 또는 천재 등의 상태에서 불법출소한 자는 본죄의 주체가 될 수 없고, 도주죄가 성립한다고 한다. 그러나 천재·사변은 국가비상사태의 예시에 해당하므로 천재·사변시 언제나 법령에 의한 해금 여부를 가릴 것 없이 이 죄의 독립적인 행위상황으로 파악하는 것이 좋다.[1] 이렇게 해석하면 결과적으로 이 죄의 적용범위를 확장하는 대신, 단순도주죄의 적용범위를 좁히게 된다.

정당한 이유 없이란 집합명령에 불응할 만한 실질적 적법성이 없음에도 불구하고, 또는 집합명령에 응할 것을 기대할 수 있음에도 불구하고, 행위자가 그 명령에 위반한 경우를 의미한다. 이때 정당한 이유는 일반적으로는 위법성 조각사유로 기능할 것이나, 구체적인 행위상황에 따라서는 면책가능성을 내포하는 책임제한표지가 될 수 있다.[2]

행위자가 집합명령에 불응함으로써 적법한 구금권의 행사를 통한 국가형벌권의 실현이 현실적으로 방해된 때에 구성요건결과는 발생한다. 그리고 집합명령을 받고 이에 응하지 않은 때 실행의 착수가 있으며, 집합명령을 이행하는 데 필요한 시간이 경과함으로써 기수가 된다.

이 죄의 미수범은 처벌한다(제149조). 반면 다수설은 부작위 자체로 즉시 기수가 되기 때문에 미수범은 있을 수 없다는 입장이다. 그러나 이 죄는 순수한 거동범이

---

1) 같은 견해 오영근 984면; 이정원 763면.
2) 김일수, 한국형법 Ⅳ, 671-672면.

아니라 구성요건결과의 발생이 가능한 부진정거동범이므로 침해범·결과범처럼 미수와 기수의 구별이 가능하다. 예컨대 집합명령의 이행에 일정한 시간적 간격이 필요하기 때문에, 그 시간적 간격 안에서 집합장소와 반대방향으로 가는 열차를 타고 떠나는 행위자를 체포한 경우에는 본죄의 미수에 해당한다.

C. 특수도주죄

1. 의의 및 성격

특수도주죄는 법률에 의하여 체포 또는 구금된 자가, 수용설비 또는 기구를 손괴하거나 사람에게 폭행 또는 협박을 가하거나 2인 이상이 합동하여, 도주함으로써 성립하는 범죄이다. 7년 이하의 징역에 처한다($\frac{제146}{조}$). 미수범은 처벌한다($\frac{제149}{조}$).

주된 보호법익은 물론 국가의 체포·구금작용과 관련한 국가형벌권의 실현이지만, 행위수단·방법의 특수성을 고려할 때 소유권(손괴의 경우)·신체의 건재성(폭행의 경우)·의사결정의 자유(협박의 경우)·주민의 일반적 안전감(2인 이상 합동의 경우)도 부수적인 보호법익으로 함께 고려해야 할 것이다. 보호정도는 침해범으로서의 보호이다.

행위수단·방법에서 손괴, 폭행·협박, 2인 이상의 합동 등 강포성과 집단성으로 인해 단순도주죄에 비해 불법이 가중된 구성요건이다. 도주원조죄가 성립하는 경우에 이 죄는 그와 필요적 공범관계에 놓인다.

2. 객관적 구성요건요소

(1) 행위주체와 행위객체

주체는 법률에 의하여 체포 또는 구금된 자이다. 단순도주죄에서 설명한 것과 같다. 행위객체는 파괴행위와 관련하여서는 수용설비·기구이며, 폭행·협박행위와 관련하여서는 사람 즉 타인이다.

수용설비란 사람의 신체자유를 일정기간 장소적으로 제한하거나 박탈할 수 있는 일정한 물적 시설을 의미한다. 교도소·구치소·소년원·소년분류심사원·미결수용실·경찰관서에 설치된 유치장·노역장·법원청사와 검찰청사에 설치된 구치감(피의자·피고인대기실) 등 구속장소가 여기에 해당한다. 체포·구속된 피의자·피고인을 호송하는 차량이나 수형자를 이감시키기 위한 호송차량도 포함된다. 기구란 사람의 신체자유를 직접 구속하는 데 사용하는 장비·기구를 말한다. 예컨대 포승·수갑·사슬·안면보호구 등의 계구 등이 여기에 해당한다.

폭행·협박에 의한 도주에서 공격의 상대방은 범인 및 그 공범자 이외의 타인이다. 이는 간수자에 한하지 않고, 간수자·호송자에게 사실상 협력하는 지위에 있는 자는 비록 사인이라 할지라도 타인의 범위에 포함된다(다수설).

(2) 행 위

기본적 행위양태는 **도주**이다. 도주를 지향하는 행위수단·방법으로 손괴, 폭행·협박, 2인 이상의 합동이 필요하다. 도주는 단순도주죄에서 설명한 것과 같다.

(a) **손괴도주** 손괴란 탈출방법으로 수용설비 기구를 물리적으로 훼손하는 것을 말한다. 물리적 손괴만을 문제삼는다는 점에서(통설), 널리 재물에 대한 효용가치를 해하는 경우까지 포함하는 재물손괴죄($^{제366}_{조}$)의 손괴와 구별된다. 따라서 구금장소의 자물통을 열거나 단순히 수갑을 풀고 달아나는 것은 단순도주죄가 될 뿐이다.

간수자에게서 열쇠를 강제로 빼앗아 자물통을 열고 달아난 경우는 손괴도주가 아니라 강요(폭행·협박)도주에 의한 특수도주죄가 된다. 또한 손괴는 도주의 수단으로 행해져야 하기 때문에 수갑을 찬 채로 도주하고 나중에 이를 손괴하더라도 단순도주죄가 될 뿐이다. 도주의 의사로 수용시설·기구를 손괴하기 시작한 때 실행의 착수가 있게 된다.

(b) **강요(폭행·협박)도주** 폭행·협박은 간수자 또는 그에 협력하는 자에게 도주의 출구를 열도록 강요하는 일체의 폭력적·위협적 수단을 말한다. 여기에서 폭행·협박은 광의의 의미로 이해해야 한다(통설). 반드시 반항을 억압할 정도의 것임을 요하지 않는다. 폭행·협박 등 강요행위는 도주의 수단으로 행해져야 한다. 도주에 착수하기 전은 물론, 착수 후에 행한 폭행·협박도 도주의 기수에 이르기 전이라면 강요도주에 의한 특수도주죄를 구성한다. 간수자 또는 그에 협력하는 자에게 폭행 또는 협박을 개시한 때 실행의 착수가 된다.

(c) **합동도주** 2인 이상이 합동하여 도주한 때에도 특수도주죄가 성립한다. 단독으로 도주하는 경우에 비해 집단성으로 인한 위험성이 크기 때문이다. 여기에서 **합동**이란 2인 이상이 의사연락하에 시간적·장소적으로 협동하는 것을 의미한다. 합동범도 필요적 공동정범의 일종이므로 내부자간에는 별도로 총칙상의 공동정범·공범규정이 적용될 여지가 없다.

국외자가 합동도주죄의 공동정범·공범이 될 수 있는가에 대해서는 제 3 자는 도주원조죄(제147조)를 구성할 뿐 본죄의 공동정범·공범은 생각할 수 없다는 것이 다수설이다. 그러나 이 문제는 피체포자의 경우와 피구금자의 경우를 나누어 생각해야 한다. 왜냐하면 우리 형법상 합동도주죄보다 법정형이 높은 도주원조죄(제147조)는 피구금자의 경우에만 적용되기 때문이다. 그리하여 **피구금자합동도주**에 대한 국외자의 공동정범·공범의 성립가능성은 부인되어야 하며, 국외자는 도주원조죄가 성립한다. 반면에 **피체포자합동도주**에 대한 국외자의 가담행위는 도주원조죄가 성립하지 않고, 합동도주죄의 공동정범·공범이 될 수 있을 뿐이다.

2인 이상의 자는 모두 법률에 의해 체포·구금된 자임을 요한다. 합동하여 도주하는 것은 본질상 공동실행의 의사가 있음을 전제하므로 우연히 2인 이상이 동시에 도주하거나 1인의 탈출 때 열려진 출구를 다른 피체포·구금자들이 우연히 알고 의사연락 없이 한꺼번에 도주한 사실만으로는 이 죄의 적용이 없다.

도주는 반드시 동시에 있을 필요는 없으나 적어도 동일한 기회에 행해져야 한다. 합동도주의 실행의 착수시기와 기수 여부는 합동한 각자에 대하여 개별적으로 논한다.

3. 주관적 구성요건요소

이 죄의 구성요건고의는 각각 다음과 같다.

① 손괴도주의 경우 행위자 자신이 법률에 의해 적법하게 체포·구금된 자라는 사실, 수용설비·기구를 손괴하고 도주한다는 사실에 대한 인식과 의사를 필요로 한다.

② 강요도주의 경우 행위자의 신분, 간수자 또는 그에 협력하는 자에게 폭행 또는 협박을 가하고 도주한다는 사실에 대한 인식과 의사가 있어야 한다.

③ 합동도주의 경우 행위자 각자의 신분사실, 2인 이상이 현장에서 실행행위를 분담하는 협동관계에 있다는 사실, 이것을 통해 함께 도주한다는 사실에 대한 인식과 의사가 있어야 할뿐만 아니라 합동도주의 공모가 있어야 한다.

4. 죄수 및 타죄와의 관계

(가) 2인 이상의 피체포·구금자가 합동도주한 경우, 비신분자가 공모에 참가했다면, 피체포자의 합동도주에서는 비신분자의 공모를 이 죄의 방조범으로, 피구금자의 합동도주에서는 비신분자의 공모를 도주원조죄로 규율해야 한다.

　(나) 피체포·구금자 1인과 비신분자가 공모하여 비신분자의 승용차를 함께 타고 달아난 경우에는 합동도주가 될 수 없다. 이 죄는 진정신분범·의무범의 일종이기 때문이다. 이 경우 피체포·구금자는 단순도주죄에 해당되며, 피체포자의 도주에 가담한 비신분자는 단순도주죄의 방조범으로, 피구금자의 도주에 가담한 비신분자는 도주원조죄에 해당하는 것으로 보아야 한다.

　(다) 2인 이상이 합동하였을 뿐만 아니라 수용시설·기구를 손괴하거나 간수자 등에 대한 폭행·협박을 가하여 도주한 경우에는 포괄일죄가 된다.

　(라) 이 죄를 범하면서 방화·살상·체포·감금·공용물손괴($^{제141조}_{1항}$)·공용건조물파괴($^{제141조}_{2항}$)죄를 함께 범한 경우에는 이 죄와 각 죄 사이에 관념적 경합이 된다.

D. 단순도주원조죄

1. 의의 및 성격

　단순도주원조죄는 법률에 의해 구금된 자를 탈취하거나 도주케 함으로써 성립하는 범죄이다. 10년 이하의 징역에 처한다($^{제147}_{조}$). 우리 형법은 자기도주를 처벌하지만, 자유에로의 탈출은 인간의 자연적인 욕망인 만큼, 이러한 내적 충동에 이끌린 자기도주를 중한 범죄로 취급하지 않는다. 그러나 도주원조죄는 국가형벌권 실현에 대한 중대한 도전으로 보아 비교적 중한 범죄로 다루고 있다.

　행위양태는 탈취와 도주원조이다. **탈취부분**은 단순도주죄와 상관없이 성립하거나 경우에 따라 공동정범형식으로 성립할 수 있다. 이에 비해 **도주원조부분**은 단순도주죄의 필요적 공범(교사·방조)에 해당된다.

　침해범·결과범·즉시범·공격범·지배범이다. 이 죄는 넓은 의미에서 범인은닉죄의 특별한 경우라고 볼 수 있다. 따라서 이 죄와 범인은닉죄는 법조경합 보충관계에 놓인다.

2. 구성요건요소

(1) 행위주체와 행위객체

　주체는 구체적인 행위객체가 된 자가 아닌 한, 모든 사람이 될 수 있다. 친척, 가족이라도 이 죄의 주체가 될 수 있고, 친족간의 특례가 적용되지 않는다. 간수자·호송자가 도주원조를 한 때에는 별죄를 구성한다($^{제148}_{조}$).

　행위객체는 법률에 의해 구금된 자이다. 단순도주죄의 범죄주체에서 설명한 것과 같다. 다만 이 죄의 행위객체는 단지 법률에 의해 구금된 자로만 되어 있으므로, 체포되어 연행 중인 자나 구인된 피고인·피의자는 여기에 포함시킬 수 없다(통설).

∥**판례**∥ 도주죄의 범인이 도주행위를 하여 기수에 이른 이후에 범인의 도피를 도와주는 행위는 범인도피죄에 해당할 뿐, 도주원조죄에는 해당하지 않는다(대판 1991. 1. 10, 91 도 1656).

(2) 행 위

행위양태는 탈취하거나 도주하게 하는 것이다.

탈취란 피구금자를 적법한 구금상태에서 불법적으로 이탈시켜 국가의 실력적 지배를 배제하는 일체의 사실적인 행위를 의미한다. 탈취의 수단·방법은 적극적 실력행사, 기망·위계수단, 타인을 도구로 이용한 간접정범의 형식 등을 가리지 않는다.

도주하게 하는 것이란 피구금자의 도주를 야기시키거나 이를 용이하게 하는 일체의 행위를 의미한다. 애당초 도주의사가 없는 자에게 도주의사를 생기게 하는 경우뿐만 아니라, 이미 도주계획을 품은 자에게 실행을 용이하게 해주는 원조행위를 포함한다. 그 수단·방법은 교사·방조, 도주방법의 교시, 감방문의 개방이나 기구의 해제, 간수자에 대한 폭행·협박 등을 가리지 않는다. 피구금자의 동의여부도 중요하지 않다.

(3) 주관적 구성요건요소

구성요건고의는 법률에 의해 구금된 자를 탈취 또는 도주하게 한다는 사실에 대한 인식과 의사를 내용으로 한다. 미필적 고의로도 충분하다. 특히 피구금자를 적법한 구금상태에서 사실상 이탈시킨다는 점에 대한 고의가 있어야 한다.

(4) 미수·기수

탈취의 고의로써 기존의 구금상태를 배제시키는 직접적인 행위를 개시한 때, 또는 도주의사 없는 자에게 도주의사를 유발시키거나 도주계획을 품은 자의 계획실현을 용이하게 하는 직접적인 행위를 개시했을 때 실행의 착수가 있다. 이로 인하여 피구금자가 국가의 적법한 실력적 지배에서 성공적으로 이탈한 때 기수 및 완수에 이른다. 미수범은 처벌한다($\frac{제149}{조}$).

《참고》 피구금자가 이 죄의 행위자에게 자신에 대한 탈취를 교사·방조한 경우는 자기도주죄에 대한 교사·방조가 아니라 **도주원조죄**에 대한 교사·방조이다. 피구금자가 행위자에게 탈취를 교사했을 뿐만 아니라 탈취 후 준비해 온 차를 함께 타고 도망한 경우에는 도주원조죄의 공동정범으로 보아야 한다.

E. 간수자도주원조죄

간수자도주원조죄는 법률에 의해 구금된 자를 간수 또는 호송하는 자가 이를 도주하게 함으로써 성립하는 범죄이다. 1년 이상 10년 이하의 징역에 처한다($\frac{제148}{조}$). 단순도주원조죄에 비해 간수자·호송자라는 직무상 신분 때문에 그 불법이 가중되어 더 무겁게 처벌한다는 점에서 부진정신분범·의무범의 일종이다. 주체는 법률에 의한 피구금자를 간수 호송하는 자이다. 여기에서 간수·호송의 임무는 반드시 법령에 근거가 있어야 하는 것은 아니며, 현실로 그 임무에 종사하고 있으면 충분하다. 따라서 반드시 공무원일 필요가 없다. 행위객체는 법률에 의해 구금된 자이다. 따라서 현행범을 체포한 사인이 사법경찰관에게 인계하기 전에 석방한 경우에는 본죄가 성립하지 않는다.

행위양태는 도주하게 하는 것이다. 단순도주죄와 달리 탈취행위가 명시되어 있지 않지만, 도주하게 하는 원조행위보다 탈취행위가 죄질에서 덜하지 않다는 점을 고려할 때 사물논리나 형의 균형상, 간수·호송자의 탈취행위도 여기에 포함시켜 해석하는 것이 옳다. 피구금자가 도주에 성공했을 때 기수가 되며, 도주하게 했으나 도주에 성공하지 못했을 때 미수가 된다. 미수범은 처벌한다($\frac{제149}{조}$).

F. 도주원조예비·음모죄

도주원조예비·음모죄는 도주원조죄($\frac{제147}{조}$)와 간수자도주원조죄($\frac{제148}{조}$)를 범할 목적으로 예비·음모함으로써 성립하는 범죄이다. 3년 이하의 징역에 처한다($\frac{제150}{조}$). 형법은 도주의 죄 중에서 불법의 질이 높은 도주원조죄 유형에 국한하여 예비·음모죄를 별도로 규정했다.

Ⅲ. 범인은닉죄

1. 의의 및 성격

범인은닉죄는 벌금 이상의 형에 해당하는 죄를 범한 자를 은닉 또는 도피하게 함으로써 성립하는 범죄이다. 3년 이하의 징역 또는 5백만원 이하의 벌금에 처한다($\frac{제151조}{1항}$).

본범의 범죄가 일단 성립한 후 그 범인을 비호하는 때 성립하는 것이므로 본범의 공범(특히 방조범)이 아닌 독립범죄이다. 이 점에서 이른바 **사후종범**의 일종이다.

위험범・공격범・지배범의 일종이기도 하다.

2. 객관적 구성요건요소

(1) 행위주체

주체는 본범 이외의 자이면 누구든지 될 수 있다. 본범 자신의 도피행위는 본죄의 구성요건해당성을 결한다. 형법이 자기도피죄를 처벌대상에서 제외한 것은 인간의 본성에 비추어 볼 때 적법행위에 대한 기대가능성이 없다는 점 때문이다.

본범의 공동정범이나 공범도 본죄의 주체가 된다(다수설・대판 1958. 1. 14, 4290형상 393). 그러나 본범의 공동정범이나 공범자가 범죄를 저질렀을 때 본죄의 행위가 행위자 자신의 범행은닉과도 밀접불가분한 관계를 가졌다면 자기도피와 마찬가지로 기대가능성이 없다고 할 것이다. 이 한에서 본범의 공동정범이나 공범자에게 기대불가능성을 이유로 본죄의 책임을 물을 수 없다고 해야 한다. 다만 그것은 책임조각의 문제이기 때문에 구성요건상 범죄주체로 인정하는 데는 지장이 없다.

본범이 타인을 교사하여 자기를 은닉・도피하게 한 경우에 이 죄의 교사범이 될 수 있는가? 긍정설[3]은 타인을 교사하여 이 죄를 범하게 하는 것은 자기비호권의 한계를 일탈한 것이며, 범인 스스로 도피하는 경우와 달리 기대가능성도 인정되므로 이 죄의 교사범이 성립한다고 본다. 판례도 긍정설의 입장이다(대판 2008. 11. 13, 2008 도 7647). 그러나 타인을 교사하여 자기를 은닉・도피하게 하는 것은 자기비호의 연장에 불과하고, 자기도피가 구성요건에 해당하는 위법한 행위가 아닌 한 자기도피의 교사도 처벌의 대상이 될 수 없으므로, 이 죄의 교사범의 성립을 부인해야 한다(부정설, 다수설).[4] 본범이 자신을 은닉・도피시키는 타인의 이 죄 실행을 방조해도 자기은닉・자기도피가 처벌의 대상이 되지 않는 것과 같은

---

3) 권오걸 1111면; 김봉태(공저) 653면; 김성돈 773면; 백형구 613면; 정영석 80면; 정영일 614면; 황산덕 85면.
4) 김성천・김형준 911면; 박상기 682면; 배종대 887면; 서일교 352면; 손동권 820면; 오영근 993면; 이영란 843면; 이재상 777면; 이정원 767면; 임웅 920면; 정성근・박광민 884면; 진계호 797면.

취지에서 이 죄의 방조범이 될 수 없다.

(2) 행위객체

벌금 이상의 형에 해당하는 죄를 범한 자이다.

(a) **벌금 이상의 형에 해당하는 죄**   행위객체인 본범은 벌금이상의 형에 해당하는 죄여야 한다. 형법각칙에 규정된 죄는 모두 벌금 이상의 죄이므로, 형법전에 규정된 죄는 모두 본범으로서의 적격을 갖고 있다.

(b) **죄를 범한 자**

㈎ 죄의 범위   여기에서 죄는 원칙적으로 구성요건에 해당하고 위법·유책한 행위를 말한다. 그러나 예외적으로 형사책임능력이 없어 책임이 배제될 경우라도 보안처분이 과하여질 수 있는 한, 이 죄의 행위객체인 죄의 범위 속에 포함시켜야 하므로, 반드시 유책성의 요건을 갖추어야만 하는 것은 아니다. 그 밖에 처벌조건과 소송조건도 갖추어야 하므로, 무죄 또는 면소판결이 확정되었거나 형의 폐지, 공소 또는 형의 시효의 완성, 사면 등에 의해 소추나 처벌이 불가능한 경우는 포함되지 않는다(통설).

친고죄는 고소기간이 경과하여 소추 및 처벌의 가능성이 없는 경우에는 여기에서의 죄의 범위에 포함되지 않지만, 아직 고소기간이 경과하지 않은 상태에서 단지 피해자의 고소만 없는 경우는 포함된다(다수설). 아직 소추·처벌의 가능성이 남아 있기 때문이다.

검사의 불기소처분을 받은 자도 이 죄의 객체가 될 수 있는가? 불기소처분은 재판과 같은 확정력이 없으므로 소추·처벌의 가능성은 남아 있기 때문에 이 죄의 객체가 된다고 하는 것이 타당하다(다수설).

여기에서 죄는 정범·공범 및 미수와 예비·음모에 대한 처벌규정이 있는 경우 미수범과 예비·음모자도 포함한다.

㈏ 죄를 범한 자의 범위   형의 경중을 구별하지 않고 벌금 이상의 형에 해당하는 죄를 범한 자라고만 하고 있다. 따라서 형법상의 모든 범죄와 특별법상의 대부분의 범죄가 여기에 포함된다. 그러나 **형사미성년자**의 경우는 애당초 형사처벌의 가능성이 배제되어 있기 때문에 형법의 실현을 구체적 보호법익으로 삼는 이 죄의 입법취지에 비추어 볼 때 죄를 범한 자의 범위에서 제외하는 것이 옳다. 죄를 범한 자는 반드시 공소가 제기되었거나 유죄판결이 확정된 자임을 요하지 않는다(대판 1983. 8. 23, 83 도 1486).

(다) 진범인임을 요하는가?

(i) **학설과 판례**   다수설은 반드시 진범인일 필요는 없고 범죄혐의로 수사 또는 소추를 받고 있는 자를 포함한다는 입장이다. 판례(대판 1983. 8. 23, 83 도 1486)도 수사·소추중인 혐의자이면 충분하다는 입장이다. 진범인지의 여부는 법원의 확정판결이 있기 전까지는 알 수 없으므로 그 때까지는 이 죄를 적용할 수 없다면 이 죄의 입법취지에 어긋난다는 점, 현실적으로 대부분 수사·소추중인 자의 은닉이 문제되고, 그것이 또 국가의 형사사법기능을 침해한다는 점을 이유로 삼는다.

(ii) **단계별 고찰**   이 죄의 구체적 보호법익은 형법의 실현이다. 따라서 죄를 범한 자가 진범인이어야 하는가는 형법의 실현단계에 맞추어 개별적으로 파악해야 한다.

   i) **수사개시전 단계**   형법실현의 관점에서 보면 비록 국가기관의 수사개시 전이더라도 범죄자를 은닉·도피시키는 행위는 형법의 구체적인 실현에 대한 위해가 된다. 따라서 죄를 범한 자가 있는 한, 수사의 개시 전이라도 이 죄가 성립할 수 있다. 다만 이 단계에서는 진범인에 국한해야 한다.

   ii) **수사단계**   수사단계는 아직 수사기관의 주관적 혐의만이 강하게 작용하는 단계이므로, 여기에서 죄를 범한 자는 진범이거나 적어도 객관적·합리적 판단에 따라 진범이라고 강하게 의심되는 자라고 해야 할 것이다. 단순히 수사대상이 되어 있는 피의자라는 사실만으로는 부족하다.

   iii) **소추·재판단계**   수사기관의 주관적 혐의가 증거자료에 의해 객관화된 단계이므로, 여기에서 죄를 범한 자는 원칙적으로 진범 여부를 가릴 것 없이 실제 소추된 피고인이기만 하면 된다. 본범이 진범인지의 여부는 유·무죄의 확정판결에 의해 확정된 상태일 필요는 없다.

   iv) **형의 집행단계**   유죄의 확정판결을 받은 자인 한, 진범 여부를 가릴 것 없이 이 죄를 범한 자에 해당한다.

(3) **행   위**

(a) **은   닉**   관헌의 발견·체포를 곤란하게 하거나 면할 수 있는 장소를 제공하여 범인을 숨겨주는 적극적인 행위를 의미한다. 은신할 수 있는 장소인 한, 사용하지 않는 공공건물의 일부라도 좋고 자연적인 은신처라도 좋다. 그러나 일정한 은신처인 한, 반드시 고정된 장소가 아니고 운항하는 선박의 일실이나 자신

의 주거용차량에 범인을 태우고 운행하여도 은닉에 해당한다. 은닉은 반드시 일정한 시간적 계속을 요하는 것은 아니다.

‖**판례**‖   범인은닉죄라 함은 죄를 범한 자임을 인식하면서 장소를 제공하여 체포를 면하게 하는 것만으로 성립한다 할 것이고, 죄를 범한 자에게 장소를 제공한 후 동인에게 일정 기간 동안 경찰에 출두하지 말라고 권유하는 언동을 하여야만 범인은닉죄가 성립하는 것이 아니며, 또 그 권유에 따르지 않을 경우 강제력을 행사하여야만 한다거나, 죄를 범한 자가 은닉자의 말에 복종하는 관계에 있어야만 범인은닉죄가 성립하는 것은 더욱 아니다(대판 2002. 10. 11, 2002 도 3332).

(b) **도피하게 하는 행위**   은닉 이외의 방법으로 관헌의 발견·체포를 곤란·지연·불가능하게 하는 일체의 행위를 의미한다. 은닉이 일정한 장소적 관련성을 갖는 행위양태인 반면, 도피하게 하는 행위는 장소적 관련성을 넘어 상황적 관련성을 갖는 행위양태이다. 범인을 도피시키는 방법·수단은 가리지 않는다.

예컨대 변장용의 의류·가발 등을 제공하는 행위, 도피자금·은신처 등을 제공하는 행위, 도피중인 범인에게 가족의 안부와 수사상황 등을 알려주는 행위, 피의자 서로를 연락하여 만나게 해주고 도피를 용이하게 한 행위(대판 1990. 12. 26, 90 도 2439) 등은 범인도피의 직접적인 편의제공행위이다. 이에 비해 범인 대신 다른 사람을 범인으로 가장시켜 수사받도록 하는 행위(대판 1967. 5. 23, 67 도 366), 진범인에 대신하여 자기가 범인이라고 허위신고하는 행위(대판 1996. 6. 14, 96 도 1016; 1977. 2. 22, 76 도 3685), 범인을 추적하는 관헌에게 범인이 도망친 방향과 반대방향을 가르쳐 주는 행위 등은 범인도피의 간접적인 편의제공행위에 속한다.

그러나 범인의 소재를 탐문하는 관헌의 질문에 단순히 아는 바 없다고 대답한 경우, 피고인이 공범의 이름을 진술하지 않고 단순히 묵비한 경우(대판 1984. 4. 10, 83 도 3288), 도로교통법위반으로 체포된 범인이 타인의 성명을 모용한다는 정을 알면서 신원보증인으로서 신원보증서에 피의자의 인적 사항을 허위로 기재하여 제출한 경우(대판 2003. 2, 14, 2002 도 5374), 게임장 종업원이 자신이 실제 업주라고 단순히 허위진술하는 경우(대판 2013. 1. 10, 2012 도 13999)처럼 사실관계에 대한 단순한 묵비나 허위진술만 가지고는 범인을 도피시키는 행위가 있었다고 말할 수 없다(대판 1997. 9. 9, 97 도 1596).

따라서 범인도피죄는 위험범으로서 현실적으로 형사사법의 작용을 방해하는 결과를 초래할 필요는 없으나, 적어도 함께 규정되어 있는 은닉행위에 비견될 정도로 수사기관으로 하여금 범인의 발견·체포를 곤란하게 하는 행위, 즉 직접 범인을 도피시키는 행위 또는 도피를 직접적으로 용이하게 하는 행위에 한정된다고 해석함이 상당하다(대판 2013. 1. 10, 2012 도 13999).

(c) **부작위에 의한 은닉·도피**   범인을 체포해야 할 보증인적 지위에 있는 검찰·사법경찰관리가 범인인 줄 알면서 체포하지 않고 방임한 때에는 부작위에 의한 범인도피죄가 성립할 수 있다. 그러나 일반인에게 범인을 수사기관에 신고할 의무는 없으므로 범인을 신고하지 않거나 수사기관에 인계하지 않은 것만으로는 범인도피에 해당하지 않는다(대판 1984. 2. 14, 83 도 2209). 특별법에 불고지죄 처벌규정이 있는 경우($^{국가보안법}_{제10조}$), 특별법상 불고지죄에 해당하는 것은 별론으로 하고 부작위에 의한 본죄 성립은 문제되지 않는다.

3. 주관적 구성요건요소

구성요건고의는 행위객체가 벌금 이상의 형에 해당하는 죄를 범한 자(본범)라는 사실과 그러한 자를 은닉 또는 도피하게 한다는 점에 대한 인식과 의사를 내용으로 한다. 본범에 관해서는 미필적 고의만 있어도 충분하다. 범인의 성명, 범죄 및 형벌의 종류나 내용, 수사전후·소추·재판 등의 진행에 관한 구체적인 사항까지 정확하게 알아야 할 필요는 없다. 범인은닉 등의 동기는 문제삼지 않는다.

4. 친족간의 특례와 면책사유

(1) 의의 및 법적 성질

친족 또는 동거가족이 본인을 위하여 범인은닉죄를 범한 때에는 처벌하지 않는다($^{제151조}_{2항}$). 형법은 친족간의 범인은닉이나 증거인멸의 경우에는 적법행위에 대한 기대가능성이 없음을 이유로 불가벌적 면책사유(책임조각사유)가 되게 하는 특례규정을 둔 것이다(다수설).

이 특례가 적용될 경우에는 형면제판결을 할 것이 아니라 무죄판결을 해야 한다.

(2) 적용범위

친족·가족의 범위는 원칙적으로 민법의 규정($^{제767조, 제777조}_{내지\ 779조}$)에 따른다. 다만 법적 성질을 불가벌적 면책사유로 이해하는 한, 적용범위를 엄격히 친족·호주 또는 동거가족에만 국한시킬 필요가 없다. 적용범위를 긴밀한 친분 있는 인간관계에까지 유추할 수 있다. 예컨대 내연관계에 있는 자도 부부에 준하여 해석할 수 있다(다수설).

본인을 위하여란 직접 본인의 형사처벌을 피하거나 면하게 할 수 있는 이익, 즉 형사소추·유죄판결·형의 집행 또는 법률에 의한 구금을 피하거나 면할 수 있는 경우를 의미한다.

이 특례규정은 일정한 친족 사이에서만 적용된다. 따라서 친족이 비친족과 공동정범으로 이 죄를 범한 때에는 친족에 대해서만 특례가 적용되고 비친족에게는 적용되지 않는다. 제 3 자가 친족을 교사·방조하여 이 죄를 범하게 한 때에는 정범인 친족은 처벌할 수 없지만, 제한종속형식에 따라 제 3 자는 이 죄의 공범으로 처벌된다(통설).

본범(본인)의 친족이 제 3 자를 교사하여 이 죄를 범하게 한 경우에는, 본 규정의 취지를 친족 자신이 이 죄를 범한 때에 한해 처벌하지 않는다는 뜻으로 이해할 때, 비호권의 남용이므로 이 죄의 교사범이 성립한다는 견해가 있다(대판 1996. 9. 24, 95 도 1382). 그러나 이 특례가 기대불가능성으로 인한 면책사유를 규정한 것이라면, 기대불가능성 때문에 이 죄의 정범이 될 수 없는 친족에게 교사범이 될 수 있다는 것 역시 사물논리에 반하므로, 이 죄의 교사범은 성립할 수 없다고 보아야 한다(다수설).

5. 죄 수

㈎ 범인을 은닉하고 도피시킨 경우에는 포괄하여 범인은닉죄의 일죄가 된다.

㈏ 하나의 행위로 동일사건에 관한 여러 범인을 은닉·도피케 한 때에는 수죄가 성립하고, 이 수죄 사이에는 관념적 경합이 된다. 동일한 범죄사실이라도 여러 공범자를 수개의 행위로 각각 은닉·도피케 한 때에는 수죄에 대한 경합범이 된다.

㈐ 수사기관은 범죄사건을 수사함에 있어서 피의자나 피의자로 자처하는 자 또는 참고인의 진술 여하에도 불구하고 피의자를 확정하고 피의사실을 인정할 만한 객관적인 제반증거를 수집·조사하여야 할 권리와 의무가 있다. 그러므로 피의자나 참고인이 아닌 자가 자발적이고 계획적으로 피의자를 가장하여 수사기관에 대하여 허위사실을 진술하였다 하여도 범인은닉죄 외에 별도로 위계에 의한 공무집행방해죄가 성립하지 않는다(대판 1977. 2. 8, 76 도 3685).

㈜ 검사로부터 범인을 검거하라는 지시를 받고서도 직무상의 의무에 따른 적절한 조치를 취하지 아니하고 오히려 범인에게 전화로 도피하라고 권유하여 그를 도피케 한 경우에는 작위범인 범인도피죄($\substack{제151\\조}$) 외에 부작위범인 직무유기죄는 별도로 성립하지 않는다(대판 2017. 3. 15, 2015 도 1456). 직무위배의 위법상태는 범인도피행위의 위법평가 속에 포함되어 있기 때문이다.

Ⅳ. 증거인멸의 죄

A. 증거인멸죄

1. 의의 및 성격

증거인멸죄는 타인의 형사사건 또는 징계사건에 관한 증거를 인멸·은닉·위조·변조하거나 위조·변조한 증거를 사용함으로써 성립하는 범죄이다. 5년 이하의 징역 또는 7백만원 이하의 벌금에 처한다($\substack{제155조\\1항}$).

이 죄도 범인은닉죄와 마찬가지로 본범의 범죄 또는 비행이 성립한 후, 그 본범을 비호하거나 곤란에 처하게 하기 위한 계획의 일환으로 행해진 때 성립하는 것이므로 일종의 사후종범이다. 추상적 위험범·공격범·지배범이다.

2. 객관적 구성요건요소

⑴ 행위주체와 행위객체

주체에는 제한이 없다. 친족·호주·동거가족도 주체가 될 수 있다. 다만 친족간의 특례규정에 따라 책임이 조각될 뿐이다($\substack{제155조\\4항}$).

행위객체는 타인의 형사사건 또는 징계사건에 관한 증거이다.

(a) 타   인   행위자 본인 이외의 자를 의미한다. 자기증거인멸은 자기비호의 일종으로서 구성요건에 해당하지 않는다. 적법행위에 대한 기대가능성이 없기 때문이다.

공범자의 형사사건에 관한 증거를 타인의 형사사건에 관한 증거라고 할 수 있는가? 이에 관해 ① 공범자의 사건은 타인의 사건이라고 할 수 없으므로 이 죄가 성립하지 않는다는 견해(부정설)[5]와 ② 다른 공범자를 위한 의사로 한 때에는 타인사건이 되어 이 죄가 성립하지만, 자기만을 위하거나 자기와 공범자의 이익을

---

5) 권오걸 1139면; 김성천·김형준 900면; 배종대 909면; 서일교 260면; 오영근 1017면; 이재상 799면; 이정원 784면; 임웅 799면; 황산덕 94면.

위한 때에는 이 죄가 성립하지 않는다는 견해(절충설)[6]가 있다. 판례는 부정설의
입장에 서 있다(대판 1995. 9. 29, 94 도 2608). 공범사건에 관한 증거의 범위와 용
도는 다양하다. 즉 일부의 공범자에 대해서만 증거가 되는 경우도 있고(특히 양형
증거), 공범자 상호간에도 이해가 상반되는 증거가 있을 수 있으므로 부정설은 이
죄의 취지를 지나치게 축소한 것이다. 따라서 공범사건의 증거를 구별하는 후자
의 견해가 타당하다.

‖**판례**‖ 자기의 이익을 위하여 증거자료를 인멸한 행위가 동시에 다른 공범자의 형사
사건이나 징계사건에 관한 증거를 인멸한 결과가 되더라도 피고인을 증거인멸죄로 다스
릴 수는 없다(대판 1976. 6. 22, 75 도 1446; 1995. 9. 29, 94 도 2608).

참고로 타인을 교사하여 자기의 형사 · 징계사건에 관한 증거를 인멸하게 한 경
우에도 이 죄의 교사범이 성립할 것인가? 이런 경우도 역시 자기비호의 연장으로
서 교사범의 성립을 부정하는 것이 타당하다(다수설). 판례는 긍정설이다(대판
1965. 12. 10, 65 도 826).

(b) **형사사건 또는 징계사건** 인멸되는 증거는 형사사건 또는 징계사건에
관한 것이어야 한다. 따라서 민사 · 행정 · 선거 등의 소송사건이나 비송사건에 관
한 증거는 여기에 포함되지 않는다. 형사사건인 한, 사건의 경중을 묻지 않으며,
형사피고사건 이외에 피의사건도 포함된다(통설). 유죄의 종국판결선고 또는 판
결확정 여부를 가리지 않는다. 그러므로 비상상고나 재심사건도 포함된다(통설).
징계사건은 국가의 징계사건에 한정되고 사인간의 징계사건은 포함되지 않는다
(대판 2007. 11. 30, 2007 도 4191).

수사개시 이전의 형사사건도 포함된다고 보는 것이 다수설과 판례(대판
1982. 4. 27, 82 도 274)의 입장이며 또한 타당하다. 수사개시 이전의 형사사건관련
증거에 대한 인멸도 국가의 심판작용에 미칠 영향과 사건관련이해당사자들의 이
익을 고려하여 이 죄의 규율대상으로 삼는 것이 좋다.

징계사건의 경우도 사안의 경중, 징계결의의 요구 기타 징계절차의 개시 여
부 또는 종국적으로 징계결의가 되었느냐 등을 문제삼지 않는다. 징계사건의 심
판은 기판력 있는 판결이 아니므로, 종국적 심판이 있은 후에 미처 사용하지 못한
유력한 증거를 인멸한 경우에도 이 죄의 규율대상으로 된다고 보아야 한다.

(c) **증   거** 범죄의 성부, 경중, 양태, 형의 가중감경, 정상 등을 인정하

---

6) 김성돈 792면; 김봉태(공저) 667면; 박상기 700면; 백형구 626면; 임웅 942면; 정성근 · 박
   광민 911면; 정영석 92면; 정영일 634면; 진계호 815면.

는 데 사용되는 일체의 자료를 의미한다. 컴퓨터범죄의 경우 시스템에 log-in한 사용자와 시간 등을 기록한 log 파일도 증거가 될 수 있다. 증거가치의 여하와 증거가 장차 피의자 또는 피고인 등에게 유리한 것이냐 불리한 것이냐를 묻지 않는다. 여기서 말하는 증거는 원칙적으로 증거방법(예: 증인, 증거물, 증거서류)을 말하지만, 이미 수사기관·징계기관·법원의 증거조사가 끝난 경우에는 증거자료(예: 증인의 증언, 증거서류의 내용, 감정인의 감정)가 이 죄의 행위객체가 될 수 있다.

증거에 인증(人證)도 포함되는가? 증인에 대해서는 별도로 증인은닉·도피죄($^{제155조}_{2항}$)가 성립하므로 여기의 증거는 증인 이외의 증거를 의미한다는 것이 다수설이다. 그러나 증인은닉·도피죄가 증인의 은닉·도피행위만을 규율대상으로 삼고 있기 때문에, 이를테면 증인을 살해하거나 현출할 수 없을 정도의 상해를 가한 경우나 감금한 경우에는 증인은닉죄가 아니라 증거인멸죄의 불법유형 속에 포함시킬 필요가 있다. 이 한에서 증인도 이 죄의 행위객체가 된다.

(2) 행   위

증거를 인멸·은닉·위조·변조하거나 위조·변조한 증거를 사용하는 것이다.

(a) **인   멸**   인멸이란 증거에 대한 물질적 손괴뿐만 아니라 그 가치·효용을 멸실·감소시키는 일체의 행위를 의미한다(대판 1961. 10. 19, 4294 형상 347). 증거의 사용·현출방해도 인멸에 해당된다.

증인에게 위증을 교사한 경우에도 증거에 대한 인멸이 되는가? 자기의 피고사건에 관하여 타인에게 위증을 교사하는 것은 타인의 선서 여부와 관계없이 죄가 되지 않는다. 타인의 피고사건에 관한 한, 선서한 증인에 대한 것이면 위증교사가 되지만, 선서하지 않은 증인에 대한 것이면 증거인멸이 될 수 있다(통설).

(b) **은   닉**   은닉이란 증거를 숨기거나 발견을 곤란하게 하는 일체의 행위를 의미한다. 증거물소지자의 단순한 제출거부나 소지사실의 부인만으로는 은닉행위가 되지 않는다. 적극적인 행위를 필요로 하기 때문이다.

(c) **위   조**   위조란 부진정한 새로운 증거를 작출하는 행위를 의미한다. 위조는 법원·수사기관·징계기관의 판단을 오도할 만한 적성을 지닌 새로운 부진정한 증거물을, 그러한 의도로써 작출한 경우에 한하여 인정된다. 예컨대 범행시 현장에 없던 족적이나 지문을 새로이 각인해 둔 경우, 타살을 자살로 위장하기 위해 사체에 변경을 가한 경우, 허위영수증을 제작한 경우를 들 수 있다.

∥**판례**∥ 선서무능력자로서 범죄현장을 목격하지도 않은 사람으로 하여금 형사법정에서 범죄현장을 목격한 것처럼 허위의 증언을 하도록 하는 행위(대판 1998. 2. 10, 97도 2961)나 참고인이 수사기관에서 허위의 진술을 하는 것(대판 1995. 4. 7, 94도 3412)은 증거위조에 해당하지 않는다.

(d) **변 조** 변조란 기존의 진정한 증거에 가공하여 증거가치를 변경시키는 것을 의미한다. 새로운 증거를 작출하는 데까지 이르지 않는 범위 안에서 기존의 증거에 변경을 가하는 경우는 물론, 허위의 내용을 첨가하는 경우도 포함한다. 그러나 증거가치를 지닌 증거물을 전부 폐기하고 그 자리에 다른 물건을 대체해 놓은 경우나 단순히 증거가치 있는 흔적을 제거한 것만으로는 변조가 아니라 인멸 또는 은닉의 일종으로 보아야 한다.

(e) **사 용** 사용이란 위조·변조된 증거를 진정한 증거인 양, 법원·수사기관·징계기관에 제공하는 것을 의미한다. 위조·변조행위자와 사용행위자가 반드시 동일인일 필요는 없다.

이 죄의 행위양태 중 위조·변조 및 위조·변조한 증거사용죄는 추상적 위험범에 속하기 때문에 행위의 종료로써 기수가 된다. 사용의 경우에는 일정한 입증의 자료를 가지고 위조·변조된 증거를 제출함으로써 기수가 된다.

3. 주관적 구성요건요소

구성요건고의는 타인의 형사사건 또는 징계사건에 관한 증거를 인멸, 은닉, 위조 또는 변조하거나 위조·변조한 증거를 사용한다는 점에 대한 인식과 의사를 내용으로 한다. 증거인멸 등의 다른 동기는 문제삼지 않는다.

4. 친족간의 특례

친족 또는 동거가족이 본인을 위하여 증거인멸죄를 범한 경우 처벌하지 아니한다($^{제155조}_{4항}$). 이 경우에는 적법행위에 대한 기대가능성이 없으므로 **불가벌적 면책사유**에 해당한다. 특례의 성격과 적용범위는 범인은닉죄에서 설명한 것과 같다. 그러므로 친족이 제3자를 교사하여 증거인멸행위를 한 경우에도 친족은 증거인멸죄의 교사범으로 처벌되지 않는다.

5. 죄수 및 타죄와의 관계

㈎ 이 죄의 행위양태인 인멸·은닉·위조·변조 상호간에는 포괄일죄가 된

다. 그러나 위조 또는 변조와 위조·변조된 증거의 사용이 같은 행위자에 의해 연속적으로 행하여진 경우에는 법조경합 보충관계가 되어 사용죄만 성립한다.

(나) 타인의 형사사건에 관한 증거를 인멸하기 위하여 장물을 폐기한 경우에는 이 죄와 재물손괴죄, 타인의 형사사건에 관한 증거를 은닉하기 위하여 장물을 은닉한 경우에는 이 죄와 장물보관죄($\frac{제362}{조}$), 압수한 증거물을 절취하여 은닉한 경우에는 이 죄와 절도죄, 증인을 살해하거나 감금한 경우에는 이 죄와 살인죄 또는 감금죄의 관념적 경합이 된다.

＊주의:　증인될 사람을 살해한 경우에는 특가법 제5조의 9(보복범죄의 가중처벌 등) 제1항 후단이 우선 적용된다. 또한 국가보안법상의 죄에 대하여 증거를 날조·인멸·은닉한 경우에는 국가보안법 제12조 1항이 적용된다.

(다) 타인의 형사사건에 관한 증거로 행사할 목적으로 문서를 위조·변조한 경우에는 이 죄와 문서위조·변조죄의 관념적 경합이 된다. 위조·변조문서를 증거로 실제 사용한 경우에도 이 죄와 위조·변조문서행사죄의 관념적 경합이 된다.

B. 증인은닉·도피죄

증인은닉·도피죄는 타인의 형사사건 또는 징계사건에 관한 증인을 은닉 또는 도피하게 함으로써 성립하는 범죄이다. 증거인멸죄($\frac{제155조}{1항}$)와 같은 법정형인 5년 이하의 징역 또는 7백만원 이하의 벌금에 처한다($\frac{제155조}{2항}$). 친족 또는 동거가족이 본인을 위하여 이 죄를 범한 때에는 처벌하지 않는다($\frac{제155조}{4항}$).

범인은닉죄·증거인멸죄와 마찬가지로 본범의 행위 또는 비행이 일단 성립한 후 본범을 비호하거나 곤경에 빠뜨리기 위한 계획의 일환으로 행하여진 때 성립하는 것이므로 일종의 사후종범이다.

행위객체는 타인의 형사사건 또는 징계사건에 관한 증인이다. 다만 행위자가 자기 자신을 위해 증인을 도피시켰으나, 동시에 그 행위가 다른 공범자의 형사사건이나 징계사건에 관한 증인을 도피하게 한 결과가 된다고 하더라도 타인의 사건에 관한 증인도피가 되지는 않는다(대판 2003. 3. 14, 2002 도 6134).

증인에는 형사소송법상의 증인·감정증인뿐만 아니라 수사기관에서 조사하는 참고인($\frac{형소법}{제245조}$)도 포함한다(통설). 형사소송법상 제한된 범위 안에서 피고인 본인도 증거방법의 일종으로 간주되지만, 피고인인 증인을 은닉·도피시킨 경우에는 곧바로 범인은닉죄가 성립하므로, 피고인은 이 죄의 증인개념에 속하지 않는다. 또한 인증으로서의 증인을 의미하므로, 증거자료로서의 증언은 이 죄의 행위객체에서 제외된다.

행위양태는 은닉 또는 도피하게 하는 것이다. 은닉이란 증인을 숨기거나 발견을 곤란하게 하는 일체의 행위를 말한다. 증인을 살해하거나 현출할 수 없을 정도의 상해를 가한 경우, 또는 폭행·협박으로 행방불명되게 하거나 감금한 경우에는 증거인멸죄에 해당하고, 증인될 사람에게 단지 회유하거나 간청하여 증인으로 하여금 진술을 피해 입원하게 한 경우는 증인은닉죄에 해당한다.

도피하게 하는 것은 은닉 이외의 방법으로 증인의 출석을 지연·곤란 또는 불가능하게 하는 일체의 행위를 의미한다. 은닉보다 도피가 더 포괄적인 행위양태에 속한다. 따라서 증인의 도망·도피를 사주·방조하는 일체의 행위를 포함한다.

‖**판례**‖　단순히 타인의 형사피의사건에 관하여 수사기관에서 허위진술을 하거나 허위진술을 하도록 교사하는 정도의 행위로는 타인의 형사사건에 관한 증인을 은닉 또는 도피하게 한 것에 해당되지 아니함은 물론 증거위조 또는 증거위조교사죄에 해당하지도 않는다 (대판 1977. 9. 13, 77 도 997).

＊주의:　증인·참고인에게 폭행·협박을 가해 은닉시키거나 도피하게 하면 이 죄와 폭행죄 또는 협박죄의 관념적 경합이 된다.

C. 모해증거인멸·모해증인은닉죄

모해증거인멸·모해증인은닉죄는 피고인·피의자 또는 징계혐의자를 모해할 목적으로, 타인의 형사사건 또는 징계사건에 관한 증거를 인멸·은닉·위조 또는 변조하거나 위조·변조된 증거를 사용함으로써, 또는 타인의 형사·징계사건에 관한 증인을 은닉·도피하게 함으로써 성립하는 범죄이다. 10년 이하의 징역에 처한다($\frac{제155조}{3항}$).

증거인멸죄 및 증인은닉·도피죄에 비해 특별한 주관적 불법요소인 목적 때문에 불법이 가중된 구성요건이다. 모해할 목적을 요하는 점에서 목적범이다.

모해할 목적이란 피고인·피의자 또는 징계혐의자에게 형사처분 또는 징계처분을 받게 할 목적을 말한다. 따라서 수사절차나 징계조사절차가 이미 진행된 것을 전제하고 있다는 점을 알 수 있다. 증거인멸죄나 증인은닉·도피죄에 비해 적용범위가 좁다.

친족 또는 동거가족이 본인을 위하여 이 죄를 범한 때에는 처벌하지 않는다 ($\binom{\text{제155조}}{\text{4항}}$).

제 2 절 위증의 죄

I. 총 설

1. 의의 및 본질

위증의 죄는 법률에 의하여 선서한 증인이 허위의 진술을 하는 것(협의의 위증죄), 법률에 의하여 선서한 감정인·통역인 또는 번역인이 허위의 감정·통역 또는 번역을 하는 것(광의의 위증죄), 또는 타인의 형사사건·징계사건에 관하여 피고인·피의자·징계혐의자를 모해할 목적으로 위증하는 것을 내용으로 하는 범죄이다.

위증의 죄는 국가의 사법기능을 보호법익으로 삼는 점에서 이른바 국가보호범죄의 일종이다. 선서한 자의 위증만을 처벌대상으로 삼는 것은, 소송절차에서 제도화한 선서 자체가 사법절차에서 갖는 의미와 기능을 고려한 때문이다.

위증의 죄는 진의 아닌 의사를 진술함으로써 성립하는 표현범의 전형적인 예이다. 표현범으로서 이 죄의 특수한 불법내용은 본질적으로 재판 또는 징계심판 담당자를 오판으로 유도한다는 점에 있다. 따라서 거짓진술로 입게 될 사인의 불이익은 특별한 고려대상이 되지 않는다.

2. 보호법익과 보호정도

보호법익은 널리 국가의 사법기능이다(통설·대판 1987. 7. 7, 86 도 1724). 구체적으로 협의의 위증죄는 법원의 사법기능을 보호법익으로 삼지만, 광의의 위증죄는 법원의 사법기능 이외에도 일정한 범위의 국가의 심판기능까지 보호법익으로 삼는다. 모해위증죄의 보호법익은 특히 형사사법·징계심판과 관련한 국가의 심판기능이다. 보호정도는 추상적 위험범으로서의 보호이다(통설).

II. 단순위증죄

1. 의의 및 성격

단순위증죄는 법률에 의하여 선서한 증인이 허위진술을 함으로써 성립하는 범죄이다. 5년 이하의 징역 또는 1천만원 이하의 벌금에 처한다($\binom{\text{제}152조}{1항}$).

이 죄는 추상적 위험범·거동범·진정신분범이다. 또한 의무 있는 신분자만이 자수적으로 범할 수 있는 **자수범**이다. 따라서 선서한 증인의 신분을 갖지 않는 자는 간접정범이나 공동정범이 될 수 없고, 다만 교사범 또는 방조범으로서 신분 있는 정범에 가담할 수 있을 뿐이다(통설).

2. 객관적 구성요건요소

(1) 행위주체

법률에 의하여 선서한 증인이다.

(a) **법률에 의한 선서**　법률에 다른 규정이 없으면, 증인자격을 갖춘 증인으로서 선서무능력자($\binom{\text{형소법}}{\text{제}159조}$)가 아닌 한, 신문 전에 증인의 선서를 하여야 한다($\binom{\text{형소법}}{\text{제}156조}$). 증인의 선서는 증인으로 하여금 진실을 말해야 할 특별한 의무주체가 되게 하는 규범적인 의미를 지닌다. 선서로 인하여 비로소 증인은 진정신분범적 의무범인 이 죄의 주체가 된다.

‖**판례**‖　민사소송의 당사자는 증인능력이 없으므로 증인으로 선서하고 증언하였다고 하더라도 위증죄의 주체가 될 수 없다(대판 1998. 3. 10, 97 도 1168).

여기에서 **법률에 의하여**란 법률에 근거하여 정한 절차와 형식에 따라 유효하게 행해진 것을 의미한다. 따라서 참고인이 검사 또는 사법경찰관에 대하여 선서했더라도 법률에 의한 선서가 아니다.

‖**판례**‖　가처분사건이 변론절차에 의하여 진행될 때에는 제3자를 증인으로 선서하게 하고 증언을 하게 할 수 있으나 심문절차에 의할 경우에는 법률상 명문의 규정도 없고, 또 구 민사소송법(2002. 1. 26. 법률 제6626호로 전문 개정되기 전의 것)의 증인신문에 관한 규정이 준용되지도 아니하므로 선서를 하게 하고 증언을 시킬 수 없다고 할 것이고, 따라서 제3자가 심문절차로 진행되는 가처분 신청사건에서 증인으로 출석하여 선서를 하고 진술함에 있어서 허위의 공술을 하였다고 하더라도 그 선서는 법률상 근거가 없어 무효라고 할 것이므로 위증죄는 성립하지 않는다(대판 2003. 7. 25, 2003 도 180).

선서의 절차에 약간의 하자가 있는 것만으로 반드시 선서의 효력이 상실되지는 않는다. 예컨대 위증의 벌을 경고하지 않고 선서하게 한 경우($\binom{\text{민소법 제319조;}}{\text{형소법 제158조}}$) 또는 선서한 법원에 관할위반이 있거나 기소절차가 부적법하다는 이유만으로 선서의 효력이 상실되는 것은 아니다(통설). 선서는 증언 전에 하는 것이 원칙이지만, 증언 후에 하는 예외적인 경우도 있다($\binom{\text{형소법 제156조 단서;}}{\text{민소법 제319조 단서}}$). 다수설과 판례(대판 1974. 6. 25, 74 도 1231)는 이 죄의 취지에 비추어 볼 때 사전선서인가 사후선서인가를 불문한다는 입장이다.

(b) 증 인 법원 또는 법관에게 자신의 체험사실이나 경험지식을 진술하는 제 3 자를 의미한다. 따라서 법원 또는 법관의 면전에서 법률에 따라 선서하고 진술하는 증인인 한, 반드시 변론기일에 공판정에 서는 증인이어야 하는 것은 아니다. 공판정 밖에서 행해지는 증인신문이라도 상관없고, 형사소송법상 증거보전절차($\binom{\text{형소법 제184}}{\text{조 이하}}$)와 수사절차에서의 증인신문청구($\binom{\text{형소법}}{\text{제221조의 2}}$)로 인한 증인신문의 경우도 포함된다.

(가) 형사피고인은 피고사건의 직접적인 소송주체일 뿐 증인적격이 없으므로 행위주체가 될 수 없다. 형사피고인이 타인의 형사피고사건에 대한 증인으로 소환받고 선서한 후 허위진술을 하였더라도, 그것이 범죄인으로서 자기의 범죄사실을 은폐하기 위한 것이었다면 이 죄는 성립하지 않는다(불가벌적 면책사유).

(나) 공범자도 증인으로서 이 죄의 주체가 될 수 있는가? 아직 피고인이 아닌 공범자 중 1인이 다른 공범자를 위해 법정에서 허위의 알리바이 성립을 위한 증언을 해 준 경우, 그 진술은 공범자로서 자기 죄책을 은폐하기 위한 것과도 관계가 있으므로 이 죄는 성립하지 않는다(불가벌적 면책사유).

(다) 공동피고인도 증인으로서 이 죄의 주체가 될 수 있는가? 공동피고인의 진술은 자기사건에 관한 한, 피고인 본인의 진술이지만 다른 공동피고인의 사건에 관한 한 제 3 자의 진술이라는 성격을 띤다. 공동피고인의 증인적격에 대한 절충설의 입장에 따를 때, 공범자 아닌 공동피고인은 증인적격이 있으므로 증인자격으로 선서한 경우에는 이 죄의 주체가 될 수 있다. 그러나 공범자인 공동피고인은 변론이 분리되지 않는 한 증인적격이 없으므로 이 죄의 주체가 될 수 없다(다수설·대판 1983. 10. 25, 83 도 1318).

(라) 증언거부권자($\binom{\text{민소법 제314조; 형}}{\text{소법 제148조 이하}}$)가 거부권을 행사하지 않고 선서한 후 증언한 경우에도 이 죄의 주체가 된다(통설). 증언거부권은 증인의 권리이지 의무는 아니므로, 증인이 이를 행사하지 않고 증언함에 이르러 위증을 하였다면 이 죄의 성립

을 부인해야 할 이유가 없다. 판례도 긍정설의 입장이다(대판 1987. 7. 7, 86 도 1724 전원합의체).

‖**판례**‖ 증인으로 선서한 이상 진실대로 진술하면 자신의 범죄를 시인하는 진술을 하는 것이 되고 증언을 거부하는 것은 자기의 범죄를 암시하는 것이 되어 증인에게 사실대로의 진술을 기대할 수 없다고 하더라도 형사소송법상 증언거부권이 인정되어 위증죄로부터의 탈출구를 마련하고 있는 만큼 선서한 증인이 증언거부권을 포기하고 허위의 진술을 한 경우 위증죄의 처벌을 면할 수 없다(대판 1987. 7. 7, 86 도 1724 전원합의체; 2012. 10. 11, 2012 도 6848).

증언거부권자가 증언거부권을 고지 받지 못하고 위증한 경우에는 증언거부권을 고지 받았으면 증언을 거부하였을지 여부, 즉 증언거부권의 행사에 사실상 장애가 초래되었다고 인정될 경우에만 위증죄의 성립이 부정된다(대판 2012. 12. 13, 2010 도 10028).

(2) 행   위

허위의 진술이다.

(a) 허   위   허위는 논리적으로 볼 때 진실에 대한 대응개념이다. **객관적 허위**란 진술의 내용이 객관적 진실에 반하거나 불합치하는 경우이고, **주관적 허위**란 진술의 내용이 진술자의 기억이나 확신에 반하는 경우이다. 증언의 허위 여부는 증언의 단편적 부분에 구애되지 말고 증언 전체를 일체로 파악하여 판단해야 한다(대판 2006. 2. 10, 2003 도 7487; 1993. 6. 29, 93 도 1044).

여기에서 말하는 진술의 허위를 둘러싸고 종래 객관설과 주관설이 대립하여 왔다.

(i) 객 관 설   객관설은 진술의 내용과 객관적 진실의 합치 여부를 표준으로 하여, 진술의 내용이 객관적 진실에 반하는 경우를 허위의 진술이라 한다.[7] 따라서 증인이 기억에 반하는 진술을 한 경우에 내용이 객관적인 사실과 일치할 때에는 허위일 수 없고, 반면에 증인이 기억에 합치하는 진술을 한 경우에도 내용이 객관적인 사실과 불일치할 때에는 허위라는 결론에 이른다. 위증죄불법의 핵심이 증인의 불성실이 아니라 국가의 사법기능에 대한 위험에 있고, 객관적 진실에 합치되는 증인의 진술은 국가의 사법기능을 해할 염려가 없다는 것을 논거로 든다.

(ii) 주 관 설   주관설은 증인의 주관적인 확신·기억을 표준으로 하여, 진

---

7) 김성천·김형준 894면; 손동권 832면; 이재상 790면; 이정원 779면. 독일의 통설의 입장이다.

술의 내용이 증인의 자기기억에 반하는 경우를 허위의 진술이라 한다(다수설[8]·판례). 따라서 증인이 기억에 반하는 진술을 한 경우에는 그 내용이 객관적인 사실과 일치하더라도 허위이며, 반면에 증인이 기억에 합치하는 진술을 한 경우에 그 내용이 객관적인 사실과 불일치하더라도 허위일 수 없다는 결론에 이른다. 증인에게 자기가 기억한 것 이상의 진실을 말해 줄 것을 기대할 수 없고, 증인의 기억에 반하는 진술만으로도 이미 국가의 사법기능을 해할 추상적 위험이 있다는 것을 그 논거로 한다.

‖**판례 1**‖ 위증죄에서 말하는 허위의 진술이란 그 객관적 사실이 허위라는 것이 아니라, 스스로 체험한 사실을 기억에 반하여 진술하는 것이다(대판 1985. 3. 12, 84 도 2918). 설사 그 증언이 객관적 사실과 합치된다 하더라도 기억에 반하는 진술을 한 때에는 위증죄의 성립에 영향이 없다(대판 1989. 1. 17, 88 도 580).

‖**판례 2**‖ ① 잘 알지 못하면서 잘 알고 있다고 진술한 경우(대판 1968. 10. 29, 68 도 1063), ② 직접 관여하여 알고 있는 사실이 아님에도 불구하고 직접 확인하거나 목격하여 알고 있다고 진술한 경우(대판 1974. 9. 10, 74 도 1110), ③ 전문한 사실을 직접 목격한 것처럼 진술한 경우(대판 1984. 3. 27, 84 도 48), ④ 기억이 확실하지 않음에도 불구하고 확실히 기억하고 있다고 진술한 경우(대판 1985. 8. 20, 85 도 686), ⑤ 타인으로부터 전해들은 사실을 마치 증인 자신이 전달한 것처럼 진술한 경우(대판 1990. 5. 8, 90 도 448)에 허위진술에 해당한다.

(iii) **결 론** 주관설과 객관설의 차이점은 증인이 기억하고 있는 사실과 객관적 사실이 일치하지 않는 경우에 나타난다.

첫째, 증인이 기억에 반하는 진술을 하였으나 내용이 객관적 진실과 합치하는 경우, 객관설은 진실한 진술이므로 이 죄가 성립하지 않지만, 주관설은 허위의 진술이므로 이 죄가 성립한다는 입장이다. 그러나 주관설을 따른다 하더라도 이 경우 사법기관에 의한 진실발견을 방해할 위험은 미미한 정도에 그치므로 기껏해야 불능미수 정도에 해당한다. 이 죄의 미수는 처벌하지 않으므로 결론적으로는 객관설과 같다.

둘째, 증인이 기억에 합치되는 진술을 했으나 진술내용이 객관적인 사실과 불일치하는 경우에 주관설은 이 죄의 성립을 부인하지만, 객관설에 따르면 허위의 진술이 된다. 하지만 객관설에 의하더라도 행위자는 자신의 주관적인 인식을

---

8) 권오걸 1126면; 김봉태(공저) 659면; 김성돈 785면; 배종대 896면; 오영근 1006면; 서일교 355면; 유기천(하) 360면; 임웅 934면; 정성근·박광민 900면; 정영석 85면; 정영일 628면; 진계호 807면; 황산덕 89면.

넘어 진실을 말할 수는 없으므로 위증죄의 구성요건고의가 배제된다. 이 경우 이 죄의 허위는 객관적 구성요건요소라는 점에서 오히려 주관적 구성요건요소와 개념 적으로 구분한 뒤, 구성요건고의의 측면에서 범죄성립을 부인하는 **객관설이** 타당 함은 물론이다.

(b) **진   술** 진술이란 법률에 의하여 선서한 증인이 체험사실에 관하여 사실 그대로 말하는 것이다. 체험사실에 관한 진술인 한, 정서적 표현이건 사실기 술이건 가리지 않으며, 경험한 사실은 외적 사실(경험한 존재사실, 사건경위)이어 도 좋고 내적 사실(감정, 동기, 목적, 확신, 기억)이라도 좋다.

순전한 가치판단이나 의견의 진술은 진술의 내용이 될 수 없다. 하지만 주로 체험사실을 말하는 한, 그와 관련된 약간의 가치판단이 부수되었다 하더라도 상 관없다.

‖**판례**‖ 경험한 사실에 기초한 주관적 평가나 법률적 효력에 관한 견해를 부연한 부 분에 다소의 오류가 있다 하더라도 위증죄가 성립하는 것은 아니다(대판 1984. 2. 14, 83 도 37).

진술의 상대방은 법원 또는 법관이다. 여기에서 진술은 주로 구두에 의한 진 술을 의미한다. 또한 증인이 신문에 대하여 자기가 기억하고 있는 사실의 전부 또 는 일부를 묵비함으로써 전체적인 진술의 내용이 허위로 되는 때에는 부작위에 의한 위증이 될 수 있다(통설). 그러나 단순한 진술거부는 증언거부에 대한 소송 법상의 제재(형소법 제161조; 민소법 제318조)를 받는 것은 별론으로 하고, 위증은 되지 않는다.

진술은 **증인신문에** 대한 **응답이므로,** 신문에 대한 응답의 범위를 넘어 동문서 답한 진술이나 응답을 빙자하여 첨가한 별개사실의 진술은 진술의 내용이 될 수 없다. 명백히 증거법칙을 위반한 증인신문에 대한 응답도 진술의 내용이 될 수 없 다고 본다. 진술의 내용이 되는 것이면, 반드시 요증사실이거나 재판의 결과에 영 향을 미치는 진술일 필요는 없다(대판 1990. 2. 23, 89 도 1212).

(c) **기수시기**   신문절차가 종료하여 진술을 철회할 수 없는 단계에 이르렀 을 때 기수로 된다(통설·판례). 1 회의 증인신문절차에서 증언은 처음부터 끝까 지 순차적으로 연속되는 개개의 진술을 포괄하는 1개의 행위로 파악해야 하기 때 문이다. 따라서 허위의 진술을 한 증인이 신문이 끝나기 전에 이를 취소·시정한 때에는 이 죄가 성립하지 않는다(대판 2008. 4. 24, 2008 도 1053). 만약 증인이 진 술 후 선서할 경우에는 선서가 끝난 때에 기수가 된다.

‖ **판례** ‖   증인의 증언은 그 전부를 일체로 관찰·판단하는 것이므로 선서한 증인이 일단 기억에 반한 허위의 진술을 하였더라도 그 신문이 끝나기 전에 그 진술을 취소·시정한 경우에는 위증이 되지 아니한다고 봄이 상당하며 따라서 위증죄의 기수시기는 신문진술이 종료한 때로 해석할 것이며, 진술 후에 선서를 명하는 경우는 선서종료한 때 기수가 될 것이다(대판 1974. 6. 25, 74 도 1231).

그리고 일단 위증죄의 기수가 되면 그 증인이 별도의 증인 신청 및 채택절차를 거쳐 다시 증인신문을 받는 과정에서 종전 신문절차에서의 진술을 철회·시정하더라도 이미 종결된 위증죄의 성립에는 영향을 미치지 않는다(대판 2010. 9. 30, 2010 도 7525).

3. 주관적 구성요건요소

구성요건고의는 행위자가 법률에 의해 선서한 증인이라는 신분과 허위의 사실을 진술한다는 점에 대한 인식·의사를 내용으로 한다. 허위진술의 동기나 목적 등은 묻지 않는다. 다만 타인을 모해할 목적이 있는 때에는 모해위증죄($^{제152조}_{2항}$)로서 형이 가중된다. 허위사실을 진실이라고 믿고 증언한 때에는 구성요건착오로서 고의가 조각된다. 진실을 증언할 의무가 없다고 오신한 때에는 금지착오가 성립한다.

4. 정범 및 공범관계

㈎ 위증죄는 자수범이므로 법률에 의해 선서한 증인 이외의 자는 정범이 될 수 없다. 따라서 비신분자는 정범이 될 수 없으며, 다만 비신분자가 선서한 증인을 교사·방조하면 제33조 본문에 의해 본죄의 교사범·방조범이 된다(통설).

㈏ 형사피고인이 자기의 형사피고사건에 관하여 타인을 교사하여 위증하게 한 경우 위증교사범이 되는가? 형사피고인은 위증죄의 정범이 될 수 없을 뿐만 아니라 위증교사범도 될 수 없다는 견해가 다수설이며 타당하다. 왜냐하면 ① 형사피고인의 자기비호권에 비추어 볼 때, 피고인의 거짓진술에 의한 증거인멸이나 피고인의 자기도주 또는 자기도주원조교사가 처벌대상이 되지 않듯이, 형사피고인의 자기사건에 대한 위증교사도 처벌대상이 되지 않는다고 해석할 수 있기 때문이다. ② 자기자신에 관한 한, 형사피고인은 증인적격이 없기 때문에 위증죄의 주체가 될 수 없는데, 이와 같이 정범이 될 수 없는 자를 교사범으로도 처벌하지 않

는 것이 형법의 겸손성이 지니는 본래의 정신이라고 보기 때문이다.

　　반면 판례는 피고인이 자기의 형사피고사건에 관하여 타인을 교사하여 위증
하게 한 경우에는 방어권의 남용으로서 위증교사의 책임을 진다는 입장이다(대판
2004. 1. 27, 2003 도 5114).

‖ **판례** ‖　　피고인이 자기의 형사사건에 관하여 허위의 진술을 하는 행위는 피고인의 형
사소송에 있어서의 방어권을 인정하는 취지에서 처벌의 대상이 되지 않으나, 법률에 의
하여 선서한 증인이 타인의 형사사건에 관하여 위증을 하면 형법 제152조 제 1 항의 위
증죄가 성립되므로 자기의 형사사건에 관하여 타인을 교사하여 위증죄를 범하게 하는
것은 이러한 방어권을 남용하는 것이라고 할 것이어서 교사범의 죄책을 부담케 함이 상
당하다(대판 2004. 1. 27, 2003 도 5114).

5. 죄수 및 타죄와의 관계

　　㈎ 동일사건의 피고인에 대하여 동일법정에서 수개의 위증을 한 경우, 한번
선서한 증인이 하나의 사건에서 수차 허위진술을 한 경우에는 하나의 범죄사실에
의해 계속된 행위로 보아 포괄하여 1개의 위증죄를 구성한다(대판 2005. 3. 25,
2005 도 60; 1998. 4. 14, 97 도 3340).

　　㈏ 하나의 피고사건에서 수인을 교사하여 위증을 하게 한 때에는 증인의 수
에 따라 위증교사의 경합범이 된다.

　　㈐ 타인으로 하여금 형사처분을 받게 할 목적으로 허위신고를 한 행위와 그
허위신고로 인한 재판에서 증인으로서 허위신고와 같은 내용의 허위진술을 한 경
우에는 무고죄와 위증죄의 경합범이 된다.

　　㈑ 재물편취의 의사로 사기소송을 제기한 후 그 사건의 증인으로 나서 위증
한 때에는 사기죄와 위증죄의 경합범이 된다.

　　㈒ 증거인멸죄와 위증죄의 관계에 대해서는 법조경합 특별관계라는 견해가
다수설이다(특별관계설). 위증죄도 증거인멸죄에 해당되지만, 특별히 선서한 증인
의 경우에는 위증죄로 처벌하려는 것이 형법의 의도라는 것이다. 그러나 위증죄
는 표현범·의무범인 반면, 증거인멸죄는 공격범·지배범의 성격을 띠고 있고,
전자가 무형적 방법에 의한 사법기능의 방해범인 반면 후자는 유형적 방법에 의
한 사법기능의 방해범이다. 따라서 양자는 엄밀한 의미에서 성질상 양립할 수 없
는 2개의 구성요건으로서 택일관계라고 해야 한다(택일관계설). 그러므로 선서한
증인의 허위진술은 법조경합 특별관계에 의해 위증죄가 성립하는 것이 아니라 택

일적으로 위증죄만이 문제되는 경우이다.

6. 자백 · 자수의 특례

이 죄를 범한 자가 그 진술한 사건의 재판 또는 징계처분이 확정되기 전에 자백 또는 자수한 때에는 그 형을 감경 또는 면제한다($^{제153}_{조}$).

자백이란 허위의 진술을 한 사실을 고백하는 것을 말한다. 자진하여 고백하는 경우뿐만 아니라 신문에 응하여 자인하거나 비로소 고백한 경우도 포함한다 (대판 1977. 2. 22, 75 도 3316). 이 점에서 반드시 범인 스스로의 자발성을 전제하는 자수와 구별된다. 자백의 상대방은 법원 · 징계기관 또는 수사기관이다.

자수란 범인 자신이 자발적으로 자기의 범죄사실을 수사기관에 신고하여 소추를 구하는 의사표시를 말한다. 법원에 대한 자백은 가능하지만, 자수는 불가능하다.

자수 · 자백은 위증죄의 기수 이후 허위진술한 사건의 재판 또는 징계처분의 확정 전에만 가능하다. 일단 재판 및 징계처분이 확정된 이후에는 그 집행전에 자수 · 자백했더라도 이 특례는 적용되지 않는다.

공범관계에 있을 경우의 자백 · 자수에 대해서도 형감면혜택은 인정된다. 단이 혜택은 일신전속적 형감면사유이므로 공범 중 자수 · 자백한 자에게만 형감면 혜택이 주어진다.

Ⅲ. 모해위증죄

모해위증죄는 형사사건 또는 징계사건에서 피의자 · 피고인 또는 징계혐의자를 모해할 목적으로 법률에 의하여 선서한 증인이 허위의 진술을 함으로써 성립하는 범죄이다. 10년 이하의 징역에 처한다($^{제152조}_{2항}$). 위증죄에 비해 특별한 주관적 불법요소인 모해목적 때문에 불법이 가중된 구성요건이다.

모해목적이란 피고인 · 피의자 또는 징계혐의자에게 형사처분 또는 징계처분을 받게 할 목적을 의미한다. 목적의 내용은 피의자 · 피고인 징계혐의자를 모해한다는 것이므로, 수사절차나 재판절차 또는 징계조사 · 심판절차가 진행중이라는 사실을 전제하고 있다.

피고사건 이외에 피의사건을 포함시킨 것은 공소제기 이전에 증거보전절차

$\left(\begin{smallmatrix}형소법 & 제184\\조 이하\end{smallmatrix}\right)$와 참고인에 대한 증인신문청구$\left(\begin{smallmatrix}형소법\\제221조의 2\end{smallmatrix}\right)$로 인하여 피의사건에 대한 판사의 증인신문이 가능하기 때문이다(통설).

모해할 목적으로 이러한 목적이 없는 자를 교사하여 위증을 하게 한 경우에 교사자와 피교사자를 어떻게 처벌할 것인가? 판례는 '모해할 목적'을 형법 제33조 단서 소정의 부진정신분요소로 파악하여, 모해할 목적으로 위증을 교사한 자는 정범에게 모해의 목적이 없었던 때에도 모해위증교사죄로 처벌되고, 정범인 피교사자는 단순위증죄로 처벌된다고 한다(대판 1994. 12. 23, 93 도 1002). 그러나 고의나 목적 등과 같이 행위관련적 요소인 주관적 구성요건요소는 신분요소로 볼 수 없으며, 공범종속성원칙에 따라 교사자는 단순위증죄의 교사범으로 처벌해야 한다(다수설).[9]

　＊주의:　타인으로 하여금 형사처분을 받게 할 목적으로 국가보안법위반사건의 재판에서 위증한 때에는 국가보안법 제12조 1항이 우선 적용된다.

Ⅳ. 허위감정 · 통역 · 번역죄

허위감정 · 통역 · 번역죄는 법률에 의하여 선서한 감정인 · 통역인 또는 번역인이 허위의 감정 · 통역 또는 번역을 함으로써 성립하는 범죄이다. 위증죄 또는 모해위증죄의 법정형과 자백 · 자수의 필요적 감면규정에 따라 처벌한다$\left(\begin{smallmatrix}제154\\조\end{smallmatrix}\right)$.

이 죄의 주체는 법률에 의해 선서한 감정인$\left(\begin{smallmatrix}형소법\\제170조\end{smallmatrix}\right)$ · 통역인$\left(\begin{smallmatrix}형소법\\제180조\end{smallmatrix}\right)$ · 번역인$\left(\begin{smallmatrix}형소법\\제182조\end{smallmatrix}\right)$과 민사소송법상의 감정인$\left(\begin{smallmatrix}제305\\조\end{smallmatrix}\right)$ 등이다.

감정인이란 특수한 지식 · 경험을 가진 자로서 지식 · 경험에 의하여 알 수 있는 법칙 또는 법칙을 적용하여 얻은 판단을 법원 또는 법관에게 보고하는 자를 의미한다. 따라서 수사기관으로부터 감정위촉을 받은 감정수탁자$\left(\begin{smallmatrix}형소법\\제221조\end{smallmatrix}\right)$는 여기에 해당하지 않는다. 또한 민사소송법에 의한 감정서의 설명자$\left(\begin{smallmatrix}제314\\조\end{smallmatrix}\right)$는 법률에 의해 선서한 감정인이 아니므로 이 죄의 주체가 될 수 없다. 또한 특수한 지식 · 경

---

9) 권오걸 1136면; 김성돈 790면; 김성천 · 김형준 898면; 박상기 698면; 배종대 905면; 오영근 1013면; 이재상 797면; 이정원 782면; 정성근 · 박광민 907면; 진계호 812면. 반면 목적은 신분개념의 요소가 아니라는 점에서는 다수설과 견해를 같이 하면서도, 본 사안의 해결에 있어서는 모해할 목적을 가지고 있는 교사자는 모해위증죄의 교사범, 그러한 목적이 없는 피교사자는 위증죄의 정범으로 처벌받아야 한다고 하여 판례와 결론을 같이 하는 견해로는 정영일, 「목적범에 관한 판례연구」, 형사판례연구 9(2001), 252-253면; 정영일 631면. 모해목적은 행위자의 특별한 위험성을 나타내는 행위자요소로서의 성격이 강하므로 신분에 포함시킬 수 있다는 입장에서 판례의 입장을 지지하는 견해로는 손동권 839면.

험에 의해 지득한 사실을 보고하는 감정증인은 증인에 해당하므로 이 죄의 감정인과 구별해야 한다. **통역인·번역인**도 법률에 의해 선서한 자로서 법원 또는 법관의 위촉에 의해 재판활동을 돕는 자이므로, 수사기관에 의하여 통역·번역을 위촉받은 자는 이 죄의 주체가 될 수 없다.

구성요건행위는 허위의 감정·통역 또는 번역이다. 여기에서 '허위'의 의미는 위증죄에서 논한 것과 같다. 허위의 감정·통역·번역행위만으로 이 죄는 성립하며, 결과가 판결이나 심판의 자료로 실제 사용되었느냐 또는 판결이나 심판에 영향을 미쳤느냐는 중요하지 않다(통설). 감정·통역·번역의 결과를 서면으로 제출하는 경우에는 서면제출시에, 구두로 보고하는 경우에는 진술의 전과정이 종료한 때에 이 죄의 기수가 된다.

제 3 절 무고의 죄

I. 총 설

1. 의의 및 본질

무고죄는 타인으로 하여금 형사처분 또는 징계처분을 받게 할 목적으로 공무소 또는 공무원에 대하여 객관적 진실에 반하는 허위사실을 신고함으로써 성립하는 범죄이다. 타인을 음해할 목적으로 허위사실을 신고하는 행위를 예방하고 수사·사정·징계기관의 공정한 사법기능을 보호하기 위해 형법은 무고의 죄를 두었다.

무고죄의 본질에 관하여는 **국가적 법익과 개인적 법익을 동시에 위해하는 범죄**라고 보는 **결합설**이 통설이며 타당하다. 국가의 사법기능의 적정한 행사는 물론, 피무고자 개인의 법적 안정과 이익을 보호하는 이중적 성격을 갖는 죄형법규라고 보기 때문이다.

2. 보호법익과 보호정도

주된 보호법익은 국가의 심판기능 내지 수사·징계조사권의 적정한 행사이며, 부차적 보호법익은 피무고자 개인의 명예, 자유, 재산 내지 법적 안정감 등의 개인적 법익이다. 보호정도는 추상적 위험범으로서의 보호이다(통설).

Ⅱ. 무 고 죄

1. 의의 및 성격

무고죄는 타인으로 하여금 형사처분 또는 징계처분을 받게 할 목적으로 공무소 또는 공무원에게 허위의 사실을 신고함으로써 성립하는 범죄이다. 10년 이하의 징역 또는 1천 5백만원 이하의 벌금에 처한다($\frac{제156}{조}$). 추상적 위험범 · 거동범 · 공격범 · 지배범이며, 목적범이다.

2. 객관적 구성요건요소

(1) 행위주체

본죄의 주체에는 제한이 없다. 공무원도 본죄의 주체가 될 수 있고, 직무상 고발의 의무를 부담하고 있는 자도 가능하다.

비록 외관상으로는 타인명의의 고소장이 제출되었더라도 명의자는 고소의 의사 없이 이름만 빌려준 것에 불과하고 실제로는 명의자를 대리한 자가 고소의 의사를 가지고 고소행위를 주도한 경우라면 그 대리한 자를 신고자로 보아 무고죄의 주체로 인정하여야 한다(대판 2007.3.30, 2006 도 6017).

(2) 행   위

공무소 또는 공무원에 대해 허위사실을 신고하는 것이다.

(a) **행위의 상대방**   무고행위의 상대방은 공무소 또는 공무원이다. 공무소 · 공무원은 허위신고의 내용이 된 형사처분 또는 징계처분을 다룰 수 있는 해당 관서 또는 그 소속 공무원을 의미한다(통설).

(b) **행위양태**   허위의 사실을 신고하는 것이다. 허위사실은 객관적 진실에 반하는 사실을 의미한다(통설 · 대판 1991.10.11, 91 도 1950). 따라서 신고자가 신고내용을 허위라고 믿었더라도 그것이 객관적 진실에 부합할 때에는 허위사실의 신고에 해당하지 않는다. 본죄에서는 객관적 진실에 합치하는 사실을 신고한 이상, 국가의 사법기능에 아무런 장애가 되지 않기 때문이다.

신고된 사실이 허위인가의 여부는 신고사실의 핵심 또는 중요내용이 진실과 부합하느냐에 따라 판단해야 한다(대판 2006.2.10, 2003 도 7487). 고소내용이 터무니 없는 사실이 아니고 사실에 기초해 정황을 다소 과장한 정도로는 허위사실이라고 말할 수 없다(대판 1996.5.31, 96 도 771). 그러나 위법성조각사유가 있음을 알면서도 이를 숨기고 범죄사실만 고소한 경우(대판 1998. 3. 24, 97 도 2956)처럼 신고사실 전체를 허위로 만드는 경우에는 허위신고가 된다. 고소내용에 포함된 일부 허위인 사실이 단순 과장의 정도를 넘어 국가의 심판작용을 그르치거나 부당하게 처벌을 받지 아니할 개인의 법적 안정성을 침해할 우려가 있을 정도로 고소사실 전체의 성질을 변경시키는 경우에도 무고죄가 성립한다(대판 2004. 1. 16, 2003 도 7178). 객관적 사실관계를 사실 그대로 신고한 이상, 법률평가를 잘못하였거나 처벌법규 또는 죄명을 잘못 적은 것에 지나지 않은 때에는 허위신고라 할 수 없다.

신고한 사실이 객관적 진실에 반하는 허위사실이라는 점에 관하여는 적극적인 증명이 있어야 하고 신고사실의 진실성을 인정할 수 없다는 점만으로 곧 그 신고사실이 객관적 진실에 반하는 허위사실이라고 단정하여 무고죄의 성립을 인정할 수는 없다(대판 2014. 2. 13, 2011 도 15767).

‖ **판례** ‖ 폭행을 당하지는 않았더라도 다투는 과정에서 시비가 되어 서로 허리띠나 옷을 잡고 밀고 당기면서 평소에 좋은 상태가 아니던 요추부에 경도의 염좌증세가 생겼을 가능성이 충분히 있다면 구타를 당하여 상해를 입었다는 내용의 고소는 다소 과장된 것이라고 볼 수 있을지언정 이를 일컬어 무고죄의 처벌대상인 허위사실을 신고한 것이라 단정하기 어렵다(대판 1996. 5. 31, 96 도 771).

허위사실은 피신고자가 형사처분 또는 징계처분을 받게 할 위험이 있는 사실이어야 한다. 따라서 적어도 위법한 범죄행위의 중요한 구성요건사실이 허위여야 한다. 반면 신고내용이 허위라 할지라도 처벌조항이 없어 범죄가 되지 않는 때, 사면되어 공소권이 소멸한 때, 또는 공소시효가 완성된 범죄사실일 때에는 국가기관의 수사·징계조사권의 적정한 행사를 그르치게 할 위험이 없으므로 이 죄를 구성하지 않는다고 해야 한다.

‖ **판례** ‖ 객관적으로 고소사실에 대한 공소시효가 완성되었더라도 고소를 제기하면서 마치 공소시효가 완성되지 아니한 것처럼 고소한 경우에는 국가기관의 직무를 그르칠 염려가 있으므로 무고죄를 구성한다(대판 1995. 12. 5, 95 도 1908). 그러나 허위신고한 사실이 친고죄로서 고소기간이 경과하여 공소를 제기할 수 없음이 신고내용 자체에 의하여 분명한 때에는 국가기관의 직무를 그르치게 할 위험이 없으므로 무고죄가 성립하지 않는다(대판 1998. 4. 14, 98 도 150).

허위사실은 형사처벌 또는 징계처분의 원인사실이 될 수 있는 것이어야 한다. 따라서 신고된 허위사실 자체가 범죄를 구성하지 아니하는 경우에는 무고죄가 성립하지 않는다(대판 2002. 6. 28, 2001 도 2707). 그리고 허위사실의 적시도 수사기관·감독기관에 대하여 범죄혐의점의 윤곽을 파악할 수 있을 만큼은 기재해야 한다.

‖**판례**‖   무고죄가 성립하려면 신고된 사실 자체가 형사처분의 원인이 될 수 있어야하고, 한편 본안소송을 제기하지 아니한 채 가압류를 한 것만으로는 사기죄의 실행에 착수하였다고 할 수 없으므로 "이미 채무를 변제받았음에도 공정증서를 보관하고 있음을 기화로 주택을 가압류하였다"는 취지의 허위의 고소장을 제출하였다 하더라도 무고죄가 성립하지 않는다(대판 2003. 6. 13, 2003 도 1672).

신고란 자진하여 범죄·비위사실을 수사기관·징계기관 등에게 고지하는 것을 말한다. 이처럼 자발성을 요건으로 하므로, 정보원·조사관 등의 요청에 의하여 지득한 사실이나 정보를 제공하는 경우(대판 1955. 3. 18, 4287 형상 209), 수사기관의 신문에 대하여 허위의 진술을 하는 경우(대판 2002. 2. 8, 2001 도 6293; 1990. 8. 14, 90 도 595)는 신고에 해당하지 않는다. 그러나 고소장에 기재하지 않은 사실을 수사기관에서 보충조서를 받을 때 자진하여 허위사실을 추가 진술한 경우에는 자발성이 인정되므로 신고에 해당한다(대판 1996. 2. 9, 95 도 2652). 신고의 수단·방법에는 제한이 없다. 서면이나 구두를 불문하고, 서면에 의한 신고인 경우에는 익명으로 신고하거나 타인명의를 사용한 경우라도 좋다.

단순 부작위에 의한 신고는 불가능하다(다수설). 본죄의 신고는 자발성과 적극성을 요하기 때문이다. 다만 허위인 정을 모르고 신고한 자가 고의로 이를 방치한 경우에는 선행행위로 인한 본죄의 부작위범이 성립할 수 있다고 해야 한다.[10]

피무고자는 특정되어 있어야 한다. 성명·주소 등을 밝힐 필요는 없지만 객관적으로 누구인지는 알 수 있어야 한다.

(c) **기수시기**   허위사실의 신고가 공무소 또는 공무원에게 도달한 때이다. 구두신고에 의한 경우에는 진술과 동시에 기수가 된다. 문서를 우송하는 방법일 때에는 당해 기관·관서에 도달한 때 기수가 된다. 도달한 문서를 되돌려 받았더라도 무고죄의 성립에 영향이 없다(대판 1985. 2. 8, 84 도 2215). 이 경우 그 문서가 공무소·공무원에게 도달하여 수사관·조사관 등이 열람할 수 있는 상태에 있으면 충분하고, 반드시 문서가 접수되었거나 현실적으로 열람해야만 하는 것은 아니다.

---

[10] 오영근 1028면; Sch/Sch/Lenckner, §164 Rdn. 21; Tröndle/Fischer, §164 Rdn. 4; BGHSt 14, 246. 그러나 우리나라에서는 이 경우도 부작위에 의한 무고죄 성립을 부정하는 것이 다수설이다.

3. 주관적 구성요건요소

(1) 구성요건고의

구성요건고의는 행위자가 공무소 또는 공무원에게 허위의 사실을 신고한다는 점에 대한 인식과 의사이다. 여기에서 허위의 사실이라는 점에 대한 인식도 고의의 내용이 된다. 판례는 풍문을 경신하고 확신 없는 사실을 신고해도 무고죄가 성립한다고 판시한 이후(대판 1955. 3. 22, 4287 형상 65), 일관되게 미필적 인식으로로도 충분하다(대판 2003. 1. 24, 2002 도 5939)고 본다. 다수설은 미필적 인식으로 족하다고 본다. 생각건대 고소·고발은 수사의 단서에 불과하고 객관적 진실 여부는 국가기관이 조사하여 판단할 사항이지 일반이 판단할 사항은 아니다. 미필적 인식으로도 본죄의 성립을 긍정하게 되면 고소·고발권이 부당하게 제한된다. 따라서 허위사실에 대한 인식정도는 확정적 인식을 요한다고 해야 한다.

객관적 진실에 반하는 허위사실을 행위자가 진실한 사실로 오신하고 신고하였을 때에는 구성요건고의가 조각된다. 그러나 피무고자를 오인한 경우에는 고의가 조각되지 않는다.

(2) 무고의 목적

무고의 목적은 타인으로 하여금 형사처분 또는 징계처분을 받게 할 목적이다. 따라서 이러한 목적 없이 허위사실을 신고하거나 혐의사실에 대한 진정한 수사를 하여 사실의 진위를 가려 달라고 신고하는 것만으로는 이 죄를 구성하지 않는다. 여기서 타인은 자연인·법인 모두를 포함한다.

(a) 특히 문제되는 경우는 다음과 같다

(i) 자기무고   형사·징계처분을 받아야 할 이유가 없는 자가 스스로 이러한 이유가 있는 것처럼 허위의 신고를 하는 경우를 말한다. 실제로는 범죄위장의 목적으로 진범인에 대신하여 자신이 범죄자라고 자수하거나 신고하는 경우에 자기무고의 문제가 생긴다. 이 경우 범인은닉죄의 성립은 별론으로 하고 무고죄는 법문상 타인의 경우에 한정하고 있으므로 이 경우에는 구성요건해당성이 없다(통설).

(ii) 공동무고   자기와 타인이 공범관계에 있다고 허위사실을 신고한 경우를 공동무고라 한다. 이 경우에는 자기의 범행부분에 대해서는 구성요건해당성이 없고, 타인의 범행부분에 한하여 무고죄가 성립할 수 있다.

(iii) 자기무고의 교사   타인에게 자기를 무고하도록 교사한 경우, 자기무고가 처벌대상이 되지 않는 점에 비추어 볼 때 무고죄의 교사범의 성립을 부정하는 것이 옳다(다수설).

(iv) 승낙무고   피무고자의 동의나 촉탁·승낙을 받아 그를 무고한 경우를 의미한다. 이 경우에도 이 죄를 구성하느냐에 대해, 국가적 법익우위를 인정하는 결합설의 입장에서는 피무고자의 승낙여하에 관계없이 이 죄는 성립하는 것으로 본다. 판례도 피무고자의 승낙은 무고죄의 성립에 영향을 미치지 못한다고 한다(대판 2005. 9. 30, 2005 도 2712).

(v) 사자·허무인무고   사자·허무인에 대한 무고는 처음부터 형사 또는 징계처분을 받게 할 가능성이 없으므로, 타인으로 하여금 이같은 처분을 받게 하려는 무고의 목적성이 성립할 수 없다. 따라서 이 경우 경범죄처벌법상의 허위신고가 되는 것은 별론으로 하고, 이 죄는 성립하지 않는다(통설).

(b) 형사처분·징계처분   형사처분에는 형법에 의한 형벌뿐만 아니라 보안처분도 포함된다. 징계처분은 공법상의 특별권력관계에 기한 징계처분을 의미한다는 견해(다수설)와 모든 종류의 징계·징벌, 즉 실질상의 형벌을 의미한다는 견해로 나뉜다. 판례는 무고죄에서의 징계처분이란 공법상의 감독관계에서 과하는 신분적 제재를 의미하며 따라서 사립학교 교원에 대한 학교법인의 징계는 본죄의 징계에 포함되지 않는다고 한다(대판 2014. 7. 24, 2014 도 6377). 생각건대 본죄가 원칙적으로 국가의 수사권·징계조사권의 공정행사를 보호법익으로 삼는 점과 개인적 법익도 부차적으로 고려하고 있는 점에 비추어 볼 때 후설이 타당하다. 공법상의 제재이면 반드시 징계의 명칭을 사용한 경우가 아니라도 좋고, 또한 반드시 공무원에 대한 것일 필요도 없다(예: 교도소의 재소자에 대한 징계).

변호사·공증인·법무사·공인회계사 등에 대한 징계도 이 죄의 징계처분에 포함되는가? 부정설은 이 경우 공법상의 특별권력관계에 기한 징계처분이 아니라는 이유를 든다(다수설). 그러나 국가의 수사권·징계조사권의 공정행사의 보호와 개인의 명예·자유·재산의 보호라는 측면에서 볼 때, 이 경우는 실질적으로 형사제재에 필적할 만한 징계처분의 효과를 야기하므로 이 죄의 보호영역에 포함시켜야 한다.

(c) 목적의 인식정도   형사처분 또는 징계처분이라는 결과발생에 대해서는 그것을 희망·의욕하는 확정적 의사가 요구된다(다수설). 목적은 원칙적으로 강한 의도와 밀접한 관계 있는 의사형태이므로 전설이 타당하다. 다만 여기에서의

목적은 형사처분 또는 징계처분을 받게 할 궁극적인 목적이거나 유일한 동기가 될 것을 요하지는 않는다(대판 1991. 5. 10, 90 도 2601).

4. 죄수 및 타죄와의 관계

㈎ 이 죄의 죄수는 피무고자의 수를 기준으로 하여 결정해야 한다. 1개의 행위로 1인에 대한 수개의 허위사실을 신고한 때에는 단순일죄이다. 1개의 행위로 여러 사람을 무고한 때에는 수죄의 관념적 경합이 된다(통설).

㈏ 1통의 고소장에 의하여 수 개의 혐의사실을 들어 고소를 한 경우 그 중 일부 사실은 진실이나 다른 사실은 허위인 때에는 그 허위사실은 독립하여 무고죄를 구성한다(대판 2007. 3. 29, 2006 도 8638).

㈐ 1인에 대해 동일한 무고사실을 기재한 서면을, 시기와 작성명의를 달리하여 별개의 관서에 우송하거나 동일관서에 반복적으로 우송하면 연속범으로서 일죄를 구성한다. 그러나 1인에 대해 동일한 무고사실을 기재한 서면을 동시에 각각 별개의 관서에 우송한 경우에는 접속범으로서 일죄를 구성한다고 보아야 한다.

㈑ 무고행위를 한 후 피무고자에 대한 재판에서 다시 무고와 동일한 내용의 위증을 한 때에는 무고죄와 위증죄의 실체적 경합이 된다.

㈒ 타인이 위조한 문서를 우송하여 무고한 때에는 위조문서행사죄와 무고죄의 관념적 경합이 된다. 반면, 스스로 위조한 문서를 제출하여 무고한 때에는 문서위조죄와 이 죄는 실체적 경합, 위조문서행사죄와 이 죄는 관념적 경합이 된다.

㈓ 사람을 살해할 목적으로 사형을 받을 만한 범죄사실을 무고한 결과, 사형판결이 확정되어 집행된 경우, 형사소송법의 직권탐지주의 및 실체진실발견주의를 고려할 때 살인죄와 이 죄의 상상적 경합은 부인하는 것이 타당하다.

5. 자백·자수의 특례

이 죄를 범한 자가 그 신고한 사건의 재판 또는 징계처분이 확정되기 전에 자백 또는 자수한 때에는 형을 감경 또는 면제한다($\binom{제157조,}{제153조}$).

《참고》 특별법으로 특정범죄가중처벌법상의 죄에 대한 무고행위의 가중처벌규정($\genfrac{}{}{0pt}{}{동법}{제14조}$)과 국가보안법에 규정된 죄에 대한 무고행위의 처벌규정($\genfrac{}{}{0pt}{}{동법}{제12조 1항}$)이 있다.

제 7 장   국가의 존립과 헌법질서를 보호하는 죄형법규

제 1 절   내란의 죄

I. 총   설

1. 보호법익 및 체계

(1) 내란의 죄 중에서 내란죄($\frac{제87}{조}$)와 내란목적살인죄($\frac{제88}{조}$)는 다같이 국토의 참절을 내용으로 하는 이른바 영토대역(Gebietshochverrat)의 목적과 국헌의 문란을 내용으로 하는 이른바 국헌대역(Verfassungshochverrat)의 목적을 위하여 폭동과 살해행위를 함으로써 국가의 내적 안전을 위태롭게 하는 범죄이다. 그러므로 보호법익은 **국가의 존립 및 헌법질서의 유지에 기한 국가의 내적 안전**이라고 보아야 한다. 보호정도도 내란죄는 구체적 위험범, 내란목적의 살인죄는 침해범으로 보는 것이 좋다.

(2) 우리 형법은 내란의 죄에서 국토참절 또는 국헌문란의 목적으로 폭동 내지 살인하는 것을 각각 내란죄($\frac{제87}{조}$) 및 내란목적살인죄($\frac{제88}{조}$)로 규정하고, 미수를 처벌하며($\frac{제89}{조}$), 내란예비·음모죄($\frac{제90조}{1항}$)와 내란선동·선전죄($\frac{제90조}{2항}$)를 따로 처벌하고 있다.

2. 입 법 론

우리 형법에서는 살인죄의 폭이 너무 광범위하여 살인행위에서 동기·목적에 대한 법적 평가는 양형에서만 고려될 뿐, 불법유형으로 고려되고 있지는 않다. 내란목적살인죄는 이에 비해 가중된 불법내용을 갖고 있으므로 일반살인죄와 구분·설치할 형사정책적 이유가 전혀 없는 것이 아니다. 다만 국가변란의 목적·동기에 비추어 볼 때 살해주체는 보통의 일반인이 아닌 일정한 헌법기관의 담당자에게 국한하는 것이 입법론적으로 좋으리라고 본다.

그 밖에 현행법은 내란의 단순관련자($\frac{제87조}{3호}$)에 관하여도 미수를 처벌하도록 규정하고 있다($\frac{제89}{조}$). 이것은 실제 내란죄의 처벌범위를 확대시킬 위험이 있어 제한하는 것이 바람직하다. 그 밖에도 '국헌문란의 정의'($\frac{제91}{조}$)도 보다 구체적으로 명료하게 확정할 필요가 있다.

Ⅱ. 내 란 죄

1. 의의 및 성격

내란죄는 국토를 참절하거나 국헌을 문란할 목적으로 폭동함으로써 성립하는 범죄이다($\frac{제87}{조}$). 폭동에 의하여 국가의 존립과 헌법질서를 위태롭게 하는 것으로서 국토참절 또는 국헌문란을 목적으로 한다는 점에서 목적범이고, 이러한 목적으로 다중이 집합하여 폭행·협박함으로써 성립한다는 점에서 결합범 또는 다중범이다. 다중이 집합한다는 점에서는 소요죄($\frac{제115}{조}$)와 유사하지만, 목적범이라는 점에서 구별된다.

일정한 목적실현을 기도하여 다수인의 조직적인 결합과 활동을 필요로 하므로, 아무런 조직성이 없는 단순한 폭행·협박과 같은 행위는 내란죄의 요건을 충족시키지 않는다.

2. 객관적 구성요건요소

(1) 행위주체

자연인이면 누구나 주체가 될 수 있다. 내국인이든 외국인이든 불문한다. 필요적 공범의 일종인 다중범이므로, 성질상 영토의 일부를 점거하거나 헌법질서의 파괴·변혁을 가져올 수 있을 정도로 상당수 다수인의 공동범행이 되어야 할 것이다.

형법은 관여자의 지위의 정도에 따라 i) 수괴, ii) 모의참여자·군중지휘자·중요임무종사자, iii) 부화수행자·단순폭동관여자로 구분하고 있다. 이들 중 모의참여자·중요임무종사자·부화수행자 및 단순폭동관여자는 수괴 및 군중지휘자 등의 방조 내지 교사, 또는 경우에 따라서는 공동정범의 형태가 될 수도 있을 것이다.

(2) 행   위

폭동이다. 폭동이란 다수인이 결합하여 폭행·협박하는 것으로서 적어도 한 지방의 평온을 해할 정도의 것이어야 한다[통설·대판 1997.4.17, 96 도 3376(전원합의체)]. 폭동의 내용인 폭행·협박은 최광의의 것으로 사람 또는 물건에 대한 것이냐를 불문하며, 내란목적달성에 필요한 일체의 수단·방법을 포함한다. 여기에는 동맹파업이나 태업 등도 그것이 내란목적을 위한 것인 한, 포함된다.

폭동에 수반하여 살인·상해·방화·손괴 등이 행해진 때에 내란죄와 각죄가 상상적 경합관계에 놓인다는 견해도 있으나, 이러한 행위들은 내란목적 달성을 위한 수단이기 때문에 내란죄에 흡수되어 별도의 죄가 성립하지 않는다고 하는 것이 옳다(법조경합 흡수관계, 다수설).

이 죄가 구체적 위험범인 점을 생각할 때, 한 지방의 평온을 해할 정도에 도달하기만 하면 기수에 달하고, 이러한 정도에 미치지 못한 때는 미수가 된다[통설·대판 1997. 4. 17, 96 도 3376(전원합의체)].

3. 주관적 구성요건요소

(1) 구성요건고의

폭동의 고의가 있어야 한다. 이 고의는 의도적 고의나 지정고의일 필요까지는 없고 미필적 고의이면 족하다.

(2) 특별한 주관적 불법요소

목적범이므로 구성요건고의 외에 국토참절이나 국헌문란의 목적이 있어야 한다. '목적'이기 때문에 제 1 급의 확정적 고의에 상당한 의적 요소를 지녀야 하며, 또한 직접적이어야 한다.

(a) **국토참절의 목적**   대한민국의 통치권이 미치는 영토에 대한 불법지배를 통하여 영토고권의 일부 또는 전부를 배제하려는 목적이다. 이 행위에 의해 국가의 영토적 완전성 및 내적 안전에 간과할 수 없는 위험이 야기되는 것이다.

(b) **국헌문란의 목적**   우리 헌법상의 민주공화국($_{1조 1항}^{헌법 제}$) 내지 민주적 기본질서($_{8조 4항}^{헌법 제}$) 위에 기초한 국가의 정치적 삶의 기초 내지 정치활동의 기능을 불법하게 파괴·변혁하려는 목적이다. 형법 제91조의 정의에 의하면 「헌법 또는 법률에 정한 절차에 의하지 아니하고 헌법 또는 법률의 기능을 소멸시키는 것」과 「헌법에 의하여 설치된 국가기관을 강압에 의하여 전복 또는 그 기능행사를 불가능하게 하는 것」을 말한다. 전자는 이른바 민주적 기본질서에 기한 국가의 통치작용을 의미하고, 후자는 제도로서의 헌법기관의 존속 및 기능을 의미한다.

전자의 예로는 정부조직, 권력분립제도, 의회제도, 복수정당제도, 선거제도 및 사법권독립 등과 같은 국가의 기본조직을 파괴·변혁하는 것을 들 수 있고, 후자의 예로는 국회·대통령·국무회의 등과 같은 헌법에 의하여 설치된 국가기관 자체의 존속을 폐지·전복하거나 그 기능을 상실케 하는 것을 들 수 있다. 그러나 대통령·국무총리·국무위원 개인을 살해하거나 특정정권을 타도·실각시키는 것은 국헌문란의 목적에 해당하지 않는다(통설). 그리고 폭력으로 정부로 하여금 일정한 행동을 취하거나 퇴진하도록 강요하는 것도 단순한 헌법질서의 교란일 뿐 국헌문란에는 속하지 않는다.

(c) **목적의 인식정도**   목적의 실현이 구성요건행위만으로 완성되기 때문에, 확정적 인식을 필요로 한다.

4. 공범규정의 적용

이 죄는 필요적 공범의 일종인 다중범(또는 결합범)이므로 내부적 관계에 있어서는 공범에 관한 총칙규정이 적용될 여지가 없다(통설). 그러나 외부에서 **임의적 공범의 형태로 가담한 자에 대해서 공범규정의 적용이 가능한가**에 관하여서는 견해가 갈린다. **부정설**은 법률이 집단범죄의 특질을 고려하여 집단적 행동에 관여한 자를 일정한 양태와 정도에 따라 형을 구별하여 규정한 이상, 법률이 규정하고 있는 이외의 관여행위는 처벌 외에 둔다는 취지로 보아 단독범을 전제로 한 총칙의 공범규정을 적용할 수 없다고 한다(소수설). 반면 **긍정설**은 공동정범의 규정은 적용될 여지가 없으나, 내란을 교사하거나 내란단체 밖에서 자금 또는 식량을 제공하여 그 실행을 용이하게 하는 방조는 가능하므로 협의의 공범규정은 적용될 수 있다고 한다(다수설). 생각건대 내란죄의 구성요건 중에는 이미 상당한 범위의 교사·방조행위가 세분하여 규정되어 있을 뿐 아니라, 교사보다 의미의 폭이 넓은 선동행위도 제90조 2항에 별도로 규정되어 있으므로, 그 밖의 공범형태는 처벌하지 않겠다는 취지로 제한하여 해석해야 할 것이다. 이런 관점에서 부정설이 타당하다.

5. 형   벌

우리 형법은 내란죄의 집단범죄로서의 특질을 고려하여 관여자의 지위 및 기여정도에 따라 3종으로 구별하여 처벌하고 있다.

① 수괴는 사형, 무기징역 또는 무기금고,

② 모의에 참여하거나 지휘하거나 기타 중요한 임무에 종사한 자 또는 살상, 파괴 또는 약탈의 행위를 한 자는 사형, 무기 또는 5년 이상의 징역이나 금고,

③ 부화수행하거나 단순히 폭동에만 관여한 자는 5년 이하의 징역 또는 금고로 처벌한다.

내란죄의 미수범은 처벌된다($^{제89}_{조}$). 또한 예비·음모는 독자적 범죄구성요건으로 규정되어 있다.

6. 죄   수

내란죄를 범하면서, 폭동 중 사람을 살해한 경우 내란죄와 내란목적살인죄 간의 관계가 문제된다.

‖**판례**‖   내란의 실행과정에서 폭동행위에 수반하여 개별적으로 발생한 살인행위는 내란행위의 한 구성요소를 이루는 것이므로 내란행위에 흡수되어 내란목적살인의 별죄를 구성하지 아니한다. 그러나 특정인 또는 일정한 범위 내의 한정된 집단에 대한 살해가 내란의 와중에 폭동에 수반하여 일어난 것이 아니라 그것 자체가 의도적으로 실행된 경우에는 살인행위는 내란에 흡수될 수 없고 내란목적살인의 별죄가 구성한다(대판 1997. 4. 17, 96 도 3376).

내란목적살인죄는 폭동의 전후 또는 진행 중임을 불문하고 그 살해의 대상이 요인이라는 점에서 내란죄의 일양태로서의 살해($^{제87조}_{2호}$)와 구별된다. 따라서 요인 살해의 경우에는 내란목적살인죄 일죄만 성립한다. 반면 폭동 중 보통사람을 살해한 경우에는 내란죄($^{제87조}_{2호}$)가 성립한다.

7. 타죄와의 관계

내란죄와 국가보안법위반죄가 충돌할 때에는 특별법인 국가보안법이 우선적용된다. 예컨대 국가를 변란할 목적으로 반국가단체에 가입하는 행위는 국가보안법의 적용을 받는다. 그러나 행위가 동일한 목적에서 출발하여 폭동에까지 이른 경우에는 국가보안법에 해당 구성요건이 없으므로 형법상 내란죄의 적용을 받게 된다.

Ⅲ. 내란목적살인죄

1. 의의 및 성격

내란목적살인죄는 국토를 참절하거나 국헌을 문란할 목적으로 사람을 살해함으로써 성립하는 범죄이다($^{제88}_{조}$).

이 죄는 국토참절 및 국헌문란과 별개 **독립된 내란죄의 일유형으로서 요인암
살 등을 내용으로 하고 있는 점**에서 폭동에 기초하고 있는 내란죄와 구별된다. 다
수설과 판례는 살인이 폭동에 수반되어 행해진 경우에는 내란죄에 해당하고, 폭
동에 수반되지 않고 별개로 행해진 경우에는 내란목적살인죄에 해당한다는 견해
를 취하고 있다(대판 1997. 4. 17, 96 도 3376).

2. 객관적 구성요건요소

(1) 행위주체

제한된 바 없다. 내국인이든 외국인이든 불문한다.

(2) 행위객체

법문은 단지 '사람'이라고만 규정하고 있으나, 여기서 행위객체로서의 사람은
보통인이나 일반인이 아닌 요인을 말한다.[1] 요인의 범위는 구체적으로 한정된 바
없지만, 내란목적과의 유기적 관련하에서 헌법기관을 구성하는 삼부요인 및 군수
뇌부, 정당의 지도자 내지 주요 당직자 등을 포함한다. 이 점에서 폭동 중 보통인
이나 일반인을 살해함으로써 성립되는 형법 제87조 2호의 살해행위와 이미 객체
에서 구별된다. 반면 다수설은 본죄의 사람을 요인으로 한정하지 않는다.

(3) 행   위

살해하는 것이다. 수단과 방법 및 범행장소(내국이든 외국이든)에 관하여는
아무런 제한이 없다. 다만 여기에서 살해의 시기와 폭동의 관계가 문제된다. 행위
객체를 요인에 한정하지 않는 입장에서 내란목적의 살인이 폭동에 수반되어 행해
진 경우에는 제87조의 2호에 해당하고, 폭동과 관계없이(폭동에 수반되지 않고)
별개의 계획과 방법으로 행해진 경우에는 본죄에 해당한다는 견해[2]가 있다. 생각
건대 여기서 살해행위는 요인살해라는 특성에 기하여 보통살인죄 및 제87조 2호
의 살해와 구별되므로, 특히 내란죄의 폭동행위와 본조의 살해행위 사이에는 아

---

1) 박상기 607면; 이정원 682면.
2) 배종대 798면; 오영근 849면; 이재상 680면; 임웅 794면; 정성근 · 박광민 938면; 대판
   1997. 4. 17, 96 도 3376: 「내란목적살인죄는 국헌을 문란할 목적을 가지고 직접적인 수단으로
   사람을 살해함으로써 성립하는 범죄라 할 것이므로, 국헌문란의 목적을 달성함에 있어 내란죄가
   '폭동'을 그 수단으로 함에 비하여 내란목적살인죄는 '살인'을 그 수단으로 하는 점에서 두 죄는
   엄격히 구별된다. 따라서 내란의 실행과정에서 폭동행위에 수반하여 개별적으로 발생한 살인행
   위는 내란행위의 한 구성요소를 이루는 것이므로 내란행위에 흡수되어 내란목적살인의 별죄를
   구성하지 아니하나, 특정인 또는 일정한 범위 내의 한정된 집단에 대한 살해가 내란의 와중에
   폭동에 수반하여 일어난 것이 아니라 그것 자체가 의도적으로 실행된 경우에는 이러한 살인행위
   는 내란에 흡수될 수 없고 내란목적살인의 별죄를 구성한다.」

무런 의존관계가 없다. 따라서 요인암살 등의 살해행위가 있는 한, 그것이 폭동의
준비단계이건, 폭동의 진행중이건, 폭동의 일시적 종료 후이건 불문하고 이 죄만
이 성립한다.

3. 주관적 구성요건요소

살인의 고의가 있어야 한다. 적어도 행위객체가 요인이라는 점에 대한 인식
이 있어야 한다. 미필적 고의로도 충분하다. 또한 내란목적도 있어야 한다. 목적
의 성취 여부는 이 죄의 기수에 아무 영향을 미치지 않는다.

4. 공 범

이 죄는 다중범의 특성을 나타내는 폭동행위를 전제로 하지 않고, 단지 요인
살해행위에 의해 성립되는 범죄이므로, 내란죄에서와는 달리 공동정범은 물론 교
사범·방조범 등 형법총칙상의 공범규정이 적용된다.

5. 형 벌

보통살인죄에 비해 목적에 의한 행위반가치로 인하여 불법이 가중된 경우이
며, 제87조 2호에 비해서도 불법이 중한 경우이므로, 이보다 가중된 형벌에 처하
여진다. 즉 사형, 무기징역 또는 무기금고에 처하여진다.

미수범은 처벌된다(제89조). 또한 예비·음모는 독자적 범죄구성요건으로 별도로
규정되어 있다.

6. 죄 수

폭동의 준비단계, 진행중 또는 폭동의 진정 후에 요인을 살해하면 이 죄만 성
립하고, 폭동의 진행중 일반인을 살해하면 제87조 2호가 성립하며, 폭동의 진정
후 일반인을 살해하면 보통살인죄가 성립한다. 폭동의 준비단계에서 일반인을 살
해하면 내란예비죄와 보통살인죄의 상상적 경합이 된다. 폭동 전에 요인을 살해
하고 폭동에 이른 경우, 또는 폭동에 가담한 후 그것이 진정되었음에도 더 나아가
요인을 살해한 경우에는 내란죄와 이 죄의 실체적 경합이 된다. 단, 내란목적살인
의 행위자가 동시에 폭동에 대한 수괴적 역할을 한 때에는 제87조 1호와 이 죄의
상상적 경합이 된다.

Ⅳ. 내란예비 · 음모 · 선동 · 선전죄

1. 의의 및 성격

내란예비 · 음모 · 선동 · 선전죄는 내란죄 또는 내란목적살인죄를 범할 목적으로 예비 또는 음모하거나 내란죄 또는 내란목적살인죄를 범할 것을 선동 또는 선전함으로써 성립하는 범죄이다($^{제90}_{조}$).

내란예비 · 음모죄는 내란죄 또는 내란목적살인죄에 대해 별개의 독립된 독자적 범죄구성요건을 이루고 있다. 이 점에서, 미수범이 독립된 구성요건이 아니며 기본범죄를 떠나 독자적으로 존재할 수 없는 것과 다르다.

2. 객관적 구성요건요소

구성요건행위는 예비 · 음모 · 선동 · 선전이다. 행위의 장소는 제한된 바 없다.

예비란 내란죄 또는 내란목적살인죄의 실행을 위한 준비행위로서 이들 범죄의 실행에 착수하기 이전단계에서의 행위를 말한다. 예컨대 내란 또는 내란목적살인을 실행하기 위하여 병기 · 자금 · 양곡을 제조 · 구입하거나, 위 범행의 장소를 물색 · 예정하는 등의 물적 준비행위가 그것이다.

음모란 내란죄 또는 내란목적살인죄에 착수하기 전에 그 실행의 계획 및 내용에 관하여 2인 이상이 서로 협의하는 것을 말한다. 실행계획의 세부사항에까지 모의할 필요는 없지만, 대강의 윤곽에 관하여 통모 · 합의하지 않으면 안 된다. 그리고 모의가 반드시 비밀리에 행해져야 할 필요는 없다.

선동이란 일반대중에게 감정적 자극을 주어 내란범죄의 실행을 결의하게 하거나 이미 품고 있는 결의를 촉발시키는 행위를 말한다. 선동은 불특정다수인에 대해서 가능하고, 범죄의 고의를 이미 가진 자에 대해서도 가능하며, 또한 선동으로 말미암아 반드시 범죄의 결의가 발생할 것을 요하지 않는다는 점에서 교사와 구별된다.

선전이란 내란의 당위성 또는 필요성에 관한 취지를 일반대중에게 주지시켜 그들의 찬동을 얻기 위한 일체의 의사전달행위를 말한다.

3. 주관적 구성요건요소

이 죄가 내란 또는 내란목적살인죄의 예비 · 음모 등의 행위에 대한 가벌성을 별도로 규정하고 있으므로, 행위자는 최종목표되는 내란죄 또는 내란목적살인죄의 실행에 이르려는 고의를 갖고 있어야 한다. 더 나아가 자신에 의해 예비ㆍ음모되는 내란범죄의 목표ㆍ목적, 사실상의 성격 및 실행의 일정한 시기 등에 관하여 인식하고, 또한 자신의 준비활동이 이 목적달성에 적절한 수단이 된다는 사실을 알고 있어야 한다. 미필적 고의로도 충분하다.

예비ㆍ음모는 내란범죄의 실행을 최종목표로 삼고 행하여지는 것이므로 이른바 '초과된 내적 경향'으로서의 목적을 고의 외의 주관적 불법요소로 하는 목적범이다.

선동ㆍ선전은 행위자가 내란범죄를 저지르려고 하는 일정한 의사방향에 의해 지배되고 있으므로, 이른바 '강화된 내적 경향'으로서의 행위경향을 고의 외의 주관적 불법요소로 하는 경향범이다.

4. 공　범

예비ㆍ음모ㆍ선동ㆍ선전행위는 내란범죄의 실행을 최종목표로 삼거나 의사방향으로 삼고 행하여지는 것이긴 하지만, 그것 자체가 독자적인 범죄구성요건이므로 이에 대한 공동정범ㆍ교사ㆍ방조가 가능하다. 예컨대 예비행위를 지원한다거나 선동ㆍ선전의 자료를 타자 또는 인쇄한다거나 살포하는 것 등이 그것이다. 반면 다수설은 교사ㆍ방조는 불가능하다는 입장이다.

＊주의: 유의할 점은 최종목표되는 내란범죄실행에 이르게 하려는 고의 없이 단지 예비행위에만 그치게 할 의사로 교사한 경우에는 '미수의 교사'와 마찬가지로 불가벌이지만, 최종목표되는 범죄실행에 이르게 하려는 의사로 준비행위를 교사한 자는 예비죄의 교사로 처벌된다는 점이다.

5. 처　벌

3년 이상의 유기징역 또는 유기금고에 처한다. 단, 예비ㆍ음모에 한하여 그 목적한 죄의 실행에 이르기 전에 자수한 때에는 그 형을 감경 또는 면제한다. 여기에서 '그 목적한 죄의 실행에 이르기 전'이라 함은 실행의 착수에 이르기 전, 즉 예비행위의 위험성이 실행의 착수에 이르러 침해의 위험에까지 이르기 전단계를 의미하며 반드시 발각 전이어야 할 필요는 없다.

제 2 절 외환의 죄

I. 총   설

1. 보호법익 및 체계

내란의 죄가 국가의 내적 안전을 보호법익으로 함에 비하여, 이 죄는 국가의 외적 안전을 보호법익으로 한다.

보호정도는 구체적 위험범으로서의 보호이다.

외환의 죄에는 각종 인적·물적 이적죄와 간첩죄 및 일반이적죄와 전시군수계약불이행죄의 규정이 있으며, 미수범처벌 및 예비·음모·선동·선전죄의 처벌규정을 두고 있다.

2. 입 법 론

형법은 여적죄($\frac{제93}{조}$)에 대해서는 단지 사형만을 과하도록 하고 있으며, 그 밖의 외환의 죄에 관해서도 사형·무기징역 등 무거운 형벌을 과하고 있다. 이 점은 법익질서 전체의 입장에서 볼 때 문제이다. 자유법치국가의 형법질서는 개인의 생명·신체의 자유·안전을 보호의 주된 목표로 삼고 있으며, 이것을 보다 확실히 보호하기 위해 그 밖의 사회적·국가적 법익을 보호하는 것이다.

형법 제103조 전시군수계약불이행죄 등은 특히 Nazis의 영향을 받은 일본형법가안 제184조의 규정을 본받은 것이다. 시대착오적인 국수주의 색채가 강한 것으로 새로운 형법의 개정시에는 존치 여부를 검토해 보아야 할 것이다.

II. 외환유치죄

1. 의   의

외환유치죄는 외국과 통모하여 우리나라에 대해 전단을 열게 하거나 외국인과 통모하여 우리나라에 항적함으로써 성립하는 범죄이다($\frac{제92}{조}$). 사형 또는 무기징역에 처한다. 미수범은 처벌한다($\frac{제100}{조}$).

2. 객관적 구성요건요소

(1) 행위주체

내국인은 물론, 외국인도 주체가 될 수 있다($_{제5조 2호}^{제2조}$). 그러나 적국인은 형법 제93조의 여적죄에 해당할 가능성이 많기 때문에 이 죄의 주체에서는 제외해야 할 것이다(다수설).

외국인이 자국(인)과 통모하여 대한민국에 전단을 개시하는 경우에도 국가의 외적안전을 보호하기 위해서는 본죄가 성립한다고 해석하는 것이 옳다.

(2) 행 위

(a) **외국 또는 외국인과의 통모**   통모란 의사의 연락에 의한 합의를 말한다. 수단·방법 등은 제한이 없으며, 단지 전단을 열게 하거나 항적을 일으키기에 족한 것이면 된다.

이 통모행위는 외국 또는 외국인과의 사이에 행하여져야 한다. 여기서 외국이란 우리나라 이외의 국가로서 국가를 대표하는 정부 또는 군대, 외교사절 등 대표기관을 의미한다. 단 여적죄($_{조}^{제93}$)의 규정이 있으므로 외국은 적국 이외의 국가를 의미하는 것으로 해석해야 한다(다수설). 또 우리나라와 무력분쟁상태에 있지 않은 외국으로 사실상의 국가이면 족하고, 반드시 국가로 국제법상 승인됨을 요하지 아니한다.

외국인은 외국과 외국을 대표하는 정부기관 군대 이외의 사인을 말한다. 외국인의 사적 단체(예; 테러단체)도 여기에 포함시켜야 한다(다수설).

(b) **전단의 개시**   전투행위를 개시하는 일체의 행위를 말한다.

전투행위의 개시는 사실상의 전쟁을 포함하는 일체의 무력행사를 의미한다(통설). 이 죄는 위험범으로서 사실상의 무력행사에 의해서라도 대한민국의 외적안전에 대한 위험이 야기되면 족한 것이므로 전단의 개시의 의미를 넓게 해석하는 것이 옳다.

(c) **항 적**   적국을 위하여 적국의 군무에 종사함으로써 우리나라에 적대하는 일체의 행위를 말한다. 여기에는 전투원으로서 적대행위를 하건, 군무원과 같은 비전투원으로서 적대행위를 하건 불문한다(통설).

(d) **기수시기**   기수시기는 현실적으로 전투행위가 발생한 때이다(통설). 이 죄가 위험범이면서도 미수범처벌규정을 두고 있으므로, 위험범으로서 기수가 되

자면 결과반가치로서 위험상태(Gefahrlage)의 객관적 존재가 요구되는바, 이 점에 비추어 보면 전투행위의 발생이 필요하다.

통모와 전단개시 사이에 인과관계가 필요한가에 관하여, 통모도 행위양태의 하나인 한, 행위와 결과 사이에 인과관계를 논할 수 있고, 또한 구체적 위험범은 침해범과 더불어 실질범 내지 결과범을 구성하기 때문에 인과관계가 있어야 한다(다수설).

3. 주관적 구성요건요소

적어도 객관적 구성요건의 실현에 관한 미필적 고의가 있어야 한다.

법문상 분명한 것은 아니지만 통모행위의 성질상 대한민국에 대한 전쟁의 유발 내지 적대행위에 대한 의도, 즉 **목표지향적 의욕**이 있어야 하리라고 본다. 입법론으로서는 이 죄를 보다 분명하게 목적범으로 구성하는 것이 좋다.

Ⅲ. 여 적 죄

여적죄는 적국과 합세하여 대한민국에 항적함으로써 성립하는 범죄이다(제93조).

적국의 범위에 관하여, 사실상 전쟁을 수행하고 있는 외국 또는 외국인의 단체도 적국으로 간주되므로(제102조), 본조의 적국은 국제법상 선전포고를 하고 전쟁을 수행하는 적국으로 국한할 것이 아니라, 사실상 전쟁을 수행하는 외국 또는 외국인의 사적 단체도 포함하는 것으로 해석하는 것이 좋다(다수설).

항적이란 대한민국에 대하여 적국과 관계를 맺거나 또는 적국과 더불어 대한민국의 외적 안전을 위태롭게 하는 적대행위를 하는 것을 말한다.

이 죄의 고의는 적국과 합세하여 우리나라에 항적한다는 점에 대한 인식과 의사를 내용으로 한다. 항적은 목적수행적 행위경향을 지닌 구성요건표지라는 점에서, 이 죄를 목적수행적 행위경향을 지닌 경향범으로 보아야 한다. 따라서 고의 외에 적대적인 행위경향이 있어야 한다.

이 죄의 처벌은 **절대적 법정형인 사형**만이 규정되어 있어 우리 형법에서 유일한 예가 된다. 그러나 인종학살이나 사람의 생명에 대한 침해가 가장 중대한 범죄에 해당한다는 점을 생각할 때 이 죄의 처벌규정은 국수주의적 사고의 잔재가 아닌가 보여진다. 선택형의 가능성을 고려하는 것이 입법론적으로 타당할 것이다. 미수범은 처벌된다(제100조).

Ⅳ. 모병이적죄

모병이적죄는 적국을 위하여 모병하거나 모병에 응함으로써 성립하는 범죄이다($\frac{제94}{조}$). 적국은 대한민국과 전쟁상태에 있는 상대국을 의미한다.

모병이란 전쟁에 종사할 사람을 모집하는 것을 말하고, 모병에 응한 자란 이것의 지원자를 말한다.

이 죄의 고의는 모병 또는 모병에 응한다는 의사 이외에 주관적 요소로서 이적의 행위경향이 있을 것을 요한다. 따라서 위험한 행위경향을 지닌 경향범이다.

처벌은 모병한 자는 사형 또는 무기징역에, 모병에 응한 자는 무기 또는 5년 이상의 징역에 처한다. 미수범은 처벌한다($\frac{제100}{조}$).

Ⅴ. 기타 이적죄

시설제공이적죄는 군대, 요새, 진영 또는 군용에 공하는 선박이나 항공기 기타 장소, 설비 또는 건조물을 적국에 제공하거나, 병기 또는 탄약 기타 군용에 공하는 물건을 적국에 제공함으로써 성립하고($\frac{제95}{조}$), **시설파괴이적죄**는 적국을 위하여 군대, 요새, 진영 또는 군용에 공하는 선박이나 항공기 기타 장소, 설비 또는 건조물이나, 병기 또는 탄약 기타 군용에 공하는 물건을 파괴하거나 사용할 수 없게 함으로써 성립하며($\frac{제96}{조}$), **물건제공이적죄**는 군용에 공하지 아니하는 병기, 탄약 또는 전투용에 공할 수 있는 물건을 적국에 제공함으로써 성립한다($\frac{제97}{조}$). 그리고 **일반이적죄**는 제92조에서 98조까지의 구성요건에 해당하지 않는 행위로서 대한민국의 군사상 이익을 해하거나 적국에 군사상 이익을 공여함으로써 성립한다($\frac{제99}{조}$).

이상의 이적행위 중 시설제공이적죄($\frac{제95}{조}$)와 물건제공이적죄($\frac{제97}{조}$)는 군용에 공하느냐의 여부에 따라 달라지는 것이며, 시설파괴이적죄($\frac{제96}{조}$)는 이적의 행위경향이 필요한 일종의 경향범이다. 또한 일반이적죄($\frac{제99}{조}$)는 외환의 죄의 보충규정으로서 제92조 내지 제98조의 적용이 있는 경우에는 적용이 배제된다.

시설제공이적죄와 시설파괴이적죄는 사형 또는 무기징역에, 물건제공이적죄는 무기 또는 5년 이상의 징역에, 일반이적죄는 무기 또는 3년 이상의 징역에 처한다. 미수범은 처벌한다($\frac{제100}{조}$).

Ⅵ. 간 첩 죄

1. 의의 및 성격

간첩죄는 적국을 위하여 간첩하거나 적국의 간첩을 방조하거나 또는 군사상의 기밀을 적국에 누설함으로써 성립하는 범죄이다($\frac{제98}{조}$).

간첩죄는 행위자의 의사방향이 보호법익에 대해 특별히 위험한 경향으로 나타나는 범죄라는 점에서 위험한 행위경향을 지닌 경향범이다.

여기의 방조는 독립된 의미의 방조로서 총칙상의 방조와는 다른 의미이므로 제32조의 적용은 배제된다.

2. 객관적 구성요건요소

⑴ 간   첩

간첩이란 적국에 알리기 위하여 대한민국의 국가기밀 또는 군사상의 기밀을 탐지·수집하는 행위 또는 행위자를 말한다. 간첩행위는 적국과 의사연락이 있어야 하므로 편면적 간첩은 있을 수 없다(통설). 따라서 적국과 의사연락 없이 편면적으로 기밀을 수집하는 행위는 간첩예비에 해당한다.

(a) **적   국**   적국은 대한민국에 적대하는 외국을 의미한다. 반드시 국제법상 승인된 국가나 국가에 준하는 것으로 인정된 단체에 한하지 않고, 사실상 국가에 준하는 단체도 포함된다. 대한민국에 적대하는 외국 또는 외국인의 단체는 적국으로 간주된다($\frac{제102}{조}$). 따라서 북한도 적국에 해당한다(통설·대판 1983. 3. 22, 82 도 3036). 입법론으로는 적이 아닌 외국 또는 외국인 단체를 위한 간첩행위를 처벌할 수 있도록 하는 법개정이 필요하다.

(b) **국가기밀**   국가기밀이란 대한민국의 외적 안전에 중대한 불이익이 될 위험을 회피하기 위하여 한정된 인적 범위에서만 입수되고 또한 타국에 비밀로 해야 할 사실·대상 또는 지식을 말한다(실질적 기밀 개념).

국내에서 공지된 사실도 북한에 공지되어 있지 않은 것은 기밀이 된다는 견해가 있으나, 공지된 사실은 이미 기밀이 아니며 적국에 대하여서도 기밀로 해야 할 이익이 없다고 하는 것이 옳다(다수설). 판례도 국내에서의 적법한 절차 등을 거쳐 이미 일반인에게 널리 알려진 공지의 사실, 물건 또는 지식은 국가기밀로 볼 수 없다(대판 1997. 7. 16, 97 도 985)는 입장이다.

그러나 판례는 **군사상 기밀**에 관해서는 그것이 비록 국내에서는 공지의 사실이라 하더라도 적국에 대해서는 공지에 속하지 않고 비밀로 남아 있고, 또 그것이 군사상 이익에 관계된 것은 군사상 기밀로 보아야 한다는 입장이다(대판 1987. 5. 26, 87 도 432).

본죄의 기밀에는 국제사회의 평화와 안전에 중대한 위험이 될 위법한 국가기밀(예: 침략전쟁의 준비)도 그것이 공개됨으로써 국가의 외적 안전을 위태롭게 할 수 있는 것이라면 본죄의 국가기밀에 속한다(다수설).

(c) **실행의 착수와 기수시기** 국내에 잠입 또는 상륙하는 것으로는 국가보안법상의 잠입죄($^{동법}_{제6조}$)가 될 뿐 간첩의 착수는 없다고 보는 것이 옳다. 따라서 침투목적과 예비죄의 성립한계 등을 고려하여 **개별적으로 국가기밀의 탐지·수집 행위에 착수했는지를 판단**하여 실행의 착수시기를 결정해야 할 것이다(다수설). 판례 중에도 국가기밀을 탐지·수집하라는 지령을 받았거나 소위 무인포스트를 설정한 것만으로는 간첩미수를 인정하기에 부족하고, 국가기밀을 탐지·수집하는 행위에 착수했을 때 간첩죄의 실행의 착수가 있다(대판 1974. 11. 12, 74 도 2662)고 한 것이 있다. 기수시기는 국가기밀을 탐지·수집한 때이며, 수집한 기밀을 접선자나 지령자에게 전달할 것을 요하지 않는다(대판 1963. 12. 12, 63 도 312).

(2) 간첩방조

적국의 간첩임을 알면서 간첩행위를 원조하여 간첩행위를 용역하게 하는 일체의 행위를 간첩방조라고 한다. 적어도 국가기밀의 탐지·수집을 용이하게 하는 것이어야 한다. 예컨대 북한의 대남공작원을 상륙시키거나(대판 1961. 1. 27, 4293 형상 807), 접선방법을 합의하는 것(대판 1971. 9. 28, 71 도 1333) 등이다.

∥**판례**∥ 단순히 간첩에게 숙식을 제공하거나(대판 1986. 2. 25, 85 도 2533) 일상적인 안부편지를 전달하는 것(대판 1966. 7. 12, 66 도 470), 무전기를 매몰하는 데 망을 보아준 것(대판 1983. 4. 26, 83 도 416)은 간첩방조에 해당하지 않는다. 간첩을 숨겨 주는 행위만 한 경우도 범인은닉죄에는 해당하지만, 이 죄에는 해당하지 않는다(대판 1979. 10. 10, 79 도 1003).

간첩방조행위는 **총칙상 방조와 무관한 독립범**이므로 이 죄의 미수는 방조행위 자체가 미수에 그친 때에 성립한다(대판 1959. 6. 12, 4292 형상 131). 따라서 주범이 미수가 되어도, 방조행위 자체가 목적을 달성치 못하여 미수가 된 경우가 아니면 방조의 미수가 될 수 없다. 방조에 관한 총칙규정은 적용되지 않으므로 방조범 감경을 적용할 수 없다(대판 1971. 9. 28, 71 도 1333).

(3) 군사상 기밀누설

군사상의 기밀을 누설한다는 것은 군사상 기밀인 정을 알면서 적국 또는 그 첩자에게 발설하는 것으로서, 수단·방법에는 제한이 없다. 여기에서 군사상 기밀의 누설은 직무상 지득한 사실을 누설하는 경우만을 말한다(신분범).[3] 따라서 직무와 무관하게 지득한 군사상의 기밀을 누설한 자는 일반이적죄($\frac{제99}{조}$)에 해당할 뿐이다(대판 1971. 2. 25, 70 도 2417).

《참고》 군사기밀누설에 대해서는 군사기밀보호법상에도 처벌규정이 있다(동법 제 12조, 제13조, 제15조). 형법 제98조 2항은 군사기밀보호법 제13조 및 제15조에 대해 법조경합 특별관계에 놓인다. 형법상의 누설 대상이 적국으로 한정되어 있는 데다가 법정형도 훨씬 높이 설정되어 있기 때문이다.

3. 주관적 구성요건요소

객관적 구성요건의 실현에 관한 고의 및 적국을 위하여 한다는 위험한 행위경향이 있어야 한다. 간첩 및 간첩방조행위에는 이 특별한 주관적 불법요소의 명시가 있고, 군사상 기밀누설에 관하여는 명시가 없지만, 후자의 행위도 특별한 주관적 불법요소로서 적국을 위하여 한다는 행위경향을 필요로 한다고 해석하는 것이 좋을 것으로 본다.

4. 형   벌

사형, 무기 또는 7년 이상의 징역에 처한다. 미수범은 처벌된다($\frac{제100}{조}$).

Ⅶ. 외환예비·음모·선동·선전죄

외환예비·음모·선동·선전죄는 제92조 내지 제99조의 죄를 범할 목적으로 예비 또는 음모하거나 선동 또는 선전함으로써 성립하는 범죄이다($\frac{제101}{조}$).

내란죄에서 설명한 것과 원칙적으로 동일하다.

처벌은 2년 이상의 유기징역이며, 단 그 목적한 죄의 실행에 이르기 전에 자수한 때에는 그 형을 감경 또는 면제한다.

---

3) 대판 1971. 8. 10, 71 도 1143; 1959. 7. 10, 4292 형상 197.

Ⅷ. 전시군수계약불이행죄

전시군수계약불이행죄는 전쟁 또는 사변에 있어서 정당한 이유 없이 정부에 대한 군수품 또는 군용공작물에 관한 계약을 이행하지 않거나 그러한 계약이행을 방해함으로써 성립하는 범죄이다(제103조). 제117조(전시공수계약불이행)와 마찬가지로 사법상의 계약불이행이나 계약이행을 방해하는 행위에 대해서 형사책임을 추구하는 규정이다. 이는 사법상의 계약관계라 할지라도 특히 전쟁이나 사변과 같은 비상시에 군사상의 물자나 시설 등에 관한 정부와의 계약을 정당한 이유 없이 이행하지 않거나(제103조 1항은 진정부작위범) 방해함으로써 군작전수행에 커다란 지장을 초래하고, 더 나아가 국가존립의 위태화를 야기할 염려가 있기 때문에 이를 처벌하려는 것이다.

'정당한 이유 없이'는 '위법하게'와 같은 의미로서, 그 자체로서는 명시할 필요가 없는 일반적인 범죄표지에 해당한다. 어떠한 경우에 정당한 이유가 없는 것인가는 구체적 사정을 고려하여 평가하여야 한다. 특히 정당방위·긴급피난·정당행위 등으로 인해 불법이 배제될 경우가 많음을 이로써 암시하고 있기 때문이다.

처벌은 계약을 이행하지 않은 자나 이를 방해한 자 모두 10년 이하의 징역에 처한다.

제8장 국가의 권위를 보호하는 죄형법규

제1절 국기·국장에 관한 죄

Ⅰ. 총 설

국기 및 국장은 국가권위를 상징하는 표지일 뿐 아니라 국민들을 헌법적 국가의식으로 통합하는 중요한 수단이기도 하다. 이에 대한 경시는 국가의 권위를 무시하고 통합적 국가의식을 해체하여 내부적인 평화를 깨뜨린다. 따라서 본죄는 국가의 내부적 평화에 필요불가결한 권위와 내부적 평화를 보호·유지하는 데 그 의의가 있다. 우리나라의 애국가는 보호대상에 해당하지 않는다.

Ⅱ. 국기·국장모독죄

1. 의의 및 성격

국기·국장모독죄는 대한민국을 모욕할 목적으로 대한민국의 국기 또는 국장을 손상·제거·오욕함으로써 성립하는 범죄이다($\frac{제105}{조}$).

이 죄는 주관적 구성요건으로서 모욕할 목적을 요하는 목적범이다. 보통은 모욕죄와 손괴죄의 결합범인 경우가 많으므로, 모욕할 목적이 없을 때에는 이 죄가 아니라 경우에 따라 손괴죄가 될 수 있을 뿐이다.

2. 객관적 구성요건요소

(1) 행위주체

내국인이면 누구나 주체가 될 수 있다. 또한 우리나라에 거주하는 외국인은 물론, 대한민국영역 밖에 있는 외국인도 주체가 될 수 있다($\frac{제5조}{3호}$).

(2) 행위객체

행위객체는 국기와 국장이다. 이것은 국가의 권위를 상징하기 위하여 일정한 형식에 따라 제작된 기와 국기 이외의 휘장을 의미한다. 본조는 형법 제109조처럼 행위객체를 공용에 공하는 것으로 제한하고 있지 않다. 이 점에 비추어 볼 때, 이 죄의 행위객체는 대한민국의 권위를 상징하는 국기·국장으로서의 실체를 갖춘 것이면 공·사용을 불문하며, 또한 이의 소유권의 소재를 불문한다(통설).

(3) 행   위

손상·제거·오욕하는 행위이다.

손상은 물건의 전부 또는 일부를 훼손하여 그 효용을 해하는 것으로 손괴죄의 손괴와 의미가 같다.

제거란 국기·국장 자체를 손상시킴이 없이 현재 사용되고 있는 장소에서 철거하거나, 장소의 이전 없이 다른 물건으로 차폐하여 현재 사용되고 있는 국기·국장의 효용을 멸각·감소시키는 행위이다. 예를 들어 게양된 국기를 끌어내리거나 검은 헝겊으로 차폐하는 행위 등은 장소적 이전은 없지만 제거에 해당한다.

오욕이란 형법 제159조(사체오욕죄)의 '오욕'과 유사한 개념이다. 즉 국기·국장을 불결하게 하는 유형적인 행위로서, 예를 들어 오물을 끼얹거나 방뇨, 침을 뱉는 행위, 발로 짓밟는 행위, 또는 먹물을 칠하는 행위 등이다.

이처럼 여기서 모독행위는 물리적인 모독이어야 한다. 정신적인 모독은 이 죄의 규율대상이 아니라 비방죄의 규율대상이 된다.

(4) 기수시기

이상의 행위로써 대한민국의 권위가 손상될 정도로 국기 국장의 효용이 멸각·감소되었을 때 기수가 된다.

3. 주관적 구성요건요소

이 죄는 목적범이기 때문에, 손상·제거·오욕의 고의 외에 '대한민국을 모욕할 목적'이 있어야 한다. 여기서 '모욕'은 제311조(모욕죄)의 모욕과 동일한 개념이며, 무가치판단의 일종인 모멸의 표시이다. 모욕할 목적의 달성 여부는 이 죄의 성립에 영향이 없다.

4. 형   벌

5년 이하의 징역이나 금고, 10년 이하의 자격정지 또는 7백만원 이하의 벌금에 처한다.

Ⅲ. 국기 · 국장비방죄

국기 · 국장비방죄는 대한민국을 모욕할 목적으로 국기 또는 국장을 비방함으로써 성립하는 범죄이다($^{제106}_조$). 1년 이하의 징역이나 금고, 5년 이하의 자격정지 또는 2백만원 이하의 벌금에 처한다.

국기 · 국장모독죄($^{제105}_조$)와 행위목적 · 행위객체가 동일하지만, 행위양태가 다르고, 또한 감경하여 처벌하는 점도 다르다. '비방'이란 언어나 거동, 문장이나 회화 등으로 모욕의 의사를 표현하는 것이다. 이를테면 국기에 대하여 욕설을 퍼붓거나 국기문양을 가진 쓰레기통이나 팬티 등을 제작 · 사용하는 것 등을 들 수 있다. 비방이 예술작품의 형식을 빌려서 행하여졌을 때에는, 예술의 자유에 관한 기본권보장은 이 형법규범과 충돌하는 한에서 제한된다. 그리고 이 죄의 비방은 공연성이 있어야 한다(다수설).

제 9 장   국제사회의 질서와 평화를 보호하는 죄형법규

제 1 절   국제사회의 질서와 평화에 관한 죄

Ⅰ. 총   설

1. 보호법익 및 체계

국교에 관한 죄는 국제법상 보호되는 외국의 이익을 침해함으로써 외국과의 국교관계를 해하고, 자국의 국제관계를 위태롭게 하는 행위를 처벌하는 규정이다. 보호법익과 관련해서는 제 1 차적으로 외국의 이익을 보호하는 경우가 많지만, 제 2 차적으로는 국제외교적 도의를 세움으로써 간접적으로 자국의 권위와 체면을 유지하는 결과가 된다는 견해(이중의 보호목적)가 다수설이다.

외국의 대표자·기관·국기 등 외국의 이익을 보호함으로써 결국 국제적인 충돌로부터 자국의 이익이 보호될 수 있다는 **2중의 보호목적**을 갖는다고 보는 견해가 타당하다.

보호정도는 추상적 위험범으로서의 보호이다.

2. 입 법 론

현행 형법이 외국원수·외교사절에 대한 폭행 등의 죄를 일반의 폭행죄·모욕죄보다 중하게 처벌하는 이유는 국제법질서상 요구되는 상호이익의 존중에 있다. 그러나 이와 같은 특별가중규정은 국제법상의 절대적 요청은 아니다. 또한 우리나라의 원수에 대한 위해행위를 처벌하는 특별규정이 없는 점 등에 비추어 볼때 이 규정의 존치를 재검토해야 할 필요가 있다.

공무상 기밀누설죄($^{제127}_{조}$)가 신분범임에 반해, 외교상 기밀누설죄의 행위주체에는 제한이 없다. 그러나 실제로 일반인이 외교상의 기밀을 지득할 가능성이 있을 것인가는 의문이다. 따라서 형법 제127조에 흡수시키는 것이 타당하리라고 본다.

Ⅱ. 외국원수에 대한 폭행등죄

외국원수에 대한 **폭행등죄**는 우리나라에 체재하는 외국의 원수에 대하여 폭행·협박·모욕을 가하거나 명예를 훼손함으로써 성립하는 범죄이다($^{제107}_{조}$).

이 죄는 일반의 폭행죄·협박죄 또는 모욕죄·명예훼손죄에 비해서 행위객체가 외국원수라는 이유로 불법이 가중된 규정이다.

행위주체는 제한이 없으며, **행위객체**는 '대한민국에 체재하는 외국의 원수'이다. 즉 군주 또는 대통령과 같이 국가의 최고지위에 있는 자를 말한다. 따라서 내각책임제의 수상이나 국제법상 국가로 인정될 수 없는 단체의 수장은 외국의 원수라 할 수 없다(다수설). 외국의 범위에 관해서는 우리나라가 정식승인한 국가는 물론, 국가승인의 유무에 관계없이 국가로서의 실질적 요건을 갖춘 이상 모두 포함되며, 정식외교관계의 여부도 중요하지 않다.

구성요건행위는 폭행·협박·모욕·명예훼손에서의 그것과 동일하다. 이 죄가 성립하는 경우 일반의 폭행죄 등은 법조경합 흡수관계에 있어 별도로 성립하지 않는다. 다만 제2항은 명예훼손죄($^{제307}_{조}$)와 모욕죄($^{제311}_{조}$)와는 달리 '공연성'의 요건이 없는 점과 위법성조각사유($^{제310}_{조}$)의 적용이 없는 점 그리고 모욕죄가 친고죄임에 반해 이 죄는 모두 반의사불벌죄($^{제110}_{조}$)라는 점이 다르다.

폭행·협박을 가한 자는 7년 이하의 징역이나 금고, 모욕을 가하거나 명예를 훼손한 자는 5년 이하의 징역이나 금고에 처한다.

Ⅲ. 외국사절에 대한 폭행등죄

외국사절에 대한 **폭행등죄**는 대한민국에 파견된 외국사절에 대하여 폭행·협박·모욕을 가하거나 명예를 훼손함으로써 성립하는 범죄이다($^{제108}_{조}$).

형법 제107조와 비교하여 볼 때 행위객체가 다를 뿐이다. '대한민국에 파견된 외국사절'이라 함은 의례상·외교상, 상설적·임시적인 외국사절을 불문하고, 본국을 대표하여 대한민국에 파견된 사절임을 의미한다. 여기에는 사절의 수행원·가족 등은 포함되지 않는다.

폭행·협박을 가한 자는 5년 이하의 징역이나 금고에, 모욕·명예훼손한 자는 3년 이하의 징역이나 금고에 처한다. 그 외국정부의 명시한 의사에 반하여 공소를 제기할 수 없다($\frac{\text{제110}}{\text{조}}$).

Ⅳ. 외국의 국기·국장모독죄

외국의 국기·국장모독죄는 외국을 모욕할 목적으로 그 나라의 공용에 공하는 국기 또는 국장을 손상, 제거 또는 오욕함으로써 성립하는 범죄이다($\frac{\text{제109}}{\text{조}}$). 형법 제105조와 비교하여 행위객체가 다를 뿐이다. 즉 '외국의 공용에 공하는 국기·국장'만이 객체가 될 수 있다.

'공용에 공하는'이라 함은 국가의 권위의 존재를 나타내기 위하여 그 나라의 공적 기관이나 공무소에서 사용하는 것을 말한다. 따라서 장식용 만국기, 외국의 원수·사절 등을 환영하기 위하여 사인이 휴대·게양한 외국기, 현실적으로 사용하지 않고 보관중인 국기·국장, 외국인이 사용에 공한 국기·국장 등은 이에 포함되지 않는다.

고의 외에 '외국을 모욕할 목적'이 있어야 한다(목적범). '모욕'의 의미는 제105조에서와 같다.

처벌은 2년 이하의 징역이나 금고 또는 300만원 이하의 벌금에 처한다. 그 외국정부의 명시한 의사에 반하여 공소를 제기할 수 없다($\frac{\text{제110}}{\text{조}}$).

Ⅴ. 외국에 대한 사전죄

외국에 대한 사전죄는 외국에 대해 사전(私戰)함으로써 성립하는 범죄이다($\frac{\text{제111}}{\text{조}}$).

본죄는 국가의 전투명령을 받지 않고 국가의사와 관계없이, 개인이나 사적 조직이 외국에 대해서 전투행위를 함으로써 외국과의 관계를 악화시켜 국가의 존립를 위태롭게 할 우려가 있기 때문에 처벌하려는 것이다.

여기에서 외국은 우리나라가 승인한 국가일 필요는 없다. 다만 외국은 국가권력을 의미하므로, 사적인 외국인 또는 외국인집단을 상대로 한 전투는 본죄에 해당하지 않는다(통설).

사전이라 함은 국가의 전투명령을 받지 않고 국가의사에 관계없이, 개인이나 사적 조직이 외국에 대해서 전투행위를 하는 것이다. 단순한 폭력행위의 정도가 아니라 무력에 의한 조직적인 공격을 외국에 대해서 행하는 것이다.

예비·음모죄의 경우 고의 외에 사전할 목적이 있어야 하는 목적범이다.

예비·음모죄에서 '죄의 실행에 이르기 전' 및 '자수'에 관해서는 내란죄($\frac{제90}{조}$)에서 설명한 것과 같다.

사전한 자는 1년 이상의 유기징역, 그리고 이의 미수범도 처벌한다. 또한 사전의 목적으로 예비·음모한 자는 3년 이하의 금고 또는 5백만원 이하의 벌금에 처한다. 단, 목적한 죄의 실행에 이르기 전에 자수한 자는, 제52조 1항(자수의 임의적 감면)과는 달리, 필요적으로 감면하여 처벌한다.

Ⅵ. 중립명령위반죄

중립명령위반죄는 외국간의 교전에 있어서 중립에 관한 명령을 위반함으로써 성립하는 범죄이다($\frac{제112}{조}$).

외국간의 교전이 있을 때 비교전국가가 중립을 선언한 경우에는 영구중립국뿐만 아니라 그 나라 국민도 국제법상의 중립국으로서의 중립의무를 진다. 여기서 중립국은 자국의 중립에 관한 명령을 발하고, 일반국민의 이에 대한 위반행위를 처벌하려는 것이다.

《참고》 이 죄는 이른바 백지형법(Blankettstrafgesetz)이다(통설). 즉 구성요건에 일정한 형벌만을 규정하고 구체적인 금지내용(Verbotsinhalt)은 타법령에 의해서 보충되는 것이다. 따라서 이 죄의 중립에 관한 명령은 외국간의 교전이 있을 때 발하여지며, 이 때에 비로소 구성요건의 실질적 내용이 정해지는 것이다. 또한 본죄는 중립명령이 발하여져 있는 동안에만 성립할 수 있기 때문에 넓은 의미에서의 한시법에 속한다.

행위는 외국간의 교전이 있을 때 내려진 중립명령에 위반하는 것이다. 여기에서 '외국간의 교전이 있을 때'란 행위상황을 지칭하는 것이다. 우리나라가 전쟁당사국이 아닌 외국간의 전쟁을 말한다.

중립이란 교전국 어느 일방에도 가담하지 않는 입장을 말한다. 명령은 반드시 대통령령이나 부령과 같이 협의의 명령임을 요하지 않는다. 현실적으로 중립에 관한 명령이 발하여 있고, 이 명령에 위반한 때에 성립한다.

처벌은 3년 이하의 금고 또는 5백만원 이하의 벌금이다.

Ⅶ. 외교상 기밀누설죄

1. 의   의

외교상 기밀누설죄는 외교상의 기밀을 누설하거나 누설할 목적으로 외교상의 기밀을 탐지·수집함으로써 성립하는 범죄이다(제113조).

2. 객관적 구성요건요소

(1) 행위주체

형법 제127조의 공무상 비밀누설죄와 제98조 2항의 군사상기밀누설죄가 일정한 신분을 요하는 신분범인 데 비해, 이 죄의 행위주체에는 제한이 없다.

(2) 행위객체

행위객체는 '외교상의 기밀'이다. 외교상의 기밀이란 외국과 비밀조약을 체결한 사실, 체결하려는 사실 또는 외교정책상 외국에 대하여 비밀로 하거나 확인되지 않음이 대한민국의 이익이 되는 모든 정보자료 등 국가가 외교상 보지하려는 기밀을 말한다. 국내외에 공지되어 이미 알려진 사실은 외교상의 기밀에 속하지 않는다(통설).

‖ **판례** ‖   정부가 국내 언론사에 「보도지침」을 보내 보도의 자제나 금지를 요청하는 형식으로 언론을 통제하고 있다는 사실을 공개한 것만으로는 그 내용이 외교정책상의 이익에 해당한다고 할 수 없고, 또한 외국 언론에 이미 보도되어 외국에 공지된 사실인 경우에는 외교상 기밀에 해당하지 않는다(대판 1995. 12. 5, 94 도 2379: 이른바 「말」지 사건).

본죄는 외교상의 기밀을 적국이 아닌 외국에 누설한 경우에만 성립한다. 외교상의 기밀도 간첩죄에 대한 관계에서는 군사기밀에 포함되므로 이를 적국에 누설한 때에는 간첩죄에 해당하기 때문이다(통설). '기밀'의 의의는 전술한 간첩죄(제98조)의 그것과 같다.

(3) 행   위

'누설' 또는 '누설할 목적으로 외교상 기밀을 탐지·수집'하는 행위이다.

누설이라 함은 외교상 기밀인 정을 알면서 우리나라 이외의 외국에게 발설하는 것으로 수단·방법에는 제한이 없다.

탐지·수집하는 행위는 누설할 목적으로 외교상 기밀을 탐지 수집하는 경우에 한한다. 기밀누설의 미수 또는 예비행위에 속하는 것을 별개의 독립된 범죄로 규정해 놓은 것이다.

3. 주관적 구성요건요소

제 1 항의 경우에는 외교상의 기밀을 누설할 고의가 있어야 한다. 제 2 항은 외교상의 기밀을 탐지·수집할 고의 외에 누설할 목적이 있어야 한다.

4. 형 벌

누설한 자와 누설할 목적으로 탐지·수집한 자는 동일하게 5 년 이하의 징역 또는 1 천만원 이하의 벌금에 처한다. 여기서 단순한 미수 또는 예비행위에 불과한 탐지·수집행위를 기밀누설행위와 동일하게 처벌하는 것은 간첩방조행위를 간첩행위와 동일하게 처벌하는 것과 같은 취지라고 할 수 있다.

주요 참고문헌

[국내문헌]

강구진, 형법강의 각론 Ⅰ, 박영사, 1983.

권오걸, 스마트 형법각론, 형설출판사, 2011.

김성돈, 형법각론(제 2 판), SKKUP, 2009.

김성천·김형준, 형법각론(제 3 판), 도서출판소진, 2012.

김윤행, 주석 형법각칙(상), 사법행정, 1982.

김윤행, 주석 형법각칙(하), 사법행정, 1980.

김일수, 한국형법 Ⅰ(개정판), 박영사, 1996.

김일수, 한국형법 Ⅱ(개정판), 박영사, 1997.

김일수, 한국형법 Ⅲ(개정판), 박영사, 1997.

김일수, 한국형법 Ⅳ(개정판), 박영사, 1997.

김일수, 새로쓴 형법각론(제 4 판), 박영사, 2001.

김일수·서보학, 새로쓴 형법총론(제12판), 박영사, 2014.

김종원 외 6, 신고 형법각론, 사법행정, 1986.

김종원, 형법각론(상), 법문사, 1971.

남흥우, 형법강의(각론), 고대출판부, 1965.

박상기, 형법각론(제 8 판), 박영사, 2011.

배종대, 형법각론(제 8 전정판), 홍문사, 2013.

백형구, 형법각론, 청림출판, 1999.

서일교, 형법각론, 박영사, 1982.

손동권, 형법각론(제 3 개정판), 율곡출판사, 2010.

신동운, 형법각론, 방통대출판부, 1991.

오영근, 형법각론(제 2 판), 박영사, 2009.

유기천, 형법학(각론강의 상), 일조각, 1982.

유기천, 형법학(각론강의 하), 일조각, 1982.

이건호, 신고 형법각론, 일신사, 1975.

이영란, 형법학〔각론강의〕, 형설출판사, 2008.

이재상, 형법각론(제 9 판), 박영사, 2013.

이정원, 형법각론, 신론사, 2012.

이형국, 형법각론연구 Ⅰ, 법문사, 1997.

임 웅, 형법각론(제 4 정판), 법문사, 2012.

정성근, 형법각론(전정판), 법지사, 1996.

정성근·박광민, 형법각론, SKKUP, 2013.

정영석, 형법각론(5 정판), 법문사, 1983.

정영일, 형법강의[각론], 학림, 2013.
진계호, 형법각론(제 4 판), 대왕사, 2000.
황산덕, 형법각론(6 정판), 방문사, 1989.

[독일문헌]

1. Lehrbuch
Arzt/Weber, Strafrecht, Besonderer Teil, LH 1(3. Aufl., 1988)
    ——, LH 2(1983)
    ——, LH 3(2. Aufl., 1986)
    ——, LH 4(2. Aufl., 1989)
    ——, LH 5(1982), (Arzt/Weber)
Herrmann Blei, Strafrecht Ⅱ, 12. Aufl.(1983), (Blei)
Paul Bockelmann, Strafrecht, Besonderer Teil 1, 2. Aufl.(1982), (Bockelmann 1)
    ——, Strafrecht, Besonderer Teil 2, 1. Aufl.(1977), (Bockelmann 2)
    ——, Strafrecht, Besonderer Teil 3(1980), (Bockelmann 3)
Albin Eser, Strafrecht Ⅲ, 2. Aufl.(1981), (Eser Ⅲ)
    ——, Strafrecht Ⅳ, 4. Aufl.(1983), (Eser Ⅳ)
Karl Heinz Gössel, Strafrecht, Besonderer Teil, Bd. 1(1987), (Gössel)
Fritjof Haft, Strafrecht, Besonderer Teil, 2. Aufl.(1985), (Haft)
Volker Krey, Strafrecht, Besonderer Teil, Bd. 2, 8. Aufl.(1991), (Krey)
Maurach/Schroeder/Maiwald, Strafrecht, Besonderer Teil, Bd. 1, 7. Aufl.(1988), (Maurach/Schroeder/Maiwald, BT/1)
    ——, Strafrecht, Besonderer Teil, Bd. 2, 7. Aufl.(1991), (Maurach/Schroeder/Maiwald, BT/2)
Harro Otto, Grundkurs Strafrecht, Die einzelnen Delikte, Bd. Ⅱ, 3. Aufl.(1991), (Otto)
Eberhard Schmidhäuser, Strafrecht, Besonderer Teil, 2. Aufl.(1983), (Schmidhäuser)
Günter Stratenwerth, Schweizerisches Strafrecht, BT/Ⅱ, 3. Aufl.(1984), (Stratenwerth, BT/Ⅱ)
Hans Welzel, Das deutsche Strafrecht, 11. Aufl.(1969), (Welzel)
Johannes Wessels, Strafrecht, Besonderer Teil 1, 13. Aufl.(1985), (Wessels 1)
    ——, Strafrecht, Besonderer Teil 2, 12. Aufl.(1985), (Wessels 2)

2. Kommentar
Dreher/Tröndle, Strafgesetzbuch, 47. Aufl.(1995), (Dreher/Tröndle)
Tröndle/Fischer, Strafgesetzbuch, 49. Aufl.(1997), (Tröndle/Fischer)
Robert Hauser/Jörg Rehberg, Schweizerisches Strafgesetzbuch, 11. Aufl.(1986), (Hauser/Rehberg, Schweizerisches StGB)
Karl Lackner, Strafgesetzbuch, 18. Aufl.(1989), (Lackner)

Leipziger Kommentar, Strafgesetzbuch, 11. Aufl., (LK)

Rudolphi/Horn/Samson, Systematischer Kommentar zum Strafgesetzbuch, 4. Aufl.
    (1988), (SK)

Schönke/Schröder/Lenckner/Cramer/Eser/Stree. StGB, 26. Aufl.(2001),
    (Sch/Sch/Verfasser)

Wiener Kommentar, (WK)

[영미문헌]

LaFave/Scott, Criminal Law(1985), (LaFave/Scott)

Perkins/Boyce, Criminal Law, 3th ed.(1982)

Smith/Hogan, Criminal Law, 6th ed.(1988), (Smith/Hogan)

사 항 색 인

공저자약력

김일수
고려대학교 법과대학 졸업
제12회 사법시험 합격
고려대학교 대학원 수료(법학석사)
독일 München 대학 수학(법학박사)(Dr. jur.)
사법연수원 제 2 기 수료
변호사
고려대학교 법과대학 교수
한국형사정책연구원장
중국무한대학 대학원 겸직교수
미국 Harvard University Law School Visiting Scholar
현재 고려대학교 법학전문대학원 명예교수
     법무부형법개정심의위원회 위원
     ZStW(총체적 형법학지) 편집자문위원

저서 및 역서
Die Bedeutung der Menschenwürde im Strafrecht, insbes. für Rechtfertigung und Begrenzung der staatlichen Strafe, 1983, Diss. München.
한국형법 Ⅰ [총론 상] / 한국형법 Ⅱ [총론 하] / 한국형법 Ⅲ [각론 상] / 한국형법 Ⅳ [각론 하] / 형법학원론[총칙강의] / 새로쓴 형법각론 / 형법총론강의 / 주석형법총론(공저) / 신고 형법각론(공저) / 주석형사소송법(공저) / 법·인간·인권 / C. 록신, 형사정책과 형법체계(역서) / N. 브리스코른, 법철학(역서) / 새벽을 여는 가슴으로(시평집) / 사랑과 희망의 법(칼럼집) / 개혁과 민주주의(칼럼집) / 법은 강물처럼(법에세이) / 성 소수자의 권리논쟁 / 체계적 범죄론에 관한 방법론적 일고찰 / 형법각론연구의 방법론적 서설 / 형법상 원상회복제도의 형사정책적 기능과 효용에 관한 연구 / 과학기술의 발달과 형법 / 인간복제의 법적·윤리적 문제 외 논문 다수

서보학
고려대학교 법과대학 졸업
고려대학교 대학원 수료(법학석사)
독일 Köln 대학 수학(법학박사)(Dr. jur.)
아주대학교 법학부 조교수
사법제도개혁추진위원회 기획연구팀장
미국 University of Illinois Law School Visiting Scholar
대법원 양형위원회 위원
법무부 남북법령연구특별분과위원회 위원
한국형사정책학회장
경찰개혁위원회 위원
현재 경희대학교 법학전문대학원 교수

주요논문
Der Rechtsfolgenteil des neuen koreanischen StGB von 1995 im Vergleich zu den Regelungen im deutschen StGB, 1996, Diss, Köln.
낙태죄와 입법자의 가치판단 / '일부'집행유예제도와 "short sharp shock" / 형법상 불법수익 박탈의 필요성과 법치국가적 한계 / 형사법상 소급효금지 원칙의 기능과 한계 / 연속범 이론에 대한 비판적 고찰 / 수사권의 독점 또는 배분? 경찰의 수사권 독립요구에 대한 검토 / 과실범에 있어서 주의의무 위반의 체계적 지위와 판단기준 / 과실범의 공동정범 / 강제추행죄에 있어서 폭행의 정도와 기습추행의 문제 / 인터넷상의 정보유포와 형사책임 / 공동정범과 초과된 실행행위 등 다수

제 9 판
새로쓴 형법각론

초판발행	1996년 3월 25일
제9판발행	2018년 12월 26일
중판발행	2020년 2월 10일
공저자	김일수·서보학
펴낸이	안종만·안상준
편 집	박송이
기획/마케팅	손준호
표지디자인	김연서
제 작	우인도·고철민
펴낸곳	(주) **박영사**
	서울특별시 종로구 새문안로3길 36, 1601
	등록 1959. 3. 11. 제300-1959-1호(倫)
전 화	02)733-6771
f a x	02)736-4818
e-mail	pys@pybook.co.kr
homepage	www.pybook.co.kr
ISBN	979-11-303-3305-2 93360

copyright©김일수·서보학, 2018, Printed in Korea

정 가   49,000원